曾仕强点评三国之道

第一部 桃园三结义

曾仕强——著

北京时代华文书局

图书在版编目（CIP）数据

曾仕强点评三国之道 / 曾仕强著 . -- 北京：北京时代华文书局，2020.3（2024.4重印）
ISBN 978-7-5699-3578-3

Ⅰ . ①曾… Ⅱ . ①曾… Ⅲ . ①《三国演义》评论 Ⅳ . ① I207.413

中国版本图书馆 CIP 数据核字 (2020) 第 033343 号

ZENGSHIQIANG DIANPING SANGUO ZHI DAO

出 版 人：陈　涛
责任编辑：张彦翔
装帧设计：赵胜军
责任印制：刘　银

出版发行：北京时代华文书局 http://www.bjsdsj.com.cn
北京市东城区安定门外大街 138 号皇城国际大厦 A 座 8 层
邮编：100011　电话：010-64263661　64261528

印　　刷：河北环京美印刷有限公司　010-69290834
开　　本：710 mm×1000 mm　1/16　成品尺寸：170 mm×240 mm
印　　张：70.25　字　　数：1006 千字
版　　次：2021 年 1 月第 1 版　印　　次：2024 年 4 月第 2 次印刷
定　　价：196.00 元

开篇语

《三国演义》《西游记》《水浒传》这三本好书，深受我国广大人民的喜爱，也影响了一代又一代的中国人。特别是《三国演义》这本书，不仅我们中国人把它当成宝贝，不断地吸取其中的道理，而且整个亚洲都深受其影响，甚至有些国家还把它列为教科书。取名叫作《三国演义》，就说明它不是历史，也不是故事，更不是小说，而是要通过三国里面的众多人物，把这个“义”字活生生地“演”出来，让我们知道公义的要紧、正义的重要，还有道义的神圣。公义、正义、道义，都有一个共同的“义”字，而这个“义”字正是我们中华民族最重视的精神，用现在的话来讲，那就是凭良心、讲道德、重伦理。

21世纪我们逐步迈向全球化，全球化最要紧的，就是凭良心、讲道德、重伦理。否则大家勉强凑在一起，也无法做到和而不同。我们这个时候把《三国演义》里面的公义、正义、道义发扬出来，影响到全世界，对世界大同一定会有很大的贡献。

第一部　桃园三结义

要完成大事，仅凭个人单打独斗，根本不可能。
刘关张桃园三结义，协力同心，组成坚强的团队。
加上曹操的推荐，提供良好的机会，
刘备才能无中生有，形成一股强大的势力。

第一部　桃园三结义

目录

一　不打不相识

一纸募兵榜文，把原来相互不认识的刘备、关羽和张飞聚集在一起。果真有缘千里来相会，若是缺乏进一步地互动，岂不是有缘无分，空欢喜一场？关羽因为看不惯张飞卖肉的架子太大，挺身为大家抱不平。引起张飞的好奇，于是想要试试关羽的本事。刘备热心劝架，终于不打不相识，三人“义”气相投，结为异姓兄弟。

有机会要好好把握，有时间应该谈一些正经事，当好机缘出现时，才不致错失良机。

情景说明

话说天下大势，分久必合，合久必分。周末七国纷争，并入于秦。秦灭之后，楚汉纷争，又并入于汉。汉和帝即位后，利用宦官势力一举击垮了窦太后与大将军窦建，拉开了东汉末年宦官干政的序幕。其后数十年间，宦官弄权，争斗愈烈，皇位更替频繁，朝政日益衰败。地方豪强横征暴敛，加上连年天灾，致使平民百姓在饥饿与死亡线上挣扎。

当时巨鹿郡有一人名叫张角，引导众多贫苦百姓高举义旗，高喊“苍天已死，黄天当立；岁在甲子，天下大吉”的口号，发起了其势甚猛的黄巾起义。

幽州太守刘焉响应号召平叛，在城门外贴出了募兵的告示，引来许多人纷纷驻足观看。其中，有三人气宇不凡，一唤刘备，一唤关羽，一唤张飞。关羽见榜文不动声色，刘备却慨然长叹，张飞见状，厉责其不为国出力，何故长叹，刘备不答，长叹一声便走开了。

集市中，有人在肉摊前要买肉，卖肉的乃张飞的家仆，不肯出售。关羽上前好言相劝，谁知那家仆反刁难说他家主人交代了，肉在旁边的井里，井上有一大石磨，谁能挪开便能尽取井中肉。关羽不屑一顾，衣袖一卷，一声大呵便将石磨举过了头。他将肉分与众人，又将之前买肉人的钱洒在地上，分给了百姓。

要点解析

1. 为什么天下大势分久必合，合久必分呢?

这句话如果只是被当作口头禅一样传来传去，并没有多大的意义。同时，如果一个人没有一统天下的概念，也很难体会为什么要这样讲。我们中华民族之所以能成为泱泱大国，其实跟《三国演义》开头的这句话有很大的关系。

中国人统一的观念，我是从一个英国人口中听到的。他说你们中国幸好有位秦始皇，让你们很早就有统一的概念，所以你们的国家才会这么大。欧美人的观念是分大于合的，认为分比合重要，所以他们的国家都比较小。有时碰到来中国的西方人，问他是哪个国家的，他说是希腊，并且边说边比画：一个很小很小的国家。而我们中国人刚好相反，我们一直抱持合大于分的观念，就连家庭都要比西方大很多，所以我们的国家也必然是一个大国。

2. 宦官干预朝政，是谁的责任?

皇帝的身边一定要有太监，老爷的身边也一定需要跟班，只有乞丐才是孤零零的一个人。我们不能简单地说宦官就是不好，因为我们不是皇帝，不知道宦官的重要性。

既然宦官撤销不了，那他们干预朝政又是谁的责任呢？通常大家都认为小人很嚣张，做了很多坏事情，是他们的不对。然而一件事情的发生是由很多因素共同造成的，如果君子没有宠坏小人，小人不可能得志，如果不是朝廷的君臣有问题，宦官也不可能这样为所欲为，因此单纯地说宦官该死是不对的。

历代宦官干政的事情也不少，谁都知道这是很可怕的。自汉朝以来，宦官干政造成很多的问题，即位的皇帝也不是不知道，可他们为什么还是不断陷入这个泥坑呢？说到底，就是自己没有警觉性。因此一直到清朝，就连专横跋扈的慈禧太后也还是受到太监的包围。我们看事情要抓住根本，不要老在枝节上纠缠。

3. 小孩子当皇帝合适吗？

历史上小孩子当皇帝的案例不少，当得好的也不在少数。只要有好的辅政者，小小年纪当皇帝照样可以开创出很好的局面。因此，不见得年纪大当皇帝就好，年纪小当皇帝就不成气候。很多事情跟年龄没有直接关系，主要得看这个人行不行，周围的环境是不是有利。

4. “苍天已死，黄天当立；岁在甲子，天下大吉”是什么意思？

我们古人把皇帝称作天子，可见“天”是那些高高在上的人的代名词。“苍天已死”的意思是说当时的朝廷已经衰败，不能替百姓谋求安定的生活了。“黄天当立”则是说既然“苍天已死”，当朝不行，那就应该重新开创一个新的时代，也就是黄巾军所倡导的“黄天”。每60年为一个甲子，这是我们中国人计算时间的单位。传说每逢甲子年都不利于当权者，所以黄巾军选在甲子年起义，希望借助这个时机能一举推翻当朝，建立一个使百姓安居乐业的朝代，从而实现“天下大吉”。

中国人做事情喜欢讲究名正言顺，黄巾军要起义，必须要有一个正当的理由和号召天下人的说法，才能得到百姓的支持。而有那么多人响应黄巾军起义，说明这几句口号的确引起了百姓的共鸣。

5. 同样是看募兵告示，为什么三人反应那么不同？

同样是看募兵告示，刘、关、张三人的反应却各不相同。其中觉得自己最了不起的就是张飞，他并不了解刘备，也不知道关羽，甚至连自己都看不懂，却还扬扬得意地认为别人都不如自己。看到刘备叹气他就责备道：你叹气又有何用？大丈夫当投军报国才是。虽然他并没有恶意，但是讲出这样鲁莽的话，说难听一点，就是因为他没见过什么世面，还比较单纯幼稚，所以大家后来都叫他莽张飞。

关羽就不一样了，当时他一个人流浪在外，家也回不去，前途一片渺茫，即使是想去投军，也不知道人家会不会要，所以看完告示也没有什么表情。可见每个人的处境不同，面对同一件事情也会有不一样的表现，不能用自己的标准来衡量别人。

而刘备就更不一样了，他胸怀大志，可是都28岁了，还一点着落都没有。看到朝廷在募兵，他在想自己去还是不去呢？去会怎么样，不去又如何？世道如此混乱，可为什么不见有人出来重整乾坤呢？刘备有这样的愿望，可自己又无能为力，所以只好在那里感慨叹息。

三个人站在募兵告示前，心思各不相同。刘备从大局着眼，关羽只想到自己，而张飞却总要干预别人。大家从他们现在的表现就可以知道，他们三个人个性不同，未来的发展也会不一样。由表入里，看问题才会更深入一些。

6. 屠夫不卖肉是什么道理？关羽把肉分给大家，钱也不要，又是什么道理？

天底下哪有屠夫不卖肉的，可张飞却偏不卖，足见他并不是一般的屠夫。靠卖肉维持生计的人当然会规规矩矩地卖肉，但张飞家里有钱，根本就不靠这肉铺养家糊口。他把肉藏于井内，等待英雄豪杰的到来，若是碰到意气相投的有缘人，大家就比试比试武功，谈论谈论未来，然后再开怀畅饮一番，这才是他看重的事情，也是变相的“挂羊头卖狗肉”。因此当我们看到“理应如此，但居然不是这样”的事情时，应该想到其中必有缘故才对。

而关羽虽然以卖绿豆为生，但他并没有把赢来的肉据为己有，这才是他的难得之处。要是他在众人的叫好声中举起石磨，然后拿起猪肉就说自己要回家了，所有人都会很失望，那他还不如不去替人出头的好。所以一个人既然准备要表现给大家看，那就要一切为公，既然为公，就不能自己把猪肉拿回去。关羽做得很漂亮，他连一块肉都不要，全都分给了穷人，有钱人买肉的钱，他也一把撒出去，分文不留。换作一般人，可能会说肉我先切一块，大家分其余的，别人买肉的钱也放进自己的口袋，这样就显得太小气了，原先的动机也就被丑化了。

关羽是个什么样的人物，我们可以通过他这些细小的举动看得一清二楚。他光明磊落，所以大家称他为关公。

一个人既然准备要表现给大家看，那就要一切为公。

情景说明

家仆将事情报与张飞，张飞闻讯，怒气冲冲地来到关羽的摊位前，抓起一把绿豆便捏了个粉碎。关羽问张飞是否存心来找架打的，张飞却说打得就是他，说完便大打出手。关羽也毫不相让，一时间，两人打得不可开交。众人争相围观，一旁的刘备也偷眼观瞧，见这两人武艺非凡，刘备觉得此二人将来或许可以帮助自己成就大业，于是便上前劝架。他将二人的手按住，并表示自己对他们身怀绝技非常钦佩。张飞这才说自己此番是想领教领教搬起石磨的人，并非真的找茬，三人相视而笑。

张飞请刘备和关羽去自己庄上饮酒叙谈，正逢天要下大雨，刘备和关羽便痛快地答应了。席间，三人边饮酒，边纵谈天下大势。关羽和张飞打算从军报国，刘备却说乱世出英雄，黄巾军平定之际，正是群雄崛起之时，二位英雄应当大展身手，何必屈居人下。关羽和张飞对刘备的言谈与见识佩服得五体投地，但刘备此时却话锋一转，委婉地讲起了自己的身世。

要点解析

1. 张飞捏碎关羽的绿豆，难道是想报仇?

从表面上看，张飞的所作所为的确是一副报仇的架势。可是他如果真为报仇，又何必要设这个局，不将猪肉放在桌子上卖，而是投到石井里，以此引出英雄豪杰呢？现在关羽果真被引了出来，张飞应该高兴才对，怎么可能要去报仇呢?

可是张飞如果不这样，而是直接上去跟关羽说自己很佩服他，想跟他比试比试武功，看他是不是真英雄，那关羽根本就不会理他。关羽会想，是不是真英雄关你什么事呢，我干吗要跟你比？况且他当时正逃亡在外，并不想惹是生非。这样一来，张飞的目的就达不到了。所以张飞干脆装成找麻烦的样子，抓起一把绿豆，当着关羽和众人的面捏了个粉碎，从而激怒关羽，达到让关羽跟自己比武的目的。因为一个人只有被激怒了，才会激发出潜能，使出真功夫，否则怎么试得出来是不是真英雄呢？可见莽张飞有时候也挺有计谋的。我们中国人随时都会心生一计，信手拈来便是一些招数，张飞也不例外。

2. 用比武的方式来交朋友，合适吗？

合适不合适不能一概而论，而要因人而异、因时而异、因事而异。如果每个人都这样交朋友，那文人怎么办？不会功夫的人又怎么办？就张飞而言，他的目标是要广交天下英雄，现在好不容易来了一个能把那么大石磨举起来的人，他当然会觉得机会难得。经过一番思虑后，他觉得还是这种方式最适合自己，于是赶来后就激怒关羽和自己动手，结果两人后来真的成了好兄弟。所以我们不能简单地说这种方式合适不合适，因为每个人的情况不一样，对你不合适的，或许对别人正合适。

3. 刘备劝架，好不好？

在中国社会，劝架是高度困难的事情。刘备一过去，关羽和张飞都会对他怀有敌意。关羽心想：你是不是跟张飞一伙的？张飞更会怀疑：你们两个是想合起来打我吗？说不定两人会不约而同地去打刘备。中国人常常讲，劝架之前一定要先衡量一下自己有没有这个本事，够不够这个身份，能不能来做劝架的人。要是没有本事而又自不量力地盲目介入，只会把局势搞得更乱。

好在刘备是见过世面的人，自己也有些功底。他走上前去先将两个人的手按住，意思是告诉关羽和张飞：你们不要小看我，我也是有一套的。但是单单这样还不够，所以他又紧接着开口讲话，而且第一句话讲得非常好。他说：二位都是了不起的英雄！关羽和张飞听到这样的话当然会很高兴，自然就松懈下来，对他没有敌意了。如果刘备过去只是用手轻轻一拨，说你们两个打什么？或者用教训的口吻指责他们，说你们也配在这里打架？那关羽和张飞就非打他不可。

一个人到了一个新地方，通常第一句话就决定了自己的成败，但是很多人都不了解，也不重视这一点。在中国社会，不开口则已，一开口就能见出高下。从这个角度看，刘备的确是个不简单的人。大家之所以那么喜欢看《三国演义》，就是因为它从一开始就埋下了许多伏笔，能够让看得懂的人好好去体会。

三國之道

在中国社会，不开口则已，一开口就能见出高下。

4. 张飞为什么邀约刘、关二人回府聚谈？

张飞其实早有这个打算：要是有英雄豪杰在此出现的话，我绝不会错过，一定要把他请到家里喝喝酒、聊聊天，倘若志同道合便结交成兄弟。但是，如果只是张飞有这样的准备，其余两人都只想各玩各的，就算张飞请他们去庄上喝酒，他们也未必会答应。而此时，正如中国人常常讲的人算不如天算，老天突然乌云密布，说明马上就要下大雨了。刘备的草席经不起雨淋，关羽的绿豆也怕被雨水泡坏，所以两人一听到张飞的邀请，心想既然生意没法做了，那就不妨随张飞去喝喝酒吧。要是此时还是大太阳，即使张飞邀约，关羽很可能说：算了吧，我绿豆没卖完，带回去很麻烦；刘备也可能说：我还有事要忙，还是下次再说吧。那样就完全破局了。幸好老天作美，及时下起了大雨，多个有利的因素凑在一起，便成全了这桩美事。

5. 三人谈些什么，为什么这样？

三个人好不容易凑到一起，要是大家只是在张飞家中喝酒猜拳唱唱歌，然后云山雾罩地神侃一番，相聚一场没有任何结果，那这种人还有什么出息？完全是在浪费时间，浪费宝贵的生命。刘备他们当然不会这样，三个人一见面，谈论的都是国家大事，关心的都是时局演变，都有心为天下百姓尽一份力。虽然三个人的口才和表达方式不一样，但是每个人的心思却是一样的，这一点很了不起。

刘备早有意要结识这样的英雄豪杰，只是一直没有机会。现在通过这番谈话，他觉得眼前的这两个人正是自己梦寐以求的英雄，于是就盘算着该如何与二人结交。但交浅不言深，这是自古以来大家都懂的道理。中国人如果交情不够，见面总是先打哈哈，而不会谈深入的问题。要是跟没什么交情的陌生人一上来就谈很深入的事，对方会很慌张不说，而且还会觉得莫名其妙，对所听到的话也根本不会往心里去。所以刘备虽然知道机不可失，但也没有开门见山地说出自己的想法，而是一边听关羽和张飞怎么讲，一边在心里盘算如何让这两个人对自己产生较深的印象。

这三个人都是有心有意，而且现在又有了好时机，所以慢慢就产生了一股聚合的力量。否则三个人只是聊一聊、笑一笑，大不了喝喝酒也就散了。

6. 刘备为什么拐弯抹角，不直接自我介绍？

如果刘备开口就说：二位知道我是谁吗？我是中山靖王之后，血统高贵，身份特殊……关羽和张飞会相信吗？他们肯定会说：你不过是个卖草席的，怎么这么能吹牛？所以，一个人自我介绍的时候，不单要想好自己该怎么说，还要想到对方听了以后会怎么想，摸清楚对方会怎样反应，然后再出手，这才叫作有备而来，谋定而后动。

刘备这方面的素养很好，他知道一个人穷困落魄到这个地步，怎么讲大家都是将信将疑的。所以他不直接介绍自己，而是说有一个汉室宗亲，一心想上报国家，下安黎民，现已二十有八，却还是一事无成，空怀壮志，心中滴泪。这样的叙述过程深深地打动了关羽和张飞的心，他们都觉得这个人好可惜，同时产生了一种很强烈的心理期待，都很想知道这个人是谁，然后就问刘备此人现在何处。这就叫作“千呼万唤始出来”。然而即使这样，刘备也没有直接说这个人就是自己，而是先跪下来，然后才说就是在下。刘备等于对自己的人生做了一个总结，不由得关羽和张飞不相信。如果一个人说话，使对方产生一种“你怎么不早讲”的感觉，那整个过程就可圈可点了。如果自己讲完了，别人还有疑虑，说“真有这回事？你拿证据给我看看”，那就太失败了。

情景说明

关、张二人得知刘备竟是皇室宗亲，又如此地忧国忧民，十分感动，表示愿意追随刘备。刘备想招兵却财力不足，张飞当场表示自己家资颇丰，愿与他共图大事。刘备感激之余，表示自己愿与关、张二人结为兄弟，不求同年同月同日生，但求同年同月同日死。次日，三人便于桃园结拜盟誓，此后，三人开始招兵买马，同心协力共图大业。

不久，朝廷派董卓、曹操、孙坚等率兵剿杀黄巾军，刘、关、张也领兵前往。董卓作战失利，中箭逃跑，幸好刘、关、张兄弟及时赶到，才免于一死。董卓感激三人，询问他们官居何职，当得知他们只是白身并无官衔后，不但不言谢，反而对他们冷眼相待。

要点解析

1. 关羽和张飞为什么这样感动呢?

关羽和张飞有一个共同点，那就是内心光明，动机纯洁。换句话说，他们都是很单纯的人。这样的人听到一个凄惨的真实故事，一定会用心地去感受，所以他们才会被刘备所感动。换作那些心怀鬼胎、思想复杂的人，对别人的事情漠不关心，当然很难被感动。况且关羽和张飞当时也很想有个人能出来带领他们，在这种心理期待下，他们听完刘备的这番话后，更是觉得刘备就是这样的人。

当然，我们也不得不承认刘备很会掌控局面，他的那番说辞再加上当时的表情，的确很容易使听的人产生良好的反应。

2. 刘备为什么要求结义?

有人说是刘备私心很重，因为他这么多年来，知道光靠自己单打独斗成不了大事，所以一直想找几个志同道合的朋友来共同实现自己的抱负。但是他又没有钱，号召不来人，现在看到有两位这样了不起的英雄，而且都深深地被自己所感动，当然要抓住机会和他们联合在一起。

可是，如果刘备真是出于私心才跟关羽和张飞结义的话，关羽和张飞也不会长时间跟他相处。从刘备往后的一些表现我们可以看出来，他是一个没有私心的人，一心一意为天下的苍生着想，时时刻刻为汉室的中兴而忧虑。如果一个人能够做到公私兼顾，我们还是可以接受的。

刘备好不容易碰到这样的机会，于是就想跟关羽和张飞结义。所谓结义，就是几个不同姓的人，因为志同道合而结为异姓兄弟。这样的异姓兄弟有时比亲兄弟还要团结。后来中国之所以流行结拜异姓兄弟，很大程度上是因为受桃园三结义的影响。

3. 关羽和张飞为什么要和刘备同年同月同日死?

刘备和关羽、张飞结为兄弟，说我们不求同年同月同日生——这是事实，三个人年龄不一样，不可能同年同月同日生。但是他后面那句“但求同年同月同日死”是不应该说的。大家同心协力就好了，何必要说同时死呢？就算他动机纯正，没有私心，可反观后面的结局，这样的话是会产生很大后遗症的。如果没有这样的誓约，刘备会有更宽广的路走，整个三国的演变可能会完全不同。可他现在只看到当前，觉得这样的誓言能够增强彼此的凝聚力，却没有想到往后将成为他一个沉重的包袱，压得他动弹不得。所以我们奉劝大家尽量少结义，就算真的要结义，也不要有这样的誓约。就拿关羽来说好了，他说我如果有二心，就天打雷劈，不得好死，按现在的话说，就是我要是对不起大家，出去就被汽车轧死。其实这就足够了，何必非要说“同年同月同日死”呢？这也给了我们一个很大的教训。

4. 选在桃花树下结义，好不好?

显然不好。中国人对不同的花有不同的评价，牡丹是富贵的象征，而桃花就略显轻薄了。当然，他们三人也不是故意选在桃花树下结拜的，只是张飞家的后院就种着桃树，又恰好赶上桃花盛开的季节，所以我们只能说这是天意。这种征兆注定了他们三人会像桃花随着流水逝去一样，结局不会很完美。

老天爷会照顾每一个人，随时随地给人一些征兆，提醒大家提前去规避不好的结果，这就叫作“趋吉避凶”，可惜他们三个人都没有意识到这一点。

5. 现代社会还需要结义吗?

刘备那个年代除了政府军外，就只有一些志同道合的民间组织。只要他们不跟政府对抗，不揭竿造反，政府也不会取缔，所以这样的非正规组织非常多。但现在社会分工越来越细，大到各行各业的协会，小到同学之间的联谊会，各种各样的组织已经够多了，实在没有必要再去动结义的脑筋。就算真的要结义，也得具备三个前提条件：第一，大家得是真正的志同道合；第二，大家要完全地出乎诚意；第三，要能够长期坚持下去。否则就是多此一举。

三国之道

中国社会，除非实在需要，否则尽量避免结义。

6. 三人营救董卓，反而被冷眼相待，是什么道理?

正在董卓被人追赶，性命攸关之际，刘、关、张三人及时赶到，救了董卓一命。当时他们刚刚出来打仗，勇气十足，可以说是逢人便救，即使并不清楚被追杀的是何人，也先救下来再说，并非为了巴结董卓才这样做。可是董卓获救以后，开口就问他们现在官居何职。关羽、张飞同刘备结拜以后都非常守分，并没有回答董卓的问题，因为他们知道只有大哥才有发言权。刘备直言相告，说他们都是白身，意思就是没有身份地位的人。董卓却想：我被你们这些白身所救岂不是很丢脸？要是传出去了那还得了。所以他觉得自己很倒霉，更不会想如何报答刘备等人的救命之恩。

我们也大可不必觉得董卓没有修养，因为在当时的社会，每个人都这样想，不能单怪董卓一个人。董卓认为自己如果是被一名大将所救，那还情有可原，要是被皇帝派的人救了，那反而是个荣耀。但现在自己是被这些无名小卒所救的，这要是传出去自己还要不要做人呢？这是他当时很自然的第一反应，我们不能用现在的标准去衡量当时的状况。

其实我们也不妨反过来想一想，如果不是董卓这样瞧不起他们，他们三个人后来怎么会那么奋发图强，拼命要有个身份呢？可见任何事情，只要你往好处想，它就是催人奋进的助力，可是只要你往坏处想，那就是打击自己的压力，甚至还有可能成为一种邪恶的力量。

情景说明

因征剿黄巾军有功，刘备被封为县尉，张飞却为大哥不平。

一日，督邮巡查至此，得知刘备乃汉室宗亲，立即以礼相待，并含蓄地让刘备交钱去贿赂上面的人。刘备装聋作哑，督邮立改态度要查刘备，却苦于没有证据。侍从建议督邮发布告示，让民众举报刘备。因刘备平日光明磊落，与民秋毫无犯，所以不但无人告发，还有不少人为他愤愤不平。张飞见督邮存心找碴儿，怒气冲冲地想要去教训他一番，却被关羽一把拉住。

督邮一无所获，让人鞭打刘备为县吏出气，正好被张飞碰到。张飞大怒，将督邮绑在树上，边抽打他，边细数其劣迹。待刘、关赶到之时，督邮已被打得皮开肉绽。见刘备来到，督邮连声求饶。关羽骂督邮索要贿款，逼害忠良，建议刘备杀了他。刘备教训督邮不该胡作非为，之后督邮便交出官印，辞官而去。此后刘、关、张三人为躲避追捕，投到刘虞帐下，后公孙瓒表刘备前功，刘备这才被荐为别部司马，授平原县令，重整旧日气象。

要点解析

1. 刘备担任县令，张飞为什么不满?

其实张飞也不是计较官职的大小，只是他比来比去，很为刘备感到不值。同样是为国家效命，凭什么孙坚一下爬那么高，而自己的大哥只得到一个小小的县令之职?

中国人常常讲：人比人，气死人。如果张飞不跟别人比，而是想他们总算有块根据地了，可以趁机好好发展，将来再慢慢扩大，也不会那么不高兴。可是话分两头，那样想的人其实也是安于现状，将来不可能有大的发展。从某个角度来看，我们会觉得张飞太计较了；但从另一个角度来看，他这种情绪其实也是鼓励大家前进的一种驱动力。就像有人对你发脾气一样，究竟是好是坏，就看你怎么去因应。如果你一见他发脾气就害怕，就逃跑，那是没有出息；可是如果你换种心态，自己暗下决心：你越看不上我，我就越要好好做给你看，那就将它化成自己向上的一种动力了。

2. 督邮对刘备的态度，为什么前后不一?

我们应该从当时的大环境来看督邮的表现，不能简单地责怪他怎么能这样，或者干脆说他该死，那样看《三国演义》就没有意思了。督邮上面也有人跟他伸手要钱，如果他出来巡视一趟，结果两手空空地回去，那他也没法向上面交差。所以他不得不想尽办法搜刮下面人的财物，这样才有东西孝敬他的上司，这就是中国人常讲的上行下仿、上梁不正下梁歪。督邮夹在当中，也有他为难的地方。当他听说刘备是皇室后裔，马上就表现得很尊敬，可是后来一想：既然有这么高贵的血统，怎么只混了个小小的县尉呢？于是便问刘备。刘备答得很好，说官职不在大小，都是为朝廷效力。可这种话讲起来好听，督邮却不会往心里去。因此他第二次召见刘备时，就说刘备根本是在说谎，并给刘备扣上了一个假冒皇亲的罪名。他这样出尔反尔只有一个目的，就是让刘备给钱而已。

3. 督邮为什么要百姓告刘备？

督邮之所以要发动百姓告发刘备，就是因为他自己抓不到刘备的把柄，否则早就直接要挟刘备给钱了。

督邮让刘备交钱贿赂，但刘备坚决不同意，因为他从没有搜刮老百姓的东西，所以不会拿钱去孝敬督邮。面对督邮的威胁，刘备内心坦然，根本就不放在心上。在这种情况下，督邮也是一筹莫展，因为他也抓不到刘备的把柄，于是只好听从旁边爪牙的主意，动员百姓来告发刘备，因为只要刘备平常稍有对不起百姓的地方，百姓这时候就会站出来揭发。虽然这个主意是爪牙出的，但是后果却要督邮自己来承担。有时候领导是不好，但旁边那些乱出馊主意的爪牙其实更可恶。

4. 张飞要找督邮理论，关羽为什么阻止？

从这里我们已经可以看出来，他们三兄弟中，刘备是最稳重的，因为他阅历丰富，而且看得长远；张飞对事情看得不深，凡事都急得要命，想马上就有一个答案；关羽则介于他们两个人之间，有时急，有时缓。如果三个人都像刘备一样保守，那大家就会进步很慢；如果三个人统统像张飞一样，那很快不是坐牢就是被砍头了。幸好三个人搭配得很好，他们互相协调，互相拉扯，从而得到一个比较合理的平衡点。

现在张飞见督邮威胁刘备，便心想：你这种狗官，怎么可以这样对我大哥？我大哥哪一点对不起老百姓了？所以他理直气壮地要去找督邮理论。关羽这时没有站在张飞这边，而是拉住张飞不让他去，因为他觉得他们是来帮助刘备成大事的，既然三个人走到了一起，那就应该一切以完成大哥的志向为目标，不能由着性子意气用事。后人之所以把关羽推得很高，就是因为关羽的脑海里时时刻刻有两个字——忠义。对谁忠义？对大哥刘备忠义。关羽觉得既然刘备这个大哥是自己选择的，那他叫我做什么我就做什么，统统都听他的，甚至连自己的性命也是他的。关羽身上所表现出来的忠义，为《三国演义》添加了最亮丽的一笔。

5. 张飞毒打督邮，关羽为什么跟着痛骂？

张飞要去找督邮理论的时候，关羽劝他不要乱来，可是事情一旦发生了，关羽便站到了三弟这边，要打便打，没有什么好怕的。其实关羽这样做是对的，因为如果事情已经发生了，他还骂张飞，那张飞会觉得这个二哥也太不够意思了。可见关羽一会儿站在这个立场，一会儿站在那个立场，在其中起到了一个很好的协调作用。就像我们中国人常常告诉弟弟，让他不要出去闹事，可是一旦弟弟跟人家打起来，做哥哥的也会挺身而出。就算要骂也是回来再骂，但当时是一定会出手相助的。一个人之所以变来变去，就是因为时间、环境和对象都不一样了，所以非变不可。

三国之道

一个人之所以变来变去，就是因为时间、环境和对象都不一样了，所以非变不可。

6. 刘备为什么不杀督邮，只辞官离去？

如果刘备跟张飞一样说打就打、想杀便杀，那还能成什么大事呢？既然有远大的目标，又想把事情办好，那就不能莽撞行事、恣意而为。督邮再怎么坏，可他毕竟是朝廷的命官，杀了他必然会被通缉，到时候他们三兄弟除了当土匪，恐怕也没有别的出路，那样的话，桃园结义还有什么意义呢？所以刘备此时虽然心里也很气愤，而且程度也不亚于张飞，但他还是克制住了自己的情绪，只是告诫督邮以后不可以这样，然后光明磊落地挂印而去。从他这一系列的举动我们可以看出，刘备处事稳重，善于忍耐，大有前途。

二　内乱招外患

朝廷由来已久的外戚与宦官争权，形成日益恶化的内乱。何进位居大将军，又是何皇后的兄长，原本近水楼台先得月，占尽地利，却由于学识、经验都不足，居然听信袁绍的建议，把董卓召入京城。董卓如豺狼，朝廷原本内乱，又招来更为可怕的外患！

有机会不能把握，有时反而产生恶果。何进为十常侍所杀，便是最为显著的案例。不听好意见，反而接纳不良的建议，才是真正的乱源。一群有地位却没有学识的大臣，误了汉室。

情景说明

十常侍见皇上时日不多而即位者又未定，商量着决定拥刘协而杀何进，却被司马潘隐的眼线偷听到。

董太后与何皇后明争暗斗，见面也是冷眼相对。皇上在作法声中驾崩，董太后一面让十常侍严守皇帝驾崩的消息，一面假发圣旨召何进入宫。

匆忙进宫的何进被司马潘隐拦下，得之皇帝驾崩，十常侍欲杀他的消息，大惊而回。见计划落空，为保全性命，张让支开蹇硕，与其他几人商议把责任推到蹇硕身上，然后向何皇后求饶以保命。

何进急回私宅后，召集手下各大臣，欲除十常侍。曹操说宦官势力极大，若计划不周，恐招灭族之祸，何进对此嗤之以鼻。正踌躇间，宫廷传令何进速速进宫。袁绍提醒他宫中禁军都归蹇硕统领，要小心埋伏。曹操也谏言应先正君位，然后讨贼。何进表示赞同，让袁绍披挂开路，自己领诸大臣相继入宫，于灵帝柩前，扶立太子刘辩即位。

何进向何太后进言想杀十常侍，何太后却说所有罪行是蹇硕一人所为，与张让等人无关，随后让张让等人托蹇硕人头而出。

要点解析

1. 十常侍为什么要杀何进？

如果何进对十常侍没有构成很大的威胁，十常侍也不会动脑筋要杀他。何进是何皇后的哥哥，何皇后正是因为有这位当大将军的哥哥，所以才敢跟婆婆董太后对着干。其实这些都涉及利害关系——皇帝快要走了，留下的问题就是由谁来即位。董太后看中了刘协，而何皇后偏爱自己亲生的皇子刘辩，两个人因拥立的对象不同而开始内斗。

在这场宫廷斗争中，十常侍将他们的命运押在了刘协这边，所以他们必然要想办法除掉刘辩这个障碍。可见一个人一旦有权有势就要格外小心，因为很可能会成为别人想要除掉的目标。

三国之道

一个人一旦有权有势就要格外小心，因为很可能会成为别人想要除掉的目标。

2. 董太后和何皇后有什么矛盾，闹得如此对立？

董太后和何皇后其实有两点相同之处。第一，她们都是女人。在以前的社会，女人要么靠丈夫，要么靠儿子，要想靠自己，那是高度困难的事情。现在她们两个人，一个是儿子快走了，一个是丈夫快走了，所以都要通过拥立新君来巩固自己的势力。第二，她们各有私心。照理说，董太后年纪那么大了，本来没有必要再去干预朝政，可她就是看不惯何皇后的所作所为，想要跟她斗一斗。

董、何二人立场相同，处境相同，但又尖锐对立，很难协调，这样一来就麻烦了。她们婆媳之间的明争暗斗，使得宫廷里的两股对立势力也随之恶斗起来。而十常侍夹在当中，无论最后选择倒向哪一边，都只是为了求生存而已。

面对这种局面，我们很难去论断谁对谁错，因为这跟当时的大环境有着密切的关系。纵然皇帝在临终前立了太子，也无法避免这种局面的发生。

3. 曹操劝何进谨慎，何进为什么不接受，后来又说正合我意？

何进是个草包，有权势而没有实力。他的危机不在他的权势，而在四个字——得意忘形。

曹操告诉何进，现在的变动是不可料的，所以一定要小心。但是何进完全不理会，还说哪有那么紧张。别人好意相劝，就算不接受，也应该表面上应付一番，怎么可以当面让人家难堪呢？但是曹操后来说的话，何进又说正合我意，可见他这个人讲话太随便，一会儿骂人，一会儿捧人，爱怎么样就怎么样，这便是得意忘形。一个人到了这种地步，恐怕是没得救了。

其实历史上同样处于何进这样的位置，却表现良好的不乏其人。但何进却因为得意忘形，不听劝阻，树敌过多，很快就遭遇凄惨的结局。人一旦得意忘形，就会高度的危险。但我们放眼看去，现在得意忘形的人有很多，这些人应该以何进为戒。

4. 宦党为什么出卖蹇硕，把所有责任都推在他身上？

十常侍之间的关系跟刘、关、张结义的性质是完全不一样的。刘、关、张结盟，是意气相投，而非利害关系，他们讲的是道义。可十常侍完全是基于利害的结合，没有理想，没有目标，只求生存，只计得失，相互勾结着做一些见不得人的勾当。

蹇硕是十常侍当中最得董太后信任的人。他平时很神气，别人有什么事不敢跟董太后讲，都唆使他去讲，而且他显然也是十常侍当中的老大。一个人得到别人的信任，既有利，也有弊。利的一面在于，这种信任可以使大家更信服他，更听他的话，他可以借此操纵大家的行为；弊的一面在于，到了需要人顶罪的时候，大家也必然会将目标锁定他，因为他平常最有权势、最受信任，所以对方也最能接受。如果换作别人，何进是不会相信也不会接受的。蹇硕就倒霉在这点上，因而成了牺牲的对象。

老实讲，十常侍也是很悲哀的。他们自己不检点，所以才会像一群可怜的小丑一样——看他们爬在地上的样子，还像人吗？他们过的那种日子，简直暗无天日。而董太后和何皇后对或不对也不能一概而论，因为她们总要为自己找一些支撑的力量。十常侍在这其中，一会儿归附这边，一会儿归附那边，完全是一副可怜相。所以在这种情况之下，也难怪他们会想出让蹇硕一人去顶罪的馊主意。

5. 何进为什么拥立刘辩？

这是任何人都能想通的事。刘辩是何进的妹妹所生，母以子贵的道理，何进当然非常清楚。他心里想，现在自己的妹妹是皇后，如果再让外甥当上皇帝，那妹妹马上升为太后，自己也更加荣耀了，以后就可以为所欲为了。正是因为何进有这样的想法，才会得意忘形。

当人处于逆境的时候，还会谨慎一点，但处于顺境的时候，就往往沉不住气了。一旦沉不住气，再叫他谨慎小心，几乎是不可能的。何进这个时候想到的，都是光明的前景，得势的喜悦，好像谁都挡不住他们兄妹今后的为所欲为。但是，老天不一定事事都遂人愿，人有人的打算，老天也有老天的盘算，这点却是何进没能想到的。

6. 何太后主张杀蹇硕而留其他人，是什么道理？

何皇后因为儿子刘辩当上了皇帝，自己马上升格为太后。此时何进想趁机把十常侍全都杀掉，然而何太后却不赞成这么做。我们应该注意到，一个人的身份、地位以及所处的环境不同，做事难免主观，怀有成见，而这个主观、成见正是足以害死自己的诱因。

何太后不赞成哥哥的做法，是因为她自有立场。她要想在内宫有好日子过，也需要这帮人左拥右呼地帮助她。所以她几乎是以反对的态度甚至用教训的语气告诉何进：处理内宫的事情你不如我，不可以这样做。而且，她也料到何进会拿蹇硕问罪，所以马上叫众宦官献上蹇硕的首级，使得何进也一筹莫展。

情景说明

张让等人跪地求饶，把责任都推到蹇硕身上，并表示以后愿意听从何进的指使。何太后也在一旁为他们说话，何进只好既往不咎。

何进领蹇硕人头，告诉大臣谋害他的人已被杀死，袁绍提醒说这是明显的嫁祸于人，宦官势力不除，后患无穷，但何进却主意已定。

董太皇太后因刘协未被立为皇上，拿十常侍出气。张让献计让董太皇太后来个各行其是，加封刘协和她的哥哥，再来个垂帘听政，董太皇太后闻言大喜。

何进听到这个消息后，进宫与何太后商谈，让她找机会劝董太皇太后少管朝廷大事。何太后点头同意，设宴请董太皇太后赴席。席间，何太后说我们都是妇人，不太适合参与朝政，并举当年吕后因握重权，惨遭灭门之祸的事例。然而董太皇太后不但不听，还把何太后当年毒死王美人的事情抖了出来。何太后不甘示弱，也揭露了董太皇太后当年是藩妃的事情。董太皇太后说藩妃也是妃，也比她强，何太后却说此一时也，彼一时也。董太皇太后说就算是又怎么样，难道你敢杀了我不成？两人不欢而散。

要点解析

1. 何进为什么饶恕宦官不加以清除？

何进并非靠真才实学，而是靠他的妹妹才得以占据高位。他不但优柔寡断，而且常把事情看得过于简单。

何太后告诉他，内廷的事情自己要比他在行，这些宦官都是先皇留下来的，不能先皇刚刚一驾崩就把他们统统除掉。这些话听起来也有道理。同时，何太后说这些话的时候，并没有称何进为哥哥，而是打官腔，称其为大将军。何进一听只得见好就收，马上表示只需除掉蹇硕就可以了。

老实说，何太后称何进为大将军，而不是叫哥哥，何进内心的确有些害怕，因为人在涉及利害关系的时候，往往会六亲不认。何太后跟何进虽然是亲兄妹，可一旦有了利害关系，照样会翻脸无情甚至可以假传圣旨把何进的官职免掉。

2. 袁绍屡次建议何进清除宦党，是不是表示他立场十分坚定呢？

不错，一路看来，袁绍为人有原则，有立场，态度也很坚定。但再往后看就会发现，完全不是这么回事。一个人，在这个地方表现得可圈可点，让他换个地点和环境，说不定就会乱七八糟。所以我们常常讲，一个人换了座位就等于换了脑袋，换了立场就会产生不同的观点。袁绍此时不是领导，所以他表现笃定，而以后当了领导，各位可以看到，他比何进还要糟糕，完全是绣花枕头。

当然，这是后话。现在这么说只是希望大家明白，看人不要看一时，要看长远。不要看他一时的表现，就认为他方方面面都会始终如一。等到他自己当了领导，独当一面的时候，再以那时候的真正表现来论断才比较保险。

三国之道

看人不要看一时，要看长远。

3. 董太皇太后为什么要垂帘听政?

董太皇太后这么做，我们也不能怪她，因为她事先没有想到，何进会冷不防地当众拥立刘辩为新皇。那她支持的刘协怎么办？虽然她心里一百个不愿意，但孤掌难鸣，所以不敢造次。正当她垂头丧气无计可施的时候，十常侍告诉她，何太后有何进做外援，你难道没有娘家人可以依靠吗？何太后有刘辩，你不是也有刘协吗？刘协难道比刘辩差？听了这些话，董太皇太后很动心，就问十常侍该怎么办。十常侍说，你也可以冷不防地宣布立刘协为陈留王，然后垂帘听政，看她何太后能奈你何。人在这个时候，什么主意都听得进去，尤其是董太皇太后平常对整体情况掌握得不是很好，所以更容易让人家说动。

我们应该记住，人最好没有私心，最好不要完全只想到个人小小的利害关系，否则就会利令智昏——人在利益面前会丧失原有的智慧，变得昏头昏脑，任由人家摆布，最后成为斗争的工具。那是非常划不来的。

4. 何太后劝董太皇太后不要多理朝政，董太皇太后为什么不听?

董太皇太后不是不听，而是根本听不进去。其实，很多人在这种情况下都是听不进去的。她心想，你有什么资格来教训我，你还不是在为自己的儿子争权夺利？尤其她们对彼此的底细都很清楚，从心底看不起对方，再加上双方都很激动，当然是话无好话，把以前的老底丑闻统统都挖出来了。在这种情况之下，她们不可能心平气和地谈问题。

如果她们心平气和，仔细思虑一番，就会明白只有合作才能互利，一旦斗争，最后必将两败俱伤。但她们不够理性，不够冷静，即使何太后讲的话有道理，董太皇太后也是听不进去的，更不可能达成那样的协调。

5. 何太后为什么说此一时也，彼一时也?

我们常常讲，此一时也，彼一时也，这句话似乎很寻常，但在此时，却含有警告的味道，分量是非常重的。何太后说，以前先皇尚在的时候，你是先皇的妈妈、我的婆婆，你可以借皇帝儿子的势来威胁我，现在不一样了，我儿子做了皇帝，你要搞清楚这点。

但董太皇太后没想到这些，她以为此一时也，彼一时也，仍是平常的一句话，心想，这句话谁不知道，还用你说吗？结果害死了自己。

6. 董太皇太后为什么说何太后难道也敢杀她?

董太皇太后这句话对何太后而言是一种暗示，分明是告诉何太后——你可以动脑筋杀我。她不这样说，何太后或许不会这样想，她这样一提，反而点醒了何太后。

中国人常讲一句话，叫作心想事成。从这个角度来分析，就更可怕了。因为董太皇太后暗示何太后可以杀她，老天一听，既然这样，那就让何太后杀死你好了。这不是很悲惨的心想事成吗？所以，饭可以多吃，话千万不能乱讲。多吃几碗饭，了不起撑的肚子疼，一阵子就过去了。而乱讲话，谁都避免不了要承担恶果。董太皇太后只说我不听你的就好了，何必偏偏说难道你敢杀我呢？她这样说对自己非常不利。所以读《三国演义》，应该从精彩的对话当中吸取有价值的经验。我们一路看过来，很多人都在乱讲话。何进乱讲，最后死得很惨；何太后乱讲，董太皇太后也乱讲，最后都承担了相应的恶果。

如果董太皇太后改变观念，承认何太后讲得有道理，但也劝她不要逼得自己无路可走，因为她们其实是同病相怜的——董太皇太后在儿子死后无依无靠，何太后不是也会有这一天吗？两人如果就事论事，好好协调一下，其实对整个朝廷的安定、百姓的幸福，都是非常有益的事情。偏偏她们从来不想这些，只看到眼前的利益，眼界和格局都太小了。可是她们整天待在深宫，不是跟太监打交道，就是吆喝宫女做东做西，能有什么见识？可见，是整个体制有问题，不只是她们两个人不对而已。

情景说明

翌日，何太后以董太皇太后原系藩妃为由，令其迁往河间。被遣送到河间后，董太皇太后一夜之间头发全白，神情呆滞，继而又收到何进送来的毒酒，无奈之下只好饮而毙命。十常侍听说董太皇太后被何进毒死，分析厉害关系后，决定先除何进。

袁绍又向何进提议清除宦党，何进说何太后不许。袁绍又建议请江湖之士扫除宦党，何进大喜。但曹操反对请外兵进京，说清除宦党一狱吏足矣，只需剪除元凶，不必尽数除之。何进讥笑曹操乃宦官之后，故而怀有私情，曹操大怒而去。

董卓上表除宦，众人皆知其恶行，且与十常侍关系密切，所以都反对董卓进京。但何进主意已定，不听劝告。无奈之下，很多人辞官而去。

要点解析

1. 董太皇太后为什么突然变得那样苍老？

中国人常讲，人活一口气。气如果泄掉了，整个人就会垮掉。当初，伍子胥一夜之间头发变白，也是如此。现在董太皇太后夸下海口，对何太后说你敢杀我吗？没想到何太后真的来杀她了。明眼人看到何太后命董太皇太后离开宫廷，搬到原封地去，就知道她是要准备动手了。董太皇太后心里也明白，一日离开宫廷，自己的性命也将不保。

我们千万要记住，一个人的声势有多大并不重要，重要的是旁边支撑你的力量有多大。坐轿子的人要靠抬轿子的人，才能够轻松愉快地行动。做任何事情，也都需要周围的人把你捧起来，他们多出一点力，多拉你一把，你才可能成事。董太皇太后就没有想到这点。她只是觉得量何太后也不敢把自己怎么样，万没有想到何太后竟来真的了，所以一下子泄了气，突然间苍老起来。

2. 何太后为什么要毒死董太皇太后?

中国人有一句话，叫作斩草除根。如果只是把草烧掉，明年春天它还会发芽，又会生长。历史上也有很多这样的现象。一个人如果父亲被杀，那他几乎没有别的选择，只有从小勤练武功，然后一生只为一个目标而奋斗——替父报仇。正因为如此，有些人才会那么残忍，要么不杀，要么斩草除根，连小孩都不放过。惨痛的历史经验告诉我们，非如此不可。照理说，皇帝被废黜不就行了吗？不行，废黜还不算，一定要杀死才行。哪怕是亲兄弟，一个当了皇帝以后，害怕另一个不服，也要除掉才肯罢休。因为不服的话就会拉帮结派，背后搞鬼，那不是很麻烦吗？

所以，我们也不能怪何太后，她也是为儿子着想。好不容易当上皇帝，只要董太皇太后一天不死，就有可能结成势力卷土重来。因此何太后一不做二不休，决心斩草除根。但在宫廷里面把董太皇太后杀掉，传出去无法对天下人交代，而董太皇太后一旦离开皇宫，回到原封地，在那个地方下手，大家根本不会知道。可见，董太皇太后的这种命运，几乎是逃不掉的。

3. 宦官为什么还是要杀何进，何进不是对他们很宽恕吗?

何进此时的势力很大，虽然对这些宦官很宽恕，但他们生活在这股大的势力阴影下，觉得非常卑微，非常可怜。他们最要紧的就是能够做一些事情，借此找到新的可依靠的力量，并且这个力量同样需要借助他们。

于是，他们想来想去，认为只有把何进除掉，才能够为所欲为。因为何进一天不除，就会跟何太后两股势力结合在一起，他们将无能为力。所以，宦官纯粹为了自己的利害关系，经过再三密商，决定要把何进除掉。

4. 袁绍再度表明清除宦官，何进为什么不依?

人在处理跟自己没有太大利害关系事情的时候，都很理智、很客观，这就是旁观者清，所以袁绍此时能够比较客观地分析利弊。而何进就是当局者迷了，因为这事跟他密切相关，又顾忌何太后的主张，所以对袁绍的话根本听不进去。而且在他看来，这些宦官也掀不起什么风浪来。在这种情况下，尽管袁绍一而再，再而三地劝他，也无济于事。

由此可见，人还是要靠自己。别人虽然可以建议提醒，但最后怎么做，以及产生的后果，都要自己承担责任。不管在什么环境，不管居于什么位置，一定要记住，自己要负起最后全部的责任，旁人只能从中协助，给你一臂之力而已。

5. 何进说曹操是宦官之后，妥不妥当？

何进这样说非常不妥当！相信何进平常也不是这样，他跟曹操关系一直不错，曹操又是一番好意，何进不听就算了，何必这样挖苦人家，刺痛人家呢？人最怕被戳到痛处，所谓痛者愈痛，就是这个道理。何进这种做法，是对自己非常不利的一种表现。他得意忘形，认为我就挖苦你了，你爱怎样就怎样，能奈我何？其实，这样做最后倒霉的一定是何进自己。

曹操的祖上跟宦官确有关系，虽然这段历史现在看起来并没有什么，可当时正是清除宦官势力的时候，因此显得尤为敏感。何进可以怀疑，曹操会不会因为祖上跟宦官有密切关系而站在宦官那边？但这种疑问只能在心里想，绝对不能讲出来，因为任何人都受不了这样的诘问。一个人过分伤害别人，最后一定会伤害自己，这句话我们再讲一遍，每一句难听的话，迟早都是回头的箭，最后一定会射伤自己。

三国之道

每一句难听的话，迟早都是回头的箭，最后一定会射伤自己。

6. 董卓奉召进军除宦，大家为什么弃官而去？

如果董卓是突然冒出来的，大家不知道他的底细，可能还不会有这种立即性的反应，因为大家搞不清楚他这个人如何，可以等他来了再说。可现在不是这种情况，董卓臭名昭著，大家听得耳朵都出老茧了。谁都知道他脸上带着笑，心里藏着刀，把这样的人召进来，不是比十常侍更糟糕吗？况且董卓跟十常侍的关系非比寻常，什么人都可以召，怎么可以召他呢？但是，何进糊里糊涂，偏要把他召来。按理说，就算有十个十常侍，何进作为大将军，凭自己的力量也足以清除，可他顾虑何太后的想法，不肯这么做，然后又出这种招数，召来董卓，使事态变得越来越糟糕。

群臣心里想，董卓一来，我们根本无法做事甚至连性命都难保，因此连官都不做了。这些人是有先见之明的，懂得未雨绸缪的道理。此时辞官而退的人，以后都没有受到什么连累，而那些执迷不悟，持有观望态度，想等董卓来了再说的人，将来必将受到很大的牵连。

情景说明

十常侍跪求何太后保命，说何进欲引董卓入京杀他们，让何太后宣何进入宫，他们好当面向何进赔罪。何太后中计，依言而行。

何进手下众人都认为此乃十常侍所设之计，因此劝他不要入宫。但何进却认为不必多虑，连袁绍、曹操之言也听不进去。袁绍等人本欲带兵随何进进宫，但除何进外，其他人都被十常侍拦在宫外。何进一进宫就被十常侍杀害了，袁绍等人见此，立刻杀进宫去。混乱之中，刘辩和刘协被十常侍带走，何太后也被他们所挟持。曹操听闻皇上和陈留王不见了，立即派人去寻找，发现他们二人躲在草堆里。众人还未来得及回宫，就碰到董卓领着部队浩荡进京，相伴左右的乃李儒和李肃二人。见到皇帝在此，董卓下车行礼，言语交谈之间，董卓见刘协说得头头是道，便隐约有了更换新君的想法。

要点解析

1. 何太后为什么召何进进宫，难道她不重视兄弟的安危?

何太后当然不会不重视何进的安危，第一，他们是兄妹；第二，他们现在互相利用，互相倚重；第三，她知道自己在外廷事务的影响有限，而皇帝那么小，需要哥哥代为主持局面。因此何太后不可能站在十常侍一边，想要害死自己的哥哥，她只是没意识到十常侍会对何进构成威胁。

何太后完全没有警觉性，这是非常不好的现象。可是这能怪她吗?

她长期生活在很小的范围内，根本不知道外面到底是什么状况。可见，中国人以前主张男主外女主内，是有道理的。一个人如果常在外面走动，知道外界的情况，就算以前称为女流之辈，现在叫作女士、小姐、妇女，要主外当然也可以。如果信息很闭塞，只知道家里面的事情，很少跟外界打交道，那最好还是不要参与外面的事情。这只是一个分工而已，并没有轻视女性的意思。

在何太后看来，董卓进宫就进宫，有什么了不起？却不想她要十常侍去找何进，十常侍为什么找出很多理由，反要何进进宫来。当然，何太后没有这么高的警觉性也属正常，因为一个有高度警觉性的人，不可能只看到这么少的利害关系。我们从这个角度来看可以知道，一个人见识浅薄，斤斤计较于小事情，警觉性自然很低。

2. 何进为什么坚持要进宫，曹操力劝也不接受?

这就是何进没有警觉性的又一表现。这种错误，比何太后犯得还要严重，很值得我们注意。何太后让他不要杀十常侍，何进尊重妹妹，自然可以不杀，可是不能完全就没有顾虑了。他应该想到妹妹为什么无缘无故，这个时候召他进宫？他可以推说身体不适，先派人前往打探一下情况再说。可他完全没有警觉性，根本没有防人之心，这种人还有资格辅佐朝政吗？还能办成大事吗？所以，何进丢了性命，却不值得同情。

何进是典型的草包，这也说明了一个问题，一个人如果没有相应的实力，最好不要占那个位置。即使得到了高位，也应该多加谨慎、多加小心，而不是胆大妄为。我们有时候笑张飞鲁莽，可他鲁莽有鲁莽的本钱，因为他说打就打，很少碰到对手。而何进没这个本钱，却又鲁莽行事，因此不能跟张飞相提并论，只是幼稚、可笑而已。

3. 何进为宦官所杀，有什么启示?

何进为宦官所杀，证明了一句话——天下没有不可能的事情。

何进自始至终都不相信这些宦官敢杀自己，因为有妹妹做担保，何太后曾当面告诫十常侍，他们也都服服帖帖，况且蹇硕也被杀掉了，说明那些宦官是真的想归顺了。既然十常侍已经依附到何进这边，最起码也会依附到他妹妹这边，他又对他们很宽恕，那他们还想杀他吗？何进当时认为那绝不可能。

可他没有想到，皇宫的大门一旦关闭，里面的局势就很难掌控了。十常侍当中哪怕蹇硕死了，还有九个人，一起拿武器对付他一个人，他又能怎么样？如果换成张飞，管你九个人还是十个人，全不在乎，但是何进根本没有这个本事。其实当何进随从的护卫被挡在门外时，何进就该提高警觉，想想为什么要这样？有这个必要吗？但他没有这些想法，所以简直是跟自己过不去。

4. 宦官挟持何太后，皇帝跑到哪里去了？遇见董卓大军是幸还是不幸？

宦官杀了何进，一定会把目标转向何太后，因为只有挟持她，才能够保命。何太后现在成了人质，害怕得要命，可又没有办法。刘协和刘辩两个小孩更是不知如何面对这些问题，只好躲到草堆里去。皇帝做到这个份儿上，也实在是够可怜的。曹操有心搭救何太后，可当时男女授受不亲，他也束手无策。群臣看到小皇帝，顾虑到君臣之礼，也不敢过去碰他，只好跪在那里。

偏偏这个时候，董卓率领大军浩浩荡荡地赶到。他看到汉少帝马上下跪，做出一副很有礼貌的样子给大家看。汉少帝此刻根本不会想到，他碰到董卓其实是很倒霉的，因为董卓对他的第一印象就不好，就有了把他换掉的想法。因此，眼看着悲剧要发生，可谁也救不了他。这就叫形势比人强，一旦形势造成了，谁都没办法挽救。因此董卓造成这个势以后，皇帝也不能把他怎么样。

5. 董卓为什么要让陈留王代替汉少帝？

道理很简单。不单是董卓，换成任何人都会想到，要造就对自己最有利的形势，只有一个办法——废旧立新。因为如果立一个新皇帝，他一定会听自己的话，原来的皇帝却不一定。何况现在又有一个绝好的理由：陈留王年龄虽小，可讲话头头是道；而汉少帝呆若木鸡，连一句像样的话都不会讲。这给董卓废旧立新提供了很好的理由。当然，理由都是人找的，欲加之罪，何患无辞，只要董卓想换掉少帝，他一定可以找到许多理由。只是正当与否，那就另当别论了。

有人认为汉少帝很倒霉，可是如果从长远来看，其实陈留王更倒霉。因为汉少帝痛苦一阵就解脱了，用不着长期受罪。而陈留王后来即位成为汉献帝，忍受了20多年的痛苦折磨，比少帝更加悲惨。所以，幸与不幸，要从不同的角度与时段来看才能论定，不是一句话就能讲完的。

三國之道

幸与不幸，要从不同的角度和时段来看。

6. 李儒的态度怎么样?

陪同董卓从凉州而来的部将当中有两个人，一个是李儒，一个是李肃，这二人一文一武，是董卓的左膀右臂。老实讲，如果没有自己的一班人，董卓敢在京师那样为非作歹吗？因此，董卓常常将二人带在身旁，而李儒就是专门给董卓出馊主意的人，这种人叫作爪牙。李儒歪脑筋动得比谁都快，也非常了解主人的心理，而且很会讲话，可以充分地控制董卓。

董卓问李儒，我欲废旧立新，你觉得怎么样？李儒马上分析了利弊两个方面。他的做法很高明，因为如果表示赞成，将来就要负全部责任，如果不赞成，董卓当时就可能翻脸。所以，他先说了几个好处，董卓听了很高兴。接着，他又补充了不好的地方，说凡是历代把皇帝拥立起来的，最后都不得好死。可是中国人很奇怪，听到这个十有八九都会说是那些人太笨，我比他们聪明，不会发生这种事。但董卓最终也没能逃脱这种下场。

三　恶人怕得势

恶人不得势，还不至于做出大坏事。恶人得势，那就会扰乱社会。董卓废掉汉少帝，拥立汉献帝。从此入朝不拜，带剑上殿。又独揽朝政，欺压百姓。李肃引诱吕布杀丁原投靠董卓，更使得董卓没有顾虑，为所欲为。终于引起满朝共愤，天下同仇。恶人怕得势的另一面解说，其实是恶人得势之后，自己成为众人的最大目标，大概离死期也不远了。董卓所等待的，好像是恶贯满盈的日子一旦到来，就要上断头台，而他自己却茫然不知。

情景说明

董卓欲废少帝而立陈留王，问李儒如何。李儒说此举有二利：一可名垂青史；二可挟天子以令诸侯，进而以谋天下。董卓大喜。李儒又提醒董卓也要慎思其中的一害：凡拥立皇帝者，通常都没有好下场。但董卓认为自己的才智非一般人能比，仍决定废旧立新。

屯兵城外的董卓每日带铁甲马军入城。军士横行街市，滥杀无辜，百姓惶惶不安，董卓见了却大笑不已。后军校尉鲍信去见袁绍与王允，说董卓有异心，应尽快除掉。袁绍和王允觉得此事不可轻举妄动，还待再议。

董卓大摆宴席，宴请百官。待众人入座后，他肆无忌惮地打量各位，说自己初到京都，还请各位照顾一二。百官相互对望，不知董卓葫芦里卖的什么药，都不敢举杯饮酒。董卓大笑，然后厉声说出自己欲废少帝而立陈留王的想法，问众人意见如何。见大家都沉默不语，丁原掀桌而起，说董卓此举简直形同篡逆。董卓大怒，拔剑欲杀丁原，但丁原一旁的义子吕布持戟对其怒目而视。李儒见吕布威武，生怕他伤了董卓，于是赶紧出来打圆场，丁原这才领着吕布甩手而去。

要点解析

1. 董卓名声这么坏，为什么还能当大官？

提出这样的问题还算是客气的，否则就会直接问：为什么像董卓这样的坏人都能当大官？难道老天没眼吗？我们看董卓这样神气，觉得好像是老天不长眼，然而老天是很公正的，它不会偏袒任何人。老天给好人机会，也给坏人机会，等他恶贯满盈的时候再来收拾他，这才是天理。否则稍微做错一点事情，老天就把人收拾掉，那还有谁敢做事呢？所以我们不要以为董卓现在得到好机会，是老天睁一只眼闭一只眼在放纵他，现在的董卓坏是坏，但还没有到恶贯满盈的程度，等到了恶贯满盈的那一天，我们会看到，老天还是有眼的。

2. 到底是李儒坏还是董卓坏？

大家最好用自己的真实反应来检验一下自己的人格特性，这也是我们看《三国演义》的一个很重要的意义。认为李儒坏的人多半都跟上司处得很好，觉得领导永远是对的，该死的是部属，但这种人却跟同事搞不好关系；认为董卓坏的人天生就是叛逆分子，满脑子都是领导的坏，就好像大家认为商人一定要奸一样，这种人大概一辈子都跟上司处不好关系。所以不管是认为李儒坏还是董卓坏，都是对自己很不利的想法。最好的回答应该是两个人都坏，只是看谁该负更大的责任。李儒坏，董卓可以不用他，他出馊主意，董卓不听也就没事了，可是实际情况却恰恰相反，李儒讲的实在话董卓一句都不听，他出的馊主意，董卓却一一照办，可见决定权还是在董卓，因此他要负绝大部分责任。

3. 董卓得到这么好的机会，为什么不能改邪归正？

这个问题值得我们每一个人深思。在中国社会，一个人要成功非常不容易，概括起来不外乎以下两种方式：一种是走正道，一种是走邪道。走正道可以成功，走邪道也同样可以。走正道成功的叫作“顺取”，走邪道成功的叫作“逆取”，两种方式都能够得到自己想要的东西。否则如果天底下只有一条路走，那就看不出谁是好人谁是坏人了。

董卓走的显然是逆取的路，虽然这条路并不正当，可老天也给了他机会。一个人不管是正取还是逆取，千万记住，最后一定要顺守。只有顺守的人才能守得住，逆守的人不可能守得住，可惜包括董卓在内的很多人都不懂这个道理，否则怎么这么快就恶贯满盈了呢？如果董卓逆取之后能够改邪归正，那他后半辈子不但会很好过，而且百姓也能够因此而受益，可他偏偏逆取之后还要逆守，所以最后只能是咎由自取。

一个人一直走正路，要他顺守还比较容易；但是一个逆取的人，要他在关键的时候变成顺守却是高度困难的。正是因为如此，老天才会觉得有这样的毅力十分难得，所以才会再给他机会。

三國之道

一个人不管是正取还是逆取，千万记住，最后一定要顺守。

4. 董卓看见军士横行街市，为什么反而大笑不已？

通常人在得意的时候很容易露出自己的本来面目。当初董卓率大军前来擒王，远远看到皇帝，也是礼节周到，一副诚惶诚恐的样子。如果说那时的董卓还需要做些表面文章，现在的董卓就完全是本性流露了，跟当初的表现相比，简直是判若两人。

很多人都把自己的快乐建立在别人的痛苦上，董卓就是其中之一。照理说他看到军士横行街市应该制止才对，可是他觉得这样才能显示出自己的势力，所以百姓越倒霉，他就越高兴。看起来横行霸道的是部下，实际上这是董卓的心意。要不是他纵容部下，部下也绝不敢如此放肆，可是他以此为乐，部下当然就横行霸道了。

5. 董卓为什么要宴请百官，大家有什么反应？

董卓这次宴请百官，正好印证了“宴无好宴”那句话。在中国，有的饭很好吃，有的饭不容易吃，像董卓宴请的这顿饭，相信很多大臣都是食而不知其味甚至连吃都吃不下去。中国人需要别人帮忙通常都会先给对方面子，要是对方同意那就什么都好说，否则就翻脸无情了。在座的百官都知道董卓这么做是在警告他们：我给各位面子，你们现在好好吃，吃完就要全力支持我，否则就等着好看。中国人的事情通常都不用多讲什么话，因为每个人都心知肚明。我们看多了历史，自然就知道下一出是什么戏，很少有例外的。所以董卓宴请百官，大家都很害怕，不知如何是好。

6. 董卓宣布要废少帝，丁原为什么敢挺身而出，极力反对?

像王允那样的文官，他们手下没有勇将，也没有随从的士兵，光凭自己一张嘴，怎么敢站出来反对呢？在这种情况下，武将通常会比文官表现得更积极、更有力道，因为他们有那种实力。可是在场那么多武将，为什么别人不敢讲，只有丁原敢挺身而出呢？原因很简单，因为他有一个义子——吕布。这就是他的实力，否则估计他也不敢这么做。可见一个人讲话声音的大小，行动是否积极，并非靠他自己一个人，而是靠他所掌握的实力——实力决定一个人的反应力度。果然不错，董卓见丁原旁边站有一员英勇的武将，马上就有了一些顾忌，这才让丁原全身而退。要是换作别人，可能当场就被他一刀砍死了。

情景说明

丁原离去后，董卓又气急败坏地问其余百官立新帝的建议如何。卢植直言他这是篡位，董卓大怒，拔剑欲杀卢植。李儒上前拦住董卓，众人也纷纷劝说。董卓见此立即把剑收回去，并笑说刚才只是开玩笑而已。

不久，丁原起兵讨伐董卓。吕布一上阵就砍伤董卓将领数人，董卓虽败，但对吕布很是欣赏。李肃看出董卓对吕布有收降之意，于是告诉董卓，说自己与吕布是同乡，愿凭三寸不烂之舌劝吕布来降。董卓问李肃打算如何劝降，李肃说需要董卓的赤兔马和一些珠宝。董卓虽不舍赤兔马，但见李肃分析得头头是道，于是决定舍马而得吕布。

李肃送赤兔马给吕布，问他有擎天驾海之才，何故屈居丁原手下。又说遍观群臣，唯有董卓才是真正为国家社稷所想，才是英雄。吕布惊讶之余，觉得李肃说得颇有道理。

要点解析

1. 董卓拔剑要杀卢植，为什么马上又笑得出来?

李儒见董卓拔剑要杀卢植，马上就想到对这样一个有名望的人下手，肯定会对董卓的名声造成很负面的影响，可是他又不便直接制止，所以就用另外一种方式提醒董卓，说今天大家只是聚一聚，不谈这些事情。董卓不像有些人那样，情绪来了便控制不了自己，他一听李儒这话，马上就明白了其中的利害关系，于是立刻把剑插回去，并嬉皮笑脸地说刚才只是开玩笑而已，让众人不要当真。这种一会儿哭，一会儿笑，反复无常的特性，说难听点就是一种豺狼的性格，完全是以利害关系为标准。

2. 董卓为什么急于要得到吕布?

董卓好不好是一回事，但他的聪明却是不可否认的，否则也不会坏到这个地步。他不用细想就意识到，所有的关键就在吕布一人而已。如果吕布站在自己这边，十个丁原也不敢出来讲话。想杀卢植就杀，谁又敢怎么样?可是吕布站在丁原那一边，他要杀了卢植，丁原就会有充分的正当理由来反抗自己，到时候吕布一出来，他又没辙了。因此董卓现在才会这么急于得到吕布。

3. 李肃为什么要劝说吕布来降?

李肃与李儒一同随董卓从边区来到洛阳，彼此之间有一种无形的竞争。但是我们看到，到现在为止一直都是李儒在表现，李肃没有什么机会。这次他想到自己与吕布有过一面之缘，还算有点交情，因此想利用这个机会立一次功给董卓看看，这也是人之常情。于是他就自告奋勇地告诉董卓，说要得到吕布并不难，自己愿凭三寸不烂之舌去说服他。董卓当然求之不得。

万事都是时机成熟的时候才会水到渠成。如果董卓现在不需要吕布，那李肃再怎么去讲，董卓的反应都会很冷淡，就算让他去试试，到时候吕布能不能来也无所谓。可董卓心里正想得到吕布，而李肃又说自己有办法，董卓听了当然很高兴，于是让李肃赶快去把吕布拉拢过来。

4. 董卓为什么舍得把赤兔马送给吕布？

董卓好不容易有一匹好马，当然不舍得轻易送人。刚开始李肃让他把赤兔马送给吕布的时候，他也是一百个不愿意。可是李肃说一个武艺高强的人，最需要三样好东西：一是好兵器，现在吕布有件很好的武器——方天画戟；二是好盔甲，这个比较容易弄到；三是好战马，而这正是吕布目前最缺的。因此把赤兔马送给吕布，最容易打动他的心。董卓虽然觉得有道理，可也并没有马上答应，而是对李肃的话将信将疑，于是便问李儒意见如何，可见在董卓的心目中，李肃的地位远不如李儒。李儒很了不起，他装模作样想了半天才说应该给。如果他不假思索就说应该送给吕布，那董卓就会想：我的马，你当然不会珍惜了。现在董卓见李儒考虑了半天才说该给，那他还犹豫什么呢？于是同意将赤兔马送给吕布。

5. 吕布为什么那么容易被李肃说动？

大家千万不要以为吕布被说动是因为李肃口才好，很有说服力。如果不是吕布自己动心，李肃再怎么高明也说不动他。换作去劝关公来降，关公一定会把李肃杀掉，因为他与吕布的个性完全不同。

吕布被李肃说动，并不是李肃能干，而是吕布内心不坚定。吕布最关心的是能不能当更大的官、得到更多的报酬，完全是个唯利是图的小人。现在李肃将赤兔马和一些珠宝送给他，又许诺会给他更大的官职，他一听就动心了，说自己只是没机会跟随董卓而已。李肃马上顺水推舟，说我替你引见。两人一拍即合。

6. 李肃说当今只有董卓才是英雄，吕布为什么大吃一惊？

吕布这人既没有头脑，也没有眼光。他跟丁原在一起，什么都听丁原的，丁原说董卓是坏人，他就以为董卓是坏人，非常幼稚无知，完全有勇无谋。这种人历史上也有很多，下场多半都很可怜。

吕布自以为是个英雄，但单凭武艺高超是不足以成为英雄的。所以当李肃说当今只有董卓才是英雄时，吕布大吃一惊，以为李肃是在胡说八道，也一百个不相信。后来见李肃送他这么多东西，还许以高官，又立马信以为真。可见浅薄的人很容易从极端的不相信变成极端的相信，吕布就是这样的人。

三国之道

浅薄的人很容易从极端的不相信变成极端的相信。

情景说明

李肃见吕布仍有些顾虑，便强词为董卓立陈留王的行径找理由，还说若投靠董卓，官位定在他之上。吕布被李肃说动，决定去投靠董卓，却苦于没有门路。李肃赶紧拿出一袋珠宝，说此珠宝和先前的赤兔马都是董卓所送，而且赤兔马原先还是董卓的坐骑。吕布觉得董卓待他不薄，大为感动，却羞于自己寸功未建，没有可觐见之礼。李肃趁机说其实功在翻手之间，董卓最想除掉的人就是丁原，就看他吕布愿意与否了。吕布明白了李肃的意思，当夜就斩下丁原的首级献给董卓，又跪拜董卓为义父。董卓大喜，封官赐金甲锦袍给吕布。

次日，董卓又召集百官讨论废少帝而立陈留王之事，并让吕布领兵护卫，有不从者斩。然而即使如此，袁绍仍明指董卓是在谋反，让董卓大为光火。

要点解析

1. 吕布为什么改变对董卓的观感，李肃为什么许以官职?

吕布是个没主见的人，很容易相信别人说的话，因此经常摇摆不定。当初他对董卓的印象很不好，现在却突然来了个180度的改变，这不是因为李肃口才好，说动了他，而是他自己心动了。他想自己跟着丁原，什么好处都没得到，而李肃的武艺虽不如他，但跟了董卓后，官职却比他还高，因此就心动了。

我国古代的很多官职都是皇帝一高兴就可以封的，一直到清朝还是这样，有需要就封官，没有什么制度可言，而汉少帝在位时并不是他说了算，而是董卓说了算，所以李肃这才胆敢对吕布许以官职。

2. **李肃叫吕布杀丁原，吕布为什么不提高警觉?**

吕布非常现实，他见董卓连自己的坐骑都送给他了，还送给他那么多珠宝，自己要是空手而去，那怎么好意思呢？这时李肃就趁热打铁地说想建功很容易，现在董卓最不喜欢的人就是丁原，只要杀了丁原，董卓定会喜笑颜开。李肃居然让吕布去杀自己的义父，可见心有多黑。可惜吕布没有丝毫警觉，他理应觉得杀谁都可以，就是不能杀丁原才对，因为丁原是他的义父。干儿子去杀自己的义父，传出去那还得了？但吕布偏偏就那么做了，可见他糊涂幼稚到了极点，难怪后来大家都看不起他。照理说，在《三国演义》的人物里，吕布的武艺是相当高强的，可我们很少有人会说去学吕布的武艺，就是因为他的人品不行。在中国，人品不行，武艺再高强也没用。

三國之道

在中国，人品不行，武艺再高强也没用。

3. **吕布杀丁原的后果如何?**

我们可以从张飞一见到吕布就骂他是三姓家奴而知道：后果很严重。吕布本姓吕，拜丁原为义父后又姓丁，现在又拜董卓为义父，又姓董，一个人三个姓，所以张飞才会骂他三姓家奴。父亲岂是可以随便换的，姓岂是可以随便改的？可吕布就是这样的人。他现在完全没有警觉心，将来也一定会自作自受。

4. **吕布拜董卓为义父，董卓为什么也没有警觉心?**

妙就妙在这里，董卓和吕布一样，都没有警觉心。

李肃让吕布去杀丁原，吕布也不想想自己怎么可以做这样的事，李肃又凭什么让他做这样的事，居然当夜他就把丁原杀掉了，没有丝毫的警觉心。

董卓见吕布杀了丁原又拜自己为义父，原本也应该提高警觉：你安的什么心？是不是也准备把我杀掉？可他不但不警觉，反而喜笑颜开。只想到事情好的一面，却完全没有想到糟糕的一面。事实证明，将来一报还一报，董卓也被吕布杀掉了。

5. 董卓再度邀集群臣，拥立新君，袁绍为什么坚决反对？

董卓收了吕布后威势大增，于是再度把群臣请来，商议拥立新君的事，心想：这次还有人敢反对吗？谁敢反对，丁原就是前车之鉴。果然不出所料，大家都默不作声。正当他得意之时，万没有想到袁绍又起来反对了。

为什么袁绍上次不反对，这次却要反对呢？原因很简单。拿动物来说，一个笼子里关着五六只鸡，总有一只鸡老去啄别的鸡，如果把这只“坏”鸡拿走，笼子会得到暂时的平静，但用不了多久又会出现这样一只鸡。为什么这只鸡刚才还乖乖的，现在却变得这么坏呢？就是因为它们老大在的时候它就乖乖的，现在老大被抓走了，它就变成老大了，道理就这么简单。

人也是这样，一个群体里总要有一个人来当老大，做老大应该做的事情。老大在的时候，老二没必要强出头。可是老大走了，大家都看老二的态度。现在丁原死了又冒出一个袁绍，就算把袁绍杀了，也同样会冒出另外一个人，这是必然的事情。否则老二再不鼓起勇气站出来，谁还会站出来呢？因此即使不是硬汉的袁绍，此时也鼓起勇气站了出来。

6. 吕布产生了什么作用？

如果大家认为吕布能够帮董卓完成心愿，那就全错了，吕布是来把董卓送到坟墓里去的。要是没有吕布，董卓很多事情都不敢做，最后也不至于死得那么惨、那么快。可是有了吕布后，董卓为所欲为，什么都不怕了，很快就恶贯满盈，到达了人生的终点。这是他不够警觉，没有预想到的后果。

有个帮手很正常，但要看清他帮的是哪一方面。有的人帮你越来越有尊严，而有的人却是送你上西天的，一切在于自己的选择。

情景说明

九月初一，董卓准备举行换帝仪式。他请汉少帝到嘉德殿，并大会文武。大臣们刚入殿，伍孚就因不满董卓逆反，持短刀向他刺去，却反被吕布擒住。董卓大怒，一刀刺死了伍孚。

换帝仪式照计划进行，董卓让李儒宣读策文后便逼汉少帝退位，扶陈留王登帝位。何太后承受不住打击，拔刀自杀。董卓被封为相国，从此入朝不趋，剑履上殿，夜宿皇宫，秽乱内廷，引起了满朝共愤，天下同仇，一场针对董卓的斗争开始了。

要点解析

1. 吕布助纣为虐，有什么启示？

吕布有勇无谋，容易受人摆布、被人利用，这是他自己要承担的后果。但是谁用这样的人，后果都会很可怕。丁原用他，后来死在了他手上，现在董卓用他，最后也死在了他手上。照理说，就算董卓很希望得到吕布，可在听到吕布二话不说就把自己的义父杀死后，应该大吃一惊才对，觉得把这种人摆在自己身边是很可怕的事，可是前车之鉴似乎没起任何作用，董卓完全没有这种想法，这就注定他的结局会很悲惨。

一个人再有本事，也应该看看他的品性怎样。现在很多人奉行能力本位，谁能够赚钱就用谁，这是很不明智的做法。从董卓的结局可以看出，用人唯才的下场通常都很惨。正确的用人原则应该是先看他品德高不高，然后再看他才干好不好。品德高的人，才干越好越有用；品德低的人，才干越好越可怕。吕布就是一个典型的案例。他武艺很高，可是品德不行，最后害死的都是重用他的人。用人唯才，给品德低劣的人机会，就是搬起石头砸自己的脚，自作自受。

三國之道

用人唯才，给品德低劣的人机会，就是搬起石头砸自己的脚，自作自受。

2. 汉少帝被废，是祸是福？

汉少帝，顾名思义，就是他还太年轻了，或是当皇帝的日子太少了。董卓想换掉汉少帝，并不是因为汉少帝有什么不好——他根本没有时间表现，怎么知道是好是坏？而是董卓自己想要当皇帝。

我们可以说汉少帝被换是祸，因为这个皇位本来就不是他想要的，当初大家没征得他的同意就硬把他扶上了位，现在自己又没做什么错事，说废就被废了，心里一定很委屈，觉得自己完全是在受大人们的摆弄。可是与后来接位的献帝相比，与其那样长时间地活受罪，还不如早早地退位。从这个角度看，汉少帝被换又是福了。可见究竟是福是祸就看你自己怎么看。

3. 汉少帝被废，最痛苦的人是谁?

当然是他的亲人。中国人有一句话叫作“亲者痛，仇者快”，同一件事情，立场不同，感受也会不一样。对董卓来讲，废汉少帝而立陈留王是件高兴的事，但是对汉少帝的家人尤其是处心积虑将他扶上帝位的何太后来讲，无疑是五雷轰顶般的打击。

4. 汉献帝被拥立又是祸是福?

汉献帝是由当时的董太后带大的，董太后一直灌输给他以后一定要当个好皇帝的思想，而且他自己也觉得自己可以当个好皇帝。当他看到董卓时，显然一副皇上的架式，可见他内心隐隐约约已形成了皇帝意识，所以言行举止看起来都像个皇帝。不过这也是他自找麻烦，自寻倒霉，因为凡是被坏人一眼看上的都是倒霉鬼。汉献帝被董卓看上，拥立为新君，表面上看似乎如愿以偿，当上了皇帝，实际上却是被董卓所利用，长久凄惨的日子才刚刚开始。

5. 李儒有什么权力宣读策文?

照理说，官职各有分工，策文不应该由李儒宣读才对。可是，一朝天子一朝臣，皇帝一换，所有的官职也都要随着换了。有人批评这个制度不好，但古今中外一直都保留着这个制度。美国的民主党当选了，就会立刻把共和党的人换掉，要是共和党当选了，也同样会把民主党的人换掉，这也是一朝天子一朝臣，普天之下都是如此。

董卓掌权后，首选李儒替他宣读策文，因为李儒百分之百地忠于他。李儒上去大方地宣读策文时，也没有人敢出来反对，大家都心知肚明，知道反对也没用。要是董卓让一个不可靠的人去宣读策文，一旦他脱稿演讲，不照文字念，或者上去就说汉少帝自登基以来，并没有什么过错，大家应该继续拥护他，那不是坏了董卓的大事吗？所以董卓让李儒去宣读策文是必然的。

6. 董卓废旧立新，祸福如何?

现在正是老天考验董卓的时候。董卓废旧立新，老天也没有反对，而且还给他一个好机会，让他好自为之，辅助新君，治理国家，千古留名。因为老天认为老百姓觉得好才是真的好，这才是中国式的民主，跟西方式的民主不一样。老天本身没有意见，完全看老百姓的意愿是什么。老百姓愿意过太平日子，想有一个能够做主的君王和一个能够辅佐君王的贤相，要是董卓能全心辅助，献帝也全力配合，君臣一心为老百姓谋福利，那也未尝不可。老天对这些没有意见并不是表示它没有是非，而是它认为只要老百姓觉得好，怎么样都可以。可董卓怀有私心，不为百姓着想，更不为汉室着想，巴不得赶快把汉献帝也废掉，自己来做皇帝。结果大家很快就会看到，跟他的想法完全相反，可见老天还是公道的。

四　诳言害自己

曹操一生最后悔的事情，恐怕是杀害吕伯奢一家人之后，竟然说："宁教我负天下人，休教天下人负我。"就算他并非真的这么想，而是骗人的诳语，也着实害了他自己。因为一个人有了这样的人生观，无论做出多么伟大的事业，都将令人想起来就寒心，谁也不敢相信这样的人。他慷慨激昂，决心刺杀董卓，何等英勇。陈宫为了表示钦敬，舍弃县令的官位，冒着被通缉的危险，陪曹操出走。就是为了这一句话，离曹操而去。言为心声，一个人所说的话，代表他的形象和声誉，千万不能大意。

情景说明

袁绍在渤海闻知董卓弄权，写密信给王允，谋划诛杀董卓。

不多日，王允以做寿为名，宴请旧臣。酒过数巡，王允忽掩面大哭。众官惊问他何故发悲，王允说今日并非自己诞辰，只恐董卓见疑，故托言庆寿。而后又感叹汉室传至今日，却将毁于董卓之手，说完便号啕大哭，众人也跟着痛哭。此时，座中一人却抚掌大笑。王允视之，乃曹操也。王允责其不思报国不说，反讥笑在座的各位。曹操说他是笑各位竟无一计杀董卓，而他愿意即杀董卓，悬之都门。王允请曹操去密室细谈。

密室中，曹操说自己除董卓不用一兵一卒，但需借王允的七星宝刀一用。王允见曹操想效法伍孚行刺董卓，觉得此计不可行。但曹操认为董卓只会防敌人，不会防亲信之人，因为亲信之人，防不胜防。而自己屈身事董卓，已深得董卓信任，完全可以伺机将其杀掉。

要点解析

1. 王允做寿，为什么痛哭呢？

正常情况下，做寿应该是一件很高兴的事情，而王允却痛哭流涕，这就意味着此次寿宴是不正常的，其中一定有很多纷杂的事情，要么将要宣布什么大事，要么将要采取什么行动，这样大家才会集中注意力。否则，寿宴上朋友之间只顾谈笑，很少会注意主人讲什么。所以王允刚一坐定，就大声痛哭。大家果然很惊讶：这是唱的哪出戏？

原来王允根本不是做寿，而是借做寿之名把大家请来。当时迫于董卓的权势，王允不敢公然发布通知，明目张胆地邀请群僚到家中商谈国是。就算他敢发布这样的通知，群僚也不敢来，因为一旦消息走漏，董卓很可能会采取行动，把王允的家包围起来，将他们一网打尽。那样的话，王允就成了历史上的罪人。

所以，王允这样做是不得已的，这是唯一行得通的途径。他邀请大家参加寿宴，大家不会多想，就算传到董卓耳中，董卓也会觉得做寿而已，没什么大不了，王允不邀请我，是因为我刚来，跟他没有什么特殊交情，不方便请我而已。而李儒这些人也不会小题大做，因为如果把做寿都当成大事，那恐怕就忙不过来了。

2. 王允假做寿之名，宴请同僚，是不是欺骗？

如果小孩子认为这是欺骗，那还情有可原。可如果成年人也这样认为的话，那就说明你每天都在骗人。王允这样做，跟欺骗有什么关系？很多人总是把事情解释得太方正，好像不实在做事就是欺骗，其实有时候并非如此。此次王允就是为了保全大家，方便大家，尊重大家，才这样做的。

我们做事情之前，一定要考虑到结果。你讲实在话，讲到最后大家都很生气，认为你在欺骗，那不是欺骗都成了欺骗；你讲不实在的话，讲到最后大家都认为很好，幸亏你这样讲，要不然就糟糕了。

所以中国人碰到非常为难的事情时，在不得已的情况下，通常不会讲实在话，但这绝对不是欺骗，这点大家一定要彻底搞清楚。这也是没有办法的事情，是不得已的做法。如果王允当时讲实话，同僚反而不敢来，正是这种不实在的话，既能方便别人，又能达到自己的预期效果。

在得知事情的原委后，相信所有参加宴会的人都会说，难怪王允去年下半年过了生日，今年上半年又过，原来这其中是有隐情的，从而自然会接受王允的做法。

面对董卓逆行，如果大家都不做事情，那就是没有尽到自己的责任，现在王允想方设法把同僚找来，大家觉得眼前正是个好机会，于是纷纷讨论应对措施。

3. 曹操大笑，王允为什么要痛骂他?

人往往认为自己做的事情都是对的，别人做的都是错的。王允凭什么骂曹操？难道许你生日大哭，就不许曹操大笑吗？当然可以。王允哭是假的，为的是引起大家的共鸣。但大家谈论半天，说出的都是些书生之谈，没有真正可行的办法。曹操此时纵然有好的建议也没用，因为人家根本不会重视，因此他干脆采取跟王允如出一辙的方式，你大哭我就大笑，目的都一样，就是为了吸引大家的注意。

但王允一定要骂曹操，说我们正在这里费尽苦心想办法，你为什么大笑不已？王允骂曹操，不是说曹操不可以笑，言外之意是难道你跟我们不是同道吗？所以很多事情我们不能光看表面，而要深层次地了解其背后真正的用意。

4. 王允把宝刀给曹操，难道不怕曹操骗他吗?

曹操说，你们在这里想半天也没用，我一个人就能完成这件事，无须劳师动众。王允寻问其详，而曹操此时根本不会回答。因为那么多人在场，再好的计策，一旦走漏风声就破局了。王允马上警觉到这点，说今天到此为止，请大家先回去，然后单独把曹操留下，领到密室中，让曹操感觉很安全，再请他道出详情。

曹操说，很好办，借你宝刀一用，我把董卓暗杀掉就好了。王允摇头说，不可能，董卓防卫那么紧，旁边又有个吕布，极难接近。王允讲得很在理。但曹操却说，如果我跟大家一样，跟董卓有很远的距离，当然杀不了他。要想靠近董卓，只有先在表面上配合他，取得他的信任，这样做并不是背叛大家，我也是吃汉室的俸禄长大的，不可能做这种事。我早就处心积虑地奉承董卓，现在好不容易取得了他的信任，可以接近他了，当然可以伺机下手。曹操也讲得非常理直气壮。

王允会不会怀疑曹操把宝刀骗走后不去行刺，自己又不能向他讨要？他敢公开说，把宝刀还给我吗？当然不敢，因为这是为了刺杀董卓才借给曹操的，即使没有下文，王允也不敢问。那不是吃闷亏吗？王允可能会这样想，但对比之下，他宁可选择相信曹操，就算被骗也心甘情愿。人在这个时候就应该这样，中国人把这种做法叫作顾全大局。大局当前，很多细小的事情根本无须考虑。所以，我们绝不能说王允被曹操骗了，曹操说得冠冕堂皇，最后把宝刀拿去什么事都没做成。

三国之道

大局当前，很多细小的事情根本无须考虑。

5. 王允刚开始不以为然，后来又极力赞成曹操的意见是什么道理？

王允的反应跟吕布不一样。吕布或偏向这边或偏向那边，完全是基于私心，基于自己的利害关系。但王允不是，他只有一个目标——除掉董卓。刚开始他怀疑曹操做不到，并非怀疑曹操的能力，也非怀疑曹操的诚意，而是怀疑曹操没有机会完成这件事情。后来一听曹操这番话，联想到曹操最近的行踪确实有点儿可疑，好像完全偏向董卓那边去了，才明白原来是这么回事，于是就相信了曹操。这是很正常、很理性的一种改变。

6. “亲信之人，防不胜防”，有什么启示？

从曹操的说法可以知道，只有接近董卓，获得董卓信任的人，才有下手的机会。再看社会上的事情，凡是害你的多半是旁边的人，其他人哪里有机会？这就叫防不胜防。从很多案例可以看出，陌生人很难偷到你真正宝贵的东西，所以警察办案的时候，多半以受害者亲信的人作为嫌疑对象。可以说，造成这种情况是我们给人家机会，而不是人家起坏心眼，这样想才对。

现在是董卓给曹操机会，而不是曹操绞尽脑汁找机会去刺杀董卓。因为如果董卓不信任曹操，不给他接近的机会，刺杀董卓的事曹操连想都不敢想。

情景说明

王允觉得曹操言之有理，于是取出宝刀交给曹操。曹操接过宝刀后对天发誓，此番刺杀董卓万死不辞。

曹操入相府路遇李儒，便镇定地跟李儒打招呼，李儒虽有礼地回应，却仍面露猜疑之色。往里走时，一小童告诉曹操董卓正在小阁里歇息，下人都干自己的事去了。曹操大喜，往小阁方向走去，却忽然听到有人喊“哪里去”。曹操吓了一大跳，却仍强装着不动声色，只见一妇人追赶着一只猫出来，曹操这才知道是虚惊一场。

进入小阁，曹操拜见正在看书的董卓。董卓问他今日为何来迟，曹操说只因坐骑瘦弱不堪驱使。董卓速让吕布去挑一匹好马给曹操。曹操殷勤地给董卓倒茶水，不敢轻动。董卓不耐久坐，倒身而卧，转面向内，不久便鼾声阵阵。

曹操持宝刀在手，犹豫多时，恰待要刺时，不想董卓在衣镜中看见曹操在背后拔刀，急回身问他在干吗。此时吕布已牵马至阁外，曹操惶恐之余，速持刀跪说自己得宝刀一口，正要送与董卓。董卓见刀果然不错，于是让吕布收下，又让曹操去看吕布为他选的马。

曹操牵马离去，吕布怀疑曹操有行刺之心，董卓经吕布这么一说，疑心顿起。李儒向董卓献计让人招曹操前来，若他敢来则是献刀，如不来则是行刺无疑。

要点解析

1. 曹操持刀发誓有什么用意？

曹操够聪明，警觉性也非常高。他当然会将心比心，站在王允的立场去想：这么好的宝刀，王允舍得给我吗？难道王允心里不会怀疑我吗？所以，他对天发誓，意思就是告诉王允，你放心好了，我不会骗你这把宝刀的。但是如果只是想到这里，还是很粗浅。

曹操心里明白，虽然自己有这个意愿，也有这个机会，但能不能成功，谁也没有把握，万一不能成功，我岂不是要蒙受不白之冤？到那时，我能够到处去讲自己刺杀董卓不成，反而把宝刀送给董卓了吗？那是死无对证的事情。

曹操把整个过程都考虑得很周到。最后他只好对天发誓，说我自当尽力，但结果怎么样，听天由命，将来有什么后果，也不要怀疑我。曹操能够把后来要做的事情预先都算得那么周密，这是非常不简单的。

2. 曹操进入相府，是不是格外小心？

曹操表面上再镇定，内心也免不了起伏激烈。但他算是很有本事了，跟李儒碰面的时候，装得跟平常一样。李儒也不简单，回头看了曹操一眼，就觉得曹操今天有些奇怪，可也没看出什么来，于是转身就走了。

曹操毕竟不是董卓的心腹，跟李儒在一起的时候，两人之间是有隔阂的。李儒一百个不愿意将来有人取代他的位置，而曹操是否会将他取而代之，谁也不敢保证。所以，两人心理上的矛盾在这里表现得很清楚。从他们的动作、表情可以看出，他们永远不可能交心。

曹操一路小心，发现今天的情况对他非常有利，于是表现得更加镇定，因为他知道机会难得。可是那个妇人一叫，着实把他吓了一跳，幸好没有把宝刀掉在地上，否则就完了。可见做任何事情，事先的准备工作都要非常扎实。否则一旦出了纰漏，就很难挽回，后悔也没用。

三国之道

做任何事情，事先的准备工作都要非常扎实。否则一旦出了纰漏，就很难挽回，后悔也没用。

3. 董卓真的相信曹操吗？

以董卓的个性，他是不相信任何人的。他之所以相信李儒与吕布，也是出于不得已。而且，董卓从没跟他们两个人交过心。他只要求别人把心交给他，却从来不曾将心交给别人。因为他满脑子只有利害关系，没有任何道义可言。跟这种领导在一起，其实是高度危险的。但没有办法，李儒碰上这样的领导，能马上辞职吗？他只要一辞职，说不定马上就被董卓杀掉了。有人说没有命运这回事，然而这就是李儒的命运。曹操投入董卓的阵营，也是董卓的命运使然。

曹操进去以后，一看旁边没人，吕布也离得远远的，只有董卓一个人在看书。可能董卓实在很疲倦，书实在看不下去了，直打瞌睡。曹操一看，真是天赐良机。可见时机很重要。如果董卓始终精神很好，然后问这问那，曹操还有机会刺杀吗？根本没有。

偏偏董卓困了，眼皮很重。曹操很会揣摩心意，就给董卓倒了杯茶，从而让董卓觉得他并没有恶意，因为喝了茶会提神，如果他想做坏事，还会让董卓喝茶么？董卓喝了一口，曹操又给他加上，然后才服侍他躺下。董卓头昏脑涨，睡意很浓，一躺下就睡着了。

从这些细节中可以看出，曹操具有高度的警觉性，格外小心地在处理这件事情，因为事关生死，他不敢疏忽大意。

4. 曹操刺杀董卓，为什么没有成功？

有人会问，董卓一睡着，曹操二话不说，拔起刀来，一刀下去，董卓不就死了吗？是不是曹操根本无心刺杀？其实不是这样的。如果曹操想要跟董卓同归于尽，他也许真的会这么鲁莽，因为一刀刺下去，董卓一定会叫，吕布闻声跑来，曹操就跑不掉了。曹操不想这样，他想给自己留一条生路，将来可以做点事情。这也不能怪曹操，每个人都会有这样的想法。

中国人讲两难兼顾，但曹操这就是两难兼顾的做法。他想，等把董卓杀了，然后再喊有刺客，告诉吕布刺客的去向，让他去追，自己再从另一个方向跑出去，岂不两全其美？而且，董卓到底是真睡还是假睡，曹操也搞不清楚。所以，曹操先要非常仔细地观察，没想到竟把董卓惊醒，以致错失良机。幸亏曹操反应敏捷，他见董卓突然醒来，赶紧跪下说自己是来献宝刀的。这是他不得已之中唯一的脱身之计。

5. **吕布闯入，看见曹操献刀，难道不起疑心？**

照理说，那种情况之下，不但吕布应该起疑心，连董卓都应该起疑心才对，偏偏他们都没有，可见这种事情，是有一只看不见的手正在操控，我们称之为风险性。如果这个时候董卓与吕布都说，你哪里是献宝刀，分明是来行刺的，曹操当场就会没命。可他们没有。董卓刚刚睡觉起来，昏头昏脑的，一看有宝刀，很习惯地说，吕布你看这把宝刀怎么样？吕布一介武夫，一看到宝刀就被吸引住了，根本没有心思往别处想。

可事后他们就会想到，这是很正常的一个发展。但不得不相信，有这么一只看不见的手正在保护曹操，这是事实。相信曹操也很庆幸，如果被他们发现自己的动机，那就是死路一条了。

6. **曹操被赐新马，趁机逃走，有什么启示？**

曹操刚进来的时候，董卓问他今天怎么来晚了。曹操告诉他，自己的马比较瘦弱，不堪驱使。董卓便马上吩咐吕布替曹操选一匹好马来。吕布最听董卓的话，二话不说就去挑选新马。所以整个过程就像是老天在安排一样，先让曹操有机会行刺，却又偏偏让他没办法下手。现在董卓又赠曹操快马，让他试一下，结果曹操借试马的机会，迅速逃跑了。曹操一跑，董卓跟吕布才开始怀疑：这是怎么回事？但为时已晚，整个时机已经不同了。且看前前后后的细节，这岂是董卓和曹操能够安排的？

情景说明

军士回复说曹操自称奉董卓之命，出东门办事去了。李儒因此确定曹操之前是想行刺，董卓大感意外，没想到自己对曹操那么好，曹操却想害他。于是听从李儒的建议，画影图形，布告各地，捉拿曹操。

曹操行至中牟县，发现城墙上贴有缉拿自己的布告，且画有头像，城门口也有军士把守。这时恰好有伙耍杂技的人要进城，曹操灵机一动，装作很慈善的样子抱起其中的一个小姑娘坐上自己的马，想跟着他们一起混出城外。怎料走到城门口时，小姑娘看见头像，对曹操说：那不是你吗，爷爷？军士听到后，马上抓曹操去见县令。曹操在县府撒泼，说自己复姓皇甫，并不是曹操。县令陈宫虽早已认出他是曹操，却只说有些相像，便让人把曹操监禁了起来。

夜间，陈宫让人把曹操带入后庭单独审问。趁他不注意时，陈宫大喊曹操的名字，曹操不禁一震，却仍咬牙说自己复姓皇甫。陈宫说早就认识他了，又问董卓对他不错，何故要去刺杀。曹操见蒙不过去，便说自己是为了报国，而且此番正准备回去号召天下诸侯讨伐董卓，匡扶汉室。陈宫也有此意，又见曹操是成大事者，便弃官随曹操而去。

要点解析

1. 李儒为什么断定曹操行刺？董卓为什么感叹？

李儒这个人很不简单，看事情也很深入。他之前碰见曹操的时候，就觉得曹操有些不对劲儿，只是说不出所以然来。现在整个情况慢慢明朗了，曹操要献宝刀，为什么一进来不把刀拿出来，而偏要等董卓睡着了才拿出来，这是非常可疑的事情。再加上其他很多的因素，最后李儒断定这是行刺。董卓听了李儒的鉴定，不禁大吃一惊，心想人心真是可怕，我对他那么好，他竟这样回报我。

何止董卓有这样的想法，其实每个人差不多都是这样，总觉得自己对别人特别好，别人却总是对不起自己。董卓也不想想，为什么很多人弃官而去，为什么很多人看到他避而远之，为什么跟大家商量事情，大家根本不敢回答。他从来没想过这些。

在董卓看来，别人不说，单说曹操，我对他这么好，他为什么不感激我，反而还要刺杀我？这还算人吗？这些想法我们会觉得很奇怪，但对当事人来讲，反而是很正常的一种心态，我们每个人都应该引以为戒。

2. 曹操为什么被关进牢里，又为什么说自己复姓皇甫？

李儒跟董卓讲，你派人到曹操家里召他前来，如果他敢前来，就说明他并非行刺，如果他推故不肯前来，那一定是行刺。董卓依言派人去曹操家里查看，发现曹操骑着马，连家都不敢回，直接逃走了。于是，董卓发布通缉文告，并且画影图形，张贴在各州县城门上。

曹操来到城门，远远看到布告，心想此关过不去了，因为他的相貌很特殊，跟平常人不一样，守卫一眼就能认出来。正在这时，有一队人马正好要出城。曹操发现队伍中有一个小女孩，便急中生智，走过去假意要照顾这个小女孩，把她抱在马上，然后自己牵着马缰绳，表示他们是一群人，想以此混出关去。可没想到弄巧成拙，小女孩天真无邪，看到那幅画像，就问曹操，那是什么？然后仔细一看，突然大叫：爷爷，那不就是你吗？这句话露出了马脚，相当于正好告诉守卫曹操在这里！所以守卫一下子就把曹操抓了起来。可见，人有时候很容易聪明反被聪明误，曹操此时就是这样。

曹操被抓进去以后，矢口否认自己是曹操，还狡辩说自己是商人，复姓皇甫。曹操这是不是撒谎？当然不是！任何人在这个时候都不会讲真话，与撒谎和欺骗没什么关系。

3. 陈宫为什么还要询问曹操刺杀董卓的原因？

陈宫是这里的县令，一眼就认出了曹操，因为他以前去洛阳求官的时候见过曹操，但他并没有当场揭穿，因为他心里对捉放曹操还很犹豫。可见，曹操一路的表现还是很不错的。从《三国演义》刚开始一直到现在，曹操的表现都可圈可点，不像是个坏人。

现在可以知道，那个小女孩其实是救了曹操一命，因为如果她不这样讲，使得曹操蒙混过关，到了下一关，县令就不会像陈宫这样犹豫，而是马上把他抓起来送到洛阳去请赏，那样曹操就非死不可了。所以很多事情，好与坏要到最后才能知道。现在曹操非常感谢那个小女孩，正因为她的一句话，他才会被县令陈宫抓起来，陈宫才会想到要放他。

陈宫有意放走曹操，他认为曹操是个好人，如果想要追随曹操的话，这正是个不错的机会。但为了谨慎起见，陈宫又问曹操为什么要刺杀董卓。他必须听到曹操亲口说出自己的道理来，才能够判断他所认识的曹操到底是好还是坏。曹操当时就说，我是为了国家，而不是为我个人，虽然董卓对我不错，但是为了国家，我一定要刺杀他。这样一来，使得陈宫对他更加佩服。

三国之道

很多事情，好与坏要到最后才能知道。

4. 陈宫为什么下定决心放过曹操?

陈宫当时心想，在如此世道之下，就算把县令做好又能怎样？他是有雄才大略之人，很想做一番事业，时时刻刻都在等待机会。现在看到曹操这么了不起，所以就对曹操说，我放了你，县令也不干了，追随你跟你一起干事业！对陈宫来讲，他很会珍惜机会，也很懂舍得，因为好不容易当到一个县令，而追随了曹操，将来会怎么样谁也不知道，但他毅然决然地选择放弃，可见这个人是有理想、有抱负的。

5. 陈宫放过曹操对不对?

对于这个问题，说它对可以讲出一大堆道理来，说它不对也可以讲出一大堆道理来。这就是我们中国社会很麻烦的一件事情。我们是阴阳文化，无论怎么讲都对，都有相当的道理。所以，以后听人家讲话，千万不要说哪个有道理，哪个没有道理，不可能说清楚。因为这不是对不对的问题，而是个人的价值观取向问题。

陈宫有几条路可以走：第一条，二话不说把曹操绑起来，然后送给董卓，他就可以升官，可以封侯，还可以得到其他很多好处；第二条，他可以装作不认识曹操，然后把他放掉，让他自己去想办法。但他毅然决然地选择了第三条路——把他自己的前途与未来跟曹操捆绑在一起。这种决心很不容易下，相信陈宫也是经过一番挣扎，然后才下定决心要这样做的。我们站在陈宫的立场，应该肯定他的志向，觉得他这样做很正确。

6. 陈宫为什么弃官追随曹操?

因为在当时的情况下，一切都不按照制度来。张飞也很生气，孙坚一下子就当那么大的官，而大哥刘备拼了命也只当了小小的县令，因此心里愤愤不平。把张飞的心情移植到陈宫身上，也同样可以理解。就算陈宫好好做县令，将来有没有前途，谁也不敢保证。而他是个很想做事的人，所以一看到曹操就想到，我不能一下子把他拆穿，不然我就无路可走了，也不能轻易把他放掉，否则我就失掉了一个绝佳的机会。

于是，陈宫经过反复思考，决定在暗中远远地叫曹操的姓名，看他反应如何。结果曹操大吃一惊，被吓坏了。陈宫就知道果然没错，这个人就是曹操。接着又问他为什么要刺杀董卓。经过一番印证，陈宫才下定决心，要追随曹操一起做事业。既然如此，那就不能既要当县令，又要支持曹操，那是根本不可能的事情。这就叫鱼与熊掌不可兼得。陈宫很了不起，他毅然地放弃县令之职，追随曹操而去。

情景说明

陈宫跟曹操行至成皋时，天色已晚。曹操见林间深处正是父亲结义弟兄吕伯奢的住处，便让陈宫与自己一同前往留宿。吕伯奢见是曹操，大感意外。席间问曹操为何在朝廷抓他之时，跑到了这里。曹操告之以前事，吕伯奢感谢陈宫救了曹操，并让他们二人先坐，自己去去就来。良久，吕伯奢又出来说家无好酒，容买好酒来相待。说完，便拿着酒壶出门了。

半夜，曹操睡得正酣，忽听到外面有磨刀声，便叫醒陈宫，准备一探究竟。二人潜步至草堂外，听里面有人细声说磨快点。曹操疑吕伯奢要杀害他二人，便拔剑直入，不分男女老少，见者就杀。搜至厨房，却见有只被绑好的猪和正在烧着的热水，这才知道吕伯奢是想杀猪款待自己。

陈宫见曹操错杀好人，虽愧疚不已，却也只得跟曹操速速逃走。行至半路，两人碰到买酒回来的吕伯奢。吕伯奢问曹操何故现在就走，又问他身上的血迹是怎么回事。曹操骗他回头，趁其不备一刀杀死了吕伯奢。陈宫见曹操误杀了吕伯奢的家人，又故意刺杀了吕伯奢，怒责他太过分。曹操却说宁教我负天下人，休教天下人负我。陈宫失望至极，离曹操而去。

要点解析

1. 曹操为什么投宿吕伯奢家？

曹操得以死里逃生，大感意外之余，也欣喜万分，然后带着陈宫一起逃跑。那时候只要再被抓到，下场必定很凄惨。他们逃到半路，天色已晚，正好到了曹操世伯吕伯奢的家门前。曹操跟陈宫讲，我有一个老伯住在这里，我们也跑累了，不如今天晚上投宿他家。陈宫当然很高兴。

二人下马敲门，出来一个管家，问他们找谁。曹操说找吕伯奢老先生。管家请老先生出来，但他并没认出曹操来。曹操自我介绍说，我是阿瞒（曹操小名）啊，您不记得了吗？吕伯奢听后，又仔细端详一番，这才记了起来，赶忙让曹操与陈宫进屋。吕伯奢也知道曹操受了通缉，就说你父亲已经躲到乡下去了，你怎么还敢到这儿来呢？

其实这番话说得很不妥当。曹操当时虽不会觉得怎么样，但事后就会起怀疑。因为一句话，可以从这方面去想，也可以从那方面去想，曹操过后会想：他这么说是不是在暗示我什么？不过实事求是地讲，吕伯奢没有这样的想法。

一个人如果太纯洁了，往往会无缘无故地受害，这就叫作无妄之灾。所以不能说，我管不了那么多，你们复杂是你们的事，我永远保持单纯，其实这也不是好办法。吕伯奢现在就是吃了这个亏。他应该冷静地招呼就好了，不要讲什么话，看曹操怎么讲后，再想应该怎么回应比较好。

三国之道

一个人如果太纯洁了，往往会无缘无故地受害。

2. 吕伯奢向二人说去去就回，合适不合适？后来又说要去买酒，妥当吗？

这些话都非常不妥当。当然，如果放在平时，根本无所谓，但在这紧要关头，这样的话就会惹来杀身之祸。中国人讲话非常讲究合适不合适。我们讲的都是很妥当的话，差一点都不行。孔子讲过，这个人不对，你就不应该跟他讲话，否则就是你的不对。孔子这番话讲得很清楚，一句话绝不是跟所有人都可以讲的，要看其人是谁，具体问题具体分析。

现在曹操与陈宫是什么人？逃犯！他们如惊弓之鸟，稍微受到一点刺激，就会吓得半死。而吕伯奢并没有引起警觉，因为他平常日子太过单纯，也没有见过世面。或者他认为都是自己人，从小看到大的，没必要讲究太多。可能是出于这种心情，吕伯奢才会说我去去就来。他们两个当时听了也没觉得怎么样，但后来曹操就起了疑心，去去就来，你去哪里啊？后来吕伯奢又说去买酒。为什么前面说去去就来，现在又改成买酒了呢？这都会引起曹操很大的怀疑。

3. 曹操听见磨刀的声音，为什么起疑，陈宫呢?

对于前面吕伯奢所讲的话，曹操虽然心中起疑，但并没有表现出来。他想可能也正常，再加上又很累了，于是便跟陈宫先去休息，等吃饭的时候再起来。可曹操刚躺下，还没有睡着，就听到有人在石头上磨刀，声音霍霍直响。他觉得很奇怪，然后回想起老伯说过的话，觉得每一句都值得怀疑。可见，当一个人疑心重的时候，任何话都会变得很可疑。因此曹操就问陈宫，你有没有听到磨刀的声音，是不是准备杀我们的?

其实，以曹操平常的聪明才智，绝不会这么想。人家要杀你，磨刀还会出那么大声吗？那不是打草惊蛇吗？可这时候他偏偏就这样想，而且去看时，发现真的有人在那儿磨刀，于是二话不说，就把那些人杀掉了。杀掉以后才发现，有一头猪被捆绑在旁，还烧有一大锅水，这才意识到原来吕伯奢是准备杀猪款待他们。曹操知道自己错杀人了，陈宫也不断地埋怨曹操，你看错、想错了，怎么会生出这种心思？二人都非常后悔，但事情已经发生了，没有别的办法，只得速速离开。

4. 曹操错杀吕伯奢家人，为什么又要杀害吕伯奢?

天下事真是无巧不成书，如果曹操与陈宫一路跑掉，没有碰到吕伯奢也就算了，可不早不晚，偏偏碰见吕伯奢打酒归来，中国人把这叫作冤家路窄。吕伯奢根本不知道发生了什么事，见他们要走，就挽留说，我买了酒回来，你们急什么，回去喝几盅，明天再走也不迟。后来发现曹操身上有血迹，就问怎么回事。曹操一想糟糕了，一定是吕伯奢知道我杀了他的家人，于是索性也把吕伯奢给杀掉了。

如果吕伯奢没问曹操身上的血迹是怎么回事，说不定曹操还不会杀他。因为曹操可以把罪行推给别人——我们走了以后，吕家发生了什么事情，怎么会死人，我们全不知道。可现在不是，吕伯奢又自找麻烦，刨根问底，曹操只有杀他了。虽然曹操此举招致了千古骂名，但在当时的情况下，他也只有这条路可以选择。

陈宫一路追随曹操，对曹操很佩服，可自从曹操杀了吕伯奢全家后，就开始觉得曹操实在太残忍了，怎么下得了如此狠手？如果说之前杀吕伯奢的家人是误杀，那还情有可原，可吕伯奢那么热情地招待他们，还去给他们买酒，曹操却狠心地杀掉了这么一个无辜的老人，实在太残忍了。陈宫痛心到了极点。

5. 曹操说，宁教我负天下人，休教天下人负我，合适吗？

曹操一路走过来，表现得可圈可点，可此话一出，前功尽弃。可见人都是自毁前程，都是自己跟自己过不去。其实，坏人到最后终究瞒不过大家，一到危急存亡的关头，就会把自己的本来面目表露出来。从此，大家对曹操另眼相看。

曹操的这句话用现代话来讲，就是我可以对不起别人，但别人绝对不能对不起我。这种人还怎么相处呢？实际上很多人心里头是很喜欢曹操的，但他们不敢讲，为什么？因为一旦讲出来，别人就会认为他跟曹操是同类人，那就糟糕透顶了。曹操有很多值得大家喜欢的地方，但在这些关键性的地方，他反而害了自己，使得大家至今不能原谅他。

经过长期研判，相信很多人会替曹操说好话，但最后都无济于事，因为不管是在京剧里面，还是小说里头，抑或在大家的言谈话语中，曹操早就被定格为坏人。他的“坏”就是从杀吕伯奢全家开始的，当然后面还有更坏的地方。

6. 陈宫离曹操而去，为什么？

陈宫满怀希望地追随曹操，没想到曹操竟然那么残忍，他还会再跟曹操走吗？就好比你追随一个人，后来发现他竟是强盗，你还会跟随他上山去做强盗、当土匪吗？肯定不会！陈宫舍得放弃县令的官位很好，但只有跟对人，他的行为才有价值，才有意义。现在一看，完了，曹操嘴巴讲得那么动听，为人却十分残忍。所以陈宫对曹操说，算了，我不跟你走了。可见，陈宫很有骨气，并不忘初衷。他要为自己找到一条正确的路，这很值得我们钦佩。

五　团结是力量

曹操高举义旗，向各州郡发布征讨董卓的檄文。招兵买马，并且推袁绍为盟主，与各地诸侯共同起兵匡扶汉室。把各路势力团结起来，显示出大力量。关羽温酒斩华雄，吕布也连斩数将。然而，张飞单挑吕布，却奋战四五十回合，不分胜败。关羽见状，与张飞一起大战吕布，还是不分胜负。刘备纵马而出，三英合力战吕布。使刘、关、张兄弟，深感团结的力量，必须具体表现在实际的行动上。从此三人密切交心，由此看来，吕布的刺激效应，果然十分深刻。

情景说明

曹操返回陈留后，散尽家财，招募义兵。他联络袁绍，向各州郡遍发征讨董卓的檄文，很快得到天下人响应。十八路诸侯共推袁绍为盟主，袁绍整衣佩剑，登台领导众人歃血发誓，为匡扶汉室齐心协力，共同起兵讨伐董卓。

董卓听闻十八路诸侯正兵发洛阳讨伐他而来，很是着急，问部将该如何因应。吕布起身说愿前往，华雄却站出来说：杀鸡焉用宰牛刀，我等取众诸侯首级，如探囊取物。众将也纷纷表示愿同往。董卓命华雄等四将赴汜水关迎战。

袁绍派孙坚打前锋，鲍信怕孙坚夺了头功，暗拨其弟鲍忠领3000兵马抄小路去汜水关挑战，不想只一回合便被华雄斩首。孙坚得知后，领兵一路杀至关口，却因关上箭如雨发，迟迟不能取胜。攻破关口还需些时日，孙坚便派人去袁术处催粮。袁术让来者回去复命说粮草即日便到，过后却听从幕僚的建议不发粮草，为防孙坚杀董卓后如除狼而得虎。

要点解析

1. 曹操与袁绍联手，向各州郡发布征讨董卓的檄文，大家为什么热烈响应？

曹操很聪明，他知道单凭自己的能力，要跟董卓对抗是不可能的，因此想到联合各地方的势力，一起来征讨董卓，这样胜算才比较大。

曹操首先想到了袁绍，因为自己和袁绍很熟悉，又一起共过事，于是便请袁绍和自己一起召集各路的地方势力，团结起来对付董卓。袁绍很爽快地同意了，他这时候是渤海地方势力的领袖，跟各地方的势力都有联系。所以他说，我们一起发出征讨檄文，大家一定会热烈响应。果然不出他所料，各州郡纷纷表示愿意前往征讨董卓。因为大家都知道董卓不怀好意，所以都想趁这个机会来出一口气，同时为汉室尽一点力。

2. 十八路诸侯为什么共推袁绍为盟主？

中国人的数字不像西方人那么准确，我们要么是3，要么是6，要么是9……大家很自然地会归纳到一个比较熟悉的数字上去，不像西方人那样，说3就是3，说10就是10。同样，这里所谓的十八路诸侯也不一定刚好就是十八路，我们可以解释成各方势力一起前来响应，但具体是什么数字，并不是很明确。

各路人马结盟成一个新的团体，总要有一个发号施令的盟主。曹操心里很清楚，此时自己的声望还不足以担当盟主的重任，不如将盟主之位推给别人，何必自己强出头呢？众人商量之后，很自然地推选出了袁绍。因为袁氏家族四世三公，袁绍从小在那种家庭里长大，站出来也是仪表非凡，很有风度。

3. 袁绍的表现如何呢？

到目前为止，袁绍的表现也一直很好，像个盟主的样子。可是，慢慢我们就会看到，袁绍其实外实内虚，外面有模有样，内心却没有什么把握。

有的人表里一致；有的人很有实力，但是外表却看不出来；而袁绍则是外表很好看，却没有什么内在，我们给这种人一个名称，叫作“绣花枕头”——外面漂漂亮亮的，里面的东西却完全拿不出手。

4. 董卓着急，大家如何反应？董卓觉得怎么样?

董卓一直对曹操刺杀他的行为耿耿于怀，他自认为对曹操不薄，没想到曹操居然会来行刺他。现在得知各方势力都联合起来要一起对付自己，董卓故意显露出着急的样子，否则如果他都不在乎，部属就更不会在乎了，那最后倒霉的一定是他自己。所以这时候就算他没有那么着急，也要故意显得很着急的样子。

果然不出所料，部属的反应也非常激烈：怕什么，让他们来吧！这个时候，部属就应该有这样的表示，绝不能说我们没有办法，你另请高明吧。尤其是吕布，他更没有将十八路诸侯看在眼里，说这些人来一个他就杀一个。这是很正常的表现。

5. 鲍忠抢头功，为华雄所杀，有什么启示?

十八路诸侯看似已联盟，其实只是貌合神离。因为他们本来就不是一个组织的，现在勉强凑到一起，就好像我们吃的果蔬沙拉一样，各色各样的东西没有炒过，根本混不到一起，现在盖上一层沙拉酱，勉勉强强好像是一盘，实际上还是各搞各的，说难听点就是各怀鬼胎。

袁绍指定孙坚做先锋打前战，这是一种荣誉，孙坚很高兴地领命而去。可是其他人就开始琢磨：如果功劳都被孙坚抢尽了，地盘也让他给占完了，那我们干吗呢？这种情况之下，自然会有人不听指挥，擅作主张。就像鲍信兄弟，他们心想，不用你盟主下令，我自己抄近路先于孙坚抢得头功，那你们就对我们另眼看待了。

鲍忠所碰到的还不是吕布，因为华雄自告奋勇，说这点小事不用吕布亲自前往，他去就够了。果不其然，只一回合华雄就把鲍忠给杀了。孙坚得知这个消息，虽然对鲍忠的做法很生气，但也知道鲍忠很可能是代替他死的，从而提高警觉，避免了这次危机。很多事情要从不同的角度来看，才能够真正体会到其中的奥妙。

很多事情要从不同的角度来看，才能够真正体会到其中的奥妙。

6. 孙坚催粮草，袁术为什么不愿意拨付？

孙坚得知鲍忠被杀的经过，提高警觉，小心翼翼，因此不仅没有吃大亏，还连连得胜。后来因为关上箭如雨发，攻破关口还需些时日，于是就催管粮的袁术赶紧拨付粮草。袁术是袁绍的弟弟，他表面上应付说没有问题，一定如期拨付，让孙坚放心，但等孙坚的人一走，他就改变主意了，心想孙坚将来有了功劳，也不会算自己一份，那拨付他粮草干什么呢？干脆不拨。

虽然盟军看上去人多势大，但内部早已起了内讧，力量其实是很薄弱的，这样的军队怎么可能打胜仗呢？所以并不是人多就一定能打胜仗。

情景说明

华雄得知袁术不给孙坚拨粮草，决定夜袭孙坚阵营。孙坚被打了个措手不及，只有祖茂一人跟他突围而出。祖茂见孙坚头上赤帻太显眼，恐被敌军认出，便跟孙坚换了头盔，将孙坚的头盔挂在树干上引敌军而来，让孙坚往另一方向逃走。

袁绍得知孙坚大败，大发牢骚，在座诸侯皆沉默不语。袁绍环视众人，见公孙瓒背后一人面生，便问他是何人。公孙瓒说是同舍兄弟刘备。曹操一听是刘备，眼睛一亮，问：莫非破黄巾刘玄德乎？公孙瓒说正是。曹操起身行礼，说久闻大名。

此时，华雄引铁骑在寨前大骂挑战。袁绍派多名战将应战，皆被华雄所斩。关羽虽想前去应战，却也不敢轻举妄动。后见大家确无良策，刘备又以眼神暗示，关羽这才站出来说愿意前往。袁术得知关羽只是个弓箭手，恐华雄笑其帐下无人，竟叫人乱棍将他赶出去。但曹操却说关羽仪表不俗，华雄未必能看出他是个弓箭手，如若战败，再革职未迟。

要点解析

1. 华雄偷袭，孙坚如何逃脱？

华雄夜袭孙坚大营，打得孙坚措手不及。孙坚的属下祖茂提醒他说，你的头盔太明显了，敌人一眼就能认出来，这对你很不利。孙坚听从祖茂的劝告，把头盔换下。祖茂把孙坚的头盔挂在树干上，远远看去好像孙坚就在那里，从而吸引了华雄的注意力，这才使孙坚得以从另一个方向顺利逃跑。

军人战死沙场，是一生最大的光荣，是自己的责任所在；如果逃脱得了的话，那都是别人的帮忙。军人战死，不要把责任推给别人，认为都是别人害的，没有这回事。因为你要么是技不如人，要么是机警不够，总之一切都是自己造成的。但如果一个人能在紧急关头当中成功脱逃，几乎都是托天之福或者托别人之福。只有具备这样的领悟，才能够从容地看待胜与败。

三国之道

战死了，是自己的责任；战胜了，都是别人的帮忙。

2. 袁绍大发牢骚，大家为什么都不说话？

袁绍根本没资格做一个盟主，他只知道打胜了是他的功劳，打输了就骂大家这个不对，那个不对。众人对他的这种做法当然不服，但按照中国人的习惯，虽然心里不服，可是碍于情势也不便争辩，所以大家才会采取不理会的态度，任由袁绍一个人在那里大发牢骚。袁绍看到无人理会更加生气，他也不想想众人还能说什么，说什么他也听不进去。其实袁绍应该好好检讨一下自己，衡量衡量自己有没有能力继续担任这个盟主。如果没有的话，退位让贤才是正确的做法。

曹操当初邀请各路诸侯前来的时候，是有比较周全的计划的。可是袁绍被捧出来以后，就俨然以为自己真的是盟主了，对曹操的计划问都不问一句。要是他能多听听曹操的意见，就会比较清楚应该如何分配眼下的工作。

一个盟主，一定要充分了解各路英雄的特性，从而及时地下达合理的命令，使他们更好地去完成各自的任务，知道整体的胜利才是最终的胜利，这才是一个好的总领。

3. 曹操第一次和刘备见面有什么表现?

袁绍等人原以为董卓的队伍里，只有吕布一个了不起的人物，现在吕布还没有出来，一个华雄就打得他们毫无招架之力了，这个仗还怎么打呢？所以各路诸侯内心都很慌乱，不知道该怎么办。这时候大家看来看去，看到了刘备三兄弟。曹操也是第一次看到刘备，当然，他已经耳闻过有这么一号人物，只是没见过面而已。其他人都很在乎身份地位，只有曹操不在意这些，他认为打仗跟身份没有什么关系，刘备相貌堂堂，一定有不同寻常的本事。

曹操有很多见解跟别人不太一样，这是他胜过袁绍的地方，也是他能够成功的主要原因。

4. 华雄连斩数将，关羽有什么反应?

关羽当然很不服气，心想华雄又怎么样，所以几次都想请命前去挑战华雄。但关羽又是个很有分寸的人，他不会把心里的冲动冒失地表现出来，因为他心目当中有大哥刘备。大哥不在，也许可以自己做主，大哥在这里，就得听大哥的。这是我们都应该学习的一种礼貌，否则当了大哥又怎么样？很多人只是嘴巴上大哥长大哥短的，其实心里头完全没有大哥的存在，这还算什么伦理呢？所以关羽虽然很想出战，但他还是忍住了，等着看大哥会如何吩咐。刘备当然也很有分寸，他知道这种场合根本没有他讲话的余地，所以一直站在一旁等待机会。

5. 袁术为什么不让关羽出战，还要乱棍把他打出去?

在众人实在没有办法的时候，关羽得到刘备的暗示，请命出战。有人问他是什么身份，关羽没有回答。他如果直接说出自己的身份，周围的人会给他更大的压力，这种滋味他早已经尝过了，当初他们救下董卓时受到的那种轻视，到现在还记忆犹新。后来还是旁人替他回答，说他现在是个弓箭手。

袁术一听，一个小小的弓箭手居然这么大口气，还想出战，眼中还有这些大将吗？简直太不知道死活了。他不但不让关羽出战，还命人乱棍把关羽打出去。由袁绍、袁术这么一对兄弟主持的盟军始终抱持着狭窄的门第观念，结果会怎样大家可想而知。幸好这时有人出面了，这个人就是曹操。

6. 曹操为什么支持关羽出战华雄？

曹操在识人方面是很独到的，他看到关羽身高体壮，一表人才，也听说他们三兄弟结盟，其中以关羽的武艺最为出众。而且这时候大家也拿不出更好的办法来，还不如让关羽去试试看，所以曹操支持让关羽出阵。但是做任何事情，都必须有一个大家能够接受的冠冕堂皇的理由。我们常常觉得打官腔不好，可是有的事情不打官腔，人家怎么听得进去呢？所以很多事情我们大可不必老往不好的地方去想。

要保举关羽出战，总要有个说得过去的理由，所以曹操就说，这个人相貌堂堂，一表人才，华雄不会看出他是个弓箭手，说不定还以为他是大将呢，就让他去好了。但曹操并没有说“我们现在只有靠他了，除此以外能有什么办法”这种泄气的话。同样一个意思，一定要讲得妥当别人才会接受，这需要平常不断地训练，否则的话，十句话有九句别人听不进去，讲了也是白讲。

曹操一番话说得大家服服帖帖，使得关羽也有了表现的机会。

情景说明

曹操让关羽先饮热酒壮胆，关羽让他先把酒放下，说自己去去就来。张飞擂鼓呐喊，为关羽助威。不出片刻，关羽便提华雄首级而归，此时酒还尚温。张飞情绪高昂，拉关羽要去活捉董卓。袁术却拍桌而起，说我大臣尚自谦让，你一县令手下小卒，安敢在此耀武扬威？并让人将他二人赶出帐去。刘备站出来，领关羽和张飞愤愤而去。

李儒见华雄被斩，跟董卓说袁绍之叔乃朝中太傅，若里应外合，其害非浅。董卓觉得有理，派兵诛杀袁绍叔叔的满门后，亲自统兵前往虎牢关。袁绍得知后，也引八路诸侯兵发前往。

得知董卓也亲赴战场，袁绍激动万分。吕布率先出阵挑战，盟军帐下数将领出战，皆大败而归。董卓大笑不已，曹操建议袁绍先会合十八路诸侯，再共商良策。袁绍却一心要先擒吕布，再诛杀董卓。

张飞见众将皆不敌吕布，便出马迎战，却也没讨到半点便宜。关羽见此赶紧拔刀相助，两人与吕布厮杀半天也未分出胜负。一旁的刘备担心两位弟弟有何闪失，也前去相助。

要点解析

1. 关羽温酒斩华雄，有什么启示？

曹操很善于领导，懂得如何制造气氛，虽然他也不知道关羽此去有多大胜利的把握，但是为了鼓舞关羽的士气，他叫人端来一杯酒，请关羽喝完这杯酒再出阵，意思就是给关羽壮壮胆。可关羽心想，我还需要用酒来壮胆么？于是说这杯酒先放在这里，待我出去杀了华雄回来再喝也不迟。这种口气使在场所有人都很震惊，因为眼看着大将一个个被华雄斩掉，没想到一个小小的弓箭手居然敢夸下这种海口。

看到关羽终于有机会出战了，张飞比谁都兴奋甚至比自己出战都带劲儿，于是连忙在一旁擂鼓助阵。关羽策马来到两军阵前，华雄还没搞清楚怎么回事，就被一刀斩于马下。关羽返身回到帐中，曹操让他喝的那杯酒还是温的，可见他刀路之快，用时之短。从此关羽温酒斩华雄被传为美谈，也给曹操留下了非常深刻的印象。

这样我们才知道，后来曹操土城之围想要收降关羽，关羽提出非常苛刻的三个条件，按理说曹操不会接受，可一想到关羽温酒斩华雄这一幕，曹操还是接受了。可见人做出怎样的决定，跟以往的经验有着密切关系。

三国之道

人会怎样决定，跟以往的经验是有密切关系的。

2. 关羽战胜，为什么反而逼走刘备？

这种事情经常出现，这次也不是特例，原因就是四个字而已——恼羞成怒。人到了恼羞成怒的地步，就会失去理性。袁术那些人一看，他们的大将出去都死了，关羽一个小小的弓箭手，怎么可能一下就斩掉了华雄呢？分明是靠的运气。这事要传扬出去，大家都没有面子。所以关羽得胜归来，他们反而给关羽难堪。这样一来，刘备就觉得自己对不起这两位弟弟，因为自己一点官职都没有，才会连累关、张二人受如此委屈。所以他干脆一手拉一个，三兄弟一起走了。

3. 李儒为什么吓唬董卓，将袁绍叔叔全家人问斩？

李儒平日还可以在董卓的身边动动脑筋，出出歪主意，以此表示他有存在的价值。现在到了打仗的时候，虽然都是武将在那里表现，可他也不甘心闲着，继续使用平常的那些方法，出一些小点子，想一些小事情来吓唬董卓，目的只有一个，就是表示自己很能干，证明董卓离不开他。

每一个人都有自己不同的生存之道，李肃有李肃的生存之道，华雄有华雄的生存之道，李儒当然也有他自己的生存之道，对此我们不必加以批评。李儒讲出一大堆道理，以唆使董卓将袁绍的叔叔全家问斩。董卓觉得反正死的是别人，又不需要自己亲自动手，就照李儒的话去做了。这种事情在历史上经常重演。

4. 袁绍听到董卓亲自前来，为什么高兴不已？

武将打仗时最希望的就是棋逢敌手。袁绍觉得董卓之前没有亲到，只派一个华雄率兵出战，哪怕打赢了被封为都督也没有意思，因为双方将帅根本不对称。现在见斩掉华雄后，终于把董卓逼了出来，袁绍认为这就等于引蛇出洞，可以大战一场了。却不想想，董卓没有亲来，他就打不过人家，现在董卓带着一帮人来了，其中还有吕布，自己又拿什么应对呢？可见袁绍是个没什么脑筋的人，他只是看看热闹，却根本看不出门道。

5. 吕布连斩数将，董卓和袁绍有什么反应？

吕布每杀一员敌将，董卓的气焰就向上高涨一节，而袁绍则是越来越泄气。吕布的英勇世人皆知，虽然华雄被斩，但他仍毫无顾虑地出战，可见他根本没把华雄放在眼里。他认为华雄死了活该，是他武艺不及人家，但他吕布就不一样了。一员武将应该有这样的自信，否则还没有打就想到输，那还怎么上阵迎敌呢？

有时候我们觉得好像只有文人相轻，其实武将也是如此，你看不起我，我看不起你。这也没有什么不对，如果总觉得自己的文章不如人家，自己的武艺不如对手，说起来固然是谦虚，但到了真刀真枪的时候，恐怕还没有开战就先输掉了。从这个角度来看我们就知道，任何事情过与不及都是不理想的，适当地自信，适当地谦虚，在这两者之间找到一个平衡点，才是最恰当的做法。这种把握分寸的能力说来简单，但真要拿捏准确却很难。

6. 张飞单挑吕布，关羽为什么加入？刘备呢？

中华民族是规规矩矩的民族，就连打仗都很讲究规矩。通常刚开始的时候还轮不到士兵们打，他们只能围在旁边观看。主将出场的时候也是先互报姓名，来者何人，这样才不会死都不知道死在谁手上。

张飞跟吕布打得难分难解的时候，不管哪方的士兵射箭偷袭，都可以轻易地把对方的主将射死。可是中国人不会做这种事情，这样胜之不武，即使取得了胜利，也还是蒙羞的，因为中国人最看不起的就是不按规矩来的人。《孙子兵法》讲得很清楚，我们只是变化多端，不是阴险狡诈，可是很多人一谈到兵法就认为是阴险狡诈，这个观念不太正确。我们可以变化出很多花样，但是不可以违反规矩。

大家可能会问，既然是张飞单挑吕布，那关羽为什么参加呢？因为眼看张飞胜不了吕布，双方又都没有鸣金收兵，那就表示可以加入一个人继续再战，董卓一方如果有需要，也同样可以加入一个人。关羽进来之后，也没能一刀就把吕布收拾掉，刘备怕他们有所闪失，也加入了进去，这就叫作三英战吕布。由此可见，吕布的武艺是很不简单的。

情景说明

董卓见吕布被刘、关、张三人围攻，赶紧命人鸣金关城门。

三英战吕布后，袁绍派孙坚等诸侯进兵汜水关。孙坚问众诸侯意见如何，众人却埋怨袁术嫉贤妒能，不肯拨粮草给众诸侯，根本就不值得为袁氏效命。孙坚沉吟半刻后，率程普等亲往袁术营中讨粮草。袁术见孙坚态度强硬，而自己又确实做得不对，居然揪出当初给他出主意不发粮草的幕僚，并当着孙坚的面让人将他拖出去砍了。

董卓派人去向孙坚提亲，想将自己的女儿嫁给他儿子以搞好关系，却被孙坚一口回绝，连送来的礼物也被一同扔了出去。李儒见此计不成，建议董卓迁都长安，并念一首童谣，说此乃天运合回，唯有迁都长安，方可无忧。董卓大喜，连夜回都洛阳，商议迁都之事。

曹操得知董卓欲迁都，建议袁绍趁机去截击董卓。袁绍却说各路诸侯的军马俱已疲困，不宜动兵，曹操大怒而去。

要点解析

1. 董卓为什么鸣金收兵，他不是对吕布很有信心吗？

吕布连杀数员敌将，而且到目前为止也从未有过败绩，董卓当然对他很有信心。可是现在出来一个张飞，吕布打了半天，虽然没有输，但也没有赢，再看后来关羽和刘备也都上阵了，三个人打一个人，董卓就有些担心了。前面的华雄，曾经替他立下过很大的战功，结果被关羽一刀砍死了，现在吕布又受到这样的威胁，再加上当时天色已晚，董卓害怕吕布再有任何闪失，所以赶快鸣金收兵。这是必然的，再有信心的人遇到这种情况都会这么做。

2. 三英战吕布有什么启示？

读过《三国演义》的人都认为关羽的武功了得，可是现在一看，吕布也是很厉害的。当然我们没有机会看到吕布单挑关羽，不知道谁的武艺更高一筹，但是吕布一个人可以抵挡住刘、关、张三人，我们也能隐隐约约感觉到吕布真的有一套。虽然我们这方面的涵养很好，不会直接说关羽不一定打得过吕布，但是话虽不讲，心里却难免不这样想，如此你就知道，中国人心里想的不一定会说出来，嘴巴讲的跟心里想的多半有些距离。大家一定会想，吕布如果这样威猛下去，关羽何来出头之日呢？只要吕布不死，关羽就不可能有后来那么好的表现。关羽一路表现良好，我们大概就知道，吕布一定有什么危机。这是中国人非常高明的地方，我们见微知著，看到微细的地方就会想到未来的变化，这个就叫作未卜先知，没有什么神秘的。

三國之道

见微知著，看到微细的地方我们要想到未来的变化。

3. 孙坚为什么亲自向袁术讨军粮，袁术如何回应？

之前孙坚的部属奉命来向袁术讨要军粮，袁术表面答应，实际上并未拨付，所以孙坚只能亲自前去了。可令人万万没想到的是，袁术竟然将不拨付军粮的责任推到当初给他出主意的人身上，并且当着孙坚的面，还把那个人拖出去砍了。随后又说，上次都是因为幕僚的挑拨，现在我已经把他杀了，这次保证给你军粮。孙坚会不会相信呢？其实也是将信将疑，可他也不好再说什么，所以只好走了。

我们想想看，这样一个随便出卖部属的领导，有问题就推给部属甚至不把部属的性命当回事，谁还会真心帮他做事呢？

4. 董卓为什么要和孙坚结成儿女亲家？

我们今天动不动就讲战略、策略，其实中国人自古以来就会随时心生一计，想出很多招数来。像董卓这个，也是我们经常看到的招数——打不过他，那就想办法收买他。可是两人又没有什么交情，那怎么办？最好的办法就是结成儿女亲家。董卓的算盘打得不错，可没想到孙坚却根本不买他的账，还把送来的礼物统统扔了出去。董卓得知后也是无可奈何，人家不领情，他又能怎样呢？

5. 李儒为什么建议迁都长安？

李儒算来算去，觉得董卓毕竟是远道而来，对洛阳人生地不熟，单单是摆平这些地头蛇都要花很大的气力，还不如回到自己熟悉的地方比较好。所以他建议董卓，说我们现在最好的办法就是迁都长安。任何建议，想要被人采纳，就一定要找出很多资料来证明它有根有据，而且今后的发展也一定是在意料之中的，这样才能增强被建议者的信心。所以李儒就把听来的一首童谣念给董卓听，并说这当中寄寓了迁都的天意，只有回到长安，才是顺天应人。董卓这个人虽然心狠手辣，可有时也很天真，他听了那首童谣居然很高兴，于是接受了李儒迁都的建议。

6. 曹操建议袁绍进击董卓，结果如何?

董卓一声令下要迁都，他的部下就开始趁火打劫，一把火烧掉洛阳，又将各种宝物一扫而光。士兵们心想，你董卓能抢，我们为什么不能抢？所以当时的洛阳城被搞得一片狼藉。曹操建议袁绍，说此时趁机追击董卓，一定可以打他个大败亏输。可是袁绍认为此刻出兵没有必胜的把握，不如等状况明朗以后再做决定。

其实，就算袁绍接受曹操的建议，出兵追击董卓，结果一定会赢吗？也不见得，因为胜败是谁都料不定的。从日常生活中我们可以看到，凡是建议没有被采纳的人，事后多半都会讲一大堆理由，说“你看，早听我的就好了吧”。这样的想法其实也没有必要，因为即使真的出兵追击，董卓会不会反过来打袁绍，谁也不知道。可能董卓已在迁移的路上埋下伏兵，就等着袁绍前来，然后把盟军打个落花流水。所以，我们没有办法断定袁绍到底该不该听曹操的话，也无法评断谁对谁错。

六　弱女挑重担

一群以大丈夫自称的朝廷大臣，竟然拿董卓没有办法。把脑筋动到一个弱女子身上，利用食、色性也，来离间董卓和吕布，真是情何以堪！董卓和吕布有一个共同的特性，那就是好色。王允看准这一个弱点，利用貂蝉的美色和机灵，把匡扶汉室的重责大任，推给貂蝉。可见男人至刚至强，有时候反而最为软弱。而女人平素十分柔软，真正表现起来，反而比男人更加刚强。貂蝉和王允互拜，表示把彼此的性命都交给对方。两人虽然没有结义，却具有义结金兰的决心。

情景说明

孙坚救灭宫中余火，忽有军士报告在枯井中发现一人。孙坚让军士把人捞上来，发现是一宫女，怀抱一方印章。手下程普告诉孙坚此印章正是传国玉玺，并当众告诉他此玉玺的来历。他建议孙坚速回江东，别图大事，正合孙坚之意。

次日，孙坚以身体不适为由向袁绍请辞。袁绍讽刺他得的是传国玉玺之病，并让孙坚交出玉玺。孙坚坚决不肯承认玉玺在自己手中，并对天发誓，若私藏玉玺，翌日愿死于弓箭之下。这时袁绍让一人出来做证，此人是袁绍的老乡，前晚打捞玉玺之时，他正在场。因想以此为进身之计，故偷向袁绍禀报此事。孙坚大怒，拔剑欲杀此人，却被袁绍挡住。孙坚领部下离去。

孙坚刚走，就有军士报告袁绍曹操讨伐董卓大败而归。袁绍命人后帐摆宴，为曹操压惊。席上，袁绍安慰曹操说胜败乃兵家常事。但曹操却指责众诸侯迟疑不进，错失良机，连喊着“我深感耻辱”而离去。

要点解析

1. 孙坚发现玉玺，有什么启示?

孙坚带着人马攻进了洛阳，他的手下在一口枯井里发现了一方印章，交到孙坚手上之后，他也不知道是什么东西。老将程普看到后恭喜孙坚说，这乃是传国玉玺，谁得到它将来就会当皇帝。

玉玺在古代是代表皇帝的信物，现代人可能觉得这算不了什么，你要玉玺是不是，我马上给你仿造几十个出来。但是在古人眼里，这是了不得的事情。现代人的诚信程度是远不如古人的，那个时候一把剑就代表一个人的信用，一方玉玺就是一个国家的象征。这到底是人类的进步还是倒退？我们只能说某些地方是进步的，某些地方很显然是退步的。

孙坚发现了玉玺，经程普一解释才知道这是宝物，便赶快藏了起来。可能有人认为这种做法不够诚信，应该拿出来公开才对，这样看事情其实也是一种歧见。我们没有得到玉玺，当然会讲这种风凉话，实际上换成我们是当事人，可能也会采取同样的做法，不相信我们可以问问自己。

2. 旁边的士兵听说玉玺的故事，结果如何?

有时我们讲话真的要小心，因为耳目是随时随地都有的。很多人常常说，现在没有别人，有话就说吧，但是我们又怎么知道在场的没有人会去告密呢？孙坚跟他部属讲话的时候，大家都没有想到旁边还有个间谍，当然这个士兵也不见得就是袁绍派去的奸细，也可能他平常就对孙坚有所不满，临时起意才去向袁绍告密的。但是我们要以此为戒，随时随地提防有人会走漏信息。

3. 孙坚向袁绍告辞，袁绍要他留下玉玺是什么道理?

孙坚得到玉玺之后，心里就开始盘算，我如果继续待在这里，万一被人打败了怎么办，万一玉玺被人抢了怎么办？孙坚之前从来没有这样想，但是有了玉玺以后，他整个观念就改变了。最后他决定干脆离开这里，自己去找一片天地，自己当皇帝算了。一个人，只要外界的环境稍有变动或是稍受一些外物的刺激，思路就会整个改变，以前从来没有的想法也会蹦出来，我们应该高度警觉，因为这是很难避免的事情。

孙坚有了要离开的想法，却也不敢直接跟袁绍说明原因，因为袁绍肯定不会让他带着玉玺走的。就算孙坚武艺再高，当所有人都围着他的时候，他也没有办法。所以他以身体不适为由，向袁绍告别请辞。袁绍早就得到情报，当场就把他拆穿了，说孙坚得的是玉玺病吧。孙坚不承认就是不承认，说什么玉玺，我不知道。他这样做是对的，你袁绍凭什么要玉玺？你说你是盟主，你像个盟主吗？再说，谁规定得到什么东西一定要交给盟主？你运气好你就得到了，你运气不好，该我得的干你什么事？至于我是什么病更是我的事，你能替我医吗？孙坚这样想，也有他的一番道理。我们想事情不要偏到一边，要两边去平衡，然后找到一个合理点，这样才会比较客观。

4. 孙坚向天发誓，可以这样做吗？

孙坚最后被逼得没办法，对袁绍发誓说，如果我说假话，就死于乱箭之下。他说点什么不好，干吗非要说这个？后来就真的被乱箭射死了。你说这是巧合，但就是这么巧，你有什么办法？中国人重视发誓，这是我们很特别的地方。老天听到人的誓言，就会让他如愿以偿，尤其是重誓，千万不要随便发。

其实，讲起来孙坚是个不会撒谎的人，既然要赖就赖到底，就算袁绍把做证的士兵叫出来，仍然给袁绍来个死不认账就好了。他可以不动声色，暗地里把玉玺交给别人，然后让袁绍来查好了。可孙坚不是，他一听有个做证的士兵，心里一慌，拔剑就要杀死他。袁绍早有防备，怎么会轻易让孙坚把人证杀死呢？而且孙坚这样一来，等于在告诉所有的人，这个士兵说的都是真的，这是自己跟自己过不去。孙坚打仗是很厉害，但是他的行政经验显然不足，将来我们也会看到，他的儿子孙策跟他一模一样，只会行军打仗，缺乏处理时政的能力，这也是父子同命。

5. 曹操打败仗，袁绍为什么摆酒相劝？

曹操建议袁绍，趁董卓迁都的机会出兵追击，但袁绍并不理会。曹操一气之下率领手下的人马自己去了，结果大败而回。其实曹操打败仗的概率很高，古往今来，常常打败仗的人，往往都是最后的胜利者。如果换成别人，袁绍当面就会给他难堪，但袁绍和曹操毕竟是老朋友、老交情，所以他表现出另外一面，摆上酒宴给曹操压惊，并安慰曹操说胜败乃兵家常事，让曹操不要往心里去。可见，平常人与人之间还是要有些交情，要建立一些关系，不然事到临头，吃亏的还是自己。

三国之道

人与人之间最好平常多留些交情。

6. 曹操为什么连喊我深感耻辱？

此刻的曹操也是恼羞成怒，他会接受大家的劝慰，高高兴兴地坐下来喝酒吗？当然不会。因为胜就是胜，败就是败，这是一翻两瞪眼的事情，不是谁给谁面子就可以抹杀掉的。所以曹操恼羞成怒，认为跟袁绍这些人在一起算是倒霉，当初本来有很完整的计划，结果众诸侯都不闻不问，所以他连连喊道“我深感耻辱”。其实我们对曹操的说法也不必当真，他有什么可感到耻辱的？就是恼羞成怒而已。我们看事情，一定要看出它的真实面目，不要被一些假象所蒙蔽。

情景说明

又一日，董卓宴请百官，说只要他们忠心不二，可保他们荣华富贵。说完便让人在堂外砍数人的胳膊，取其血让百官喝。一会儿，吕布拿密信进来，在董卓耳边轻言了几句。董卓说原来如此，便让吕布把司空张温揪至堂外，百官魂不附体。不多时，侍从托张温人头而进。董卓说张温联合袁术欲害他，故斩之。

王允回到府中，思今日席间之事，痛哭不已。忽闻有人在外长吁短叹，王允出去一看，见是歌伎貂蝉。貂蝉自幼被选入府中，教以歌舞，色伎俱佳，王允待她就像亲女儿。王允喝问她是否有私情，貂蝉说不敢，只是见大人两眉愁锁，郁郁寡欢，而自己又不能为他解忧，因此在此长叹。又说若有用她之处，她万死不辞。王允感叹大汉天下竟在她的手中，让貂蝉随他入阁中坐下，自己叩头便拜。貂蝉惊伏于地，问他何故如此。王允跪说百姓有倒悬之危，朝中文武却无计可施。而董卓与其义子吕布皆是好色之人，他想先将她嫁给吕布，然后再嫁与董卓，让她从中离间他们父子，以让吕布杀死董卓。貂蝉含泪笑说若不报大德，愿死于万刃之下，请王允即刻将她献与吕布和董卓。

要点解析

1. 董卓要众臣喝人血，又命吕布当众杀人是什么道理?

董卓在洛阳的时候，知道自己是外来的，不得不买一些老臣的账。现在他回到了长安，这是他的老地盘，所以声势自然就浩大了起来，觉得自己可以为所欲为，不必再有什么顾虑了。所以他把百官请来，逼着他们喝人血酒，看看群臣有什么反应，试试谁还敢反抗。董卓这样做，完全是想用高压手段来迫使大家就范。

这样还不够，吕布又当着群臣的面，以勾结袁术、加害董卓为由，将司空张温拖出去给杀了，让侍从托着他的人头进去，意思就是警告群臣，你们不要有什么风吹草动，否则这就是你们的下场。在这种气氛之下，相信没有人敢提出什么意见，因为中国人有一句话，叫作人在屋檐下，不得不低头。形势总是比人强，所以大家都是敢怒不敢言，只好任由董卓在那里肆无忌惮地为所欲为。现在的董卓，看上去是一副不可一世的样子，可是他背后那股反抗的力道，却是越来越强了。

2. 王允为什么把目标放在貂蝉身上?

相信王允也是迫不得已才这样做的，他一心一意想要杀死董卓，匡扶汉室，这是他的目标。可是他思来想去，几乎没有一条路行得通。在百般无奈近乎绝望的情况之下，他才不得已把目标锁定在貂蝉身上。大家一定有同感，堂堂一个大男人，平常很了不起，现在一筹莫展，居然要把脑筋动到这样一个弱小的女子身上，相信有志气的人都不会这样做，可是现在没有别的办法，只好动动这个脑筋了。

貂蝉是有条件的，她不但年轻貌美，而且脑筋灵活，意志坚定，但是光有这些条件，而董卓不好色，吕布不动心，那貂蝉再漂亮、再年轻也没有用。王允两边思量再三，认为此计可行，所以才会跟貂蝉谈这件事情。

这种事情说难听一点，就是要牺牲貂蝉，让她把宝贵的性命献出来，所以用商量的方式是不可行的，一定要想办法把她的意愿激发出来，让她从心里头愿意这样做，才有可能达到目的。所以王允听到貂蝉叹气，马上严厉地指责她，说你是不是有什么私情瞒着我？照理说他们之间不需要这样，也不应该有这种状况。但王允就是要借题发挥，这是他花尽心思谋划的，因为这件事情非成功不可，否则就什么希望都没有了。貂蝉说，我绝对不敢有什么私情，是看大人整天愁眉苦脸，而自己又无能为力，所以才在这里长吁短叹。如此一来，王允这才确信貂蝉果真有心为自己做事，这才慢慢把事情讲给她听。

3. 貂蝉为什么表示愿为王允分忧分劳？

貂蝉已经做好了充分的心理准备，所以当王允提出困难的时候，她才会满口答应，只要自己做得到的，再怎么艰难都万死不辞，心甘情愿替王允效劳。王允也很不简单，他这时做出了一个出乎貂蝉意料之外的举动——跪倒在貂蝉面前，向她深深地一拜，郑重地表达自己的感激之情。换作平常，王允是不可能向貂蝉跪拜的，但这个时候他就跪下来了。貂蝉一看，当然很慌乱，连忙也跟着跪倒在地，说大人千万不可以这样。

这让我们回想起王允请众臣来做寿时的样子，他放声大哭，同样也是为了制造这种出乎意料的效果，因为这样才会加深对方的印象，才会增强对方的责任感，才会使对方无从推辞。这在兵法上就叫作乘胜追击，否则时过境迁之后，貂蝉一松懈下来，很可能会说，我也没有这个能力，大人另想办法吧，那不糟糕了吗？王允事先想过很多次，他明白这个时机不能错过，这个计划不能落空，所以才会一路紧逼。

其实，让一个弱小女子承担这么重大的责任，应对这么艰巨的困难，讲起来也是很不人道的。王允后来未得善终，是不是跟这件事情有关，我们也不便置评。只是让大家有个参考，当一个人过分不择手段的时候，后果还是要自己来承担的。虽然王允的目标很正确——身为人臣，当然要为皇帝尽忠，但是能不能把自己都无法完成的艰巨任务，转移到一个弱小女子身上，却有待商榷。因为就算王允不这样做，早晚也会有人出来收拾董卓。可能有人会说这种想法太消极，太不负责任。各种各样不同的论调我们统统尊重，这才是中国人有容乃大、和而不同的修养。

三国之道

不管目标如何，过分不择手段，后果还是要自己来承担。

4. 王允要貂蝉做什么？

貂蝉有能力直接去刺杀董卓吗？连曹操都做不到的事情，她当然也不可能做到。她能做的事情很容易想象，就是牺牲自己，制造吕布跟董卓之间的矛盾，如此而已。王允通过观察，确信董卓和吕布都是好色之徒，这是他们两个人的共同弱点，而貂蝉又有足够让他们动心的条件，所以王允才会想让貂蝉激起他们之间不可调和的仇恨。

话虽如此，但要真正实施起来也是很危险的。万一董卓说，吕布你喜欢貂蝉那就给你好了，那不前功尽弃了吗？或是吕布说，既然义父已经收了她了，那我就算了，这不也糟糕了吗？所以很多事情，就算已经布下天罗地网，可还是会有一些漏洞，就是因为这样，我们才不太赞成王允的这种做法。可是如果我们站在王允的立场，也的确能感觉到，他有他用心良苦的地方。

王允给貂蝉的这一跪，就等于把貂蝉的命跪没了。当别人给你非常珍贵的礼物或是意料不到的礼遇时，我们要特别小心，因为我们要付出的，可能是更加珍贵的东西。从这里可以看出来，在王允环环相扣的举动下，貂蝉不可能拒绝，只能尽力而为。

情景说明

一日，王允得知吕布要外出打猎，便带貂蝉去猎场游玩。貂蝉穿红戴绿，妆容精致，又是荡秋千，又是在河中戏水，银铃般的笑声不绝于耳，让刚刚赶到的吕布看得垂涎三尺。王允见吕布已动心，便请他与家眷一起同行。吕布说自己有命在身，王允又改请他来日再去府上一叙，吕布毫不犹豫地答应了。离去时，貂蝉故意对吕布回眸一笑，看得吕布神魂颠倒。

次日，吕布就登门拜访王允了。王允请吕布上座，又让貂蝉出来相见。王允告诉吕布貂蝉是自己的女儿，让她给吕布斟酒伺候。席间，貂蝉对吕布眉来眼去，暗送秋波。还送一顶头冠给吕布，说是因仰慕吕布的威名而做的。吕布大喜。王允趁机说想送小女给吕布为妾，吕布更是喜不自禁，当场跪谢王允，并称其为岳父。王允以身有不适回屋，让貂蝉代送吕布。

要点解析

1. 王允与貂蝉达成什么样的默契?

用现在的话来说，王允摆明了就是要貂蝉牺牲色相，以此勾引吕布。这句话在今天来讲，也是有多重意义的，因为今天的色情跟艺术经常被人故意弄得混淆不清，明明是牺牲色相，非说是爱好艺术，那我们也没有办法。女人说最不喜欢男人色眯眯的，但是男人会色眯眯，也是女人招惹的。自己衣服穿得那么少，还要怪人家不该看你，这不是很奇怪吗？当然，这是闲话。

我们再回头来看貂蝉，她很清楚自己要做什么，当她把这个当作一项任务来完成的时候，她整个的心理都改变了。我们不要怀疑貂蝉本来就很淫荡，她其实是在完成任务，当把整个过程看完之后，我们就会清楚，她这样做完全是为了报答她的义父王允。完成任务之后，她才会去做自己的事情，过自己的生活。

2. 吕布为什么应邀到王允府中拜访?

王允选择吕布途经的地方，故意让貂蝉在那里荡秋千，目的就是要吸引吕布的目光。吕布这个人，别的他都不看，专门看这个，所以要吸引别人的眼睛，不一定有把握，但要吸引吕布的目光，那是十拿九稳。

他一看到貂蝉，两只眼睛就亮了起来，心想，谁家的女孩儿这么漂亮。

正当吕布看得入迷的时候，王允出现了，他请吕布与自己的家眷一起同行，得知吕布有命在身，又请他改天到府上叙谈。这是一拍即合的事情，吕布心里巴不得能去呢。我们也不能说是王允工于心计，其实是吕布自投罗网，哪里是王允厉害。换作别人，一听是王大人的女儿，可能就不动心思了。所以，一切一切都得看吕布动不动心，而不是看王允如何使计。

3. 王允为什么请吕布上座？又为什么叫貂蝉出来相见？

从这里可以看出来，吕布完全没有警觉性，他也不想想看，以王允的身份，凭什么要请他上座？王允这样做，里头一定有什么名堂，自己要特别小心才是。可吕布没有，他认为上座是应该的，难得王允这么有诚意，稍作客气就大模大样地坐上去了。这就是典型的草包。

貂蝉出来以后，他也应该提高警觉，怎么会这样，是不是有什么陷阱呢？然而就算吕布知道这是陷阱，此刻他也是心甘情愿甚至是巴不得往下跳。所以我们现在谈论吕布有没有警觉性都算多余，对他来说，要这种警觉性干吗？别的警觉性他也许需要，这种警觉性他巴不得没有呢，这是他的本性。

4. 貂蝉当着王允的面，和吕布眉来眼去合适吗？吕布为什么不觉得奇怪呢？

碰到这种情况，一般人都会觉得很奇怪，你要跟我眉来眼去可以，但总要避讳一下王允吧？这才是正常的想法。可吕布一点都不觉得奇怪，这时候所有的事情都已经对他不重要了。当一个人的心思集中在某一个焦点上时，他是看不到其他地方的。我们不妨做一个测试，一面白墙上有一个黑点，你问十个人，眼前有什么，九个都告诉你有个黑点，因为他完全被那个黑点吸引住了，根本就注意不到整面白墙。一大片白墙当中有个小黑点，这才是正确答案。可是很少人有这种修养，大都是把那个只占0.001%的黑点看成全部，其他白的全都看不到，这是一般人都避免不了的毛病。

吕布这时候眼里只有貂蝉，其他的统统看不到，王允此刻对他来讲，跟个“死人”差不多。稍微有点脑筋的人想想就知道，貂蝉跟王允是什么关系，怎么可以当着王允的面做这种事呢？这分明就是他们提前串通设下的陷阱，所以他俩才会这么有默契。这样一想就通的事情，吕布却没有感觉到丝毫异常。

三国之道

当一个人的心思集中在某一个焦点上时，他是看不到其他地方的。

5. 王允第一次见面便要将貂蝉嫁给吕布是什么道理？

王允一看吕布已经上钩，而且完全是一副急不可耐的样子，那么此时不讲，更待何时？我们中国人有个说法，叫作打铁趁热，王允现在却是趁热打铁。他见吕布和貂蝉当着自己的面眉来眼去，已经彼此勾搭上了，要是连这样的机会都错过的话，那不成了天下第一笨吗？所以他马上就说有意把貂蝉许给吕布，不知吕布意下如何？所谓打铁趁热和趁热打铁是两回事情，我们要用心体会一下其中的区别。吕布当然是求之不得，他当即就跪下来，称王允为岳父大人。

这种事情会进行得这么顺利，其实并非哪个人的功劳，一切都是因缘际会，情势所逼，各种因素配合在一起才促成的。我们用四个字形容，叫作瓜熟蒂落，这是很自然的一个结局，并非一切都在王允的掌握之中。

6. 王允要貂蝉代送吕布，有什么用意？

眼看天色已晚，王允知道这次的目的已经达到，可以到此为止了。可是他也想到，还要有一条线把吕布牢牢地牵住，让吕布跑不掉才行。所以王允推说自己酒喝多了，要先休息了，让貂蝉代他送一下吕布。吕布一听，当然是满怀高兴。而貂蝉借着送别吕布，又进一步加深了吕布对她的印象。相信当天晚上吕布是睡不着觉的，他已经被牢牢地拴住了，却又不马上给他机会，这对一个男人来讲，是承受不了、抵挡不住的。后面再怎么发展，主角就不是王允了，而是慢慢转移到貂蝉身上，她开始要负起那个艰巨的任务了。

情景说明

过了数日，王允在朝堂见了董卓，趁吕布不在，请董卓晚上到自己府上赴宴。董卓喜出望外，爽快地答应了。

傍晚，董卓驱车前往王允府中。席间，王允说汉家气数已尽，而董卓功德震天，请他应天人之望，继承大业。董卓故意推辞说安敢望此。王允说自古无德让有德，太师取天下，正合天意人心。董卓笑说若果真天命归他，那王允就是开国元勋了。王允拜谢后，垂帘让家伎出来献舞。领舞的正是貂蝉，她浓妆艳抹，舞姿诱人，还不时地向董卓抛媚眼。董卓乐得合不拢嘴，问王允此女何人。王允说是家伎貂蝉，若董卓愿接受，可把她送与董卓。董卓大喜。王允亲送董卓和貂蝉回相府。

回来的路上，王允碰到正前来兴师问罪的吕布，他请吕布到府上谈话。

要点解析

1. 董卓为什么接受王允的邀请？

在董卓的心目中，王允是个很重要的人物，只是他们之间一直保持着相当的距离。董卓心里清楚，如果能够收服王允，就可以减少朝中很多的非议，因为王允官居司徒，也是一个意见领袖。现在王允居然出面邀请他去府上赴宴，他当然是求之不得。这是意料之中的事，也是很正常的一个发展，董卓绝对不会问王允，说你干吗要请我？你安的是什么心？因为董卓这时候巴不得能跟王允有进一步的来往。

2. 王允为什么劝敬董卓，他不是要杀董卓吗？

王允把董卓请来，如果什么事情都不谈，那也是浪费时间，而且董卓也会觉得很奇怪。所以他就开始劝董卓，说现在汉室气数已尽，汉献帝应该退位给您才是……只有这种话，才可以打动董卓的心，才会使董卓觉得王允对他很有诚意，也只有这番话，才会使董卓觉得自己没有白来。这是王允唯一的选择。

3. 王允这么说，董卓会相信吗？

董卓听了王允的话，刚开始假意推辞，然后又说若果真天命归他，王允便是开国元勋。董卓的做法，其实也是中国人经常用的一套方法。如果王允一说董卓应该登基称帝，他马上就说好好好，那他永远都不知道王允说的是真是假。所以董卓就按照中国人的惯例，说我何德何能，怎么敢那样想呢?

我们中国人的很多言行方式跟外国人不一样，日本人就常常问我，说你们中国人明明自己要喝一杯茶，为什么还要端起来跟周围的人客气一番，而周围的人也都是只表示谢意，却没有人会真的接过去，转了一圈之后，还是那个人自己喝了。这是外国人没有办法了解的事情。其实，在这个过程当中，我们可以了解到对方的修养，而且最要紧的是彼此都有面子。

所以王允讲完以后，董卓要推辞一下，然后王允自然会加强自己的诚意，这时董卓再说如果果真如此，那你就是开国元勋，意思就是告诉王允，你放心好了，我绝对不会亏待你的。你给我面子，我就给你面子，这才是中国人的做法。其实讲起来就是礼尚往来，你尊重我，我就尊重你，这是非常正常的一个发展。

4. 王允对吕布说，貂蝉是小女，对董卓却介绍是家伎，这是什么道理?

我们想想看，如果王允跟吕布讲貂蝉是自己的家伎，那吕布心中会很不以为然，他认为自己是董卓身边的红人，这样的机会多得很。现在王允说是小女，就表示貂蝉也是自己的宝贝，自己并非随随便便送给他的。吕布听了很感动，他觉得王允主动把自己的女儿许配给他，可见对他是很看重的，那他吕布当然也要给予相当的回报。所以吕布马上跪下来，自称小婿，然后拜见岳丈大人。可见吕布再怎么不行，这点脑子还是有的。

可是，如果王允跟董卓也讲这是自己的小女，董卓会怎么想?他会觉得，我都许你为开国元勋了，难道这还不够，你还要当我的岳丈大人不成?我们年岁相当，那未免太过分了。再说，为了一个女人，可能还要背负上糟蹋人家闺女的臭名，这恐怕也是董卓不能接受的。而王允说貂蝉是家伎，这对董卓来说就无所谓了，就算收十个八个的，也不会影响他朝廷的事情。

王允事先设想得很周到，这是他非常高明的地方。很多人往往会忽视这种细节，因为小小的纰漏而导致最后的大事功亏一篑，那才可怜。

三国之道

因为小小的纰漏而导致最后的大事功亏一篑，那才可怜。

5. 王允为什么要亲自送董卓回府?

我们回过头看一下，王允之前有没有送吕布回府？没有。因为吕布是一个人回家，王允送他回去，根本是多此一举，反而会使吕布感觉怪怪的：哪有岳丈大人陪小婿回家的，莫非要监视我的行为？所以王允不可能那样做。

可是这次不一样，这次是貂蝉陪着董卓回府的，那王允就会顾虑，如果走到一半董卓就把貂蝉赶下车了，或者干脆把貂蝉直接送给了吕布怎么办？这也不是没有可能，当初董卓送了一匹赤兔马给吕布，就把吕布的心牢牢地抓住了，现在再送给他这么一个年轻貌美的女子，那吕布不是更加死心塌地了吗？董卓会不会动这个脑筋，谁也预料不到。

所以王允一路护送董卓回府，一来是防止董卓中途变卦，或者有什么节外生枝的事情破坏整个计划；二来他这一路送过去就让董卓觉得，王允真是个奴才，送我一个漂亮的女人，还像个跟班一样跟着来，看来他是诚心诚意投靠我的。这么一来，董卓对貂蝉就更没有防备了。

6. 吕布兴师问罪，王允如何因应?

吕布听说王允将貂蝉送给了董卓，立马怒不可遏地去找王允兴师问罪。王允当然不会在相府门口解释原因，因为他早已准备好了一番挑拨吕布与董卓关系的说辞，就等着吕布上钩了，所以王允请吕布到府上说话。

七　全凭动脑筋

弱小女子要承担大任，当然非常困难。没有一将一兵，也不能讲什么大道理。除了女人常用的一哭二闹三上吊之外，貂蝉所能运用的，恐怕只有动脑筋，想办法让董卓和吕布这两个大男人互相激烈地斗争。男人心狠手辣，意志力却时常十分薄弱，明明难过美人关，还自诩为英雄。因为心狠的男人，很容易同情弱者。貂蝉扮演弱者，又十分高明。看来李儒感叹将要死于妇人之手，是貂蝉善动脑筋，又精于表演的必然结果。王允见缝插针，更有催化效果。

情景说明

吕布责问王允为何将貂蝉许配给他，却又送与董卓。王允谎称董卓是要接貂蝉与吕布完婚，这才把貂蝉送至相府。听了王允天衣无缝的解释，吕布马上转怒为喜，开怀大笑。

翌日，吕布前往相府见董卓，侍女告诉他董卓与新人貂蝉共寝还未起床，吕布顿时觉得犹如当头一棒。正在窗前梳洗打扮的貂蝉远远看见吕布赶来，立刻掩面啼哭，满脸忧伤无奈。看到貂蝉强颜欢笑地附和着董卓，吕布心如刀绞。得知吕布来见，董卓请他到后堂说话。貂蝉故意在里屋的窗口与吕布眉目传情，吕布不禁神魂飘荡起来。这一切被董卓看在眼中，他怒斥吕布，并扬言以后不准吕布再进后堂，吕布愤愤拂袖而去。事后董卓送金银给吕布消气，并抚慰说他仍可自由出入相府，吕布反而觉得董卓如此反复好像是在耍弄自己，更加地怒不可遏，将礼物掀翻在地。

吕布趁董卓出行偷回相府，直奔卧房中私会貂蝉。貂蝉说此处不便，约吕布到后园凤仪亭相见。凤仪亭中，貂蝉假意痛不欲生，说自己忍辱偷生只为与吕布诀别，说完便要投池自尽，以死明志。

要点解析

1. 王允说谎话，说得好像真的一样，这是为什么？

我们都清楚王允并非奸诈之人，但为何在董卓、吕布面前假话连篇却没有任何破绽呢？难道是他擅于说谎吗？当然不是。

有人说“中国人说谎话，说得像真的一样”，言外之意是说中国人擅长说谎，这句话我们不赞同。我们痛恨“为达目的，不择手段”，但即使要达成合理的目标，也不可能“事事皆对人言”，有些还要有所保留。因此，判断一个人是不是说谎，关键要看他的动机如何。如果是为了一己私利说假话，那摆明就是说谎。但如果是从国家和大众的角度考虑，是从正义的目标出发，这种假话与说谎便有本质的区别。王允明大义、识大体，面对董卓倒行逆施，他想尽自己的力量挽救汉室江山，拯救百姓于水火之中，但却势单力薄，靠武力难以与董卓抗衡，所以只能智取。王允与貂蝉定下计策，由貂蝉在董卓和吕布之间周旋，使他们产生矛盾。所以此时的王允不是在说谎，而是在演戏。他完全投入连环计中，全心全意要把自己的角色演好，因此才会说得如此逼真，令吕布和董卓二人深信不疑。说谎和演戏是两回事，不能混为一谈。

三国之道

说谎和演戏是两回事，不能混为一谈。

2. 吕布原来十分生气，为什么一下子又笑得很开心呢？

看《三国演义》的人，往往不太会去评论吕布，认为这种人根本不值得花时间去了解。但我不太赞成这种观点，因为放眼看去，现在像吕布这样的人相当多。我们当然不能把吕布看作典范，但最起码也应该当成一种代表人物来探讨。吕布喜怒形于色，内心的反应往往毫不掩饰地就表现出来。再加上他行事莽撞，不计后果，更容易被人煽风点火，成为棋子为人操控。

如果我们在飞机上突然听到有人莫名大笑，一定会觉得很奇怪。转身一看，原来是播放的滑稽影片使他狂笑不已。这种人跟吕布有什么区别？虽说喜怒哀乐是人之常情，但也要考虑到场合、对象等因素，视情况去表达。因为当一个人的情绪完全表露无遗的时候，非常容易被人所利用，成为被操纵的对象。多些控制与忍耐，适当保留自己的情绪，才是安全妥当的做法。对自己的心思毫无保留或不懂得加以控制表达的人根本难当大任，交付事务也要格外小心。

3. 貂蝉远远看见吕布，有什么表示？

我们知道，貂蝉绝非真心想要嫁给董卓。相反，她的目标十分明确，就是要尽可能地挑起吕布和董卓之间的矛盾，以实现离间的目的。所以当她远远看到吕布，马上意识到这是个绝佳的机会。于是装出一副楚楚可怜、万般无奈的模样，让吕布认为她留在董卓身边是迫不得已的，从而激发吕布对董卓的仇恨情绪。由此可见，貂蝉实在不简单，不但遇事不慌，还能牢牢抓住点滴机会，逐步向目标靠拢。

4. 董卓责骂吕布，不许他再进后堂，难道他不需要吕布了吗？

董卓是在看到吕布和貂蝉在他面前眉来眼去，盛怒之下才说出这种话的。在以武力打天下的战乱年代，董卓最需要的就是像吕布这样的勇猛武将，否则他也不会事后派人送金银财宝给吕布消气。人不可能不做错事情，但做了错事之后，必须要及时采取措施补救，以求将不良影响降到最低。不巧的是，这样的办法也许在别的事情上管用，但美人当前，对一个争风吃醋的男人而言却难以奏效。吕布再嗜财如命，一听是董卓相送，也马上怒不可遏，将桌子和礼物统统掀翻在地。所以，一个人的表现通常跟当时的时空背景有关，不能单纯只看平时的常规表现。

西方人性格很情绪化，如果一时冲动伤害了他人，只要事后诚心道歉，对方会坦然接受，关系也能一如从前。中国人则不然，即使在口头上表示谅解，但心中的芥蒂却很难彻底消除。可见与其亡羊补牢，不如未雨绸缪。万全之策还是遇事三思而行，尽可能不要因为意气用事而得罪人，否则产生的感情裂痕不是道歉就能抚平的。董卓完全不懂得控制自己的情绪，再加上英雄难过美人关，所以造成的严重后果更是无法挽回。

三国之道

遇事三思而行，尽可能不要因为意气用事而得罪人，否则产生的感情裂痕不是道歉就能抚平的。

5. 吕布陪伴在董卓身边，却又怀恨在心，不是很危险吗？

吕布与董卓貌合神离，虽然以父子相称，但却各怀鬼胎。董卓这样做很不明智，吕布也难有好结果。

作为老板，对与自己朝夕相处的下属必须以诚相待，否则一旦反目，受害的便是自己。很多老板在司机、厨师面前乱发脾气，这实在是在拿自己的生命开玩笑。因为得罪了司机，他可能会将车开下悬崖，与老板同归于尽；得罪了厨师，他可能会在饭菜中做手脚，不知不觉将老板毒死。所以人与人如果要走得很近，彼此都应真心相待，否则宁可保持一个安全的距离。两个各怀鬼胎的人走得越近，所产生的恶果会越严重。

6. 貂蝉为什么叫吕布到凤仪亭相见呢？

这是貂蝉聪明机智的又一体现。一个事件的发生需要具备时间、地点、人物三个主要因素，现在吕布、貂蝉和董卓三个基本人物已经确定，剩下还有两个因素：一个是时间，一个是场所。时间完全由吕布主导，貂蝉没有掌控的能力，所以她只能在场所上动脑筋。

倘若貂蝉把吕布留在卧室里面，万一董卓看到，势必会以私通之罪将他们二人斩而后快；如果貂蝉跟吕布私奔，那这台戏也就难以为继了。所以貂蝉需要寻找一个合适的场所，一来离她卧室不远，二来比较空旷，便于董卓远远就能看到她与吕布的一举一动。细细思量之后，她选择约吕布到凤仪亭相见。这一地点的选择绝非偶然，而是貂蝉费尽心思，克服空间和时间的重重限制，为完成任务而做出的周密考虑。

情景说明

吕布连忙拦住貂蝉，发誓说今生如不能娶她便不是英雄。董卓发现吕布不见后，料想不妙，于是赶紧赶回相府寻找貂蝉，恰好碰见吕布正在和她拥抱缠绵。董卓大为光火，拿起方天画戟掷向落荒而逃的吕布。吕布一闪而过，董卓持戟追赶，被闻讯赶来的李儒撞倒在地。李儒问清原委后，以楚庄王臣子蒋雄调戏王后，楚庄王不予追究，后来蒋雄以死回报的典故相劝，建议将貂蝉赐予吕布，以此收买吕布的心。

回到后堂，董卓责问貂蝉为何与吕布私通，貂蝉边哭边说是吕布相逼，幸亏董卓赶到方才得救。董卓将要把她赐予吕布的想法告诉貂蝉，貂蝉当即要拔剑自刎，说宁死不受其辱。董卓在貂蝉天衣无缝的表演下，将李儒的话统统抛在脑后，答应和貂蝉前往郿坞居住，以避开吕布。

要点解析

1. 吕布发誓要娶貂蝉，貂蝉心里在想什么？

我们前面已经说过，貂蝉不会真跟吕布谈情说爱，此时的她一面要保持头脑清醒，时刻牢记自己的责任，一面要千方百计，最大限度地增强吕布对她的感情。吕布立下这样的誓言，证明他已渐渐将貂蝉的虚情假意当成真的了，貂蝉应该暗自高兴才是。因为只有这样，才能促使吕布跟董卓的矛盾不断升级，最终达到不可调解的程度。

在正常的情况下，貌美女子遇到痴情郎当然是一件美事。但是在一个周密预谋的计划里，却不能用常理来推断。只要空间和时间不一样，同样的事情产生的反应也会大相径庭。我们明白这一点，就不难理解貂蝉此刻的心理了。

2. 董卓急急忙忙回府，为什么着急找貂蝉？

可以想象，董卓那几天是无心做事的。他一方面害怕吕布对自己有不利的举动，另一方面也担心吕布去私会貂蝉，所以无论做什么事情，都时刻注意着吕布的动静。当他发现吕布不知去向时，马上心生疑虑，匆匆忙忙赶回相府要探个究竟。他一回来就问侍女貂蝉在何处，表面上是在寻找貂蝉，实际上是在打听吕布，看他来了没有。

3. 董卓用戟射吕布，有什么用意？

董卓这个动作的用意再清楚不过了，就是要警告吕布：你如果再敢这样下去，我就要你的命！可见他们二人之间根本没有什么父子之情甚至连君臣之谊都谈不上。吕布当时很惊讶，不解董卓为何为了一个女人，居然做出如此举动。其实董卓本来就是翻脸无情的人，只是吕布眼拙，看人不准而已。一个人的性格平时多多少少会有所收敛和隐藏，但在生死攸关的紧要关头或利益取舍的关键时刻，通常都会暴露无遗。董卓的行为并非异常举动，而是情急之下的本色出演。

4. 李儒以楚庄王和蒋雄的故事，劝得动董卓吗？

李儒是个很聪明的人，他察觉到如果不及时化解董卓和吕布的矛盾，必将后患无穷，于是建议董卓将貂蝉赐予吕布。但他用楚庄王和蒋雄的故事来劝董卓，却不应该。这种事情属于个案，不能拿来当作通例。因为很少有男人看到自己的妻小被人欺负，还会无动于衷。楚庄王的个案，对于地位很高的政治人物，也许可以用“为天下则不顾家”来作借口，但对于一般人我们是不赞成这种“大度”的。李儒将楚庄王与董卓相提并论起到了一定的效果，让董卓心有所动。只可惜董卓反复无常，回府与貂蝉提及此事，轻易便被貂蝉以死相逼的演技所蒙蔽，将李儒的劝诫抛到了九霄云外。

李儒最大的失误之处，在于他只考虑事情本身的对错，却忽视了董卓的感受和处境。就算李儒说得头头是道，董卓听得句句在理，也未必会那样去做。因为单单是道理正确也没有用，还要站在对方的立场和角度去考虑和铺垫，才有可能被接受，否则对方也很难听得进去。

5. 貂蝉拔剑自杀，是真的吗？

我们以后每想到貂蝉，最好给她一个代号，就是弱小女人而要承担大任的人。貂蝉没有一兵一将，却敢承担如此艰巨危险的任务，唯一能凭借的便是自己的机智。而“一哭二闹三上吊”，正是女人最常用也最有效的办法。她首先是“哭”，尽量利用自己的柔弱来争取董卓和吕布对她的怜惜；然后是“闹”，一面让吕布下定决心救她脱离董卓，同时也使董卓与李儒产生隔阂；最后到关键时刻就是“上吊”了，假装拔剑自刎，以此来引起董卓对她的怜爱之情。

我们常常觉得男人心狠，但男人的意志力又往往是最薄弱的，这两点相辅相成。至强至弱，男人平时十分强悍，有时候反而最弱也最无力；反之，至柔至刚，女人平素万般柔弱，真正表现起来，有时候竟比男人还要刚强。可见男女有别，各有特质，也各有弱点。大男人越是看似强大，心狠手辣，往往也越怜香惜玉，容易同情弱者。貂蝉正是以柔克刚，巧妙地周旋于他们之间。董卓是一个疑心很重的人，但是他对貂蝉的这番举动一点也不怀疑，便是他大男人外强中干性格的使然。

6. 董卓为什么要和貂蝉一同移居郿坞呢?

男人的职责，应该是在外面好好表现，同时对家小有照顾与保护的能力。所以当董卓看到貂蝉以死明志的表演时，内心的男人气概被完全激发了出来。为了保护貂蝉的安全，董卓决定和她移居郿坞。判断一个男人是否值得托付终身，不是看他是否有钱，也不是看他是否有发展前途，最关键的是看他有没有责任心。而责任心的最基本表现，就是要全力维护自己家人的安全。

从这个角度来理解的话，我们就知道董卓移居郿坞的出发点是好的。只是因为貂蝉别有用心，才导致董卓无法逃避恶果，那又另当别论。由此我们也可以明白，任何事情都有前因，也会产生不同的后果。但并不是有好的前因，就一定会有好的后果。移居郿坞一方面是好事，另一方面也是天大的坏事，而这些都是董卓必须要承受的。

三国之道

男人责任心最基本的表现，就是要全力维护自己家人的安全。

情景说明

次日，李儒入见董卓，再次提起貂蝉之事，董卓以与吕布有父子之分拒绝。李儒提醒不可为妇人所惑，董卓反问李儒自己的爱妾肯不肯送给吕布，李儒一时语塞，暗自感叹我等皆要死于妇人之手了。

群臣送董卓驾赴郿坞，王允假装偶遇吕布，然后问及貂蝉之事。吕布说貂蝉已被董卓据为己有，王允佯装不信，邀请吕布到家中叙谈。席间，王允说董卓淫女夺妻的兽行使他们二人为天下人耻笑。吕布震怒，说想杀老贼但又碍于父子之情。王允说他们在董卓凤仪亭掷戟之时早已无父子之情，又以扶汉可留名青史、助董则遗臭万年的理由突破了吕布最后的心理障碍。吕布拔刀刺臂，誓杀董卓。

董卓远在郿坞，要想杀他，必须找一个董卓亲信并且能言善辩的人将他骗来。李肃因帮助董卓杀死丁原，却没有得到升迁而对董卓怀恨在心，王允思前想后，决定说服李肃前往。

要点解析

1. 董卓问李儒，你的爱妾能不能送给吕布，李儒有什么反应？

李儒满心以为董卓会听从他的意见把貂蝉送与吕布，不料再次催促的时候，董卓冒出了一句对李儒而言是噩梦、对政治家而言是大忌的话：汝之爱妾肯与吕布否？话讲到这个份儿上，相信李儒也是无言以对、心灰意冷的。作为上司，说话一定要讲究分寸，千万不能伤下属的心。董卓这样说，就叫作把话讲绝了，把路堵死了，是非常不合适的。其实董卓也算不上是真正的政治人物，他只是有个官位，但并没有与之对应的官品。

2. 李儒感叹将要死于妇人之手，是不是算得到躲不过？

“算得到，躲不过”这句话非常重要。李儒感叹最后会死于妇人之手，不是因为能掐会算，而是在于他用心分析。因为任何事物的发展，都是有规律和迹象的。中国人很喜欢动脑筋，随时会去分析自己的前途。李儒只要用心去想，就知道结果一定会是那样。最后果然不出他所料，貂蝉一个弱女子，就把他们这一班人统统葬送掉了。

我们不怀疑李儒的聪明才智，只可惜他跟错了老板，所以不得不动很多歪脑筋，这是他的无奈。一个人最要紧的就是要慎重选择良好的环境，否则一定会被拖累。

3. 王允问吕布为什么不随董卓去郿坞，又说他不相信有这种事，有什么用意？

很多人说：人只要撒了一次谎，后面就要撒几十次谎来圆前面这个谎。我们前面已经讲过，王允是在演戏，而非说谎。所以王允现在是要一路演下去，直到落幕为止，这与圆谎是两种不同的心态。王允的表演已越来越入佳境了，也只有这样，他才能一步步将吕布引入设计好的陷阱当中。

4. 吕布大叫誓杀老贼，王允接着说董卓跟他根本没有父子之情，效果怎么样？

王允的这番话非常高明，对连环计的成功有着决定性的作用。王允首先抓住吕布冲动鲁莽的弱点，迅速激起他对董卓的强烈不满，从而使其萌生杀机。随后，王允又准确把握吕布的心理变化，一见时机成熟，马上见缝插针地指出他和董卓根本没有父子之情，破除了吕布最后的心理障碍。王允言外之意是说，吕布以前可以杀丁原，那现在照样能杀董卓，但为什么又不直说呢？因为吕布杀了丁原以后，别人的指责他也有所耳闻，所以如果王允直接再让他去杀义父，反而是提醒了吕布，最后的效果只会适得其反。

说话时机、语言分寸、表达方式，对沟通效果有至关重要的影响。王允在这方面做得恰到好处，十分难得。

5. 王允要吕布在汉室和董卓之间做出选择，吕布怎么反应？

我们往往认为吕布跟从董卓就是跟从汉室，其实不然。汉室是汉室，董卓是董卓，因为董卓完全不把汉室当回事儿，而且他的篡汉之心已是人尽皆知。

每个人做事情，都会给自己找到一个正当的理由。对吕布这种人，必须要给他适当的引导。所以王允对吕布说，你跟从董卓只会遗臭万年，不如为中兴汉室而努力，将来还可以留名青史。所谓名正才能言顺，在扫除了吕布的心理障碍后，王允趁热打铁，恰到好处地把一个大义凛然的理由送给吕布，顺应他的心理需求，从而进一步巩固了沟通效果。吕布一听，觉得非常有道理，于是马上表示要为了汉室杀掉董卓。

可见，想要说服别人，找到一个充足而正当的理由很关键。

6. 吕布为什么发重誓，王允又为什么想起李肃呢？

像吕布这种反复无常、不讲信用的人，他的话没有几个人会相信。所以为了表示自己的决心和诚意，他不得不发重誓。通常而言，一个言必信、行必果的君子根本无须发重誓。只有不讲信用的人，才不得不发重誓。反过来看，如果一个人总是发重誓，那他也不会是一个有信用的人。

王允这时候又想起李肃来就更妙了！李肃当年为邀功求赏，去劝吕布投靠董卓。现在王允要杀董卓，自然马上又想到他。因为李肃与董卓关系亲近，利用他，董卓不会轻易生疑，所以李肃是最好的人选。一个人常做好事，以后大家有好事，马上会找到他；一个人老做坏事，以后别人想到坏事，很可能又会把他拉进来。李肃会被卷进来，完全是他自作自受。

三国之道

平常有信用的人不需要发重誓。

情景说明

王允、吕布密请李肃，以力扶汉室为由说服他。李肃当即折箭为盟，表示愿意合力共除董贼。

李肃去见董卓，带去皇帝要禅位于他，王允已筑好受禅台的假消息，董卓听后欣喜若狂，深信不疑。在前往受禅台的路上，董卓所乘车马轮折辔断，董卓问李肃是什么征兆，李肃谎称这是“弃旧换新，将乘玉辇金鞍”的吉兆。听到隐含着“董卓不得生”的童谣，董卓又问是主什么吉凶，李肃告诉他是“刘氏当灭，董氏当兴”的意思。董卓更是喜不自禁。

王允早已带领群臣兵士在受禅台准备妥当，只待董卓前来送死。王允登台叩拜苍天，口中念念有词地说上天保佑。待董卓到来，吕布假意迎接，董卓满脸兴奋，许诺登基后让吕布总督天下兵马。正当董卓准备登台受禅之时，已在台上的王允拔剑高呼“武士何在”，众人迅速围住董卓，这时吕布挺身而出，一戟刺去，终于除掉了董卓。

要点解析

1. 吕布要李肃协力除掉董卓，李肃为什么折箭为盟？

李肃目睹吕布投靠董卓以后，整个局势越搞越乱，自己多少有些后悔，因为最起码的责任感他还是有的。很多人做事情的时候，会替自己找到一个合理的借口。但随着事情的演变，当看到因为自己而造成的恶果时，也会感到良心不安和后悔。而且董卓在李肃拉拢来吕布后，就对李肃置之不理，不予重用，李肃对此也怀恨在心。王允抓住了李肃的情感变化和当时的心理需求，所以很容易就把他拉了进来。当李肃听到要除掉董卓的时候，他是义不容辞的，这对他来讲也是为自己出一口气。因此为了表示自己的决心，李肃折箭为盟。他的这一举动有宣誓的作用，也增强了王允和吕布的信心。

2. 董卓听说汉献帝要禅位于他，为什么高兴欲狂呢？

董卓是一个本来有很好的机会，却又把自己逼上绝路的人。他立陈留王为帝，自立为相，携剑上殿，夜宿龙床。虽然没有皇帝的名分，却也是权倾朝野，实际上已经拥有了皇帝的权威。如果他明白逆取顺守的道理，从此改头换面，好好辅佐献帝，擢用名流，重振朝纲，从而逐渐改变大家对他的看法，也未尝不是乱世中的一件好事。

但是，以董卓的性格和为人，断断不可能如此。一个人要想做到逆取顺守，必须要有高度的觉悟和毅力。董卓根本没有这样的修养，他一心一意想要当皇帝。为了追求“皇帝”的虚无名号，他烧杀掳掠，无恶不作。这种人用现代话讲，就叫作“大头病”。所以当董卓听李肃说献帝要禅位于他，当然是欣喜若狂。当一个人欣喜若狂的时候，通常就已经走到了人生顶点，随之而来的便是下坡路。由此可知，董卓的来日不多了，但此刻的他根本想不到这些。

3. 明明是坏兆头，李肃说成好兆头，可以这样吗？

我们可能会认为，李肃这样不是人格有问题吗？明明是坏兆头，就应该实实在在地讲是坏兆头，似乎这才是正人君子所为。但是孔子告诉我们：对一个坏人守信用，你本身就是小人。我们常常感叹历史上小人当道、君子无为，但是有没有反思这到底是谁的责任呢？很多人会说这是因为小人太阴险狡诈，但是君子明知小人不择手段，却仍旧为了保全光明磊落的清名，不惜忍辱负重，舍身取“义”，难道就不迂腐透顶吗？正人君子或是负累着“以德报怨”的道德牌坊，不敢喊出“以直抱怨”的战斗口号；或是认为有些做法并非君子之道，乃是小人伎俩，不屑使用。但这样只会姑息养奸，小人当然为所欲为、变本加厉，最后变得君子斗不过小人。所以讲信用也要分清形势和对象，不可能对任何人都一味地守信用。在这种情况下，李肃如果还忠心耿耿，还对董卓讲实话，那折箭为盟不就成了欺骗天地良心了吗？

我们常讲“上天有好生之德”，在这里也体现得很清楚。对于董卓这样一个十恶不赦之人，老天还是不断地给他发出警告，希望他能悬崖勒马。但此刻的他鬼迷心窍，已经完全被自己营造的皇帝美梦冲昏了头脑，被权欲之心蒙蔽了心智，丧失了基本的判断能力，所以对上天的征兆根本不予理会，对李肃的奉承之言却是听得津津有味。上天给每个人机会，可是我们往往不去关注，最后是自己害死自己。由此可见，是董卓在自欺欺人，而不只是李肃在骗他。

三国之道

对一个坏人守信用，你本身就是小人。

4. 王允为什么嘴巴一直念着上天保佑、上天保佑呢？

这是中国人最可爱的地方：只要有大成就，一定说是“老天爷”的保佑，把功劳归于上天；有大责任，也一定认为是上天的考验，给自己尽责任的机会。只有中国人才会叫“老天爷”，这不是宗教，更不是迷信。我们心中的“老天爷”，是自然规律。事情的成败，要遵循自然规律。所以我们相信上天，跟老天很亲近。中国人很守分，清楚小事情人可以努力，大事情非老天决定不可。遇事周密计划、合理安排、认真执行，这些都是人做的小事情，是“尽人事”；但最后的成败与否，还要遵循自然规律，也就是“听天命”。所以孔子告诉我们，要“尽人事以听天命”，就是这个道理。王允一直念叨“上天保佑”，正是因为他知道，如此重大的事情，不是单凭人力就能成功的。无论再怎么处心积虑，想要除掉董卓，如果没有上天帮忙的话，也是做不到的。

我们“听天命”，并不是一种依赖心理。因为我们更明白，要先“尽人事”，而后才能“听天命”。还拿孔子来说，他本欲从政为官，虽然十分努力，却仍然没有得到重用。如果他因此而只“听天命”，可能就一事无成了。或者即使有君王器重于他，孔子可能也只会是一代贤臣，而难以成为万世师表。所以“天命”的好与不好，也不能只看眼前，还要看以后才能知道。但是，如果不先“尽人事”，是没有资格去“听天命”的。

5. 董卓亲口答应吕布总督天下兵马，吕布为什么不会心动?

要是在以前，以吕布见利忘义的个性和对名利地位的贪欲，他是绝对会心动的。可是随着情势的变化，此时吕布与董卓已是势不两立了。试想即使董卓果真登基称帝，也难保吕布与王允的密谋不被泄露，结果可能会是满门抄斩，况且董卓在得意忘形之时说的话也不一定真的能兑现。事已至此，吕布没有回头路可走，只有干到底了，所以他干脆一戟把董卓刺死，没想到这反而成为他一生当中所做的最大一件好事。

6. 吕布杀死董卓，有什么启示?

董卓的死，有三点可供大家参考。第一，董卓将曾经弑杀义父的吕布收为义子，无异于自掘坟墓。吕布既然可以杀丁原，照样也可以杀董卓。董卓连这点都想不到，死得一点也不冤枉。第二，人的权欲和贪婪一旦无限膨胀，就会把自己推进万丈深渊。董卓本有大好的机会可以留名青史，可他一心只想做皇帝，最终将自己毁于一旦，完全是自作自受。第三，董卓横征暴敛，残暴成性，他的身首异处换来的是百姓的欢天喜地，落得的是后人的千古骂名。可见人心是公正的，百姓的眼睛是雪亮的，欺得了一时，骗不了一世。

八　推不掉才要

陶谦看见刘备仪表轩昂，言语豁达，愿意把徐州太守的职务让给刘备。按理说刘备当时最需要的便是立脚的地盘，应该衷心感谢地接受下来才对。但是他十分明白，“站在不要的立场来要，才不致乱要”的道理，所以再三推辞。认为自己原是为了大义前来相助，如果贪图徐州太守的职位，天下将视他为不义之徒。孔融、关羽和张飞，一再劝刘备接受，刘备坚持不答应。一直到陶谦病重，希望刘备接下徐州太守的职位，刘备原本还要推辞，不料陶谦病故，这才勉强暂时代理。

情景说明

徐州太守陶谦得知曹操家人途经徐州，去往曹操驻扎的山东兖州，为交好曹操，特派部将张闿护送。未料张闿图财害命，途中将曹操全家杀害。曹操大怒，要血洗徐州为父报仇。

陶谦心忧徐州百姓，想要投降曹操，任其剐割以保百姓平安，众人纷纷反对。别驾（官名）糜竺建议坚守城池，自己出城求太中孔融发兵救助。

陈宫不忍目睹百姓惨状，前往劝说曹操。曹操问他当初弃自己而去，现在何处高就，当得知陈宫在东郡从事，曹操讽刺他，说做得好大的官。陈宫说陶谦乃是仁人君子，令尊受害是部将之过，不应责怪陶谦，更不应牵连百姓。曹操充耳不闻，陈宫无功而返。

糜竺入见孔融，孔融引荐刘备与他相见。糜竺请求刘备救难，孔融也邀他同往徐州。刘备说自己虽兵微将寡，但为救百姓愿前往公孙瓒处借兵以助徐州。孔融决定先行发兵，嘱咐刘备不可失信，张飞不满孔融疑虑。刘备说人无信不立，不管能否借到兵马，自己都必将亲至。

要点解析

1. 曹操为什么要找徐州陶谦报仇?

董卓当初唆使吕布杀死丁原，最终自己反遭其害，实属罪有应得。曹操杀死吕伯奢全家，现在也招来自己家小的灭门之祸。曹操自己杀人时，毫不后悔，还说什么“宁教我负人，不许人负我”。现如今自己父亲被杀，便要报仇，还变本加厉地要把徐州的百姓全部杀掉。对人对己双重标准，也本是人之常情。只是曹操做得太过分，令人难以接受。

陶谦存心讨好曹操，派人护送曹操的家小，理应指派可靠的亲信。可他居然让本为黄巾余党、后勉强归顺的张闿前往，实在欠妥。陶谦弄巧成拙，曹操迁怪于他甚至还殃及全城百姓。若是陶谦不迎不送，曹操就算不高兴，也不至于痛恨到如此地步。可见好事要做好，也不是一件容易的事，还需周密考虑才是。

2. 陶谦为什么想投降，部属为什么反对?

我们必须要替陶谦想一想，他年纪那么大，而且军力又显然不足，难以与曹操对抗。为了保全徐州百姓，陶谦认为只有投降这条路了，这跟怕不怕死没有关系。

可世界上的事情就是这样：领导想放弃的时候，部属一定说不行，而且会说得振振有词；领导想坚持的时候，部属又劝他放弃算了，不必做无谓的牺牲。其实这就是阴阳调和的协商过程，借由这样一正一反或一反一正的互动，来找到一条当时最合理的解决途径，是很正常的表现。

3. 陈宫求见曹操，有什么用意？曹操的反应如何?

我们都知道，陈宫是曹操的救命恩人，当年因目睹曹操杀死吕伯奢全家的恶行恶性，离他而去。现在又见曹操以报父仇为名，要屠杀徐州百姓，心中不忍。陈宫心想，自己对曹操有如此大恩，曹操最起码会卖他一个面子。于是就去劝说曹操，让他不要迁怪陶谦，更不要殃及徐州百姓。

不料，曹操不但把旧日恩情忘得一干二净，而且对陈宫当年的不辞而别耿耿于怀。曹操对陈宫冷嘲热讽，讥笑他做得“好大”的官。言语之间全是报复情绪，毫无半点报恩的念头。陈宫也绝非轻易就可以忍受这种讥讽的人，于是便去怂恿吕布趁机偷袭曹操的后方老巢，搞得曹操首尾不能兼顾。

由此可见，曹操此时还是不够奸诈。如果换成经验更为老到的旁人，假装感激陈宫的救命之恩，嬉皮笑脸地礼遇有加，实则将他困在曹营，也就不会滋生出后来的麻烦。相信曹操当时没有想那么远，否则他也不会将自己的报复心理毫不隐讳地表现出来。

4. 陶谦为什么请孔融来救？孔融又是怎么处置的？

陶谦既然接受部属的建议，准备迎战曹操，却又兵力不足，自然要找德高望重的人来帮忙。他接受糜竺的建议，同意糜竺去向孔融求援。孔融与陶谦交情甚笃，获悉老友落难，自然不会袖手旁观。只是要与曹操对抗，他也是心有余而力不足，于是又推荐了一个人——刘玄德。

陶谦请孔融是对的，他们之间一个推一个，因缘际会，最后还是把比较合适的人找出来了。

5. 刘备的反应怎么样？

刘备当场允诺，表示愿意前往帮助陶谦。对于刘备而言，凡是关乎忠义的事情，他都义无反顾、全力以赴。此次去解徐州之围，正是他好好表现自己的一次良机，所以他满口答应。

6. 刘备打得过曹操吗？

这个问题才是值得探讨的重点。试想，如果刘备打得过曹操才去救，那他的所作所为是不值得我们如此敬佩的。刘备明知自己的兵力远不及曹操，却还要去救，这才是最为难能可贵之处。他这不是自不量力，也绝非要以鸡蛋碰石头，而是就算明知道自己能力有限，仍不忘扶危救困。一个人把能做的事情做到了，那不算什么，充其量只是举手之劳、顺水人情而已；但如果为了道义，明知不可为而为之，这才是伟大的人格。

刘备应下此事，但手头并没有兵马，于是去向公孙瓒借兵。这就好比别人向你借钱，你虽然没有钱，但去借钱也要帮助别人，这才是了不起的行为。也正是因为此番借兵，刘备以后才得以收获大将赵云，可见人做好事是一定有好报的。

刘备欣然应允，孔融似乎还不放心，一再提醒刘备不要失信于人。孔融的疑虑，惹恼了张飞。心直口快的张飞自然不会忍气吞声，他挺身替刘备抱不平，说自己的大哥绝不会出尔反尔。果然，刘备言出必行，率领从公孙瓒处借来的兵马，奔赴徐州。

刘备此举，正是随时抓住机会，建立自己信用的一种做法。信用是一个人的第二生命，需要靠自己一点一滴去积累建立，而不是简单地以银行存款的数额大小来衡量。刘备现在虽然力量薄弱，尚不成气候，但他明理践行、遵信守诺的做法，照样让天下人不敢轻视，而且相信有朝一日，刘备定可大有作为。所以孔融思前想后，还是觉得玄德最为可靠，而陶谦也相信，玄德一来，徐州可保。用行动一步一步取得他人的信任，这正是刘备最大的胜利。

三国之道

信用是一个人的第二生命，需要靠自己一点一滴去积累建立。

情景说明

刘备如约率领人马杀进城来，陶谦亲往迎接。众人刚一见面，陶谦便取来徐州牌印，要将徐州让与刘备。刘备坚决不受，二人你推我让，相持不下。刘备说兵临城下当以退兵为要，糜竺也劝陶谦说刘备所言极是，陶谦只好暂时作罢。

刘备写信给曹操劝其和解，曹操欲杀死信使以绝刘备，忽闻快马来报说山东告急。原来陈宫被曹操拒绝后投奔吕布，献计吕布偷袭曹操的根据地以解徐州之困。为救后院之火，郭嘉建议徐州之仇以后再报，卖个人情给刘备，以收复山东为先，曹操沉思半晌后决定退兵。

陶谦设宴答谢刘备、孔融等人，席间再次提出请刘备领徐州牧。刘备说自己若领徐州将成为不义之人，糜竺、陈登、孔融等人相劝，刘备依然决意不从。

要点解析

1. 陶谦为什么一见面就要把徐州牌印让给刘备？

由此可见，陶谦对人情世故是非常通达的。我们中国人常讲“插花插在前”。如果陶谦迟迟不肯表态，等到后来迫不得已时才提及此事，必然让人怀疑他的诚意。陶谦一心一意为徐州百姓着想，认为如果让刘备执掌徐州，可保百姓平安，所以他一开始就做出让位的举动，是非常好的方式。“插花插在前面”，开始犹豫不决，等到危难之时才去“临时抱佛脚”，那样给别人的印象就会大打折扣。

2. 刘备为什么不接受？他不是一直想找个地盘吗？

如果说刘备不想接受，可能没有人会相信。因为他现在有将领、有军队，唯一缺少的就是地盘。但刘备为什么想要又不要呢？那不是伪君子吗？这样说也冤枉刘备了。一个人有情感的方面，也有理智的方面。在情感这边，刘备确实渴望拥有一席之地，以便不再寄人篱下；可在理智那边，刘备明白此时此刻不能要，而且要了也难以守住。他本是为解围救难而来，如果以这种方式接管徐州，那以后自己的信用就会大打折扣。

刘备这样做，是不是在用他的理智来控制压抑情感呢？也不是。如果那样的话，刘备还是伪君子。《大学》告诉我们，一个人最要紧的是用理智来指导情感，而不是控制情感。如果刘备让得很做作，嘴上说让，心里还是想要，那就是虚伪。刘备把这个道理领悟得十分通透，我们可以看到他让得心安理得，一点也不做作。他完全是用理智来指导自己的行动，不该要的就是不能要，没有用任何理由来做借口。

三国之道

一个人最要紧的是用理智来指导情感，而不是控制情感。

3. 糜竺劝陶谦不要勉强刘备，是什么道理？

糜竺作为陶谦的手下，如果看到刘备前景不错，就见风转舵，劝说陶谦把位置让与新主，以便自己将来谋得更好的差事，这种墙头草行为，岂不为人所不齿？所以，站在糜竺的立场上，他劝陶谦不要勉强刘备，这是安守本分的表现。当然，后来他又赞同陶谦将徐州交给刘备，并不是他摇摆不定、没有立场，而是根据时空改变所作出的适当调整。

4. 曹操对刘备来信，有什么反应？

刘备写信给曹操，劝说他息事宁人，撤走围困徐州的兵马。不久，曹操果然退兵而去。看似刘备面子够大，一纸书信，便能化干戈为玉帛，实则是刘备走运而已。因为此时吕布在陈宫的建议下，攻破兖州，进占濮阳，威胁着曹操后方。曹操后院失火，不得不救。权衡利弊得失后，曹操决定回师先战吕布，再图徐州。所以曹操接受郭嘉的建议，送了刘备一个顺水人情。若非如此，仅凭刘备一封书信，曹操根本不会当回事儿。可见，看事情如果流于表面，认识难免过于肤浅，应该透过表象了解背后的真相。

5. 郭嘉用什么理由劝曹操退兵？

郭嘉年纪轻轻，却颇有见地，每一次都能说服曹操，令其言听计从，实属不易。正在曹操欲杀信使的当口，郭嘉劝谏说当务之急要先回去救山东，徐州之仇可日后再报。郭嘉理由充分，对局势的分析也深得曹操之心，曹操怎会不从？

三国时期人才辈出，武艺精湛的英豪和才华横溢的谋臣比比皆是。人们常常以为诸葛亮是个中翘楚，其实不然。当时像诸葛亮这样神机妙算的谋士着实不少，郭嘉的才智与诸葛亮相比，就毫不逊色。可惜的是，郭嘉不懂“贤臣择主而事”的道理。对有才干的人而言，最需要的是一个可以好好表现的舞台，从这个角度来看，郭嘉的选择无可厚非。只是他没有想到，中国人的道理是碰到明主应该不遗余力，好好辅佐协助；但遇上暴君，还是退隐为好。纵然避之不及，最起码也不要助纣为虐。

6. 陶谦再让徐州，刘备还是不肯，糜竺、陈登、孔融相劝，为什么他还是不听？

关于彼此推让的行为，中国人往往有心照不宣的默契。一般而言，第一次有礼相送，不一定是出于真心，可能只是为了表示客气。在不清楚是真是假的情况下，我们一般都会婉言谢绝，不予接受。但第二次、第三次对方还是坚持要给，其真心实意的成分就越来越大了。所以当陶谦再让徐州的时候，刘备也慢慢被感动了，敬佩陶谦明大义、识大体，为了黎民百姓，宁愿把徐州让出来，实属难得。

既然刘备感受到了陶谦的诚意，为什么还是不肯接受徐州呢？一方面因为在前一次相让时，刘备决意不受，现在突然变卦，别人会认为他第一次的推让是矫揉造作，一旦传出去，他的仁义之名还有谁会相信呢？另外，徐州的战略位置举足轻重，自古以来便是兵家必争之地。曹操虎视眈眈、兵锋相向，自不待言。邻近袁术、吕布、袁绍等人，也都跃跃欲试，觊觎已久。对于实力不济的统治者而言，徐州就是块烫手的山芋，如果刘备轻易接下这座城池，便会成为众矢之的。刘备对情势认识得很清楚，所以即使麋竺、陈登、孔融等人纷纷相劝，他仍然不为所动。在没有十足把握能守住徐州之前，刘备不要是比较明智的选择。这种态度对他而言，才是最大的保障。

情景说明

关羽、张飞按捺不住，也劝刘备说既然陶谦诚心相让，不必苦苦推辞，刘备仍说不敢从命，最后为保徐州，同意驻军小沛。

曹操赶回山东与吕布厮杀，陈宫屡屡献计使曹操一败再败。濮阳一战，曹操溃败途中撞见吕布，险些丧命。后又因闹蝗灾，曹操军中缺粮，引兵回鄄城暂住，吕布也坚守濮阳不出，双方权且罢兵。

陶谦突然身染重病，他怕曹操杀败吕布后再来报仇，弥留之际再次召刘备前来三让徐州。刘备推辞说自己一个人难以担当这么大的责任，陶谦推举孙乾辅佐他，并叮嘱站在身旁的麋竺也要好好地辅佐刘备。

曹操听说陶谦已死，而刘备不费半箭之力坐得徐州，不禁大怒要再次发兵。荀彧以深根固本以治天下的道理劝阻，曹操这才决定先扫除吕布这一后患。

要点解析

1. 关羽、张飞劝刘备接受，刘备为什么也不肯听？

照一般人看来，像刘、关、张三人这样的关系，碰到事情完全可以先私底下讨论一番，形成统一意见，分配彼此之间所扮演的角色，然后再做戏给别人看。但是他们从未如此过，每个人都是按照自己的性格自然发挥，刘备最多会适时地给一些恰当的暗示，做一些合理的协调而已，这是刘备很了不起的一点。从这个角度来看，他们的组织也是相当可爱的。

张飞心想，解围之事为徐州出了力，即使接受也未尝不可。关羽则是比较中间立场的人，他扮演着一个协调两边的角色。当其他两人左右背离的时候，他会把他们拉到中间路线上。现在关羽和张飞都认为既然陶谦如此诚心，自己又需要立足之地，不妨接受便是。但刘备正是借兄弟二人劝他的机会，更加明确地表示拒绝之意，再次向众人宣誓他的坚持。从这个角度来看，刘备是个很会做广告的人，他随时随地在替自己打形象牌。这也难怪，刘备一无势力，二没地盘，唯一可以耕耘的就是自己的形象。所以他在这方面很用心，表现得也恰如其分。

2. 刘备为什么暂住小沛？

我们不讳言，刘备当时几乎是颠沛流离、无处可去的。他非常需要一个立足之地，以便招募人马、操练兵士。同时，陶谦也希望刘备不要走得太远。因为众人都清楚，依照曹操的个性，只要后院之火平息了，他马上就会卷土重来。所以陶谦就请刘备驻扎小沛，一方面让刘备有容身之处，另一方面对徐州也有好处，所以刘备才会答应。

3. 曹操与吕布作战，差一点丧命，双方为什么停战了？

如果他们两个一直打下去，打到最后胜败如何，很难料定。那为什么后来明明曹操一直败，吕布一直赢还停战呢？这就不得不感谢老天爷的美意了。曹操如果打赢了，吕布能停吗？吕布如果打赢了，曹操能停吗？根本就停不了。所以，要不要打，可能人可以决定，能不能合、能不能停、谁赢谁输，这种大事最后还是老天在做决定。老天一看两个人这样打，就干脆让蝗虫把双方的粮食都吃光了，这样还有人可以打吗？

有一句话我们一定要记在脑海里面：皇帝不差饿兵。让别人去做事，一定要先把他的肚子喂饱了再说，这是必然的道理。要一条狗做事情，就要先喂喂它；要动物好好表现，就要每次给它东西吃。老天闹蝗灾，使得农作物没有收成，双方没有军粮，所以很自然就停战了。

4. 陶谦三让徐州，刘备怎么应允？

陶谦三让徐州，已是弥留之际，仍心忧百姓，认为只有把徐州交给刘备这样的仁人君子，才能放心而去。中国人讲：死者为大。刘备看到陶谦已是行将就木，自然不忍再度拒绝。所以他没有当即表示要或者不要，而是说先把后事料理好再说。刘备的做法很正确，这个时候如果再推三阻四，或以冠冕堂皇的理由搪塞，都是不真诚的，反而会让旁人觉得是在表现自己。刘备本性仁义，内心坦荡，所以才能经受住各种考验，做到表里如一、光明磊落。

5. 当着糜竺的面，陶谦推荐孙乾，合适吗？

按照常理来讲，这是不合时宜的。就像一个领导当着自己部属的面，去推荐另外更好的人，那他以后怎么做事情呢？但是，已经到了弥留之际，陶谦是没有办法顾虑这么多的。如果在平常，陶谦可以考虑换一个合适的时间、场合再私下跟刘备讲。但在此情此景之下，他不需要顾虑，也无从顾虑。陶谦是为了把更好的人推荐出来帮忙，以此增强刘备的信心。相信糜竺作为老部属也会理解陶谦，明白这不是出他的洋相，并且让他的内心也能够接受。

6. 曹操要再度出兵徐州，荀彧为什么反对？

曹操手下谋士如云，像郭嘉、荀彧等人都堪称惊世之才。只是荀彧与郭嘉相比，更为老到周全。能得到这样的人辅佐，对曹操而言是一大幸事。荀彧与郭嘉又有不同之处，荀彧懂得将曹操和汉室区别开来，只要有益汉室，他会义无反顾地帮助曹操；若是有损汉室，他不一定完全支持曹操。荀彧坚守自己的原则，其中分寸的拿捏比郭嘉更适度。但荀彧抱着匡扶汉室的政治理想，却错把曹操当作实现目标的人选，这种错位注定了他最后的凄惨结局。所以我们看事情要看前因后果：今天的无奈，是以前的错误选择造成的；而将来的苦果，也往往是现在就开始酿造的。

曹操攻打徐州，果真是为报父仇吗？恐怕也不尽然。曹操本就对徐州蓄谋已久，只是碍于师出无名。如今家父被害，曹操正好借此名义出兵。但他的内心是不是把这个放在第一位置，也是大有疑问。荀彧看出这一点，所以告诉曹操说，要先平定吕布，然后等待时机再图徐州，才不会顾此失彼，让吕布趁虚而来的历史再次重演。我们可以发现一点巧合，徐州的事情“徐”一点也无妨，还要从长计议才是。曹操听后觉得很有道理，所以就同意了。做事情要讲究先后，除了轻重大小之外，先后顺序经常是做决定的一个关键。

三国之道

今天的无奈，是以前的错误选择造成的；而将来的苦果，也往往是现在就开始酿造的。

情景说明

吕布被曹操战败，无奈之下听从陈宫的建议投奔刘备。刘备收留吕布，并要将徐州让给他。吕布虽心动，但也假意推辞，陈宫也说并无强宾压主之意。张飞听到吕布对刘备口称贤弟大怒，吕布见张飞不容，欲投奔他人，刘备挽留，让他暂驻小沛。

曹操得知汉献帝在迁都洛阳途中，被李傕、郭汜追杀。正当荀彧再次建议曹操首倡义兵，奉天子以从众望之时，汉献帝降诏宣曹操入朝辅助王室，曹操认为这确实是个大好的机会，决定放弃继续攻打徐州，挥师前往护驾勤王。

要点解析

1. 陈宫追随吕布，值得吗？

以后我们看到这样一种人：一辈子很想有番作为，却始终找不到一个好领导，这种人就叫“陈宫”。陈宫开始追随曹操落得不欢而散，而后去投奔吕布下场更惨。我们可能会想，不如干脆去追随刘备好了。然而机会也并不是随时都有的，陈宫看到刘备旁边有关羽、张飞等人，去了以后会怎样，他也会有所顾虑。

但是，无论如何陈宫追随吕布都是非常不值得的，很可惜他没有想通这一点。陈宫如果聪明的话，会劝吕布不要老是打来打去，而应该找一个可以长期依靠的人，然后忠心耿耿地效命。不过这也是笑话，因为吕布这样的人根本做不到。

所以很多事情并不是没有想到，而是势所必然，理所当然。陈宫迟早是那种结果，他再怎么谨慎、再怎么周密计划，最后也是没有用的。人力毕竟有限，这点我们必须要承认。

2. 吕布听说要投靠刘备，有什么反应?

吕布自从杀死董卓以后，辗转相投，结果都是不欢而散，说起来也是他的个性使然。陈宫看吕布实在走投无路，只好劝他去投靠刘备。吕布刚开始还不以为然，不相信自己会流落到要去投靠刘备的地步。可到后来走投无路的时候，他还是去了。

3. 刘备要把徐州让给吕布，吕布为什么不要?

吕布对刘备恭敬有加，刘备更不简单，干脆要把徐州让给吕布。因为这个时候，徐州是个烫手山芋，谁拿着都会被烫到。刘备是不得已才暂管徐州，现在既然吕布来了，心想干脆丢给他好了。张飞听了却是一百个不同意，他认为好不容易才有块地盘，怎么可以随便送人呢？张飞不明白刘备是比较老到的，因为刘备清楚就算是推给吕布，吕布也是守不住的，但是最起码可以解决眼前的事情。

吕布当然也不敢要。因为他也知道，要了徐州以后，自己就会变成众矢之的。其实就算吕布想要的话，陈宫也会提醒他不能要。去投靠别人，给地盘就要，那以后谁还敢收留呢？所以吕布不要，也是很正常的反应。我们应该记住，像吕布这么鲁莽无知的人都懂得这个道理，可见常人更应该注意才是。现在的年轻人，要就要，不要就不要，往往不考虑后果，那是很危险的事情。

4. 张飞对吕布很不客气，吕布想投奔他人，刘备为什么不答应?

吕布如果投奔他人，受影响最大的就是刘备。别人会认为刘备口口声声讲仁义道德，但当别人走投无路来投奔的时候，却把人赶走，岂不是口是心非？所以，刘备是绝不会让吕布另投他人的。

张飞对吕布很不客气，我们不要认为这种率性的表现不好，他明确表示自己不欢迎的态度，对吕布而言是一种警告，使得吕布意识到在这个团体里并不是所有人都喜欢他，自己要格外小心，少动歪脑筋为好。同时，张飞这样做也替刘备解决了很多不便去做的难题。而且有了张飞这样的表现，刘备再去挽留吕布，是一种更加完美的衬托。换句话说，借由张飞的鲁莽，更加彰显了刘备作为领导的仁慈和道德。

5. 荀彧劝曹操深根固本，使曹操心服口服，有什么启示？

一个部属能做到让领导对他口服心服，是非常不容易的事情。如果不是荀彧每一次的建议，最后都让曹操获益匪浅的话，仅凭一个书生，想让曹操这样是不可能的。荀彧告诉曹操，当前最要紧的不是去打刘备，而是要把根基巩固扎实。只有把根本的问题先处理好，后面的发展才会顺利。荀彧分析得条条有理，面面俱到，连曹操这样的人都深表赞许，这才是一个部属成功的表现。

6. 曹操首倡义兵，又奉天子宣诏入朝，是好是坏？

曹操按照荀彧提出的“尊奉天子”的建议，首倡义兵，勤王保驾，成为他政治生涯中至关重要的转折点。当然，这一策略之所以能够成功实施，与当时的情势是分不开的。汉献帝一路颠沛流离，逃回洛阳时，已是沦落到连饭都吃不上的窘境。献帝以为曹操是社稷之臣，宣他入朝辅政。可曹操却趁机将献帝挟至许都，自此独揽大权，把持朝政。

曹操挟天子以令天下，与董卓当年的情况如出一辙，是上天垂青他的难得机会。董卓贪婪权势，把自己逼上了死路。现在历史重演，同样的机会摆在曹操的面前。曹操若能以史为鉴，尽心尽力匡扶汉室，定能留名青史。可他对董卓的教训置若罔闻，只知享受老天给予的眷顾，不思履行应尽的责任，最后也未能走上正途。为何会如此，曹操应该问问自己。我们应该谨记：机会当前，一定要好好把握，否则会被机会所累，产生更大的恶果。

三国之道

机会当前，一定要好好把握，否则会被机会所累，产生更大的恶果。

九　无用换有用

孙坚当年意外获得玉玺，先得罪袁绍，后来又被荆州刘表追击。结果误中埋伏，死于乱箭之中。他的儿子孙策，同样骁勇善战，加入袁术阵营，打了好几场胜仗，却始终未获重用。孙策知道袁术对玉玺垂涎已久，便以玉玺作为抵押，向袁术借得士兵3000，战马500。言明为父报仇，事成尽速归还。一路上巧遇周瑜，收服太史慈。以无用的玉玺，换得有用的兵马，果然在短短一年多的时间，取得江东六郡81州，为三国鼎立的局面，奠定了基础。尤其是太史慈的信用卓著，对应着孙策的诚恳待人，令人十分钦敬。

情景说明

孙策丧父之后，投奔袁术麾下以图大志。他为袁术攻打庐江得胜归来，正好碰上袁术大宴将士。席间袁术无礼慢待，身边的谋士也轻言相戏，孙策愤然离去。

回到家中，孙策追思父亲当年如此英雄，而今自己寄人篱下，不禁潸然泪下，恍惚之间仿佛看到父亲满头鲜血地看着自己，更加伤感不已。老将程普、黄盖入见，共商出路，孙策决定用父亲留下的传国玉玺向袁术借兵征讨江东，歃血为誓，以图大业。

次日，孙策哭着拜见袁术，以报父仇、救母难为名向他借兵征讨刘繇。袁术说这是仁子之道，但一听借兵又马上推说不可性急。孙策说愿拿玉玺为质，袁术大喜，马上应允。

要点解析

1. 孙策战胜归来，却备受冷落，是什么道理呢?

从表面上来，孙策的确是备受冷落。虽然这不是为孙策准备的庆功宴，但他得胜归来，袁术理应让他坐在前面，以示褒奖。可袁术却丝毫没有想到这些，说明他根本不把孙策的胜利当回事儿。

但如果换个角度，我们反倒认为这是件好事。试想，如果袁术视孙策为亲信，礼遇有加，孙策可能会永远追随袁术，最后陪他同归于尽。正是由于袁术心胸狭小，嫉才妒能，才造就了孙策后来的发展。所以，中国的阴阳文化告诉我们，事情要从两面认识，不能单纯只看表面。

2. 各种侮辱，对孙策是好是坏?

面对相同的事物，态度往往决定结果的好坏。因此侮辱本身并无好坏之分，关键在于孙策如何看待、怎样理解。如果孙策只知生气窝火，到处发牢骚甚至当场对袁术拍案而起，那了不起就是发发闷气，疏解一下情绪而已，那么这些侮辱就是坏的。但孙策不是，他把侮辱当作一种教训，警醒和激励自己从此发愤图强，这才有了后来的江东基业。所以从这个角度说，孙策应该感谢袁术才对，如果没有袁术这样的态度，他不可能会有这么大的转折。

3. 孙策十分伤心，孙坚真的显灵吗?

孙策在酒筵之上备受冷落，回到家中，想起当年父亲的英雄气概，对比而今自己的寄人篱下，自然悲从中来。孙策同父亲感情深厚，所以会把满腹的苦闷向过世的父亲倾吐诉说。冥冥之中，他仿佛看到孙坚现身，这是他与父亲血浓于水所产生的心电感应。中国人崇拜祖先，绝不是把祖先当作神魔鬼怪来看待，而是把他们作为遭遇难题和困境时的倾诉对象，这和迷信有着本质的区别。我们中国人的家族观念非常强烈，认为天底下彼此最了解的莫过于一家人。有些事情，不便与外人谈论，只有家人才是最可信赖的。即使家人已经过世，也可以继续询问，他会用一些以前互动的方式给予感应。孙策正是心存疑惑，借由向父亲发问，启发自己思考，从而获悉想要的答案。与其说这一答案是孙坚给出的，毋宁说是孙策自己动脑筋的结果。

4. 诸位老将如何劝导孙策呢?

诸位老将提醒孙策，千万不可因一时受挫而意志消沉，否则孙坚在天有灵也会生气的。同时鼓舞孙策重振旗鼓，继承先父遗志，完成孙坚未竟的事业。这些话若是出于别人之口，孙策未必能听得进去，但这些曾经追随孙坚打天下的老将，对孙策视如己出，同时也寄予厚望，因此孙策会往心里去。

一个人从小有伯伯、叔叔教导，是非常幸运的。父母出于对子女的护犊之情，很难客观看待自己孩子的优缺点。而且子女因为与父母太过亲近，往往对他们的话也会不以为然。如果有关系很好的朋友，将自家的子女和别人的孩子进行“换子而教”，这样便能发现一些以前无法看到的“盲区”。一些父母自己不方便说的话，借由叔叔、伯伯讲给孩子听，效果也会大不相同。换子而教，是对个体家庭教育的一种必要补充。

5. 孙策以玉玺向袁术借兵，妥当吗?

玉玺是死的，兵马才是活的，用死的玉玺换得活的兵马当然很合算。玉玺只能够锦上添花，并没有现实的作用；可是拥有兵马，却可以开创事业，这才是孙策最需要的。

孙氏父子二人，虽然性格相似，但对待玉玺的态度却截然不同。孙坚为保住玉玺，不惜与众人为敌，白白牺牲掉性命；而孙策明白，与其守着不能发生功效的玉玺，不如以此向袁术借兵，借机离开袁术去开创一番属于自己的事业。如果他还为了守住玉玺，耽误长远的整体发展，相信他是对不起玉玺，也是对不起父亲的。好在孙策在这方面绝顶聪明，他懂得通盘考量，有所取舍，其远见卓识的眼光胜过父亲一筹。

袁术虽然得到玉玺，但他无才无能，最后只会反受其害。他以为有了玉玺，就可以当上皇帝，那是痴人说梦。既有目标，又能够靠自己的实力去实现，才叫理想。袁术的皇帝梦，充其量只是自娱自乐的幻想而已。

三国之道

既有目标，又能够靠自己的实力去实现，才叫理想。

6. 孙策向袁术借兵，袁术怎么反应？

孙策料到袁术不会平白借兵给他，所以没有一开口就说自己有玉玺，而是一见袁术就哭诉，表示自己要报父仇，因为替父报仇是最能打动人心的理由。袁术不知道孙策会用玉玺跟他交换兵马，说父仇应该报，可是借兵免谈。孙策这时才道出自己手中有玉玺，问如果用玉玺作为抵押，能否借得兵马。袁术闻听喜出望外，马上改变了态度，当下答应借给孙策3000士兵，500马匹。

提出要求之前，要先给自己和对方设计好恰当的理由。孙策正是以报父仇作为自己开口借兵的理由，也给了袁术一个用兵马交换玉玺的台阶。如果没有前面的铺垫，后面不可能进展得如此顺利，也难以收到这么好的效果。所以很多事情并不是偶然的，而是连续运作的结果，值得我们好好去揣摩。孙策在整个借兵的过程中目标明确，把握袁术的弱点，运用合理的手段，再加上有效的实施过程，进而取得了理想的结果，这是从计划到执行都运作得非常好的一个案例。

情景说明

孙策当下把玉玺交给袁术，第二日带上所借3000兵马踏上征途。路上，孙策巧遇故友周瑜，二人大喜，称能在此相遇真乃天意。周瑜得知孙策是拿玉玺换得的兵马，提醒孙策提防袁术日后不还玉玺。但在得知孙策的志向之后，周瑜大为感动，表示愿效犬马之劳，并建议孙策招揽张昭、张纮等文武之才，以图大事。

孙策一行十余人探看刘繇营寨，刘繇部将太史慈请战捉拿孙策，被刘繇拒绝。太史慈自己出战拦截孙策，二人从马上打到马下，由山上战至谷底，不分胜负，最后时至黄昏，风雨骤起，双方大队人马赶到方才收兵回营。

要点解析

1. 孙策先把玉玺交给袁术，安全吗？

这样做当然不安全。因为袁术随时可能以玉玺本非孙策所有为由，在得到玉玺后拒绝交付兵马。但合理的冒险有时是必要的，一个人如果连最起码的风险都不愿意承担的话，那也难成大事。之所以称为合理的冒险，是因为孙策的做法是建立在对情势准确的把握之上的。他明白自己与袁术相比处于明显的弱势，倘若提出先借兵马后给玉玺的话，袁术是断然不会答应的。因为万一孙策得到兵马而不给玉玺，袁术岂不是为天下人耻笑？另外，以袁术目前的地位，也不至于拿了玉玺不给兵马。

基于这样的分析，孙策这才决定先交出玉玺，否则这个生意根本做不成。孙策擅于分析情势，敢于合理冒险，注定是个能成大事的人。

三國之道

合理的冒险有时候是必要的，但要建立在对情势的准确把握之上。

2. 孙策和周瑜是什么关系？两人见面为什么都说是天意？

孙策和周瑜从小一起长大，亲密无间，所以两人再次见面也是老友重逢，倍感亲切。

孙策刚刚用玉玺换得兵马，正欲大展宏图。在这个节骨眼儿上，周瑜如同从天而降，在完全没有邀约的情况下，与孙策不期而遇。让周瑜这么一个关键人物适时出现，实在是老天的善意安排。即使是在通信如此发达的现在，就算事先有约，都可能要相互寻找半天，更何况是在当时那样的条件之下。而这种看似不经意的邂逅，正是老天对孙策最大的眷顾。

3. 两人对玉玺的看法，为什么那样不同？

面对同一事物，十个人会产生十种看法。我们要学会从对事物不同的评价，来了解人与人之间的差距。孙策认为用玉玺换得兵马，是一笔划算的买卖。可是周瑜却觉得玉玺如此珍贵，所换的兵马不见得与它等值。由此可见，周瑜的认识充其量是一种英雄的看法，而孙策的远见才是一位创业主的胸怀。

二人开始虽有分歧，但在孙策略微地点拨之后，周瑜很快恍然大悟，马上领会了以玉玺换兵马的真正意图，理解了孙策为成就事业的良苦用心，进而也更加地佩服孙策。两人如此之快地达成共识，可见默契程度之高。如果孙策讲了半天，周瑜丝毫没有领会，或是依然固守自己的看法，那么以后的合作肯定也不会顺畅。经过此番推心置腹的交流，两人的关系进入一个新的阶段。以前也许只能算得上交情甚厚，现在已经变成了志同道合，准备共创一片新的天地，这是非常难得的一种转变。

4. 孙策胸怀大志，周瑜对他有什么建议？

周瑜了解到孙策的雄心壮志，内心也非常振奋，于是便将自己心中的肺腑之言和盘托出。他建议孙策，若想成就大业，便要广揽人才。因为一切事情都是以人为本，没有人才，徒有志气和理想也是空谈。

5. 太史慈吸引孙策的注意，是不是表示孙策求人心切呢？

孙策对周瑜人才为重的建议深表赞同，从他千方百计收服太史慈的举动可以看出，他想到做到，不是只有语言没有行动的人。孙策从一开始看到太史慈武艺超群，就萌生了收服之意。而太史慈却是桀骜不驯，言谈中更是透着轻蔑之意。如果换作从前，孙策肯定会恼羞成怒将其杀死，但此时的孙策想要成就一番事业，当务之急便是招揽人才，不可能只是意气用事。

太史慈不是一个见风转舵的人，就算刘繇如此排挤他，他也并没有因此想要转投他人。如果一看领导不行，就要离开，这样的人也不值得我们去用他。正是因为太史慈有自己的立场，有自己的坚持，使孙策觉得他不光有一身武功，而且还有情有义，值得费一番周折将其收服。太史慈是经过很多的周折，到最后才改变态度的。而孙策虽然求人心切，但择人也是相当慎重，不只注重武艺才华，更注重品德修为。

6. 两人见面的心情如何？从马上打到山坡下，结果怎么样？

此时孙策和太史慈的心情是不一样的。太史慈一心只想与孙策在武艺上一争高下。武艺高强的人十有八九都是这种想法，比如张飞开口就是：你敢跟我打个几百回合吗？关羽也是这样，提起谁都不屑一顾。所以不只是文人相轻，武功好的人照样看不起对手。这也没有什么不对，如果身为一名武将，还未开战就认为自己必败无疑，那还怎么去打仗呢？

但是孙策不一样。他不是一个喜欢争强斗狠的人，这一点值得我们好好去体会。一个人想要成就大事，单靠武力是不够的。除此以外，还要知人善任，才能胜人一筹。孙策在群雄当中之所以可以后来居上，闯出一片天地，就是因为他有赏识人、说服人的大度量。

情景说明

孙策回到军营，命人将与太史慈混战撕破的战袍挂于帐中。众将不解其用意，只有周瑜称妙，大家请他解释，周瑜欲言却被孙策制止。

孙策和刘繇再战却不见太史慈，孙策出马挟死一将、喝死一将，大破刘繇。得知太史慈在泾县招募兵勇要为刘繇报仇，孙策按照周瑜的计策三面攻打泾县，并在城东设下埋伏生擒太史慈。

太史慈被押见孙策，孙策以礼相待，太史慈不予理会。孙策再三吐露对太史慈的英雄相惜之情，并称有帐内悬挂的战袍为证，太史慈终于被孙策感动，归顺于他。

要点解析

1. 周瑜明白孙策保留战袍的用意，孙策为什么不让他说出来?

部属经常去揣摩领导的心思，其实是高度危险的。有些事情领导希望部属揣摩清楚，但也有很多事情领导是非常不喜欢部属这样做的。

一件被撕扯得破烂不堪的战袍，对战将而言是耻辱和不祥的象征。孙策将此保留下来，是有他的特殊用意。可是他并不希望开始就透露出来，因为万一结果不能如愿，岂不尴尬？周瑜看出玄机，想要讲明，这当中颇有卖弄之意，说明他的素养还是不够。领导有时并不希望部属把自己的心思琢磨得太透，所以部属不宜为出风头，随意将领导心中所想一吐为快。幸好，周瑜与孙策关系特殊，周瑜反应也够快，在孙策的示意下马上闭口不言，这才化解了一场危机。

2. 第二天再战，太史慈为什么并未出战?

我们总以为身为领导，都希望自己的手下好好表现，其实并不尽然。领导与部属也有派系之分，让与自己不同阵营的部属表现越好，岂不是越让自己难堪？所以太史慈虽是刘繇的战将，但因他不是自己的亲信，刘繇也看不得太史慈太过能干。第一次太史慈执意出战，已经让刘繇怒气难平，第二次自然坚决不会再给太史慈出风头的机会。即使派出的其他将领不是孙策的对手，刘繇也心甘情愿，觉得这是自己的权利。

3. 孙策攻破城池，为什么预留一条生路给太史慈？

中国人非常聪明，发现平地难守，便砌砖围墙，这样城池就易守难攻了。攻城者若想取胜，必然死伤众多。而一旦城破，城中的人也难以逃脱。按照常理来讲，孙策既然能够攻破城池，定会有办法让太史慈无法脱身。只是孙策希望得到此人，所以才会预留一条生路，故意放走太史慈。可见，想要置人死地还是留有活路，采取的处理方式是各不相同的。所以有时我们能够幸运地走出困境，千万不要把功劳完全归于自己，有人在暗中相助也说不定。

4. 生擒太史慈，孙策亲迎，太史慈有什么反应？

如果太史慈一开始就表示投降，孙策会作何感想？他一定会认为此人太不可信，现在归降于我，以后还会再投靠别人，说不定一翻脸又把太史慈杀掉了。可见在紧急情况下，人的临场反应非常重要。但这种本能反应是装不出来的，它是个人修养的表现，是一种长期的积累，也是一个人的命运。太史慈被擒后，完全是一副要杀要剐悉听尊便的态度，反而使孙策对他更加敬重。

5. 太史慈看见孙策悬挂在架上的战袍，觉得怎么样？

太史慈见到孙策悬挂着的破烂战袍，第一感觉会认为很奇怪，因为我们说过，这毕竟不是什么光彩的事情。但他转念一想，会觉察到孙策很在意两人之间的那场搏斗，慢慢也会认识到孙策为了收降自己，当时是手下留情了的。想到这里，太史慈难免会为孙策的良苦用心而有所感动。其实，这正是孙策的高明之处。人与人之间，与其不断地用语言去刺激、去说服，不如陈设一些情境，让对方在情境当中去感受、去领悟，这样无声胜有声的说服力更大。现在孙策就是用这种办法，他把破烂的战袍挂在那里，让太史慈自己去感受，这是非常好的一种方法。

人与人之间，与其不断地用语言去刺激、去说服，不如陈设一些情境，让对方在情境当中去感受、去领悟。

6. 太史慈为什么愿意投降？

这个问题很值得我们谈一谈。我们认为“三国”是一个国家，而不是三个国家。只是因为所拥立的集团不一样，所以暂时分成三个不同的阵营。这样理解就会明白，《三国演义》记录的是同一个国家里面不同势力相互竞争的历史。如果“三国”是三个国家，那任何人的投降都是叛国行径，那还得了？对于中国人来说，只要牵扯到国家利益的问题，那是非常严肃的。只要通敌叛国，出卖国家利益，绝对是不赦之罪。

太史慈的投降，其实相当于我们现在所讲的跳槽。孙策费尽苦心招揽人才，而太史慈原来的领导心胸狭窄、嫉才妒能。在这种情况之下，太史慈归顺孙策，是一个很自然的结果。所以太史慈的投降不是叛国，他只是在同一个国家的不同势力当中，换一个阵营去实现心中的理想。

情景说明

太史慈请求回去收拾余部，第二天正午带兵而还。众将阻拦，孙策却坚信太史慈是信义之人，放他出营。

见帐前地上立着一根木杆，孙策问是何意，众人说是立木为信，看太史慈是否会带兵而回。孙策取出父亲所传的宝剑，说用人宜先不疑人，他今天要以剑代木，立剑为誓，坚称太史慈必定归来。

时至正午，太史慈果然如期带兵而回，并高声问道“我来迟否”。孙策大喜，称赞太史慈果真是仁义之士，并请周瑜在众人面前讲明了自己悬挂战袍，求贤若渴的真正心意。

后来，孙策经过大小数十次战争，尽得江东六郡81州，建立了江东基业。

要点解析

1. 孙策凭什么相信太史慈会去而复还?

孙策有他的过人之处，擅于在分析形势之后，大胆地信任别人。之前他相信袁术，先拿出玉玺，而后借来兵马。现在他同样相信太史慈，在太史慈提出回去带旧部前来的时候，也非常痛快地答应了。

虽然孙策嘴上答应得痛快，但心里会不会怀疑呢？相信多少也是有些犹豫的。然而心里犹豫，却依然让太史慈离去，这才是孙策身为统帅了不起的地方。如果孙策因为怀疑而拒绝太史慈离去，这将成为彼此心中的芥蒂，将来也难有默契。孙策费尽周折才将太史慈收服，但真正要想为己所用，还需要加以考验。如果太史慈经受住此番考验，那他们就完全是一家人了。如果太史慈就此离去，说明孙策还是看走了眼，这样的人不用也罢。所以，对于孙策而言，这样的冒险是值得的。

2. 诸将为什么立木为信，是不是心中有怀疑?

诸将立木为信，以此计时，只待正午时分，看太史慈是否会如约而回，这当然是心存怀疑的表现。身为统帅，跟一般将领在见识上需要有所互补。诸将怀疑，这是人之常情。如果他们也都表示相信太史慈，那这个团体就很让人担心了。因为随便别人讲什么话都相信，也是非常危险的事情。所以孙策相信，诸将怀疑，这才是一个平衡的状态。

3. 孙策用剑代替木杆，对天立誓，是什么用意?

如果孙策上前直接把木杆拔掉，说当用人不疑，疑人不用，指责诸将不该如此，合适吗？也不合适，那就等于给部属一个负面教材，表示可以随便相信别人。但如果孙策赞同诸将的做法，那就更不对了。部属会想，我们以死相拼才将太史慈擒来，既然你也怀疑他会一去不复返，为什么还要把他放掉呢？这分明是不拿自己人的性命当回事儿。可见保留木杆不对，把木杆拔掉也不对。

孙策把木杆拔掉，却把自己的宝剑插进去，这跟原先有什么区别？我们仔细分析就会明白：他这样做，一方面告诉诸将，他是相信太史慈的，但也理解诸将的怀疑之心；另一方面，当太史慈归来的时候，看到这种情形，也会明白孙策对他的信任之情。所以孙策的做法，既表明了自己的态度，也照顾了诸将的情绪，更表达了对太史慈的信心，是一举数得的良策。

4. 太史慈问我来迟否，孙策如何反应?

太史慈分秒不差，正好午时赶到，他没有说“我来也”，而是大声问道“我来迟否”，二者有什么区别?说“我来也”，有可能是经过反复的思想斗争，最后才勉强来的；问“我来迟否”，则表示他根本就不会不来，只是关心时间有没有耽误而已。这是两种完全不同的心态。所以作为一个中国人，千万要会听话。同样一句话，会听的人可以听出对方内心的本意，否则想要了解一个人是非常困难的。孙策心想，我本来就相信你，你也没有迟到，皆大欢喜。

三国之道

同样一句话，会听的人可以听出对方内心的本意，否则想要了解一个人是非常困难的。

5. 太史慈带来兵马，有什么启示?

太史慈也是很聪明的人，他知道自己现在虽然已经得到了孙策的信任和赏识，但是要在这个团体留下来，还需尽快改变之前因为厮杀所造成的隔阂。他没有吹嘘自己来了以后，能增强孙策多少实力，因为即使说者无心，听者也会有意。太史慈虽然如约而回，但是难保诸位老将对他不会有其它成见。此种情况之下，自吹自擂，更加容易孤立自己，得罪众人。

孙策正在创业之初，虽有父亲留下的老将扶持，但缺少兵马。太史慈看出这点，所以为了感谢孙策对他的知遇之恩，主动提出带旧部兵马前来，这是最实际的行动，也是对孙策最直接的帮助。一个人要表示内心的感谢，最好的办法就是少说话，多用行动来表示。太史慈把兵马带来，全营士气为之一振，不仅让孙策更加看重他，也令所有将领深受感动，而且还使自己迅速地融入了新的团体中。

三国之道

一个人要表示内心的感谢，最好的办法就是少说话，多用行动来表示。

6. 周瑜说明孙策悬挂战袍的用意，有什么效果？

我们说过，孙策之前担心计划不能实现，不让周瑜透露他悬挂战袍的用意。而今终于收服太史慈，取得了皆大欢喜的结果，现在再让周瑜说出当初的用意，会起到一种增强效果的作用。因为在整个过程中，包括太史慈在内的大多数人都是蒙在鼓里的。此时周瑜道出孙策计划的始末原委，解释事情的来龙去脉，让大家明白主公的良苦用心，既替孙策扫除了众人的疑惑，也树立了孙策胸襟广大、目光长远的领袖形象，自然令孙策十分高兴。

作为部属，谈论与领导有关的事情，一定要注意时机、场所以及领导的心情。只有这三个因素都恰到好处，才可以表达自己的意见，周瑜这次就是很好的例子。

十　解斗不好斗

吕布说他自己喜欢解斗，并不好斗，大家相信吗？曹操表面上奏明天子封刘备为徐州牧，暗地里命令刘备诛杀吕布。张飞心直口快，把这个秘密揭开了。彼此明白曹操的离间计，反而不生误会。曹操再暗中向袁术通报，说刘备想吞并南郡，激怒他去打刘备。另一方面却又在背地里命令刘备征讨袁术。吕布为了化解刘备和袁术的相拼，以别出心裁的辕门射戟，来换取两军的和平。再鲁莽的人，有时候也能产生巧思。看起来天天在斗，心里头可能喜欢解斗。我们看人看事，最好不要只看表面。

情景说明

曹操迎奉汉献帝迁都许昌，取得了挟天子以令诸侯的有利地位。曹操召集群臣商量如何除去刘备和吕布这两个心腹之患，荀彧献计可用二虎竞食的办法，实授刘备为徐州牧，诏命他出兵吕布，让二人自相残杀，曹操应允。

张飞拔剑要杀前来给刘备道贺的吕布，被刘备制止，情急之下说出了曹操要刘备杀吕布的命令。刘备将事情原委告诉吕布，并说不会做这样的不义之事，吕布大为感动。

一计不成，荀彧又向曹操献上驱虎吞狼之计，诏命刘备征讨袁术，再挑拨袁术说刘备要吞并他的南郡，让二人相争，使吕布生异心，曹操称好。

刘备应诏出兵讨伐袁术，留张飞守徐州，因怕他酒后误事请陈登辅助。张飞宴请众官员，说今晚开怀畅饮，明日起开始戒酒好好守城。席间曹豹说自己是“天戒”不会喝酒，张飞大怒强迫他喝。陈登相劝也被以文官管文事拒绝。曹豹说自己是吕布的岳父，张飞听后更是火上浇油，命人将他拖出去杖打。

要点解析

1. 曹操挟天子以令诸侯，握有实权，和天子有什么两样？

迁都许昌之后，曹操自封为武平侯，国家大事须先禀曹操，然后才奏明献帝。此时的曹操，与皇帝已无二致。如果他从此开始安分守己，相信还是会留名青史的。一个人有了实权，只差一个名分而已，还有什么不满足的呢？很可惜，曹操想不通这一点，以致把自己搞得身败名裂、遗臭万年。虽说遗臭万年有些言重，但相对本可留名青史也不为过。老天给曹操聪明才智和良好的机会，但他都没有用于正路，这是我们深深为他惋惜的。

2. 荀彧建议曹操奏请天子，封刘备为徐州牧，有什么用意？

曹操认为自己为夺徐州，机关算尽，却是空手而归，还差点丢掉后方根据地，而刘备不费吹灰之力平白坐得徐州，所以听到荀彧劝他奏请天子，封刘备为徐州牧时，非常不高兴。荀彧向曹操解释说这乃是“二虎竞食”的计策，意在使刘备接受封号的同时也接受命令去杀吕布，二人相争则曹操必然能从中取利。曹操一听确是妙计，况且那时的一个封号只是动动嘴巴而已，于是欣然同意。面对消灭刘备的相同目标，作为谋臣的荀彧，考虑和处理问题的方式与武将是截然不同的。

如果没有曹操攻打徐州的举动，刘备不可能得到徐州。以后的很多事情我们也会慢慢看到，如果没有曹操，刘备可能一事无成；而孙权能够稳守江东地盘，也应该感谢刘备才是。但事情的结果恰恰相反，刘备专门对付曹操，孙权偏偏又跟刘备过不去。这才是人世间最奇怪的事情。

3. 张飞泄露秘密，弄得刘、吕二人相争是不是中计？

曹操表奏刘备为徐州牧后，以朝廷名义命刘备除掉吕布。刘备知道这是曹操的计策，正当左右为难之际，张飞直截了当地对前来祝贺的吕布说出已接到朝廷的命令要杀他。张飞看似鲁莽的泄密，其实帮了刘备一个大忙。因为刘备不便直接明讲的话，借由张飞的口道出，刘备再顺势解释原委，反倒化解了一场危机。荀彧的精心谋划被张飞的一时鲁莽所破，可见鲁莽也有鲁莽的好处。

4. 荀彧的计策不成，曹操并不生气，再献一计合适吗？

一般来讲，谋士的计策如果失败的话，领导是会翻脸的。但是荀彧不同，他对曹操的贡献很大，而且这次用计不成也不是他的原因，只是半路杀出个莽张飞，才把本来周全的计策破坏掉了，所以曹操并不怪他。荀彧又从容不迫地说，此计不成，我们再用一计，曹操也依然言听计从。可见人与人之间，话能说到什么程度，对方可以接受到什么地步，是因人而异的。

5. 张飞说，今天喝酒，从明天开始戒酒，结果怎么样？

嗜酒的人常说的一句话就是：喝完今天最后一回，从明天起滴酒不沾。其实不光戒酒如此，抽烟的人也总说再抽最后一根，减肥的人会想再吃最后一顿大餐，这是很普遍的现象。习惯一旦养成，想要戒掉是非常困难的。所以我们奉劝各位，想要戒掉坏习惯，从现在就开始，否则只会是明日复明日，一拖再拖。我们看张飞，几次教训都没有使他做到说戒就戒。他说今天最后一次，明天开始戒酒，结果又闹出很大的事情。

三国之道

想要戒掉坏习惯，从现在就开始。

6. 张飞强迫曹豹喝酒，陈登也劝不动是什么道理？

张飞自知把守徐州，责任重大。刘备临行前交代切不可再喝酒误事，对此张飞也是谨记在心。只是他认为戒酒并非紧迫之事，今天先痛痛快快地大喝一场，明天再戒也无妨。于是，他摆下筵席，将城中诸将请来陪他畅饮。席上，曹豹推说自己乃是“天戒”，不会喝酒，在张飞执意之下，勉强喝了一杯。当再次轮到曹豹喝酒的时候，他便不肯再喝，张飞以违令为由，要杖责他一百棍。曹豹见状，连忙求告说看在他女婿吕布的面子上饶过他此回。结果他不说还好，因为张飞最看不上的人就是吕布，他这一说更是火上浇油，这顿痛打反倒是逃不过了。

可能大家认为这件事情都是因为张飞强人所难造成的，其实也不尽然，曹豹的做法也是犯了大忌。我们知道，喝酒的人往往对那种不会喝酒、不能喝酒的人最感兴趣，非得将其灌醉，才觉得尽兴。曹豹如果先不推说自己不能喝酒，直接拿起酒杯来喝下一口，然后假装被酒呛到，顺势把喝下的酒喷出来，可能就躲过这关了。因为张飞反而会同情他，顶多是一笑了之，也不会太过勉强。

陈登出面劝阻，让张飞不要意气用事，张飞当然听不进去。因为陈登是徐州旧部，张飞并不把他当作自己人。所以张飞说你是文人，只管文事，少来管我，一句话就将陈登噎了回去。坦白讲，陈登拿他也是没辙，张飞冲动起来连刘备都难以管束，更何况陈登一个外人呢？最后，一系列的不凑巧加起来，果然惹出了大麻烦。

情景说明

吕布听到张飞杖打他的岳父，十分恼火，于是依陈宫之计，乘刘备不在与曹豹里应外合，夜取徐州。

张飞丢失徐州，狼狈来见刘备，请求军法处置。关羽从张飞口中得知二位嫂嫂皆陷在城内，责怪张飞为何忘记当初守城时许下的保证。张飞羞愧难当要拔剑自杀谢罪，刘备阻拦，与张飞拉扯之间怒打了他一记耳光。刘备哭着说老婆如衣服，兄弟如手足。三人结义，不求同生，但求同死，现在城池家小已失，不能再失去兄弟了。关、张二人感动至极。

要点解析

1. 曹豹不能喝酒，难道也是一种罪过吗？

我们在日常生活当中，经常会遇见这种事情：大家兴高采烈地把酒言欢，席间碰到一两个不能喝酒的，其他人就觉得很扫兴，一定会勉强他也喝上几杯。我们建议各位，如果你是那个不能喝酒的人，最好想想自己的身份、地位，再作出决定。如果在座的当中，你地位很高、年纪很大或是说话管用，当然可以说不喝就不喝。所以那一天只有张飞有资格讲不能喝酒，其他人是不可以的。既然不能讲，又不能喝，怎么办呢？我们可以假装若无其事，酒该斟就斟，话该聊还聊，喝的时候就不见得真喝，喝一点吐一点也就混过去了。就算真的被人发现，哪怕说牙齿发炎，喝进去不晓得怎么就吐出来了也可以是个理由，但就是不能说不喝酒。曹豹的举动给张飞的感觉是在向他挑衅，后来又说自己是吕布的岳丈，更是令张飞火冒三丈。所以，曹豹不能喝酒不是什么罪过，但是这么讲话就是他的问题了。

2. 陈宫为什么劝吕布趁机取徐州，结果呢?

陈宫本来没有这种念头，后来也是看到吕布确实无路可走了才这么做的。当时刘备正奉命在外征讨袁术，徐州只留给张飞一人把守。吕布与张飞本来就都是火暴脾气，而且积怨已久，现在张飞扬言说“打曹豹就是打吕布”，完全让吕布下不了台。面对这些错综复杂的因素，陈宫认为机不可失，就怂恿吕布干脆趁此机会取下徐州。张飞毫无防备，被曹豹和吕布里应外合地袭取，果真丢掉了徐州。

3. 张飞失掉徐州，刘备和关羽有什么反应?

我们从这件事情上可以看出来，中国人的关系如何是非常重要的。如果别人丢失了徐州，定要军法处置，因为这是刘备集团唯一的根据地，如此大的罪过按律是要当斩的。但是，以三人结拜的关系，张飞这一哭，两位哥哥就无话可说了。纵然内心怒其不争，但又能怎样呢？况且当年桃园结义之时，是立下过不求同生、但求同死的誓约的。

刘备得知徐州失守，气愤之余自然也会关心妻子的下落，但他却没法直接去问。我们试想一下，如果刘备一见面就说徐州丢了没关系，我的妻子现在何处？这还像话吗？因此，这时只有关羽询问二位嫂嫂下落如何才是合适的，也只有由他训斥张飞才是恰当的。在何种情况之下，谁该讲什么话，都要考虑清楚才是。

4. 张飞要求按军法治罪，刘备为什么不肯?

刘备的做法是对的。徐州既然已失，此时再将张飞治罪也于事无补，只会增加更多困扰，反倒不如给张飞一个及时深刻的机会教育，让他记住这次惨重的教训，进而逐渐调整完善自己。

我们可以看到，张飞一路走来也是在不断成长，这与两位哥哥的榜样力量是分不开的。把这位鲁莽的三弟慢慢带到一个将来可以有所作为的正道上去，也是他们桃园结义的一个正面成果。而刘备也并没有干不好就杀、做不好就斩，此时他表现出来的宽容大度，会引得更多的能人志士投奔于他。

5. 关羽问二位嫂嫂有什么情况，刘备有什么表示？

刘备说兄弟如手足，妻子如衣服，衣服破了可以补，但手足断了却是不能续的。这句话常被人曲解，说刘备是重男轻女，重兄弟轻妻子，其实不然。刘备这句话是在妻子不在场的情况下，讲给二位义弟听的，不能当作他的真实想法来看待。事实上，刘备也关心妻子的安危，只是而今只有兄弟在自己身边，他更要做出一副大哥的样子。其实所谓夫妻，只有在二人的房间内才是夫妻。出了房间，更多的是要扮演为人子、为人父的家庭角色和各种社会角色。现在我们往往忽略了这一点，不管在什么场合下都把夫妻的关系放在首位，结果弄得其他人很难适应。刘备的这番话有其针对性和特殊性，起到了凝聚人心、增强团队凝聚力的良好效果。

三國之道

所谓夫妻，只有在二人的房间内才是夫妻。

6. 张飞要自杀，有什么用意？刘备为什么打他？

张飞悔恨交加，自知罪不容赦，无颜面对二位哥哥，所以才会想以死谢罪。见此情况，刘备出手狠狠打了张飞一记耳光。我们想想看，谁敢打张飞？刘备也是抓住机会才打的，换作平时，就算是刘备打他的话，他也不会忍气吞声的。刘备打张飞，一方面是制止张飞自杀的举动，另一方面也是让张飞明白，作为大哥有资格教训他。刘备的这种拿捏恰到好处，因为此时再不打的话，以后就永远管不住张飞了。两个人的表现都恰如其分，很值得我们学习。

情景说明

不久，刘备被袁术劫营，无家可归。陈宫献计吕布让刘备回驻小沛，以便将来为自己所用。刘、关等人来见吕布，吕布满脸得意，一口一个贤弟称呼刘备，并说要将徐州送还，刘备说自己居小沛足矣。

孙策尽得江东后向袁术索要玉玺，袁术本想起兵征讨，后依谋臣之计，先伐刘备以图徐州，进而再讨孙策。于是袁术一面派纪灵攻打刘备，一面派韩胤送金帛粮草给吕布，想使吕布按兵不动，等先擒下刘备后再图吕布。吕布收下袁术的礼物，答应不帮刘备。大兵来袭，刘备修书向吕布求救。吕布虽收了袁术的礼物，但也怕袁术灭了刘备后对自己不利，两难之间忽然想到一计，于是下令请刘备和纪灵二人同来他的营寨。

要点解析

1. 刘备见吕布，吕布要交还徐州，刘备为什么不要？

吕布占下徐州，后见刘备回来，表示愿意交还徐州。如果你是刘备，会不会接受呢？你一定会考虑徐州本来不是自己的，而且当时也曾要将徐州交给吕布，现在吕布归还就马上接受，那岂不是证明以前的话都是假的吗？所以刘备很慎重，他婉言拒绝是对的。因为吕布本来也不是真心归还，如果刘备开口答应，他可能马上就翻脸不认人了。何况是张飞酒后闹事才丢掉的徐州，如此平白轻松地拿回也是不合适的。

2. 吕布接受陈宫的建议，请刘备回驻小沛，如何？

此事就应了中国人经常讲的一句老话：风水轮流转，十年河东十年河西。刘备最初驻扎小沛，后来掌领徐州。吕布刚来投奔刘备的时候，也是驻在小沛，只是现在颠倒了过来，变成吕布坐拥徐州而刘备回驻小沛。这是一个鲜活的教训，怨天尤人不如自己争气。有能力的时候，自然会有一个宽广的舞台；没办法的时候，也只好乖乖地回到窄小的地方。想必刘备在这个过程中对能屈能伸的道理也会有新的体会，这对他今后的发展是非常好的启发。真正的大丈夫，逆境中，委曲求全、保存实力；顺境中，乘势而起、扶摇直上。

3. 吕布笑着迎接刘备，一再喊贤弟，是不是得意忘形？

吕布此时俨然是一副胜利者的姿态，根本就是得意忘形。我们知道，吕布一得意就忘乎所以，一失意又好像天要塌下来一样的表现由来已久，这种性格是受不了挫折，也经不起胜利的。他对此前因为浅薄吃的亏浑然不觉，毫无警醒，所以等待他的也必将是凄惨的结局。

4. 袁术要打孙策，为什么反而先攻徐州？

袁术看到孙策以换得的兵马打下大片地盘，成为称雄一方的割据势力，再加上孙策不思归还兵马，这让袁术愤恨不已，于是决定起兵讨伐孙策。袁术的部属认为：要打孙策，应先占领徐州，防止曹操拿下徐州趁虚而入，以解后顾之忧。我们已经讲过，徐州成为兵家必争之地，是由它的地理位置造成的。自古凡是险要重镇或是交通枢纽，都容易成为是非之地。徐州因为地理位置重要，导致战事频繁，百姓也深受其苦。由此可以推知，一个人默默无闻的时候，自然无人关注，但当有了声望以后，各种正面打击、恶语中伤便会纷至沓来。我们应该要有这样的觉悟，事先做好防范和准备工作。

先取刘备，再取吕布图徐州，以防曹操威胁后方，然后再去收拾孙策是袁术一方的战术布局，所以攻打徐州是必须要做的前期准备工作。

三国之道

一个人默默无闻的时候，自然无人关注，但当有了声望以后，各种正面打击、恶语中伤便会纷至沓来。

5. 吕布在袁术和刘备之间左右为难，为什么突然间心生一计？

袁术此时势力强大，而吕布已经收下所赠粮草，所以不便直接反悔。但在吕布穷途末路之时，刘备曾好意收留他，现在若见死不救，也有忘恩负义之嫌。而且关键的是，袁术先灭刘备，后必将再图吕布，进而夺得徐州。这些基本的问题，就算吕布再浅薄也是想象得到的，所以此刻他是左右为难。

中国人最了不起的地方，就是家家有兵书，人人有计谋。所以在某些关键时刻，我们往往会突然眼前一亮，心生一计，想到一些平时想不到的主意，这就叫计谋。计谋不是耍心机，也不是使奸计，而是用谋略来巧妙地化解危机、解决问题。

6. 辕门射戟，目的在平息袁、刘两家之争，结果如何？

吕布知道，以他的德行和言语，想让两家罢兵是不可能的。碰巧此时一道智慧之光倏然而至，让吕布找到了平息两家之争的好办法——以他最擅长的武艺达成目的。

吕布请刘备和纪灵前来，刚开始刘备搞不清楚吕布要干什么，纪灵也是丈二和尚摸不着头脑。吕布自恃射箭很准，于是提出以天命决定两家是战是和——于百步之外用箭射方天画戟的小枝，如果射中两家便罢兵，若是不中再战不迟。纪灵按照常理考虑，认为这是不可能的事情，当即表示同意。吕布张弓搭箭，不偏不倚，正中画戟小枝，一场战事因此平息。辕门射戟，刘备躲过一劫大喜过望，对吕布也是感激不尽。纪灵则是懊恼不已，因为这样无功而返，一顿责骂是在所难免的了。而对吕布而言，他是做了一件生平少有的能被后人称赞的事情。

情景说明

吕布营中，刘备、纪灵见到对方前来都很吃惊，纪灵责问吕布为何失约。吕布请双方勿惊，并介绍刘、纪相识，二人拱手示意。吕布说自己平生不好斗，只想解斗，此番相请是为劝两家和解。纪灵说自己有令在身，言语中与张飞争吵起来。吕布说袁、刘之争唯天命是遵，命人于辕门处立起方天画戟，称若射中画戟的小枝则双方罢兵，纪灵同意。吕布果然射中，纪灵只好撤兵，吕布得意地对刘备说“非我则公危矣”。

纪灵回师被袁术责骂，袁术欲亲讨徐州，纪灵说吕布勇猛，若和刘备联合不好对付，进而提出让袁、吕两家和亲的计策。陈宫劝说吕布与袁术结亲难保没有妒忌的人，应尽早将女儿送至袁术处，以保万无一失，吕布称是。

要点解析

1. 纪灵入内，责问吕布，是不是表示他事前不知情?

袁术本来已与吕布有约在前，纪灵奉命来战刘备，自然认为吕布是友军，所以对他的邀约也没有什么提防之心。但纪灵来到营中，见到刘备也在，大吃一惊，问吕布到底是何用意，可见他事先是完全不知情的。

吕布在此事的处理上，考虑得相当周全，顾虑了两边的立场，权衡了自己的能力，也预计了事后的效果，再加上保密工作做得很不错，所以整个过程都非常成功。

2. 吕布说他平生不好斗，只想解斗，真的是这样的吗?

在这一点上，我们还是相信吕布的。吕布虽然有贪恋权贵、缺乏忠义、助纣为虐的一面，但也并不是个杀人如麻、个性强悍、喜欢到处争强斗狠的人。我们可以看到，吕布此番既没有坐视不理，也没有同刘备一起反戈袁术，而是用心地想出这样一个两全之法，平息了一场看似难以避免的厮杀。我们看人不能仅凭部分的表现，就把其他方面整个地抹杀掉，还是整体分析比较妥当。

3. 纪灵和刘备见面，为什么也互相作揖?

两军交战，本是你死我活的事情，但是只要不在刀枪相向的时候，不在兵戎互见的场合，哪怕是敌我双方，我们中国人还是会按照规矩来处理事情。纪灵和刘备见面的相互一揖告诉我们，打仗是打仗，礼节归礼节，这才叫作君子之争，也是中国人了不起的一种表现。可惜我们这么好的一面，没有影响到全世界，造成今天人类如此残酷、如此不幸的局面。

4. 吕布向刘备说“非我则公危矣”，后果如何?

袁术大军来攻，倘若吕布真的袖手旁观，单凭刘备当时的微弱军力，实在难敌。辕门射戟，吕布为刘备化解了面临的危机，的确是帮了大忙，刘备对他也是非常感激。可是，吕布此时说出“非我则公危矣”这句话，却是非常不合适的。因为这分明是在告诉刘备要好好记住自己的恩情，提醒他如果不是我帮你忙，你这次就很难过关了。其实，人情不讨，人情永远在；人情一讨，就什么都没有了。吕布这么说，张飞绝对是不高兴的，关羽也会很反感，而刘备原先对他的感激之情也会一笔勾销。所以，我们要时刻记住：有些事情自己可以去做，但是不必去说；有些话语别人可以去说，但是自己不能去讲。

不过吕布会讲出这种话也不足为怪，因为此刻的他正处在人生的顶峰，所以根本就是无所顾忌、忘乎所以。吕布曾目睹董卓因为得意忘形而导致的悲惨后果，却丝毫没有吸取任何的教训。人就是这样，看到别人的教训，往往不太往心里去，而且就算一时记住，也很容易转瞬即忘。我们要时刻提醒自己，尽可能不要做出重蹈覆辙的事情来。

三国之道

人情不讨，人情永远在；人情一讨，就什么都没有了。

5. 纪灵回营，袁术十分生气，纪灵提出和亲的计策合适吗?

纪灵无功而返，令袁术十分生气，他觉得纪灵太过愚蠢了，居然连吕布的当都会上，却不想想即使是自己亲自前往，也可能是同样的结果。人看不清楚自己，往往就是因为觉得自己比别人高明许多。但是，纪灵罪不致死，袁术也没办法处置他。纪灵为了将功折罪，提出和亲计策，作为权宜之计。袁术转念一想，事已至此，尽管和亲也不算什么良策，但起码可以进一步拉拢吕布，于是便点头同意，派人向吕布提亲。

6. 陈宫为什么催促吕布早日送女完婚?

陈宫追随吕布这样毫无主见的领导，也是心怀忐忑、寝食难安。他认为吕布要与袁术结亲的话，还是越快越好，以免横生变数。一方面，陈宫怕吕布再改主意；另一方面，也是出于安全的考虑。因为任何好事情，必然会有人处心积虑想要破坏，尤其是地位高的人，想要完成大事，各方面的破坏力量更是会蜂拥而至。所以陈宫催促吕布，既然已经答应婚事，就要尽早把女儿送过去，以免为人所知后，在路上发生意外。

十一　人头也能借

现代人借人头，不过是借用某人的名义。当然也有找人顶罪，因而坐牢或逃亡的。像曹操那样，向活人借用人头的案例，实在很难想象。宛城之战，曹操借用张绣的婶娘，结果害死大将典韦。攻打寿春，曹操借用粮官王的人头，引起郭嘉的心惊胆战，郭嘉很可能也因此而早逝。典韦是“典型的为了愚忠而良心不安”，郭嘉则是“为了国家却跟错了领导”，结果都逼死了自己。良禽都能够择木而栖，人才是不是也应该择主而事呢？什么东西都可以借，人头也能借吗？曹操的心思，还不够狠吗？

情景说明

陈珪来见吕布，开口便说吕布死期已至，又说这是疏不间亲之计，袁术以吕布的女儿为人质，灭掉刘备就会攻打徐州。日后若袁术造反，吕布就是反贼亲属，将为天下所不容。吕布后悔不已，说陈宫误我，赶忙派张辽追回女儿。

吕布闻听张飞抢了他从山东买来的马匹，大怒不已，点兵亲往小沛。阵前，张飞和吕布打斗起来，刘备怕有闪失鸣金收兵。吕布急攻小沛，刘备手下众人认为小沛难以久守，孙乾建议投奔曹操。为图大志，刘备同意突围投曹。

曹操笑迎刘备，以兄弟相称，为他设宴洗尘。荀彧劝曹操尽早除掉刘备，以绝后患。郭嘉则说刘备穷困来投，杀了会失信于天下，曹操称郭嘉所言正合他的心意。

要点解析

1. 陈珪一开始便说吕布的死期已到，合适吗?

通常情况下，这是没有礼貌的表现，会让人觉得陈珪修养太差。但陈珪这么做，有他特殊的用意。他们父子二人心向刘备，因此当陈珪得知吕布要与袁术结亲，马上想到这将对刘备不利，所以连忙赶来，意在阻止这场政治婚姻。他以吕布死期已到为开场白，这种戏剧化的夸张效果，马上引起了吕布的注意，为达到劝说吕布的目的做了铺垫。而且，以陈的年龄、辈分和他在徐州的资历，这样做也说得过去。

2. 吕布说陈宫误他，是什么道理?

西方人一件事情大概只能分析出一个道理，所以他们很容易沟通，看法也相当一致。中国人则不然，因为我们的道理变化多端，而且也没有哪句话能够概括所有的道理，所以我们从来就是公说公有理，婆说婆有理。有时候中国人很为难，因为主意道理一大堆，不知道到底该听谁的。

吕布性格左右摇摆，性急少谋，自己根本不会动脑筋。之前觉得陈宫讲得有理，就马上去做，现在听陈珪这么一说，又赶忙命令将女儿追回，所以做吕布这样的人的部属是非常为难的。尤其是他开口就说“陈宫误我”，语气太重，对自己的部属用这样的断语，陈宫将来自然也难以跟他相处。袁绍、袁术兄弟也是如此，但曹操就大不一样了，他会分析衡量各种意见的利弊，然后做出自己的判断，这是他们之间比较大的区别。

3. 张飞抢夺吕布的马匹，刘备如何处置?

张飞性格直爽、率性而为，最看不上吕布这样的反复小人，他直呼吕布为“三姓家奴”，鄙视之意显而易见。吕布得知张飞抢了他的马匹，前来讨要，张飞对此非但毫不隐讳，反而还理直气壮。因为他觉得吕布抢夺他大哥的地盘在先，现在自己不过是以牙还牙而已，何况几匹战马，根本抵不上徐州地盘的价值。

刘备事先对张飞的做法完全不知情，以他的人品，是不会授意张飞这么去做的。所以，当吕布怒气冲冲地前来兴师问罪的时候，刘备也是一头雾水，可见他们兄弟之间并无串通。当得知事情确实是张飞所为，刘备表示愿将马匹如数归还，希望吕布就此罢兵。

4. 孙乾劝刘备投奔曹操，刘备为什么答应?

听说要投奔曹操，火气最大的便是张飞。一来张飞不愿大哥屈居人下，二来刘备与曹操一向是敌非友，此番投奔有可能是自投罗网。在孙乾的劝说下，刘备一番审时度势，明白此时已是无路可走，唯一的办法就是投奔曹操。虽是生死难料，但曹操与吕布仇怨更深，此去或许还有一线机会。

刘备深谙能屈能伸的道理，为了实现长远目标，敢于忍受一时的屈辱和苦痛，这是他最大的长处。在此危难之际，他在分析情势之后，做出了这一看似忍辱负重，实际却最合理的选择。就算两个弟弟都有意见，刘备还是劝说他们要以大局为重，不要计较过多。

5. 曹操说刘备和他是兄弟，是不是出于真心?

我们可能认为，曹操这么说完全是虚情假意。其实也不尽然，这里面既有真实的一面，也有虚假的成分。如果对方真心相待，又能为己所用，曹操便会亲如兄弟一般；如果对方动歪脑筋，对他构成威胁，那曹操也是随时会翻脸的。所以，真情还是假意，对曹操而言都是有条件的。

人与人相处，只有双方都做到始终如一，才能彼此信任，持久地发展下去。然而可笑的是，我们常常自己先摇摆不定却没有感觉，反而责怪别人不能始终如一。曹操也是如此，他自认为处事很有原则，其实他自己恰恰是一个性情多变、行事反复的人。所以，追随曹操能够善始善终的人，也是屈指可数的。

6. 荀彧劝曹操除掉刘备，郭嘉为什么反对呢?

荀彧与郭嘉在曹操心目中都是举足轻重的谋臣，这二人都不随便发表意见，可一旦开口，定是有理有据、头头是道。曹操听从他们的建议，屡屡受益，所以对二人十分信任，对他们的意见也是格外重视。

曹操遍数天下英雄，觉得只有刘备雄才大略又广得人心，将来会对自己构成威胁。因此荀彧建议，刘备主动来投靠是难得的机会，应当趁早除掉，以绝后患。曹操未置可否，又来试探郭嘉。郭嘉则认为，现在正是用人之际，需要以信义广招天下俊杰。刘备穷途末路来投靠，如果此时将他杀害，定会背负害贤之名，今后谁还敢来归顺呢？为了除掉一个人而阻塞以后纳贤的道路，这样做是不值得的。郭嘉的话正合曹操的心意，曹操也认为不可为杀一个人而失去天下人之心。

刘备几度危在旦夕，却都能幸运地躲过劫难，这种巧合，不妨解释为天意。刘备的生死，关系着天下格局的变化，如此重大的事情人力难为，还得听从老天的安排。若是三人一条心，当即决定除掉刘备，刘备早就命丧黄泉了。正好曹操与郭嘉一致认为此时不宜动手，刘备这才得以保全性命。小事由人决定，大事得听天命，这是孔子讲的话。

三国之道

小事由人决定，大事得听天命。

情景说明

曹操要表奏刘备为豫州牧，程昱说给刘备地盘是养虎为患，曹操说心意已决，无须多言。

张绣联结刘表屯兵宛城，想要兴兵犯阙夺驾。曹操闻听大怒，起兵15万亲讨张绣。张绣的谋士贾诩见曹操势大，劝张绣投降，张绣无奈同意。张绣出城献印投降，曹操命他给自己牵马引路。贾诩见张绣受曹操侮辱，又气又悔。

曹操酒醉要女色，典韦报告张绣的叔叔张济之妻长得十分美丽，但怕张绣不满，曹操说败军之将，怎敢发怒，于是命人将张绣的婶娘带来。张绣婶娘邹氏小心应对曹操，称愿意服侍曹操同床共枕，只是久居城中多有不便，于是曹操移居城外营寨中。张绣闻听此事十分恼火，同贾诩共商对策。

要点解析

1. 曹操为什么决定善待刘备?

如何对待刘备，曹操有两种不同的选择：一种是找机会不动声色地将他除掉；一种是善待刘备，借以笼络人心，让天下英雄为己所用。曹操从大局出发，不仅不杀刘备，反而举荐他为豫州牧，正是为了取信天下，树立自己求贤爱才的形象，而并非出于真心实意。如此睚眦必报的人，却能控制自己的情绪，表现出如此肚量，令人不得不佩服。

2. 贾诩劝张绣投降曹操，合适吗?

曹操拥有一统天下的雄心，至于究竟是为振兴汉室，还是为一己私利，这点大家都很怀疑，我们在此姑且不论。但曹操一旦确立这一目标，面对割据四方的强大势力，必须要去逐一消灭。这不是因为他好大喜功，而是为了实现目标，不得不这样做。张绣此时兴兵夺驾，曹操当然就从他下手了。张绣听说曹操亲自领兵征讨，于是询问谋士贾诩有何应对之策。贾诩分析说，以目前形势来看，与曹操对抗是必败无疑的，还是投降为好。

中国人看似专制，实际上自古便懂得三公坐而论道。领导会听取部属建议，众人会相互交换看法，然后才去制定一致的行动目标。在看待投降的态度上，中国人和西方人也有不同的观点。西方人说打就打，不到最后时刻，往往不会考虑投降。而中国人的头脑更加灵活，看到双方实力差距悬殊，能走就走，不能走暂且屈居人下也无妨。暂时的投降，正是为了暗中寻找机会，以图东山再起。

3. 张绣投降受到曹操的侮辱，这是为什么?

在对待投降之人的态度上，曹操有自己的一套标准。刘备投靠的时候，曹操亲自出迎，并以兄弟相称。而今对待不战而降的张绣，曹操却完全是一副趾高气昂的模样，命令张绣牵马引路，百般羞辱。因为张绣自知不敌，却不早早投降，非要到兵临城下的时候，才告饶求情，这种行径是曹操平生最看不起的。

张绣受到这样的奇耻大辱，最痛心的就是贾诩。因为当初是他劝张绣投降曹操，而今看到这样的结果，当然是既悔恨又无奈。

4. 曹操要女色，典韦推荐张绣的婶娘，合适吗?

曹操要女色是他个人的事情，我们不必去批判。但典韦却犯了一个严重的错误——愚忠。曹操想要女色，给他找个妓女就是了，何必管他满不满意。可典韦为了让曹操高兴，居然想到了张绣的婶娘。如果他是个没有良知的人也就罢了，可典韦又不是这样的人，事后他十分后悔做出这种事情，这就为自己埋下了很严重的祸根。

5. 张绣的婶娘为什么愿意陪伴曹操？

我们也不必大言不惭地讲很多自己做不到还要求别人去做的大道理。人在屋檐下，不得不低头。在那种形势之下，张绣的婶娘又能怎样呢？充当烈女，也只是白白牺牲。所以她将计就计，先顺从曹操的要求，后来又提出到城外居住。这才是有智慧的人，而不是盲目地去逞英雄。曹操当时春风得意，是不会去想这里面有危机潜伏的。一个人在得意之时，往往只想到有利的方面，对潜在的危险却视而不见，所以很容易种下祸端。

三国之道

一个人在得意之时，往往只想到有利的方面，对潜在的危险却视而不见，所以很容易种下祸端。

6. 张绣大怒，贾诩力劝忍耐对不对？

遇到这种情况，任何人都会勃然大怒，张绣当然也不例外。但是一个人生气远不如争气，因为徒有愤怒于事无补。我们暂且不说贾诩当初劝张绣投降正确与否，但是最起码我们可以感觉到，这个时候贾诩劝张绣继续忍耐是正确的。贾诩劝张绣，既然当初选择了投降，就要有充分的思想准备，现在备受侮辱，更需要加倍忍耐。因为100米的距离，既然已经跑过了90米，最后的10米更应该坚持下来，只有这样才能找到机会，报仇雪耻。

三国之道

生气不如争气。

情景说明

贾诩给张绣密献计策，张绣决定依计行事。张绣先以新兵多有逃亡为名，移屯曹操驻扎的中军，又与部将胡车儿商议设宴灌醉典韦以偷其双戟。

当夜，张绣、贾诩依计灌醉典韦，胡车儿也夹杂在众人中直入大寨。张绣带人劫营，曹操正在帐中与邹氏弹琴饮酒，听到外面人马大乱，火光四起，急忙召唤典韦。典韦从醉梦中醒来，找不着双戟，以死相拼挡住寨门，曹操才得以从寨后骑马逃脱。

曹操收拾残兵，忽有兵士来报说于禁趁乱造反，赶杀青州军。正当曹操准备要整兵出击于禁时，又先后有人来报说于禁追杀张绣百余里，张绣兵败力孤投刘表去了。于禁赶回扎下营寨后来见曹操，曹操问他为何擅自做主剿杀青州军，又问他归来为何先下营寨而不来找他分辩，难道不怕被冤屈吗？于禁回答分辩是小事，扎寨退敌才是大事。曹操闻听大为感慨，夸赞于禁说古代的名将也不过如此。

要点解析

1. 贾诩为什么建议张绣找机会报仇？

如果贾诩看到张绣被辱，熟视无睹，好像事不关己，这样的人以后谁还敢用？贾诩此刻也是苦不堪言，难过的程度不亚于张绣，因为降曹毕竟是他出的主意。但是难过解决不了问题，所以贾诩建议张绣要抓住机会，伺机雪耻，才是正确的态度。

我们常常觉得要多多学习人在顺境当中的作为，这种观点有待商榷。因为“人生不如意之事十常八九”，我们在逆境的阶段远远长于在顺境的时间，所以学会如何应对困难，懂得怎样面对挫折，具备从逆境中奋发图强走向顺境的能力，才是至关重要的。

三国之道

人在困境中的正确举动更加值得学习。

2. 张绣请典韦喝酒，典韦为什么不提防，喝那么多？

典韦如果是为讨好曹操才献上美女，并因为投了主公所好而沾沾自喜的话，那他也不值得我们关注。然而事实恰恰相反，典韦觉得自己做了不该做的事情，良心也备受煎熬。若在平常，以典韦的见识，知道张绣刚刚归降，双方还未彻底解除敌意，对这样的酒筵也会有所提防。但在当时的心情之下，他是故意借酒浇愁，所以就放松了警惕。借酒浇愁的人，多半是没醉的时候感觉稍有醉意，一旦真醉了反而更加贪杯，结果必定是喝得酩酊大醉，典韦就是如此。而张绣一方则是早有预谋，计划周全。在这种对比之下，典韦怎么能不出事呢？

3. 典韦被刺杀，值得吗？

典韦武艺高超，见识也不低，却因为愚忠致使自己良心不安，最后害死了自己，当然不值得。

4. 曹操据报张绣偷袭，有什么反应？

曹操本是何等聪明的人，但直到此时帐外人马嘈杂，他才明白中了圈套。正所谓聪明一世、糊涂一时，糊涂的这“一时”，往往就是在人最得意的时候。因为人在失意的时候会非常谨慎，极少出事，而在得意的时候，情况就大不相同了。所以我们再三说，当一个人春风得意的时候更要格外小心，就是这个道理。曹操因为一时的冲动而害死了一员大将，内心也非常惭愧。

5. 曹操听说于禁反叛，相信不相信？后来又怎么样？

从曹操听说于禁反叛的反应上，我们可以很清楚地看出他的性格本质。一般人听到于禁反叛的消息，首先会予以质疑，认为不能道听途说，然后再派人去探查实情。但曹操疑心太重，他认为谁都有可能反叛。以他的想法，自己对任何人都没有忠诚的必要，当然任何人也就都有反叛他的可能。所以听到有人来报于禁反叛，他是完全相信的。后来又有探马来报，说于禁是为了追赶张绣，才做出这样的举动。曹操对此还是将信将疑，等到于禁返回后，还是让他先交出兵权。

部属往往会先考虑会不会得到上司的赏识，然后才来做事情。于禁光明磊落，认为先把事情做好最要紧，至于是否能得到奖赏那是次要的。所以曹操后来也很感动，赞扬于禁任劳任怨，就是古代的名将也不过如此。

6. 于禁下令杀青州兵，曹操为什么心生怀疑？

上司授权部属以后，只要是在职权范围之内的，西方人尽可大胆地做主。中国人则不同，即使权力明确，行使之前也要汇报批准，以表示对上司的尊重。所以，像赶杀青州兵这样的大事，于禁应该先向曹操禀明原因，得到同意之后才能动手。然而他行动在先，事后也没有及时报告，这对自己是非常不利的。

好在于禁运气不错，一方面有人提前向曹操禀明了青州兵劫掠百姓的实情；另一方面，看到眼中爱将刚刚为救自己而亡，手下士兵也是一路死伤无数，曹操不忍再为这样的事情处罚战将，于禁这才得以幸免。所以我们要清楚，即使情况特殊，先斩后奏的做法也只能偶尔为之，经常去考验上司的耐性，无异于自寻死路。

三国之道

即使有授权，也还需要时常向上司汇报情况。

情景说明

建安三年，袁术在淮南称帝，曹操会同孙策、刘备、吕布，共同起兵征讨。袁术渡淮南下，留部将李丰坚守寿春不出。曹操兵粮将尽，吩咐粮官王用小斛分粮，权且救一时之急。粮官王说怕士兵会有怨恨，曹操称自有办法。

士兵果然对克扣军粮不满，怨声载道。粮官王向曹操报告情况，曹操说要借粮官王的人头以压众心，粮官王跪倒哭诉自己无罪，一旁的郭嘉也大惊失色。曹操说不杀他军士必将哗变，并说会供养他的妻儿。粮官王知道难逃一死，跪别曹操以求能够赡养其妻儿。

粮官王被斩首示众，士兵的怨恨得以化解，终于在曹操的死令之下攻克寿春。

要点解析

1. 曹操问粮官王，有多少存粮？粮官王回答所剩不多，曹操如何吩咐？

粮官王禀报军粮即将告罄，询问曹操该如何应付。曹操吩咐让他换成小斛分粮，以解燃眉之急。粮官王说这样做恐怕会引起士兵的抱怨，曹操说他自有对策。此事曹操固然不对，但粮官王也有所失职。他应在数日之前就主动汇报此事并提早想出对策，而不能在曹操问及时还含含糊糊地回答“所剩不多”。作为部属，遇到困难应当尽早提出并拿出相应的解决方案，以供上司定夺，而不能把问题在最后的时间全部推给上司。

2. 曹操交代粮官王减少士兵口粮，反应如何?

正如粮官王所料，士兵吃不饱饭果然怨声载道，群情激奋要找出罪魁祸首。但是，粮官王怎么敢讲明这是曹操吩咐的呢？（现代人大部分都很勇敢，碰到这样的情况都会毫不犹豫地说是领导吩咐的）曹操一看事态严重，怎么办呢？对于大多数人来说，既然做出决定就要去承担后果，但是曹操会这样做吗?

3. 减少士兵口粮引起众怒，曹操反把罪过推给粮官王，合适吗?

为了平息众怒、稳定军心，曹操做了一个出人意料的决定——反把罪过推给粮官王。曹操找来粮官王，说要向他借样东西，粮官王暗想自己有什么东西可借呢？这时曹操说要借他的项上人头。“人头主义”在中国很盛行，历朝历代“借人头”的典故都不在少数。为了保全大局，牺牲小我是常有之事，但一般也就是顶名替罪而已，像曹操这样活生生地取人性命，替自己开脱的，却是少之又少。

4. 粮官王只有在帐外向曹操深深地一鞠躬，为什么?

粮官王内心对曹操充满了仇恨，只是他知道自己必死无疑，干脆委屈到底，反而向曹操深鞠一躬，希望曹操能够兑现诺言，照顾好自己的家小。所以，粮官王鞠躬不是为他自己，而是为了他的家人。

5. 郭嘉亲眼看见曹操的恶行，有什么感想?

郭嘉见到这样的情景唯有惊诧，惊诧于曹操的这种恶行。郭嘉的聪明自不用说，但三十几岁就英年早逝，究其原因，就在于跟错了领导。曹操反复无常，为了推卸责任竟然借活生生的性命，让无辜的人白白替自己送死。郭嘉会赞成这样的举动吗？当然不可能，但是不赞同他又能怎样呢？这种内心的煎熬使他整日处在矛盾和痛苦当中，积郁成疾，不久就英年早逝了。这个追随坏领导使自己早死的人就叫郭嘉，大家一定要记住这样的教训。

6. 粮官王在士兵面前跪拜曹操而死，这是为什么？

“借人头”这样的事情也只有曹操做得出来。曹操开始并没有想到要借粮官王的人头，他的本意只是想尽快安定士兵的情绪，不要因为缺粮而影响战况。但就是因为曹操反应太快，在士军大闹意见后马上就想到了问题的对策——借用粮官王的人头，而不去仔细琢磨这样的做法会有什么影响。聪明人做事情往往会因为头脑灵活而犯错误，倒是那种比较迟钝的人，想事情反而比较周到。这件事情给我们的教训就是：反应越快的人出错的概率越大，反应慢的人反而不太容易出错。一般人都欣赏反应快的人，也希望自己脑筋很敏捷，其实越是这样子，越要格外地小心谨慎，否则就会聪明反被聪明误。曹操的一生我们不能说他不够聪明，但是他经常自己误自己。

我们要相信一句话：人心都是肉长的。没有哪个人完全没有良心，一个人想把自己的良心完全去除也是很困难的，除非自己骗自己。曹操也是人，他也有良心，他认为自己可以欺骗大家，实际上是在自己骗自己。孔子说“勿自欺”，就是不要欺骗自己。一个人欺骗自己是最可怕的，会使自己内心不安。曹操自己欺骗自己，也同样承受着巨大的压力，以致儿子和侄子死了他都没什么感觉，反而典韦和粮官王死了，他却伤心不已。这也不足为怪，是很正常的事情，因为自己的儿子和侄子是在战场上战死的，军人本来就应该战死沙场，这才叫军人本色，所以曹操觉得他们死得其所。可是典韦和粮官王却是曹操害死的，所以曹操会感觉有压力。

三国之道

一个人欺骗自己是最可怕的。

十二　内鬼通外神

郭嘉身为曹操的谋士，向曹操提出各种建议，只要是正当的，都是善尽职责的表现。曹操对郭嘉言听计从，并且十分赏识，也是由于郭嘉历来的表现，令他感动。陈登原本是陶谦的部属，心向刘备而看不起吕布。趁着到曹操那边充当使者的机会，大肆攻击吕布。刚开始曹操很不高兴，认为陈登身为吕布使者，不应该内鬼通外神，出卖主人。后来明白陈登的心意，反而把攻打徐州的大事，托付给陈登。可见不义的举动，人人都不喜欢。陈登父子，虽然背叛吕布，对曹操来说，并非不义。但是，对陈登的未来生涯，终究是不利的。

情景说明

张绣联合刘表趁曹操攻打袁术之机进攻中原，曹操只得亲率大军回救许都，征剿张绣。

行军路上，正在收割小麦的百姓见曹军到来，纷纷逃避。为安抚民心，曹操下令，凡过麦田有践踏者，一律斩首。军令刚下，曹操自己的马因受惊窜入麦田中，踢坏了一大片庄稼。曹操欲拔剑自刎，众人求情，郭嘉也以《春秋》中“法不加于尊”的说法劝曹操。曹操沉思良久，决定割发代首，以正军法。郭嘉见此情形，感动不已。

大军行至宛城，曹操哭祭宛城之战为救自己而阵亡的典韦。郭嘉建议一并祭奠攻打寿春战死的将士及粮官王，曹操表示赞同。想起粮官王的头已不知去向，曹操的心情更加沉重。

曹操征讨张绣获胜，却又面临着下一步的抉择。

要点解析

1. 曹操为什么宣誓凡士兵践踏麦田的，依法斩首?

中国人自古就明白民为重的道理，即使在三国这样的乱世也是如此。刘备一心一意想要得到仁政爱民的好名声，曹操也不可能例外，同样把争取民意支持、民心归向当作首要的大事。

老百姓见大军经过，担心一年辛苦劳作种出的麦子，会被行军的队伍践踏。曹操体察民情，号令三军，经过麦田的时候要格外小心，凡是践踏麦田者，一律斩首。他这种做法当然是对的，因为在那兵荒马乱的年代，人员死伤很多，粮食严重不足，就算不是为了沽名钓誉和争取人心，也应该好好地爱惜庄稼，这样军人和百姓才能有饭吃。

2. 刚刚下达命令，曹操自己反而践踏了一大片麦田，这是为什么?

这就叫作“无巧不成书”。很多事情不说没事，一说马上就出事了，而且偏偏就发生在宣布人的身上，这是非常巧合的事情。

原因说来也简单，田间突然飞起的斑鸠，使曹操的马受惊不听驾驭，从而践踏了一大片麦田。曹操对此当然也是无可奈何，但此刻众人的目光都集中到了他身上。法令是他刚刚宣布的，现在问题偏偏出在了他身上，众人当然是拭目以待，看他到底会怎么处理。

3. 曹操要依法受死，拔剑自刎，大家的反应如何?

如果曹操此时装作若无其事，那他以后在部属心中的威信就会大打折扣；但他要是百般解释，把责任推脱到马身上，也只会招人笑话。此时的曹操实在没有别的选择，于是拔出佩剑架在自己脖子上，表示要自刎受死。曹操是真的想要自杀吗？当然不是。他真要自杀的话，一剑划过便是了，何必惺惺作态半天。他这样无非先把姿态做给部属看，然后再看部属们如何表现。

曹操的这种举动，我们不能说他错，因为生命是可贵的，任务没有完成，后面要走的路还有很长，怎么可以就这样不明不白地去死呢？日本人遇到这种情况，真的就会剖腹自杀，不会有什么其他选择。但中国人跟日本人不一样，虽然嘴巴上说要自刎，却不会真的去死。因为存得性命，才有继续做事的资本。当然，曹操这条命留得值不值，此刻讨论还为时过早，最起码到目前为止，他的生命还是宝贵的，所以他这样做我们也不能加以批评。

4. 曹操为什么以发代首？郭嘉为什么那么感动？

曹操剑抵咽喉，做出一副准备受死的模样。他的部属会说你应该自刎，因为你违反了自己定下的军纪吗？不可能，任何人都不会这样说。所以郭嘉率先跪下，引经据典，一句“古春秋之义，法不加于尊”，为曹操寻找到了一个避开军纪的合理理由。

我们暂且不讨论郭嘉的话对不对，倒是建议各位先把“只许州官放火，不许百姓点灯”这句话好好琢磨一番。中国人判断对错的标准其实很简单，就是“合理”二字。如果不合理，即使天子犯法，也是与庶民同罪。但只要合理，再严格的法令也能法外施恩。郭嘉说得头头是道，大家也都一致认可，觉得对士兵可以那样，对丞相不必如此，自然是给了曹操一个很好的台阶。那曹操还要坚持吗？如果他还坚持要自刎的话，我们也会笑话他：部属已经给你开脱了，而且理由也很合理，你居然还要坚持自刎，是不是想要逃避责任呢？

中国人的事情很难讲，要从多个层面去考虑才能找到那个平衡点，我们把它叫作“度”，如何把握好这个度是十分困难的事情。但曹操很聪明，知道自己虽然不必真的以死正法，但当作无事一般也难以服众，于是便割发代首，以示惩戒。部属看了都很受感动，其中最感动的人居然是郭嘉。我们用“居然”这两个字，是很替郭嘉感觉到遗憾。因为郭嘉还是太过单纯，所以才会对曹操感恩戴德，操劳不已，最后连自己的性命也赔了进去。当然，这是他自作自受，我们也不需要加以评点。

5. 曹操跪地拜祭典韦，为什么哭得那么伤心？

一个人如果经过以前得胜的地方，情绪当然会比较高昂。现在曹操是经过曾经战败的地方，当然也会勾起以前伤心的记忆。因为在那样一个战乱的年代，谁都不知道明天还能否活得下来，根本不会有人去清理战场。所以看到眼前的满目疮痍，曹操很是触景生情。

曹操是一个感情很丰富的人，他在历史上除了是一位著名的政治家、军事家以外，同时也是一名出色的诗人。所以他目睹眼前的情景，悲怆之情也就油然而生。其中最让他难过的就是典韦的死，因为典韦是被他活生生害死的。这一点曹操表现得很有人情味，我们也很感动。

6. 郭嘉建议祭奠所有的亡魂，曹操问起粮官王的头，是什么道理?

这是中国人的高度艺术。一般基层的人员做错了事，一定要公开道歉，向大家说明自己的过失之处。但是像曹操这样地位很高的人，不便直接道歉认错。他问起粮官王的人头，其实就是表示道歉了，只是方式与一般人不同而已。我们是一个伦理的民族，要有层次的观念，不能受西方的影响，认为大家都一样。

曹操内心觉得很对不起粮官王，可是他能直接说出来吗？能坦白承认那一幕是他导演的吗？当然不可以。所以曹操努力克制自己的情绪，同时又很自然地流露出了内心的感情。他别的不问，单单问起粮官王的人头，就是告诉众人，你们心知肚明，我也清清楚楚，只是大家都不揭穿而已。

三国之道

同样是道歉，高阶领导和基层人员的方式是不一样的。

情景说明

袁绍本想趁曹操征讨张绣之机来攻许都，却因曹操早归未果。曹操欲伐袁绍，又怕自己力不能及。郭嘉说袁绍有十败而曹操有十胜，比较双方优劣形势，建议曹操先除掉吕布，然后再出兵攻打袁绍。

陈登依吕布之命，把为袁绍提亲的韩胤交给曹操处置。见到曹操后，陈登建议他尽早除掉吕布。曹操不悦，质问他身为吕布使臣，为何损伤自己的主公。陈登说自己因老父在堂，不得已而事吕布。曹操明白了陈登的心意，封陈登为广陵太守，约他为内应以图徐州。

吕布得知陈登父子封官受赏，自己却一无所获，勃然大怒。陈登解释说曹操视吕布为鹰，视袁术、孙策等各路诸侯皆为狐狸和兔子，曹操不封吕布乃是怕饱食而不为所用，以后吕布为曹操效力有功于国，便可位列三公。吕布听后大喜。

陈宫劝吕布防备陈登父子居心叵测，吕布不信。陈宫感叹吕布不听忠言，自己也必受殃及。

要点解析

1. 郭嘉力劝曹操攻打袁绍，为什么？

郭嘉是很有才干的人，他对自己也很了解，知道如此操劳，命不会太长。所以他想在自己的有生之年，好好帮助曹操把势力做大，尽可能地扩大其势力范围。其实他没有必要这样想，但是却很难避免，因为几乎人人都有时不我待的想法，希望在有生之年尽可能多做一些事情。所以郭嘉建议曹操，袁绍迟早要处理掉，但在除掉他之前，还应除掉吕布这一心腹大患。

2. 把曹操和袁绍对比，合适吗？曹操为什么不生气？

我们相信，如果是别人把他们比来比去，曹操会很不高兴。因为曹操和袁绍是老同事，彼此很了解，曹操压根儿就看不起袁绍，所以拿他看不起的人来跟他做比较，曹操当然会很反感。要知道曹操一生气，说话的人可能连命都保不住。但是郭嘉不一样，因为他在曹操心目当中分量很重。

中国人听不听得进去话，关键是看说话人在对方心中有多大的分量：分量够，怎么讲都对；分量不够，怎么讲都错。所以中国人常常勉励自己，让自己做到在别人的心目当中有相当重的分量，这样讲话才会有人注意听。

郭嘉这点做得很好，他年纪轻轻，居然能在众人面前比较曹操与袁绍的十胜十败，而且比来比去，说得大家都很高兴，这是他很了不起的地方，不是一般人所能做到的。但是我们不要以为他这套很好，自己也来学一学，因为这是高难度的，尤其是现在，更是不容易。

三国之道

中国人听不听得进去话，关键是看说话人在对方心中有多大的分量。

3. 郭嘉指出吕布才是曹操的心腹大患，曹操如何反应？

上面刚刚讲过，因为郭嘉贡献大，与曹操关系好、交情深，在曹操心目当中的分量也比其他人重，所以才胆敢直接指出吕布乃是心腹大患。换作别人，这是非常危险的，万一曹操不承认怎么办？

虽然曹操并没有不悦，但郭嘉这样做，我们也不太赞成。郭嘉可以分析，要打袁绍之前，应当先取吕布，否则吕布乘虚来犯，便会腹背受敌。但是直接说吕布是曹操的心腹大患，却有逾他的本分。有些事情讲得委婉一点，对自己才比较安全。而且以中国人的个性，往往是你讲得越对，对方越是否认。好在郭嘉的运气不错，曹操听后没有什么反应，接受了他的建议，决定先灭吕布，再图袁绍，所以接下来吕布就要倒霉了。

4. 陈登指出吕布的缺点，曹操为什么不高兴？却封他为广陵太守？

陈登本来是吕布派到曹操这里来的使者，所以当曹操听到他在自己面前讲了很多吕布的缺点时，觉得很不高兴。因为以陈登的立场，是不应该说这种话的。

陈登在当时也是很了不起的人，只是所处的环境不利、形势不好，再加上活得不长，所以没有什么太大的表现。但是他们父子都才智过人，陈登敢在曹操面前说东道西，当然有他的一套。

陈登这样对吕布，算是卖主求荣的小人吗？不是。陈登后来跟曹操讲，如果他一开始就追随吕布，那这样做是大逆不道，可他不是，他本来就是徐州人，后来因为吕布夺得徐州，自己不得已才在吕布手下做事，并非真心归顺，并且他内心对吕布的做法也非常不满。曹操认可他的说法，所以没有杀他。一来曹操也不是随便杀人的人，二来为了能让陈登成为自己在吕布身边的内线，还封他为广陵太守，以此笼络陈登。

5. 陈登回徐州，有没有据实向吕布汇报？吕布的反应如何？

吕布派陈登去见曹操，目的是请曹操表奏天子，封他为徐州牧。结果曹操对此根本不予理会，反而封陈登为广陵太守，对吕布的事情提都不提。

一般人对自己加官进爵的事情不会到处嚷嚷，但是陈登刚好相反，他直言不讳地告诉吕布，说你的要求，曹操没有同意，我没有要求，反而被封为了广陵太守。他这样做就是为了激怒吕布，造成吕布与曹操的对立，以便从中取利。可惜吕布的警觉性太差，脑筋不够用，连这种很反常的事情居然都看不出来，所以才会造成后来一系列的恶果。

6. 陈宫劝吕布提防陈登父子，吕布为什么听不进去?

陈宫看起来好像很倒霉，他追随曹操，曹操主见太强，不听他的话；后来追随吕布，吕布又毫无主见，对他的话也是置若罔闻。如果一个人跟了好几个领导，领导们都不听取他的意见，那他就应该检讨一下自己，看看是不是自己的沟通能力很差，太不会讲话了。

陈宫一眼就看出陈登父子的阴谋，但是他应该明白，吕布是当局者迷，而且判断力又很差，这样直截了当去讲，吕布会认为他完全是在挑拨离间。陈宫如果聪明的话，应该私下告诉吕布，说陈登父子本是徐州人，是不得已才归顺的，然后再帮吕布分析他们的所作所为，让吕布自己去判断，这样才会比较有效。因为中国人很喜欢反弹别人，往往是你说东我就想西，你说西我就想东。

吕布听不进去，他自己固然要受害，但陈宫认识不到这一点，也只能跟着倒霉。

情景说明

曹操下书刘备共讨吕布，刘备回信说愿为前驱。不料书信被吕布截获，吕布大怒，杀死信使，然后发兵攻打小沛，刘备急忙向曹操求救。吕布部将张辽攻打小沛的西门，关羽在城上劝他不可以忠义之身事吕布，张辽犹豫不答，转而攻打张飞把守的东门。关羽赶来劝张飞不可与张辽动手，只需坚守不出即可。

曹操趁吕布攻打小沛之机兵发徐州，部将夏侯惇被高顺的手下射瞎一只左眼，首战失利。刘备也丢失了小沛。陈登建议父亲陈和糜竺骗守徐州以助曹操，陈珪说吕布妻小和心腹都在城中，多有不便，陈登称自有办法。陈珪嘱咐儿子要小心应付吕布，陈登恭敬称是。

陈登假意献计吕布，说徐州危急，粮草财物应尽早转移，吕布依计将粮草家小移至下邳。在骗取了吕布的信任后，陈登先往萧关去见守城的陈宫，陈宫嘱咐陈登转告吕布要保住小沛，万万不可劝吕布弃城，陈登满口答应。

要点解析

1. 吕布亲自杀死刘备的传信士兵，率兵攻小沛，为的是什么？

曹操下书刘备共讨吕布，刘备回信愿为前驱。不巧的是，回信正好被吕布截获了，吕布当然非常生气。虽然两军交战，通常是不杀信使的，但是吕布跟刘备的心结太重，互信基础很差，任何的风吹草动都会让吕布非常激愤，以致控制不了自己的情绪。所以吕布盛怒之下，便一剑刺死了送信的士兵。从这些微细的地方可以看出，吕布的修养实在太差，完全没有大将风范，大家瞧不起他也确实事出有因。

2. 关羽劝张辽，张辽如何应允？

照理说关羽和张辽是你死我活的对手，难以有什么交情可言。可是事实恰恰相反，他们二人从一开始就对对方另眼相看，而且感情越来越深。这不是一般人所能理解的，可是他们做到了。

两军阵前，关羽看到张辽，觉得此人很讲义气，于是劝他不要以自己的忠义之身，去追随吕布这种反复无常的小人。张辽听了关羽的话，虽然心有所动，但也没有立马投降，而是引兵退去，改攻张飞把守的东门。关羽顾虑张辽的安危，又赶去告诉张飞，说要把此人争取过来，不能和他厮杀，这样张辽才保住了性命，也有了以后更加有趣的发展。

人与人之间的缘分，不能随便否认。通过张辽和关羽出乎常人想象的交往可以看出，人与人之间的缘分是不一样的：有的人初次见面就相互产生良好的印象，从而结下善缘；有的人并无过节，但莫名其妙就是看对方不顺眼，于是便种下恶缘。我们不能完全相信这些事情，但也不能完全否定它的存在。

三国之道

缘分的事情，不能完全相信，但也不能盲目否认。

3. 曹操趁吕布攻打小沛，出兵徐州，吕布怎么办?

吕布当然是首尾不能兼顾，完全上了陈登父子的当。

那吕布始终被蒙在鼓里，是不是很冤枉呢？我们中国人很有智慧，刚刚讲完“不以胜败论英雄”，马上又告诉你“胜者为王，败者为寇”。这两句话听起来非常矛盾，其实不然。我们不能单凭一时的表现来论断一个人，要长期来看才能分清胜负得失。如果单看此时，吕布被人摆布好像很可怜，但是长期看来，吕布这样也是咎由自取。

我们也不能用一般的眼光去看待陈登父子的行为，如果他们是这样对待刘备，那简直就是小人，但是现在的对象是吕布，给人的整个观感就完全不一样了。所以判断任何事情，既要看它的对象，同时也要关注所处的环境。只有综合考虑，整体评估，做出的判断才会比较正确。

4. 陈登做曹操的内应，他的父亲为什么也极力赞成?

我们已经说过，陈登的做法完全有别于小人行径，所以他的父亲对此也非常支持。陈珪替儿子考虑，一再交代他要注意的问题，并嘱咐儿子要小心自己的安危。陈登体谅父亲的关心，告诉父亲这些问题自己都已想过，请父亲不必担心。

从父子二人的对话里面，我们可以感觉到他们良好的家教：父亲关心儿子，儿子尊重父亲。陈登并没有因为自己长大成人，有了社会地位就瞧不起自己的父亲，更没有没大没小跟父亲平起平坐地讨论事情。他还是规规矩矩、很有礼貌地向父亲禀报，说这些事情我会注意，您的事情也千万要小心。最后父子同心，终于成功地达成了预期的目标。

5. 吕布相信陈登，陈登却存心反叛，这样合适吗?

我们前面讲过，如果对象换成是刘备，陈登这样做就会为人不齿，就像如果关羽对刘备稍微有二心，世人定然不会放过他一样。为什么会有这样的差别呢？关键就在于对象是谁。陈登现在面对的是吕布，所以我们不会觉得他是反叛。但他这样做是在帮助曹操吗？也不是，否则我们依然会认为他是小人。陈登也知道曹操不是好人，他这么做，实际上完全是为了汉室。

我们慢慢会了解到，《三国演义》当中的众多人物，他们的立场是不一样的。有些人心向汉室，不向曹操；有些人心向曹操，而没有汉室的概念；有些人认为汉室就是曹操，曹操就是汉室。我们对比荀彧和郭嘉就可以知道，荀彧心有汉室，并不完全偏向于曹操。而郭嘉就比较偏向于曹操，根本不把汉室当一回事儿。只有仔细分析，才能厘清这当中错综复杂的关系，看得比较准确。

6. 陈宫交代陈登万万不可劝吕布弃城，陈登的反应如何？

我们相信以陈宫平日的观察能力，他一定会觉察到陈登当时的表情是不以为然的。一个人可以隐瞒，可以伪装，但内心真正的想法多少还是会在脸上有所表现。所以中国人要学会察言观色。孔子告诉我们，讲话的时候眼睛一定要注视对方，根据对方面部表情的变化来判断他内心的想法，从而适时做出合理的调整。

陈登虽然嘴上称是，实际却是一脸不屑的表情，可陈宫居然没看出来。可见人在特殊情况之下，常会失去平常应有的敏感度，这也是无可奈何的事情。陈宫眼见最后一团糟，吕布不听他的话，陈登父子又在这里搞鬼，他自己一个人又能怎么样呢？此刻他心里已经很无奈了，只是尽力而为罢了。人有时候尽力去做就好了，至于结果怎么样，那不是我们所能掌控的。

情景说明

陈登连书三封密信，绑在箭上射向曹营。曹操得信观看，原来是陈登内应曹操得萧关、徐州、小沛的计策，曹操大喜。

陈登谎报吕布，说萧关守将孙观要献城给曹军。吕布上当，命陈登先回萧关约陈宫做内应，黄昏时刻举火为号，吕布前往救应。陈登见到陈宫，却谎称吕布命他速回徐州。陈宫刚率部出关，吕布的人马正好赶到。陈登赶紧在城上点起火把，吕布以为是叛军出城，于是便厮杀起来，曹军见信号乘机夺关。吕布发现上当后，连夜赶往徐州，糜竺却在城上闭门不开。陈宫心知中了陈登的奸计，急忙赶往小沛，路上又碰见驻守小沛的张辽，一问才知是陈登骗张辽说吕布被围，令他们前来解救。等到吕布赶到小沛，小沛早已被曹军占领，吕布气急败坏，大骂陈登是叛贼。这时，张飞带人马赶来攻打，吕布只好退军下邳。

吕布灯下饮酒消愁，夫人严氏说若非陈登将妻小移居下邳，恐怕难以相见了，吕布责怪严氏妇人之见，严氏掩面哭泣。站在屋外的陈宫听到吕布说要多准备几个酒菜请他来好好聊一聊时，悄然离去。

要点解析

1. 陈登传信献计攻徐州，曹操为什么相信？

以曹操的性格，他不会轻易就相信别人，当初陈登在他面前讲吕布坏话的时候，他就怀疑陈登为何如此，后来经过陈登的解释，这才释怀。但曹操是不是就完全相信陈登了呢？其实也没有。当他看到陈登从城墙上射下的书信时，也是将信将疑。可在当时的情况下，曹操宁可相信这是真的，因为毕竟对他也没有什么坏处。否则，如果连这个都怀疑，那他还怎么用人呢？

当我们遇事不决的时候，怎么判断？首先看有没有要你出钱。如果是，那就要小心了。其次看会不会伤害到你。如果没有，那也大可不必过分谨慎。最后还要去分析事情成败得失的后果如何。如果成功会有好处，而即使失败也无害的话，那又何必老是怀疑呢？一个人什么都相信，很可怕；但是如果什么都不敢相信，那也很可悲。所以曹操此时宁可选择相信陈登，也是合情合理的表现。

三国之道

一个人什么都相信，很可怕；但是如果什么都不敢相信，那也很可悲。

2. 陈登要陈宫返回徐州，陈宫为什么不怀疑？

陈宫内心并不赞成此时把他调回徐州，因为他清楚萧关的得失也至关重要，对付曹操的唯一办法就是坚守不出。不战也是一种很重要的战术，打得过才打，打不过就守，因为攻永远比守难。

陈宫衡量当时的形势，认为与其进攻，不如死守。两座城池形成犄角之势，互相呼应，坚守不出。曹操远道而来，久攻不下，等到粮草断绝，士气涣散，自然会不战自败。但吕布偏偏要听陈登的话，因为陈登两边骗来骗去，很有技巧。所以吕布的失败，用俗话就叫“活该有失”。否则也不会一连串的不凑巧凑在一起，让他跑也跑不掉。这当中如果有一个人头脑稍微冷静一点，就会避免很多上当的可能。可当时众人都像昏了头一样，完全任由陈登摆布，这不是很奇怪吗？

3. 吕布和陈宫发现上当受骗，来得及吗？

以前没有现在这样的通信设备，所以夜间作战的时候，根本搞不清楚对方是谁。况且吕布和陈宫做梦也不会想到，自己人居然会打成一团。等他们发现上当的时候，显然来不及了，因为已经造成了很大的伤亡。

中国人有两个字很重要——慎始。我们不管做什么事情，刚开始的时候要特别谨慎。但是，现代人却一味强调快速，这其实是不对的。“欲速则不达”“急事要缓办”，这些老话我们真的要好好去想一想。如果吕布在事先分析分析来龙去脉，陈宫也考虑考虑原委曲直，双方都谨慎一点，想必结果不会如此。因为就算他们刚交手的时候就发现也已经晚了，曹军早就趁机夺关了。

早跟晚是相对的，最好一开始就不出事，出了事以后都是晚的，晚三天是晚，晚一个小时也是晚。我们强调慎始，就是一开始便要做对，不能出错。中国人做事刚开始多半比较犹疑，比较缓慢，到后来就会越来越快、越来越好。而西方人刚好相反，他们刚开始很快，但后来就越来越慢了。我们现在反而羡慕西方人，急功近利，只求眼前的立竿见影，这是不应该的。

4. 吕布大骂陈登叛贼，是不是后悔莫及呢？

一般人做事，刚开始很有魄力，很有信心，这样没错。但是，一旦遇到挫折，不去想应该如何解决问题，而是在那里一味地悔恨懊恼，却是很不好的现象。一个修养好的人，做事之前应该缓一点，想清楚了再行动。但结果既然已经发生了，就不必后悔，赶紧想办法应对问题，这才是应有的修养。

我们很清楚，陈登与吕布根本就是对立的，此刻吕布应该赶快整顿余部，这才是眼下该做的事情。但他却在那里情绪化地大骂陈登，根本于事无补。所以我们建议，当碰到危机的时候，不要只是盲目地发泄情绪，多拿一点理智出来，这样做出的决定才会对自己有利。

5. 吕布大败，夫妇在下沛对泣，有用吗？

我们经常听到一句话：一个成功的男人背后，一定有一个了不起的女人。现在看吕布就会知道：一个糟糕的男人背后，也一定有一个很让人伤脑筋的女人。吕布碰到现在这种情况，做妻子的应该多给一些鼓励，而不是一天到晚的埋怨。可是恰恰相反，吕布在外面跟同事处不好，没有一个可以信任的人，回到家，又碰到这样的妻子，难怪他两面都不是人。

中国人讲求夫唱妇随，就是说双方既然彼此信任，结成夫妻，就要相互支持，多站在另一半的立场去帮助对方，而不是整天唱反调，指责对方这样不对那样不对，但是吕布的妻子偏偏就是这样的人。

6. 陈宫听见吕布后悔的话，为什么悄然离去？

中国人有一句话叫作：哀大莫过于心死。所以我们常常讲，一个人绝对不要死心，心活着才有希望。当一个人心死的时候，对什么都没有希望了，这才是最大的悲哀。

陈宫此时便是毫无希望了，这也难怪：他跟随曹操的经历不可能也没有必要重来，现在跟随吕布也是浪费时间、浪费精力，到头来一场空，无法改变失败的结局。所以陈宫此时觉得，世界之大，人海茫茫，哪里是自己的去处呢？他的心已经彻底死了，因此就算听到吕布很后悔，说要多准备一点酒菜，请他来好好聊一聊，也丝毫不为所动，而是干脆默默的离开。他已经把吕布彻底看透了，知道就算吕布现在这样讲，说不定过一会儿就又变了。

然而即使如此，陈宫此刻表现出的这种沉着，还是让我们很钦佩。他只是运气不好，老是跟错领导，否则他也是个很有才华的人。我们不要以为一个人武艺高强或者才华出众，就一定前途光明，其实那也未必，看看陈宫现在的样子就知道了。

十三 不义必自毙

吕布武艺高强，却由于随便拜义父，被张飞讥讽为三姓（吕、丁、董）家奴。曹操求才若渴，也知道吕布是不可多得的猛将。却担心丁原、董卓的故事有一天会在他的身上再度演出。于是曹操假意征求刘备的意见，等于借用刘备的手杀掉吕布。忠义之士，固然厌恶不忠不义的小人。曹操自己不忠不义，竟然也害怕不忠不义的人，可见缺乏忠义血性的猛将，武艺高强反而会成为累赘。不但不能加分，反而减分。吕布多行不义必自毙，我们只能说他自作自受，断送了自己的生命。有勇无谋还有救，多行不义谁也救不了。

情景说明

曹操到下邳劝吕布投降，吕布心动。陈宫却在城墙上拉弓搭箭射向曹操，吕布见状大惊失色，埋怨陈宫。陈宫建议吕布引兵驻扎城外，自己闭守城内，成犄角之势对抗曹军。待曹操粮尽退去，便可一鼓破曹。吕布勉强答应。

陈宫整好兵马，请吕布出城。夫人严氏在一旁哭哭啼啼，说怕吕布一去城池有失，妻小将无保，吕布踌躇不决。陈宫又献计让吕布断曹操的粮草，吕布以曹操历来善断他人粮道，自己岂能不防为由拒绝。陈宫感叹说，我等将死无葬身之地。

吕布同意部下许汜、王楷的建议，以许婚旧约前往袁术处求助，想内外夹攻以破曹军。夫人严氏得知后埋怨吕布，说此等大事为何不和她商量。吕布据实相告，说是部将不让他说。许汜、王楷回报吕布，说袁术不愿相助，除非先送吕布的女儿前往才肯发兵。吕布无奈只好亲自送女儿到袁术处以求救兵。

要点解析

1. 曹操劝吕布投降，陈宫用箭射曹操，吕布为什么不高兴？

我们常说人是习惯的动物，吕布今天投靠这边，明天又归顺那边，对此已是习以为常，所以当曹操劝他投降的时候，他恨不得马上归顺。可陈宫最怕吕布投降曹操，真要是投降了那他怎么办？但他能直接对吕布说，投靠曹操这种人，不是瞎了眼吗？当然不能，因为当时是在战场上，用语言根本讲不清楚，所以陈宫就用动作来表示，拉弓搭箭射曹操。

陈宫的用意，吕布也看得很清楚，就是要阻止他投降曹操。吕布当然很不高兴，因为这是他最后一条生路了。他想陈宫要走自己走，怎么还要断掉他的前程呢？所以吕布不高兴是很正常的。

2. 吕布的妻子送吕布出战，哭哭啼啼，合适吗？

一个战士，战死沙场是很光荣的事，因为这是他的职责。在这里还要说明一点，西方的战士跟中国的战士不一样。西方战士是爱情至上，把男女感情摆在很高的地位。中国战士则是把国家放在首位，民族至上、忠义为先。当然也有男女之间的感情，但往往是隐而不现。我们比较中、西方的小说、戏剧等文艺作品，发现其中也会有这种差别，同样是因为中、西方这种主旨的不同所造成的。我们认为男子汉大丈夫，不能扭扭捏捏，要么不选择走这条路，要走就要做好随时慷慨就义的准备，不能儿女情长地扯不清楚。作为妻子，在吕布出战的时候，应该鼓励他，而不是哭哭啼啼地给他泄气。她这样做，只会让吕布的情绪更低落，就算可以赢的战斗也一定会输掉。

3. 吕布犹豫不决，不肯断曹操的粮草，陈宫为什么感慨将死无葬身之地？

粮草供给是战争的基础，如果粮草被断，即使再英勇的人也打不下去。所以，古代对粮草的争夺是战争的焦点，千方百计地破坏对方的粮道也是必然。

陈宫清楚曹操运粮的途径，建议吕布断其粮道。吕布也觉得有道理，但是作为一名主将，左右摇摆、犹豫不定的个性使他又一次贻误了时机，失掉了反败为胜的绝佳机会。所以陈宫感慨，把自己的命运委托给这样的人，怎会不死无葬身之地呢？陈宫是个文人，又没法自己领兵前往，心中只能是充满无奈。其实他应该趁早离开吕布才是，因为没有什么事情非哪一个人做不可，这样既耽误了别人，也耽误了自己。但是我们还是尊重陈宫的选择，因为每一个人都是自作自受。

4. 吕布向妻子诉说众将的话，对他有什么好处？

众将的想法和吕布妻子的想法绝对不会相同，因为他们的立场不一样。站在妻子的立场，丈夫能够常常顾家，多多照顾妻子和儿女，这些才是最要紧的。但是众将的想法则不一样，他们认为团体能够拼出一个未来、创下一番事业才是最重要的。吕布不明白这两者的立场几乎是矛盾和对立的，居然把众将的话拿去跟妻子讲，这是非常不合适的。我们不是主张夫妻间要有秘密，只不过有些事情，男方比较清楚，女方不一定很清楚。同样，妻子比较清楚的事情，而丈夫也不一定搞得明白。特别是在这个节骨眼儿上，有很多话吕布还是不跟妻子讲为宜，可是他不明白这些。

5. 袁术不来解救，说吕布反复无信，又提出什么要求？

人就是这样，往往看不到自己的弱点，却很容易发现别人的弱点。袁术这个人本身也很差劲，可他认为吕布言而无信，满口答应两家的婚约，同意马上把女儿送来完婚，可听了陈珪的话后，又将女儿追回，置他的面子于不顾。袁术因为此事，一直对吕布耿耿于怀。现在吕布又来求救，他当然不肯再信，所以要求吕布先把女儿送过来，而且要亲自前来，他才肯发兵相助。换句话说，就是给吕布比较高的门槛、比较严格的要求，看吕布到底有没有诚意。

在这种情况之下，吕布怎么办？我们提供一个选择的标准，叫作“形势比人强”。人能干不能干是一回事，究竟谁强谁弱，要在同样的形势下才有结论。但双方形势完全相同的情况很少，所以你的形势好，那我再强也没有用；我的形势好，主动权自然在我这边。我们常常觉得好像有时被对方牵着鼻子走，便是形势使然。根据这个标准，大家可以看到，现在是吕布居于劣势，他没有什么选择的权利，只能唯命是从。

吕布英勇无敌，居然落得如此地步，就是因为很多机会他都没有抓住，这只能怪他自己，我们也不必同情。当人处于劣势的时候，不要老是责怪别人，要回想自己，为什么会把自己搞到这个地步。

6. 吕布决定亲自送女儿到袁术处，他的女儿有什么感觉？

我们先不谈他的女儿，先说说吕布是什么感觉。吕布当时感到凄惨落魄，颇有英雄末路的味道。换作平时，以他的个性，这种事情是绝对不肯的。但他此刻已是穷途末路，只有乖乖地向袁术低头，答应亲自送女儿前往。至于他的女儿，相信此时一定很后悔生在这种家庭。

我们平常很羡慕富贵人家，埋怨自己没有福气投胎到那样的家庭，其实富贵家庭的成员同样有很大的压力。一个人没钱的时候不会想太多，心里也很踏实。反而有了钱以后，担心这个，怀疑那个，心安不下来。所以说钱刚刚够用最好，愈多愈烦恼，这是很多人在追求财富的时候没有想到的。各人有各人的生存之道，我们不要羡慕别人，安于自己的环境，在自己的环境当中自我奋斗，人生才会有光明的前途。

三国之道

我们不要羡慕别人，安于自己的环境，在自己的环境当中自我奋斗，人生才会有光明的前途。

情景说明

吕布刚一出城便被曹军团团围住，只得退回城中。下邳久攻不下，曹操召集群臣商议，有意暂且休战回朝。众谋士则建议一鼓作气除掉吕布，郭嘉献计水淹下邳，曹操应允。

吕布整日饮酒消愁，偶然看到镜子中自己憔悴不堪的样子，心生感慨，于是下令全城戒酒，违令者斩。部将侯成没有收到戒酒禁令，正要请前来向他贺喜的众人饮酒，却被吕布撞见。侯成给吕布献酒，吕布大怒，要斩侯成。宋宪、魏续一再求情，吕布这才下令痛打侯成50军棍。宋宪、魏续探望被打的侯成，三人抱怨吕布不仁不义，决定去投奔曹操。三人商定，侯成先盗吕布的赤兔马给曹操报信，宋宪、魏续伺机擒拿吕布，开门献城。

要点解析

1. 曹操想退兵，暂时休战，谋臣为什么反对?

吕布在辕门射戟平息袁术和刘备纷争的时候，也曾说过自己“平生不好斗”的话。而曹操终日东征西讨，给人很好斗的感觉，为何此次想退兵休战呢？他在朝廷里大权在握，为所欲为，为什么自己还这么拼命，一天到晚在外征战呢？因为曹操有他的任务，有他的企图，他要统一北方，进而打下南方统一全国，所以他不能厌战，也不可能厌战。他只是想暂时地休战退兵，用我们今天的话讲，休息是为了走更长远的路。

曹操是退兵，而不是罢兵，可是他的部属不赞成。因为部属认为吕布已是穷途末路，快撑不下去了，这个时候给他喘息的机会，将来不是更麻烦吗？所以部属们都进言，劝说曹操再坚持一下，借此机会彻底清除吕布。曹操接受建议，于是开始商议下一步的行动计划。从这里可以看出，曹操在领导方面有很多值得我们去仔细揣摩的地方。

2. 郭嘉献计水淹下邳，合适吗?

以前打仗跟现在不同，那时常常利用自然的力量，根据水往低处走、火向高处烧的特点，将这些自然条件用于战争之中。一阵洪水淹来，村庄家园顿时变成汪洋之地；一把大火烧过，所有的东西便都付之一炬。中国人常讲“水火无情”，就是因为我们对此感受很深。

郭嘉看到下邳地势较低，就建议采用水淹的办法取胜。虽然为曹操获胜做出了贡献，但是这样有违天理的事情，也会使他承受相应的恶果。一个人老替别人想这想那，到底妥当不妥当？当然处在战争的生死关头，那也是没有办法的事情，要么不当人家的谋臣，既为人臣，就只好尽心尽力，但相应的后果也要自己承受。至于平常，还是应该少介入别人的生活为好，各人有各人的想法，除非迫不得已。

3. 吕布为什么一下子变得憔悴不堪，为什么决定戒酒？

吕布身姿挺拔、英俊不凡，而且武艺高强、勇猛过人。一个有这样条件的人，搞到穷途末路的境地，当然会很伤感。所以看到镜子里自己落魄的样子，吕布也心有不甘，认为自己不能再自暴自弃，应该重新振作起来才是，这也理所当然。一个人混到如此地步，绝对不能说我这样算了，只要还活着，就应该觉得这样不行，要改变一下，要振作起来才对。那怎么振作呢？吕布认为自己是被酒所误，于是马上下决心戒酒。他没有像张飞一样，说今天晚上先喝个够，明天再开始戒酒，而是说戒就戒。但是到这个时候才想重新振作，是不是已经晚了呢？

4. 吕布下令戒酒，大将侯成为什么违反禁令？

其实侯成并没有违反禁令，他只是消息不灵通，没有听说不许饮酒的禁令。所谓违反禁令，是明知故犯，知道禁酒却偏偏要喝，而且故意在吕布面前喝，看看吕布到底能把自己怎么样？侯成不是这样，他是因为众人来向他贺喜，才拿出好酒请大家喝，却偏偏被恰巧经过的吕布撞见了。如果侯成知道吕布已经下达了戒酒令，见到吕布躲都躲不及，怎么还会傻乎乎地去向他敬酒呢？所以吕布应该了解，侯成不可能是故意的，他应该问一问实际情况，这样就不会误会了。可是吕布不分青红皂白就要惩罚他，虽然众人求情饶了他死罪，但还是免不了一顿鞭打，这显然是吕布的不对。吕布应该想想，一般人是不会这样做的，侯成一定有他的原因，把原因弄清楚了再决定也不迟。一个人越是危急的时候，越需要用理性来支撑自己，而吕布恰恰相反，他完全是在情绪化地处理问题。情绪化的受害者是谁？是自己。

三国之道

一个人越是危急的时候，越需要用理性来支撑自己。

5. 侯成和宋宪这些人，为什么商议背叛吕布，要转投靠曹操？

一个人无缘无故地挨打受罪，心里会舒坦吗？当然是一百个不高兴，逆反之心也会随之而生，这是必然的。每位领导都有好的一面，也有坏的一面，部属在心情很愉快的时候，会想到他的好处，而现在呢？侯成、宋宪这些人一肚子火，当然只会想吕布坏的一面。

他们想，跟着吕布只会倒霉，根本没有前途可言，迟早会被曹操吞掉，于是就起了投靠曹操的念头。这些其实都是吕布一手造成的，一个将领把部属逼得起了叛变之心，就该好好反省检讨一番了。但是吕布丝毫没有这种感觉，这是非常危险的一种征兆。

6. 侯成偷赤兔马，告诉曹操起义的决心，曹操如何因应？

我们想想看，如果曹操此刻有必胜的把握，那侯成的投降，他并不会重视。现在情况刚好相反，曹操本来不想再僵持下去，他是在部属的劝说之下才勉强留下来的。在这种情况之下，有人前来投诚无异于天降救兵，他自然高兴得不得了。而且曹操看到侯成被打受伤的样子，又看到吕布的赤兔马也被偷了过来，更觉得一切都是真的，于是完全相信了侯成。

英雄最需要两样东西，一个是宝剑利刃，一个是快马良驹。吕布之所以英勇，很大程度上是靠他的赤兔马。现在他的好马被偷，已经减少了很大的威力，再加上侯成和曹操的配合，此时的吕布已经非常危险了。

情景说明

曹操再次率众攻城，从天亮一直战至正午才停。吕布在门楼小憩，宋宪、魏续乘机将他紧绑于柱子之上，摇白旗为号，开门放曹军入城。

刘、关、张三人随曹操一起登上白门楼，士兵押着被擒的吕布来见。吕布边挣扎边大叫捆得太紧了，曹操说“缚虎焉能不紧”。吕布责问身旁的宋宪、魏续，说自己待他们不薄，为什么背叛？二人反问吕布只听妻子的话，不听将士的意见，何谈不薄？吕布无言以对。这时吕布的部将高顺被押见曹操，曹操问他有何话说，高顺不理曹操，曹操下令将他拉下去斩首。

要点解析

1. 吕布被绑，为什么一点警觉性都没有？

一个人的体力是有极限的，当过分疲劳的时候，警觉性会降得很低。在一番连续应战之后，吕布几乎站都站不住了，别人会怎么样，他实在难以顾及，更不会想到有人在动他的歪脑筋。人只有内在感觉和外在感受配合起来，才会产生一些反应。现在吕布内在的感觉是疲惫不堪，外在的感受是认为这些人都是自己的弟兄，怎么可能想到会有人绑他呢？所以在毫无警觉的情况下，人家怎么绑，他都没有一点反应。否则以他的英勇，想绑住他也不是那么容易的事。

2. 城上摇白旗投降，曹操为什么相信?

曹操观察整个过程，见侯成已经投降过来，还偷得了吕布的赤兔马，而现在城上又配合地摇起白旗，他当然会相信，这个时候再怀疑那是出乎情理之外的。不是说一个人疑心很重就什么都不相信，那不可能。疑心再重的人，也有他相信的时候；轻易相信别人的人，也有起疑心的时候。这才是实际的状况。

3. 曹操登上白门楼，刘、关、张为什么一起陪同?

在大家的印象中，曹操与刘、关、张三人根本就是两个不同的阵营，但是，现在他们是在同一阵线，所以一起上城楼是很自然的事，尤其现在又是胜利的时候，当然会一起登上城楼，享受胜利的成果。我们看到，连张飞都没有跑掉，要是平常他可能根本不会去，但是在这种情况之下，他没有推辞，照样一同前往。可见人会随着环境的变化调整自己的心态，进而做出不同的行为。

三国之道

人会随着环境调整自己的心态，进而做出不同的行为。

4. 吕布大叫绑得太紧了，曹操为什么说“缚虎焉能不紧”?

吕布是个很浅薄的人，他没有觉察到整个局势对自己非常不利，居然还站在那里大叫绑得太紧了。曹操就开他玩笑，说绑老虎当然要绑得紧一点。曹操这个时候还没有要杀吕布的想法，而是很想得到吕布。他心想，如果吕布来帮我忙，那我不是多了一员猛将吗？所以他刚开始并没有下令要杀吕布，只是笑他说，你看看你，平常的英勇跑哪里去了？

这才是曹操的本性。看到曹操这种反应，吕布也没有警觉到下一步应该怎么去调整，始终还是那样子，说明他的应变力实在很差。

5. 吕布为什么说自己对众将不薄，有什么用意？

吕布到现在还没有自我反省，总觉得自己对部将都不薄，为什么他们会背叛自己呢？他这样使得曹操对他更没有信心——自己到了这种地步，还不想想自己到底错在哪里。其实只要吕布有点悔意，认识到自己的错误，曹操还是会有怜悯之心的。我们将来把曹操跟司马懿对照着看，就会发现，在这一点上曹操赢过司马懿太多。曹操做某些事情，还是有一些“度”在里面，不像司马懿，完全为了目的不择手段，这点我们还是要还曹操一个公道。

6. 曹操一看到高顺，就下命令拉下去斩首，这是什么道理？

我们一路看过来可以感觉到，一个人投降，对方的反应那是千变万化的。像太史慈，他根本没有要投降的表现，可是孙策对他是百般礼遇。曹操也是一样，有人投降他高兴，有人投降他很冷淡；有人投降他欢迎，有人投降他却给以羞辱。

现在在白门楼上可以看到，曹操面对同一个阵营里面投降的人，处理方法却完全不一样，这很值得我们花一点时间来观察观察。曹操一看到高顺，连问都不多问就命令斩了，是什么道理？难道他是看高顺不顺眼吗？我想曹操不可能一看谁不顺眼就杀，那不是曹操。大家都很清楚，夏侯惇是曹操的爱将。他们兄弟很多，而当时最为曹操器重的就是夏侯惇。夏侯惇一出现，我们马上就联想到他有一只眼睛是瞎的，而那正是在跟高顺打仗时，拜高顺的手下一箭所赐。当时夏侯惇还说这是父精母血，不能丢掉，把眼球吞了下去。这一幕给曹操留下了非常深刻的印象，所以他一看到高顺就马上想到，如果让高顺投降，将来他跟夏侯惇、夏侯渊这一帮兄弟肯定处不好，那怎么办？干脆不要算了。可见曹操是很理智的，绝对不是看不顺眼就杀，也不是高顺运气不好，一上来就被斩掉。

任何事情都有前因后果，我们把它搞清楚了以后就会很明白。高顺也不是有意的，如果战场上处处顾虑将来投降会怎么样，那就不用打仗了，那还称得上是将领吗？虽然箭是高顺的部属所射，但是那个部属是谁，恐怕找也找不到了，而责任只能由上司去承担，所以账算在高顺的身上也是理所当然。曹操看到其他人就不一样，为什么？因为每个人的背景不同，曹操看到陈宫就没有像对待高顺那样。我们看事情，千万不要一下子轻浮地看过去，认为这是高顺运气不好，或者他们两个不投缘，不是这样的。

曹操在处理对手投降方面，是有他的一套系统的。他最佩服的就是战到只有一兵一卒了还要跟他战的人，他最看得起这样的人，巴不得这样的人能为己所用；如果对手兵多粮足，却不战自败，然后乞求归顺，曹操心里会想，这种人要了干什么，将来遇到相似的情况，同样还会投降别人，还不如一刀下去一了百了。

如果我们不把这些道理理出来的话，看起来会觉得好像很乱，实际上背后都是条条有理的。我们看《三国演义》的时候，多去体会以前的战争跟现在的战争有什么不同，就可以感觉到中国人连战争都是规规矩矩，不会乱来的。比如说我们最讨厌的就是偷袭，但是又讲兵不厌诈。我们把这些道理弄清楚，就会有另外一种收获，然后把它用在人生上、生活中，同样会受益无穷，因为道理是完全相通的。

情景说明

陈宫被擒，曹操问他当初为何离开自己而跟随吕布？陈宫说曹操心术不正，吕布虽然无谋，但不像他这样诡诈奸险。曹操回想旧事，有意挽留，但陈宫一心求死。曹操问陈宫，他死了老母妻子将如何，陈宫说就看曹操如何处置了，说完就引颈就刑。曹操下令送陈宫的老母妻儿回许都奉养，有怠慢者斩。

吕布求刘备替他向曹操说情，刘备低头不语。吕布又向曹操归降求饶，曹操问刘备以为如何。刘备反问曹操难道没有看到丁原、董卓的下场吗？曹操于是决心不留吕布。吕布气急败坏，怒骂刘备忘恩负义，但已于事无补，最终难逃一死。

张辽也被曹军俘获，但他面对曹操却毫无惧色。曹操欲杀他，刘备和关羽求情说张辽乃是忠义之士，曹操依言收降张辽为大将。

曹操令大将车胄驻扎徐州，率部下和刘备等人班师回朝。

要点解析

1. 曹操有意不杀陈宫，陈宫为什么坚持要死？

曹操心里不愉快的时候，可能连陈宫是谁都不会记得，但这并不表示他完全是个忘恩负义的人。当他冷静下来的时候，也会想起当年如果没有陈宫，自己早就没命了。此时曹操看到陈宫，觉得陈宫毕竟是自己的救命恩人，应该留他一条生路，并邀请陈宫一起共谋大事。可是陈宫的心已经死了，他看到自己的人生走到如此境地，完全心灰意冷，所以一心求死。其实曹操成全陈宫也对，因为再勉强也没有意思，他要死，那就成全他。成全也是一种美德，曹操勉强把他留下来也没有好处，只会使双方都痛苦。

陈宫不是一个不负责任的人，虽然自己不想再活，但是也会想到自己的家小。所以他对曹操说，一个君王、一个领导，除了杀要杀的人以外，不应该累及他的家小，也就是暗示曹操，希望曹操能照顾他的家小。曹操一听就明白了陈宫的意思，说这是必然。于是曹操一方面挽留陈宫，一方面也看着陈宫一步一步走到他人生的终端，但是他心里头已经有了应验，知道自己该怎么做。

2. 曹操表示一定善待陈宫家小，是什么道理？

在中国人看来，如果这个人是叛变，那不但要杀他本人，还要诛他的九族，所有亲戚都会一网扫光，哪里还会去照顾他的家小。可是当一个人罪不及全家的时候，我们还是很讲道理的，只杀这个人，其他人不会杀甚至还会去照顾他们。像粮官王，曹操心里头对他很愧疚，但是不得已要借他的人头，所以向他保证会好好照顾他的家小。面对不同的状况做出不同的处置，这是我们中国人很了不起的一点，一定要把它持续地发扬下去。我们不能像西方人，一套法律下来没有弹性，大家都是一样的，那样看起来公平，其实是非常不公平的。

3. 吕布诚心求饶，曹操为什么问刘备以为如何？

我们已经讲过，曹操当时以爱才出名，他不可能亲手杀死吕布，所以想假借刘备之手，这样就可以把罪名转嫁到刘备身上。以刘备的聪明，当然也看破了曹操的心思，他也是以仁义著称的，怎会如此轻易上当呢？

在这种情况之下，刘备能不能替吕布求情，这是每个人都应该去想的事情。我们常讲一句话，真正的仁义之举是为了能够长期地仁义才来做一些动作，而不是为了一时的仁义，使得大家将来对仁义失去了信心。这句话有点难懂，一般人只想到仁义本身，没有想到单单为了仁义的名声，结果只会是害了仁义。如果刘备这次还替吕布求情，那他就是假仁假义，他的仁义就会使得大家对仁义没有信心，因此刘备此时也面临着一次很大的考验。

4. 刘备素来仁德，为什么不宽恕吕布?

刘备这时候只要松一口气、心肠软一点，替吕布求了情，那刘备往后的人生就会受到很大的挫折，因为大家会认为他根本就是滥好人，不是真正的仁德。

曹操也不是完全听刘备的话，他只是想假借刘备的手除掉吕布而已。否则他在吕布求情以后就赦免吕布，那样不是显得更宽宏大量吗？曹操不是一开始就想杀吕布，但是他听了刘备的话之后，就下定决心要杀吕布，这是什么道理？因为刘备的话一针见血，他告诫曹操，你要想想以前丁原的结果如何，董卓的结果又如何。仅仅三言两语就让曹操听得很明白了，意思就是现在不杀吕布，终会养虎为患。

换作现代人，说话就没有那么艺术了，可能会直说，难道你也想被他干掉吗？那样曹操的反应就会完全不一样：我又不是董卓，我又没有丁原那么笨，我会被干掉吗？他反而还会把吕布留下来，那吕布肯定也会因此记恨刘备，反过来专门对付刘备。所以说，许多话虽然就差那么一点点，但效果是完全不一样的。刘备的话说得恰到好处，一方面表达了他对仁德的信心，另一方面也让所有人都对仁德有了很坚定的信念，而且还达到了杀吕布的目的。各位想想看，如果刘备直接建议杀掉吕布，结果曹操把吕布留下来，那吕布心里头就只有刘备一个敌人了，那刘备不是很麻烦吗？

真正的仁德，是要坚定所有人对仁德的信念。

5. 曹操为什么不杀张辽？

我们已经讲过，曹操在处理降将方面很有自己的一套，而将张辽留下来，则主要是因为关羽的求情。关羽以义气著称，只要他认定这个人讲义气，那大家都不会怀疑。而且关羽是个很干脆的人，一向认为死就死了，没有什么好求情的，打仗本来就是能打得赢就赢，打不赢就死，没有什么了不起的。但是关羽从一开始就很欣赏张辽，认为张辽是因为投错了主人，才使身上的义气得不到发扬，如果归顺过来将来肯定会大有作为。可是张辽并没有归顺刘备，而是投靠了曹操那边，这也是每个人的因缘际会，没有办法强求。张辽本来认为既然战败，只求一死，也根本不去求情，反而是别人替他求情，而且这个人还是关羽，这才难得。曹操见关羽都说张辽讲义气，于是决定把他留下来，而且后来也很重用张辽。

6. 吕布的死有什么启示？

吕布的死，最起码给了我们三个启示。

首先，一个人不管能力多高强、武艺多高超，但总有一个克星是专门对付他的，否则不就无往不胜了吗？每个人都要知道天外有天、人上有人，但是吕布就是没有这个警觉性，总认为自己天下无敌，凭他的一把方天画戟什么都能解决，这是不可能的。

其次，越是武艺高超的人，他的路其实越短，因为所有的目标都集中在他身上。其他人还可以海阔天空，说难听点还可以混个几十年，他连混都不能混，因为别人根本不会容他混。所以像吕布这样的人，应该觉悟到自己既然没有混的资格，就应该好好做事才对。可他不能混又不好好做，结果只有死路一条。

最后，吕布最可怜的就是既不能令，又不授命。这种人现在也非常多，既不能令，就是当不好领导；又不授命，就是找不到好领导。一个人搞到谁都怕他，没有人敢用他，这是自己的责任，也是吕布给我们的最大教训。

十四　有人捧才好

刘备在曹操的引见之下，见到汉献帝。叔侄见面，肯定了皇叔的身份。献帝把刘备当作救自己的亲人，对他十分礼遇。曹操对刘备则早有戒心，所以暗中派人监视他的活动。听说刘备种菜，曹操觉得很奇怪。以赏梅饮酒的名义，请刘备过来聊天。刘备的警觉性很高，小心应付。曹操一高兴，说出“天下英雄，只有你我二人”的名言，把刘备捧得天高。幸好当时打了一个响雷，刘备赶快趁机表现出胆小的样子，曹操才稍微放心。有人捧固然很好，被捧的人，千万不能得意忘形，以免招来祸患。刘备的明哲保身修养，值得我们学习。

情景说明

曹操表奏刘备军功，献帝宣刘备上殿觐见。再对照宗谱，得知与刘备是叔侄辈分后，献帝想借助刘备的力量来对付曹操，于是尊刘备为皇叔，邀请他入偏殿细述叔侄之理，曹操不悦。

谋士劝曹操小心刘备，曹操说不足为虑。谋士又劝曹操早成王霸之事，曹操避而不谈。他在相府附近安顿刘备，并命人时刻留意刘备动向。刘备宅中，张飞问刘备为何不关心国家大事而专心种菜，刘备说自己被封为皇叔惹人注意，另外又靠近相府，需处处小心才是。

曹操请献帝田猎，献帝说天下方乱，田猎恐非正道，曹操却以今虽多事，皇帝正当以田猎讲武反驳献帝，献帝只好同意前往。在猎场，献帝称要看皇叔射猎，刘备一箭射中，献帝高声喝彩。

要点解析

1. 刘备一向不喜欢曹操，为什么要和曹操回许都呢？

刘备也知道跟曹操在一起日子不好过，尤其许都是曹操的大本营，去那里更是吉凶难料。但他当时跟曹操站在同一阵线上，如果曹操落败，他或许还有乘机溜掉的可能；可在曹操得胜之际，众人验收胜利成果之时，想走就没有那么容易了。所以刘备别无选择，只能跟随曹操回许都，这是他的权宜之计，并非想与曹操同流合污。但刘备的这些考虑，关羽和张飞却很难明白。

2. 汉献帝为什么要见刘备？

我们常常以为做皇帝很有权威、很舒服，可现在看看汉献帝，他一点实权都没有甚至比老百姓还可怜。讲句不好听的话，根本就是生不如死，这样的皇帝其实不当也罢。在这种情况下，汉献帝突然得知刘备到来，而且还是汉室宗亲，感觉似乎找到了一线机会，希望能够借助刘备改变自己的状况，所以就很主动地召见刘备。但汉献帝毕竟太年轻，而且自幼生活在皇宫里面，头脑也是相当简单，他不明白这种直率的做法，既是在害刘备，也是在害自己。但我们要谅解他，因为他没有经历过磨炼，不会想到这些负面的作用。

3. 献帝十分敬重刘备，曹操有什么感想？

我们都知道，曹操是个反复无常的人，有时气量很大，有时气量又很小。当看到汉献帝对刘备格外亲密的时候，他越看刘备越来气，心想是我救了你刘备，结果你还和皇帝攀起亲戚来了，好像关系比我还密切，那我算什么呢？所以他越想越不是滋味。其实曹操的这种心理，我们也可以理解。

刘备虽然清楚曹操的想法，但他又能怎样呢？众目睽睽之下，他又无法提醒献帝曹操就在身旁，相互之间要装得冷漠一些才会比较安全。可见，很多时候受环境的影响，我们没办法完全用语言来表达自己的意图，还需要彼此之间有些默契才行。但默契是要培养的，献帝和刘备根本没有机会来培养这种默契，所以此时相当危险。

很多时候受环境的影响，我们没办法完全用语言来表达自己的意图，还需要彼此之间有些默契才行。

4. 谋臣劝曹操要小心刘备，曹操怎么因应？

此前谋臣也多次劝谏曹操，应当尽早除掉刘备，以绝后患。但曹操有自己的想法，认为刘备势必要除，只是时机未到而已。前面我们说过，曹操赞同郭嘉的意见，认为不能为了除掉一个人，而挡住天下能人前来投奔的道路。曹操接纳刘备，就是为了让天下人觉得他爱惜人才，不计私怨，此时又怎会自毁形象呢？所以曹操嘴上说不足为虑，但心里却是定下主意，一定要等待合适的机会，再下手不迟。

5. 献帝说田猎不是正道，曹操好像在教训他是什么道理？

我们先问大家，人类射杀动物到底对不对？可能有人觉得射杀动物是不人道的做法，因为那毕竟也是一个生命。我们现在常讲人满为患，可是如果人类完全不杀动物，动物会繁殖得更快，到时候可能就是动物满得成患了。况且适当地射杀动物也符合优胜劣汰的自然规律，跑得慢、反应迟钝的被杀死了，动物族群的品种才会逐渐得以改良。这跟灭绝性的捕杀不同，两者需要区分清楚。曹操虽然没有我们今天这样清晰的认识，但他说当今天下纷乱，正需要以田猎讲武，示武于天下，也是有道理的。曹操也不是样样都错，有时候他也能讲出自己的一番道理来。

6. 皇帝要看刘备射箭，又高声喝彩，合适吗？

从这里我们又可以看出，汉献帝的头脑的确有些太过简单。但是我们也不能怪他，就好像一个人掉到水里，危难之际抓到一根稻草，虽然明知稻草不可靠，可还是死抓着不放。对献帝来讲，刘备就是那根救命的稻草。他让刘备射箭，一来想看看刘备的武艺如何，二来也是想给刘备一个展示的机会。而刘备的射术又不错，一箭命中，这给了献帝很大的鼓舞和信心，仿佛希望就在眼前，所以他当然高声叫好。这其中既有为刘备喝彩的意思，也有为自己高兴的成分。

情景说明

献帝屡射不中，要曹操来射，曹操伸手强要天子的宝雕弓、金箭，献帝不敢不给。曹操一箭射中猎物，远处探查的士兵见是金箭，以为是献帝射中，于是高呼万岁，不知情的众人也跟着一起高呼。曹操得意地摆手示意众人，近处的群臣虽看得明白，却也不敢言语。关羽大怒，拔刀欲杀曹操，刘备赶忙示意制止。回到住所，关羽责问刘备为何阻止，刘备说曹操离天子太近，怕杀曹操不成伤及献帝，反而落得罪名。

献帝受欺回宫哭泣，皇后父女建议他用衣带藏密诏授意国舅董承诛杀曹操。献帝咬破手指写下血书密诏，然后藏于玉带内赐予董承，并暗示他回去要细细观看。

董承拜别献帝正要出宫，恰巧遇见曹操前来，忙躲到旁边。曹操看见董承并不理会，问手下刘备动向，闻听刘备每日在家读书种菜，曹操笑说好个闲情逸致，莫非在躲着自己不成。

要点解析

1. 曹操向献帝索取御用弓箭，有什么用意？

曹操这些举动完全是做给别人看的，他意在告诉众人：皇叔又能如何？你看我，虽不是皇叔，但手一伸，皇帝也要乖乖地把御用的弓箭交出来。曹操拿得弓箭，也是一箭中的，而后侧目观瞧身边的献帝和刘备，眼神之中尽是得意与不屑。这些举动完全是他内心不平衡的一种表现，也说明了他的修养还是不够。我们常讲人的眼睛向外长，意思是说人往往只看到别人的种种形象，却很少清楚自己的表现。曹操如果清楚自己的面目，相信他是不会这样做的。但是他没有自知之明，不了解自己的处境跟人家的观感，如此肆意地挑衅只会对自己不利。

如果曹操当年能够明白这些道理，他应该会名留青史。可惜他始终看不开，没有摆正自己的位置，所以造成了一系列逾越本分的举动，以致我们这些后代子孙至今仍不肯原谅他。我们为什么一直把曹操当作奸臣？在这里，我们把这个标准说出来。中国人讲究盖棺定论算总账：一个人一生的功过加减乘除，结果在公认的水准以上的就是好人，对这样的人我们通常都会隐恶扬善；如果在公认水准以下的便是坏人，那他所有的优点一笔勾销，大家统统只讲他的坏处。在这种标准之下，曹操自然被后人认定为奸臣。这是他的无奈，因为他生长在中国。我们要把这个标准延续下去，否则《三国演义》再怎么看也是没有目的、没有价值的。

2. 听见天子射中了，大家有什么反应?

远处探查的士兵看到金箭，便大声回报说天子射中了。作为士兵，这也是据实报告，并不是溜须拍马。因为曹操用的是天子的箭，而远处的士兵根本看不清楚是谁射出的，当然会这样回报。但献帝身旁的人见此情形，却是非常生气。特别是关羽，以关羽的性格，对此是不能容忍的，所以他当时便想要杀曹操。刘备看到关羽的举动后，连忙用眼神示意关羽万万不可如此。虽然关羽不清楚刘备为何阻止，但他对兄长唯命是从，所以强压怒火，没有动手。如果当时关羽没有留意刘备的眼神，或是根本不听从兄长的意思，我们很难想象后来的结果会怎样。

3. 关羽责问刘备为什么阻止他杀曹操，刘备的理由是什么?

关羽认为，以自己的武艺，要杀曹操根本不成问题。所以回到家中，关羽还是很不服气，问刘备为何要阻止他杀曹操。刘备说投鼠忌器，曹操的心腹都在跟前，而且献帝也在旁边，万一杀曹操不成，反而伤及献帝，那所有的罪过就都会加在我们身上了。能不能杀得了曹操是另外一回事，就算把曹操杀死了，皇帝也跟着没命，那也是对不起皇帝的。

从这里可以感觉到，刘备的名字也起得蛮有意思。为什么叫刘备?就是他凡事都准备得比较充足。其他人只看到一面，没有看到整体，而刘备的考虑比较周全，做法比较稳重，眼光也比较长远，这些都是他很不容易显现出来的长处，我们要好好挖掘，作为自己学习的对象。

4. 皇后父女建议献帝用密诏让董承杀贼，行得通吗?

我们一直认为皇帝权势很大，现在可以慢慢体会到，其实皇帝很容易被权臣架空，只落得个形式和空名。汉献帝就是这样子，他本来对刘备寄予很大的希望，可现在看来这位皇叔好像一点胆量都没有，躲得远远的，所以他觉得很悲哀，于是跟皇后父女商量，干脆去找董承帮忙，让他号召外面的人一起来对付曹操。

当皇帝遇到困难，一筹莫展的时候，往往会用密诏通知可靠的亲信，借以寻求外面的帮助。这种情况历代都有，但成功的概率却不大。董承的忠心没话讲，但是以他的魄力、能力以及做法来看，他根本没有办法完成这样艰巨的任务。但是汉献帝毫无其他办法，所以听到皇后的建议，他马上同意。一个皇帝沦落到咬破手指，用自己的鲜血来写密诏求助，真的是很悲哀了。

5. 曹操听说刘备种菜，有什么反应?

以刘备的智慧，他知道自己留在许都，曹操一定会派人监视他的一举一动。为了保护自己起见，他想来想去觉得只有每天种菜浇园，才能掩饰自己，避开曹操的注意。刘备怎么可能会喜欢种菜呢？种菜只是为了表示自己没有大志，没有野心而已。否则，如果他不种菜，而是天天看兵书，那曹操一定会觉得此人非杀不可。只是关羽和张飞不明白刘备这样做的缘由，以为大哥原来的志向都没有了，所以才会责怪刘备。曹操听说刘备种菜的举动，果然对他的戒心有所放松。

6. 董承为什么躲起来？曹操又为什么看得见?

照理说，董承应该大摇大摆地去跟曹操打招呼，随便说一些寒暄的话，表示自己很坦然才对。但是很多人看到曹操就怕，因为他身上有一股自然产生的强大威慑力，这也是他的独特优势。董承知道自己很难骗过曹操，与他说话难免会支支吾吾，很容易被看出破绽，所以干脆就躲了起来。他这也不算鬼鬼祟祟，只是对自己没有信心，所以不敢坦然地面对曹操。

但中国人的眼睛是全世界最神奇的：你不躲，别人不一定看得见；你一躲，别人反而看得更清楚，而且专门看你不希望被人看到的地方。更妙的是，看到以后，他还会假装没看到，试试你到底能撑多久。曹操就是这样，他远远就看到了董承，也是假装没有看到。我们有个成语，叫作欲盖弥彰：一个人没有信心以后，就想躲避，就想瞒过人家。但越是躲避，人家越知道他心里一定有事。这样各位才知道，中国人越宝贵的东西，外表往往越简单粗糙，越装得好像不值钱。外国人看到东西那么宝贵，外面的包装却那么便宜，觉得很奇怪，因为他们不明白外表粗糙才更安全的道理。

三国之道

中国人越宝贵的东西，外表往往越简单粗糙，越装得好像不值钱。

情景说明

曹操叫来董承问话，董承说献帝念及以前救驾之功，赏赐给他锦袍玉带。曹操生疑，要来衣带仔细查看后又穿在自己身上，问把衣带转送给他如何，董承说天子所赐，不敢转送。曹操说这里面莫非有阴谋不成，董承说哪里有什么阴谋，丞相若要，留下便是。曹操这才将衣带还给他。

董承回家后，仔细查看锦袍玉带，发现了献帝的血书密诏。侍郎王子服拜访董承之时，正好看到了密诏，他先假意说要告发，而后才说是戏言，愿助董承一臂之力。董承趁夜色拜访刘备，取出密诏让刘备观看。刘备见汉室竟沦落到这般田地，不禁悲伤痛哭，愤然在讨贼义状上签下了自己的名字——左将军刘备。

次日，曹操派许褚请刘备速去见他，刘备心里暗惊，但表面仍故作镇静，问有什么要事，许褚说不知道。刘备硬着头皮去见曹操，见面后，曹操说是请他煮酒赏梅，刘备这才安定下心神。

要点解析

1. 曹操凭什么要董承解下带子给他看，又为什么试穿？

中国人能屈能伸本来是好事情，但是经常有人会用错。一个人有权有势的时候，会认为自己不摆架子给人家看，人家就不知道；不趁机要要自己的威风，就好像没有权势一样。这是种错误观念，但几乎所有人到了有权势的时候，都会这样表现，也是很遗憾的事情。我们奉劝大家，权势越高的时候，越要低姿态一点。多替别人想一想，少摆架子，少要威风，其实对自己大有好处。当然像曹操这种人，没人敢跟他讲这种道理，而且他也根本听不进去。所以职位越高的人，越不容易听到真心话。

曹操为所欲为，毫无顾忌，故意表现得和别人不同，就是为了显示自己的权势，这是对自己非常不利的表现。他把衣服拿来试穿，弄得董承心里很慌张，因为董承也不知道衣服里究竟有什么玄机，更不晓得曹操要怎么样。而曹操呢？正是要以此来试探董承，看看其中有什么破绽，董承会不会慌张得不打自招。从这个角度来看，曹操这样做也不无道理，只是不要太过分才对。

2. 董承回府，怎么发现衣带血诏的呢？

相信任何人只要仔细用心，都会发现衣带血诏的。因为依照董承的经验，他会思考此时此地，汉献帝为什么会平白送他锦袍玉带，并暗示他回去后要仔细查看，这其中一定有名堂。

董承回去后，从头到尾仔细查看，很快就发现了血诏。只是他太不谨慎了，观看血诏的时候，侍郎王子服在后面偷眼观瞧，他竟然浑然不觉。这是何等危险的事情，光从这一个小细节我们就可以推知，董承根本难以完成这样的重大责任。

3. 董承深夜拜访刘备，刘备为什么痛哭？

董承要完成献帝交予的任务，皇叔当然是很好的相助人选。但他很清楚白天去见刘备是很危险的，因为马上就会有耳目去报告曹操，所以他只好深夜前往，这也是迫不得已的事情。

刘备知道董承深夜到访必有原因，当他看了献帝写的血诏后，痛哭流涕。如果刘备不哭，那还像刘备吗？他看到血诏，得知汉献帝比想象的还要悲惨，心中不禁惭愧万分，因为他一心一意想要匡扶汉室，这是他一生想做的事情。然而努力这么多年，一点成就都没有，空有理想，却不知道什么时候才能实现，所以刘备痛哭一方面是哭献帝，另一方面也是哭他自己。

从这个角度来看，我们会觉得刘备是发自内心的一种愧疚、一种感动。愧疚什么？愧疚自己的无能为力。感动什么？感动自己目前根本没有什么实力，大家居然不嫌弃他，还对他寄予厚望，他感到身上的责任更加重大了。刘备义无反顾地接受了这项任务，毫不犹豫地在义状上签下自己的名字——左将军刘备。否则，以他谨慎的态度，这种白纸黑字的事情他是不会草率去做的。由此可见，刘备的决心非常坚定，这是他很了不起的表现。

4. 曹操请刘备到府相见，刘备为什么慌张？

刘备刚刚在义状上签字，突然间来人，说丞相要请他过府相聚。再有定力的人，听到这话也一定会慌张，但内心的慌张有没有直接表现出来，这个才比较重要。

如果刘备完全是惊慌失措的样子，一旦来人回报曹操，他是过不了这关的。但刘备没有这样，他虽然内心慌张，但外表还是很镇定，这跟他平常的素养有很密切的关系。我们常常讲“书到用时方恨少”，平常不读书，到了急需要用的时候再去翻书是来不及的。我们还有一个成语叫临渴穿井，意思是到口渴的时候才去挖井，同样也是来不及的。我们可以看到，刘备平日注意积累生活经验，所以才会有这种应对难关的能力，否则是很难做到的。

5. 刘备问有什么事情，会不会反而显得心虚？

这是刘备的一个破绽，照理说他应该马上应允，回答准备好就过去才是。从这里我们感觉到，虽然刘备已够谨慎和镇定，但他问有什么事情，就说明他心里还是很慌张，显得有些心虚。好在来人警觉性不高，认为这样问也是常理，并未深究。可是刘备见到曹操还问有什么事，这就不应该了。因为以曹操那么敏锐的观察力，应该会看出刘备心里有鬼。好在那天气氛很好，曹操又一心准备跟他谈谈天下大势，论论天下英雄，所以忽略掉了这一细节，这也是刘备的幸运。

6. 曹操请刘备相见，到底有什么用意？

曹操的内心很矛盾：一方面他很不喜欢刘备，所有的谋臣都跟他分析，说刘备志不在小，总有一天会成为劲敌，这给他很大的心理压力；另一方面他又很希望刘备、关羽、张飞能够为己所用，这样将会大大增强他的实力。在这种矛盾的心态下，曹操听说刘备居然整天浇园种菜，感到非常纳闷。当时正值梅子成熟之时，所以曹操干脆把刘备叫来，想趁此空闲二人煮煮酒，聊聊天。曹操这样做，一方面是想了解刘备真正的心思；另一方面，也想通过刘备的反应看看他对自己到底如何。

这个过程当中最难受的当然是刘备，一方面他信不过曹操；另一方面他也知道，以目前的状况，自己根本逃不出曹操的手掌心。所以，这是刘备一生当中很艰难的一个关卡，只有安全度过，才会有未来的前程。我们建议大家把每一次的危难、每一次的挫折，都当作人生要度过的一个关卡。相信刘备当时正是抱着这样一种心态，认为这一关迟早要过，既然来了就要沉着面对，尽量顺利过关，给自己增添一次人生的磨炼。正是因为刘备有这样的心理准备，他才得以从容地应对即将发生的一切。

三国之道

把每一次的危难、每一次的挫折，都当作人生要度过的一个关卡。

情景说明

曹、刘二人在后园亭中饮酒，看到天上的云彩好像巨龙一般，曹操谈论龙的各种变化，刘备随之引申。曹操又说龙可比当世英雄，并问刘备有谁堪称英雄。在曹操的一再追问下，刘备列出袁术、袁绍、刘表、孙策等各方诸侯，曹操一一反驳，并说真正的英雄应有包藏宇宙之机，以及吞吐天地之志。刘备问谁才能担此称呼，曹操说只有刘备和自己可称英雄。刘备闻听此话，手中的筷子惊落到地。此时雷声大作，刘备掩饰说自己是被雷声吓成这样，曹操问大丈夫还怕打雷？刘备说对上天怎能不敬畏，曹操哈哈大笑。

刘备请求带兵截击前往河北给袁绍送玉玺的袁术，曹操应许后经郭嘉相劝，才知这是刘备的脱身之计，于是忙令许褚前去追赶刘备。刘备见许褚追来，以“将在外君命有所不受”为由，拒绝回朝。

至徐州，刘备大败袁术兵马，袁术在逃亡的路上吐血而亡。

要点解析

1. 曹操谈论龙的变化，刘备为什么接着加以引申？

龙在西方人的心中是邪恶的象征，所以他们很奇怪中国人为什么这么喜欢龙。其实我们中国人也知道，龙并不完全是吉祥的象征，它也可能是邪恶的代表。但是我们看待龙的态度，却跟西方人截然不同：西方人认为，既然龙是邪恶的事物，就只能与之对立抗争，所以他们永远没有办法谋和，只会把自己搞得很辛苦；中国人则不一样，我们认为龙既然神出鬼没、变化多端，凭人力穷于应付，那还不如干脆与之融为一体。所以中国人讲到龙，都觉得很神圣、很亲近，甚至说自己是龙的传人。由此可见，西方人对待问题采取的是逆反的态度，而中国人则是顺性而为，所以我们对龙的感情才会跟西方人截然不同。这其中是有道理的，不要随便去否定。

刘备既然来见曹操，如果什么话都不敢回应，那就糟糕了。所以曹操谈起龙的变化，正是最好的共同话题。曹操说天上的云彩宛若苍龙一般，正是因为他心中有龙。如果曹操满脑子都是兔子，那他看天上的云也会觉得像兔子一般。要是刘备此时一句话都不敢讲，那曹操一定会怀疑，所以刘备便顺着他的意思加以延伸。我们特别用“延伸”这两个字，是因为有很多人讲话习惯是你说东，我就说西，你说龙很美，我就说龙很难看，这种处处与人唱反调的做法很不可取。以刘备的处境和智慧，他当然不敢也不会这样，所以他顺着曹操的意思加以延伸。这样既有谈话的题材，又不会激怒对方，是非常好的办法。

2. 曹操问当世的英雄人物，刘备为什么不敢直说？

曹操谈论龙的时候，刘备可以顺着他的话题去延伸，但一旦问起谁是当世英雄，刘备就不敢直说了。如果他说曹操是英雄，会被认作拍马屁；倘若说自己是英雄，难保不会引来杀身之祸。刘备知道说谁都不妥当，既然没有把握，那还不如干脆吞吞吐吐、含含糊糊，让曹操先表明他的态度，再来看自己应该如何应对，这才是比较安全的做法。

3. 曹操说英雄有包藏宇宙之机，吞吐天下之志，有什么用意？

曹操对一般事情讲得很清楚，唯独对“英雄”二字却始终不予明言，这说明他对待这个问题的心情是很复杂的。英雄的定义到底是什么，曹操不敢说。大家对他的想法和做法都很怀疑：他是不是有篡位的意思？他不篡位到底是真是假？这些问题谁都搞不清楚，就是因为他一讲到英雄就含含糊糊，从来没有清楚地表明过自己的观点。

4. 刘备大惊，手中筷子落地，曹操有什么感受？

曹操表示看不起那些割据一方的风云人物，结论居然是当今的英雄只有两位——刘备和自己。刘备的心思被曹操言中，吓得大惊失色，连筷子都掉落在地。此时刘备是真的被吓着了，而不是假装出来的。

刘备心想，曹操看似高抬自己，说只有你我二人才堪称当世英雄，其实是说只有我们两个人才是真正的对手。因为真正的天下英雄只有一人，绝容不下两个。但刘备敢说这种实话吗？他不敢。幸好刘备运气好，正巧碰到天上打雷，于是赶紧推说是被雷声吓得如此。曹操信以为真，心想一个响雷就吓得此般模样，这样的人难成大器，因此对刘备的戒心也就逐渐有所放松。刘备后来有机会得以逃离许都，与他此番成功的表现有着非常密切的关系。

5. 刘备请求领兵攻打袁术，曹操允许，为什么后来又叫许褚去追？

我们刚才讲过，如果刘备当时表现得很镇定，认为自己与曹操并称为当世英雄也不为过，那他再想离开曹操就没那么容易了，不管什么借口曹操都不会放他离去。现在刘备成功地让曹操放松了戒心，于是连忙抓住机会，主动请命去拦击袁术。曹操未加深思就同意了，但是旁观者清，郭嘉得知后告诉曹操，说好不容易将刘备收在身边，这样让他离去无异于纵虎归山。中国人经常把厉害的对手抓到旁边，就近看管，既不落下妒贤嫉能的骂名，也能降低对自己的威胁。曹操一听，马上明白了过来，然后赶快叫许褚去追。

许褚追上刘备，说曹操命他回去商量大事。刘备怎么可能回去呢？他知道这次回去就永远没有办法离开了，于是以“将在外君命有所不受”为由，拒绝返回许都。许褚的勇猛没话讲，但是脑子很简单，一听刘备讲的也有道理，便只身回复曹操去了。

这不是很幸运是什么？曹操这样精明的人，允许刘备带兵去打袁术，已是不易；后来醒悟过来，又派出头脑简单的许褚前往追赶，更是幸运中的大幸。要是换作别人，就没有这么轻易被打发走了。所以刘备等许褚一走，马上传令大军马不停蹄，加紧赶路，终于逃离了虎口。

6. 刘备出兵徐州，打败袁术，袁术吐血而死是什么道理？

刘备进出徐州多次，对那里的地形地貌非常清楚，而且这次出来已经没有回头路了，所以刘备对徐州是势在必得。袁术这种完全没有实力的人，在这种情况之下当然必败无疑，最后落得个吐血而亡的凄惨下场。论理上来说，袁术本是活该；但就情而言，我们还是要给予他同情。袁术出生的家庭太过富有，从小生活的环境太过安逸，这样成长起来的孩子很容易导致性格的缺失。我们奉劝大家，不要让小孩子从小太过优越、太过放纵，否则将来一辈子都会很难过。像袁绍、袁术就是很好的案例，他们开始都有良好的背景、大片的地盘、强大的势力，但最终却是一事无成，而且下场都很凄惨。

三國之道

不要让小孩子从小太过优越、太过放纵，否则将来一辈子都会很难过。

十五　痛骂能治病

刘备借口打袁术，自请出征。曹操给他5万兵马，可见再灵光的人，有时候也会犯糊涂。曹操不久就心生后悔，修书车胄，要他设法除掉刘备。这才引起袁绍和曹操的战争，果真是牵一发而动全身，彼此息息相关。袁绍为了提高出师的正当性，命令陈琳写讨曹檄文，把曹操骂得狗血淋头。曹操那时正患头病，疼痛不堪。想不到听到部属所念的檄文，反而不痛了。痛骂一个人，可以治疗他的病症，实在不假。如果曹操当时被骂醒了，从此改邪归正，那该有多好。可惜他头不痛了，依旧弄得别人的头很痛，这才是当时的大不幸。

情景说明

曹操后悔放走刘备，荀彧献计写信让徐州心腹守将车胄用计杀掉刘备。车胄得到命令，同陈登商议此事。陈登一面献上假意迎接刘备回徐州，趁其不备下手的计策，一面赶去通知刘备。路上陈登遇见提前回来的关、张二人，告知实情。

关羽带人赶到徐州城下，诈称是张辽的人马，与陈登里应外合骗车胄出城。关羽于城前杀死车胄，张飞又杀了车胄的全家。

刘备归来，得知关、张二人所为十分紧张，担心曹操会借机兴兵徐州。关、张二人不以为然，刘备说目前兵微粮少，若曹操来攻，徐州百姓又将饱受水深火热的战乱之苦了。陈登献计请袁绍的世交郑玄写信向袁绍求救，刘备大喜。

要点解析

1. 曹操后悔放走刘备，荀彧建议要车胄杀他，有效吗?

按照一般的情况当然有效，否则荀彧也不会提这样的建议。荀彧思路周密，顾虑周全，只是这次他没有想到有陈登在徐州，车胄要杀刘备是很难成功的。我们做事情，往往会根据以往的经验来总结现在的状况，然后想当然地判断接下来的结果，但对实际当中的变数却会有所忽略。殊不知，这其中的变数，常常是事情成败的关键。陈登既然会在曹操的面前说吕布的缺失，曹操就应该提高警觉。可是一般人在顺境的时候，常常只会往好的方面去想，而不太会考虑不利的因素，所以结果当然是出乎意料的。

2. 陈登听说曹操要杀刘备，为什么向刘备泄露实情呢?

要知道，陈登本来是陶谦的部下，陶谦诚心诚意地要把徐州送给刘备，这一段他是目睹的，因此他内心也比较偏向于刘备。

陈登之所以会出卖吕布，完全是因为吕布跟刘备不合，他才偏向刘备而出卖吕布。现在他又见曹操要杀刘备，当然也会不顾一切地向刘备报告实情。这样推理的话，我们会觉得陈登的做法是很自然的事情，只是曹操和荀彧并没有考虑到这个变数而已。正是因为事情在进行当中随时都可能出现变数，所以才会有不同的结果。

3. 陈登和关羽里应外合杀了车胄，合适吗?

我们认为这是立场的问题。站在曹操那边，当然会觉得不合适甚至会认为是大逆不道；可站在刘备这边，又会觉得是件好事情，因为如果不杀车胄的话，刘备就会很危险。

一件事情从不同的角度来看，就会产生不同的观感。我们常常感叹人与人之间的意见为什么那么不同，其实不是各有所执，而是立场不同的缘故。换一个立场，意见就会有所改变。所以，我们在听别人说话的时候，时常站在对方的立场去考虑，就很容易包容和谅解别人，而不一定要把对方强拉到自己这边来才好。彼此找到一个协调的合理点，才会比较愉快。

时常站在对方的立场去考虑，就很容易包容和谅解别人。

4. 刘备听说车胄被杀，张飞又杀了他的家人，为什么十分紧张?

车胄到底该不该杀？如果站在张飞的立场，那是一百个该杀；刘备则是非常谨慎，他认为车胄是曹操的心腹，杀了他，曹操不会善罢甘休，所以不能轻易杀。我们从该不该杀当中也可以看出，刘备的视野跟关羽、张飞不太一样，所以将三兄弟对比来看，还是刘备当领导出差错的可能性较小。

5. 刘备不怕曹操来攻，只担心徐州百姓受苦，是真的吗?

有人认为刘备担心百姓是真的，有人则认为他根本就是装出来的。是真是假我们很难分辨清楚，因为只有刘备自己才知道。

西方人看人不会猜来猜去，因为他们只重视行为，认为行为表现如何，就代表着这个人如何；中国人不是这样，我们除了看人的行为以外，更重视内心的动机，喜欢探究他为什么这么做。而动机又是看不见的，所以中国人会经常猜来猜去，这是必然的现象。

但是我们奉劝各位，看人真诚还是虚伪有一个标准：一个人就算他是欺骗，就算他是虚伪，如果能够持续地伪装下去，那就是真的。骗一个人，能骗一辈子，为什么还要始终认为他是假的呢？同样的道理，刘备如果只是在嘴巴上讲讲，或者只是一时那样去做，那肯定是假的。但是我们一路看来，刘备始终以百姓为重，那我们就应该认为他是真的。

《三国演义》之所以值得我们去看，就是因为这里面体现出来的精神——义气，感动着我们。车胄为什么要杀刘备？因为义气，既然身为曹操的部将，就当听从曹操的指令。荀彧为什么整天动脑筋要杀刘备？也是因为义气，只不过他的义气是对汉室和曹操而言，所以会觉得刘备不对。相反，陈登义气的表现就是心向刘备，刘备的义气则是能不杀人就不杀，不能因为个人的原因见人就杀。这一点关羽表现得最好，他处理事情完全以义气为标准。他不杀张辽就是因为张辽也是讲义气的人，即使是自己的敌人，也没有轻易杀掉，而是尽最大努力把张辽争取过来。所以站在这个立场，我们就可以知道，谁对谁错，其实并没有统一的标准，因为每个人对“义”的解释不一样。如果这些人只是为了争权夺利，把“义”字丢在一旁的话，那我们就不要看《三国演义》了，争权夺利的事情与我们有什么关系呢？

6. 陈登献计请袁绍相助，刘备为什么大喜？

刘备做事一向谨慎，这一次为什么没有准备好就匆忙地跑了出来呢？因为他料想密诏的事情曹操迟早会发现，此时不逃，以后就难有机会了。这是刘备聪明的地方。一个人有时间当然要准备好，没有时间该跑也要跑，不可能什么都等衡量好怎么办了再做决定。刘备只要晚跑几天，很可能整个事件就透明化了，那就永远跑不掉了。刘备仓皇离开，一路上被许褚追赶，到了徐州又面临着车胄的难题，更是火上浇油。此时陈登跟刘备讲，我们这样是抵挡不住的，不如去求袁绍帮忙。任何人在这种情况下都会很高兴地接受这个建议，所以刘备赶快去找袁绍帮忙。至于袁绍可不可靠，现在已经没有办法计较了。在不同的情况下做出不同的决定，才是一个人随机应变的表现。

情景说明

袁绍召集谋士商议是否助刘攻曹，田丰、审配等众谋士意见不一，各说各理，乱作一团，袁绍一时也没了主见。

曹操一边抚琴，一边暗思应对袁绍和刘备的计策，想着想着，头痛的旧病又来折磨他了。曹操问身旁孔融和荀彧的意见，孔融说袁绍势大，并将文武群臣的名字一一道来。荀彧则逐个说出他们的缺点，并说这几个人各不相容，袁绍有谋不断，不足为惧。曹操沉思不语。

正在袁绍踌躇不决之时，谋士许攸赶到。许攸建议起兵攻曹，袁绍立即说正合其心意，当下调兵遣将兵发黎阳，并让陈琳草拟讨曹檄文发往各郡，陈琳领命。

要点解析

1. 袁绍问众谋士要不要救刘备，结果如何？

我们最好有一个心理准备，任何地方，只要有人，就一定有派系，一定有阴阳，一定有不同的意见。如果所有的谋士统统是一个意见，那就等于没有意见，何况每个人都想发表自己和别人不一样的看法，借此在领导面前表现自己一番。所以当有三个人的时候，很可能就有三种甚至四种不同的意见，因为还可能一个人就有两个意见，因此人多嘴杂是很自然的现象。

袁绍问大家意见怎么样，大家议论纷纷，而且每个人说得都似乎有相当的道理。我们用“相当”这两个字，各位最好去揣摩揣摩。因为任何道理都不可能讲到全部，不可能讲得周全，它都是讲到一部分，而这一部分听起来是有道理的，所以每一个人讲话都有相当的道理，但是并不代表全部的道理都在这番话里面。所有的道理都是相对的，讲了这边，就漏掉了那边；讲了那边，又漏掉了这边。可是袁绍是个没有主见的人，他就是我们一般人所讲的“耳朵轻”的人。这边听听，他也听进去了；那边听听，他也听进去了。而且他还很可爱，率直地对谋臣们说你们讲的都有道理，这叫我怎么决定？很多领导嘴巴不这样讲，但内心是这样想的，而袁绍却讲出来了。面对谋士们的议论纷纷，袁绍很难决断，这是他最大的一个缺点。

三国之道

任何道理都是相对的，不可能讲到全部。

2. 曹操弹琴，头痛得厉害，这是什么道理?

人脑里面到处都是神经，而神经又是很脆弱的。我们不停地刺激自己的大脑到底好不好，有两种不同的看法：一种是说脑筋越用越灵光，越不用越呆滞；另一种则认为过度用脑会破坏脑神经。曹操很喜欢动脑筋，可惜他一天到晚所动的大部分都是歪脑筋，所以最后一定会搞得自己头痛，这是必然的结果。头痛其实是在给他警告，说你老兄脑筋好，但是不要乱用，有时候需要冷静冷静，有时候也要往好的地方去想想。人的身体状况，跟我们的心理有着莫大的关系。

3. 曹操的谋士同样有不同的意见，曹操如何应对?

我们通过这一点，就可以看出曹操跟袁绍的区别。曹操自己会很冷静地去分析，有问题继续问，问了以后他会做出决定来。所以跟着曹操这样的领导会比较愉快，因为他会给出一个清楚的结果，让部属知道应该怎么去做。相反，像袁绍那样，搞到最后不了了之，完全是在浪费大家的时间。作为一个领导人，不一定样样都要懂，但是要有足够的判断力。如果判断力不行，最好不要当领导。曹操在这方面就比袁绍高明很多。

4. 曹操和袁绍两相比较，为什么差这么远？

这个用现代话讲，就叫作人格的特质，而这大部分是天生的，后天所占的比例不大。后天的学习可以增长知识，学到技术，但是在性格方面，恐怕大部分是来自先天，也就是现在所讲的遗传。遗传因子是坚决果断的人，就会表现得很有决断力；遗传因子是犹豫不定的人，决断力就会差一些。现在的生物科技几乎已经说得很清楚：我们有一部分是后天努力得来的，有一部分则是先天遗传已经决定的。像曹操和袁绍，后天基本都一样，因为所处的环境差不多，所见所闻也一样，可是先天的遗传因子显然不同。

5. 许攸的建议，为什么立即获得袁绍的同意？

袁绍同意许攸的意见，并不表示许攸有多高明，而是袁绍经常变来变去，自己都把握不住自己，这种人其实是很可悲的。我们可以看到，有的人天生就思路清晰，有的人则是始终没有条理，一会儿想这样，一会儿想那样。我们说他喜怒无常也许有点过分，但事实就是反反复复，自己都不知道自己在干什么。

许攸当时不在场，突然间从外面进来，然后讲出自己的意见，袁绍就说，你的意见跟我相合，然后就接受了。这其实不是个好办法，只不过在当时的情势之下，自然会有这样的结果，这就是中国人所谓的因缘际会。很多的因素碰在一起，就会造成这样的一种结果，这个结果不一定是好的，也不一定是坏的，因为后面还会有变化。所以许攸不应该为此而自鸣得意，觉得袁绍采纳他的意见就显得自己比别人高明。大家更不要认为这是袁绍经过仔细比较，最后做出的正确判断，也没有这回事。袁绍应该自己去检讨，像他这种个性，最好是找一个可靠的操盘手，否则会害死众多无辜的士兵，跟了他的人也会很倒霉。

6. 陈琳奉令草拟讨曹檄文，他怎么回应？

我们想想看，陈琳还能怎么回应，只能领命而已。像袁绍这种人，别的本领没有，对抵触自己意见的人投监杀头，这套本领他是有的，所以有理也跟他讲不通。

陈琳文笔很好，反应很快，思路也很清晰，有这样的特长，要写檄文，袁绍当然找他。一是陈琳的职责，二是他有这样的特长，三方面领导又看重他，陈琳当然只有领命了。所以这个时候不是要不要写的问题，而是怎么写的问题。此时陈琳一定是费尽心思在琢磨要怎么写，才能引起天下人对曹操最大的公愤，至于其他的问题，他可能不会想得太多。但是，檄文写出来效果怎么样，将来会造成什么样的后果，这是陈琳自己要负责的，不能推给袁绍。

情景说明

曹操头痛病又犯，命人朗读陈琳所写的檄文。听到文中辱骂他祖父家人的内容，曹操怒不可遏地大叫一声，头痛病竟不治而愈。曹操点兵迎敌，授帅旗给刘岱、王忠，命他们率军5万先发徐州。刘岱、王忠不敢接受，曹操说这是故意虚张声势，二人这才勉强接下帅旗。

刘备探得曹、袁大军对峙黎阳却并未开战，袁绍心怀疑虑不思进兵，却不知曹操身在何处，刘备听了心中不安。原来曹操已暗回许都，临行前催促刘岱、王忠进攻徐州。刘、王二将为谁先去攻徐州争执不下，最后拈阄决定由王忠先去攻城。王忠出战被关羽所擒，刘备审问得知曹操果然已回许都。刘备不杀王忠，说等捉住刘岱后再做处置。

张飞请求去捉刘岱，并向刘备保证不会伤及刘岱性命，刘备方才允许他前往。

要点解析

1. 曹操听陈琳檄文，头痛反而好了，是什么道理？

我们可能觉得骂人谁不会，每个人都会骂人。这句话其实是经不起考验的。有些人骂来骂去，对方一点反应都没有，那就是抓不到对方的痛处，根本不算会骂人。会骂人的都是一针见血，句句击中对方的要害。但是我们要小心，真正会骂人的都骂不久，因为对方必然会仇恨他，报复他。可见天天在骂人，而且可以骂很久的，往往是不会骂人的人。会骂人的人顶多骂一两次，不会骂人的人反而可以骂一辈子，这是很奇怪的现象，但也是事实。

陈琳每一句话都击中曹操的要害，骂到了曹操心里头最大的痛处。曹操本来头痛得很，但听到陈琳骂他的话反而不痛了，这就是一种正反相合的作用。本来痛，现在来个更痛的，反而不痛了；本来不痛，现在来个痛的，自然就痛了。如果曹操本来头不痛，听到檄文他会很生气，当然会气到头痛。但现在曹操本来头痛得已近极限，突然来了一个更强的刺激，反而使他的头痛不治而愈，这让他自己都觉得很不可思议。

三国之道

不会骂人的人，可以骂一辈子；会骂人的人，顶多骂一两次。

2. 曹操把帅旗交给刘岱、王忠，这两位为什么不敢接受?

现代人打仗打不打旗号、打什么旗号都是一样的，因为一切都很透明化，通过监控卫星便可一目了然。以前的人则不同，打出什么旗号便是代表什么军队。所以帅旗在哪里，对方就一定会把最精锐的兵力对准哪里。各位想想看，刘岱、王忠这两个人平白接过曹操的帅旗，不是自找死路吗？如果对方认为曹操在这里，然后全力攻打，那不就糟糕了吗？可是他们敢拒绝吗？他们敢直接对曹操讲，拿了帅旗目标太大，负担太重吗？当然不可能。所以他们就说恐怕担当不起这样的重任，以此作为理由推辞。我们一般人都认为自己很诚实、很正直，其实也并非完全能做到，有些时候讲话只有拐弯抹角，对方才可能听得进去。

3. 刘备听说袁、曹两军并未开战，有什么反应?

如果我们站在刘备的立场，当然也是希望袁、曹两军尽早开战，因为一开战曹操也就顾不上他了。现在两军迟迟不开战，刘备就想到所有目标可能都是针对他来的，若真是如此，自己的实力又这么弱，恐怕只有死路一条了。所以刘备非常关注当前的战况如何，非常在乎曹操现在何处。因为如果曹操跑到他这儿来，那就糟糕了。一听说两军没有开战，刘备非常慌张，这也是情理之中的事情。

4. 刘岱、王忠两人意见不合，是不是不利的征兆？

调兵遣将其实也是一门学问。假如我们是曹操，手下诸多将领，打仗的时候如何调派？我们不可能总是派同一员将领出征，这样会把他活活累死，而其他人也得不到锻炼和表现的机会。派两个人同去，也要考虑他们之间的关系如何。派两个意见相合的人不一定好，因为彼此之间有一个牵制，才会比较安全；而派两个意见不合的人也不好，因为彼此闹得太厉害，战斗力就分散了，难以形成合力。所以说，对于一名主帅而言，每次出征前将领的调遣都是一次考验，对战争的胜败有着至关重要的作用。

现在刘岱和王忠两个人貌合神离，最后是你欺我诈，连抓阄都骗，这样的人怎么合作？是不是曹操故意让他们不合作，这个倒是值得我们去想的事情。因为以曹操的经验，他不可能不了解刘岱和王忠的状况，他可能是故意让这两个闹意见的人前去的，因为他的主力并不在那里。曹操打仗向来是虚虚实实、变化多端，永远让对方搞不清楚主力在哪里，永远让对方预料不到他下一步要怎么走，大家都怕他就是这个原因。所以我们觉得曹操不可能不知道这种状况，他有他的安排。

5. 关羽活捉王忠，刘备为什么不杀他？

如果关羽的武功很差，斩不了对方，那是另外一回事情。但以关羽的武艺，要拿王忠那是轻而易举的事情，但关羽既没有当时就把王忠斩于马下，也没有捉住后马上就杀，这才是最难得的。我们千万不要以为能杀就是高明，杀不掉就是差劲，其实是能杀而不杀更高明。因为打仗不是以杀了多少人来论战功的高低，既能达到目的，过程中又尽量地减少死伤，这才叫义战。如果打仗是见人就杀，杀的人越多越好，那叫不义之战。所以，义跟不义，我们要仔细去分清楚。

关羽能不杀就不杀，这就是义。他把王忠活捉回来，让刘备发落。刘备当然不会杀王忠，因为此时再杀王忠的话，那他和曹操的仇怨就越结越深了。刘备跟曹操其实并没有深仇大恨，他希望曹操悬崖勒马，和他共扶汉室，这才是刘备一生一世想做的事情。刘备如果看到曹操的人就杀，那他也就没有什么值得我们敬仰的地方了。我们仔细观察会发现，曹操心里根本没有汉室，而是唯己是从；刘备不是，刘备心中时时刻刻有汉室，所作所为都是从汉室的利益出发。所以他想放过曹操的这员大将，多少有一点人情在里面。

6. 关羽和张飞从刘备身上得到什么教训？

我们从表面上看，刘、关、张三人桃园结义，最占便宜的就是刘备。他因为年龄大，不费吹灰之力就当了大哥，平白得到两个武艺高强的弟弟。可是，我们从很多细节上可以看出，关羽和张飞在很多地方确实不如刘备成熟。在互相的交往中，刘备随时随地都在对他们进行机会教育，使得两个人成长了很多。所以两个弟弟敬重大哥也并不吃亏，因为他们所得到的也非常之丰厚。

情景说明

刘岱得知王忠被擒，任凭张飞怎么骂阵，都坚守不出。张飞见此情况，心生一计。

张飞装醉故意鞭打士兵，嘴上说今夜三更要去劫刘岱的营寨，要拿他的头祭旗，暗地里却指使手下让那个士兵逃脱。挨打的士兵跑到刘岱处报告情况，刘岱大喜，决定虚扎空寨，埋伏兵马在外伏击张飞。张飞将计就计，兵分三路夹击刘岱。刘岱大败而逃，路上被张飞生擒。

刘备、关羽得知张飞用计智擒刘岱，十分高兴。刘备怕曹操举兵返回，于是将刘岱、王忠放回许都。然后又依孙乾所言，命关羽保护甘、糜两位夫人屯兵下邳，孙乾、糜竺守徐州，自己和张飞驻扎小沛，成犄角之势以防曹操来犯。

要点解析

1. 张飞痛打士兵，是什么道理？

我们都知道张飞喜欢喝酒，酒醉之后便会拿士兵撒气，这是他一生的致命伤。我们每个人都有难以改变的弱点，最要紧的就是了解自己，把自己的弱点摸清楚，然后好好去预防。张飞上一次痛打吕布的岳丈，结果丢失徐州，给他的打击很大。但这一次他是假醉，因为他毕竟学到了一些东西。所以人是摔了跤才会学得乖，摔得重才会记得深刻。

张飞知道自己的毛病如果不改，将来还会继续闯祸，同时他也有他聪明的地方。我们可以看出，在王忠被关羽所擒之后，刘岱就是闭守不出，因为再出去还是被抓，所以任凭张飞怎么叫阵，他都不予理会。张飞怎么办？他想到利用自己的弱点，引诱刘岱出战。我有弱点，我要去改，这是一种想法；不但能改，还能利用我的弱点，这又是一种更好的想法。他一装醉别人都会相信，因为这是他的老字号。刘岱一看，果然认为张飞这个家伙老毛病又犯了，又喝醉了酒拿士兵撒气，加上听到被打士兵报告的消息，就开始动摇，有了要出战的心理，而这正好中了张飞的计。可见一样的东西，正反两面来使用，会有截然不同的效果。

三国之道

一样的东西，正反两面来使用，会有截然不同的效果。

2. 挨打的士兵向刘岱告密，张飞要找他回来替他治伤是什么道理？

因为张飞跟挨打的士兵是提前串通好的，其实这也是一种苦肉计。如果不演拿士兵出气的这出戏，不把他打得遍体鳞伤，他去告密，刘岱是不会相信的。因为刘岱也不是傻瓜，不是口头说说就会相信那么简单。所以张飞装醉，让士兵委屈一些，受一点皮肉之苦，然后再让他装作不满前去告密，这样刘岱才会相信。有任务就不叫欺骗，这是把自己的角色扮演好，跟欺骗没有关系。如果两个人出差错，就是戏没有演好；两个人都装得很像，刘岱就上当了。

3. 张飞活捉刘岱，刘备和关羽大喜，这是为什么？

老实讲，得知这个消息，心情最好的就是刘备。因为刚开始刘备以为张飞真的是又喝醉酒了，正在担心期间，得知张飞原来是假装的，并且还活捉了刘岱，当然非常高兴。他觉得张飞真的成熟了，用计战胜刘岱，而又没有杀掉，于是原谅了张飞以前所犯的种种错误，这才叫一家人的亲情。

一家人就是这种感觉，不能说家人的过失永远记一辈子。因为人生是成长的过程，小孩子调皮捣蛋的一些事情，长大以后不要再去提它，因为那已经过去，老提就是刺他的痛处。现在他已经改变了，还提它干吗呢？

4. 曹操派遣刘岱和王忠同时出战，是不是错误的决定？

中国人有两句话，一句话叫作“不以胜败论英雄”，就是说结果不是很重要。可结果不重要，为什么还要分个胜负呢？所以我们马上又讲“胜者为王，败者为寇”，可见结果还是很重要。这样不是矛盾吗？

我们应该清楚，有的民族重视过程，有的民族重视结果，我们则是结果跟过程并重：结果很重要，过程也很重要；过程很重要，结果也非常重要。我们常常会说，这件事情你做得不错，但是过程太粗糙了；我们还会说，这一仗打得很漂亮，只不过当中做错了很多事情，否则会更漂亮。这才是中国人两边兼顾的表现。

刘岱、王忠失败而回，我们不能简单地说都是他们的错，更不能说这是曹操很聪明的表现。曹操自己会检讨，心想自己也有错。我们说清楚一点，凡是部属工作做不好，一半以上都是主管的问题：他只能挑50斤，你让他挑100斤，那是谁的错就显而易见了。所以他们两个回去，曹操没有杀他们。如果曹操认为他们两个可以完成什么使命，结果没有完成，那曹操是不会放过他们的，甚至还会想，刘备不杀他们，是不是想借我的手杀这两个人呢？如果我杀了，不是上当了吗？很多案例可以看出来：有人打胜仗回来，大家祝贺他；有人打胜仗回来，很多人嫉妒他、排挤他。打输了也是一样，有人打输了马上被斩；有人一句“胜败乃兵家常事，下次再来”，就过去了。所以我们研判一件事情，要从多角度去探讨。

5. 刘备不杀刘岱、王忠，放回许都，有什么用意？

刘备的用意很明显，就是告诉曹操，我不是你的仇敌，只要你有所悔改，别让汉室的皇帝做得那么窝囊，那我也不会怎么样，并非一定要搞得你死我活。

刘备这番用意是出乎真心的，因为他也知道，谁握有大权，都有可能为非作歹，自己又能怎么办呢？即使能够除掉曹操，说不定又来一个比曹操更可怕的人，他又怎么可能把所有的人都除掉呢？所以很多事情只能尽力而为。刘备表达的就是这个善意。当然，后来刘备有没有改变心意，我们现在不敢说，因为人在不同的处境会有不同的想法，这是必然的。

十六　降汉不降曹

要关羽投降，那是想都不敢想的事情。要不是张辽和他有一段交情，谁都劝不动他。张辽的沟通技巧很好，并没有开门见山地说要来劝降。他站在关羽的立场，诉说如果战死，有三大罪状。这引起了关羽的注意，所以才听得进去。说话首先要说得让人家听得进去，张辽做得很好。关羽提出三大要求，对曹操来讲，其中降汉不降曹，根本无所谓。把它先说出来，曹操比较听得入耳。张辽再趁机劝说，曹操终于答应下来。张辽穿针引线的功劳，当时保存了关羽的性命，后来也救了曹操一命，实在了不起。

情景说明

董承家奴秦庆童，因被董承拷打而对其怀恨在心，跑到相府告发董承、王子服等人要谋害曹操，又说看见太医吉平咬指为誓。曹操诈问是哪个手指，秦庆童准确答出是右手食指。

曹操谎称头疼让吉平来医治，吉平借机在药中下毒，曹操故意让吉平先喝。吉平知道事情败露，想强灌曹操喝下毒药，却被侍卫拿下。

曹操宴请群臣，董承托病未到，王子服等四人如坐针毡。席间，曹操令人将遍体鳞伤的吉平拖到堂前示众，王子服等人不敢反抗也被捉拿。次日，曹操亲自到董承家中，对吉平剁指割舌施以毒刑，吉平宁死不屈，面向皇宫撞台阶而死。

曹操搜出衣带血诏和义状，顿时怒不可遏，下令将董承等5人及家小700余口全部处斩，仍怒气未消，又带剑入宫。宫女向献帝报告，说曹操带兵闯入，被曹操当着献帝的面一剑刺死。

要点解析

1. 董承家奴庆童，向曹操密告董承和太医吉平意图不轨，曹操如何回应？

人通常被身边亲近的人出卖，为什么？因为只有他们才知道秘密，别人根本不知道。凡是外面有姨太太的人，检举他的多半是他的司机，要不谁知道呢？所以，人一定要善待自己的下属，否则他们随时会出卖你。我们先不说庆童应不应该做这种事情，而要多想一想董承的家奴为什么会出卖他？这个董承自己要去检讨，尤其是如此机密，如此重大的事情，怎么能让一个家奴知道呢？

庆童出卖董承，曹操会不会相信？如果曹操相信，万一是骗局怎么办？如果不相信，万一是真的又怎么办？所以曹操既不完全相信，也不完全不相信，而是先试探一番。这是曹操非常高明的地方。曹操问家奴，是你亲眼所见吗？庆童说是。曹操又问，吉平咬的哪个手指头？庆童回答是右手食指。曹操马上说，嗯？曹操这个“嗯”并不代表怀疑，也不代表相信。曹操不知道庆童讲的是真是假，所以用“嗯”来试探庆童是否会慌张。因为如果是假的，庆童不会提前想到这样的细节。

如果曹操一“嗯”，庆童答不上来或者犹豫不定，则证明根本就是骗他的。现在不是，庆童回答得很确定，那就证明多半是真的了。曹操这样一诈，马上就知道了真假。中国人很会套别人的话，三两句话一套，想知道的东西都出来了，这是我们很常用的一种方法。曹操最后断定这是真的，是很有利的情报，就马上开始着手处理这些人了。

三國之道

人，一定要善待自己的下属。

2. 曹操伪装头痛，找吉平前来医治，结果如何？

曹操最容易下手的就是太医吉平，因为他随时都能以看病为由将吉平叫来。专业纯熟而所处的环境又相对单纯的人，就算很聪明，想法也难免比较简单。吉平毕竟是医生，他认为这是杀曹操的大好机会，但没有想到，作为医生，他是不能做这种事情的。医生通过医术毒死病人，还算什么医生呢？用别的途径杀曹操，我们不但不反对，而且觉得很了不起，而用医术害自己的病人，不管对方是谁，都是不对的。曹操假装头痛，吉平信以为真，认为机不可失，最终掉进曹操早已设好的圈套。

3. 曹操宴请群臣，以吉平相威胁，群臣为什么不反抗？

可能有人会想，群臣为何不一跃而起，当场把曹操杀掉呢？其实那是不切实际的，因为曹操一定有所防备，这样做根本无济于事。我们常常看自己跟看别人用两套标准，嘴巴上讲得冠冕堂皇，但真要换作自己也未必做得出来。这是大家经常犯的错误，我们要引以为戒。

群臣都敢怒不敢言，因为在当时的情况下，谁动一下都会没命，那不是白白牺牲吗？中国人不怕牺牲，但不能白白牺牲。死得没有任何价值，那跟自杀一样，又有什么意义呢？所以，我们不能怪群臣。

曹操把吉平拖出来，想看大家反应如何。曹操这么做，是因为他的声势所在。如果他没有那样的权柄，当然也不敢如此嚣张。只是他这种心态不对，如果他直接宣布，根据什么线索，哪些人赶快请求赦免，不然的话就抓人了，这样我们反而比较佩服他。可曹操没有，他在那里要弄手腕，卖弄自己，所以大家说他奸诈，也是自作自受。

4. 曹操当着董承的面对吉平施以毒刑，有什么用意？

曹操这样，完全是做给董承看的。一个人被打固然悲惨，但看到同伴、家人在眼前受凌辱、遭毒打，而自己却无能为力，那更是心如刀割，比自己挨打受辱还痛苦。曹操就是要当着董承的面打吉平，看他怎么反应。董承心里很难过，可是他又能怎么样呢？

很多事情，旁观者千万不要用自己的立场来断言，说一些便宜话——干脆跟曹操拼命好了。事情没有那么简单，那是儿戏。判断任何事情，站在当事人的立场去体会，感觉就会大不一样。如此就会知道，如果自己是董承，当时也是没有办法的。

5. 吉平撞石阶，壮烈而死，有什么启示?

吉平的行为很令人佩服，他求仁得仁，虽然没有杀死曹操，可为了理想，为了任务，他敢于牺牲自己，也同样非常了不起。我们虽然不赞成吉平用医生的身份来害死病人，但吉平要杀曹操，坦白地表现出来，并且不顾一切去做，我们还是非常敬仰他的。这是从两个不同的角度，来看同样一件事情。

其实，吉平也知道自己活不了多久，所以干脆撞石阶而死，以表达自己对曹操的不满。如果曹操因此好好反省，然后彻底改变，那吉平的牺牲就有价值。不过，就算曹操不反悔，依然那样下去，就这件事情来看，我们也确定吉平是个了不起的人。

6. 曹操杀董承全家，又当献帝的面刺杀宫女，是什么道理?

我们常替曹操辩护，说他终其一生，也没有篡位，但现在看来，他的表现比篡位还可怕。把皇帝换掉，自己来做，其实不见得不好，多少次改朝换代也不过如此。

曹操有篡位之心，却不明显地表现出来，反而更加地虚伪。他杀死董承全家，是为了杀一儆百，表示有人胆敢再为献帝出头，就是与他为敌，必死无疑；他当着皇帝的面刺杀宫女，是在警告献帝：你只是我的傀儡，以后要安分一点。曹操这样跟当皇帝有什么不同？跟篡位有什么两样？从这些表现来看，他实际上已经篡位了，而保留汉献帝的虚位，只是做做样子，以遮天下人耳目，非常虚伪。

情景说明

曹操要杀董承之妹董贵妃，献帝说董妃已有五个月身孕，请求赦免，曹操却定斩不饶。

义状上反曹之人还有马腾、刘备未除，曹操耿耿于怀。程昱建议马腾屯兵西凉不能轻取，可骗来许都再除。郭嘉建议趁刘备在徐州立足未稳马上东征，曹操下令分兵五路出战徐州。

孙乾受刘备之托，随田丰入见袁绍求救。田丰建议袁绍趁曹操东征的良机趁虚攻打许都，袁绍却说自己神情恍惚，不利起兵。问其原因，袁绍说他最疼爱的幼子患了疥疮，性命垂危，他自己也觉得快要死了，所以回绝了刘备的请求。

曹军将至小沛，刘备惶恐，说可惜二弟关羽不在，无人商议。张飞在身旁建议，说曹军刚到，人困马乏，可趁机劫营，刘备称是。

要点解析

1. 献帝说董妃已有五月身孕，曹操为什么一定要杀她？

按照中国历史所记载以及我们的民族性，曹操这么做倒是有些道理。这样的案例有很多：父亲被人杀了，他的孩子一辈子别的事情都不做，就是苦练武功，长大后为父报仇。这样看来，我们能说曹操错了吗？好像并没有错。所以外国人说中国人狠毒，动不动就杀人全家，连小孩子都不放过。说句很难听的话，这就叫斩草除根。若不这样做，将来只会后患无穷。曹操这是一步步把自己逼得没有回旋的余地，没有回头路可走，但是我们不能说他这件事情做得没有道理。

2. 曹操为什么起兵攻打徐州，刘备如何因应？

曹操把朝廷里面的事情解决后，对外的第一个目标一定是刘备。因为他发现在义状上签名的居然也有刘备。在曹操看来，刘备实在可恶。在他无路可走的时候，曹操收容了他，并说刘备与自己才堪称当世英雄，对他各方面也都是鼎力相助。如今刘备却暗中反戈，曹操怎么能忍受得了呢？客观上看，刘备怎么做是他的自由，但曹操作为当事人不会这样想。曹操认为刘备太可恶了，简直是恩将仇报，一定要除而后快。

其实曹操也不是单单因为此事要杀刘备，这件事情只是导火线而已，如果没有以前的原因，如果曹操不是一直耿耿于怀，常常有要杀刘备的念头，面对这种情况曹操也可以自我解嘲，说刘备有什么办法，谁叫他是皇叔，别人叫他签，他好意思不签吗？即使签了也不见得会那样做，你看他不是跑掉了吗？曹操也可以很轻松地忘掉这件事。可见事情的起因是千头万绪的，是长期以来积累的结果，只是突然间有一个导火线，使得曹操下定决心，这次一定要消灭刘备。

刘备听说曹操来攻，知道以自己的力量无法抵抗，所以只好求助于袁绍了。

3. 袁绍不肯发兵帮助刘备，又说我将死矣，是什么道理？

袁绍那个时候很有意思，不肯出兵相助也就算了，却还说我将死矣。一个人怎么会讲我将死矣呢？原来当时他最喜欢的幼子得了疥疮，使他忘光了军国大事，这种人还有什么领袖气概？

我们还是那句话——为天下者不顾家。一个人，要么不要为天下，顾好自己的小家就好了，这也可以。而一旦有了远大目标、宏大志向，要为国为民做事情，那就不能顾家了。以前皇帝把自己的小孩推到一边，为什么？因为既然当皇帝，就不能为了自己的小孩把整个国家搞垮。有时候我们觉得皇帝很残忍，其实，要么不在那个位置，只要在那个位置上，就非如此不可，否则就是不够资格。

为天下者不顾家，在袁绍的身上，我们得到了反证：一个小孩生疥疮，就让他什么心思都没有了，什么话都听不进去了，那他还能做什么事情呢？

4. 为天下者不顾家，袁绍难道不懂这个道理吗？

什么是世家？写的时候是“世”，解释起来应为“势”。有权有势的家庭，就叫世家。因为不便很直白地说有钱有势，所以用一个比较雅的字——世，即世世代代都很了不起的家族就叫世家。

袁绍出身世家，从小对为天下者不顾家的事情，不知听过、看过多少遍，当然懂得这个道理。回想他当年劝何进的时候，也是说得振振有词，可为什么现在变成这样呢？因为此一时也，彼一时也。人是会不断变化的，变得好就上去了，变得不好就下来了。袁绍此时有这样的表现，我们可想而知他大概活不久了，不然怎么会这样说呢？如果别人说他要死了，他非把这个人杀掉不可，可自己说自己要死了，倒也觉得无所谓。

看似不可能的事情实际上却会发生，归根结底一句话——人最大的敌人是自己。现在从袁绍身上可以看到，他不是不懂这个道理，只是当时方寸已乱，自己没有办法掌握自己，才会有这样的表现。

人最大的敌人就是自己。

5. 刘备当着张飞的面，说可惜二弟不在，妥当吗?

就礼貌而言，这样说当然不妥当。但就一家人来讲，刘备这样说是妥当的。因为刘备很了解两位弟弟，要稍微激张飞一下，才能激发出他的潜能。中国人有一句话，叫“请将不如激将”。你去请他，他不一定买你的账，也不一定全心全意去做；可你激他一下，效果就完全不一样了。

刘备说可惜二弟不在，言外之意是说处理这种事情，张飞不如关羽。这是善意的刺激，并非恶意的挖苦贬低。以张飞的个性，刘备这样说，他当然会不服气，这样潜能就被激出来了。所以，在这点上张飞应该感谢刘备，而并非刘备不顾及张飞的面子。

6. 袁绍没来相助，刘备为什么惶恐?

虽然袁绍势力很大，可有什么用？不来帮忙的话就等于零。况且即使袁绍来助，也不一定打得赢曹操。所以刘备着急惶恐，也是必然。刘备如果有实力单独抵御曹操，可能就不会如此在乎袁绍。但说不在乎也是假的，万一袁绍跟曹操两边夹攻，那他再强也没有用。我们前面说过，曹操以报父仇为名进攻徐州的时候，刘备明知打不赢还去帮忙，很了不起，但那是去救人，现在自己面对这么大的强敌，难道打不过也要打吗？那是鲁莽，刘备当然不会这样。

情景说明

曹军赶往小沛，行军路上旗子被狂风吹断，郭嘉推断刘备今夜必来劫营，曹操听后，命人设下埋伏等待。张飞、刘备劫营大败而走，小沛丢失。

曹操转战下邳，想趁机收降关羽。张辽自告奋勇去做说客，程昱说关羽不是言辞就能说动的，只有使他进退无路才有可能归顺。关羽中计丢失了下邳，被曹军困在土山上。张辽独自空手上山，关羽问他莫非来劝降的，张辽说并非劝降，而是来救关羽的。他告诉关羽，土山已被团团围住，刘备、张飞生死未知，下邳已被占领，军民和刘备家小均无伤害。关羽说虽身处绝境，也要以死相战。张辽说要是这样战死，其罪有三，关羽让张辽详细说来。

要点解析

1. 旗杆被风吹得折断，郭嘉便推断刘备会来袭营，合适吗?

按照以前科学不发达时候的说法，我们会认为郭嘉袖里乾坤，未卜先知，把他讲得很神，因为过去不得不用这一套形容词来解释这些事情。

然而，郭嘉说的这些是推断出来的。但说他通过推理就知道今天晚上会出事，似乎又不太合情理。如果用现代科学来说明这种事情，应该是郭嘉透过外面的现象——旗杆被风吹断，激发出了自己的第六感——感觉今晚刘备可能会来袭营。然后再根据当前的状况来推论，大军刚到，还没有完全安定，刘备当然会来袭营，因为这样能取得有利的先机。这是一个完整的推理过程，并非以前所想象的那么神秘。

2. 张辽为什么自愿前去劝说关羽来降?

张辽本是吕布部将，之所以会归顺曹操并被重用，主要是因为关羽广结善缘，把人情做给了张辽。当然关羽那时绝对没有想到有一天要张辽来救他。打仗不以杀人多少来论英雄，而是要救有义气的人，这是关羽了不起的地方。

关羽一看张辽，就知道这个人讲义气，所以会想办法救他。但关羽也没有让张辽一定要跟自己，而是将选择权留给了张辽。想不到张辽跟了曹操之后，反而有机会来救关羽，这是非常有意思的事情。所以，我们广结善缘，到时候善缘自然会来回报，这是很自然的现象。

三國之道

广结善缘，到时候善缘自然会来回报。

3. 程昱建议以战逼降，是不是更为有效?

程昱跟关羽没有那段交情，自然认为既然想要关羽加入很难，不如以战逼降，等他走投无路的时候自然会降。程昱的推测对一般人来说有效，但对关羽这种特殊的人却没用。关羽越被逼得无路可走越是不会投降，因为他宁可战死沙场。当然程昱也没有错，他根据自己那类人的想法，认为以战逼降不失为良策，这么说也是出于本意和忠心。

4. 关羽看见张辽空手上来，为什么不杀他？

关羽不是滥杀之人。以前大将临战都问来者何人，搞清楚了才会出手，并不会见人就杀。张辽赤手空拳而来，关羽与之交手没有意义，何况他们之间还有交情，所以关羽问张辽此番前来所为何事。虽是敌对双方，但有事情商量一下并不碍事，这也是人之常情，是很自然的一种现象。

张辽很聪明，他若是拿着刀上来，在这种状况之下，关羽哪里会管什么以前的交情，就算不交手，两人在一起也会增加敌意。做事情还是要想想自己，想想别人，两边的情况都摸清楚了，然后再做出一个合理的处置，才会有比较好的效果，这就是孙子兵法所讲的“知己知彼”。

5. 张辽为什么说不是来劝降，而是来救关羽？

如果张辽一上来就大声说，是丞相叫我来劝你投降的，或者说是我跟丞相要求来劝你投降的，会有什么效果？以关羽的立场和性格，这会让他感到完全没有面子，他会想，我是那种人吗？你跟我讲这话太小看我了。

张辽空手而来，让关羽感觉他没有敌意。但关羽还是很敏感，马上问他是不是来劝自己投降的，如果是就免谈。张辽不会那么笨，一定说不是，我怎么会劝降？因为我了解你，你不是会投降的人。这样让对方感到立场很稳固，就会听得进去，接下来才会比较好谈。

张辽说我是来救你的，但并没说是因为你当年救过我，所以我现在要救你。那样就成了还债了，关羽会说我不要你还，也不要你救。所以，一句话讲错，就会导致全盘皆输。张辽说他是来救关羽的，关羽就想既然要救我，那是准备给我一条生路了，当然可以听听看。

讲话需要技巧，要让对方听得进去才有用。张辽的做法用现在的话讲，就是很善于沟通，他的沟通技巧是一流的。既让对方有面子，让他感觉到没有敌意，又让对方充满希望，这些张辽全都做到了。

6. **张辽说关羽若战死有三罪，关羽为什么愿闻其详？**

关羽此时是不是一心一意想死？答案当然是否定的。如果一心一意想死的话，他就去蛮干拼命了，反正是要死的，怕什么？真要那样的话，后人就不会如此尊敬他了。一个人，不爱惜生命是不对的，非到万不得已，不能轻易寻死。

关羽心想，要我投降免谈，但是我也不是那种一心求死的人，既然现在还有可谈的空间，那就先看看什么条件能换得一条生路。所以，关羽心里先有谈的意愿，张辽才能谈得下去。一件事情的促成，需要双方的互动，而不是单方面努力就可以达成的。就算张辽再会讲话，如果关羽一心求死，完全不给机会，张辽也是毫无办法。现在双方既有以前的交情，又有比较良好的互动，往下才会有良好的转机。

情景说明

张辽说关羽若战死有三罪，一是违背了桃园结义同生共死的盟约；二是辜负了刘备让其照顾家眷的托付；三是不想匡扶汉室，只逞匹夫之勇，并非大义。张辽又说，如果暂且归降曹操，一者可保二位嫂嫂，二者不背桃园之约，三者可留有用之身。关羽沉思片刻，说自己有三约，如果曹操不应，自己宁死不降。第一，只降汉帝不降曹操；第二，要保证二位嫂嫂的生活和安全；第三，有了刘备的消息要允许他离去寻兄。

张辽将关羽所约三事转报曹操，曹操对第三件事心存疑虑。张辽说关羽是知恩图报的人，只要加倍施恩，不怕关羽不感恩戴德。曹操应允，并让关羽先进城见二位嫂嫂。关羽拜见二位嫂嫂，说自己让嫂嫂受惊特来请罪，而后又说明事情经过以及与曹操约定的三件事。曹操来看望关羽，深躬施礼，关羽拱手回拜，感谢曹操的不杀之恩，并再次与曹操当面确认所约定的三件事。

要点解析

1. **张辽的三罪先后次序是皇叔、二位嫂嫂、汉室，为什么？**

张辽非常善于沟通，事先考虑得很妥当，所以他告诉关羽，我是来救你的，而非来劝降的，这么说不仅态度非常明确，而且效果非常好。紧接着他又指出关羽要是战死，将有三罪。这当然会引起关羽的好奇，所以请张辽一一说来。一个人考虑事情，肯定会从与自己关系最密切的开始想起，所以张辽将三罪的次序巧妙安排，从关羽最关心的问题说起。

张辽知道，关羽心中分量最重的人是刘备。所以他先跟关羽说，你死了，皇叔怎么办？皇叔也非死不可，因为你们桃园三结义，誓要同年同月同日死。这本是很难听的话，也是最坏的结果。但是张辽把最坏的问题变成了打动关羽最有利的因素，说你不能死，你一死害得他们也要同死，这么说就对了。其次讲到两位嫂嫂，张辽对关羽说，刘备把家小委托给你，要你好好保护，如果你连这个都保护不了，算什么英雄？最后张辽说，你如果这么死了，也是对不起汉室。

张辽当时毕竟跟关羽不是很亲近，他只是按照常人的心理，由亲及疏、从近到远而言，并不了解关羽心中的次序是什么，但是这并不影响沟通的效果。

2. 关羽约三事，却以归汉、保嫂、寻兄为条件又是为何？

关羽在这里表现得非常了不起，他正好把次序颠倒过来。当然这也是因为张辽很会做球，所以关羽才会打得如此漂亮。

既然搭好了桥，关羽当然要顺势而下。他先说我是归汉室，而不是投曹操。我们相信关羽平常也不会想到这些，只是根据张辽当时的话临时迸发出这些智慧火花。因为关羽一想到曹操，就会想到他挟持天子的恶行，对此关羽是最看不过去的。现在关羽很巧妙地把汉、曹区隔开来，说是归汉，而非降曹，大家都有面子，他自己将来也有交代。第二个，我保护两位嫂嫂，人家委托我的事情我要尽忠职守。第三个，只要我听到哥哥在哪里，会不顾一切地去找他。

关羽提出这三个条件，然后再归到曹操那边去，所有人听起来都会觉得他了不起，方方面面都顾虑到了。

3. 曹操对第三个要求，为什么特别敏感？

曹操感觉好笑，心想虽然关羽嘴上说归汉不降曹，但那无所谓，因为效果都一样，只是说得好听而已。关羽又说要保护嫂嫂，这跟曹操也没关系。最后听到关羽说只要知道了刘备的行踪，就马上要投奔兄长而去，曹操则当下表示不能答应。曹操是个很直率的人，他觉得这样的条件怎么可以答应呢？如此留不下来还不如杀掉。

但张辽对关羽是有感情的，于是连忙劝曹操先答应关羽的要求，让他归降。至于刘备的问题，随后可以假传消息，就说刘备已死。况且刘备说不定真的已经死于乱军之中了，就算没死，以后找机会除掉便是。

曹操转念一想，这不失为权宜之计，先为眼下着想，以后的事情以后再说。因为有张辽很巧妙地在当中做桥梁，所以后面才会产生很多良性的反应，我们以后慢慢来看。

4. 关羽为什么先向二位嫂嫂请罪？是为了说明真相，请二位放心吗？

如果两位嫂嫂也产生怀疑的话，那关羽真的是跳进黄河也洗不清了。关羽很聪明，他一方面让嫂嫂放心，一方面表明自己的立场。否则万一传出去，说关羽趁乱拐了两位嫂嫂私奔而去，那就糟糕了。所以，很多事情关羽必须要先交代清楚，这是很正确的态度。

很多人认为，既然都是一家人，彼此应该很清楚，根本不需要这样。其实，就算是一家人也要说清楚。关羽第一时间先跟二位嫂嫂说明自己不是降曹，这样古城相会之时，她们才会为关羽证明从一开始他就是降汉不降曹，否则有人说关羽开始有降曹之心，后来相处不好才离去的也有可能。

做任何事情都要事先防备，未雨绸缪，这是每个人都要做的功课。关羽告诉两位嫂嫂，一旦知道哥哥的动向，就会马上不顾一切地去找他。两位嫂嫂当然欣然同意，愿意很安静地跟他走，否则一路闹个不停，成什么体统呢？

5. 关羽为什么向曹操拱手为礼，感谢不杀之恩？

曹操主动前来看望关羽，先行作揖，一躬到底，态度毕恭毕敬，可是我们会感动吗？我们会觉得曹操还是老一套，对谁都是这样假情假义。但曹操这次有些冤枉，因为他这次是真心的，以前虚情假意那是以前的事，关羽这样的人才能来归顺，他真的很高兴，所以诚心诚意地表示欢迎。

关羽回拜，却并没有像曹操那样鞠躬到90度的样子。如果关羽也那样，我们反而会觉得他是在作假，因为那就不像关羽了。关羽对人顶多是拱手作揖。每个人都有自己的本色，不要老学别人，而要一辈子都做自己。关羽就是这样，别人怎么看是别人的事情，我就是这个样子，这就是我的形象和特色。所以关羽是作揖了，但并没有像曹操那样。

但如果关羽连作揖都不做，我们又会认为他太傲慢了，太没有礼貌了，因为人家再怎么说也饶了他一命。所以，关羽一定要感谢曹操的不杀之恩，这是应有的风度，而不是讨好，也不是拍马屁。

6. 关羽这样做，是不是两难之中最合适的兼顾?

如果关羽宁死不降，只会耽误很多正事；但要是投降曹操，又会惹来一身骂名。两难之中，关羽决定在一定的条件下，暂时避开危机，安身曹营，这是正确的决定。他留下有用之身，等待良好的时机，去完成自己未竟的事业，正是两难之中最合理的兼顾。

事情都是相对的，有一些矛盾。做任何事情，快也不对，慢也不对；变也不对，不变也不对；听话不对，不听话也不对。如果我们在其中始终摇摆不定，那就糟糕了。袁绍就是这样，所以后来官渡之战输得很惨。我们一定要找出此时此地最合理的抉择，这才叫作兼顾。在这件事情上，关羽表现得非常好，我们要充分的肯定。

三国之道

因时因地的合理选择，才是最合适的兼顾。

十七　来去要光明

关羽一生的行动，无不光明磊落。就算和曹操交往，也要求来得清楚，去得明白。做人能够来去都光明，当然很坦然。关羽留给后人最大的教训，便是人在曹营心在汉。做人千万不能够忘本、忘旧。关羽把曹操送的新战袍穿在身上，仍旧把刘备赠送的旧袍披在外面。对曹操赠予的美女及金银财宝，全部转送给二位嫂嫂。闻知刘备在袁绍处，挂印封金，修书向曹操告辞。事先斩颜良、诛文丑，完成先立功后离去的诺言。曹操心里再不高兴，也说不出来。只好把关羽当作典范，奉劝他的部将多多仿效。

情景说明

突围失散后，刘备见连失数城，无奈暂投袁绍处。张飞冲出重围，朝芒砀山而去。

关羽护送二位嫂嫂，随曹操前往许都。路上，曹操故意安排关羽和他二位嫂嫂同住一室，但关羽却通宵达旦在院外守候，曹操得知愈加佩服。曹操见关羽绿袍已旧，命人缝制新袍亲自送给关羽，关羽将新袍穿在里面，却仍将旧袍罩在外面，问其原因才知旧袍乃是刘备所赠，曹操感叹关羽是真义士。曹操又赠关羽赤兔马，关羽大喜，跪谢曹操。曹操问为何如此，关羽说有了赤兔马便可以日行千里去找刘备了，曹操听了懊恼不已。曹操问关羽自己对他不薄为何还是老想离去，关羽回答虽然身在此处，但心里一直挂念着刘备。张辽相劝，关羽说自己已与刘备发誓同生共死，不能违背誓言。又说自己虽然不能长留在此，但必将报答曹操的恩情才会离开。

要点解析

1. 曹操将关羽和二位嫂嫂安排在一室同住，有什么用意?

这件事情是不是曹操直接下命令安排的，我们不得而知。如果是的话，那曹操也未免心机太重，连这种歪脑筋都动；如果不是的话，那就是他的左右部属给他出的馊主意。部属常常揣摩领导的想法，给领导谋划很多歪主意，有时候不见得是好事。

既然曹操已经这样做了，我们就没必要再去追究到底是谁出了这么个馊主意。曹操把关羽请过来，心想如果真心诚意对他，兴许还能感动他。关羽刚进曹营，曹操就给他出难题，这让关羽怎么想呢？他能够跟两位嫂嫂同住在一个房子里面吗？有人会说，那有什么。按照今天的看法，或许无所谓，可是在礼教甚严的三国时代，叔嫂同室是绝对不允许的。我们虽然不主张男女授受不亲，但最起码，叔嫂之间的名份还是要守住的。所以这显然是曹操出的第一个难题，他想看看关羽会如何应对。

2. 关羽在居室门外站立，自夜晚到天亮，曹操有什么感觉?

关羽果然有他的一套，你让我跟二位嫂嫂同住一室，我当然不会上当，因为人言可畏。中国人常讲瓜田李下的典故：一个人在别人家的瓜田里弯下腰，人家就会怀疑他在偷瓜；一个人在李子树下伸了伸手，人家就会认为他是在偷摘李子。出现这种状况，纵使你再能言善道，也是百口莫辩。

所以，关羽绝对不能进去睡。当然他也不能闹，闹起来的话，人家就会觉得他派头太大了，动不动就发脾气，人家还能服他吗？不要忘了，关羽是打输了才来投靠曹操的。所以，他没有抗议，也没有闹，更没有发脾气，但是，他也没有上当。他采取了另一种方式——我就在门口站着，为两位嫂嫂守夜，一直到天亮，看你们怎么说。其实，关羽的行为连曹操都很佩服，曹操扪心自问，要是自己的话，能做到这样吗？

恐怕是做不来的。

3. 曹操送新袍，关羽穿在里面，仍然把旧的穿在外面，是什么道理？

对于曹操送的袍子，关羽不能拒绝，因为拒绝就是不礼貌。中国人送礼很有讲究，也很有学问。如果送的是重礼，可以拒绝；但如果是平常的礼物或者必需的物品，再拒绝的话，就是不给别人面子，何况送礼的人还是曹操。

曹操看到关羽的袍子已经旧得不能再穿了，就送了一件新的给他，这种情况下，关羽一定要接受。接受以后，如果搁在那里不穿，必然会使曹操难堪——我真心实意送你东西，你怎么这样不领情呢？但如果关羽穿了，曹操会觉得关羽给他面子，心里一定很高兴，可是别人就会说三道四，说关羽这人怎么这样？有了新的就忘了旧的，估计早把刘备忘了吧！还是那句话，人言可畏，大家都这么说，那不糟糕了吗？所以关羽就把刘备给他的旧袍子穿在曹操给他的新袍子的外面，这样两全其美。

曹操当然会对关羽的做法感到诧异，就问关羽为什么这么做。关羽直言不讳地说，不能因为有了新袍子，就忘了旧袍子。这种话再怎么传，大家都是传为美谈的。关羽虽然是个武将，但他从小就喜欢读书，特别是喜欢读《春秋》。“《春秋》作而乱臣贼子惧”，说明《春秋》是讲是非、明大义的，把人世间的对与错分析得很透彻，这也使关羽能够很清楚地对待是与非的问题。

关羽对新旧袍子的处理，又一次体现了两难之下的兼顾。曹操送来一件新袍子，使关羽陷入两难境地。接受的话，会觉得对不起刘备，别人也会说三道四；拒绝的话，曹操会很没面子，以为关羽不领情。所以，关羽两边都要兼顾，就把新袍子穿在里面，外面仍穿上旧袍子，做到两全其美。他这样兼顾是合理的，立足点在于义字当头，没有喜新厌旧，让曹操无话可说。

4. 把赤兔马送给关羽，曹操心里在想什么？

赤兔马原本是董卓的爱物，但为了笼络吕布，董卓狠下心把赤兔马赏给了他。后来效果果然显著，吕布得到赤兔马后，立刻就把丁原杀掉，投奔了董卓。后来，吕布的部将又把这匹马献给了曹操。曹操认为，董卓当年都舍得把这匹马送给吕布，我凭什么舍不得呢？所以他就把赤兔马送给了关羽。

关羽得到赤兔马后，高兴得不得了。他庄重而礼貌地向曹操表达了谢意并道明缘由。曹操转念一想，这才知道不好，但已经追悔莫及了。因为他最怕的就是关羽去找刘备，现在反而又给关羽这么快的一匹好马，那不是跟自己过不去吗？所以说，智者千虑，必有一失。曹操把赤兔马送给关羽，对关羽是天大的好事，但是对曹操而言却是苦恼连连。

5. 张辽说，曹操对云长不薄，关羽却说身在曹营心在汉，合适吗？

关羽这句话，在我们中华民族的后代子孙中流传得非常广，对后世的影响也非常大。我们动不动就讲身在曹营心在汉，意思是说即使我们人在日本、美国，心却还是在中国的。关羽说这话就是为了表明，他的人虽在曹操这边，可心却在刘备那里，只要知道了刘备的下落，随时随地都会去找他。

现在就出现了一个问题，到底是人重要还是心重要？中国人很聪明，知道留得住他的身体，却不一定留得住他的心；可是如果把他的心留住，他的身体在哪里其实并不重要。换句话讲，人在一个地方，心不一定就在这里；可是心在这里，人就一定跟着心在这里。所以表面上看关羽归属于曹操的阵营，实际上他却始终跟刘备在一起。这种思维，外国人很难理解。

三國之道

心在何处，决定人在何处。

6. 关羽为什么向曹操保证必先立功然后离去，不是增加困难吗？

曹操多聪明，听关羽说立功后才会走，他就想到我不给你立功的机会，看你有什么办法。所以关羽保证立了功，谢了曹操的人情才离开，是为自己增加了无比大的困难。然而也正因为如此，才让我们更加佩服关羽。关羽受到曹操如此的优待，一走了之，像话吗？尤其是赤兔马，这么贵重的礼物曹操都舍得送给他，怎么能说走就走呢？所以关羽宁可承担困难，立下战功，还了人情再走，那样才心安理得。

情景说明

刘备为自己不能报国保家而心事重重，得知袁绍要进兵许都，他深表赞同。田丰劝袁绍说许都空虚的良机已失，现曹军士气高涨，不宜出兵。袁绍不听，欲杀田丰，刘备力劝才让他免死入狱。

袁、曹大军对阵白马，曹操出师不利，被颜良连杀数将。程昱推荐关羽出战，曹操怕关羽立下战功离去而拒绝。程昱说关羽出战，袁绍必将怀疑刘备而杀他。如果刘备死了，关羽也就无处可去了。曹操大喜，赶忙令人请关羽前来。

两军阵前，关羽倒提宝刀，大喝一声，直奔颜良而去。颜良见来将气势勇猛，正要问来者何人，关羽已杀到跟前，颜良措手不及，被关羽一刀削去首级。

曹操见关羽杀死颜良，大喜之余，更加钦佩关羽，表奏朝廷封他为汉寿亭侯，并铸印送关羽。

要点解析

1. 袁绍为什么突然答应刘备兴兵讨伐曹操？

我们还记得，之前刘备想联合袁绍，一起对付曹操，袁绍却没有答应，理由是幼子生病，自己也不想活了，没心情谈出兵的事，现在他儿子的病大概稍有起色了，所以又突然答应了下来。袁绍这个人，态度总是变来变去，这次突然觉得曹操本来就应该打，即使不去打他，他也会来打自己，开战是迟早的事，于是就答应跟刘备联合起来去攻曹操。当然，这其中还有人情的问题。刘备不可能直接来找袁绍，而是通过有声望的中间人，许给他一些人情，让他出面联系，袁绍顺势就答应了。

2. 田丰曾经一再建议出兵打曹操，这次为什么反而劝阻？

田丰是个非常聪明的人，他对各种形势的变化看得非常清楚。当时他看准了时机，建议袁绍去攻打曹操，一定会赢，但袁绍根本没有采纳，反而轻易就将提议否决了。现在情况发生了改变，曹军士气高涨，再想出兵去打曹操，几无胜算。田丰站在谋士的立场上，必然实情实报，否则他良心会不安，于是提出现在不宜出兵。袁绍觉得田丰很奇怪：你不是一直主张攻打曹操的吗？怎么这次却来反对呢？是不是故意找麻烦阻挠？最后搞得双方很不愉快。

其实，两边都有不对的地方。对田丰来说，他洞悉局势，可是没有认清袁绍是他主公的事实，他这样直截了当地去讲，袁绍很难接受。归根结底，田丰的用意很好，但沟通技巧太差，应该婉转一点——这仗当然应该打，但现在不太适合打，应该再想别的办法进行补救。袁绍听他这么一说，会觉得打曹操确实有麻烦，就会打消出兵的念头，这样田丰的目的也就达到了。所以当部属不能怎么想就怎么做，做之前还应该考虑领导的反应。反过来，袁绍也应该考虑到田丰一直是主战的，这时候反对出兵一定有他的道理，应该先听听他的分析，看看他是不是贪生怕死才对。然而两边都阴错阳差，结果只能是牺牲了田丰。

3. 关羽自告奋勇要杀颜良，曹操为什么回绝？

关羽和曹操有言在先，立功后就不欠曹操的人情了，就可以去找刘备了，所以关羽自告奋勇要去杀颜良。颜良是袁绍手底下数一数二的大将，与文丑并为河北名将，对曹操而言是很大的威胁，如果关羽抓住这次机会立功，斩下颜良的首级，功劳必定不小，那样就为关羽创造了去找刘备的机会。曹操一想，吃亏的还是自己，所以坚决不让关羽出战。他认为自己是有胜算的，所以不给关羽这样的机会。

4. 程昱为什么劝曹操请关羽取颜良？

程昱这样做，是为形势所逼。出战的将领去一个死一个，眼看着颜良的威胁越来越大，根本没有人是他的对手，所以只好请关羽出战。不过我们要弄清楚，程昱并不是要帮关羽的忙，他只是想替曹操解决问题，因为曹操已经无计可施，再想阻挠关羽立功已是不可能的了。如果曹操一味坚持，对其他人来讲会很不公平，众将会认为他不顾大家的死活，只想留住关羽，而他们这些人在曹操心目中毫无地位。所以迫于形势，曹操只能同意关羽出战立功。

5. 关羽怎么能够一下子就斩掉颜良的首级?

关羽轻松杀死颜良，不能简单地认为关羽的武艺比颜良高强许多。如果能再打一次的话，关羽不一定还能取胜。

关羽之所以能那么轻松地斩掉颜良，与颜良有胆量而无见识是分不开的。颜良有胆量，并不惧怕关羽，但他却缺乏见识，不知道关羽骑的乃是赤兔马。而且武将的习惯是每逢开战之前都要搞清楚来者是谁，现在来者没搞清楚，准备也没做好，赤兔马就已经来到跟前。关羽的刀一动，颜良当然要掉脑袋了。

颜良还没开战，头就莫名其妙不见了，这一幕对大家来说，其实应该好好地吸取其中的教训——一个人要有胆量，还要有见识。对于颜良来说，开打之前要搞清楚人家骑的是什么马，拿的是什么刀，不然的话出战肯定会吃亏。文人不认识赤兔马还可以原谅，但武将不值得同情。所以颜良是死得很冤枉，并不是真的输给关羽了。

三国之道

一个人要有胆量，还要有见识。

6. 曹操为什么封关羽为汉寿亭侯?

很多人认为当时是汉朝，皇帝是汉献帝，关羽被封的是汉朝的寿亭侯。这里需要说明一下，汉寿亭侯是个专有名词，不是汉朝的寿亭侯，跟汉献帝没有关系。

关羽为什么早不被封，而是现在受封?因为关羽立功后，曹操预感不妙，知道关羽要履行诺言而离开，而自己却束手无策。黄金、白银、美食、美女，关羽全不在乎，他到底在乎什么呢?曹操想到，也许加官晋爵会打动关羽，所以封他为汉寿亭侯，又给刻了金印，目的是想把他留住。但曹操又错了，试想一下，如果关羽为了汉寿亭侯的官衔而留下来，那跟当年孙坚无意间得到玉玺死命守住有什么区别呢?为了一个虚名而不顾一切，结果只能是把自己毁掉。关羽纵然喜欢这个汉寿亭侯，但也不会为此放弃去找刘备的念头，所以这只是曹操自己的如意算盘而已。

情景说明

袁绍闻听是关羽杀了颜良，怀疑刘备通谋曹操而要杀他。刘备说单凭相貌怎能断定就是关羽呢？袁绍没有主见，称险杀好人。文丑请兵要渡黄河为颜良报仇，袁绍不听沮授劝谏，拨付文丑10万兵马前往。文丑出战曹军，关羽纵马而出，赶上文丑一刀将他斩于马下。刘备在乱军之中看到关羽，大声呼叫二弟，但曹军大队人马杀来，刘备只得随溃败的袁军撤去。

袁绍得知斩颜良诛文丑的正是关羽，在众人面前又要杀刘备。刘备哭诉说曹操让关羽杀二将，正是为了激怒袁绍，此乃曹操的借刀杀人之计也，袁绍听了又忙说险些错杀贤良。

刘备又说可写密书召关羽前来辅佐袁绍，袁绍大喜，说如果能得到关羽，胜颜良、文丑10倍。袁绍部下陈震来见关羽，呈上刘备书信，关羽看完书信痛哭流涕，陈震催促他速去见刘备。

要点解析

1. 袁绍闻知关羽斩颜良要杀刘备，后来为什么不杀？

值得庆幸的是，袁绍是个犹豫不定的人，否则刘备的命恐怕就保不住了。刘备在袁绍这边，他的弟弟在曹操那边，而且居然还杀了袁绍的大将，这分明是两个人要合谋搞垮袁绍的表现，换成谁也没有办法解释。所以袁绍听说居然是关羽斩了颜良，马上就找刘备算账，这是必然的。刘备也的确了不得，他化解危机的本领很大，哭的本领很强，不但女人会感动，连男人都会感动。有了这个本领，他随时能够化解危机。袁绍来质问，他就哭了——冤枉啊，不是这样啊，天下同名的人很多，相貌相似的更是不少，你怎么知道一定是关羽干的呢？偏偏袁绍很容易接受这种理由，反而觉得自己差点错杀了忠良。这就是无巧不成书。假如袁绍或刘备的个性不是这样，两个人就会当时决裂，刘备的性命就难保了。

2. 文丑为关羽所杀，是不是死得十分冤枉？

文丑确实死得冤枉。出战之前，他心理压力很大，搞不清楚是谁，一下子就斩了颜良，既然这人这么厉害，一旦动起手来，自己能保住性命吗？一个人的信念一旦动摇，就会使自己整个的意志力都薄弱下来。事实上，文丑绝非容易对付的人，否则也不会那么出名。但从外因来看，关羽正处于气势最高昂的时候；从内因来看，文丑对自己能否战胜关羽，没有必胜的信念。这跟平时的文丑完全不一样，所以说他死得冤枉，而且对袁绍也很难交代。文丑是在颜良死后受命出战的，理应从颜良之死中获得一些启示。颜良在没有警觉的情况下被杀，文丑出战时就应该保持镇定，慢一点，先问清楚怎么回事，再会斗关羽，但他问都不问就盲目出战，结果重蹈颜良的覆辙，使人觉得他是浪得虚名。其实，文丑当时的神志已经不太清楚了，这与他平时常胜而没受过一点挫折不无关系。

3. 袁绍要杀刘备，刘备又怎么辩解?

这是袁绍第二次要杀刘备，理由是替曹操杀掉文丑的的确是关羽。刘备一听就表示，如果真是关羽，可以让关羽马上投靠过来，他是我二弟，对我言听计从，也就一封信的事。

刘备随机应变的能力真的是很高明。袁绍觉得能够得到关羽也很不错，就动心了，让刘备赶快写信，于是刘备又逃过了一劫。这其中有许多事情是很难预料的：第一，如果刘备早就知道关羽在曹营，一定会捎信告知关羽自己的所在地，可他根本就不知道，因为那时的通信设施跟现在不能比，两边隔绝得很厉害；第二，如果刘备的表达能力欠佳，反应稍慢的话，这次非死不可，因为袁绍及其属下都怀疑是刘备把本方两员大将害死的，这种情况下，刘备居然还能保住性命，让我们不得不佩服他的应变能力。这一方面是天赋使然，另一方面也需要后天的磨炼。

4. 袁绍当众说能得云长，胜颜良、文丑10倍，合适吗?

袁绍这么说是非常不合适的，给部下的感觉好像他们只是袁绍手中的工具或是一条狗，现在死了两条狗，换来一条名狗，那两条算是白死了，这么说只会让部下很伤心。每个人都有自尊，不能随意取代。比如，谁家的孩子被汽车碾死了，肇事者说赔一个，可以吗？不可以，东西可以赔，人却不能赔，因为人命关天，人的生命跟动物不一样。

袁绍心里可以想，如果能够得到关羽，牺牲颜良和文丑也不算什么，但嘴上却不能这么说，可他偏偏就说出来了。这些话表面上虽没引起什么波澜，因为当时在场的人都敢怒不敢言，但实际上却使袁绍失掉了这些人的心。一个领导把部属的心都失掉了，将来会很惨的。袁绍这么做，对自己非常不利。

5. 刘备派人将书信交给关羽，关羽为什么痛哭？

刘备写这封信，里面所表达的心情是很清楚的，兄弟俩失去联络，彼此不知道身在何处，关羽才会做出这样的事（杀颜良诛文丑）。关羽看后痛哭不已，原因有三：一是感情上的哭，兄弟俩久未见面，内心十分想念；二是觉得对不起刘备，因为诛杀颜良、文丑，差点让刘备丢命，怎么对得起兄长？这值得一哭，也是他哭的主要原因；三是不知道如何收场，接下来怎么办呢？该如何收拾呢？在这种情况之下，关羽是非痛哭不可的，这也是一种很自然的感情流露。

6. 关羽得知刘备在袁绍处，为什么不马上冲过去见面？

假如关羽看到信后，得知大哥下落，就立刻去见面，相信是谁都挡不住的。可他那么做的话，后人也不会如此尊敬他了。这样的匹夫之勇，跟吕布有什么不同？那《春秋》岂不白读了？《春秋》讲的是一个人要来得清清白白，去得光明磊落，关羽如果只顾自己，那两位嫂嫂怎么办？虽然到时候见到刘备，刘备不好意思问他，两位嫂嫂现在怎么样了？但一旦问起，关羽也没法回答。所以做事不能冲动，一看一听马上就动，那就叫冲动。冲动的后果是很可怕的。

关羽知道，大哥就在对面的阵营里，这时候去是最方便的，因为将来情况发生变化，又不晓得去哪里找寻了，这次机会真的很难得。但他毕竟把《春秋》读通了，他知道这个时候去是不对的，就算将来很困难也要面对，尤其是保障两位嫂嫂的安危，这是他的责任，所以关羽忍住没有立马冲过去见刘备，这是非常难得的一种表现。

由此可见，一个人读什么书，他是不是读通了，可以通过他的行为看出来。我们读《三国演义》，读的是义气、忠心，如果读完了而不能身体力行，那不读也罢。中国人常讲知行合一，知而不行，不如不知。

中国人讲究知行合一，知而不行，不如不知。

情景说明

关羽说自己来时明白，去时也要明白，待与曹操辞别后，一定带二位嫂嫂前去和刘备相见。

张辽来见关羽探听口风，问关羽与刘备的交情和与自己的交情有何不同，关羽说与张辽是朋友之交，与刘备则是朋友、兄弟、主臣之交，不能同日而语。张辽又问既得知刘备下落是否前往，关羽说昔日的约定怎么能违背呢？张辽将情况报告曹操，曹操说自有办法。

关羽几次前往相府向曹操辞行，都被高挂的回避牌挡回，张辽也托病不见。关羽无奈写下书信，留下曹操所赐金银美女和汉寿亭侯印，踏上了寻兄之路。曹操见到辞别信，得知关羽已挂印封金而去。部将蔡阳要去追赶，程昱也建议不能留下后患，曹操说自己既已许诺就不能失信，并感叹关羽不忘故主，来去明白，真丈夫也，要手下的人效仿，并让张辽前去留住关羽，自己亲自去给关羽送行。

要点解析

1. 关羽说来去都应该明白，岂不是增加很多困难？

一个人如果怕麻烦，那就不要做事。常听有人抱怨麻烦，这是不对的。做动物不麻烦，做神仙不麻烦，但做一个实实在在的人每天就是麻烦不断，人类正是从麻烦当中成长自我的，因此希望有这种想法的人能够改变心态。

关羽说来去要明白，这是高难度的事情，不仅要考虑刘备及自我的立场，也要考虑曹操的立场。如果二话不说就离开，恐怕曹操会下总动员令，全国封杀关羽，要不然以后还怎么领导别人？所以不要看关羽现在比较麻烦，可是跟将来的事比起来，现在的麻烦还是比较小的。关羽宁可急事缓办，依照诺言交代清楚以后，再光明磊落地离开。这对现代人来说，真是非常难得的典范。

2. 张辽问关羽与他的交情如何，与刘备的交情又如何，妥当吗？

张辽这么说是妥当的，因为他不清楚刘、关之间关系到底如何。结义在当时很普遍，兄弟之情很多只流于表面，他不了解刘、关、张三兄弟的结义之情却是终身不渝的。张辽自以为跟关羽的交情已经够深了，关羽的命还是他救的，这样的交情还不够吗？所以就直截了当地问关羽，咱俩交情怎么样？关羽当然说好啊，那还有什么话说呢？可当张辽试着把自己和关羽的交情与刘、关的交情对比时，关羽则解释说那是不能比的，他跟张辽是朋友之情，而跟刘备却是朋友、兄弟、主臣之情。张辽这才明白，怎么劝也是有限度的，要劝关羽完全改变对待刘备的态度，改投曹操，几乎不可能。

3. 关羽要辞行，为什么曹操避不见面，张辽也闭门不见？

因为除了避而不见，实在没有更好的办法了。

曹操表面上表示一定会信守承诺，可关羽真的要走了，他却为难了。假如当初没有约定，关羽想走，曹操完全可以当面拒绝；假如关羽当初没声明立功后才走，即使今天立功了，曹操也可以拒绝。可这两条曹操都亲自答应了，还能反悔吗？要是反悔了，对其他人怎么交代？所以曹操没有办法，虽然很头痛，却也只好信守诺言，让关羽走。可关羽这么走了，自己又无法对部属交代。最后只有一种办法，就是避而不见，连见面辞行的机会都不给，看关羽怎么办。用这种不得已的方法困扰关羽，拖到最后，关羽也许会放弃寻兄的念头，这是曹操能想到的唯一办法。

张辽呢？只好有样学样，连曹操对关羽都避而不见，他就更没办法了。他既不能劝说曹操放关羽走，那么做未免过分，也不守分，万一过后曹操指责他也有走的念头，那不麻烦了吗？但他也不能再劝关羽，因为关羽已经将他俩的关系讲得很清楚了，朋友而已，而与刘备却是生死之交，是不一样的，所以他只能跟曹操一样，避而不见，看关羽如何告辞。

4. 关羽挂印封金，以书信向曹操告辞，曹操有什么反应？

关羽上门请辞，结果见不到曹操，也找不到张辽。不当面辞行是不礼貌的，不交代清楚，一走了之，就会不明不白，但现在这条路已经断掉了，难道他们一直不见，关羽就要在这里一直苦熬吗？时间一长，刘备恐怕难以保全了，这么久都没回音，袁绍以为刘备已经叛变了，一定会杀了他，这会造成很严重的后果。

在这种情况下，关羽迸发出另一个主意。他将曹操赠送的东西整理好，列一个清清楚楚的清单，赏赐的美女统统送归原处，就连很想拿走的汉寿亭侯的印，也还给了曹操，因为那是曹操的东西，不能要。他的清白怎么才能让曹操知道呢？他想到了信，用信来代替当面的汇报，这应该是较好的一种方式。

面对关羽做出的对策，曹操一点办法也没有。后来曹操想通了，反正留不住了，不如干脆让他走，并且借此把他树立为好的榜样——关羽忠心耿耿到这种地步，你们对待我也要像关羽对待他大哥一样。这也是曹操一种不得已的做法。

5. 众将要追回关羽，谋士也不赞成放走关羽，曹操为什么不接受？

众将不赞成放走关羽，他们都很气愤，为什么曹操对关羽那么好，还不能留住他？因为关羽的心里只有刘备。他们不了解刘备三兄弟交心的程度，所以都向曹操建议，不能放关羽走，谋士也附和这种说法。曹操如果表示赞同，一来信用没有了，二来会做出一个负面表率，等于告诉所有人，我讲话是不算数的，那他的领导威信会大打折扣。实际上曹操的内心也在挣扎，但最后他做了一个明智的决定——放关羽走。

6. 曹操这样做，是对关羽好，还是对他自己好？

曹操放关羽走，如果从短期来看，是对关羽好，但从长远来看，却是对自己好。假如曹操不放关羽走，将来兵败赤壁，从华容道逃难的时候，关羽就会要了他的命。所以人应该替自己留一些后路，留一些余地，表面看是在帮别人，其实是在帮自己。这句话很重要，对人家好就是对自己好，对人家坏到头来就是对自己坏。

三國之道

对人家好就是对自己好，对人家坏到头来就是对自己坏。

十八 千里走单骑

“过五关斩六将”已经成为大家耳熟能详的通俗俚语。现代人说起来似乎轻松，当时关羽却是历尽千辛万苦。若不是坚定的决心和高超的武艺，恐怕完成不了这样艰难的任务。要不是胡班的父亲好意接待，又写了一封家书，胡班即使惊叹关羽为天人，也未必就会牺牲自己来帮助关羽脱险。证明一个人最要紧的，是平日广结善缘，获得良好的口碑，才能够在危急、苦难时，获得贵人的相助。千里走单骑，关羽走得并不孤单。沿途遇到很多好心人，我们这些华夏子孙，也都世世代代永远陪伴着他。

情景说明

曹操一行数十人赶上关羽为他送行，并赠予金银锦袍。关羽怕曹操有诈，骑在马上用刀挑过锦袍，然后拜别曹操去追赶先行的二位嫂嫂。许褚见关羽无礼，要去将他擒拿，曹操说关羽一个人，见自己一行数十人，不敢下马也在情理之中，因此不许许褚追赶。

关羽前行约30里仍不见嫂嫂的车仗，正在着急之时一队人马赶来。带头的廖化说自己因乱世占山为王，二位夫人被他的同伴杜远劫去欲图谋不轨，他得知是刘备的家人后便杀死杜远，救出二位夫人特来投奔。关羽谢过廖化，婉言拒绝了他投奔同行的请求。

关羽途经前庄，庄主胡华请他们到家中休息。当得知关羽寻兄要途经荥阳，庄主请关羽给自己在荥阳太守手下做事的儿子胡班带去一封书信，关羽答应。

要点解析

1. 曹操率众将亲送关羽，有什么用意?

曹操此时充满了矛盾，内心虽万分不舍，却不得不眼巴巴地看着关羽离去。关羽走后，他想再做最后一次努力，派人告诉关羽稍等一下，他想亲自送行，看能不能尽最后的力量感化关羽，留住他。当然，这只是曹操的一厢情愿，但最起码可以看出曹操也有可爱的一面，他真的很爱惜人才，所以连这种事情都做得出来。

曹操率领众将亲送关羽，说既然让你走了，舍不得归舍不得，但我还是亲自来送你，给你一点旅费，使你能够一路平安。因为那时候交通不像现在这么方便，能不能找到刘备，谁都没有把握。

2. 许褚看不惯关羽的无理，曹操为什么加以劝阻?

关羽有什么无理的？曹操送袍子给他，他敢下马来拿吗？当然不敢，因为他搞不清曹操送他的真实意图。曹操给人的印象向来都是反复无常，说翻脸就翻脸，刚才还在笑，转眼就翻脸了。所以表面上看他是好意，这么多将领一字排开欢送，可是万一关羽下马去拿袍子，后面的众将冲过来，关羽还能有命吗？所以关羽不会下马，但又不能不收曹操的袍子，金银财宝可以不要，可连衣服都不收的话，未免太让曹操难堪了，尤其是当着众将的面，不能搞得他太没面子，所以关羽只好用刀去挑。

许褚一看就生气了，他觉得关羽怎么这么没礼貌，我们主公送你东西，你不亲自下马来拿，也不谢一声，而是用刀来挑，太不像话了。以许褚的个性，看不惯就要发作。可曹操劝他，关羽一个人见我们十几个人，他不敢下来也在情理之中，这样做也没有错。曹操此时反而站在关羽的立场来分析关羽的行为，安抚大家的情绪。

3. 廖化原本是山贼，归顺关羽有什么启示?

黄巾军在当时声势很大，很多农民都加入其中，后来他们想归属官兵，官兵却不给机会，所以后来纷纷流落各方，以山头为据点，过起山贼的生活。我们不能武断地说山贼统统都是坏坯子，生来就没救，其实很多事情是情势所逼，他们也未必就想那样子。

廖化原本是山贼，一听关羽过来，就要归顺。按理说关羽此刻最需要人，应是来者不拒才对。但他没有，而是说谢谢廖化的好意，以后有机会再相聚。这是什么道理？原因有三。第一，关羽这次不是去打仗，而是去找大哥，带的人多了，虽说增加了实力，但目标太大，反而会形成拖累，而且人家会误以为他是想打仗，想吞并人家自立为王，要不然带那么多人干什么呢？所以他拒绝了，这是关羽很高明的地方。第二，带浩浩荡荡的一大堆人去，袁绍若以为关羽带兵打过来了，那不是更糟吗？第三，这时候赶时间最要紧，人多了就会减缓速度。基于这些因素，廖化再怎么请求，关羽也没有答应。后来，廖化也归到了刘备的阵营，因为因素发生了改变，廖化自然就来了。很多事情不必急于一时，并非现在不可能，以后也会不可能，因为一切都在不断改变。

三國之道

很多事情不必急于一时，因为一切都在不断变化。

4. 关羽不接受廖化同行，他是不是从此就看不上廖化？

并非如此，关羽不会以貌取人，不会凭第一眼就认为一个人行或不行，他看重张辽也是通过长期交往的结果。如果仅凭第一印象来判断一个人，这是非常危险的事情，但大多数人都是如此。

看人多看几遍，才能看清他的真实面目，因为第一印象非常不可靠。关羽是不是第一印象就看不起廖化？也不是。他只是认为以自己目前的状况，没有能力、没有条件也没有必要收留廖化，如果以后有缘的话，自然会走到一起，这是很自然的一种表现。

5. 关羽保持高度警觉，会不会反而增加很多困难？

做任何事情，有好就有坏，有利益就有弊端。如果是为了完成任务，当然要考虑很多，比如人多力量大，打起来也不会吃亏，这样想当然可以。另一方面，如果人很少，就会增加每个人的负担，辛苦的程度也会增加，而且人家看你人少，也就敢打你，这就会增加很多困难。所以中国人常说，两利取其大，两害取其轻，就是说利害相随，不可能只有利没有害，只有害没有利，两者都是不可能的，关键在于哪个利大害小。关羽选了半天，觉得还是人少的方案好一点，可以快速行动、争取时间，虽然会增加很多困难，但还是要去克服。这是关羽做决策的一个原则。

6. 前庄庄主要帮助关羽到庄上，又请他带信给胡班，这是为什么？

也许前庄庄主仅仅觉得关羽是个难得的人才，既然经过这里了，就要尽地主之谊，所以就请他到庄里。此时关羽一行也很累了，口干舌燥，能够有个可以安全休息的地方，当然是好事。前庄庄主尽了地主之谊，然后很自然地说，你们前面要赶的路上有我儿子在那里当官，你们替我捎去一封信，虽然他职位很低，但最起码可以给你们一点关照。

庄主绝对想不到一封信会有什么效果，他不是神，不可能提前预料到。只是一个人心地善良，就会得到这种善缘；如果心地不善良，很多恶缘就会随着来，善缘反而不见了。所以我们常说，如果心地善良，好人随时都会出现，否则，遇到的都是坏人，这也是自找的。不要迷信地说前庄庄主如何了得，他只是自然地做了该做的事情，至于未来发生什么，凭良心讲，谁也料不到。

情景说明

关羽一行到达东岭关，守将孔秀坚持要见曹操的文凭才放关羽过关，关羽杀死孔秀继续前行。行至洛阳，又遇太守韩福阻拦，关羽连斩两将。厮杀中关羽被箭射中左臂，但他不敢耽误，简单包扎处理后日夜兼程赶往汜水关。

汜水关守将卞喜假意热情迎接关羽，将其一行安置在镇国寺休息，暗地里却在寺内埋伏下刀斧手伺机暗害关羽。寺里有一高士普净是关羽的同乡，知道关羽忠义，有心搭救，便一再暗示关羽寺内有埋伏。关羽意会，问卞喜请自己赴宴是好意还是歹意，卞喜见事情败露，忙令左右动手，关羽拔剑杀了卞喜，救下二位夫人。

要点解析

1. 东岭关守将孔秀坚持要有通行证明，结果如何？

如果从尽忠职守的立场来看，孔秀的做法是正确的。他怎么知道关羽是经丞相同意的还是自己偷跑出来的？但是他阻碍关羽出关，结果只会牺牲自己。

一个人尽忠职守是应该的，可如果明知自己连命都保不住还坚持如此，那不是很愚蠢吗？孔秀作为边关守将，平时应该常派人去了解中央政府的变动，这样才能正确应对。假如孔秀派人从许都打听得知，关羽已经出来了，然后派人去请示曹操到底要不要放行，自己就不会被杀了。可他没有，只看通行证说话。这种人缺乏应变能力，只知道守法，当然连命都保不住。

基层员工按照规定做事就好了，如果已经不是基层员工，还按照基层员工的规定做事，即使牺牲了自己，也不值得同情。孔秀并不是非死不可，可他缺乏应变能力，没有养成应变习惯，关羽只有杀死他，才能继续前行。所以，孔秀是被自己逼死的，而不是关羽嗜杀，关羽也是不得已而为之。

2. 关羽在洛阳连杀两将，有没有必要?

当然没必要，可他没有办法，要不然怎么办？东岭关已经发生这样的事了，洛阳守将如果机灵的话，就该派人连夜去请示该怎么办，这样才对。可他们没有，自认为比谁都行，就是这种自大的心态，反而害了他们自己。平常对外界一点都不关心，只知道自己，这就是井底之蛙。洛阳守将不知道人外有人，也不清楚关羽此时正斗志昂扬，所以这两个守将虽然死得冤枉，但也是活该，因为他们只是守在这里，却不了解外界情况的变化。只有了解了外界的动态后，才能对事情做出合理的判断。

三国之道

人要时常了解外界的动态，才能做出正确的判断。

3. 关羽手臂中箭，为什么还要勉强支撑下去?

任务还没完成，关羽选择支撑下去是必然的。难道他能停下来治疗休养一番，等伤痊愈了再继续前行吗？不可能。在局势千变万化，十分紧迫的状况下，任何人受伤都是小事情，在军中这叫自行裹伤，继续作战，而不是受伤了就可以下战场。厮杀中随时都可能发生意外，关羽再怎么厉害，也挡不住四方八面射来的乱箭。中箭后除了硬撑，关羽也没有别的办法。

4. 汜水关守将卞喜出迎，关羽难道不会怀疑？

关羽当然会怀疑，因为前面几关逼得他非杀人不可，卞喜怎么会这么好心呢？照理说，曹操如果真的愿意让关羽走，还亲自相送，为什么不把人情做到底，送关羽一份通行证呢？这样不就什么事都没有了吗？

我们不要期望曹操会那样做，否则他就不是曹操了，而是仁人志士、正人君子了，那还批评他什么呢？况且他那样做也不太对，好像是对所有的将领表明，通行证在这里，谁想走，随时可以来领一个。那还打什么仗？

任何事情都要有一个度，过分了就不对。我们也不能批评曹操小气或虚情假意，表面上欢送，实际上刁难，也许是他没有想到呢？他一心一意要留关羽的时候，不会想到这些小事情，其他人也不敢讲。张辽敢对丞相说，我们人情做到底，送关羽一个通行证吗？万一曹操说顺便也给你一个吧，你跟他一起走好了，那不糟糕了吗？除非曹操自己想到，没有人敢讲这种话。事情就是这样自然的演变，谁都不能怪。唯一可靠的信念，就是平常多行善事，凭良心做事，到时候自然有好路走，逢凶也能化吉。

到了汜水关，卞喜出来相迎，关羽当然怀疑，你这么有礼貌，是真是假？是不是从前面吸取了教训，想来阴的？因为他知道卞喜打不过他，一定会设计加害。如果关羽单纯到连这点都想不到，那也不可能完成这么艰巨的任务。

5. 方丈一再暗示关羽，是什么缘故？

照理说，方丈是超越世俗的人，不管世间事，谁杀谁都跟他无关。但这个方丈不一样，他知道卞喜要害关羽，可又不能明讲，否则卞喜就会先把他杀死。所以，方丈只能一再暗示，让关羽机警一些。

方丈不停暗示关羽，使得卞喜很不高兴。他不满地说，我请关将军吃饭，干你什么事，你少说几句。关羽当然知道这里面有名堂，因为他也是很机警的人。我们平常也会遇到各种各样的暗示，能不能理解，是我们自己的事，暗示的人已经尽力了。

6. 关羽问卞喜是出于好意，还是歹意，卞喜难道还不明白？

关羽已经很清楚，卞喜是不怀好意的，表面上欢迎，实际上却要暗中陷害，所以他就暗示，你请我吃饭是好意还是歹意？如果卞喜说当然是好意，然后赶快撤掉伏兵，那接下来也不至于闹得那么僵。可他没有，他装得很像，甚至两人打起来的时候，还装作输了，然后再突袭关羽。这种做法，对别人或许有效，但对关羽怎么会有效呢？

虽然这些守将都是尽忠职守，我们不能说他们错了。但是作为高阶层的干部，只知守法是不够的，这样不能解决问题。除此之外，一定要学会应变，知道随时跟上级保持密切的联系，才能把事情处理好。当然，我们也不要怪他们，要是没有他们的牺牲，也就无法凸显关羽的了不起了。对关羽而言，这是好事而不是坏事。

情景说明

关羽感谢普净的相救之恩，普净说此处已难容身，将前往别处云游，二人互道保重告别。

关羽一行来至荥阳，荥阳太守王植得知关羽杀了他的亲家韩福，便想暗害关羽报仇。王植一面迎接关羽到馆驿休息，一面吩咐手下胡班夜里三更带人到馆驿放火，想借此烧死关羽。

胡班久闻关羽大名，想看看他长什么模样，于是便到关羽窗外偷窥。见到关羽相貌伟岸，胡班失声惊叹真天人也。关羽闻声问是何人，得知正是前庄庄主胡华的儿子，便将胡华的信转交给他。胡班见信后将王植的诡计和盘托出，并打开城门送关羽一行出城。关羽大礼叩谢胡班，胡班让关羽快走，自己再依计放火烧馆驿以骗王植。

关羽出城见馆驿火光冲天，正担心胡班有失之时，王植已发现胡班的意图，杀了胡班后又追赶关羽而来。

要点解析

1. 方丈救了关羽，自己也逼得逃亡他处，值得吗？

如果方丈救了关羽后，还留在原地，官府一定不会放过他，非抓他偿命不可。他事先就已经知道会这样，所以做好了离开的准备。事情值不值得去做，方丈事先就已经盘算过了，他觉得值得，才会这样做。当他救了关羽以后，便率领徒弟到别处修行去了。方丈具有高度的智慧，前后都考虑好了才来做，而且最后还能全身而退，是很了不起的表现。

关羽认为自己无端连累别人，心里当然也很愧疚。其实，人这辈子不是欠人家人情，就是给人家做人情，不可能不跟别人发生关系。人是群居动物，不是我救你，就是你救我，不是我帮你，就是你帮我，所以该承担的就去承担，将来该给的也要大方地去给，这才是豁达的态度。

2. 荥阳太守王植一直想为洛阳太守复仇，他想怎么办？

王植心里明白，如果跟关羽来硬的，结果会跟前几个守将一样，只有死路一条，所以就想出一个办法来，佯装好好招待关羽，然后派人半夜放火烧房子，把关羽一行人都烧死。他觉得这个办法是万无一失的。其实，谁都不喜欢动脑筋做坏事，只是形势使然，不得不如此。刚开始一个拼一个，结果拼不过，然后用计谋，计谋又要不过，最后只有牺牲更多的人，将房子一下子烧光。王植的如意算盘就是，表面上让你放心，然后神不知鬼不觉，半夜三更放火烧房子，看你怎么跑得掉。关羽当然能躲过此劫，否则后面的故事怎么继续？值得关注的是，关羽是如何躲过此劫的呢？

3. 胡班为什么偷窥关羽，又赞他为真天人也？

前面提到，关羽路过前庄，庄主很热情地请关羽等人到庄上休息，又委托关羽给他在荥阳府当差的儿子胡班捎去一封家信。其实关羽可以以赶路匆忙为由加以拒绝，但如果那样的话，现在就没人救他了。关羽有100个理由可以拒绝，庄主也有100个理由可以不招待他，但能帮助别人的时候，千万不要吝啬。人一定要广结善缘，尽量跟人家来往，那样才能建立良好的关系，才会有好事发生。否则只会接连发生坏事，这都是自己的原因。

由胡班仰望关羽可以看出，人的命固然是父母所生，但如何去养却要靠自己。养什么？养声望！如果关羽默默无名，就不会引起胡班的兴趣，管你是谁，叫我烧我就烧。可胡班见关羽这么出名，很好奇他到底长什么样，于是就在窗外偷看，一看不由地惊叹，真是天人也。如果一看就是个讨厌鬼的话，关羽就糟了。所以很多事情都是冥冥之中注定的，外国人把它叫作“看不见的手”。其实这并不神秘，就是人与人之间的那种说不出来的缘分而已。胡班不去偷窥，关羽就没命了；胡班偷窥以后觉得不怎么样，关羽也没命了；恰恰是胡班看后忍不住称赞，哎呀！真天人也！关羽很机警，马上就问是谁在外面，这样才创造了两人见面的机会，否则的话，即使有那封信也没用。

三國之道

人的命固然是父母所生，但如何去养却要靠自己。

4. 胡班看了父亲的家书，为什么会向关羽密告王植的毒计？

胡班偷窥关羽，才使他们得以见面交谈。关羽身上有胡班的家信，自然要把信交给他。胡班一看，关羽是个好人，自己却险些酿成大错，于是就跟关羽讲，你很危险，王植不怀好意，让我晚上放火烧死你，你现在跑还来得及。关羽也有顾虑：我跑了，那你怎么办？因为胡班完全是冒着生命危险来救关羽的。

胡班为什么要这样做？是经过冷静思考的，还是平常培养出来的？其实这个就是养，什么东西都是养出来的，名望是养出来的，良心是养出来的，生命是否健康也是养出来的。所以，“保养”二字值得我们好好揣摩。

5. 关羽为什么叩谢胡班，不把胡班带走？

关羽知道，胡班是第二个张辽，对自己有救命之恩，所以才会向他叩谢。胡班相貌如何，职位高低，以及其他种种都是另外一回事，但今天他救了关羽，关羽不叩谢的话还算人吗？所以关羽重重谢他，但却没有冒失地带胡班一起走。因为他知道，胡班是带不走的。如果现在就把胡班带走，王植马上就会追来。

当然，也并非仅仅因为关羽不带胡班走，更主要的是胡班自己不愿意走，他知道如果自己现在就跟关羽走的话，跑不了多远就会被抓到。

还不如现在放关羽逃走，自己再去放火，假装已把关羽烧死了，说不定还能混过去。可见胡班真的是冒着牺牲自己的危险，来完成救关羽的神圣任务的。不要以为小人物就不能做大贡献，胡班虽是小人物，但他同样做出了大贡献，很值得我们纪念。

6. 胡班依计放火，王植有没有发觉，如何处理？

王植不知道会发生变化，他以为计划很周全，而且胡班也十分可靠，事情不会出什么差错。这也是因为胡班平时养成了可靠的信誉，所以王植才会派他去做这件事。结果，胡班虽然按时放火，可关羽一逃，就有人通报王植，最后王植还是把胡班杀掉了。

胡班知道王植绝对不会放过他，关羽也知道胡班肯定会死。以自己的性命来化解这么大的危机，到底值不值得？这是个人的选择，我们不便评论。因为每个人的人生观、价值观以及人格是不一样的。有的人根本不会这么做，不管关羽是谁，只保自己，关羽烧死就算了；有的人却要见义勇为，因为心里有义的存在。

情景说明

关羽被王植追上，得知胡班被害，怒杀王植。关羽感念胡班义气，将他安葬妥当才一步三回地继续赶路。

关羽一行进入滑州地界，曹将刘延来见关羽。关羽让刘延准备渡河的船只，刘延托言怕曹操怪罪不敢从命。关羽知道刘延是无用之人，便赶奔黄河渡口而去。

把守黄河渡口的秦琪虽知关羽已连杀五将，却自认为武艺高过被杀的守将，仍执意阻拦，结果也被关羽一刀劈死。关羽命其余人等备船渡河。

要点解析

1. 关羽看见胡班受害，有什么反应？

关羽率领一行人匆忙逃出荥阳城，途中回头一看，大火果然烧起来了，就知道胡班说的是真的。如果火没有烧，也许是胡班故意骗他，做假人情也不一定。很多事情虚实真假，要靠自己去判断。胡班虽按时放火，王植发现真相后，会不会害他？关羽不知道，也不可能回来调查。他继续赶路，结果王植很快率兵追来。王植此时还在撒谎，说不知道谁放的火，幸好你没在馆驿内。关羽说既然这样，那谢谢你了，我也不回去了，你让胡班跟我走吧。结果，王植把胡班的人头一丢，事实就一目了然了——胡班果然被王植害死了。

关羽当时感慨万千，说天下竟有这么义气的人。中国人很讲义气，但也常常有人把它用错地方。一个本来不胜酒力的人，朋友劝他多喝几杯，于是就说自己要舍命陪君子，一醉方休，这不是胡闹吗？这个时候舍什么命呢？命是很宝贵的，这样的舍命，简直是玩笑。把义气用错地方，那是看不起自己的性命。人只有一条命，不会有第二条，如此宝贵的性命一定要爱惜。

中国人常骂别人贪生怕死，如果不贪生怕死，连命都不要，那不是自暴自弃吗？所以合理的贪生怕死是应该的。胡班心中会衡量，假如为了留下自己的这条命而害死关羽，后半辈子也不会好过，传出去也不好听，算来算去还是舍命陪君子——这才是真正的舍命陪君子！牺牲自己，成全关羽。胡班最后做出这样的选择，是他的家教产生的良好效果。

2. 关羽匆忙赶路，为什么还要埋葬胡班？

如果关羽只顾自己赶路，连胡班都不埋葬的话，就太不讲义气了，将来必会身败名裂。胡班连命都舍得给你，你还不肯花点时间埋葬他吗？我们中国人常说一句话，叫作入土为安，就是不能让尸体曝露野外。所以关羽把胡班安葬妥当，这才继续赶路。

3. 刘延不肯提供船只，关羽为什么不杀他？

如果关羽看谁不服从自己就杀谁，那跟曹操有什么两样？关羽不是那种人，他觉得你们虽坚持己见，但只要是合理的，我也会尊重你们，这才是关羽令人敬仰的地方。刘延虽不提供船只，但也没难为关羽，所以关羽不杀他，而是自己想办法渡河。

不是每个人都要帮你的忙，有船借当然最好，不借的话自己想办法，这才正确。如果关羽一路上见人就杀，自私到只顾自己，完全不把别人放在心上，那这段路就会走得毫无意义。关羽很讲理，自己离开是得到曹丞相同意的，你们最好讲理放我过去，否则就不要怪我翻脸无情。中国人不会随便翻脸，但是对方在好言相劝以后还不识相的话，那翻起脸来也是很厉害的。

4. 秦琪知道关羽杀了五个守将，为什么还要阻挡?

每个人的选择不同，所以命运才会不一样。一个人自己的选择，就是他的命运。比如刘延，他虽然不帮忙，但也不阻挡，所以关羽并不杀他。秦琪则不同，他想关羽虽然杀了五员守将，但那是因为他们武艺不济，以我的武艺，关羽杀得了我吗？因此他就是不让关羽走。这也是他的选择。我们不能说谁对谁错，因为每个人都有选择的自由。

至于关羽怎么反应，那也是关羽的事情。关羽肯定会动刀的，因为所有的障碍都一一排除了，难道到了最后还会妥协吗？要妥协的话早就妥协了，何必等到现在呢？此时妥协的话，那其他人岂不是死得很冤枉？所以关羽不会妥协，这才有过五关斩六将的完整过程。

三国之道

一个人自己的选择，就是他的命运。

5. 关羽过五关斩六将有什么启示?

首先，做一件事情，不可能一帆风顺，一定会遇到层层关卡，那就要一关一关去突破。对此有两种看法：一种是人生不如意之事十常八九，这是比较消极的看法；一种是人生就是要不断提升自我，虽说有很多关卡，但超越过去就会使自己达到一个更高的层次，这是比较积极的看法。关羽这次当然是积极的，他要去寻找兄长，这是他一定要做的事情。别人有别人的立场，不一定完全赞同自己，但要尊重他们，除非不得已，不能乱杀人，这是一个很好的原则。

其次，阻挡关羽的人也不是完全没有道理，他们也是职责所在，如果每个人都表示欢迎，那整个曹营还有什么规矩可言？所以，也不能说关羽所杀的人都是该死的。关羽心中也很愧疚，也觉得良心不安，因此他在中箭后，也没有表现出很气愤的样子。在他看来，我可以杀人，人也可以杀我，这才是应有的态度。只不过因为武艺的差别，关羽能杀掉他们，而他们却杀不掉关羽。

最后，在过五关斩六将后，关羽的人生就一马平川了呢？当然不是，关羽后面还有更难的关卡要过。所以当我们渡过了一些难关时，千万不要大意，因为那只是一个准备、一种考验，为的是让你将来能够渡过更难的关卡，这样想就对了。

6. 二位嫂嫂的感觉怎么样?

二位嫂嫂的感觉最清楚不过了：第一，她们一定知道，如果没有关羽，她们二人早已不在人世了，就算能留下来也必然受尽侮辱；第二，如果没有她们，关羽很容易就回去了，不会如此辛苦，之所以遭遇这么多困难，就是因为受了她们的拖累；第三，关羽对兄长的确是情深义重，他如此尽心尽力地保护两位嫂嫂，都是因为刘备的关系。任何事情，只要把周边的因素分析清楚，我们就能看得非常清楚，非常明白。

十九　兄弟喜重聚

张飞原本是有钱人，为了理想，他捐出钱财追随刘备和关羽。被曹操打得兄弟失散，张飞又发挥经营的本事，把古城弄得声势浩大。听说关羽投降曹操，气得不许众人提起关羽的名字。据报关羽就在附近，马上大喊随我出城，披挂持矛，带人冲出去要杀关羽。任凭关羽怎样解释也听不进去。二位嫂嫂保证，他也不听，一心只想和关羽拼个生死。这种鲁莽的作风，其实也十分可爱，难怪许多人心中委实喜欢他。同样是鲁莽，有的相当可爱，有的却非常可恨！张飞没有私心，所以显得可爱。幸亏及时化解，否则也会造成很多麻烦。

情景说明

关羽一路过五关斩六将，终于登上了横渡黄河的船只。他伫立船头，回想过关斩将，千里寻兄的历程，不禁感慨万千。正要往袁绍处前行时，关羽忽然听到有人呼喊，于是停马观看，原来是孙乾。关羽大喜，跳下马来与孙乾拥抱在一起。孙乾告诉关羽，因袁绍举棋不定，部将相互妒忌，刘备已到汝南刘辟处去了。刘备怕关羽去袁绍处有失，所以让他在此等候。

关羽正要启程，没想到夏侯惇杀来要为秦琪报仇。打斗间，前后两拨信使送来曹操的通关文书，夏侯惇问曹操是否知道关羽过关斩将之事，都答不知。夏侯惇更执意要擒住关羽交曹操处置。此时，张辽赶到，说曹操已知关羽斩杀守将，但仍令放行，夏侯惇只得悻悻离去。张辽得知刘备已不在袁绍处，建议关羽先回许都。关羽拒绝，继续踏上护嫂寻兄之路。

要点解析

1. 渡过黄河，逃出曹操虎口，关羽为什么反而感慨万千呢？

一个人在冒险犯难的时候，只会专心于眼前，将整个注意力都集中在解决这些问题上，没有太多的时间去感慨。但当一切安定下来之后，就不一样了。此时关羽冲过了所有的关卡，马上就要跟兄长见面了，心中肯定是激动万分。

关羽历尽千辛万苦，可是就算到了河北地界，仍不知道刘备的确切位置，无法立刻与兄长相见，所以自然会有许多的感慨。关羽虽是个武将，但也是个感情非常丰富的人，从他此时的表现我们可以感觉出来。

2. 关羽和孙乾相见，有什么感觉？

孙乾是刘备集团中一个很重要的谋士，虽然不是关羽的兄长，但总算看到自己人了，所以两个人拥抱在了一起。两个大男人同样可以拥抱、拉手，但这些举动跟西方人是有区别的。中国人只有在生离死别的时候，才会想到去抱抱对方，不像西方人，一见面就抱在一起，让人觉得奇怪。我们不要觉得这样很时髦，就盲目地学习西方。西方人口很少，好不容易看到一个人，所以才会有这种举动；而中国人口众多，除非生离死别，否则不太会拥抱在一起。说难听点，经常这样只会增加传播传染病的机会。

孙乾的出现对关羽来说，无疑是增加了无穷的希望，因为他觉得应该很快就能见到兄长了。可是反过来看，为什么兄长没有和孙乾一起出现呢？可见后面还有重重障碍。中国人是很矛盾的，我们一则以喜，一则以忧，同时出现。而我们的情绪之所以起伏那么快，就是因为我们反应非常灵敏，这是我们民族非常特殊的一面。

3. 夏侯惇来势汹汹，关羽如何处置？

夏侯惇不但勇猛，而且很讲义气，朋友委托他照顾秦琪，结果没照顾好，被关羽杀了，所以他一定要来报仇。他对关羽说，就算曹丞相让你通过，我也要报仇。后来经过大家三番五次的劝阻，而且他也知道自己不一定打得过关羽，才说下次再决一死战。

从夏侯惇的话我们可以感觉到，中国人是永远不认输的，只要有充分的理由，即使打不过，也要跟对手拼命。全世界的人大部分都会认输，只有中国人不会。虽然夏侯惇后来改变了态度，但那是基于很多外来因素的影响，并不是认输。他离去之时仍说，仇是一定要报的，下次再见分晓。这是我们中国人很了不起的一种气概，而且在后世也有很好的延续。

4. 张辽奉曹操之命赶来送通行证，为什么这么晚才送来?

我们不能光看表面，认为曹操这么晚才送来通行证就一定是在耍诈，故意给关羽制造困难。他既然肯放关羽走，就不会不同意给关羽通行证，只是曹操当时没有想到这样具体的小事。这本来是幕僚的事情，可是哪个幕僚敢对曹操说，丞相既然已经允许关羽离开，那就给他通行证呢？表面上看好像是幕僚办事能力太差，实际却是因为这件事太特殊了。如果一般人出国，幕僚一定会事先把出关手续办妥，但换作关羽，谁都不敢这么做，谁也不敢这么提。所以关羽才会人走了，却没有通行证。

五关守将不可能都不清楚情况，因为一开始关羽就是降汉而非降曹。他们都知道丞相答应关羽，一旦得知兄长去处，就会去寻找，而不会继续留在曹营。这样来看，这些守将原本知道关羽会走，但现在却以“不知道丞相已经同意”为由，一味阻拦，一味蛮干，偏不让关羽过关，最后丢掉了自己的性命，那也是没有办法的事情。可见，事在人为，做事情之前还是要动动脑筋，想一想怎样能和谐地解决难题，这才是妥当的方式。

5. 夏侯惇本来要替秦琪报仇，后来又为什么先行离去?

一个人的情绪是会改变的，气头上不管对方是谁，即使打不过也要拼命，这是人之常情。夏侯惇知道曹操同意关羽离去，却以为曹操不知道关羽杀了人，若是曹操知道的话，肯定会追究的，因此想把关羽抓回去交给曹操处理。到时候曹操想放就放，不放的话，他也是尽到了责任。

中国人做任何事情，随时可以找到很多正当的理由。当我们赞成别人的时候，能找出100个理由，当我们反对别人的时候，也能找出100个理由。理由是人找的，随便讲一个都是理由。所以听到这些理由的时候，不要相信真是因为如此，讲归讲，想归想，之间并非没有出入。

夏侯惇就是这样，听说曹操知道关羽杀了人，仍同意放行，就不再继续逞强了。否则的话，要么是自己被关羽所杀，要么回去也要挨曹操的骂。因为曹操的命令是即使关羽杀了守将，也要放他走，如果夏侯惇一味坚持刚才的态度，就是有意背叛丞相的意思，所以最后夏侯惇悻然离去也是必然的结果。

三國之道

理由是人找的，随便讲一个就是理由。

6. 张辽要关羽暂回许都，关羽当然不肯，张辽有什么感受？

张辽是唯一能跟曹、刘两个阵营都保持融洽关系而不被怀疑的人，这是他很了不起的地方。如果其他人跟关羽有这种交情的话，曹操一定会怀疑他，认为他是在通敌，而且也不会放过他。因为既然关羽回到了刘备身边，那就是曹操的敌人，如果还继续来往，无疑就是曹操这边的叛徒。但张辽就可以。可见每个人都有自己特殊的一面，不能把普遍原则应用到每一个人身上。

曹操知道张辽和关羽有私人感情，他也没有反感，因为这是一条良好的沟通渠道。这次张辽又劝关羽，既然不知道兄长现在的去向，干脆先回丞相那边，随时知道再随时离开算了，况且现在通行证也有了，不会像上次那么辛苦，还有什么可担心的呢？

但关羽会这样做吗？如果再回去的话，所有人都会怀疑他的动机，而且能不能再出来也充满很大的变数。关羽明白这些，所以他婉拒了张辽的建议。而张辽跟关羽一样，也是个重情重义之人，虽然不舍得关羽离开，可碍于情势，也只好黯然告别，这才是合乎人性的表现。

情景说明

在关羽去往汝南的路上，山贼裴元绍带人来抢夺赤兔马，当得知来者是关羽时，裴元绍赶忙下拜。原来关羽昨夜投宿农庄，庄主的儿子盗马不成而报信给裴元绍，让其前来抢马。山贼头领周仓说自己对关羽仰慕已久，愿追随为他牵马坠镫。关羽见他诚心实意，于是应允。周仓大喜，俯身趴在地上请关羽踩着自己上马，关羽不忍，周仓几次催促，关羽这才上马。

关羽行至古城，从路人处打听得知张飞已占领古城，招兵买马驻扎在城中。关羽连忙面告二位嫂嫂，众人大喜，派孙乾先去古城，通知张飞来迎接甘、糜二位夫人。

张飞误会关羽，以为他为高官厚禄而背信弃义，对关羽又念又恨，不准别人在他面前提起关羽。张飞见孙乾，得知关羽前来，火冒三丈，拿起丈八蛇矛飞奔出城。关羽远远看见张飞，满心欢喜催马相迎，不料刚到近前却见张飞挺矛便刺，关羽大惊，赶忙握住长矛，问张飞为何如此。

要点解析

1. 周仓原本是黄巾军的一分子，如今归顺关羽，关羽为什么马上收留?

我们回想在周仓归顺之前，同是黄巾军出身的廖化也曾表示要跟随关羽，可关羽不肯收留，而这次关羽对周仓却是二话不说，马上就点头同意了，这不是很奇怪吗？这就是此一时彼一时。廖化提出请求的时候，关羽不方便多带人，以防引起猜忌，给旅程增加困难，即使心里想收留廖化，也只好说不行。但现在不同了，关羽已经脱离了曹操的势力范围，又正是需要人手的时候，当然人越多越好，所以才会欣然同意。

我们常常说，同样的努力，结果却不一样，叫作有幸有不幸。虽说不能完全归结于“运气”两个字，但最起码，时机不一样，情势不相同，情绪有所变化，所带来的结果就会大不相同，这些都是事实。我们可以说周仓很幸运，因为他一说关羽就马上答应了。

周仓也很了不起，他知道自己要做什么——蹲在地上，让关羽踩着自己的背上马。关羽个子高大，体重自然不轻，矮小的周仓怎么经得起关羽踩呢？所以关羽刚开始根本不忍心踩，但周仓再三催促他上马，他就只好踩了。周仓最了不起的地方，就是他别无所图，不是为了升官发财，但是一辈子都在替关羽照顾马，当他的马夫，并且经常让他踩着自己的身体上马。我们会问，这样做值得吗？答案是大家去看一看现在的关公庙，就知道值不值得了。关公塑像旁边的那个塑像就是周仓。能在关公庙里站在关羽的身旁被老百姓供奉，谈何容易？即使官做得再大也不会受到如此礼遇，可周仓就做到了。因为他一辈子就干这个事，并且干得非常好，所以受到后人的尊敬也是顺理成章的事。聪明的人，一辈子只需跟对一个人，其他事情根本不需要多想。

2. 周仓自愿充当关羽的马夫，而且一直持续下去，有什么启示？

这件事给我们一个重大的启示——不要像西方人那样，老想着跳槽，搞不好就辞职。跳来跳去，不是好办法。中国人给这种跳来跳去的人起了一个很难听的名字——抹布。这里抹抹，那里抹抹，这个桌子擦擦，那个桌子擦擦，永远只是块抹布。如果没有在一个岗位上长期的工作，是积累不起来经验的，也很难成长。所以为了几个钱就跳槽的人，不可能有太大的成就。我们看周仓就好了，他守分，他坚持，最后他的精神让所有人都很感动，也跟关羽建立了非常深厚的感情。

三国之道

如果没有在一个岗位上长期的工作，是积累不起来经验的，也很难成长。

3. 关羽听说张飞就在面前，赶紧面告嫂嫂，有什么用意？

中国人说天，其中也包括地；说男，其中也包括女；讲兄长，就包括嫂嫂在里面。很多人没有注意到这些，所以才会说中国人重男轻女，其实不是，这些都是分不开的。

关羽内心认为：兄长在的话，可以直接跟兄长说，就不必去报告嫂嫂了，因为兄长会跟嫂嫂讲；现在兄长不在，嫂嫂就和兄长一样，所以关羽事无巨细都会向嫂嫂报告。而且关羽知道这个消息也是欣喜万分，当然想马上跟嫂嫂分享这份惊喜。同时，他也是让嫂嫂安心，万一有什么风吹草动，嫂嫂也知道如何安顿自己。如果此番关羽没有事先告诉嫂嫂，张飞突然间杀过来，嫂嫂搞不清楚怎么回事，也就无法挺身而出，替关羽做适当的辩解了。所以每一个人，该做的事情一定要去做。关羽尊重兄长，现在兄长不在，也要同样地敬重嫂嫂，这是他的本分。

4. 张飞听到关羽的名字反而愤怒不堪，是什么道理?

张飞就是张飞，换成别人，是不可能这么做的。因为张飞疾恶如仇，眼睛里容不下沙子。他认为关羽既然已经投奔了曹操，就是背叛了大哥和自己，这种不义之举，伤害了桃园三结义的精神。张飞虽然很重感情，很想念二哥，却不许别人提起关羽的名字，谁提起就跟谁过不去。在他看来，一个人连最起码的义气都不能保持的话，就不配做他的兄弟。虽然孙乾解释说真实的情况不是这样的，可张飞却以为大家都受了关羽的蒙蔽。他就是这种个性，所以一听说关羽护送嫂嫂回来，就准备好兵器，二话不说，冲出去就准备刺死关羽。幸好关羽的臂力很大，即使没拿刀，也能空手抓住刺来的长矛，这才有嫂嫂替他解释的机会，要不然凭张飞的个性，关羽也没有办法进行解释。

5. 孙乾告诉张飞关羽在附近，张飞的反应如何?

如果换作别人，只要听到关羽护送嫂嫂回来的消息，肯定会马上准备迎接。可张飞没有，他不听解释，自己想当然。一个人如果太固执，最后只会害死自己。以张飞的个性，他能独当一面吗？其实张飞的经营能力很强：桃园三结义之前，他就很会做生意，很能赚钱；三兄弟失散后，他又很快夺到一个古城，又有了经营的资本，建立了属于自己的势力。可这种疾恶如仇的人却难成大事，因为太容易被人利用。

很多年轻人认为张飞很有正义感，是非分明，所以喜欢学他，但最后往往被人利用，追悔莫及。我们不是反对正直，做人应当正直，义气就是正直的一种。但过分正直，就等于不分是非。人要分辨善恶，但最好不要疾恶如仇，因为那样太极端了，容易产生危险的后果。

过分正直，就等于不分是非。

6. 张飞一见关羽便挺矛刺去，这是为什么？

自从听到关羽投靠曹操的消息，张飞就认定关羽已经背叛了当年的誓约。他从来没有冷静分析关羽背叛的可能性有多大，现在也没有仔细思量为什么关羽手上没有拿刀。如果他情绪冷静的话，马上会看到关羽的手里没有刀，而自己拿着矛，这算什么事？可张飞不会去看这些东西，他认为自己是对的。反思张飞的做法，我们觉得做人真的不可以这样鲁莽。

不可否认，民间有很多人喜欢张飞。为什么？因为他们的个性与张飞一样，所以《三国演义》才值得我们去看。如果里面描绘的都是特殊人物的话，那就失去了观看的必要，就算看懂了，在生活中也没有实际的用途。正因为我们有的像刘备，有的像张飞，有的像关羽，有的像曹操，所以我们才会把身边的人跟他们对比，拿他们当作一面镜子，看看有没有他们那样的缺点，如果有的话就改一改。如果张飞稍改个性的话，他自己就会更快乐一些，周围的人也会平安得多。

我们看到，关羽一路上过五关斩六将都过来了，却差点被张飞刺死。如果真的不明不白地死在张飞手上，不晓得关羽在九泉之下会作何感想。所以，关羽从来没有像此时这样气愤过，因为张飞是自己的弟弟，现在居然这样对待自己，他能不气愤吗？

情景说明

张飞说关羽投降曹操又来捉他，要与关羽拼个你死我活。甘、糜二位夫人见状忙向张飞说明缘由，孙乾也来解释，张飞均不相信。关羽说若是来捉他的话需带兵马，怎会自己前来呢？说来也巧，曹将蔡阳为外甥秦琪报仇，正好带领兵马赶来。张飞问关羽还有何话可说，关羽说斩了蔡阳以表真心，说完便纵马迎上，手起刀落杀了蔡阳，张飞这才相信，与关羽抱在一起，喜极而泣。

回到古城，听到手下说张飞常常在梦中呼唤二位哥哥而醒，孙乾笑张飞说今日见面却差点要了二哥的命，关羽说张飞心如明镜，疾恶如仇，可敬可敬。糜夫人打趣说今日要是真拼了个你死我活，二叔又该怎么说呢？众人大笑。关羽得知刘备因见刘辟兵微将寡，又折回袁绍处，一方面让张飞把守古城，一方面命周仓前去接应裴元绍的人马，自己则与孙乾去见刘备。

要点解析

1. 二位嫂嫂替关羽解释，张飞为什么也不相信？

当一个人充满仇恨的时候，是听不进去任何话的。如果张飞对关羽只是怀疑和不满，那么别人劝他，他可能还听得进去。但他现在对关羽已经到了仇恨的地步。中国人常讲：爱之深，责之切。张飞认为谁都可以投靠曹操，唯独关羽不可以，所以他什么话都听不进去。在这种情况下，孙乾应该多多开导张飞，但他做得明显不够。孙乾毕竟是白面书生，考虑事情没有深度，如果换作考虑事情比较周全的人，不会只简单地告诉张飞关羽来了，而是会把张飞拉到一边，告诉他从开始失散到现在重逢的整个演变过程。那样张飞自然会了解二哥在整个事件中扮演的角色，后来两兄弟交手的事情也就可以避免了。

中国人的智慧，是事情发生以前去防患于未然，而不是发生之后再来解决问题。因为当矛盾激化到一定程度，解决起来要比一开始就预防困难得多，而且一般的解决方法也难有功效。这值得我们从现在就开始重视，真正落实到现实生活当中去。

三国之道

中国人的智慧，是在事情发生以前去防患于未然，而不是发生之后再来解决问题。

2. 曹将蔡阳来追赶关羽，为关羽所杀，是不是来得不是时候？

蔡阳来得非常不是时候。张飞说关羽，投了曹操还想来骗我？关羽解释说，如果我来战你的话，肯定会带兵马，怎么会只身前来呢？正巧，这时蔡阳领着人马就到了。关羽本来不想杀人，可为了打消张飞的疑心，不管来者是谁，他都会举刀就杀。谁叫你此时出现呢？所以蔡阳会死，是因为他来得实在不是时候，或迟或早，他都不会这样轻易送命。可见很多事情都无法事先安排。蔡阳偏偏选在两兄弟讲这种话的时候出现，所以他非死不可。若是别的时候，关羽也许会给他机会，劝他离去，最好不开杀戒。可现在关羽除了杀死他外，别无选择。

3. 张飞终于相信关羽的话，他有没有歉意？

我们现在受西方人的影响，认为做错了事就去向别人道歉是很好的现象，所以也开始教育小孩，要学会向别人说对不起。其实这是不了解中国人，错误已经犯了，人心已经伤了，后果已经造成了，说句道歉的话就能一笔勾销吗？中华民族基本上是一个不接受口头道歉的民族，我们希望从一开始就不要造成需要道歉的事实，而不是随便犯错，然后再用道歉来了事。

当然，谁也不能保证自己不犯错。中国人做错了就是做错了，不能只是口头上承认错误，更多的要用实际行动让对方感觉到自己的歉意。所以，张飞一把搂住关羽，抱头痛哭。关羽当然清楚，张飞虽然嘴上没说，但他的表现已经是在道歉了。可见，中国人是不重形式的民族，千万不能去学西方人那一套，样子做得虽好看，可往往有口无心，那样才糟糕。中国人有中国人的一套想法，这在《三国演义》里面几乎发挥得淋漓尽致，我们要从民族思想中汲取丰富而宝贵的智慧。

三國之道

做错了，要用行动来道歉。

4. 关羽说张飞心如明镜，可敬可敬，是真的吗？

关羽刚才差点死在张飞手上，他要是真这么认为才怪呢！但关羽这么说，是不是表示他不诚实呢？也不是。因为既然是兄弟，就没有必要老提以前的丑事。可见，中国人随时在变。关羽说这句话的时候，两位嫂嫂都不认同，开玩笑说如果你们斗到现在，你还会觉得张飞心如明镜吗？关羽哈哈大笑。

很多事情过去就算了，不需要再提，如果关羽一天到晚看到张飞，就想到他差点要了自己的命，那两兄弟还怎么相处呢？所以中国人常讲，该说的话多说一点，不该说的话一句都不要说。关羽就很聪明，非但不到处笑话张飞，反而称赞张飞心如明镜，十分可敬。这些话使张飞对他更加恭敬，以后也更听他的话，这才是这句话的真正益处。

5. 张飞在古城的作为有什么启示?

张飞与两位兄长失散以后，很快就找到一个根据地，为三兄弟会合以及日后发展奠定了重要的基础。如果三兄弟重新团聚后，却发现连个落脚点都没有，岂不是很糟糕？尽管张飞很鲁莽，但他的实力还是不可否认的，最起码他为日后团聚找到了一个基地，用今天的话讲，就是平台。有了这个平台，两位兄长回来以后，才可以从这里再出发。

果然，三兄弟最后团聚的地方就是这座古城。所以我们不能否认，张飞实际上很有自己的一套做法，有时候也能够独当一面，而并非全靠两位兄长。他与两位兄长的差距，就在性格太暴躁，城府不够深，所以不能长期地单独去发展，需要跟着两位兄长多多学习。

人能恰如其分最重要，不管有何能力，总要加减乘除算个总账，然后才能给自己一个准确的定位。没有领导的能力就不要硬去逞强，有做幕僚的智慧去做幕僚也很好，这样才会一辈子过得很愉快。

三國之道

知道自己的定位是什么，一辈子都会过得很愉快。

6. 关羽为什么不带着张飞一起去寻找刘备?

假如关羽带着张飞，那两位嫂嫂也必然要一同前往，这样长途跋涉，一定会非常辛苦。所以关羽告诉张飞，把两个嫂嫂安置在这里，由你来照顾，同时守好古城。兄弟俩分工，一个去找大哥，另一个留守。

做任何事情，都不能单方面去想。况且寻找大哥也是天大的难事，不是哥俩一块去看热闹，因为大哥能否逃得出来谁也不知道。袁绍虽然不行，但也是进去容易出来难。做事情不能没有保留，关羽这种顾虑很周到。

情景说明

进到袁绍地界，孙乾让关羽不要轻易前去，先找个地方歇息，自己先去见刘备。刘备见孙乾得知二弟情况，迫切想见关羽。简雍建议刘备去见袁绍，以前往荆州说服刘表破曹为由脱身。郭图说刘备此去必不会回来，袁绍不信。

关羽在一户姓关的农家等候，刘备赶来和关羽相见。关羽让新收的义子关平参拜刘备，然后众人一起前往会合周仓。走到半路，遇见周仓狼狈而来，他说裴元绍被一猛将所杀，自己也战败而回。关羽让周仓带路前去骂阵，对方来战还未到近前，刘备远远就认出来者正是赵云。赵云滚鞍下马拜见刘备。原来公孙瓒兵败自焚，赵云四处飘零，路经此地碰上裴元绍抢他马匹，便杀了他想借此地安身。赵云表示愿投刘备，刘备也早有此意，于是与众人同回古城，刘、关、张兄弟三人终于得以重新相聚。

要点解析

1. 孙乾为什么让关羽暂留，自己先行打听消息?

古城兄弟相聚时，孙乾的表现不尽如人意，由于事先没有好好沟通，险些让两兄弟闹出人命。人会反省，才有成长。孙乾这一次考虑得比较周全，想到袁绍一定会对连杀自己两员大将的关羽心存忌讳，如果此时让袁绍发现关羽行踪的话，对关羽来说是高度危险的。于是他吸取上次的教训，让关羽先躲一躲，自己先去打探情况，情况合适再让他们见面。因为跟关羽相比，孙乾前去自然目标较小，也相对比较安全。一个人做完事情以后，要有一些反省，才能够不断改善，不断进步，孙乾在这件事上做得很好。

2. 袁绍的内心到底想不想杀关羽，替颜良、文丑报仇呢?

换作别人，我们还要去揣摩一番。可袁绍呢？根本不用揣摩。他一会儿这样想，一会儿那样想，到底要不要杀关羽，连他自己都举棋不定，一切决定都取决于情况的变化。以当时的情形来看，不让关羽与袁绍相见，才是比较妥当的做法。因为袁绍很冲动，说不定见到关羽又要杀他，即使不杀，一下子把关羽列为上宾也不太可能。孙乾根据他以前向袁绍求救的经历，知道袁绍没有办法把握自己，所以才会那样做。

3. 关羽和刘备见面，为什么和张飞古城之会很不一样呢?

三兄弟的感情毋庸置疑，但他们的个性却不一样，控制情绪的能力也相差很远，所以才会有关羽与张飞相会古城时惊心动魄的一幕。可关羽与刘备见面时，完全是两个人久别重逢后的情绪宣泄。

关羽见了刘备，马上跪下来参拜兄长。如果他认为自己保护嫂嫂有功，站在那里先表白自己的功劳，那刘备以后还怎么和他相处呢？关羽所做的只是他分内之事，当中并没有额外的人情。反倒是刘备非常感激，说赶快起来。兄弟二人，这样才对。刘备当然不好意思说，承蒙你照顾妻子之类的话，也没必要这样讲，否则就见外了，跟当时侠义行事的风格也不相符。如果是在西方，所有的战士、侠士都会把爱情故事当作炫耀的资本来谈，只有中国不是这样。那是不是中国人不讲感情呢？当然不是，那也太小看中国人了。人怎么会没有感情，没有男女之间的那种举动呢？但那些都是私情小事，什么场合说什么话，什么场合做什么举动，中国人分得非常清楚，与西方人很不一样。

4. 关羽收关平为义子，并且拜见刘备，这是为什么?

两兄弟都感到自己年岁已大，该是培养第二代接班人的时候了。刘备见到关平，内心的情绪也很复杂。自己年过半百，却还一无所成甚至连个后代都没有，心情怎么能够平静呢？关羽也是如此，常年跟随刘备东打西杀，虽说现在年富力强，还能过五关斩六将，但毕竟岁月不饶人，将来还能如此吗？所以关羽看到合适的机会，就收了这个义子。他这样也是在提醒刘备，人要兼顾各方面，不能专门搞事业，也要考虑一下后代的问题，否则将来有一天想找人继承事业都很困难。

5. 刘备远远看见赵云，为什么一下子就认了出来?

关羽也认识赵云——当初刘备到公孙瓒处借兵，公孙瓒就是派赵云带兵前来相助的，大家共处过一段时间，当然认识。但此时关羽只在想，这人敢杀我的手下，那一定要还以颜色，却根本不会去想这个人是谁。刘备则不一样，他需要的是人才，因此刘备一方面想最好不要互斗；另一方面也在猜想这个人到底是谁，再加上他对赵云印象深刻，所以老远就认出了赵云。

由此可见，谁先认出赵云不是反应快慢的问题，而是当时的心情不一样，所以才会出现这种灵敏度的差别。幸好刘备一眼认出赵云，减少了一场恶斗。虽然彼此走近以后，赵云和关羽也会认出对方，不会打起来，但毕竟比刘备第一时间认出赵云要多费些周折。

6. 三兄弟古城重逢，是不是再度增强了当年桃园三结义的誓约呢?

桃园三结义的誓约经过这么多年的考验，大概已经成为这三个人一辈子都不会改变的信条。此番古城相聚，虽然没有再次跪下来对天发誓，却又让他们再一次地增强了对彼此之间誓约的信念。三个人在心里再次宣誓：经过这次失散，我们三兄弟的凝聚力比以前更强了，一定要在有生之年实现共同愿望。当然这次盟誓也有坏的一面——三个人把“同年同月同日死”的誓约又重温了一遍，这也成为他们将来的致命伤。当他们很团结的时候，就已种下将来注定要失散的根源。但此时此刻，他们不可能想到这个。

老子讲，福至的时候，祸的根源已经来了；祸至的时候，福的根源已经来了。福祸本是人生常态，当然很难避免，因为这是必然的，属于自然定律。有一利必有一弊，有一好必有一害，世界上没有任何事情是十全十美的。

三國之道

有一利必有一弊，有一好必有一害，没有十全十美的事情。

二十　父子同命运

孙坚和孙策，同样武艺高强，也都喜欢单骑出游。孙坚在岘山为黄祖的军士所刺，英年早逝。孙策为许贡的手下所杀，才不过26岁。父子同一命运，难道是天意？我认为这种事情应该是可以避免的。一般人如此，都显得太过轻率，不知道爱惜自己的性命。身为将帅，这样不接受部属的劝告和陪同。虽说是只身遇刺，却已经危及全军。尤其是孙策，不能记取孙坚的教训，死得一点也不值得。作为他们的部属，实在也没有安全感。领导必须自重，因为众人的安危，都寄托在他们身上，不应该随意冒险。

情景说明

孙策自霸江东，攻下庐江，派张纮前往许昌报捷，并求封大司马一职。求封之事被曹操拒绝，孙策耿耿于怀，常有攻打许都的打算。吴郡太守许贡得知，派人送信给曹操，被孙策截获。孙策亲手杀死信使，又派人前往许贡家中，当着家客的面刺死许贡。

孙策率人到船坞监看造船，张昭建议消灭黄祖、刘表，凭借长江之险以保江东，便可天下无忧。孙策则说张昭所说的天下与自己心中的天下不同，现在曹操、袁绍群雄割据，怎能只视江东为天下而不图进取呢？

孙策微服出行，看见百姓沿街跪拜于吉道人，十分生气。回到家中，张昭让人速去追查在街市上尾随他们的可疑之人，孙策不以为然，要先把于吉捉来问罪，张昭劝他也不听。孙策看到母亲要出门，得知也是去求仙问道，只能相劝不敢阻拦，不由得更加生气。

要点解析

1. 孙策和张昭两人心中的天下，为什么那样不同？

前面我们说到周瑜跟孙策相遇之时，二人谈及以玉玺借兵马的问题，看法不一样，就是因为两个人的认识层次有差距。在周瑜看来，张昭乃是辅国良才，这才推荐给孙策。但因为周瑜和孙策的见识本身就有差距，所以张昭与孙策两人心中的天下才会有所不同。

孙策心中的天下是整个中国，而张昭心中的天下只是江东那一片狭小的区域而已。所以谈论未来的时候，两人的着眼点也不一样。这倒不是不平等，而是人与人之间的层次是有差距的。一个人看到什么地步，就是什么层次的人，若想再提升，就得靠自己的造化了。张昭刚开始还算有才气，但始终没什么长进，总是老样子，所以很快就老朽了。

我们慢慢体会就能知道，一个人能不能干，不仅要看现在，还要看未来，能够持续成长才有发展性。像张昭这样的人，发展性是不太够的，所以他一方面帮了东吴很大的忙，另一方面也给东吴造成了很大的障碍。

2. 吴郡太守许贡派人密告曹操，孙策亲手杀死送信的人，有何不妥？

孙策此举跟吕布一模一样——不高兴就杀人。作为一个放眼天下的人，怎么可以如此行事？这是非常失策的。孙策很像他的父亲，勇猛且有野心，但也同样性子很急，控制不了自己。所以两个人都很短命，皆死于小人之手。我们常说“父子同命”，它有两个意思：一方面是说如果不提高警觉的话，就会跟自己的父亲结局一样；另一方面是说如果提高警觉的话，就可以避免父亲当年的错误。可惜孙策没有这样的警觉性。

许贡告密是他的事，孙策根本阻挡不了。现在孙策庆幸发现了，就该好好应对，而不是意气用事。这种情绪化的反应，对孙策来讲是大大不利的。

3. 孙策派人在许府刺杀许贡，会不会留下什么后遗症？

在政治斗争中尤其是争权夺利的时候，许多手段是旁观者没办法讲评的。我们不反对孙策杀许贡，因为那是他的事情，我们不是孙策，不能像“和事佬”那样说就是不该杀。该不该杀许贡，孙策自己会去衡量。但是孙策太鲁莽了，要杀的话也要小心，最好引诱到别处去杀才对。可孙策却不这样，他公然跑到许府来杀许贡。许府养了许多幕客，就这样眼睁睁地看着自己的主公被杀，传出去以后别人会说他们是吃闲饭的，无力保护自己的主公，他们的脸往哪搁呢？所以他们必然要为许贡报仇，这是孙策自己逼出来的后果，自己要去承受。

4. 三名许贡的家客为什么尾随孙策？孙策为什么不以为意？

家客平常养在家里，就是提供一些建议，做一些保卫的工作。现在许贡这样死了，他们为了自己的名声，一定会寻孙策报仇，所以化装尾随孙策，伺机刺杀。用今天的话讲，这就叫谋杀。孙策对此是很清楚的，因为去杀许贡就是他的命令，只是他认为：我这么勇猛，你们能把我怎么样？

回头想想，孙坚是怎么死的？也是这样不在乎，认为光凭你们，能把我怎么样？单独出去算什么？其实独自行动的时候，危险是防不胜防的。为什么现在企业界的人士都请保镖？就是因为很多事情防不胜防。你自认为没有得罪别人，可别人就是看你不顺眼，就是要对你下手，你有什么办法？所以孙策实在太大意了，一个立志有所成就的人，是不应该如此的。

5. 于吉受到民众的跪拜，孙策为什么这么动怒？张昭反而劝他？

前面说过，孙策脾气暴躁，性子太急，气量也不够。他看到于吉受民众跪拜，心里很嫉妒——我才是江东的领主，百姓却怎么好像不认识我，单单去拜一个道人呢？他为此恼怒不已。当然于吉也要检讨，如此招摇过市，心目中还有没有孙策？所以于吉这些错误的行为，自己将来也要承受相应的恶果。

孙策面对于吉，要么把他请来做幕僚或者御医，这样有点政教合一的色彩，也不失为一种办法；要么派人告诉于吉，不允许他这样，要行医的话，固定在一个地方，不要胡乱走动，这样也可以。但孙策两种办法都不采用，而是看不顺眼就坚决取缔。他这样做，前途肯定会受到阻挠，气死自己也是活该。孙策所犯的毛病，就是用于吉的错误来惩罚自己。于吉做错事，错在于吉，而受损伤的居然是他孙策，岂不是很蠢？所以，一个人碰到别人做错了事情，自己去大动肝火，拿别人的错误来惩罚自己，是很愚昧的行为。

张昭劝是劝了，但老实讲，他的所作所为还没有尽到幕僚应尽的职责。他常跟孙策在一起，怎会不知道孙策的性格？要是他早早派人告诉于吉躲远一点，不要让孙策看到，不就没事了吗？可他根本没有去想这些问题。所以我们说他没长进，慢慢老朽了，就是这个道理。

三国之道

不要拿别人的错误来惩罚自己。

6. 孙策的母亲，对于吉道人的看法，和孙策有什么不同？

孙母是妇道人家，有事没事拜拜观世音菩萨，求保家人平安，也没什么不好。难道要她们也去整日练武，时刻被卫兵前呼后拥地保护着吗？没有必要。所以她们闲暇无事，念念经，拜拜菩萨，只要不太过分，孙策应该理解。孙策自己有武功，当然什么都不怕，即使神佛都不保佑，自己照样可以打，退一步还可以找人保护。但对女人来说，她们做不到这些。所以母子之间看法不同，孙策应该理解，应该包容才对。

但是，我们也替孙策说句话，他那样做也是有一定道理的。因为如果民众都信服于吉的话，那他孙策还能有领导力吗？所以，孙策的着眼点是对的，只是做法有待商榷。

情景说明

孙策怒问府中仆人，是谁将于吉的事情告诉母亲的。张昭说是自己的安排，孙策见是张昭，不便发作，于是到丹徒山狩猎以散心。许贡的三名家客为报仇跟随前来，趁孙策周围无人射箭偷袭。孙策力战，虽杀死了三人，但自己也身受重伤。

医官来给孙策诊治，告诉孙母说箭头有毒，需静养百日。孙母说儿子遭此劫难都是因为心急气盛。时过两月，孙策已能下地行走，见到院内挂满求来的灵符，下令扯去，孙母不许，说孙策能有今天全赖上天和神仙扶助。

孙策召见报捷许昌的张纮派回的使者，问曹操是否怕自己，使者回答曹操惧怕，只有郭嘉说他性急少谋，只有匹夫之勇，日后必将被小人谋害。孙策大怒，发誓要攻占许昌。

要点解析

1. 张昭为什么把告诉孙策母亲的责任，自己承担起来？

孙策见母亲也知道他要捉拿于吉问罪的事情，非常生气。照理说这是外事，怎么能和家事扯到一起呢？这时张昭站了出来，将责任揽到自己身上。前面讲过，中国自古盛行人头主义，张昭完全可以找人开刀，让别人替他顶罪。但是，如果张昭连这种小事都如此处理的话，那以后谁还敢跟他呢？如果是大事的话，张昭把所有责任推给一个人，让别人去承担，即使那人含冤而死，自己再照顾好他的家人，也还可以理解。但现在只是小事一桩，充其量只是被骂一顿或是打两下，而且孙策比较尊重张昭，他承担下来，孙策自然也不会怎样，所以他这么做倒是正确的。

由此可见，张昭并非样样不行，否则也不会在孙策时期受到如此重用。孙策跟他有交情，而孙权跟他的关系我们接下来也会慢慢看到。张昭有自己的一套，只不过没有继续充实自己，以致耽误了自己的未来。

2. 孙策和其父孙坚一样，都死于非命，是不是父子同样轻率？

答案是肯定的。当然，这不完全是因为遗传——遗传只占一部分因素，后天的环境也会改变一个人。如果孙母比较开化，就会从小告诉孙策他父亲是怎么死的，让他要从中吸取教训。如此不断的耳提面命，孙策的命运是可以改变的。其实并不是说父亲这样，儿子就一定如此，孙子也必然那般，真是这样那还要教育做什么？我们不否认遗传的影响力，但后天的环境与教育也完全可以塑造出不同的命运，只是孙母没能注意到这些。当然，我们也不能把责任统统推给孙母，毕竟她生活在那个年代，没有现在这些知识。

孙策自己也该想想，为什么父亲那么年轻就凄惨而死？自己是不是应该加以小心？可惜他没有那些警觉性。他学到父亲的勇敢、坚持、抱负、毅力，可也患上了同样的致命伤——轻率。明明有前车之鉴，结果却还是重蹈覆辙，这是非常不幸的事情。

3. 孙策的母亲说父子二人都心急气盛，有什么启示？

从孙母的话可以看出，她虽没什么知识，没受过现代化教育，但她很清楚，孙策父子二人都很心急气盛，这是他们最大的缺点。她天天和丈夫相处，又看着儿子从小长大，怎么可能不知道呢？但她知道归知道，却无法调整，无法改变，这是她的遗憾。虽然她的话是正确的，但是一个人只能看出弱点而无法进行补救，毕竟还是不够。我们不能怪她——一个人无能为力的时候，也没有必要去负那个责任。

4. 孙策不相信神像，不喜欢迷信，难道有什么不对？

孙策没什么不对。其实孙策的牺牲是有价值的，如果不是他很有魄力地杀死于吉，禁止此类活动，现在仍相当迷信的江浙一带，这种风气可能会更加厉害。所以他的贡献，在于使整个社会风气有所改变。不过为了达到目的，却要以牺牲自己为代价，我是觉得很不值得。他不喜欢迷信，可以采取诸多办法——劝导民众、制定法规、引导转移等，其实这些事情交给张昭去做就好了，张昭做不好再换别人，也不至于使自己气成那个样子。

5. 孙策的母亲相信天和神的相助，难道有什么不好？

这也没什么不好。男人天天在外面打仗，家里的女人当然会提心吊胆。她们寻求些精神寄托，也属正常。如果什么都不信，那才糟糕。孙母相信自己的儿子是好人，不会乱杀人，他跟人家去争斗，自然有他正当的理由，而老天一定会帮助好人，不会让儿子死去。有这样的信念难道不好吗？

中国人信仰天，其实就是信仰自然规律。我们有什么迷信的？相信老天爷是迷信吗？其实老天爷就是天道，天道就是自然规律。自然本来就是有规律的，如果连自然规律都不相信的话，我们还能信什么呢？可天是什么，自然规律是什么，古人根本没有办法说清楚，所以就制造出很多“神”来，让神来帮助解释。能够明白难懂的道理的，我们就称之为“神”。鬼神都是中国人想象出来的。所以，如果一个人把自然规律讲得很清楚，我们就会说：你真神；如果讲得乱七八糟，我们也会说：你出的什么鬼主意？

这是中国人自己的一套东西，只不过后来的人不但没能好好了解，反而搞得迷信重重、乱七八糟，这是我们的错，而非老祖宗不对。老祖宗并没把我们带到迷信中去，中国人一开始倡导的就是人本位，而不是神本位。西方才是神本位，西方人才是迷信。关于神鬼的概念，中西方是不一样的。但天长日久，我们搞混了，反而以为自己很迷信。中华民族是全世界最不迷信的民族，我们不能因为破除迷信而把天也丢掉了，那样就无法无天了，不是很糟糕吗？

所以孙母没有错，她需要这种安定的力量。儿子天天在外面跟人家打仗，再不让她信仰天神，叫她如何度日？又让她怎么教育自己的儿子？因此她只有靠天，告诉家人不要逆天行事。中国人管皇帝叫作天子，都说自己是替天行道，也是正当的观念。

三国之道

中国人最不迷信，我们相信老天，其实就是相信自然的规律。

6. 孙策听说郭嘉批评他年少无知，性急少谋，为什么大怒？

这回又是张昭的不对。孙策中箭伤成那样，好不容易才有所恢复，张昭就直接带许昌来的使者见他，这样的部属是不称职的。聪明人应该想一想，以孙策的个性和现在的处境，是经不起这种打击的。张昭事先应该跟使者讲清楚，见了孙策，你只能讲些什么，讲完你就离开。哪怕是推说肚子痛，找个借口赶快离开，不就没有事了吗？可张昭没有，看他们东扯西扯，他却站在那里无动于衷，最后使者将郭嘉的话原原本本地说了出来，果然差点把孙策气死。对孙策来讲，想要改变自己的脾气，几乎是不可能的，说破天也没有用。张昭此时才让孙策不要生气，简直无异于是废话。因为在这种情况之下，尽量不要惹孙策生气才是对的。张昭不去避免，又劝孙策不要生气，那孙策只能是更生气了，这就是下属没能尽到责任。

郭嘉看人很准，虽然没跟孙策见过面，但他根据自己的了解，也能研判出孙策是个什么样的人，所以对孙策的评价是一针见血，一语击中孙策的痛处。这对孙策来讲，是非常严重的打击。郭嘉千里之外就能给孙策以迎面痛击，当然相当高明。而最糟糕的是，孙策竟然上当了，自己跟自己过不去，配合对方来整垮自己，那是他自己的问题。

情景说明

孙策携部属在城楼上设宴，款待袁绍的使者陈震。孙策举杯敬酒，说只有联袁抗曹，才能确保江东大业，然后与众人共商攻曹事宜。突然，外面传来一阵嘈杂声打断了孙策，原来又是百姓在围拜道人于吉。诸将交头接耳，无心听孙策说话，也想下去参拜。

孙策怒于吉煽惑民心，派人捉拿于吉斩首。文官武将却联名作保劝阻，更是让孙策气愤。孙母也说不能伤害神仙，又说孙策父亲孙坚也正是因为心急气盛，不听人劝才会死于非命。孙策不为众人言语所动，一剑刺死于吉。百姓哭喊于吉，孙策见状气得晕死过去。

要点解析

1. 孙策受伤，又喝酒生气，合适吗?

这不是合适不合适的问题，而是应该如何避免的问题。张昭自然没有能力制止孙策这么做，他只能建议，但孙策也不可能听得进去。其实，如果张昭动动脑筋，就会想到孙策对母亲很孝顺，如果让孙母出面的话，以她的影响力应该是可以劝阻孙策的。张昭自己直接去劝，根本没有什么效果。一个人要少讲没用的话、少做没用的事情，并不是表面上说一句、做一下，就是尽到自己的责任了，就不必再去承担后果了，那是形式化的官样文章。

张昭应该明白，孙策目前需要静养，最好不要前去打搅。所以他应该去跟孙策的母亲商量，一起想办法让孙策能有一个良好的疗养环境与心理状态。张昭讲话孙策不听，但他如果把自己的想法告诉孙母，让她去主导，效果就会大有不同。要么把孙策安置在一个单独的环境疗养，外面的事情先由他把关过滤，认为可以让孙策知道的才去报告，不利于孙策病情的，暂时隐瞒一下，这么做只有好处没有坏处；要么大小事务暂由张昭全权负责，以他的经验也应该可以做得来。实在有必要报告孙策的事情，也稍微转个弯，换个说法，就可以减少孙策所受的刺激。最主要的就是，不要再让于吉从孙策饮宴的城楼下经过，张昭再怎么不济，最起码也该做到这一点。

只是张昭认为该讲的都讲了，该做的也做了，孙策就是不听，自己又能怎么样？这种态度是绝对不正确的。孙策受伤，此时最不应该喝酒，也最不该生气，等孙策都做了之后再来相劝，明显是不负责任的。

2. 众官因于吉来到而交头接耳，孙策为什么要下令杀于吉？

如果于吉是第一次这样，相信也不会造成这么大的影响，一定是有过很多次了。这些官员听说于吉经过，交头接耳，议论纷纷，也并非故意去气孙策，而是他们经常如此，已经养成习惯了。他们觉得以前可以，现在为什么不能呢？其实孙策应该警觉到，以前没有规定，现在下道命令就能明令禁止吗？恐怕也不会有效。我们常讲三申五令，就是要一而再、再而三地去要求，实在不行也可以杀一儆百。连孔子都说，没有教他好几次，就去处罚他，那是不应该的事情。

人往往因为脾气不好而生病，因为生病而更加脾气不好，孙策就是这样。要是换作平常，孙策也不至于那么恨于吉，那么反感众将交头接耳。只是他现在身体不好，又在气头上，所以才会做出这种极端的行为，这些都是很自然的反应。但是，这些也是可以避免的，没有避免恰恰说明左右没能尽到部属应尽的责任。

3. 文官武将对于吉的保证，难道孙策一点也不在乎？

孙策并非那种很霸道的人，他平时很重视文官武将的意见。以往大家的意见，他都能尊重、采纳，为什么现在不行了呢？因为一个人被气到如此地步，已经失去理性了。这时候最好的办法，就是派人赶紧把围拜于吉的人群驱散，那样或许还可以补救。但是文武官员没有人站出来这么做，反而让孙策走到于吉近前。孙策走近后越看越气，情况变得愈加不可收拾，以致谁都没有办法挽救了。就是这一系列的不凑巧，才造成了最后的不幸。所以，什么叫作不幸？不幸就是不凑巧加不凑巧再加不凑巧，一连好几个不凑巧，就是不幸了。此时不管是对孙策来说，还是对于吉而言，都是如此。

4. 孙策的母亲劝孙策不要伤害神仙，孙策为什么不听?

如果是在平常，孙策一定会听。因为他很孝顺，生怕母亲生气，只要母亲讲话稍稍严厉一点，他都一定会听。可到了这个地步，他能怎么办？这种关头，就是中国人所说的悬崖勒马的时候。如果最后一步能够收得回来，那就是了不起的人。孙策没有这样的素养，控制不了自己，最后终于连人带马一起翻了下去，同归于尽。可见，很多事情如果事先不注意，弄到非常严重的时候再去想办法，那是来不及的。孙策造成的这个悲剧，恐怕很难避免，因为以当时的情况来说，几乎是无法解决的。

三國之道

悬崖勒马，也是一种了不起的素养。

5. 孙坚的故事，孙策并没有获得教训，难道真的是命该如此吗?

我们回想一下，当孙策落魄伤心的时候，他看到的是谁？是他的父亲——孙坚。为什么一般人看不到，只有他能看到？这并不是有什么神鬼出现，而是父亲在他的心中有很重的分量，所以失落的时候自然就会觉得父亲就在身旁，就会想到去请教自己的父亲，希望能够得到一些指导。这与迷信无关，而是他心中有父亲的位置，常常会去想父亲，所以才会有这样的现象。

但是，孙坚看到父亲好的一面，就去学习发扬，却没有注意到父亲有一个很严重的缺陷，那就是脾气暴躁。这个当然有一定的好处——作为一名武将，这样性格的人爆发力很强。可在处理事情的时候，毕竟不是战场，也就不能这样了。

当然，我们没有要求一个人要做到十全十美，因为那样也很过分。

我们只是在分析事情的时候，才会用这种比较严格的标准来评估，而并不是说孙策一无是处。相反，我们还很替他惋惜。有这样的父亲，这样的遗传，这样的环境，造成他很多地方都跟父亲一样，以至于结局也同样的不幸。其实孙策并非就该如此，只是他的警惕性不够，没有吸取父亲的教训，所以才会导致这样的后果。

6. 孙策杀于吉，妥当吗？

妥与不妥要从两个方面来看：一方面，在所有人都来劝阻甚至他母亲也都出面的情况下，孙策口吐鲜血，却还执意要杀于吉，这又何必呢？从另一个角度来看，所有人都会感觉到，这件事情确实非常严重，孙策的决心是不可改变的，虽然孙策死了，但他的意志要继续贯彻下去。所以孙策的死还是有贡献的，我们不能说他这样完全是错的，虽然不妥当，但有其用意。其实，在当时那种情况下，孙策即使不这样，恐怕也是命难长久。在生命的最后时刻，孙策以无比的毅力，做出如此重大的事情，也算是发挥了自己最大的价值。

情景说明

孙策病卧榻上，孙母问医官孙策的病情，医官说他体内箭毒未消，又遇怒气冲犯，已是绝脉。孙母虽内心一阵抽搐，却也坦然面对。

孙策召唤弟弟孙权上前，说当今天下大乱，以江东的基业大有可为。如果是阵前厮杀，争雄天下，孙权不如自己；但举贤任能，力保基业，自己不如孙权。要孙权牢记父兄创业的艰难，好好经营下去。孙权听后趴在孙策身上哭泣，孙策用尽力气推开孙权，说现在不是哭泣的时候，要挺起来继承父兄的事业。孙权止住哭泣，神色凝重地接过江东大印。孙策拜托母亲多多管教弟弟，孙母担心孙权年幼难当大事，孙策说如有内事不决，可问张昭；外事不决，可问周瑜。孙策又嘱咐妻子、弟弟，要好好孝敬母亲，替自己尽孝。

交代完后事，孙策撒手而去，时年26岁。孙策死后，19岁的孙权正式坐领江东。

要点解析

1. 大夫说，孙策已经绝脉，老夫人为什么反而不慌乱？

我们常说一个人哭得很伤心，其实这句话有一点问题，一个人伤心到极点的时候，反而是哭不出来的。所以老夫人此时并没有哭哭啼啼的表现，何况看罢这一段的过程，她早已心中有数，儿子注定活不了了。因此她告诉大夫，有话直说就好了。而当大夫说出实情的时候，她也很平静，认为此时料理后事比较重要，而不是在这儿哭成一团。

一般家庭的老人死了，儿女们会哭成一团，因为并没有什么财产可争，自然就一心一意哭老人去了。这样就知道，为什么富翁死的时候反而没人哭？因为孩子们都在算计：财产会在哪里？我赶快去抢才是最重要的。所以有权有势的人，要趁着权势仍在手的时候，赶快交代后事，否则自己死后，儿女连哭他的心思都没有，这是很悲哀的事情。人不要太有钱，那样死了以后，子孙才会安心的哭。可见，有钱人有有钱人的好处，没钱人有没钱人的好处。

现在孙策已经绝脉，他首要的事情就是交代后事，因为他毕竟是江东的领导，不能说闭着眼睛就走了，那不行。

2. 孙策临终，告诉孙权的一番话有什么启示？

孙策将位子传给了弟弟，而不是他的儿子。孙策接受父亲基业的时候，还没有多大的地盘，可以说孙坚留给他的，更多的是一种精神。他正是秉承父亲遗留的这种精神，开创出了一片更为广阔的疆土。所以，当他再将基业交给孙权的时候，一定会很谨慎。此时孙权的年纪还很小，站在孙策的床前完全是一副唯唯诺诺不争气的样子。孙策虽然已经绝脉，可见此情景，仍气得把孙权一把推了出去。他这样做是为了让弟弟明白：我跟父亲一辈子辛苦创下这份基业，今后就靠你了，你要好好继承才是。任何人，当面对自己接班人的时候，都是一心一意地希望后人能够将事业承担起来，使之生生不息，不要枉费前人的一番苦心。

3. 内事问张昭，外事问周瑜，对孙权有什么好处？

当然有好处，但也一定有坏处。孙策当时不得不这样说，因为孙权还小，平常又没有经历过太多磨炼，突然间要承担如此重大的责任，他能做到吗？这也是孙母所担心的问题。所以孙策告诉弟弟，你内政有什么疑问就请教张昭，外面有什么问题就问问周瑜，因为这两个都是他认为很可靠的人。

孙权后来有没有听孙策的话呢？我们只能说大部分听了，不可能完全都听。这才是事实，否则都是伪装的。因为张昭也会倚老卖老，在很多事情上对孙权也不甚礼貌。孙权怎么受得了这些？所以他们之间也经历了一番磨合。张昭有很多见解固然很老朽，会妨碍江东的发展，但是只要孙权能够突破这些障碍，以此磨砺自己，也会更快地成熟起来。如果张昭处处把孙权捧得很高，对孙权来讲也不见得是好事情。所以我们才说，有坏处也有好处。

4. 孙策交代孙权务必孝顺母亲，有什么用意？

孙策心里有数，弟弟年纪轻轻就大权在握，如果不受节制就会胡作非为，很容易走上歪路。虽然已经安排了两位不好说是辅佐大臣，但最起码也是相当于现在的高级顾问的人帮助孙权，但他们的关系不可能完全如自己所希望的那样，这也是必然的一种发展。所以最后他把母亲抬了出来，告诉弟弟无论如何都要听母亲的话。这是他给孙权设的最后一个关卡——当所有人都劝不动的时候，希望母亲能够挺身而出，给孙权一些教训。其实，这也是孙策反思自己而得出的一个很好的结果。交代完这些，孙策才能心安理得的离开。

5. 孙策活不长久，而孙权安坐江东长达52年，是不是不公平？

我们看到，孙坚打到最后命都没有了，孙策打到最后命也没有了，然后这么大的一片疆土交给孙权这么一个小孩子，而且他一坐竟是52年。孙权做了什么？有没有继续扩大疆土？有没有惊天动地的事迹？都没有。

今天有很多企业家，赚了很多钱的时候就问我，为什么自己能够有这样的成就。我都会反问他，你是想听好听的话还是想听实在的话？他说当然想听实在话，我说现在没有其他的人，我可以跟你讲实在话，如果有其他人我一定讲好听的话。他说那什么是好听的话？我说就是你有才干，有眼光，有魄力……100个优点都不止，但那都是废话。他说那实在的话呢？我说真正实在的话就是很简单一句——祖上有德。他愣了一下，然后点头说，好像真是这个样子。中国人什么都可以不信，但一定要相信一句话，叫作“积善之家必有余庆”。积善之家必定会有一番值得庆祝的事情，如果连这都不相信，那人生就毫无规律可言了。

孙坚、孙策父子都没有坏念头，没有滥杀无辜，没有横行霸道，没有鱼肉百姓，没有穷奢极侈，而且都很孝顺父母，照顾部属，尊重老臣，很想为百姓做些事情。这就是积德，积德会让后代有更太平的日子过。所以，孙权如果懂事的话，应该常常从心里感谢他的父兄，想想他们有什么优点，好好去发扬；有什么缺点，尽量去避免。可惜孙权也只做到了一部分，将来慢慢可以看出来，他做到的只是避免像父兄那样死得快，其他的好像也都不行。

三國之道

积善之家必有余庆，如果连这都不相信，那人生就毫无规律可言了。

6. 孙权接下重任时才19岁，是不是太年轻了？

说年轻也年轻，说不年轻也不年轻。

三国是一个年轻人提前出道的年代，当时十八九岁就开始闯天下的人也有很多。但问题是要分从哪个角度去看：一般人在这个年龄独当一面，并不觉得太年轻；但如此大的疆土，如此多的百姓，如此繁杂的事情，一下子要这么一个才19岁的人承担起来，也确实年轻了一些。好在孙权有从小的经历，有一些人可以请教，可以使他慢慢地稳定下来。至于后面怎么发展，就要看他自己了。用中国人很喜欢用的两个字来讲，那就是造化。

二十一　最怕用错人

袁绍出身世家，一表人才，却是个十足的草包。他身为70万大军的统帅，却常常把好人看成坏人，将坏人当作好人，实在是害己又害人。田丰一番好意，被他以扰乱军心的罪名打入死牢。沮授分析军情，提出缓攻的建议，也被他下令收押。许攸从曹操信差身上的密函，知道曹营粮草已尽，赶紧报告袁绍夜袭许昌，袁绍反而怀疑他和曹操私通。领导不善于用人，便是用错人。袁绍指定嗜酒如命的淳于琼，把守乌巢粮库，更是明显地用错了人。乌巢失火，表面上看是淳于琼的责任，实际上是袁绍自己用错人而造成的大祸。

情景说明

孙权继领江东以后，与曹操谋和修好，拒绝了袁绍结盟抗曹的请求。

建安五年八月，袁绍起兵70万攻伐曹操，曹操率军7万迎敌。袁绍得知情报欲急战速进，一决雌雄。沮授劝说曹军虽勇猛，但其粮草不足，应该坚守相持，到时曹军就会不战自败。袁绍大怒说沮授与田丰一样，扰乱军心，等破曹之后要与田丰一起治罪，然后下令大军全速前进。

两军阵前，曹操说袁绍谋反，要奉诏讨逆；袁绍说曹操名为汉相，实为汉贼，要奉衣带诏讨贼。二人言语失和，两军厮杀起来。袁绍先命弓箭手远射，再令大军掩杀，曹军初战失利，退守官渡。

要点解析

1. 孙权为什么拒绝袁绍结盟抗曹的请求?

曹操迟早会打袁绍的，因为袁绍的地盘很大，势力很强，如果不消灭他的话，曹操永远无法一统天下。因此曹操有打袁绍的动机，这点袁绍也很清楚。这样袁绍自然会想到，在他和曹操的旁边还有一个东吴，如果把孙权拉拢过来，一起攻打曹操的话，胜算就大多了。可孙权的情报也很灵通，知道和袁绍这种人合作不会有好结果，所以他采纳了部属少跟袁绍来往的建议，毕竟惹怒了曹操，对自己是很不利的。

2. 沮授劝袁绍缓守，袁绍要斩他，结果如何?

沮授认为如果快攻的话，就正好上了曹操的当，因为曹操兵少，粮草也不足，所希望的正是速战速决。而袁绍这边正好相反，兵多粮足，可以慢慢用时间来换取空间。到时候曹操粮草供应不足，必败无疑。所以沮授劝袁绍，不要着急，慢慢来。

可是我们看看袁绍的一贯表现，往往是应该听的偏不听，不应该听的倒是全听进去了。现实中这样的人有很多，甚至我们自己也该时常反省一下，是不是不该怀疑的在怀疑，而该怀疑的却偏偏相信了？这是非常奇怪的事情。袁绍不折不扣就是这样的一个人，所以非常吃亏。其实，沮授的话真的应该听，但袁绍偏偏就否定了。这是表示他有魄力吗？当然不是，而且恰恰相反，袁绍平时既不果断，又没魄力，可他现在偏偏在这件事情上显得很有魄力的样子，这样的领导确实很糟糕。

3. 前有田丰，后有沮授，难道历史一直在重演吗?

自从人类诞生以来，历史就在不断的重演，但每次又都不完全一样。沮授和田丰的遭遇看起来很像，但也有所不同。他们有各自的错误之处，却有一点相同的地方，就是虽然都很了解袁绍的性格，但在提出建议时却没有考虑这个因素。

如果他们跟随袁绍的时间很短，同袁绍不熟的话，犯下这种错误我们也不会追究。可事实恰恰相反，他们跟随袁绍都有很长一段时间了，应该清楚袁绍的好恶：第一，只喜欢听好听的话，不喜欢听不好听的话，而且只要听到不好听的话就会马上翻脸；第二，经常跟提意见的人唱反调，建议说该打的，他往往说不该打，建议说要快的，他就是要慢。现在沮授提议慢进，可他偏偏要快战。其实，只要摸清楚袁绍的性格，建议的时候倒过来跟他沟通就好了。沮授和田丰虽然聪明过人，才智有余，但沟通能力非常之差，完全没有考虑到袁绍的想法和感受。

很多才艺很高、知识丰富的人，往往觉得自己既然是对的，就应该直接讲出来，不必顾虑太多。这种人自我意识太强，只有知识，却谈不上有智慧。如果田丰和沮授在沟通技巧上讲究一点，就不会死得这么冤枉了。虽说人不应该怕死，但不能死得没有价值，他们两个人死得有什么价值呢？只能说他们出于一番好意，把该说的说了，但是这样做只对得起自己的良心，却对不起自己。

4. 曹操为什么敢以7万人马，抵御袁绍的70万大军？

历史上以寡敌众都是迫不得已的事情。其实曹操也是好大喜功的人，如果他有70万大军，他会不带到前线去吗？想想后来赤壁鏖战的时候，曹操号称百万大军，不也是不可一世吗？可现在曹操能调动的人马总共只有这么多，他不可能把全部家底都带出来，所以只好硬着头皮以寡敌众。毕竟历史上也有以寡胜多的事例，只要指挥得好，不见得人多就赢，人少就输。除此以外，曹操还有一个信心，就是他对袁绍集团的情况很了解，知道袁绍手底下的人一定会自相残杀，因为他们历来不合。所以，对抗这样一个集团，应该有赢的希望。

可见，曹操敢以7万人应对袁绍70万人，虽然不能说他是料敌如神，算准才来，但也决非完全没有信心就上战场的。

5. 曹操说讨逆，袁绍却说讨贼，哪一个说得有道理？

曹操说得理直气壮：我表奏你袁绍为大将军，你就应该好好地把差事干好，为什么要叛逆作乱呢？曹操站在汉献帝的立场来讲这番话当然有道理，他是汉朝的丞相，讨伐他不就等于叛逆吗？可袁绍讲得也是慷慨激昂：你曹操表面上是汉相，实际上却是汉贼，所以讨你就是讨贼，而且我有根据——汉献帝所写的血诏。

中国人有句老话，叫作“公说公有理，婆说婆有理”。因为道理都是相对的，就看从哪边来讲。一件事情从不同的角度去分析，都会有各自不同的道理。所以，中国人的道理很难一下子说清楚，这也是为什么中国人常把“很难讲”挂在口头的原因。曹操与袁绍，到底哪个说得有道理，也真的很难讲。如果站在曹操是丞相的立场，袁绍自然就是叛逆；但如果认为曹操私心自用，完全是挟天子以令诸侯，那袁绍当然就是在讨贼。双方各有各的道理。

三国之道

一件事情从不同的角度去分析，都会有各自不同的道理。

6. 曹操为什么退守官渡?

7万人抵御70万人，如此悬殊的力量对比，要想取胜，绝非易事，稍有差池，就可能全军覆没。曹操想了半天，对是否能够获胜也有怀疑，所以产生退意，打算以后再和袁绍决战。

就在这时，荀彧派人给曹操送来一封书信。他在信中分析说，以7万抵御70万，本来是不可能的。但双方相持了一个多月，曹操不为所动，袁绍也无法取胜，可见曹操是有抵御能力的。否则的话，可能三两个星期甚至三两天就败给袁绍了，这是很好的说明。荀彧又讲到，现在正是要产生变动的时候，所以不能离开，一定要扼守官渡，静观其变。因为官渡是咽喉，谁得到官渡，守住官渡，谁就会赢得这场战役。

可见，旁观者清，很多事情需要有局外高人的指点。虽然曹军势单力薄，战况惨烈，但听了荀彧的话，曹操的心就安定下来了。荀彧的这封信给了曹操无比的信心，直至最后获胜。官渡之战是《三国演义》中一场非常重要的战役，也是很难得的一个不但以寡敌众，而且以寡胜众的案例。

情景说明

袁绍听从审配的建议，命10万大军进逼官渡，欲逼曹操放弃官渡。袁军在曹营寨前筑起土山，立起高橹，然后派弓箭手向曹营放箭，曹军死伤严重。

刘晔来见曹操，曹操说急战不胜又短缺军粮，意欲退兵回守许昌以图再战。曹操问刘晔为何不语，刘晔说自己是来献霹雳车之策的，又劝曹操说两军相持月余，虽未取胜但也未败，说明袁绍不过如此。正在这时，留守许昌的荀彧来信，信中劝谏曹操扼守官渡，静观其变。曹操大喜，下令稳定军心，见机行事。

曹操登上瞭望台察看敌情，袁军一箭射来险些射中曹操。曹操面无惧色，下令用霹雳车攻击袁军。霹雳车威力巨大，袁军死伤众多，曹操趁机出兵，大破袁军营寨。

要点解析

1. 曹操急战不力，想要退兵，刘晔为什么劝阻?

事实上，刘晔并没有劝阻曹操退兵。如果刘晔直接就说，此刻不能退兵，还要继续对峙，相信曹操同样会听不进去，那刘晔的命运就会和田丰、沮授一样了。作为部属，很直接地去劝领导，多半会很危险。对比刘晔和田丰、沮授的不同做法，可以看出刘晔的沟通技巧比他们高明太多。

曹操表露出想退兵的意向，刘晔一句话都没有讲，这时候进言不是自找麻烦吗？刘晔不说话，倒让曹操很纳闷，反而问他为什么一言不发。刘晔的回答很巧妙，他说我此来本是要献上一种名为“霹雳车”的战斗装备，以破解袁军的高橹箭楼，没想到丞相却要退兵了。刘晔的回答没有劝阻的话语，却起到了劝阻的功效，这才是会讲话的人。用不劝阻来劝阻，用没有意见来表达意见，这才是中国人高度的沟通艺术。

一个人讲话，要让对方听得进去才算有效。其实田丰、沮授说得很对，但就算把袁绍100个错误都指出来，也没什么用，因为袁绍还是听不进去，而他们自己的命也都没有了。同样是劝阻领导不能这样做，同样是要领导采纳自己的意见，可刘晔并没有被斩，因为他的方式不同。他先不说话，而后不慌不忙从反面表达自己的意思，兜了半天圈子，既没有惹怒曹操，最后还能让曹操按自己的计策进行，这才是妥善的沟通方式。

一个人讲话，要让对方听得进去才算有效。

2. 荀彧从许昌来信，请曹操死守官渡有什么用意？

天下事，不是不凑巧加不凑巧，就是凑巧加凑巧，所以有幸有不幸。

其实这些都是必然的发展。曹操本来就有退兵的想法，刘晔如果再惹恼曹操，然后荀彧来信又劝赶快退兵，那刘晔真的可能没命了。但事实刚好相反，刘晔婉转地劝阻曹操退兵，接着荀彧又正好来信劝曹操死守官渡，这就加强了曹操的信心。所以很多事情，来得好不如来得巧。荀彧这封信来得很巧，正在曹操左右为难、犹豫不定之时，给他打了一剂强心针。

荀彧在信里告诉曹操，从地形地势上看，官渡易守难攻，在此抵挡袁绍最为有利。只要袁军不能突破，许昌就安全了。他还提醒曹操，一旦撤退，那就等于无缘无故将此易守难攻的险地让予了袁军，到时袁绍领军杀到许昌，不是更糟糕吗？荀彧平常的声望很高，他的话曹操才会听得进去，这次当然也没有例外。

一个人的信用度，是靠自己平时一点一滴累积起来的。如果别人都不相信一个人的话或是听不懂甚至根本不愿意听，那这个人自己也要负有很大的责任。

3. 霹雳车有什么功能，对曹军有帮助吗？

霹雳车，其实相当于如今的半自动化武器。如果每场战斗都靠人打来打去，当然人多的一方赢的希望就大。现在曹操使用这种半机械化的武器，结果就大不一样了。

刘晔建议曹操说，敌众我寡，可多造一些霹雳车，它能将石块远远地抛向敌营，而且容易制造，功效很大，这样可以增强我方的战斗力，并且特意把霹雳车的图样带来献给曹操。曹操看后，觉得很有道理，立刻派人赶造。做完之后在战场上一试，果然功效很好。

碰到问题不能老想躲避，找出解决问题的办法才是关键。曹操面对

7万与70万悬殊的数字对比，光有“信心”显然不够，还需要拿出制胜的措施。现在曹军有了霹雳车，曹操觉得不光只有信心了，而且军队的实际战斗力也大为增强，这当然是再好不过的事情。

4. 袁军一箭射来，差一点射中曹操，他为什么不害怕?

如果曹操一看箭射过来，就慌张得不得了，那他还是曹操吗？身为一名将领，要对自己有信心。曹操嘴上虽然没有说，但他对自己有无比的信心——这些箭怎么可能射中我呢？自古成功的将领，都是靠这样的信心支持着勇往直前的。

现代战争也不例外，当一名真正的指挥官带头率领着士兵冲锋陷阵的时候，一阵子弹扫来，他会大喊一声，先让士兵卧倒躲避后，自己才卧倒。如果此时有士兵问他，子弹也没有眼睛，你站得那么高，不怕被子弹射中吗？他会回答说：不怕，因为子弹根本不敢射中我。有这种气概的将领，才是真正的将领。如果还没等士兵趴下，自己就先躲得低低的，那还怎么带兵打仗呢？连这点信心和勇气都没有的话，那最好不要当将领，当的话也只会是一个败军之将。曹操有这种精神，所以才会胜利。

5. 刘备不能以寡胜众，现在曹操却想以寡胜众，可能吗?

答案还是三个字：不一定。我寡，寡到什么地步？敌众，众到什么地步？所以胜与不胜，也要看众寡之间比例的那个“度”。如果我们有3个人，对方有9个人，虽然有寡众之分，但3个人也有干掉9个对手的可能；而如果我们有300人，敌方有3万人，那就麻烦了，300对3万，怎么可能打得赢呢？所以，同样是“以寡胜众”这四个字，只有寡众的比例在合理的“度”当中，才有以寡胜众的可能。当然，我们不要认为刘备就是因为人太少才打不过的，曹操只有区区的7万人，不也打赢了官渡一战吗？袁绍那么多人，反而输得很难看。所以，能不能胜，不是纯粹一道公式就可以计算出的，人多人少是一方面的原因，除此以外还有太多变数，包括士气、粮食、武器装备以及其他很多的演变。

光是曹操有信心以寡胜众是不可能的，正是荀彧所说的即将到来的变数起了巨大的作用，才会使整个战役发生彻底的改变。大家可能会发现，要发生重大变化的时候，几乎都有一些预料不到的因素出现。凡是费了很大周折的事情，里面一定另有文章，而不是顺理成章，否则不可能有这么大的周折和变化。

6. 为什么胜败互见，却没有人劝曹操退兵？

试想如果我们是曹操左右的人，眼看曹操根本打不过袁绍，我们敢劝他退兵吗？肯定不敢。曹操很有个性，考虑问题也很有主见，虽不至于随便杀人，但他会仔细分析底下人的话，如果觉得不对，也会当面给人难看。

所以领导人的性格，会影响到他周围人的反应。跟曹操这种人在一起，最好不要乱讲话。当曹操问你怎么看时，这表示他想听听下属的建议。如果他连问都不问，就是他已经决定了，这个时候还是少说话为妙。大家慢慢摸索就会知道，部属在任何一个集团里面，跟随任何一位领导人物，都有自己的一套生存之道，而且各不相同。在曹操的部属当中，除了郭嘉、荀彧几个他特别信任的人以外，其他人都是曹操问到才敢说话。因为他们已经摸准了曹操的脾气。否则对自己没好处，搞不好就没命了。所以，下属想要活得久一点，要揣摩清楚领导的脾气是怎样的，这样才比较安全。

情景说明

曹操正写信给荀彧，让他催办粮草接济军需，徐晃来报韩猛押运粮草正赶往袁营。曹操命徐晃前去劫粮，张辽、许褚带兵接应。得知韩猛粮草被劫烧，袁绍派张郃、高览二将去救，正好碰上张辽、许褚兵马，大败而回。袁绍要杀韩猛，众人万般求情，韩猛才得以饶命。审配建议派重兵把守囤积粮草的乌巢，袁绍命淳于琼前往，并派审配回邺郡继续监办粮草以保证军需。

看守受沮授之托来见袁绍，说沮授有军情要事求见，袁绍说天大的事也不见。沮授从看守处得知淳于琼把守乌巢后大惊，披枷带镣冒死来见袁绍，开口便说大祸将至，又说行军打仗，粮草为重，袁绍听了顿时不悦，说这样的兵家常识，还用你说？沮授又说淳于琼嗜酒如命，无思无谋，不能当此大任，袁绍大怒，命人斩了原来的看守，并将沮授打入死牢。

要点解析

1. 曹操修书向荀彧要粮，是什么道理？

打仗除了士气以外，最要紧的就是粮草。现在曹军粮草出现短缺，想要就地取粮，谈何容易。打起仗来就算有粮也不敢收割，而且存粮也有可能被搜刮一空。所以曹操只好向许昌求救，写信告诉荀彧，说前方粮草短缺，让他立即想办法接济。这是必然的道理。

2. 徐晃来报，袁军由韩猛押运军粮，曹操如何反应？

自家的粮，自己去筹，对于敌军的粮，一般有三个办法：一是断粮道，二是抢粮车，三是烧粮仓。所以当徐晃向曹操报告，说袁绍那边又有一批粮草由韩猛押运而来时，曹操马上动脑筋，下令让人去把粮草抢过来。即使抢不到手，也要将其烧掉，以此断掉袁绍的粮道。

3. 韩猛粮草被劫，袁绍要斩首，大家求情，合适吗？

一名将领，一旦打了败仗，性命就危在旦夕了，因为此时他的生死完全取决于统帅的一句话。统帅说错不在你，你就没事了；统帅一句推出去斩了，这个人就马上人头落地了。韩猛押运粮草被劫，袁绍一听火冒三丈，下令拖出去斩首，其他人纷纷替韩猛求情。这一幕在《三国演义》中经常出现，将几场不同的斩首情景做比较，就会知道几个领导人的不同性格。

如果大家都不求情，就表示韩猛平常做人太差了，以致紧要关头，连个替自己求情的人都没有，那被斩也是活该。现在很多人求情，袁绍得知大家的想法，也会趁机饶过韩猛一命。因此，大家求情当然是合理的事情。

其实粮草被抢也是经常发生的事，韩猛不会把粮草白白送与曹操，也不可能没有抵抗就逃了回来，他也是最后没办法才会丢了粮草，所以没必要为此就把他斩掉。袁绍一时冲动，说要斩他，大家求情，就饶了他一命，这样做应该还是合理的。

4. 沮授有要事禀报，袁绍就是不见，是不是不吉的征兆？

袁绍是个情绪很不稳定的人，虽然这不是想改就能改的事情，但他最起码应该通过后天的学习，提高一点自己的警觉性。中国人是警觉性最高的，本来警觉性和怀疑性是相辅相成的：一个高度怀疑的人，就是高度警觉的人；一个警觉性很高的人，怀疑心也必然很重。可惜，袁绍怀疑心虽重，但警觉性却不高，这是很奇怪的事情。

按理说，袁绍应该带着警觉性去分析：沮授被关在牢里，却来求见，这是什么意思？以沮授的为人，不会为个人的私事求我，一定是为了公事而来。一个被关在牢里的人，又为了公事冒险求见，可见所要说的事情肯定非同小可，再怎么样也应该见一见。这些都是一念之间的想法，可惜袁绍没有想到这些，说即使沮授有天大的事也不见。后来沮授再次冒死前来，袁绍虽然见了沮授，但他那时的情绪已经随着失利的战况越来越差，更是听不进去话了。袁绍一错再错，还死不认账，最后甚至恼羞成怒将沮授打入死牢。这些话虽难听，但用在袁绍身上却一点不为过。他拥有良好的平台和机会，却完全没有把握的能力，最后耽误了大家，也糟蹋了自己。

人都有情绪化的反应，而中国人是全世界反应弹性最大的。外国人也有情绪反应，也会发火，但不像我们来得这样快，来得这么猛。所以中国人一定要小心，对我们来讲，情绪管理最要紧。我们时常告诫自己和别人，一定要稳定情绪，就是因为我们在这方面非常缺乏。一个人情绪不稳定，受害的就是自己。因为情绪稳定才会比较冷静，才能准确地判断事情，这样才不会害人害己。但袁绍情绪来了就发脾气，最后倒霉的当然是自己。

三国之道

情绪管理是最要紧的。一个人情绪不稳定，受害的就是自己。

5. 袁绍命淳于琼重兵把守乌巢粮库，沮授十分反对，为什么？

沮授之所以冒着生命危险，一定要见袁绍一面，就是为了淳于琼。韩猛粮草被劫也就算了，但乌巢如此重要的粮库，交给一个酒鬼来把守，这不是开玩笑吗？袁绍也知道粮草重要，也知道要派重兵把守乌巢，见沮授既然说到此事，就想勉强听听他的意见吧。沮授别的不说，开始就说大祸将至，上来就讲粮草很重要。袁绍一听火就大了，心想你沮授拿我当什么？傻瓜？白痴？作为主帅，这种事情我会不知道吗？

由此我们又一次可以看出，沮授的沟通能力实在太差了。他费了半天劲儿，好不容易见到袁绍，一开始却讲这种不重要的话，这不是在开自己玩笑吗？很多书生气过重的人，根本不懂得把握听话人的心理，自认为很有学问，谈起什么事情都是话说从头，一开口就是“自从盘古开天以来……”，这种话谁会有耐心听下去？

沮授既然好不容易有了跟袁绍对话的机会，就要赶紧抓住重点，该讲什么就讲什么。可他讲了半天全是废话，接下来又说乌巢很重要，袁绍听了只会更气。我们常常觉得好像袁绍很不讲理，实际上他也很倒霉——手下的这些谋士，沟通能力确实很差。

淳于琼是个酒鬼，大家都知道，但袁绍却不知道。因为往往职位越高的人，对手下平常的生活起居状况越不清楚。手下人之间会传来传去，但就是不会传给他。因此，职位越高的人，耳目越不灵。这样我们才会知道，为什么高层的人都要布置一些耳目，倘若不这样，很多事情自己就会是最后一个听到、最后一个看到的人。在这点上，袁绍太不了解自己的处境了。

6. 袁绍听完沮授的分析，脸色大变，把沮授打入死牢，为的是什么？

就是四个字——恼羞成怒。我们不能只怪袁绍，大多数的领导者都有这个毛病。别人说到他的错处，即使说得很正确、很有理，他也不会承认。而且说得越正确、越有理，他火气越大，到最后往往是恼羞成怒。袁绍最后就是恼羞成怒，才会把沮授打入死牢。

当然我们已经一再分析，这件事情错在沮授自己，因为我们没有办法要求上级做什么改变。既然没有办法改变上级，不如想办法来改变自己。只要沮授不改变自己，永远都是这个结局。

情景说明

曹操送往许昌催粮的书信被袁军哨兵截获，许攸正巧碰见，问清原委后带信去找袁绍，说有破曹之计。袁绍催许攸快讲，许攸说曹操与袁军相持已久，许昌必然空虚，若分兵前往可得许昌。袁绍问怎能确定曹操粮草已尽，许攸取信让其观看。袁绍见信开始大喜，后来转念一想，曹操诡计多端，而且跟许攸又是故交，这可能是曹操的诱兵之计。许攸以性命担保，反复相劝，袁绍仍旧不信。正在此时，审配从邺郡来信，告发许攸滥收民间财物，纵容子侄多课税粮。袁绍更加认定此中有诈，将许攸赶出帐外不准来见。

许攸见袁绍不用其谋，料定他日后必败，于是决心投奔曹操。许攸去见曹操，被守卫阻挡，情急之下在帐外大叫“孟德，许攸来投”。曹操本在休息，闻听此言大喜，顾不得穿鞋赤足相迎，并先施大礼，许攸说曹操乃是丞相，不必如此谦恭，曹操说老朋友不以名爵相论，忙请许攸入帐。

要点解析

1. 许攸有好消息报告袁绍，结果如何?

许攸的好消息得自情报，以前叫情报，现在叫资讯。资讯很重要，所以一个人消息要灵通。许攸的消息就很灵通，半路截到曹操因无粮写给荀彧的信，这对当时的袁绍来说，是最要紧的情报。因为只要曹操粮草不足，曹军就易对付了。这时候的策略不是用攻，而是用拖。拖一段时间，曹操就不攻自败了。许攸还曾向袁绍建议，分兵去攻许昌，让曹操两头都顾不了，必定会垮，但袁绍根本不听。许攸原以为这次是最好的破曹机会，袁绍一定会听他的，因为他手里有真实的证据。袁绍刚看到这封信的时候，也确实很高兴，有这么好的消息、这么好的机会，当然非常感谢许攸。可没一会儿他又一次让人看不懂了——不该怀疑的时候怀疑，不该变的时候又变了。他马上有了不同的想法，这不是很奇怪的表现吗?

2. 袁绍怀疑许攸的动机，合不合理?

袁绍的态度突然间发生转变，主要因为两点：第一，他马上想到这封信可能是曹操的奸计，故意写一封信，让对手半路把它截下，以为他快断粮了，接下来不管采取什么样的措施都在他的掌握之中，所以袁绍认为这封信不可靠；第二，他怀疑许攸的动机，想到许攸跟曹操小时候就认识，是老朋友，会不会联合起来诈骗自己呢？这也不是不可能，但如果一个将领连自己的谋士都怀疑到这种地步，那还怎么打仗呢？所以，他180度转变，弄得许攸简直毫无办法。

3. 审配密告许攸，袁绍如何处置?

此时关于许攸的坏消息接二连三地传来。中国人有句话叫福无双至，祸不单行。许攸此时就面临着这样的情况。第一，袁绍怀疑这封信可能是假的；第二，袁绍因他跟曹操是老朋友而生疑；第三，早不来晚不来，审配告发他的密信偏偏这个时候送来。袁绍看了密信，认为许攸连自己的行为都不检点，还想来劝他，分明是居心不良。这种接二连三的怀疑，使袁绍断然拒绝了许攸的建议，弄得许攸灰头土脸，只好离开。

4. 许攸为什么忽然想投靠曹操?

许攸这时候终于明白，跟着袁绍这种人，结果只有死路一条。既然袁绍已经怀疑到他跟曹操是老朋友这层关系上了，这种怀疑以后也很难洗脱，就算袁绍不垮台，留在这里也不会受到重用，根本没有前途可言。所以许攸转念一想，既然袁绍怀疑自己，那自己就干脆让这事弄假成真。

有时候双方谈话，会让人感到是在暗示对方应该去做些什么，那样等于把对方逼到对自己很不利的方向上。当然袁绍不会想这么多。我们只是劝一般人，讲话不要太随便，对方原本没这个意思，也被自己逼成有这个意思。很多事情都是一念之差。许攸绝对不是提前就有这种念头，也不是充分计划后才那样做的。他纯粹是临时起意，心里对袁绍已经彻底失望了，才会想到去投靠自己的老朋友。

5. 许攸大声喊，孟德孟德，合适不合适?

如果许攸刚到曹营就大喊孟德的话，那跟神经病有什么区别？他不是这样的，他也是按照规矩，说有事要见丞相。可左右人不让他入内。凡是做到高官的人，旁边都有很多自动保护他的人。许攸又没提前请示，曹操又恰恰在睡觉，当然会被侍卫挡在外面。许攸清楚事情不能久拖，万一曹操这边不肯收留，他就连回去的机会都没有了。所以情急之下，他才会大叫孟德、孟德。

许攸前面的做法没有错。如果他跟曹操见面以后严守本分，那他还是有应变力的。问题是当他跟曹操见面以后，还继续嬉皮笑脸，就大错特错了。所以，一个人有常也要有变，该变的时候就变，该守常的时候一定还得守常，这才是合理的兼顾。许攸没有这样的素养，所以他将来死得很难看。凭他这次的表现，就知道他喜欢开自己的玩笑。

三国之道

变和常两方面要兼顾，该变的时候变，该守常的时候一定要守常。

6. 曹操不穿鞋子就跑出来，又说不以名爵相论，是不是十分可爱？

如果撇开其他，光看这一幕的表现，我们会觉得曹操是个很可爱的人物，看到老朋友不但表现得很亲切，而且开门见山地说，不要论什么名爵地位，那都是假的，我们老朋友才是真的。

但一路看来，曹操是反复无常的。当陈宫前往曹营为徐州百姓求情的时候，曹操开口就问，你离开我以后在哪里高就呢？并嘲笑陈宫说，你做得好大的官呀。对比这两种态度我们就知道，曹操此时的表现完全是假的。

所以，一个人要经得起考验，一路走来始终如一，那才是真实的一面。有人也怀疑过刘备，可刘备始终如一，那就比较可靠，比较值得大家相信。曹操一会儿这样，一会儿那样，一会儿很真诚，一会儿很虚伪，我们当然会问曹操到底想干什么？是想利用许攸还是想骗许攸呢？但可以肯定的是，这绝不是出于纯真的友谊。这种反复无常，是曹操非常吃亏的地方。现在这一幕，看起来两人都很高兴，但发展到最后，许攸的结局却是很悲惨。我们奉劝那些喜欢搞笑的人，做人可以幽默，但千万不要搞笑。许攸就很喜欢搞笑，最后把自己的命都搞没了。

三国之道

做人可以幽默，但千万不要搞笑。

二十二　少数胜大军

官渡之战，曹操以寡胜众，结束了北方诸侯的纷争，实现了统一北方的计划。曹操的领导才能，固然胜过袁绍。而袁绍不听从谋士的良好计策，更是自招败亡的主要因素。曹操以7万人迎战袁绍的70万大军，在乌巢烧粮的关键战役中，证实了“弱势只因多算胜，兵强却为寡谋亡”的道理。接下来十面埋伏，将袁绍剩下的二三十万兵马全部歼灭，袁绍气得吐血而死。可见众多的人马，也可能瓦解。只有人才和智慧，才是无坚不摧的力量，可以由小变大，由弱转强。曹操一直到官渡大战，都表现得很不错，可惜不能持续下去。

情景说明

曹操向许攸请教破袁的计策，许攸却问曹操还有多少军粮。曹操怕许攸有诈，开始说可用一年，见许攸不信，便说只可支用半年。许攸不悦，拂袖欲去，曹操这才说其实仅够三个月之用。许攸感叹众人皆言曹操奸诈，看来果真如此。曹操于是附耳说军粮只够本月之用了。许攸大声说自己早已知道曹操军粮已尽，惊得曹操忙问如何得知。许攸取出书信，告知原委。曹操叩拜许攸，诚心求教破袁之策。许攸说袁军军粮都囤积在乌巢，守将淳于琼嗜酒无谋，建议假扮袁将蒋奇的人马前往乌巢护粮，趁机烧毁其粮草辎重，如此袁绍三日之内必定不战自退。

众将怕许攸有诈，纷纷反对曹操亲自攻打乌巢。曹操说劫粮事关成败，如不劫粮则无异于坐而待毙，绝不能错失良机。曹操带兵杀至乌巢，醉卧帐中的淳于琼无力反抗，束手被擒。曹操得知袁将眭元进、赵睿从背后杀来救应，下令士兵只管奋力向前，待对方杀到跟前再迎战。

要点解析

1. 许攸和曹操见面，曹操始终不说实在话，是什么道理?

曹操如此态度对待许攸，也是必然。我们总是说中国人很不诚实，但是在这种情况下，曹操怎么可能一见面就对许攸说出实情呢？军队缺粮的事情属于军机大事，自然不能轻易对外人泄露，就算曹操和许攸是从小一起的玩伴，两个人的私交相当好，然而私人的事情可以随意地谈，这种军国大事、军情机要是绝对不能随便泄露的。这跟诚实与否没有关系，但很多人却始终区分不开，所以才会觉得中国人不诚实。

曹操刚开始告诉许攸，军粮足够用一年，后来见许攸不信，又说够半年之用。许攸当然知道曹操在骗他，因为他已经从截获的书信中得知了曹操粮草的真实情况。于是他站起来就要走，并且说老朋友见面都这么虚伪，太不实在了。这是许攸的错，曹操不可能一见面就把实话讲出来，他慢慢地靠近实情，三个月，一个月，直到听许攸说已经知道曹军粮草已断，这才开始紧张起来，惊问许攸是如何知道的。

一个人揭穿别人的秘密，并不是件好事情，如果曹操问不出破袁的计策，许攸很难全身离开曹营，非被杀掉不可。好在他最后终于给了曹操一些好的建议，曹操才没有杀他，否则的话恐怕连门都出不去。所以许攸完全是在开自己的玩笑，但是现在有很多像许攸这样的人，都是没有脑筋的表现。

2. 曹操叩首要求许攸相助，又是什么道理?

曹操这个人能哭也能笑，这是他的拿手绝活。他听到许攸说曾经建议袁绍突袭许昌，首尾夹攻自己，真是后怕得要死，说如果袁绍接受许攸的建议，自己可能早就被灭了。曹操此言是真心话，因为许攸的计策确实是致命的狠招。后来又听许攸说有办法帮他打败袁绍，曹操连忙向许攸叩拜请教，这个时候不要说是叩3个头了，叩9个头他都心甘情愿。只要许攸能够帮他打败袁绍，叫他做什么都行，这就是曹操。但越是这样的人，过后越不容易认账，可惜许攸不明白这个道理。

3. 许攸说淳于琼守乌巢，是大好机会，曹操为什么会相信？

一个人当然要有怀疑心，因为如果别人讲什么都相信，那这个人还有什么脑筋呢？可是别人讲什么都不相信，那他还能抓住什么机会呢？袁绍和曹操都是怀疑心很重的人，但同样是对待许攸的计策，就显示出两个人功力的差距了。曹操怀疑，可是该相信的时候，他就相信了；袁绍刚好相反，碰到该相信的，他偏偏要怀疑到底，因此两个人的命运也就截然不同。可见一味地相信和怀疑，都不是好事情，关键要训练自己该怀疑的怀疑、该相信的就要相信的能力。

曹操一开始对许攸也是将信将疑，因为二人毕竟久未谋面，而且许攸又一直在袁绍的阵营里，怎么可能一下就完全相信他呢？可是，曹操会分析眼下状况和当前形势。首先，曹操认为许攸对他很实在。因为许攸只说"依我判断，你已军中无粮"，就足够令曹操震惊了，又何必把那封信拿出来呢？许攸这个举动，就是要取信于曹操。曹操看到这些证据，自然不会怀疑，因为那封信是曹操自己写的，他当然知道真假，所以会相信许攸。其次，曹操听完许攸分析淳于琼的过程，觉得这些分析还是很可靠的。而且，这也是曹操唯一的机会。更何况荀彧之前已经来信告诉曹操，既然能够抵挡到现在，就要抓住变动的机会。荀彧不是神，不可能预测到什么是变动的机会，但是以荀彧的智慧，他明白胜利属于在相持中能够抓住机会的一方，这是千古不变的原则。曹操听懂了，也记住了。现在碰到许攸，好像是巧合，但经过一番分析之后，他认为可以相信，然后当机立断地选择按照许攸的建议去做，这是很了不起的表现。

三国之道

一味地相信和怀疑，都不是好事情，关键要训练自己该怀疑的怀疑、该相信的就要相信的能力。

4. 众将劝阻曹操不要亲自去攻打乌巢，曹操为什么坚决要去？

曹操决定攻打乌巢以后，如果不亲自率兵，而是叫手下的将领前往，人多嘴杂，难保部将不会反过来劝他不要轻信许攸。因为部将们都知道袁绍也不是刚出道的人，在曹操羽翼未丰之时，袁绍就已经很有分量了，他这么老练的人，怎么可能派一个酒鬼去守乌巢呢？一定是许攸乱讲，或者是袁绍的反间计，如果信以为真，岂不糟糕？

曹操当然也会想到有这种状况发生的可能，所以他防患于未然，表示自己不但相信，而且还要亲自率部前往，这样就让手下众将无话可说了。一个群体，只要大家同心协力，整个的力道就马上加大了，众志就可以成城了。既然曹操坚决亲自去，大家只有团结起来，孤注一掷，坚决要攻下乌巢。

5. 曹军杀入，淳于琼仍在酒醉中，结果如何？

结果是可以想象的，因为张飞在徐州的时候也曾发生过这样的事情。淳于琼已经醉得不省人事，连方向都分不清了，兵器在哪里也不知道，还能指望他做什么？偏偏他又碰到了曹操，被擒下以后，曹操也不杀掉他，而是将他刺面文身后放了回去，目的就是要给袁绍难堪。淳于琼会自杀吗？他只会乖乖的回去，这边受了曹操的羞辱，那边再受袁绍的折磨。一旦喝酒出了事情，后悔也没有用，淳于琼这样也是活该。

6. 袁军见乌巢起火，前来救援，曹操如何因应？

曹操随机应变、见缝插针的能力非常强，一旦乌巢得手，后面的事情也一定会处理得很顺畅。他料到袁绍发现乌巢起火之后，必定会前来救援，于是灵机一动，马上让一部分士兵换上袁军的衣服，冒充淳于琼的败兵，绕到前来救援的袁军后方，形成前后夹攻的局面。

一个人，平常要把头脑用得很灵活，这样关键的时刻才能想出应对之策。否则，遇到袁军来救这样紧急的情况，如何应对？正面交锋很冒险，而撤退更糟糕。曹操果真有这个本事，他快速而正确地做出决断，正所谓快刀斩乱麻。曹操身经百战，他将每一役的经验积累下来，放在脑海里面，要用的时候就马上可以用，这是他很不简单的地方。

情景说明

曹操见到被擒的淳于琼，笑问他酒醒了没有，并将其刺面文身，放回去羞辱袁绍。曹操料到袁绍会派兵来救乌巢，命各部扮作淳于琼败兵，狙击前往乌巢的袁军人马。

得知乌巢被劫，郭图认为曹操必亲往劫粮，建议袁绍攻打曹营，迫使曹操回救，然后趁其兵马疲惫而破之。张郃、高览则说曹营必有防备，如果袭营不能得胜反会被前后夹击。袁绍认为双方都有道理，于是命张郃、高览袭击曹营，又命蒋奇领兵救援乌巢。

蒋奇遇见伪装的曹军，果然上当，被斩于马下。曹操又派人伪装蒋奇部从前往禀报袁绍，谎称蒋奇已经杀散曹兵，收复了乌巢。

见到被刺字放回的淳于琼，袁绍大怒，令人将其溺于酒缸，说让他喝个够。袁绍询问袭击官渡曹营的战况如何，郭图得知曹营果有防备，怕袁绍追究责任，于是诬陷张郃、高览素有降曹之心，所以才攻不下曹营。袁绍大怒，派人召他们回营问罪。郭图又抢先派人告诉张郃、高览，说袁绍要杀他们二人。高览大怒，杀死袁绍的信使，决定和张郃一起投靠曹操。

要点解析

1. 淳于琼被捕，曹操笑问他酒醒了没有，有什么用意？

我们将曹操和许攸两人做一个对照就会发现，许攸开玩笑时完全是小丑的样子，难登大雅之堂。可曹操同样的开玩笑，却是气势十足。与其说曹操是在开玩笑，不如说他是在抓住机会教导部下，给将领们上一次很好的现场课。曹操调侃淳于琼，问他酒醒了没有，其实不是在跟淳于琼对话，而是借此告诫部将：我们的阵营里绝不容许出现这样的人，你们要把他当作教训。如果曹操直接跟部将说“你们看看这个家伙，居然醉成这个样子，你们也要小心”，部将就很难听得进去了，效果也会很差。

作为一名领导，部属跟随了你，你就要想办法提升他们的见识，让他们获得进步，这样部属才能更好地协助你。

三國之道

身为领导，要不断帮助部属提升见识，让他们获得进步，这样才能得到部属更好的协助。

2. 曹操为什么不杀淳于琼，反而在脸上刺青，放他回去？

曹操与袁绍同殿称臣的时候，他对袁绍还是很佩服的，袁绍的表现也还不错。但是当曹操从许攸的口中得知，袁绍不顾沮授的极力反对，执意派淳于琼这样的人去把守乌巢重地，他就想：你袁绍到底在干什么？怎么年龄越大越糊涂了？既然你否定了沮授，那我现在就把活生生的案例给你送回去。

曹操没有恶意，但也绝对没有善意。很多事情，我们常常从善恶的角度去想，其实也没有必要。曹操这样做，纯粹是想利用淳于琼这个活生生的个案，一方面给自己的部将一些教训，一方面给袁绍一种刺激，看看袁绍会怎么办。如此一来，淳于琼最倒霉，就像足球一样，被大家踢来踢去，两面不是人。

3. 袁绍大怒，要淳于琼喝个够，是什么道理？

果然不出曹操所料，袁绍一见淳于琼这副模样，大为光火，让人把淳于琼扔到酒缸里，说让他喝个够。

袁绍见到淳于琼，当然不会笑脸相迎，这一点每个人都可以想象得到。但袁绍此时最应该做的，不是大发雷霆，而是反省自己，想想当初为什么不听沮授的劝阻，竟然派这样的人去守乌巢。当然，如果袁绍真具有这样的自省能力，也不会70万大军败给曹操区区的7万人马。他的结果，正好印证了我们中国人经常讲的两句话，叫作势所必然，理所当然。

4. 郭图建议袁绍趁机袭击曹营，张郃为什么反对？

郭图作为袁绍的谋士，计谋也是很高明的，只不过他私心太重。袁军内部人心不齐，而且内斗得很厉害，这对整个袁绍集团来说是最可怕的。郭图向袁绍建议，虽然现在乌巢已失，但是可以趁曹操攻打乌巢而营寨空虚的机会，去突袭曹营，迫使曹操两边无法兼顾，这样还有反败为胜的可能。

可是张郃认为曹军进攻乌巢，根本不会出动所有人马，一定会在营寨中设下埋伏，如果现在去攻，岂不是这边输了，那边又乱了阵脚？但是，张郃毕竟是武将，武将往往斗不过谋士。因为谋士待在后方，以逸待劳，可以有很长的时间来动脑筋，而武将随时要出去打仗，后方的事情根本没有办法兼顾。张郃讲出这番话，却没有想过万一情况真的如他所料，那作为谋士的郭图是完全没有面子的，一定会想尽办法来陷害他，以找回自己的面子。

人当然应该正直，但是在大环境不容许你正直的情况下，就要稍微小心一点，这才是有警觉性的人。张郃认为自己该说就说了，他恰恰就是缺少这种警觉性。不过我们也不必替张郃伤脑筋，因为经过这一次之后，他的人生会有一个很大的转变，我们拭目以待。

5. 郭图诬告张郃、高览二将素有降曹之心，袁绍为什么相信？

袁绍接受了郭图的建议，派张郃、高览二将去攻打曹营。曹营果然有所防备，张、高二将久攻不下，只好突围出来，这也证明了郭图的分析是错误的。郭图提前得知消息，害怕二人回来以后袁绍怪罪于他甚至翻脸把他杀了，就抢先设计加害张郃、高览。他告诉袁绍，曹营根本就没人防守，只是张郃、高览早就想投降曹操，所以故意不肯出力。袁绍听了这番话怎能不气？于是又马上派人传令他们回来问罪。而郭图又抢先去骗张郃和高览，说袁绍要杀了他们。所以二人干脆一不做，二不休，真的就去投降曹操了。这就是我们平常所讲的，官逼民反——领导逼得部属造反了。

一个集团里面，有不同的意见是好事。但是，一旦内斗到了你死我活的程度，那就高度危险了。其实会出现这种情况，问题完全出在领导身上。作为领导，的确需要是非、赏罚分明，但千万不能过分。因为对的有奖倒还好说，可是错的就要杀头，那谁还敢去承担错误？一旦有了错误，就会千方百计地把责任推给别人。于是同事之间就会变得钩心斗角，互相陷害。所以，郭图陷害自己人固然有错，但该负主要责任的是袁绍，因为这都是他一手造成的。

6. 张郃、高览为什么真的决心要投靠曹操?

我们已经说过，如果是国家与国家的战争，那投降就是叛国，即使有120个理由也不可以。但当时不是，当时是同一个国家中的不同派系在争来斗去，如果感觉自己在这个派系没有前途甚至活不下去，投靠另外一个派系又有什么不可以呢?

一个将领，只有驰骋沙场才有自己的价值。如果张郃、高览就这样屈死在袁绍这里，倒不如干脆去曹操那边。往后我们也会看到，张郃归降以后，为曹操所重用，成了魏国名将。当然，归降曹操是好是坏，此时的张郃、高览还不得而知。但是他们做出这样的选择，也是一种必然的结果，只能怪袁绍领导无方，郭图陷害同事，逼得他们走投无路才会如此。

情景说明

曹操不顾众将的猜疑和阻拦，亲自出营拜迎前来投降的张郃、高览，令二人大受感动。

袁绍因许攸等人的背离和乌巢的失守而在帐中酗酒，长子袁谭前来探望。袁绍问他为何不在自己帐中却来这里，袁谭劝慰父亲不要因几次失利而消沉，但袁绍根本听不进去。

一名士兵前来报事，错口失言说“主公死了”，袁绍怒其出言不祥而命人将他重打300军棍。看到父亲的举动，袁谭心灰意冷，正欲离去，恰巧碰到有人来向袁绍打小报告，说发现有军士说袁军将败。正在气头上的袁绍听后下令将扰乱军心的人斩首，并吩咐要各营严查。打小报告的人领命后，扬扬得意地走出军帐，却被早已等候在外的袁谭一刀刺死。

几次战斗下来，袁军死伤惨重。袁绍看到死伤的军士，心中顿生悲凉。

要点解析

1. 张郃、高览来降，曹操为什么亲自迎接，十分礼待?

曹操是个很重视人才的领导，而且他的消息也很灵通，对张郃、高览早有耳闻，特别是张郃，曹操早知他乃一员虎将。一个人的行为态度，常常会随着心情的好坏而有所不同。我们曾经看到，很多来降的人受到曹操的冷落。但此番曹军劫了袁绍的粮草，烧了屯粮的乌巢，再加上有两员大将来降，曹操当然非常高兴，所以对张郃和高览热情欢迎，十分礼待。

人有不幸的时候，就有幸运的时候。张郃和高览被郭图陷害，被袁绍逼得走投无路，这是他们的不幸；可是他们也很幸运，总算又有了个新的开始，可以好好表现自己了。

2. 袁谭劝慰父亲袁绍，为什么没有效果?

以前的宫廷，出于安全的考虑，除非有皇帝的召见，否则任何人都不能随便进宫。按照寻常人的生活状况，夫妻见面是很平常的事情。但在皇宫里面，就连皇后要见皇帝也不是想见就能见到的，宰相等大臣更是不能随便进宫。所以袁绍看到儿子袁谭到来，见面的第一句话就问他不在自己帐中，跑到这儿来干什么。这种问法寻常人会觉得很奇怪：怎么有这样的父子？但在他们看来却没有什么不妥，因为他们已经习惯如此，所以我们不能用普通人的眼光来衡量他们。

袁谭听到很多对父亲不利的言论，比如说滥杀无辜，以致营中人心惶惶、军心涣散。袁谭想到如此下去，大军必败无疑，自己既然身为人子，就有责任来劝慰父亲，帮助父亲重振信心。可是袁绍根本不听他的话，最后袁谭也只好心灰意冷地走了。我们可以看到，此时的袁绍已经到了众叛亲离的地步。

一个人最可怕的，就是众叛亲离。部属对他有了叛逆、不忠的想法，亲人与他慢慢产生了距离、隔阂，这是人生的悲剧。

三國之道

一个人最可怕的，就是众叛亲离。

3. 士兵报告“主公死了”，袁绍下令痛打三百杖，合适吗?

当初刘备请求袁绍乘许昌空虚之际，帮忙出兵攻打曹操，袁绍借口爱子病危，自己无心顾及其他事情，并感叹“我将死矣”。现在一名士兵失言说“主公死了”，他就小题大做，认为很不吉利，其实完全没有必要。

碰到这种情况，如果觉得它是坏兆头，它就是坏兆头，如果认为这没有什么，它就没有什么。一个人，一定要修养自己，尤其是在这种状况之下。袁绍已经焦头烂额了，此时他应该好好反省自己才对，而不是把自己逼上绝路。那个士兵绝不是有心要咒袁绍死，而是因为太匆忙，着急前来报告，所以才会有这种口误。可是袁绍却把这名士兵的话当成是对自己的诅咒，下令将他痛打三百杖，这样的处理方式当然非常不合适，也没有必要，完全是在自找麻烦。其实这些事情只要不信，它就根本不存在，因为谁都会有口误的时候。作为一个领导，实在不应该计较这种事情。

4. 袁绍喜欢听小报告，造成什么样的恶果？

恶果就是造成小报告一大堆。一个组织会有人不断打小报告，原因只有一个，就是领导很喜欢听小报告。只要领导不听小报告，自然就没有人做这种事了。但袁绍就是喜欢听小报告，而且还会信以为真，追究惩罚。所以部属即使没有发现什么事情，也会无中生有，制造一大堆小报告给他，搞得天下大乱，人心惶惶，最后自食其果的只能是袁绍自己。

5. 袁谭杀死打小报告的人，是什么道理？

袁谭是旁观者清，他知道，本来士兵相安无事，就是有些人为了邀功请赏，才编造了这些小报告。当然，他也知道这些小报告未必不是事实，但是父亲却根本不反思原因，更没有检讨一下自己就下令处罚人，很不合适。他觉得现在还没有完全输掉这场战争，如果父亲振作起来，应该还可以重整部队的士气，而自己作为儿子，有责任挺身而出，告诉父亲实情。别人是因为不敢，但作为儿子的他再不讲，谁还能讲呢？但是袁谭自己也碰了个钉子，他发现自己劝也没用，所以干脆用实际行动，惩治这些打小报告的人——谁打小报告就把谁刺死。可是他这么做，也发挥不了什么大的作用。

我们常常觉得什么事情都可以公事公办，事实上是做不到的，否则就没有袁谭的事。就是因为身份的不同，所以很多人想通过他来劝谏袁绍。袁谭能够说“我是我，他是他”，然后对自己父亲的事情置之不理吗？当然不能。有时候我们说身边有亲戚不好，可如果没有亲戚的话，很多事情别人不敢做，那就没有人敢做了。但如果说身边有亲戚很好，有时候亲戚也很可能会抓权。可见是不是亲戚不重要，最重要的还是怎么领导，不要把好的都归功于自己，把坏的都推给亲戚。有时候亲戚的压力也很大，要被迫做一些不是自己分内的工作，我们要加以谅解并合理地处理。

6. 袁绍看见士兵死伤极多，难道不会悲伤？

人心总是肉长的，任何一个将领，不管他取得多大的胜利，当看到自己的士兵死伤无数的时候，都是很难过的。我们不要以为袁绍完全没有感情，这是不可能的。其实在整部《三国演义》当中，每一个人都是充满了感情，因为中国人非常重视感情。我们的感情很充沛，只是我们表达感情的方式不相同，轻重大小也不一样，才导致有好坏不一样的效果。从这点来说，袁绍现在的情绪是失控的，方向也是错误的，而且自己都不太了解自己了。他枉费了一生，就是因为平常没有好好地反省自己、改善自己，以致越来越糟糕。

情景说明

袁军日渐涣散，曹军却士气大振。曹操亲整大军，说“破袁就在今夜”，然后八路齐出，直冲袁营。袁绍大败，逃回冀州。

得知袁绍战败，狱卒高兴地向田丰道喜，说当初田丰劝袁绍不可轻易出兵，如今袁绍不听，果然大败，日后必会重用于他。但田丰却说，如果袁绍得胜或许还会赦免他，如今战败，必将恼羞成怒而杀他。话音刚落，奉命前来取田丰首级的军士就到了。

曹操得知袁绍带800人马渡江而逃，说天意已定，袁绍劫数难逃。沮授被俘，曹操有意收为己用，但沮授不降，抢夺马匹想要逃走。曹操授意部将射杀沮授，又命人立碑厚葬。

曹军清理战场，发现曹操部下有暗通袁绍的书信。左右建议将写信的人逐一清点查处，曹操却说当初袁绍强盛的时候，连他也怕不能自保，更何况其他人，于是下令将书信全部烧毁，不再追究。乡民为曹操敬酒，恭贺他大败袁绍，曹操感慨，将酒祭洒于天地大河。

要点解析

1. 曹操说破袁就在今夜，真的那么有信心吗?

在官渡之战的初期，曹操心里也曾担心：如此敌众我寡，打下去结果会怎么样？但令他没有想到的是，之后发生了一连串对他非常有利的转变：对方的粮草被烧，对方大将也归降了，自己这边士气大振，而对方那边却破碎不堪。正所谓有消有长，袁军那边一直消，曹军这边一直长。在这种消长的过程当中，曹操的信心越来越强，所以他信心满怀，说“破袁就在今夜”。这不是曹操吹牛，而是他有十足的把握。但是我们也要知道，他这主要是讲给所有将士听的，从而鼓舞大家的士气，告诉大家今晚好好干，成功就在眼前，这是非常有效的方式。

2. 狱卒向田丰道喜，说袁绍大败而回，必受重用，结果如何?

狱卒的见识毕竟一般，他按照人之常情来推断，认为袁绍战败回来，会为当初没有接纳田丰的意见而觉得惭愧，日后也必会将田丰请回去，并且好好地加以重用。可是，田丰很了解袁绍，知道如果袁绍这次是凯旋，说不定还会饶他一命，但现在袁绍大败而回，完全在他的预料之中，袁绍一定会恼羞成怒甚至会极端到把他处死，所以田丰才会说自己死期将至。

虽然田丰很了解袁绍，但他还是把自己推上了这样的绝路。他的教训，对现代人来讲非常重要，那就是不能只顾自己，不顾别人。田丰就是只顾自己，不顾袁绍。既然他对袁绍这么了解，就应该换一种方式来表达，或者通过别人甚至可以事先跟别的同僚沟通一下，一起向袁绍谏言，不要每次都让主公左右为难才对。当然曹操不会这样，可是袁绍这样的人，谋士们东说一句西说一句，他就不知所措了。已经有了几回教训，这些谋士就应该知道，在向袁绍进言之前，先沙盘演习一下，揣摩一下哪种方式被听取的可能比较大，然后集中提出一个建议再交给袁绍，岂不是更好吗？但是这些谋士每个人都想表功，都要表现自己，最后连自己的命也没保住。所以田丰固然委屈，但是他也应该检讨自己，可惜一切都为时已晚。

与人沟通，不能只顾自己，不顾别人。

3. 曹操说“天意已定，劫数难逃”，是什么意思？

曹操讲的这两句话，是我们中国人经常会思考的事情。因为一些事情到最后，经常会有令人大跌眼镜、意想不到的结局。这种大逆转的事情，只有老天才有办法做到，这不是迷信，而是自然的力量永远超过人类的力量，从这个角度来认识这些问题就对了。人力可以创造，人力可以改变自然，这没有错。但人力毕竟是有限度的，在限度之内可以创造，可以人定胜天，但是一旦超过那个限度就很难了。山崩地裂的时候，人能有什么办法？洪水来临的时候，人能有什么办法？人力对这些是统统没有办法的。所以中国人自古以来就知道，小事情人在做主，大事情还是要听听老天的意见。

所以曹操说“天意已定，劫数难逃”，意思就是说，这次胜利大家不要以为是我个人的能力或是大家的功劳，这是老天的功劳，是老天帮我们的忙。老天要袁绍灭亡，我们才有这样的好机会。这样一番感谢老天的话，并不是每个人都说得出来的。

袁绍确实是劫数难逃。人们很难理解袁绍为什么会这样，明明有好的谋士，自己却不懂得用。明明有好的将领，却把他们逼得叛离到曹操那边去。袁绍不是什么都没有，他有很多优势，但最后还是搞成这个样子，当然是劫数难逃了。

4. 曹操礼待沮授，劝他投降，却又暗示部将把他射死，这是为什么？

对于曹操来说，这是再合理不过的事情。曹操这个人的原则非常简单——你是人才我会重用你，可是当你不被我用的时候，我就会杀了你。曹操为什么不杀关羽呢？因为关羽已经声名在外，除非在沙场上把他杀死，否则谁杀他都会被天下人所不齿。而沮授不一样，沮授是败将，曹操给他投降的机会，可是他却要逃走，曹操稍作暗示，旁边的人就把他射死了，何必要自己出手呢？

我们很钦佩沮授的这种气节，可是曹操怎么会放他走呢？放虎归山，不是为以后添加障碍吗？所以旁边人要射沮授的时候，曹操当然不会阻止。

5. 有人发现许都有讨好袁绍的信件，曹操下令付之一炬，是什么道理？

在清理战场的时候，有人偶然发现了很多信件，都是在许都的同僚讨好袁绍的，说如果袁绍打赢的话，他们愿意追随袁绍。通过这件事情，正好可以把曹操和袁绍再做一个对比。袁绍只要听到有人背叛自己，马上就要杀掉那个人。可是曹操听到这个消息，却说不要再去追究了，甚至说换作自己，说不定也会这样做。

曹操认为，每个人都有自己的生存之道，自己在这场战役中都没有打赢袁绍的把握，处在那种形式之下，也难怪那些人会犹豫不定。这是曹操非常人性化的一面。更何况他觉得现在把这些人列在名单上，回去以后大开杀戒，对自己根本没有好处，所以他当时就把信给烧掉了，表示不再追究。在曹操众多令人不齿的举动之外，也有很多让人感动的一面。但是我们前面说过，中国人盖棺定论，一生的表现加减乘除以后，就是结果。曹操在道德修养方面是不及格的，所以这些好处也都统统一笔勾销了，这不能怪别人。

6. 乡民为曹操敬酒，曹操洒酒祭天地大河有什么用意？

曹操知道，单凭自己的能力很难战胜袁绍，因为并非众志成城就能打胜仗。能够取得最后的胜利，是天地帮助的结果，所以他不敢归功于自己。这一点其实代表了我们中国人很普遍的心声。中国人动不动就会说“谢天谢地”，因为如果没有天地，人不可能有什么表现。所以人一旦有了表现，不能骄傲，要先谢天谢地，然后再回家谢谢父母。只有这样，我们才会一辈子都过得比较安稳，才会持续不断的进步。

曾仕强点评三国之道

第二部 诸葛亮下山

曾仕强——著

北京时代华文书局

开篇语

《三国演义》《西游记》《水浒传》这三本好书，深受我国广大人民的喜爱，也影响了一代又一代的中国人。特别是《三国演义》这本书，不仅我们中国人把它当成宝贝，不断地吸取其中的道理，而且整个亚洲都深受其影响，有些国家甚至还把它列为教科书。取名叫作《三国演义》，就说明它不是历史，也不是故事，更不是小说，而是要透过三国里面的众多人物，把这个“义”字活生生地“演”出来，让我们知道公义的要紧、正义的重要，还有道义的神圣。公义、正义、道义，都有一个共同的“义”字，而这个“义”字正是我们中华民族最重视的精神，用现在的话来讲，那就是凭良心、讲道德、重伦理。

21世纪我们逐步迈向全球化，全球化最要紧的，就是凭良心、讲道德、重伦理。否则大家勉强凑在一起，也无法做到和而不同。我们这个时候把《三国演义》里面的公义、正义、道义发扬出来，影响到全世界，对世界大同一定会有很大的贡献。

第二部　诸葛亮下山

有团队而缺乏高明的军师，也将难成大事。

刘备吃尽苦头，决定三顾茅庐，把孔明请下山。

隆中决策奠定三国鼎立的基础，果真神算？

《中庸》说，至诚之道，可以前知。诸葛亮做到了。

第二部　诸葛亮下山

目录

二十三　英才何早逝

诸葛亮下山，实际上从郭嘉早死就已经开始。如果郭嘉不死，诸葛亮下山，岂不是等于和郭嘉对决，有什么意思？在曹操的众多谋士当中，郭嘉是曹操最为欣赏的一位。初次见面，畅谈天下大势时，曹操便称赞郭嘉是建立大业的好帮手。郭嘉死时，才38岁。曹操大哭说："奉孝死，乃天丧吾也。"郭嘉追随曹操18年，却英年早逝。曹操应该好好想一想，为什么那样厚待关羽，还是留不住他？为什么这样神算的郭嘉，却死得这么早？是不是自己的品德不够，才有这样的结果？可惜他并没有想过这些。

情景说明

建安七年，袁绍兵败吐血而亡，临终废长子袁谭而立幼子袁尚，挑起了他们兄弟间的斗争。袁谭被袁尚围攻，无奈派辛毗去向曹操请降。曹操问辛毗袁谭投降是真是假，辛毗说不必在乎真假，天下之患，莫大于河北，当前利用袁氏兄弟相争的机会，乘势夺取河北才是关键。曹操大喜，兵发冀州。

袁谭率部跪降曹操，曹操得知吕旷、吕翔兄弟二人原为袁尚部将，因不忍袁氏兄弟手足相残而归降袁谭，当场封吕氏兄弟为列侯，以嘲讽袁氏兄弟同室操戈的行为。

冀州袁尚出兵平原，想先灭袁谭，再破曹操。曹操得知后，正欲调兵遣将以趁机攻占冀州之时，许攸来见，问曹操此时按兵不动，莫非等着天上的雷电消灭袁氏兄弟。曹操戏说已料定如此，在场众将哄堂大笑，许攸灰头土脸而去。

曹操起兵攻打袁尚，袁尚大败，只得派人向曹操请降。曹操表面接受他的投降，暗地却派张辽、徐晃趁其不备，连夜前去劫寨。袁尚兵败逃往中山，曹操下令围攻冀州。

要点解析

1. 袁谭、袁尚为什么兄弟相争，是袁绍造成的吗?

历史上兄弟相争的案例不少，我们不能说它一定是坏事，但也绝不能说它是好事。只有在一种特殊情况下，兄弟相争才算合理，那就是真正为天下百姓而争。

袁谭和袁尚是为天下百姓而争吗？根本谈不上。他们的格局太小，一切只为了一个“利”字，所以连曹操都看不下去了。他们兄弟这样相争，用中国人的话讲，就是家教不好，家风不正。袁绍在外面的表现就是自私自利，毫无远见，回到家里也不可能给孩子树立很好的榜样。虽然同父同母所生的小孩也不见得个性都一样，但既然是兄弟，当敌兵将至的时候，最起码应该齐心御敌，而不是整天争论谁对谁错。兄弟之间是非搞得太分明，就没有兄弟之情了。袁谭、袁尚在这种家教环境下长大，从小就计较谁对谁错，相互之间争风吃醋，所以长大了也不会有什么手足之情。现在大敌当前，两兄弟居然斗得比对外人还激烈，很让人看不起。

2. 辛毗说，天下之患，莫大于河北，有什么用意?

这句话对曹操而言是对的，因为曹操当时最想占领的地方就是河北。然而话本身虽然是对的，但辛毗毕竟是袁谭的手下，现在居然跟曹操讲这种话，却很不应该。一个人，立场最重要。站在什么样的立场，就只能讲什么样的话。同样一句话，有的人讲出来我们可以接受，有的人讲出来我们就会觉得很奇怪。辛毗这是在劝曹操借着袁谭投降的机会一举把河北吞并下来，这不是他所在的立场应该讲的话。

一个人，立场最重要。站在什么立场，就只能讲什么话。

3. 袁谭投降，曹操反而封吕旷、吕翔兄弟为侯，是什么道理？

曹操的反应是何等敏捷，他见袁谭身后两个人长得很像，而且同是姓吕，马上就想到这二人应该也是兄弟。得知他们因不忍袁氏兄弟手足相残而一起归于袁谭手下，曹操自然就对比想到了袁氏兄弟的同室操戈。虽然这些都跟曹操没有关系，但他还是马上给袁谭难堪，当场封吕旷、吕翔兄弟为侯，对袁谭却不理不睬。

中国人的是非观念很强，但我们的是非跟西方的是非又有很大区别。西方的是非是固定的，我们的是非却是变动的。曹操这样做是让袁谭自己去反省：别人兄弟那样同心，你们兄弟之间又是什么样子呢？曹操这是做给天下人看的，是一个很好的举动。

4. 袁尚决定先攻袁谭，再攻曹操，曹操有什么反应？

曹操对此非常不屑，他心想：袁尚要打也应该先打我，怎么能先打自己的兄弟呢？平常意见相争也就罢了，现在碰到强敌，怎么还不知道联合起来一致对外，还在那里手足相残呢？

连曹操这样的人都懂得先把自己的利害关系撇到一边，客观地去判断事情合理与否，袁氏兄弟却只顾手足相残而不思携手退敌之策，完全是从自己眼前的狭小利益出发。虽说以前打仗并非凡是对手就都要消灭，能留的还是尽量会留，但曹操看到袁尚这样的举动，心中已经决定要把袁氏兄弟统统消灭掉了，因为在他看来，留下这种人没有意义。

5. 许攸来见曹操，再献破袁尚计策，曹操为什么不予理会？

我们前面已经讲过，像许攸这样的人，完全是在耍宝，他就是那种难登大雅之堂的小丑。可现在看来，许攸似乎连小丑都不如。小丑一站出来，大家都知道他是小丑，因为他是故意那样的，而许攸表面上看起来倒还像正经人。我们宁可名正言顺地当小丑，也千万不要随意搞怪。那些喜欢搞怪的人应该看看许攸的下场，提醒一下自己。

官渡之战时，情况危急，许攸那个样子曹操还可以接受，现在他还来搞怪，曹操对许攸当然也无须再容忍了。一个人要时刻记住：此一时也，彼一时也。不要以为以前是这样成功的，现在这样也一定会成功。此时的许攸最好乖乖地站在一旁，除非曹操问他，否则少开口为妙，这样或许还可以保住一条命。

中国人不必什么话都要亲口讲出来，曹操对待许攸的嘲弄态度，等于给部将传达了一个信息：丞相现在不再需要许攸了，也根本看不上他了。这正是造成许攸后来遭遇杀身之祸的重要原因，因为没有曹操的这种态度，部将也不敢杀死许攸。

6. 曹操表面上接受袁尚投降，暗地里为什么指派张辽、徐晃攻打袁尚?

曹操之前就已暗自决定，就算袁氏兄弟诚心投降，他也不会考虑接受。我们做人只可以留下正面的示范，不能够留下负面的教材。所以从这个方面来看，曹操这样做是正确的。如果曹操把这种人留下来，就是给大家一个负面的教材。所以他表面接受袁尚的投降，暗地却派人趁其不备出兵攻打。袁尚完全没有准备，失败是必然的。

情景说明

辛毗随曹军到冀州城下，用枪挑着袁尚的印绶衣服招安城内的百姓。留守冀州的审配命人将辛毗一家老小八十余口带至城楼之上，一一斩首并将头颅抛下城去，辛毗见状大哭不已。

连续在城楼上坚守3天的审配终因体力不支而晕倒，审配的侄子审荣打开城门放曹军入城，自己拔剑自刎。曹军攻占冀州，审配被徐晃生擒。辛毗看到审配，上前又打又骂，徐晃在一旁视若不见。曹操问审配是否肯投降，审配誓死不降，但求面北视主而死，曹操应允。审配转身告诉辛毗，他的兄长辛评因无颜面对他降曹的耻辱悲愤而死，临终要求审配赐死辛氏全家。辛毗闻听此言，大叫一声，倒地而亡。

曹操感叹袁绍未能善用河北义士，否则自己也不敢觊觎。正欲进城，曹操看见当初替袁绍起草讨伐檄文的陈琳被押解而来，质问其为何辱及自己的祖父先人，陈琳只说箭在弦上，不得不发。众将要杀陈琳，反被曹操制止。

要点解析

1. 审配下令将辛毗全家杀死，合适吗?

表面上是审配下令将辛毗全家八十余口的头砍下，从城墙上丢下去的，实际上是辛毗的哥哥辛评因弟弟背主降敌，悲愤难忍，要求审配将辛家全族的人头都砍下来，以死谢罪的。

其实，当时城内最反对辛毗的正是他的家人，因为他们觉得自己家里出了这样的叛徒，实在是丢脸至极。可辛毗根本不知道这些，他认为自己这样做是对的，不但可以救自己的家人，还可以救全城的百姓。可见人不能一厢情愿地去想问题，很多时候，我们的感受与现实会有很大差距。辛毗就是一厢情愿，认为自己这样想，家人大概也会这样想，甚至全城大多数百姓同样会这样想，所以他觉得审配应该会听从他的劝降。然而审配只有一个信念，就是与城共存亡，至于别人怎么看，他根本不理会，这样最起码对自己有一个交代。审配做这种决定，我们应该表示尊重和敬佩。

看到辛家老小八十余口的头逐一被砍下，最伤心的当然是辛毗。辛毗认为，审配不投降就是害了全城百姓，只要审配投降，曹操就会放过他们。所以辛毗在城下喊了半天，想说服审配投降，可审配却无动于衷。

2. 审配累倒在城墙上，他的侄儿审荣为什么开城投降?

看起来好像是审配坚持不降，而审荣开门投降，其实不是。审荣也是坚持不降，只是表达的方式跟审配不一样。审配坚持要与城池共存亡，怎么死都无所谓。审荣不是，他看到叔父苦撑多日，已经明显撑不下去了，自己再死撑反而会害了全城百姓，所以干脆用另外一种方式——把城门打开，表示不再抵抗，然后自己自杀殉城。

审荣这样做，并不表示他向曹操投降了，他只是觉得像审配那样坚持下去会害死更多的人，没有必要再做无谓的牺牲。我们看一个人，不能只看表面，而要看他内心真正的动机。审荣的动机跟审配一样，都是与城共存亡，只是表达的方式不一样而已。

3. 辛毗痛打审配，徐晃为什么不加以阻止？

因为这是辛毗和审配之间的恩怨，跟徐晃没有任何关系。如果徐晃这时是“警察”，而审配是他抓住的“犯人”，那辛毗痛打审配，徐晃就应该加以阻止。因为犯人要审判定罪，不能用私刑。但现在情况不一样，辛毗亲眼看到审配将自己的家人一一杀死，在这种情况下，任何人看到审配都是要打的，所以徐晃并未加以阻止。况且阻止和不阻止没有什么区别，审配不会因为挨打而改变初衷，他抱着求死的态度，根本不会计较这些。最傻的是辛毗，自以为替家人出气有道理，其实他错了。

4. 审配誓死不降，曹操赐他死后葬在城北，为什么？

大家如果去东南亚旅行，就会发现那里所有酒店的天花板上都有一个方向的指示，告诉伊斯兰教徒每天做祈祷的方向。中国人对方位也很重视，做人最要紧的就是方向要搞对。审配一心一意追随袁绍，生为袁家的臣，死为袁家的鬼，自己的主公在北方，所以他要求能面北而死。曹操也很欣赏这样的人，于是成全审配，让他面北而死，死后葬在城北，跟他主公的方向一致。

成全是中国人了不起的美德，虽然人与人之间会有意气之争，会有不同的意见，但是可以成全别人的地方要尽量去成全，这样做人才有意义。

三國之道

成全是中国人了不起的美德。

5. 辛毗为什么大叫而死？

辛毗一直以为自己的做法是对的，现在才知道原来错的是自己。将全家人处死是他哥哥辛评的主意，并不是审配要做出这等残酷的事情。如果辛毗始终被蒙在鼓里，那他还可以振振有词地大骂审配，现在得知所有的祸患都是自己一个人惹出来的，他怎么承受得了如此大的打击呢？所以最后没有人打他，也没有人杀他，他自己大叫一声就死了。

辛毗这样死，其实也是死得其所。否则他活得越久，内心只会越痛苦。人最好少做错事，不然以后的恶果是无法摆脱的，也没办法转嫁给别人，谁都无法代替承受。

6. 曹操看见陈琳，想起他所写的檄文，为什么不杀他？

对曹操来讲，杀不杀陈琳其实没有什么不同。因为不管杀不杀他，那篇檄文已经流传开了。在这种情况下，曹操最终会做出何种选择，就要看陈琳自己如何因应了。

曹操问陈琳当初写檄文为什么连他的祖宗几代都骂，这时候，如果陈琳讲任何求饶的话，都只会使曹操更加火大，但他此时却讲了一句很关键的话，让曹操气不起来。他说箭在弦上，不得不发。他没有直接回答曹操的问题，而是拐弯抹角地说明自己也是不得已的。可是如果他直接说自己是不得已而为之，又会有求饶的意味儿，曹操可能也不会放过他。所以他既没有求饶，也没有说“写都写了，要杀就杀”，而是说“箭在弦上，不得不发”。

同样一个意思，用不同的方式表达出来，结果是大不一样的。我们没有讨论陈琳该不该救自己，那是他自己的选择，我们只是很欣赏他说的这句话而已。尤其曹操是一个喜欢玩弄文辞的人，或许就是因为一听这话不错，才不杀他了。

情景说明

曹操路过袁府，见曹丕已进入袁府，便责问其为何违抗禁令。曹丕叫出袁熙之妻甄氏见过曹操，曹操见其貌美，也就不再追究。袁绍之妻刘氏欲将甄氏献与曹丕为妻，曹操未置可否。甄氏请求一死，曹操反而应允曹丕纳甄氏为妻。

许攸与许褚偶遇，两人言语失和。许攸夸耀说如果没有自己，曹军根本进不了冀州，又说许褚只是匹夫，根本微不足道。许褚大怒，一剑将许攸刺死。曹操轻描淡写地说了许褚几句，便命人厚葬许攸了事。

曹操祭奠袁绍，回想起二人旧事，声泪俱下。他让陈琳当众宣读当年檄文，众将上前制止，曹操却说要以此告慰战死将士的亡魂，陈琳听后，无所顾忌地大声诵读。

要点解析

1. 曹丕明知曹操禁令，为什么还敢擅自进入袁府?

曹操跟袁绍是有旧交情的，所以他打归打，心里还是有点念旧，因此规定城破之日，任何人都不准进入袁府。曹丕当然也知道禁令，可他为什么还敢进去呢?原因很简单，因为他是曹操的儿子，否则换成别人，谁敢?

但是，曹丕会无缘无故违反曹操的禁令进入袁府吗?当然不可能。他是为了一个自己喜欢的女人才进去的，这就是我们平常所讲的色胆包天。男人看到女色之后，胆子通常比谁都大。而且曹丕会想，就算父亲到时候责怪，自己伏下来哭求就是了。同时曹丕也知道，父亲看到漂亮的女人，心一定会软下来的，绝不会硬要把他杀掉。因为他们父子有个相同的习性，那就是贪恋女色。果然不出曹丕所料，曹操刚进去很生气，责问他为什么违抗禁令，但见到甄氏后，曹操心想：不要说你想要，我都想要。于是，他便不再追究曹丕了。

2. 甄氏是河北第一美人，请求曹操赐自己一死，曹操有什么反应呢?

甄氏如果不是美人，曹操父子会为她而无视禁令吗?当然不可能。甄氏如果不是美人，她敢求曹操赐她一死吗?肯定也不敢，因为曹操可能真的点头让她去死。我们没有说人应该怕死，也没有说甄氏不应该死。因为求生求死是每个人自己的决定，用不着我们第三者来评论。况且人各有志，不能强求。甄氏虽然请求曹操赐自己一死，但她心里是不是真的想死，我们不得而知，最起码我们可以判断曹操是不可能赐她一死的。所以甄氏后来就成了曹丕的妻子，而且还惊动了很多曹臣。

3. 许攸为许褚所杀，曹操为什么不生气?

许攸是不是功高震主?当然不是。倘若他真的功高震主，谁也不敢这样杀他。他是越来越被大家当笑话看了，连小丑都不如，所以许褚才敢杀他。可是许攸自己不这样想，他觉得那些武将根本不算什么，只是打打仗而已，官渡之战时，要不是自己的计策，他们一定打不赢，更别说攻进冀州了。但是武将是不吃这一套的，许褚心想：你许攸除了动动嘴巴，还能做什么呢？连我都打不过，还敢在我面前装神气？

许攸跟曹操来这一套还比较安全，因为就算曹操想杀他，也会碍于身份地位而不便动手。但许褚没有这些顾虑，所以他一剑杀死了许攸。曹操也只是碍于面子，让人厚葬许攸了事。

4. 曹操哭祭袁绍，是真是假?

答案是半真半假。因为曹操和袁绍毕竟是老朋友、老同事，后来因为情势变化，才不得不打，不得不杀。中国人讲人死为大，人死了，生前的恩怨就一笔勾销了，所以这里有曹操真的一面。但曹操在哭祭袁绍的时候，还要顾及在场的众多将领，于是就讲了一些冠冕堂皇的假话。里面有感情，也有教训，目的是让大家知道他曹操是一个顾念旧情的人，这是他很聪明的地方。

5. 曹操命令陈琳再念一次檄文，有什么用意?

曹操第一次听到檄文的时候正头痛，听完反而不痛了，他对陈琳的檄文印象深刻。如果当时他没有不舒服，听完后却头痛得要命，他这次的决定就会完全不一样了。所以曹操是把檄文当作好兆头看的。同时，他看到袁绍的70万大军被自己打得只剩下不到一千人，心里也会有罪恶感，觉得对不起太多人，因此他让陈琳高声念檄文，让大家明白，士兵牺牲的是宝贵的生命，而他自己付出的也不比别人少，自己可是连祖宗都被人骂了。

另外，这也是曹操对手下将领是否忠心的一个试探。如果大家听到檄文开开心心或是没有什么反应，曹操就该好好检讨自己，当领导竟然当到这个地步。还好手下的人听到檄文内容，都阻止陈琳继续念下去，这样曹操就知道部将还是真心追随他的。一个领导，要时时刻刻借由各种不同的方式去了解部属的内心，才能知道将来应该怎样去应对。

三國之道

作为领导，要时时刻刻借由各种不同的方式去了解部属的内心，才能知道将来应该怎样去应对。

6. 陈琳为什么大声念檄文，丝毫不害怕?

任何人到了这个地步都会不害怕了，因为反正也不知道自己结果会怎样，抱着必死的态度反而更安定一些。否则越怕死，一路上越难受，将来也死得越快。

陈琳想：曹操叫我念我就念，反正我讲的都是事实。之前袁绍叫他写的时候，他不得不写，现在曹操叫他念，他又不得不念，结果他反而没有死。因为曹操也知道，当时是袁绍叫他写他才写的，现在是自己命令他念，他才敢念的，所以才没有杀他。

情景说明

袁尚走投无路，前往幽州投靠了袁熙。袁谭欲收复冀州，却死于阵中。曹操挥师北上，夺取幽、并二州，西击乌桓，追讨袁尚、袁熙。

曹军在沙漠中艰难前行，曹操探望病倒的郭嘉，说远征艰辛才致使郭嘉身染重病，自己心里十分不安。郭嘉却说至死也无法报答曹操的恩情。道路崎岖，曹操有回军之心，郭嘉谏言兵贵神速，应轻装前进才是。曹操留郭嘉在易州养病，自己率精兵继续前行。曹操在白狼山一举击败前来与袁熙、袁尚会合的蹋顿，袁熙、袁尚引数千兵马往辽东逃去。

曹操回到易州时，郭嘉已死数日，亡年仅38岁，曹操大为痛惜。曹操伫立海边，远眺沉思，部将认为袁熙、袁尚一时难取，向曹操提议先回许都。曹操说稍等几日，袁熙、袁尚的首级就会送到。原来郭嘉临死前留信给曹操，说如果攻打辽东，袁氏兄弟和公孙康必会合力迎战，但如果缓图，他们则必会自相残杀。曹操依计行事，公孙康果然带袁熙、袁尚首级来投。

要点解析

1. 郭嘉病危，曹操不能心安，郭嘉为什么仍然心存感恩?

郭嘉的才干不在诸葛亮之下，只是他出来的时机不对，追随的人很有问题，处理的一些事情也让自己忐忑不安，所以才会死得这么早。

郭嘉在病危的时候，还在不停地替曹操想这想那。他给我们做了一个很好的示范：一份差事，要么不做，既然要做，就要从头到尾把它做好。郭嘉之所以病成这样都没想如何把自己的病养好，反而对曹操充满了感激，是因为他认为如果曹操不用他，或者不听他的建议，他有再好的才干也无从表现，大家甚至都不会知道有他这个人。

很多人以为是领导给自己工资，给自己奖励，其实不然。那都是你自己挣来的，你跟别的领导同样可以挣这份工资，最关键的是领导给你工作的机会，给你表现的舞台。如果领导名气大，那你就更是跟着沾光。因为如果在小地方做事，你再怎么表现都没有人去关注。郭嘉深知这一点，认为既然到了曹操手下，就要珍惜曹操给他这么好的机会。况且曹操对他的重视，简直到了言听计从的地步，那还有什么好遗憾的呢？所以他一直到死都对曹操没有怨言，没有怪他把自己累成这个样子，他非常感恩，这是一种很好的临终心态。

2. 郭嘉死时才38岁，为什么这样早死？

郭嘉每天看曹操耍不同的花样，对他的内心是一种很大的刺激。一个年纪轻轻的人，内心受到这么大的冲击，是很难承受的。可是他别无选择，只能这样一路走下去，最后心力交瘁、劳累不堪地病死了。

郭嘉的死影响到谁了呢？影响了诸葛亮。诸葛亮那时已经二十几岁了，他见郭嘉跟了曹操落得这个样子，自己还敢去吗？所以诸葛亮不选曹操，跟郭嘉的死有直接的关系。同时，郭嘉的遭遇也使当时很多能人都不想出来做事了。可见，有时候一个人的作为不单纯是他个人的事情，它会影响到同一时代、同一类型的很多人的选择。

3. 曹操站在高山上，远眺大海，心里在想什么？

曹操会想到很多。他会想到人生就像大海，波涛不止，就好比自己多年来不停地南征北战，东挡西杀。他还会想逃往辽东的袁氏兄弟到底会怎么样。很多人以为曹操在那里只是看风景而已，其实不是。他是想到了很多事情以后，才讲出后面那番感慨的话。

4. 大家为什么劝曹操回许都？

因为大家也累了，如果再往辽东打的话，真是没完没了了。所以大家考虑到粮草、曹操的身体以及精神等各方面的情况，建议曹操先回许都歇歇再说。部将们这样劝，是因为他们不知道曹操内心在想什么，否则就不会这样说。

不过部将这样的反应，对曹操倒是一种安慰。如果部将们也跟曹操一样，说袁氏兄弟的首级这两天就会送来，还不把曹操吓坏了吗？如果部将们这种事情都能料到，曹操以后还怎么当领导？人的层级不同，最好不要越级。把领导的心思猜得太透，领导非杀你不可。现在部将讲那些不痛不痒的事情甚至是背道而驰的外行话，曹操反而感觉很安心。

三國之道

不要把领导的心思猜得太透。

5. 曹操说不日就会看到袁氏兄弟的首级，为什么那么有把握？

就是因为看到大家都猜不出他的心思，曹操才很放心地告诉大家：我在这里不是看风景，而是在等袁熙、袁尚兄弟的首级。

中国人杀人一定要把头砍下来，因为那就是证据。把尸体背过去太重了，带着首级比较方便。这相当于今天所讲的让验尸官验尸，证明就是这个人。所以我们也不要说砍下首级太残忍了，用现在的眼光去看以前的事情是不太合适的。

6. 郭嘉临终还要献计杀袁氏兄弟，有什么用意？

曹操为什么那么有把握袁氏兄弟的首级会被提来？因为郭嘉临终前留有遗书，建议曹操不要强攻。袁氏兄弟跟辽东公孙康本来就互相猜疑，如果曹操去打，反而证明袁氏兄弟真的是去投靠的，那样他们就会联合起来共同对抗曹操。曹操不打，公孙康就会起疑：袁氏兄弟说曹操在打他们，怎么曹操没有追来呢？可见他们说的是假的，是想诈我。所以公孙康干脆就把袁氏兄弟杀掉了。

郭嘉是很聪明的，但他绝不是有什么特异功能。他只是很会推理，能根据以前的状况、现在的情势，看出未来必然的发展，这是非常科学的方法。结果果然如郭嘉所料，证明他的推理能力实在很高超。

二十四　跃马过檀溪

刘备骑的卢马，居然一跃三丈高，是为了逃生，还是为了认识孔明？好像两者都有。刘备劝刘表乘虚攻打许都，刘表不肯，以致造成很大的后悔。蔡瑁和蔡夫人为了继承的问题，站在刘琮这一边，当然和支持刘琦的刘备势不两立。伊籍告诉刘备的卢马会妨害主人，最好不要骑，他偏不信。蔡瑁以假的反诗来诬赖刘备，刘表居然也会相信。前有溪流而后有追兵，刘备骑着的卢马，高跃而起，进入仙境一般的世外桃源。这一切一切，好像都在安排刘备和诸葛亮见面，是不是十分巧妙呢？

情景说明

刘备在汝南失利后，转投荆州刘表。曹操率兵北征，刘备几次建议刘表乘虚袭取许都，均未被采纳。建安十二年春，刘表部下在江夏谋反，刘备请命前往征讨。刘备得胜归来，刘表出城迎接，看到刘备缴获的的卢马，称赞不已。刘备见此，便将的卢马献与刘表，张飞等人面露不悦。刘表说荆州处于南越、张鲁、孙权等势力的威胁之下，令他甚是忧虑。刘备推荐关羽、张飞、赵云等人负责荆州四面防务，刘表大喜。

刘表的妻弟蔡瑁不满姐夫器重刘备，前往其姐——刘表之妻蔡夫人处进谗言，说刘备委派手下控制荆州军务，是心怀叵测，日久必为所患。蔡夫人依蔡瑁所言，劝刘表提防刘备，并建议让刘备迁往荆州城外，刘表沉思不语。

蒯越告诉刘表，的卢马妨主，不能骑，蔡瑁建议以猛将配宝马为由，将马送还给刘备。刘表听从建议将马还给刘备，并让他引部去往新野驻扎。

要点解析

1. 刘备劝刘表乘虚攻打许都，刘表为什么不同意?

刘表年纪已大，积极向外发展的雄心逐渐离他而去是很自然的事。再加上他两个儿子不是很争气，他也没有对其寄予太大的希望。这两点加起来，使得刘备对刘表的种种说服工作变得徒劳无功。刘备知道此时是袭取许都的最佳时机，然而即使他讲得再有理，到了刘表的耳朵里也毫无作用。刘表只会想：你是不是在为你自己打算呢？当然，刘表是个好人，这一点我们应该加以肯定，只是他已经没有太多向外扩张的心思了。

2. 刘备把的卢马送给刘表，合适吗?

的卢马是很有名的千里马，难怪刘表一看便称赞个不停。刘备看到刘表这样喜欢，很自然就想到要把的卢马送给他。但一旁的张飞看了很不高兴，心里埋怨刘备把好不容易得来的战利品又送给了别人。可是以刘备的立场来看，他需要和刘表建立良好而密切的关系，才有办法依靠刘表的势力去发展自己的事业，这跟张飞的想法是完全不一样的。而刘表看到这么好的马，十分欣赏，而刘备又有意赠予，自己也就却之不恭了。

刘备把这匹马送给刘表是否合适，我们无从评论。但按照人之常情，既然有人对自己的东西表露出很明显的喜爱之情，而自己却不做任何表示，那也不太对。不管刘备对的卢马的处理是否合适，总之事情就这样很自然地发展到了这一步。我们生活当中也有很多这样的事情，我们既不能说它合适，也不能说它不合适，大家只是顺理成章地去做一些事情，这才叫作生活。

三国之道

顺理成章地去做一些事情，才叫生活。

3. 蔡瑁为什么不喜欢刘备，并说刘备心怀叵测?

蔡瑁是刘表的夫人蔡氏的弟弟，刘表的小儿子刘琮就是蔡夫人所生。刘表一家本来就一直偏爱小儿子刘琮，对长子刘琦反而不怎么待见。

蔡夫人一心一意希望刘表把位子传给小儿子，基于这个原因，跟刘表传位有关的一切，蔡氏都很关注。蔡氏发现刘备的名望很大，再加上身边有关羽、张飞、赵云三位武艺高超的大将，如果刘备进入刘表集团的核心，只要有一点点歹念，刘表在继承人的选择上，就不会单单只考虑小儿子一人了。

蔡瑁如果因为公事不喜欢刘备，那还情有可原，但他纯粹因为私人原因而对刘备有意见，就不太应该了。中国人的公私是很分明的，只要是为公，就算犯了点错误，大家也会原谅。但只要是为私，不管事情做得怎么样，都会被认为是小人行径。中国人比较欣赏为公着想的人，不太喜欢那种私心自用，一切都盘算着私人利益的人，而蔡瑁和蔡夫人的行为恰恰完全是为自己的私人利益盘算。所以蔡瑁说刘备心怀叵测，完全是小人之心。

4. 蔡夫人为什么也怀疑刘备? 她是为刘表着想吗?

蔡夫人当然不是为刘表着想，她是在为自己的儿子着想。她知道刘表将不久于人世，位子迟早要传下来，所以很在乎刘表是把位子传给长子，还是传给小儿子。如果刘表将位子传给长子，对她就非常不利，所以她现在千方百计地为自己的儿子谋划，只要有任何妨碍儿子继位的事情出现，她都会去阻挠。

蔡氏听蔡瑁说刘表很器重刘备，把几个重要的军事据点都交给关羽、张飞、赵云去把守，感觉到这件事会对自己的利益有一定的影响。因为所有的兵权都掌握在刘备手里，一旦他想做出什么不利于她的举动，她根本无力抵抗。所以蔡夫人就开始盘算，并且整天提醒刘表要时刻提防刘备，不能把重要据点都交给他的人去把守，弄得刘表也毫无办法。

5. 蔡夫人劝刘表把刘备迁出城外，刘表如何因应?

蔡夫人第一次在刘表面前讲刘备坏话的时候，相信刘表一定告诉她不要想太多，说刘备不可能有这种心思，没有她想的那么复杂。蔡夫人第二次讲的时候，刘表还是会让她少管这些事。可是蔡氏一而再，再而三地在刘表耳旁说这些，刘表难免会对蔡夫人的这番话心动，觉得真的有这种可能性。

夫妻之间由于其特殊的关系，每天在一起不断地交流，也一定会不断地相互影响。现在刘表就是这么一个例子，他本来对刘备求之不得，两人是同宗，刘备做人又那么讲仁义、讲道德，刘表对他非常信任。再加上刘备手下的几员大将都是武功盖世，把军事上的事情交给他，刘表也很放心，所以蔡夫人刚开始怎么讲，刘表都听不进去。但是经过蔡氏一而再，再而三的劝说，刘表就开始动心了，他找刘备商量，让刘备驻扎到城外，说是便于他练兵。刘备听从刘表的命令，迁到城外。这样一来，形势就发生变化了。蔡夫人和蔡瑁会更加大胆地对刘备图谋不轨，行动也会一步一步地紧逼。

6. 蔡瑁建议刘表把的卢马还给刘备，这是为什么？

因为有人见的卢马的脸上长有泪槽，认为它会妨主。不管是摔下来还是抛出去，总之会对主人有妨害甚至可能把主人的命给送掉，所以蔡瑁劝刘表把马送还给刘备。

这些话当然也会有人跟刘备讲，虽然天底下会看马的人不多，但是这些名马的特性，大家都是非常清楚的。就好比我们现在养狗一样，什么品种，大概什么价位，会有一个基本的行情。当时是以马为主，所以士人对名马也是如数家珍。既然有人能看出来跟刘表讲，也一定有人能看出来跟刘备讲，只不过刘备送的卢马给刘表的时候还不知道这一点而已。如果刘备知道的卢马会摔死主人而故意把它送给刘表，他就是居心不良，但刘备不会做这种事情。

刘表听说的卢马会妨主，于是决定听从蔡瑁的建议把它送还给刘备。当然，刘表不会告诉刘备是因为的卢马妨主的缘故，而是另找一番说辞，说名马要配猛将才有用，像自己这种人，拿来也没什么用，现在把马还给刘备，到时候打起仗来，说不定还能助他一臂之力。刘备听了，以为刘表是想以此来表示把他赶出城外的歉意，所以丝毫没有怀疑，而是欣然接受了刘表的“好意”。

情景说明

荆州幕宾伊籍将刘表还马的原因告诉刘备，并劝说刘备不要再骑。刘备说生死有命，并非马所能妨，伊籍听了此话非常敬佩。

刘备来到新野后不久，甘夫人生下刘禅。刘备十分欣喜，众人也纷纷道贺。

刘表请刘备到荆州饮宴，席间表示忧虑曹操平定袁氏后，必生吞并荆州之心，后悔当初没有听刘备的建议乘虚攻打许都，刘备劝慰说可再待时机。刘表就立后传位的家事与刘备商议，刘备提醒他不可废长立幼，并建议刘表慢慢削弱蔡氏族人手中的权力。乘着酒兴，刘备感叹自己蹉跎岁月而未建功业，随口说如果自己有基业，天下碌碌之辈根本不足虑，刘表听了默然无语。

蔡夫人偷听到刘备席间所言，找来蔡瑁商议对策。姐弟二人决定包围刘备所住馆舍，先杀刘备，再奏明刘表。伊籍得知蔡瑁要杀刘备，急忙赶来馆舍通知，刘备连夜奔回新野。

要点解析

1. 刘备不相信的卢马会妨主，妥当吗？

这种事情，信者恒信，不信者恒不信。因为它不是科学所能够印证的，也没有数据或具体的事例来证明。说的卢马会妨主是根据它的样子来判断的，要不要相信只能取决于刘备自己。刘备认为的卢马不会妨主，他心里就不会受到影响，以后也可能真的不会妨害到他。但如果有人听说这匹马对自己很危险，就一天到晚提心吊胆，到时候说不定真会发生妨主的事情。所以归根结底，究竟是人的心理作用产生的后果，还是的卢马真的会妨主，我们无从知道。大家既无法证明它不会妨主，也无法证明它一定会妨主，就看各人自己的选择。刘备说它不会，我们尊重他，后来事实证明，的卢马不但没有害他，反而还救了他一命。

2. 刘备中年得子，欣喜若狂，为什么？

刘备欣喜若狂是必然的。他整天打仗，半生都在漂泊，歇下来也是为了筹划未来的事情，生活非常不安定，现在好不容易有了个儿子，内心的喜悦自然是不言而喻的。

那么刘备有没有重男轻女的表现呢？当今的科学可以让妻子在怀孕的时候去医院检查是男孩还是女孩，但刘备那时候是做不到的。不过，就算没有去检查，有没有重男轻女的思想还是可以检验出来的。如果妻子一生下小孩，丈夫的第一句话就问是男是女，那就表示他是重男轻女的，以后再怎么样都洗刷不掉。所以做先生的到底有没有重男轻女，可以从他听到小孩出生后所做出的第一反应来判断。聪明人听到小孩“哇”一声落地，绝不会问是男是女，而是问母亲和孩子是否平安。因为平安才是最要紧的，生男生女护士自然会通知，根本用不着那么着急。而刘备当时的表现虽然不是很好，但至少是让旁边的人去问的。得知是个男孩后，大家就急着要他给取个名字，刘备事先没有准备，临时应景，决定给孩子取名叫阿斗。当然，阿斗这个名字取得好不好，我们不便置评，大家往后看自然就会知道。

3. 刘表请刘备到荆州赴宴，吐露心思，合适吗？

这对刘表来讲，当然是合适的。好不容易有个可以吐露内心想法的对象，这是何等难得的机会。所以他趁机告诉刘备，自己有两个儿子，老大如何，老二又如何，问刘备到底传位给谁比较好。刘备一生都很谨慎，这次上酒桌之时也应该看看刘表当前的情况，以及他当时的心情，然后心里有个准备。因为喝了几杯酒，刘表很可能会把平常不容易说出来的话一口气都说出来。而如何因应，那是刘备自己要好好准备的事情。

4. 刘表忧心曹操必来攻打荆州，为什么十分悲伤？

刘表的忧虑是有道理的。曹操打完袁绍，再一路征讨下去，下一个目标就是刘表了。然而，以刘表的实力，根本无力与曹操对抗，日后荆州守不住，自己把位子传下去也没有用。刘表这样诚心诚意地把内心的想法表露出来，再加上年事已高，表情又很忧伤，很自然就感动了刘备。刘备这一感动，必然会闯大祸。因为无论他如何回答，毕竟是介入了别人的家事，结果不是大好就是大坏。中国人有句古话，叫作清官难断家务事。再好的父母官，对老百姓的家事都是很难决断的。因为矛盾都是长时间积累起来的，每家的情况都不一样。光凭几句话就去判断人家的是非，那是非常冒险的，决断也不一定准确。

5. 刘表问家事，刘备给予忠告，合适吗?

当然不合适，因为这毕竟是介入了人家的家事。尽管刘备一向非常谨慎，但他此时听了刘表的感慨，再回头看看自己，感觉自己和刘表有些同病相怜，于是就把心中的想法透露给刘表，告诉他自古以来废长立幼都是后患无穷的。刘备虽是一番好心，但他此时却忘了这样一个成语——隔墙有耳。这个成语是人们从无数痛苦的经历中提炼出来的。刘备认为当时房间里只有自己和刘表二人，可以放心地谈论继承者的问题，却没有想到墙外会有人偷听。就像我们在洗手间里讲话，外面的人听得一清二楚，而讲话的人却浑然不知，居然还奇怪自己并没有和其他人讲，竟然有人会知道。你的确没有有意和其他人透露过这些话，但是外面有谁在听你却无从知晓。而更糟糕的是，刘备此时讲的话，谁听到都没有关系，偏偏让蔡夫人听到了。蔡夫人一听，觉得刘备根本就是在妨碍自己的计划，当然会想办法除掉他。刘备这番话给自己招来了杀身之祸，也是他自作自受，谁让他要管别人的家事呢!

三國之道

隔墙有耳，这是人们从无数痛苦的经历中提炼出来的。

6. 刘备自叹苦于无人无地，是不是醉后吐真言呢?

人喝醉酒后，通常会控制不住自己的情绪，平常不敢讲、不方便讲、不愿意讲的话，这时很容易通通讲出来。刘备酒过三巡之后，感慨自己到现在还没人也没地，让偷听的蔡夫人更是感到害怕，生怕刘备有意觊觎自己家的人和地。虽然刘备并没有这个意思，但他这番话很容易引起别人的误解，这是他自己造成的后果。

这样算来，刘备席间犯了两个严重的错误：一是劝刘表不要废长立幼，因为这无异于给了蔡夫人当头一棒；二是他讲的一些内心话，让人觉得他是为了让听的人同情他，然后把地和人都送给他。刘备在不知不觉中将自己推入了一个危险的境地，这是他没有料到的。

情景说明

蔡瑁赶到馆舍，见刘备已逃走，便假借刘备之名写了一首反诗呈报给刘表。刘表读完反诗不禁大怒，但转念一想自己从未见过刘备作诗，料想肯定是有人从中离间。所以蔡瑁一再要求兵发新野捉拿刘备，刘表皆表示不许。

刘表因身体不适，写信请刘备代他主持襄阳丰收盛会。刘备为酒宴失言的事情，对是否赴会犹豫不决，最后与关、张等人商议，决定由赵云带300士兵保护刘备前往。

蔡瑁果然在襄阳盛会设下埋伏，准备加害刘备。酒宴之上，蔡瑁一面派人以敬酒之名，将贴身保护刘备的赵云团团围住，一面安排军士准备下手。伊籍见刘备情况危急，以更衣为由将刘备叫到外面，告诉他蔡瑁已在城内和东、南、北城门设下兵马，让刘备赶紧从没人把守的西门离开。刘备听后大惊，连忙骑的卢马从西门而去。

要点解析

1. 蔡瑁写反诗，刘表的反应如何？

蔡瑁和蔡夫人联合起来，准备夜间去馆舍杀掉刘备。伊籍去向刘备告密，刘备速速离去，让后到的蔡瑁扑了个空。蔡瑁心有不甘，在刘备所住的馆舍写了首反诗，拿给刘表过目，说是刘备所写。刘表看后果然很生气，觉得自己把刘备当亲戚看，对他那么信任，没想到刘备居然会写出这样的诗来，明摆着要抢自己的地盘，与其这样鬼鬼祟祟，还不如明讲的好。一瞬间，刘备以前所做的一切在刘表看来全都是假仁假义，以前讲过的话也几乎全都是假的。但刘表毕竟阅历丰富，虽然他当时很气愤，但冷静一想，想到刘备是从来不写诗的。一个动不动就写诗的人，才会到哪里都写诗。但一个从来不写诗的人，怎么会突然有兴致写诗呢？刘表觉得这其中有可疑的地方，可能是别人的离间之计，所以没有同意蔡瑁派人去抓刘备，刘备也因此逃过了一劫。但蔡瑁和蔡夫人是不会就此善罢甘休的，他们会继续想办法除掉刘备，而且会越来越用心，越来越使刘备难以逃脱。

2. 刘表请刘备代为主持盛会，刘备为什么惊慌？

这次会议是刘表必须要去主持的，但他却因为生病不能去，而他两个儿子又缺乏经验，所以蔡瑁就建议刘表让刘备来代替主持。刘表以为蔡瑁是因为前段时间想加害刘备而感到愧疚，现在想用这样的方式来给刘备一些面子。这在刘表看来当然是好事，所以欣然同意派人去请刘备。

刘备接到刘表的请帖却害怕了，他不知道刘表到底是怎么想的。蔡瑁敢杀他，肯定和刘表有一定的关系。如果是见上次杀他不成，现在又请他去，那肯定是会无好会，一定有问题。而且部将也议论纷纷，都劝刘备最好不要去。可刘备不去又不行，否则就摆明要和刘表撕破脸。万一刘表没有这个意思，那不糟糕了吗？所以刘备着实是左右为难。

3. 刘备明知吉凶难卜，为什么还要去襄阳赴会？

如果此次会议对刘备完全没有好处，刘备当然不会冒着危险去参加。如果对他完全没有坏处，刘备也不必如此担心，肯定会从容赴会。但这次会议吉凶难卜，好与坏的可能各占一半。虽然刘备心里忐忑不安，但他知道自己又非去不可，一旦不去，和刘表的关系就没有转圜的余地了。最后大家商量决定，由赵云陪刘备去襄阳赴会，担负起保护刘备的重责大任。

4. 大家团团围住赵云，结果如何？

赵云刚开始和刘备寸步不离，可这毕竟是一个盛会，刘备的位置不可能紧挨着赵云，赵云也不可能一直站在刘备身后，否则算什么盛会呢？蔡瑁等人早就想到了这一点，所以宴会上故意让大家分开坐，将所有的武将安排到侧厅。这样就算赵云怀疑他们的动机，对刘备的安全不放心，也不便直接说出来。而且刘备也不愿意赵云一直站在他后面，以免别人怀疑他的诚意，所以赵云只能和别的武将一起到侧厅去了。赵云一过去，大家就很自然地将他团团围住，刘备也因此越来越危险了。

5. 刘备趁着更衣的机会骑马逃走，是谁出的主意？

这是伊籍出的主意。伊籍一直很敬佩刘备，知道刘备对刘表乃至荆州没有恶意，是蔡氏姐弟在胡乱猜疑。而且他觉得蔡瑁等人这样的安排是非常不合适的，所以很自然地站在了刘备一边。可是在当时那个场合，伊籍不可能大声提醒刘备注意，否则最先被杀掉的可能是自己。他偷偷地让刘备以更衣为由，请刘备出去一下。刘备看到伊籍的眼神提示，知道他有话要说，便跟刘表的儿子们打了声招呼就出来了。刘备一走出来，伊籍就赶紧告诉他蔡瑁等人的计划，让他赶紧快马从无人把守的西门逃走。刘备上了的卢马，按伊籍的指示直奔西门而去。

对刘备而言，他自己招来的这次麻烦究竟是福是祸呢？其实，任何事情都有祸必有福，有福必有祸。刘备这次弄得这么惨，看起来很倒霉，实际上他的人生也因此有了重大的转折。我们常常讲：大难不死，必有后福。如果刘备这次死了，那就是大难。但如果他死不了，那就是大难不死，必有后福。到底是什么后福，我们很快就会知道。

情景说明

刘备快马加鞭继续前行，但没跑多远就被一条大溪拦住了去路。原来蔡瑁知道城西不远处有檀溪阻拦，所以才没有在西门埋设兵马。眼见蔡瑁带领人马追来，刘备无奈之下只好纵马过河。谁知刚走几步，马蹄忽然陷入河中，而且越陷越深，眼看河水就要没过刘备的头顶了。刘备惊呼："的卢的卢，你果然妨主。"正在千钧一发之时，的卢马忽然从水中一跃而起，飞上了西岸。蔡瑁等人看得瞠目结舌，眼睁睁地看着刘备离去。

脱险后，刘备策马往南漳而行，路上遇见一位牧童吹着短笛骑牛而来。牧童看到刘备，开口便问："将军莫非刘玄德？"刘备惊问牧童怎知自己身份，牧童说自己的师父常常提起刘备，并说他近日会经过此地，因此猜测他就是。刘备听牧童说得头头是道，不禁非常好奇，于是请牧童引路去见他的师父——司马徽。司马徽见到刘备，开口便说刘备今日幸免大难，刘备更是惊讶不已。

要点解析

1. 前有溪流，后有追兵，刘备如何因应？

刘备听到伊籍的话，当然万分紧张。事先刘备就料到这次会议可能会出事，现在果然不幸被言中，所以他赶紧骑上的卢马，往西门逃去。

刘备刚冲出西门，就被看门的人发现。蔡瑁得知消息，立即带领人马去追。刘备没跑多久，就被一条很大的溪流挡住了去路。见水面很宽，水流很急，刘备这才知道蔡瑁为什么没有在西门布下重兵。前有溪流，后有追兵，刘备只好硬着头皮往前冲。相此于之前的慌张，此时的刘备反而显得很笃定，意志力也非常集中，我们把这段时间称为意志力集中的一个特殊时期。此时的他一心一意想着如何渡过这条溪流，突破眼前的重重危机，因为后面的路已经被堵死了，唯一的办法就是向前冲。

2. 刘备说“的卢的卢，你果真妨主”，是什么意思?

紧要关头，的卢马突然深陷河中，河水差点没过刘备的头，刘备这时想起别人说过的卢马妨主一事，当然是很自然的事情。万一的卢马冲不过去，刘备就要葬身于此地了，所以他才会慌张地说“的卢的卢，你果真妨主”。

的卢当然不可能听懂刘备的话，只是骑马的人与马之间会有一种互动。骑马的人双腿一夹，就算不说话，马也知道往前跑，这是彼此之间的感应。所以刘备此时虽念着“的卢的卢，你真的要妨害我吗？”内心却是希望的卢千万不要妨害自己。同时，他双腿紧夹着的卢，也是告诉的卢千万不能放松，要奋力往前冲。

3. 的卢突然高跃而起，可能吗?

我们可以用一个成语来证实它的可能性，叫作狗急跳墙。狗如果被追得很紧，一时无法逃脱，它可以跳过眼前的一面高墙，但如果平常让它跳，它可能连一半的高度都跳不过。就好比前面有一条沟，后面有很凶的恶狗在追，人在情急之下可能一下子就跨过沟去了。跨过之后再回头一看，连自己都很惊讶自己居然能跳得这么远。但如果给他第二次机会，他说不定就会掉入沟中了。因为第一次的跳跃力量叫作潜能，当人的潜能被激发出来的时候，通常能做到很多平常做不到的事情，但第二次就不是了。

此时的卢马不一定能感受到刘备的这种心情，但是刘备的动作它却能领悟到。刘备的双腿夹得那么紧，就是告诉它无论如何都要向前冲。

但前面的溪流那么危险，它只好发挥出自己的潜能，高高跃起。我们没必要计较它是不是一下就跳那么高，不管是一次跳上去的还是分两三次跳上去的，总之是它让刘备在这种紧急的情况下有了一条生路，就连蔡瑁看到都惊叹是有神明在帮助刘备。中国人通常把这种意想不到的事情看作天或神的相助。见刘备已上对岸，蔡瑁也只能装作自己并无恶意的样子，问刘备为什么无故离席逃跑。刘备当然清楚蔡瑁的用心，他在庆幸自己脱离险境之余，也对大难不死后要走的路程充满了信心。

4. 牧童吹笛，口呼将军莫非刘玄德，刘备有什么反应？

刘备大难不死，来到这个偏僻的地方，突然有个牧童笛子吹得这么好，而且一见面就跟他打招呼说："将军莫非刘玄德？"刘备当然很惊奇：自己从没来过这么偏僻的地方，这个小孩怎么会认识自己呢？于是就问牧童是如何知道的，还和牧童聊了起来。如果是在平时，刘备可能没有这个兴趣。可是他现在大难不死，来到一个新的地方，什么都不能做，也不想做，心情自然放松了下来，就连眼前的景色也似乎跟以前不一样了。现在的他觉得这个地方很美，天气也不错，牧童的笛子还吹得很好，平常的他根本没有这种心情。

5. 牧童说得头头是道，刘备有什么感受？

刘备与牧童一问一答，发现牧童小小年纪，讲出来的话却非常有条理，一点儿都不含糊，完全是个小大人的样子，刘备对牧童的表现感到很惊讶，感觉这个小孩不简单，而教他的老师肯定会更不简单，因此很想去见识见识。同时，刘备也有了心理准备，知道自己要见的是一个比较难得的高人，因此和牧童师父的会面自然不太一样。

6. 司马徽出迎，立即断定刘备今日幸免大难，有这么神？

大家可以看到，整件事就像是事先布局好的一样，先由牧童引起刘备的注意，然后领他去见自己的师父，并且事先就告诉刘备说自己的师父是司马徽，他有哪些朋友，平常做些什么事情。牧童对司马徽的描述，使刘备对司马徽更加好奇。再加上他刚到司马徽的屋外，正在弹琴的司马徽马上停止抚琴走到屋外，说琴声突然有了变化，一定是有英雄在外面倾听。我们无法去印证这些事情，内行人觉得确有此事，外行人则认为司马徽是在有意地神乎其神。对于这种事情，如果换作平时，刘备可能不会相信，就好像以前别人告诉他的卢马会妨主，他表示不相信一样。但此时的刘备是相信这些的，因为他的心态不一样了，对外界信息的判断也会随之改变。

司马徽说刘备今天是幸免大难，这是很容易看出来的事情。刘备之前浑身是水，衣服到这时都还没有干透，而且有些地方还很脏。司马徽见刘备如此狼狈，因此料定他刚才一定是经历过危险。然而说者无心，听者有意，刘备一听这话，觉得司马徽真是太神了，这完全是由他当时的心理状态造成的，我们不必刻意把司马徽神化。但是我们一定要养成仔细观察的好习惯，多去观察平常那些很细微不起眼的事情。因为大的地方别人都知道掩盖，就像刘备现在装作很镇静的样子，毫不慌张地面对司马徽一样。可是司马徽也不简单，他观察得很仔细，一看就知道刘备刚刚经历过危险。

三國之道

人的心态不一样，对外界信息的判断也会随之改变。

二十五　良才慎择主

水镜先生点破刘备，说关羽、张飞、赵云都是万人敌，可惜没有善用的军师，孙乾、糜竺、简雍不过是白面书生，谈不上经纶济世。刘备这才恍然大悟，决心要礼聘高人。徐庶及时出现，以歌声吸引刘备的注意，初见面便建议刘备将的卢马送给别人，试试看刘备的心地是不是真的厚道。刘备既然以仁德为号召，当然要经得起考验。徐庶敢考验刘备，自己也必须具有高明的本事。只有自己经得起考验，才有资格考验别人。徐庶初露身手，果然打败曹军，使刘备刮目相看，却也引起曹操的注意。

情景说明

司马徽问刘备从何处而来，刘备说是偶经此地。司马徽料他必是逃难至此，刘备这才说起襄阳的经过。二人交谈之时，司马徽直言不讳地指出刘备之所以未成大事，是因为没有贤人辅佐。刘备说自己身边文有孙乾、糜竺、简雍，武有关羽、张飞、赵云，司马徽却说武将虽勇，但无人善用，孙乾等人俱是白面书生，并无经纶济世之才。刘备恍然大悟，问司马徽何处能求得贤人。司马徽说："当今天下，奇才尽在此地。"刘备追问是何人，司马徽只说卧龙、凤雏二人得一可安天下，其余不再回答。

赵云四处寻找刘备，终于找到司马徽的庄上，二人会合，一同返回新野。行至半路，遇有一个叫单福的人毛遂自荐。单福试探刘备，说的卢马必妨一主，可将它送给有仇怨之人，等妨过此人后再骑。刘备严词拒绝，说自己绝不做这样的事情。单福见刘备果真是仁德之人，这才道出实情，刘备大喜，当即拜单福为军师。

要点解析

1. 刘备和司马徽见面，不说实在话，合理吗？

刘备不清楚司马徽是什么人，有什么意图，而且刚刚由于在刘表继承人的问题上直言相告，被蔡瑁追杀逃脱至此，此时的他犹如惊弓之鸟，紧张的心情还没有完全平静下来，所以初见司马徽，不说实话也是人之常情。

中国人在没有搞清楚对方的情况之前，讲话通常会有所保留，但这不叫不说实在话。我们回想许攸投奔曹操时，问及曹军军粮的情况，曹操保留得更多。现在刘备摸不清司马徽的底细，讲一些场面话也是对的。

三国之道

中国人在没有搞清楚对方的情况之前，讲话通常会有所保留。

2. 司马徽当面指出刘备缺乏贤人辅佐，为什么？

如果司马徽也像刘备一样打哈哈，讲一些客套话，两个人的见面就毫无意义了，所以司马徽干脆采取单刀直入的方法。

司马徽虽然隐居乡野，但他对曹操、刘备、孙权甚至于他们手下的文臣武将都有较深的了解，而且他也想帮助天下众生，因此很大胆地指出刘备之所以到现在还没有自己的地盘，就是因为缺少贤人辅佐。刘备一听，心里当然很不服气。如果司马徽说他运气不好，他还能接受，说他时机没到，他也可以忍耐，但司马徽一见面就说他缺乏贤人辅佐，刘备就会觉得司马徽并不了解自己的情况：关羽、张飞、赵云都是难得的武将，孙乾、简雍、糜竺也都是高明的谋士，怎么能说自己没有贤人辅佐呢？不过，刘备心里虽不服，但还是有些疑惑和好奇，想知道司马徽何出此言。

3. 刘备的文臣武将，司马徽逐一加以批评，刘备服不服?

面对刘备的反驳，司马徽没有客气地附和，而是抓住机会，进一步地告诉刘备，关羽、张飞、赵云确实都是能敌万人的武将，但是有将而没有帅，是难成大事的。而孙乾等一班文人都是白面书生，最多只能做一些小计划，不具备出奇谋、构大局的能力，难以规划整体的战略思想。

长期以来，刘备总认为自己手下人才济济，只是自己时机未到，运气不好而已，现在听了司马徽的分析，才明白原来并非如此。

4. 司马徽说当今天下奇才，尽在此地，是不是说他自己呢?

司马徽说的天下奇才并不是指他自己，否则他的修养也太差了，何况司马徽根本就不想出山。一个了解整体时局的人，往往不是下棋的人，而是观棋的人。现在司马徽就是那个观棋的人，但是他要向刘备推荐一个下棋的人——诸葛亮。

司马徽的话说得很巧妙，他没有直接让刘备赶快去找诸葛亮，那样反而不是好事，因为在没有充分认识到人才的重要性之前，刘备是不会懂得珍惜人才的。另外，即使刘备现在去请诸葛亮，诸葛亮也未必肯轻易出山，否则也不会一直隐居山林。司马徽只是告诉刘备，要找奇才，不必远求，此地尽是。将司马徽这句话加以引申就是“天下何处无芳草”。“芳草”并不专指女性，也可以指男性。只要认真去找，“诸葛亮”到处都是，只是大多数人往往缺乏诚心去发现。

三國之道

只要认真去找，“诸葛亮”到处都是，只是大多数人往往缺乏诚心去发现。

5. 单福自荐，刘备为什么加以礼遇?

单福的来历我们暂时不去管，只要知道有这么一个人，他胸怀大志，一直想找一个可以表现的舞台就可以了。

之前单福得知刘表招贤纳士，就去毛遂自荐，但见面后发现刘表并非胸怀大志的明主，于是离之而去。后来他去见司马徽，司马徽跟他讲，要择人而事，并推荐他去辅佐刘备。但单福并没有直接去找刘备，而是在刘备途经的路上唱歌，说自己是贤才，欲投明主，借机观察刘备的反应。刘备如果没有经历前番挫折，没有通过司马徽的指点，可能谁唱歌对他来讲都一样，不会仔细去听。但现在不一样了，刘备内心有了求才的意识，所以听到单福的歌声马上想到可能是卧龙或凤雏，于是上前去打听。得知单福有意相投，刘备对他更是十分客气。

6. 单福初见面，就出主意要刘备把的卢马送人，有什么用意?

我们中国人很重视面相，也很重视八字。要了解一个人的时候，往往会先看这个人的长相，然后把他的八字拿来批一批。其实这些方法并不一定准确，要了解一个人，最有效的办法就是实际地试探一下。现在刘备就站在单福的面前，单福只需上前试探一番，便可以知道刘备究竟是仁人君子，还是徒有虚名了。

单福上前告诉刘备，的卢马确实是千里马，但它必会妨一主，可以先将马送给仇人，等把他妨过以后再骑，便可平安无事。如果刘备听后表示赞同，认为这是个一举两得的好主意，并照此去做，那不用看八字，我们就知道他是心术不正的。可见，直接地试探比看八字、看面相还要来得精准而可靠。好在刘备并没有这么做，他听到单福的建议，当场指责单福一见面就出这种害人的主意，单福一听，马上就知道刘备的仁德果真是名不虚传了。

三國之道

想要了解一个人，最有效的办法就是实际地试探一下。

情景说明

曹仁奉曹操之命屯兵樊城以图荆州，部将吕旷、吕翔向曹仁请命攻打新野，刘备依单福之计大败二人。曹仁得知吕旷、吕翔被杀，与李典亲率大军杀往新野。单福一面派关羽、张飞乘机夺取樊城，一面安排赵云迎战来犯之敌。

两军阵前，赵云追赶战败的李典，却陷入曹仁设下的八门金锁阵。赵云奋力厮杀，终于拼出一条血路。单福在城楼上观战，看出敌军阵法中的破绽，于是命赵云从敌阵东南角的生门突入，往正西景门杀出。赵云依单福所言再次率兵杀入阵中，曹军阵法果然大乱。赵云趁机将曹军杀得七零八落，刘备见状称赞单福真乃奇人也。

要点解析

1. 单福出任军师，首先遇到曹军来攻，表现得如何?

刘备求才若渴，看到有这么一位高人，自然诚心诚意地请单福来辅佐。而单福通过试探，确信刘备是仁德之人，于是欣然同意担任刘备的军师。这当中的“媒人”就是司马徽。一个人不见得什么事情都要自己做，有时候替别人搭搭桥、做做媒，使善缘能够得以联结，也是不错的选择。

单福一出任，马上就面临着很大的考验——曹仁来攻。曹操对刘备越看越不顺眼，曹仁很清楚曹操的这种想法，于是应声而出，主动请命来战刘备，并扬言要把刘备捆回去见曹操。曹仁来攻，第一个受到考验的就是单福，因为刘备通过了单福的试探，单福自然也要交上一份令刘备满意的答卷，否则他们以后就很难相处了。对单福而言，这是对他至关重要的首次考验，绝不能出现任何差池。

三国之道

一个人不见得什么事情都要自己做，有时候替别人搭搭桥、做做媒，使善缘能够得以联结，也是不错的选择。

2. 曹仁摆出八门金锁阵，单福如何因应?

曹仁知道关羽、张飞、赵云的武艺了得，硬碰硬难以取胜，所以来攻打刘备之前，一定是请教了高人，学得八门金锁阵，让士兵布成阵法，只要对方的战将一进去，就会被困在里面团团转，最后精疲力竭而败。单福刚开始也没有看出来，他只是调兵遣将，把任务安排得很清楚。赵云按照部署去战李典，但当他追入阵中时，却发现到处都是迷雾，方向难辨，人也看不清楚，大感诧异。

3. 赵云深陷阵中，为什么能够杀出重围?

按常理来说，一般的战将进入八门金锁阵后是出不来的。正是因为如此，曹仁才会信心满满，有必胜的把握，并在曹操面前夸下海口，说要将刘备捆去见曹操。可赵云并非常人，他虽然搞不清楚眼前的状况，也没有破阵的办法，但他凭借自己高强的武艺和超人的体力，见一个杀一个，硬是杀出了一条血路冲了出来。

4. 单福看出破绽，大破八门金锁阵，是什么道理?

古代打仗的时候，统帅、军师都是站在高处观敌瞭阵，单福当然也不例外。就在赵云陷入阵中混战厮杀之时，单福在城墙上仔细观望，终于看出了曹仁布下的八门金锁阵的破绽。其实，任何的阵法对付的都是外行人，内行人只要看得明白，自然会有破解的办法，就像金钟罩练得再好，也一定有致命的命门一样。单福就是这样的内行人，他既有充分的见识，又有足够的观察力去发现其中的破绽，于是告诉赵云只要从生门而入，从景门杀出，便可破此阵法。赵云按照单福所言再次率兵杀入，果然大破八门金锁阵。

5. 曹仁看见赵云如入无人之境，有什么感想?

曹仁当时的感想只有四个字——大吃一惊。他一定很震惊：是什么高人把自己辛辛苦苦学来的阵法轻而易举地破掉了呢?

其实古代打仗，靠的完全是一股气——士气。士气高昂的时候，战斗力就强，士气一泄，就兵败如山倒了。所以我们中国人常讲，不要泄人家的气，气一泄，整个信心就没了。曹仁以为只要摆下八门金锁阵，刘备的战将就会来一个死一个，所以他自己并没有出战，而是在一旁静候佳音。赵云第一次冲进阵来，果然摸不着头脑，疲于奔命，只是凭着勇猛走一步算一步。但他第二次就对阵法了如指掌了，好像胸有成竹地在按照既定策略一步步地执行。曹仁看到这种状况大吃一惊，不知道赵云背后有何高人在指点，因为单福当时还是个新人。古代两军对战之前，通常会对敌方旧部的情况做详细的了解，但是突然间冒出这样一个新人，尤其是看到赵云第二次进入阵中破掉了阵法，这种突如其来的变化对曹仁的心理打击很大，使他的信心当场就崩溃了。

6. 刘备大胜曹仁，有什么感觉？

刘备大胜，照理说应该高兴才对，可他并没有欣喜若狂，因为他个性谨慎，知道曹操是不会善罢甘休的，不久一定会派更多的人马前来。所以并非打了胜仗就值得高兴，因为你越是得胜，对方就越把你当作目标，一次次地派更多的人来，直到彻底消灭你才肯罢休。而如果战败的话，对方反而不会把你当回事，因此刘备一方面为得到单福而高兴，另一方面也为曹操会再次来犯而感到忧虑。

刘备称赞这次都是军师的功劳，单福却推说是大家的功劳、主公的洪福，这给我们立了一个很好的典范。我们千万不要把功劳都归给自己，因为人不能单打独斗，单凭一个单福没有用，单凭一个刘备也没有用，单凭一个赵云恐怕也还是不能成事。对于一个集团来说，内部成员之间相互配合所产生的团队力量，才是制胜的根本。刘备集团之所以能战胜曹仁，靠的就是这种团队力量。但是他们内部还是非常客气，刘备再三向单福拜谢，单福也再三地谦让，这是我们中国人素养良好的表现。

三国之道

一个集团，内部成员之间相互配合所产生的团队力量，才是制胜的根本。

情景说明

曹仁败回，想趁刘备得胜不备，前去劫寨。单福料定曹仁会来，让刘备提前设下埋伏。曹仁果然中计，被赵云、张飞连连追杀，溃不成军。曹仁好不容易逃回樊城，却发现樊城也已被关羽占领，只得连夜撤回许都。刘备大胜，摆酒庆功，当众拜谢单福。

曹操得知军情，料定刘备必是有能人相助。曹仁回禀，说正是有单福为刘备出谋划策。曹操问众谋士单福的情况，程昱答说单福真名乃叫徐庶，并细说其来历。曹操又问程昱那徐庶的才能和他比如何，程昱说

10倍于自己。曹操叹息徐庶这等人才，居然为刘备所得，程昱说徐庶非常孝顺，并献计将徐母骗来许都，然后再召徐庶来投。

徐母被骗至许都，曹操请她写信劝徐庶来投，徐母大骂曹操名为汉相，实为汉贼，自己绝不会让儿子弃明投暗。曹操大怒，欲杀徐母，程昱制止，说自有办法让徐庶前来。

要点解析

1. 曹仁夜袭刘营，为什么又中计了？

曹仁出发之前向曹操夸下过海口，如果就这样大败而归，当然没办法向曹操交差。因此他想赶紧扳回一战，立些战功，也好回去面见曹操。曹仁推测刘备得胜，晚上一定会热热闹闹地喝酒庆功，于是决定趁刘备没有提防之时前去偷袭。可是单福早就料到曹仁会来，事先就做好了应对措施，因此曹仁再次中计。

战争虽是千变万化的，可作战技法却非常简单。只是长期以来，有一句话我们好像解释错了——兵者，诡道也。“诡”这个字，我们往往解释为阴谋诡计，其实是不太妥当的。打仗就是你推测我的心思，我推测你的心思，然后看谁猜的对。所以“诡”在这里是千变万化、出其不意的意思，并不是指耍诡计。只是后来诡计耍多了，才会产生这种片面的理解。单福正是推测到了曹仁不会甘心失败且急于求胜的心理，而曹仁又恰恰错误估计了刘备一方的情况，因此才会一败再败。

2. 关羽拿下樊城，刘备拜谢单福，合适吗？

刘备的这一举动，牵扯到了中国人亲疏有别的观念。如果他当着单福的面谢自己的二弟，像话吗？要谢关羽就在屋里谢好了，当着众人的面岂不是打大家的嘴巴？现在大家通常采用西方的方式，认为谁有功劳就奖励谁，而且一切都没有避讳地公开进行，其实是不太合适的。西方人会在别人面前称赞自己的孩子，但这对中国人来讲却是个大忌讳。要称赞自己的孩子，关起门来爱怎么称赞都是自己的事，公开地称赞自己的小孩，别人是听不进去的。所以虽然是关羽拿下的樊城，但刘备还是拜谢单福，这才是一个中国人应有的素养。

三国之道

西方人会在别人面前来称赞自己的孩子，但这对中国人来讲却是个大忌讳。

3. 曹仁大败而回，曹操惊问刘备有什么能人相助，结果如何？

曹操是一个很理性的人，他想到曹仁也是一员大将，而且事先那么有信心获胜，现在居然惨败而回，肯定是刘备得到了高人的相助，否则不可能是这种战果，于是就问曹仁是否清楚有何人帮助刘备。这是曹操很理性的判断，也是很好的表现。

4. 程昱说明单福的来历，并说才能10倍于他，有什么用意？

曹操得知帮助刘备的是一个叫单福的人，便问手下谋士单福是何许人。程昱知道单福的来历，因此不得不讲，否则曹操将来得知他有所隐瞒，会对他非常不利。程昱将自己知道的情况一一禀告，曹操又问徐庶的才能跟他相比如何。曹操之所以这么问，是因为他很清楚程昱的情况，通过这种比较，可以对徐庶的才能有一个快速直观的把握。程昱回答说徐庶的才能10倍于自己，这不是夸大对手吗？其实不是，程昱这是实情实报。如果曹操没有问，程昱当然不应该主动这样说，否则万一曹操听了不高兴，他就危险了。但是曹操这样问，程昱就必须如实回答，否则万一由于自己不说实话而影响到曹操的决策，将来后果肯定会很凄惨。所以中国人讲话，该讲不该讲，讲的话又该讲到什么程度，都需要随时随地地好好拿捏，错一点都不行。

三国之道

中国人讲话，该讲不该讲，讲的话又该讲到什么程度，都需要随时随地地好好拿捏，错一点都不行。

5. 曹操以徐庶为饵，引诱徐母来许都，合适吗？

以曹操的个性，一听说刘备得到徐庶这样的奇才，马上就会动脑筋想把他拉过来。程昱自告奋勇地献计，说徐庶很孝顺，可以先把徐母骗到许都，然后再将徐庶赚过来。曹操一听，觉得此计可行，于是欣然接受。这种利用别人母子亲情的手段当然很让人鄙视，可是曹操集团是不会计较这个的，因为曹操本身就是一个为达目的而不择手段的人，所以他手下的人也会觉得这样做并没有什么大不了。由此可见，领导做事的方式，往往会影响到集团内部所有的人。

三国之道

领导做事的方式，往往会影响到集团内部所有的人。

6. 徐母直接指出刘备仁德，责骂曹操为汉贼，这是为什么？

曹操派人将徐母骗到许都后，亲自对她说自己很看重徐庶的才能，但现在徐庶却在帮助逆臣刘备，简直是美玉落到了污泥里，并劝徐母给儿子写信，召徐庶来投靠自己。徐母问曹操，刘备是个什么样的人？曹操说刘备全无信义，是个标准的外君子而内小人。徐母说自己早就知道刘备是当世英雄，而曹操才是逆臣汉贼，并说自己绝不会让儿子背明投暗。

其实《三国演义》当中，有不少像徐母这样深明大义、个性耿直的女人。当时不光是男性讲义气，女性也一样有见识、有气节。我们从徐母当面怒斥曹操的表现，可以看出当时的女性也是相当了得的。

情景说明

程昱对徐母谎称自己曾与徐庶结为兄弟，并时常带礼物去看望徐母，而且每次都在礼物中留下手启。徐母不知有诈，按礼作复，以示谢意。骗得徐母的笔迹后，程昱冒名写了一封假信，并派心腹假装成徐母的仆从，送往徐庶处。

徐庶读罢来信，泪如泉涌。原来假信中诈言徐母被囚禁许都，如果徐庶不来归降，将会被曹操加害。徐庶救母心切，向刘备说明自己的真实身份和事情原委，便要与刘备辞别去救母亲。刘备虽对徐庶万分不舍，但仍劝慰徐庶说母子之情乃是天性，先救母亲要紧，不必挂念自己。

孙乾提醒刘备，说徐庶乃是奇才，且熟知这边的军情，建议强留徐庶，以迫使曹操杀害徐母，到时徐庶为报母仇，必会全力对付曹操。刘备当即拒绝，说自己至死也绝不会做出这种不仁不义之事。

要点解析

1. 程昱不怀好意，徐母难道不知情？

一个人考虑问题再面面俱到，也难免会有所疏失。像徐母这样理性的人，虽然能把事情看得很清楚，但也不可能每个人都怀疑，否则日子还怎么过？徐母知道曹操不怀好意从而对他有所戒备，但对自称是儿子老朋友的程昱，却没有太多的提防，其实这也是人之常情，我们不必太过苛刻。

2. 徐母回程昱的信，正好提供给程昱做模仿之用，是不是失策？

程昱时常带礼物去看望徐母，且每次都会留下手启，为的就是骗取徐母的回信，然后模仿其笔迹写假信，以便赚得徐庶来许都。徐母知书达理，但也正是因为她有见识、守本分，才会认为程昱既然这么客气，自己也应该按照礼数去做，没想到反而给了程昱可乘之机。

我们现在很强调男女平等，其实从这里我们可以感觉到，男女还是应该有别的。因为女人对外面的情况往往不是很了解，徐母在这种处境中，如果能够再提高一点警觉，装作不会写字或是不懂回信的礼数，可能程昱就没有可乘之机了。但她没有，她在这种特殊的处境之下，还是按照正常的礼数去处理事情甚至按照男人交往的方式给程昱回信，当然会上当。

3. 徐庶获得母亲来信，为什么深信不疑？

其实，以徐庶的聪明才智，如果冷静客观地分析一下，应该是可以避免上当的。但是程昱一方面抓住了徐庶至孝的性格特点，同时准备工作也做得很充足，在骗取了徐母的多封回信后，有了足够用来模仿的笔迹才开始写假信，而且在与徐母的接触过程中，时时留意徐母说话的语气方式，所以就连那封假信的口吻也与徐母非常相似。徐庶身在异地，心中难免挂念母亲，这时候突然接到这样一封来信，当然会深信不疑。

对于徐庶的这种表现，我们顶多认为他情感冲动、不够理智，或是忙中出错罢了。如果他看到来信就马上采取怀疑的态度，或者完全不把它当一回事，我们反而会觉得他根本就是不孝，对他的观感反而会不好。

4. 徐母被当作人质，徐庶不得不离开刘营，刘备如何因应？

刘备几经周折才得到徐庶，而且徐庶的才能也在曹仁来攻时得到了充分的展示，所以刘备此时非常舍不得徐庶离开，何况徐庶还是要投奔曹营而去。然而就算如此，刘备也明白人家母子情深，这个关系是不能破坏的，所以他对徐庶说，母子之情乃是天性，救母亲要紧，自己这边不必挂念，只是想留徐庶多住几天再去。徐庶说一天都不能多留，第二天就要走。刘备听后更是觉得徐庶了不起，虽然自己心中万般不舍，也还是同意徐庶离开。刘备这一段的表现是非常感人的，也再次证明了他的仁德之心。

5. 孙乾劝刘备强留徐庶，使曹操杀徐母，刘备为什么不依？

刘备也可以依照孙乾的建议去做，因为战争时期是不必顾虑那么多的，如果换成曹操，老早就这样做了，但刘备却根本不会那样想。

虽然孙乾出的这个主意让刘备很鄙视，但刘备并没有给孙乾难堪。我们回想徐庶初见刘备的时候，以的卢马妨主的事情试探刘备，刘备当时就面露不悦，想着让徐庶另投别人好了。此时孙乾也提出相似的建议，但刘备却并没有生气，因为他知道孙乾也是一番好意，是为了整个集团的利益着想。徐庶才能了得，而且熟知刘备集团的大小军情，就这样让徐庶轻易地离去，无异于是曹操派来一个奸细，在将所有的情报都搜集齐备后，刘备再安全地把他送回去，这对刘备集团而言，当然非常不利。刘备理解孙乾的一番苦心，但更了不起的是，他相信徐庶不是那种背信弃义的小人。

6. 孙乾做出这样的建议，合适吗？

我们分析一件事情，既要把里面的人物合在一起看，还要分开来讨论，这样才能完全搞清楚。在徐庶来到刘备集团以前，孙乾就是军师，平常他要对整个情势做综合判断，然后及时向刘备提出具体的建议。现在徐庶要走，孙乾又要充当以前的军师职责了，所以此时做出这样的建议也是合情合理的，这是他的职责所在。

既然孙乾没有错，刘备、徐庶也都没有错，为什么事情还是搞得一塌糊涂，没有办法解决呢？这是因为一件事情除了内在因素以外，还要受外在因素的影响，内因自己能够掌控，但来自曹操那边的外因却是无从控制的。所以一件事情，我们只能把握好内在因素，尽可能地保证自己不做错事，而对于那些无法控制的外因，我们只能客观地去观察、分析它的发展和变化，然后随机应变地做出合理的应对。

三国之道

我们分析一件事情，既要把里面的人物合在一起看，还要分开来讨论，这样才能完全搞清楚。

二十六　走马荐诸葛

曹操接受程昱的建议，模仿徐庶母亲的字样，写一封家信，把徐庶骗到许都。徐庶精于计策，反而为计策所害，可见旁观者清，而当局者迷。也可能他是将计就计，想用母子天性再一次打动刘备的心，说明自己居于母亲的安危，不得不离开。刘备不敢勉强把他留下来，却又万分舍不得他离去。徐庶这才走马荐诸葛，把孔明推荐给刘备。徐庶事母至孝，但是这样一来相当于间接害了母亲，于是他下定决心，终生不为曹操出任何计策。大家的想法是一样的，留得住人，留不住心。把人强拉在身边，实际上并没有什么好处。

情景说明

刘备和关羽、张飞等一起为徐庶送行。刘备感叹自己与徐庶相处短暂就要分开，心中悲苦万分，还请徐庶善事新主，以成功名。徐庶说自己是因为母亲有难才会半途而别，实属万不得已，将来即使曹操相逼，他也终生不为曹操献一谋一计。刘备说徐庶走后，自己也将远遁山林。徐庶劝刘备不可灰心，应当另求高明，以图大业，并拜托关羽、张飞等人好好辅助刘备。

徐庶策马而去，刘备双眼含泪，目送其远去。因为视线被一片树林挡住，刘备下令将整片树林砍倒。正观望间，徐庶拍马返回，向刘备举荐了一位奇人，说此人有管仲、乐毅之才。当得知徐庶所荐之人正是司马徽所说的卧龙——诸葛亮时，刘备大喜过望，决定亲自前往相请。

要点解析

1. 徐庶离开，刘备为什么悲痛不已?

一个有才能的人，最大的愿望就是能找到一个赏识自己的上司。徐庶好不容易碰到刘备，而且一上场就表现得可圈可点，正当他想有一番更好的作为时，突然的变数迫使他不得不离开刘备。一般人在这种情况下，大多会计算自己的利害得失。站在徐庶的立场，可能会想自己失掉了这么好的表现机会；处于刘备的位置，可能会琢磨这将对自己的团体造成什么样的损失。但是徐庶和刘备都没有这样想。徐庶只是认为母亲有难，自己必须去救，同时也觉得刘备是一个好领导，应该多替刘备想想自己走后他该怎么办。刘备更没有多想，他只是觉得好不容易碰到这样一个志同道合的人，本来可以为共同的目标而奋斗，现在半路杀出个程咬金将他们分开，他从心里舍不得徐庶。此时刘备和徐庶完全是在真诚地交流感情，并没有考虑各自的利害得失。友谊要纯真，不能掺杂过多的利害关系，刘备和徐庶的友谊很纯粹，也很令人感动。

三国之道

友谊要纯真，不能掺杂过多的利害关系。

2. 刘备要徐庶善事新主，以求功名，是真心的吗?

如果别人讲这种话，我们一定会觉得这是虚情假意，但刘备讲这种话，我们会觉得他是真诚的，因为他并不是擅长耍手段、讲好话的人。

刘备没有叮嘱徐庶说，既然你一定要到曹操那里去，那千万不能把我的情况泄露给曹操。他反而是设身处地地站在徐庶的立场考虑，让徐庶要好好地跟曹操相处，以谋求自己的发展，那样他身为朋友，也会感到欣慰。我们从另一个角度来看，就会发现刘备其实是很懂人性的，他这样做才是最高明的做法。因为徐庶既然离开了，刘备还约束得了他吗？即使让徐庶留个字据以保证不会泄露刘备这边的军情，那也只是个形式而已，况且人往往是越叫他不能那么做，他偏要那样做，很容易适得其反。徐庶见刘备这样替自己考虑，反而坚定地说自己即使到了曹操那里，也不会替曹操做任何事情，否则就辜负了刘备的一片情义。有些时候我们不做要求，对方反而会全力配合，而要求的越多，只会得到的越少，可惜一般人不了解这一点。

三国之道

有些时候我们不做要求，对方反而会全力配合，而要求的越多，只会得到的越少。

3. 徐庶要刘备另求高明，以成大业，是真心的吗?

人心都是肉长的，我们相信徐庶的这番话也是出于真心。

往后看我们就知道，徐庶的离开其实给刘备带来了一个很好的机会，因为如果徐庶一直做下去的话，就不一定有孔明的出现了。现在徐庶不得不离开，临走前他想尽量报答刘备的知遇之恩，于是告诉刘备，要成大业，没有高人相助是不行的，现在我走了，你要赶快另求高明，然后很自然地将孔明推荐给了刘备。

4. 刘备叫人将树林砍掉，他在想什么?

如果刘备这样做只是装模作样地演戏给大家看，那是不值得我们去学习的。但刘备是出于真心的，他认为自己好不容易得到一位高人，现在居然要离他而去，他从心里舍不得，所以一直目送着徐庶远去。一会儿，眼前的树林挡住了他的视线，他就让人赶快把那片树林砍掉。刘备并没有真的要大家去执行，但最起码这是他当时心情的直接反映。刘备一直是一个很谨慎的人，此时这么罕有地将自己的感觉率性地表达出来，反倒让我们觉到格外可爱。

5. 徐庶既然离去，为什么又快马转回来?

徐庶心想，自己光是空口说白话，要刘备另求高明，但他能去找谁呢? 徐庶一路走一路想，就想到了孔明，于是连忙返回来告诉刘备。

刘备见徐庶返回，喜出望外，还以为他反悔不去许都了。但徐庶说许都是一定要去的，因为母亲的事情永远是第一位的，自己刚才心乱如麻，忘记了向他推荐一位高人——诸葛孔明。对刘备来讲，徐庶的离开既是一个重大损失，同时也给他带来了更大的收获。徐庶把孔明推荐给刘备后就安心地离去了，至于刘备能否求得孔明，还得看他们之间的缘分。在这一段中我们可以看到，他们每个人都是尽心尽力，而且也表现得恰到好处，这是非常难得的。

6. 徐庶极力推荐诸葛孔明，为的是什么？

其实，徐庶也可以推荐一个比他差的人，借此凸显自己的才能，以便让刘备常常想念他。不少人在推荐人的时候，往往都会这么做，尤其是推荐给敌对的人，肯定会推荐最差劲的，以便把他害死。但是一般来讲，向别人推荐人应该要推荐比自己高明的人，徐庶就是这样。他认为孔明比较可靠，可以帮刘备更大的忙，所以极力推荐孔明。任何时候摆在我们面前的都会有两种不同的选择，徐庶选择朝正确的方向去做，值得我们好好学习。

情景说明

徐庶赶往许都，见到母亲方知自己上了曹操的当。徐母责怪儿子糊涂，说他应当明白忠孝不能两全的道理，只凭一封假信便不辨真伪地背明投暗，实在是太愚蠢了。徐庶跪在地上聆听母亲的教训，不敢抬头。

刘备准备亲自去拜见诸葛亮，张飞却说让自己和关羽去请就可以了，刘备不同意。司马徽以为徐庶还在刘备处，特来相会，当得知徐庶的事情后，当下断定徐庶是中了曹操的诡计，并说徐母性格高义刚烈，徐庶去了许都，徐母必将以死明义。

不久，徐母果然自缢而死，徐庶悔恨万分，发誓终生不为曹操设一谋，以践行他对刘备的诺言。

要点解析

1. 徐母见徐庶回许都，为什么大骂徐庶糊涂？

徐母责骂徐庶糊涂，说他平常聪明，现在居然相信自己的母亲会给他写这种信。其实徐庶也有说不出的苦衷，他想，如果自己连这个都怀疑，那对母亲的孝顺不都是假的吗？当然，看到母亲如此生气，徐庶也为自己的疏忽大意而感到后悔。可能我们旁人会认为，此时母子二人应该商量着怎么逃出去才是最要紧的，可是回想当时的状况，天下虽大，可并没有太多的自由，况且以曹操的势力，一旦落入他的手掌心，想再逃脱出去谈何容易。

人的理智和情感往往是对立的，为了人间的挚爱亲情，人难免会犯糊涂，这是可以原谅的。如果任何时候都保持理智的话，那人与人之间就没有什么情感了。

2. 徐庶是高明的军师，却跪在徐母面前乖乖听训，这是什么道理？

不管年纪有多大、社会地位有多高、赚了多少钱，儿女在父母的眼中永远都是孩子。徐庶在外面可以指挥千军万马，讲的话大家也非常信服，但是他并没有因此而要求母亲讲话客气一点，而是跪在那里，乖乖地听母亲的训导。这才是中国人应有的态度，也是非常好的伦理精神。

同时，我们也看到，徐母并没有看不起儿子的意思，她虽然话讲得很重，但内心却是非常替儿子着急的。有时候我们嘴巴讲着很难听的话，但心里头却是一直站在对方的立场上想问题，这是中国人很典型的情感表达方式。

三国之道

不管年纪有多大、社会地位有多高、赚了多少钱，儿女在父母的眼中永远都是孩子。

3. 刘备要亲自拜访孔明，张飞为什么反对？

刘备之所以想亲自去拜访孔明，用一句很通俗的话来讲，就是他已经尝到人才的甜头了。他看到自从有了徐庶以后，情况跟以前大不相同了，几位大将的能耐也能充分地展现出来，更何况徐庶还告诉他，说孔明的才能高于自己几倍，使刘备恨不得马上就把孔明请来。

刘备精心地准备好礼物，想要诚心诚意地亲自前去拜访孔明。但张飞却认为自己的大哥好歹也是皇叔，而孔明不过是个乡野书生而已，况且比徐庶的才能究竟如何还不得而知，要请的话他和关羽去就好了，何必大哥亲自出马呢？由此可见，被人家捧得越高的人，越容易引起周围人的反感，这是必然的结果。孔明出山以后，接受的考验比徐庶还要严峻，这在此时就已经埋下了伏笔。而徐庶推荐孔明到底是好还是坏，我们也要从多个角度去分析才能够全面了解。现在刘备决定亲自去拜访孔明，是正确的做法。

4. 司马徽神算，为什么算不出徐庶已经到了许都？

如果司马徽不管大事小事，一一都算得清清楚楚，那他还怎么过正常人的生活呢？何况他也不是神仙，他只是对重大的事情推理得很准确而已，不可能连徐庶已经离开刘备到许都去了都算得到。徐庶是听从司马徽的建议去跟随刘备的，他来刘备这里也是想看看徐庶做得怎么样，没料到徐庶已经离开了，也是情理之中的事情，并非他突然间失算了。

5. 司马徽说徐母必死无疑，是不是神算呢？

司马徽对徐母非常了解，知道她性情刚烈，绝不会让儿子去为曹操做事。见到徐庶后，徐母为了不拖累儿子，肯定会一死了之，以让徐庶可以安心地继续辅助刘备。这个结论是司马徽在充分掌握了相关的信息后，经过合理分析得出的必然结果，并不是他有什么神通。司马徽事先并不知道徐庶已到许都，但听刘备讲了事情的经过却能马上预测到徐母必死无疑，通过这两件事的比较我们就可以知道，所谓神算，其实就是在事先掌握了大量充足有效的信息以后，再根据事物发展的客观规律，进行科学推理，得出正确结论的过程而已。

6. 徐母自缢，徐庶暗下决心，终生不为曹操设一谋，为什么？

如果徐庶看到母亲已经过世，就想办法逃离许都投奔刘备而去，也不是不可以。关羽就是这样的一个例子，他在不得已的情况下也曾暂归过曹操帐下，后来得知刘备的音讯，就一路过五关斩六将而去。前面已经有人这样做了，以徐庶的聪明才智，当然也能想到这个方法，但他为什么不这样做呢？因为徐庶认为自己既然已经推荐了孔明，就应该把那个舞台让给孔明去好好表现，好好发挥，他自己不能再回去了，这是徐庶了不起的地方。做人要潇洒，对自己的行为要负责，该是你的，你就去拿，给了别人的，就应该大方地让出去。

可能有人会问，既然徐庶已经身在许都，而且曹操又很看好他，与其让别人笑他糊涂，为何不干脆留在曹操手下做事呢？其他人可能会这样做，但徐庶是不会这样的，他如果想投靠曹操早就来了。徐庶和孔明这帮名士虽然身在山野之间，但对天下局势却非常清楚，而且他们都志在为天下苍生做出一番贡献，再加上有郭嘉的例子，所以是绝不会选择曹操的。

三國之道

该是你的，你就去拿，给了别人的，就应该大方地让出去。

情景说明

刘备问司马徽诸葛亮才能如何，司马徽却说徐庶去就去了，何必惹诸葛亮出来呕心沥血呢？又说诸葛亮自比管仲、乐毅，才能不可估量。关羽说这样自比是否太过分了？司马徽说诸葛亮的才能非但可比管仲、乐毅，而且还可与姜子牙、张子房相比。众人愕然。司马徽仰天大笑，说可惜孔明虽得其主却不得其时，然后便飘然而去。

刘备、关羽和张飞三人策马前往拜见诸葛亮，路上听到有农夫吟唱歌谣，词曲清雅高深，刘备便问是何人所作。农夫答是卧龙所作，并告知诸葛亮就住在前方的卧龙岗上。刘备等人来到卧龙岗前，见流水潺潺、翠竹屏列，感觉神清气爽，称赞这真是好地方。刘备叩门求见，开门的小童告诉他诸葛亮外出未在家中，归期不定。张飞要走，刘备说再等片刻，关羽也建议先回去，等诸葛亮回来后再来拜访。见刘备迟疑，张飞很不满，扭头就走，刘备嘱咐小童转告拜访之事，这才一步三回头而去。

要点解析

1. 司马徽为什么说徐庶去就去了，何必惹孔明出来呕心沥血呢？

我们已经讲过，人把握住大事情就可以了，那些微不足道的小事还是随缘的好，不必样样俱到地去推算，否则也太辛苦了。司马徽对天下局势了如指掌，虽然把孔明推荐给刘备是他之前的本意，但他也清楚，孔明此时出来也是徒劳无功的，呕心沥血一番却不会有什么结果。司马徽之所以这样断定，是因为他对整个情势的发展看得很清楚，知道人力固然了不起，但想把形势彻底地扭转过来，也是不容易的。可是，这样的话刘备是听不进去的，刘备心想，这是正当的事业，怎么能说是呕心沥血呢？很多话对某些人有作用，而对另外一些人却毫无作用，有时甚至还是一种刺激。司马徽这么讲，其实也是在暗示刘备：你们尽力就好了，至于将来的结果怎么样，还是看开一点比较好。但此时的刘备根本领悟不到这一点。

2. 关羽听说孔明自比管仲、乐毅，认为太过分，司马徽如何因应?

关羽很喜欢读《春秋》，对管仲、乐毅也非常敬仰，现在听说孔明居然自比管仲、乐毅，他是一百个不服气，认为孔明未免自视太高，比喻得太过分了。关羽的个性是有话直说，不刻意去避讳，所以他问司马徽，孔明这样说是不是太过分了呢？但司马徽却说孔明这样自比并不为过，实际上他的志向比管仲、乐毅还大，才能也比他们还高。

司马徽在刘备等人面前这样夸赞孔明是对的，因为孔明是他的好朋友，他自己不出来，但愿意把孔明引荐出来，站在朋友的立场，帮孔明铺铺路，给关羽、张飞一些先入为主的正面印象，以便孔明将来好做事些，当然是很够朋友的做法。

3. 司马徽为什么说孔明虽得明主，不得其时呢?

司马徽清楚地知道，现在曹操的势力这么强大，就算有孔明相助，刘备又能怎样呢？更何况还有孙权坐领江东，父兄留下的基业雄厚，再加上有长江天险，刘备想要统一天下，谈何容易？因此司马徽感慨孔明能遇见明主是件好事，但时机、情势却都是不利的。司马徽讲的都是真话，意在劝大家要好好做事，至于结果怎么样，不必太过计较。这种思想也是我们中国人所说的“不以胜败论英雄”的道家精神。

4. 刘备听到村民歌谣，为什么关心作词的人是谁呢?

刘备以前是不关心这些的，但是徐庶的帮助让他深受其利，因此他改变自己的作风，听到村民唱歌会去注意，听到有什么稀奇的事情也会去关心。

刘备诚心诚意地去拜访孔明，自然对路上的事情会比较关注，所以听到歌谣，马上就联想到这会不会是孔明所作的呢？会不会为寻找孔明提供什么线索呢？于是上前去问唱歌的农夫。这一问不仅确定了此歌词是孔明所作，并且还得知了孔明的住处，刘备当然更加信心满满了。

5. 刘备满怀信心来拜访孔明，为什么觉得到处都是美景呢？

道理很简单——人逢喜事精神爽。刘备得知了孔明的住处后，心情很舒畅，感觉眼前的一切都很美好，景色很美，歌声也悦耳，没有一样事情是不顺眼的，可见人的心情会左右自己对周边事物的判断。

我们再来看刘备两个弟弟的情形，那是截然不同的。最不高兴的就是张飞，他觉得刘备这样礼待孔明太过分了，而且在他看来，眼前的景色也并没有什么稀奇的，不过就是耕田、竹林而已，根本没有美景可言。而关羽正好在两兄弟的中间，比较折中。关羽很敬重刘备，知道刘备的做法自有他的道理，如果自己再跟张飞站在同一阵线的话，大哥会更加为难，所以他虽然心里不服气，但行动上还比较配合。正是因为关羽能够体会刘备的心情，才使得他们兄弟三个能够相互拉扯着共同进步。

三国之道

人的心情会左右自己对事物的判断。

6. 孔明不在家，三个人如何反应？

看到孔明不在家，我们可能会怀疑孔明是故意避而不见的。徐庶初见刘备时，也是做了一番试探，孔明当然也可以故意不出来，以此试探刘备的诚意。

不过，这样的猜测其实根本没必要，因为孔明本来就无意求官，就算下山了，任务也是很艰巨的，绝非什么好差事。但不管孔明在不在，第一次让刘备三兄弟扑了个空，对他们的诚意考验一番，也不是什么坏事。有诚意，自然还会来；没诚意，孔明去了也不会有好结果。孔明知道自己下山后将面临的艰巨任务，提前给刘备一些考验也是应该的。

情景说明

刘备等人在返回的路上遇见孔明的好友崔州平，崔州平得知刘备想请孔明出山，便说顺天者逸，逆天者劳，违背天命而强行挽救汉室，恐怕只会白费力气。刘备说自己身为汉室宗亲，不能以天命为由推诿责任，并请崔州平同往新野。崔州平以自己闲散已久，无意功名为由拒绝。

数日之后，刘备等冒雪再次前往拜访孔明。半路看见有家酒店，又听到里面传出阵阵歌声，刘备等以为是孔明在内，于是便下马去见。张飞一路埋怨，现在见到有酒可饮，也高兴地附和说真是好歌。三人进入店中一看，才知道唱歌的原来是孔明的好友石广元、孟公威。刘备请他们同往卧龙庄叙谈，二人说自己是山野村夫，请刘备自己去便是。关、张二人见刘备礼待他们却委屈自己，愤愤不平。刘备见两位弟弟不明白自己的苦心，伤感地说如果不求得贤人相助，光凭厮杀是难以实现兄弟三人当初立下的抱负的。关、张二人听后无语，随刘备继续上路。

刘备等人来到庄上，问知先生在堂上读书，便高兴地随小童入内求见。

要点解析

1. 途中遇到崔州平，听到他说顺天者逸，逆天者劳，刘备有什么反应？

崔州平等人虽跟孔明意气相投，但彼此的个性却不太一样。他们明白顺天者逸，逆天者劳的道理，知道人如果跟形势对抗是很辛苦的，所以他们虽不会阻止孔明下山，但自己却无意仕途。对此，我们也应予以尊重，因为人各有志，不可勉强，何况顺天者逸，逆天者劳是有一定道理的。形势一片大好的时候，怎么做都会很顺利，但如果处境举步维艰，就算再努力，到头来也可能是徒劳无功。

刘备听了崔州平的话不以为然，他觉得就算逆天而行，该做的事情也要去做，这是他的人生信条，不会因为崔州平的话而改变。但是经过这些人的影响，使刘备更加坚定了自己的意志，也并非坏事，否则我们怎么知道他是真的如此刚毅、如此坚定呢？

2. 崔州平懒散已久，无意功名，这种态度正确吗？

天底下有愿意做事的人，也有不愿意做事的人。崔州平不过是无意仕途而已，他把自己的生活安排得很好，也没有妨碍任何人，整天优哉游哉，不也很快乐吗？中国人是最懂得悠闲的，但这并不是坏事情。我们没有说大家都应该这样，但只要你有本钱、有资格做到很悠闲的同时，又生活得很快乐，同样很了不起。一个人如果什么都不管，整天就是优哉游哉，那也是不负责任的。人总要负担起家庭的生计，总要履行基本的社会责任，这些都做到了，还能够按照自己的人生意愿去过自己想要的生活，那才值得我们佩服。崔州平无意功名，我们不能说他这样不对，如果大家都有意功名，为功名抢破头，也不见得是好事。

3. 名士饮酒取乐，刘备三人却雪中劳累，值得吗？

社会应该是多元的，有人饮酒取乐，有人雪中劳累，这样才能取得平衡点。因为资源毕竟是有限的，如果所有人都雪中劳累，到最后可能每个人都只能分到一点点。名士饮酒取乐起码可以疏散自己的一部分压力，可是如果每个人都这样的话，那社会还有什么前途，人类还有什么希望呢？我们既不能说名士一定是错的，也不能说刘备一定是对的，如果对调一下，他们每个人都会生活得很压抑。所以他们各取所需，各安其位，每个人按照自己的意愿过不同的生活，这才是一个很自然的社会。

三国之道

各取所需，各安其位，每个人按照自己的意愿过不同的生活，这才是一个很自然的社会。

4. 张飞有酒喝，就说是诸葛好歌，这是为什么？

每个人的兴趣爱好各有不同，张飞最大的嗜好就是喝酒。本来他是很不乐意跟刘备一起去拜访孔明的，只是没有办法才跟随而来，现在一看有酒喝，心情就大不一样了，就连听到的歌声也变得无比悦耳。这只是张飞情绪变化使然，信口说出而已，并非他真的听出了什么名堂。

5. 石广元、孟公威自称山野村夫，刘备为什么还是十分客气?

石广元、孟公威都是孔明的朋友，刘备既然要请孔明下山，自然不能得罪他的朋友，万一他们认为刘备没有礼貌，一起去劝孔明不要下山，那刘备不是在增加自己的阻碍吗？好在刘备各方面都考虑得很周到，一开始就对他们非常客气，这一点是值得我们每一个人学习的。

任何人都有家人和朋友，而且彼此之间是相互影响的。中国人得罪了一个人，往往就等于得罪了所有人。这一点西方跟我们不太一样，西方人认为每个人都是单独的个体，除非涉及利害关系，否则他们会把人际关系的影响范围缩小到个体与个体之间，不会牵扯到其他人。这是个人主义，不值得我们去学习。当然，我们也不能怪西方人，西方社会人很少，而中国到处都是人，想跟一个人单独来往都不可能，所以我们主张的是通家之好，但西方人却没有这种观念，谁的朋友就是谁的朋友，不会再去关心他周围的人，而且也没有这种兴趣。现在既然得知石广元和孟公威是孔明的朋友，刘备当然要非常礼貌、客气地对待他们。

6. 刘备问张飞明不明白他的心，是什么道理?

张飞一而再，再而三地表示他的不满，认为刘备这样做太过分了。可是刘备有自己的想法，他认为像孔明这样的人才，如果不加倍地恭敬、特别地礼待，是很难请到的。但他这种心情张飞却无法体会，因为张飞毕竟是三弟，在心理上跟刘备有一定的差距。就像父亲比儿子年长20岁，不管到什么时候，父亲永远比儿子多20年的阅历。正是因为如此，中国人才会说知子莫若父，却从来没有讲过“知父莫若子”。张飞可能一辈子都很难彻底了解刘备，但刘备却很容易了解张飞，就是这个道理。

二十七　无三不成礼

中国人对“三”这个数字，十分有感悟。无三不成礼、事不过三，都和“三”有关系。刘备三顾茅庐，终于把孔明请下山来。世世代代，都有诸葛亮这样的人才，只不过刘备难求，所以才传为美谈。对刘备来说，能够三次顺利成行，实在不容易。因为关羽和张飞，相当不以为然。孔明初次和刘备见面，提出隆中对策，使刘备十分敬佩，是不是和郭嘉初遇曹操的情况相似？一个人如果不能在三五分钟之内，把一件事情说清楚，表示他对于这件事情的根本，还不能充分掌握。高人和凡人不同，即在于此。

情景说明

刘备随童子入堂一看，才知堂内看书的并非孔明，而是其弟诸葛均。得知孔明昨日又外出闲游去了，刘备不免有些失望。为了表示自己的诚意，刘备给孔明留下一封书信，言明自己的仰慕之意，随后同关羽、张飞一同返回新野。

刘备令人占卜吉日，决定斋戒三日后第三次前往卧龙岗拜谒孔明。关羽几番忍耐，终于按捺不住，说刘备已经两次亲自前往拜谒孔明，礼数太过了。张飞更是恼火，扬言要去将孔明绑来。刘备斥责张飞要坏他大事，并以曹操、孙权重贤而霸和周文王敬贤访子牙来晓之以理，张飞这才答应不再无礼。

刘备三人在孔明庄前巧遇诸葛均，得知孔明在家，刘备心中大喜。

见诸葛均并不引他们到庄上，而是飘然自去，张飞大怒，斥其无礼，刘备却说不可强求。

三人来到庄上，童子说孔明正在午睡。刘备忙告诉童子先不必通报，然后命关、张二人在门外等候，自己则拱手立于廊下守候。张飞见孔明高卧不起，非常恼火，要放火烧醒孔明，关羽再三劝阻才将他拦下。

要点解析

1. 再度拜访，遇孔明三弟诸葛均，刘备留下书信，有必要吗？

刘、关、张三人第一次去拜谒孔明时，孔明不在家。第二次要去的时候，关羽和张飞就有些不高兴了，这也是很正常的事情。可是刘备告诉两个弟弟要忍耐，既然要请孔明下山帮忙，就一定要表现出最大的诚意，其实他这种想法是正确的。

他们来到孔明住的地方，听开门的童子说先生正在书房看书，刘备非常高兴，赶紧帮两位弟弟把衣装整好准备进去。从这里可以看出，刘备这个兄长的确有兄长的气度跟样子，骂归骂，照顾归照顾，两边都能兼顾。

进去以后，刘备才发现在家的并不是孔明，而是他的三弟诸葛均。可是刘备并没有表现出很泄气的样子，反而想趁机了解一下孔明。他在卧室、书房这些地方看到很多孔明表白自己心迹的东西，比如墙上挂的“淡泊以明志，宁静以致远”的题字。虽然刘备没有这种心境，但并不妨碍他欣赏这样的境界。通过孔明所看的书来大体了解孔明的为人，是个不错的方式。

我们要了解一个人，最要紧的是看他看什么书、交什么朋友、说些什么话。可刘备毕竟还没有亲自跟孔明谈过，所以这三个指标，他只得到两个。刘备从这仅有的两个指标中感觉到孔明一家人都很亲切豁达，从而进一步增加了对孔明的良好印象。

虽然刘备这次并没有看到孔明本人，但他按照惯例，走之前留下一封信以示自己的诚意。现代人没有时间做这些事情，但最起码要留下一张名片，以示自己亲自来拜访过了。这种方式会使收到信或看到名片的人更加感动，所以很有必要。

三国之道

我们要了解一个人，最要紧的是看他看什么书、交什么朋友、说些什么话。

2. 刘备斋戒三日，要三顾茅庐，关羽为什么认为实在太过？

关羽始终对孔明耿耿于怀，在他的心目中，管仲、乐毅是何等了不起的人物，区区一个孔明，怎么敢自比他们两个人呢？对此，关羽很不以为然。当刘备准备妥当，要带着两个兄弟三顾茅庐的时候，关羽一脸不屑的样子，认为孔明徒有其名而无实学，刘备居然还要第三次亲自去拜谒，礼数实在太过了。而张飞更是不愿意，他甚至还想直接去把孔明捆过来。

这样一来，就使得刘备很为难了。如果不是他此前就有了大哥的声望，在两个兄弟心目中占有相当重的地位，现在恐怕是管束不了他们了。万一张飞真的不听话，自己骑马跑去把孔明捆过来，还有什么三顾茅庐呢？以后的历史又该如何演变呢？所以刘备当时很生气，气到罕有地对张飞讲了重话。

3. 刘备为什么骂张飞要坏他大事？

刘备对张飞说了什么重话呢？他说：难道你要坏我大事吗？这句话对张飞来讲已经够重了。他们三个人本不是亲兄弟，后来之所以结为兄弟，就是为了一个共同的目标——大事。现在张飞要坏掉大事，那桃园三结义就没有意义了。“义”就是合理的意思，如果没有目标，义就不合理了，也没有必要了。所以刘备这句话听起来似乎没有什么，实际上是很重的一句话，分量无异于“你这样坏事的话，我们干脆散伙算了”。当然，刘备不会讲得这么直白，但他的意思就是要让张飞明白：我们三个辛辛苦苦为的是完成一件大事！现在到了这么关键的时刻，你居然这样胡闹，还谈什么结义不结义呢？这是何等严重的事情！

4. 张飞嫌诸葛均无理，刘备却没有这种感觉，为什么？

刘、关、张三人又来到卧龙岗，这次正好在庄前碰到诸葛均。刘备问他孔明是否在家，诸葛均说二哥正在家，说完就走了。张飞认为既然孔明在家，诸葛均就应该带他们回去见孔明，怎么能这么没礼貌地走了呢？可是诸葛均有错吗？也没错。他已经说了孔明在家，刘备三人已经来过，直接去找就可以了，关他什么事呢？所以他答完刘备的话就很自然地走了。

刘备见张飞不高兴，劝他说每个人有每个人的事情，不必勉强别人。可见同样一件事情，不同的人的感觉是不一样的。一句话，10个人听，有10种不同的感受；一件事情，10个人看，有10种不同的感觉。现在就很明显，同样是面对诸葛均的态度，刘备兄弟三人的感觉各不相同。张飞很生气，但刘备却心情很好，因为他想到自己终于可以见到孔明了，这时候就算是鸟屎掉在他头上，他都会觉得是好兆头。人就是这样，心情决定自己的感受。

5. 孔明在家，却高卧不起，童子为什么不把他叫醒？

童子本想把孔明叫醒，是刘备嘱咐他千万不要。在孔明那样的家庭，童子根本不需要太费心思地猜测说话的人是真心还是假意，如果是在官宦之家，就完全不一样了，需要很机灵地去猜对方说的是真还是假。孔明的家人都是淡泊以明志，既不求名，也不求利，所以童子的做法是，你让我怎么做我就怎么做。刘备让他不要叫醒孔明，他就不叫了，这也很正常。我们看待一件事情的对错，要将它的背景和当时的状况结合起来判断，不能单纯地说童子这样就是不对。

如果刘备见童子真不叫醒孔明就暗自生气，那就是他自己不对了。但刘备没有，他告诉童子不要叫醒孔明，然后自己就在门外安安静静地等待，这样做更能感动孔明。

6. 张飞要放火烧醒孔明，关羽为什么阻止？

张飞在外面想：孔明这个家伙终于在家了，居然还高卧不起，大哥也真是奇怪，还不让童子叫醒他，害得我们在外面等这么久！张飞很不理解刘备的做法，他觉得只要刘备大声一点说“不要叫”，孔明自然就醒了，可刘备怎么连这个也不懂呢？所以他说干脆自己放一把火好了，看看孔明醒不醒！

正在这时，同在屋外的关羽劝张飞不要过分。虽然关羽心里也不爽，可是他知道如果三弟这样做的话，大哥会不高兴，所以他拦住张飞，从中起到一个平衡的作用，这才使得事情有个圆满的结局。

情景说明

孔明睡醒，问童子可有俗客来访。童子说刘皇叔已在堂外立候多时，孔明听后，忙更衣相见。

刘备让关、张二人在堂外等候，自己随孔明入内叙谈。落座后，孔明自谦年幼才疏，远不及司马徽和徐庶，故不敢妄谈天下大势。刘备恳请孔明以天下苍生为念，予以赐教。听刘备说欲申大义于天下，孔明不禁为之感动，并为其全面分析当前的形势：曹操拥兵百万，不可与之争锋，孙权坐拥江东，可用为援而不能图，而刘表、刘璋庸碌无能，荆州、益州正是上天赐给刘备的地盘。随后，孔明又为刘备提出达成霸业的三步战略：北让曹操占天时，南让孙权占地利，刘备可占人和，先取荆州为家，后取益州建立基业，以成鼎足之势，然后可图中原。

要点解析

1. 孔明睡醒，问是否有俗客来访，是不是很没有礼貌?

一般来讲，这样问是没有礼貌的，应该问有没有贵客来访才对。但是，如果孔明真这样问的话，就说明他之前的一切都是虚伪假装的，很可能他第一次就在家。可是这样也很矛盾，如果他想做官，刘备第一次来拜见他的时候，他如果在家，一定会想办法跟刘备见面。就算第一次没有见到，往后也会尽量少外出甚至于主动让人去给刘备通风报信，说他已经回来了，但是孔明都没有这样做。现在他刚刚睡醒，伸个懒腰，第一句话就问：有没有俗客来访？这就表示他可以下山，也可以不下山，两者对他来讲都无所谓。以孔明的才智，很容易推测到自己下山是要做苦差事，既然是苦差事，又何必急着要下山呢?

2. 孔明要更衣相见，有必要吗?

一般人认为，既然不想下山，就该越窝囊越好，根本就不需要再去换衣服，对方看不上，反倒是自己的福气。其实这样也不对，如果抱有这样的想法，还不如干脆拒绝别人，何必要到处放风说自己有经世治国之才，满怀抱负和理想呢？

孔明是抱着出世的精神来做入世的大事，这是他一生最了不起的地方。如果他纯粹是准备出世的，他就会跟他那些朋友一样，喝酒、唱歌，到处去玩，根本谁都不会见，谁来找也没有用，他就是不下山。但如果他很想下山的话，应该早就下山了，也不至于等到27岁还没下山。他也不是没有途径，他哥哥诸葛瑾早就在东吴当了谋士，只要让大哥引荐一下，他很快就可以出来，但是他没有这样。可见对孔明来讲，下不下山都可以，这一点很符合孔子的观念。做人在“可”跟“不可”之间，叫作“两可都可”。这才是最愉快的，真正随遇而安的人就是这种境界。

孔明对刘备说自己先去更衣再出来相见，意思是说，如果你嫌我把你当俗客而不高兴，那就算了，但是我要么不跟你见面，既然要跟你见面，我就要表示我的敬意，所以我先要把仪表整理好，给你一个好的第一印象。这样做也无可厚非。

3. 刘备为什么要关羽、张飞在外等候，不让他们入内叙谈？

按照一般人的想法，三兄弟都来了，又不是孔明家很小，挤不进去，三个人进去一字排开，不是气势更大一点吗？但是那样是非常没有礼貌的，刘备就是三个人的代表，如果连这点都做不到的话，三个人就是一盘散沙，就是三位俗客，而不是一位俗客了。关羽和张飞是陪着刘备来的，为了表示对主人的尊敬，只能刘备一个人进去，关羽和张飞只能在外面等待，除非孔明请他们进来，否则不能三个一起进去。

好在刘备在这一点上表现得很聪明，否则一会儿他需要向孔明磕头，两个兄弟在旁边，他还磕得下去吗？当着两个兄弟的面苦苦哀求另外一个人，他以后还怎么做大哥呢？可见刘备这样做也是在保护自己。有时候我们觉得克己待人很吃亏，但从这里可以看出，有些事越是吃亏，就越是占便宜，越是不想吃亏，吃的亏反而越多。

4. 孔明自谦不如司马徽、徐庶，是不是虚伪？

有一次，我在机场等飞机的时候，听到一个穿着很时髦的年轻人，拿着移动电话跟他的朋友讲："你不能过分谦虚，过分谦虚就是虚伪。"过分谦虚为什么就是虚伪呢？任何事情都有做得过分的，只有谦虚是不会过分的。可是很多人不了解这一点，一再地劝别人不要过分谦虚。

人往往都很自大，一不小心就很容易自傲，因此谦虚是很难得的修养。有时候你认为自己已经很谦虚了，可在人家看来还是很自大。孔明说自己不如司马徽和徐庶并非虚伪，而是真正的谦虚。如果他一见面就说"司马徽的话你不能听，徐庶也是小儿科，他那一套，我根本不放在眼里"这样的话，那刘备会有什么感想？况且中国人是越不想人家知道的事情就会传得越快，万一这些话传扬出去，司马徽和徐庶就会想：你孔明还算朋友吗？我们推荐你半天，你居然过河拆桥！这样的人，品格是有问题的。所以就算孔明比他们两个还要高明，他也应该这样谦虚地讲。

三国之道

人往往都很自大，一不小心就很容易自傲，因此谦虚是很难得的修养。

5. 刘备说明自己的意愿，孔明感动之余，有什么回应？

如果孔明听完刘备的话，就说"好好好，既然你那么有诚意，我就下山帮你干"，他往后就很难做事了，因为如此一来，刘备的气势就高起来了：是你自愿下山的，说难听点，是你自投罗网，出了事情你自己要去收拾。当然，孔明没有那么笨，他会先把计策讲出来，然后说自己不想下山，这就叫作以退为进。就算孔明真的要下山，他也必须这样做。否则如果刘备说这次来只是想请教计策，不需要他下山，孔明不是很难堪吗？

此时，如果刘备讲错一句话，那就要破局了。如果他说"你不下山，我怎么办"，那孔明就可能说"你怎么办是你的事"，而且心里会想：追随你这样的人，我不是自找倒霉吗？好在刘备也很不简单，他说："先生如果不下山，天下的苍生怎么办？"意思就是我刘备无所谓，了不起就是这样而已，但我不是为我自己，而是为天下的苍生来求你的，你下山也并不是为我，而是为了天下苍生。孔明当时听了感动得差点掉下泪来，说："人家都说刘玄德是仁义之君，今天就凭这句话，我也不得不相信。"然后就同意下山了。关键时刻，只要说错一句话，就会搞砸整件事情，以致没有挽回的余地，好在刘备和孔明的表现都不错，才成就了三顾茅庐的美谈。

6. 孔明提出隆中对策，为什么十分著名？

我们都知道，孔明没有下山以前，就已经把他下山以后所有的演变都掌握得清清楚楚。当然，这不包括一些细节，因为具体情况是随时都在变的。

每天都在变，但是我们做人的大方向却不能变，所以有变有不变，既不是通通变，也不是通通不变。孔明的大方向很简单，四个字而已：联吴抗曹。这一点孔明始终没有变，也不能变。这个大方向定下来以后，其他事情可以跟着这个大方向随时调整。孔明下山以后，整个天下大势都是按照他的隆中对策在演变，他自然就出名了。

情景说明

听了孔明的分析，刘备虽敬佩之至，但又不忍夺取宗亲刘表、刘璋的地盘。为打消刘备的顾虑，孔明说天象显示刘表将不久于世，而刘璋并非立业之主，从而断定西川日后必归刘备所有。

刘备赞叹孔明未出茅庐便已知三分天下，并恳请孔明出山相助。孔明说自己久乐耕锄，懒于应世，不能从命。刘备泣拜孔明，说："先生如果不出山，天下的苍生怎么办？"孔明最终被刘备为天下百姓着想的诚意打动，答应出山辅佐。

孔明把家中的事情安排妥当，然后随刘备一同下山，前往新野。

要点解析

1. 刘备敬佩之余，却不忍取刘表、刘璋的地盘，是什么道理？

按照孔明的说法，刘备不能去打曹操，因为曹操势力太大；也不能去打孙权，因为孙权倚靠天险，不容易攻，所以只能动脑筋先把荆襄之地拿下，再取益州，这样也能占据一块很大的地盘，这是老天爷替刘备准备的。刘备一听，自然很佩服孔明的分析，但他心里却有顾虑：荆州是刘表的地盘，而益州又是刘璋的，这两个都是我的同宗，都姓刘，我去打他们两个，师出无名。如果去打曹操，我可以说自己是正义之师；去打孙权，也还多少有点儿正当的理由，但要我抢同宗的地盘，传出去多难听啊！所以刘备于心不忍。

孔明当然很清楚刘备的处境，在没有下山之前，他已经把天下比较有代表性的人物逐一做了个案研究，因此不可能不知道刘备的想法。只是他衡量完整个情势之后，认为刘备非这样做不可，这才直截了当地说了出来。

2. 孔明为什么不直接攻打曹操，刘备又如何因应？

如果孔明对外界的情况不了解，也许会凭自己的想象来提出对策，但事实上孔明对国家大事、对各个诸侯甚至其幕僚都了如指掌。如果要投其所好，争取刘备对自己的好感，孔明第一句话就可以告诉刘备：曹操很可恶，名为汉相，实为汉贼，一定要消灭他。可是孔明不会那样做，因为那样是成不了气候的。

人要坦坦荡荡，要不要合作是另外一回事情，但是该讲的话，第一次见面就不敢讲出来，以后还怎么做事呢？此时孔明的心情跟当初单福第一次看到刘备就说的卢马会妨主是一样的，那就是：你有诚意，我很感动没错，但是我这样直来直往，就看你能不能接受，如果不能接受，你以后也不可能听我的话，还不如现在就算了。其实这种态度也对。当然，不能每个求职者都这样，一般人这样去求职，肯定找不到工作。但孔明不是一般人，他已经有了气势，现在是刘备求他，而不是他主动找刘备，因此他比单福的姿态更高。有了这样非常有利的情势，如果还像一般人那样一见面就很委屈自己的话，也是不妥当的。所以孔明直言不能去打曹操，而要联吴抗曹。这种明摆着会使刘备生气的话，一般人不会讲，但这是孔明一生的既定政策，如果不能依计而行，他下山又有何意义呢？

当然，孔明并不是想分成三个国家，然后让刘备当皇帝，自己当丞相，他只是想等三足鼎立之后再想办法联吴抗曹，最终还是要对付曹操的。刘备理解孔明的意思，但他说不忍心抢刘表、刘璋的地盘，也是实话实说。

3. 孔明为什么为刘备所感动？他交代妥当，随刘备下山，值得吗？

孔明同意下山，除了被刘备为天下而谋的大志所感动之外，还因为自己直截了当地把隆中对说出来，刘备并没有不高兴，而是很仔细地倾听，并诚心诚意地回应自己。这种情况下还不下山，还要等到什么时候呢？

决定下山后，孔明首先做的就是把家里的事情交代好，这一点很值得我们学习。他这样做就是在告诉刘备：我的财产都在这里，以后我追随你，吃的、用的、住的由公家承担，但我家里的财产一分都不会增加，而且将来帮你完成任务后，我还要回家继续种田，并不是要一辈子当官的。这种想法多了不起！从这里我们就可以看出，孔明完全是为天下苍生而下山的，并非为了个人的锦绣前程。

今天我们提倡私人财产要申报，其实孔明老早就做到了。孔明下山前把家里事安排妥当，意思就是直到将来退休也不会给家里增加一分资产，这就表示他很坦然。至于在外面用公家的，那有什么话讲呢？

当然，孔明交代家里的事情，也意在告诉家里人：我这次出去说不定10年或几十年，希望等我回来的时候家里还能保持原貌。另外，不要因为我出去做事了就都想依靠我，等我每个月汇钱给你们，没有这回事，你们要靠自己好好耕耘。

这样一来，孔明交代家里事情的两个用意就很清楚了。

4. 孔明神算，难道不明白自己终将徒劳无功？

孔明当然知道这一点，但是和一个人算到自己最后会徒劳无功就什么都不做相比，知道自己最后会徒劳无功，却还是尽力去做更加有意义。如果孔明把结果算得很清楚就不下山了，我们现在就不可能知道有孔明这个人，他存在跟不存在完全没有两样，这样就是看破了。一个人不能看破，看破了就什么都不做了。做人要看开，孔明就是看开了，他知道自己这次下山面临的艰难险阻，但就算如此也要尽力去做，因为情势会变，将来说不定会有转机。

孔明的这种做法非常符合孔子的一个观念：尽人事以听天命。很多人说孔明是法家，不是儒家，其实孔明就是儒家，他的很多做法都是以儒家为主要精神。

三国之道

做人只能看开，不能看破。

5. 三顾茅庐为什么被传为千古美谈?

我们中国人很聪明，领悟力也很强。历代都有许许多多的孔明，光三国时期与孔明能力不相上下的人就有好多，但是刘备太少了，我们所缺的不是孔明，而是刘备。孔明当然很了不起，但是如果没有刘备，十个孔明都没有用。因为千里马很多，而伯乐却很少，所以三顾茅庐才会被传为千古美谈。

6. 现代社会还需要三顾茅庐吗?

现代社会，大学毕业生找工作很困难，还有什么必要三顾茅庐呢?但是碰到真正高明的人，领导还是要抱着刘备的心态去“三顾茅庐”，不能对任何人都是招之即来，挥之即去。我们今天常听到这样一句话：“你做做看，做不好就换人。”说这种话的人是得不到人才的，人才听到这句话会干脆走人不干了。

一般员工可以招聘，基层干部可以面谈、面试，中高层管理人才要从侧面去打听，然后亲自去拜访，请他帮忙，而对于非常高明的人，恐怕还是得三顾茅庐，他才肯出来。因为出不出来是一回事，出来以后能不能尽心尽力才是关键。由此可见，刘备是个相当聪明的领导。

情景说明

一回到新野，孔明便开始加紧招募人马，训练新兵，以备迎战曹操。一日，刘备来到练兵场，见军士阵容整齐，操练有序，不禁高兴地说自己得到孔明如鱼得水，同来的关羽、张飞听了此话，心中不服。

刘备见孔明日夜操劳，心有不忍，于是将自己亲手编的一顶草帽送给孔明，以示心意，孔明却说刘备没有远志。张飞不忿，责怪孔明无礼。孔明说自己心领刘备之意，但情势紧迫，当以大事为重，不可忘记大志。刘备说自己正为曹军将至而担忧，孔明于是请他一起到博望坡勘察地形，研究对策。

曹操恐刘备乘刘表病危之机占据荆州，欲趁其羽翼未丰挥师讨伐。曹操问众人可知刘备新拜军师的情况，徐庶对孔明大加夸赞，说自己同孔明相比，如萤火之光比皓月之明，并说刘备得到孔明的辅助，恐怕天下无人能敌。夏侯惇不服，说自己要生擒刘备，活捉孔明。曹操趁机命夏侯惇为都督，统军10万，发兵新野。

要点解析

1. 孔明下山，第一件大事是什么？

我们知道，徐庶当年来到刘备的阵营，第一件事情就是要对付曹军。现在孔明也一样，最直接面对的就是曹操。因为曹操这时的想法一定是：你刘备找来的徐庶已经被我收过来了，你的事情没有完，就等于我的事情不能停。所以曹操来攻，是必然的事情。

孔明下山之前就有心理准备，下山之后也不可能坐在那里等，因为就算是神仙也要有实际的行动，不可能他手一挥，曹军就退了。所以孔明一下山就积极地操练新兵，切实地提高军队的作战能力，以备迎战曹军。

2. 刘备说有了孔明，自己如鱼得水，妥不妥当呢？

刘备当着关羽和张飞的面说这种话是非常不妥当的。之前徐庶来到这个阵营的时候，关羽跟张飞并没有那样敌视他，可是孔明来了以后，也不过是当个军师，接替徐庶的位置而已，但他们对孔明却非常不待见。虽然关、张二人有之前三顾茅庐时对孔明留下的不好印象，认为孔明姿态太高了，害得他们大哥这么委屈，但最主要的导火线还是刘备讲的这句话，说得到孔明以后，自己如鱼得水。

刘备这样一说，两个兄弟就会想：他是水，我们是什么呢？你有了他就把我们忘光光了吗？他们会这样想也是人之常情，但刘备发出那种由衷的感叹同样是人之常情。如果做人做到什么都不敢讲，那也太拘谨了。刘备已经是个非常谨慎的人了，他说出这种话，我们也要理解他当时的心情，他已经失去一个徐庶了，好不容易得到一个更高明的孔明，稍微这么抒发一下，说自己“如鱼得水”，也不能算什么过错。只是因为有特定的前因，才会对二位兄弟造成那么大的刺激。但是事情既然已经发生了，那就让它发生好了，以这样的心情来看，会更看得开一些。

3. 关羽和张飞不服孔明，合理吗？

此时关羽和张飞不服孔明也是合理的，他们见自己的大哥那么委屈自己，三顾茅庐才把孔明请下来，孔明总该好好表现一下，可孔明有什么表现呢？在他们看来，孔明所表现的都很平常。

可是孔明一下山就能把天兵天将叫来吗？当然不可能。但是关羽和张飞觉得，孔明被外面人讲得那么神，自己又那么骄傲、自大（在他们看来），现在下山了却表现平平，叫人怎么服气？所以他们两个不服孔明也是很合理的表现，并没有过分。这也是刘备要去解决、孔明要去克服的事情。

一个人高姿态会产生一些后遗症，但低姿态也同样会产生很多后遗症，有得必有失，需要一步一步去克服和突破。正是由于心中不服，后面曹军来攻时，孔明给大家分配任务，关羽和张飞才会完全是一副不服气的样子。当然，孔明对此早已有了心理准备。

三国之道

一个人高姿态会产生一些后遗症，但低姿态也会产生很多的后遗症，有得必有失，需要一步一步去克服和突破。

4. 孔明提醒刘备不能忘记远大的目标，有必要吗？

刘备见孔明辛苦，亲自编了一个草帽送给孔明，没想到孔明却责备他没有远志。

很多人觉得孔明没必要这么讲，但这个时候不讲，以后就更不能讲了。现在两个人刚刚在一起，孔明需要树立自己的风格。如果一开始就什么话都不敢讲，那就是奴才，往后刘备也只会把他当作奴才用。很多领导之所以会把部属当奴才，就是因为那些部属先把自己变成了奴才的样子。如果孔明一下山就跟一般人一样，样样请示，唯命是从，把刘备的话都当成对的，对刘备的行为也不敢加以批评，他跟一般军师有什么两样呢?

孔明为了争取自己的地位，就要让刘备知道他下山是为了天下苍生，不要把他当一般人看待。因此孔明讲这种话是恰到好处的，否则就是跟自己过不去。况且他这样说，也提醒了刘备不要忘记远大目标。

但是，关羽和张飞听到这话就更气了：你凭什么跟我大哥这样讲话？我大哥可是一番好意!

孔明难道不知道刘备是好意吗？他当然知道。只是在他看来，别人可以做这种事情，但是刘备不能。

不过，当年刘备在曹操身边种菜有他种菜的目的，现在他编个草帽给孔明，也自然有其用意。他这样做是为了让孔明明白：我对你是很关心的，关心到无微不至，见你这么辛苦，别的事我做不了，这个草帽代表我一番心意。所以像这种事情，大家都对，没有什么人错。还是那句话，能不发生就不发生，发生了也不必太去计较。大家从其中慢慢去领会对方的用意，慢慢磨合，将来才会有默契。

5. 徐庶大大夸赞孔明的才能，这是什么道理?

有人告诉曹操，徐庶离开刘备后，刘备三顾茅庐，又得到了一个更高明的人，叫作孔明。曹操很好奇孔明究竟是个什么样的人，此时徐庶当仁不让，挺身而出告诉曹操：孔明是我们一众朋友中最高明的一位，卧龙和凤雏，只要得到一个，就能够安天下。曹操对卧龙、凤雏两人都不熟悉，于是问徐庶孔明跟他比怎么样。

徐庶说自己跟孔明相比，就像萤火之光比皓月之明，简直没法比。这种情况下，他一定要大大地夸赞孔明，为什么？因为如果他贬低孔明，不光对自己没有好处，而且对孔明也没有好处，反而助长了曹操的气焰。徐庶当然不会那样做，就算孔明跟他差不多，他也要抓住机会大大地夸赞孔明一番，这也无可厚非。就算到了今天，抓到机会就把自己的同事夸赞一番也是非常有必要的，我们把这叫作宣传战。就好像关羽抓到机会就跟曹操讲“我不算什么，我那个三弟才厉害，他要取上将的首级如探囊取物”，使得曹操还没见到张飞就有一种恐惧感。

6. 夏侯惇要打败刘备，曹操为什么趁机任命其为都督?

夏侯惇最气的就是关羽，之前他要杀关羽的时候，张辽赶来阻止，使得他最终没能动武。夏侯惇对此一直怀恨在心，只要抓到机会，就跟刘、关、张势不两立。所以当曹操决定要攻打刘备的时候，夏侯惇第一个站出来，自告奋勇地要去活捉刘备。

曹操非常会用人，他知道一个人士气高昂的时候，战斗力是最强的，如果这个时候给他加官晋爵，会使他更受激励。所以曹操顺势任命夏侯惇为都督，让他统军10万去攻刘备。在整部《三国演义》里，我们随时都能看到曹操一流的领导、激励、沟通能力。就像这次，曹操趁热打铁，趁夏侯惇热情正高的时候，把他打磨成一个很好的利器，时机把握得非常准确。

二十八　初次显身手

刘备够诚恳，关羽和张飞却相当不买账。孔明下山后第一仗，若不是烧得夏侯惇狼狈不堪，关羽、张飞也不会下马拜伏于车前，齐声呼孔明为“军师”。刘琦哭着求刘备指点迷津，刘备有了之前的教训，再也不敢介入人家的家务事。孔明却巧妙地告以“申生在内而亡，重耳在外而安”，使刘琦有了生路，以后还可以助刘备一臂之力。一个人要么不出山，既然应邀出来，便要好好表现，以免令人失望，也使自己丢脸。孔明的表现，着实可圈可点。大家都觉得他真的是充分准备好了，才出来救世，并不是为了生活，急于找一份工作。

情景说明

关羽、张飞得知曹军将至，立即来见刘备，恰遇孔明翩然前来。张飞发牢骚说应该请“水”去迎战，刘备命关、张二人去整顿兵马，以候调遣，之后立即询问孔明有何应敌之策。孔明泰然自若，说刘备有多大胆量，自己就有多少谋略。刘备听后，将自己的佩剑和印信交予孔明，授权他号令三军。

孔明升帐，命关羽、张飞分别埋伏在博望坡左右，伺机焚烧曹军的辎重粮草。关羽眉眼不睁，张飞更是爱搭不理，只是碍于刘备在场，二人才勉强领命。

孔明命赵云为先锋，却让他只输不赢。赵云疑惑不解，听孔明说只需诱敌深入后，便欣然领命。刘备也郑重接受孔明的号令，关、张二人甚为不解。关羽高声问孔明自己做什么，孔明直言自己只坐守县城，张飞听了大为不满。刘备斥关、张二人不懂运筹帷幄，令其不得多言。众将领命而去，刘备面露疑虑，但仍对孔明口称无事。

要点解析

1. 张飞要刘备请“水”去打仗，刘备有什么反应？

张飞为人很直率，是个直来直去的人，很多人都喜欢他这种性格。之前他听到刘备说请到孔明如鱼得水，就一肚子火，这时夏侯惇打来了，张飞就趁机跟刘备讲：大哥，现在要打仗了，你的“水”该出动了吧？张飞就是这种个性。其实这也没有什么不好，一个团体里面，总要有一两个这样直接反映情况的人。

但刘备并没有严厉地指责张飞，他知道张飞并不是恶意的，只是想趁机发泄一下自己的情绪而已，那就让他发泄好了。自己说错了话，当然要承担相应的后果，这是理所当然的，也是刘备胸襟广阔的表现。况且现在大敌当前，这些小事还有什么好计较的呢？

三国之道

一个团体里面，总要有一两个可以直接反映情况的人。

2. 军情紧迫，孔明却十分轻松，刘备为什么敢把印信交给他？

如果孔明也坐立不安，大家就更紧张了。孔明当时已经27岁了，他在下山之前就做好了充分的准备，将整个天下大势、各个风云人物的个性都研究透了。这次夏侯惇来攻，该如何应对，孔明胸有成竹。否则事到临头才开始着急，何以成大事？一个人没有相应的实力，最好不要去争那个职位，既然有志于争取某个职位，就要事先做好相应的准备。孔明就是如此，他下山之前就做好了充分的前期准备，下山之后认真地勘察周围的地形地物，因此即使是第一次发号施令，也表现得驾轻就熟，非常轻松。

刘备就不一样了，他心里还是很担心，于是问孔明有何应敌之策。

对此，我们也不能怪他，他能够这么恭敬地把一个年仅27岁的人请下山来，已经很不简单了。此时刘备心里有些紧张，担心万一出了问题，令天下人笑话不说，又如何向两个兄弟交代呢？

孔明回答说，刘备有多大胆量，自己就有多少谋略。意思就是：你相信我多少，我就做多少；你不相信我，我了不起不做，听你的也行。刘备听完此话，做出了一个很有魄力和胆识的举动——他二话不说就把印信跟宝剑交给了孔明。这两样东西代表着最高指挥权，刘备这样做，就是表示自己完全信任孔明，让孔明号令三军，自己也听他的，这是一种很了不起的领导方式。否则如果还是刘备全面指挥，又何必把孔明请下山呢？现在他完全授权，使得孔明非常感动，觉得自己很受信任。当然，刘备心里也是苦笑：这个时候我不相信你，还能相信谁呢？

3. 孔明第一次发号施令，关羽、张飞不服，刘备如何处置？

孔明有模有样地开始发号施令，关羽根本爱理不理——你这套我早就很熟了，这些天你跑来跑去根本就是张飞所讲的游山玩水，哪里是看什么地形地物！你这种从没打过仗的人懂什么地形地物？这次我怎么打是我的事，你怎么讲是你的事。关羽虽没说出这番话，但他心里就是这种感觉，所以表现出一副满不在乎的样子，使得孔明不得不再次让人告诉他博望坡的地形地物。

张飞更是不服气，孔明说什么他也不回应甚至头都不抬一下，拿了令牌就走，赤裸裸地将自己内心想法表现出来。

刘备在一旁将关羽和张飞的表现看得一清二楚，他知道自己这时非说话不可了，于是命令所有人都要服从孔明的号令，违令者斩。

这种情形在现在的家族企业非常常见，刘备三兄弟是一家人，但孔明不是。如果孔明讲的话刘备三兄弟都不听，那他有天大的本事也没用，所以刘备这样做是恰到好处的。如果不是刘备及时出面调解，这次战争肯定会一败涂地。

4. 赵云听令，刚开始尚有疑惑，后来欣然接受，是什么道理？

孔明告诉赵云只能输，不能赢，赵云听了一愣：打仗还有只要输的？要输也应该让别人去输，我怎么可能会输呢？于是问孔明是什么意思。孔明说只要能引诱曹兵进来，也是功劳一件，赵云这才欣然接受。

但孔明知道光靠赵云去引诱，成功的可能性也不太大，于是又马上让刘备接着去当诱饵，把曹兵引诱过来，因为他的吸引力最大。刘备听了也跟部将一样“得令”，他的这一举动既树立了孔明的威信，也给众将做了个好榜样，使我们相当佩服。

5. 张飞问孔明自己做什么，孔明回答只坐守县城，合理吗？

当然合理，如果打仗打到需要大将军亲自拿着刀枪去拼杀，那就表示部队已经全军覆没了。同样，如果孔明都要亲自上阵的话，说明刘备集团就要整个完蛋了。

张飞想趁机出口气，于是向孔明挑衅：你不是“水”吗？给我们都分配了任务，那你自己干什么呢？

孔明也很坦然：我是军师，当然要坐守在这里，等待你们得胜回来，犒赏大家啊！孔明这样说也很合理，并没有什么错。当然，张飞也并非笨到连这个也不懂，他只是想趁机发泄一下自己长久以来对孔明的不满情绪而已。

6. 刘备心中真的没有疑虑吗？

孔明分配完各自的任务后，问刘备是否还有疑虑，刘备说没有。但他这样说，我们相信吗？恐怕也不会全信。因为这毕竟是孔明第一次统帅大军，而且面对的还是来势汹汹的曹军，刘备不可能没有疑虑。只是到了这个节骨眼儿上，他除了选择相信孔明，还能怎么样呢？刘备到了这样的紧要关头依然表现得可圈可点，是一种很难得的领导风范，最后果然取得了很大的胜利。

情景说明

夏侯惇在博望坡前与赵云相遇，见赵云所率兵马军容不整，轻蔑地说诸葛亮不过如此，自己此次必能活捉刘备。赵云纵马迎战夏侯惇，交战几回合后便诈败退走。夏侯惇欲乘胜追击，部将提醒恐有埋伏，于是勒马止步，并未穷追。突然，刘备引军冲出，夏侯惇一看，顿时大喜，高喊活捉刘备，率部一路追赶。刘备且战且退，至深夜时分才将曹军引入了博望坡谷中。

李典见山谷狭窄，树木丛生，提醒夏侯惇要防备火攻。夏侯惇听后，忙下令部队停止前进。然而话音刚落，四面火起，风大草茂，火势迅速蔓延开来，曹军被包围在火中自相践踏，烧死踩伤者不计其数，撤退过程中，接连遭遇张飞、关羽，夏侯惇拼死率残兵败将仓皇逃回许都。

关羽、张飞得胜而归，见到孔明，屈膝便拜，关羽面露羞愧之色。孔明提醒大家，曹军败回，曹操必将亲领大军而来，千万不可大意。众将对孔明心悦诚服，表示愿意随时听候军师调遣。

要点解析

1. 夏侯惇大言不惭，要活捉刘备，合适吗？

军人要有军人的气概，如果夏侯惇根本不敢去打刘备，或者抱着尽力而为的态度，打得赢就打，打不赢就回来，那他就根本没有资格当军人。况且军人出战，生死谁都难料，凭的就是这股勇气而已。所以，夏侯惇说自己要活捉刘备并不是大言不惭，而是军人应有的气概。

曹操一听夏侯惇说要生擒刘备，活捉孔明，马上就给他升官（其实也不是升官，只是临时让他当都督，予以激励），然后说自己很信任他，就把这个重责大任交给他了。

2. 赵云诈败，夏侯惇为什么不疑？刘备一出现，他是不是全乱了？

夏侯惇也是久经沙场、非常有战斗经验的人，如果是平常，他看到地形那么险要，肯定也知道一旦深入，遭遇火攻就会全军覆没。只是现在一打起仗来，就没有时间去想那么多了。看到赵云出来，夏侯惇追上去打了几个回合，赵云败走，夏侯惇当然要去追，因为没有人会看到对方一败就赶快抬头看地形的。

此时，一旁的将领提醒夏侯惇：他怎么跑得那么快呢？是不是想引诱我们进去？就在这个时候，刘备按照孔明的安排出现了。刘备这一出现，夏侯惇刚有的一点警觉性就全都没了，抓到刘备才是他要做的事情。孔明先让赵云出来，再用刘备引诱，先后的次序安排得非常好。夏侯惇一看到刘备，别的什么都不想了，一心只想活捉刘备，结果很快就深入了峡谷。

3. 夏侯惇深入峡谷，部将说恐有火攻，是不是已经晚了？

当然已经晚了。可能有人觉得这时候赶快退就是了，但是事情哪会那么简单呢？10万大军全挤在一个狭长的山谷里，想要全军而退也不是件容易的事。埋伏在山丘上的刘备人马一看曹兵大部已进入山谷，马上把准备好的火把抛下去。曹军撤退的速度绝没有火势蔓延的速度那么快，最后只得是被烧得凄凄惨惨。

很多事情，当你走进局中的时候就已经来不及了，需要提前去预测才能躲得掉。否则一旦陷入险地，就毫无办法挽回了，夏侯惇就是一个很好的案例。

三国之道

很多事情，当你进入局中的时候就已经来不及了，需要提前去预测才能躲得掉。

4. 一场大火烧得曹兵死伤无数，是什么人的罪过？

这罪过是曹操和夏侯惇的吗？是刘备和孔明的吗？还是那些放火的人的？好像都不是，又好像都是，所以我们只能说这是大家共同的罪过。战争难免会死伤众多，尤其是现代，武器太厉害，万一核战争爆发，那就是整个人类的惨剧，所以当今世界才会这么强调和平。

但是我们也不能完全否定战争的价值，以前的人口一多起来，自然就会爆发战争，战争是减少人口最快的办法。但现在却不是这样，现在跟以前有些事情是一样的，有些事情是不一样的，只有把这个厘清，才能够做出正确的判断。一场大火，使得曹军死伤无数，这是大家共同的罪过，并非曹操一个人的责任，孔明当然也跑不掉。

5. 张飞和关羽为什么改变对孔明的态度？

张飞的性子是来得快，去得也快，有情绪就直接地表现出来。火烧博望坡后，他觉得孔明的策略实在是太高明了，因此对孔明心悦诚服。但关羽的表情只是很羞愧，他只是觉得自己当初不该对孔明那么没礼貌而已，并没有很服气。两个人的反应还是有一定差异的。

然而就算如此，对孔明来讲，他的收获也是很大的。大家从对他有疑虑和不服，慢慢转为很敬服，这完全得益于他的实力。一个人一定要用实力来获得别人的信服，而不能用威势来勉强大家服气。

三国之道

一定要用实力来获得别人的信服，而不能用威势来勉强大家服气。

6. 博望坡大胜，对刘备和孔明有什么重大的意义？

表面上看来，打胜仗是好事情。刘备这次大胜，证明他的团队实力增强了，曹操也不敢轻视他了，他也离那个远大的目标又更近了一步。可是实际上，接下来的问题会更严重。曹操不可能就此罢休，不会因为这次打败就算了，然后固守着已有的地盘。刘备有刘备的目标，曹操也有曹操的目标；刘备有刘备的任务，曹操也有曹操的任务。曹操的目标和任务就是铲除异己，所以这次兵败以后，曹操一定会带领更多的人马，以更强的兵力来攻打刘备，所以这次胜利对刘备而言，应该是一则以喜，一则以忧。

孔明心中有数，知道下一关会更难过，刘备又何尝不知道呢？他这一路走来，历经无数坎坷，究竟是好还是不好？现在已经看得很清楚了——基本上是一波比一波好。如果不是蔡瑁想杀他，他就不可能找到孔明。现在孔明下山，帮他打了胜仗，下一波就会引来更大的阻碍。正是因为不断地有更大的关口需要他去突破，他才能一步一步地完成自己的使命。如果刘备没有遇到这一系列的困难，日子过得很好，那他也不过是像刘表一样固守一地，不可能有更大的发展。所以我们常常讲，看起来是曹操一直在打刘备，实际上他是在不知不觉中给刘备提供成长的机会。

情景说明

孙权为报父仇，杀死黄祖，攻占夏口，屯兵柴桑，危及荆襄，刘表请刘备共商对策。孔明提前叮嘱刘备，如果刘表相让荆襄之地，切不可推辞。

刘表欲夺回夏口，为黄祖报仇。刘备劝其暂且忍耐，以防曹操乘机来攻。刘表提出自己死后刘备可当荆州之主，刘备推辞说容考虑再说。

辞别刘表，孔明说刘备此番拒绝刘表之意，丧失了一个良机。刘备坚持不能乘人之危而夺人之地。二人正在商议，刘表长子刘琦赶来跪求刘备，说蔡夫人为让其子刘琮继位，要加害于他。刘备请孔明设谋相助，孔明推说这是家事，自己不便参言。刘备见状，心生一计，附耳告诉刘琦。

次日，刘备推说身体不适，请孔明代他回拜刘琦。刘琦见到孔明，谎称楼上有部古书请孔明观看。待孔明上楼后，刘琦按计让人撤去梯子，然后再次恳请孔明相助。孔明坚持疏不间亲，刘琦以死相逼。孔明无奈，建议刘琦可向刘表请求出守江夏，借以避祸，刘琦大喜，跪地拜谢。

要点解析

1. 刘表要为黄祖报仇，刘备为什么加以劝阻?

当年孙坚正是被黄祖所杀，在中国人看来，杀父之仇是不共戴天的，所以孙权有机会就一定会替父报仇，这是不可避免的事情。人最好不要跟别人结仇，结了仇以后，就算他自己报不了仇，他的子孙也一定会来找你报仇，所以我们要多结善缘，少结孽缘，万一结了仇也要尽量去化解，不能老是冤冤相报。但这个讲起来容易，做起来却很难，如果不报仇，子孙们会觉得对不起自己的祖宗，所以黄祖这次遭到东吴的攻击，是必然的结果。

刘表是黄祖的领导，当然也想为黄祖报仇。但刘备劝说曹操刚刚大败了一场，肯定不会善罢甘休。如果现在去攻打东吴，万一曹操跟东吴两边夹攻，那就只能缴械投降了。刘备的战略思维非常清楚，尤其在听了孔明的分析后，知道只有联合东吴，才能共同对抗曹操，所以他劝刘表万不可为了给黄祖报仇而使整个荆州成为危险之地。

2. 刘表要把荆州托给刘备，孔明为什么劝他接受?

之前陶谦也曾想把徐州让给刘备，刘备没有接受，现在已经证明，当时不接受是对的，因为就算当时接受了，他也保不住，反而会落个坏名声。这一路走来，刘备在广告宣传上收到了很大的效应，他一再地让，一再地不要，给人留下了非常好的印象，但实际上就算他要，他也保不住，倒不如不要，这是刘备非常聪明的地方。

现在刘表说自己年纪大了，想把荆州交给刘备，刘备当然不会接受。可是孔明事先已经告诉过刘备，如果有这种机会，就不要再让了，因为他知道荆州迟早会是刘备的，不如趁刘表相让的时候接手过来。但是刘备还是没有要，这种做法究竟是对还是错呢？我们只能说作为一个政治家，就要多点勇气，多点担当，该要就得要，管别人怎么想干吗呢？既然是迟早都会要的东西，有这么好的机会为什么不要？但是从另一个角度来分析，如果刘备说要，后果只会很惨，因为曹操一定会和东吴联合起来攻打荆州。曹操做事一向不择手段，为了让东吴同意，他会说打下荆州后，土地各分一半甚至将整个荆州都给东吴也行，因为他可以赖账，只要东吴同意一起夹击荆州，什么条件他都可以接受。事实证明，越是条件给得宽松的，赖账的可能性就越大。

有了前车之鉴，刘备拒绝接受荆州也在情理之中，因为他想：当初我不要徐州，后来证明我是对的，这次如果我要荆州，后果会怎样我还不知道，倒不如还是不要，至少我始终是同样的态度，不会让人觉得我虚伪。

三国之道

越是条件给得宽松的，赖账的可能性就越大。

3. 刘琦哭求刘备，孔明为什么不加援手？

刘表受蔡夫人的影响，一直想废长立幼。刘琦是刘表的长子，他知道蔡夫人为立亲子刘琮，一定会想办法除掉自己，于是就来哭求刘备这位叔叔。刘备刚刚为此吃过大亏，当然不敢再插手他们的家事，但见刘琦可怜，于是让他请孔明帮着想办法。孔明心想：你都不能管，我怎么能管呢？俗话说，疏不间亲，你们是自家人，我是外人，外人来插手你们的家事当然不妥。所以孔明也不管。

4. 刘琦叫人把梯子搬开，跪求孔明相助，合适吗？

其实刘琦会这样做，也是刘备教的。刘备觉得自己已经表明不会管刘表的家事了，如果孔明再不管，刘琦恐怕真要遭蔡夫人的毒手了。况且孔明是军师，刘备认为孔明的计策比自己高明，他管这件事的后遗症也比自己小，所以刘备偷偷地告诉刘琦，自己会装病，让孔明代他去回拜，到时候刘琦再想办法请孔明指点就好了。

刘琦抓到机会，趁孔明代刘备回拜的时候，把孔明请到楼上，说有本难得的古书要给他看，等孔明上楼后就叫人把梯子拿开，这样孔明要走，也没有梯子了。

其实孔明心里也有准备，他知道刘备明明没有病，之所以叫他去代为回拜，就是要他给刘琦出出主意。孔明想不想帮刘琦的忙呢？当然想，因为他知道以后迟早是要跟刘琦合作的，如果这时候完全袖手旁观，将来就很难跟刘琦打交道了。现在见刘琦如此相求，他就趁机装作勉为其难的样子告诉刘琦应该出外避险。其实孔明也是好意，只是这个戏一定要这样唱，否则主动介入，将来有理也说不清。

5. 孔明坚持疏不间亲，后来为什么又代为献策？

孔明嘴上说不能管，但是心里还是觉得应该管，不然将来的发展会有障碍。他想把刘琦安顿到一个合适的地方，而这个地方将来能跟刘备有良好的互动，这样既能解决刘琦的燃眉之急，又能建立双方良好的关系。所以当刘琦再三哭求孔明帮忙的时候，孔明就用一个故事告诉刘琦，留在家里是很危险的，倒不如去守江夏，反而更安全。刘琦当然很感谢孔明的计谋，并说一定会照做。如此一来，双方既建立了良好的关系，对各自将来的发展也大有帮助。

6. 孔明要刘琦出守江夏，是不是另有企图？

孔明是个精打细算、放眼未来的人，绝不是仅仅活在现在，他时时刻刻会预想未来的情况，所以趁着刘琦求他的时候，他告诉刘琦：现在江夏没有人守，你主动提出去守江夏合情合理，也比较安全。当然，后面还有些话孔明没有讲，那就是将来如果我们需要你的时候，你也可以跟我们互动。这个话他不必讲，因为讲了反而是告诉刘琦，让他去江夏是为刘备日后着想的，从而使刘琦对他和刘备的这番好意大打折扣。可见话不能多讲，不能逢人就把所有的心思都吐露出来。

情景说明

不出孔明所料，夏侯惇败回后，曹操再举大军50万，兴兵南下。刘备担心自己据守的新野小城难以抵御曹军，孔明建议趁刘表病危，取荆州为安身之地，刘备再次拒绝。

刘琦得知父亲病危，即刻从江夏赶回荆州，却被蔡瑁挡在门外，未能见父亲一面。

刘表过世，蔡氏等人秘不发丧，偷偷拥立幼子刘琮为荆州之主。蔡瑁、蒯越等人劝刘琮投降曹操，并派宋忠前往曹营献上降书。宋忠被关羽擒获，刘备得知刘表已死，刘琮降曹，深感有负刘表所托而恸哭。刘琦派伊籍来见刘备，商议共同出兵襄阳，向蔡氏问罪。伊籍得知刘琮已降曹，建议刘备借吊丧之名夺取襄阳，孔明也赞成伊藉之策，但刘备依然不允，反而想退至樊城躲避。

曹操大军逼至博望，孔明再次设计火攻，命人在新野空城藏下引火物品，又让诸将伏于城池四周。曹仁率部进入新野，先被火烧，又遭水淹，大败而回。

要点解析

1. 刘备为什么担心曹操还会南下，却又不敢要荆州？

刘备知道自己据守的新野不过是个弹丸之地，要对抗来势汹汹的曹军是不可能的。如果此时能有荆州这么大的一块腹地和那么多的军民跟粮食，倒还可以跟曹操拼一拼，所以刘备如果接受刘表之托，接手荆州是一个不错的选择。就算他不好意思接手，也可以暂时代管荆州，以后让刘琦来做主。可是刘表的家庭关系复杂，这样又会引起他们内部没完没了的争斗。在这种情况之下，刘备想要而选择不要荆州，是经过了周密考虑的。

2. 曹操为什么再起大军，来攻刘备？

曹操有统一天下的野心，他不但要打刘备，而且占领荆襄之后，他还要去打东吴，将阻挡他统一大业的山头一个一个地拔掉。所以，曹操不但不会因为败了一次就停下统一天下的脚步，反而还会举更大的军力来攻打刘备。这对曹操来说是顺理成章的事情，也在孔明和刘备的意料之中。

3. 刘表病危，刘琦从江夏赶来，为什么不得其门而入?

父亲病危，而刘琦却不能入内见其最后一面，这是他们家庭内部斗争的结果。刘琮是弟弟，刘琦才是长兄，如果刘琦回来奔丧，按理应由他来继位，刘琮就没有办法如愿了。所以蔡氏一族不让刘琦入内，不让他知道刘表的情况甚至在刘表死后还秘不发丧，偷偷地将刘琮推为荆州之主。

刘琦当然也有自己的耳目，得知父亲病危，他快速赶回荆州，想看一看父亲，如果父亲的病不要紧，就当是回来看望，如果真的病危了，作为长子，当然要守在父亲的身边。可是刘琦来到家门口，蔡瑁却不让他进门，说刘表让他去守江夏，现在他自己回来了，万一江夏出了问题怎么办？谁担当得起？虽然蔡瑁说的也不无道理，可是刘琦知道这不过是蔡瑁不让他见父亲的托词而已，但他又有什么办法呢？刘琦一筹莫展。

4. 刘表过世，蔡夫人与蔡瑁为什么秘不发丧?

一个人死了，首先要让亲戚朋友知道。尤其是我们中国人，如果母亲死了，母亲的娘家人就一定要亲自来奔丧。我们是思想很周密的民族，女儿嫁过去以后，不能说死了就死了，除非亲眼看一看，否则不排除他杀的可能。因此母亲过世，母亲娘家的长辈一定要去看一看，就算长辈都不在了，同辈里的年长者也要来仔细查看，就像法医验尸一样，意在看她有没有被谋杀或者被虐待。这些传统的做法背后有我们中国人一套缜密的思维。

虽然刘表是男性，但他死了，如果要发丧，第一个就要通知刘琦，然后是通知刘备。如果他们都来奔丧，一定会看一看刘表是怎么死的，有没有他杀的可能。虽然蔡夫人和蔡瑁老早就处心积虑地想让刘琮继位，但也并没有谋杀刘表，只是等刘表一死，他们就秘不发丧，以防刘备和刘琦知道后妨碍刘琮继任荆州之主，这在历史上是常有的事情。

5. 蔡瑁等人拥立幼主刘琮，却劝其投降曹操，是什么道理?

如果蔡瑁一心拥立刘琮，然后对曹操誓死不降甚至想办法把曹操打败，使幼主刘琮能够扩张地盘，那他还是不错的。但蔡瑁目光短浅，并不是个胸怀大志的人，完全是为了一己私利。他派人去告诉曹操，说刘琮要投降，只要求让刘琮继续做荆州之主，这样他蔡瑁就可以掌控荆州的全局了。曹操当然满口答应，至于往后反不反悔，那就是另外一回事了。但是蔡瑁等人不会想那么远，因为他们都是很短视的人，只看得到眼前的利益。

此时的刘备连刘表去世的消息都不知道，刘琦虽然知道，可也没有办法。其实刘琦可以直奔新野去告诉刘备的，跟刘备联合起来去打蔡瑁也可以，但他没有这样做也是好事，否则曹操就有可能趁机将整个荆州都拿下。从这个角度来看，刘琦的反应不够快，考虑问题不够周密，对当时的情况来讲反而是件好事。而蔡瑁让刘琮投降曹操，看起来不对，实际上对整体的发展也有益处，只是这样的结果并非出于他的本意。

6. 刘备和孔明对荆州各有坚持，如何是好?

孔明主张该拿的就要拿，作为一个政治家，就要为百姓负责任，如果什么都不要，土地从哪儿来？要么不搞政治，既然要搞政治，就要有点魄力和担当。但是刘备始终认为自己是讲仁义的，那种乘人之危的不仁不义之举绝不能做。

孔明已经表明了自己的态度，将自己的看法说得清清楚楚，换句话说，就是做到了“合理地坚持”。但如果已经合理地坚持了，领导还是不同意，身为部属，就应该接受领导的意见。所以孔明的表现也很好，该讲的都讲了，该坚持的也恰到好处地坚持了，但是最后的决定还是让刘备来做，刘备说不要，那就算了，可以走别的路。作为一个军师，不可能只准备一条路，第一优先的路领导不同意，可以坚持，如果领导实在不同意，那就再走另外一条路，这才是一个好军师应该具备的素质。

从现在开始，刘备和孔明的搭配慢慢有了很好的默契，对今后的发展也相当有利。

三国之道

如果已经合理地坚持了，领导还是不同意，部属就应该接受领导的意见。

二十九　携民共渡江

徐庶奉曹操的命令，前来招降刘备。徐庶不过是趁机看看老朋友，也了解一下孔明下山后的情况，不可能真的充当曹操的说客。刘备留徐庶，徐庶则是把信用看得比性命还要重，一定要回去向曹操复命。实际上徐庶看到孔明在刘备集团过得十分愉快，不负他郑重推荐的一番苦心，也无意回来。曹操再派大军来攻，孔明建议刘备放弃樊城，百姓们闻知这个消息，都愿意跟随刘备过江。当天，十几万百姓扶老携幼，纷纷渡江来到襄阳。但是城门紧闭，拒绝收留。刘备只好往江陵而去。一路上军民困乏，死伤极多，刘备痛不欲生，深感愧对大家。

情景说明

曹仁败回，曹操大怒，欲命大军齐发新野。谋士刘晔向曹操建议先让徐庶去招降刘备，若刘备不降再出兵，以显爱民之心。徐庶受命去见刘备，将曹军情况告知众人。刘备要徐庶留下，徐庶说这样留下会让人笑话，与众人依依惜别之后，返回了曹营。

孔明建议刘备弃樊城而去襄阳，刘备不忍心丢弃新野和樊城百姓，决定携带百姓随军一起前往。行至渡口，刘备在船头回望，见渡江的百姓扶老携幼，步履艰难，心中万分悲怆，欲投江自尽。左右见状赶忙劝阻，众人痛哭流涕。

要点解析

1. 曹仁战败，曹操大怒，刘晔为什么建议招降刘备？

曹操这次发怒有多重原因：一来曹仁是位大将，所带领的军队规模相当庞大，没想到居然又输给了势力弱小的刘备；二来他生气，人才不来投靠自己，而要跑去帮刘备，他不知道自己哪点不如刘备，心中不服气。此外，他一心一意想要统一天下，刘备为何总是再三阻拦？如果刘备和孙权直接投降，天下不就可以统一了吗？曹操为此而大怒，决定再次攻打刘备。每个人都有自己的如意算盘，曹操这么做，我们也不必怪他。

刘晔建议曹操不要再打了，应该先招降刘备。曹操很奇怪，怎么能不打呢？刘晔的意思是，我们去招降刘备，他要是愿意投降，我们也省事了；他要是不肯投降，我们就把引起战争、造成伤亡的责任推到他头上，让老百姓怨恨他而归心于我们。

曹操一听，觉得这简直就是无本生意，当然要做。但派谁去劝降呢？大家建议让徐庶去，但曹操却不赞成。因为徐庶自从来到曹营就没有献过一计一谋，心还在刘备那里，万一一去不回，岂不是糟糕？刘晔告诉曹操，徐庶这个人非常爱面子，绝不会趁机离去的。曹操听刘晔这么一说，觉得既然徐庶跟刘备够交情，又一定能回来，于是欣然同意了刘晔的建议。

2. 徐庶奉命来见刘备，他怎么办？

以徐庶的个性，当然不会真去劝说刘备投降。他这次来见刘备，只是想趁机跟大家叙叙旧，看看孔明和大家相处得怎么样，毕竟刘备与孔明之间的因缘际会是他促成的，他很乐意有机会去见见老朋友。

徐庶见到刘备，很坦然地说自己这次来不是做说客的，也相信大家不会把他当作说客。因为孔明一看到他就开玩笑地说："你是来劝我们投降的吗？"这种话只有老朋友才会讲。徐庶此来不但不可能真心替曹操做事，而且还趁机将曹营的状况告诉了刘备。

3. 刘备要徐庶留下，他为什么不肯？

刘备劝徐庶：既然你不愿意替曹操做事，老母亲也过世了，现在趁机留下来不是理所当然的吗？但徐庶没有同意，因为他不想违背自己的做人原则。虽然他下定决心不替曹操做事，但也不会以这种小人行径借机逃脱，他总得对自己有一个交代。可见当时的人是很注重自己的名节的。

4. 孔明主张放弃樊城，刘备舍不得百姓，如何是好？

面对曹操的再次来攻，孔明建议刘备放弃樊城，另谋出路，但刘备却舍不得跟了他这么久的百姓，要带他们一起走。刘备一向很重视名节，认为既然要仁义，就要仁义到底，可他这次仁义得不够合理，反而给自己造成了一定的损伤。

当时在城中居住的老百姓不是妇女，就是老幼，年轻力壮的男丁都被抓去当兵了。刘备把这些不是军人的老弱妇孺当作军人看待，显然是不对的。这么多老弱妇孺随军长途跋涉，能躲得过曹操的追击吗？要是留下来，说不定曹操还会放他们一马，就不会有一路的死伤。如此看来，刘备的这种做法又算什么仁义呢？

有一句话非常重要：人人都应该重视仁义，但是绝不能因为标榜仁义而使很多的人对仁义丧失信心。刘备这次虽然是出于好意，但结果却害死了更多的百姓，使得我们开始怀疑，这样的仁义对吗？值得吗？相信刘备的内心也有过怀疑：会不会因为自己过分标榜仁义，而使后人对仁义有所疑虑呢？如果真是这样的话，刘备就该好好反省自己了。

我们不怀疑刘备的动机，但他的行为引起了很大的争议。有人说他过分重视自己的名节，过分标榜自己的仁义，甚至为此而不顾老百姓的死活，这虽不是刘备的本意，但所造成的事实就是如此。

三國之道

人人都应该重视仁义，但是绝不能因为标榜仁义而使人对仁义丧失信心。

5. 樊城百姓为什么要随着刘备逃难呢？

老百姓多半很单纯，认为既然刘备仁义，当然要跟着他一起逃难，却不想一想自己这些老弱妇孺能不能跟得上队伍，会不会造成更大的问题。

孔明当然想到了这些问题，但刘备对此相当坚决，孔明也无可奈何。孔明下山以后，遇到的第一个阻力来自关、张二人，但这种来自下面的阻力比较容易化解，因为只要刘备一出面，关、张二人就无话可说了。但现在的阻力来自刘备，是上面的压力，孔明就很为难了。他刚跟刘备合作不久，不可能因为刘备不听他的话而拍桌子骂人。既然拗不过刘备，孔明只好说百姓愿意留下的就留下，愿意跟着走的就跟着走，这也是无可奈何的事情。

6. 刘备悲恸，要跳河，是真的还是假的?

不管刘备跳河是真是假，我们都只觉得他很可笑。照理说，他也算是经历过大事的人，不可能预料不到这种后果。现在后果已经产生了，跳河就可以逃脱责任吗?

刘备想要跳河的举动是很不妥当的：首先，桃园三结义时，三兄弟约好不求同年同月同日生，但求同年同月同日死，现在他要跳河，关羽和张飞要不要跟着跳呢?其次，他这样做对得起孔明吗?当初他千请万请把孔明请下山来，现在自己要跳河寻死，孔明怎么办?再者，就这么死了，能减少百姓的伤亡吗?能弥补他们的损失吗?刘备此时跳河根本就无济于事。一个人把自己逼到这种地步，真是该好好自我检讨一番了，以防以后再犯同样的错误。

情景说明

刘备携民赶到襄阳，请刘琮开门让百姓进城。刘琮年幼，不知该如何是好。蔡瑁却说刘备有诈，反而命人向百姓放箭。襄阳部将魏延不满蔡瑁的做法，砍死守门的士兵，打开城门请刘备带百姓入城。文聘赶出城来阻止魏延，二人厮杀起来。

刘备无奈，只得引百姓转走江陵。路经刘表墓前，刘备哭祭。这时探马来报，说曹军即将渡江追来。张飞说携民行军一日只能走十余里，建议暂弃百姓。刘备说凡成大事者，必以民为本，不同意弃民先行。刘备一面保护百姓继续前行，一面依孔明所言，派关羽到江夏请刘琦起兵会合于江陵。

曹操前往襄阳纳降，他虽知蔡瑁、张允乃是谄佞之徒，但仍封二人为水军都督，让他们负责操练水军。曹操本答应让刘琮继领荆州，后又变卦封其为青州刺史。刘琮再三推辞，曹操说荆州未定，恐有不测，强令刘琮前往青州，并令人在路上将其母子处死。

要点解析

1. 刘备来到襄阳，刘琮为什么不打开城门?

刘琮这么做完全是迫于蔡瑁的威势，结果却搞得好像他做了坏事一样。其实刘琮很善良，当初刘表死了，蔡瑁要把他扶上位时，他曾说："哥哥叔叔尚在，你们为什么把我推上来？如果让他们知道了怎么办？"可见刘琮的本质并不坏。

但是刘琮毕竟年纪太小，什么事情都要受制于蔡瑁。蔡瑁坚决不肯打开城门让刘备他们进来，可是襄阳底下的部将却分成了两派，一派主张让刘备进城，一派主张将他拒之城外，最后还打了起来，可见他们内部意见不合已很严重。

2. 魏延开门迎接，文聘却来阻挡，刘备如何是好?

文聘阻挡魏延迎接刘备进城，双方还在城外打了起来。此时刘备应该大骂文聘，问他是否知道蔡瑁已经降曹，相信只要这么一问，文聘了解了实情后，问题很快就会得到解决。但是刘备浪费了这次绝佳的机会。

我们绝对赞成做人应该仁义，但在这种节骨眼儿上，中国人有两种应对措施，一种叫正取，一种叫逆取。不管正取还是逆取，只要顺守，我们都能够接受。此时刘备应该采用逆取的方法，强行进城后，再向所有人宣布蔡瑁已经投降了曹操，自己才会采取这种非常手段，然后善待刘表的两个儿子，相信大家也就没话可说了。这样一来不仅可以名正言顺地当上荆州之主，省掉往后的许多麻烦，还能把罪名都推到曹操身上，这不是一举数得吗？可刘备没有当机立断，只顾虑自己的名节，一味地坚持顺取，结果反而害得自己进也进不去，退也退不了，再次受奔波之苦不说，还惹来了日后借荆州的麻烦。

不管正取还是逆取，只要顺守，我们都能够接受。

3. 刘备在刘表墓前哭祭，有什么用意?

刘备哭祭刘表，跟曹操哭祭袁绍有异曲同工之妙。他一方面是哭刘表，另一方面也是在哭自己。

刘表对刘备不错，给了他很多机会，起码让他有了一个立足之地，才能请到像孔明这样的人，刘备发自内心地感谢刘表，但见到刘表的家庭现在搞成这样的局面，刘备倍感愧疚，觉得自己要对此承担一些责任。因为自己对刘表的家事要么不管，既然要管，就应该管到底。但刘备管到半路就撒手不管了，搞得刘表家里乱作一团，对此，他确实负有一定的责任。

由于自知没有做好应该做的事情，再加上当前的处境，刘备内心百感交集，这时候大哭一场，也是很合理的事情。趁着哭祭刘表，刘备一边反省自己的所作所为，一边感伤自己的不幸。以前没有得到孔明，还可以说是没有贤臣辅佐，现在刚打了一次胜仗，就遭遇了这样的挫折，以后的路该怎么走呢？刘备的心里充满了忧虑。

4. 蔡瑁携幼主投降，曹操如何处置?

蔡瑁找谁去送降书不好，偏偏找宋忠前去。说来好笑，宋忠名字的谐音就是“送终”，送谁的终？当然不会是曹操，只能是送自己的终、送幼主刘琮的终。

曹操这种人，别人提出的什么要求他都会满口答应，但事后很快又会翻脸赖账。蔡瑁毫无警觉，居然派宋忠去给曹操送降书，而且得知曹操爽快地答应刘琮可以继续担任荆州牧，自己的职位也能得以保留后，居然还喜不自禁，却不仔细想想曹操为什么会这么爽快地答应，这里面会不会另有文章。因此事情发展到后面，完全出乎了他的意料。曹操加封他为水师都督，也不过是权宜之计。

5. 曹操为什么加封蔡瑁、张允为水师都督?

一般人看到这里会觉得很奇怪，但了解了曹操的为人，就会知道曹操这是想利用蔡瑁。

曹操盘算打下刘备后，下一个目标就是东吴，而东吴据有长江天险，多数为北方人的曹军善于骑马作战，可在水面上的作战能力就相当差了，所以曹操想借助荆州的人才，训练自己的水师，以备将来攻取东吴之用。蔡瑁、张允原本就是荆州水师的统帅，对训练水师非常内行。曹操虽然从内心看不起蔡瑁和张允这种人，但见其还有利用价值，于是仍封他们为侯，让他们继续担任水师都督。

每个人有每个人的行事风格，只要仔细观察，都能够把握个八九不离十。因此只要了解了曹操的为人，我们就不难知道他此番举动的用意了。

6. 曹操为什么派刘琮到青州，他不是答应把刘琮留在荆州吗?

我们刚刚讲过，曹操为达目的，别人提什么条件他都可以答应，只要事后不认账，谁都拿他没办法。

刘琮刚开始满心欢喜地以为可以继续留在荆州，当曹操要让他们母子前往青州时，刘琮就紧张地问曹操：你不是已经答应让我留守乡土了吗？曹操的反应是何等之快，他表面上对刘琮很客气，说荆襄目前局势不稳，先把他们安顿到青州，等荆州安定了之后再让他们回来，可背后却派人在半路上将他们母子杀掉了。曹操早就有杀他们的心思和准备，因为只要把刘琮留下来，就会有很多荆州旧臣因怀念刘表而拥立刘琮，将来一旦形成对曹操不利的势力，那是自找麻烦。中国人有一句很残忍的话，叫作斩草除根。曹操对此领悟得够透彻，因此才会这么心狠手辣。

蔡瑁一直想争权夺利，以为这次终于可以通过操控刘琮来独霸一方了。以他的浅薄和无知，根本想象不到后面的事情。现在他断送了姐姐和外甥的命，不久的将来，他自己的报应也会降临。

情景说明

曹操派人叫文聘前来，问他为何迟迟不来拜见。文聘说身为人臣，不能保全疆土，无颜见人。曹操感其忠心，封他为江夏太守，并命他引军开道，前去追赶刘备。

刘备带领百姓向江陵徐徐缓行，见关羽前往江夏迟迟没有回音，又让孔明前去求救。行至景山，刘备见兵困民乏，下令就地驻扎休息，并命赵云保护家小，张飞断后。

半夜，曹兵追至，百姓四散而逃。刘备见到文聘，质问他背叛主公，有何面目见人。文聘听后满脸羞愧，不战而走。张飞保护刘备且战且退，直到天亮才突出曹军的包围。刘备见随行百姓伤亡大半，家小、赵云、糜芳等人生死未卜，心中不禁悲伤，欲拔剑自刎。张飞见状，连忙阻拦，说如果兄长死了，自己也不独活。

要点解析

1. 文聘投降，曹操为什么不杀他？

曹操也不是一个无缘无故乱杀人的人，此时他情绪已经很稳定了，面对迟迟不来拜见的文聘，他非但没有气恼，而且还感到很好奇。一来，文聘没有跟曹军发生过很激烈的斗争；二来，文聘是个小有名气的将领，如果能够归降，还可以发挥一些作用；此外，文聘也没有急急忙忙地来投降，而是最后不得已才来见曹操的，这就让曹操认为他与蔡瑁等人不是一类。曹操问文聘为何迟迟不来相见，文聘说自己身为人臣，连故主的疆土都不能保全，没脸见人。这番话打动了曹操的心，他认为文聘现在对刘氏讲义气，将来也一样会对自己很忠义，于是马上留下，使其很快成为曹营里的一位重要将领。

2. 刘备携带百姓转进江陵，有没有必要？

现在不是讨论有没有必要的时候了。中国人讲求慎始，就是一开始便要做对，如果一开始就做错了，等造成了严重的后果才来解决，那是很困难的。所以遇事不要想到就做，做了又后悔，然后再改来改去，这些都不是好现象。中国人希望做事之前就想清楚：我这样做，会有什么样的后果？将来能否收拾那个残局？这个是很重要的。

刘备根本没有考虑过后果，开始的时候为了标榜仁义，带着老百姓一起逃难，现在尾大不掉，又不能让老百姓临时解散。老百姓又不是军人，能去哪里呢？在这种情况下，刘备没有别的选择，只得硬着头皮继续带他们走，所以不存在必不必要的事情。

中国人讲求慎始，就是一开始便要做对，如果一开始就做错了，等造成了严重的后果才来解决，那是很困难的。

3. 孔明拜别刘备前往江夏，合适吗?

孔明此时也很无奈，因为他总不能样样坚持，样样都不听刘备的。刘备已经听了他那么多建议，如果孔明每次都坚持己见，不让刘备自己拿一次主意，刘备就会觉得他这个军师太霸道了。但事实证明，往往一个小小的失误，就是致命的要害所在。对此，孔明也只好认了。眼看刘备这样下去，场面很难收拾，孔明只好另作打算，寻找新的出路。

孔明和刘备不约而同地想到了镇守江夏的刘琦，因为孔明曾有恩于他，此时去找他相助，刘琦定不会袖手旁观。于是，刘备让孔明亲自跑一趟江夏。而孔明也乐得前往，因为他总要为刘备找到一个比较安全的退路才是，并非他有意要离开危难之中的刘备。

当然，孔明可能还有另外一些想法——我刚跟你刘备合作，就把事情搞成这样子，如果时时跟你守在一起，万一有一天同归于尽，那不成笑话了吗？有人说这是以小人之心度君子之腹，但我们相信孔明会考虑到这一点，因为每个人都会有这种顾虑。何况他的出发点是好的，去江夏也是为了将来能够彼此呼应。与其这样毫无意义地耗下去，还不如前往江夏，形成相对有利的局势。

4. 赵云护送刘备家小，他为什么担当如此重任呢?

对于托付家小一事，刘备唯一的选择就是赵云。关羽曾为保护二位嫂嫂过五关斩六将，难道现在要再来一次？张飞虽有责任感，但做事不够细心，对保护家小这种事情并不在行。所以刘备思来想去，只能托付给赵云。

赵云性情温和，遇事冷静，武艺也很高强，是三国人物里难得的面面俱到、样样可取的一位。虽然他不是刘备的结拜兄弟，负责这样的难事很吃亏——任务重而功劳小，但他并不计较，义不容辞地承担起了这个重任，这是赵云非常难得的地方。

5. 文聘为什么愧对刘备，不敢攻打？

文聘本是刘表的旧部，跟刘、关、张都曾有过互动。刘备知道他武艺高强，做人也有正义感，只是没想到他会投靠了曹操，而且还来攻打自己。

之前魏延开门迎接刘备的时候，文聘赶出来阻拦，但刘备错过了告诉文聘真相的良机。现在刘备义正词严地教训文聘一番，果然效果良好，文聘羞愧不堪，不战而走。要不是这样，刘备可能就危险了，此时关羽和孔明都不在，赵云又去照顾家小了，身边仅有的一个张飞要照顾的事情又很多，刘备能怎么办呢？有时候看起来人多，可真到了紧要关头，还是得靠自己。所以每个人都要替自己做好准备，并为自己负起全部的责任，靠别人是靠不住的。

6. 刘备拔剑想要自杀，张飞如何劝他？

刘备是否真的想要自杀，只有他自己心知肚明，旁人是无法揣测的。倒是张飞劝他的时候很率直：如果你死了，我们也不独活。因为当初他们桃园三结义时，发誓要同年同月同日死，现在刘备就这样死了，他和关羽是不是也要被迫跟着去死呢？当然，后面这句话张飞没有直接说出来，可见他为人虽鲁莽，但在紧要关头，讲话也还是做到了婉转。一个人再怎么直率，也还是有所顾虑的。如果张飞对刘备脱口而出，说："你以为死了就没事了？那我们岂不是很倒霉，得跟着你一块死？"那就很难听了。

刘备当然了解张飞的意思，所以他不可能真的要自杀，他只是做做样子，因为到了如此境地，再不做做样子，行吗？我们回想一下，曹操也做过太多的样子，只是程度上跟刘备有些差异。人与人不可能截然不同，不可能刘备完全诚实，曹操完全奸诈。确切的说法应该是，刘备诚实当中有奸诈，曹操奸诈当中有诚实，这才是事实。我们看人不能绝对化，综合起来看才比较合理。

情景说明

糜芳逃出重围，赶来报告刘备，说赵云反投靠曹操去了。刘备说赵云心如铁石，不信他会背叛。张飞却认定赵云是见刘备势单力薄，另图富贵而去，即刻上马要去追杀赵云。

张飞追至当阳桥头，见旁边有一片树林，便命人砍下树枝拴在马尾，然后让人骑马在树林中来回奔跑，扬起尘土，以作疑兵。张飞在桥头碰到被赵云救出的简雍，又见赵云带甘夫人而回，这才相信赵云确非投曹，而是救人去了。赵云将甘夫人交给张飞，又返回去救糜夫人和阿斗。

赵云沿路厮杀，终于在一户农家院内找见了糜夫人和阿斗。他请糜夫人带阿斗上马，糜夫人说将军不可无马，让赵云带阿斗先走，赵云不肯。糜夫人怕拖累赵云，自投枯井而死。

要点解析

1. 糜芳为什么说他亲眼看见赵云反投曹操去了？

糜芳并不是要陷害赵云，也不是我们今天所讲的抹黑栽赃，他只是看到赵云往曹操那边而去，于是就想当然地以为赵云是反投曹操去了，而且还报告给了刘备，这是非常不合适的。有时候眼见并非真的为实，尤其当时兵荒马乱，大家都不够冷静，判断力也不是很强，这种不负责任的做法很可能造成较大的后遗症。

三国之道

有时候眼见并非真的为实。

2. 刘备为什么不相信赵云反投曹操？

听了糜芳的话，刘备倒是很冷静。虽然他心里想，如果自己是赵云，说不定也去投曹操了，因为眼看已经山穷水尽，根本没有后路了。但刘备更了不起的是，他心里怎么想的，永远不表露出来，而说出来的话又往往非常动人，让人感觉他是个仁慈的君主。

刘备当然也可以说赵云这时候反叛，实在是不讲义气，但他没有这样，而是坚定地认为赵云不可能做这种事情。换作曹操，听到这样的情报，多半会信以为真。而刘备现在听到这个情报，却不肯相信。这样的一反一正，使得刘备的人格马上就凸显了出来。实际上刘备这么说，永远都是占便宜的。倘若赵云果真投了曹操，大家还是很感动——你看这样的主公，虽然部将叛变了，他连一句坏话都不讲，真是难得；如果赵云没有叛变，而是回来了，大家又会说——主公真是了不起，有知人之明。

刘备的这种素养，是我们每个人都应该在后天努力培养的。部将出生入死地跟了这么久，如果动不动就怀疑，岂不伤部将的心？可惜很多领导一听到坏消息就很容易轻信，尤其是在用人方面，应该好好反省才对。

3. 张飞看见大雾，立即心生疑兵之计，是什么道理？

在大家的印象中，张飞鲁莽草率，很少动脑筋，实际上并非如此，张飞也有很多计谋。我们中国人，家家都有兵书，动不动就心生一计，三十六计对大家而言都很熟悉，张飞也不例外。现在他处境危险，眼看曹军就要来了，而自己却势单力孤，没有援兵——二哥去江夏了，大哥又忙着哭哭啼啼，赵云也投曹操去了（张飞是相信的），在这种情况下，他一看到大雾，自然就想到了疑兵之计。

人就是这样，在很舒适的情况下，通常不愿意多动脑筋，等到迫于形势不得不动脑筋的时候，便会心生一计。

4. 张飞听说赵云反叛，相信吗？

张飞是一百个相信的，他连关羽降曹都信，更何况赵云呢？但他也不是什么坏意，纯粹是因为爱之深，责之切。

听到赵云反投曹操去了，张飞就想：你赵云居然做出这等不忠不义之事，最好不要让我碰到，否则我就会跟当年对二哥一样，管你是谁！张飞就是这种个性，我们不能够说他对或不对，因为个性多半来自遗传，是很难改变的。

5. 简雍说赵云去救夫人了，对张飞来说，是不是及时的信息？

这是不幸之中的大幸。之前糜芳说自己亲眼看见赵云反投曹操去了，就算刘备不相信，张飞也深信不疑。再加上张飞是个行动主义者，一旦遇到赵云，肯定会毫不犹豫地一枪戳过去。幸好简雍及时跑回来告诉张飞，说赵云是去救二位夫人去了，并不是反投曹操。张飞听后，这才知道原来是场误会，再加上以前的深刻教训——差点因误会关羽而闹出人命，张飞知道自己这次不能再那样鲁莽了，从而化解了一场很可能出现的危机。

6. 糜夫人为什么投井自杀，赵云不是尽力要救她吗?

我们既有父亲，也有母亲，但大家为何总是说母爱，而很少提到父爱呢？从这个案例来看，刘备这个父亲似乎没能承担起责任，对阿斗漠不关心，其实他也是没有办法，整日抱着阿斗，还怎么做事呢？所以他只好心一横，只管处理公务，家里的事情就交给夫人负责。如此一来，我们就根据眼睛看到的，往往只说母爱、母教，而很少提及父亲。

我们常常觉得中国人是大男子主义，凡事都讲男尊女卑，父亲至上，其实这都是误解。中华民族是很实际的民族：妈妈跟孩子接触多，所以需要温柔慈祥，否则孩子不是整天跟坐牢一样吗？爸爸跟孩子在一起的时间少，如果也很慈祥，那孩子就谁都不怕了。所以中国人觉得爸爸一定要严厉一些，妈妈一定要慈祥一些，这样小孩子调皮，妈妈管不住的时候，爸爸以威严的姿态出现，小孩才会怕他，这样才能阴阳互补。现在一些年轻的爸爸妈妈一起来争取孩子的喜欢，再加上祖辈，一群成年人溺爱着一个小孩，几乎都到了讨好的地步，这显然是不智之举，只会害了孩子。

糜夫人和甘夫人负责照顾阿斗，两个大人一个小孩，面临着被曹兵活捉的危险，就算赵云再厉害，也没法一边夹一个再抱一个，所以只能先把甘夫人救出去，再回头来救糜夫人和阿斗。因为糜夫人是刘备的妻子，而阿斗是刘备唯一的儿子，所以在这种战乱的时候，她当然要尽心照顾阿斗。但等到赵云回过头来救他们的时候，糜夫人已经受伤了。赵云当然不会只救阿斗而牺牲掉她，但糜夫人冷静地想到，如果自己也跟赵云一起走，只会拖累大家都逃不出去，所以她干脆牺牲掉自己，以保全阿斗，阿斗的生命正是以她的牺牲来换取的。如果她当时只让赵云带阿斗走，而自己不自杀的话，当时有那么多曹兵，她一定会受到侮辱，传出去也是后患无穷。现在她投井自杀，既使得赵云可以专心救阿斗突围，也保全了自己的名节，是及时而明智的举动，令我们非常佩服。

三十　读死书无用

诸葛亮未出山之前，已经将当时的重要人物当作个案，分别加以详细的研究和分析。当他为了联吴抗曹，随着鲁肃来到东吴，和群儒见面时，由于对各人已有深入的了解，所以有问必答，而且声势惊人。东吴诸君想考考诸葛亮的学问，请教他治什么经典。他毫不畏惧地说出读死书无用的观点，把大家气得说不出话来。孔明的意思是读书必须明白道理，而且要将这些道理用在日常生活中，才有价值。若是整天咬文嚼字死读书，不能活用，那就是读死书，并没有实际的用处。孔明的一番议论，并不能点醒群儒，这是历代读书人共同的悲哀。

情景说明

赵云怀抱着阿斗一路突围，连杀曹军部将五十余员。曹操在景山顶上看到赵云所到之处，威不可挡，于是心生爱将之意，下令不许放冷箭，只能生擒赵云。

赵云越战越勇，终于杀出重围，救出阿斗。当阳桥上，张飞把刘备的位置告知赵云，让他先带阿斗去找刘备，自己则留下来断后。

一见到刘备，赵云便跪地告知事情的经过，并说自己未能救出糜夫人，罪该万死。刘备接过阿斗，说："为汝这孺子，几损我一员大将。"说完便要将阿斗掷于地上。赵云见状，连忙接住阿斗，并感动地说自己就是肝脑涂地，也难以报答刘备的知遇之恩。

曹军赶来当阳桥，见张飞横矛立马站于桥头，其身后的林间尘土飞扬，恐有埋伏，不敢向前，于是赶紧禀报曹操。

要点解析

1. 赵云单骑救主，曹操有什么感想？

赵云眼看着糜夫人投井自杀，心里非常难过，再加上自己又是个大男人，平常没抱过小孩，能不能把阿斗安全地护送回去也是个未知数，所以不禁感到自己的责任重大。这些压力大大地激发了赵云的潜力，使他单枪匹马纵横于千军万马之中，竟如入无人之地，好像战场之上就他一个主角，其他人都是配角。

赵云平常并没有什么特殊的表现，到了这非常时机，潜能被全部激发了出来，这才有了奇迹的诞生。之前刘备也是这样，平常似乎总是需要别人的帮忙，但在蔡瑁追杀他的危急关头，他竟能使的卢马一下子飞跃上那么高的对岸。可见越是在紧要关头，越需要镇定冷静，如果因为慌张而导致潜力激发不出来，那就无法摆脱眼前的困境了。赵云此时就相当冷静，因此才会有如此不俗的表现。曹操见其勇猛，觉得是个不可多得的人才，因此想纳为己用。

2. 曹操下令不许放冷箭伤害赵云，难道是天意？

这一点除了是天意之外，似乎找不到更合理的解释了。当时只要曹操一声令下，命人放箭，赵云就非死不可。因为他单枪匹马，无人掩护，如果四方八面乱箭齐发，他还能有命吗？可是偏偏这个时候，曹操在景山顶上看到他如此勇猛，顿生爱将之心，下令不许暗箭伤他，只能生擒。如此一来，赵云就得到了很大的保护，这不是天意是什么？

3. 赵云奋不顾身救阿斗，值得吗？

我们是第三者，没权利评价赵云这么做值不值得。说他值得，那是诅咒他去死；说不值得，他已经这么拼命了，再否定他这样做的价值，良心何在？所以像这种事情，到底值不值得，我们尊重赵云自己的决定。只能说赵云有这样的责任感，宁可牺牲自己也要完成任务的行为确实了不起，其他我们都不必置评。

4. 赵云救回阿斗，为什么还说自己有罪？

赵云把阿斗救回来，并没有跟刘备说自己为了救他这个宝贝儿子，差点连命都搭上。如果他这样讲，明显就是夸耀自己的功劳，大家听后也会觉得他这么点功劳就邀功请赏，实在是太过分。可见功劳的大小，随时会变。

赵云很聪明，他见到刘备后，立即跪倒在地，对自己救阿斗的艰辛提都不提，而是开口就说自己万死难辞其咎，因为自己没能把糜夫人一起救回来。阿斗已经被救回来了，这是有目共睹的，还提他做什么呢？此时刘备最担心是糜夫人的安危，但以他的立场是不方便问的。因为如果他一看赵云回来，二话不说就问糜夫人在哪儿，肯定会被传为笑柄，大家会笑他完全不顾赵云的死活，一心只想着自己的老婆。可见饭可以多吃，话却不能乱讲。饭多吃一点，了不起肚子疼一阵而已，可话说错了，不良的后果就很难消除。

现在赵云和刘备的表现都很好：赵云九死一生地把阿斗救回来，立下这么大的功劳，却还说自己有罪；刘备同样很让人感动，他并没有责怪赵云没能把糜夫人救出来，并且接下来的表现，更是让人觉得可圈可点。

三國之道

功劳的大小，随时会变。

5. 刘备把阿斗一摔，说“为汝这孺子，几损我一员大将”，合适吗？

刘备这么做不但非常合适，而且是相当杰出的表现！如果刘备把阿斗抱过来，翻看他有没有受伤，然后给他压压惊，那赵云会有什么感想？他会觉得跟这种主公简直是倒了八辈子霉，以后阿斗再有难，自己绝不会再救了。周围的其他人看到后，也会觉得这样的主公不跟也罢，赵云为救幼主差点连命都没了，刘备连问都不问一声，只顾自家的小孩，跟这种主公还有什么前途？

但刘备是何等聪明的人，他会傻到那么做吗？当然不会。他当时顺势把阿斗一摔（其实就是放下去而已，况且自然会有人去接），然后对着阿斗这个还听不懂话的孩子，讲了一番所有会听话的人都听得懂的话——为了这个孺子，竟害我差点损失一员大将。刘备这样一说，最感动的就是赵云，他当下就感激地说自己就算是肝脑涂地，也难以报答主公的知遇之恩。这样以后阿斗再遇难，他一样会舍身相救。在场的其他人也同样很感动，觉得刘备如此爱才，值得大家誓死相随。就这么一句话，刘备感动了所有人，使大家更坚定了为他效命的决心，他在这方面的修养实在太高了。

6. 张飞一人，把曹军将领吓得不敢前进，是什么道理?

张飞能够吓退曹兵，功劳并非他一个人的。

首先，多亏了孔明的神机妙算。孔明的妙计已使得曹兵闻风丧胆，否则像这种用几个树枝扬起尘土的疑兵之计算什么？曹兵只要向前一冲，张飞就没命了。所以并非张飞了不起，而是他有赖孔明的声名这把保护伞。

其次，这里也有关羽的功劳。关羽当年身在曹营的时候，有事没事就把张飞吹嘘一番，说自己的三弟在乱军之中取上将的首级如探囊取物。曹兵之前没见过张飞，现在得知眼前那个豹头环眼的人就是传说中的张飞，不由得心惊胆战，还没有打就已经吓坏了。

再次，当时的环境也起了很大的作用。在桥头上说话的回音很大，张飞的嗓音又高，几声叫阵，声如巨雷，人如天将，更是吓得曹军肝胆俱裂，只得先派人去报告曹操。

情景说明

张飞立马桥上，见曹操赶来，大吼一声“我乃燕人张翼德，谁敢与我交战？”曹军闻听，无不吓得胆战心惊。曹操对左右说，曾听关羽所言，张飞于百万军中取上将首级如探囊取物，今日相逢不可轻敌。张飞见曹操没有动静，又大声喝问何故不战不退。曹操见部将夏侯杰被张飞的气势吓得肝胆俱裂而死，又怕张飞有伏兵在后，急忙下令全军撤退，张飞见状大笑不已。

刘备在曹操的追赶之下，投奔江夏刘琦处暂避。曹操挥师83万，屯兵长江北岸，虎视江东六郡。刘备、孔明有意联吴抗曹，恰逢孙权派鲁肃以吊丧为名，前来探听曹军虚实。孔明料定孙权也有联合之意，决定随鲁肃前往江东说服孙权共抗曹操。

在去往江东的路上，鲁肃嘱咐孔明，见到孙权千万不要说曹操兵多将广，孔明说自有对答之语。

要点解析

1. 曹军将领被张飞吓得肝胆俱裂，真的有这种事情吗?

中国人有一句话，叫作“人吓人，吓死人”。为什么不说鬼吓人，吓死人呢？因为鬼你只要不怕它，它就拿你没办法。可是人会到处跑，会故弄玄虚地耍花招。但这种解释也不太妥当，因为一切都是自己吓自己，只要自己不当真，谁也拿你没办法。所以与其说被鬼吓死，被别人吓死，还不如说是被自己吓死，这样才更符合事实。

曹营的几个将领见张飞这么威猛，再加上曹操都被吓得不敢下令冲杀，他们怎么会不怕呢？所以不仅仅是张飞在吓他们，曹操也同样在吓他们，只是曹操在吓他们的同时，也把自己吓坏了，因此才会造成如此难堪的局面。

其实，人最大的敌人就是自己，可惜我们常常不承认，老把责任往外推，所以永远不长进。如果按照孔子的做法，一切反求诸己，就能够改善很多。

三國之道

人最大的敌人就是自己。

2. 曹操看见张飞，为什么也下令退兵?

曹操的势力如此庞大，而刘备已到了山穷水尽的地步，只要曹操再前进一小步，刘备就会全军覆灭，曹操便可大功告成，怎么能随便下令收兵呢?

之前大军一路推进，曹操只需在后面跟着就行了，但后来大军停滞不敢向前，非要等他过来决断，他就料想到事态很严重了。等他赶到军前，一看也没什么，就一座桥和一个瞪着圆眼的人而已，为什么这么简单的情况会使得他手下的强劲大将都不敢前进呢？曹操感到很纳闷。他看看左右的反应，再回想关羽之前所说的话，才开始动摇，不敢下令往前冲。

人是经不起动摇的，一动摇就心虚，就算原本不怕的心也会不由得慌张起来。所以一个人走路的时候，如果感觉后面好像有人在跟踪，千万不能回头。不回头还可以想象成是碰到石头的声音或是自己的脚步声，可是一回头，十有八九会吓得拔腿就跑——说到底，还是自己吓自己。曹操也是这样，他越看越觉得不对劲，自己第一个掉马就跑，他这一跑，部将和大军自然会跟着他一起跑。此时还不下令退兵的话，曹操如何能自圆其说呢？

3. 张飞大笑，是什么用意？

张飞大笑，一方面是笑曹操，另一方面也是笑自己。他笑自己什么时候变得这么神了，简直出乎自己的意料，更笑曹操身为丞相和统帅将领，平常自认为了不起，今天居然变得如此胆小。虽然这是多种因素造成的，但结局确实出乎张飞的意料。他不过是想尽力抵挡一番，好让大哥、赵云这些人跑得更远一点，不要全军覆没而已，没想到竟造成了如此奇妙的效果，他当然要哈哈大笑了。

4. 刘备到江夏，东吴为什么派鲁肃前来吊丧？

曹操觉得刘备诡计多端，很多举动都料想不到，于是想联合孙权一起来攻打刘备。他威胁孙权，说如果不跟他联合起来，那他打完刘备就要来攻打东吴，搞得东吴上下都很紧张，不知该如何是好。最后鲁肃说不如自己去江夏试探一下曹军的军情，看看状况再说。

孔明一听鲁肃要过江来吊丧，马上就问刘琦，以前孙策死的时候是否曾派人过去吊丧，如果有，鲁肃此来纯属礼尚往来；如果没有，那一定是另有用意。刘琦说以前两家根本就是仇人，怎么会派人去吊丧呢？孔明何等聪明，马上就知道鲁肃此番前来并非真为吊丧，而是以吊丧为名，想试探曹军的军情，然后决定要不要跟曹操联合。

孔明根据情况的演变，推知将来事情的发展，这叫作推理，而不是大家以为的神通。

5. 孔明为什么主动要到东吴说服孙权共同抗曹?

联吴抗曹是刘备与孔明隆中对时的既定策略，当时孔明对刘备讲，要打曹操是一定打不过的，也不能去打孙权，因为灭了孙权后更无法与曹操抗衡，所以唯一的选择就是联吴抗曹。

如果孔明之前直接去求孙权，效果未必会好。现在时机来了，东吴派了鲁肃过来，这就有了很好的桥梁。只要搭此桥梁，就能顺理成章地见到孙权。因此孔明建议刘备让自己跟鲁肃去东吴，凭借自己的口才，必能说服孙权联合抗曹。刘备也觉得这是个不错的机会，于是同意了孔明的建议。

一个人必须先有意愿和计划，而后才能随时抓住良机。孔明就是如此，否则就算来10个鲁肃也没用。

6. 鲁肃为什么劝孔明见孙权时，不要说出真正的军情?

在大家的印象中，鲁肃是个典型的老实人，但老实人怎么会这样劝孔明呢？这不是很奇怪吗？其实，鲁肃的老实并非一般人所认为的老实——不耍诈、不阴险。该隐瞒的就隐瞒，才是真正的老实。

鲁肃之所以担心孔明跟孙权讲出实情，是因为孙权本来就害怕曹操，要是得知曹操有百万大军，说不定会干脆投降，何况张昭等人都已经表明投降的态度。因此，鲁肃为了促成两边的联合，事先就交代孔明切不可对孙权说曹操兵多将广。这还用得着鲁肃教吗？孔明早已成竹在胸，所以他说自有对答之策。双方都是好意，并不是要骗孙权。

情景说明

曹操给孙权写信，约他共伐刘备，同分荆襄之地。张昭说曹操势不可当，劝孙权不如投降以保平安。孙权不语，单独召来鲁肃询问意见。鲁肃说众人都可投降，唯独孙权不可。孙权问其原因，鲁肃说别人投降仍可做官，孙权投降就永远没有称帝的机会了。孙权深表赞同，又问鲁肃大敌当前，该如何拒曹，鲁肃说孔明已来江东，可询问曹军虚实。孙权让鲁肃先带孔明去休息，次日让他先会见江东群臣，然后再共商大事。

次日，鲁肃为孔明一一引见江东文武大臣，众人相互施礼。孔明落座客位，只是低头拂拭手中羽扇，并没开口讲话。

要点解析

1. 曹操为什么要同孙权共讨刘备，还答应要平分荆襄之地?

曹操考虑事情完全是基于自己的利害关系，他现在可以任意许诺，但将来也可以随时反悔不兑现，因为主动权在他的手中，别人拿他没办法。而孙权所担心的倒不是曹操将来会不会兑现他的承诺，而是自己如果不答应曹操，会有什么样的结果。如果他跟曹操的势力相当，当然不会有这些顾虑，可现在双方力量失衡，孙权不够资格去跟曹操提条件。

曹操有优势，可以随便开条件。他许诺孙权，只要孙权同自己一起夹击刘备，把荆州拿下来，土地就一人一半。曹操看似很慷慨，其实他不是不在乎地盘，而是不在乎口头的承诺，这个我们一定要弄清楚。

2. 张昭建议投降曹操，孙权的心里是怎么想?

张昭是江东的元老级大臣，再加上孙策的临终嘱咐，孙权不得不对他客气三分。但张昭始终不求上进，已经相当老朽了。当他得知曹操要来攻东吴，居然劝孙权投降，因为明摆着打不过曹操，现在投降还可以保住老百姓，否则曹操一旦打过来，死伤一定会很惨重。

张昭站在自己的立场，很容易讲这种话。但孙权听后就不高兴了，他心想：如果我们换一下位置，你还会这样讲吗？可是孙权又不方便直接表明自己的态度，因为他一个人决心抗曹成不了什么气候，必须众人众志成城地支持他，他的决定才能起作用。

我们常常觉得孙权权力很大，整个江东都得听他的，但此时我们可以看到，他的处境也很为难。张昭等人主张降曹，使得他左右为难。因为天底下所有的领导，必须取得部属的全力支持，说的话才能起到作用。

3. 鲁肃说大家都能降，只有孙权不能降，是不是打动了孙权的心?

鲁肃的这句话不单单是打动了孙权，而且还说出了孙权的内心话。

对孙权而言，有些话是没法说出来的。这种“你们都能投降，只有我不能投降”的话一说出去，就会拉开自己与部属的距离，将来还怎么去领导他们呢？所以就算孙权一百个不赞同投降，他也不敢直接说出来。

现在鲁肃把孙权的心里话说出来了，孙权当然很高兴，然后就问鲁肃有什么好的应对之策。鲁肃说只要联合刘备共同抵抗曹操，就不用投降了。可见鲁肃是很聪明的，绝不是我们印象中的老实迂腐、脑筋不太灵光的人。他修养很好，能够见机行事，而且处理事情面面俱到，比周瑜要成熟得多。只是周瑜跟孙权的关系比较密切，许多事还轮不到鲁肃来处理，但一旦他有这样的机会，总能将事情处理得让人刮目相看。所以要了解一个人，一定要了解他的种种处境与身份，才能够全面了解。

三国之道

要了解一个人，一定要了解他的种种处境与身份，才能够全面了解。

4. 孙权既然不想投降，为什么又犹豫不定？

曹操的势力日渐强大，收拾完袁术，又打败了袁绍，现在又快把刘备逼上绝路了，孙权能不怕吗？可是怕归怕，他能投降吗？用鲁肃的话说，谁都可以投降，就是他孙权不能投降，因为别人投降还能继续当官，他投降了就再也没有称帝的机会了。所以孙权感到左右为难，投降非他所愿，打又没有把握，他身陷在这两难之中，很希望听听大家的意见。这种做法并不出乎我们的意料，因为在这种情况下，确实很难下定决心，换成是我们，同样也会跟他一样左右为难。

5. 孙权为什么要孔明先会见众臣，而不先和他见面？

这是孙权很高明的地方。如果他一听说孔明来了，二话不说地先请过来见面，就会造成很大的后遗症。因为这件事不是孙权跟孔明就可以决定的，否则他们两个人谈妥就好了，还管东吴的大臣干什么呢？只是那样的话，就无法出现孙权所希望的众志成城、齐心协力的局面了。所以孙权决定先让孔明去碰碰钉子，看看他是否能说服张昭等人。如果说服了，孙权借力使力就解决了很大的难题。如果孔明连这些人都说服不了，孙权就要重新考虑是否应该跟刘备联合起来抗曹了。于是孙权跟鲁肃讲，先让孔明好好休息一下，明天让他先会见东吴大臣，然后再一起议事。

但孔明怎么会休息呢？他内心万分焦急，刘备那边危险重重，孙权这边早一天下定决心联合抗曹，刘备那边就早一天得到保障。但他也不能强行去见孙权，否则只会适得其反，于是只好既来之则安之，以待孙权。这也是我们中国人常讲的急事要缓办。急事急办，只会制造更多的问题；急事缓办，先让大家的情绪稳定下来，然后再好好想想接下来该怎么走，才会一步一步走得很稳当。

6. 孔明为什么只拂拭扇子，却不先开口说话？

鲁肃安排孔明跟江东谋臣见面。孔明在隆中的时候，整天把这些人当作个案研究，因此对他们的情况一清二楚。但孔明并没有显露出来，而是见谁都说久闻大名、久仰久仰。孔明从来不轻易把自己的真相透露出来，这是非常高明的。

落座后，孔明也知道，自己再怎么跟他们讲都没有用，倒不如先听听他们怎么说。所以他并不先开口，而是从容不迫地拂拭着扇子，看哪一方会先沉不住气。这是一般人做不到的，要想达到孔明的那种境界，需要后天的不断修养。

情景说明

张昭先向孔明发难，说他自比管仲、乐毅，但刘备未得他时还能割据城池，有了他后却反不如当初，难道管、乐就是这样的吗？孔明说新野兵马不到一千，却以火烧水淹抵挡了夏侯惇和曹仁的数万兵马，就是管仲、乐毅也未必能如此。一旁的鲁肃一言不发，侧目观望。

虞翻讥笑孔明来求东吴，孔明反驳他还像昔日在王朗帐下一般劝主屈降，为天下人耻笑。步骘说孔明是效仿苏秦、张仪来做说客，孔明反讥像他这种畏缩之人，根本就不配笑苏、张这样的豪杰。薛综说曹操是万众归心，孔明怒斥其为食汉禄而怀逆心的人说话，实属无父无君之人。陆绩笑刘备出身卑微，孔明反笑他儿时就偷人橘子，到现在还是不明白英雄不问出身的道理。严畯问孔明治何经典，孔明答说大贤不做寻章摘句的学问，而应做兴邦立业的大事。程德枢说孔明所言为儒者耻笑，孔明说君子儒当知忠君爱国，并奉劝程德枢不要做遗臭万年的小人儒。东吴老将黄盖赶来制止众人，说联合抗曹才是大事，然后引孔明去见孙权。

见孔明离去，江东群儒虽被驳得无言以对，却仍心中不服，议论纷纷。

要点解析

1. 孔明面对东吴群儒，不但不谦虚，反而夸口自大，这是为什么？

孔明一个人要面对那么多人，而且所有人都对他不怀好意，如果他再谦虚，岂不要被众人压死？如果他一来就请各位多多指教，说自己那边处境危险，请东吴相助一把，那大家就会一起把他哄出去——原来你是想求助我们东吴，借助我们的力量去抵挡曹操！哪有这么便宜的事！

在这种特殊情况下，孔明不能用常态来表现。所以他出其不意，用毫不谦虚的口吻，张口就让大家奇怪他怎么会这样说话，这就叫作出奇兵。只有这样，群儒才会把孔明当对手，孔明的实力才能表现出来。一个人，只有人家把你当对手，你才会产生抵抗的力量，否则如果所有人都不把你当对手，你就无从显示力道了。因此，我们平常一定要谦虚客气，但在特殊情况下，就得当仁不让。

三国之道

我们平常一定要谦虚客气，但在特殊情况下，就得当仁不让。

2. 鲁肃看见大家为难孔明，为什么不加以制止？

这也是鲁肃聪明的地方。如果他看到群儒与孔明针锋相对，就说孔明是客人，他们这样太不像话了，那不仅不能帮孔明的忙，反而还会让大家笑话孔明：你孔明不是很能干吗？怎么还要鲁肃来保护你？这么没用，居然还有脸来东吴！

孔明现在是刘备集团的总代表，不可能还要靠另外一个集团的人来保护。大家不要认为鲁肃把孔明带来了，却看着他被群儒围攻而不管不问就很不人道，孔明既然有勇气来东吴，那就应该自己去应对，自己去闯，这样才有办法激发自己的潜力。所以鲁肃不保护孔明，才是显示孔明实力的正确做法。

3. 孔明为什么对每一个人的来历都知之甚详，并且能抓住他的弱点?

我们已经讲过，孔明未出山之前，就研究过各个诸侯及其手下人物的性格及经历。像东吴这些文臣，每一个人他都有一套资料，包括这个人是怎么来东吴的、后来表现如何、在孙权心目中有何分量、会讲什么话，孔明事先都有很仔细的研究，因此现在才会胸有成竹，相信凭自己一张嘴，就能让那群文臣哑口无言。

果然，只要谁顶撞孔明，想给他难堪，孔明就马上指出那个人的丢人之事。一个人的底细要是被别人摸清楚了，就会变得很没有底气，再加上句句击中要害，气势自然会降下来。之前那些东吴文臣气焰很足，想在气势上压倒孔明，没想到被孔明这么一还击，立马就无言以对了。

4. 孔明说自己不治经典，是什么道理?

中国人说没钱就是很有钱，说有钱反而往往都是装的。一个很有钱的人不会在乎骑一个破脚踏车，但要叫一个没多少钱的人，也就是所谓的小资去骑破脚踏车，打死他都不会骑，小资借也要借一辆小轿车来开。这就是内外虚实的呈现，里面一实一虚，外面就会有不同的表现。

同样，一个没读什么书的人最怕人家说他不读书，因此一定要装得很有学问的样子；而一个学问很充实的人，无论别人怎么笑他，他都根本不在乎。孔明将经典研究得一清二楚，因此才敢说自己从来不治经典。那些文臣一天到晚读死书、治经典，只会背一些古人的词句，却根本做不到活学活用。而孔明却能活用各路经典，这是他赢过东吴文臣的地方。

5. 黄盖为什么主张联合抗曹?

黄盖身为武将，主战是理所当然的事情。历史上，当外敌入侵的时候，多半是文人主降，而武将主战。一个国家最怕的就是文官贪财，武官怕死。如果文官不为国家着想，而是一天到晚想着如何搜刮民脂民膏以充实自己的荷包，武将一听到边关告急，就害怕得想要投降，那这个国家还有何前途可言呢？

黄盖是东吴的三世老将，在孙坚、孙策手下都做过事，如今又辅佐孙权，他认为绝不能把辛辛苦苦建立起来的基业拱手送给别人，因此对张昭等人轻言投降的做法非常不满。但是光骂张昭也没有用，黄盖不想让孔明跟这些无用之人啰嗦，于是带孔明一起去见孙权，劝说孙权联合抗曹。

孔明当前最需要的就是联合东吴主战派的人一起去劝说孙权，现在黄盖主动提出来，孔明当然求之不得。但孔明并没有说走就走，虽然刚刚经过了一番言辞犀利的唇枪舌战，可他并没有忘记自己的客人身份，所以他还是很有礼貌地跟张昭等人告别，然后才跟黄盖一同去见孙权，这是他良好素养的表现。

6. 大家议论纷纷，为什么不能够反省、愧悟呢？

中国人在话没出口之前会反省、会改变，可话一旦说出口，那就关乎面子问题了，改变就意味着承认自己当初是错的。要一个中国人认错，推翻自己以前的主张，那是高度困难的事情。一定要给他台阶下，他才会照你的意思做出合理的改变。相信张昭等人也会反思自己主张投降是否合适，只是话已经讲出来了，他们又能怎么样呢？

三十一　善用激将法

每一个人，对于处理事情的态度并不一样，可以说各有一套。孔明最擅长的，也最常用的，应该是激将法。他认为请将不如激将，尤其是对待孙权这样的人物。如果依照鲁肃的方式，不一定能够达成预期的效果。他不是存心要耍鲁肃，更不是说话不算数，他是体谅鲁肃的立场，为人臣子的，非不得已，实在不方便激自己的领导。孔明是客人，激起来当然更方便，所以才不向鲁肃说明。其实孔明心中有数，鲁肃也是聪明人，只是表面上焦急，心里头还是十分佩服孔明。

情景说明

孙权召见孔明，询问曹军的情况。孔明夸说曹军有兵马150万之众，谋士、战将一两千之多。鲁肃见孔明未按事先嘱咐的回答，不禁大吃一惊，暗自着急。孙权又问曹操有何企图，孔明说曹操定是要夺取江东。孙权请孔明帮助决断是战是和，孔明说曹操势大，不如早降，以求苟安。孙权不悦，问孔明为何刘备不降？孔明说刘备乃汉室皇叔，宁效田横而死，也不会投降曹操。孙权闻听此言，勃然变色，拂袖而去。鲁肃埋怨孔明言语过激，孔明却不以为然，笑说自己早有破曹之计，只因孙权不问，故此不说。鲁肃一听，忙去见孙权，建议他当面向孔明请教破曹之策。孙权恍然大悟，说自己一时浅见，险些误了大事。

孙权重新设宴款待孔明，席间又问孔明："刘备新败，如何抗拒曹操？"孔明答说："关羽、刘琦拥两万精兵，曹操远道而来，连日追赶，已是强弩之末。且曹军不习水战，如果孙刘两家联合破曹迫其北还，则可成鼎足之势。”孙权大喜，说听了孔明之言，自己茅塞顿开，还请孔明多喝几杯。

要点解析

1. 孔明见孙权，为什么夸说曹军势大，把鲁肃吓一大跳？

虽然孔明跟鲁肃的目标一致——促成孙、刘两家的联盟以共同对付曹操，但他们各事其主，立场不同，因此讲法肯定会不一样。

鲁肃事先叮嘱孔明，不要将曹军的实情告诉孙权，否则吓得他不敢迎战，孙、刘就无缘联盟了。但孔明当时并没有将自己的真实想法告诉鲁肃，而是表示应允，这是不是证明孔明很奸诈呢？当然不是，只是他对鲁肃的了解胜过鲁肃对他的了解。就算孔明告诉鲁肃自己的真实想法，鲁肃也未必听得懂，即使听懂了，也不一定赞成，万一鲁肃回去偷偷地将孔明的想法事先告诉孙权，反而会使孔明的沟通达不到预期的效果，因此还不如暂且隐瞒。但隐瞒并非欺骗，这个一定要区分清楚，否则孔明的人格就值得怀疑了。

听到孔明对孙权说曹操势大，鲁肃吓了一大跳，甚至还有些怪孔明：事先讲得好好的，怎么现在突然变卦了呢？但是，鲁肃也很聪明，他没有当场就跟孔明急起来，而是选择让孔明继续说下去。我们一路看下去就会发现，鲁肃跟孔明在一起成长得很快，这是他跟孔明交往的最大收获。

2. 孙权问孔明是战是和，孔明为什么反说和比较好？

如果孔明毫不犹豫地说一定要战，孙权就会想：让我的人在前面拼命，刘备却在后头拣便宜，你当然说战好了。孙权会有这样的心理也是人之常情。

孔明之前就预测到张昭等人会告诉孙权，说他此来是为了煽动孙权，利用他们东吴去替刘备抵抗曹操。如果孔明连这一点都预料不到的话，我们也不会佩服他。当然，孔明也料到孙权是摇摆不定的，否则鲁肃事先就不会如此紧张地嘱咐孔明了。在这种情况下，如果孔明开口就说要战，只会把沟通的渠道堵死。现在孔明先说和，再说战，使得孙权更容易听进去，是很合理的沟通顺序。

3. 孙权问孔明既然如此，刘备为什么不投降，他有什么用意？

孔明早就料到，如果自己说战，孙权肯定会觉得刘备自己打了败仗，想让他去帮忙；如果说和，孙权就会马上想到该怎么和。因为“和”是好听的说法，说直接点其实就是投降。既然孔明让他孙权投降，那刘备为什么不投降呢？孙权会这样想也是顺理成章的事情，孔明能预测到，也并没有什么神秘可言，只要我们平常用心，也一样能揣摩得很清楚。

孙权以为孔明定是刘备让他来劝自己抗曹的，结果孔明不但没有如此，反而劝他要和，这样一来，孙权的脑子就开始转起来，心想：要降也是刘备先降，为什么劝我投降呢？于是自然而然地问刘备为什么不降，这就正中了孔明之计。有了这一问，孔明才好接着做文章，要不然他的文章怎么做得下去呢？

4. 孙权拂袖而去，鲁肃气急败坏，孔明为什么不在乎？

中国人常说自己是龙的传人，其实这一称谓并不是人人都担当得起的，一般人了不起只是幼龙、小龙而已，真正的帝王之龙通常见首不见尾，态度变来变去，让人捉摸不透，因此历代的皇帝都是说话不算数。孙权就是如此，他一会儿这样，一会儿那样，且不论这种个性好不好，历史上凡有大成就的人多半都是如此。孙权作为江东之主，想战就战，想和就和，部下即使不高兴，也不能拿他怎么样。鲁肃虽能改变态度，但却有顾虑——如果翻来覆去，一旦孙权翻脸了，自己的命就没有了。可见一个人的位置、立场决定了他的态度，换了位置就等于换了脑袋，换了态度。

之前孙权很期待见到孔明，现在听孔明这么一说，不禁气得拂袖而去。如果孙权是干部，肯定不敢这样嚣张。但他现在是一方之主，即使当着孔明的面，也敢给鲁肃难堪——你居然把这种人请来，简直是浪费我的时间！鲁肃虽然也气急败坏，但他却不敢发作。因为万一惹得孙权不赏识他了，他再有本事也没用。可见这不是谁怕谁的问题，而是地盘属于谁的问题。

对孙权而言，孔明和鲁肃又不太相同。现在曹操大军压境，要战要和兹事体大，孙权再有魄力也会有些犹豫，因此着急地想知道孔明的看法如何，可见他还是很尊重孔明的。孔明当然记得鲁肃嘱咐过他的事，但他仍然按自己的想法吓唬孙权，说曹操有150万大军，谋士、战将有一两千之多，同时这也是在告诉鲁肃，虽然我不赞同你的看法，但我还是尊重你，希望你也能尊重我。否则如果孔明一来就说曹军势小，不堪一击，那就谈不上是和是战，根本就是战了。可见，孔明的整个布局并不是随口乱说的，而是事先做了充分准备的。为了促使摇摆不定的孙权下定决心联合抗曹，孔明不得不如此，况且孙权的大怒也在他的预料之中，所以当孙权拂袖而去的时候，鲁肃紧张得不行，可孔明却满不在乎，因为事态正朝着他预想的方向发展。

5. 孙权听说孔明有破曹之计，为什么怪自己浅见，险坏大事？

之前孙权气得拂袖而去，可后来听说孔明已有退敌之策，又马上承认自己短见，险些坏了大事。孙权之所以敢发脾气，是因为他有收拾残局的办法，否则发完脾气而不给自己留退路，岂不是把自己逼死？一个人只要是真龙，他就可以随时随地地转身，并且没有人能够掌控得住。孙权想发脾气的时候就发脾气，但事后他会承认自己的错误，并且还能巧妙地将形势扭转过来，可见他是一条真龙。

三国之道

一个人只要是真龙，他就可以随时随地地转身，并且没有人能够掌控得住。

6. 孔明说成败在此一举，孙权要孔明多喝几杯，为什么？

孙权如果不这么说，又能如何接话呢？如果他说对，成败在此一战，那就表示联合抗曹的事就这样定下来了；如果他说不行，那就表示他对抗曹一事仍需考虑，也就是说他还不想打。但这两种回答都会产生一定的后遗症，因此孙权只能选择避而不答，劝孔明多喝几杯。

孔明是何等聪明的人，他从孙权劝酒的举动中看出了孙权并没有作出决定，这是一般人不容易洞察到的。

情景说明

张昭等人得知孙权有意抗曹，急忙赶来劝谏，顾雍也劝其不可被孔明利用，孙权却只低头不语。

一会儿，鲁肃来劝孙权不要被苟且偷生之辈动摇了决心。孙权退入内宅寝食不安，犹豫不决。吴国太见此，提醒其内事不决问张昭，外事不决问周瑜。孙权如醉方醒，立即派人去请周瑜回来议事。

周瑜在鄱阳湖训练水师，闻听曹操大军已至汉上，便星夜赶回柴桑商议军机。使者未发，周瑜已先到。周瑜到家后不多时，张昭等人求见。他们让周瑜劝孙权投降，以免引起江东之祸，周瑜说自己也欲降之。少顷，程普等一班战将又来求见。程普说降曹可耻，宁死不受此辱；黄盖说头可断，但誓不可降，其余众将皆表示不愿降曹。周瑜甚喜，说自己正欲与曹操决一雌雄，因此绝不能投降！又过了一会儿，诸葛瑾等文官又来求见，周瑜问诸葛瑾有何想法，诸葛瑾思考片刻后，说降者易安，战者难保。周瑜笑称自有主张。

要点解析

1. 张昭为什么坚持投降，他不是三朝元老吗?

人们对老人往往有两种极端相反的看法：一种认为老人是宝，一种认为老人是贼。老人到底是宝还是贼，我们要具体问题具体分析。张昭倚老卖老，只顾自己，根本不为整个东吴着想，分明就是贼。连他这个三朝元老都说要投降了，其他人还有心思抗曹吗？东吴的三代主公都很看重张昭，可他现在居然主张降曹，难怪孙权会很寒心。但是张昭自己已经老朽了，根本就察觉不出来。人老了以后通常会有自私、短视、怕死的倾向，所以一定要记得自我提醒。

2. 顾雍说刘备存心利用东吴，孙权是不是也有同感?

对一个国家而言，如果文官贪财，武将怕死，这个国家是没有希望的。顾雍虽不是一个武将，但他却是一个怕死的文臣，为了掩饰自己的这一心理，他借口说刘备派孔明过江来是不存好心，完全是想利用东吴去替他们打前阵。当然，孙权也有这种顾虑，因为刘备当时已经被打得溃不成军，此时派孔明来劝说他抗曹，他当然会怀疑刘备的动机，总不能说战就战，不顾及江东百姓的生死。如果孙权只想保住自己江东之主的地位，战就战，死多少人他都不在乎，那也未免太残忍了。

3. 黄盖诸将主战，是不是不自量力？

一个人一定要有自己的立场，如果讲话偏离了自己的立场，就会被别人看作笑话。黄盖是个将军，中国向来只有断头的将军，没有投降的将军。军人只有战死疆场，马革裹尸，才叫死得其所，才有荣誉。如果老死在家中或医院，不打仗的时候还说得过去，要是打仗的时候还这样，就连子孙都会蒙羞。所以，黄盖主战是理所当然，势所必然。至于他是否自不量力其实并不重要，以他的立场，此时此刻就应该这样。

4. 国太提醒孙权要问周瑜，孙权有什么想法？

孙权继位的时候才十几岁，内心彷徨不安，因此孙策临终时交代他内事不决问张昭，外事不决问周瑜。孙权很感激孙策留了两位这样的能人辅佐自己，可他很快就跟张昭处得不太愉快了。因为张昭很老到，几次当众给孙权难堪，使得孙权对他越来越反感。再加上随着年龄的增长，掌权越来越坚实，孙权慢慢就把哥哥的话给忘了。现在吴国太提醒孙权去征询周瑜的意见，孙权也比较乐意，因为周瑜跟他的年纪相仿，没有张昭给他的压力那么大。

一个人要不断调整自己的态度，才能更好地与别人合作，这个阶段就叫作磨合期。磨合是阶段性的调整，而不是刚开始需要，以后就不必要了。就好比机器，刚开始需要滴润滑油进去慢慢磨合，磨合一段时间又松了，此时又需要再次的调整。

吴国太未必有太大的智慧和太多的知识，她的主要功能就在于随时点拨孙权。此时她提醒孙权去问周瑜，对孙权而言是很及时的。经她这么一点拨，孙权马上豁然开朗了，否则只会继续寝食难安。

三国之道

一个人要不断调整自己的态度，才能更好地与别人合作。

5. 张昭主和，黄盖主战，周瑜两方面都附和，是不是两面人？

老实讲，诸如心口如一、有话要直说等冠冕堂皇的话，写在教科书上是很不合适的，这会使文化在传承中遭遇很大的障碍。因为年轻人一看就知道那是不可能的。以周瑜为例，如果他见谁都说一定要战，那些怕死的文臣说不定就会在孙权面前诬陷周瑜，说他早就跟诸葛亮串通好了，那样岂不是为自己增添麻烦？因此我们不能说周瑜是两面人、骑墙派，他只是不同的时机讲不同的妥当话而已。

一个善于处理事情的人，不会为自己增添困扰，而是尽量减少自己潜在的困扰。周瑜在没有见到孙权之前不想制造自己与大家的对立，徒增自己的困难，而更为重要的是，此时他并不清楚孙权的立场如何。如果这时候主战，万一孙权说要和，自己如何下台呢？太多的顾虑使得周瑜只得先采取这种模棱两可的态度：你们要和我就和，你们要战我就战，反正一切还没有定，说战说和都不算数。可见很多事情要把当时的时空背景联合起来分析，才能断定它的是非。

6. 诸葛瑾为什么说投降易安，战争难保呢？

诸葛瑾是孔明的哥哥，此时他要是主战，势必会引起人家的怀疑——他们兄弟是不是白天一个事吴，一个追随刘备，晚上却串通起来了呢？若真是如此，肯定会影响到诸葛瑾在东吴的发展。因此，诸葛瑾只能说投降比较容易保全平安，战争就说不定了。

其实，这种话任何时候讲都是对的。因为战争好比一个球，滚来滚去，不知道最终哪一方会滚到上面。主降，了不起被孙权贬掉或者杀掉，老百姓不会死太多，所以“投降易安，战争难保”这种话只是诸葛瑾的场面话而已，并非他的真实想法。我们要把场面话与内心话分割开来，不同的场景要讲不同的话。

情景说明

送走文臣武将后，周瑜急忙来会娇妻小乔。这时鲁肃又来求见，说自己马上去请孔明来见，并戏言暂容周瑜和小乔相聚一刻。周瑜与小乔互诉衷肠，抚琴共赏。孔明来后，听着恬淡幽远的琴声，不忍打扰，在外静候。琴毕，周瑜看到等候的孔明，甚是高兴。

入屋后，鲁肃先问周瑜是何意见。周瑜偷偷地看了一眼孔明，说自己心意已决，要遣使投降。鲁肃愕然，与周瑜争辩起来，孔明只在一旁浅笑。周瑜问他为何发笑，孔明说自己是在笑鲁肃不识时务，曹操极善用兵，群雄与之争衡，皆已灭亡，现在周瑜决计降曹，一可以保妻子，二可以全富贵。

要点解析

1. 鲁肃不是心急得很吗？怎么有心情和周瑜夫妇讲开玩笑的话呢？

人越是紧张忙碌的时候，越应该偶尔放松一下，这就叫自我调适。如果一忙起来连生活都不要了，也不肯稍微放松一下，那是跟自己过不去，对事情也并没有什么帮助。在我们的印象中，鲁肃是个老实人，但他并不是个一般的老实人，而是个非常聪明的老实人。有时候他看起来很软弱，是因为他在孙权、周瑜的强势领导之下，无法强势起来。后来他当了都督，同样表现得很有魄力。

人在什么位置就要有什么样的表现，这就叫角色扮演。把自己的角色扮演好，才称得上是称职。鲁肃在不同的时期有不一样的表现，将自己的角色扮演得相当好。此时他心里很急，但不是为了自己升官发财，而是想促成孙、刘两家的合作，这是他的大目标，可是孙权跟周瑜到底有没有这种想法，他心里没底，因此很着急。但即使在这种情况下，他还是不忘戏言暂容周瑜夫妇相聚一刻，使大家都能得以放松一下，这才叫生活。

三国之道

人在什么位置就要有什么样的表现，把自己的角色扮演好，才称得上称职。

2. 周瑜为什么急于要和孔明见面，有什么用意？

在同行里，消息都很灵通，彼此都有所了解。孔明老早就知道周瑜，周瑜也清楚有孔明这么一号人物的存在。大家都是同行，又都很有名气，当然很乐意见面聊一聊，这是人之常情。何况当前两国面临着一个共同的敌人——曹操，使得他们站在利害一致的基础上，需要加深彼此的了解。所以周瑜急着要见孔明是发自内心的，他想知道孔明到底是什么态度，并非做官样文章。由此可见，周瑜并非我们印象之中的气度很小，嫉妒别人比他强。之前他向孙策推荐张昭、鲁肃，还有一些能征善战的将领，如果气量窄小，怎么可能这样做呢？所以我们不要先入为主，认为周瑜气量很小，一看到孔明就心生嫉妒，进而想害死孔明，不是那样的。

3. 孔明从琴声当中就听出周瑜的心意，是真的吗？

一些学音乐的人证实，会听的人真的可以听出隐藏在旋律后面的信息。此原理用在听电话中也合适，当你拿起话筒，稍微用心一点，就能听出对方到底是一个人还是好多人、是否方便讲话、是慌张还是平和、是言不由衷（因为旁边还有其他的人）还是畅所欲言，这些都可以感觉出来。之前刘备听到司马徽的琴声，同样听出了很多信息，可见孔明能够听出周瑜的弦外之音，并非什么了不起的事情。

4. 周瑜十分欢迎孔明，是不是英雄惜英雄呢？

当然是！会弹琴的人碰到会弹琴的人，就有了共同的话题，会打球的人碰到喜欢打球的人，同样会聊得很起劲。所以，人要多培养一些兴趣，多增长各类知识，这样不仅能使自己的生活多样化，获得更多的乐趣，而且在与别人互动时，也能有更多的共同话题，博得好人缘。

周瑜此时是真的欢迎孔明，因为他们现在要共同面对曹操的80万大军。曹操当时基本上已经统一了北方，他虎视眈眈，想要挟胜利之威，一鼓作气拿下江南，达到一统天下的目的。在这种情况下，无论是东吴还是刘备，都不敢掉以轻心。所以周瑜真诚地欢迎孔明，想听听孔明有何良策，并没有其他的不良企图。

5. 周瑜告诉鲁肃他想投降，是什么用意？

周瑜以为鲁肃应该会主和，因为鲁肃给人的印象很老实，不是很勇敢。但在没有彻底搞清楚之前，周瑜说自己已经下定决心降曹，只是想试探一下鲁肃而已。有时候朋友之间好久没见面了，突然碰到一起，彼此都有些隔阂，摸不清对方现在是什么情况，于是先抛出一个答案试探一下，然后再来确定要谈的话题，这样才比较稳妥。周瑜现在就是这样，之前他一直在外操练水军，很久没跟鲁肃见面了，柴桑这边是什么情况他也不知道，所以他说干脆投降算了，以试探鲁肃的反应。从鲁肃紧张的表现来看，周瑜就知道鲁肃跟诸葛亮一样，也是主战的。如此一来，接下来该如何应对，周瑜就心中有数了。

6. 鲁肃真的相信周瑜的话吗？孔明为什么也笑鲁肃不识时务呢？

周瑜抛出一个试探性的答案，孔明当然看得很清楚，可是鲁肃却吓坏了——周瑜要是也主和，那联合抗曹不就没指望了吗？

从这三个人的表现中，我们很容易分出层次的高低。最胸有成竹、步步为营，能够掌握一切变化的就是孔明。周瑜也很聪明，他知道该如何主导局面，但对事情往后的变化却不如孔明看得深远。鲁肃很称职，是个可造之才，但他的潜力却还没有挖掘出来。所以他们三个人在一起，获益最大的是鲁肃，因为他能在彼此的互动中得以快速地成长，而最吃亏的是孔明，因为越是能量大，贡献得就越多。

情景说明

鲁肃听周瑜、孔明都主张降曹，面露愠色，后大怒，孔明笑称自己有一妙计：听闻曹操新造铜雀台，广选天下美女。他久闻江东乔公有二女，长曰大乔，次曰小乔，有沉鱼落雁之容，闭月羞花之色。所以此次虽起百万之兵，实则为此二女也。现可将二乔送与曹操，曹操称心满意后，必会班师而归。周瑜问孔明有何为证，孔明说有曹操幼子曹植曾作《铜雀台赋》，并诵与周瑜。

周瑜听罢勃然大怒，孔明劝他不必可惜民间的那两位女子。周瑜告知大乔是孙策之妻，鲁肃告其小乔是周瑜之妻。孔明佯作惶恐状，向周瑜请罪。周瑜怒言要与曹贼势不两立，孔明劝其要三思而后行。周瑜向孔明表白心迹，希望孔明能助其一臂之力，同破曹贼。孔明表示自己愿效犬马之劳，早晚拱听驱策。周瑜大喜，紧握孔明的双手，决定次日共商起兵之事。

要点解析

1. 孔明说曹操下江南，目的在大小二乔，是真的吗?

答案很有趣：你说是真的它就是真的，你说是假的它就是假的，类似的情况在历史上经常发生。

曹操的幼子曹植所作的《铜雀台赋》中，确实有“二乔”这样的字眼，但他并不是指大乔跟小乔这两个人。可天底下的事情就是这么巧，东吴真的有“二乔”，而且所嫁之人一个是孙策，一个是周瑜。孔明巧妙地以此做文章刺激周瑜，果然达到了自己预期的效果。读书能够学以致用才是最高的境界，否则如果只是死背或是自己欣赏，并没有太大的用处。

孔明对周瑜说，曹操这次下江南并不是为了这片土地，而是为了两个女人。这话大家都能接受，因为曹操好色的名声早就传播在外了。周瑜听了自然会很好奇，于是就问孔明是哪两个女人，这就进了孔明布的局。那孔明是不是太狡猾了呢？当然不是。打仗的时候自然要运用兵法，自古以来就是兵不厌诈，虚虚实实，真真假假，要靠自己去研判。所以并非孔明太狡猾，而是周瑜警觉性不够高。

2. 周瑜为什么要孔明朗诵曹植所作的《铜雀台赋》呢?

周瑜也是个很灵光的人，他听孔明这么一说，心里会起疑：真会有这回事吗？是不是孔明凭空吓唬我？于是就问孔明有何证据。孔明事先当然会做好充分的准备，他声情并茂地把曹植所作的《铜雀台赋》一字不漏地背了出来，周瑜一听，果然有“二乔”的字眼，于是就信以为真了。

两军交战的时候，资讯很重要。孔明收集了齐备的资讯，而周瑜却没有，因此才会中孔明的计。如果周瑜也很清楚赋中的“二乔”并非指东吴的大小乔，那孔明的文章就白做了。

3. 周瑜听完为什么极为愤怒，说曹贼欺我太甚?

我们都知道，大乔是孙策的妻子，小乔是周瑜的妻子。如果一个人听说别人攻打自己是为了抢夺自己的妻子，他能不大发脾气吗？所以周瑜的极为愤怒，完全在孔明的预料之中。

孔明过江东之前就知道自己除了要舌战群儒和面对孙权之外，还要跟一个很重要的人物较量，那个人就是周瑜。该如何跟周瑜打交道呢？孔明想了好久：第一，周瑜喜欢弹琴，我可以跟他以琴为话题，这样比较容易拉近彼此的距离；第二，他喜欢打仗，这当然最好不过了；第三，周瑜还有个有名的美女夫人，名字叫小乔。想到这些，孔明心生一计，准备以此大做文章。最后果然不出他所料，周瑜听后极为愤怒，大喊“曹贼欺我太甚”。

4. 孔明真的不知道小乔是周瑜的妻子吗？

正因为孔明知道小乔是周瑜的妻子，所以他才会把《铜雀台赋》背得滚瓜烂熟，并且运用得恰到好处。但他能让周瑜知道这一点吗？当然不能，否则周瑜马上就会恼羞成怒，失去理性，那对孔明是非常不利的。所以孔明装得很像，说自己真不知道小乔是周瑜妻子，这是他的高明之处。

另外，如果孔明事先就将这个计谋告诉鲁肃，鲁肃这方面的修养远不如孔明，看到周瑜大怒，一定会告诉周瑜，说孔明这么说是故意激怒他的，那样的话，孔明的整个计谋就泡汤了。所以孔明不仅要在周瑜面前装作不知道，而且还不能将计策提前透露给鲁肃。

这样会不会显得孔明不够诚实呢？关于是否该诚实的问题，孔子曾说过：如果对一个小人讲信用，那你本身就是个小人。许多人误以为孔子只让我们死板地恪守讲话要算数，一切都要以讲信用为前提，其实不是这样，孔子告诉我们，对君子讲话要有信用，对小人就没必要了。那孔明这样做，不是把周瑜当小人了吗？也不是。只是这次周瑜是孔明要激发的对象，孔明此来就是为了要激怒孙权和周瑜，从而达到联合抗曹的目的，因此不得不采用这种策略，否则光讲道理是行不通的。

三国之道

如果对一个小人讲信用，那你本身就是个小人。

5. 孔明话说“死罪死罪”，内心是不是十分高兴呢?

孔明内心当然很高兴，只是以他的修养，即使再高兴也不会让人看出来。因此他说自己死罪死罪，周瑜和鲁肃毫不起疑。

中国人只说做人千万不能骗自己，很少说不要骗别人的。我们骂人骂得最难听的就是：你这个人连自己都骗！意思就是你要骗就骗别人，怎么能骗自己呢？但西方人却认为骗人是不对的，绝不能骗人。我们现在几乎都接受了西方人的这套思维，反而认为中国人的做法是错的。

孔明为了促成孙、刘两家联盟的大目标，不得不隐瞒一些事情。自古以来做大事者都不拘小节，在用计的过程中，该隐瞒的事情就要隐瞒，否则就成了假道学。孔子之所以老是高高在上，无法从“神坛”上走下来，就是因为解释儒家经典的人把他神化了，使得大家都把他当成圣人供在那里。所以千万要记住，平常绝对不可以随便撒谎，但为了完成大事，有时候隐瞒一下，我们并不反对。

6. 周瑜决心抗曹，与孔明紧握双手，两人能不能同心协力?

我们只能说现在可以，以后就难说了，因为情况是随时会发生变化的。现在周瑜紧握着孔明的双手，是真的有抗曹的决心，而绝不是装模作样给别人看，但往后却充满了变数。所以中国人往往是前一天晚上还喝酒喝得很开心，什么都说好，第二天一早就翻脸不认账了。因为夜长梦多，经过一个晚上，有太多的变数使得他不得不改变态度。因此很多事情不到最后关头，我们很难下结论。

三十二　容不得奇才

周瑜的度量，并不像大家所认知的那样，好像容不得孔明这样的奇才。我们看周瑜一路走来，推荐了许多优秀的人才，包括鲁肃在内，都为东吴做出很大的贡献。可是他为什么对孔明反而动了恶念，想要趁早杀掉他呢？因为孔明毕竟是刘备的人，不可能长期为东吴着想。自己阵营中的人当然越有才能越好，可是别人的阵营如果有孔明这样的高人，迟早对东吴不利。周瑜实际上是站在东吴的立场，为长远计，才会产生杀孔明的念头，并不是容不得奇才！

情景说明

次日，周瑜来见孙权。看完曹操送来的书信，周瑜并没有发表见解，而是笑问孙权，众臣的意见如何。孙权说主战的和主降的都有，周瑜说主降是迂腐的，江东已历经三代，绝不能废弃，又说现东吴兵精粮足，曹操此来，犯了兵家之大忌，此时正是破曹之机。孙权矍然而起，表示周瑜所言甚合己意，并拔出佩剑，砍向奏案的一角，说："再言降曹者，与此案同。"随后，孙权又将佩剑赐予周瑜，封周瑜为大都督，文官武将如有不听号令者，可以用此剑诛之。

周瑜请孔明议事，孔明认为孙权尚存犹疑，决心未下。周瑜和鲁肃没有参透孔明的话，面面相觑。孔明说孙权心怯曹兵众多，怕寡不敌众，若能以军数开解，可成大事。

周瑜又来见孙权，照孔明所言而行，果然解除了孙权的顾虑。在和鲁肃在回营的路上，周瑜暗自思量：孔明早已料到吴侯的心思，谋略又高我一筹，日后必为江东之大患，不如趁早除之，以绝后患。

要点解析

1. 周瑜看完曹操的檄文，好像完全没有主见，是什么道理？

孙权把曹操的檄文给周瑜看，周瑜好像初次见到一样，逐字逐句从头看完，却并没有表明自己的立场。虽然他事先就跟主战、主和的两派都做过沟通，心中早主意已定，但他不能当着孙权的面直接说出来。因为周瑜是臣，孙权是君。作为君主，孙权最在乎的莫过于决定权。如果周瑜看完檄文就说自己已经跟其他大臣商量好了要抗曹，孙权就会猜忌：到底谁才是君主？

周瑜很聪明，他从孙权的立场出发，装作一张白纸一样，孙权不问他，他就不介入这种国事的决断，因为这代表着他对孙权的尊重，孙权反过来也会更加信任他。否则功高震主，将来一定会吃不完兜着走。

2. 孙权听了周瑜的抗曹对策，为什么说正合孤意？

孙权的这种说法是一般君主的习惯，只有最高层次的领袖才具有这种资格，一般的领导不好意思这样讲。因为一般的领导听到部属好的建议，就说你跟我想的一样，势必会对部属造成伤害——我想了这么半天，居然还逃不过你的手掌心！一下子就寒了部属的心。可无论曹操、刘备（刘备在这方面表现得相对薄弱些），还是孙权，一听到部属有什么好意见，就常说“正合我意”。因为他们的层次已经达到顶级了，别人无法再超越他们，否则同样会对自己不利。

孙权听了周瑜的抗曹对策后，当即表示“正合孤意”。他之所以这么说，有三个用意：第一，警告张昭那些人，你们主和的时候我没给你们脸色看，那是给你们面子，但你们不要再老朽下去了，否则我就要翻脸了；第二，告诉群臣，不要以为我没有主张，你们只有说中我的心思，我才会表明态度；第三，既然我同意了周瑜的抗曹之策，这事就拍板定案了。孙权借助一句看似平常的“正合孤意”，向部属传达了多重意思，高明至极。

3. 周瑜怕孙权犹豫不定，孙权以剑劈桌角表示决心，算数吗？

我们只能说，孙权那样表态，在当时当地是算数的，但过后就不一定了，否则周瑜也不会那么担心。

职位越高的人越容易发生变动，不过这也不算什么坏事。因为变数随时会发生，职位越高的人，局面越大，因此不到最后一刻是不能下定决心的。有时候我们会骂别人不到黄河心不死，不见棺材不掉泪，但如果反过来看，还没到黄河，为什么就要死心呢？还没有看到棺材就哭，那到底是真哭还是假哭？所以，每一句话都可以从正反两个不同的思维角度来定义，这就叫作辩证法，否则就是钻牛角尖。对格局小一点的人来说，钻牛角尖也许是好现象，可对孙权这样身负大任的人来说，就不是好现象了。

虽然孙权内心还是希望大家有不同的意见，自己也可以留有余地，但此时为了表示自己的决心，他还是拿出剑来劈掉奏案的一角，说再有反对的，就跟这个桌角一样。此时此刻，这句话是算数的，因为他拥有最后的裁决权。但往后孙权却不一定会继续坚持这句话。

4. 孙权把宝剑赐给周瑜，让他可以先斩后奏，有什么用意？

孙权是东吴的第三个君主，他的父亲孙坚是东吴的开创者，那时候的势力范围还很小。后来传给孙策，从此奠定了江东的基业。孙策死后，由孙权接班。一些三朝元老年纪都比周瑜大，见周瑜年纪轻轻就当了大都督，难免会倚老卖老，不服从周瑜的指挥。孙权非常了解部属之间的矛盾，在他看来，这些三朝元老中，也许黄盖还能服从周瑜的指挥，因为他只知道打仗，别的不太计较，但其他人就未必了。为了防患于未然，孙权当着大家的面把尚方宝剑交给周瑜，授予他先斩后奏的权力，以此告诫那些老臣：抗曹是我的主张，你们违反周瑜的命令就等于违反我的命令，希望你们能三思而行。周瑜受到孙权的如此敬重，当然会把抗曹的事宜尽力做好。

5. 孔明认为孙权还在犹豫，是否猜透孙权的心思？周瑜有什么感觉？

有人认为孔明这是在自讨苦吃，因为聪明不可以外露，应该低调收敛才对。但站在孔明的立场，此时他就应该这样。一般人看透了还要假装没看透才算是高明，可孔明如果那样做，只会伤害到刘备阵营的整体声势。尤其是现在，他们兵少将寡，连块地盘都没有，声势上也只有刘备的一些不很实在的名气。为了使双方将来能更好地合作，孔明不得不采用这种故意表现出自己过人之处的非常手段，来提高刘备阵营的声势。

按理说，周瑜应该了解孔明的用意，可他却认为，孔明料事如神，谋略又高自己一筹，以后必定是东吴的障碍。如果周瑜只是单纯地为自己着想，那他就真跟戏剧里演的那样心胸狭窄、度量不大了。可周瑜不是只想自己，他完全没有私心，纯粹是为了东吴的利益着想，这是他了不起的地方。

6. 周瑜亲自证实孔明料事如神，决心要杀他，是什么道理？

如果周瑜生怕孔明抢了他的都督位置，或是害怕人家觉得他比孔明矮几截而心生嫉妒，进而想杀死孔明，那他就真的应该被鄙视。但周瑜并非如此，周瑜不是为自己要杀孔明，而是为了东吴的利益非杀孔明不可，因为孔明的存在势必会对东吴形成很大的压力，与其留有后患，不如趁早杀掉。在这一点上，我们应该还周瑜一个公道。

情景说明

鲁肃听周瑜说要杀孔明，连忙阻拦，并说曹贼未破，先杀贤士是自伤其臂，而且还会失信于天下。见周瑜心有疑虑，又献计说诸葛瑾是孔明的亲兄弟，可令他去劝孔明来同事东吴，周瑜点头称是。

次日，周瑜召来文官武将，当众颁布“七禁令、五十四斩”。随后调兵遣将，征讨曹贼。老将程普不服周瑜，托病不出，只令其子程咨代替出席。周瑜见此并没有责怪，反而要亲自去探望程普。程咨回见其父程普，说周瑜调兵法纪威严，众将心悦诚服，而且听说他生病在床，还要亲自来探望。程普羞愧不已，认同周瑜是个将才，并决定亲赴行营谢罪。

周瑜令诸葛瑾去劝孔明弃刘备而事东吴，诸葛瑾表示自己到了江东尚未立过军功，愿意受命去劝其弟投奔东吴。

要点解析

1. 周瑜想杀孔明，鲁肃为什么反对?

简单地说，鲁肃之所以反对就是因为周瑜想杀孔明，要不然他可能还会反过来劝周瑜寻机把孔明杀掉。因为在同一个舞台上，如果大家都唱黑脸或都唱白脸，戏就唱不下去了。一定要有黑有白，有阴有阳，才能够合理地配合。

鲁肃心里当然明白，孔明迟早会对东吴构成很大的威胁，但他现在一心一意想促成孙、刘两家的联合，此时周瑜想杀掉孔明，鲁肃当然会心惊肉跳。他反对周瑜并不是说孔明不能杀，只是现在不是动这个脑筋的时候，否则联合抗曹的路就没法走下去了。但周瑜心想：我这时候不动脑筋，难道要等孔明那边的势力壮大了再动吗？那时候就更杀不了他了！所以，鲁肃跟周瑜各有各的立场，但目标是一样的，都是为了东吴的利益。

鲁肃是个很好的媒介人，他在某些地方要跟孔明采取同一路线，在某些地方又要跟周瑜采取同一路线，不然就会搞得两边不是人。因为作为一个中间人，不能够完全偏向某一方，否则另一方就会怀疑、不信任。鲁肃不是两边都讨好，而是两边都兼顾到，这是他了不起的素养。

三国之道

两边讨好和两边兼顾是两码事。

2. 鲁肃建议请诸葛瑾劝孔明弃刘投吴，行得通吗?

如果行得通的话，诸葛亮老早就下山了，不会等到刘备三顾茅庐来请他。当时的文臣很多都是十几岁就出来做事了，但诸葛亮下山的时候，已经27岁了。之所以这么晚出山，就是因为他斟酌再三，想投一个可以让自己全力以赴的明主，否则宁可不下山。当时摆在孔明面前有多个选择：第一，他可以去投曹操，可在孔明看来，曹操不会重用他，也不会相信他，因为曹操对任何人都不太信任；第二，他可以选孙权，可孔明认为孙权虽会相信他、重用他，但不会放手让他去做，始终会给他一点压制，这样又有什么意义呢？孔明最终选择了刘备，因为刘备会充分地相信他、支持他，肯放手让他去做。

鲁肃当然知道孔明这么谨慎做出的选择，不可能仅凭诸葛瑾的几句话就弃刘投吴。但他还是要这么说，因为他想告诉周瑜：我跟你有同样的想法，只是策略不同而已，并非我要反对你。这个不太高明的主意能否奏效并不重要，但它有一个表白的功能，同时也能考验一下诸葛瑾，看他是否真的一心向着孙吴。

3. 周瑜军纪严明，程普由儿子代替出席，他为什么不加以责罚？

一般人认为既然立了法，就应该严格、无条件且一致性地去执行。但周瑜何等聪明，他见程普早不生病，晚不生病，偏偏这个时候生病，而且他儿子程咨的脸上完全没有担忧的表情，马上就知道程普只是不服自己的指挥而已，装病是想看看自己能把他怎么办。

如果周瑜当场拆穿程普的谎言，说他就是不服自己才找借口让儿子代替出席，并要用尚方宝剑杀了程普以泄愤，那就无异于逼所有的老将都不服自己，会为自己以后的统一指挥增加很大的困难。周瑜深知其中的利害，于是装作若无其事的样子，说程普派儿子来参加会议，就表明他还是很重视这件事的。

周瑜把应该惩罚的反而加以奖励，这是收服人心的最好办法。但一般人要做到周瑜这个程度，恐怕很难。首先，周瑜脸上的表情完全没有透露出自己内心的不悦；其次，在处理过程中，周瑜没有一点唐突，让人觉出他是装出来的。其实，周瑜这样做也是在告诉程普：我如此行事，不是执法不公，而是给你充分的尊重，现在我给足了你面子，接下来该怎么做你自己看着办。后来果然如他所料，此举收到了很好的效果。

4. 程普不服，故意托病不到，周瑜难道不明白？

程普故意托病不出，他儿子知道，周瑜更是早有准备，因此才会应对自如。当他宣布“七禁令、五十四斩”的时候，灌水的成分是比较大的，他故意将纪律定得很严，这样将来从宽处置的时候，哪些人看到其中的落差，说他欺善怕恶，欺负新来的，惧怕老臣，周瑜都可以看得一清二楚，同时也能考验程普到底要熬到什么时候，这就叫将计就计。周瑜很高明，他知道这事不能拆穿，否则既收服不了人心，想借力也借不上，因此将计就计，果然收到了良好的效果。

5. 周瑜雅量，反而引起程普的愧疚和敬佩，是什么道理？

程普之所以不服周瑜，是因为他认为自己对东吴的贡献很大，辈分很高。当年孙坚打天下的时候，他就已经是大将了。以他这么老的资格，如果让周瑜领导，还一点反抗的表现都没有，那大家还怎么尊重他呢？

人都有尊严，如果周瑜事先跟程普打个招呼或是在众将面前谦让一下，程普或许还不会这样。但周瑜居然理所当然地坐上了大都督的位置，程普怎么咽得下这口气呢？既然咽不下去，自然就要表现出来，所以程普的表现并不算过分。

这事究竟是谁的错呢？其实谁都没有错，只是每个人的立场和表达方式不同而已。对此，我们都应该予以尊重，不能说谁对谁错。

得知周瑜要亲自来看望自己，程普倍感愧疚与敬佩，因为他没想到周瑜如此雅量，反倒显得自己有些轻慢周瑜了，于是亲自到周瑜帐中谢罪，也显示出自己的雅量。

6. 周瑜请诸葛瑾劝孔明来投，诸葛瑾为什么满口答应，他难道不了解他弟弟吗？

诸葛瑾当然了解孔明！两兄弟从小一起玩到大，能不了解吗？可是诸葛瑾除了答应周瑜外，别无选择。如果他拒绝，周瑜就会觉得他连试一下都不肯，肯定是立场有问题。

周瑜之所以请诸葛瑾劝孔明来投，就是因为：第一，他想检验一下诸葛瑾的立场；第二，说不定孔明会动摇；第三，这对上面也好有个交代——我该做的都做了，到时候要杀孔明，谁也没理由拦我。

诸葛瑾岂能不知道周瑜的心思，他满口答应，就说明他的修养也不差。我们最好能深层次地去了解《三国演义》，因为里面有很多了不起的人物，他们在短时间内的激烈碰撞，给我们提供了很多宝贵的经验。

情景说明

诸葛瑾直奔驿亭来见孔明，以伯夷、叔齐兄弟二人为例劝孔明弃刘投吴，没想到孔明反劝其投奔刘备。诸葛瑾无言以对，回见周瑜，周瑜称自有伏龙之计。

次日，周瑜让孔明去断曹操的粮道，孔明欣然领命。周瑜告诉鲁肃，这是要借曹操之手杀掉孔明。鲁肃大惊，急忙去见孔明，却不知该如何开口。孔明说自己水战、步战、马站、车站，样样精通，不像周瑜，只善水战，却不能陆战，并请鲁肃放心。鲁肃将此言告知周瑜，周瑜大怒，表示自己要亲自去断曹操的粮草。鲁肃又将此言告知孔明，孔明笑着说："周瑜令我断粮，其实是想借曹操之手来杀我。曹操平生惯断他人粮道，周瑜若去，必为所擒。"鲁肃吓得连夜回见周瑜，细述孔明之言，周瑜更加坚定了杀孔明的决心。

刘备见孔明多日未归，派糜竺前往东吴探听虚实。周瑜借口要与孔明同谋破曹大计，说孔明现在不能回去，还请糜竺回去转告刘备前来东吴共议良策。

要点解析

1. 诸葛瑾以伯夷、叔齐兄弟不分离来劝孔明，而孔明反而劝他投刘，这是为什么？

伯夷、叔齐是商朝的遗老，他们不愿归顺周朝，宁愿饿死也不吃周朝的粮食。孔子很尊敬他们，因为每个人有每个人的价值观和人生观，求仁得仁并没有什么不好。

诸葛瑾要劝弟弟弃刘投吴，总要讲出一些理由，而且还要尽量讲他们兄弟之间的私话，因为他们代表的是两个阵营，不管讲什么，外界都会很关注甚至会猜疑，所以一定要想妥当了才能讲。诸葛瑾说："当年伯夷、叔齐兄弟一心，始终不分离，我们为什么不能像他们一样呢？"他这种说法，不会引起任何人的猜疑。但孔明却说："刘备是个什么样的人，你难道不知道吗？今天我们这么努力是为的什么？就是为了匡扶汉室，所以刘备是唯一的选择。你所选非人，不如干脆过来算了。"孔明的这番话也是句句在理，挑不出任何毛病。诸葛家能培养出这样的子弟来，说明他们家的家教是非常好的。

2. 周瑜要孔明断曹操的军粮，他安的是什么心？

曹操专门断人家的粮道，对于自己的粮仓和粮道，能不用心防护吗？周瑜心中有数，任何人想打曹操粮草的主意都会很危险，所以他对孔明说：“曹操当年在官渡以寡敌众，大败袁绍，就是因为他依许攸之计，夜袭乌巢，烧了袁绍的粮仓。现在我探知他们的粮仓在哪里，你就跟部下一起去断曹操的粮道吧。”周瑜之所以这么做，就是因为他想借曹操的手来除掉孔明。

对于周瑜这个名正言顺的要求，孔明没有理由拒绝，否则大家就会怀疑他联合抗曹的诚意。在这种情况下，周瑜的这个要求就像一个火罐，他的目的就是要让孔明拿又拿不住，推又推不掉。

3. 孔明说周瑜只懂得水战，周瑜便要去断粮，是不是上当？

虽然周瑜不怀好意，但孔明没法当面推辞，还是答应了他的要求。但孔明真的会去断曹操的粮道吗？当然不会！同时，如果孔明直接告诉鲁肃，说周瑜这是想害他，那鲁肃大不了劝一下周瑜，周瑜不听也就算了。但孔明最后选择的是技高一筹的做法——通过鲁肃来对周瑜使用激将法。孔明对鲁肃说：“周瑜只擅长水战，不像我，水陆都能打。”鲁肃把这句话原原本本地告诉周瑜，周瑜听完大动肝火，不服气地说自己马上就去断曹操的粮道给孔明看看。如此一来，孔明就成功地把这个烫手的火罐推回给了周瑜。

当双方斗智，你想让我上当，我想让你上当，这就要看其出发点到底是为公还是为私，才能够做出正确的评价。如果是为私，瑜、亮二人就不值得我们去谈论，因为这根本就是工于心计，想要害死朋友，这种做法只会让人鄙视。但他们两人完全都是为公，周瑜要害孔明，是为了扫除东吴将来的障碍，而孔明把周瑜弄得无可奈何，也是为了刘备未来的发展，他们都没有私心，因此才值得我们去研究。

4. 鲁肃知道孔明料定周瑜存心要杀他，有什么反应？

鲁肃很好奇：孔明既然知道周瑜存心要杀他，怎么还满不在乎，不赶紧逃跑呢？要是他被杀了，孙、刘两家的合作还怎么进行呢？可孔明的意思却是根本没有必要逃走，而且合作可以照样进行。因为他了解周瑜，也想让周瑜了解一下他，以便双方更容易合作。

我们不要认为孔明是利用鲁肃的老实，故意在他面前搬弄是非，制造矛盾。孔明完全没有这个意思，他只是觉得两军既然要合作，自己的所作所为就要光明正大，让东吴知道。但有些话又不能当面讲，否则双方撕破了脸下不了台，非闹得决裂不可，因此孔明利用鲁肃两边传话，以促进双方的彼此了解，是一个不错的途径。

5. 鲁肃在孔明和周瑜之间把话传来传去，是不是帮倒忙了？

这个问题值得我们用心去想一想。假设鲁肃不给两边传话，结果会怎么样？相信只会越来越糟。因为双方无法沟通，老觉得自己胜过对方，这是高度危险的。孔明每次跟鲁肃讲话，都对鲁肃强调千万不要把话传给周瑜，其实就是存心让鲁肃去告诉周瑜的。而鲁肃也将自己的老实发挥得淋漓尽致——所谓天生我材必有用，我是个老实人，老实人只走老实人的路，不能学人家颠倒黑白，最后一字不差地两边传话。

这三个人凑在一起，给了我们一个很好的警示：每个人都要按照自己的本分做事。他们三个人都很坦白，周瑜直接告诉鲁肃，让孔明去断曹操的粮道，就是想借曹操的手除掉孔明，孔明也直言自己知道周瑜要杀他，而鲁肃更是坦白，他一字不漏地两边传话，然后再两边相劝。正因为他们三个人都很坦白，才有利于相互之间的了解，对后面的联合抗曹也有很大的帮助。

6. 糜竺来访，要请回孔明，周瑜为什么不答应，反要把刘备请过来？

周瑜当然不会答应，因为此时放走孔明，将来必会后患无穷。可是他想杀掉孔明却又杀不掉，怎么办呢？周瑜心生一计，决定将刘备骗到江东来杀害，那样孔明说不定还会反投到东吴。所以糜竺一来，周瑜便说孔明现在很忙，要商议抗曹的大计，因此没有时间回去。然后又说本来自己也想跟刘备一起共商良策，只是现在抽不开身，如果刘备有诚意的话，就让他过江来会面。

周瑜知道，一旦刘备过江来，那他们整个集团就落入了自己的掌握之中，只要把刘备杀掉，就大功告成了。虽然从某个角度来看，周瑜不怀好意，但从另一个角度来看，他这样做也是尽忠职守，做自己该做的事情，因此我们不能说他完全不对。

情景说明

周瑜再次表示要杀刘备。鲁肃大惊，说刘备可牵制曹操，倘若杀了刘备，只会亲者痛而仇者快，但周瑜不听，仍传令请刘备过江，以掷杯为号下手杀害。

刘备在关云长的陪同下来到江东，鲁肃将此事告知孔明，孔明急忙到军帐外偷看动静。只见周瑜面带杀气，献舞者也是刀斧在握。孔明大惊，回视刘备，此时刘备正谈笑自若，毫无警觉。但见到关羽按剑立于刘备身后，孔明转而暗喜，说刘备没有危险了，然后转身回江边等候。

周瑜与刘备饮宴，见刘备身后护卫之人气宇轩昂，让人有种不寒而栗之感，后得知他就是斩颜良、诛文丑的关羽，更是不敢轻易下手。刘备提出要见孔明一面，周瑜以孔明不在此处为由搪塞，刘备只得起身告辞。周瑜杀刘备不成，气得将剑掷于地上。

刘备来到江边，孔明已在船中等候了。刘备请孔明同回江夏，孔明说自己虽居虎口，但安如泰山，并献上一计，嘱咐刘备切勿忘怀，然后催其快快启程，以免有变。

要点解析

1. 周瑜为什么又要除掉刘备，鲁肃有什么想法?

周瑜并不是个嗜杀的人，他很重视人才，想把有才能的人都收到孙权帐下，大家一起好好做一番事业。刚开始他对孔明也很器重，想与其一起合作抗曹，可后来发现孔明太厉害了，又不肯为东吴效力，如果不除的话，将来势必会对东吴形成很大的威胁。为了维护东吴的利益，周瑜这才动了杀孔明的念头。

可是，周瑜多次杀孔明不成，于是只好把目标转移到刘备身上，认为只要刘备死了，孔明或许会跟他哥哥一样，一起为孙权效力。可见周瑜想杀刘备并不是事先预谋好的，而是根据整个情势的演变，临时起意。他觉得这是上天赐给他的大好机会，如不好好把握，既对不起东吴，也对不起自己。

鲁肃知道周瑜的这个念头后更加慌张了，心想周瑜一会儿要杀孔明，一会儿要杀刘备，那还怎么跟人家联盟呢？现在大敌当前，仅凭东吴是打不过曹操的。若是再灭了刘备，等到曹操渡江南下，那孙权就只有缴械投降了。鲁肃站在更高的层面去考虑问题，因此才会不赞同周瑜的想法。

2. 刘备为什么贸然拜访周瑜，难道他一点警觉性都没有吗？

刘备具有高度的警觉性，不可能只是贸然地想去拜访周瑜。他很奇怪糜竺前去东吴为何没有见到孔明，担心其中有什么变故，因此想亲自前去探究一番。否则如果连这个勇气都没有，又如何成为一方之主呢？所以刘备绝不是因为周瑜的一句话就贸然过江的，也不是为了满足好奇心，要知道周瑜到底是个什么样的人，他只是想知道到底是怎么回事，现在周瑜邀请他过去，他正好可以名正言顺地过去看一看。

3. 周瑜想在酒宴中以摔酒杯为号，杀掉刘备，后来为什么不杀？

周瑜在刘备来江东之前就做好了部署，只要他在酒宴上把酒杯一摔，那些跳舞的军士就会动手杀掉刘备。可周瑜后来并没有按计划而行，是他改变主意了吗？不是，周瑜从来没有改变主意，只是他看到刘备后面站立的那人气宇非凡，按剑而立，保护着刘备，让他有一种不寒而栗的感觉。周瑜担心手下不是他的对手，因此没有发暗号，而是先问刘备站在他身后的那人是谁。刘备说是二弟关羽。得知这就是杀颜良、诛文丑的关羽，周瑜不由得一震，心想：有谁能是关羽的对手呢？此刻的周瑜既想执行之前的计划，又怕万一失手会给将来增添更大的麻烦，自己也要承担相应的责任，因此他只是把酒杯端起来，却迟迟不敢掷于地上。

4. 孔明先说“我主危矣”，不久便说没有危险，是什么道理？

孔明站在帐外，听到帐内的音乐杀气腾腾，正在困惑之余，鲁肃跑来告诉他，说刘备过江来了，周瑜正在帐内招待他。孔明一听，大感不妙，心想一定是周瑜没安好心，想要杀死刘备，因此焦急地说“我主危矣”。

孔明火速赶到周瑜招待刘备的帐外，偷偷地从缝隙往里看，周瑜果然满脸杀气，献舞者也刀斧在握，而刘备却似乎毫无警觉的样子，谈笑自若。但看到关羽气定神闲地按剑站在刘备的身后，周瑜拿着酒杯犹豫不决的样子，孔明就明白，这场危机已经化解了。所以孔明并非神通，他的预知完全是依据敏锐的观察力与判断力科学地推理出来的。

5. 刘备要见孔明，周瑜为什么说孔明不在此地?

我们前面说过，刘备此次过江的最大目的就是想了解一下孔明的状况，这是他的责任，因为孔明是为他才涉险过江的，现在没了音信，他能不关心吗？可周瑜却说孔明不在这里，这也是无可奈何的事情。周瑜心里又生气又好笑：我本来是要杀你的，现在杀不掉你，难道还要促成你们君臣的会面不成？那我岂不成了笑话？所以，周瑜不可能让他们见面，但又不能直说，于是只好编织谎言。可见人有时候并不是为了欺骗而欺骗的，通常是有些不得已的苦衷，才不得不撒谎。

6. 周瑜杀刘备不成，刘备也知道周瑜想杀他，两个人心中有什么感想?

其实这完全在孔明与刘备的预料之中，否则他们就枉称当世英雄了。孔明和刘备都知道，这一关是迟早要过的。现在孙、刘两家的关系是既联合又斗争，联合是为了抗曹、为了自保，斗争是为了各自今后的发展，这一点是没有办法避免的。所以，刘备并不会因此而恨死周瑜，更不会去向孙权告周瑜的状，那都是小孩子的做法。作为一个成年人，应该明白这种事情很正常，这才是有修养的表现。

三十三 死也不认错

谁比谁聪明？实际上都只差几分钟而已。曹操是聪明人，反应非常迅速，他下令将蔡瑁、张允斩首，转瞬间就知道自己上当了。但是在曹操的左右任事，谁敢慢手慢脚？所以一声令下，两人的首级便被斩掉了。曹操再后悔，也已经来不及挽回，何况他留着两人的性命，不过是暂时有利用价值而已，迟早是要杀这两人的。再加上徐庶在旁，曹操一眼就看得出来，他是个明眼人，只是不说出来而已。在这种情境之下，不公开认错，应该是比较妥当的做法。一般人不应该死不认错，对曹操来说，只能说有他独特的行事风格。

情景说明

周瑜送走刘备后，鲁肃问其为何没有下手。周瑜说担心部下敌不过关云长，并痛心疾首地说，刘备与孔明不除，以后必会成为东吴的强敌。这时，曹操派人送来书信，上面写着“汉大丞相付周都督开拆”。周瑜大怒，将信扯碎，并将来使斩杀，以血祭旗。

第二天，周瑜派甘宁出战攻打曹军，甘宁张弓搭箭，曹将应弦而倒。甘宁又驱船大进，万弩齐发，曹军不能抵挡，大败而归。

曹操整顿军士，蔡瑁、张允说曹军不善水战，所以惨败，应该先立水寨，教习精熟后才能善战。曹操让他们两人便（biàn）宜行事，不必回禀。

当夜，周瑜望见曹军水寨灯火通明，亲自前往探看。见曹军深得水军之妙，周瑜心想：蔡瑁、张允二人久居江东，谙习水战，必先设计除此二人，然后才能破曹。

要点解析

1. 周瑜整天担心刘备、孔明不除，将对东吴不利，是什么道理?

周瑜并不是为了自己才不断动脑筋想杀掉孔明和刘备，而是为了东吴的长远利益着想。然而就算除掉了他们二人，将来的局势也未必会像周瑜想象的那般如意，这是周瑜没有想到的一点。况且孔明绝非那么容易就能被他除掉，刘备有了孔明的辅佐，更是不容他随便动脑筋。所以，一个人可以随便地设想计划，但是一定要从各方面来研判计划的可行性。如果周瑜很客观、很冷静地去做可行性分析，相信他会慢慢地改变自己的观念和行为。

2. 两国交战，不斩来使，周瑜为什么偏要杀曹操的来使呢?

这只能说曹操的那个使者很倒霉。周瑜并非不懂两国交战，不斩来使的道理，但他当时正在气头上，心想自己杀不掉刘备、孔明，杀一个来使总可以，所以曹操的使者就倒霉了。

有人认为就算这个使者不死在周瑜帐下，过段时间也可能死在战场上，结果是一样的，只是时间早晚的问题。但我们却不能这样想，周瑜斩来使的真正原因，就是他一肚子火没地方发泄，正好曹操的来使赶来送信，于是就被他杀掉出气了。

3. 甘宁旗开得胜，大败曹军，对赤壁之战有什么特殊意义?

战争中，要想以寡敌众是相当困难的。否则孔明也不必那么紧张——事先充分研讨，准备一堆资讯，然后冒险过江；东吴这边也不需要劳师动众，争执半天才决定要打。曹操号称有80万大军，再加上他当时已经基本统一了北方，气势正盛，近来又把刘备打得落花流水，几乎无处可逃，在这种情况之下，谁都不敢小看他，就连曹操自己都觉得这次南征胜券在握，万无一失。

两军在众寡力量如此悬殊的状况下开战，甘宁能够首战告捷，对整个赤壁之战都具有重大意义：首先，鼓舞了孙、刘联军本来不高的士气；其次，增强了孙、刘两家抗曹的决心与信心；最后，甘宁本人也会信心大增，在往后的战争中会更加拼命。

4. 曹操指示蔡瑁、张允可以便宜行事，真的是这样吗？

曹操最看不起的就是像蔡、张这样的人，若是在平常，以曹操的个性和脾气，早就把他们二人杀掉了。现在之所以把他们留下来，就是因为曹操下一步要攻打有长江作为天险的东吴。曹操的帐下多是北方人，不习水战，正需要蔡瑁、张允这种能够操练水军的人。基于这种原因，曹操才暂时留下蔡、张二人，让他们操练水军，以提升曹军的水战实力。

然而，蔡、张还没有将水军操练好，甘宁就打过来了。曹军大败，蔡、张二人建议曹操建水寨操练水军，曹操正在气头上，自己又对此不在行，心想：你们样样问我，我问谁呢？于是就对他们说可以便宜行事。

但这句话只是曹操当时应景而说的，绝对不能当真，否则蔡、张二人的人头很快就会没了。蔡、张二人也心知肚明，曹操嘴巴上讲得好听，但凡事还须请示。

5. 周瑜看见曹营红光冲天，为什么亲自前往勘察？

这就是周瑜被东吴两代君主看重的原因。周瑜年纪轻轻的时候，孙策就很看重他，并且临终之时还嘱咐孙权，外事不决问周瑜，足见周瑜在孙策心目中的地位。而周瑜也确实有自己的一套，他的判断力、观察力以及作战经验都很老到。此次看到曹营红光冲天，虽然有些情报，但周瑜还是决定亲自去勘察一番，以摸清曹军的水战能力究竟如何，蔡、张二将的实力到底怎么样。因为大战在即，做到知己知彼非常重要。

周瑜亲自前往曹营附近的水域勘察，看到曹军深得水军之妙，周瑜觉得蔡、张二将果然名不虚传，确实有两把刷子。如果不是他亲眼所见，而是手下来禀报说蔡张二人训练曹军有声有色，说不定他会认为那是长敌人的威风，灭自己的志气，一不高兴就可能动杀机。所以，很多事情别人不敢讲也不方便讲，只有自己亲自去看看才是最好的办法。

6. 周瑜为什么下决心要除去蔡瑁、张允二人？

我们不能因为蔡、张二人心术不正、卖主求荣，就把他们的一切长处都否认掉。他们在操练水军方面确实很有经验和专业素养，这也是曹操暂时重用他们的唯一原因。

周瑜亲赴曹操的水域勘察，看到曹军操练的阵势，觉得蔡、张二人实在内行。周瑜暗自思量，如果此二人不除，要战胜曹操会很困难，因此想设计杀了他们两个。

周瑜之前想除掉孔明和刘备，现在又想除掉蔡瑁和张允，都是因为这些人的存在会妨碍东吴的发展，而并非周瑜是个以杀人为乐的人。身为东吴的大都督，周瑜有责任把这些人都除掉，而且他也一直是这么坚持的。

情景说明

曹操刚输了一战，又被周瑜窥探水军，正烦恼之时，其幕宾蒋干自告奋勇说愿去劝周瑜投降，曹操大喜。

蒋干来到周瑜寨中，周瑜正在议事，听说蒋干来了，立即笑称说客到了。周瑜在众人簇拥下迎接蒋干，直问蒋干是不是为曹操来做说客的。蒋干说只是叙旧，若如此猜忌老友，只好告辞。周瑜挽其臂将其请入帐内，又让文官武将出来相见。周瑜还为蒋干破例饮酒，与其一醉方休。酒过三巡，周瑜携蒋干同出帐外，让蒋干看其威猛的水军及如山的粮草，说自己一心事主，绝不变心。

要点解析

1. 蒋干自告奋勇，要劝降周瑜，曹操为什么欣然答应?

蒋干一心一意想要表现自己，可一直没有得到重用。现在机会来了，曹操正苦恼不知如何对付周瑜，蒋干跟周瑜是发小，有了此渊源，他便主动向曹操申请过江，游说周瑜来降。曹操当时正无计可施，对蔡、张二人能否操练好水军并没有十足的把握，现在听蒋干这么一说，当然很乐意让他去试一试。

事情的发展与时间和空间有着密切的关系。如果一开始蒋干就申请过江，曹操肯定不同意。但现在曹操刚吃了败仗，水军那边的作战能力究竟如何他也不清楚，所以哪怕是一根稻草，曹操也要试着抓一抓，更何况蒋干说自己跟周瑜是发小呢？不过从往后来看，蒋干得到的既是一个表现的机会，也是一个暴露自己短处的机会。

三國之道

事情的发展与时间和空间有着密切的关系。

2. 周瑜一见到蒋干，为什么马上说他是说客？

周瑜脑筋转得很快，能够随时抓住机会。他很多时候都是临时起意，见机行事，不需要辛苦地创造什么情势，比如之前他想杀孔明，想杀刘备，都是顺势而行而已，这也是他的长处。

周瑜正愁如何除掉蔡瑁和张允，现在见到蒋干，他第一个反应就是：是你自己送上门的。当然，周瑜不会傻到将这一点说出口，因为他深知，要利用一个人，一定要让他不知不觉，才能完全听自己的指挥。如果周瑜一见到蒋干就说："我知道你是来劝我的，但我不会听你的，倒不如你帮我回去劝曹操杀掉蔡瑁和张允。"那不成了笑话吗？将计就计历来很受谋士的追捧，现在周瑜就选择了这一计策。

周瑜一见到蒋干就说："你如果是来当说客的，那我不欢迎。"言外之意就是，如果你把角色转变一下，不要当曹操的说客，那我就非常欢迎你。当时有很多在场的人盯着周瑜，想看他有没有通敌的迹象，尤其是这样敏感的时刻，周瑜不得不小心翼翼。可见，在中国社会，我们随时都应该保持着警觉性，因为想抓你把柄的人太多了。万一不小心被别人抓住了什么把柄，那就糟糕了。

3. 蒋干为什么否认？

蒋干除了否认外，还有别的选择吗？他自告奋勇地向曹公请命而来，就这样被周瑜赶出去了，岂不成了笑话？

为了化解此时的尴尬，蒋干不得不否认自己是来当曹操的说客的，此来纯粹是叙旧的，并说老朋友之间还如此猜忌的话，自己就告辞了。可见话该怎么说，要分时候。日常生活中，有话直说倒也无所谓，但特殊时候就不能无所顾忌了，任何场合都有话直说的人根本就是天真幼稚，有时还会坏了大事。

此时，周瑜和蒋干都不敢说实在话，而是试来试去，说难听点就是耍来耍去。不过，只要耍的动机是正大光明的，也没有什么不对。

4. 蒋干想要告辞，周瑜为什么不答应？

蒋干不仅是个聪明人，而且他的口才还是出了名的好。他的如意算盘是趁着周瑜对曹操大军一筹莫展、坐立不安之际，凭着他们之间的交情和自己的三寸不烂之舌，说服周瑜投降曹操。可一见到周瑜，蒋干感觉情况有点不妙，于是便想打退堂鼓——既然无法完成任务，那就越早回去越安全。

但周瑜会轻易放过他吗？不可能！好不容易等到有人自愿上钩，怎么能就这么放他回去呢？所以周瑜拉住蒋干说，不行，老同学见面，要好好聊聊，只是不谈国事就好，其他的都可以谈。这是周瑜的计谋。而只谈私情，不谈公事，是周瑜给大家的一个交代——蒋干是我的老朋友没错，但各位都看到了，我一见面就给他下马威，今天我们完全是私人聚会，不谈国事。接着，周瑜又把剑交给太史慈，让他在旁监督，谁谈论国事，格杀勿论。此举一是为了让大家清楚他的立场很坚定，二是警告蒋干不要在大庭广众面前谈国事，反正我的立场表明了，不会受你的连累。周瑜这次表现得相当高明，一方面让蒋干不能开口当说客，一方面又让蒋干无法离开，如此一来，他才能实施自己既定的计划。

5. 周瑜为什么开怀畅饮，又要蒋干陪他到帐外走走？

正所谓酒后吐真言，人只有在酒后才放得开。中国人见面后常常拼命给对方灌酒，就是想让对方把心里的事情都讲出来，因为人酒后意志很模糊，最容易受人摆布。周瑜深谙此道，自己酒量又很好，于是存心要把蒋干灌醉，好让后面的计划能够顺利进行。蒋干当然也很清楚周瑜的用意，可他此刻身在别人的屋檐下，人单势孤，没有任何人能帮他忙，况且又是他自愿上钩的，所以只能任由周瑜摆布，苦不堪言。

周瑜又带蒋干到帐外去看，只见兵士军容严整，粮草堆积如山。他这样做就是为了告诉蒋干：我周瑜也不是省油的灯，你不要以为我还是当年与你同窗时的样子，我现在有我的立场，东吴的势力也不容小觑。

同时周瑜也希望蒋干回到曹营后能多散布些增加东吴威势的话。周瑜这招非常高明，如果之前让蒋干离开了，他就失去了一个展示自己的良好机会，但如果让蒋干始终保持清醒，自己后面的戏也不好唱。所以周瑜将蒋干留下来，又想办法让蒋干喝得糊里糊涂，然后自己才能装，蒋干才会上当。整个的安排都独具匠心，说明周瑜是个心思细腻、反应敏捷、手段高明的人，很值得后人佩服。

情景说明

周瑜与蒋干饮至夜深，蒋干想告辞，周瑜挽留，要与其抵足而眠。周瑜佯装大醉状，携蒋干入帐共寝。蒋干根本睡不着，他见周瑜酣睡，便起床偷看案上文书，从中发现一封蔡瑁、张允写给周瑜的信，信上写着他们两人要将曹军困于寨中，斩杀曹操，蒋干大惊。

周瑜佯装梦中含糊，说要在数日之内取曹操首级。蒋干勉强回应，周瑜随后呼呼大睡。属下入帐召唤周瑜，周瑜装作梦中忽觉的样子，假装不记得让蒋干与自己同榻而眠之事，又佯装对自己酒后失态深感懊悔，并担忧自己是否酒后失言。

属下告知江北有人到此，周瑜命其低声，还去试探蒋干是否熟睡。随后周瑜出帐与部将密谋，蒋干偷听到他们在说蔡、张二人之事。随后，周瑜入帐，蒋干继续蒙头假睡。周瑜假装没有察觉，也上床就寝。

要点解析

1. 蒋干再一次告辞，周瑜为什么一定要留他同床共眠呢?

蒋干越看越不对劲，深知自己这次已经无法完成任务，而且越拖下去越不利，说不定还会有危险，于是再次要求告辞。可是，周瑜绝不会轻易放过这次大好的机会，况且情势越来越靠近预先估计的状况，因此他无论如何也要把蒋干留下来。周瑜请蒋干与他抵足而眠，重温童年旧梦，蒋干根本无法拒绝。可见，当一个人陷入困境的时候，真的会进退失据。我们应该从蒋干的处境中，学到一些教训：出发之前一定要多花时间揣摩一下可能发生的变化，准备好解决方案才能动身。否则必然会跟蒋干一样，陷于被动的危机中。

三国之道

行动之前一定要多花时间揣摩一下可能发生的变化，否则只会使自己陷于被动。

2. 蒋干睡不着，翻阅文件，周瑜难道不清楚？

周瑜当然很清楚，文件是他故意放在那里的，就等着蒋干去翻。因为周瑜知道蒋干跟自己一样，不可能睡着，等自己装睡后，蒋干一定会起来偷翻桌上的文件，以期获得一些情报。

果然不出周瑜所料，蒋干一见周瑜睡着，就去翻看桌上的文件了，周瑜只能装作熟睡的样子，毫无动静。否则万一被蒋干看出他是清醒的，蒋干就不会按着他事先设计好的步骤去走了。

3. 看到蔡瑁、张允的降书，蒋干为什么深信不疑？

很多人看到这里，就觉得蒋干完全是个智商不高，没见过世面的人，周瑜稍微一骗他，他就信以为真了。但事实并非如此，我们设身处地地想一想，蒋干此时已经陷入一片茫然，回去该怎么跟曹操交代呢？同僚一定会嘲笑他，自己还有何脸面呢？这些顾虑让蒋干感觉压力很大，因此他看到降书根本没有怀疑它的真实性，更没有想想是不是周瑜用来骗他的。平常的蒋干是有智慧分辨这些的，否则也不可能有今天的地位。虽然他地位不算很高，但能在曹操的幕宾席间混得一席之地，也不是很容易的事。

此时的蒋干就像是沉到大海里的人，哪怕是一根不起眼的稻草，他都会想办法抓住，因为那是他最后的机会。蒋干一看到降书，大惊之余，想到如果把这个消息带回去，也是大功一件，说不定还能将功折过，消除曹操和同僚对他这次过江未能完成任务的不良影响。所以蒋干当时根本不会顾虑太多，这也是周瑜事先就预料到的——人在这种情况下，十有八九都会这样。果然，蒋干一看到降书就深信不疑，一心一意想要把它带回去立功。可以说，正是由于蒋干这种太想自我表现的个性，才导致被周瑜利用。

4. 周瑜在梦中与蒋干有问有答，蒋干为什么还会相信?

这就叫执迷不悟。一个人说梦话是很平常的事情，不足大惊小怪，可在梦中还能跟人有问有答，那就值得怀疑了。可蒋干就是相信了，他认为周瑜的梦话一定是真的，将书信带回去揭发蔡瑁、张允是救自己的最好途径。正是由于他的执迷不悟，才使得周瑜的计谋步步得逞。

所以表面上看，好像是周瑜在骗蒋干，其实完全是蒋干自己骗自己。周瑜破绽百出，可蒋干还是那么迷糊。可见人都是自己害自己，别人是害不了你的。很多人以为是周瑜厉害，布下天罗地网，害得蒋干无处可逃，其实是蒋干太想表现自己的个性害了他自己，不能全怪周瑜。

5. 周瑜醒来，假装不知道蒋干跟他同睡一床，有什么用意?

周瑜一路都在装，而且装得很像，因此这出戏才会又好看又有效。如果周瑜在装的过程中露出马脚，让蒋干看穿，那就前功尽弃了。因此既然要装，那就要装得彻底。周瑜醒来，装作不知道留宿蒋干的事，故意问身旁的人是谁，怎么会睡在自己的床上，要是听到自己的梦话就完了。其实周瑜这么说，完全是在坚定蒋干的信心，让他相信自己的想法是对的，自己所拿的东西是真的。

要是没有周瑜最后的那个动作，蒋干偷了降书后，很可能在回曹营的途中醒悟过来，明白自己可能上了周瑜的当。但这种情况并没有发生，而且一直到把这件事情做完，证明蒋干真的上了周瑜的当，蒋干还是没有觉悟。原因就在周瑜最后这一动作力道很足，使得蒋干深信不疑。

6. 周瑜、蒋干两个人装来装去，骗来骗去，是不是真功夫?

中国人讲话经常会留有余地，觉得如果实话实说，不仅对方不受用，而且也会对自己不利。所以，中国人是不赞成直来直往的。凡是报纸上所登的信息，我们大都不太相信，倒是民间流传的小道消息，我们深信不疑，这是我们的民族性。中国人，你越是跟他强调一件事情，他越是怀疑你的居心。我们在这方面的警觉性非常高，所以中国人自古就有三十六计，只要略施一计，就能帮助自己完成计划。可在家庭里面不能说用计，否则会让人觉得很可怕，只能叫哄，哄来哄去。父母教小孩就是哄小孩，人老了以后，年轻人也要去哄老人。如果不哄，而是明说，大多情况下会行不通。同样，为了实现理想，完成计划，走直路往往是行不通的，这一点可以从《三国演义》里得到充分的印证。但在日常生活中，绝对不能存心去欺骗别人，那样不会有好结果，哄来哄去才是上上策。现在周瑜和蒋干两个人装来装去，其实也是为了实现自己的目标，而且他们的动机合理，因此不能算是错。

情景说明

蒋干将书信藏于衣内，但又怕天亮后周瑜找不到书信而不让他回曹营，于是趁周瑜熟睡之时潜步出帐，想要连夜返回曹营。守夜的军士问他去哪里，蒋干说自己怕耽误周瑜办公，因此先行告辞。军士未加阻拦，蒋干火速返回曹营复命。

蒋干将书信交给曹操，曹操看后大怒，不容蔡瑁、张允多言，便下令将其二人推出斩首。片刻之后，曹操突然意识到自己可能中计，但蔡、张二人已经人头落地。众文臣闻听此事来见曹操，荀攸表示蔡、张二人是降将，一直怀有二心，将二人斩首是除去后患。众武将也来询问曹操为何杀了蔡、张二人。曹操虽心知中计，却不肯认错，只说他二人率荆州降兵，执意怠慢军法，所以不得不杀。众将说此时操练水军，正是用人之际，曹操于是命毛玠、于禁为水军都督，代替蔡、张二人之职。

众臣散去后，蒋干本想表功一番，曹操却有苦难言，气得挥手让不明就里的蒋干退下。

要点解析

1. 蒋干为什么天不亮就逃走，守卫让他离去，他不觉得奇怪吗？

蒋干好不容易得到了这份降书，以为拿回去就可以将功折过，但他担心天亮后周瑜发现降书不见了会对自己不利，因此才着急着半夜要走。

蒋干之所以会这么想、这么做，是因为他认为降书是真的。当然，这跟周瑜装得很像也有关系。周瑜所说所做的一切，都是为了促成蒋干盗走这份假降书。至于后面该如何收场，周瑜也不清楚，因为他不是神仙，很多事情也只能是见招拆招，看一步走一步，就算他知道整个的方向，也不可能知道所有的细节。这一点包括诸葛亮在内，也是一样。

蒋干以为周瑜真的睡着了，于是潜步逃走，没想到守卫喊了他一声，吓了他一大跳。守卫问他要去哪里，蒋干借口说自己不想耽误周瑜的公务，因此想先行告退，没想到守卫却并未多加阻拦。如果是在平常，蒋干一定会有些疑虑：这算什么守卫？是不是周瑜成心想设计害我？可当时的蒋干却根本不可能多想，他仍然执迷不悟，觉得这样也很正常——守卫看到他跟周瑜交情深厚，因此才不会阻拦。可见人的思维一旦形成定式的话，就会越想越觉得自己有道理，一念之差能够改变自己的命运。

2. 曹操为什么不等蔡瑁、张允解释，就下令把二人斩首？

要想让曹操上当可不是件容易的事，因为他生性多疑，谁都不相信。如果曹操是在别的时候看到降书，不可能马上就信以为真，但很多事情就是因为有多种因素凑在一起，才会有强大的爆发力。首先，曹操早就怀疑蔡、张二人的忠诚度，觉得水军方面似乎毫无进展，可能是他们二人不尽心尽力。其次，曹操从心里鄙视这两个人，迟早是要把他们杀掉的，现在只是不得已才留下他们。再次，蒋干绘声绘色的描述，使得曹操更加坚信不疑。再加上曹操刚从睡梦中醒来，脑子迷迷糊糊，因此不等蔡、张二人辩解，就把他们杀掉了。可见一个人越是大权在握的时候，越应该小心决策，否则追悔莫及。

3. 曹操马上知道自己上了周瑜的当，他为什么不肯承认？

曹操承认了自己的失误又能怎么样呢？人死不能复活，何况倘若他承认自己上当，还会带来负面效果——众将不仅会为水军而担忧，而且也会对曹操不信任。如此一来，曹军的士气就会受到很大影响。所以从这个角度来看，曹操不承认自己的失误反倒是对的。

在中国社会，越是基层的人，越要敢于承认自己的错误，否则所有人都不会放过你，因为基层员工没有资格不承认错误。但职位越高的人，越难承认错误。虽然大家心知肚明，他自己也心中有数，但就是不肯承认。其实，有时候不承认就等于承认，我们已经有了这个默契。现代人嘴上都说要勇于承认自己的错误，实际上还是有等级区别的。

三国之道

职位越高的人，越难轻易承认错误。

4. 荀攸为什么替蒋干说话呢？

如果大家认为荀攸是在替蒋干说话，那判断力就太差了。荀攸绝不会替蒋干说话，他是在替曹操打圆场。如果此事仅仅跟蒋干一人有关，荀攸不可能这样说。但此事是曹操下的命令，荀攸为了顾全曹操的面子，同时安定其他大臣的情绪，因此才会说出这种看似替蒋干辩护的话。

5. 徐庶在一旁，好像什么都明白，他为什么不说话？

徐庶虽一语不发，但他的眼睛却在说话。曹操看到徐庶的眼神很不高兴，因此他知道徐庶心里清清楚楚，只是为了顾全大局，保留曹操的颜面不说而已。既然徐庶能看出其中的原委，就说明他比其他问曹操为何要杀蔡、张的大臣要高明很多，可他就是不愿给曹操献一计一谋，因此曹操非常不乐意。徐庶无意中发现曹操正盯着自己看，就明白自己的眼睛已经告诉他一切了。所以每个人都应该修炼自己的眼睛，否则眼睛也会无意中出卖自己。

6. 蒋干为什么始终不明白？曹操为什么只挥手叫他退下？

曹操之所以挥手叫蒋干退下，就是因为他此时有说不出的苦衷。只要他一骂蒋干或是给蒋干难堪，那就是跟自己过不去，等于把自己刚才隐瞒的过失暴露了出来，告诉大家自己撒了谎。虽然他此时很厌烦蒋干，可也没有办法。为了自己的脸面，曹操不得不息事宁人，挥手让蒋干退下。

此时的蒋干还沉迷在所谓的胜利与喜悦中，看到曹操恼怒地挥手让他退下，他还有些不明就里。人往往是当局者迷，如果蒋干是个旁观者，将整件事件从头看到尾后，也一定会心知肚明。相信在场大多数人都会心知肚明，都知道蒋干闯祸了，曹操上当了，只是谁也不敢拆穿这个事实，因为谁拆穿谁倒霉。蒋干当局者迷，只知道自己替曹操立下了很大的功劳，却不知道自己此时的处境有多危险，因此出帐的时候还是一副自我陶醉的样子。

三十四　借比做还快

做人做事，最好能认清方向，慎选方式，还要讲究方法。孔明在这三方面都能够掌握重点，所以效果特别良好。十日之内，想要造出10万支箭，再怎么努力，恐怕也难以如愿。幸好曹操那边人多箭也多，如果想办法让他下令大家一齐放箭，短时间内要聚集10万支，岂不是比自己辛苦监造要轻松而有效？就是这个念头，使孔明立下军令状，担保如期完成任务。他还用了一个十分妥当的字眼——借箭。一般人必须有借有还，只有在这种特殊情境之下，才可以借而不还，反过来攻击曹军。

情景说明

得知曹操杀了蔡瑁、张允，周瑜高兴异常，他觉得一般人看不透此计，唯独对能否瞒过孔明没有把握，于是就让鲁肃去试探一下，看看孔明的反应。

孔明一见鲁肃就上前道喜，说这条计策只能对付蒋干，曹操虽然被瞒过一时，但必然会醒悟，只是不肯认错罢了，而现在蔡、张二人已死，江东就没有顾忌了。孔明告诉鲁肃，如果周瑜知道自己已识破他的反间计，必会心生妒忌，加害于自己，嘱咐鲁肃不要说破。

鲁肃回见周瑜后如实相告，周瑜心中愤懑，誓要找个正当的理由除掉孔明，让他无话可说。

周瑜当着众将领的面，以公事之名，让孔明十日之内监造10万支箭，以作应敌之用。孔明表示只需3天就可完成任务，并立下军令状，让周瑜第三天来取箭。鲁肃提醒孔明要三思而行，周瑜连忙加以制止。

要点解析

1. 周瑜为什么要鲁肃试探孔明是否知道自己杀蔡瑁、张允的反间计?

周瑜对孔明的态度很复杂，他一方面很欣赏孔明，另一方面又很害怕孔明太厉害而成为东吴的障碍。因此当他的反间计成功之后，他迫切地想知道孔明是否能识破此计，于是让鲁肃去试探一番。

鲁肃依令去见孔明，结果孔明一见到他就向他贺喜。鲁肃大惊失色，问孔明有何喜可贺。孔明坦白地说周瑜之计只能瞒过蒋干，曹操虽被瞒过一时，但迟早也会醒悟过来。言外之意就是，他的计策怎么瞒得过我呢？孔明之所以这么说，就是想让周瑜知道，彼此之间只有真心合作，才能产生最大的凝聚力，如此互相猜忌，恐怕很难成就大事。可周瑜并不这样认为，他觉得自己的计策完全瞒不过孔明，就好像光着身子站在孔明面前一样，毫无隐私。人总是要有一些隐私权的，谁也不希望自己完全被别人猜透。现在周瑜的一切都在孔明的掌控之中，难怪周瑜会浑身不自在，想要尽快处掉孔明。

在孔明看来，高明的统帅一定要游戏自如。做一件事情，如果刚开始很辛苦，等慢慢摸到了门道，就感觉越来越轻松，也就说明是入对行了。相反，如果已经尽了力却还是感觉很吃劲，那就表明你走错路了。周瑜虽然很高明，但他需要调整一下自己的观念，否则这样猜来猜去，只会把自己逼向死路。因为他的方向压根儿是错的，天天想着跟孔明斗智斗勇。但周瑜就是执迷不悟，孔明也没有办法。最后会是个什么结果，相信大家一定预料得到，戏台上也常演不衰，那就是孔明三气周瑜，最后把周瑜给活活气死了。

三国之道

彼此之间只有真心合作，才能产生最大的凝聚力。

2. 孔明为什么要识破周瑜的反间计，而又交代鲁肃千万不要告诉周瑜?

孔明的这种做法是对的，如果他装迷糊，不说穿真相，不仅会误导周瑜，也会害死鲁肃。因为周瑜会怀疑孔明是否真的高明，如果连此计都看不懂的话，那他以前的那些事肯定是误打误撞，碰巧蒙的，而非真才实学。两个人要合作而彼此不了解，紧要关头就很难充分配合。而鲁肃也会觉得莫名其妙：难道孔明真的很神通？因为所谓的神通就是有时候准，有时候不准。孔明每次都很有把握，每次都可以算得准，这是科学的推理，而非神通。科学与神通的区别就在于，科学可以屡试屡验，而神通有时候很准，有时候又不准，不足为信。

3. 周瑜决意斩杀孔明，为什么还要请孔明来议事？

周瑜要杀孔明，不能派人去暗杀，因为那样不仅不像话，而且天下人也会看不起他——你怎么用这种卑鄙的手段？一点也不光明正大！所以周瑜只有用光明正大的方式，以正当的理由来置孔明于死地，这是他唯一的途径。周瑜为此费尽心机，之前叫孔明去断曹操的粮道，便是想借曹操之手杀死孔明，可惜偷鸡不成蚀把米，到头来自己反倒被孔明弄得尴尬不堪。现在周瑜一计不成又生一计，想以商议军事为由将孔明请过来，然后给他一个万般艰巨的任务，只要孔明完不成，到时就可以光明正大地把他杀掉了，这才是周瑜请孔明过来议事的真正原因。

4. 孔明答应三天之内监造10万支箭，为什么还要写下军令状？

周瑜和孔明谈到两军交战，一致认为在江上交战，武器以弓箭为先。但周瑜说现在军中正缺弓箭，因此劳烦孔明监造10万支箭，以作应敌之用，并说这是公事，还望孔明切勿推辞。孔明爽快地答应，问周瑜何时要用。周瑜说十日之内可否完成，他之所以没有下死命令让孔明十日之内完成，是因为不想让人觉他是有意为难孔明，否则传出去会不好听。但他这样一问，如果孔明讨价还价想推延时间，就显得孔明自己能力不够，如果孔明直接答应下来，那就正中了周瑜之计，因为这是相当苛刻的任务。

周瑜设下这个圈套，等着孔明来钻，想既不让别人说闲话，又能除掉孔明。但孔明洞若观火，他故意掉入周瑜的陷阱，反倒主动缩短时间，说三天就好了。周瑜一听，当然喜不自禁：三天造10万支箭！这是你自己找死，可别怪我！所以周瑜趁热打铁，说军中无戏言，于是孔明依周瑜之意立下了军令状。如此一来，只要孔明三天后交不出10万支箭，周瑜就可以名正言顺地杀他了。

周瑜这样一步步紧逼，是因为他有自己的企图。但孔明既然敢立下这样的军令状，自然也有自己的盘算，这一点是出乎周瑜的意料的。

5. 鲁肃请孔明三思而行，周瑜赶忙加以制止，这是为什么？

鲁肃见孔明说三天之内要打造出10万支箭，心想：你孔明究竟是神，还是太外行啊？这个任务这么可能完成呢？因此他赶紧劝孔明三思而行。但周瑜听了很不高兴，心想自己好不容易让孔明掉入圈套，三天之后就可以名正言顺地杀他了，鲁肃怎么能提醒孔明呢？于是赶忙加以制止。

孔明看到周瑜制止鲁肃劝他，自然心知肚明周瑜在打什么算盘。但他对自己很有信心，没有金刚钻，不揽瓷器活，他是有本事才敢接下这个任务的，现在之所以故意制造一些紧张气氛，是为了将来彼此更加了解。因为他很清楚，现在大敌当前，双方一定要紧密合作，以后两国也是一样，和则两利，分则两伤。

情景说明

周瑜派鲁肃去探听虚实，鲁肃来见孔明，见其正在船上自顾弹琴。孔明埋怨鲁肃不肯为自己隐瞒，今天周瑜果然要加害于己，只能请鲁肃相救。鲁肃要送孔明回夏口，孔明笑着回绝，只向鲁肃提出造箭所需的装备。鲁肃虽不知其用意，但也一一答应，并按孔明的要求并未告诉周瑜。

孔明在立下军令状后的前两天均没有动静，第三天，孔明请鲁肃到船上一同取箭。这一天，大雾弥漫，孔明镇定自若地在船上弹曲，鲁肃却心慌意乱，坐立不安。

要点解析

1. 周瑜为什么派人去打听孔明如何造箭？

孔明答应三天之内要造10万支箭，这在所有人看来都是不可能完成的任务。周瑜也很纳闷：难道孔明外行到这种地步？这还是孔明吗？于是他派鲁肃去打探，看看孔明到底在耍什么宝。

其实，周瑜会这样做也很正常。他一方面很高兴孔明掉进了自己的圈套，三天后就能置孔明于死地，这对他来讲是很难得的机会。但他同时也很好奇：孔明会傻到白白送死吗？他在打什么鬼主意呢？基于这两点，周瑜才会派鲁肃去打探一番。

2. 孔明自弹自娱，却又要鲁肃救他，是什么道理？

鲁肃去见孔明的时候，见孔明正在悠然自得地弹琴自娱，一点儿也不紧张。鲁肃很纳闷儿：孔明几乎是死到临头了，怎么还有心情自弹自娱呢？

孔明见到鲁肃，责怪鲁肃没有替他隐瞒自己知道周瑜的反间计之事，害得周瑜现在要害他，要他三日之内造得10万支箭，然后又请鲁肃救他。其实孔明这样做，就是为了让鲁肃心中有愧，从而让他接下来能全力地配合和支持自己，以顺利完成任务，这才是高明之策。否则鲁肃只能公事公办，帮不上什么忙。

3. 鲁肃为什么要用船送孔明回夏口？孔明为什么不肯？

鲁肃实在是担心孔明——先是夸下海口三天造10万支箭，后来还立下军令状，估计他这次是逃不掉了——但孔明是他请来的，他有责任保证孔明的安全，现在眼看着孔明掉进周瑜的圈套，离死期不远了，于是他冒着惹孙权不高兴、被周瑜误会的风险，想送孔明回夏口。可见鲁肃和《三国演义》里的众多人物一样，都是很讲义气的，这也是《三国演义》取名为“演义”的原因。

但值得强调的是，《三国演义》不是小说，也不是历史，而是它要通过里面的众多人物，把这个“义”字活生生地演出来。鲁肃很讲义气，要送孔明平安回去。可孔明却说，就这样回去了既对不起你鲁肃，也对不起刘备，因此就算再危险，自己也要撑下去。这番话使得鲁肃对他肃然起敬，接下来当然会更加配合孔明的工作了。

4. 孔明所提造箭的要求，鲁肃为什么完全答应？

鲁肃为了维护孙、刘的同盟，一心一意想救孔明。再加上孔明之前的铺垫，使得鲁肃对他既愧疚，又敬佩。所以孔明现在提出任何要求，鲁肃都会爽快地答应。如果没有这些前提和背景，相信鲁肃一定会觉得奇怪：造箭罢了，要这么多草人和船干什么呢？但鲁肃在认定孔明必死无疑的情况下，想尽最后一次力帮助孔明，因此才会没有多问就全力地配合。

5. 三日期限将到，孔明全无动静是不是太冒险了？

这样做确实很冒险，但做任何大事，都免不了要冒一定的风险。如果一个人完全不冒风险，那是永远成就不了大事的。孔明就算对自己再有把握，也要看天意。这里的天意并不是指迷信，而是自然界的无常变化，这是人力控制不了的。人虽有思想性与自主性，但同样也有局限性。大自然变化无穷，连气象台都测不准天气，人怎么能精准地预测呢？可见，孔明是冒着巨大的风险接下这个任务的，但此险又非冒不可。而且在他来看，这样的冒险是值得的，他对自己很有把握。

三國之道

人不可能不冒险，但是要冒有把握的风险。

6. 孔明在船上弹琴，鲁肃为什么听不进去？

其实，就算孔明在船上把自己的计划告诉鲁肃，鲁肃也是听不进去的，他会想：老天怎么可能尽如人意呢？第一，风向不对怎么办？第二，曹军会如何反应？第三，箭数不够怎么办……当中的变数不胜枚举。所以，孔明知道，与其花费心思说服鲁肃相信自己，倒不如让他亲自见证事情的整个过程。

一件事情的完成需要三个因素：天时、地利、人和。要想成功地草船借箭，天时和地利的因素已经具备了：当时有大雾，曹军大多不识水性，又看不清来者有多少敌兵，因此断不敢轻易出战，只会用箭来驱赶，这就是天时。要是换作能见度很高的晴天，相信他们会派出战船作战，那样孔明的计划就落空了。地利就是吴军擅长水战，不畏惧长江之险，而曹军却大多不识水性。只是周瑜眼光短浅，老想置孔明于死地，以致缺少人和这个因素。而孔明利用自己与周瑜的矛盾，获得了鲁肃的全力支持，从而在人不和的情况下来尽力地创造出人和，这也是孔明最了不起的地方。否则鲁肃肯定不会完全听孔明的话，他也很难对部属有交代——部属会奇怪，孔明只是造箭罢了，准备草人、船只这些不相干的东西干什么呢？

具备了天时、地利、人和的有利要素，在我们看来相当危险的事情，对孔明而言就不过是一次小小的冒险了。他对这次冒险有足够的把握，他就去做了。最后事实证明他所有的预测都是正确的，也是因为他有足够的天文地理知识，能够活学活用而已。

情景说明

孔明的船只接近曹军水寨后，一字排开。孔明下令船只点灯，故意吸引曹军的注意。

毛玠、于禁二人发现江上有吴军船只后，慌忙飞报曹操，说江面上敌船不计其数。曹操怕有埋伏，让弓弩手乱箭退敌。一万余士兵一齐向江中放箭，一时间箭如雨发。孔明只管在船内饮酒，静观其变，而鲁肃却紧张地担忧曹军会出兵攻击。

孔明令战船继续靠近曹军水寨，曹操以为这是吴军的诱敌之计，于是又加派人手，万箭齐发。

等到浓雾逐渐散去，孔明急令收船返回。此时20只船上已插满箭羽。

要点解析

1. 曹军水寨就在前方，孔明反而叫人点灯，是不是暴露自己的行踪呢？

孔明这是采用反其道而行之的办法，故意暴露自己这个目标，从而引起曹军的注意。好在此时蔡瑁和张允已经不在了，否则就算他们识不破孔明的计策，也会出动战船迎战。现在代替他们的都是门外汉，再加上那天有浓雾，孔明有恃无恐，越靠近曹营的时候，反而下令点起灯来，从而引起曹军的注意。曹营摸不清楚状况，自然不敢乱动。如果孔明不点灯的话，也许曹军还会认为他只是来试探军情的，既然是试探军情，带的人肯定不会很多，说不定曹军就会出战了。但孔明偏偏反其道而行之，果然收到了很好的效果。

2. 毛玠为什么报告曹操敌船不计其数?

毛玠对水战并不在行，而且还是占的死缺（因前任死掉而产生的空缺，称为死缺）。一般的人在前任高升的时候去接任，心情会很愉快，但蔡瑁和张允刚被斩首，毛玠就去顶那个缺了，心里必然会有些战战兢兢，无所适从。

看到江面有灯火，毛玠就赶紧报告曹操说敌船不计其数。他之所以这么说，是因为一方面的确看不清楚，另一方面他想，对方如果没有取胜的把握，怎么敢点灯呢？肯定是带了不少人马过来！况且这样说对他也比较有利，如果他说大概只有二三十只敌船，曹操一定会骂他怎么不赶紧派船迎战。到时万一碰到很多敌船，岂不是要损失惨重？所以为了不留把柄，保全自己，毛玠只得这样讲。

3. 曹操为什么下令乱箭退兵?

曹操听说敌人来势汹汹，天气又这么恶劣，而自己的军队又不识水性，唯一安全一点的办法就是乱箭退敌——不管敌军战船在哪里，有多少只，用箭拼命射就好了。等敌军被射到无法前进的时候，自然就会退。

曹操对自己的这个决定相当满意，他心想：你们这些人老想算计我，以为我无法应付，现在我就让你们见识见识我的厉害。但曹操却不知道这当中有很多的未知数。

4. 孔明轻松饮酒，鲁肃却紧张万分，难道孔明比鲁肃高明吗?

我们可以把人分为两种，一种叫计划内之人，一种叫计划外之人。鲁肃是计划外之人，而孔明则是拟定并执行计划之人，因此他对一切了如指掌，就算一天到晚轻松地饮酒，该做的工作也能正常进行。他对鲁肃说，战争用不着统帅亲自上阵，现在他们应该做的事情就是饮酒，从而让军士们感到轻松自信。可鲁肃作为计划外之人，对整个事情不甚清楚，也搞不清孔明到底唱的哪出戏，他甚至还可能认为孔明走投无路了要投降曹操，想拉上他垫背。所以两个人的表现不一样，也是非常正常的。

5. 曹操派兵在岸上射箭，还自以为得意，这是什么道理?

曹操熟读兵书，而且还曾著书评点过《孙子兵法》，可见他是很自信的。现在他对自己刚才下的决策很满意，自以为很高明，又觉得射箭的范围应该拓得更宽，才能把对方吓退，于是下令加派人手在岸上射箭。只要对方的战船一退，所有人都会赞叹他决策的高明。但他万万没有想到，对方的船上并没有多少人，而且外面堆满了草垛，等的就是他万箭齐发射过来。

6. 草船借箭是不是太神奇了？值得相信吗？

值不值得相信大家可以自行决定，要信就信，不信也没办法，但我是100%相信的。因为当时对孔明而言，天时、地利、人和的有利要素都具备了，并非他一时兴起想出的这个计策，所以成功地草船借箭并非不可思议之事。

当时曹操刚杀了蔡、张二人，而且也知道自己新任命的水军都督并非内行人，现在听说敌军来攻，心里也有些慌张。而水军人事刚更替不久，一切都还没有上轨道，也不可能有太好的表现。再加上当时浓雾弥漫，伸手不见五指，曹军听说敌军来了，而自己又不擅水战，因此人心惶惶，只知一个劲儿地射箭。孔明就是利用这些对自己有利的要素，才创造了草船借箭的奇迹。尤其令人佩服的是，孔明在几天前就已经预测到了此时此刻的情况，说明他不仅熟知天文知识，而且还能活学活用，善于推理，确实令人敬佩。

情景说明

孔明令船上士兵齐声高呼“谢曹丞相箭”，曹军将领发现中计后，连忙下令停止射箭。曹操得知后懊悔不已，想去追赶孔明的船只，却为时已晚。

鲁肃看着满船的箭支，惊叹这真是个奇迹。他问孔明怎么知道今日会有大雾，孔明说将帅要通晓天文地理，自己在三日前就已算定会有大雾，因此才敢和周瑜约定三日为限，并说有老天的帮助，周瑜是害不了自己的。

周瑜得知孔明借箭的经过，感慨孔明神机妙算，并自叹不如。孔明也适时地夸赞周瑜是个真正的将才。

为破曹军，孔明与周瑜不谋而合，定下火攻之计，同心协力，共赴征途。

要点解析

1. 孔明为什么要士兵高喊“谢曹丞相箭”？

我们一路看来，可以发现孔明的作风一向很透明——我所做的事情，都要让你们知道，无须任何遮掩，因为你们要做的事情我能够看得一清二楚。只有具备真功夫的人才敢这样做。

孔明希望鲁肃了解他，也希望周瑜明白他的作风，甚至希望曹操也能对他有所了解，所以他没有偷偷返回，而是命令军士齐声高喊“谢曹丞相箭”。一方面孔明感谢曹操的配合，虽然曹操是中了他的计才这样做的；另一方面这样能让所有人知道，曹操虽然人数众多，不仅没打胜仗，反而白白送了他这么多支箭，从而给曹操一个沉重的打击。这也算是一种心理战。

在草船借箭的过程中，孔明充分利用各种有利的资源，以最少的投入，获得了最大的回报，值得我们敬佩和学习。

2. 曹军将领发现上当，有什么感觉？

他们当时的感觉很容易体会：第一，对未来更没把握，更没安全感了——敌人随随便便就拿走了10万支箭，可见他们有多厉害；第二，他们觉得一个周瑜已经够麻烦了，现在又来了一个更加高明的孔明，将来的仗还怎么打呢？双方的战争还未正式开始，曹军的士气已经遭到了很大的打击，曹操对此也一清二楚。

3. 鲁肃为什么高喊“真乃奇迹也”？

鲁肃作为亲历者，从完全不信到最后不得不信，他觉得孔明实在是太了不起了！对鲁肃而言，孔明是一个很好的导师。孔明很少跟他讲什么大道理，只让他从头到尾参与到其中，让他自己去感受，去领悟。

现在见到孔明成功地草船借箭，鲁肃不由得称赞道：真乃奇迹也！因为在他看来，这是任何人都难以做到的，心里怎能不佩服孔明呢？

4. 曹操发现真相，有什么感想？

曹操发现真相后有苦难言，就算认错也没有丝毫作用。因此他只能硬着头皮面对当前的这种困境，苦思其中的突破点，这是很无奈的事情。所以一个人做事之前，千万不要一厢情愿地觉得自己有优势、有胜算。有时候要想想自己，也要想想对手，这样才比较安全。

5. 鲁肃惊问孔明为什么知道有大雾，孔明怎么回答？

中国自古就对天文很有研究，四五千年前的黄帝时代，就已制造出了指南车。我们了解了天文，就能推算出天气状况，因此中国最畅销的书并不是各种排行榜上的书，而是一本几乎家家必备的黄历。黄历自古流传下来，告诉我们哪天白天最短、晚上最长，哪天天气变化最激烈……这些都是我们的祖先长期观察得出的结论，也相当科学。

鲁肃问孔明如何得知会有大雾，孔明没有骗鲁肃，而是实事求是地告诉他，那是自己通过天文知识推算出来的。作为一个统帅，一定要掌握一些天文知识，虽然无法掌控天气，但最起码可以知道它的变化趋势，从而制造出对自己有利的形势。鲁肃听得很入耳，而且也更加敬佩孔明。

6. 周瑜说孔明神机妙算，孔明夸他真将才也，是不是虚伪？

如果周瑜夸奖孔明神机妙算，孔明只是告谢一番，周瑜肯定会一肚子火——你竟敢承认自己神机妙算，难道你以为我真的拿你没办法吗？那就等着瞧好了！万一逼得周瑜不择手段起来，孔明就会非常危险，因为他在东吴人单势孤，而周瑜却有足够的能力把他除掉。

孔明心知肚明，自己之所以能立于不败之地，是因为大家需要他，而且大家绝非那种暗中害人的小人。因此，听到周瑜的夸奖，孔明也回报周瑜一番，夸奖他“真将才也”，这也说明孔明的修养很好。凭良心讲，周瑜确实是个不可多得的将才，有风度、有学识、有经验，而且所作所为也堪称君子，并没有不择手段。

但如果就此认定赤壁之战曹操会输，而孙、刘会赢，那也为时尚早，因为战争是不可预料的。只能说两边都必须有信心，谁没有信心，谁就注定会失败。如果曹操现在放弃，认为绝对打不过孙、刘联盟，从而借故北方变乱，撤回大军，这是完全可以的；同样，如果周瑜认为再这样打下去没有胜算，于是派使者向曹操表示投降，也是可以的。可是他们两边都对自己很有把握，谁胜谁败还是个未知数。因为两边势均力敌，曹军在人数上占优势，而联军在战术上占优势。所以，曹操绝不肯撤兵，周瑜与孔明也会继续考虑退曹之策。

现在我们会发现，事情越来越出乎我们的意料了，很多变数接二连三地发生，事情也在朝着不可思议的方向发展。然而事出必有因，任何一件事情都不会是突然发生的，它一定有着自己的前因，也一定会有自己的后果，其间的过程也有其必然性。将事情发展的各种规律找出来，然后用以指导我们的实践，这才是我们读《三国演义》的最大收获。

三十五　两下都情愿

周瑜善于用计，曹操也不例外，他认为自己比周瑜更高明，这也是人之常情。双方都派出间谍，一方面搜集对方的情报，一方面设法渗透，作为自己的内应。周瑜知道，要瞒过曹操，着实不易，一定要有非常的人，做出非常的表现，才能使曹操这样非常的人深信不疑。但是，若非黄盖主动请愿，周瑜实在不方便开口，因为太为难黄盖了——那么大的年纪，要吃这样的苦头，谁也受不了。黄盖情愿受苦，周瑜情愿受怨。这种一个愿挨，一个愿打的组合，令人十分心疼，却也委实使人钦佩。

情景说明

接连的失利使曹操极为恼火，他决定采纳荀攸的诈降计，派蔡瑁之弟蔡中、蔡和过江假投东吴，以作内应。

周瑜见到蔡中、蔡和来降，佯装大喜，并将二人归于甘宁帐下。甘宁领会了周瑜的意图，对他们二人殷勤相待。鲁肃提醒周瑜要小心，说他们未带家小，并非真心来投。周瑜假装不信，拂袖而去。孔明又识破了周瑜的用意，并点醒了鲁肃。

晚上，黄盖来见周瑜，献上火攻之计。周瑜说留下蔡瑁的弟弟是为以后做铺垫，并表示也想派人到曹营诈降。黄盖说为了东吴的霸业，他自愿担起诈降的任务。周瑜拜谢黄盖，黄盖表示自己死而无怨。

次日，周瑜聚众将于帐下，黄盖当着众人的面与周瑜发生争执，并劝周瑜投降曹操。周瑜大怒，要将他杀了。众将求情，周瑜才下令改为杖责。

要点解析

1. 曹操为什么叫蔡中、蔡和带人前往东吴诈降？周瑜如何处置？

接连几次的失利使曹操陷于困境，他思来想去也想不到一个好的突破点。此时，荀攸利用蔡瑁被斩一事，献上诈降计，建议曹操派蔡瑁的兄弟到东吴诈降，以作内应，及时通报东吴那边的内部情报。曹操当时焦头烂额，毫无办法，因此采纳了荀攸的建议。

蔡瑁的两兄弟突然来降，其来意周瑜当然心知肚明。因为蔡、张二人是他设计干掉的，曹操反而利用这件事派蔡氏兄弟来诈降，这如何瞒得过明眼的周瑜呢？所以周瑜决定将计就计，把他们两人当作真的来投一样处理。

2. 鲁肃说二人不带家小，并不是真降，周瑜不信，孔明为什么了然于心？

鲁肃的聪明才智不在周瑜之下，但在平常的工作中，两个人要阴阳互补，才能更好地配合。鲁肃的角色决定了他应该随时提醒周瑜，因此看到蔡氏兄弟并未带家小来投，他提醒周瑜不要太相信蔡氏兄弟的话，他们并非真心来投的。不管鲁肃是否真的不明白周瑜的用意，他都有责任提醒一下周瑜。

周瑜当然很清楚蔡氏兄弟是诈降的，但为了将计就计，他必须装得很像，后面的事情才能顺利进行。否则让蔡氏兄弟看穿了他是别有用心的，那就无法达到预期的效果了。

而一旁的孔明却是冷眼旁观，他心里清清楚楚，但就是不开口讲话。其实这样才是对的，如果他当场指出鲁肃的顾虑是多余的，旁人一定会怀疑他居心不良。孔明只有不讲话，才不会引起诸多的困扰，而且他觉得事情这样演变下去是有利的，所以他选择等众人都离开之后，才告诉鲁肃周瑜的用意。

3. 甘宁对蔡氏兄弟二人相当殷勤，是不是别有用心？

当然是别有用心。以甘宁的个性，不管蔡氏兄弟二人是真降还是诈降，他都不会好好款待。因为甘宁是个将军，最瞧不起的就是投降之人。但他现在非但没有瞧不起蔡氏兄弟，也没有给他们难堪，反而还优待他们，就是因为他跟周瑜之间很有默契，明白周瑜的用心，否则好戏就唱不下去了。这也是周瑜放心地将蔡氏兄弟分到甘宁帐下的原因。

甘宁好好地招待他们，让他们觉得东吴并没有看出他们的动机。这是他们上当之始，接下来，他们会更加努力地完成任务。

4. 黄盖深夜向周瑜献计，为什么自愿前往曹营诈降?

其实，兵法再怎么变化莫测也都不过如此。自古以来，打仗的策略无非就那几个套路。有水的话，如果水在高处就用水淹，如果水在低势，就断掉水源。有火的话，就利用顺风用火攻。水火无情，这也是人类经常用于战争之中的两个因素。

现在赤壁鏖兵，双方都清楚，最好的办法就是火攻。其实火攻也并非什么奇思妙想，只是如何使它产生更大的功效才是关键。黄盖深夜来见周瑜，提出用火攻以退曹操。周瑜听了吓了一大跳，觉得自己小看黄盖了，他居然也能想到这个计策。其实火攻的计策，周瑜想得到，孔明想得到，鲁肃想得到，黄盖当然也想得到。

确定了火攻之策后，周瑜表示自己也想派个人去曹营诈降。这个想法很可能是蔡氏兄弟的诈降激发出的灵感，可见曹操聪明反被聪明误。我们每个人都要小心自己犯同样的错误。

黄盖说为了东吴的霸业，自己甘愿前往曹营诈降。周瑜当然很舍不得，因为黄盖年事已高，又是三朝元老，怎么能让他以身犯险呢？但周瑜也深知，只有黄盖才有能力完成这个艰巨的任务，年轻的将领是瞒不过曹操的。只有让曹操觉得连东吴的重臣都来投降了，他才能得意扬扬，黄盖的诈降才能成功。这也是兵家常用之计。

5. 周瑜要施苦肉计，黄盖年迈，为什么还自愿承担?

这就是黄盖最了不起的地方。一直到现在还流传着的一句话——周瑜打黄盖——一个愿打，一个愿挨，说的就是这个故事。

如果不是黄盖自告奋勇，周瑜不会舍得让这个老将出马，即使舍得也羞于开口——如果被黄盖驳回，那不是很难看吗？一旦传出去，也肯定会被人唾骂。但黄盖的自告奋勇却解决了这一难题，而且由他自己提出来，会更令人敬佩——他为了国家，完全不顾及私人，也没有像程普等老臣一样倚老卖老，这是元老人物的最好表现。

在黄盖看来，只要把仗打好了，其他都无所谓，也不用争，这是一个武将应有的修养。而周瑜虽心有不忍，但也觉得黄盖确实是最佳人选，于是就答应了黄盖的请求。

6. 周瑜为什么要斩黄盖，他不是让黄盖到曹营诈降吗?

我们试想一下，如果周瑜不说要斩黄盖，曹操会相信吗？周瑜打黄盖是打给蔡氏兄弟看的，他痛打黄盖，打得皮开肉绽，而且盛怒之下还要斩杀黄盖，幸亏有众多人求情才没斩成。蔡氏兄弟看在眼里，完全信以为真，然后偷偷写信报告曹操，这成为黄盖诈降成功的决定性因素。

情景说明

众臣纷纷为黄盖求情，劝周瑜息怒，唯独孔明默不作声。黄盖被打得皮开肉绽，鲜血迸流，这一切被蔡中、蔡和看在眼里。黄盖昏死过去，众臣再次求情，周瑜才勉强接受。事后，周瑜虽有意要随大家一起去探望黄盖，但还是把持住自己，假装继续大骂黄盖。

孔明来探望黄盖，只献上棒伤药，却并未多言。鲁肃责怪他不该袖手旁观，应该替黄盖求情。孔明道破周瑜打黄盖是苦肉计，鲁肃这才幡然醒悟。

要点解析

1. 众人劝周瑜息怒，孔明为什么不发一言?

演戏一定要演得逼真，才能收获良好的效果。此时周瑜已经做了很大的牺牲了，他平常讲仁义，又跟黄盖的交情甚好，这次为了让苦肉计成功，才百般无奈地痛打黄盖，因此现在绝不能心软。可以说，周瑜打黄盖，黄盖是痛在身上，而周瑜是痛在心中。但周瑜表面上必须装得很坚强、很决绝，因为只有这样才能瞒得过蔡氏兄弟，等他们把这个消息传到曹操那里，曹操才会深信不疑。否则只是轻轻打几下，曹操绝不会那么轻易地上当。如果曹操不相信，到时黄盖去了曹操那边，说不定就真的有去无回了，那样苦肉计会前功尽弃不说，还会害了黄盖。

一旁的孔明看在眼里，虽有些不忍，但也没有多言，因为他此时不方便说话。假如他为黄盖求情，照理说周瑜应该给他一个面子，但如此一来，他和黄盖苦心设下的苦肉计就前功尽弃了。可如果周瑜不理孔明的求情，众大臣就会觉得：你是大都督，我们求你你可以不理会，但孔明以客卿的身份向你求情，你都不给他面子，是不是有些说不过去了呢？可见在任何场合，我们都应该清楚地明白自己的立场，以及自己究竟应该怎么做，这才叫作安身立命。

三国之道

在任何场合，时刻清楚自己的立场和做法，这才叫作安身立命。

2. 蔡中、蔡和亲眼看见黄盖遭受痛打，有什么感觉？

蔡氏兄弟将心比心，首先会觉得黄盖真是太可怜了，一把年纪了还要受这么大的罪，从而对周瑜产生强烈的怨恨；其次，他们会认为周瑜是个喜怒无常、翻脸无情的人，就算之前真的想投降，可看到周瑜现在的表现，也一定会产生犹豫，从而更加坚定了诈降的决心。因此他们赶紧把看到的一切写信报告给曹操，好歹这也算是完成了一定的任务，否则什么消息都没弄到，回去如何向曹操交代呢？如此一来，最大的赢家就是周瑜了，因为一切都在按他事先设想好的方向发展。

3. 黄盖被打得昏过去，周瑜还大骂黄盖，他真的如此狠心吗？

蔡氏兄弟身在东吴，急于建功，在功利熏心的情况下，他们很容易丧失理性，所以除了他们之外，在场的恐怕没有人会认为周瑜狠心。因为那些东吴的大臣跟周瑜相处已久，深知周瑜为人做事的个性，绝不会像今天这么狠。他们只是很奇怪：周瑜今天是怎么回事？怎么突然间变得这么不可理喻了？但这并不会影响他们往后的相处。可见同一件事情，在不同的人看来，感受是不一样的，因为他们与当事人之间的关系不一样。

4. 孔明探视黄盖，只给药物，并无半句安慰的话，他真的也如此狠心吗？

孔明当然很同情黄盖，但他的敬佩之心远超过同情心。黄盖如果不是为了报效国家，如何能够忍受这巨大的痛苦呢？是他精忠报国的思想支撑着自己忍受着剧痛，而且不怨恨任何人。孔明虽是客卿，但看到如此感人的情景，心中对黄盖充满了敬佩之情，认为有这样的人在，东吴是值得与之联盟的。而且孔明有生之年始终不主张攻打东吴，也与这一段经历有着很大的关系，因为它让孔明越发坚定了联孙抗曹的信念。

况且，在此种情况下，孔明说任何安慰的话都会遭到黄盖的嘲笑，黄盖会想：你这么聪明的人，居然也看不出这是苦肉计，那我们还怎么结盟呢？所以，孔明索性什么都不说。也正是因为如此，黄盖才对他更加尊敬，知道孔明是明眼人，对这出戏看得很清楚，只是为了让整出戏能顺利地进行下去才忍住不说话的。

黄盖此时最怕有人来揭开这个底，因为他已经承受了巨大的痛苦，如果就这么被人揭穿了，那他挨打就太不值得了。但孔明非常配合，没有走漏任何消息，使得大家都被蒙在鼓里，这让黄盖倍感欣慰。

5. 鲁肃责怪孔明袖手旁观，孔明说出苦肉计真相，有必要吗？

还是很有必要的。如果孔明再不说明原因，鲁肃就会认为孔明真的很冷漠，并且觉得周瑜一再要杀孔明也是应该的，那他们往后就无法更好地合作下去了。同时，鲁肃日后得知这是周瑜的苦肉计后，会认为连孔明都被蒙了，可能会因此对孔明产生不能太过信任的想法。然而，鲁肃是联结孔明与东吴之间的唯一桥梁，为了让这个桥梁继续畅通地维持下去，孔明不得不对鲁肃说出真相，同时也能安慰一下鲁肃，让他不要那么担心。

情景说明

参将阚泽来探望黄盖，猜出这是苦肉计。黄盖请他帮自己去曹营献上诈降书，阚泽欣然答应。

阚泽来到曹营，并未对曹操卑躬屈膝。曹操看完降书后，说这是苦肉计诈降，并叫众人将阚泽推出去斩了。阚泽面不改色，仰天大笑。曹操说：“你们若真心投降，为什么没有约定时间？”阚泽大笑曹操是无学之辈，说如果约定日期，容易出现纰漏，反之可以见机行事。曹操听后向阚泽赔礼，表示误犯尊威，请阚泽不要介意。阚泽说自己并非为了爵禄而来，只是为了顺应天意人心。

要点解析

1. 阚泽探望黄盖，为什么接受黄盖的请求，要过江代递降书?

黄盖的苦肉计，前期的准备工作已经做好了，现在最大的难题就是需要有人替他把降书当面交给曹操以诈降。如果这个任务不能完成，前面的工作做得再好也算白搭。而且这个代递降书的人口才要好，反应要敏捷。因为曹操疑心很重，不容易上当，要过他这一关确实有些难度，绝不能视为儿戏。另外，这个人还要跟黄盖有很深的交情，彼此信得过。黄盖思来想去，觉得阚泽是最为理想的人选。

相信黄盖事先曾放出风去试探过阚泽一番，看他反应如何，否则如果直截了当地问他，风险太大。果然，阚泽反应积极，而且亲自跑来探望黄盖。黄盖觉得此人非常可靠，况且时不我待，于是开门见山地说自己要诈降，拜托阚泽过江去把降书交给曹操。

阚泽要么不来，既然来了，凭他与黄盖的交情，以及自己的忠良品性，就算再冒险，也会毅然决然地接受黄盖的请托。

2. 阚泽见到曹操，为什么说话十分不客气?

阚泽知道，对曹操这种人客气，反而会让他瞧不起。所以，阚泽很不客气地说："传闻曹丞相求贤若渴，今日看来，并非如此。"曹操听后，果然立即改变了态度。可见，对什么人，在什么时机，应该讲什么话，都要随机应变，否则就算事先演练，生搬硬套，也会把事情弄僵。

3. 曹操看了黄盖的降书，为什么要斩阚泽?

曹操看完黄盖的降书就下令要斩阚泽，因为他第一感觉就是阚泽在骗他，而且技法这么低级，简直是对曹操的蔑视。如果阚泽玩得高明一点，曹操还可以跟他有来有往过过招，但阚泽现在分明就是在藐视他，因此他一看完降书就要斩阚泽。

4. 曹操指出黄盖降书的破绽，阚泽为什么笑他是无学之辈?

阚泽肩负着重大的任务，不能说死就死。听到曹操要斩他，他死里求生，慷慨激烈地问曹操凭什么斩他。阚泽这是逼着曹操说出理由，然后自己再据理反驳。

曹操说："既然要投降，你们为什么不约好时间呢？可见这降书根本就是假的。"阚泽反应非常敏捷，他听完曹操的话非但不紧张，反倒劈头盖脸地骂曹操是无学之辈，说投降怎么能事先约好时间地点呢？万一走漏了消息岂不闯了大祸？还不如见机行事来得稳妥！曹操一听，觉得很在理，于是向阚泽赔礼，请他不要介意。

阚泽的这种临场智慧要靠平常的充分积累才能达到，但积累并不是意味着有固定答案。准备再多的固定的答案都是没用的，因为在事情的发展中，会有很多出乎意料的变数出现。阚泽平常注重积累，没有固定答案的意识，能够看当时的情形而临场发挥，而且时间点也抓得很准，对方的反应也在他的掌控之中。

三国之道

临场的智慧是要靠平常充分的积累才能达到的。

5. 曹操原先要杀阚泽，后来为什么反而十分礼待？

这是曹操的个性使然。曹操这个人，我们不能说他任性，因为他只是非常率性——你值得我佩服，我给你下跪都可以；你不值得我佩服，我不管你是谁，杀了就是了。对于自己真正佩服的人，曹操从不计较名位爵禄，这是他非常可爱的一面。所以曹操也并非从来不讲真话，认为他永远只说假话是对曹操的一种误解。

曹操不对自己人承认错误，是因为他担心以后不好领导大家。但他现在看阚泽指出了自己的缺点，于是赶紧承认自己的错误，是因为这个无伤大雅，而且还对自己非常有利，没有必要那么顾虑。

6. 阚泽为什么说自己非为爵禄而来，实为顺应天意人心？

曹操嘴上说自己看错人了，请阚泽指点，其实心里并非完全相信阚泽。因为那么多人处心积虑地想杀他、想骗他、想让他上当，他的处境决定了他必须得高度警戒。所以曹操决定再考量阚泽一番，说要给他高官厚爵，看他是不是为爵禄而来。

阚泽对此心知肚明，他说自己并非为了爵禄而来，而是为了顺应天意人心。这句话让曹操听得心花怒放，也加强了曹操对他的信任，从而为接下来的事情顺利进行提供了保障。

大家一定要记住，时时刻刻都会有关卡在考验着我们，我们一定要经得起考验，才能顺利地完成任务。

情景说明

曹操对阚泽尚有疑虑，有人送上蔡中、蔡和的密信。曹操看后窃喜，表示已知道黄盖与阚泽来降是真心诚意，并要赐给阚泽金帛，阚泽没有接受。

阚泽重回江东，对黄盖细说经过。阚泽又找到甘宁，向其打探蔡中、蔡和的消息，二人交谈中突然发现蔡和、蔡中在外偷听，于是将计就计，大骂周瑜，表示早有背弃东吴，转投曹操之意。蔡和、蔡中见甘宁、阚泽均有反意，当场表明自己的真实来意。四人同论心事，定下里应外合的降曹计划。

要点解析

1. 曹操看了蔡中、蔡和的来信，为什么欣然接受黄盖的降书？

中国人常讲一句话，叫作无巧不成书。这种事情在西方被称作“有一只看不见的手”——它可以让双方产生隔阂，也可以让双方密切配合，但这不是人力所能掌控的。

曹操一直很怀疑阚泽，而且不得不怀疑，因为如果黄盖是诈降，那自己就惨了，如果是真降，错失良机也非常可惜。在这种两难的情况下，曹操只能对阚泽和黄盖的投降半信半疑。然而就在此时，蔡氏兄弟不早不晚地派人送来军情报告，将周瑜打黄盖一事详细地报告给曹操。曹操一看，以为这就是阚泽和黄盖要投降的原因，因此完全相信了他们。

如果没有蔡氏兄弟及时送到的那封书信，曹操的那颗心还会悬疑不定，因为毕竟事关重大，疏忽不得。但有的事情就是这么不早不晚，恰到好处地发生了，而且还产生了相当重大的影响，这不是仅凭人力就能掌控的。

2. 曹操叫人送上黄金，为什么阚泽不接受？

曹操这次送黄金给阚泽是真心实意的，因为曹操这个人，你对他好，他绝不会亏待你，而如果你对他残忍，那他必将比你更残忍，他这一生都是如此。

阚泽已经通过了考验，再考验下去就没有意思了，而且说不定还会给阚泽留下不好的印象，逼得他又转投他人，那样的话，曹操就得不偿失了。曹操看完蔡中、蔡和的书信，认定阚泽是真心来降的，因此才想到赠予黄金，以示欢迎。

3. 阚泽回复黄盖，为什么又夜访甘宁？

阚泽刚从生死一线中捡回一条命，当然很高兴，可他并没有得意忘形。当他谢绝了曹操的黄金，背对着曹操走出去的那一刻，曹操是全神贯注地盯着他看的，因为人在那时候最缺乏警觉性，仿佛事情已经结束了，马上就要大功告成了，因此很容易流露出得意的神态。如果曹操看到阚泽有一丝得意或如释重负的表情，马上就会预感到这一切都是假的，包括蔡氏兄弟的书信也是假的。但阚泽神色不改，没有流露出丝毫的喜悦之情，可见他素养之良好。

后来上了返回东吴的小船，阚泽仍未流露出一丝高兴之色，因为曹操反复无常，随时可能会反悔变卦。直到抵达东吴，阚泽才放下心来，向黄盖细细讲述事情的经过。黄盖当然高兴，但两人并没有聊天喝酒以表庆贺，而是接着商量更重要的事情——如何让蔡氏兄弟掉入陷阱，以及将来如何利用他们通风报信。可见，一件事情的结束就意味下一件事情的开始，这是非常重要的一种关联。于是，阚泽又到甘宁的营中探访，准备再演一出戏给蔡中、蔡和看。

三国之道

一件事情的结束就意味着下一件事情的开始。

4. 甘宁为什么大骂周瑜，又说早有降曹的意思？

甘宁跟东吴有着浓厚的感情，绝对不可能投降曹操。因为军人要跟一方国土、民众，尤其是领袖，产生深厚的感情，才能有所立足，才能支撑下去。中国人特别重视长官与部属之间的关系，不像西方只是为了完成任务而已。西方人是忠于事情，而中国人是忠于主人。

阚泽刚来见甘宁，手下就来报说蔡氏兄弟求见。阚泽知道他们会在门外偷听，于是以眼神示意甘宁，两人意会神合，上演了一出好戏。甘宁大骂周瑜无情无义，说："他既然敢那样毒打黄盖，迟早有一天也会这样对我，那我何必坐等耻辱，干脆去投降曹操算了。"其实，他这样演戏，也有个渐进的过程。刚开始不能太直白，否则会让蔡氏兄弟觉得太突然。甘宁跟阚泽你一句、我一句地层层递进，结果越演越像，使得蔡氏兄弟不知不觉步入了陷阱。可见阚泽不但有心，而且还很有头脑，深知抓住机遇，才能利用蔡氏兄弟大做文章。

5. 蔡中、蔡和为什么表明自己是诈降？难道不怕被识破吗？

蔡氏兄弟之所以敢表明自己是诈降，是因为甘宁跟阚泽演得实在太像了。若不是如此，不仅会被蔡氏兄弟识破，还会前功尽弃，白白牺牲很多人。现在，甘宁跟阚泽煞有介事地大骂周瑜，蔡氏兄弟信以为真，再加上他们在东吴孤立无援，此刻正需要联合一些有影响的人物，这样做起事来就会更方便，因此觉得眼前正是个大好的机会，不可错失，于是进屋表明了自己的身份，并和甘宁、阚泽同论心事。

6. 我们日常生活中，也需要这样诈来诈去吗？

战争毕竟是非常状况，这样诈来诈去也是迫不得已的事情。我们在日常生活中，根本不需要这样尔虞我诈，否则就会活得太辛苦。只有在一些特定的情况下，我们才会偶尔如此。譬如立场相异的人交往，刚开始必然会诈来诈去，但这样做也是为了了解对方，为了最终的和谐。如果诈来诈去，最后却使双方关系的破裂，就没有任何意义了。可见尔虞我诈只是一种手段，而绝非目的。

三十六 高人来献计

庞统瞒得过蒋干，应该是意料中的事，而瞒得过曹操，似乎相当奇怪。依现代观点，可以说是名人效应。庞统与孔明齐名，曹操那时候多少领略到孔明的威胁，对庞统前来，自是十分欢迎。然而一见面，庞统就献连环计，对曹操来说，毕竟很唐突。偏偏曹操就是喜欢出人意料的事，因而不怀疑庞统，我们可以说是合该有事。倘若按照常理，蒋干已有闯祸的前科，此番又引来庞统，曹操心里应该有所提防才对。然而庞统对曹操的了解，远远超过曹操对庞统的认识。就知己知彼来看，难怪曹操抵挡不住庞统的诱人之计。高人有正有反，要看自己的福分如何，才能承受。

情景说明

蔡中、蔡和把阚泽、甘宁要投降的事修书密报给曹操，曹操看到书信后疑惑不定，蒋干自告奋勇要去江东打探一番。这时，徐庶出列，好像有话要说，可是欲言又止。蒋干表示上次去东吴没有成功，自己深感惭愧，现在愿意再次前往东吴打探。曹操大喜。

周瑜与鲁肃商议如何用火攻曹军水寨的计划，周瑜担心曹军船只太多，一船着火，其他的船只就会四散而逃，火攻难有成效。鲁肃向其推荐了住在西山上的庞统，庞统说攻打曹操可用连环计，诱惑曹军把船只连在一起，然后再采用火攻，则可一烧一大片。

蒋干过江，求见周瑜。周瑜心中大喜，却故意假装冷落蒋干，将其引入帐中后，和他算起了前账。鲁肃建议周瑜将蒋干送到西山庵中歇息，周瑜点头同意，蒋干对此异常生气。

要点解析

1. 曹操说甘宁愿为内应，真伪难辨，为什么蒋干又自愿前往打听？

这就叫江山易改，本性难移。蒋干前番前往东吴没有成功，也不掂量掂量自己有几斤几两，现在见曹操疑惑不定，又自告奋勇要过江去探听虚实。相信在场的很多人都会觉得很可笑，但令人不可思议的是，曹操居然还同意让他去了。

曹操这么做有几种可能：首先，如果不让蒋干过江，就意味着拆穿了自己前番上当和撒谎的内幕；其次，既然没有别的人要去，那就只有再派蒋干过去了；最后，曹操也可能想趁机除掉蒋干，于是故意派他去送死，免得一看到他就想到自己上当之事。

第三种可能性比较小，因为曹操还不至于这样。但我们考虑事情一定要从大及小，每一种可能的情况都要推演出来，这样才能面面俱到。

2. 徐庶欲言又止，他想说什么？

徐庶到底想说什么，这是一个谜，但我们猜想一下，也是挺有趣的事情。

前番徐庶去见刘备，很多人都怀疑他不会回来，但他很有信用，最后用行动证明了自己不是那种人。如果这次徐庶说自己去，恐怕蒋干争不过他，曹操也会倾向于他，因为毕竟他的才干是高过蒋干的。

但我们再仔细想想，这种可能性又几乎为零。因为此番的对象不是刘备，徐庶为什么要强出头呢？何况他早就有言在先，这辈子不会替曹操出一谋、设一计，此时违背自己的誓言，岂不为天下人耻笑？因此徐庶欲言又止，想想还是算了，什么也没说。正是这样的欲言又止，留给了大家很大的猜测空间：他究竟想说什么呢？

3. 周瑜担心曹军船多，难以火攻，鲁肃为什么牵出庞统？

我们考虑一件事情，不可能从头到尾所有的细节都有明确的规划，因为这毕竟有别于工厂制造产品的工序。产品的生产工序是固定的，当然可以制订完整的计划，可事情在发展中是有很多变数存在的，尤其是战争，瞬息万变，双方都会奇招迭出，因此很难完全掌控，只能走一步，看一步，试着推演下一步的细节。

现在周瑜要火攻曹军，前期诸如黄盖的苦肉计、阚泽献降书的准备工作都已经成功了，接下来的问题是，曹军船只那么多，一只船着火，其他船就会四散而逃，那样功效太小，简直是无用功。可是周瑜又不能放弃，前面做了那么多的工作，只要能解决当前这个问题，就可以取得最后的胜利了，于是请教鲁肃有何见教。鲁肃突然想起一个人，此人与孔明齐名，名叫庞统，号凤雏。之前鲁肃向他请教破曹之计，他说要破曹操，非用连环计不可，骗曹操将船只都钉锁起来，这样一旦一只船着火，其他船只就全都跑不掉了。周瑜得知后大喜，决定请庞统前往曹营献连环计。

4. 周瑜听说蒋干再度前来，为什么故意冷落?

人只有随机应变，对方才无法了解你的本意。如果周瑜得知蒋干前来，还是使用老一套的办法，那么蒋干必会有所防备，绝不会轻易再上当。所以周瑜这次决定改变策略，先给蒋干一点难堪，然后再把他留下，但目的仍是要好好利用他。

蒋干看到周瑜对他如此冷淡，果然很气，扬言要回曹营。但周瑜却不让他走，说他知道东吴太多的机密，于是把他软禁在西山。其实，周瑜这么做是别有企图，但蒋干却对周瑜的话信以为真，以为周瑜真的是怕自己泄密，因此才采取这种软禁的办法，他对周瑜的动机没有丝毫怀疑。

5. 周瑜跟蒋干算前账，蒋干为什么生气?

周瑜是故意气蒋干的，因为如果一见面二话不说就把蒋干软禁起来，绝非顺理成章之举。只有把蒋干激怒到要走，周瑜才可以趁机把他软禁起来。所以顺理成章应该是条件关系，只有顺理了才能成章，否则不可能有那个效果。中国的四字成语通常可以分成两段来看，顺理是顺理，成章是成章，不能因为四个字连在一起就把它当成是一个意思。

在这里，所谓顺理，就是周瑜一步一步地推演开来，让蒋干不会起疑，而成章则是在前面顺理的基础上，布起那个局，让蒋干掉入其中。

只有顺理，然后才能成章。

6. 鲁肃为什么建议周瑜将蒋干安置在西山暂住?

鲁肃知道，蒋干绝不是向曹操献连环计的合适人选，现在唯一的办法就是利用蒋干去引出那个最合适担此重任的人——庞统，去曹营献连环计。所以目前要做的就是让蒋干跟庞统产生联系，这也是鲁肃建议周瑜将蒋干安置在西山暂住的主要原因。

周瑜听从鲁肃的建议，把蒋干软禁到庞统居住的西山附近，并且给蒋干有限的自由，那样他就能很容易碰到庞统了。这样布局很自然，也很顺理，所以下面的事情也就容易成章了。

情景说明

蒋干在庵内郁闷不安，忽然听见有读书声，于是信步寻去，发现了庞统。蒋干以为自己有幸巧遇山中隐士，立即表示如果庞统肯辅佐曹操，一定可以名垂青史。庞统说自己也有意离开江东，但只恨无人引荐于曹操。蒋干大喜，说此事包在他身上。庞统说既然如此，为防周瑜暗害，他愿和蒋干马上起程，奔赴曹营。

曹操得知庞统前来，大礼相迎，并表示自己久闻庞统大名，希望他能不吝赐教。曹操设宴为庞统洗尘，庞统说自己早就耳闻曹操用兵有方，想先一睹军容，曹操欣然带其参观。来到营中，庞统发现曹军士兵因不习水战而呕吐严重，却没有解决方法。

要点解析

1. 庞统为什么大声朗诵？是不是故意吸引蒋干的注意?

中国人讲话很大声的时候，通常都是讲给其他人听的。比如在餐厅或其他的公共场所，两个人正在交谈，声音很大，人们就会警觉——这些话分明是讲给别人听的，要不然那么大声干什么呢？庞统大声朗诵也是这个意思，目的就是吸引蒋干的注意。

这当然是东吴集团事先安排好的，因为不能让庞统主动去拜访蒋干，否则蒋干会提高警惕，不容易上当。只有想办法引起蒋干的注意，让他碰到庞统，才能使他在毫无提防的情况下不知不觉地中计。而以庞统的才能，当然能够轻松营造这种氛围。

蒋干当时也感觉很无力，自己主动请命要来，结果诸事不顺，还被软禁起来，哪有心情欣赏景致呢？所以此时哪怕是略微的风吹草动，也能吸引他的注意，更何况庞统出口成章，所念的东西也饱含学问。蒋干心有所急，听到庞统的朗诵，自然会进去请教良策。

2. 蒋干听说是庞统，心里在想什么？

蒋干心想：老天爷对我真不赖，踏破铁鞋无觅处的凤雏先生现在居然在我的面前！如果把他推荐给曹丞相，那可是一次难得的立功机会。尤其他现在挫折感很大，所以一听眼前的人是庞统，简直如获至宝。虽然他未曾跟庞统谋过面，但对庞统的大名却是如雷贯耳。庞统长得其貌不扬，可蒋干根本不会怀疑，反而觉得博学之人，就是应该这样。总之，蒋干会想尽办法抬高庞统，以此重新树起自己立功的希望。

3. 庞统有意离开江东，是真是假？为什么说要尽快离开？

当然是假的！如果庞统真想离开的话，随时都可以离开，为什么偏偏要选在此时呢？

庞统为了完成肩负的重任，当蒋干请他辅佐曹操的时候，庞统告诉蒋干说自己早就想离开东吴了，只恨无人引荐于曹操。庞统这么说，一是为了增加蒋干向曹操推荐自己的信心，二是为了暗示蒋干，他愿意去投靠曹操。果然，蒋干不假思索地说此事包在他身上。庞统趁热打铁，说为防周瑜暗害，不如趁早一起离开，奔赴曹营。蒋干对庞统没有丝毫怀疑，而且还喜不自禁，因此再次中计也是顺理成章之事。

4. 曹操为什么热烈欢迎庞统？

庞统号凤雏，与卧龙齐名，传言卧龙、凤雏得其一，便可平定天下，可见庞统也绝非等闲之辈。而且曹操一直对关羽、孔明等人不跟随自己，而选择实力较弱的刘备一事耿耿于怀，更可气的就是徐庶，跟刘备在一起的时候有说有笑，对自己却非常冷漠，这些都是曹操解不开的心结。现在看到与孔明齐名的庞统居然愿意投靠自己，曹操早被喜悦冲昏了头脑，根本不会怀疑任何事情，否则庞统也绝不会那么成功地献出连环计。

5. 庞统为什么要在饮宴之前观看曹军的状况?

这就是庞统了不起的地方。如果曹操热烈欢迎他，而他只顾沉浸于被礼待的喜悦中，只知道一味地喝酒聊天，那他就称不上凤雏了。庞统十分理性，他知道自己真正的目的是要找到机会适时地献上连环计，而且还要让曹操欣然接受。所以宴会刚一开始，他就提出想要参观曹军营垒。

曹操虽没有答应，但他看到庞统到了曹营二话不说就要先看军况，觉得他把工作放在首位，是个务实型的人才，而且认为他是真心辅佐自己的，所以把庞统当作贵人相待。然而，庞统此举是为了造就自己的高姿态，使得曹操不得不抬举自己，不然曹操后面也不会轻易地接受他的连环计。

6. 庞统看见曹兵呕吐，为什么不马上献连环计?

曹军惯于陆战，不习水战，到了船上不免会晕船呕吐。如果庞统看见这种情况就马上献出连环计，曹操就会疑心他是有备而来的，从而提高警惕，然后再仔细想想这个计策，可能就会看出其中的破绽甚至会杀了庞统。庞统深知曹操的性格，所以他并没有马上献计，而是等待最佳时机的出现。

很多人以为讲话要一吐为快，其实这样是不对的，讲话不能一吐为快，而是要看准时机、对象及当时的情况，否则还是少开口为妙，以免给自己惹来祸端。

看完曹军的军况，庞统很镇定，一直到吃饭的时候才适时地献上连环计。他这种不慌不忙，稳扎稳打，伺机而动，从而找出最佳发力点的做法，值得我们学习。

三国之道

讲话不能一吐为快，而要看准时机、对象与当时的情况。

情景说明

参观完曹军的水军后，曹操请庞统把酒共饮。席间庞统笑孔明不识天时，周瑜更是不足挂齿，只是徒有虚名。曹操听了欣喜万分，向庞统请教水军的御敌良策。庞统忽拔剑而起，众人大吃一惊，蒋干更是紧张地把碗掉在了地上。庞统却拿剑比作船，向曹操献上连环计。曹操很高兴，传令军中铁匠连夜打造连环大钉，锁住船只。蒋干见庞统与曹操相谈甚欢，也暗暗自喜。

庞统又说东吴那边有很多人对周瑜有怨气，并自告奋勇要过江劝降，曹操欣然接受。庞统来到江边，正要起程，徐庶将其拦下，点破他的计谋，并表示不会将其出卖。徐庶向庞统请教脱身之计，庞统让徐庶先在曹营散布谣言，然后趁机请命去把守关隘，便可脱身。

要点解析

1. 庞统在宴席中笑孔明、周瑜，曹操是不是十分中听?

中国人做事情，常常分成三步完成：布局、造势、摆平。我们以庞统这次献连环计为例，就可以依次看出整个步骤。庞统一来到曹营就开始布局——要观察曹军的军况，现在又在宴会上讥讽周瑜和孔明，目的就是引曹操入局，而不能让曹操成为一个局外人，否则他会保持着冷静、客观，便不利于庞统献计。

曹操听了庞统对孔明和周瑜的讥笑，当然感觉很悦耳，他前几次失手于这两个人，正窝着一肚子火呢！曹操觉得庞统这样骂孔明和周瑜，那他一定是自己的朋友。可见庞统相当聪明，他并没有向曹操表示尽忠，而是去嘲笑曹操的对手，从而委婉地表明自己跟曹操是同一阵线的。这也告诉我们一个道理：越是悦耳的话，越要加倍小心。

三国之道

越是悦耳的话，越要加倍小心。

2. 庞统问军中有良医否，有什么用意?

庞统问曹操军中是否有良医。其实这仍是在布局，而且局越缩越紧，最后把曹操绑得动弹不得。庞统不能很唐突地说，你那么多船，风浪又太大，应该把船连在一块，那样很容易让曹操起疑。所以庞统话锋一转，问曹操军中有没有良医，曹操还以为庞统得了病。可见，此时曹操一心想着如何得到庞统的心，让他帮自己的忙，已经深陷在庞统所布的局中。而结果证明，庞统将自己的任务完成得很好，摆平了所有的事情。

3. 庞统在宴席中忽然拔剑，众人大吃一惊，他想做什么?

庞统布好局以后，当然要造势了。他突然拔剑，搞得在座诸将紧张得要命，以为他要动武，一个个也拔剑在手。倒是曹操临危不惧，很有大将之风，因为庞统毕竟是一个人，而在座有这么多的将领，他能怎么样呢?

当然，庞统也不会笨到给曹操耍剑的程度，他这样做只是为了吸引大家的注意力，把那个势造起来。因为他一拔剑，所有人都会注目于他，曹操没有时间冷静地判断，诸将也没机会提出异议。他们的注意力全都集中到庞统身上，等着看庞统的表演。等这个势造起来以后，庞统却把剑放在酒杯上，然后说出连环计，这是最好的方法。

4. 曹操听说连环计，为什么欣然接受? 蒋干为什么既得意又慌张?

曹操欣然接受了庞统的连环计，其他将领也没有站出来反对，因为他们反对也没用，一旦曹操下定决心，没有任何一个将领敢出来反驳。中国人不喜欢领导下定决心的时候有人当面提出异议，因为那样分明就是顶撞，而顶撞的人是没有好结果的。曹操最大的错误就在于他把所有言路都堵死了，强迫大家接受他的决策。

到此为止，庞统的最后一招——摆平，也成功地实现了。其实对庞统而言，所谓的摆平，没必要把所有人都摆平，只要摆平一个人就够了，那就是曹操。只要摆平了曹操，就等于摆平了全部。庞统并没有给曹操询问诸将的机会，否则大家经过一番讨论，有人赞成，有人反对，那庞统就很难如愿以偿地完成任务。

蒋干原以为自己引荐了庞统，也算是大功一件，没想到曹操连提都没提起他，所以他一方面很得意庞统是他引荐的，另一方面看到庞统拔剑而起，又显得很慌张，因为他不知道后面会有什么演变，不知道会不会给自己带来祸端。

5. 庞统为什么自告奋勇，要过江劝诸将来降？

如果曹操依照连环计把所有战船都连接到一起，然后被周瑜一把火烧掉，庞统留在曹营的下场是必死无疑——不是被东吴的大火烧死，就是被曹操识破连环计而处死。真要是那样，后人就会觉得庞统也不过如此而已。很多人反感中国人明哲保身的人生哲学，认为那样很自私，但如果一个人连自己都无法保全，那算什么高明呢？难道庞统留在曹营葬身火海或是被曹操处死，才更值得我们佩服？恐怕不会。相反，我们还会觉得他不过如此。庞统只有想办法离开以保全自己，才算得上是真正的高明。

庞统想跑，但又不能明说，因为任何理由曹操都不会接受。他只能诓骗曹操说东吴的很多将领都不服周瑜，认为周瑜太骄傲自大、自以为是，而他跟这些人的关系不错，可以去劝他们来降。同时，庞统煞有介事地要求曹操许下保全降将家属以及江南百姓的诺言，以让曹操不起疑。曹操当时就写了一个承诺书，然后放庞统走了。可见，要想骗人之后不让人马上察觉，也是要有高明手段的。

6. 庞统为什么要徐庶率兵把守隘口？

庞统正准备离开曹营的时候，忽然有人在背后拍了他一下，说：“你一个计要烧死曹操的80万大军，你良心何在？”庞统吓了一大跳，回头一看，原来是徐庶。徐庶说，到时大战一起，此处将是一片火海，自己只身在此，恐怕不能幸免，请庞统指条生路。庞统告诉徐庶，只要去散布谣言，说北方又有动乱了，然后自告奋勇去北方把守隘口，让曹操没有后顾之忧，曹操一定会赞成，这样就可以顺势脱身了。徐庶一听，果然是个不错的计策，可以趁这个机会离开赤壁，从此慢慢退隐，不再过问世事。

情景说明

徐庶按庞统之言行事，曹操果然应允，还以为徐庶果真是为了帮他解除后顾之忧。

曹操命曹营上下忙着赶制铁环，进度非常快。

乐师师祭酒发现一乐器音色不尽如人意，就用铁锤将乐器砸毁，命人重新铸造。曹操很欣赏师祭酒的认真，让其加紧完善钟磬，谱以古乐，以便舞唱，并说要于十五日在船上歌舞设宴，以助军威。

要点解析

1. 曹营赶打铁环，为什么进度那么快？

中华民族是世界上非常特殊的民族，我们要快起来，可以做到全世界最快，但我们要慢起来，也能做到全世界最慢，这种弹性之大是外国人无法理解的。中国人在做自己不愿意做的事情时，会慢腾腾地磨洋工；而当心甘情愿或者上面有压迫的时候，就会做得比谁都快。现在庞统献上连环计，曹操觉得胜利在望，喜形于色，手下人察言观色，都知道如果不加紧打造铁环，小命一定难保，所以全都拼命赶制，很快就把庞统的计策付诸实现。

2. 师祭酒为什么用铁锤毁坏乐器？

我们从师祭酒的行为可以看出，他是一个做事有板有眼、一丝不苟的人。他监造的乐器一定要经过他的严格鉴定才能过关，如果不合格就会当场毁掉。很多人以为只有现代人才重视质量，其实这种观念是错误的。大家可以到南京的古城墙去看看，那里每一块砖都标记着负责人的名字，一旦出了问题就会责问那个负责人。而师祭酒为了让每种乐器的音色都能达到审美标准，他不顾时间和成本，不行就毁掉，说明当时就有很强的质量观念。

3. 曹操为什么要开歌舞晚会，不是军情十分紧张吗？

在曹操看来，自己即将到达人生的顶点了。赤壁之战的胜败对他至关重要，因为当时北方已被他平定，只剩下江南这些区域。如果能一举拿下江东，他的雄图霸业就可以实现了。而且此次有庞统献上的连环计，曹操更是信心十足，志在必得，仿佛胜利已然在望，从此可以无忧了。所以他决定开个盛大的歌舞宴会来鼓舞士气。

其实，曹操的这种心态非常危险。无论是谁，一旦到了无所顾忌的地步，那就意味着衰败开始了。所以千万记住，一个人绝不能轻易地放纵自己和放松警惕，要时时保持着高度的警戒心理，不要把自己很快地推到人生制高点。因为学过物理的人都知道，制高点后面，注定是下坡路，这一点谁都不能避免。

三国之道

一个人绝不能轻易地把自己很快推到人生的制高点。

4. 徐庶从未献谋，如今却自愿率兵守隘口，曹操为什么不疑？

如果按照曹操平常的作风，徐庶很难蒙混过这一关。因为徐庶自到曹营后就未曾献过一计一谋，这次居然主动提出要去北方平定韩遂、马超，曹操一定会起疑。若曹操由此而想到徐庶跟庞统是老朋友，他们之间可能有什么通风报信之事，从而怀疑到庞统，那么整个连环计就败露了。可是曹操觉得自己马上就可以大功告成了，已经被还未到来的胜利冲昏了头脑，对他而言，现在的其他任何事情都是小事，也没必要斤斤计较。所以听到徐庶主动请求去守隘口，曹操未做深思，就放徐庶走了。这也是老天保佑徐庶，让他免于葬身火海。

5. 师祭酒丝毫不苟，是不是代表中国人的踏实作风？

中国人严谨的时候，就会非常认真；而松懈的时候，就会非常马虎。所以我们并非一贯地马虎或严谨，而是随时变化的。

从师祭酒一丝不苟的工作态度可知，多数中国人还是很踏实的。就算有些人投机取巧，那也是长大后染上的坏习惯，而不是从小就如此。

人应该务实一些，如果感到有机可乘就不择手段，最后往往会害死自己。这是人生的规律，我们每一个人都要提高警惕。看到师祭酒的这种作风，我们应该勉励自己，我们也有这种本性。

但是师祭酒的这种作风用得对不对，却很值得我们深思。因为这种作风用在对的地方和对的人身上是非常合理的，如果用在不对的时机或不对的人身上，反而会给自己惹祸。

6. 连环计的布局、造势和摆平，是不是十分巧妙?

我们将整个过程连贯起来看，会觉得庞统果然名不虚传。庞统一生经受了很大的磨炼，而不仅仅是历练。历练只是经历，从一岁到两岁，两岁到五岁，五岁到十岁，那就是经历。但磨炼不一样，磨炼是经过磨难和锤炼后有质的飞跃。庞统学识渊博，而且能够将学识应用于实际，这是他了不起的地方。

但让人不忍心的是，早死，而且死得很悲惨，这跟他献的连环计平白害死几十万人，是不是有所关联，我们不得而知。虽然这件事也有鲁肃和周瑜的份，且烧死的全是无义之师，但庞统跟孔明齐名，结局却完全不一样。

从连环计可以看出，庞统之才并不在孔明之下。他布局很成功，而且刹那之间就能把势造起来，最后不但摆平了对方，而且自己还能全身而退，这种功力不是一般人能够有的。但是和孔明比起来，他的遭遇就显得太过凄惨了。

庞统献计之初就应该想一想结果，看看自己会不会承担相应的报应。这不是迷信，而是纯粹从因果关系来看，因为每个人都要为自己的所作所为承担起全部的后果，别人无法代替或分担，这就叫自作自受，每个人都逃脱不了。如果大家都能谨记这个观念，做事情的时候自然会考虑得周详一点。否则一路蛮干下去，最后只会自食恶果。

三十七　当面勿顶撞

中国人喜欢说：一个巴掌拍不响。曹操杀师祭酒，固然令人痛恨。师祭酒当面顶撞，又何尝不是自寻死路？我们是《易经》的民族，既不拍马屁，也不能顶撞上级。在场那么多人，师祭酒却认为自己才具有专业修养，这种自以为是的作风，现代人感受特别深刻。曹操随时可以杀师祭酒，师祭酒却没有能力杀曹操，在这种形势比人强的情况之下，师祭酒的表现，不是太天真，便是太自信。结果以身相殉，徒然令人感叹！所产生的报应，则使其他人不敢再力劝曹操，因而造成赤壁的惨败。曹操自作自受，不幸的是，赔上了太多无辜的宝贵生命。

情景说明

曹操策马视察其百万雄师及浩荡水军，深感欣慰。为振士气，曹操宴请群臣，并下令歌舞助兴。乐师师祭酒告诉曹操，经过几番重铸后，乐器的音色已调好，现已均可使用。

酒过三巡，曹操微醉着说：“我有雄师百万，还有大家的鼎力相助，何愁东吴不灭。现在又有高人前来帮忙，这是上天的安排。”他更笑刘备、诸葛亮以蝼蚁之力，想要撼动泰山，简直是愚蠢之至。

忽然，大家看见大群乌鸦鸣叫着飞过。荀攸解释说，是因为月明如昼，乌鸦以为天亮了，所以离树而鸣。曹操并没有多想，而是让人取出自己的横槊，以酒祭之。

要点解析

1. 大祸临头，曹军完全没有一点感觉，看起来仍气势如虹，为什么？

大自然是一个完整而不可分割的系统，无论什么地方要发生变动，多少都会有些预兆，这与迷信无关。既然蚂蚁和青蛙都能感应到即将发生的事情，人类是大自然的一环，当然也能有一些敏锐的预感。

我们常讲，将帅无能，累死三军。意思就是说，三军的感应完全系于将领身上。但曹操认为眼前的一切都很完美，完全没有不祥的预感，所以百万曹军大祸临头了，也没有丝毫察觉。

2. 师祭酒的专业素养和执着精神是不是值得我们大家学习呢？

师祭酒做事一丝不苟，这种精神表现在专业素养上是很好的。他不管曹操在想什么，不管这次歌舞助兴是否合适，他只是凭自己的专业能力，把分内的事情做好，这就叫作专业素养。师祭酒是个乐师，只关心音乐、乐器、唱歌等分内之事，对于军事方面的事情一概不论，这是他很执着的地方，也值得我们学习。

3. 曹操说何患东吴不灭，又泄露军机，合适吗？

这毫无疑问是不合适的。老天爷想要灭掉某个人之前，总是要使他先疯狂，让他高高在上，毫无顾忌，为所欲为。我们常常有这样的疑问：那个人这么坏，老天爷为什么不收拾他呢？其实不是老天爷不收拾他，而是这个人还没有达到恶贯满盈的程度。等到恶贯满盈的那一天，老天自然会收拾他，所以千万不要说老天无眼。当一个人没有恶贯满盈的时候，他应该为自己感到庆幸，而那些恶贯满盈的人都是自作自受，怨不得别人。

曹操此刻被美好的前景冲昏了头脑，几乎到了忘乎所以的程度，所以感应很不灵敏。若是在寻常，他一定会敏锐地感觉到有不对劲的地方。可见老天是很公平的，它给每个人提供同样的信息，曹操视而不见，只能等着灾难降临在自己头上。

4. 曹操笑刘备不自量力会不会过分？

曹操这样说显然是过分骄傲自大，所以最终要承受这种心态所导致的严重后果。当一个人到了无所顾忌的地步，那是没有人能劝得了的，只能靠他自己。但曹操此时偏偏又失去了理智，满心欢喜，对一切都心满意足，所以老天也帮不了他。

5. 天上乌鸦深夜而鸣，明明是不祥之兆，荀攸为什么说不是？

荀攸心里自然清楚这是个不祥之兆，但他不会笨到直接去告诉曹操，因为他知道那根本没有用，曹操不但听不进去，而且还可能杀了他，所以荀攸不可能讲真话。

中国人普遍认为乌鸦叫是不祥之兆，尤其是这样的关键时刻。可荀攸居然顺着曹操说是由于月明如昼，所以乌鸦才离树鸣叫。难道荀攸不忠吗？不是！荀攸之所以这么讲，曹操难辞其咎。曹操现在处于巅峰状态，再往下走就该是下坡路了，荀攸很清楚这一点，但他更知道自己跑不掉，也不敢跑。如果曹操可以被劝动，荀攸一定会竭尽全力、据理力争地去劝，不放过一丝希望，可荀攸跟了曹操这么久，知道曹操此时是听不进去的。所以他干脆不劝，而是任其发展下去。当一个人沦落到连部属都不敢跟自己讲真话，不敢用真心来回应，难免会自食恶果。

6. 曹操以酒祭槊，心里是不是不踏实？

曹操以酒祭槊，的确是心里不踏实的表现。老天对他的一路提醒，使他心里多少有些不安。要不然曹操这时候拿酒祭槊干什么？反正用不着他亲自执槊上战场。曹操以酒祭槊，恐怕是老天在暗示他，他到最后可能要靠自己逃命。如果曹操此时醒悟，那就可以减少牺牲甚至可以选择另外一种方式，以避免耻辱的结局，可惜他没有。

老天给人各色各样的路走，但我们要慎重地选择。荀攸有荀攸的选择，师祭酒有师祭酒的选择，而曹操当前也面临着一个很重大的选择。而各人的选择究竟对不对，结果会证明。我们看《三国演义》，一定要如临其境地磨炼自己，当有风吹草动的时候，知道要冷静下来，不要被喜悦冲昏头脑，不要被自信挡住言路。因为当一个人太过自信的时候，周围的人就会担心跟你讲话产生不了任何作用。这一点，我们跟西方人大不相同。西方人有话就说，不管你喜不喜欢。但中国人不会，中国人会有顾虑——我这样讲有效吗？有效则讲，可如果讲了无效甚至还会惹祸，那又何必冒犯别人呢？况且到头来冒犯别人就等于冒犯自己。所以谁也不要怪谁，每个人都要替自己的选择负起最后的责任。

三国之道

一个人太过自满，必然自挡前路，恶果也是要自己承担。

情景说明

曹操对酒当歌，感慨万千，众臣随声和之。唱罢，曹操问师祭酒自己的歌词写得怎么样，并让其直言，表示自己向来是闻过则喜。师祭酒说曹操不该在两军交战之时说出不吉利的话，这样会有损军威。曹操大怒，责怪师祭酒败了自己的雅兴，举槊将其刺死。酒醒之后，曹操后悔不已，说自己不该醉酒而杀了一代乐师。

要点解析

1. 领导者高歌一曲，这种作风好不好？

当然不好。每个人都要清楚自己的定位，一般的中层领导不会这样无所顾忌，因为他不具备决策权，要考虑上级对自己的看法。但当一个人定位很高的时候，没有了上级的顾虑，很容易为所欲为，而下级也会曲意迎合，最终会耽误正事，造成损失。所以居高位的人一定要清楚，你的一举一动影响到全体干部，决定着整个团体风气的好坏。

曹操有文采，这本是他个人的事情，可他很喜欢表现，还喜欢唱歌，如此一来，那些将领就有样学样，有事没事都吊吊嗓子。万一曹操唱完歌，哪个将领附和得不好，肯定会得到曹操的“另眼看待”，而这无疑会影响到军事。

三国之道

居高位的人一举一动都要慎重，因为你会影响整个团体的风气。

2. 曹操的歌中有不祥之言，师祭酒为什么当面直言？

师祭酒的专业精神对事很好，但对人却很糟糕。曹操问他："你是内行专家，我倒要请教你，我这个歌词写得怎么样？"要是换作其他人，肯定会说好，敢说不好或者说有点缺点，都是在拿自己的性命开玩笑。因为曹操后面就会紧跟着问哪里不好，此时再提高警觉就已经晚了。虽然曹操自称闻过则喜，但如果有人要扫了他的兴，他同样会杀了泄愤。一个人背面批评曹操，风险已经够大了，如果还敢当面顶撞，那简直是自寻死路。所以师祭酒说的虽是真话，但给自己带来的后果却很惨。

3. 曹操先说闻过则喜，却一槊刺死师祭酒，是什么道理？

道理很简单，因为曹操恼羞成怒了。师祭酒当着那么多人的面指出曹操歌词的不足之处，而且还是趁着曹操兴致正高的时候，那不是自招其祸吗？我们并非不同情师祭酒，而是同情也没用。曹操让他说，只是一种客气、一种尊重，他只要说到差不多就行了，怎么能人家尊重你，你却不尊重人家呢？况且曹操还是上级，他说自己闻过则喜，师祭酒就真的信以为真，然后直言不讳，那不是自招祸端吗？

很多人都会同情师祭酒，但我们在同情之余，也要以他为前车之鉴。他有很多值得我们学习的地方，比如执着的精神与专业的素养，但也有值得我们引以为戒的地方，那就是再怎么样也不能当众让领导太难堪，除非自己不要命。

4. 师祭酒当众说有损军威，是不是太过分了？

虽然曹操事先说了自己闻过则喜，但听到师祭酒当众说出这么严重的话，曹操并没有那份雅量原谅他。一个人地位越高，气量会有两种变化：对事的气量越来越大，做错一件事情或打破一个东西都无所谓；而对自己，气量却会越来越小，尤其是面对别人的批评的时候。

汉高祖刘邦没当皇帝以前，也是跟大家打成一片，可当了皇帝以后，连韩信都不放过。如果师祭酒只是说点无关痛痒的话，曹操可能还可以接受，但他指责曹操有损军威，曹操自然大怒，于是一槊过去，结束了师祭酒的命。这是师祭酒自己必须承担的后果。

5. 曹操知道自己犯下大错，却推说酒醉误杀一代乐师，合适吗?

曹操对别人的错可以从严，也可以从宽，但对自己的错，却万不能承认。因为他毕竟是个统帅，承认之后的后续问题会很麻烦。所以他只能用行动来表示歉意，而绝不可能用言辞来道歉。曹操推说自己醉酒杀人，但大家都心知肚明，曹操这样说就已经是在认错了。

其实曹操这样说也无可厚非，因为事态太严重了，如果这都可以承认错误的话，那以后的所有事情不都可以用错误来推卸责任了？所以曹操只得找那些看似无法控制的理由——醉酒才杀的人，告诉大家他不是那种随便杀人的人，这样最起码能给大家一点信心。

6. 曹操说悔之不及，他是真的后悔吗?

曹操嘴上说自己后悔不及，其实心里头一点都不在乎，否则他就不是曹操了。我们一路看过来，知道曹操手段毒辣，对别人的性命一点也不在乎。他嘴上经常表示后悔，但如果真有一点点诚意的话，肯定会慢慢改正。可他实际上却是越来越凶狠了，根本没有真心悔改的意思，这就是为什么曹操虽有很多的优点，而我们却一直说他是奸雄的原因。中国人的眼睛是雪亮的，我们会从整体来评价一个人，而不会因为一件事情就改变自己的观感。而西方人，是不太会算总账的。

情景说明

曹操在战船上观看水军练兵，见众船扬起风帆，铁锁连舟，稳如平地，心中大喜。

忽然起了一阵大风，属下为曹操披上披风。程昱提醒说船连在一起固然平稳，可如果敌人用火攻的话，那就难以躲避了。曹操笑说若用火攻，就必须借助风力，而现在是隆冬季节，如果东吴要用火攻，只会把火吹到他们自己那边去，烧死他们自己。程昱还想再劝，荀攸却偷偷劝他不要多言，说师祭酒就是前车之鉴。

曹操镇定自若地指挥水军，小将焦触、张南请求出战。两员小将都生长在北方，曹操怕他们不善水战，同时为了试探东吴的实力，特意给他们20只小船及精锐军士，令文聘做后应，并将大船行驶到江面上，远远地为他们助阵。

要点解析

1. 曹操阅兵时，忽然起风，左右为他披上披风，是不是又一次警告？

作为一名统帅，有时实在是有些左右为难：如果不敢下决定，人家会笑你犹豫不定，没有决断力；如果坚持己见，将来所有的差错又都要归因于你的刚愎自用，不听好人言；如果摇摆不定，大家也会嘲笑你跟当年的袁绍一样。所以曹操的确有他为难的地方。

这个时候起风，是不是老天又在提醒曹操做另一番的思考——要用别的方式而非武力来一统天下，我们不得而知。但大自然此时的种种迹象却值得我们深思：当大事将要发生的时候，大自然不仅会与我们一同关注，而且还会时时发出一些警讯，让我们醒悟过来，另做选择。

2. 程昱提醒连环船不利防御火攻，曹操说风向不利东吴，是不是很有道理？

曹操心里何尝不知道将船连起来将不利于面对火攻？更何况现在又无端起风。可是当程昱提醒他说，如果东吴用火攻的话，恐怕难以躲避，曹操却说正是隆冬，东吴用火攻只会把火吹到他们自己那边去。可见，曹操对将船连起来这件事是经过深思熟虑的。只是他身为统帅，必须表现得非常果断，无须将自己考虑的问题都告诉将领。

当时起的风是往东吴的方向吹的，这一点恐怕连周瑜都没有想到。况且风向是会发生变化的，谁知道大战开始的时候风会往哪边吹呢？可见周瑜的这次计划也存在着很大的风险。

3. 程昱还要再劝，荀攸为什么阻止他说下去？

程昱还想告诉曹操风向是难以捉摸的，如果到时候风向反向的话，曹军根本跑不掉。相信如果他这样相劝的话，曹操也会听得进去，因为他不会不清楚，季风是不会老往一个方向吹，偶尔也会反向吹。可是正当程昱想再劝曹操的时候，荀攸却偷偷提醒他不要再劝了，说师祭酒就是前车之鉴。这就叫师祭酒后遗症。师祭酒讲真话、讲实话，却要以牺牲生命为代价，荀攸当然会心有余悸。曹操杀了一个师祭酒，导致从此以后再也没有人敢跟他直言了，而这带来的损失当然要曹操自己承担。

4. 曹操指挥若定，他真的熟悉水战吗？

曹操不熟悉水战，但他能表现出来吗？一个人站在那个位置，到了那个时机，不管是否真的懂，都要装出一副指挥若定、从容不迫的样子，才能安定大家的心。否则将士看到曹操手足无措，只会打击军队的士气。所以曹操的这种表现是正确的，无可厚非。

5. 小将请求出战，曹操为什么派文聘在后接应？

曹操内心很虚，但是事情已经走到这一步了，只能死马当作活马医。相信曹操此时的心情跟唱歌时是完全不一样的，他会隐约地感到事情并非自己当时所想的那样顺利。可是现在再改变策略已经来不及了，所以当两名小将主动请缨要出战的时候，曹操表示同意，但他也生怕出问题，于是派文聘在后面接应，以防万一。可见曹操的内心是很挣扎的，但在外面，他一定要指挥若定，这是必要的。

6. 曹操为什么以小船出战，而不出动连环大船？

连环战船是庞然大物，行动非常不方便。曹操只敢用其在后面支应，而不敢用其出战，因为他也害怕万一东吴真的用火攻，而到时风向又改变，自己的连环战船会化为乌有。曹操此时只派零零星星的小船前去试探一番，等到大势已定的时候，再派大船过来接应，以保万无一失。

任何事情，有一利就必有一弊。把战船分开，机动性与灵活性会很高，但曹军晕船呕吐，不利作战；而把大船连接起来，虽然会跟在陆地上一样平稳，但船的机动性和灵活性就会大大减弱，连掉头都难，更不要说逃跑了。所以，曹操才会采取这种折中的方法。

情景说明

焦触、张南率领战船向江南进发，周瑜也派出韩当、周泰应战。

曹军大败，焦触、张南被杀，其他士兵也落荒而逃。曹操见此，动用连环大船抵御吴军。周瑜见曹操的连环大船终于被引出，开心不已。两军战至江中，韩当、周泰的小船不敌曹军的连锁战船，于是赶紧收兵。虽然出师不利，但战败反而能让曹操深信庞统的连环计是上上策，所以周瑜并未责罚韩当、周泰。

忽然刮起一阵大风，曹军的帅旗被狂风折断，周瑜得知后大笑起来，说这是曹军的不祥之兆。周瑜在江边观望，一阵风过，刮起的旗角在他脸上拂过，他突然手指前方，脸色大变，口吐鲜血，不省人事。

要点解析

1. 东吴首战得利，曹兵大败，曹操为什么更加重视连环大船呢?

曹军以小船前来挑战，周瑜派韩当、周泰前去应战，结果曹兵落败，这就使得曹操更加器重连环大船。他觉得庞统的话是对的，曹兵多是北方人，比较适应大船，就算同样是小船，曹军也敌不过东吴，因为东吴地处长江边上，最擅长的就是水战。因此，曹操很庆幸自己有连环大船，却不知道这是周瑜故意用计来使他更加坚定地使用连环计。

2. 周瑜用小船把曹军的连环大船引出来，为什么十分兴奋?

曹军先用小船挑战，周瑜以小船因应，曹军被打败后，非得出动大船不可，如此一来，就正中了周瑜之计。周瑜就是想把曹操的大船引诱出来，只要大船一出动，火攻才具备大的杀伤力。所以表面看来周瑜只是被动地应战，其实他早有一套完整的计划。周瑜初步如愿以偿，心中更加坚信火攻能够成功。

3. 事态发展到这种地步，是否注定周瑜必然大胜呢?

中国人常讲，行百里者半九十。如果要走一百里路，并非走了五十里就算走了一半，因为越往后，体力与意志力越差，就算是一小段路也很难走完。所以，人们根据经验，而不是纯数学，得出了这样的结论：如果要走一百里路，走了九十里才能算是走了一半，因为后面的十里问变数多多。

现在，曹操和东吴两边经过长期酝酿，各自都已经做好了充分的准备。虽然眼下就要决战了，但依然变数丛生。就像要走一百里路，他们已经走完了前面的九十里路，只剩下最后变数多多的十里了。此时此刻，周瑜很有信心，曹操也信心十足。两边都充满信心，可见当中存在着很大的变数。所以我们现在还不能断定周瑜一定会赢，曹操一定会输。

行百里者半九十，因为后面的十里变数多多。

4. 韩当、周泰大败而回，周瑜并不责罚，是什么道理？

照理说，战将如果打了败仗回来，结果不是问斩就是重罚，但这次韩当、周泰的情况不一样。周瑜派他们出战，目的不是为了打赢，而是要把曹操的连环大船引出来。只要能完成这个任务，就算打了败仗也无所谓。

周瑜对整个计划了如指掌，所以他没有责罚韩当和周泰。但韩、周二将不知道其中的详情，因此纳罕不已。然而，就算他们心里清楚周瑜只是要他们引诱曹操的大船出来，而不必打赢，他们也还是要请罪。如果周瑜饶恕他们，就表示周瑜真的在用计；如果周瑜不饶恕他们，就说明周瑜又生变数了。因为只要周瑜没明说，他就有生变的权力，而韩当和周泰却没有。

5. 大风吹起，周瑜开始欣喜若狂，不久突然面色大变，是什么道理？

按理说，行百里者半九十，周瑜都已经走完了前面的九十里，虽然很坎坷，可总算是走过来了，最后的这十里应该一鼓作气才对。周瑜刚开始看到曹操的帅旗被风吹断掉入江中，确实高兴不已，觉得这对曹操而言，是个不祥之兆。可当他发现风向是吹向自己这边的时候，突然脸色大变，口吐鲜血。可见周瑜在设火攻计之初，根本就没有考虑到风向的问题。

人不可能像神仙那样，样样都算得很精确。周瑜处心积虑，机关算尽，就等着到时点一把火将曹操的连环大船烧尽，可唯独没有考虑到至关重要的风向问题。现在他猛然发现风是往自己这边吹的，火攻的策略因此而不能用了，以前做的种种准备也都会随之付诸东流，他对此很绝望，因此突然脸色大变，就像快要死了一样，这也是很自然的事情，搁谁也承受不住那么大的打击。

6. 周瑜为什么手指前方，口吐鲜血，昏倒在地呢？

人总是一有事情就怪别人。周瑜手指前方的旗子，心里一定在怨周围的这些人：你们这些大将是干什么的？难道只知道等候命令吗？你们知道要用火攻，为什么不考虑风向的问题？你们应该多多为我出谋划策、完善计划才对啊！可是如果周瑜说出这样的话，其他人就会心想：谁叫你是都督呢？你身为都督，就应该承担责任，何况你又没跟我们商量！可见事情一旦发生了，很少有人会主动地去承担责任。

许多事情最好能够未雨绸缪，但我们也不得不承认，那几乎是不可能的，因为太过理想化。总会有一些意料不到的事情发生，既然发生了，就要赶紧想办法弥补，而不能意气用事。周瑜此时就很意气用事，他怪老天刮这个风向的风，又怪周围的人没有想到风向的问题，完全是情绪化的表现，所以最后吃亏的一定是他自己。

当碰到大问题的时候，我们千万要提醒自己绝不能情绪化，一定要理性地面对当前的难题，找到一个合理的突破点。孔明之所以了不起，就是因为他很理性，不像周瑜那样情绪化。将来风向的问题，孔明会挺身而出，帮忙解决。如果连孔明也解决不了，我们也不必嘲笑周瑜。而如果孔明解决了这个难题，那我们倒要质问周瑜：你面对问题为什么不能稍微理性一点呢？周瑜把自己搞成这副样子，又弄得大家乱成一团，这绝非为将之道。

三十八　巧计借东风

孔明借东风，可以当作一面镜子，用来测试我们自己的心态。立即认定是怪力乱神，证明我们自己心虚得很，非常害怕怪力乱神，不然为什么这样紧张？马上认为孔明神通广大，法力无边，证明自己是一个十足的神通迷，当然也是完全没有必要。理智一些，冷静下来，想一想过去和现在的不同情境，自然明白这是怎么一回事。我们更应该进一步追究，万一借不到，岂不是全功尽弃？那时候孔明想逃也没有用。人生面对接踵而来的各种关卡，还不是每一次都在借东风。借得到好过关，借不到只好自认倒霉，又能怎么样？

情景说明

周瑜想到隆冬季节不可能有东南风，而自己的努力就要付诸东流，因此气得口吐鲜血，卧床不起。孔明得知后，前来探望，并表示自己有一药方可让周瑜气顺。左右退下后，孔明写下“万事俱备，只欠东风”几个字。

见孔明说中了自己的心事，周瑜抖擞起精神，向孔明请教良策。孔明让周瑜在南屏山建七星坛，自己要在那里借三日三夜的东南风，以助周瑜用兵。周瑜闻言大喜，满口答应，说事成之后……但又欲言又止。

次日，孔明来到南屏山祭风，他先让鲁肃回大帐协助周瑜，后又将其叫回，神情异样地向鲁肃表示谢意，令鲁肃吃惊不已。

要点解析

1. 孔明来探病，为什么说有良药可以治周瑜的病？

周瑜得的这种病，名字很奇特，叫作“万事俱备，只欠东风”病。也就是说，一切都如意了，就差一场东南风了。可当时正是刮西北风的隆冬季节，所以周瑜为此头痛不已。

孔明怎么会知道周瑜的病源呢？因为他的角色跟周瑜不一样。周瑜整天忙于各种事宜，没有时间静想，而孔明是客卿，该做的事情还没有开始，所以有足够的时间思考对策。他以自己的天文知识推算出哪段时间会刮东南风，从而帮助周瑜施展火攻之计，而非有什么夺天地造化之神功。曹操也知道这个季节偶尔会刮东南风，只是概率不高，需要具有深厚的天文知识才能算准。孔明对自己有信心，所以他去看周瑜的时候，说自己有良药能治愈周瑜的病痛。

2. 孔明为什么用写的，而不直接把周瑜的心病说出来？

孔明这样做是担心隔墙有耳，走漏消息。我们大多数人都没有这种警戒心，以为当场没有别人，什么话都可以随便讲。可墙外的情况谁看得到？万一外面有人在偷听，岂不糟糕？要是曹操得知孔明能求到东南风，加上以前被孔明草船借箭的惨痛教训，他就会马上下令将所有的连环大船解掉。如此一来，东吴这边所做的一切努力就前功尽弃了。所以孔明很谨慎，没有直接把周瑜的心病说出来，而是用写的方式，这样你知我知而没有声音，外面的人就不会知道。

三國之道

隔墙有耳要小心。

3. 孔明一说起东南大风，周瑜便精神抖擞，这是什么道理？

这就叫心病还需心药医。如果孔明给周瑜中草药，周瑜吃了也不见得有用。所以孔明选择从周瑜的心病下手，让他觉得要想刮东南风并不是没有希望的。周瑜一听这话，心结被解开了，自然精神抖擞。

4. 孔明要建坛借风，周瑜为什么满口答应?

其实孔明完全是在装神弄鬼，他根本就不需要建坛，但他之所以这样做，肯定有他的一番道理。我们前面说过，东南风之所以能出现，是科学推理的结果，而不是孔明让它神奇地出现。孔明说要建坛借风，周瑜根本没有跟孔明讨价还价的资本，况且他此时已经紧张到了极点，几乎快要崩溃了，所以孔明说什么他都会满口答应。

5. 周瑜说事成之后，为什么突然间停下来呢?

难道周瑜能说出事成之后就把孔明除掉？如果是那样的话，后面的好戏就唱不下去了。其实周瑜不说，孔明也知道，事成之后，周瑜一定会想办法杀他。为了以防到时候万一跑不掉，孔明这才决定装神弄鬼。

6. 孔明告别鲁肃，为什么神情异样，令鲁肃十分吃惊?

孔明在江东最好的朋友就是鲁肃，因为鲁肃扮演着他与东吴之间桥梁的角色，而且扮演得非常好，孔明从内心感谢鲁肃。其实，孔明让鲁肃两边跑来跑去地传达信息，心头也有不安，一是担心鲁肃两边都不讨好，二是怕他万一传错话，会造成严重的误会。可是孔明别无选择，他只能依赖鲁肃这个唯一的桥梁。幸好鲁肃将自己的角色扮演得很好，话不多不少，完全如实地传达，使得双方逐步增强了相互之间的了解，可见他是一个值得孔明信赖的人。

做好了准备工作后，孔明开始祭坛。他让所有闲杂人等都离开，又给士兵们定下很多规矩，其实这些都与借风丝毫没有关系，因为风不是他借来的，而是老天的杰作。他整个的部署都是为了能够安全地离开东吴。布置好这一切后，孔明又让鲁肃暂时离开，去帮周瑜的忙。因为如果留下鲁肃，会为后面的逃跑增加很多麻烦。孔明要尽快赶回刘备那边部署下一步的行动，而现在只是帮周瑜做一些前期的准备工作而已。可鲁肃没有这种警觉性，他看到孔明跟自己告别的时候神情异样，反而觉得莫名其妙：我们很快又要见面了，干吗要这样呢？只有孔明心里清楚，这次告别以后，恐怕要分离好长一段时间了，所以他当时的神情有些异样，可以说是依依不舍。

情景说明

孔明开始祭风之前，对守坛将士立下诸多规矩。祭风开始后，他一日上坛3次，下坛3次。黄盖也准备好火船，只等号令。然而周瑜仍不相信隆冬时节能刮起东南风，所以十分担心。

大将丁奉说，如果孔明借不来东风，就坏了东吴的大事。周瑜连忙制止，叫他不要多言，而他自己心里也是七上八下，没有定数。

要点解析

1. 孔明祭风，是不是装神弄鬼？

古代的人们是很擅长装神弄鬼的，因为当时民智未开，科学知识也不发达，许多事情无法解释，于是便以神道设教，企助于神鬼。后来随着科学的逐渐发达，人们开始摈弃不科学的方式，尽量采用科学的语言来阐述道理。但是，如果孔明这次不装神弄鬼，而是以科学的语言直接告诉周瑜，这段时间偶尔会刮东南风，并且他已经推算好了准确日期，不用着急，到时候自然会成功，那么孔明就会有生命之虞。因为周瑜掌握了这些信息后就不再需要孔明了，而且他会觉得孔明连这都算得准，更不能让其活下去。尤其当时一切都部署好了，孔明插翼难飞。

孔明很清楚自身的处境，知道自己讲真话的下场，所以为了保护自己起见，他不得不装神弄鬼。这是他的脱身之计，并非真有祭风之事。

2. 孔明祭风，真的有这回事吗？

当时是隆冬季节，多半吹西北风，但偶尔也会吹东南风。只是东南风什么时候起，谁都不知道。因为天气变化无常，难以捉摸。而孔明建坛祭风，相当于建了一个气象观测台。他让人举着旗子站在那里，等旗子飘动的方向显示出东南风起的时候，就立刻下令发动火攻，这一切都顺理成章。所以孔明建坛祭风是很科学的，并非什么神奇古怪之事。

3. 孔明对守坛士兵提出很多严格的要求，这是为什么？

孔明之所以这么做，是为了防止士兵交头接耳，胡乱猜测，从而走漏消息，增加将来逃跑的难度。他用鬼神吓唬士兵，所以后来逃跑的时候，没有士兵敢说一句话，更没有人敢通风报信。而且孔明事先就已做好了充足的准备，让刘备派赵云前来接应。而他之所以能精心地安排这一切，则得益于他幕僚的身份，能够有充足的时间做打算。如果换作主帅，整天忙于应付局面，恐怕就没有这个时间了。可见参谋作业是十分有必要的，这一点可以从孔明身上体现出来：第一，他有时间；第二，他可以专心地发挥自己的专长，把事情准备得恰到好处。

相信孔明在祭风的时候，一定在时刻注意着赵云的小船来了没有。结果小船如期而至，那他就可以放心了。然后东风一来，周瑜那边可以成事了，自己也就可以趁机赶快逃走。

4. 一切准备妥当，周瑜还是不相信有东南风，是什么道理?

周瑜心想，孔明又不是神，怎么可能呼风唤雨？上次草船借箭纯属巧合，因为江上起雾是常事。但在短短的三天时间内，想要把隆冬季节的西北风转变为东南风，那无异于痴人说梦。再加上周瑜心内焦急，缺乏耐心，等待的每一分钟对他来说都是煎熬，因此才会怀疑孔明借不来东南风。

5. 丁奉说如果东南风不来，岂不误了大事，周瑜为什么叫他暂勿多言?

周瑜当时急得就像热锅里的蚂蚁，对孔明能不能借来东南风也是将信将疑。虽然周瑜自己内心也觉得这是不可能的，但听到丁奉说，如果东南风不来的话，岂不是误了大事，他还是马上制止，让他不要多言，以免破坏了气氛。可见周瑜并没有完全放弃，因为东南风起是他唯一的希望。

人总是很矛盾，因为矛盾才能让我们左右兼顾地思考。我们这样想想，又那样想想，因此才会变得摇摆不定，犹豫不决。可见一个人常常犹豫不决并非完全不对，只是最后要在摇摆不定当中找到一个定。

我们中国人，经常像汽车上的雨刷一样，动来动去，左摇右摆。我们下定决心是很短暂的事，过后又会很快改变。不要以为中国人言而无信或者讲话不算话，那都是不了解中国人的表现。中国人此刻所讲的是真的，一会儿又变了，这也是真的。比如曹操说自己酒醉误杀了师祭酒，他当时说这话的时候是诚恳的，而过后就变得毫无愧疚感也是真的。我们中国人很善变，也很擅长装神弄鬼。西方文化里的鬼就是鬼，很吓人的样子，我们中国的鬼却都跟人一样，很可爱。因此我们只说人吓人，吓死人，而不说鬼吓人，吓死人。

三国之道

矛盾才能让我们左右兼顾地思考。

6. 周瑜等待的心情是什么滋味？

周瑜焦急地等待着，简直度日如年，五内如焚。其实他等的时间也不算很长，只是他心里没谱儿，又没有别的事情做，因此才会觉得很难熬。不像孔明，孔明心中有数，对接下来的事情也了然于心，因此才会显得从容不迫。而且时间一长，周瑜也多少会有些信心不足，万一东南风遥遥无期怎么办？所以他心里惶恐不安，饱受煎熬。

情景说明

周瑜在等待中焦虑不安，踱来踱去，怒言隆冬不可能有东南风，孔明是在捉弄东吴大军。然而正在此时，旗幡转动，东南风起，周瑜转忧为乐，高兴不已，但他又立即冷静下来，派丁奉、徐盛去杀了孔明，以为东吴除去祸根。

孔明知道周瑜必会加害于自己，早就让赵云准备好了小船来接应。他们一同返回夏口，紧张的刘备终于盼得孔明平安归来。

周瑜在东南风中有序地发号施令，准备与曹操开战。一会儿，他又特意走到黄盖面前，低声与其细语，让其送信与曹操，约定当夜前去投降。

要点解析

1. 周瑜坐立不安，十分焦虑，说孔明愚弄大军，合适吗？

周瑜要治孔明的罪，随时都可以。他可以责怪孔明既然能够借来东南风，为何不提前相告；如果孔明没有借到东南风，周瑜可以说他愚弄大军，治罪也是名正言顺。总之，欲加之罪，何患无辞。这也是孔明装神弄鬼的原因。

孔明如果有话直说、实说，将东南风起的原因和时间原原本本地告诉周瑜，那么周瑜不但会责怪他不早说，还会对他下毒手。所以孔明决定不明说，而是巧妙地用装神弄鬼的方式来作为自己的脱身之计。

2. 东南风忽起，周瑜欣喜若狂，却派大将杀孔明，这是为什么？

周瑜早就有杀孔明的心思，现在见他连东南风都借得到，更是到了非杀不可的地步。但我们还是要强调一点：周瑜要杀孔明绝非出于私心，而是为了东吴的整体利益。他认为孔明的存在会对东吴的未来发展构成威胁，因此才会三番五次地要置孔明于死地。其实，周瑜心里多少对孔明存有感激，但感激是一回事，而扫除后患是另外一回事。在周瑜看来，如果孔明不除，东吴势必后患无穷。所以一见东南风起，周瑜就马上派人去提孔明的人头来请功。可见周瑜是下定决心，要不择手段地把孔明除掉了。

3. 孔明心中有数，知道周瑜会害他，但是逃得掉吗？

还是那句老话，如果孔明逃不掉的话，那就不是孔明了。且看庞统在献了连环计之后，不但巧妙地为自己安排了退路，而且还顺便将徐庶的退路指了出来。孔明与庞统齐名，明知周瑜一心想除掉自己，孔明能不为自己留一条安全的退路吗？

每个人都要替自己做好打算，这不是什么丢脸的事，因为生命是很宝贵的，不能随便牺牲。孔明事先就将自己的退路做好了安排，令我们不得不敬佩。今天有句俗语，叫事后诸葛亮，意思是说，如果你是诸葛亮，你就应该事先知道，而不是事后才知道，事后才知道就不值得大家敬佩了。

4. 刘备迎候孔明，为什么马上紧张起来？

周瑜用火攻曹操，行动会很快，后续的问题马上就会出现。如果刘备纯粹是义务帮东吴的忙，那孔明现在就不用忙了。可是孔明是想借赤壁鏖兵的机会建立刘备的据点，这才是最要紧的事情。此前隆中对的时候，孔明就告诉刘备，非取荆州不可，然后再取益州，最后再联吴北伐，才能获得最终的胜利。计策是孔明定的，他一定要帮刘备完成这个目标，而不能仅仅是帮周瑜的忙，最后什么都得不到。所以孔明一回来，刘备就马上召集所有的人马，准备调兵遣将，夺取荆州。这对刘备来说是他一生的转折点，所以他不可能不紧张。如果孔明一回来，刘备就张罗着大家一起聊天喝酒，岂不贻误军机大事？

5. 周瑜发号施令，头头是道，是不是十分精妙？

不可否认，周瑜是个武将天才，领兵作战的能力非常了不起。只是在天文知识和预测未来等方面不是孔明的对手，这又另当别论。此时东南风起，眼看着成功在即，周瑜的心病也好了，调兵遣将自然头头是道。

6. 周瑜对黄盖特别客气，是不是对别人不公平呢？

这一点需要花点时间来解释。西方人常批评中国人做事不公平，因为他们脑筋比较简单，所谓的公平就是大家平等。而中国人则认为大家不一样才是公平。西方人每人奖1000元钱是公平，但中国人每人奖1000元却都不高兴：他哪点比得上我？他要拿1000元的话，我拿1200元才公平！这才是中国人的正常思维。但我们现在盲目接受西方的标准，这是不合适的。

不公平才是真的公平，这句话中国人都听得懂，外国人却没人听得懂。《易经》里面有一句话，叫作“无平不陂”，“陂”就是不平的意思，意思就是所有的平都是不平的，没有一个平是真的平。这话在我年轻的时候完全听不懂，也不能接受，直到有一天我坐在湖边，望着湖水波澜起伏，才发现不对劲：我们平常总说水平、水平，水面哪里是平的？全都是一波未平，一波又起，根本没有所谓的水平面。

天底下根本就没有一碗水持平这回事，只有不平才是真的平，一旦平了就是死水，平不平都无所谓了。西方人讲法律面前人人平等，中国人却不是这样，我们自古以来就各不相同。试想一下，我们对待上层跟下层，会一视同仁吗？大概不会，因为我们的观念是不平才是平。

周瑜对黄盖特别客气是应该的，这是公平，而不是不公平。黄盖年纪已大，但为了东吴的发展，他甘愿冒险牺牲自己，如果周瑜把他当作一般的将领看待，那根本就是不公平。可见，真正的公平表面上看起来是不公平的。而表面上看起来很公平的，往往只不过是形式公平，但实际上却不公平。

三国之道

只有表面的不公平才是真正的公平。

情景说明

刘备方面也在调兵遣将，孔明给众将分配完任务后，唯独关羽没有领到任务。关羽忍不住嗔怪孔明，说大战之际，别人都有重任，为何只剩下自己没有。孔明说本想让他把守曹操必经的华容道，但以前曹操待他不薄，怕他念旧情而将曹操放了。关羽怪孔明多心，说曹操之恩已报答过了，今后再见就是敌人，自己绝不会放过他，否则愿军法处置。孔明让其立下军令状，关羽依言而行，又问孔明若曹操不往华容道来则如何，孔明也立下军令状保证。刘备见此左右为难，不知如何是好。

关羽领命把守华容道而去。刘备担心关羽义气深重，如果遇见曹操，恐怕真的会放了他。孔明说自己是有意如此安排的，因为目前三足鼎立的形势还未形成，所以曹操不该亡。留着曹操在，还能牵制一下东吴。

曹操在大寨中等待东吴黄盖的消息，忽然风向转变，东南风大起。程昱又劝曹操要加以提防，曹操笑着说偶尔有东南风也不足为怪。一会儿，军士递上黄盖送来的密信，约定当晚来降，曹操大喜，让众将注意接应。

要点解析

1. 孔明点将，只有关羽没有任务，关羽为什么不高兴？

武将的天职就是战场厮杀，不让武将上战场，无异于不让文人写文章、不让艺人唱歌、不让球员出场，当然是很痛苦的事。关羽精神抖擞地准备接受任务，想要好好地表现一番，结果孔明给其他众将都分配了任务，唯独落下了他，他能不急吗？可他又不能直接怒责孔明，于是颇带委屈地问，为什么唯独自己没有任务。

孔明就是利用关羽的弱点（人只有弱点，而没有缺点），等关羽主动来争取任务，才能跟他讨价还价。所谓请将不如激将，激一下，才有机会讨价还价，做更多的文章。孔明所用的正是这一招。

2. 关羽怪孔明多心，说他绝不放过曹操，是真心话吗?

当然是真心的。关羽是所有将领里用计最少的，他往往直来直往，因为他有本钱——武艺高强。

孔明对他说，有一项任务本想让他去的，可是事关重大，所以自己有些顾虑。关羽问孔明顾虑何在。孔明说自己想让他去守曹操必经的华容道，可是孔明知道曹操曾经对关羽不薄，所以怕关羽念旧情会放过曹操一马。关羽理直气壮地说，欠曹操的人情自己已经还了，再见就是敌人，所以绝不会放过曹操的。孔明等的就是关羽这句话，于是赶紧趁热打铁让关羽立下军令状。孔明没让其他将领立军令状，唯独让关羽心甘情愿地写下了，可见这其中必然另有文章。

3. 孔明和关羽为了曹操都立下军令状，刘备有什么感觉?

关羽也是个不简单的人，他想：军师要我立军令状，就是怕我放过曹操，那我也要你立军令状——万一曹操根本不走华容道，你也要心甘情愿地受罚，这样才公平。当然，也只有关羽有资格跟孔明提条件，别人哪有资格呢？这又是一个展示公平与不公平的最好案例。

这个时候，最紧张、最难过的莫过于刘备了，因为对他而言，不管孔明跟关羽谁输谁赢，都是很大的损失。曹操究竟会不会走华容道，现在谁也不知道，而关羽说他不会放过曹操，却是真心话，只是他不知道将来的情况会有变化，而这种变化只有孔明最清楚。所以孔明又故作玄虚、装神弄鬼了，而更有意思的是，这种做法居然往往比直来直去更有效。只是刘备夹在关羽和孔明中间，为两个人担心。

4. 刘备说关羽难保不放过曹操，是不是不相信关羽?

刘备这不是不相信关羽，而是100%地相信关羽。因为他太了解关羽了，知道关羽最重义气，到时候碰到曹操，肯定下不了手。况且曹操能笑也能哭，能屈也能伸，为了保命，难免会用尽各种手段，而关羽这么重义气，一想起曹操曾经对他的好，怎么可能下得了手呢？

5. 孔明有意要关羽释放曹操，是什么道理?

其中的原因有很多种说法，不一而足。其实，孔明是为了大局着想才这么做的。他心里很清楚，只要曹操一死，整个的天下就属于孙权了，那样对刘备是非常不利的。因为当时刘备还没有成气候，而孙吴打完胜仗，一定会趁北方丧失元首之机，借胜利之威，集中力量，扫平北方，顺便也把刘备干掉。如果是那样的话，孔明忙活了半天完全是让东吴获利，还白白牺牲了自己的主公。所以孔明算来算去，觉得曹操虽有篡汉之心，但此时还不能死，因为还有利用价值。这是很周全的一种盘算。

然而，曹操虽不能死，但好歹也要让他吃点亏。从事参谋的人，哪怕是摔跤，也要抓一把泥土起来。现在孔明要放曹操一马，于是就想让关羽去送这份人情。因为给别人做没用，张飞看到曹操一定会不管一切，举矛就杀。只有关羽很可能会感念旧情，放过曹操。如果关羽此时不顾旧情杀死曹操，相信很多人还是不认同，毕竟曹操当年对他恩义很重。

三国之道

从事参谋的人，哪怕是摔跤，也要抓一把泥土起来。

6. 程昱再度提醒东南风起，不可不防，曹操为什么不理会?

曹操走到这个地步，已经很难再回头了，所以只好硬着头皮干到底。其实，这也是老天有意让曹操遭受如此惨败的下场，进而提醒他，看他能不能做一个彻底的改变。如果他这次还不醒悟的话，那这辈子都没有希望醒悟了。

三十九　骄亢者必败

曹操聪明一世，却糊涂一时，居然对庞统献计不加以详察，也不问问大家的意见，便欣然接受。杀了师祭酒以后，程昱、荀攸这些谋士再也不敢据理力劝，这些都充分证明曹操的骄亢心态才是赤壁惨败的主要原因。凡事不能不坚持原则，然而过分坚持，便是骄亢的表现，我们称之为刚愎自用。如何在软弱无能与刚愎自用之间寻找一个合理点，应该是我们一生当中，经常遭遇的难题。职位愈高，权势愈大，这方面的考验就愈加严峻。

情景说明

周瑜揭穿了蔡和的骗局，并将他斩了，以血祭旗。

曹操这边，军士报告说黄盖如约驾船驶来。程昱观望良久，对曹操说："这个船有诈，因为如果是运粮船，吃水会很深，但这个船明显很轻。况且今晚还刮着东南风，如果敌人用火攻的话，那我们就完了。"曹操直到此时才幡然醒悟，于是赶紧派文聘截住来船。

黄盖见曹军已识破自己是诈降，急忙下令点火，20只火船借助风势，撞向曹军。曹军的船只一时间全都着起火来，又因船只被铁环锁住，根本无从逃避。曹军大乱，东吴的大军在曹军的营寨中所向披靡，曹军一片狼藉。曹操见势不妙，赶紧寻找退路。周瑜则派出众武将从左、中、右三路包围曹操，断其退路，以图将其歼灭。

要点解析

1. 周瑜杀蔡和祭旗，是不是合理？

是否应该祭祀，孔子说得很清楚，叫作信者恒信，不信者恒不信，完全是心理作用。中国人的祭祀跟宗教没有关系，也跟鬼神没有关系。因为中国人是人本位，而不是神本位，个人心里感觉安不安才是最要紧的。

周瑜杀蔡和祭旗，其实与祭旗本身关系很小，倒与蔡和这个人关系较大。当初蔡氏兄弟来降，鲁肃就提醒周瑜说他们是诈降，周瑜当时不能明说。但此时为了防止他们扰乱军心，周瑜杀了蔡和，用他的血来祭旗，以此告诉大家自己早知道他们是诈降，以此安定军心。我们不能妄言周瑜这样做是否合理，因为他是统帅，他认为合理的，那就是合理。

2. 听报黄盖来船，程昱说是诈降，曹操传令制止，来得及吗？

显然已经来不及了。不管效率多高，安排事情总是需要一定时间的，而时间本身没有弹性，这必然导致事到临头的仓皇失措，以致事情无法补救。现在程昱告诉曹操，说粮船很重，会吃水深一些，而黄盖的船队却都浮在水面上，因此不可能装的粮食，可见黄盖是诈降的。此时曹操才幡然醒悟，可是仅凭他一声令下就能改变一切吗？根本不可能。

一个人太自信的时候，往往会丧失理性，对自己很不利。现在我们常说人要自信，其实这种话很肤浅。一个人要对老天有信心，而不是对自己有信心。对自己有信心有什么用？曹操难道没有信心吗？他自信满满，可是最后却输得凄惨无比。

三國之道

一个人要对老天有信心，而不是对自己有信心。

3. 黄盖下令点火，曹操大惊，从此不可收拾，有什么启示？

曹操再神、再奸、再了不起，也无法承受这么严重的打击。赤壁一战攸关几十万人的性命，虽然在曹操的眼中，他们不过是些无名小卒，连名字都叫不上，可每一条性命都是宝贵的，老天有好生之德，曹操一口气断送这么多条宝贵的性命，这笔账老天一定会算在他身上。

曹操见黄盖的船队点火而来，不由大惊。但他惊的是自己要失败了，统一天下的野心不能实现了，甚至连自己的老命也难以保全。曹操从来就不为其他人着想，这是他一生最大的败笔。人不要老想着自己，心里还应该装着别人，多替别人着想，而曹操就是缺乏这种思想。

4. 人类善于用水火，是不是好现象？

如果人类不会用火，那我们现在还是吃生食，很多生硬的肉类我们根本无法享受，寿命也不会像今天这么长。而如果没有水的话，人类就不可能存在。可见，水火对人类的帮助极大，直到现在，我们还在寻找有水源的星球，以便将来移民过去。水是我们生存的第一要素，然后是火。但水火都是无情的，这就告诉我们，任何事情都是有阴就有阳。万事万物，有一利必有一弊，天底下没有十全十美的事物。水能载舟，也能覆舟，火可以帮我们吃上好东西，也可以一下子烧死几十万条性命，关键就在于我们如何去运用。

5. 士兵死伤无数，曹操却狼狈逃生，合理吗？

中国有一句古话，叫作一将功成万骨枯。别看勋章戴起来很神气，可那是上百条甚至上千条、上万条性命换来的。我们也许会觉得好笑，杀死一个人，那就是杀人犯，要被抓去判刑；可杀死几千人、几万人的人，反而成了英雄，还有光环荣耀。

战争有两种，一种叫义战，一种叫不义之战。正义的战争是必要的，它会给人们带来和平。而为了私人的野心发起的不义之战却导致滥杀无辜，那就等同于犯罪。中国人信奉的是：为义而杀人则是合理，为不义而杀人则该死。以关公为例，关公杀人无数，但人们称其大义，而有些人杀了人，大家却觉得无法理解，认为残忍，这就是义跟不义的区别。

见到自己的士兵死伤无数，曹操选择了狼狈逃跑。其实，如果他这次跟着死掉的话也许会更好，那样以后就不用受罪了。而他选择活着，内心会深受折磨。毕竟人心都是肉长的，自己连累这么多士兵死去，往后怎么可能心安理得地过日子呢？我们常常觉得曹操能够成功地跑掉很幸运，其实恰恰相反，跑得掉正是曹操的大不幸。他不死的话，后面的罪还有得受。

6. 周瑜指派众将追杀曹操，他想置曹操于死地吗？

周瑜一心一意想置曹操于死地，这一点毋庸置疑。他与孔明最大的不同点即在于孔明有天下观，而周瑜却没有。孔明很清楚，曹操这个时候不能死，否则天下又将大乱，局势又会生出许多变数。最好的办法就是暂且放过曹操一马，然后继续跟东吴联合慢慢消灭他，这样不仅对刘备有利，而且也有利于天下苍生。但周瑜却认为，既然是敌人，就要想办法彻底消灭。连盟军的刘备、孔明他都要杀掉，更何况是最大的敌人曹操呢？但他这种杀完敌人就是我家天下的想法十分幼稚，眼光也不够长远。

情景说明

夜色中，曹操先后遇到东吴众将的追杀，幸好有残余部将誓死保护，才得以脱险。

曹操率部纵马加鞭，不顾疲劳，继续躲避东吴的追兵。走到乌林之西，宜都之北时，曹操察看地形，觉得该处正适合设埋伏，但却没有看见一个伏兵，于是大笑周瑜无谋，孔明少智。话音未落，赵云率部杀出。曹操派人抵挡，自己趁机突出重围。

荀攸感慨曹军一夜之间损失惨重，曹操却笑言胜败乃兵家常事，待日后重整旗鼓后，再战不迟。曹操命令大家继续赶路，但士兵奔走一夜，已是饥饿难忍。曹操环视四周，同意官兵们就地休息，并下令杀马煮肉。

要点解析

1. 曹操四面受敌，他怎么逃得掉？

古话说，生死在天。意思就是，人要自我努力不假，但决定权在老天手上。曹操能不能逃得掉，只有老天知道。如果老天要曹操死，他怎么都逃不掉；老天不要他死的话，他怎么都能找到生路。这也就是中国人常说的谋事在人，成事在天。孔子认为，一个人要尽人事，把自己该做的事情做好，至于结果，就要听老天的安排。

曹操奋力逃跑，这是他自己本能要做的事情。而最后是死是活，那是老天的事。其实曹操内心对此也很清楚，因此在逃难的路上，他只是拼命地逃跑，却没有说一定会生，而且他还一直保持着乐观，说明他已经知道生死并不是自己所能决定的，他所能做的就是赶快逃跑而已。

2. 曹操逃亡，军士疲累不堪，后面又有追兵，为什么还有心情大笑周瑜无谋呢？

我们前文讲过，曹操心里很清楚，跑不跑得掉，决定权在老天手上，自己根本就无能为力。与其惶惶不可终日，倒不如从容一些，所以就算到了此时，他还是有心情嘲笑周瑜跟孔明不会用兵。但他这样做并不好，因为老天会觉得他不知反悔。赤壁之战之前，曹操唱歌惊飞乌鸦，已是不祥的预兆，现在败军之际，他还要嘲笑别人，肯定会引来不小的麻烦。

曹操的这次大败，给了我们一个很深刻的教训——人千万不能得意忘形。一旦得意忘形，势必会物极必反，就算是有胜算的事情，最后也会失败。而做事谨慎，步步为营，就算没有制胜的把握，对老天有信心，从而自己努力，最后也能以弱胜强。

3. 曹操大笑，引出赵云的兵马，有什么感想？

相信曹操当时是比较尴尬的。但他就是这样的个性，虽然大败，但他仍不服输，反而讥笑周瑜和孔明不擅用兵，想在将士们面前表现一番，没想到这一大笑反而引出了赵云的兵马。

俗话说，3岁看大，6岁看老。要了解一个人的个性，就先要了解他从小成长的背景。曹操的父亲曹嵩是宦官曹腾的养子，曹操从小生活在那样的家庭环境，心态是很不正常的，总觉得人家看不起他，因此老想有特殊的表现。而当一个人极力想要表现自己的时候，他的内心其实是很空虚的，否则根本不会在意人家是否关注他。包括现在那些善于搞笑作怪的人，也是内心空虚的表现。曹操生怕将士们看不起他或是责怪他，生怕大家嘲笑他打了败仗，觉得他不是周瑜和孔明的对手，那样会让他觉得颜面无存。所以曹操才会大笑，说周瑜无谋，孔明少智，要是自己就会如何如何。结果这一笑让自己栽了个不小的跟头。

三國之道

当一个人极力想要表现自己的时候，就表示他内心很空虚。

4. 荀攸说一夜之间损失惨重，曹操为什么说胜败乃兵家常事？

中国人讲话，往往怎么说都有道理。比如将领出去打了败仗，主帅如果不想杀他，就会以胜败乃兵家常事为由放他一马，如果想要杀他，就会说他首战失利，挫伤士气，无论如何也要杀了他。所以有的道理听起来不错，可是别忘了，这只是说对了事情的一面，除此之外，肯定会有别的听起来同样不错的道理。

荀攸此时有些为难，他讲话不对，不讲话也不对。如果他什么话都不讲，曹操就可能怀疑他心里是不是在嘀咕；如果要讲话，荀攸该讲些什么呢？荀攸决定找点话讲，进而试探一下曹操的心情如何，所以他说，一夜之间，损失惨重。他没有说好，也没有说不好，而是先看曹操有什么反应，再决定下面的话该怎么说，这句话说得很高明。

曹操听后却说胜败乃兵家常事。我们不禁要反问他一句：你以前处罚败将的时候，为什么不讲这句话呢？当然，我们无意责怪曹操，他也很无奈。所以千万不要自以为了不起，因为我们都是受自己的言行所害。

5. 曹操原想赶路，士兵却要求略微休息，曹操为什么答应？

如果曹操此时还不答应，仍像平常那样神气地摆臭架子，相信剩下的士兵都会跑掉。一旦他们丢下曹操不管，曹操就插翅难逃了。因为无论是东吴也好，刘备也罢，他们都紧盯着曹操不放，不会让他轻易逃脱。曹操心里很清楚，自己平日的威风是建立在兵多将广的基础上的，现在将士所剩无几，还怎么威风得起来呢？所以他答应了士兵的要求，这也是理所当然，势所必然的事情。

6. 逃亡期间，上下的距离明显缩小，是不是特殊状况？

当然是特殊状况。如果是平常，曹操才不会这么亲切地对待士兵，大家说要休息，他就马上答应，还让大家宰马煮肉吃。其实，曹操当时哪有心情吃得下马肉呢？可是形势比人强，整个形势使得曹操只得乖乖如此，生气也没用。正所谓人在矮檐下，不得不低头，对比往昔的威风，估计曹操现在很清楚什么叫作“此一时也，彼一时也”。时空背景一改变，人的心态就会不一样，人与人之间的关系也会不同。千万不要以为曹操现在很可亲，等他将来回到许都，那就完全不可同日而语了。

情景说明

马肉刚刚煮好，荀攸提醒曹操说追兵离此不远，不可久留。曹操点头称是，又率部前进。来到葫芦口，曹操又仰面大笑，说周瑜、孔明若在此处也埋伏一队人马，完全可以以逸待劳，重伤曹军。正说话间，张飞横矛立马，拦住曹军的去路。曹操在众人的掩护下得以逃脱，但手下将士伤亡惨重。

行进间，曹军遇到岔路，大路稍平，没有动静，小路华容道坑坎难行，山边有数处烟火。曹操以为孔明是故意在小路上设置烟火，使曹军不敢走，却在大路上设下伏兵等候，于是决定率兵挺进华容道。

山路泥泞难行，曹军前进艰难。曹操大怒，说军人要克服困难，命令将士继续前进。曹军又来到了一线天，曹操第三次哈哈大笑，说：“我们已是疲惫之师，如果周瑜、孔明在此埋伏下人马，那我们就只能束手就擒了。”

要点解析

1. 马肉刚刚煮好，曹操又要动身，是什么道理？

曹操当然不是因为不喜欢吃马肉才急着要走，他是在想，刚才好不容易逃过了赵云这一关，但赵云并不是个蠢将庸才，不会轻易放过自己。为了安全起见，曹操决定听从荀攸的建议，迫不及待地快速前行。其实这也是曹操内心挣扎的一种表现。人在这个时候，一定会抓住最后的一点希望或时间，为自己的生命尽可能多地提供一份保障。

2. 曹操再度大笑，引出了张飞，他还敢再笑吗？

他当然还敢，这是他的个性使然。他一笑笑出了赵云，二笑笑出了张飞，那又怎么样？还不是照样过去了！如果还有下一次的话，相信他还是会大笑。因为江山易改，本性难移。一个人的习惯可以改变，而性格却很难改变。很多人把性格与习惯混为一谈，那是不对的。如果哪个人说喜欢随地吐痰是中国的民族性，这简直就是乱讲。因为随地吐痰是一种习惯，是能够改变的，跟民族性一点关系都没有，我们千万不能糊里糊涂地把二者混为一谈。曹操的个性决定了哪怕把他关起来，他仍会开玩笑。只是有很多习惯他应该改一改，否则吃亏的还是他自己。

三国之道

一个人的习惯可以改变，而性格却很难改变。

3. 曹操听说小道有烟火，大路却无动静，为什么反而选择小道呢？

曹操面临着一个岔路口，无法抉择该走大路还是走小径，于是询问手下两条路的详细情况。手下报告说小路有烟火，大路没有动静。曹操听后，迅速决定要走小路。手下人很奇怪，说小路有烟火，恐怕会有伏兵。曹操一笑，说："虚则实之，实则虚之，诸葛亮多谋，故意让人在小路上点烟，使我军不敢走这条小路，然后他再在大路上设伏兵等待，我才不会上他的当呢！"曹操始终就是这种个性，这也是为什么孔明能够料定曹操一定会走华容道的原因。当一个人的个性被别人了如指掌后，很容易被人完全掌控，曹操就是如此。孔明故意在小路上放烟火，料定曹操一定会选小路而来，结果曹操果然如他所料，选择了走小路。

4. 泥泞太深，士兵寸步难行，曹操为什么坚持向前行进？

凡是具有龙的性格的人，通常都很善变，让人难以捉摸。曹操刚才还很温和地让士兵就地休息，宰马煮肉，可现在却突然像变了个人，原因有两点：第一，正是因为泥泞难行，才要赶快前行，否则拖延了时间，被敌人赶上，则小命休矣，所以曹操想赶快离开也是很正常的想法；第二，既然赵云、张飞的那两关都逃过了，若再不利用时间赶快跑，更待何时？

曹操当然也会想到关羽，但觉得孔明不会派关羽来。因为孔明同样会想到关羽心肠软又重义气，只要自己说几句动听的话，他肯定会放过自己。交战的时候，双方对彼此的动向意图都推理得很清楚。孔明既然能够算到曹操会败走华容道，难道曹操不会推算孔明会怎样调兵遣将吗？前两关都通过了，曹操料定后面没有关卡了，所以要赶紧跑，否则怎么会有后面的第三笑呢？

5. 曹操抬头看见一线天，三度哈哈大笑，他真的忍不住？

曹操抬头看见一线天，又断定后面不会再有追兵，于是第三度哈哈大笑，说孔明、周瑜不过如此，同时内心很兴奋，以为自己终于可以逃掉了。曹操不是个浅薄之人，更不是个随便乱笑的人，他这次大笑，一方面是发自内心，另一方面也是故意而为，他想通过自己的大笑告诉手下的将士：你们放心，我还是比孔明、周瑜技高一筹，这次不过是倒霉罢了。

把打败仗说成是倒霉，这是中国人的一个标准借口。如果说没有想到，没有料到，就是把责任推给自己，而说到倒霉，就不是自己的原因了。不过这也是因为责任太大，一般人扛不起来。如果是小错还可以承认，可像曹操这样大的过错，没人敢公开承认。曹操决定南征的时候信心满满，而当他发生重大失误的时候，却从来没有承认过错误。

曹操这次赤壁大败，给了我们很好的教训，那就是做事之前一定要充分地进行沙盘演习，不能光往好处想，否则最后迷失了自我，只会自取其辱。

情景说明

曹操话音刚落，关羽就跨赤兔马而出，拦住了他们的去路。曹军吓得魂飞魄散，面面相觑。曹操想到自己手下人马已是人困马乏，不能再战，而自己以前有恩于关羽，关羽又是个欺强不凌弱、恩怨分明之人，于是上前请求关羽放行。关羽犹豫不决，最后终因心中不忍，把马头勒回，放曹操通行。关平提醒关羽已立下了军令状，关羽迟疑了一下，还是放过了曹军。返回的途中，关羽只顾低头不语。

要点解析

1. 关羽忽然出现，曹军有什么反应？

曹军的反应就是四个字而已——吓得要命。因为他们已经领教过关羽的神威了，觉得这一关根本就不可能过得去。何况曹操刚才那么一笑，不经意告诉了大家此地的地形地物对他们非常不利，若有敌军出现，肯定在劫难逃。所以关羽一出现，不仅是将士，就连曹操都惊慌失措，不知如何是好。

2. 曹操向关羽哀求，妥当吗？

当然妥当！换成任何人都会向关羽哀求。因为求生是人类的本能，曹操绝不会跟关羽讲，来吧，死就死！哪怕还有一线生机，他都会拼命地抓住，这也是人之常情。况且曹操还跟关羽有过一段很亲密的来往，彼此保有一段感情，所以当部属提出让他向关羽说几句好话，请关羽放过他们，曹操也觉得言之有理。再加上曹操的为人弹性很大，能哭又能笑，能屈又能伸，为了保命，他决定哭着哀求关羽放过自己。但他这次并没有像以前那样开玩笑，而是一本正经地向关羽求情。

3. 关羽心软，头一偏，马一闪，曹军趁机逃走，合理吗？

其实曹操向关羽求情，关羽的心里也很挣扎，毕竟他出来之前是立过军令状的。如果光是曹操，关羽还可以一刀把他杀掉，可现在张辽也来求情，关羽真是没有办法了。因为当初他无路可走的时候，是张辽给了他一条生路。现在碰到曾救过自己的老朋友来向自己求情，关羽觉得如果再不放过他们的话，那就枉称“义气”二字，所以他头一偏，马一闪，放曹军通行。此时曹操绝不会傻到去问，“我可以走了吗？”而是趁机一阵风似的跑掉。

华容道关羽放走曹操，是很合理的一种做法，也是关羽一生中很关键的一个决定，更是真诚友情的一个难得的案例。

4. 关平提醒关羽已立军令状，关羽为什么还是放过曹操？

关平及时提醒关羽不可以放曹军走，因为已经立下了军令状，放他们过去关羽会没命的。如果关羽在没有想到军令状以前放走曹操，那我们还不会很佩服他。可他自己想到了，现在关平又一次提醒了他，他还是毅然决然地放走了曹操，这才更加难能可贵。关羽之所以值得我们发自肺腑地敬佩，就是因为他为了义气，可以不顾自己的性命。他这一生给我们的最大启示就是，人活着就要讲义气，否则还不如死了好。

三国之道

人活着就要讲义气，否则还不如死了好。

5. 关羽内心十分挣扎，他这样决定合理吗？

关羽这样决定是非常合理的。尽管孔明有意让关羽送人情给曹操，可关羽自己并不知道。如果孔明事先告诉关羽，让他去守华容道，等曹操过来的时候，先要很凶地对他，等他苦苦哀求的时候，就放他一马，卖个人情给他，然后关羽就按孔明说的去做，那我们就不会佩服关羽了，而且这件事情本身也就失去了其应有的意义和价值。关羽经过一番痛苦挣扎，冒着回去被斩首的危险，仍然做出了放走曹操的决定，这才是真正的了不起。

6. 关羽在返程路上面临军法处置，他的心情如何？

如果关羽想到自己回去必死无疑，不如跟曹操同回许都，曹操一定会比以前更敬重他，说不定还会委任他当最重要的统帅，那他这一生岂不都完了吗？我们还会如此敬佩他吗？关羽没有那样做，他认为既然这是自己的决定，那自己就要接受相应的后果。而且以他的个性来看，他绝不会向孔明求情，也不会认为自己是刘备的结拜兄弟，凭着这层关系，把曹操放就放了，孔明也不能把他怎么样。关羽的心里只有一个想法——回去领死，不做任何奢想。可见关羽是很有羞耻心的，虽然每次做错事都没有口头上道歉，但他的行为与态度让我们感到了他内心的羞愧。能够做到这种地步的，也只有关羽了。这不是说他的关系，而是他的修养、武艺决定了他可以这样做，别人是没有本事向他学习的。

四十　趁机占地盘

刘备为什么三顾茅庐？主要目的在占领地盘。孔明为什么主张联吴抗曹？主要目的也在协助刘备占地盘。俗语说：占到好地盘，比有功夫更加重要。当然，这句话并不是说好功夫不重要，而是说占到好地盘更加要紧。刘备、关羽、张飞都有一身好功夫，无奈一直占不到好地盘，赤壁之役正是刘备阵营的大好机会，不趁机占一些地盘，岂不是白忙一场？所以孔明大力部署，做好占地盘的安排，当然是人同此心心同此理的措施。周瑜和孙权甚至于鲁肃，都应该心中有数才对。

情景说明

孔明见关羽回来，立即上前恭喜关羽立了盖世之功，为天下除了大害。关羽黯然地说曹操跑掉了，自己特来请死。孔明按军令状，要将其处死。张飞、赵云、刘备等人纷纷为关羽求情，孔明这才同意饶过关羽。关羽感激地叩谢孔明。

曹操终于来到了南郡，借酒消愁之际，忽然痛哭不止。他想起了郭嘉，说如果郭嘉在，自己绝不会如此惨败。第二天，曹操决定先回许都，待收拾兵马后再来报仇。临走之前，曹操为曹仁留下一条计策，让曹仁在危急时刻再打开。

刘备的使臣孙乾来到东吴向周瑜道喜，周瑜问孙乾，刘备和孔明何在，孙乾说他们和大军驻扎在油江口。

要点解析

1. 关羽回营，孔明假装全不知情，合适吗？

人生如戏，要唱就要唱得逼真。西方人将之称为角色扮演，中国人把它叫作各守其份。孔明让关羽去守华容道，有两层用意：第一，他想让关羽把欠曹操的人情还清，而且反让曹操欠关羽的人情；第二，孔明知道关羽的内心始终对他不太服气——你年纪轻轻就闯入我们结拜兄弟中，凭什么？所以孔明想利用这次机会，好好地送一份人情给关羽。现在关羽放走了曹操，孔明心知肚明，如果按军令状杀掉关羽，张飞会第一个站出来为关羽求情，紧接着赵云和刘备也会出来为他求情。因此，为了妥当地凝聚力量，而不是涣散力量，孔明假装完全不知道关羽放走曹操，这样下面的戏才能接着演下去。

如果关羽一回来，孔明就开玩笑地说自己本来就是要他放走曹操的，恐怕会挨关羽一刀——你怎敢跟我要这一套！所以，很多事情有一丁点欠缺都不行，没有欠缺才称得上是周密。任何人，做任何事情都应该从头到尾认真地做好。每个人都想做大事，而所谓的大事，其实就是无论事情大小，都从头到尾做得很好。孔明这次就完成了一件大事。

三国之道

无论事情大小，都要从头到尾做得很好。

2. 孔明要军法处置，关羽甘愿领死，大家如何回应？

大家都知道“法律面前，人人平等”这句话，可实际上历朝历代很少有人做得到。中华民族是一个讲究伦理的民族，而伦理就是要有高低尊卑之分。西方人号称人人平等，是因为他们自称都是上帝的子女，而中国人不这样认为，老天爷赐给每一个家族不同的姓氏，所以我们叫作百姓。百姓是不完全平等的，有的称世家，有的却无足轻重，不可能完全相同，否则大家就不必努力了。很多事情我们要深入了解，不能光从表面就判断谁对谁错。西方人有西方人的想法，我们有我们的想法，各有不同的理解。

孔明为了更好地把戏演下去，当然要依法处置关羽。果然如他所料，张飞第一个站出来为关羽求情。他倒不是说二哥死了，自己也要跟着死，他只是一股劲儿地认为关羽不能死。赵云当然也会诚心诚意地替关羽求情，而且他的立场也决定他非赶快站出来不可，如果落在别人的后面，以后的日子就不太好过了。除了这些将领外，其他人都持观望态度，因为他们不知道刘备是什么立场。刘备想起桃园三结义时的同生共死誓言，也向孔明请求，说关羽虽犯了军法，但自己却不忍违背之前的盟约，因此请孔明权且记过，容关羽日后将功赎罪。孔明没有作声，刘备只好跪下来请求。大家一看刘备跪下了，也都跟着跪下。这些都在孔明的意料之中，因为事情必然会如此。

3. 关羽下跪拜谢孔明，是真心的吗?

关羽这次百分之百是真心的。虽然他心甘情愿领死，就像当年在土山一样。可是张辽给了他一线生机后，他心中也很感激，否则也不会在华容道那么轻易地放走曹操。而孔明在刘备的当众授权下执掌军政，一向执法如山，此番居然法外开恩不杀他，关羽当然真心实意地感谢孔明。而且从此以后，他跟孔明之间再也没有芥蒂了，这是孔明此次最大的收获，对刘备集团往后的发展很有帮助。

4. 曹操哭泣说，若郭嘉在，安能有这样的惨败，合适吗?

曹操向来喜欢把责任推给别人，而自己却毫不悔悟。他说这样的话，无形中伤害了所有在座的谋臣，意思是责怪他们很没用，这么多人都抵不上一个郭嘉。可他却不想想，这些人都是他亲自提拔重用的，而且往后自己还得依靠这些人给自己出谋划策。

果然，曹操此语一出，众谋臣都傻眼了，不知道该如何回应。曹操从来不检讨自己，一有失误就把责任都推到别人头上，所以跟着他的人，越是忠心越没有好结果。他这一次不过是本性而为，并非故意为之。

5. 曹操回许都，打算报仇，临走留一计，要救南郡，行得通吗?

我们只能说暂时行得通。曹操熟读兵法，这种小事对他而言简直轻而易举。只是就算保得住南郡，就算他还有雄心大志，声称待整顿兵马后再南下报仇，可是他再也没有机会南下了：第一，岁月不饶人；第二，情势有变化，刘备会慢慢强大起来；第三，老天爷不容许他这样做。所以，曹操想救南郡只能暂时行得通，却不能长久地保住。而他的那些复仇大志，恐怕都不可能实现了。因为他这一生的顶峰已经过去，以后只会走下坡路。

6. 孙乾告知周瑜，刘备和孔明都在油江口，有什么用意？

孙乾摆明是为了告诉周瑜，我们要开始行动了，要和你们东吴一起分享胜利果实——占领荆州。孔明做事向来坦然，很少像一般谋臣那样虚张声势，这是他很可爱的地方。但我们千万要记住，他是具备了这个实力才可以这样，否则这样做实在太危险了，等于把底牌亮给别人看。一个人有没有资格亮底牌，事先一定要斟酌清楚。孔明有这样的资格，就算亮了底牌也照样能赢。而周瑜在这方面却要差一点，因此他不得不用计谋。

情景说明

周瑜说东吴费了这么大的劲，一定要得到南郡，绝不能让刘备坐享其成，并决定亲自去找刘备商议此事，如果谈不成，就先杀了刘备。

孔明摆开战船，列队迎接周瑜。周瑜表示南郡已在东吴的掌控之中，东吴势在必得。刘备却说胜负不能预料，曹仁勇不可挡，他守在南郡，一定会有所部署。周瑜却说若东吴不能攻下南郡，到时任凭刘备去取。

随后，周瑜派蒋钦前去攻打南郡，结果大败而归。周瑜大怒，认为不仅有损军威，还会连累彝陵的甘宁。果然，探子来报，说甘宁被困在彝陵城中。周瑜大惊，决定亲率大军前往，以解危机。

要点解析

1. 周瑜听说刘备与孔明在油江口，为什么决定去拜访？

周瑜心里很清楚，这次孙、刘两家说起来是联合，可实际上争斗却从未停止过。孔明以客卿的身份过江来，不过是出出主意而已，怎么好意思和东吴一起分享胜利的果实呢？现在刘备跟孔明驻军油江口，分明是想袭取南郡，周瑜怎么可能任其妄为呢？于是他借口礼尚往来，要亲自回访，实际上却是不怀好意。

2. 孔明以礼相待，是不是真的要礼让东吴?

如果孔明派人告诉周瑜，说虽然他三番两次地想害自己甚至还想害刘备，但是自己不跟他计较，从今而后各打各的，互不相干，那样无疑会破坏刘备集团的既定策略。孔明未出山时，就已为刘备定下三分天下之策，其中最重要的基石就是联吴抗曹，此时此刻绝不是跟周瑜翻脸的时候。所以，孔明对周瑜以礼相待并不是虚伪。

确实，孙吴跟刘备是一种既联合又竞争的关系，但这也是没有办法的事情，中国自古就是如此。我们的老祖先黄帝，既打他的兄弟炎帝，也去打蚩尤，因为他认为自家人如果发生内乱，外敌会很轻易入侵，如果治理不好或是不能联合，那就一定要打，直到打出一个团结的局面来，才能一致对外。很多人说我们中国人喜欢自己打自己，其实不是，这其中是有一定的原因的。

3. 周瑜表示决心取南郡，刘备为什么说胜负不可预料?

刘备的这句话其实是孔明教的。很多时候，刘备说话前都经过了孔明的背后指点。尤其是经过不杀关羽一事之后，刘备发现孔明的确有一套，而且沟通起来也相当顺畅，所以只要有外使求见，他都会事先向孔明询问对策。

周瑜一来就说东吴早就想吞并汉江了，现在南郡已在其掌控之中，因此势在必得。刘备听后却只轻松地讲了一句“胜负不可预料”，意思就是，你去打可以，但是能不能打赢，这是谁都预料不到的。刘备这么说其实就是为了激怒周瑜，让他进入已设好的圈套。一个经常生气的人，很容易把自身的弱点暴露出来，让别人充分利用。周瑜就是这样，最后竟被活活气死。

三国之道

一个经常生气的人，很容易把自身的弱点暴露出来，让别人充分利用。

4. 双方约定由东吴先取，若取不下刘备再取，合理吗?

这话听起来非常合理。周瑜回访刘备的时候，第一句话就问他们怎么会在油江口。当时刘备讲得很清楚，说自己是来帮东吴打仗的。他的这句话答复得非常巧妙，言外之意就是你打得下来那你就去打，你打不下来我就上了。孔明在后面设定好这些计策，而刘备也配合得相当好，使得周瑜很快就掉入了他们的陷阱。只是在表面上，刘备一定要显得很和气，这就叫作既联合又竞争。

5. 周瑜派蒋钦攻打南郡，被曹仁打败，周瑜有什么感觉？

周瑜觉得曹操还是有一套的，留下一个曹仁，就能把蒋钦打败。但他没有想到，螳螂捕蝉，黄雀在后，孔明还在一旁虎视眈眈呢，这是非常有趣的三角关系。曹操用计打败东吴，而孔明从中取利，这一点是周瑜绝没有想到的，否则他也不会这样安排了。

6. 探子再报，甘宁被围，情况危急，为什么会这样？

这就是所谓的黄雀在后。孔明很冷静地让周瑜和曹仁去打，他们打得越热闹，脑筋就会越不管用，而孔明自己就可以在后面渔翁得利了。孔明这次扮演的就是渔翁的角色，他在不慌不忙之中就把南郡给拿下了。可见天外有天，人上有人，这是周瑜应该学习的。

周瑜长在江东，从未遇到过比他更高明的人，因此很自信，认为凭借自己的计谋足以平定天下。可是后来他慢慢发现，曹操很不简单，而且以前认为孔明只是法术厉害，不懂打仗，现在才发现孔明实在非同一般，样样都在自己之上。周瑜一心只想着杀孔明，却没有好好去研究孔明究竟高明在什么地方，因此最后把自己逼到一个越来越小的圈子里无法突围，再加上他个性太强，更加容易陷入高度的危险。

情景说明

曹仁不敌周瑜，情急之下拆开了曹操的锦囊妙计，并按照上面的办法，虚张声势后佯装撤离出南郡。众将士不解其中奥妙，但知道是曹操定下的计谋，还是不得不依计而行。

周瑜为防曹仁反击，也为了防备刘备，决定即使曹仁有诈，也要夺取南郡。他引兵追入南郡城中，埋伏的曹军弓箭齐发，东吴大军损失惨重，周瑜也被毒箭射中，翻身落马。程普舍身将周瑜救出，自己却身中数箭。

周瑜担心自己中毒箭后难以统领大军，将统军重任托付给鲁肃。鲁肃当机立断，命令高挂免战牌，不许轻举妄动。

要点解析

1. 曹仁危急，拆开曹操所留密计，要大家撤离南郡，大家如何回应？

大家刚开始一听到曹仁撤离南郡的命令，都感到十分惊讶，心想应该坚守才对，怎么能轻易撤离呢？然而，曹操是很喜欢虚张声势、声东击西的，他所谓的撤离并不是真的撤离，而是用撤离的方法来坚守。所以，当曹仁公布了曹操的计策之后，大家虽然愣了一下，但计策既然是曹操定下的，大家还是得切实地去执行。

2. 周瑜为什么说即使曹仁有诈，也要攻打南郡？

周瑜当时的压力很大，他之前已经答应刘备，如果攻不下南郡，刘备就可以自取。他这么讲，显然是中了孔明之计。孔明告诉刘备，可以先礼让周瑜，让他先去争，如果他争得到，我们就让给他，如果他争不到，我们再去争，他就无话可说了。这就叫不争之争。

然而对周瑜而言，如果争不到南郡，那就相当于平白无故地将它让给了刘备，自己回去怎么跟孙权交代呢？周瑜心里压力很大，再加上他个性很急，因此才会说出就算有诈，也要攻打南郡的话来，却不知道自己正中了孔明之计。

3. 周瑜中毒箭，担心不能指挥大军，他怎么办？

周瑜是一个责任感很重的人，他像很多其他的三国将领一样，心中只有任务，只有对主公的忠诚，并为此可以奋不顾身。他们并非轻视自己的性命，而是以军人战死疆场为光荣，这一点是非常值得我们敬佩的。

周瑜中了毒箭，一时又找不到解毒的医生。而且就算能解毒，也不能完全根治，只要以后再动怒，毒气还是会再发。所以他知道自己一时难以统兵，于是就将重任托付给了鲁肃，让鲁肃来代理他行使都督的职权。

4. 鲁肃代理都督，为什么一下子变得那么严厉，和平常不一样？

我们一路看来，总觉得鲁肃很老实，说难听点，甚至还有点笨的样子。其实他是个很聪明的人，做事也很认真，有他自己的一套方法，只不过在周瑜的手下做事，他甘愿扮演配角的角色。现在周瑜中了毒箭，不能统兵了，于是将重任托付给了他，所以鲁肃不得不肩负起责任，独当一面。当他的潜能被激发出来的时候，我们看到，他也是一个很有魄力、很有远见并且很有担当的将领。后来周瑜死后，孙权让鲁肃来接任都督之职，这也是理所当然之事。每一个国家的将领与统帅都是经过严格的考验选拔出来的，鲁肃经得起这些考验。

在代理行使都督的职权后，鲁肃马上变得跟平常不一样了，说明他的调适能力和适应能力都很强，应变得非常迅速。一个人光有认真负责的态度是不够的，还要把自己磨炼得很有弹性，做什么就像什么，这一点很重要。我们中国人很重视弹性，而西方人却更重视专业。但是越专业的人越是没有弹性，办起事来很容易死板。而鲁肃是一个典型的中国人，办起事来相当富有弹性。

三国之道

一个人光有认真负责的态度是不够的，还要把自己磨炼得很有弹性才行。

5. 程普为了救周瑜，身中数箭，他为什么这样爱护周瑜?

我们回想一下，当初周瑜刚刚接任都督之职的时候，最不服气的人就是程普。他谎称自己身体不适，让自己的儿子代替自己出席，让周瑜很是难堪。如果周瑜当时依法处置了程普，今天就不可能有程普的拼死相救了。但周瑜当时并没有这样做，他觉得程普是三代老臣，这样做也情有可原，于是情理兼顾，假装不知道程普是不服他，不仅没有将他军法处置，而且还要亲自去探望，从而给了程普一个很好的台阶，让程普很有面子地下来。

程普心里很感激周瑜，此后也与周瑜相处得很愉快。所以后来周瑜中了埋伏，墙上的曹军万箭齐发的时候，他才会奋不顾身地用身体为周瑜挡箭。看完整个事情的经过，我们应该明白，有时候情法兼顾是必须的，不能完全以法论法，否则周瑜此次就要命丧黄泉了。

6. 鲁肃为什么下令高挂免战牌?

鲁肃除了高挂免战牌外，还能怎么样呢？周瑜身中毒箭，别说一时没法复原，甚至连治愈的可能都没有。而曹仁那边士气正旺，恨不得周瑜早点出来应战，以便趁机将其消灭。鲁肃洞察局势，深知最好的办法就是不战。因为有时候不战也是一种战的策略。如果鲁肃采取不战的策略，久而久之，曹仁的军队就会疲累，那时候再与之一战，胜算就大多了。可见，不战是为了战，战中也可以不战。战就是不战，不战就是战，很多时候它们是可以转换的。对鲁肃而言，高挂免战牌是当时最合理的选择。

情景说明

次日，曹仁看到周瑜受伤，以为东吴的其余诸将都不足为惧，于是派士兵在东吴的寨门外大骂“江东鼠辈，不敢出洞”。周瑜的箭伤略见好转，他说不能因为自己一个人而坏了国家大事，于是披挂上马，准备亲自出战。曹仁见周瑜前来，大吃一惊，让士兵大骂“周郎周郎，小命不长”。周瑜大怒，惨叫一声，口吐鲜血，掉下马来。

曹仁以为周瑜箭伤发作而死，决定当晚就去夺周瑜的尸首，送往许都请功。可当他率部来到东吴大寨，却不见一人，士兵进帐要取周瑜尸首，却引火上身，原来周瑜是诈死。曹军这才知道中了计，于是急忙退走。这时，东吴的将士四面包围而出，曹军大败而回。

周瑜急忙率众将来取南郡，但是，赵云已在孔明授意下率先一步取得了南郡，张飞也拿下荆州，关羽也取了襄阳。周瑜得知后大叫一声，又口吐鲜血，摔下马来。

要点解析

1. 曹仁命士兵高喊“江东鼠辈，不敢出洞”，有什么用意?

打仗的时候，士气很重要。当敌军士气很高的时候，我们应该采取守势，等敌军的士气降下来以后，我们才可以看准机会，出其不意，攻其不备，打得他个措手不及。只知道勇敢，什么时候都是硬碰硬，那叫有勇无谋，不值得我们学习。

曹仁眼看周瑜中箭，东吴的士气低下，觉得此时不打，更待何时？可东吴高挂着免战牌，总不能硬冲进去。因为一般来讲，守比攻要更占便宜，攻的一方会牺牲很大。所以曹仁决定让士兵高喊“江东鼠辈，不敢出洞”，目的是想激怒东吴的将领，让他们出来一战。东吴诸将听到曹军的辱骂声，果然很生气，扬言要出去攻打，好在鲁肃及时制止了他们，否则正中了曹仁的计。

2. 周瑜稍有起色便亲自应战，是什么道理？

周瑜在昏迷的时候不知道外面的情况，等他稍微清醒过来，听到外面很吵闹，就询问是怎么回事。鲁肃虽是个老实人，可他不想让周瑜动怒，于是决定隐瞒。这给那些一天到晚有话就直说、好像很正直的人一个提醒，其实那是很不负责任的，说到底就是目中无人，是一种很鲁莽的行为方式。

如果鲁肃如实地告诉周瑜，说曹兵在外面骂我们江东鼠辈，不敢出洞，那周瑜就会马上跳起来，而且很可能一怒之下一命呜呼。

可是，当周瑜后来听到这些骂声的时候，他还是爬起来，披挂整齐地准备亲自应战，没有丝毫的懈怠和贪生怕死，这才是英雄本色。

3. 曹仁命士兵高喊“周郎周郎，小命不长”，气得周瑜惨叫一声，掉下马来，如何是好？

曹仁几番骂阵都没有见周瑜出来，以为周瑜伤势太重，不能迎战。现在看周瑜披挂齐备地出来，先是吓了一大跳，后来就刻意刺激他，让士兵高喊“周郎周郎，小命不长”。周瑜哪里受得了这种气，他十分恼怒，导致箭毒复发，一下子从马上掉了下来。但后来周瑜将计就计，以诈死赢了曹仁。

其实，将计就计谁都想得到，但关键就在于周瑜表演得太逼真了，让对方一看就认为他将命不久矣。而且他已死的消息还传到了孔明那里，更何况曹仁呢？

正是有了周瑜逼真的表演，东吴这边经过周密布置，才引曹仁趁丧来劫营，最后一举击败了曹军。所以战争中，要充分利用每一个机会来增加自己制胜的把握，不能让机会随意溜走。

要充分利用每一个机会来增加自己制胜的把握，不能让机会随意溜走。

4. 曹仁据报周瑜已死，前来夺取尸体，结果如何？

为什么以前打仗，老是要把敌人的头砍下来呢？难道是因为我们中国人残忍，一定要如此才算痛快吗？当然不是。以前通信器材不发达，也不具备摄影技术，将士只是回去报告杀了多少敌人，缺乏证据的支持，于是就带敌军首领的首级回去，即所谓提头来见，为的就是让主公验明正身，免得以为他虚报战功。久而久之，就形成了一种习惯。

得知周瑜死了，曹仁觉得自己无法向曹丞相报功，于是决定去劫东吴的营寨，想将周瑜的首级砍下来，送往许都以作证明，却不知道前方正有个陷阱在等着自己。

5. 周瑜诈死，战胜曹仁，结果南郡为赵云所取，这是为什么？

曹仁在战场上非常勇敢，指挥战斗也很有自己的一套，可是当他进入东吴的营寨后，就毫无招架的能力了。因为东吴在里面布满了机关暗箭、火石伏兵，就等着他进来中招了。果然，曹仁惨败，好不容易逃回南郡，却发现南郡已被赵子龙夺取了。

原来，孔明趁曹仁与东吴交战之际，派出三路人马，以救援曹仁的名义诱曹军守将出城，从而袭取占领了荆州、襄阳和南郡三镇。这不是因为孔明料事如神，比别人高明，而是因为他在战局之外，有充分的时间分析和思考，从而能够抓到点滴的有利机会，做最合理的利用，所以获利最多。

6. 士兵来报，张飞夺取荆州，关羽夺取襄阳，周瑜为什么气得吐血？

周瑜不气得吐血才怪！他辛辛苦苦地冒死而战，结果让孔明不费吹灰之力就平白得到这几个城池，他如何能够接受这样的打击呢？对周瑜而言，现在如何向孙权交代反倒是小事，怎样不被自己的部属笑话才是他当下最担心的。所以他一怒之下，金疮迸裂，再加上连日的疲累，最后就吐血了。其实吐血是人体内发出的一个警告，告诉他本人需要调整了，不能再这样下去。只是周瑜能不能领会到这样的警告，就很难说了。

四十一　英雄惜英雄

关羽是英雄，黄忠也是，彼此英雄惜英雄，才有一段令人欣喜的过程。英雄并不以杀人为目的，他们只杀该杀的人。黄忠不想杀关羽，是因为关羽不杀他在先，想不到引起韩玄的怀疑，居然要杀黄忠。我们可以说韩玄是促成关羽和黄忠彼此相惜的“大媒人”，使他们成为战友。当然，关羽自认比黄忠武艺高强，黄忠是不是如此？恐怕也只是嘴巴不说而已。英雄惜英雄，却都自认为高对方一等，这是很有趣的事。文人相轻，又何尝不是这样？

情景说明

鲁肃向刘备讨要荆州，孔明说荆襄九郡理当属于刘备的侄子刘琦，刘备在这里辅佐其侄儿并不为过。鲁肃见刘琦已病入膏肓，便退一步提出刘琦在一日刘备便可守一日，若是刘琦不在了，便要归还城池给东吴，刘备表示同意。周瑜得知此事后，说鲁肃又上了孔明的当。鲁肃说自己亲眼见到了刘琦，料想他活不过半年，到时再去取荆州，刘备就没有理由推托了。

孔明建议刘备率军南征，力夺长沙、桂阳、武陵、零陵四郡。赵云和张飞都请命出战桂阳，孔明让他俩抓阄来决定，却故意在两张白纸上都没做记号。最后，孔明派赵云攻打桂阳，张飞攻打武陵。

要点解析

1. 鲁肃来访，说荆州理应属于东吴，孔明如何因应?

鲁肃来见刘备，不得不照孙权和周瑜的意愿来讨荆州。在这件事中，最为难的就是他了。周瑜有什么事都让他出面，刘备有什么话也让他去传，他夹在中间，自然很为难，但好在他把这个角色扮演得很好。他说荆州理应属于东吴，因为之前曹操虽说要吞并江南，实则是要图刘备，幸亏东吴将士杀退曹兵，救了刘备，因此荆州九郡合当归于东吴。而今刘备用计，夺占荆襄，使东吴空费钱财军马而刘备坐享其利，这恐怕于情于理都说不过去。鲁肃讲得和他心里想得是一样的，所以讲得很理直，却不气壮。很多人喜欢理直气壮，殊不知真要理直气壮那就拍桌子翻脸了。鲁肃是理直气和，因为只有保持和气，双方才好继续合作下去，毕竟两家将来还是要联盟的。否则如果弄得两边关系决裂，就算能把荆州要回去，也是得不偿失。

2. 孔明说，荆州原来是刘表的地盘，鲁肃有什么话说?

孔明自然也有准备，他说荆州原本是刘表之地，刘备乃刘表之堂弟，刘表虽亡，其子尚在，以叔辅侄而取荆州，有何不可？若堂兄弟都不能拿，那东吴外姓人又何以随便入主？中国自古以来就注重宗族关系，更何况当今是刘氏天下，而刘备乃当今皇上的亲叔叔。孔明这样一说，鲁肃也无言以对，只好和刘备协议公子刘琦在一日刘备便守一日，若刘琦不在，便要归还荆州给东吴。

3. 周瑜责怪鲁肃上当，鲁肃说刘琦活不过半年，合适吗?

刘琦是刘表的长子，而荆州只是个州郡，并不是个国家，所以他自然没有资格叫太子，而只能叫公子或长公子。孔明说刘表死后，其位理应让其长公子刘琦继承。鲁肃却说荆州若确为刘琦占据，则刘备要以叔辅侄也尚在情理之中，但而今刘琦远在江夏，不在荆州，刘备要以叔辅侄恐怕有些说不过去。因为鲁肃也必须尽他的责任，不然回去是无法交差的。孔明老早就算到鲁肃会这样说，他将病重的刘琦请出来让鲁肃看看，至于刘琦究竟有没有病得那么重，我们就不得而知了。只是孔明让这样一个刘琦出现在鲁肃面前，一会儿再讲刘琦在一日刘备便守一日，鲁肃也比较容易接受。因为他一看刘琦活不久了，回去也好推托。如果刘琦还很年轻气盛，鲁肃就不可能同意了，因为回去没法交差。所以任何一个环节都是孔明精心的安排，使得鲁肃根本没办法抵挡。

鲁肃回去后，周瑜怪他中了孔明的计，说刘琦正当青春年少，如何就能死去？他若不死，这荆州又何时能还？鲁肃当然料到周瑜会问这个问题，他说自己亲眼所见，刘琦已病入膏肓，活不过半年。当然，鲁肃也不是存心要诅咒刘琦，只是如果不这样说，无法向周瑜交代。

4. 孔明建议刘备南征，取长沙、桂阳、武陵、零陵四郡，这是为什么？

因为孔明知道，在这个节骨眼儿上，周瑜肯定会千方百计地逼他们交出荆州，现在如果不赶紧往南争取更大的地盘，将来有一天真要把荆州交出去，那不是又没了立锥之地吗？对任何一股势力来讲，地盘都是非常重要的。从黄帝开始，中国人的国防政策5000年没有变，以后也不会变，四个字讲完了，叫作“固本安边”。“固本”是指好不容易有了这块地盘，一定要尽力固守住，历代没有哪个皇帝会违背黄帝的这种原则。“安边”是指要尽量跟周边的势力建立良好的关系，慢慢扩展自己的地盘。

5. 赵云和张飞争着要打桂阳，孔明为什么抓阄决定？

照理说孔明是军师，应该可以决定谁去谁不去，但他此时却比较为难。因为如果让赵云去，就会得罪刘、关、张三人。就算他们一再地说不介意，心里头也会有个疙瘩。如果决定让张飞去，那赵云就会觉得自己毕竟是个外人，慢慢就会产生距离，这是孔明很不愿意看到的。有人的地方就有派系，这种感觉是真实存在的。但是以孔明的立场，他是不可以有派系的，所以他要慢慢去化解，化到赵云跟张飞之间没有界限，而不是越来越分离，这才是他要做的事情。

孔明对每个人的性格都很清楚，他知道自己无法公平地处理这件事情，因为张飞脾气不好，万一被赵云抓到要去的纸条，他发脾气抢过去，那岂不是对赵云不公平？所以硬要把张飞和赵云放在同一个天平上来称，那才是不公平。因为看似不公平才是真公平，看似公平则根本就是假公平。孔明现在看起来很公平，实际上他知道不可能用那种假公平来处理这件事情，所以他让两人抓阄，让他们凭运气，谁抓到谁去，而不是由自己来发号施令。

三国之道

有人的地方就有派系，但派系是可以化解的。

6. 孔明用两张白纸，是不是要弄赵云跟张飞两个人？

表面上看起来是，实际上却不是。因为孔明知道如果在纸上写上字，万一赵云抓到了要去的纸，张飞非闹翻不可，所以他弄两张白纸，随他们怎么抓都是一样的结果。而且这还会给张飞一个很好的提醒，就是不能再这样闹了，再闹下去大家永远都是分的，所以张飞后来慢慢走上和谐的路子，跟孔明的教化是分不开的。我们一再说张飞跟刘备在一起很占便宜，跟赵云在一起也很占便宜，现在跟孔明在一起更是占便宜。当然，这里所谓的占便宜不是真的占便宜，而是说张飞跟他们在一起会慢慢地成长，这才是真正的占便宜。

情景说明

桂阳太守赵范得知赵云前来取城，便开城投降。他表示既然两人同姓又同乡，不如结拜为兄弟，赵云欣然同意。赵范想将其寡居的嫂子嫁与赵云，赵云却突然翻脸大怒，说兄弟之间不能做这种荒唐事。赵云将此事告诉刘备和孔明，刘备笑言也要为其做媒，赵云却仍然不肯，刘备叹子龙真丈夫也。刘备请赵范不要责怪赵云，仍封赵范为桂阳太守。

张飞没有费力就拿下了武陵，并要继续攻打长沙。这时关羽赶来，借口说是来看望大家的，引得大家哈哈大笑。最后孔明派关羽去攻打长沙。

要点解析

1. 赵范与赵云有多重关系，结为兄弟是不是合适？

既然刘、关、张可以结拜为兄弟，赵云跟赵范本来既是同宗，又是同乡，现在再结拜为兄弟，当然更好。但赵云也有顾虑，他想刘、关、张三人结拜，我们也搞结拜，是不是有点要跟他们分庭抗礼的味道呢？当然刘备可能不这样想甚至反而会说结拜很好，但赵云却必须要想到，这是他非常聪明的地方。所以刚开始他觉得好不容易有个太守跟自己同姓，而且还很愿意跟自己结拜，于是很快就答应了。但后来一喝酒，越想越不对，然后就借赵范要嫁寡嫂给他的事来改变心意，就是因为他改变了思维，想到了这一点。这也是他在很短的时间内出尔反尔，跟平常的表现不太一样的原因。

2. 赵范要赵云娶其寡嫂，赵云为什么大为生气？

因为这只是赵云借题发挥的一个导火索。如果他真是因为赵范要把守寡的嫂子嫁给自己而大发脾气的话，那也太不通情理了，而他平常并没有这样不通情理。所以他开始同意结拜，后来却大发脾气，是因为他越想越觉得不对，越想越觉得对刘备集团的利益不好，可他又不能反悔，于是就借题发挥，而且借得非常好，时机既对，对象也很合适。

很多人觉得赵云是认为赵范的嫂子就是他的嫂子，再嫁给自己就有些乱伦才大发脾气的。其实古代嫂子再嫁给弟弟的案例有很多，并不算乱伦。而赵云也不是故意要借此表示自己对女色很严谨，否则就太标榜自己了。他真正的出发点是为了刘备这个集团的利益，至于他个人的利益则很少顾虑。这点跟西方的武士不同，西方的武士很重视情，爱情在生活中同样占了很大的比重。但中国人是不讲这一套的，《三国演义》里面没有讲到谁跟谁有感情，我们讲义，西方讲情，两者并不相同。我们从来不提赵云的妻子、家人，就是因为他这类人是为义而活的，至于他们的私生活，我们没必要去关注。

3. 刘备要为赵云做媒，赵云仍然不肯是什么道理？

刘备和孔明一听，觉得赵云根本没必要这样，他又不是柳下惠，而且这也不是什么了不起的事情，可赵云还是坚持不肯，因为他不知道赵范到底是真投降还是假投降。如果赵范真投降，那么跟他结拜就行了，何必还要节外生枝呢？这事也怪赵范做得不够漂亮，他根本没必要这么急，先跟赵云结拜为兄弟，再相处一段时间，等大家真有感情时再让他跟嫂子见面，那时候赵云说不定就没有提防，就答应了。所以我们中国人常说事缓则圆是有道理的，很多事情急不得，一急就会闹得很僵，就像这次差点害得赵范投降都投不成，当然不是明智之举。

4. 刘备请赵范不要怪赵云，有什么用意?

刘备这样说是想告诉赵范大家并没有怀疑他，好让他不要因为此事而失去信心不投降。这里需要说明的是，此时赵范投降刘备跟投降外国是不一样的，因为《三国演义》里的三国其实是一个国家的三股势力，并不真是三个国家，只有汉室才是当时的国。如果赵范是投降外国，那就是汉奸和卖国贼，性质非常恶劣，大家根本就不容许他投降。但现在大家都是为汉室服务，只不过分属于不同的集团，所以就算要投降也只是相当于今天的跳槽，跟投降外国的性质是完全不同的。赵范他到底是真心的还是假意的？这个只有赵范自己最清楚。刘备采用安抚的政策让他不要跟赵云闹别扭，不要生气，就是想把他笼络过来。

5. 张飞轻易取得武陵，又要去打长沙，关羽为什么及时赶来?

关羽并不是来争功的，他只是想跟大家一起分担点责任。所以同样一件事情，动机是看不见的，就看各人怎么想。如果关羽看到张飞、赵云都能立功，自己也想来抢功劳，那就没有什么意思了。他只是想，打仗这么辛苦的事，还是不要老让某一人去承担的好。

如果打仗是辛苦的事情，大家每人都分担一点；如果打仗是容易的事情，大家也各分沾一点；如果打仗是很愉快的事情，大家也都分享一点。不要老累一个人，也不要争什么功，没有什么好争的。

6. 关羽说他来探望大家，为什么惹得大家哈哈大笑?

如果关羽一本正经地说，你们都有功劳，功劳簿都满满的，我不能一片空白啊，那就没有意思了。关羽是个一本正经的人，但再怎么一本正经的人还是会开玩笑的，所以他说：我啊，来看看大家。其实根本不是为了看看大家，谁都知道他的来意是什么，所以大家都哈哈大笑，这是生活很轻松的一面。但关羽这样并不是搞笑，他这是幽默。幽默很好，但搞笑就很糟糕，会弄得我们下一代弄不清楚什么叫幽默，什么叫搞笑，什么叫小丑。宁可当小丑，也不能搞笑，因为小丑一出来，大家都知道他是小丑，当然不会去学他。但现在搞笑都搞得一本正经，小孩看了会认为生活本来就应该搞笑，那就天下大乱了。

情景说明

孔明提醒关羽，长沙城的大将黄忠虽年近六旬，但有万夫不挡之勇，切不可轻敌。关羽却不屑地说，一个老将没有什么好怕的。

得知关羽前来挑战，杨龄主动请缨，降将魏延也请求出战。太守韩玄对魏延一顿挖苦后，便没再理会。杨龄被关羽斩落马下，韩玄大惊失色，黄忠却毫不惧怕，请求出战，后与关羽大战不分胜负。次日，关羽使计将黄忠的战马砍翻，黄忠也摔倒在地，关羽却没有杀他，反叫他换马再战。黄忠惨败而归，韩玄却责怪他没有用箭射死关羽。

当晚，黄忠对魏延诉说心事：关羽讲义气不杀自己，自己又怎么能忍心将他射死呢？可如果不射又违反了韩玄的将令，真不知如何是好。魏延听后，劝黄忠去投奔刘备，黄忠表示忠臣不能事二主。

要点解析

1. 孔明说黄忠老迈却十分英勇，千万不可大意，关羽如何回应？

孔明知道关羽在别的方面也许还会很谦虚，但在武艺方面是不可能谦虚的，他觉得谁都不是自己的对手。既然这样，孔明跟他讲这些是不是唠叨了点呢？当然不是。就算关羽听不进去，但孔明讲了以后他还是会有个印象，到了紧要关头还是会产生作用的。所以孔明尽一个军师的本分，将知道的军情状况都提供给关羽，告诉他去打长沙可以，但要小心黄忠，因为黄忠虽老迈，但很英勇。虽然关羽并不把孔明的话当一回事，但他还是留下了深刻的印象，后来上了战场也产生了很大的作用。

2. 长沙太守韩玄，为什么轻视魏延，当众给他难堪？

并不是韩玄一个人这样，大部分的领导都会这样。魏延是个外来人，刚到长沙没多久就想出风头，那这些老人不是面子全无？所以领导常会给新人一些难堪，主要是为了维护老人的颜面，这一点是魏延不太了解的。魏延有想法也只能跟其他的老人讲，而不能直接去跟太守讲，因为跟其他老人讲是尊重这些老人，直接跟太守讲就是让这些老人没面子。如果魏延能懂得这其中的道理，自然就会少吃一些苦，少受一些罪，但他就是不懂这些人情世故，所以一路都不会顺利。

3. 关羽一刀砍死杨龄，韩玄怕得要命，黄忠为什么毫不害怕?

韩玄是个没武艺的人，只会咋咋呼呼。当关羽来挑战时，杨龄自告奋勇地前去应战，魏延表示也愿同往，韩玄却骂魏延：轮得到你吗？我这里大将如云，你闪一边去。结果杨龄出去就被关羽一刀砍死了。韩玄本来就胆小如鼠，也没见过什么大世面，现在更是吓得要命，这时又有一个人站出来了，他就是黄忠。黄忠跟关羽一样身经百战，他们都不把对方放眼里，其实也是一种大将风度，表示除了对自己有信心之外，还对老天有信心，相信老天会让自己继续打下去，这才是真正的信心。黄忠有信心，关羽也有信心，他们两个谁都不怕谁，这就叫作旗鼓相当。

4. 黄忠中计倒在地上，关羽为什么不杀他，要他换马再战?

一方面因为关羽讲义气，另一方面则是孔明的功劳。关羽并不是个以杀人为乐，以破敌为目标的人，他为了整体的利益，想到攻打长沙，如果长沙太守肯投降，那是最好的，可以不用杀人；但长沙太守不肯投降，那就只好刀枪相见了。现在他使计让黄忠倒地，想起孔明曾提醒他黄忠是个很英勇的老将，再加上他自己也看出黄忠是个很讲义气的人，所以才让黄忠换马再战。只要是讲义气的人，关羽就非常看好。当年虽然关羽跟张辽是对手，但见张辽很讲义气，所以还是放了他一马。在关羽看来，天下人分两种，一种是讲义气的人，一种是不讲义气的人。讲义气的人他会特别客气地对待，现在他觉得黄忠出征并没有错，而且还很讲义气，所以自己不杀他，再给他一次机会，让他心服口服，说不定他还会来投降，这也反映了关羽深谋远虑的一面。

现在黄忠从马上摔倒在地，而关羽却在马上坐得好好的，刀就在手上，只要一挥，黄忠的头就掉了，所以黄忠当时认了，心想死在关羽手上也不算耻辱，于是没有反抗，也没请求关羽饶他一命，而是头一偏，等着关羽动手。但关羽并没有杀他，这让黄忠也觉得关羽这个人了不起，讲义气，既然关羽讲义气，自己就不能不讲义气，所以他往后的表现都受到了这次的影响。

5. 韩玄怀疑黄忠不射关羽，黄忠内心又实在不忍，如何是好?

黄忠除了善于用刀之外，还有个绝技，就是箭法非常之高明，能够百发百中。所以当他败下阵来的时候，韩玄就责怪他明明可以一箭把关羽射死，为何不发箭。黄忠也是个讲义气的人，关羽饶了自己一命，自己却要把他射死，除了传出去不好听之外，自己的良心也会不安，所以当他换马再上战场时，他的确很挣扎。凭他的箭术确实可以一箭射死关羽，但他下不了手，所以只是射中关羽的盔缨，提醒他，让他赶快撤退，但这样韩玄就更有证据了。

有时候我们觉得战场上就是凭武艺，其实不见得，战场上真正的搏斗还是在内心，那种没有语言、不见刀光剑影的对话才是关键。如果关羽一上去就把黄忠杀了，那他就失去了一个将来的好战友，因为黄忠后来对刘备的帮助是很大的。同样，如果黄忠不讲义气，就算关羽饶了他一命，他还是要把关羽射死，那他也不一定好过。如果是那种一辈子也不懊恼、不后悔的人还好，但他是个会反省、会检讨自己的人，以后的日子就将在自责中度过。这两个人，一个不愿意杀掉黄忠，一个不愿意射死关羽，这是最好的对话，促成了他们将来共事的因缘。

6. 魏延劝黄忠弃韩玄归刘备，黄忠为什么不肯?

魏延就像现在的一些人，经常跳槽，所以他叫黄忠跟他一起跳槽去投刘备算了。虽然他讲的道理很对，韩玄根本就没有资格当领导，追随这种人的确不会有前途，但黄忠却认为自己既然投了韩玄，就算死也不能做反叛的事，魏延要跳槽可以自己跳，他不干，这就叫人各有志，每个人有每个人的想法，我们没有办法相提并论。

三国之道

人各有志，每个人有每个人的想法，我们没有办法相提并论。

情景说明

两军再战，黄忠虚射两箭后，在韩玄的逼迫下，第三箭无奈射中了关羽的盔缨。韩玄大怒，怀疑黄忠有私心，以通敌之罪要将黄忠杀掉。众将纷纷求情，韩玄却言：谁再求情，便是黄忠的同党。见此情景，魏延号召大家杀了韩玄，迎接关羽进城。

待刘备等人进城后，孔明一见魏延便命人将其拿下，说魏延不忠不义，要先将他斩了，以绝后患。关羽与刘备都为魏延求情，孔明这才饶了他一命，并警告他不要再有异心。

黄忠整日闭门谢客，不肯做降将。刘备亲率孔明、关羽等前往拜访，黄忠被他们的诚意打动，终于归顺。

要点解析

1. 黄忠射中关羽盔缨，韩玄为什么要杀他?

韩玄是个怀疑心很重的人，我们常说怀疑心重的人通常警觉性也高，如果韩玄的怀疑心用得恰当，那就会变成警觉性，并没有什么不好。可他现在的警觉性很低，怀疑心却很重，可见怀疑心和警觉性并不是在任何情况下都相等的。韩玄一味地猜忌、怀疑，对部属完全不信任，连黄忠也怀疑，可见他对部属完全不了解。他觉得黄忠明明可以射死关羽却只射中盔缨，明显是跟关羽有勾结，如果不杀黄忠，自己就完了，所以很不客气地喊着要杀黄忠。黄忠武艺那么高强，还会怕一个没有武艺的太守吗？但当太守下令要绑一个将领时，将领是不能反抗的，否则就是造反了，跟投降没有什么两样。黄忠既然不愿投降刘备，自然就不会公然反叛韩玄，所以当韩玄说要将他绑起来杀掉时，他也没有反抗，只是反复说自己没有罪，因为他心安理得，只能这样做。

2. 魏延看见黄忠被绑，趁机号召众人反韩玄迎关羽合适吗?

从某个角度来说，魏延这样做的确是很合适，因为像韩玄这么坏的太守，根本没必要再跟着他。何况现在反叛的机会也来了，黄忠是大家心目中的好将领，对长沙有过功劳，把他留下来对长沙绝对有好处，可韩玄身为长沙太守，居然不明是非，侮蔑忠良，还要杀了他，这时魏延趁机号召大家杀了韩玄并没有错。但从另一个角度来讲，魏延毕竟是一个新来的人，当初如果觉得不合适可以自己走，可他当初没走，现在反而鼓动这些老人一起杀掉韩玄，其实也是一种不义之举。

可见同样一件事情，从不同的角度看，会有不同的说法。只有具备自己的衡量标准和理念，才能够当机立断，做自己该做的事。魏延觉得既然韩玄不好，现在又有机会，于是选择反叛，我们说他这种个性的人脑后面有反骨，意思就是，既然他今天会反叛韩玄，将来也照样会反叛其所跟随的人。但也不能一概而论，不能因为一次的表现就论断一个人。

3. 孔明为什么一见面就叫人把魏延拿下?

孔明出山前，曾对当代的大人物逐个做个案研究，但那时候的魏延是个无名小卒，在孔明的个案研究里根本没有魏延，所以他完全凭第一印象，见魏延脑后有反骨，不管三七二十一就喊人将他拿下，说他将来是会背叛刘备的。倒是刘备自己觉得不可能，何况人家来归降，如果把他杀了，那其他人还敢来吗？所以刘备是不赞成的。魏延就像一个很被董事长赏识，但又被总经理当作眼中钉的可怜人，从这一小段就可以推知就算他将来全心全意跟随刘备，过程也会很坎坷。

第一眼就被认定是一个会造反的人，而且永远不会改变，这就是魏延给孔明的第一印象。孔明看他第一眼就要杀他甚至临死还想到要杀他，可见给人第一印象的重要性。我们不要用第一印象去论断别人，但是一定要谨防别人用第一印象来论断我们。魏延就是没有注意这一点，让孔明第一印象就觉得他现在会反叛，将来还是会反叛，所以要干脆斩了他以绝后患，幸亏刘备救了他一命。这种情形下的魏延是很为难的，如果他聪明的话，可以做两件事：一件就是彻底改变自己给人家的观感，也就是改变自己的习惯和作风；第二件就是找机会离开，因为孔明毕竟是刘备集团的关键人物，第一眼就让他看不顺眼，除非有办法改变他，否则将来是很辛苦的。

三國之道

我们不要用第一印象去论断别人，但是一定要谨防别人用第一印象来论断我们。

4. 关羽和刘备都不赞成杀魏延，孔明如何处置？

孔明当然只能接受关羽和刘备的意见，暂时留下魏延。但他警告魏延，既然来到这里，就不能再有反叛的观念和想法。魏延将来如果能好好改变自己，使孔明改变对他的印象，两人自然会相安无事。所以两人将来的关系如何，还得看魏延自己。

5. 关羽说黄忠闭门谢客，羞做降将，刘备亲自拜访，是不是有效？

当然有效。我们可以想一下，如果不是魏延，黄忠早就一命呜呼了，更不会有以后的发展。但两个人的命运就是这么不同，大家都很看重黄忠，刘备甚至还带着关羽去跪请他共同为汉室的中兴而努力。可魏延呢？孔明是怎么看怎么不顺眼。可见人各有命，这点也是不能否认的。只是对于命的理解，大家要花点时间好好去体会。

刘备亲自去见黄忠，黄忠还拿个毛巾盖住眼睛，说自己没脸见人。黄忠越是这样，刘备就越器重他，关羽也越觉得自己当时没杀他是对的，甚至连孔明都觉得他了不起、有骨气，将来他来到刘备集团，大家自然会特别器重。

6. 黄忠备受感动，终于归顺刘备，有什么启示？

这一路看下来，很多人越是想投降，别人越不愿意接受；越是不想投降，别人偏又看中他，这是第一个启示，黄忠就是个例子。魏延一开始就想投降，大家都不把他当回事，觉得他现在会投降，将来也照样会投降别人，这种坏习惯是很可怕的。可黄忠正好相反，他坚持不投降，大家反而很郑重地去请求他，晓以大义，说他这种精神很令人佩服，但大家都需要他。第二个启示是，要让大家器重自己，得自己有资本才行。如果黄忠体力衰弱，武艺不行，斗志也不够，那他不降就算了，没有人会在意，反正是废物一个了。所以说难听点，只有不断地充实、提升自己，才有价码去跟别人讨价还价，就是这样而已。

黄忠是如此，往后的一些将领也是这样，我们可以一个一个来观察。

四十二　巧施美人计

赤壁战役，孙权好像除了讨荆州之外，没有什么事情可以做。他愈想愈气，打仗的好处，全给了刘备，当然心有不甘。周瑜指责鲁肃全是他惹的祸，于是讨荆州的重责大任自然落在鲁肃的肩上。鲁肃很明白孔明联吴抗曹的策略，十分确定，因此出手不敢太重，结果弄得两面不是人，十分为难。这时候刘备丧妻，周瑜认为是大好机会，建议孙权假意把妹妹嫁给他，以便诱刘备过江，要挟交回荆州。孔明将计就计，刘备也半推半就，只苦了赵云，要在美人计当中扮演吃重的角色，同样是吃力不讨好。

情景说明

公子刘琦因病身亡，鲁肃借吊丧之名，前来请刘备按以前的约定归还荆州。刘备没有作答，只是让其饮酒再议。几杯酒后，鲁肃又开口相问，孔明脸色大变，斥责他不通情理。孔明言辞犀利，说得鲁肃哑口无言。鲁肃坦承当初刘备说等刘琦去世就还荆州时，自己曾在周瑜面前全力担保，现在翻脸变卦，恐无法回去交代。孔明转怒为笑，说可让刘备立下暂借荆州的文书，等取得西川后再还。此时鲁肃除了同意外，也别无他法。待刘备写下文书后，鲁肃特意请孔明签字作保。

要点解析

1. 公子刘琦因病身亡，鲁肃来讨荆州，刘备如何因应？

刘备此时是不可能归还荆州的，因为他总共就这么点地方，如果真的还给东吴，自己便无立锥之地了。再说他也没有理由要还，因为本来就没有借。我们今天老讲“借荆州”，这个“借”字是从哪儿来的？完全是凭空生出来的。这时鲁肃来讨荆州还没有“借”这回事，只是说荆州应该归东吴，刘备就应该给东吴，没有借也没有还。

刘备当时说荆州是他堂哥刘表的，现在长侄刘琦在这里，自己只是辅佐刘琦，帮助他管理这个地方。为此，鲁肃还在周瑜面前给刘备做过担保，说刘琦最多活不过半年，就让刘备暂且呆在荆州，等不了多久，他就得退出去了。现在刘琦死了，鲁肃很快就过来讨荆州了，因为他有来自孙权和周瑜的压力，不得不来。

鲁肃来讨荆州，刘备自然没有话讲，但孔明就有话说。所以两个人要搭配，就是这个意思，如果都采取同样的态度，就没有弹性了。上次是刘备说话，孔明从旁协助，这次就变成孔明当主角，给鲁肃一番说辞了。

2. 鲁肃有任务在身，一直催问，孔明翻脸指责，是什么道理？

因为孔明再不翻脸，这个戏就唱不下去了。他再说好话也没有用，再怎么样也不能变出一个公子来，所以孔明干脆就采取翻脸臭骂鲁肃的方法，说如果没有刘备的帮助，东吴根本打不过曹操，自己不借东南风，东吴更不能火烧曹军。孔明这一堆理由不无道理，他让鲁肃不要咄咄逼人，说没办法还荆州给东吴。孔明现在变得很强硬，其实他的如意算盘很简单，就是我高姿态，你就不敢那么高了，因为他抓准了鲁肃有一点跟他是一样的，就是认为两家不能闹翻，所以他知道自己再凶，鲁肃也不会跟他翻脸，知己知彼，才能够控制自如。如果鲁肃也会翻脸，孔明就不可能这样高姿态，他跟鲁肃相处这么久，知道鲁肃一直坚持两家要和好，不能闹翻的理念，所以他现在采取高姿态，顺便把其中的理由说清楚，让鲁肃无话可说。

3. 孔明为什么上一次不这样理直气壮，反而用一个“借”字惹来这些麻烦呢？

孔明上一次用“借”完全是为了拖延时间，根本没有借的意思。他只是想暂时找个理由，让鲁肃回去好交差。所以“借荆州”并不是事实，孔明从来没有向谁借过荆州，他当时用这个“借”字，是为了让鲁肃有一个台阶下，回去可以禀报说将来有借有还。而究竟什么时候还，就要等以后慢慢再说了，这才是孔明的真正用意。

4. 鲁肃坦白承认自己很困难，孔明为什么转怒为笑，请刘备立借据？

因为孔明知道如果再这样下去，鲁肃可能也会被逼得生起气来，毕竟他有他的立场。所以当鲁肃承认自己很为难时，孔明赶紧收起生气的面孔，转怒为笑，这才化解了僵局。这是孔明非常高明的外交艺术，通俗的说法叫作外交手腕。一个人，只有随机应变，让对方有面子、有台阶下，才能把事情做圆满。孔明这次就是这样，如果他一直赔笑脸说好话，恐怕并不能解决问题；要是一路骂下去，骂到现在还在骂，大家就一定会撕破脸，所以两种都不是好办法。他先说好话，然后突然间翻脸，现在又转怒为笑，说写个借据，让鲁肃回去好交差。其实这整个过程都在告诉鲁肃，孔明他们是不会还荆州的，只是让他回去好交差而已，孔明的立场是很清楚的。而鲁肃此时表现出他最大的优点，也就是很会顾全大局。他心里也知道，现在或不久的将来要让刘备把荆州交给东吴是做不到的。同时他觉得周瑜多少也有点过分，他甚至还有点怪周瑜，当初要是跟刘备好好商量，说不定会一边分一半的，何必要这样两家相争呢？当然，他还不敢去想孙权是不是也过分。所以此时鲁肃就顺水推舟，趁机下台，虽然知道这个借据没什么用，但还是接受了。

三国之道

只有让对方有面子、有台阶下，才能把事情做圆满。

5. 孔明说取得西川便还荆州，是不是拖延？

答案是肯定的，孔明是想能拖多久就算多久。当然，这一点鲁肃心里也很清楚，但他还是尽自己的责任，问孔明借了荆州什么时候归还，总不能借了不还。孔明说当然还，等取得西川之后便还，因为刘备总得有个根据地才行。鲁肃见孔明说了确切的归还时间，便同意了，一来自己能够回去交差，二来又能够顾全大局，不致让两家翻脸，所以就让刘备立个字据准备带回去。

6. **鲁肃请孔明担任保人有什么用意？**

当初鲁肃说，等公子刘琦不在了就要还荆州给东吴，这是刘备亲口答应的，而且鲁肃还为此在周瑜面前担保过。现在鲁肃请孔明当保人就是要取得一个平衡，免得回去又被周瑜找碴儿。

其实从整个事情的发展可以看出，孔明是不打算还荆州的，因为没有借，为什么要还？可他为什么要找自己的麻烦，弄出一个借荆州呢？我们一直都在传说借荆州，但他向谁借呢？荆州这块地从来没有归属过孙权，又不是孙权家的领地分一块给刘备，怎么能叫借呢？所以是不是孔明一时大意我们不敢确定，但在当时那种情况下，如果不用一个借字，孔明是拖不下去的，非逼到两家翻脸不可，而这又是他最不愿意看到的。可能就是在这种情况下，孔明想来想去，就想出了借荆州这么个点子。然而他说了借之后，将来就要跟东吴没完没了了。本来东吴不敢讲还，但既然孔明说是借的，那东吴就能理直气壮地让刘备还了。很多事情往往为了解决当时的状况而造成很多的后遗症，但有些事情是不可避免的，像借荆州这种事，其实谁都不能怪。它是一种历史渊源，很自然会这样发展。

情景说明

孔明签完字后，说自己是刘备的人，哪有自家给自家作保的，所以希望鲁肃能一起作保，回去对孙权也好交代。鲁肃觉得孔明说得不无道理，于是也签字作保。

鲁肃回来将此事告诉周瑜，周瑜大喊鲁肃又中孔明的奸计了，说孔明名为借地，实则赖账。鲁肃听了，还是不相信刘备会骗自己。

周瑜得知刘备的甘夫人刚去世，便心生一计：可上书孙权，让他把妹妹嫁给刘备，待刘备来到南徐，便可将其囚困起来，用以换荆州。

孙权依周瑜之计，派吕范来见刘备，为其说亲，刘备表示自己刚刚丧偶，与孙权的妹妹年龄也不般配。吕范说这些都不是问题，并说孙权的妹妹与刘备是美女配英雄。刘备犹豫不决，表示要先考虑一下。孔明让刘备应下这门亲事，说这虽是东吴设下的美人计，但此去却一可娶吴侯之妹，二可保荆州平安。刘备虽然有些担心，但为了社稷大业，只得冒险前往。孔明派孙乾和赵云陪同刘备前往东吴。

要点解析

1. 孔明和鲁肃共同担任保人是什么意思？

首先，他们两个担任保人，是对刘备和孙权的一种尊重。因为只有孙权才有权利借刘备土地，也只有刘备才有权利写借据向孙权借土地，孔明和鲁肃只有当保人的资格，而没有写借据或收借据的资格。这个借据既完整，又有很清楚的不同位阶，孙权和刘备看了，心里也会踏实一点。

其次，由于借据是刘备写的，将来要还荆州是刘备去还，孔明却可以赖，因为又不是他借的。所以除非鲁肃拍桌子翻脸决裂，否则孔明已经有胜算了。而鲁肃又是非常不愿意看到两家翻脸的，所以他现在完全是委曲求全，非常值得我们敬佩。跟周瑜比起来，鲁肃的天下观要远超过周瑜，所以后来周瑜死后，鲁肃接任都督，两家仍维持着很好的关系，这都要归功于鲁肃的远见。

2. 周瑜说鲁肃又中孔明奸计，鲁肃为什么还是不相信？

就算鲁肃心里有怀疑，他也要表示不相信，否则这个中间人就没法做下去了。只要他嘴一松动，两边的关系就会变得很恶劣，所以鲁肃坚持自己原则的同时，又表现得很圆融，将中国人内方外圆的做人处事原则实践得非常好，也值得我们对他表示敬佩。

那么鲁肃究竟相不相信呢？应该是半信半疑。因为他长期跟孔明来往，知道孔明是个讲信用的人，从没有骗过他，而这件事会这样拖拖拉拉也不能全怪孔明。正因为鲁肃对孔明有信心，他才会向周瑜表示自己会相信。

3. 刘备丧妻，周瑜建议孙权把妹妹嫁给他，有什么用意？

关于孙权的妹妹嫁给刘备这件事，历史上有两种不同的说法，一种说法是孙权主动把妹妹嫁给刘备的，另一种说法则是周瑜建议的。而这边究竟是刘备自己要接受，孔明却反对，还是刘备有些犹豫，而孔明却尽量说服他接受，也有两种说法。

其实都有可能，因为如果孙权坚决不赞成，十个周瑜也没有用。很可能是孙权看到既然跟刘备打下去不是办法，倒不如把妹妹嫁给他，来一个政治联姻。而周瑜就在旁出谋划策说可以将计就计，先用这个计策把刘备骗过来，然后再杀掉，这种可能性很大。还有一种可能，就是周瑜向孙权献这个计谋。但这样风险性太大，万一孙权翻脸说周瑜拿他妹妹当筹码，那不糟糕了吗？所以两者比较起来，孙权主动提议，而周瑜趁机出馊主意的可能性比较大。

而这边如果说刘备一百个不愿意，孔明却勉强他去，万一刘备有什么闪失，孔明怎么向关羽和张飞交代？然而这种可能性虽然不高，但也不是完全不可能，因为刘备很多事情都会咨询孔明的意见。

我们中国人说幼年丧父、中年丧偶、老年丧子，乃人生三大不幸。刘备中年丧妻，自然会有人来给他做媒。而他又是个政治人物，知道自己如果有机会跟东吴联姻，对将来两个集团的联盟一定很有帮助，所以刘备自己有这种倾向是非常有可能的。当然也可能刘备说这样太危险，然后孔明就劝他机会难得，不可不去，都有可能。

这件事上，四人私底下的情况，我们外人是没有办法完全了解的。不管是历史也好，小说也罢，都不完全是真的，也不完全是假的。我们从多角度去揣摩，同样可以获得很大的乐趣。

4. 吕范代表孙权前来提亲，刘备刚开始为什么不答应，后来又要考虑？

就算刘备一百个愿意，刚开始也要婉拒，因为中国人都是先说不要，然后才站在不要的立场来要。如果他一开始就说好，万一将来有什么变卦，那就丢脸了。所以他一开始就说自己已年过半百，而孙权的妹妹肯定年轻又漂亮，两人不太合适。先推辞一下，等吕范说不会不合适后，他才说先考虑一下再说，这是必然的过程。

吕范奉命过来提亲是满怀信心的，他知道这个婚姻很容易促成，不会有太大的难题。因为孙权都同意了，而刘备这边更是求之不得。这是对两边都有好处的事，刘备当然会很看重，因为他现在非常需要两大集团的联盟。

中国人都是先说不要，然后才站在不要的立场来要。

5. 孔明为什么极力赞成跟东吴结成亲家?

因为联吴抗曹是孔明在隆中时就已为刘备定好的策略，现在与东吴联姻，关系就更牢靠了。何况借荆州这件事还没有完，如果现在与东吴结亲，将来这事自然就容易解决了，所以孔明当然会极力赞成。但如果刘备一开始就跟孔明讲这是个好机会，相信孔明就会劝刘备要仔细考虑，因为两个人只有一个这样讲，一个那样讲，才能将事情考虑得很周全，而这种互动也是非常值得我们参考的。

6. 刘备听说是美人计，十分惊慌，为什么还要去?

中国人的事情，每件事都流传着不同的说法。有正史就一定有野史，有这样的说法就一定有那样的说法，因为我们中国人喜欢从不同的角度来看同一件事情。就算是常人很普通、很美满的婚姻，都有人讲出各种不良的动机，更何况是刘备这种重要人物呢？所以孔明猜测是美人计也是很正常的。

刘备当时的处境是左右为难，一方面他现在很不安全，另一方面他又需要冒险去获得安全，所以一听是美人计，他第一反应就是惊慌得不想去了。孔明没好意思直接说，就算是美人计，刘备也得去，因为整个集团的责任还得刘备来扛，他只是用其中的利害关系来说服刘备前去。他们都不是贪图孙权这个年轻貌美的妹妹，而是完全为了两个集团的联盟。其实孙权也是为了这个，只有周瑜一个人，将所有的事情都搞得乱七八糟。可是周瑜也有他的立场，刘备胸怀大志，而孔明又精于谋略，为了东吴的利益，他这么做也是很自然的。

情景说明

一切准备妥当后，刘备却打起了退堂鼓。孙乾告诉他，自己前去东吴时已见过孙权，孙权同意将自己的妹妹嫁与他，并无异心，现在如要变卦，恐会遭人耻笑。刘备无奈，只得前往。临行前，孔明将三个装有妙计的锦囊交给赵云，让他在紧急时刻依次照计而行。

刘备等人来到东吴时，见岸上无人迎候，不免有些疑惑。赵云想起临行前孔明的嘱托，便打开第一个锦囊给大家看，然后依计行事。上岸后，刘备的随行军士披红挂彩，敲锣打鼓，沿途百姓争相前来观望，赵云趁机告诉他们刘备要娶吴侯的妹妹，大家纷纷向刘备道喜。在百姓的带领下，刘备特意来到乔国老府上，送上珍贵的礼物，以表敬意。

要点解析

1. 刘备想临阵脱逃，孙乾为什么坚持?

自古以来，结婚时的媒人多半是假的，只是临时拉来充数的。真正的介绍人是谁，大家都不太去追究，到时候随便找两个有头有脸的人当介绍人就行了，很早以前就是这样。现在孙权的妹妹要嫁给刘备，有两个媒人。孙权那边派了个吕范，吕范也很乐意，因为这事根本不用伤脑筋，来一趟，说一说就成了。刘备这边派了个孙乾，孙乾也是做顺水人情，去一趟就行了。可孙乾到了东吴后，已经见过孙权了，而且孙权也亲口答应要把妹妹嫁给刘备了。这样事情就大了，所以当刘备想打退堂鼓的时候，孙乾就说不行，现在双方都商定好了，临时变卦，怎么跟孙权交代呢？万一孙权恼羞成怒，派兵来打，那可就坏了大事了。同一件事情，当事人与非当事人的感觉是不一样的。孙权要把妹妹嫁给刘备，刘备是当事人，他一看情况那么复杂，想干脆逃了算了。可孙乾不是当事人，他坚持让刘备前去也并不是有什么恶意，只是立场不同，感受不一样而已。

2. 孔明临别交给赵云三个锦囊妙计，有效吗?

当然有效，不然就不叫孔明了。孔明的厉害不是他有神通、会神算，而是做事之前都会有很周密的计划。他把所有可能变化的状况全都找出来，然后一个一个过滤，每个问题都想出适当的对应之策，这才是他的高明之处。所以在刘备出发之前，孔明就会想刘备这次过去，首先会遇到什么问题。如果刘备一上岸，孙权那边就张灯结彩，有很盛大的欢迎队伍，那就表示孙权是真心诚意想把自己的妹妹嫁给刘备。而如果是假的，孙权首先就会封锁消息，不会有任何动静。万一这件事是假的，怎样才能破了它，让它变成真的呢？孔明这样一步步地推理，一共找出三个很重要的关卡，然后将破解的方法事先写下来，用锦囊包起来，叫作锦囊妙计。如果孔明事先就将这些告诉刘备和赵云，他们是听不进去的。因为事情还没有发生，即使说了，他们也可能忘记，万一忘了那不糟糕吗？最妥当的办法就是把它写下来，装在锦囊里交给赵云，当遇到紧急情况时，让他按次序一个个打开来看，果然非常有效。

3. 刘备过江，怀疑为什么没有人迎接，他在想什么？

刘备是过来人，他也结过婚、娶过亲，见过人家是怎样欢迎未来姑爷的。但现在的情况好像不对，岸上静悄悄的，连个迎亲的队伍都没有，他当然会觉得奇怪，心想：你们到底欢不欢迎我这个姑爷呢？究竟是真要和我联姻还是有别的预谋呢？

这些情况都是诸葛亮事先就预料到的。如果刘备过去，对方很隆重地欢迎，那就不用怀疑，一定是真的。既然敢让大家都知道，还能假到哪里去？可现在没有，岸上静悄悄的，好像并没有人知道，所以就该怀疑这里边有什么名堂或者出乎意料的事情了。于是赵云赶紧把第一个锦囊打开来看，告诉刘备要敲锣打鼓搞得大家都知道。一件事情，只要把它闹开来，假的也会变成真的，这就是孔明的妙计，当然刘备也是欣然接受。

三国之道

一件事情，只要把它闹开来，假的也会变成真的。

4. 赵云打开第一个妙计，结果如何？

结果非常好。中国人敲锣打鼓，其实就是为了让所有听到的人都能够积极地集中过来。大家听到鼓声，很自然就会慢慢向那个地方靠近。所以刘备他们抬着聘礼一打鼓，就召来很多看热闹的人。当大家好奇刘备要与哪家结亲时，他们就趁机宣布刘备要娶的正是孙权的妹妹。百姓们一听，自然很快就会将此事传出去，一传出去就弄假成真了。虽然这件事不一定完全是假的，但事情发展到这个地步，不管里边有没有问题，先把它闹开来也不失为一种良策。

5. 群众挥手向刘备道贺，又带刘备到乔国老府上，为什么这样热心?

中国人本来就很热情，现在大家越来越冷漠，并不是我们本来的样子。以前的老百姓一听到有喜事，就算跟自己无关，也会跟着高兴地一个一个传开来，就像是自己家办喜事一样。何况现在要嫁的是孙权的妹妹，这好歹也是东吴的一件大事，再加上又是嫁给刘备，怎么说他也是当今皇帝的叔叔。这个皇叔要跟孙权的妹妹结婚，当然是大家的事情，所以百姓们很快就热闹起来了。

乔国老是什么人？他就是大乔和小乔的父亲、孙策的岳丈，所以孙权对他也是毕恭毕敬，他在东吴也很有影响力和声望。而更要紧的是，他可以直接去看望孙权的母亲，这个才厉害。当初孔明就想到万一是假的，那就只剩下一条路了：先把这件事张扬开来，使孙权想封锁这个消息都不可能；然后让刘备直接去找乔国老，让乔国老去给孙权的母亲做工作，这样就算孙权要把自己的妹妹嫁给刘备是假的，最后也会变成真的。果然不出所料，乔国老被孔明当作一个棋子，起到了非常关键的作用。

6. 刘备见乔国老，为什么送这么珍贵的礼物?

我们当然不能讲如果刘备不送这么珍贵的礼物，乔国老根本就不会有所动静，但是要表示对人家的敬意，最起码要考虑到他的身份地位。随便送一个礼物，他会觉得你是看不起他，还不如不送。当年有人自以为是地送了个稀世珍宝给慈禧太后，结果慈禧太后却让人扔到地沟里去了。因为你觉得是稀世珍宝，但在别人眼中根本就不算什么好东西。每个人的身份地位跟眼界是相配合的，所以孔明事先为刘备准备好送给乔国老的礼物是的的确确很珍贵的，一方面表示对他的敬重，另一方面也希望打动他的心，好让他帮个忙。这些预料最后都一一在现实中得到了验证，所以我们才说孔明料事如神。但“如神”是指像神一样，实际他并不是神。

情景说明

乔国老得知吴、刘两家联姻后，高兴之余，却又感慨孙权看不起自己，这么重大的事自己都不知道。次日，乔国老去向吴国太道喜，国太确认此事后大怒，让人去请孙权。孙权起初不承认，后见国太果真知道了这件事，便说这是周瑜为夺回荆州设的计，先以联姻之名骗来刘备，再以刘备换荆州，若其不从，就将他杀掉，并不是真要把妹妹嫁给他。国太听了更是生气，责怪乔国老的女婿周瑜竟拿自己的女儿使美人计。如若杀了刘备，自己的女儿就成了望门寡，以后没法嫁人，岂不误了她一生？

乔国老忙上前解围，说这事要怪就怪周瑜，事已至此，不如真招刘备为女婿，以免出丑。国太表示要先看看刘备，如若不中意，任凭处置；如若中意，便要做主将女儿嫁给他。

要点解析

1. 乔国老得知孙权把妹妹许配给刘备有什么反应?

乔国老感觉太没面子了。他想：我堂堂国老，这么重大的事情居然都不让我知道，我以后在东吴还有何威望呢？每个人的身份和社会地位不同，考虑问题的角度也不一样。在乔国老看来，像孙权嫁妹妹这种大事，起码得事先咨询他一下。就算孙权不尊重他，不咨询他，好歹也应该让他知道，现在居然让他蒙在鼓里，还是刘备亲自来拜访他，他才知道有这事，真是太没面子了。所以乔国老决定去找国太，因为找孙权没用，直接找孙权的母亲一问，事情就很清楚了。他这一系列的心理反应和举动，都是孔明事先就预料到的，这正是孔明高明的地方。

三國之道

每个人的身份和社会地位不同，考虑问题的角度也不一样。

2. 乔国老向国太贺喜，国太为什么大怒?

国太心想：我女儿要结婚，我居然不知道，这算什么事呢？连乔国老都觉得太没面子了，国太怎么可能不大怒呢？她觉得孙权太可恶了，别的事情瞒着她，也许是怕她担心或觉得她见识不够，这些都可以理解，但他嫁妹妹这件事不告诉她，无论找什么理由都是说不过去的。所以她当场大怒，二话不说就让人去把孙权找来，也是很合理的。

3. 孙权起初否认，后来坦承是周瑜的美人计，国太为什么更生气?

各位可以将心比心、设身处地地想一想，刚开始孙权还嘴硬不承认，后来没办法，承认了，居然还扯出个美人计，拿自己的妹妹去当鱼饵，这事传出去，她这个当母亲的脸往哪儿搁呢？所以国太当然更生气了。但这也不能怪孙权，因为孙权从小是由国太带大的，他很孝顺国太，平常也很少惹她生气，这次看到她气成这个样子，就赶紧把责任推给周瑜，说是周瑜出的馊主意。而周瑜又是乔国老的女婿，这关系牵来牵去就越来越复杂了，事情也越搞越热闹了。我们中国人在人与人之间的关系方面要比西方复杂得多，西方没有这么多牵来牵去的关系，而中国人一牵，关系就出来了。西方人的称呼很简单，凡是看到跟父亲同辈的男性，统一叫uncle，而我们中国人却有叔叔、舅舅、姑丈等一大堆称呼，而我们的关系相对于西方社会要复杂得多，是因为我们更重视这些关系，所以才会这么复杂。

乔国老一听是周瑜出的主意，就更生气了：没出息的东西，出什么主意不好，居然出这种馊主意！在乔国老看来，孙权不理会他还情有可原，现在周瑜这个做女婿的也不跟他商量商量，简直太不把他这个岳丈放在眼里了，甚至还会有些怪他的女儿小乔。

4. 国太把乔国老一起骂在内，合理吗?

其实这也是人之常情。这个时候的国太看谁都不顺眼，这馊主意居然是乔国老的女婿出的，那他平常是怎么管教的呢？她不骂骂乔国老她会更没有面子，现在骂骂乔国老，表示你也不用笑我，你跟我一样，我是被我儿子耍了，你是被你女婿耍了，我们是一样的。所以人是很理性的吗？不见得。我们中国人不理性，也不感性，我们是全世界都很难看到的情性。我们情性一发起来，几乎是不太讲理的。就像国太平常很讲理，乔国老平常也很讲理，因为如果平常不讲理，也没有那么多人尊重他们。但现在情绪一来，他们也管不了那么多，一样不讲理了，这样才会搞得越来越热闹。

5. 乔国老说只怪周瑜，是不是替孙权解围？

其实乔国老是受国太的暗示，才这么说的。人的胳膊是向内弯的，在国太的心中，周瑜的分量自然没法跟孙权比。不用分什么君臣，就凭她把孙权抚养长大这一样就够了。所以这件事不能怪孙权，只能把责任推给周瑜，这是大家取得的默契。中国人不会说自己来提个议，看大家同不同意，我们通常不用任何人开口，很快就能取得一致的默契。现在大家把所有责任都推给周瑜，他虽然很倒霉，但也必须承担起这个责任。

另外，国太把责任推给周瑜，可以不至于影响到自己跟孙权的感情，因为她要做任何事情都需要通过孙权的帮助，她不能让孙权太难堪，更何况是当着乔国老的面。而乔国老现在替孙权解围，将来自己要有什么影响也比较容易发挥。这样一来大家才知道，中国人通常在场的全都是好人，只有那个不在场的才是坏蛋。现在就很明显，在场的国太、乔国老、孙权谁都不能当坏人，不然就下不了台了，只能把责任推给不在场的周瑜。这种做法从那个时候开始，一直到现在都是如此。

6. 国太为什么要见刘备？乔国老为什么极力赞成假戏真做？

国太的想法很简单，如果自己的女儿要嫁刘备的消息大家事先都不知道，现在倒还可以改。但现在大家都知道了，改了以后让她女儿将来嫁给谁呢？她极力地替自己的女儿考虑未来的幸福，这是一个母亲的必然心态。所以她说既然现在大家都知道了，除非她看不上刘备，可以推掉这门亲事，否则如果刘备让她看上眼了，这件事谁都不要管，她来做主。这也是这件事闹到现在唯一可行的解决方法，大家一听，果然都没话说。事到如今，就算孙权一百个不愿意，也只好应承。就算周瑜再坚持，也无能为力了。

这个结果其实是孔明最想达成的一个目标。孔明想：究竟是孙权真要把自己的妹妹嫁给刘备，还是周瑜想趁机杀掉刘备，谁也不知道，只有他们两个人心里清楚。最好的办法就是就算事情是假的，也要把它弄成真的，这个叫作假戏真做。

孔明的目标已经一步步地在实现，其中国太和乔国老发挥了很重要的作用。而事情发展到这里，我们可以看出来，孔明真的是决胜于千里之外。我们一直很钦佩孔明，就是从他的所作所为里看到了他超人的智慧。

四十三　岳母看女婿

自古以来，丈母娘看女婿，总是愈看愈中意。现代岳母更是不中意也不行，女儿看上的，岳父、岳母通常跟着点头。这是进步还是后退？答案只有一个：你说呢？反正自作自受，与他人无关。但是一家人毕竟不同于外人，似乎应该更加关心才对。国太说要亲自观看刘备，其实心中已经默许，因为事情已经张扬出去，这样做只是找个台阶下，挽回面子而已。刘备长得一表人才，又赶上刚刚占了好地盘，自然看起来有模有样甚至可以说神采飞扬。孙权还不死心，害得贾华依令行事，却被国太问斩，刘备趁机求情，博得国太和很多人的好感，这是刘备一生最为成功的优点。当然，要有孔明在后面支撑，刘备才能放心地挥洒自如。

情景说明

国太要在甘露寺里相亲，孙权很是紧张，担心国太会看中刘备而使事情无法照计划进行。吕范建议孙权不管国太看中刘备与否，都要将其和赵云杀掉。征得孙权的同意后，吕范让贾华率刀斧手埋伏于两旁，以摔杯为号，将刘备赵云尽皆斩杀。刘备照孔明的计策行事，却迟迟没有消息，所以也不免有些紧张，得知国太要相亲后，他更担心自己已年过半百，吴国太会相不中。

第二天，刘备准时去赴约，在甘露寺依次礼貌地拜见国太、孙权及乔国老。国太见刘备气宇轩昂，面露喜爱之色。乔国老赶紧趁热打铁说刘备有龙凤之姿，更有仁德之心，并说国太若能招得如此佳婿，那真是天大的喜事。一旁的孙权却面露不悦。国太并未立即允婚，而是说要重谢两个大媒人。

要点解析

1. 刘备和孙权双方都紧张兮兮，为什么？

照理说，刘备要娶孙权的妹妹，对两家来说算是亲上加亲。他们本来就有军事联盟，现在如果再联姻，彼此会更加信任，应该是件好事，可为什么双方都紧张兮兮的呢？可见他们紧张兮兮不是单纯为了娶亲这件事，而是担心后面事情的演变。刘备怀疑孙权是真要把妹妹嫁给他，还是想要在其中耍什么花样。再加上他又是刚离开自己的地盘来到一个陌生的地方，当然会更加紧张。而孙权则因为完全没料到事情会演变到如此地步，至于下一步该如何走，他自己也掌握不住，所以也有些紧张兮兮。

2. 吕范为什么建议不管国太是否看中刘备，都要斩杀刘备和赵云？

虽然要不要杀刘备和赵云不是吕范所能决定的，但他知道孙权根本不想将自己的妹妹嫁给刘备，而是一心想杀掉他。吕范现在将孙权不能讲的内心想法讲出来，并不是拍孙权的马屁，而是将话讲到让孙权能听得进去，所以他顶多是制造了一点马屁的味道，而不能算是拍孙权的马屁，否则岂不是每个人都在拍马屁了？我们讲话，最要紧的是要让人听得进去，不管他接受与否，我们后面都还有很多功夫可以做，但如果他连听都听不进去，那就是你完全不懂得沟通。如果吕范一开始就说我们要尊重国太，如果国太看中刘备，我们就不能杀他，国太看不中，我们才能杀，那孙权不生气才怪。他会想：你吕范是在对我下命令吗？你以为你是谁啊？所以这种方式是行不通的。而如果吕范说，不管国太看不看得中，都不能杀刘备，孙权也会觉得很奇怪：你吕范凭什么跟我讲这种话，我偏要杀他，而且还要你去执行。所以这事吕范不管怎么说都是自讨苦吃，唯一能免于责难的说法就是不管国太看不看得中，都要把刘备杀掉。虽然他心里头不一定这么想，但只有这样讲孙权才不会生他的气，这是讲话的艺术。

3. 刘备自认不可能被国太看中，他有没有怪孔明让他冒这么大的险?

以刘备的个性，相信他是会的。我们看了那么多遍《三国演义》，觉得刘备一路的表现都很诚恳、老实、实在，他的所作所为都是发自内心的，是很诚恳的。但仍有很多人说他很虚伪，是个伪君子，可见他还是流露出了很多让人怀疑的地方。比如他在逃难的时候要跳河自杀，究竟是真是假，大家见仁见智，各有不同的看法。可见做人的确是很不容易的，刘备要让大家百分之百地相信他，就要比一般人更谨慎、更小心。

现在刘备的心情是很矛盾的，他考虑到自己已年过半百，担心国太会看不中他，万一没被看中，那就糟糕了。究竟要不要去呢？去了之后该如何表现呢？连他自己都犹豫不决，难怪大家会怀疑他。

刘备如果怪孔明，有用吗？也没有用，因为是他自己做的决定，别人不会拉着他的手来，不会拖着他的腿走。所以任何事情，做了就不要把责任推给别人。至于刘备有没有怪孔明，我们不必去体会，只能说他不能怪就对了。

4. 国太见刘备仪表出众，气宇非凡，乔国老和孙权有什么反应?

他们俩的反应完全相反。孙权一百个不愿意看到国太看中刘备，因为国太看不中还好说，万一国太看中了，那问题就大了，他所有的计划都可能要泡汤，所以见国太对刘备比较满意，孙权当然很不高兴。而乔国老刚好相反，乔国老是在非常没面子的情况下才去找的国太，如果国太根本看不中刘备，那他仍旧没有面子。现在国太很满意，乔国老就觉得还是自己有面子，一下就把事情变成这样，可见自己还是很有分量的。人越老越有显示自己地位的倾向，其实这是自找麻烦，乔国老完全不必如此，因为他也是被利用的。但任何人如果在他的立场恐怕都会跟他一样，所以一个人要做到态度和行为百分之百的正确是高度困难的，但我们还是要这样自我要求，才能使自己不断精进。

5. 刘备表现得礼貌周到，是不是获得加分的效果?

这是必然的。一个人给人家的印象好不好，不完全看外表，因为相貌相似的人，有的人很讨人喜欢，有的人就很惹人讨厌，主要看涵养。两个外表相同的人，只要涵养不一样，给人的观感也就不同。那么涵养究竟是什么呢？第一个能表现出来的就是礼貌，礼貌不是要周到，而是要得体。自己是什么样的年龄和身份，就要表现出恰如其分的礼貌。如果刘备此时认为自己再怎么说也是个皇叔，也是一方之主，这样的架势一出来，国太就会想：我有一个孙权就够了，再找一个你来，那你们两个不斗才怪！所以就算她再欣赏，也会顾虑到这一点，说不定就把刘备否定掉了。但刘备没有，他这时候只是人家的女婿，很有礼貌，也很谦恭，国太一看，果然仪表不错，对他的印象也就更好了。

6. 国太要谢媒这话是什么意思?

以国太的身份，她当然不会说自己很满意，这桩婚事就这么定了这样粗浅的话。她既然说要谢媒人，就表示她已经同意了，后面让人去准备仪式的话完全没必要说出来。身份地位不同的人，采用的表达方式也不一样。孙权讲话就跟国太不一样，如果换成吕范，那就更不一样了，他一定要问国太：您觉得可以吗？然后看国太怎么回应，他才知道下面的路要怎么走。所以自己是什么身份，该说什么话，不该说什么话，一定要弄清楚。有人喜欢把话一口气讲完，那完全是自找死路。会讲话的人都是先讲一小段，看看对方的反应再决定下面要怎么讲。国太没必要这么顾虑，以她的身份，一句“谢媒人”足够了，态度已经很明显了。

三国之道

身份地位不同的人，采用的表达方式也不一样。

情景说明

宴上，吕范暗示孙权摔杯，但孙权见国太对刘备很满意，不忍惹母亲不高兴，所以一直没敢下手。赵云进来告诉刘备外面有刀斧手埋伏，刘备立即起身告知国太。国太大怒，随手将酒杯掷于地上，埋伏在外面的贾华听到声响，立即带刀斧手冲进来要斩杀刘备。国太当即叫人把贾华拉出去斩了，刘备赶紧跪拜求情，国太这才饶了贾华。

来到后园，刘备见有块大石头，便仰天祈祷，如能平安回到荆州，成就霸业，就一剑劈开石头。说完手起剑落，石头被砍为两段。孙权正好看见此景，上前问刘备为什么要劈石，刘备说自己问天买卦，如能打败曹操恢复汉室，就将石头一分为二，不想果然如此。孙权表示也要问天买卦，如果能打败曹操，也能砍断这块石头。然而，他却暗自祈祷如能夺回荆州兴旺东吴，就让他斩断此石，然后手起剑落，石头也断成两半。相互恭维一番后，孙权邀刘备欣赏东吴风光，观赏江山美景之余，二人并肩策马奔驰。

要点解析

1. 孙权为什么想要摔杯为号杀刘备，却又不敢下手?

孙权最大的顾虑就是国太，因为他从小就是由国太带大的。而且孙权也知道，自己如果不孝顺国太的话，很难做好一个统帅和君主。所以不管是自愿也好，还是认为必须这样也罢，孙权都对他国太非常孝顺。现在虽然他可以做最后的决定，但在跟国太有密切关系的重大事情上，他还是很尊重国太。因此尽管他已经都部署好了，只要酒杯一摔，手下就会马上行动，可看到国太很高兴的样子，他还是忍住了。

国太认为刘备是个好女婿，而且越看越中意，因为她女儿也到了婚嫁的年龄，再拖下去也不是个办法，而且这事已经闹得大家都知道了，变卦是不得已的事，没什么意外，这婚事就已成定局。所以刘备也不必太高兴，因为他这时候只要有六十分，就等于有了八十分，占了很大的便宜。而孙权相当于帮刘备促成了这门婚事，但他也没有办法，谁让他的计划全都被孔明打破了呢？所以他想了半天，始终不敢下手。

2. 赵云向刘备报告有埋伏，刘备为什么向国太禀报?

如果这次陪刘备来的是关云长，他就不会向刘备报告，因为他只要手按着刀，就会认为不管孙权怎么做，到时候他都能扛住。可赵云不会这样，他毕竟不是刘备的结拜兄弟，所以他还是事先跟刘备报告一下比较好。可见孔明这次不派关云长，而派赵云跟刘备到东吴是很高明的，他希望这件事能和平解决，不到迫不得已万不能闹僵。

赵云跟刘备报告后，如果刘备决定和赵云一起抵抗，结果就是死路一条。刘备也不可能向孙权求情，因为孙权就是要杀自己的人。唯一的办法就是向国太求情，说有人要害自己，请国太做主。在场的人里国太最大，除非国太不在，现在国太在，刘备没有别的选择。所以赵云适时做了最佳的选择，刘备也做了当时最好的决定。

3. 贾华依令行事，却被国太问斩，刘备为什么反而为他求情?

国太要斩贾华这种事在历史上有很多的案例，我们把它叫作弃车保帅。这件事明明是孙权下的命令，贾华只是个执行者而已，但他能讲自己只是奉令行事，要怪就怪孙权吗？如果他真这样说，孙权也可能死不认账，说自己根本不知道有这事，贾华事前也没跟自己商量，甚至还可以骂他大胆，居然敢做这种事。因为事情最后总得有人顶罪，此时除了贾华还有谁？这就叫作借人头。当年曹操叫王粮官把大斛换小斛，结果士兵闹起来，曹操也是借人头，将王粮官杀掉了。这种借人头主义说文雅一点就叫弃车保帅，自古以来都有。

刘备为什么要替贾华求情呢？因为他必须得求。国太心里清楚，如果自己这时候不说要斩，那是吓唬不了孙权的，说不定他后面还会打主意要把刘备干掉，所以国太下最大的决心让孙权放弃杀刘备，同时也让他知道：有一个人会求情的。如果这个人不求情，那国太还会重新考虑：他有资格做我的女婿吗？所以刘备替贾华求情是理所当然，势所必然的。要是他这时候不求情，就显得太不会做人了，那他所有的仁慈就都是假的。现在刘备替贾华求情，既为自己留下了一条宽路，又送了贾华一个人情，还使在场的其他人都很感动。不用花一两银子就能收买那么多人心，刘备何乐而不为呢？其实这也正是刘备的长处所在，我们不必怀疑他虚不虚伪，现在他替贾华求情，最起码说明他是非常通人情的。

4. 刘备在花园抽剑劈石暗祷，他在祈祷什么?

刘备现在是问天买卦，看自己能不能娶到孙权的妹妹吗？当然不是，命都快没了，怎么可能还会想这种事？他只是看自己能不能平安地回到荆州而已。可当孙权问他的时候，他敢讲这种话吗？当然不敢，他只能讲一些冠冕堂皇的话。有时候，再老实的人都没法把心里话说出来，就像刘备此时一样。所以不要老骂别人卑鄙，说他们没说实在话，那是唱高调，是不得已的。

三国之道

有时候，再老实的人都没法把心里话说出来。

5. 孙权为什么也跟着向天问卦?

很简单，孙权想：你刘备一刀能把石头砍断，难道我就做不到吗?我也做给你看看。这才是他内心真实的想法。但是他会直接讲这种话吗?当然不会，他又不是小孩子，小孩子会说你劈开了，我也要劈给你看，我劈的石头比你的更大，那是小孩子幼稚，所以我们不能把大人当小孩看，更不能要求小孩像大人一样，这都是不对的。孙权心想：老天爷会站在你那边吗?他是站在我这边的，不信就试试看。他想既然刘备劈得断这里的石头，就表示这里的石头是很脆的，所以他也很聪明，就近选了块石头来劈，果然“啪”的一下就把石头劈开了。而至于向天问的什么，他也没有讲真话，因为他知道刘备讲的肯定也是假话。这种假话不叫欺骗，叫作虚安，就是两边都是虚的，但是能求得和谐。如果两边都讲真话，两个人动刀砍起来，对谁都没有好处。

6. 孙权为什么陪刘备欣赏风光，又并肩策马奔驰?

事情既然已经演变到了这个地步，他们两人也应该修修好了，要不然以后怎么相处呢?孙权是个聪明人，刘备也不简单，所以他们两人再虚情假意，此时也要礼貌一番。何况如果能借此消除心中的一些不快，磨合彼此之间的感情，对双方都有好处，所以他们这样做合情合理。

情景说明

甘露寺逃过一劫，刘备心知孙权不会善罢甘休，自己仍处于危险之中。乔国老将刘备的忧虑告知国太。国太当即下令，让刘备等人搬到府内暂住，等待完婚。

孙权派鲁肃将刘、吴联姻已成定局的事通知周瑜，并问他下一步该怎么办，周瑜责怪自己误了孙权的大事，懊恼不已。

几天后，刘备与孙夫人举行婚礼。新人依俗行一拜天地、二拜高堂、夫妻对拜之礼。国太见自己女儿有了好归宿，喜极而泣。当刘备拜谢媒人吕范时，吕范很是尴尬，无奈地叹了口气。刘备有惊无险，抱得美人归，当然欣喜万分。入洞房前，赵云特意上前提醒刘备要珍重，刘备告诉赵云尽可放心。

要点解析

1. 乔国老报告有人要加害刘备，国太如何处置?

国太在没有看到刘备以前，可能还会替孙权想一想，觉得孙权这样做可能也有他的道理，因为他毕竟要维护整个东吴的发展。可是当她看到刘备后，觉得刘备果真名不虚传，因此下定决心要把女儿嫁给他。在这种情况下，任何人要加害刘备，国太都是不允许的。所以她的态度很显然就是要加强防备，保护刘备，甚至还让他迁至府内居住，说明她已经把刘备当自己人而不是外人看待了。

2. 男女结婚为什么要拜天地、拜高堂，还要双方对拜?

结婚拜天地、拜高堂，表示结婚的两人除了自己不忘本之外，还要让自己的子孙也永远不忘本。而两个人互拜则表示两人从此就是夫妻了，要患难与共，携手度过一生，因此以互拜来表示自己对结婚的慎重。

中国人最看重的就是做人不能够忘本，这也是我们孝道的根源。我们将孝道看得那么重，并不是父母要求的，如果父母要求子女孝顺，那和做生意投资要回报一样，没有什么亲情。中国人重视孝道，就是要不忘天地的大恩，因为没有天地就没有男女，没有男女就没有子孙，没有子孙人类就会灭绝。只要太阳不出来、河水不流动、空气不流通，就不可能有人类的存在，所以人活着，首先要拜天地。

我们一有如意的事就说谢天谢地，所以结婚的时候要一拜天地，表示我们不忘本。然后拜高堂，表示如果没有父母，就没有两个人今天的婚事，所以要很隆重地拜谢双方的父母。而双方对拜就是要用烦琐的结婚礼节使大家明白，结婚这么累的事，一辈子有一次就好了，多了会很累的。现代人结婚很简单，既轻松愉快，又可以收红包，所以很多人觉得完全可以多来几次。千万要记住：离婚是会养成习惯的，太轻松地结婚是会企图下次再来的。我们中国人做任何事情都有其深刻的用意，现代人多用西方肤浅的眼光来看祖先留下的深层道理，难怪会看不懂。

三国之道

不忘天地的大恩，是中国人孝道的根源。

3. 国太为什么喜极而泣？娶媳妇跟嫁女儿心情有什么不同？

嫁女儿和娶媳妇都是喜事，但是嫁女儿的心情总是有些难过。女儿跟自己这么久了，现在就要到一个陌生的环境去生活，做父母的自然会担心她能否适应，将来会过得怎么样。娶媳妇就不一样了，相当于家里添了一个人，自己清楚自己以后会照顾她，把她当女儿来看。

外国朋友懂得中国人的一些道理后，会觉得我们《易经》蕴含的道理远超过了科学所能了解的事情。比如“物极必反”的观点，就要比科学灵光得多。就像真正悲哀的人是哭不出来的，所以有时候哭得很厉害反而表示他还不够悲哀。而喜极而泣，高兴到最后连眼泪都掉下来了，也是《易经》物极必反的道理。科学虽然很重要，但科学没办法揭示宇宙所有的奥秘，它所能做的仍很有限。

4. 事情发展到这种地步，周瑜和孙权有什么感想？

此时最难过的就属周瑜了，他觉得事情发展到这个地步，自己的责任重大。一个好部属就应该像周瑜这样，有好事情都说是孙权领导有方，把功劳让给领导；有坏事情就全揽在自己身上，说是自己没有做好，才使事情变成这样。事实上大家都不敢骂孙权，全都骂周瑜，这种事情世世代代都不会改变。

如果周瑜要把责任推给孙权，会推得掉吗？不可能。孙权可以很轻松地把所有责任推给周瑜，但周瑜要想把责任推给孙权是很难很难的。既然这样，周瑜就干脆扛起来，至少这样孙权还会替他分担一点，但他要想推给孙权是不可能的。有些部属会把责任推给老板，说权责合一，但那些都是外国人的思想，在中国根本行不通。所以这时候的孙权虽然很懊恼、很后悔，但他见周瑜主动将责任承担了下来，也就没太计较了。因为他毕竟是当领导的人，必须要有较大的度量。但周瑜就不一样了，他见自己以前要杀孔明杀不掉，现在要杀刘备也杀不掉，当然会越想越气。

5. 赵云请刘备珍重，刘备为什么要他放心？

赵云跟了刘备这么长时间，对刘备也是相当了解的。他知道刘备一旦结婚以后，心情肯定会放松甚至都不会想到荆州的事情。从这里我们也可以看出来，后来刘备的儿子阿斗被人家骂为乐不思蜀，就是因为他遗传了刘备的DNA。刘备已年过半百了，现在娶了个老婆，居然什么都忘记了，阿斗后来也不过跟他一样。所以看一个男人，要看他的父亲如何，因为他迟早跟他父亲一样，阿斗就是很好的证明。

此时赵云请刘备珍重，刘备当然让他放心了，因为他这时还没有入洞房，但一入洞房就头昏眼花了。人就是这样，在没有进入那个情境以前，总是自信满满的，一旦进入那个情境就把握不住了，所以还得靠平时的修养。

6. 吕范的表情怪异，他此刻的心情如何？

我们每次去参加婚礼，谁是媒人大家也知道，但那是形式的，是临时抓公差充面子的，很少说媒人就是真的介绍人。吕范就是个奉公行事的媒人，他还曾建议孙权把刘备杀掉，但现在他建议要杀掉的人却站在他面前给他鞠躬道谢，他当然会感觉怪异，心里也觉得好笑：我这究竟扮演的什么角色呢？人世间的事情通常就是这样，真真假假，虚虚实实，变幻莫测，所以才说它无常。

情景说明

洞房前，刘备见侍女持刀而立，问是何意，侍女说孙夫人自幼喜欢习武，故常如此。刘备说洞房是喜庆的地方，放置兵器让人心寒胆战，于是孙夫人命人将兵器都撤去。喝过交杯酒后，刘备感慨自己奔波一生，不知何世修来的福分，能娶得孙夫人这样的娇妻，令孙夫人不胜娇羞。

周瑜不甘心促成刘备、孔明的好事，又心生一计。他分析刘备奔走天下，从未享过荣华富贵，如今为其修建宫殿，送美色珍玩让其享用，使他分开于关羽、张飞之情，远离于诸葛亮之策，然后东吴再趁机发兵荆州，大事定成。孙权见此计不错，同意依计而行。

要点解析

1. 洞房摆设兵器，刘备不安，孙夫人为什么答应搬走？

孙夫人并不是想以此来吓唬刘备。如果她平常房间里没有这些摆设，现在却摆出来，就表示她有意要考验刘备是否真有胆识。但这样一来也会使夫妻感情受到损伤。孙夫人并不是这样，她是因为从小喜欢武艺，所以房间里一直有兵器的摆设。这些兵器不过是以前摆上没撤罢了，并不是故意用来吓唬刘备的，所以听刘备一说，孙夫人立即就让人搬走了。

2. 刘备说奔波半生，不知何世修来此等福分，合适吗？

任何人都可以讲这种话，唯独刘备不能讲。因为一般人怎么讲也只是他们两口子的事，讲完也只有他们两个知道，所以无所谓。但刘备是公众人物，他讲的话是会传出去的，他应该自己提高警觉，以防这些话传出去后对自己不利。现在他刚刚死了夫人，就急急忙忙又找一个，还讲这是他的福分，那诸葛亮、关羽和张飞又算什么呢？他们跟随刘备岂不算白搭？所以是刘备自己破坏了团队的士气，只是他还不知道。

西方人是有国教的，所以西方领导人怎么讲上帝都没有错。但中国是宗教最自由的国家，并没有国教，既然没有国教，公众人物公开讲佛祖或上帝就会惹人不高兴，因为不应该。现在有些人娶了个太太就说是上帝给他的最好礼物，父母过世的人还算有资格讲这种话，但现在的年轻人父母还在时也这样说，做妈妈的在旁边就会想：那我算什么呢？上帝没把我算在内，你也不把我当回事？岂不会引起很严重的后遗症？任何公众人物都要提高自我警觉，有些话别人可以讲，作为公众人物就是没有资格讲。刘备就是因为没有这种警觉性，所以一生的发展都受到了很大的限制。

3. 周瑜不肯罢休，要软禁刘备，以美色丧其心志，孙权是不是同意？

周瑜之所以不肯罢休，是因为他越来越没有面子了。一个人在没有面子的情况下，最好的办法就是扳回面子，这是人之常情，周瑜也不例外。他知道事情发展到这个地步，传出去自己就变成大笑话了，所以他一计不行再生一计是必然的。孙权和周瑜决定以美色丧其心志，可见他们对刘备还是相当了解的。他们决定盖豪华的房舍庭院，然后再精心布置，让刘备在里面尽情享乐，从而忘记外面所有的事情，这样即使他有自由，也跟软禁差不多了。只要隔绝他跟外界的通信，使他整天跟夫人在里面恩恩爱爱，那他要活多久都无所谓，因为已经是废人一个了。至于刘备自己有没有意识到这一点，我们就不得而知了。

4. 孙权下令大兴土木，为刘备修筑宫殿，多送美色珍玩，有效吗？

当然有效。一个人到了刘备这样的年纪，很难过得了美人关。过得了就是能成大事的人，过不了还觉得这样的人生很美满，就像到了天堂一样，那整个人就报废了。这得看个人的造化，刘备现在就面临着造化的考验了。美色珍玩是让一个人意志消沉、志气毁灭的最好办法，所以大家要修炼好如何去渡过这一关。

5. 周瑜费尽苦心，多次设计陷害刘备、孔明，为什么都不能如意？

如果周瑜有老天的观念，懂得自我反省，那他就有救了。照理说，他要想杀人是件很容易的事，可为什么偏偏刘备和孔明几次都杀不掉呢？他应该好好想想：为什么这两个家伙那么难缠？是不是老天要我改变一下思维，调整一下方向呢？如果我不杀他们，而是跟他们好好合作，老百姓是不是会更欢迎，对双方也更有好处呢？周瑜如果能这样想，他后半生的命运就完全不一样了。所以人的命运不是在自己的手中，而是在自己的心中，也就是一念之差。如果周瑜觉悟了，知道碰到孔明这种人，除了跟他好好合作学习外，没有第二种选择，那双方都会很愉快，为什么斗又斗不垮他，还非要坚持下去不可呢？当然，要做到这一点也确实不容易，周瑜就做不到，虽然他很聪明，但他就是喜欢钻牛角尖，就是做不到，杀不死还要继续执迷不悟，这就叫一而再、再而三地重蹈覆辙。最后他发现自己的方向弄错了，但为时已晚。

人的命运不是在自己的手中，而是在自己的心中。

6. 现代社会还有人施行美人计吗?

现在社会不但有施行美人计的，而且还很多，不仅存在于刘备这样的政治关系中，就连商业界也经常使用。卖保险的保险卖不掉，把自己卖掉，保险就能成交了。保险是附带的，自己的美人计才是主要的，这类人活得实在是可怜。以前我们中国人强调衣服要穿得严密，就是希望大家不要把自己的美色露出来，以防走上歪路。但现代人的衣服全敞开了，觉得自己这么美，一定要跟大家分享，自己拍还不够，还要放到网上让大家都看看，这就是美人计。如果用美人计还卖不掉，那就变死猪肉了。这种人自己不了解，还以为这就是跟国际接轨，就是现代化，其实两个字讲完了：无耻。一个社会如果无耻到这个地步，那也不必看什么《三国演义》了，看《三国演义》看到刘备这段就完全被这个美人迷住了，那这个人就完全没希望了。因为她带给你愉快的同时，也会将你害得很惨，所以此时要更小心才对。我们常说英雄难过美人关，如果连美人关都过不了，那还有什么资格叫英雄呢？不要往自己脸上贴金说自己是英雄，所以才过不了美人关，真正的英雄有胆识、有眼光，是不会陷入美人关的。

四十四　能放也能收

孔明把刘备放到江东，如果收不回来，也就是刘备没有办法返回荆州，那算什么策略？周瑜的问题，就是把孙刘联姻的意思放出去却收不回来。两人的高下，即在一放一收之间，大家心里十分明白。偏偏周瑜当局者迷，不能改变态度，诚心和孔明取得妥协，结果赔了夫人又折兵，被后代子孙永远当作笑话看待。眼看生米煮成熟饭，周瑜一计不成，再生一计，希望通过美人和舒适的生活把刘备软禁起来，相当于废人一个，和杀掉他差不多。但是孔明技高一筹，还是把刘备带回了荆州。周瑜气急败坏，大叫一声，再度昏倒在船上，他这种老毛病，迟早要他的命。

情景说明

吕范带刘备和孙夫人观看为他们新建的园林，问刘备是否称心。刘备对此赞不绝口，并很快迁入新园中居住，整日与孙夫人嬉笑玩娱。

张飞见刘备这么久了还不回荆州，深夜跑去问孔明是何原因。关羽拦不住，便一同前往。坐下后，张飞示意关羽去问孔明，关羽不肯。张飞只得自己问孔明，说刘备去东吴已有数十日了，为何还不归来。孔明说快了，年底不回，年初一定会回。张飞笑说到时若刘备还不回，他就向孔明要人。

赵云见年关已近，想和刘备商量回荆州之事，却被刘备拒之门外。无奈之时，赵云忽然想起临行前孔明送与自己的三个锦囊，于是赶紧打开第二个来看，一看便豁然开朗。

要点解析

1. 吕范问刘备对新居是否满意，刘备有什么反应？

照理说，吕范是不应该这么问的。因为万一引起刘备的怀疑——这当中是不是藏有什么阴谋？——那就弄巧成拙了。好在刘备当时没有这种警觉性，所以一问一答，就这么轻松地过去了。

刘备当时很单纯，好像忘记了自己的身份、地位与任务。他对新居声称很满意，简直就是个普通人，而不是那个胸怀大志，一心想匡扶汉室的刘皇叔。可见，人很容易受到环境的影响。刘备如果有足够的警觉性，就应该时刻牢记自己不仅仅是来当新郎官的，还肩负巩固孙、刘两家联盟的大任，绝对不可以掉以轻心。

2. 刘备整日与孙夫人嬉戏，是不是乐不思荆州呢？

我们不能责怪孙夫人为了哥哥孙权而故意牺牲色相来使刘备意志消沉，因为她完全没有那方面的歪心思。只是她现在的角色是刘备的妻子，在闺房之内，她当然应该让刘备尽量不要操心外面的事，过一种愉悦的生活。

所以最主要的原因在刘备这里，是他自己对孙夫人欲罢不能。他这个时候完全沉浸在浓情蜜意之中，却没有考虑如果放弃了建功立业的志向，如何向关羽和张飞交代？三顾茅庐把孔明请下山来，现在自己为了女人而乐不思荆州，又该如何面对孔明？

3. 关羽、张飞深夜问孔明，刘备为什么不回来，孔明如何回答？

以张飞的个性，他恨不得马上拿根麻绳去东吴把刘备捆回来，可想到刘备几次教导他不可以鲁莽行事，所以他只能作罢。而张飞想到孔明身为军师，全权代理一切军政大事，况且刘备还是他送过去的，过了这么久刘备还没有回来，孔明当然要负责任，所以张飞决定向孔明要人，这是张飞很可爱的一面。

相对于张飞而言，关羽就比较慎重了。张飞示意他去问孔明，可他觉得这种事情还是由张飞来问比较好，自己不便去问。因为他心里很清楚，这件事怎么能怪孔明呢?

张飞忍不住开门见山地问孔明，说大哥一走已数十日，怎么还没有音讯呢?孔明悠然自得地告诉关、张二人，说刘备很快就会回来了。可张飞还是不放过他——很快，快到什么时候?孔明说，若年底不回，则年初定会回来。孔明这么说是有依据的，因为在刘备去东吴之前，他就算好可能出现这种情况，而且已将锦囊妙计交给了赵云。

4. 赵云求见刘备，刘备也不相见，如何是好?

赵云的武功和对刘备的贡献都不在关、张二人之下，而且他的职务是将军兼管家，直接管到了刘备的私生活，正因为如此，他始终都很委屈。俗话讲，管家三年，连狗都嫌，更何况是人呢?难怪刘备每次看到赵云，总有种怪怪的感觉，搞得赵云也不知所措。其实刘备最尊重的还是关羽，其次是张飞，他对赵云很欣赏，可总感觉有点距离。所以除非万不得已，部属还是尽量少参与领导的家事为好。

可为什么每次有这类事情，孔明都会派赵云去呢?因为赵云的个性比较随和，很适合完成这种任务。而关羽宁肯去打仗，也不愿承担这种任务，张飞就更不必说。当然，赵云也未必愿意接受这种任务，只是他推不掉而已。

三國之道

除非万不得已，部属还是尽量少参与领导的家事为好。

5. 孔明的第二个妙计，对赵云有没有帮助?

当然有帮助。赵云见出来已有些时日了，可刘备还是乐不思归，似乎完全忘了当初的任务。他想去见刘备，可刘备并不肯见他，他总不能破门而入吧?正感到束手无策之时，赵云想到了临走前孔明给他的锦囊妙计，于是拆开第二个一看，立即豁然开朗。

6. 孔明果真未卜先知，料事如神?

孔明的确是料事如神。这个“如”字很重要，意即只是像神，而不是神，孔明只是能够把未来的事情推算得很准确而已。

中国人最仰望得道高人，而所谓的得道高人，说通俗点，就是智慧开了的人，这种人能够很清楚地预知未来的变化。一个人能把事情做得很好，我们只说他很专业，并不会说他是得道高人；一个人很会讲话，我们也只会说他能说会道，并不会很佩服。而孔明对未来的事情了如指掌，是因为他很会推理，知道事情的发展总离不开“理所当然，势所必然”这八字定律，相当值得我们敬佩。

情景说明

赵云谎称荆州军情紧急，让人前去通报刘备。刘备火速赶来见赵云，赵云告诉他，军师密使来报，曹操为雪赤壁之耻，已举50万精兵杀奔荆州而来，情势危急，请刘备速归。刘备表示回荆州之事要与孙夫人商议才行，赵云劝刘备瞒下此事，当夜就启程返回荆州，刘备却让他不必多言。

刘备回去告诉孙夫人荆州之事，孙夫人表示一切唯刘备是从。刘备感动不已，泪流满面，却又恐吴国太和孙权不会让他二人一同离去，因此愁苦不堪。孙夫人献计趁次日正月元旦拜贺之时，借口去江边拜祖，然后不辞而别。

周瑜当夜得知刘备与赵云见过面，立即下令让人盯紧刘备的行动，并派人日夜查看江面水路的可疑船只。

第二天正月元旦，刘备和孙夫人一起去见吴国太。孙夫人请求吴国太答应刘备去江边祭拜自己已亡的父母，吴国太说此乃孝道之举，孙夫人应与刘备一同前往祭拜才对。孙夫人谢过吴国太后，亲自为吴国太梳头。

要点解析

1. 刘备闻听荆州军情紧急，为什么要和孙夫人商量回荆州？

刘备当然不会娶了娇妻就忘了一切，他只是暂时性地迷糊了一下。现在，赵云依孔明给他的第二个锦囊妙计，谎告刘备，说荆州军情紧急，刘备一听，连根据地都快不保了，自己还好意思留在东吴吗？所以急着想赶紧回去。可见孔明的这个妙计是非常有效的，正好刺中了刘备最担心之处。

在刘备看来，如果荆州没事，他根本没必要急着回去，完全可以在东吴多度几个月的蜜月；如果军情不紧急，孔明就可以做主处理，何必非要自己着急回去呢？现在就连孔明都说军情紧急了，可见荆州那边的事情非同小可，所以他才想速速回荆州。可是刘备刚刚新婚，跟孙夫人的感情也很好，他不忍一个人偷偷溜走，于是决定硬着头皮跟孙夫人商量一番。

2. 赵云催促刘备，反被阻止不必多言，刘备为什么变成这样?

赵云一再催促刘备回荆州，惹得刘备有些不高兴，可见家务事难管。尤其是牵扯到感情，基本没有什么道理可讲，因为那是相当情绪化的事情。刘备心想：你赵云又不是我，怎么知道我此刻的心情？再急也要给我时间准备，怎么能说走就走呢？但他不方便这样直言，于是干脆就对赵云说，不必多言！要是在以前，刘备是绝不会跟赵云讲这种话的，因为那时候没有感情因素在里面。但现在，刘备生怕节外生枝，闹得将来不可收拾，所以他想走得漂漂亮亮的，至少也要保证孙夫人的安全，这一点是赵云无法顾虑到的。

每个人都有自己的立场，都有自己的苦衷。正所谓，家家有本难念的经。对赵云而言，他现在最难念的经就是如何将刘备安全地送回荆州。可刘备不一样，他现在是东吴的女婿，不能说走就走，那样传出去也不像话，可是如果他跟孙权明言自己要走的话，孙权又不会放过他，所以如何处理好家务事之余，又能安全地离开，是刘备当前最难念的经。

3. 孙夫人说一切唯刘备是从，刘备为什么泪流满面，愁苦不堪?

孙夫人有很好的教养，她从来不过问政治，对政治也不敏感，否则一结完婚就会主动提出跟刘备回荆州。可见孙夫人缺乏政治细胞，而喜欢武艺也只是她的一个爱好，因此她不会主动问刘备何时回荆州，这也是刘备的一个大负担。

刘备硬着头皮告诉孙夫人，说荆州军事危急，自己要速速回去。没想到孙夫人非常通情达理，一切唯刘备是从。刘备最擅长哭，现在他又拿出这招来感动孙夫人，使得孙夫人的心慢慢地从吴国太那边转移到他身上。看到这里，我们就不会责怪刘备之前那样对赵云讲话了，因为他是要等时机成熟了再走。

4. 周瑜据报得知赵云见过刘备，为什么下令部署防务？

周瑜是战略专家，脑筋转得非常快。他听说刘备见过赵云，敏锐地感觉到事情可能要有变了，而且他之前吃过孔明不少亏，知道孔明可以在千里之外控制一切，于是赶紧派人密切注视刘备的动向，如有情况就急报孙权，并且下令水军密切注视江岸与江面，一有可疑船只就立即出动，等于堵住了刘备逃走的所有关口。其实周瑜这样做也是尽自己的本分，因为他要对东吴有所交代。一个军人能有如此强烈的责任感，很值得我们学习。

5. 刘备为什么以祭祖为名，要离开江东？

刘备想带孙夫人一起走，可是又怕吴国太不舍，况且孙权也不会让他们二人一同离去，因此想与孙夫人暂时分开，到时再来接她。没想到孙夫人想出了借口去江边祭祖，然后不辞而别的办法，刘备一听，觉得此办法甚好，因为祭祖是个很正当的理由，谁都不会反对。

我们看完这里，会觉得刘备是个很用心的人。他没有告诉孙夫人，自己处境危急，孙权和周瑜一天到晚想杀自己，自己随时都有丧命的危险。否则孙夫人没准会说，他们有什么好怕的，我去告诉母亲，叫他们无法伤害你。那样的话，事情就越搞越复杂了。可见即使夫妻之间，也不能无话不谈，尤其是此时的刘备，确实不宜讲太多，但这跟欺骗无关。

三国之道

即使夫妻之间，也不能无话不谈，这跟欺骗无关。

6. 孙夫人要替国太梳头，国太有什么感觉？

国太感觉很奇怪，心想：我这个女儿，从小只喜欢武艺，何曾给我梳过头？其实孙夫人是想借梳头告诉母亲，自己要离开一段时间，只是她不方便直言。可见女儿跟妈妈再亲，也有难言的时候。如果孙夫人告诉国太，说她和刘备是想以祭祖为名，偷偷逃回荆州，国太也许会舍不得孙夫人，从而马上通知孙权，那样他们跑不掉不说，还可能丧命。所以，有些事情时机未到就是不能说，哪怕是对自己的母亲。但这绝不是欺骗，而是暂时的隐瞒，将来总有实情相告的一天。

情景说明

得知刘备携孙夫人往江边而去，东吴众臣虽担心不已，可是又不敢叫醒酒醉的孙权。后来张昭赶到，才斗胆上前叫醒孙权。得知刘备逃走，孙权大吃一惊，立派陈武、潘璋二人领兵前去捉拿。程普说孙夫人刚烈，恐陈武、潘璋等人拿她没办法。孙权又立派蒋钦、周泰二人拿他的宝剑前去捉拿刘备，并说若有不从者，可拿此剑取他妹妹和刘备的首级。蒋钦、周泰二人领命而去。

见前有周瑜派来的将士，后有东吴的追兵，赵云赶紧将孔明给他的第三个锦囊交给刘备。刘备看完后立即请孙夫人下马车，并坦白告之孙权将她嫁给自己，是想将他困于东吴寻机杀掉的意图。孙夫人见孙权不以自己为亲骨肉，完全把她当牺牲品，于是也不顾兄妹之情，将追赶而来的陈武、潘璋和周瑜派来的将士全部骂退。

要点解析

1. 大家不敢唤醒孙权，张昭为什么敢把他叫醒？

如果孙权此时是清醒的，得到情报后就会马上下令追杀刘备，那样结局就会大不相同。可他偏偏酒醉睡着了，而且睡得很熟，以致大家都不敢叫醒他。这从孙吴的角度来看很不巧，可从刘备的角度来看却很巧。是谁做的这样的安排？是老天爷！一切都是老天爷的巧妙安排，让孙权偏偏在这样的节骨眼儿上睡着。

东吴的众臣虽担心不已，可又没人敢去叫醒孙权，生怕惹怒了孙权会没命。最后还是张昭叫醒了孙权，因为只有他这个三朝元老有这个资格。中国人有事情的时候总喜欢推来推去，但我们不是盲目地拖拉，而是把事情推给最合理的人。此时张昭就当仁不让地站了出来，否则谁也不敢承担那严重的后果。

2. 程普料陈武、潘璋不敢擒拿孙夫人，孙权再派蒋钦、周泰前往，难道他们不怕孙夫人吗？

周瑜一开始派陈武、潘璋前去捉拿刘备，可是程普深知，只要孙夫人一句“我是孙权的妹妹，你们怕周瑜，难道就不怕我吗”，他们必当辱命而回。于是孙权决定再派蒋钦、周泰带自己的宝剑前去捉拿刘备和孙夫人，并下令违抗者可拿此剑取其首级。可是事实证明，他们去了也是白搭。孙权没有处理此类事件的经验，又忙中出错，因此只能眼睁睁地看刘备与孙夫人逃回荆州。

3. 赵云为什么将孔明的第三个锦囊交给刘备，结果如何？

赵云给我们的印象是万人敌，但他此时却表现得跟以前大不一样。他不像当年长坂坡救阿斗一样杀得敌军望而却步，而是很冷静地将孔明的第三个锦囊交给刘备。刘备一看，果然不出孔明所料，当自己带着孙夫人离开东吴的时候，孙权和周瑜想方设法前来阻挠，而此时已是山穷水尽，唯一的办法就是将实情告知孙夫人，此时只有她能帮自己挡住吴军的追赶。

4. 刘备说，孙权以孙夫人为饵，要加以杀害，孙夫人如何回应？

刘备的内心还是希望这桩婚姻能有个圆满的结果的，一来自己能有个贤内助，二来也可以巩固孙、刘两家联盟，所以他始终没有把事情的丑陋真相告诉孙夫人。现在大家身逢绝境，前有周瑜的大军，后有孙权的追兵，几乎无路可走，所以刘备只得按照孔明的计策，把孙权将她嫁给自己的意图告诉孙夫人。孙夫人听后当然很生气，以前她还挺尊敬孙权这个哥哥的，可现在得知他为了达到自己的政治目的，居然不择手段地把她这个妹妹当牺牲品，她心中是既痛苦又失望，于是挺身而出，先后将孙权和周瑜派来的几个将领全部骂退。可她毕竟势单力薄，那些将领刚开始还受她的吓阻，可后来迫于孙权的威势，就会慢慢不买她的账了。

一个人在平常时期有平常时期的言行态度，非常时期有非常时期的紧急措施，这就叫作应变能力。如果刘备始终不肯将真相告知孙夫人，这个局就没办法解开了，最后只会聪明反被聪明误，难逃死路一条。

我们还可以看到，如果没有刘备的高度配合，孔明的神机妙算也没有用武之地。同样，刘备这么谨慎小心的人，如果没有碰到孔明为他出谋划策，同样也会无能为力。君臣之间只有取长补短，密切配合，才能形成强大的团队力量，单打独斗往往只会与敌同归于尽。

5. 诸将既奉了孙权的命令，为什么不敢杀害孙夫人?

照理说，孙权已经下了命令，就算孙夫人是他的亲妹妹，诸将也可以照杀不误。但实际上如果真的杀了她，回去却也不一定有好下场。因为他们毕竟是亲兄妹，自古疏不间亲，历史上也有太多值得大家警惕的典故。所以诸将虽然奉了孙权的命令，可还是不敢对孙夫人下手。

6. 赵云英勇过人，为什么始终不动?

如果赵云只顾表现自己而导致主公丧命，那岂不贻笑于后世？况且孔明之所以派他前来，就是因为他做事谨慎，不会鲁莽，知道孙、刘两家是要长久地合作下去的，要维持住友好的气氛，能不打尽量不打。刘备应该为自己的集团有这样智勇双全的人才而感到庆幸。

情景说明

刘备等人逃至刘郎浦时，蒋钦和周泰追赶而来。孙夫人见他们有孙权的宝剑，知道自己已无能为力。刘备惊慌失措，感慨自己要死于刘郎浦。这时，赵云忽然看到江面有船驶来。刘备已无路可走，只好让众人赶紧上船，却发现孔明从船舱走出，刘备等人惊喜不已。

周瑜得知情况火速赶来，可是孔明等人已先行一步离开了。周瑜率水军追赶，直至上了对岸仍不停歇，不料没追赶上刘备、孔明不说，反中了孔明之计。周瑜大怒，却只得抱头而归。蜀军在江边大喊“周郎妙计安天下，赔了夫人又折兵”，周瑜气得金疮迸裂，晕倒在船板上。

要点解析

1. 前有大江，后有追兵，刘备为什么怪罪刘郎浦?

中国人做什么都喜欢找理由，也很会找理由，再加上我们有5000年的悠久历史，资料库非常丰富，理由随便都是，因此我们是世界上有名的理由专家。但很多时候，我们找理由是为了把责任推出去，以表示自己很无奈，并不是自己的错。刘备现在就是如此。他看到“刘郎浦”三个字，觉得难怪自己会倒霉，原来一切都是注定的。其实这仅仅是巧合而已，只是刘备当时惊慌失措，怕会死于此地，因此才会说出这番理由来。

2. 赵云看见江上有船，为什么不知道那是孔明派来的?

这就是孔明的高明之处。孔明只在第三个锦囊妙计里告诉刘备要将真相告知孙夫人，却没有讲自己会亲自来接。如果他将这一点加注在第三个锦囊妙计里面，刘备和赵云就会完全松懈下来，很可能在援军未到之前就被追兵追上杀光了。另外，孔明也是想趁机让刘备知道——你每次能够死里逃生，都是大家绞尽脑汁算计的，你不要不以为然。对刘备而言，这种机会教育是很必要的，否则他总是有恃无恐，指望着孔明来救自己，以后的日子会更难过。

3. 孔明及时来救刘备，他怎么算得这么准?

如果真是孔明算得准的话，他为什么不提前一两个小时到呢？孔明是会算，但他无法算得百分之百精确。气象台的仪器如此精密，人员如此用心，可还是经常测不准，因为测完以后天气还会继续变化。正所谓天有不测风云，就是老天永远不会让你测得那么准。如果我们借助科学就能掌握一切，还要老天干什么呢？如果人类是主宰，天底下的人那么多，到底要听谁的呢？所以，科学固然很重要，但有些事情还是交给老天爷比较愉快。

4. 周瑜赶来，才发现孔明又先走一步，他为什么经常算不准呢?

其实，周瑜也算得很准。每次孔明要做什么，周瑜都算得到，只是他总是慢半拍、迟一步而已。可见料得准也一定要提前才能有效，那就是要恰到好处。周瑜为什么气？周瑜心想自己料得这么准，居然还是慢了半拍，说明孔明比他算得更准，所以周瑜当然会生气。如果你很准，而我不准，那我服你，可事实是，孔明只是比他更准。既然如此，周瑜为什么总是跟孔明格格不入，而不谦虚一点、度量宽大一点呢？跟一个比自己高明的人合作不是更能学到东西吗？但周瑜就是做不到，因为他认为自己只比孔明差一点点，并没有输给孔明。

日本人对中国人跟周瑜对孔明的情形很像。日本人之所以总是挑衅中国，就是因为他们觉得中国并没有比他们厉害很多，了不起就是比他们早发展1000年而已。日本从唐朝开始学我们，所以认为不就是前面那1000年不如中国吗？为什么老是赶不上呢？他们很难咽下这口气。如果日本人能够了解1000年就是1000年，这个差距是永远存在的，从而谦虚一点，有什么不好呢？

5. 军士大叫“周郎妙计安天下，赔了夫人又折兵”，是不是太过分？

《三国演义》之所以脍炙人口，能在华人世界产生如此巨大的影响，就是因为其中的很多典故根深蒂固地印在了中国人的脑海里，随时可以拿来运用。像周瑜的这次遭遇，就给我们带来很多的启发和教训，因此“赔了夫人又折兵”这句话一直到现在都很流行。

如果你觉得孔明让军士对着吴军喊“周郎妙计安天下，赔了夫人又折兵”太过分，那你的平衡点就有点倾斜了。孔明起码还没有动杀周瑜的心思，可是周瑜在合作之初就处心积虑地想杀死孔明，难道他就不过分吗？其实，这也是老天给周瑜的最后一次警告——你要改变自己，不能怨天尤人，更不能总是戴着有色眼镜。可惜周瑜没有听到。

6. 周瑜为什么气得昏倒在船板上？

周瑜并没有觉悟到这是老天在提醒他，否则他会改变心态，告诉刘备说自己并不是来追杀他的，只是想好好地欢送他回去。这样不管是真是假，起码会让双方的敌对心理减弱一点。然后再慢慢调整，逐渐消除彼此之间的隔阂，相信会对双方大有益处。可是周瑜只知道生气，而且盛怒之下还昏倒在了船板上，可见他以后的日子注定会更不好过。

曾仕强点评三国之道

第三部 大意失荆州

曾仕强——著

北京时代华文书局

开篇语

《三国演义》《西游记》《水浒传》这三本好书，深受我国广大人民的喜爱，也影响了一代又一代的中国人。特别是《三国演义》这本书，不仅我们中国人把它当成宝贝，不断地吸取其中的道理，而且整个亚洲都深受其影响，有些国家甚至还把它列为教科书。取名叫作《三国演义》，就说明它不是历史，也不是故事，更不是小说，而是要通过三国里面的众多人物，把这个“义”字活生生地“演”出来，让我们知道公义的要紧、正义的重要，还有道义的神圣。公义、正义、道义，都有一个共同的“义”字，而这个“义”字正是我们中华民族最重视的精神，用现在的话来讲，那就是凭良心、讲道德、重伦理。

21世纪我们逐步迈向全球化，全球化最要紧的，就是凭良心、讲道德、重伦理。否则大家勉强凑在一起，也无法做到和而不同。我们这个时候把《三国演义》里面的公义、正义、道义发扬出来，影响到全世界，对世界大同一定有很大的贡献。

第三部　大意失荆州

说『大意』，其实并不是如此。很多人都有责任，不能完全推给关羽。因关羽而得荆州，因关羽而失荆州，这当中的道理十分耐人寻味，很有趣。

第三部　大意失荆州

目录

曹丕继任魏王，不到一年便把献帝的皇位窃夺掉。这是曹操处心积虑所安排的重大后事，曹丕只是听命完成而已。但是这样一来，又给司马懿父子上了扎扎实实的一课，将来把曹氏的皇位篡掉，可以说完全是这一出戏的翻版……

刘备的个性似乎是一个阶段只能信任某一个特定的人，有了法正之后，孔明的话就好像听不进去了。刘备急于为关羽报仇，是理所当然。但是孔明劝他先伐魏后攻吴，则是势所必然……

曹操终生不敢篡汉，与刘备有很大的关系。刘备一生最痛恨的，莫过于曹操。孙权再怎么不好，毕竟孙刘联盟，才使刘备占有一席之地。伐吴惨败，使刘备深自反省，实在有愧于汉室，也没有脸回成都，所以他选择将白帝城作为托孤的地点，相当于向世人宣示，他不是良好的政治人物，却情愿担当教化的任务……

阿斗继位时，蜀汉文物人才，除了孔明和赵云之外，几乎全部凋零。战争折损人才，老百姓也跟着倒霉。孔明义不容辞，因为这种情况，和他当年的规划，有十分密切的关系。他知道蜀汉的土地、人力，都远不如魏吴两国。如何稳定局势，再设法有所作为，便是他的当务之急……

有史以来，能够大权在握，代替天子发号施令，却仍然忠心耿耿，对皇位完全没有贪图之心的，只有三位大臣，那就是伊尹、周公和孔明。孔明知道曹丕来明的，孙权来暗的，南中的叛乱和孙权暗中策动有关。所以先平定南方，成为首要的军事行动……

七擒七纵孟获，终于得到心服口服的效果。丞相天威，南人不复返矣！孔明仍然一本攻心的初衷，不留一兵，不置一吏。有人以为不妥，孔明还是坚持……

四十五　无意借荆州

借荆州这一桩无头公案，是无中生有，情急之中生出来的。向谁借？还给谁？何时还？加上怎么还？都大有文章。一拖再拖，终于气死了周瑜。然而，刘备的功业终究也被这一桩公案拖垮。当初的巧思，到头来反而变成关羽的罪名，实在不公平，我们可以说三国因借荆州而成形，也由于借荆州而归于破灭。荆州的重要性由此可见。凭空生出一个“借”字，是孔明的好主意，后来不能善于收尾，则是很多人都有责任。一件事情往往开头容易，收尾难。周瑜首先深受其害，后面还有一连串的纠葛。

情景说明

周瑜自追刘备和孙夫人不成，反中孔明之计后，感慨河水总有入海之时，而人的理想却难以实现，不免令人抱恨终身。

周瑜上表孙权，请求出兵攻打刘备，以雪此恨。孙权却恐曹操趁其与刘备反目之时来报赤壁之仇，虚表刘备为荆州牧，想待日后用反间计使曹、刘相攻，自己再趁机图之，随即便派华歆前去求见曹操。

曹操在邺郡举行铜雀台落成大礼，大会文武众臣。曹操头戴嵌宝金冠，身穿绿锦罗袍，曹氏宗族皆穿红袍，其余将士皆穿绿袍。曹操凭高而坐，观看武官比试弓箭，并言明如能射中箭垛红心者，可得红袍一件，射不中者罚白水一杯。众武将争相使出自己的看家本领。

要点解析

1. 周瑜感叹理想难以实现，是不是一种不祥的先兆?

为什么会突然觉得理想难以实现？这当然是不祥的先兆，周瑜这时应该有一种反省意识，这是老天爷在提醒他，他这辈子大概要到此为止了。如果周瑜能够逆向思考：我一向很有信心，为什么突然变得软弱、消极了呢？是不是应该调整自己的态度和方法？相信结局会大不一样。

比如每个司机都知道，前进不了的时候只能后退。但中国人从来不后退，尤其是打仗的军人。西方人打赢了就前进，打输了就撤退；我们却是换一个方向，继续前进。周瑜如果通过反省，转变一下思路，相信还是可以继续前进的。可他就是想不开，以为只能直线前进，否则理想就难以实现。这种观念给了他很大的压力，并且最终害死了他。

2. 孙权为什么虚表刘备为荆州牧？他安的是什么心?

孙权安的是什么心，其实大家都很清楚。就好比两个人打架，我只想打过你，如果打不过，我还可以逃跑，可现在孙权的处境是既打不过刘备，又没有地方可逃，于是，他自然而然想到了曹操。孙权虚表刘备为荆州牧，就是想把曹操拉进来，进而刺激曹操去攻打刘备，这样就可以鹬蚌相争，他来坐享渔翁之利了。

3. 曹操为什么在铜雀台大宴文武众臣?

曹操这样做也是必然。如果他回去以后，天天下半旗致哀，只会使得整个士气更加低落，所以他一定会想方设法重振士气与军威。曹操决定大宴文武，目的就是想趁机热闹一下，使大家忘记赤壁之战的惨败。而当时铜雀台刚刚竣工，正好可以趁机举行大型宴会，从而凝聚士气，然后重新开始。

4. 曹氏宗族都穿红的衣服，曹操为什么单独穿绿的?

曹操很清楚，如果自己也穿红，显然就是在分派系，表示穿红的曹氏是一派，其余穿绿袍的外人是另一派，那他以后还怎么领导外姓的将领呢？所以，曹操鼓励大家要竞争。老实讲，没有竞争就不会进步，和谐也不排斥竞争，完全没有竞争的和谐是假和谐、和稀泥，但过分竞争也会破坏和谐。可见，同样是竞争，有为了和谐的竞争，也有破坏和谐的竞争，完全靠每个人自己去拿捏。

曹操这一次表现得很厉害，他利用竞争激发起大家向上的热情，又不破坏和谐。他让曹氏宗亲都穿红，而自己却穿绿，这就告诉在场的外姓大臣：我虽然姓曹，但我的心是偏向你们的，大家都是自己人。就这么一个简单的办法，却能收到很好的效果。

三国之道

和谐也不排斥竞争，完全没有竞争的和谐是假和谐、和稀泥。

5. 众将领为了一件锦袍争得十分激烈，是什么道理?

不要以为众将真是为了一件锦袍而拼争，我们中国人常讲，争气不争财，此时众将领争的是气，而非锦袍。中国人爱财不假，可有时候却很轻视财物；中国人重名也不假，可有时候却又很淡泊名利。可见，我们中国人非常有弹性，这种特性说难听点就是摇摆不定，说好听点就是随机应变。

现在，众将并不在乎锦袍是什么布料做成的，值多少钱，值不值得为之拼命，他们只抱有一个观念，那就是不能输，就算得不到锦袍，也不能输，这就叫输人不输阵。所以，两边为了一件不值钱的锦袍全力以赴。当然，这种较量属于内部娱乐，并不伤人。

这也从侧面说明，其实我们中国人是很怕输的，认为一旦认输，一切努力都付诸东流了。此种风气现在在东南亚一带的华侨中还保留得很好，他们之所以能在苦难的环境当中不断成长，就是因为他们具有不服输的个性。中华民族能屈能伸，从不认输，这也是中国人打不死、打不败的重要原因。

6. 射不中目标的只罚白水一杯，为什么罚得这么轻?

因为此时的惩罚并不是目的。如果赏赐很轻，惩罚却很重，说明曹操是存心整人。如果曹操在赛前说，射中红心者可以得到那个锦袍，射不中者罚杖二十，估计很多人会选择弃权，那样的话，此次宴会就失去意义了。所以，奖与惩应当配合起来，重奖才可以重罚，轻奖就应该轻罚。虽然曹操只罚射不中者喝一杯白水，但这个看似很轻的惩罚对受罚的众将而言却意味着荣誉的损失，同样能使他们感到羞愧。

情景说明

晚宴上，一班文臣进献诗章，多有称颂曹操功德之意。曹操却说自己当初只想春夏读书、秋冬射猎，如今身为宰相，位极人臣，已无奢望，并感慨道："国家若无我一人，不知有几人称帝，几人称王！"曹操心知自己位高权重，早有人怀疑他有异心，于是对众臣说自己绝无异心，但也万不会交出兵权，以防被奸徒所害。说到兴起，曹操执笔正要直抒心意，探子来报，汉上九郡大半已被刘备攻占，孙权已将自己的妹妹嫁与刘备，并派华歆前来上表请封刘备为荆州牧，曹操大惊，手中的笔落于案上。

程昱向曹操分析孙权遣华歆来请封刘备的目的，并建议曹操封周瑜为南郡太守、程普为江夏太守，因为这两地正在刘备的手中，等到孙、刘两家自相吞并之时，曹操便可渔翁取利。曹操听后大喜，依计而行。鲁肃得知后，向周瑜请命再度前往刘备处索要荆州。

要点解析

1. 曹操自述往事，说自己当初并无大志，是真的吗？

曹操这话一点不假。通常情况下，做出大事业来的人起初大都没有太大的志向。有时候光想着立志没用，最重要的是要做好目前每一件应该做好的事情。一个人要想有所成就，其实很简单，只要把眼前这个时间摆在你面前的这件事、活在你跟前的这个人当作最重要的，好好去把握，自然会有好的成果。

因为曹操没有大志，所以他能够见机行事，看到机会就好好把握，然后去生存，去发展。中国人无论在哪里，都活得了，不像外国人一到中国，这个不习惯，那个不习惯，生存还要有条件，一旦没有条件，就活不下去了。中国人是没有条件也要生存，这是非常了不起的。

2. 曹操说“国家无我一人，将不知有多少人称王”，是真的吗？

这句话是真的，并非曹操所说的每句话都是假的，他也经常讲真话。他说这番话的意思就是声明：如果没有我曹操，国家就会四分五裂，我曹操在这里，可以摆平很多恶势力，扫平袁绍、袁术就是力证。平心而论，曹操在当时的确发挥了安定的作用，只不过他自己没有想到，他完全可以做得更好，可是他没有做到，所以他不是对不起我们，而是对不起他自己。如果曹操能够发现这一点，从而及时调整自己，相信他的机会会更多。

3. 曹操又说他不能退下，以免遭害，是不是真的？

这也是真的。一个人到了这个位置，并不是想退就能退的。如果曹操退下，不知有多少人要杀他。因为他得罪了太多的人，伤害了太多的人，这些人一有机会就会施以报复，这也是他咎由自取。如果他行事仁义，对人诚恳，退就退了，人家只会安慰他，怎么会杀他呢？可是曹操内心很清楚，自己一路走来，滥杀无辜，做了很多亏心事，退下去是肯定没有好下场的。曹操刚开始并没有大志向，没想到糊里糊涂坐到了这样的位置，当他认真考虑要退下去的时候，反而退不了了。

中国人有句古话，上台容易下台难。上台完全靠机会，人家一招呼，给你机会，你就上来了，因此不必骄傲和神气，那没什么了不起的；而下台得靠艺术，靠功夫，靠品德，这三样东西只要欠缺一样，就下不了台。所以，中国人常说“糟了，下不了台了”，从来没有人说“上不了台了”，千万记住，上台很容易，下台却很困难，一个人上台的时候就要考虑一下，将来如何才能全身而退。此时的曹操骑虎难下，也是十分痛苦的。

曹操为什么又说“有谁能知我的心”？曹操的那颗心根本就没有原则，一天到晚变来变去，从不表白自己的真实想法。曹、孙、刘三方，孙权要干什么我们很清楚，刘备要干什么我们也很清楚，只是曹操，没人清楚他到底想干什么。说他篡位，他又说不要；说他不篡位，实质上又是在篡位，他就是这么令人难以捉摸。

作为一个领导人，一定要让大家清楚你的志向与目标。孔明的志向就很清楚，他只想一心一意地辅佐刘备，其他什么都不要，而且他下山之前，还把家里的财产申报出来，让大家都知道他就这么多，将来离休了，也不会带一毛钱回家，孔明就是这么光明磊落，所以，我们不会怀疑他。但曹操却刚好相反，所以大家经常怀疑他，也是他自作自受。

三國之道

上台很容易，下台却很困难。

4. 曹操执笔要写字，为什么把手中的毛笔掉落在纸上？

曹操以前从未如此，此时为什么会掉下笔来？因为他知道，三国鼎立的局势是他一手造成的，跟别人没有关系。光凭刘备的本事和孙权的野心是成不了事的。就是因为曹操发动赤壁之战，而且惨败，才致使三足鼎立，相持不下。曹操为此很后悔，因为这分明是搬起石头砸自己的脚。

而更让曹操难以接受的是，自己才是刘备最大的支持者。刘备的荣誉与土地都是他给的，而且他还承认“天下英雄唯使君与操”，无缘无故把刘备捧得那么高，使得刘备无论到哪里都会受到尊重与推崇。后来曹操又去追他，结果越追他的声势越大，连孔明都投奔效命。曹操对刘备那么好，没想到刘备反过来死盯着他，时时刻刻想把他干掉。人其实很多时候就是这样，只是大家都想不通而已。

5. 程昱分析孙权特使华歆的来意，是不是合理？

当然合理！现在看来，好像三国时代的每个人都能未卜先知。其实这也没什么了不起，他们不过是很用心地关注未来的变化而已，因此才会胸有成竹，所见不差。事实上，当时的人不管属于哪个势力范围，将来怎么变，以后怎么走，其实都已经定了。这不是老天在定，而是当时这些人已经相持不下，造成了这个趋势，所有人只能照这个趋势发展下去，谁也改变不了的。

6. 鲁肃为什么向周瑜请命要再度收回荆州？

鲁肃知道，周瑜的命快没了，而孙权又气得要死，而且还造成这种天大的笑话——赔了夫人又折兵，这些都要归咎于荆州这块土地。为此，鲁肃感到很自责，他认为是因为自己才导致了今天的乱局。现在，他要解开这个局，挽救周瑜的性命，唯一的办法就是把荆州讨回来。所以，鲁肃再次请求去向刘备讨回荆州。鲁肃这么做，对周瑜而言是根本治疗，可见他是个很好的心理医生。

情景说明

鲁肃前去见刘备，并直接说明来意，请刘备交还荆州，刘备闻听，按孔明事先交代，立时痛哭流涕。鲁肃问刘备何故，孔明解释说，刘备先前曾说好取得西川便还荆州，但细想下来，益州刘璋是刘备之弟，若要兴兵取他城池，恐被人唾骂；若要不取，还了荆州，自己又无处安身，到时若不还，两家又是亲戚，恐怕要翻脸，适逢两难，所以才会号啕大哭。鲁肃见刘备如此哀痛，只得答应孔明回去劝吴侯归还荆州之事再容几日。

鲁肃回去先将此事告知周瑜，周瑜说鲁肃又中了孔明之计，但随即又心生一计，让鲁肃前去告诉刘备，说他愿替刘备攻下西川以换取荆州，到时便可趁到荆州索要钱粮，刘备出来劳军之机，杀了刘备，取回荆州。鲁肃只得再次前往刘备处，说周瑜欲替刘备取西川，请刘备在东吴之兵经过荆州时接应少许钱粮。孔明欣然答应，刘备却沉默不语。

周瑜得知孔明答应了此事，笑他中了自己的计，并即刻安排调兵遣将之事，为防鲁肃到时碍于情面狠不下心来，周瑜安排鲁肃留守柴桑，并说问鼎天下，争夺江山，绝不能凭情义行事。

要点解析

1. 鲁肃说明来意，请交还荆州，刘备为什么痛哭？

当时所讲的荆州，是指整个荆襄地带，比现在的荆州市要大得多。鲁肃又来讨要荆州，刘备当然十分着急。第一次借口代刘琦暂管没有归还，现在刘琦已死，归还荆州正在其时，还以什么理由推托呢？孔明知道刘备最擅长哭，于是设计，由刘备来哭，而且哭得越伤心越好，然后托言得到西川以后，再归还荆州。

做任何事情，只要对方一动，自己这边就要猜测他为何而来，可能出哪几招，应该如何因应，这些都是必须考虑的。孔明足智多谋，刘备又肯默契配合，所以互动起来能产生很好的效果。

2. 孔明说出刘备内心的痛苦，加上刘备哭得凄惨，果真打动了鲁肃的心？

孔明对鲁肃讲：我们要打西川不假，可西川之主刘璋与刘备乃是同宗兄弟，而我家主公仁义为怀，要他打自家人，怎能不伤心呢！孔明既没有说不打，也没有说打不得，只是说要打，但有困难，下不了手。鲁肃一听，知道他们又在找借口，可鲁肃仍不愿翻脸，始终要做和事佬，因为他有一个很坚定的信念——两家只有团结起来才有办法抵抗曹操，一旦分裂，曹操就会各个击破。这一点赤壁之战就是力证。如果只靠孙吴去抵挡，很可能孙权已经投降了；如果光靠刘备，那就更不用说了，凭他此时的兵力，根本不是曹操的对手。在这种大前提之下，鲁肃不会坚持要刘备归还荆州，反而觉得拖一拖也好，因为他此来是为了安周瑜的心，治周瑜的病，并不是真的要把荆襄讨回去。

3. 周瑜愿替刘备取西川，以便换回荆州，他在想什么？

鲁肃回去向周瑜汇报情况，周瑜一听，就说鲁肃又中了孔明的计，言外之意是说若换成他，肯定不会答应刘备的请求。其实，就算真换成他，也不一定斗得过孔明。很快，他将计就计又想到一个好计策。他让鲁肃去告诉刘备，说他愿意替刘备去取西川，拿下西川以后，用它换回荆州，这样刘备就没话讲了。

但周瑜会真这样做吗？绝不可能！天下哪有这样的傻瓜？劳师动众把大大的西川拿下来，然后换块小小的荆州，谁会傻到这种程度？周瑜此举是为了让刘备跟孔明撤销心理防线，然后趁其不备一举夺回荆州。

4. 鲁肃告知周瑜的计划，孔明为什么欣然答应？刘备为什么不说话？

当一个人摸不清楚情况的时候，最好的办法就是不说话。刘备最聪明的地方，就是有了孔明以后，尽量不发表意见，往往是听听再说，这样既省时又省心，何乐而不为？现在，如果刘备说自己有意见，就会弄得孔明很难跟他配合，他先听听孔明怎么说，再做打算，那就很好办了。所以，什么时候该采取什么策略，自己要有明智的选择。不要像周瑜那样，越选越糟糕，自己却根本就醒悟不过来。

孔明对周瑜的建议欣然接受。在他看来，周瑜又故技重演，又想把他当白痴，于是他决定就假装白痴一次，让周瑜心满意足，看看到时候吃亏的到底是谁。

5. 周瑜大喜，说孔明中计，他为什么这样想？

周瑜不这样想，还活得下去吗？他已经到了山穷水尽，完全丧失风范的地步了，现在他让鲁肃去向刘备和孔明转达自己的建议，以为可以抓到最后一根救命稻草，因此抱以很大的希望，更何况他一直不肯承认孔明样样强于自己的事实，始终认为终有一天自己可以骗过孔明。所以，当鲁肃回去告诉他，孔明欣然同意他的建议，周瑜高兴得不得了，心里不免得意，认为孔明终于上当了。可是，孔明怎么会上他的当呢？他只是将计就计，最后弄得周瑜两头空。

6. 周瑜说争夺江山，不能凭情义行事，真的吗？

周瑜的状况与黄帝攻打炎帝不一样，黄帝打炎帝是为了巩固自家人的情感和土地，以期一致对外。但周瑜不是那样，他最大的对手是曹操，是一个国家的三个集团之一的领袖，而且也不是为了防御外国人的侵略，他发动战争的本质完全是内讧。这三个集团最终没有一个能够统一天下，就是因为他们缺乏黄帝的这种宽大度量和远见。

情景说明

周瑜率一干人马到达荆州，探子来报却说前往荆州城的路上无一人迎候，且城上插有两面白旗。周瑜立感不妙，但他仍不死心，决定亲自前去一探究竟。

到达荆州城下，孔明让人在城楼上演奏《得胜归》，又令众人高喊“活捉周瑜”，周瑜气得箭疮复裂，从马上摔下。众人抬着周瑜回船上休息，路上听到有人在高处弹奏周瑜的《长河吟》，周瑜仔细视之，正是孔明。孔明说，而今曹操强而孙、刘弱，两家联合起来共击曹操才有统一天下的可能，希望周瑜能够三思而行。周瑜听罢怒斥刘备强借荆州不还，实乃豪夺诈取，并说自己今日拼却性命不要，也要与孔明决一雌雄。此时刘备手下众武将高喊“活捉周瑜”，从四面八方包围而来，周瑜再次气得吐血晕倒，孔明见状，下令让道放行。

要点解析

1. 周瑜既然看出孔明识破了他的计策，为什么还要一意孤行？

周瑜又被孔明识破，心里当然很不舒服，可他能掉头就走吗？一定要记住，在成年人社会，事情已经做了，想悔改是很困难的。周瑜这时候完全是欲罢不能的心态，再加上他很好强，因此就算他知道孔明已识破了自己的计策，他仍会硬着头皮向前，其实这就变成一意孤行了。如果一个统帅一意孤行，跟随他的人肯定会很倒霉。

2. 孔明演奏《得胜归》，又令众人高喊活捉周瑜，有什么用意？

相信一般人看到这里，都会觉得孔明是有意要气死周瑜。到现在也一直流传着孔明三气周瑜的故事，我们也相信周瑜是被孔明活活气死的。然而事情并非如此，孔明没有气死周瑜的念头，周瑜是被自己的窄小气量致死的。当然，他气量窄小并不是针对每个人，他对其他人气量都很大，唯有对孔明气量过分窄小，再加上他眼光又不够长远，因此一次又一次地把自己逼到无路可走。

孔明三番两次地警示周瑜要调整自己，虽然明知才智外露对自己很危险，可他每次还是通过鲁肃告诉周瑜真相，希望鲁肃能够明白他的用心，周瑜能从此醒悟。可鲁肃都没有做到这一点，周瑜就更不用说了。

孔明为什么别的曲子不演奏，唯独演奏《得胜归》？因为昔日周瑜要杀刘备的时候，演奏的也是这个曲子，孔明想借此告诉周瑜：你想杀我们，我们很清楚。同时，孔明又让士兵高喊“活捉周瑜”，既然是要活捉，就表示他并不想杀死周瑜。当然，孔明的这些良苦用心有没有用，还得看周瑜的反应。可是周瑜根本不理会这些，因此活该被气死。

3. 周瑜被气得箭伤复发，值得吗？

这是完全不值得的事情！周瑜把曹操当成敌人，倒还情有可原，因为曹操是大家公认的汉贼。可周瑜却把孔明当敌人，那是很划不来的。为了争荆州，周瑜跟刘备闹得不可开交，其实是得不偿失。因为土地问题可以通过谈判解决，大家分一分也未尝不可，为什么一定要算计着独吞呢？周瑜在这方面过分地考虑自我，不曾替别人考虑过。如果把刘备换成曹操，周瑜跟曹操打交道也会这样一意孤行吗？相信不会。周瑜就是无论如何也咽不下自己不如孔明的那口气而已，结果害死了自己。

4. 孔明在高处弹奏周瑜的《长河吟》，有什么用意？

孔明这样做，就是有意告诉周瑜：你的一切我都了如指掌，只是很可惜，你却不太了解我，我现在最后一次提醒你，我们两个应该摒弃前嫌，一致抗曹。可周瑜完全不接受这样的好意，连他的东西孔明都会弹，他对孔明更加气不过了。其实，孔明专门演奏周瑜的《长河吟》，也是在告诉周瑜，你有你的演奏方法，我有我的演奏方法，说不定将来我们还能合奏一曲呢。可周瑜就是点不醒，想不通，就连孔明也救不了他。

5. 周瑜拼着性命不要，也非得与孔明一决雌雄，有没有必要？

这样做是完全没有必要的。其实周瑜这么做，也并非为了名利权势，他只是钻牛角尖而已。因为他觉得对不起孙权——辅佐孙权以来，从未像今天这么窝囊过；而且也对不起孙夫人——人家本可以有一个比较好的婚姻，却被他搞得一团糟，可他就是不能翻然悔悟。人千万不要钻牛角尖，否则越钻越深，最终只会难以自拔。周瑜现在连命都可以不要，非要跟孔明拼个死活，显然对自己很不利。

三国之道

人千万不要钻牛角尖，否则越钻越深，最终只会难以自拔。

6. 孔明下令让道放行，为什么不趁机杀周瑜？

这足以证明，孔明根本就不想杀周瑜，他只是想通过制造众多情境，让周瑜改变态度，然后好好合作，那样对双方都有利。孔明这样做可谓煞费苦心。如果他想置周瑜于死地，现在就可以一杀了之，可他没有，而是下令放行，让周瑜走。如果孔明是因为周瑜现在的精神状态不是很好，决定暂时放他一马，准备将来再战，就像关羽对黄忠一样，那又另当别论。但孔明毕竟不是武将，他不会这样想。孔明是军师，他这样做的用意是在提醒周瑜：我随时可以叫你死，但我不忍心那样做，还是决定给你一条生路，希望你能彻底地反省一下，然后改变态度，我们还有很多的合作空间。可惜周瑜完全没有领会孔明的一番好意。

四十六　诚意能沟通

周瑜英年早逝，东吴将领把所有怨气都集中在孔明身上，孔明要不要过江吊丧，成为至关紧要的课题。去，必然危机重重，谁也料不到能不能平安返回；不去，孙刘联盟势必从此破裂，再也修复不了。孔明下山的主旨，倘若不能维持，对刘备怎样交代？所以破除万难，冒着生命的危险，孔明都要亲自吊唁。他表现出十分的诚意，加上高度的技巧，才化解了这一场难以克服的难题。逃避不是办法，仅凭诚意也不一定有把握，这是一般不重视沟通技巧的人，必须格外小心的。

情景说明

周瑜行至巴丘后便卧床不起，鲁肃等大臣日夜守候。周瑜说自己并非不想尽忠报国，只是奈何天命已绝，并让小乔代笔写下遗言给孙权，推荐鲁肃继任大都督之位。临终前，周瑜来到江边，感慨孔明每次都高自己一筹，连叫数声“既生瑜，何生亮”而亡。众人身披白褂为周瑜守灵，一些将士还在屋顶高呼“都督，魂兮归来”。

孔明得知周瑜病故，隔江相望，沉痛万分，欲前往江东吊丧，众人皆劝他不要去。因为江东人人都认为是孔明气死了周瑜，此时过去无异于羊入虎口。但孔明认为周瑜死后，继任者必是鲁肃，鲁肃一向主张孙、刘联盟，共抗曹操，此时前往，正可修好孙、刘两家的关系，而且此次前往江东，还可替刘备寻找贤士，所以他坚持要去。

要点解析

1. 周瑜说天命已绝，果真生死在天?

如果生死不在天，而在人，人类可以控制自己的生死，那岂不会天下大乱？每个人都想生于富贵之家，都想长生不老，如果真能都如愿的话，那人类还怎么向前发展？所以，生死不由人。历史上的秦始皇、汉武帝都想长生不老，可最后没一个能做到。我们常讲一句话：人生最有趣的事情就是都知道自己迟早会死，但没有一个人知道自己会在什么时候死以及怎么死。这些都是人所无法掌握的。

周瑜说自己天命已绝，意思就是既然老天让我走，那我就走了，这表示他并不留恋。客观地讲，周瑜如此执迷不悟，老跟自己过不去，死了反而更轻松，总看孔明和刘备不顺眼，活着也不痛快。

2. 虽然病危，周瑜依然推荐鲁肃任都督，是什么道理?

周瑜知道，鲁肃为人既忠诚又可靠，完全有能力做他的接班人，所以他义不容辞地向孙权推荐鲁肃继任大都督。我们从这件事情当中，可以看出三个重点。

第一，周瑜跟孙权处得很好，否则除非孙权问他，他不会轻易举荐。因为万一孙权不答应，那不是很丢脸吗？要举荐接班人，也要考虑自己跟领导的关系怎么样，关系好才可以推荐，否则只会自取其辱。

第二，周瑜主动推荐，说明他很负责任，虽然他的任务没有完成，但他念兹在兹，以任务为重，而不会一死一了百了，什么都不管了，这让我们很钦佩。

第三，周瑜此举还有一层意思，就是要鲁肃负责把荆州讨回来。他到死仍没有忘记荆州，虽然这样做并非完全不对，但他应该站在更宽广的立场来看待这个问题。

3. 周瑜感慨“既生瑜，何生亮”，为什么这样?

周瑜生平最不服气的人就是孔明。其实，他也并非嫉妒孔明，只是不明白孔明为什么不生远一点，为什么要跟自己发生如此密切的碰撞。如果老天让他生得很愚昧，那还无所谓，但老天却让他生得不错，做事也有魄力，对吴国贡献也大，现在无端出现一个孔明，使他样样都不如孔明，这不是老天跟他过不去吗？

其实，事实并没有这么严重。孔明并没有存心跟他过不去，也没有处处给他难堪，或非要置他于死地不可，孔明所做的一切都是为了让双方能够好好的合作。可惜周瑜并不这样想，也没有一个循循善诱的长辈可以开导他，这是周瑜的一大不幸。

4. 众人在屋顶高呼“都督魂兮归来”，有什么用意？

中国人的观念里，身体是魄，身体里面那个让我们能够行动、讲话与思考的就是魂。中国人死后，家人通常会在家里立一个神主牌，然后再将尸体装在棺材里埋葬到泥土下。这当中的道理其实很简单，中国人相信魂是不会死的，而魄一阵子就没有了。因此，人死了以后，魂是归于家里的神主牌中，而魄是埋葬在坟墓里面。所以，我们只说“魂兮归来”，而从来不说“魄兮归来”，因为魄是不能请到家里去的。众人在屋顶高呼“都督，魂兮归来”，就是要把周瑜的亡魂引回家里，安住在神主牌中，以便子孙祭祀。

5. 孔明闻知周瑜病故，为什么十分悲伤？

孔明的悲伤是发自内心的，他觉得周瑜这么好的人才，正是自己要争取合作的对象，没想到这么快就去世了，真的很可惜。孔明到江东以后，发现江东有很多人才值得合作，而且江东的人才跟曹魏那边的人才习性不一样，作风也不相同。如果要选择的话，孔明宁可跟东吴这边的人合作，也不愿跟曹操那边的人一起做事。因此周瑜病故，孔明是发自内心的悲伤，这不是做假，不是装的。

6. 大家劝孔明千万不要过江去吊祭周瑜，孔明为什么坚持一定要去？

如果孔明不去吊唁周瑜，就表示周瑜真的是被他气死的，以后就算是跳进黄河也洗不清了，所以他无论如何也要去，这样才能够化解大家对他的误会。另外，如果孔明这次不去，以后跟东吴的人还怎么联系，怎么来往呢？失去东吴的支持与配合，他的整个计划就无法实施了。现在周瑜死了，孔明连吊祭都不去，那无异于宣布孙、刘两家关系的决裂。另外，孔明之所以一定要去，是因为他知道鲁肃会接任都督，自己的安全是有保障的。在两边都顾虑到了，确保万无一失之后，孔明这才坚持要去，并非连命都不要了。

情景说明

得知孔明要来江东吊丧，而曹操正欲领30万大军南下，鲁肃恐东吴武将要杀孔明，到时会引起孙、刘两家的纷争，于是请诸葛瑾前去劝孔明不要前来，但孔明坚持一定要去。

程普等老将得知孔明要来江东吊丧，决定先斩后奏，为周瑜报仇。鲁肃为此担忧不已。

东吴上下在柴桑为周瑜发丧，孔明人未到，声先至。“公瑾，你慢走啊！”随着一声悲痛的高喊，孔明行至堂前。程普等老将拔剑而出，欲杀孔明，被一旁的赵云挡住。程普的剑被打落在地，孔明上前拾起，双手恭敬地奉上，程普等人无奈只好作罢。

要点解析

1. 鲁肃请诸葛瑾劝阻孔明吊丧，孔明为什么不听?

孔明此时当然不会听从任何人的劝阻，否则后遗症会非常严重。因为他想澄清大家对他的误会，最好的办法就是用行动来表示，而不是口头宣誓。因为他再怎么解释都没有用，别人不会相信，但他亲自去了就不一样了，大家亲眼所见，才相信他确实有诚意。所以，诸葛瑾再怎么劝，孔明都不会听。

当然，让诸葛瑾劝阻孔明过江，也是鲁肃的一番好意，但站在孔明的立场，越是他的哥哥来劝，他越是不能听，因为这意味着他的安全更有保障了。如果是别人来，孔明会怀疑，这是什么用意？现在是自己的哥哥来劝，就表示鲁肃会全力保障他的安全，因此孔明更加坚定了过江吊丧的决心。

2. 东吴老将要杀孔明祭周瑜，孔明为什么不怕?

孔明既不是不怕，也不是怕，这与怕不怕没有关系。我们经常陷入绝对的二分法，而孔明是利用整体思维，知道如何才能将怕变成不怕，不怕当中又有怕，两边都兼顾到。如果完全不怕，只能说明他不过是一介莽夫而已；如果完全怕，那就是懦弱心虚，也不值得后人尊崇。其实孔明还是有一些顾虑的，因此事先就想好了如何一步步去化解，否则一定会措手不及。孔明能用周详的计划，将怕变成不用怕，这是他的高明之处。

3. 程普决定先斩后奏，鲁肃为什么不以为然？

程普决定杀掉孔明，来祭周瑜。当初周瑜很敬重程普，程普一直铭记于心，因此他对孔明格外不能容忍，一定要杀了孔明为周瑜报仇。可鲁肃对孔明的观感却跟程普完全不一样，他知道孔明并没有恶意。我们不能因此就认为程普比较忠心，而鲁肃却两面讨好，因为鲁肃跟程普的处境不同，跟孔明的接触面也不同，所以感受才会大不相同。鲁肃深知，周瑜之死不能怪孔明，反而是周瑜应该检讨。当然，鲁肃不能公开这样说，他只能自己另想办法。

4. 孔明人未到而声音先到，是不是好办法？

这是最好的办法。如果孔明静悄悄地走进来，程普一刀飞过去，即使有赵云保护，孔明也会有性命之虞。孔明是事先经过慎重考虑，才决定这么做的。当他的声音传过来的时候，大家起初还很生气，但越听越觉得孔明很真诚，越听越觉得他的悲伤是发自内心的，所以大家后来被感染得也跟着哭了起来。这就相当于大家从心理上已经打算接受他了，这时候再出现，不是很安全吗？

光和声的速度比我们人的脚步要快得多，有时候我们要利用它们制造一种情境，可以帮我们安全地解决事情。孔明这次就做得很好，他先发出声音告诉大家他来了，正当大家很紧张地准备要对付他时，他一路哭进来，大家虽然不会因此而彻底扭转对他的观感，但最起码可以稳定大家情绪，也让鲁肃有帮忙的时机。

三国之道

依情况创设情景，有助于解决问题。

5. 程普等人挥剑，赵云抵挡，孔明为什么反而把剑呈给程普？

像程普这些人，不会因为孔明的声音、言辞、态度，马上就来一个

180度的转变，尤其是在他们很悲伤、很沮丧、很无奈的状况之下，所以，程普看见孔明时，还是要挥剑。赵云当然要抵挡，否则孔明的性命就不保了。孔明此时表现得很有胆识，他知道逃也没有用，干脆死马当活马医，你要杀我，我就让你杀，于是捡起剑双手呈送给程普，这也显示出孔明对人性的掌握很深入。如果程普真的接过孔明的剑，一剑把孔明杀了，那他以后必会被世人所耻笑，子孙也没有颜面再见人。孔明非常清楚这一点，所以他把剑呈给程普，如此一来，程普反倒不会杀他了。

6. 孔明凭什么这么有信心？他真的不怕死吗？

正常人没有不怕死的，不怕死的人无异于莽夫。一个不怕死的人，没人会把他当作对手。人要合理地怕死，而不是不怕死。孔明怎么能不怕死呢？留下这条命，还有很多事情要做。他已经向刘备做出承诺了，要是就这样死了，怎么向刘备交代？可是孔明虽怕死，但他能够让自己躲过怕死这一关，知道如果照计划一步一步地走，老天必然会替他排除万难。中国人不是把老天看成神，而是把它看成道理，如果按照道理去走，还走不通，那还有什么天理呢？孔明对老天有信心。

情景说明

进入灵堂后，孔明手下的人摆起祭拜的图画等祭物，孔明跪地祭酒，而后又边抚琴，边悲痛地诵读祭文，表达自己对周瑜功业的敬佩以及对其逝世的惋惜之情。祭完后，孔明伏地大哭，哀恸不已，在场的东吴将领既感动，又悲切。孔明冲到周瑜的灵柩前，头撞灵柩，呼喊着：“公瑾，我也来”，欲随周瑜而去，众人见之，无不为之动容。

祭罢周瑜，孔明欲回蜀地，临行前，鲁肃请教孔明如何能退曹操的30万大军，孔明教其破曹之计。

要点解析

1. 孔明大声说出心声，是不是令人感动？

周瑜死了，如果孔明不去吊丧，或者不顾一切地去吊丧而死在东吴，我们还会敬佩他吗？相信答案是否定的。他只有制订好周全的计划，并用自己的真诚感动大家，化解所有的误会，进而增强彼此的信任，才是上上策。好在孔明做到了，他不但准备齐全，而且本身又有条件——他能够用自己的声音和动作，使得大家从内心愿意跟他互动，并认识到以前误解了他，从而改变态度，否则再怎么哭，如果感动不了大家，也是徒劳无功。

2. 当着东吴文武大臣，孔明做出第二次沟通，是不是非常高明?

上一次，孔明通过鲁肃这个中介，过江以后舌战群儒，结果非常成功。这一次，又有这么多的东吴大臣在场，孔明当然不会放过这么好的沟通机会。

回想他舌战群儒的时候，手拿一把羽扇，群儒聒噪，他却只是拂拭着手中的扇子，但这一次如果孔明仍旧那样，那他就没命了。所以不同的场合，一定要有不同的方式。孔明这点拿捏得非常精准，效果也非常好，值得我们学习。

3. 孔明事先准备许多图片，又当场抚琴，是不是十分用心?

孔明真的很用心，很多事情他不但想到，而且还真正做到。所有的图片都是经过他用心规划与制作的，并按照先后次序，有条不紊地展开。这些过程哪怕有一点更改，效果都要大打折扣。他设身处地为在场的诸位着想，第一句话讲什么，第一件事情做什么，然后一步一步推下去，使大家的感情会随着他扭转，最终把大家的敌对情绪都扭转了过来。放在今天，这就叫作视听教育。现代人总以为现代什么都比古代进步，其实不见得，早在三国时代，孔明就已充分懂得视听教育的原理，而且将其运用到实际当中，收到了神奇的效果。

4. 东吴的将领很感动，是不是增强了孙、刘联盟的力量?

当然是！联吴抗曹是诸葛亮毕生的策略。他在没有下山之前，就把当时的天下大势和有作为、有影响力的人物都做了深入的了解，经过长期的考虑与研判，觉得最有可能成功的一条路就是联吴抗曹，这个政策，一直到死，他都没有改变，这是非常不容易的。很多人没有这么长远的眼光，只想到眼前，因此计划与目标经常变来变去，最终把自己搞乱了。

孔明先用图片，后又适时地弹奏周瑜所谱的琴曲，使得大家的情绪一下爆发出来——全场都痛哭，这就表示无须签约或者宣誓，高度的危险已经化解了，而且对今后两家的合作也增加了很多的信心和力量。但弹曲这件事并非孔明刻意安排的，而是随机应变——看到机会就加以利用，这是孔明很了不起的地方。

5. 孔明磕头要随周瑜而去，是真的吗？

如果孔明到现在还动假心思，那他完全是在演戏。演戏可以骗人于一时，却不能感动于长久。孔明自己非常投入，而且得到了大家很好的响应，这是因为他的真诚感动了对方，而对方的真诚也感动了他。就算他在演戏，也是非常入戏，以至忘记了自己在演戏，想追随周瑜而去，也是他情感的自然流露。

孔明碰到重大的事情习惯用头去顶，这次吊祭周瑜可以为证。后来刘备快死的时候，托孤于他，并说能辅就辅，不能辅也可取而代之，孔明照样是磕头在地，以表忠诚。每个人的习惯都有所不同，有的人习惯拍桌子，有的人习惯拍自己，孔明大概是习惯用磕头来表达自己的情绪。所以他当时用头磕灵柩要追随周瑜而去，完全是一种自然的表现。

三国之道

演戏可以骗人于一时，却不能感动于长久。

6. 孔明临别告诉鲁肃退曹的良策，是不是及时给予协助？

孔明在情绪波动时依然能够保持高度的理智，这是一般人做不到的。一般人到这个时候哪里还会想这些事情？孔明有备而来，他知道这次来不能空口说白话，只是抚慰东吴众将的情绪，还要更进一步巩固孙、刘两家的联盟。于是，他准备了一套破曹之计，趁鲁肃刚刚接任都督之位，正需要破曹之计的时候，及时献上。

情景说明

孔明正欲上船回荆州，恰遇庞统。得知庞统正欲投奔东吴，孔明说孙权虽不失为明主，只是能用人却不能尽其才，并料想孙权必定不能重用庞统，请庞统稍不如意时前往荆州，与自己共扶刘皇叔。孔明还修书一封，告诉庞统如果前去荆州时自己不在，可将此信交给刘备，刘备必当重用他。

庞统经鲁肃举荐去见孙权，孙权见他形容古怪，心中不悦，并未录用。庞统改而去投刘备，但并未拿出孔明的那封信。刘备对其打量一番后，漫不经心地封庞统为一县令。庞统谢过刘备，即日前去赴任。

张飞得知庞统整日喝得烂醉，不理政事，非常气愤，于是前去怒责庞统为何贪杯恋酒，到任三个月，未曾审过一案。庞统毫不畏惧，说："量这百里小县，些许公事，何难决断！"随后他让人将这百余日所积公务全数取来，并将衙门外喊冤百姓一一请来，升堂审案。堂上，庞统曲直分明，并无分毫差错，民众都叩首俯拜。不到半日，便将积压的百余日之事全部解决。张飞见了大喜，领庞统前去见刘备。刘备问身旁的孔明为何不修书告诉他有庞统这样的大才，庞统这才拿出孔明的信。

要点解析

1. 孔明为什么修书把庞统推荐给刘备？

孔明与庞统齐名，如果孔明心胸窄小的话，就不会向刘备举荐庞统。但人们仍会怀疑，他为什么写信？当面提一提不是更好吗？现代人往往不清楚，用电话去推荐一个人，绝对不如当面推荐显得真诚，打电话往往只是为了应付，力道不是很大，而真正重要的事情，则不会仅仅是打个电话，而是趁对方心情大好，机会成熟的时候，当面去说。现在孔明修书一封给庞统，难道他并非真心推荐庞统？事实并非如此，当时孔明并没有跟刘备在一起，他很想把庞统推荐给刘备，可他也知道庞统为人很傲气——凡是有才能的人，多半很有个性，庞统不会主动要求孔明向刘备举荐他，而且就算孔明给他写推荐信，他也不会拿出来。庞统会想：曹操待我如上宾，我何必要你推荐呢？刘备既然肯三顾茅庐去找你，对我也应该很客气才对，后来果然没有拿出推荐信。

2. 庞统经鲁肃举荐去见孙权，孙权为什么看不上他，凤雏不是很有名吗？

庞统自知现在孔明在帮刘备，如果此时过去，不仅对孔明不方便，对自己也很不利，因为刘备有一个孔明就够了，自己去干吗呢？所以他想干脆留在东吴好了。但孙权没能重用他，这也是缘分使然。

孙权并非轻视才能，他也想把有才能的人引到身边来，可每个人之间的缘分不同，这件事既不能怪孙权，也不能怪庞统，只能说他们机缘不足。有人认为你好，也有人会认为你不好，你应该坦然接受，为什么偏要大家都说你好呢？记住，如果大家都说一个人好，这个人肯定不会很好。比如一个警察，你去问人家，这个警察好不好，如果大家都说好，就表示这个警察不好，因为小偷流氓也都说他好，可见他坏透了。真正的好人应该让好人说你好，坏人说你坏，这个标准一定要树立起来。

三国之道

好人说好，坏人说坏的人，才是真好人。

3. 庞统来见刘备，为什么愿意屈就县令？

道理很简单，庞统有三条路：第一，曹操那边他断然不能再去，否则一定会为曹操所害；第二，孙权看不上他，他也没有办法；第三就是投奔刘备。曹操和孙权都不行了，庞统现在只剩一个投靠的对象，那就是刘备。庞统认为刘备很有眼光，既然肯对诸葛亮那么客气，对自己也必然如此。于是，他去见刘备，但并没有提起孔明，也没有拿出那封推荐信。

而刘备当时的事业已经打开一定的局面，对人才的需求已不像之前那样紧迫。他当初能够三顾茅庐，也是很多机缘促成的，如果徐庶当年没有被曹操用计骗到许都去，刘备会去找孔明吗？不一定。

现在，刘备对庞统没有什么很特殊的意向，于是显得有些漫不经心，既然来了，就派了一个县令给他当。刘备这样做是不对的，他忘记了自己往日屈就县令时的种种遭遇，否则肯定会慎重考虑。庞统在这种情况之下，也只好屈就了。

4. 张飞怒责庞统，为什么庞统并不在乎？

庞统去当县令，根本不理政事，觉得这些小事情不值得花费时间，浪费精力，所以整天只是喝酒睡觉。张飞当然看不顺眼，他根本不晓得庞统到底是何许人物，在他看来，给庞统一个县令做，已是给他很大的面子了，没想到庞统还不肯好好做，于是就大骂庞统。可是庞统根本不在乎，因为他胸有成竹，三两下就能处理好那些小事情。

5. 张飞见庞统办事，为什么十分敬佩?

张飞粗中有细，绝非只是一味的鲁莽，他对庞统说，不要自大，要是真的有办法，就做出来看看。于是庞统升堂，半天时间就把百余日积压的所有案件都解决掉了。张飞在旁边越看越觉得庞统了不起，甚至还觉得让他当县令真是屈才了，于是，张飞带庞统回去见刘备，让刘备好好重用庞统。

一个人该受委屈的时候受点委屈也没什么关系，因为若是没有才干，那就不叫委屈，而真有才干，自然会有表现的时候。同时，庞统的这段经历告诉我们：不见得人人都有正确的眼光。刘备的眼光虽然通常都很正确，但他当时忙于其他的事情，忽略了庞统这个人才。

三国之道

一个有才干的人，暂时受点委屈没有关系，因为迟早会有表现的时候。

6. 庞统为什么一直到被刘备重视，才拿出孔明的推荐信?

这也是庞统值得我们敬佩的地方。他这样做是想告诉刘备，其实孔明老早就写了推荐信，只是自己故意不拿出来而已。当然，这也有一点嘲笑刘备的意思——没有推荐信，你就不重视我，如果先把孔明的推荐信给你，你还会这样吗？当然，这种嘲笑也是在不伤害感情的前提下，让刘备感觉到自己差点错失一个了不起的人才，并庆幸张飞发现了，这样刘备一定会好好补救。可见，双方的做法都很合理，所以后来双方都会获益：庞统得到了应有的尊敬和职位，刘备也很快地提升了庞统在自己心目当中的地位，这对将来的共事很有帮助。

四十七　一路追到底

马超的英勇，从他追杀曹操，一路追到底的表现，给大家非常深刻的印象。后来，名列蜀国五虎将之中，恐怕和这一役也有关系。一个人给大家的第一印象十分重要，马超不出场则已，一出场便令人惊喜而震撼。当然，这和他的家境有关，出身世家，毕竟不同凡响。倘若不是曹洪舍命相救，曹操恐怕逃脱不了。一个是誓死为父报仇，一个是拼命救援同宗。中国人的宗亲观念，只要应用得合理，实在很可爱。许褚和马超打个不停，同样是一路追到底的精神，但是在事理上，显然有很大的不同，值得用心体会。

情景说明

周瑜死后，曹操欲趁机南征东吴，又恐西凉马腾会乘虚来袭许都，于是先诱马腾进京而除之。马腾的儿子马超得知父亲遇害，怒言与曹贼势不两立。

不久，马超领手下人马杀奔许都而来。曹操见马超英勇，感慨“真乃虎将虎威也”。独自挑落曹操的几员大将后，马超引百余骑直入曹营欲活捉曹操。曹操大败，火速撤退。马超穷追不舍，并对后面的士兵高喊：“穿红袍的是曹操！”曹操听到此话，赶紧将红袍解下丢弃。马超见此，又高喊：“长胡须的是曹操！”曹操听得此话，拔剑割下自己的长须。马超见曹操已将长胡须割掉，又改喊：“短胡须的是曹贼！”曹操没办法，只得扯下一块旗子蒙住脸面，借以逃命。正当马超赶上曹操，欲取其性命时，曹操手下大将曹洪赶来相救，成功助曹操逃走。

要点解析

1. 马超得知马腾为曹操所害，为什么说与曹贼势不两立?

马超是马腾之子。马腾被曹操所杀，消息传到马超耳中，他自然会发誓与曹贼势不两立，定要为父报仇。中华民族是天底下报仇心理最强烈的民族。一个家庭，如果父亲为人所杀，甚至全家大小都被人杀掉，哪怕只剩下一个有幸生还，生还的那个毕其一生都要为一个目的而勤练武功——为父报仇。这是我们中国人民族精神的传承，我们不能说它好，也不能说它坏。如果连父仇都可以不报，还有资格叫中国人吗?

中国人的复仇心强，复仇期也很长，这就导致中国人有的时候很残忍，要么不杀，要杀就杀彻底，连小孩子也不放过。任何事情都是有好有坏，任凭我们选择。马超从此以后的人生目标大概只有一个，那就是杀曹操。不过这也是曹操自作自受。

2. 曹操看到马超十分英勇，有什么想法?

曹操看到有才能的人，很奇怪这个人为什么不为自己所用，而为别人效劳。现在，他看到马超英勇无敌，就想以爵位金钱拉拢马超，让马超为自己效劳。可他没想到，每个人的立场不同。曹操从不检讨：为什么好多人都离他而去？他这个领导是怎么当的？否则，既能改变自己的命运，也不会给后人留下那么坏的印象。

3. 曹军大败，马超高喊“穿红袍的是曹操”，结果如何?

曹操穿红袍是为了显示自己和别人不一样，没想到红袍却成了敌人攻击的目标。当时战马四处奔突，士兵混战厮杀，谁也不知道谁是谁，可曹操偏偏穿个红袍，一眼就被马超认了出来。马超大喊，穿红袍者就是曹操，让大家集中力量追杀他!

曹操平生打过好几次败仗，但自己被追得这么紧、逼得这么凶，还是有生以来第一次。马超十分勇猛，而且他这支部队马术精湛，拿的又是长枪，可以远距离擒拿，曹操大感不妙，唯一的办法就是金蝉脱壳，于是他赶快脱下红袍，扔到地上。

4. 马超又叫“长胡子的是曹操”，结果如何?

红袍子可以脱掉，可胡子呢？马超见曹操脱了红袍，于是又马上大喊：那个长胡子的人就是曹操！曹操反应非常快，听到马超这样叫喊，索性用刀把胡须割掉了。虽然胡须割起来很痛，但没什么比保命更重要，他也顾不得痛了。

5. 曹操听到“短胡子的是曹操”的喊声，他有办法因应吗?

曹操没想到，马超很执着，一心一意追杀他，绝不放弃。当曹操把长胡子割掉后，没想到还是被马超认了出来，马超又向手下大喊：短胡子的就是曹操。曹操虽没有神通把胡子拉长，但他的反应能力是一流的，他发现旁边有旗子，就割下一块，把脸包裹起来，希望借此得以逃命。我们从这一段的演变可以看出，曹操如果好好做人、好好做事，完全可以当个好宰相，匡扶汉室。可是他选择了相反的路，所以他得为此承担全部的责任。

6. 曹洪为什么舍命救曹操?

如果曹洪是曹操的儿子，那他就不必计较曹操为人如何，做事如何，必当义无反顾地舍命相救，谁叫他是曹操的儿子呢？可事实上曹洪不是，他只是曹操的同宗，是曹操的将领，曹操之所以能够长期地坏下去，就是因为有这些愚忠的人在旁边助纣为虐。曹操有很多谋臣，也有很多武艺高超的将领，他们从不反省：孔明是怎样选择的？曹操上马金下马银地想笼络关羽，而关羽却无动于衷，这又是为什么？如果谋臣都像徐庶那样，不为曹操出一谋，将领也不好好表现，甚至去投奔刘备，那曹操也就没有机会作恶了。俗话讲，好人不长命，坏人祸千年。意思就是某些滥好人助纣为虐，而这些滥好人比真正的坏人还坏。

三國之道

某些滥好人在助纣为虐，他们比真正的坏人还坏。

情景说明

回营寨后，曹洪建议曹操改用强弩以应对马超的长枪，曹操却说：

“战与不战，皆在于我，岂能由着马超小儿？”随后下令任何人不得随意出战，违令者斩。一会儿探子来报，说西凉韩遂亲率10万大军增援马超。曹操闻听后反而大笑，说此乃天助我也。

马超得知曹操不攻潼关，反要渡河断自己的后路，决定引军据驻北岸，使曹兵不能渡河。但韩遂引用“兵半渡可击之”的兵法，主张在南岸设伏兵，等曹操到岸后再击之。

曹操又大败数次，只得让人挑土筑城以防马超来攻，但当地沙土疏松，大风一吹就倒。曹操为此烦恼不已，出营寨走动，见外面寒风大作，滴水成冰，心生一计，又大叫天助我也，随后下令士兵连夜挑土担水，用水浇土城，这样就可以随筑随冻了。

次日，马超和韩遂领大军而至。曹操乘马出营，只有许褚一人随后。马超得知许褚乃曹操手下最厉害的武将，决定单挑许褚，与之决一死战。曹操对许褚另眼相看。

要点解析

1. 曹操大败，口气仍然很大，说战不战由他做主，是什么道理?

曹操这句话，其实是在教训曹洪。因为曹洪自恃救曹操有功，跟曹操讲了一大套道理——马超的优点在哪里，我们的缺点在哪里，我们要怎么办。曹操一听很不高兴，心想：你竟然趁机教训我，你救了我一命，我已经犒赏你了，你竟敢这样无礼！当然，曹洪没有此心，可曹操听起来，就感觉曹洪是在教训自己，于是马上还以颜色，说：“战不战由我做主！”意思是说，你少在我面前长他人威风。很多部属认为领导对他很好，就可以趁机教训领导，其实不是这样的。我们要好好吸取教训，否则要吃大亏。

2. 韩遂大军增援马超，曹操为什么说“天助我也”？

照理说，一个马超已经够曹操头痛的，又来一个韩遂，曹操应该更加紧张才对，怎么还以为天助我也呢？因为曹操很懂中国人。一个马超力量的确强，但再来一个韩遂，他们之间就会发生内斗，只要从中施展离间计，很容易把他们都搞垮，这才是曹操说“天助我也”的深刻原因。对于这种民族性，我们不要说好，也不要说坏，要看怎么运用。

日本人喜欢到处跑，只要找到一个没有中国人的地方，他就可以独霸那个地方。而中国人专门喜欢跟进，先让日本人去开拓，等取得了一定的成果，中国人再来。只要中国人一来，日本人就走，因为日本人知道，一个中国人跟一个日本人，无论怎么斗，中国人一定赢，日本人一定输，所以日本人选择走。可当中国人多了以后，日本人还会回来，反将中国人全部打垮。中国人喜欢窝里斗，这是我们应该反省的地方。

3. 马超、韩遂两人看法不一样，怎么共同作战？

果然不出曹操所料，韩遂一来，与马超之间就有摩擦了。他们之间因为辈分不同，交情不够，而彼此不信任。韩遂与马腾是故交，无话不讲，两人绝不会引起误会。但现在马超却不清楚韩遂跟父亲的交情到底如何，于是就开始猜忌、怀疑、不信任，何谈共同作战？想想孔明都费了九牛二虎之力才促成孙权跟刘备的联合，而且也并非完全同心协力，更何况阅历太少又自以为是的马超呢？

4. 曹操看见寒风大作，滴水成冰，为什么又大叫天助我也？

中国人敬天是好事情，如果没有天帮忙，曹操再有本事也没用。现在，曹操最要紧的是用墙挡住马超的长枪部队，拒之于墙外，从而赢得转败为胜的时机。但这个地方泥土很松，墙筑不起来，一阵风就把沙土吹掉了，就在此时，老天帮忙，寒风大作，滴水成冰，只要在土墙上浇上水，一夜之间就能使土墙变得很牢固。如果是靠人力，那是无论如何都做不到的，幸亏老天帮忙，才使曹操又一次免于死难。

大家一定很疑惑，既然曹操这么坏，为什么老天不肯让他死呢？理由很简单，老天有好生之德，不会随便置人于死地，除非他已经恶贯满盈。曹操现在虽然不会死，但已接近恶贯满盈，死期也不远了，从天理来看，一切都可以看得很清楚。现在曹操第二次说天助我也，就是说老天还不让他死。可他为什么不趁机反省，改变作风呢？老天点不醒曹操，最后只好让他死了。

5. 马超为什么单挑许褚，要和他一决生死？

许褚是曹操营中有名的虎将，勇不可当，好几次救过曹操的性命，因此，马超就对曹操说：“你既有如此猛将，何不让他出战，与我单挑！”马超想以此让曹操见识他的厉害，于是再三坚持要跟许褚单打独斗，一决生死。这是武艺高强的人共同的嗜好。

6. 曹操为什么对许褚另眼看待?

曹操当然要对许褚另眼看待。这个时候，只要是猛将，都是曹操眼中的天下至宝，因为他的命就靠这些猛将来挽救了，因此，曹操特别关注许褚跟马超的战况。马超想通过战胜许褚，给曹操以心理打击，使之不战自败。而曹操也会尽力维护许褚，因为许褚是他唯一的抵抗力。

情景说明

马超和许褚单打独斗数百余回仍不分胜负。后两军交战，曹操又大败。曹操说自己视贾诩为兴汉的张良，问他有何良策对付马超。贾诩说可使计离间马超和韩遂，则大功可成。曹操大喜，说天下高见，多有相合，随后写一书信，派人送给韩遂。

韩遂见曹操来信表示愿意交还河西之地，便将信给马超看，并建议马超就此停战。马超不敢轻信，决定和韩遂轮流分守曹操与徐晃两方，等曹操退兵后再做计议。

一日，轮到韩遂守曹操这方。曹操领贾诩到城下喊韩遂出来对话，身后并未带一兵一卒。韩遂出城后，与曹操一同单马出阵，交谈往事，感慨人生，说到兴致高时，还仰天大笑。

要点解析

1. 许褚和马超为什么打个不停，其他的人为什么不上阵?

中国人打仗的方式，自古以来就跟西方不一样。我们是两个主将先出来交战，其他人按兵不动，而不是一开始就“一窝蜂”打乱仗。而且我们打仗也很有礼貌、很有规则，只要一鸣金，哪怕处于优势，也要收兵回来，否则回去还会受处罚。我们擂鼓的时候是前进，鸣金的时候是收兵。知所进退，紧守本分，条条有理，这才是中国人的礼。

许褚跟马超约定两人单斗，其他人不能帮忙，可到最后他们打得实在精疲力竭了，再不上去把他们救回来，就是见死不救，那绝非同人应有的心态，所以，后来两边一拥而上，把自己的人救回去，然后约定改天再战。这是非常和平的战争，外国人始终搞不清楚，为什么中国人打来打去，还说是爱好和平的民族。其实，我们连战争都是为了和平，而非为了欺负人家、侵略人家。

2. 贾诩为什么说曹操施离间计，大功可成?

贾诩是一个很了不得的谋士，他懂的事情很多。他对曹操讲，马超与韩遂不合，在他们之间施展离间计，你就可以坐收渔翁之利。其实，曹操比贾诩更早想到此计。可之前曹操觉得曹洪在教训他，因而很不高兴，对曹洪大加训斥，但现在贾诩这样讲，曹操为何不觉得贾诩是在教训他呢?

贾诩是谋士，而不是将领。将领经常出谋划策，谋士教将领如何打仗，这不是乱套了吗?可见，各守其位，各尽其分，这是非常要紧的，用今天的话讲，就是要讲究专业分工。贾诩的专业是出点子，曹洪的专业是打仗，遵守规则，这样就对了。所以贾诩建议曹操用离间计，曹操欣然接受，而没有像对曹洪那样不高兴。

3. 韩遂说曹操来信，马超是不是已经起了疑心?

曹操写信给韩遂，马超马上就起了怀疑——我们两个共同作战，为什么曹操偏偏写信给你?韩遂为了释疑，就把信拿给马超看。马超看了，心里还是有些怀疑，可韩遂不给他看，他会更怀疑。可见，他们会中离间计，是他们自己的问题，跟曹操没有关系。只要他们之间互相信任，曹操写100封信都没用，因此，不要说曹操又使坏了，稍微用计就把人家搞得不信任，这种看法是错误的。我们经常讲，凡事反求诸己，不要外求诸人，与其要求曹操不要使坏，不如要求自己人一条心。可惜马超和韩遂武艺虽比一般人高强，脑筋却跟一般人一样，没有见识，容易上当。

4. 曹操和韩遂在阵前对话，他们说了些什么?

他们之间说了些什么，完全不重要。如果马超信任韩遂，韩、曹之间无论说什么都不会引起他的怀疑；如果马超怀疑韩遂的话，只要韩遂嘴巴动一动，他就觉得韩、曹在串通一气，同谋害他。人就是这样，无法避免。曹操很懂得人性，先是通过一封信，离间马超和韩遂，现在又来见韩遂，使机会成熟。

我们读《三国演义》会不会学坏，得看你怎么读。有的人说，哎呀，不要读这种书，读了越来越会使坏，那完全是你自己有那个使坏的心念。如果你心态很平和，就会懂得，我们内部的整合、团队的共识是很重要的，要预防彼此不信任的情况发生，那就对了。如果看了以后你用以耍人，那是你本性奸诈，与《三国演义》无关。

三國之道

善恶于心，正确的借鉴会让我们分清是非。

5. 曹操为什么那么大胆，敢跑到阵前？

这就证明了上文我们谈到的，中国人打仗是很有规矩的，要不然曹操来到阵前，马超就会一下刺死他。我们自古都是条条有理，只是我们这些炎黄子孙不够用心，没有好好体会古人那样做的道理。

我们不必计较曹操讲些什么，因为讲什么都会使韩遂百口莫辩，但这并不怪曹操，谁叫马超、韩遂不事先提防呢？

6. 曹操视贾诩如张良，他安的什么心？

一般人认为，曹操再怎么坏，可他没有篡位。但此时他视贾诩为自己的张良，那他是谁呢？他把自己看作汉高祖刘邦了。他动不动把自己看成周文王、汉高祖，那不是想当皇帝是什么？虽然他没有那种行动，但这些话已把他的谋篡之心暴露无遗。所以，不管曹操有没有篡位的举动，其实质都一样。

情景说明

马超得知韩遂白天在城下与曹操交谈，便问韩遂所谈的是何事。韩遂说所言都是些京师旧事。马超说怎能不谈军务？韩遂说曹操不提，自己又何必谈起。马超立马生疑。

曹操回去后大喜，但贾诩说此事不足以使二人离间，他有一计可使马、韩二人自相残杀，说完便对曹操耳语一二。

一日晚上，马超碰到曹操遣使送信给韩遂，便向韩遂索要书信看。韩遂将曹操的来信交给马超，马超见信上紧要之处被涂抹掉了，便问韩遂为何如此。韩遂说来信便是如此，可能是曹操误将草稿送来了。但马超仍不相信，认为是韩遂怕自己知道了详情，故先行抹改，还说刚才在寨中发现曹操的奸细在散布自己的父亲与韩遂早年争斗之事。韩遂打断马超的话，说自己就算浑身是嘴也说不清楚了，要不来日他骗曹操出来说话，让马超趁机将他一枪刺死，马超这才罢休。

次日，韩遂去曹营前喊曹操出来说话，马超紧随其后。曹操在土墙上对韩遂高喊昨夜信中所言之事切勿有误，马超听了，对韩遂与曹操相通之事更是深信不疑，转身领军而去。韩遂部将说马超倚仗自己英勇，常有欺凌韩遂之心，劝韩遂不如投了曹操算了。韩遂表示同意。

夜晚，韩遂与手下部将讨论生擒马超之事，被门外的马超听到。马超大怒，持枪要杀韩遂。

要点解析

1. 马超问韩遂，为什么阵前不谈军务，是什么意思?

韩遂与曹操见面回来，马超质问他，曹操跟你谈了些什么？韩遂只说是随便聊聊。马超马上反问，两军阵前为什么不谈军务？这是个很棘手的问题。如果韩遂承认谈了军务，马超就会逼问，既谈军务为什么不叫我一起？所以，中国人认为真有误会的时候，无须解释，因为会越描越黑，怀疑你的人任你怎么说也绝不会相信。此时的韩遂很无奈，他有理说不清，已经陷入了危险的困境当中。

2. 贾诩要韩、马二人自相残杀，他有什么办法?

贾诩的办法果然高明，他让曹操写封信，故意把里面有些字涂掉，然后送去给韩遂。韩遂刚看完，马超就冲进来，他抢过来一看，质问韩遂怎么把重要的地方涂掉了？韩遂心中无鬼，以实相告。马超哪里肯信，指责韩遂分明是怕他知道才涂改的。韩遂百口莫辩，声称说不定是曹操搞错了，把草稿投给自己了。马超越听越气：你这不是替曹操辩解吗？你叫我怎么相信你？可见，他们完全中了曹操的离间之计。

3. 马超果然中计，他这样鲁莽是不是太年轻？

现在说年轻人不好，是犯大忌的话题，因为现在是年轻人的时代。年轻人专注于高科技，绝对比年纪大的人要在行，可让年轻人来把脉，就会令年纪大的人大跌眼镜，因为他们根本不了解其中的奥妙。同样，让年轻人来讲一些文史哲的东西，他们又能有多少文化底蕴？

马超如果相信韩遂，让韩遂来指挥，自己只是出去打，那曹操就完蛋了。可在马超看来，自己能打就表示自己什么都懂，但这是不可能的。人各有专精，各有长处，应该彼此尊重。现在有一个很可笑的现象，很多年轻人都在讲自己如何成功，可他只有二十几岁，能有多大的成功呢？但就是有很多人相信，怪谁？我们不能怪讲话的人，只能怪那些盲目的听众。

4. 马超提起马腾和韩遂的一段往事，韩遂为什么不愿意多说？

韩遂此时也知道，自己怎么说都没有用了，而中国人有这样的修养——当我再怎么说都无济于事的时候，我就少说一点，甚至不说。这是很高明的。如果说了有用，再怎么辛苦也要说；如果说了没有用，那我干吗还说呢？不如干脆不说。韩遂清楚自己现在无论怎样努力，也难以挽回马超的心，除非给马超很大的挫折，但挫折无益于解决眼前的问题。

在刘备的五虎将中，我们对马超印象最淡薄，就是因为他有这些往事，让我们感觉，他不配与关羽、张飞、赵云、黄忠等人为伍。当然，后期他专门从武艺方面去表现，也有很大的贡献，这个我们不能抹杀，但我们从来没把马超当作一个真正的虎将来研究。所以我们应该理解为什么后来当关羽得知马超居然也是五虎将之一，心里非常不高兴。

5. 部将劝韩遂弃马超而降曹操，韩遂为什么同意？

老实讲，韩遂当时年纪已大，斗志减弱，再碰到马超这样的搭档，感觉很寒心。哀莫大于心死，韩遂觉得自己是冲着与马腾的交情，才放着家里好好的日子不过，跑来帮忙的，结果马超不仅不领好意，反而心生怀疑，认为他跟曹操暗中合谋，真是岂有此理！他想干脆走了算了，但想到万一被马超追杀而死也太不值得了，于是投降了曹操。

韩遂的降曹之举更增加了马超的信心——我明察秋毫，韩遂果然投降曹操了，幸好没被他拖累。所以马超一辈子不会悔改。我们奉劝大家，当看到事实结果的时候，一定要深入研判，看是不是你所想的那样，相信答案经常是否定的。就像这次，韩遂绝不是因为愧对马超，或已跟曹操有了勾结，才投曹操的，他完全是被马超逼得无路可走，才行此下下策。

6. 马超与韩遂自相残杀，有什么启示?

这件事给我们的启示就是，一个团队如果没有共识的话，就叫作有团无队。以马超与韩遂自相残杀为例：他们有团——韩、马与曹操之间壁垒分明，俨然是两个团体，所以他们是团不假；但他们没有队。团是组织，队就是组织力。他们没有组织力。韩遂没来以前，马超还比较厉害，可以专心对付曹操，可韩遂来了以后，马超反而要专心对付韩遂，那仗还怎么打呢？站在马超的立场，他也很为难，韩遂说起来是他的叔父，却在这时候害他分心，他也是恨得牙根都痒痒，但他就是想不到要自我反省。这就叫作当局者迷。

三国之道

团是组织，队就是组织力。

四十八　天赐的礼物

张松的原意是求见曹操，以保家园的平安。不料曹操见他长得丑陋，完全不理会。情急之下，又得到刘备殷勤得近乎拍马奉承的款待，这才改变主意，把西川的地图送给刘备。这一份天赐的礼物，曹操拒收，刘备却十分欢迎，如果曹操不以貌取人，也不依第一印象论断别人，情况很可能完全改变。但是，这是谁也改变不了的情况，应该说是命该如此。张松的行为谈不上光明正大，然而它所产生的影响却是无比的强大。对刘备来说，至少在目前，确实是天赐的礼物。

情景说明

曹操大破西凉后，张鲁准备攻取西川，好与曹操抗衡。益州别驾张松自告奋勇出使许都，表面上是要为益州牧刘璋说服曹操讨伐张鲁，实则想献地于曹操以保平安。

张松到达许都后，连日求见曹操。可曹操忙于饮酒作乐，又见张松只是无名之辈，所以不欲接见，后因杨修出面相劝，才勉强答应下来。曹操曾题“活”字于门上，杨修悟其意为“阔”，令工匠将门改小，曹操得知后内心不悦，嘴上却夸杨修机敏过人。

见张松相貌猥琐，曹操心生鄙夷，遂神情倨傲。张松见此，也举止鲁莽，出言不逊。曹操怒而离席。杨修差人问张松，作为使节，为何不懂礼仪？张松说西川没有阿谀谄媚的小人。

杨修见张松能言善辩，邀其面谈，问及蜀中风土人物，张松大赞西川国富民丰，人才辈出，天下莫及。得知杨修仅为相府主簿，张松感到惋惜，说曹操并非文武之才。杨修不服，取出曹操手稿，张松翻阅后哈哈大笑，说这绝非曹操原创，蜀中三尺小儿皆能背诵。

要点解析

1. 张松自告奋勇要到许都请曹操出兵打张鲁，有什么用意？

张松之主刘璋，也是汉室宗亲。当时，许都与西川之间盘踞着张鲁，其地汉中是交通要地。张鲁有意要攻打刘璋，张松自告奋勇地去见曹操，说要去解除西川的威胁。实际上，张松的心里却别有所思——他想把西川的地图献给曹操，好让曹操直接占领西川，以免经常动荡不安。

张松的想法是否正确，要看从哪个角度来说。如果为天下太平，减少战争，那他的出发点可能是对的。可就算如此，他也找错了目标，因为曹操绝非他寻求和平的理想对象。所以张松的观念不是很正确。

2. 杨修猜中曹操的心思，曹操夸他机敏过人，是真的吗？

杨修其人很值得我们当作个案来研究。实际上，杨修已成为一类人的代表——聪明反被聪明误，一路被自己的聪明逼到绝境。

有一次，曹操看到修好的门，二话不说，写了一个“活”字，大家都不解其意，又不敢问。杨修经过此地的时候，当即就说，门中一个“活”字，就是“阔”字，表示门太宽阔，要改窄一点。下面的人果然按照杨修的意思把门修窄了。曹操再度经过此门的时候，问是谁的主意，下面的人说是主簿杨修。曹操听后，嘴上夸奖杨修机敏过人，其实这样的夸奖，警告的意味高于赞美的成分，可惜杨修听不出来。

3. 张松来访，曹操不想见他，杨修又劝要见，合适吗？

当然不合适。曹操是否要见张松，自己必有决定，除非他主动去问杨修：你认不认识张松这个人？我有没有必要见他？杨修才能拿出自己的意见来。不过，这也仅供曹操参考而已，绝不可以替曹操做决定。

做决定是领导的事，部属可以提意见，但不能替领导做决定。杨修虽然没有替曹操做决定，但他主动劝说曹操应该见张松，使得曹操很烦，这对杨修也是不利的。

做决定是领导的事，部属可以提意见，但不能替领导做决定。

4. 张松态度傲慢，曹操很不高兴，身为使者，难道不懂得礼貌?

张松自有企图，他不是单纯的使者，否则也不会这样表现。他只是想用这种比较奇特的方式来引起曹操的注意，以便告诉曹操这当中另有文章——我要把西川的地图献给你。这对曹操来讲，当然是求之不得的。

但曹操并没有意会到这一点，因为要让曹操足够重视一个在他看来很普通的使者，也不是那么容易的事情。可见，张松的这招并没有达到预期的效果。

5. 张松说西川人文地理都好，妥当吗?

张松这么说非常妥当。西川好不好，每个人都有自己的感觉。但最起码，张松在西川土生土长，如果见人就说西川不好，人家也不会看得起他。况且张松说西川人文地理都很好，也很接近事实。所以他这样说，无论怎样都是正确的。

6. 杨修为什么出示曹操的书稿? 张松为什么大笑?

杨修喜欢多管闲事，所以最后倒霉的还是他自己，尤其是在曹操的身边，多管闲事迟早会把曹操惹火。但杨修却固执地以为，以自己的才智反应，一定会得到曹操的赏识，可他却缺乏自知之明。

这次，杨修并没有考虑这件事对曹操会有什么影响，也没有考虑张松肩负重大的使命，而是认为曹、张二人之间既然存在成见，他可以居中调解一下。如果杨修有其深刻的见解，我们倒还会佩服他，可他根本没有，他所做的都是些花拳绣腿的功夫，不能击中要害。

杨修把曹操的书稿拿出来给张松看，意思是你不要夸你们的西川，你看过我们丞相的才华，自然就会佩服他。没想到张松看后哈哈大笑，完全不给面子，杨修很急，一直问张松到底是怎么回事。张松告诉他，这根本不是曹操的创作，西川三尺小孩都会背这些作品，弄得杨修也不知如何是好。

情景说明

张松果然将曹操的手稿一字不差地背诵下来，杨修大开眼界，钦慕不已，赞叹张松有过目不忘之能，是天下奇才，并决定向曹操如实禀报，以引荐张松。

曹操闻言不悦，自行烧掉书稿。杨修大惊，前去阻止。曹操拦住杨修，继续一言不发扯书而烧。杨修问曹操为何不顾二十载著书之苦，仅为几句荒唐之言就将书毁掉。曹操称自己不愿留污名于后世，又说来日于西教场点军，可让张松来见军容之盛，也好使得他回去传言，说曹军即日取下江南，便来收川。杨修领命而去。

翌日，曹军果然盔甲鲜明，击鼓震天，训练有素。曹操称张松有过目不忘之能，而自己有心怀天下之量，问张松在川中可见过如此阵势。张松倨傲依旧，说蜀中只以仁义治人，不曾见此武夫。曹操颜色大变，问张松可知曹军战无不胜。张松反唇相讥，历数曹操败绩。

要点解析

1. 张松背诵曹操书稿，杨修为什么说大开眼界，敬佩之至？

在杨修眼中，这部书稿是曹操非常得意的作品，没想到反遭张松奚落，而且张松还当场背诵了一遍来证明这部书并非曹操原创。杨修听后由衷地感叹，说真让人大开眼界，从未遇见过像张松这样的人，佩服之至！于是想向曹操引荐张松。其实张松之所以这样，是在千方百计地制造跟曹操见面的机会，现在杨修正好被其利用。

我们常常劝人，热心虽好，但有时热心过度被他人利用，那就糟糕了。杨修本该反省张松为什么表现得这样奇特：一来礼数不对；二来口气不对；三来作风也很奇怪：吃饭没吃饭的样子，拿东西没拿东西的样子，对曹操的著作居然能够倒背如流，这到底是怎么一回事情？可他完全没有想这些。

2. 杨修说张松过目不忘，曹操为什么把书稿烧毁？

曹操很高傲，看到自己的书稿别人都会背了，心想那还留着干什么呢？于是决定烧掉。这完全出乎杨修的意料，杨修知道，这书稿确实是曹操写的，不可能流传到西川，张松之所以能够倒背如流，不过是因为他过目不忘而已。过目不忘这种能力是存在的，但具备这种能力并不好，因为最后会导致神经错乱。人会忘记才是正常的，什么东西都记得牢牢的，绝不是好现象。我们不必羡慕张松厉害，他的脑袋不过是个资料库而已，没什么奇特的。

杨修知道张松在说谎，张松只不过有很强的记忆力而已，因此敬佩之余，极力向曹操推荐。没想到曹操根本不在乎什么过目不忘，他只在乎自己的名声。而且，曹操从此更加讨厌杨修——你给我闯这个祸干吗？真是多管闲事！可惜杨修还是不明白。

3. 曹操不说话，杨修为什么更加难过？

曹操与杨修之间，发生过好多事情，这次绝不是开始。曹操对杨修的话感到很无奈，因为杨修的这种错误，不足以惩罚，但不惩罚自己心里又像被蜘蛛爬过一样，非常不舒服，只好只言片语都不讲。

杨修见此当然很难过。但他难过的不是自己居然给曹操留下这么坏的印象，而是觉得引荐张松这么好的人才给曹操，曹操居然拒绝，真是太不重视他的好意了。

4. 曹操不愿意留污名于后世，是真的吗？

中国人常说，文章千古事，又说惜墨如金，因为文字一旦写下来，会产生很大的影响，传播出去，一方面会帮助很多人，一方面也会害死很多人。所以我们才说文章千古事，下笔一定要留神。

现在，资讯越来越发达。可越是这样，越要注意“开卷有益”，这四个字的意思不是说随便翻翻就会受益，而是说不开卷则已，一开卷一定要看对自己有益的东西，这才是“开卷有益”的真意。否则，万一看到错的东西，使人无意中受害，那就成了开卷有害。

曹操的做法也是告诉大家要谨慎，尤其现在信息传播这么快，大家更要小心，不要随便乱讲。

三國之道

开卷有益的意思是说不开卷则已，一开卷一定要看对自己有益的东西。

5. 张松看到曹军势大，说西川只讲仁义，用不着兵马，合适吗？

不管张松的动机如何，态度怎样，那是他自己的事情，我们无权评价。但我们仍要赞扬张松，因为他确实尽力了，他创造机会跟曹操见面，又很大胆地告诉曹操——做人仁义最要紧，不应迷信武力。

张松的话原本对曹操非常有帮助，可惜曹操并没有“天助我也”的感觉，也并没有觉得这是老天派张松来警示他仁义最重要，然后彻底改变态度，否则曹操就非常了不起了。可惜曹操没有这种警觉心，这也是他命中很苦的一面。

6. 曹操说自己有心怀天下之量，张松为什么还不改变态度，依然那么高傲呢？

曹操自始至终没说过他这一辈子要干什么，现在这么说，让人感觉有些似是而非，搞不清楚“心怀天下之量”所指为何，可见曹操很善于隐藏自己的心机。张松当然不能接受曹操的话，所以他针锋相对，毫不畏惧。如果张松用这种态度对别人，我们也许不赞成，但对曹操，我们却很欣赏。

情景说明

被张松揭短，曹操大怒，喝令要斩杀张松。杨修赶忙求情，说恐失人心，望从宽发落。曹操怒气未息。荀彧也前来求情，曹操方免其死罪，令乱棒打出。

孔明和庞统听闻张松在许都的遭遇，均开怀而笑，欲从张松处打开取得西川的入口，并安排好相应的策略。

张松对曹操很失望，又无颜狼狈回川，于是转投刘备，不想在荆州边界处受到关羽和赵云的迎接，将他引至刘备处。刘备带领孔明、庞统等盛情相迎，张松慌忙下马拜见。

刘备设宴款待，并与张松大套近乎，频献殷勤，关羽见此，颇为不悦。得知刘备只是暂居荆州，张松问他何不一统四海？刘备苦笑不语。张松又说使君就算当皇帝也无不可，刘备称不敢当。张松在曹操处险些丧命，却在这里受此殊荣，且连日受到宴请，因此大为动容，有心报答刘备。

要点解析

1. 曹操要斩张松，杨修求情，为什么荀彧也劝曹操三思?

曹操经常对别人傲慢，但绝对不能容忍别人对他傲慢，这是他的一个很大的缺失。如果他能想一想张松这么做的原因，肯定会受益匪浅，可他没有，他只是想：你张松算什么，居然敢如此傲慢？这对他并没有任何好处。一个人受到刺激的时候，应该从正反两面去想，才会对自己有利。

曹操忍无可忍，要斩张松，杨修求情也是必然，因为祸是他闯的，他心里当然很不安。荀彧也劝曹操，因为他觉得如果斩掉来使，有损大国风范，会使西川对曹操产生很不满的反应。荀彧纯粹是出于让两边和好的立场，才劝曹操三思，以免后续的麻烦不断。

荀彧的话，曹操会听，因为荀彧每次讲话都很中肯。所以，一个人要在平常树立信用，让领导对你有信心，这样在紧要关头你才敢讲话，讲出来的话也才会被领导采纳。

三国之道

一个人要在平常树立信用，让领导对你有信心，你讲出来的话也才会被老板采纳。

2. 张松被曹操乱棍打出后有什么打算?

张松来许都的时候满怀信心，认为若把西川的地图献给曹操，曹操一定会重视他，可万没料到曹操这么不识相，居然把他乱棍打出。就这么狼狈回到西川，岂不被人耻笑？所以张松决定转投刘备。

我们讲过很多次，刘备能有今天，一点一滴都是曹操给的。曹操那么聪明，竟然没有想到，张松被自己赶出去后，是不会回家的。他转投刘备后，拱手将西川的地图献给刘备，让刘备得到了这份好处，这是曹操自己一手造成的。

3. 孔明听说张松被打出许都，为什么和庞统哈哈大笑?

孔明与庞统一直都在关注事态的发展，从张松离开西川到许都，他们已经算得一清二楚：张松得不到曹操的赏识，不过也不会被打死，最后无路可走，一定会来投靠刘备。现在一切皆如他们所料，因此他们哈哈大笑。其实只要稍微动动脑筋去推理，就知道最后的结果一定是这样，不存在别的可能。

曹操糊涂，荀彧也糊涂，张松莫名其妙，这不是天意是什么？就是那只“看不见的手”，使得张松往许都走，然后绕到刘备那儿，同时也使刘备这边做好准备，给张松出乎意料的惊喜，从而让刘备顺利地得到那幅宝贝地图。

4. 关羽、赵云迎接在先，刘备盛宴款待在后，张松是不是承受不了？特别是他在许都受尽了屈辱，曹操又几乎翻脸要把他杀掉后乱棍打出，那他会怎么样?

把张松在曹操处的遭遇与在刘备这里做一个对比，我们很容易了解张松此时的感觉。刘备先派关羽、赵云前去迎接，到了本营后又亲自盛筵款待。张松当然受宠若惊，觉得刘备是天底下最好的人，最后果然招架不住，承受不了，当时就把心掏出来交给刘皇叔。可见，刘备之所以到处得人心，是因为他很懂得人性。

5. 刘备对张松大献殷勤，大套交情，关羽为什么看不顺眼?

关羽始终坚持自己的原则，认为做任何事情都要按照道理，不能过分，他最喜欢读《春秋》，孔子写这部书是为了批判那些过犹不及的事情。之所以说“《春秋》作而乱臣贼子惧”，就是因为《春秋》宣扬正义与公正。关羽平常对刘备百依百顺，但当刘备做得太过分的时候，他也会表现出自己的不满。

但是，刘备也有自己的难处：东吴一天到晚讨要荆州，如果能早日得到西川，局面就会为之大开。刘备心里很急，因此他特别殷勤地招待张松，也是势所必然。这也是刘备在我们炎黄子孙的心目中，地位始终没有诸葛亮、关羽高的原因。

6. 张松说刘备就算当皇帝也无不可，刘备为什么苦笑?

刘备苦笑是因为他目前的处境离当皇帝还太遥远。张松讲这样的话，也是受宠若惊之后，发表由衷的感慨而已，刘备虽不会当真，但不可否认他的确有这样的企图。另外，刘备苦笑也是为了告诉大家，众人拾柴火焰高，自己当皇帝还要靠大家帮忙。

张松原意是想去找曹操，结果有意种花花不开，无意插柳柳成荫，却得到了刘备的赏识，这是他始料不及的，这也是天意使然。由此可见，很多事情最后会有怎样的结果，都不是人本身可以完全控制的。

情景说明

张松辞别时，刘备设宴饯行，并亲自为张松牵马执镫。张松拜谢在地，并告诉刘备，荆州恐非久留之地，宜入主西川。刘备辞谢，称不忍与刘益州手足相夺。张松晓之以理，说益州早晚为他人所占，与其让与虎狼，不如献于贤君。

刘备听后茅塞顿开，继而感叹蜀道崎岖，不知如何进取。张松马上献出西川地图，并表示希望刘备早日收复中原，匡扶汉室。众人见此，皆笑逐颜开，孔明更是喜不自禁。

刘璋根据张松之策，派法正请刘备入川，以抵御张鲁和曹操。看罢刘璋书信，庞统认为可趁机拿下西川，但刘备却犹豫不已，唯恐这样做会失信于天下。庞统说兼弱攻昧、逆取顺守是汤、武之道，并无不义不信。刘备恍然大悟，欣然答应。

经商议，由孔明与关羽、张飞、赵云等镇守荆州，刘备率庞统、黄忠等前往西川。

要点解析

1. 刘备热诚送客，张松为什么痛哭流涕，跪倒在地?

当年徐庶离开刘备的时候，刘备也是热诚相送，甚至要把挡住视线的大树砍掉。徐庶非常感动，不仅走马荐诸葛，而且发誓不为曹操谋划一计。现在历史又重演，刘备想从张松身上得到一些好处，于是又格外热诚地送行。张松发自肺腑地感动，痛哭流涕，跪倒在地。

对比张松在曹操那里的遭遇可知，刘备用自己特有的一套方法对待张松这种重要人士，往往能收到很好的效果。但这种事情也要适可而止，不可以常常这样做，否则就表示这个人不够正直。真正的“适可而止”就是中庸，要做到中庸是有高难度的。

三国之道

中庸就是适可而止，恰到好处。

2. 张松说荆州不是久留之地，请刘备入主西川，刘备如何回应？

张松临行之际，为了报答刘备对他的赏识和盛情款待，想打开天窗说亮话，但又不能直说，否则在场的人会非常尴尬。他知道刘备觊觎西川多时，于是从另外一个角度切入，说荆州不是久留之地，请刘备入主西川。刘备说蜀道崎岖，不知该如何进取。张松趁机说自己帮不上别的忙，只有献上西川地图，算是知恩图报。张松这样做是不是在出卖他的领导？如果是的话，为什么刘备没有警觉性？这些都值得我们好好探讨。

3. 张松献出西川的地图，大家有什么感想？

张松想把西川献给刘备，但他没有这个权力，而且还要背负卖主求荣的恶名，所以他决定把西川地图献给刘备，这就表示他的心已经从刘璋那里转移到刘备身上了，这就叫变心。张松变心后，大家一定心存疑惑：孔明为什么不出来讲话？以前刘备三让徐州，又拒绝刘表托付荆州的意愿，现在为什么又这么热切？他到底在想什么？

其实，所有这些都是因为现在的情况跟以前不一样了。中国人常说，此一时也，彼一时也。用现代的话讲，就是时空一改变，真理就会改变。不是真理本身发生了改变，而是真理运用起来会有变动。

所以当张松将西川地图献给刘备时，刘备并未拒绝，道理只有一个，该拿就拿，不该拿就不拿。但什么时候该拿、怎么拿、拿到什么程度，什么时候不该拿、怎么拒绝、拒绝到什么程度，都应该随着时空的变化而做出适当的调整。

4. 张松卖主求荣，孔明为什么不当场把他拿下？

现在张松很显然是在卖主求荣，可孔明却显得很开心。可见，人的心情不同，判断力也会跟着改变。刘备集团的既定政策是夺取西川，所以现在不是拿不拿的问题，而是如何漂亮地拿下的问题，所以张松的这种举动并没引起孔明的反感。

孔明的策略也有一贯可循的脉络。当初刘表要以荆州托付刘备，刘备坚决辞谢，孔明则认为该拿就拿。当然，刘备有自己的想法，他的“仁义”招牌决定了他不会拿，否则手一伸出去，以前努力积累的声名就会轰然倒塌。所以，每件事情都要按照不同人的立场做全盘的分析，然后找合理度到底在哪里。但这个合理度是变动的，不是固定的，所以千万不要以固定的观点看变动的现象。

5. 刘璋派法正请刘备入川相助，是不是妥当？

是否妥当其实已无关紧要了，因为现在无论派谁都是不可靠的。刘璋需要自我反省：为什么部属中会出张松这样的人？现在法正也是肉包子打狗有去无回，为什么会造成这种对自己很不利的局势？虽然这要归咎于刘璋自身，但实际上整个形势已经在发生变动，孱弱的刘璋自然无计可施。可见，部属有部属的难处，领导有领导的难处，家家有本难念的经。

6. 刘备说他和曹操不一样，庞统如何劝他，使他欣然入川？

刘备一开始就强调他跟曹操不一样——他以仁义取胜，曹操以奸诈取胜，如果现在伸手去取西川，那跟曹操有什么区别？所以刘备始终不肯下定决心取西川。我们不能因此怪他，因为除了这点差异性，我们实在很难看出谁是真正为了汉室江山。

现在庞统建议刘备趁机拿下西川，法正也说既然已有地图，西川唾手可得，为什么不拿？可刘备还是碍于刘璋是汉室宗亲，不忍同室操戈而失信于天下，因此犹豫不决。

庞统只好建议用比较和缓的、让对方比较有面子的方式取西川。刘备听了半推半就。在很多事情上，刘备都是半推半就，因为完全主动就无法交代，完全拒绝则无后路。从他们每一个人的立场来了解整体的演变，就会知道刘备取西川乃是大势所趋。

四十九 政治的婚姻

孙夫人口口声声以刘备为重，但是心里头难免顾虑家族的利益。这是政治世家共同的苦恼，似乎谁也摆脱不了。孙权见刘备入川，急着要出兵取荆州。国太担心孙夫人的安危，当然阻止。孙权只好派人假借国太病危，要孙夫人带着阿斗一起返回东吴。赵云再度勇夺阿斗，小小年纪，已经欠赵云两次天大的人情，这也是阿斗的无奈。孙夫人回东吴才知道国太并非病危，但是她决定从此不再和刘备见面，显示她是一位有感情，也很正直的女性，和她的兄长孙权大不相同。

情景说明

刘备大军一路号令严明，对百姓秋毫无犯，颇得西川民心。黄权唯恐刘备霸占益州，且加害于刘璋，不惜叩首流血，力阻刘备入川。可刘璋心意已决，仍旧亲往涪城迎接刘备。

刘璋正要出城，见从事王累将自己捆绑悬挂于城楼上，说如谏不从，自己就割断束帛，撞死于地。刘璋不为所动，王累撞地身亡。

刘备、刘璋二人见面，以诚相待，诉告衷情，煞是和睦，只是两军将领各怀戒备，均有防范。庞统建议刘备设宴，设伏于席间杀掉刘璋，然后攻取成都，则西川一举可得。法正也说应该早立大业。可刘备认为恩信未立之际不可操之过急，拒绝了二人的建议。

刘璋见刘备宽厚仁慈，并无二心，劝众将不必顾虑，并认为此后曹操、张鲁不足为惧，自己可以高枕无忧了。张松因引荐有功，受赏黄金500两。

要点解析

1. 刘备大军入川，一路号令严明，以争取民心，有什么用意？

《三国演义》看到现在，我们应该有所觉悟，以人有限的智慧与能力，所能处理的事情都只是小规模的，比如说家事或者一个比较中型的组织，而对于大军入川这么庞大的事情，就没有太大的把握了，什么办法都不见得完全可靠。因此，刘备就采取老办法，军队所到之处，秋毫无犯，以争取民心，其实曹操和孙权又何尝不是如此，任何有点智慧的人都会这么做。至于刘备争取民心的动机是真是假，谁也不知道。人类的历史越久，大家就越容易怀疑，只是人类没有意识到这一点。

2. 黄权力劝刘璋，切勿相信刘备，刘璋为什么不听？

任何一个集团，每当出现问题时，总会产生正反两种不同的意见，尤其在中国社会，永远都是公说公有理，婆说婆有理。在这种状况下，作为一个主事人，实在是很头痛。如果太果断，大家会觉得你刚愎自用；如果左右摇摆，大家又会嘲笑你优柔寡断。总之，不管怎样都难以让每个人满意。

现在，刘璋就面临如此困境：如果听黄权的，把张松杀掉，就会授柄于刘备，使刘备出师有名；如果听张松的，把刘备迎进来，自己的位子恐怕难保。所以刘璋十分为难。

我们常讲一句话，坐轿子的人要下来，抬轿子的人不会让他下来。因为这些抬轿子的都是既得利益者，如果刘璋把西川交给刘备，这些人会因为担心既得利益不复存在而顾虑重重。这就是人类的问题，所有事情都不可能十全十美，重要的是我们应该让贤者在位，这才应该是人类共同追求的目标。只要贤者在位，是专制还是民主都无所谓，否则什么制度都是没用的。

三国之道

努力使贤者在位，应该是人类共同追求的目标。

3. 王累以死相劝，刘璋见死也不为所动，这是为什么？

道理很简单，人一路走下去，总会有自己的决策，既然已经选定了一个方向，除非是碰到很大的挫折，面临很大的困难，否则不太容易会改变。此时，刘璋并不为黄权血谏，王累以死相劝也不为所动，在刘璋看来，这些劝他的人并不了解刘备的为人。我们不能怪刘璋，他并没有错。

4. 庞统建议刘备在宴席中杀刘璋，结果如何？

庞统与刘备相处时间毕竟较短，所以他不如孔明了解刘备。在刘备看来，如果庞统会做事，这种计划就不应该事先请示，否则不是要刘备背黑锅吗？所以刘备一定会拒绝庞统的建议，这是必然的，因为他不愿意负这个责任。

在这种情况之下，要在宴席上杀掉刘璋一事注定没有结果。这就使刘璋越发坚定自己的想法——刘备果然名不虚传，仁义为怀，可见黄权、王累这些人偏见太重，成见太深。这也从另一面增加了事情的复杂性。

其实，黄权等人并没有解决问题的能力，他们只是在那里无事忙而已。这样我们才会了解为什么老子说，人经常都是自己骗自己。我们本来都是没有事的，却制造了一大堆事情，然后还说自己很有功劳。用老子的眼光来看，这样其实很可笑。

5. 法正原来是西川的代表，为什么也劝刘备速取西川？

法正原是代表刘璋的，可到了刘备这里，就完全忘记了旧主，而且他还有很强的理论依据——投靠刘备不是为了一己之私，而是顺天应人。但老天爷从来不说话，你说对了，老天爷不吭气；你说错了，老天爷也没有反应。所以，每个人都声称自己的所作所为是顺应天理，连曹操都是这样。现在，法正也说是老天叫他这样做的，他并没有使坏。

这样怎么解决问题？值得我们人类好好思考。孔子早就讲过“天何言哉”——老天讲过什么话呢？言下之意就是人要凭良心。但凭良心也没有办法，因为每个人认知不同，良心的标准也不同。

我们今天老是觉得人类很有办法，可以解决很多问题，但看了《三国演义》我们就知道，说难听点，人类就是在混日子而已。每个人看起来都很有志气，很有把握，道理也说得头头是道，结果却搞得一团糟。

6. 刘璋以黄金重赏张松，是不是合理的奖励？

刘璋完全是个糊涂人。张松把刀架在他脖子上，可他居然越来越坚信刘备是了不起的，因为事实证明，刘备并没有像黄权、王累所讲的那样对他动武，从而越发认为张松立了一件大功，因此拿黄金重赏他。这完全就是笑话。

奖励是一把“双刃剑”，搞不好就会割伤自己。奖励不容易，惩罚也难。人们常讲惩罚要严明，其实很难做到。所以现在的人应该检点自省，不要太夸大自己，以为自己的能力可以比天还大，实际上那是笑话。

情景说明

刘备宴请刘璋，庞统授意魏延舞剑助兴，以便趁势杀掉刘璋，并唤众武士列于堂下。刘璋手下诸将也都虎视眈眈，张任掣剑而出，说舞剑必须成对，随后刘封等人也纷纷拔剑起舞，席前一片刀光剑影。

刘备大惊，喝令众将住手，说此非鸿门宴，同宗兄弟共议大事，不必舞刀弄剑，不弃剑者立斩，随后又以酒赐予众人，请大家打消疑虑。刘备、刘璋正欢饮畅叙，忽闻报张鲁大军侵犯葭萌关，刘备慨然自请前往抵御，刘璋感激万分。

当夜，庞统对刘备感叹说：“天与不取，人复何为？”刘备责怪庞统陷他于不义，令庞统打消诛杀刘璋的念头，庞统只得答应。

见刘备已入川，孙权欲收回荆州，顾雍建议先切断刘备归路，继而攻取荆襄之地。君臣正商议间，国太闻讯赶来，斥责孙权贪心不足，只知攻城掠地，不顾骨肉亲情，居然要置孙夫人于死地。母命难违，孙权无奈，只得答应不打荆州。

要点解析

1. 宴会中双方将领舞剑，刘备为什么制止？

庞统着急想尽快解决掉刘璋，可刘备不听他劝，因此他才决定上演鸿门宴故伎，以便趁机刺死刘璋。刘备这边如此，对方也是一样，刘璋的很多将领始终对刘备耿耿于怀，以为刘备此来不怀好意，想蒙骗他们的主公，而刘璋太仁慈了，居然相信奸诈的刘备。因此，双方各想各的，将领纷纷起来舞剑，气氛变得相当紧张。

刘备一看情况不对，觉得自己有责任出来制止，于是说，大家都把剑拿掉，不可以再这样做。这句话为什么不是刘璋来说呢？因为刘璋比较坦然，比较诚心，相信刘备的确跟传说的一样很仁慈、很讲义气，因此没有防备，纯粹是在观赏舞剑。而刘备心里却有鬼，明白部属都想让自己对刘璋取而代之，所以他才会出来制止。

2. 刘备说不是鸿门宴，这是什么意思?

提起鸿门宴，人们都知道，那是一个不怀好意、准备把对方干掉的危险宴席。刘备知道部属居心不良，如果自己再不站出来制止，他们就可能真的要杀人了。所以刘备赶紧站起来，说这不是鸿门宴，同宗兄弟共议大事，不必舞刀弄剑，不放下剑的立斩，然后赐酒给众人，把所有的鬼胎都化解掉了，可见刘备这句话还是很有效的。

3. 张鲁来攻葭萌关，刘备为什么自告奋勇去抵挡?

刘备之所以来到西川，就是打着助刘璋攻张鲁的旗号。现在，张鲁来攻葭萌关了，刘备只能说自己去替刘璋抵挡，这才是真正的用行动来表示，也是刘备非常擅长的。可见，刘备的金字招牌都是他一路亲手打造的，而且他还不断地去呵护擦拭。

4. 庞统感慨说“天与不取，人复何为”，是不是不吉的先兆?

庞统其貌不扬，虽然我们不能以貌取人，但“相随心转”也有相当的道理。孔明与庞统齐名，但两个人给人的观感却显然不一样。庞统应该自省，自己怎么会搞成这个样子？因为美丑并不只是外表，同时也是内心充实不充实、美不美的一种暗示。庞统的运气一向不好，而且总觉得时不我待，急于表现。他心想：孔明下山，震动天下，我庞统与他齐名，怎能输给他？可追随刘备这么久，一点功劳都没有，因此心里很急。一个人如果个人主义太强，老天爷是不会让他如愿的。

现在，庞统急于拿下西川建功，因此对刘备带兵去抵抗张鲁的行为很不理解——你放着正事不干，居然跑去做那些没有用的事情！其实他不了解，刘备走的路子虽然慢一点，效果却大大好于他的急躁冒进。刘备有自己的立场，庞统既然要帮助刘备，就要服从刘备的大局。孔明也有很多意见与刘备相左，但在大局方面，他会充分地配合刘备，庞统却不懂这一点。所以，庞统的感慨也可看作一种不祥的先兆。

5. 庞统为什么那么急要取西川？

庞统知道，赤壁之战后，刘备夺取了荆襄，那都是孔明之功，这一点全天下的人都知道。刘备那么尊重孔明，也是因为孔明的表现为他取得了非常显著的成果。而庞统与孔明齐名，自然不想在建功立业方面输于孔明，因此急切地想要把西川拿下来，从而受到跟孔明同样的重视。

6. 孙权趁刘备入川，要取荆州，国太为什么阻止？

国太和孙权所做的事情都恰如其分。因为每个人的立场不同，所以表现也会不一样。国太和孙权母子看起来矛盾，实际上却并非如此。孙权心想：刘备既然去打西川，西川早晚必归刘备所有，我现在赶快趁荆州空虚，把它夺回来，免得刘备在西川站稳脚跟，又不肯放弃荆州，到时候拿他没有办法。孙权的这种想法并没有错。但国太考虑更多的是女儿的安全，她认为刘备是自己的姑爷，孙权攻打荆州，一旦荆州拿她的女儿孙夫人当人质，岂不太危险？在国太看来，没有什么比亲情更重要，因此她以为攻打荆州不可行，这也没有错。

情景说明

张昭见国太阻拦，向孙权献上一计：先差心腹之人带密书与孙夫人，说国太病危，欲见亲女，令孙夫人携阿斗星夜赶回东吴。这样一则可用阿斗要挟刘备，使其归还荆州之地，若刘备不还，再动兵不迟；二则可成全吴国太的母女之情。孙权见可一计两得，欣然同意，赶忙修书一封，派周善持往荆州。

孙夫人听说母亲病危，深信不疑，悲急交加，不知如何是好，周善催促她赶紧动身，说晚了恐不能与国太相见。孙夫人担心孔明阻挡，于是即刻带着阿斗随同周善而去。

听闻孙夫人被东吴派人接走，孔明冷静安排对策；赵云则立刻前去追赶，赶到江边时，周善正欲开船，赵云请孙夫人留步，周善不睬，催促船家速进，赵云只得沿江追赶。

要点解析

1. 张昭建议孙权接回孙夫人再攻打荆州，这样好不好？

人不要抢着发表意见，往往会比较占便宜，张昭这次就是如此。孙权说要打荆州，国太以孙夫人为由，阻止他采取行动，张昭当然很容易想到先把孙夫人接回来，然后再攻打荆州。这是非常显著的案例。如果张昭一开始就这样讲，大家肯定会怀疑：为什么要先把孙夫人接回来？

当人家讲东的时候，中国人多半会往西边想；当人家讲西的时候，我们又通常会往东想，因为我们是阴阳文化。张昭这次很聪明，等国太和孙权发表完意见，自己再走一条中间路线。当然，这中间路线并非是两个加起来切一半，而是两边兼顾，找一个合理点。

此外，张昭的三朝元老身份也很重要，如果换成一个新人，孙权和国太可能都会不高兴，他们会觉得：你算什么东西，怎么能代替我们做最后的决定？所以，做任何事情，都要考虑当时的时机和自己的身份、地位合不合适。

三国之道

做任何事情，都要考虑当时的时机和自己的身份、地位合不合适。

2. 孙夫人为什么相信周善的话，答应立即回东吴？

孙权同意张昭的建议，决定派周善带一小队兵卒到荆州，跟孙夫人谎称国太病危，要见她最后一面。孙夫人虽然武艺很好，但她生活的圈子毕竟太小，跟外界没有太多的接触，所以当她听说母亲病危后，马上答应跟周善同回东吴。我们可以说她缺乏政治细胞，但不能说她这样做不对。

3. 周善要孙夫人带走阿斗，孙夫人为什么照办？

孙夫人要走，照理说应该先跟孔明打声招呼，但她没有这样做，可见她缺乏政治细胞，不能跟外界环境进行良好的互动。如果她事先将此事告诉孔明，孔明会替她研判，告诉她这是假情报，让她不要上当，如果非得去探望，孔明还可以派人护送，到东吴看明情况后再做应变。像孙夫人这样匆匆忙忙地说走就走，是不对的。

当周善提出要带阿斗一起走的时候，孙夫人就应该提高警觉：国太要见的是我，为什么要带阿斗回去？如果阿斗是她亲生的，外婆要看外孙，那还情有可原，可阿斗并非孙夫人亲生，而且还是刘备的唯一命脉，他的安危事关重大。所以，孙夫人应该三思而后行，最起码也应跟孔明商量一下，可她都没有，这是她不能被原谅的地方，也是她以后不敢再回荆州的一个重要原因。

4. 士兵报告，孔明为什么没有反应？

一般人觉得孔明样样都好，唯一不好的就是他事必躬亲，大事小事都管。可现在孙夫人和阿斗将被周善接回东吴，他居然没有反应。为什么？因为他只要暗地里部署就好了，该谁做就派谁去做，慌张根本于事无补。

以孔明的身份地位，碰到事情不能总想着自己要怎么办，而应该想想找谁去解决这件事情，只要把事情交代妥当就可以了，这才正常。可惜一般人看人看事的标准经常变动，而且经常是错误的，应该要小心。

5. 赵云听说孙夫人带走阿斗，为什么立即要夺回？

前文讲过，赵云身份很复杂，他是刘备的将军兼管家，既然身为管家，营救和保护阿斗俨然就成了他的使命。上一次他在长坂坡把阿斗救出来，很得刘备的赏识，当时他就下定决心，阿斗若再有事，自己绝不推辞。这次听说阿斗被孙夫人带走了，赵云即刻催马去追。

赵云来到岸边一看，周善的船已经开出去了，于是就叫一条小船赶快去追，并且一边追一边高喊“夫人，请留步”，但孙夫人完全不理他。赵云一怒之下，跳到孙夫人船上，硬把阿斗夺了过来。但周善岂肯罢休，当时又在船上，所以赵云的处境万分危险。

6. 周善命令马上开船，赵云如何是好？

周善最大的法宝就是赶快开船，只要把船开到对岸，赵云势单力孤，就无计可施了。而赵云颇有顾虑，因为此时阿斗不像以前那样可以抱在怀里了，身边又没有武器护从，再加上孙夫人在旁，他担心万一误伤了孙夫人，自己对刘备无法交代。因为无论他再怎么尽心尽力，只要伤了孙夫人或阿斗，所有的功劳都会一笔勾销，不仅如此，他还要背负很大的罪过，因此，赵云的处境真是万分凶险。

其实，孙夫人和阿斗都很无辜。他们有什么错？只因为他们出生在这样的家庭。阿斗从小就被追杀，幸好赵云一再救他。孙夫人这样做也完全正常，只不过她生错了家庭，生在了东吴的宗室，又碰到一个为了政治完全不顾亲情的哥哥，千方百计地要跟她丈夫争夺荆州。孙夫人也是一个牺牲者，她也十分无奈。

情景说明

赵云忽然看见一条渔船，于是弃马执枪，跳上渔船去追赶孙夫人所乘的大船。东吴士兵见状哈哈大笑，似有讥讽赵云之意。风顺水急，小船速度很快，周善一看情况不妙，命令手下加速行驶，弓箭伺候。赵云抡枪阻挡，弓箭纷纷落入水中。

小船最终赶上了大船，赵云纵身一跳登上大船，挡开众人，乱枪刺杀，很快进到了舱内，行礼拜见孙夫人，问她为何不通报军师，又为何要带走小主人。孙夫人说来不及通报，若不带走阿斗，恐无人看管。见赵云执意不让阿斗随行，孙夫人令人将其轰出舱。

赵云趁乱抢走阿斗，但随即遭到围攻，所幸孔明派张飞率船队及时赶来营救。张飞飞身上船，一刀砍下周善的人头。

面对张飞的质问，孙夫人以死相逼，赵云和张飞最终答应放行。阿斗依依不舍，哭泣着让孙夫人早些回来。孙夫人返回东吴后方知是计，从此不再与刘备见面，郁郁而终。

要点解析

1. 东吴士兵在船上嘲笑赵云，结果如何？

士兵的反应完全是根据上级的意思，上级让他们做什么他们就做什么，自古以来都是这样。所以不要指望士兵会有多大的自主性、创造力，一个人当了兵以后，就会被灌输一个最强烈的观点，就是一定要完全服从、履行长官的命令，自己不能擅自做主。

现在，士兵收到周善的命令嘲笑赵云，可赵云却一点办法都没有，因为他顾虑太多，能做的事情实在太有限。况且一个人一旦有顾虑，行动力就会大打折扣，所以赵云此时应该更谨慎才是。

三國之道

一个人有了顾虑，行动力就会减缓，所以要更加谨慎。

2. 孙夫人不肯放回阿斗，赵云为什么坚持？

孙夫人毕竟是刘备的夫人，赵云无权决定她的去留，况且孙夫人也讲得很难听，她说赵云只不过是个小兵而已，无权管刘家的家事。虽然赵云不会因此而心生懊恼，但他可能会接受这种说法，知道这毕竟是刘备的家事，他只能做好自己该做的。

于是，赵云无奈地说，夫人要回东吴，我不敢强留，但要把阿斗留下。孙夫人说，那是我儿子，我带着他有什么不对？赵云虽然没有直接说阿斗不是她亲生的，只说阿斗是主公的宝贝，言外之意就是阿斗不是你亲生，你为什么要带他回去？

有时候话不能讲得太明，也不能讲得太难听。孙夫人身为刘备的夫人，不会有这种顾虑，但赵云也敢这样吗？万一将来刘备来算账怎么办？所以，赵云的态度相当缓和，他只是坚决地认为，夫人要走他不阻拦，但阿斗无论如何要留下。这是赵云尽忠职守的表现。

3. 孙夫人毕竟是刘备的妻子，赵云为什么敢这样无理把阿斗抢走？

最后，赵云万般无奈，只好采取强势的方式，把阿斗从孙夫人的手中抢走，这也是他应该做的事情，并不过分。可在孙夫人看来，赵云这样做就是过分，居然敢从她身上抢东西，那不是要造反吗？两个人的感受完全不一样。

4. 张飞奉谁的命令来救赵云？

张飞是奉孔明的命令而来的。孔明无意跟大家抢功劳，他表面上若无其事，不动声色，背后却做了谨慎的部署：他先叫赵云去追，然后又让张飞去救急，一切都在他的掌控当中。

正当赵云处于纠缠无奈之际，张飞带领船队将周善的船围堵了起来。张飞的个性与赵云不一样，他没有那么多的顾虑，上去二话不说就把周善干掉，因此才能解围。最后，孙夫人自回东吴，而阿斗留下。阿斗是个小孩子，看到母亲要走，当然很难过、很不舍，这也是必然。

5. 孙夫人以死相逼，张飞和赵云如何因应？

孙夫人最后以自刎相逼，要回东吴，这也是她最后的一招，是她有孝心的表现。张飞心想：你有什么了不起的？你要回去就回去，我大哥配你绰绰有余，你不要以为你的身份有多高贵！赵云只是说，你是我们主公的夫人，我不敢对你无理，你要怎么样，我尊重你。虽然赵云和张飞的态度一致，但心里所想却完全不一样。

6. 孙夫人回东吴才知道是计，从此不再和刘备见面，有什么启示？

刘备与孙夫人的结合，完全是一桩政治婚姻。这种政治婚姻现在仍然存在。欧洲的历史，差不多都是政治婚姻造就的，为什么？因为这一家有钱有势，那一家也有钱有势，两家通过婚姻的方式联合，更能增长大家的势力，这是谁都会想的事情。全世界的人都在想着怎样把财力集中起来。

以日本为例，如果一个日本人有三个儿子，那他的财产会全部传给长子，老二和老三都没有份，这一点与中国有很大的不同。中国人虽然比较重视长子，但最起码分财产会三个儿子都有份，不会全部都给长子。其实，日本人的想法也有一定的道理：一共就这么一点财产，如果给三个儿子一分，大家都很少，产生不了什么作用，倒不如把财产全部给长子，老二老三出去当人家的长工，这样最起码还有一个强大的。

可见，各有各的主张，各有各的想法，我们也不必去议论人家。很多人常把中国人跟外国人比，说中国人这也不好那也不好，这是很奇怪的事情，尤其是现在，把中国人的缺点去同美国人的优点比，说得不太客气，那完全是自卑、没有民族自尊心的表现。我们国势近400年来的落后，使得我们的同胞不知不觉地沾染上这种毛病。我们盖的房子，不是西班牙式的，就是荷兰式的，其实洋式的有什么好？终有一天，我们会看不惯这些东西，那时候才会知道我们中国人自己的东西才是最好的。

五十　死也要守住

庞统不幸早逝，孔明知道刘备既伤心又为难。整个集团正面临极大的难关。他决定亲自带一部分兵力去协助刘备攻取西川。这时候让谁留守荆州，使孔明十分头痛，想来想去终于敲定由关羽担当重任。刘备远在西川，孔明不便请示。即使请刘备裁决，也会把这烫手的山芋抛回给孔明。他很不放心，问关羽如何镇守荆州，关羽说大丈夫既领重任，除死方休。再问他，又说了一个“死”字，孔明心中很不以为然，但是他又有什么办法？可见像孔明这样的人也常常觉得很无奈，何况我们这些平凡的人？

情景说明

刘备假称自己要返回荆州助孙权破曹操，向刘璋借用军粮兵马。刘璋难以抗拒部将的阻拦，表示只能供给刘备所需军粮的1/10和4000老弱兵卒。

刘备问计于庞统，庞统说有上、中、下三策：上策为趁刘璋不备攻占成都，一战取得西川；中策是先夺取成都与荆州之间的要道涪水关，再杀回成都；下策为退回荆州，日后再图西川。刘备说上计太急，下计太缓，宜取中计——先假装回荆州，杀掉涪水关守将，夺取城池。

得知刘备要回荆州，张松写信相劝，让刘备速取成都，不慎书信失落，被兄长告发于刘璋，因而满门抄斩。刘备闻讯痛惜不已，感慨张松因他而获罪，自己却无可回报。

涪水关已得，孔明料川中将领定会严防刘备，而庞统求功心切，行军甚急，恐误大事，自己却又不便直言相劝，因此假托天象，修书提醒刘备要谨慎。不想庞统见信，疑心孔明怕他独得大功才特来劝阻，因此不以为意，反说用兵贵在乘时得势，若坐失良机，则千载难觅。

要点解析

1. 刘备要兵要粮，刘璋为什么不能配合？

以实际经验来看，凡是收入的一方，多会以多报少，凡是支出的一方，多会以少报多，这样才能够平衡。军事上也是如此，开口向人家要粮要兵，数量总是多一点，对方满口答应，给的却总是少一点。

现在，刘备向刘璋要兵要粮，刘璋给他的都是老弱残兵，粮草也是七折八扣。当然，这不一定是刘璋本人的意思，但刘备却很生气，他觉得自己好心好意替刘璋打仗，刘璋却对自己这样苛刻，但又想到这不失为攻打刘璋的借口，于是向庞统问计。

2. 庞统建议上、中、下三策，刘备为什么决定取中策？

上策是直接攻打成都，刘备当然不会同意，要是他有这个心思，老早就做了；中策是假装回荆州，借道涪关，等守将出迎的时候趁机杀掉他们，然后再打到成都，这叫神不知鬼不觉，使得刘璋没有防备；下策很简单，打道回府，直接回荆州，夺取西川的事以后再说。刘备斟酌再三，觉得中策可行。

有人认为中庸就是走中间路线，其实这是对中庸的一种误解。中庸是选最合理的，而不是选中间的，可是长期以来，我们都理解错了。

刘备认为上策太急，下策太缓，中间一策不急不缓，正合适。这说明刘备不是个很有魄力的人，没有什么胆魄，表面看起来很好，但到了紧要关头却魄力不足，不像是足以担当国家大任的人。

三国之道

中庸是选最合理的，而不是选中间的。

3. 张松被刘璋满门抄斩，刘备为什么十分悲伤?

刘璋不是曾送给张松一大堆黄金作为褒奖吗？现在为什么又要将张松满门抄斩呢？其实，张松的死，刘备虽难脱干系，但说到底，张松还是被自己害死的。刘备选择中策，假装要回荆州，想在路过涪关的时候杀死守将。消息传到成都，张松信以为真，以为刘备真的要回荆州，他紧张得不得了，因此丧失了警惕，写了一封信告诉刘备千万不要撤兵，现在正是夺取西川的最好时机，机不可失，失不再得。

可是，没想到那封信却被他的亲哥哥张肃看到了。张肃首先想到如果这种事情被发现，一定会满门抄斩，自己也难逃干系，事情到了这个地步，也顾不上什么兄弟之情了，为了保全自己，只好把弟弟出卖掉，于是急急忙忙去报告刘璋，而后刘璋就把张松满门抄斩了。我们觉得这种事情，大概只有外人才做得出来，可有的时候人会完全被利害关系冲昏头脑，置伦理人情于不顾。刘备当然很悲伤，因为张松全家是因他而死的，他觉得对不起张松。

4. 孔明修书假托天象，请刘备谨慎，妥当吗?

如果孔明不写这封信，我们会觉得他存心不良：既然已看出庞统会出事，为什么不提醒一下？是不是希望庞统赶快死掉，自己好独受刘备重用？可孔明现在说出来，大家也会觉得他多此一举，庞统与他齐名，也会看天象，孔明多这嘴干什么？这不是扰乱军心吗？

可见，同样一件事情，见仁见智，大家的看法完全不相同。孔明完全是出于好意，他知道庞统急于立功，所以才写信给刘备，说可能会损失大将，告诫庞统要小心。

5. 庞统自己也神机妙算，孔明为什么放心不下?

旁观者清，当局者迷，现在庞统就是一个很典型的案例。他一心想拿下西川，并没有注意到其他异常的征兆，否则也无须孔明那么远写信来提醒。孔明既然已料到庞统可能会出事，如果不提醒一下，肯定也于心不安，所以才做了这件事情。

6. 孔明来信，庞统为什么持相反的意见?

这更加证明，一个现象可以有不同的解释。一句话说出来，10个人听，会有10种不同的感觉。如果这话是庞统自己说的，他会坚持，而现在是孔明说的，庞统认为自己与孔明齐名，自然会不以为然。中国人一直到现在都是如此：你讲东我就讲西，你讲西我就讲东，你讲阳我就想到阴，你讲阴我就想到阳。庞统就是如此，最后害死了自己。

情景说明

庞统深夜见刘备，建议趁着双七节蜀中军民共庆之时，采取大路佯攻、小路奇袭之计，虚实分进合击，攻取成都门户洛城。因为小路险僻难行，不为人知，蜀军必无防范。

刘备仍旧担忧孔明之言，又不便拒绝庞统，于是请法正同来谋划。法正之计正合庞统所言，刘备同意了攻取洛城，但与庞统在谁走大路上互相谦让。庞统欲立奇功，执意让刘备走大路，自己行小路。刘备虽然心有疑虑，无奈推辞不过，只好答应。

次日正要发兵，庞统的坐骑嘶鸣扬蹄，将庞统掀于马下。刘备见状，将自己珍爱的的卢马让与庞统，并千叮万嘱，恐有闪失。庞统感激涕零，踌躇满志地出发了。

出乎庞统意料的是，蜀将张任足智多谋，行兵谨慎，于佳节期间增兵添将，严加防守，不仅设兵于大路处，还亲自率3000弓弩手把守小路，庞统此行凶多吉少。

要点解析

1. 庞统深夜见刘备，建议趁着佳节进攻洛城是什么用意？

庞统夜深不睡觉，说明他心里很乱。一个人如果有什么企图，心里不可能平静得下来，而心乱了以后，所做的决定也往往会忙中出错。庞统觉得趁佳节大家都不会防备的时候去攻打成都，乃是最好的时机，所以深夜来找刘备商议。刘备见庞统这么晚了还来找自己谈论这些事情，觉得事关重大，于是又找来法正一起商议。

2. 刘备为什么请法正过来一起商议？

这正是刘备的长处。刘备犹豫不定，不清楚庞统的意见是对还是错。按照中国人一般的习惯，越是佳节越是不可以去打，因为老百姓一年难得有几次节过，应该让老百姓快快乐乐地把节过了才对。可庞统偏偏建议趁着大家过节，防备不严密的时候，去攻打成都。刘备觉得这样做好像不很妥当，但又不忍心马上否决庞统的建议，因为他一直没有按照庞统的计划而行，总有点过意不去，于是决定把法正请来，一起商量。

法正本是刘璋的部属，后来投到了刘备的阵营。大家看到法正，一定会想到张松，张松现已被满门抄斩，而法正却好好的，这是为什么？因为张松太过于理想主义，做事情之前，没有替家小着想，更没有安排好退路；法正就不一样，他经过深思熟虑才投奔刘备，然后找出一大堆正当的理由，并从此得到刘备的器重。不过，法正这样做，也不会安享天年，因为他心术不正，对人很苛刻，往后也要受到应有的惩罚。

3. 庞统和刘备彼此礼让，不走大路，是什么道理？

上天有好生之德，一旦出现异常的风吹草动，就是老天在发出警告，提醒大家要小心。只不过现在的人都很大意，认为风吹草动而已，没有什么稀奇古怪的，要不就是把老天当作迷信，这是自己跟自己过不去。老天对每个人都很照顾，天理就是让每个人都能好好地生活。很可惜，现在大家都不懂这个道理，自我欲望膨胀，为所欲为。

庞统跟刘备何必让来让去？他们让一次就应该提高警觉才对。但他们都没有，这一点我们不能怪刘备。刘备是个统帅，在这方面的警觉性本来就比较差，而庞统身为谋臣，应该很敏感才对，怎么也这么糊涂呢？

4. 张任大小两路都防，为什么如此谨慎？

张任是蜀中大将，一开始就对刘备相当不信任，他劝刘璋要小心，而且在宴席当中，张任的态度也是小心翼翼，对刘备相当提防。此时，他担任防务，将大路小路都防得很严。庞统绝没有想到会碰到这样的人，他自己太不谨慎，而对方太过谨慎，可以想象他往后必然会困难重重。

5. 庞统一定要走小路，一开始便摔下马来，是不是不祥之兆？

当然是！那是老天给他的最后警告——你要小心，你要好好调整。现代人最大的毛病就是不敬天，其实天即是自然规律，连自然规律都不尊重的人，那他还能尊重什么？

譬如说，白天要有精神，晚上要使自己冷静下来。白天要阳，晚上要阴，连这种规律都不尊重的话，身体当然不会好。现在有些年轻人越到晚上精神越好，这就要小心了，因为这是身体出现的异常现象，是老天在提醒你应该调整了，要回归天道。

现在庞统已经高度危险了，老天在警告他：你要再不冷静，就会有很严重的后果。可他根本不在意，连自己从马上摔下来都认为是意外。天底下的事情，意外很少，偶然很少，大部分都是必然的。

三國之道

天底下的事情，意外很少，偶然很少，大部分都是必然的。

6. 刘备把的卢马换给庞统，合适吗?

刘备如果存心这样做，那不但不合适，而且是可耻的，因为大家都知道的卢马妨主，他故意让给庞统，居心何在？可事实是这匹马曾在檀溪救过刘备的命，因此刘备不但不觉得的卢马会妨主，反而觉得它是匹好马，会帮助主人，所以这才让给庞统。

有人认为刘备非常狡猾，把的卢马让给庞统，让对方一看是骑白马的，就误以为是刘备。其实，刘备没有这么险恶的用心，他完全是出于好意，看到庞统从马上摔下来，诚心实意地把自己的马让给庞统。大家没想到，以为骑白马的就是刘备，竟将庞统射死于乱箭之下。

情景说明

张任见敌军前来，并未阻拦，任其先锋部队尽入峡谷，只等主帅前来，好一举歼之。听人说刘备骑的是高头白马，张任下令狠狠射杀骑白马者。

庞统逶迤前进，抬头见两山逼窄，树木丛杂，直叹好险。得知此处叫“落凤坡”后，心下暗惊，因为他道号“凤雏”，“落凤”似有不祥之意。

正踯躅间，忽闻炮响，庞统急令撤军，可他避躲不及，被乱箭射中。临终前，庞统悔不听孔明劝言，结果贪功致败。他与白马挥泪告别，白马也伤心落泪。

庞统出师未捷身先死，刘备士气大跌，只得退守涪水关，让关平回荆州搬请孔明统兵入川，再谋取蜀大计。孔明领会到刘备的意思，留下关羽父子镇守荆州，因关羽为刘备的结义兄弟，定会竭忠尽力，自己则领张飞、赵云等将领赶赴涪水关，以助刘备一臂之力。

要点解析

1. 张任下令放过先锋部队，又下令射杀骑白马者，是什么意思?

这是兵家常用之计。如果攻击先锋部队，主帅所带领的主力部队就会跑掉。为了先锋而放弃主帅，岂不是因小失大？因此，遇到这种情况，通常会先放过先锋部队，等主力过来，将其围困在中间。这样一来，前面跑不动，后面退不掉，就可以擒贼先擒王了。

张任以为骑白马的就是刘备，让大家的目标一致对准他，岂知骑白马者竟是庞统。事情已成定局，庞统纵有天大的本事也难以突破。所以，凡事都要防患于未然，否则事到临头，纵有天大的本事也施展不出来了。以庞统的智慧与才华，本不应该这样，可事实偏偏如此，这与他自离开荆州进入西川以来，情绪总是不安定大有关联。越是难做的事情，就越要想办法稳定自己的情绪，这样才不会产生大的错误。

三國之道

凡事都要防患于未然，否则事到临头，纵有天大的本事也施展不出来了。

2. 庞统看见“落凤坡”三个大字，为什么说此行不利?

中国人遇到事情总喜欢把责任往外推。庞统一看糟糕，跑也跑不掉，忏悔也没有用，于是把一切归咎于落凤坡——怪不得我要死在这里，原来不是我的罪过，而是命中注定如此。但是这并不能成其理由，我们也不要相信这一套。庞统其实是后悔的，但为了保全自己的颜面，只好把责任推给“落凤坡”这三个字，我们也不要怪他。

3. 庞统被乱箭射死在落凤坡，是不是巧合?

这种事情，说是巧合，就是巧合；说不是，那就是命中注定，也无所谓。每个人都有自己的看法，我们应该彼此包容，彼此尊重。因为这种事死无对证，无论怎样说都找不出理由与科学证据。譬如的卢马，它曾救过刘备的命，现在却害死了庞统，这又怎么说呢？难道是因为刘备命不该死，而庞统却注定要死吗？这种话没有任何意义。

其实，这一切都要看这个人的福分够不够。如果福分够，就会逢凶化吉，否则明明没事的也会飞来横祸。同样一匹的卢马，刘备骑了就逢凶化吉，而庞统骑了却飞来横祸，这是活生生的案例。

4. 庞统十分后悔不听孔明的劝告，是不是太迟了?

当然太迟了。人们开始后悔的时候通常都已经太迟了，这是很可悲的事情。如果庞统能够早早醒悟，就能避免惨死的结局。当初孔明写信来的时候，庞统就应提高警觉，重新审视一下计划，然后告诉刘备要小心，不妨先缓缓再做打算，大家就会相安无事。可他急于求功，急躁冒进，一定要在有生之年建立丰功伟业，其实这是没必要的，应该留一些事情给子孙做才对。我们现在拼命地做事情，就是不相信后代子孙的表现。子孙自有子孙福，不要把子孙的事情全都做完。

5. 庞统出师未捷身先死，有什么启示?

对于庞统的死，每个人都会有自己的看法。有人认为他活该，不听好人言，吃亏在眼前；有人说在这种乱世，早死早投胎，孔明以后的日子也不好过，庞统应该庆幸解脱了；有人说死也不能这样死，起码要死得光彩一点……

大家怎么讲都对，但是，这些观点都具有一定的成见。每个人的观点都代表着自己的人生观和价值观，而人生观与价值观代表了一个人一生的命运。因为它们会影响一个人的选择和行为，导致最后走出不同的路来。

6. 孔明为什么要亲往涪水关，又指派关羽守荆州?

孔明知道刘备此刻很为难，也知道整个集团面临着很大的难关，于是决定亲自带一部分兵力去帮助刘备继续攻取西川。但荆襄的战略地位又十分重要——是他们现在唯一的根据地，因此一定要找一个可靠的人来镇守。孔明斟酌再三，觉得只有关羽能担当此重任。

孔明为什么会选关羽？这一点至关重要。因为无论选谁，既是帮了这个人，也是害了这个人，历史会为此作出证明。现在，孔明选择了关羽，让他担当镇守荆州的大任，用意不可谓不深。其实在孔明看来，此前刘备派关平来荆州请孔明等前去，是刘备有意让关羽父子镇守荆州。

试问，孔明为什么不选择张飞或是赵云？张飞就不用谈了，他冲锋陷阵鲜有敌手，可做一方镇守却难以胜任，这是有前例的。其余可以考虑的就只剩下赵云和关羽。孔明的立场是倾向于关羽的，这样对刘备也好交代。因为关羽是老二，张飞不会表示异议，而且他们是自家兄弟，刘备也不会有疑虑。

相反，如果选择赵云来守荆州，张飞就不一定会服气，没准还会跟刘备讲孔明不怀好意，把他们三兄弟都推到西川，却指派赵云守荆州，想搞自己的小势力。如果那样就糟糕了。所以，孔明综合很多因素进行研判，最后决定让关羽守荆州。

情景说明

面对镇守荆州的重任，关羽慨然领命。孔明交割印绶，关羽双手来接，说大丈夫既领重任，除死方休。一听到“死”字，孔明觉得不吉利，有些迟疑不决，可言已出，不便更改，只得告诉关羽保守荆州之计——北拒曹操，东和孙权，并留下马良等人辅佐关羽。

孔明令张飞率1万兵马走陆路，自己领一支部队走水路，两军在涪水关会合，先到者为头功。张飞因要远行，与关羽难舍难分，可军令在身，只得互道珍重。

孔明再三嘱咐关羽大任在肩，关羽说当效死命以保荆州，孔明不悦，说不必言死，只要牢记八字箴言，必保荆州不失。

次日临行，孔明叮嘱张飞四川豪杰众多，不可轻敌，当以收服人心为先，攻城夺地为次，且须时时自制怒气，不可酗酒鞭打士卒。张飞牢记在心，并与孔明击掌为誓，定要拿得头功，暂不必饮酒饯行，等到涪水关后再痛饮庆贺。

要点解析

1. 关羽说大丈夫既领重任，除死方休，孔明为什么不说话？

并不是孔明很迷信，而是刚刚经过庞统的事情，使得孔明特别地警觉、特别地紧张。他心里想：你什么字不好用，偏偏讲个“死”字，这不是很不吉利吗？所以孔明愣了一下，就表示他犹豫了，在考虑是不是要换人。其实，孔明的内心一直想把赵云留下来，只是有不得已的苦衷，因此虽然挣扎了一下，最后还是觉得算了，不要因为这样就改变初衷。

2. 东和孙权，北拒曹操，为什么是守荆州的唯一策略？

早在隆中对的时候，孔明经过好几年的策划与研究，就制定好了这个策略。他告诉刘备：我们很难单独对抗曹操，一定要联合孙吴一起抗曹，将来把整个西川拿下后，跟东吴的疆域加起来就很宽，然后和孙吴夹击曹操，使得曹操左右没法兼顾，我们自然会赢。这是孔明定下来的唯一策略。所以，孔明一再嘱咐关羽，一定要东和孙权，北拒曹操，其他的并没有多讲，因为时机未到。

3. 关、张两位兄弟分别，为什么难分难舍？

照理说，兄弟二人马上就会重见，为什么会这么难分难舍，仿佛生离死别一般？中国人分别时并不像西方人那样，又握手，又热烈拥抱，好像难分难舍，因为在中国人看来，那样是要生离死别的征兆，很不吉祥。可现代人完全不懂这个道理，一切都仿效西方。

其实，见面打个招呼，表示一下关心就好了，完全没有必要握手拥抱，那样只会增加传染细菌的机会。中国人喜欢作揖，见了面远远地问候一下。中国的酒文化也是如此，我们提倡敬酒不劝酒，多敬几次可以，但不要死乞白赖地劝人家，这才合理。敬酒不劝酒，作揖不握手，这不是很好吗？为什么一定要学西方呢？我们可以推广我们的方式，使之国际化，等到哪一天，全世界人都这样，那才是中国人的光荣。

4. 孔明再三嘱咐关羽大任在肩，关羽说效死命以保荆州，妥当吗？

这显然很不妥当，仿佛在暗示关羽会死在荆州一样，可是关羽自己并没有这样的感觉。有时候老天好心好意，不断地给人类以警告、提示，可人类就是不警醒，不把老天的暗示当一回事。孔明很警醒，关羽前面刚说了一个“死”字，现在又说“大丈夫既领重任，除死方休”，又是一个“死”字，这难道不能说明问题吗?

孔明心头一阵凉意，预感到惨了，关羽和荆州都有不祥之兆，可他又有什么办法？他能警告关羽吗？那样好像是诅咒关羽会死一样，会给关羽施加更大的心理压力。因此，问题很难解决。荆州得由关羽，失也由关羽，这就是有因必有果，现在已经开始有眉目了，可除了孔明以外，其他人都不是很清楚，这就是智慧大小的差别。

5. 孔明说收复人心为先，攻城夺地为次，有什么用意?

这是中国人常用的方法。因为中国人最清楚，得人心者昌，失人心者亡，得到百姓心里的拥护，才是制胜的法宝。所以，刘备到处行仁义之师，孔明也一再交代大家，大军所到之处，注意收复民心，少惹老百姓反感，而攻城掠地反倒是其次的。因为只要得了人心，城池早晚会得到。这跟《孙子兵法》是一脉相承的。

三国之道

得到百姓心里的拥护，才是制胜的法宝。

6. 张飞一定要抢头功，为什么和孔明击掌相赌?

张飞的个性就是什么都要领先，但他并没有坏意，他只是想告诉孔明，自己有机会就一定会尽力，绝不是那种舍不得的人。所以，张飞并不是我们想象中的那么鲁莽，他粗中有细，相当有计谋，而且很可爱。但跟大家在一起的时候，他喜欢拔头筹，不愿意跟在后面。因他与刘备的关系，大家也多半都让他得逞。现在，他与孔明要兵分两路，一路从水路出发，一路从陆路出发，然后到刘备那里会合。他们击掌为誓，打赌谁先到，这完全是为了鼓励士气，并没有赌博的意味。

五十一　安心守荆州

打西川，好像没有关羽的事。他何尝不想参与？只是安心守荆州，是他眼前唯一的任务。张飞走陆路，孔明和赵云走水路，彼此击掌为誓，打赌谁先到达刘备屯兵的地方。张飞粗中有细，除了一心一意要领先孔明，还能够义释严颜老将军，令众人刮目相看。严颜又助张飞立下大功，刘备感激不尽，打算尽全力攻打洛城。这时候马超奉张鲁之命前来攻打葭萌关，看来张飞和马超的一场生死恶斗在所难免。

情景说明

张飞一路严明军纪，善待归降的士卒，沿途的州郡都望风而降。只是当时天气炎热，水已告罄，士兵焦渴难耐，就去偷摘橘子，果农敢怒不敢言。张飞发现后，对士兵大加鞭笞，可一想起孔明的叮嘱，又赶紧住手，只是告诫军中将士不得抢掠百姓财物。果农赞赏刘备真乃仁义之师。

巴郡太守严颜乃蜀中名将，年纪虽高，可刀法箭法俱精，威风不减当年，闻报张飞在巴郡城北下寨，急欲备马出战。属下说张飞勇猛过人，不如深沟高垒，坚守不出，以耗尽张飞粮草，待张飞大动肝火，鞭打士兵泄愤，军心涣散之时再打不迟。严颜一听有理，于是照办。

张飞派使者前去挑衅，称老匹夫早早来降，严颜勃然大怒，说西川只有断头将军，没有投降将军，并叫人割下使者耳鼻。使者回去哭诉，张飞大怒，立刻披挂上马，引数百骑前去搦战。严颜只令乱箭齐下，并与将士在城楼上大笑不止，看张飞狼狈而去。

要点解析

1. 天气干旱，士兵偷吃橘子，张飞使力鞭打，为什么又赶快停止?

张飞鞭打士兵，好像已经养成了习惯。一个人最好不要养成坏习惯，否则很可能导致严重的后果。现在天气干旱，士兵焦渴难耐，如果没有看到旁边的橘子树，或许还可以继续忍耐，可偏偏旁边满是结满橘子的橘子树，橘子又黄又大，一看就知道非常解渴，士兵再也忍不住，偷偷地摘了几个。张飞发现后，老毛病又犯了，拿起鞭子就鞭打士兵，可打了几下他就马上醒悟过来，知道不能再打了，因为之前他已跟军师保证过，一路上不喝酒、不殴打士兵。

可见，人跟人之间不是做好的榜样，就是做坏的榜样。孔明是个好榜样，凡是跟他在一起的人，都会把坏习惯慢慢改掉。现在，张飞刚要重犯旧习，一想到孔明的告诫，马上就控制住了自己，能够做到这一点，已经很了不起了。

2. 百姓敢怒不敢言，看到张飞纪律严明，有什么感想?

一般人认为，只有老百姓才可能敢怒不敢言，其实这个观念是错误的，任何人都有敢怒不敢言的时候。人生不如意事十常八九，人的一生有很大一部分时光都是不尽如意的。可你不高兴，你敢说吗？那会被人斥为目无尊长，或是不重视团体纪律等。不管一个人的职位有多高，相信都有很多事情是敢怒不敢言的。因此，不见得敢怒不敢言就是很冤枉，每个人都应该心存一点畏惧。

孔子所说的不忧不惧，不是说不要忧不要惧，否则那根本就是放纵自己。其实，不忧即是要做到没有忧，而不是我不忧；不惧即是要做到没有恐惧，而非无所畏惧。每个人多多少少都有忧愁，都有恐惧。

老百姓看到士兵偷橘子就觉得，哎呀，这些官员、军队怎么这么坏啊！张飞得知后，马上饬令士兵再渴再累也要纪律严明，与民秋毫无犯。可见，任何事物都有阴阳两个方面，军队可以抢老百姓的东西，也可以做老百姓的榜样。现在，张飞的这支部队给老百姓留下了很深刻的印象。当老百姓打听到这是刘备的部队时，都忍不住赞叹，说刘玄德果然是仁义之师！他们很快就会替刘备到处宣传，这个广告效用很大。

三国之道

每个人都应该心存一点畏惧，否则就是放纵自己。

3. 严颜虽老迈却依然武艺高超，他打算怎么样?

严颜年纪是否算大，其实不是绝对的，有的人上了年纪体力就衰弱，有的人到了那个年纪却还跟年轻人差不多，比如前面被关羽救活的黄忠。黄忠在先，严颜在后，他们都是武艺高强、老当益壮的人物。这种人会轻易地投降吗？肯定不会！严颜一定会死守城池，跟张飞斗争到底，这是一推理就很清楚的事情。

4. 严颜说西川只有断头将军，没有投降将军，他为什么不出战呢?

打仗不投降就一定要出战吗？这两者没有必然的关系。不投降的情况下，既可以战，也可以不战，并不是说只有投降才不战，只要战就不投降，很多事情不是完全有关联的。

现在，严颜下定决心要打，幕僚却劝他不要打，说张飞远道而来，军马疲惫，粮草短缺，经不起持久战，这也是他急于求战的原因，我们守在这里，兵虽不多，但占据险要之地，易守难攻，而且粮草无忧，完全可以悠哉克敌，没必要跟张飞蛮干拼命。严颜一听有道理，采纳了这个意见。当然，如果他一开始就说不打，可能会影响士气；刚开始要打，后来听取幕僚的意见决定不打，这种不打比打还要高明。

5. 张飞想硬攻，为什么没有办法?

正如上文严颜的幕僚所说，张飞的部队军马疲惫，粮草短缺，这决定了他只有速战速决，不能长久地耗下去。他急于攻城，可没想到严颜把守的这个城池地势险要，易守难攻。但张飞不会因为难攻就不攻，而是势在必行，非攻不可。严颜见此，命令守城的人马用弓箭射杀张飞的攻城部队，这样一来，张飞就非败不可了。

6. 刚开始的时候张飞战败，严颜和诸将在城墙上大笑，他们在笑什么?

他们嘲笑张飞：你不是号称燕人张飞吗？你不是武艺绝伦，鲜有匹敌吗？可见，武艺使不使得出来也要看天时地利。现在天时地利都对张飞很不利，而严颜以逸待劳，使张飞损伤惨重，一筹莫展，他当然要笑了，一方面笑自己的策略正确，一方面笑张飞无计可施。而且严颜的笑也是在鼓励幕僚——你们讲得对，我们以不战而战，多轻松！有时候用笑来鼓励干部，也是很好的办法。

情景说明

见严守不出如此管用，严颜笑说这缩头乌龟还是当得的。张飞搦战不得，又急又气，直叫人拿酒来，旁边人相劝他也不听。士兵端来酒坛，故意摔在地上，张飞正欲发作，忽然心生一计，叫士兵暂受委屈，便开始对他奋力鞭打，想用这苦肉计引严颜出战。

严颜识破了张飞之计，故意找来乐工奏乐，张飞打得越凶，乐队就奏得越响，众将士也在城楼上大声嘲笑。张飞见状，只得停了下来痛骂严颜。严颜又是一阵乱箭齐下。

张飞见一计不成，再生一计，连日派军士去四周山上砍柴。严颜自恃智谋高过张飞，认为张飞只不过是想寻找绕过巴郡的路而已，可将计就计引其上钩，并派一名细作前去探查。

细作被抓，张飞大呼来得好，然后赶忙宽衣解带，叫人上酒。待细作进入帐内，张飞故作酩酊大醉状，将细作错认为是严颜，要将其杀掉。细作直呼冤枉，跪地求饶。张飞网开一面，让他留在军中砍柴。细作依照严颜的嘱咐，将通往洛城的小路说了出来。

要点解析

1. 严颜说这缩头乌龟当得，是什么意思？

这一句话，严颜自己说出来还是很幽默的。严颜所谓的“缩头乌龟”，是指不管外面有什么挑战和攻击性的行为，他只用把头缩起来就行了。这种话他自己讲没有问题，如果他的部属说，你现在很像缩头乌龟，那严颜可能就要恼羞成怒，大发雷霆，甚至还要杀人。所以，一个人只可以开自己的玩笑，最好不要开别人的玩笑。幽默常常是开自己玩笑，而非取笑别人。

2. 张飞和士兵演一出戏，为什么瞒不过严颜？

张飞演的是苦肉计，故意鞭打士兵给城墙上面的严颜那些人看，让他们误以为自己的老毛病又发作了，以引诱他们趁机出城作战。可这种计策用多了就不见得每次都管用。我们中国人所讲的三十六计也好，各种兵法也好，都是几千年流传下来的。但如果每一个计策用一两次就不管用了，那我们读它有什么意义？事实上，它有时候管用，有时候不管用，不能说完全管用，也不能说完全不管用，只有根据当时的状况，做出合理的调整与配合，才会次次管用。现在张飞用的这个苦肉计比较粗糙，严颜又是个老将，一看就知道张飞在演戏，所以他只是跟着看热闹，绝不会上当。

3. 张飞越打越猛，严颜那边奏乐也越来越热闹，张飞又能怎么样？

严颜其人妙得很，他找来乐队演奏，表示自己看穿了张飞之计，绝不会上当。张飞这边打士兵的时候他们就伴奏，张飞打得越凶，严颜这边就奏得越热闹，从而告诉张飞：你不要再演戏了，我已经完全识破你的计策了，没有用的。张飞一看此计无效，只好停下来，因为很多办法如果有效，很快就会见到效果，如果无效，一直做下去只会让人家笑话，对自己也完全没有好处。

《孙子兵法》讲得很清楚，原则是不变的，但方法和途径却是千变万化的。我们中国人，做人做事的法则其实很单纯，就那么几样而已，可表现出来却形态万千，这是我们最了不起的地方，叫作持经达变。“经”就是不变的原则，“变”就是方法和途径的因时因地制宜。方法可以千变万化，但原则永远不会变。现实中有很多人始终在变与不变之中犹豫不决，就是不懂得持经达变。

张飞在这方面的功夫就不是很纯熟。他应该晓得，苦肉计在赤壁之战的时候刚刚用过，肯定早就传遍了天下，哪能那么容易骗得过老将严颜呢？现在跟赤壁之战的时候相比，真是此一时也，彼一时也，两种状况是不相同的。

4. 严颜说张飞想和他斗智，还不如他，是真的吗？

我们把《三国演义》从头看到现在，发现有一个原则是没有变的，那就是当一个将领开始夸自己的时候，就预示着他将要败了。这是天理，永远都是这样。现在，严颜自夸自耀，说张飞想跟自己斗智，差远了，我们就知道，他很快就会被张飞打败了。所有的将领，包括曹操在内，只要一得意忘形，只要说自己这次非怎么样不可，结局一定会很难看。人夸奖别人可以，但千万不要夸奖自己；人取笑自己可以，但千万不要把别人当笑话。

三国之道

人夸奖别人可以，但千万不要夸奖自己；人取笑自己可以，但千万不要把别人当笑话。

5. 张飞装醉又要讨酒喝，骗过严颜派来的奸细了吗？

张飞本来武艺很高，所以不太喜欢动脑筋，认为出手打就是了，想那么多干什么？但现在一路走来，他也改变了很多，因为人是会受到环境的影响而慢慢调整自己的。当他得知严颜派奸细过来时，马上想到将计就计，用被子将自己盖起来装醉，目的就是骗过奸细，让他传递这样的假消息——张飞醉到这种地步，不可能再出兵搦战了。

然后，张飞又恐吓这个奸细，声称要杀他，吓得那个奸细跪地求饶。此时，张飞就知道自己已经初步成功了，因为奸细已经相信了自己的这些假情报。

要让一个人臣服，不见得一定要让他完全归顺于你，像张飞这次就没有让奸细归顺。对张飞而言，让奸细归顺也不过是多一个士兵而已，如果利用他，让他回去把假情报传递给严颜，反而会发挥更大的作用。

6. 当奸细说出绕城小路之后，又发生了什么事？

张飞的计策就是通过严颜派来的奸细，把自己欲寻求小路的假企图、假情报，原原本本地告诉严颜，从而引严颜出来拦截，达到引蛇出洞的目的，以尽快解决战斗。当然，这当中的配合不能出一点差错，否则被头脑灵光的奸细洞察出端倪，整个计划就会付诸东流。现代社会，公司之间的业务竞争也经常这样，相互派商业间谍，但商业间谍有时候确实会建立功劳，有时候却只是被利用了。所以，我们不要以为《三国演义》说的都是以前的事情，历史总是在不断地重演的。

情景说明

张飞在军中大声宣布，由于严颜坚守不出，而军中粮草又不足，所以要连夜从小路绕过巴郡，直取洛城。细作自然将消息一一报与严颜，严颜在小路埋伏重兵以待张飞。

当夜，严颜见张飞率领大部进入埋伏，下令将士冲杀过去，谁料后方杀出一队军马，严颜不知所措，战不多时便被活捉，后来才知先前过去的是假张飞，后方杀来的才是真张飞。

因严颜顽抗不降，张飞非常恼怒，欲将其斩首。严颜高喊“西川只有断头将军，没有屈膝之辈”，张飞被其慷慨忠义所打动，进而转怒为喜，决定改变策略。

张飞为严颜去绑，将他按到上座，自己倒头便拜，恳请严颜宽恕自己刚才的冒犯，并劝他与其跟随刘璋等无能之主，不如弃暗投明，共事刘备仁义之士。说完，张飞替严颜披上衣服，请他帮助自己。严颜感念张飞恩义，答应了请求，此后帮助张飞顺利取得了一路州郡，使张飞率先到达了涪水关。

要点解析

1. 张飞故意说粮草不足，要趁夜走小路，绕过巴郡，有什么用意？

张飞讲这些话，主要目的是让严颜派来的细作听清楚，然后回去传给严颜。其实像张飞宣布的这些事情，如果真要做的话，应该属于机密要事，不可能这么大声地说出来，因为隔墙有耳，情报可能会泄露出去，而张飞之所以讲得这么大声，就是为了让细作听了回去告诉严颜。因为当细作的人不会有太高的警觉性，他们只是千方百计地打听消息，一有什么风吹草动，就如获至宝，尤其对敌军将领张飞所讲的每一句话，更会深信不疑。

赤壁之战的时候，蔡忠、蔡和兄弟俩跟现在的细作是一模一样的。他们孤身深入敌境，小心翼翼，害怕得要命，好不容易听到一两句话，对他们来讲当然很重要，这是一般当细作的人比较容易犯的毛病。

2. 严颜得知张飞要绕行而走，为什么深信不疑？

细作是严颜派去的，现在细作带回情报，严颜怎么可能不相信呢？凡是用心挑选的细作（现在都叫间谍），从敌营里收集回来的情报，虽然也要研判，但多半是可信的。现在严颜不但不怀疑细作的情报，而且还很得意，觉得自己派出的细作做得很成功，心想：我为什么不将计就计呢？

3. 严颜埋伏重兵要生擒张飞，结果为什么反而被擒？

如果严颜派出重兵，一下就把张飞擒来，我们就会觉得这种事情也没有什么好讲的。但事情往往是，我要抓你，最后却反被你抓；我要偷袭，最后反被你打过来。严颜虽然打好了如意算盘，很有把握抓住张飞，可张飞也同样很有把握，知道严颜这次非上当不可。打仗时变化多端，双方都是互相猜测，最后的胜利取决于看谁猜得对。

严颜此次失败被擒，就是因为太得意忘形了。中国人自古以来就知道骄兵必败。不仅仅是在打仗的时候，在日常生活中，只要稍微有点骄傲，也是非常危险的。孔子认为，不管你品德多好、才能多强、智慧多高，都是不可以骄傲的。

严颜认为十拿九稳，一定可以活捉张飞。可他没想到，张飞先让假张飞探路，等他去抓假张飞的时候，真张飞才出来，弄得他不清楚哪个是真的，哪个是假的，结果一阵慌乱，反被张飞生擒。

4. 张飞原本要杀严颜，后来为什么请他高坐，又请他协助？

严颜要感谢黄忠，而张飞要感谢关羽，因为这是他们的榜样立得好。如果当初关羽二话不说就把黄忠杀掉，这次张飞也一定会效法，认为糟老头子能有什么用，立斩不赦。可见不管好榜样还是坏榜样，都会产生相应的影响。想起关羽的先例，张飞马上改变态度，请严颜坐到上席，又自行叩拜礼，弄得严颜很不好意思。军人就是这种心理，只要一受到很高的礼遇，再思量对方的话也没有错，就很容易改变立场。

5. 张飞劝严颜弃暗投明，共事刘备，严颜为什么同意？

如果因看《三国演义》而学到一套不忠不义的东西，那就失去了看这本书的意义。我们看了《三国演义》就应该知道，凡是不忠不义而投降的，几乎都没有好结果；凡是为了忠义而改变立场的——我们不能说这是投降，用今天的话来讲该叫跳槽——大家都会欢迎。

如果你把原公司的机密全部偷出来，把重要的人员都带走，那你就是叛变投降，而且还违犯了法律；但如果你做到来得清白，走得也清白，并没有偷走公司的机密，只是因为此地跟你不合，你要另外换一个地方，这样的跳槽大家都不会反对。

我们要用这种观念来看三国时代。张飞劝严颜弃暗投明，严颜听后觉得有道理：自己的目的是保卫城池，替百姓造福，既然跟随刘璋达不到此目的，另换一个主人，说不定会更好，于是就同意归顺了。

6. 张飞走陆路反而比赵云早到，是什么道理?

按理说，走水路所经过的关隘比较少，应该会早到，而走陆路比较艰难，晚到也无可厚非，可张飞这次走陆路，却比走水路的孔明和赵云早到，就是因为他得到了严颜非常大的帮助。可见，张飞捡了很大的便宜，得到的绝不是一个糟老头子而已。严颜除了武艺高超外，在当地的威望也非常高，只要他出来一号召，沿路的城池根本不用打，全部都归顺了。这就告诉我们，看事情不要“见树不见林”，但很多人有这个毛病。

情景说明

张飞比孔明先到，取得了头功。大家久未见面，均高兴异常。刘备率众将庆功，孔明笑说张飞虽然赢了，可惜当时并未定下赌注，张飞讨要美酒一坛，欲一醉方休，孔明爽快答应。

严颜助张飞立下大功，刘备感激不尽，赏赐给他自己多年所披的盔甲，严颜拜谢刘备的知遇之恩。刘备又专门设宴为严颜接风洗尘，且犒军三日，准备攻打洛城。

法正修书劝刘璋归顺刘备，刘璋大怒，骂法正忘恩负义，卖主求荣，并请众将想对策。刘巴建议去汉中请张鲁相助，刘璋无计可施，答应一试。张鲁原本与刘璋有杀母之仇，可明白利害关系后，张鲁立遣归降的马超率兵两万攻打葭萌关，孟达、霍峻恐城池失陷，报请救援。

孔明决定对张飞采用激将法，说马超武艺高强，非常人可比，只有搬请关羽方可取胜。张飞果然不服。孔明又说即使关羽也未必能胜马超，张飞闻言，更要与马超比个高低不可，甚至不惜立军令状。孔明趁热打铁，随即命张飞为先锋，刘备督军前往，自己则留守绵竹。

要点解析

1. 孔明和张飞击掌打赌时并没有赌注，张飞为什么要酒喝？

大家好久不见了，因此见面时的气氛格外的热烈欢欣。不管是孔明还是张飞，此时大概都不会争论谁的功劳大、谁的功劳小。孔明跟张飞开玩笑说：你当初跟我击掌相赌并没有下赌注，早知道这样，你就应该向我要赌注！张飞也不示弱，说即使没有赌注，也照样可以向孔明要酒喝，意思是我不要金也不要银，要一坛酒喝总是应该的吧？孔明却说，连酒也没有赌。张飞非常聪明，他说：丞相大概不会赖赌债，连酒都不舍得给我老张喝吧？可见，张飞也是很讲道理的人，他的脾气习惯跟一般人不太一样，我们要尊重他。面对张飞的要求，孔明不会像当年执行军令状一样断然拒绝，而是马上叫人送一坛美酒赏赐给张飞。人要有严肃的一面，也要有轻松的一面，否则彼此之间就很难相处。

2. 刘备拜谢严颜，送上自己穿过的盔甲，严颜有什么感想？

刘备很会做人，对新来的人总会表现得特别关心，这是他成功的要素之一。中国人天不怕地不怕，就怕人家关心你，一关心，你的心就被他关起来了。其实，严颜也不见得一来就能够跟大家融合在一起，因为一个人到了陌生的团体，总要观望一番。而刘备趁这个时候拜谢他，严颜说，败军之将，有什么好谢的。刘备感激地说：要不是老将军的声望，我们怎么能一下得到这么多城池呢？不仅口头表示感激，刘备还把自己穿的盔甲送给严颜。严颜非常感动，从此以后跟黄忠一样，成了刘备阵营的一分子。

3. 法正修书劝刘璋归顺刘备，刘璋如何因应？

事情到了这种地步，大家会觉得，如果刘备进西川的时候，刘璋就坦然以西川相让，彼此就会相安无事，老百姓也会更高兴。当然，我们不能以这么高的水准来要求刘璋，也要替他想想：刘璋的压力很大，不敢轻易地把祖先的基业拱手让人，何况他的大臣将领都是既得利益的获得者，一定会极力劝阻他把西川让给刘备。

凡事都包含许多复杂的因素。见法正在信中劝自己归顺，刘璋非常生气，认为法正根本就是叛逆分子，有什么脸来写信劝降？他还不肯反省，没有看到凡是归顺刘备的都没有受到很大的惩罚，没有考虑自己是不是也可以归顺，他只是认为自己是对的，是刘备对不起他。

4. 刘巴建议刘璋请张鲁出兵相助，结果如何？

刘璋的阵营里，仍有很多将领主张跟刘备干到底，坚决不肯投降，刘巴就是其中的一位。刘璋此时比较倾向于这些人，所以对刘巴的话很注意。刘巴说：虽然我们与张鲁有旧仇，但双方目前唇齿相依，唇亡齿寒，只有请张鲁出兵来救，我们才能脱难。刘璋觉得有理，就派人去请张鲁。张鲁果然派人来支援，因为时空一改变，相应的对策就要跟着作出调整。

5. 孔明据报马超投张鲁攻葭萌关，为什么说非请关羽来战不可？

马超被曹操打败，只好去投汉中的张鲁。张鲁叫他去打葭萌关，帮刘璋的忙。孔明得到消息后，觉得马超是有名的武将，有“锦马超”之称，不容易取胜，必须狠狠地刺激一下张飞，把他的潜力激发出来，才有取胜的可能，于是孔明故意说只有请来关羽才能战胜马超，否则没有办法。果然，张飞听后觉得非常刺耳，心想：何必迢迢千里地把二哥请来呢？有我就够了。这完全在孔明的意料之中。可见，一个人的个性如果太固定，很容易被别人掌握利用。

三國之道

一个人的个性如果太固定，很容易被别人掌握利用。

6. 张飞被激，非战马超不可，孔明为什么又说关羽也不一定能赢？

这证明孔明太会用人了。他说非请关羽来战马超不可的目的，就是要激张飞出战，现在张飞已被激，孔明又进一步刺激说，就算关羽来了，也未必能赢！张飞很生气，更是非要战胜马超不可。所以，孔明并非离间他们兄弟的感情，而是要把张飞的潜力激发到极致，这样才有战胜马超的可能。

五十二　存心不归还

刘备赞美“锦马超”，张飞更加不服气，他大战马超，久久不分上下。这时候最焦急的，莫过于刘备。无论哪一个受伤，对刘备来说都是重大的损失。两人不打不相识，两军好像在玩游戏，两人似乎已经相当默契，互不侵害。孔明及时赶到，派人分别收买张鲁和杨松，这种老掉牙的计策居然屡见成效。马超进退两难，不知如何是好。李恢来降，自告奋勇，要劝降马超。于是刘备取得西川，已成定案。至于荆州要不要还，看起来似乎也很明白：存心不还，看孙权怎么办。

情景说明

马超的兵马已到葭萌关下，阵容齐整，蓄势待战。刘备在关上看到马超俊秀如锦，叹曰：人言锦马超，果然名不虚传。张飞要即刻下关去迎战马超，却被刘备拦住，说要避马超锐气，稍后再战。过了些时候，刘备见马超士兵都已疲倦，纷纷坐在地上歇息，这才令张飞出战。

张飞与马超大战，两人难分胜负。刘备在关上观望，叹说马超乃世之虎将。马岱眼看其兄马超久久不能胜出，心中不免有些着急。

两人已大战100回合，仍未分出胜负，刘备传令鸣金收兵。待张飞归阵后，刘备对张飞说，他和马超任何一人受伤都非自己所愿，马超是一虎将，若能归降最好。张飞说不伤马超性命，要将其捉拿回阵，说完便又要出战。天色已晚，刘备让他明日再战，但是张飞执意要夜战，又有马超叫阵，刘备同意了张飞出战。张飞让士兵点起火把，只裹上头巾便上马出战了。

要点解析

1. 刘备赞美“锦马超”，张飞听了有什么感觉?

刘备在城墙上远远看着马超，不禁联想起当年的赵云。马超给刘备的第一印象同赵云一样，非常的清新可爱。刘备很心动，心想：如能收服马超，岂不是人生一大快事！况且，关羽收了黄忠，张飞义释严颜，我这做大哥的，也应该有所收获。因为人是会彼此影响的，好的影响就是好榜样，坏的影响就是坏榜样。现在，刘备也下定主意，一定要收服马超。

刘备赞美马超，最不舒服的当然是张飞，并不是张飞气量小，妒忌心很重，而是因为这是人之常情。一个写文章的人，听说某人的文章好，总不是滋味；一个武艺高超的人，听说对方武艺高强，也总不会服气，张飞就是这种心情。他跃跃欲试，想证明自己比马超强。但刘备劝他休息一下，等马超疲惫的时候再出战更有利。

三國之道

榜样的力量是无穷的。

2. 待马超的兵士很累了，纷纷坐在地上，刘备才让张飞出战，是什么道理?

马超来势汹汹，在城墙外向张飞挑战骂阵。刘备告诉张飞，不要急，马超锐气正盛，现在出去就是上当。可张飞却说：我就是要挫他的锐气，现在不去，更待何时！不过最后，他还是屈服于大哥的意志。人的交情与关系如何，在紧要的关头最能看出来。马超在外面不停挑战，可张飞就是不出战，久而久之，马超的士兵都很疲累，统统坐在地上，士气受挫。刘备一看，时机成熟了，这才派张飞出战，这样胜利的把握当然比之前出战大。

3. 张飞大战马超，久久不分上下，马岱为什么十分着急?

在马岱的印象中，能够跟马超交战而不输阵的人实在不多，上一次跟许褚打得难分难解，最后大家累得要命，现在碰到的张飞，居然比许褚还要厉害好几分，胜负殊难预料。马岱当然希望速战速决，最好一下子打到刘璋那里，替刘璋解围，可没想到刚到葭萌关，就碰到了张飞，他担心任务恐怕完不成了，因此心里十分着急。

4. 刘备鸣金收兵，张飞表示不伤马超性命，为什么又要夜战?

刘备担心两方这样打下去，万一失手，打伤任何一个都不好，于是鸣金收兵，一方面是照顾张飞，一方面也是爱惜马超。张飞也知道大哥的心情，因此说：我看马超武艺不错，不愿意伤他，但没分出胜负，打得实在不过瘾，我还想跟马超夜战，看看跟白天打有什么不同。这也是武将的正常反应。

5. 两人英雄惜英雄，打起来是不是别有一番滋味?

棋逢敌手是人生一大快事，果然如此！两个人慢慢地互相敬重，互相爱惜，于是越打越有感情，这正是不打不相识。关羽碰到黄忠、孙策碰到太史慈，都是不打不相识的鲜活例子。

张飞现在觉得：我应该站在大哥的立场，想办法收服马超，使他归到我们集团来，于是敌意降低了许多，两人打着打着就笑了，可见他们的心态已经改变了，不再把彼此当成敌人。这样一来，情况就大不同了。

6. 刘备唯恐伤了其中一人，心里头是不是比谁都不安?

当时最着急、最不安的就是刘备。伤了张飞，他绝对不安心，伤了马超，他也绝对不希望，因为他希望两人都能平安地归到他们这个集团，大家同心协力，一起对抗曹操。因此，他一直在观望，看什么时候让大家停止才不会伤到任何一方，这是刘备很可爱的一面。刘备这么想完全是出于诚心诚意，我们不必怀疑他是不是想讨好马超。

情景说明

张飞和马超又战了几百回合，两个人从马上打到地上，异常激烈。最后张飞掠得了马超的头盔，马超掠得了张飞的头巾，仍未分出胜负。刘备下令鸣金收兵，明日再战。

第二天一早，孔明来到，说他料知主公有收服马超之意，故而星夜赶来。刘备问："想必军师已有收服马超之计？"孔明随即说出计策：先派人收买张鲁的谋士杨松，再让杨松进书说服张鲁命马超撤兵，到时即可用计招降马超。刘备听后大喜，立刻派人办理此事。

马超在与张飞恶战之后，屡次到关前挑战，刘备都坚守不出。马超心生怀疑，决定起兵叩关攻打。正言间，传令军使来报说张鲁让他撤兵，马超说大功未成，不能退兵。张鲁一连三次传令撤兵，马超均不听命。

张鲁大怒，又有杨松、杨柏兄弟进谗言说马超有谋反之心，并无效忠张鲁之意。张鲁听信，让杨松亲自前往马超营寨探听其意向。

要点解析

1. 马超与张飞从马上打到地上，最后变成肉搏战，结果如何?

结果双方都平安无事。这不是很奇怪吗？其实这并不奇怪，因为两个人武艺都很高超，有能力造成这么良好的结果，否则肯定会两败俱伤。那么他们是不是找到了一个平衡点，以求得一个圆满的结局呢？也不能这么说，因为此时的马超还没有归顺刘备的意思，否则两个人一谈判，什么问题都解决了，最起码现在还没有到那种程度。他们双方都知道，伤害对方不容易，而自身要小心。

马超一心一意要打败张飞，步步为营，非常小心，因此才会让我们看起来好像玩游戏一样。而张飞此时的心情比较开朗，他知道自己不会伤害马超，但马超认为自己能够伤害张飞的时候，还是要想办法伤害张飞，现在自己只是没有把握，所以才出手很谨慎。因此，两人即使从马上打到了地上，也平安无事。

2. 两人不打不相识，两军好像在玩游戏，怎么会这样?

我们一再说，中国人打仗的时候很讲究规矩和秩序，而不会随便乱打。一个军队出来以后，要让人感觉到它纪律严明，阵容齐整，旗帜鲜明，打起仗来也是有板有眼，而非打混仗、乱仗，因为打混仗、乱仗，赢不赢倒在其次，首先就让人家看不起。现在两军都很守规矩，不会趁机打混仗。两边就像在参加运动会，完全没有战争的气氛。

3. 孔明赶来，刘备为什么马上知道孔明有计可以收服马超?

他们两人搭档这么久，彼此心里在想什么，其实都很清楚。孔明见张飞与马超相持不下，闹成僵局，故前来献计，帮助刘备完成心愿。而刘备见孔明早不来晚不来，偏偏这个时候来，就知道孔明带来了收服马超之计。这说明他们两个人已经有了高度的默契。一个团队，只有培养领导与主要干部之间的高度默契，才有利于形成强大的力量。

三国之道

一个团队，只有培养领导与主要干部之间的高度默契，才有利于形成强大的力量。

4. 孔明派人分别收买张鲁和杨松，是不是老掉牙的计策?

我们一看就知道，这是经常使用的老法子，并不是新点子。但有效吗？我们已经讲过好几次了，是否有效要看你怎么用，用在谁身上，还要看过程怎么发展。张鲁是统帅，而杨松是张鲁很重视的部属，要完全收买张鲁也不容易，因为杨松会给他出点子，可完全收买杨松也没有用，因为张鲁不会完全信赖他，所以一定要两个都收买。

杨松得到张鲁信任，所以才成为收买的目标。所以当领导很重视某个部属的时候，就要留意这个部属，因为他可能会成为外界收买的对象。当然，这种情况也是领导自己造成的。孔明之所以想收买杨松，就是因为张鲁很相信他。杨松在旁添油加醋，说马超是走投无路才来投张鲁的，而不是真心对张鲁。结果，张鲁真的动摇了，以为马超不可靠。这么一来，孔明的离间计就成功了，但需要指明的是，他离间的是张鲁与马超，而非张鲁与杨松。

5. 马超见刘备坚守不出战，心生怀疑，是不是大家都会这样?

马超不但身经百战，而且出身世家。他很清楚，战得好好的，突然间变卦了，一定是刘备在耍什么手段，这是必然的。如果是刘备那边在闹内讧倒还好说，可是刘备那边安安静静，并没有什么异常举动。如此一来，马超就知道问题不在刘备那边，而是在张鲁这边，一定是刘备那边耍什么手段，想离间他跟张鲁的关系，他以前就吃过这样的亏，之前曹操也曾离间他与韩遂的关系，致使他后来惨败，这才来投的张鲁。所以马超很容易想到这一点。

6. 张鲁三次派人召回马超，是不是要证明马超有谋反的意图？

张鲁所用的方法很简单，就是叫马超回来，看他回不回。如果一再地召唤，马超就是不回，就表示杨松所讲是真的——马超根本不想归心于我，而是想借我的兵力去打他的地盘，然后自立为王。张鲁第一次派人让马超回来，马超说不行，自己刚出来打，怎么可以回去？第二次召马超回去，马超又说，将在外，军令有所不受，等自己打完，自然会回去！杨松就对张鲁说，如今马超就开始不听命令，拒绝召唤，等他有了城池以后就更不会回来了。张鲁越想越觉得对，于是第三次派人去叫马超，如果再遭拒绝，就可以断定马超有谋反的意思，却没有想到自己中了孔明的计。

情景说明

杨松到马超营寨敦促其撤兵，并说如果不撤兵，就要在一个月内做到三件事：一是打败刘备，二是斩杀刘璋，三是收取西川。如有一件做不到，则要杀头。马超听后大怒，无奈只得撤兵。杨松又命人散布流言，说马超撤兵是要趁势夺取汉中。张鲁听信，派兵守住各路隘口，不放马超入关，使得马超进退两难。

孔明要亲往招降马超，但刘备坚持不让他冒险前往。正在此时，西川李恢来降，并说自己是特为说服马超而来，于是刘备派他前往。

马超闻听李恢来营，料其必是来游说，于是吩咐兵士在帐内外挺刀而列，听其号令砍杀李恢。只见李恢毫无惧色，昂然入帐，他直言此来确实是做说客的，并向马超分析了其进退两难的处境，晓之以利害，最终说服了马超归降刘备。

要点解析

1. 杨松要求马超打败刘备、斩杀刘璋、收取西川，这是谁的主意？

杨松去见马超，当面说：你不回去也可以，但要做到三件事。第一，打败刘备；第二，斩杀刘璋；第三，占领整个西川。马超以为这是在开玩笑，张鲁总共才给他两万兵马，却要他完成不可能完成的任务，分明是在强人所难。杨松说：那不管，你自己决定。其实杨松说这番话，是借张鲁的名义而行。可马超心里虽清楚杨松分明是在为难自己，可如果全盘答应，会更糟糕。因为杨松会回去报告张鲁，说果然不出所料，马超的计划就是打了刘备，然后杀了刘璋，占领西川，就自立为王。那样张鲁就更不会放过马超了。可见，出这种主意的人，就是要让马超答应也死，不答应也死。

2. 杨松又造谣马超回师要攻打张鲁，自立为王，马超如何是好？

杨松一边给马超施加很大的压力，一边又跟张鲁说马超回来不怀好意，想要把张鲁杀掉自立为王。这话跟别人讲也许没效，跟张鲁讲却相当有效，因为张鲁自己就有自立为王的想法，当然会很忌讳别人也有这样的想法。杨松的目的，就是使马超进退两难，回来与否都是死。这样做虽狠毒阴险，但将领往往会遭遇这种难题。

3. 孔明要亲自前往说降马超，刘备为什么坚持不可？

孔明看在座的人可能都无法说服马超，于是只好自告奋勇要前去，因为此时马超的处境，孔明已完全掌控。可刘备却不赞同这样做，因为太冒险了。如果真派孔明去做这件事情，就表示自己阵容里完全没有人才了，否则怎么会劳孔明大驾？所以刘备不答应，一方面是爱护孔明，另一方面也是为了自己的面子问题。其实，孔明也料到刘备会如此。

4. 李恢来降，刘备为什么同意由他出面劝说马超？

很多事情都是无巧不成书，李恢早不来晚不来，偏偏这时候出现了。李恢本来是最反对刘备入川的人，可他看到再跟着刘璋，将来只有死路一条，不如趁早投靠刘备，将来还可以做一点事情。其实像李恢这样的人是聪明的，如果三国时代多一些这样会选择的人，三国会太平得多。

李恢诚心诚意来投。孔明决定让李恢去劝马超来降。其实，李恢这个时候来降，心里是有准备的，他知道自己投降刘备，孔明一定会派他去说服马超投降，因为他跟马超有一面之缘，当说客要有点因缘、有点关系比较容易，所以李恢干脆自己先提出来了。

三国之道

多一些会选择的人，社会会太平得多。

5. 李恢开门见山说来当说客，为什么这么直率？

《三国演义》里说客很多。蒋干一开始死不承认自己是说客，可李恢却开门见山地承认自己就是来当说客的。这让人想到董卓的部下李肃，他当年去说服吕布不要再跟丁原转投到董卓这边。现在李恢也是一样，他劝马超不要再跟张鲁归顺刘备反而更好。虽然目标一致，李恢的做法跟李肃却并不一样。李肃当年对吕布投其所好，带着很多礼品，还有赤兔宝马。而李恢什么也没带，他一进来，看见士兵站在那里，就过去敲那个刀，问士兵锋利不锋利。被询问的士兵低下头来，根本不理会他。

现代人会觉得这种士兵没有礼貌，人家问你，你就回答嘛，怕什么？其实，士兵不回答是正确的，因为这里没有他的事，何必无事生非呢？我们现在的很多标准都错乱了，好像人家问，就应该回答，其实不应该是这样的。除非我的上级叫我回答，我才回答，上级不叫我回答，我干吗理你？这才是正当的。

李恢之所以坦承自己是说客，而且还若无其事地敲敲士兵的刀背，是因为他知道马超此时心里很犹豫且忐忑不安：他想投降，但想到跟张飞打成这个样子，还怎么投降？而不投降张鲁又不会放过他。李恢深知马超的处境，但也知道马超不会被别人牵着鼻子走，所以软硬兼施，当硬则硬，当软则软，尽量说服马超投降。

6. 若是光有高超武艺，缺乏计谋，也很难有所施展，为什么？

先前的吕布，天下无敌，可最后惨死于白门楼，就是因为他虽然有专业，但人际关系不行，不懂得世道人心，又不会为人处世。现在马超也是一样，他号称“锦马超”，武艺高超，举世皆知，可为什么落魄到这个地步？因为如果智谋不够，光凭有高超的武艺是不会有什么长远的发展的。

所以，像马超与吕布这样的人，最好跟对好的领导，然后完全听领导的指挥。见李恢开门见山就承认自己是说客，又讲出这番道理，马超就开始想自己是不是应该听一听了。

情景说明

葭萌关下，刘备亲迎马超归降，张飞与马超惺惺相惜，两人交好。

刘璋闻听刘备大军正向成都杀来，惊慌不已，又闻马超救兵已到，于是赶紧登城望之。但是马超说他已归降刘备，此来是要攻城，让刘璋速开城投降，以免生灵受苦。刘璋听后面如土色，气倒于城上，直叹自己太糊涂。刘璋想要投降，遭到众人的劝阻，但刘璋觉得自己对城中百姓本来就没有什么恩德，现在不忍再让其无辜受苦，于是率众出城投降，将印信交予刘备。

建安十九年（214年），刘备自领益州牧，犒赏百官，开仓济民，拟定法令，并陆续平定41州郡，奠定了三分天下有其一的蜀国基业。

要点解析

1. 张飞和马超交好，是不是一大快事?

张飞与马超交好，是所有人都乐见的结果。他们之间的战争不是为了个人的利益，而是为了集体的未来。现在两个人握手言和，尤其是马超弃张鲁而投刘备，是很正确的选择。张飞当然很开心，他佩服马超的武艺，更敬重马超的人品，交战之时，马超从来不使坏。当他们打得精疲力竭的时候，刘备也很讲仁义，并没有偷袭，而是让马超回去休息，次日再战。这是正派的战争，否则不会有什么好结果。

读《三国演义》一定要知道，战争是一种手段，非战不可的时候才可以不得已而用之，但打的时候要光明正大，不可以搞阴谋诡计。但离间计、苦肉计等计策是很正当的，因此可以用。如果刘备告诉马超：你回去好好睡觉，我不会偷袭你，背地里却去偷袭他，那就不对了，这也是马超最后决定投降刘备的原因之一。张飞已经跟马超很熟了，因此再见面的时候两人都很高兴，不必再重新磨合。

2. 马超原本是来救刘璋，结果却来攻城，刘璋为什么说自己好糊涂?

刘璋当时写了一封信给张鲁，请他派兵来支援，之后得到消息，张鲁派马超先攻葭萌关，然后直接来救他。现在一听马超来了，刘璋以为救兵到了，当然会很高兴。但他不知道马超已经归顺了刘备，所以当马超来的时候，他还问来者是不是马超，甚至还准备开城门欢迎，一点敌对的意思都没有。

马超却说，自己不是来救刘璋的，而是奉刘备之命来攻西川的。刘璋这才觉得自己好糊涂。其实，刘璋并不是现在才糊涂，而是从一开始就糊涂。要么不要请刘备进来，要么请他进来了就把西川之主让与刘备，不就没事了吗？非要逼着大家走这样的冤枉路，搞了这么半天，最后还是要乖乖地把位子让给刘备，这又何苦呢?

3. 刘璋想要投降，众人为什么劝阻?

刘璋还算是有良心的人，他认为不能再打了，再打下去只会让老百姓受罪，既然没有能力替老百姓谋福利，干脆投降算了，好歹也能让百姓少受点苦。而且刘璋相信刘备也不是坏人，不会对自己怎么样。既然如此，还不如早一天结束战乱。

众人的态度其实也分好几种：一种坚持不战；一种坚持死战；还有一种持观望态度，不知道刘璋的话到底是真是假，万一附和了，刘璋又翻脸，岂不是自讨苦吃？虽说刘璋现在不太可能做这种事情，但有张松的前车之鉴，众人也会谨慎很多。这种反复无常的事情，对于君王是家常便饭。所以，也有人持观望态度，想先试试口风，表面上说不要投降，内心却想投降。最后刘璋决定，既然打不过，还是投降好了。

4. 在这种情况之下，刘璋投降是不是合适?

我们只能说这绝非上策。上策应该是提前和谈，找到一种合理的解决方式，而不是拖到现在。但这也算不上是下策，因为它总比继续盲目地抗争要强。所以它只能算是中策，既可以保全自己，还可以安定百姓，使老百姓免受战火荼毒。所以我们还是很佩服刘璋能在这种情况之下做出这个决定。

5. 刘备终于取得西川，从刘璋手中接下印信，有什么感想?

刘备感慨万千，他没有其他的办法，取西川乃势所必行，而最好的办法就是刘璋主动地把西川让出来。大家可能会有疑问，当年陶谦以徐州相托的时候，刘备为什么三让而不领呢？其实，那时候不是刘备不想要，而是要也守不住。但现在不同了，现在刘璋把西川让给刘备，刘备真的敢拿了，因为此时无论是力量还是班底，都没有问题。刘璋虽不甘心让出，但最后兵临城下，走投无路，不得不出城投降了。

其实，不仅刘备感慨万千，刘璋也是如此。这就表示，他们两个都没有足够的智慧妥善地处理这件事情。值得一提的是，刘备很善待刘璋，并没有像曹操那样，假装派他到别处去，然后半途把他杀掉，也没有对刘璋施以虐待，甚至是一点点难看脸色和语气也没有。这也在刘璋的预料之中。

6. 刘备自领益州牧，有没有归还荆州的打算?

刘备这次没有向朝廷表奏，而是自领益州牧，但他领了益州牧以后，并不想信守诺言，归还荆州。不过这也情有可原，因为担此重任的人有他自己的无奈。刘备不是做生意，而是要在政治上求得发展。从政的人跟从商的人心态不一样。从商的人，当时说要还，现在就得还。而从政的人，当时说要还，可到了期限却根本不想还，因为他要照顾到更多的人。所以，刘备不打算还荆州，我们不能说他没有信誉。角度不一样，立场就不一样。

五十三　好言讨荆州

孙权以诸葛瑾全家老小的安危来威胁孔明，要他赶快交还荆州。孔明和刘备，一个扮白脸，一个扮黑脸，最后说看孔明的面子，先还长沙、桂阳、零陵三郡。但是关羽以刘表和刘备原本同宗，刘表过世，荆州理应归于刘备为由，不还就是不还。孙权大怒，急召鲁肃商量大计，由鲁肃出面请关羽过江相会。关羽倒是爽快地答应下来。老友见面，免不了多喝几杯，东吴将领见关羽只带几名军士，单刀赴会，分明看不起东吴，更是愤怒不堪。鲁肃好言讨荆州，关羽推辞说吃饭不谈国事。鲁肃想动武，却被关羽抓住。关羽以鲁肃当作人质，顺利返回荆州，声名更为远播。

情景说明

东吴孙权得知刘备取了西川，便与张昭商议如何让其归还荆州。张昭说荆州乃要地，刘备不会轻易放弃，并随即献上一计：假装拘禁诸葛瑾全家老小，以此威胁孔明，让其念兄弟之情归还荆州。孙权采纳了这一计策，派诸葛瑾入川索要荆州。

关羽在荆州闻听马超武艺超群，很想跟他一比高下，于是让关平将此意告知刘备。孔明深知关羽性情，他修书一封，巧妙地化解了关羽的心结。

一日，刘备正与孔明商谈国事，属下来报说东吴诸葛瑾造访。孔明料到家兄必是来讨要荆州，就提前告诉了刘备应对之策。孔明拜见了家兄，问及嫂嫂和侄儿状况，诸葛瑾哭诉说，如果刘备不归还荆州，自己一家老小命将休矣！

孔明与诸葛瑾一同入见刘备，并说明来意。起初刘备不欲归还荆州，但在孔明的一再哭求下，刘备答应将长沙、桂阳、零陵三郡归还给东吴。

要点解析

1. 刘备取了西川，仍然不还荆州，张昭有什么对策？

张昭当然不会劝孙权把荆州的一半地盘分给刘备，否则倒霉的一定是他自己。张昭只能坚定地把荆州要回来，这样孙权那里才过得去。

有时候我们不能怪这些谋臣出馊主意，因为那也是没有办法的事情，关键还取决于领导的态度。只要孙权不开口，大概没人敢这么劝他。所以，很多情况下领导人应该自我反省：自己的要求是不是过分了？立场是不是偏激？这样做部属会怎么看？这样才比较容易找到合理点。这也是我们至今念念不忘黄帝、尧舜的重要原因。

三国之道

很多情况下领导人应该自我反省：自己的要求是不是过分了？立场是不是偏激？这样做部属会怎么看？

2. 孙权以诸葛瑾全家老小的安危来威胁孔明，合理吗？

这个主意是张昭想出来的。张昭想利用他们兄弟之间的利害冲突，来做一些文章，于是建议孙权把诸葛瑾全家抓起来做人质，然后让诸葛瑾去向诸葛亮讨要荆州，诸葛亮念及兄弟之情，肯定会求刘备归还荆州。

孙权当初并不赞成，因为诸葛瑾向来是实诚君子，这样做不是欺负老实人吗？但张昭说这只是假象，让诸葛瑾配合演一下戏而已，并不会真的杀他全家，孙权这才同意这么做。但诸葛瑾如果真是实诚君子，这出戏能唱得像吗？为了取得如期的效果，就算是再实诚的人，该演戏的时候就应该尽量演得像一些。

3. 关羽有意来西川与马超比武，孔明凭什么化解掉?

关羽听说刘备不仅收了马超，而且对他非常欣赏，还听说马超跟张飞斗两三百个回合不分胜负，打得很热闹，于是执意要到西川亲自会会马超。在这种情况之下，劝是劝不住的，为将领者争的就是这口气，所以这个时候谁也阻止不了关羽。

幸好孔明对关羽很了解，知道怎样才能化解关羽的心结，于是写了封简短的信——马超虽然英勇，但跟张飞打打还可以，如果跟你比，那还差得远呢！孔明写这封信，并不单单是给关羽看，同时也是写给关羽的部属们看的。他们看了以后，自然会觉得关羽更了不起，而关羽争强好胜的欲望也能得到满足。如果孔明没有写信，而是派人去传话，肯定收不到这样的效果，问题也得不到解决。

4. 诸葛瑾来访，孔明为什么见面就拜，诸葛瑾却哭泣难过?

诸葛瑾来西川，刘备问孔明：你哥哥此来为何？孔明说他肯定是来讨荆州的。刘备很紧张，因为要是别人来讨，还可以推托，现在孔明的哥哥来讨，那不是很为难吗？孔明说：没有关系，我们换一下角色，以前都是你哭，这次我来哭，我一哭，你就跟我配合，只要这出戏演得好，一切都没有问题。当然，孔明私底下会把整个想法告知刘备。

诸葛瑾来了以后，孔明并没有先将他请到家里，因为做事情应该公私分明，既然是公事，就要公办，所以他将诸葛瑾安排到馆驿休息。孔明到馆驿去拜见兄长，一见面就下跪行礼，然后问嫂嫂和侄儿的近况。这时诸葛瑾就开始哭了，他说自己一家老小都非常危险。孔明听了也很伤心，说是自己连累了他们一家人，自己一定想办法把荆州还给东吴。孔明这次对付讨荆州的方法跟以前完全不一样，因为来者的身份特殊。

5. 孔明扮白脸，刘备扮黑脸，为什么会这样?

孔明向刘备哭诉——你要帮帮忙，把荆州还给孙权，不然我哥哥全家就会很危险。他哭得很真实，好像是从心底发出的请求。刘备事先知道孔明的意思，于是说好，先还东吴三个郡，然后就给关羽写了一封信，让关羽负责交割事宜。可是，在这种情况之下，会不会弄假成真呢?

6. 刘备说看孔明的面子，先还长沙、桂阳、零陵三郡，是真的吗？

当然不可能是真的，如果是真的，孔明就完全不必哭了。他之所以要哭，就是要哭给哥哥看，让诸葛瑾相信他们是很有诚意的。但兄弟之间可以这样吗？这个问题要看从哪个角度来说。若是为了自家的私事，绝对不能这样，如果连亲兄弟都欺骗的话，这个人也太可耻了，可如果是为了公事，就不能把私情牵扯到其中，这一点非常重要。孔明在这里给我们做了很好的示范。我们自古就讲为天下者不顾家，孔明做到了。

情景说明

刘备修书让关羽交割三郡，但又担心他当真照办。孔明深知关羽的心性，料他必不会贸然从命。诸葛瑾持刘备的手书来到荆州，请关羽交割三郡。关羽以荆州是汉室疆土为由拒绝归还，并说孙权拘禁诸葛瑾一家乃是诡计。关平劝父亲应顾及军师情面，关羽不听，将诸葛瑾赶走。关平对父亲的做法大为不解，关羽这才对他说明这是军师用计来推托兄弟之情。

诸葛瑾在关羽处索要荆州三郡未成，只好又回去见刘备。刘备说自己对关羽的性情也很无奈，只能等取了东川再交割荆州。诸葛瑾无奈，只得先回东吴。

孙权听了诸葛瑾的汇报，怀疑这是孔明的诡计，诸葛瑾澄清说这完全是关羽蛮横无理所致。孙权心想，既然刘备说要归还三郡，那自己就派官员去赴任。谁知不到一日，三名官员全都被关羽赶了回来。

要点解析

1. 刘备担心弄假成真，孔明为什么对关羽这样有信心？

刘备写信让关羽交还三郡，但他心里还是很担心——我们隔这么远，如果关羽接到信真照我说的去做，岂不是弄巧成拙？孔明说：关羽绝不会看到你的信就交割三郡的，因为如果是一般的家务事，他百分之百会按照大哥的话去做，可这是国家大事，他会很慎重地去揣摩，从而领悟到我们是不得已才这样做的，目的就是让他挡掉这件事情。

刘备承诺让关羽交割长沙、桂阳、零陵三郡，诸葛瑾很满意，拿信去找关羽。可见到关羽以后能不能如愿，这当中还有很大的变数。

2. 兄弟之间花费这样的心思，有必要吗？

我们之所以重复讨论这个问题，就是希望大家在家里千万不要如此。我们读《三国演义》并不是学其奸诈，然后虚虚实实，弄得大家都不知道怎么生活，那不是我们的用意。我们希望大家看完《三国演义》，清楚哪些场合可以这样做，哪些场合不能这样做；能够真正地体会到，凡是局中人，其实都是很无奈的，而且是非永远说不清楚，因此最好不要陷入这种纷争。孔明与诸葛瑾原本是兄弟，他们之间无话不谈，可现在却要装来装去，那是因为形势逼人。

三国之道

凡是局中人，其实都是很无奈的，而且是非永远说不清楚。

3. 诸葛瑾拿着刘备的书信，要索还长沙、桂阳、零陵，关羽为什么拒绝？

果然不出孔明所料，关羽看完信后，断然拒绝交割三郡。诸葛瑾质问：这可是刘备亲手写的信，你怎么能不从命呢？关羽说，这是刘备的信没错，但自己现在没有办法。他想尽办法推托，以至最后发脾气说：我们当年也出过力，抗曹不是你们孙吴一家的事，你们凭什么讨要荆州？况且荆州原是刘表的土地，而刘表与我大哥是同宗，现在刘表过世了，荆州理所当然归我们，根本没你们的份！诸葛瑾听了毫无办法，只得硬着头皮回去交差。

4. 关平劝关羽看孔明的面子，关羽为什么不接受？

关平毕竟还年轻，世面也见得不多，不知道这当中有很多虚虚实实的问题。往日父亲很听伯父的话，今天却一反常态，这是为何？关平很奇怪，于是提醒关羽，应该照顾孔明的面子。关羽却说不必，因为他知道孔明让刘备写这封信，用意就是要他做坏人，挡下这件事。

5. 关羽对关平实施机会教育，是不是最好的家庭教育？

天下做父母的人都应该向关羽学习。关羽抓住机会告诉关平，做人应该实实在在，绝对不可以不诚实，而且弟弟要敬重兄长，听兄长的话，但这件事情是例外，然后把其中的原因和道理告诉关平，让关平得到很多的教训，相当于给关平上了一节很宝贵的课。这样一来，关平将来面对复杂的事情，就会比别人更有本事去处理。这就叫机会教育。马超为什么会自视很高，就是因为他出身士族，受过很多机会教育。现在关平也是一样，他从关羽身上也学了很多，这是很多同龄人所不如的。

6. 孙权大怒，诸葛瑾把全部责任推在关羽身上，合适吗?

如果诸葛瑾回去跟孙权讲，这是孔明要花招，他根本不想归还荆州，还叫刘备假装写信，让关羽挡下这件事情，那他全家大小就真的岌岌可危了。本来孙权不想杀他一家的，现在就非杀不可了。所以，尽管诸葛瑾清楚这一切的底细，但他不敢直截了当地说出来。他知道孔明也有自己的苦衷，他夹在中间，两面都很为难。

诸葛谨能不能这样说：我弟弟倒是很诚心诚意，他苦苦地请求刘备，但刘备很奸诈，假装答应我的弟弟，私底下又派人告诉关羽不要交割。如果真这样说的话，孙权本来就讨厌刘备，现在火上浇油，说不定盛怒之下，也要杀诸葛瑾全家。

因此，诸葛瑾想来想去，只有把责任推给关羽，让他做坏人，才能保自己一家老小的平安。因为孙权对关羽的印象并不是很坏，对关羽尚能容忍，把责任推给他，孙权也不至于把诸葛瑾全家都问斩，这是诸葛瑾没有办法之中的办法，并非他跟关羽有仇。诸葛谨是衡量轻重后才决定这样做的，我们要谅解他。

情景说明

孙权大怒，急召鲁肃来见，责怪鲁肃当初为刘备作保。鲁肃思得一计：请关羽过江赴会，若他肯来，就劝他交割三郡，不从则杀之；若他不来，就进兵夺取荆州。孙权听后，让鲁肃按此计行事。

关羽收到鲁肃邀其赴宴的请书，欣然答应。关平劝父亲三思而行，关羽不以为然，打算单刀赴会，另准备快船10只、水军500在江边等候，以防万一。鲁肃得知关羽答应要来，便与诸将商议对策。诸将对关羽所为愤愤不平，最后商定以摔杯为号，斩杀关羽。

第二天，关羽乘一只小船，带10名随从，过江赴会。东吴将领看到关羽只带几名随从前来，感觉受到了蔑视，更加愤怒。

要点解析

1. 鲁肃请关羽过江赴会，关羽为什么欣然答应？

孙权得知关羽不肯交割三郡，非常生气，可又拿诸葛瑾没有办法，因为诸葛瑾已经尽力了，杀了他也不合理。但孙权岂肯善罢甘休，他脑筋一转，又想起了鲁肃。孙权把鲁肃找来，说这一切都是鲁肃在当中充当媒介造成的，他要有个交代。

鲁肃当然很无奈，因为他不敢直说：这是我们不占理，我们凭什么要把整个荆州都要回来？可见，并非只有老百姓才吞吞吐吐，有话不敢说，像鲁肃这样官职不小、年纪不小、身份地位也很高的人，很多时候也是有口难言。

鲁肃只能唯唯诺诺，说自己想办法再把它要回来，然后想出这样一个对策：把关羽请过来，如果他不敢来，我们就名正言顺打过去；如果他敢来，我们当场就要他答应交割，如果不交割，就杀了他。孙权让鲁肃依计而行。

关羽当时正在下棋，收到鲁肃的请柬，他一看便爽快答应了。因为此时他连马超都不放在眼里，而且鲁肃又是老友，很久没见面了，难得请他去赴宴，有什么好推辞的呢？

关羽决定单刀赴会之后，我们就开始替他担心了，因为他答应得太快，我们不知道他心里是怎么想的。如果他以为东吴那些人拿他没有办法，那我们实在是替他担心。

2. 关平劝阻关羽，关羽为什么坚持要去？

关平的处境与关羽不同，他劝关羽不要太冒险，孤身过江太危险了，要去一起去好了。关羽却说，如果自己带大队人马过江，那就等于宣战，要打也是东吴先打过来，自己不能先去挑战。最后关羽决定，除自己之外，只带几名随从就可，免得遗人话柄，关平没办法，只得同意。

3. 鲁肃见众将愤愤不平，是不是改变初衷，也想和关羽翻脸呢?

鲁肃到的时候，大家情绪高昂，非要把关羽干掉不可，他们敌意很重，部署周密。鲁肃知道这其中的原委曲折，为了顾全大局，他原本不想跟关羽翻脸无情，可在这种情境下，他也有点被逼得无路可走的感觉，因此他好像也有点改变初衷，答应以摔酒杯为号，斩杀关羽。

4. 关羽为什么只带几名军士、一只船单独过江呢?

关羽艺高人胆大，同时也觉得自己人数少才能显示出自己是来维护和平，而非前来挑衅的，其实关羽的这种想法很对。如果你请我吃饭，而我浩浩荡荡地带一大群人来，不是想吓唬你，就是想跟你挑衅。所以，关羽决定只带几名随从，驾一只小船过江。我们不能说关羽这样做太过分或者不合理，他这样做也不无道理，只是忽略了江东诸将的感受。

5. 东吴将领看见关羽人少，为什么更加愤怒呢?

江东诸将觉得自己完全没有面子：我们这么多将领在这里，你却单刀赴会，只带10个随从，根本就是瞧不起我们！可见人是很矛盾的，一个人被人家当作对手很生气，不被人家当作对手更生气，这一点很奇妙。江东诸将的内心一方面多少怀有佩服，认为关羽真是厉害，我们这样严阵以待，他竟敢单刀赴会；另一方面也很愤怒，他这么做摆明了就是看不起我们，我们这么多人，真的打不过他吗？有这些想法都是人之常情。

6. 关羽单刀赴会，是不是太过冒险?

我们现在最担心的不是关羽这么做是不是太过冒险，而是荆州能否保得住。因为当一个人到了最高峰的时候，后面的日子就不会太好过，就会走下坡路。有人会说，现在关羽还没到高峰，后面还有更加轰轰烈烈的表现。其实，高峰并不等于最高点，而是接近最高点的前面一小段。等到最高点一出现，谁都挽回不了，只会一路往下猛跌。只有掌握好这个度的人，才算是有警觉心的人。

现在，关羽自以为很有把握，其实是很危险的。这种危险是指他的这种心态，而非他现在的状况，他现在自然能化险为夷，可正因为如此，才使得他心态更加高傲。如果关羽回去以后好好反省：我今天这样做，是不是应该让孔明、刘备知道一下？现在这边情势已经很危急了，对方大概已经忍耐到极限了，我们是不是应该做一些部署呢？很可惜关羽只是认为自己轻松来轻松去，东吴对自己毫无办法。老实讲，这绝不是什么好兆头。

三国之道

当一个人到了最高峰的时候，后面的日子就不会太好过，就会走下坡路。

情景说明

关羽入亭饮酒，随从周仓手持青龙偃月刀立于亭外。酒至半酣，鲁肃劝关羽归还荆州，关羽却说席间不谈国家大事。鲁肃说，当初刘备承诺取了西川便还荆州，现在也已答应先还三郡，关羽如果违背情理而执意不还，恐怕会被天下人嘲笑。关羽说当年赤壁之战，其兄刘备与东吴共破曹操，岂能徒劳！两人在言语上互不相让。就在鲁肃将要翻脸摔杯之时，周仓持刀冲入亭中，呵斥鲁肃。关羽起身骂周仓无礼，让其退下，并顺手接过了青龙刀。

周仓退下后，立即到江边挥旗，对岸的10艘快船疾驰而来。此时，关羽一手撑刀，一手握持鲁肃，并佯装酒醉，让鲁肃送他到江边。东吴将领见鲁肃被劫持，不敢妄动，只得眼睁睁看着关羽安然乘船而去。

孙权得知后大怒，正要起大军强取荆州，忽然获悉曹操起兵30万来犯，无奈只得移师北向拒曹，暂时将荆州之事置于一旁。

要点解析

1. 鲁肃好言相劝，请关羽还荆州，关羽为什么说不谈国家大事？

关羽不但武艺高超，而且脑筋也转得很快，他知道事情的轻重缓急，而且度也掌握得很好。当鲁肃劝他归还荆州之时，关羽马上质问鲁肃：你是请我喝酒的，还是向我讨要荆州的？这个话题转得非常好。鲁肃当然不能说：我今天是为了讨荆州才专门请你喝酒的。否则关羽可能把桌子一掀，搞得大家很僵。所以，鲁肃忙说，只是喝酒，不是为了讨荆州。关羽说，既然喝酒，那就只喝酒好了，莫谈国事。可鲁肃虽然嘴巴说不谈，但接下来还是要谈，要不然他无法向孙权交代。

接下来就很有趣了，关羽每次把话题一撇开，鲁肃一会儿又拉回来。最后，关羽告诉他，自己不管这些事情，那都是其兄刘备的事。鲁肃说：你们桃园三结义，你大哥的事就是你的事。关羽也很厉害，说：别的事情是这样，但此事不一样，我们不能互相代替。这样一来，关羽的话就说得无懈可击了，鲁肃也实在找不到突破口。

2. 鲁肃越说越难听，关羽也越来越不客气，是不是火上添油？

鲁肃有他自身的立场，旁边又有很多东吴的将领在监督他，所以他只好把话越说越难听。关羽也越来越不客气，后来甚至讲：荆州这块土地，你们没有资格要回去，如果当初没有我们帮忙，你们说不定已被曹操灭掉了。双方越说越来气，最后难免会撕破脸。在这种左右为难的情况下，双方言语上一来一往，就等于在很激烈地交战，虽然有说有笑，喝喝吃吃，并没有动兵动枪，但实际上斗争非常激烈。

三国之道

在左右为难的情况下，双方言语上一来一往，就等于很激烈地交战。

3. 关羽骂退周仓，趁机把刀拿在手上，又装醉抓住鲁肃，是不是妙计？

周仓本来是山贼，后来改邪归正，跟了关羽，就一直替关羽扛刀，从来没有改变过初衷，而且他不断地向关羽学习，因此长进了很多。现在他一看情况不对，想把刀赶紧递给关羽，但他不能明目张胆地这么做，因为那样无异于刺激东吴诸将向其摊牌。于是周仓很自然地过去呵斥鲁肃，让关羽有机会骂他。

关羽借机说：国家大事，轮得到你说话吗？下去！同时顺手把周仓手中的刀拿过来，然后装醉，一只手以刀当拐杖，另一只手佯装去扶鲁肃，实际上是抓他为人质。鲁肃心里明白，可是他斗不过关羽，又摆脱不了关羽的臂膀，也不能叫救命，只得任由关羽拿他做人质。关羽扶着鲁肃从酒席上一直走到江边，然后上船，安然无恙地返回了荆州。这条妙计绝对是关羽事先就周密计划好的，不可能只是临时起意。

4. 周仓挥动大旗，远方大军接应，鲁肃不敢乱动，是不是周全的计划?

周仓把刀递给关羽，被关羽骂退后，又跑到江边，挥动事先准备好的大旗，向对岸发送信息。对岸看到后，整个船队浩浩荡荡地开过来。这样一来，东吴的将领心理上的感觉就不一样了，他们知道关羽表面上是单刀赴会，实际上却有周全的计划，因此不敢轻举妄动。再加上鲁肃尚在关羽手中，如果双方打起来，万一伤到鲁肃，将来也没有办法交代。

基于这种情况，关羽挟鲁肃慢慢地走到江边，并于江边跟鲁肃轻松地道别，然后上小船，此时荆州的船队已经赶到，两下一会合，掉头回荆州去了。鲁肃很无奈，旁边的人也很无助。他们想杀关羽又不敢杀，平常虽骁勇善战，此时却英雄无用武之地。

5. 单刀赴会为什么会留下响亮的名号?

单刀赴会的名号非常响亮，大家从内心里佩服关羽，但这不是每个人都可以做到的。关羽的作为我们不要轻易去学，否则结果会很惨：第一，你没有关羽的实力；第二，你没有处在那样的历史背景下；第三，关羽单刀赴会，也是因为与鲁肃的关系非常牢靠。这些因素缺一不可。假使鲁肃真的改变初衷，把酒杯一把摔下去，东吴诸将一拥而上，关羽必然要吃亏。

6. 孙权要倾起大军，抢讨荆州，为什么又临时停下来呢?

得知关羽来去自如，孙权气得不行——先是诸葛瑾上当，这下鲁肃又搞成这样，东吴的脸面往哪搁？所以盛怒之下，下令倾全国的兵力，强行夺回荆州。但孙权突然间又打消了这个念头，因为这时有人来报，说曹操又起军犯境了。孙权一听，只得先对付曹操，荆州之事以后再说。可见，刘备最大的恩人就是曹操。每次刘备快要遭遇大难的时候，曹操总是“挺身而出”，帮助刘备“解围”。虽然曹操绝无此善心，但他的行为客观上起到了这样的作用。

五十四　曹操当魏王

古人说："曹操能为善，不能不为恶。能为善，故能抵定中原，不能不为恶，故终不能统一天下。"曹操为人有才无德，志在篡夺。又勇猛精悍，敢作敢为。由魏公而魏王，故意为他的儿子篡汉造基础，已经愈来愈明显。孙权是将门健儿，依仗父兄余荫，也承受勇猛喜猎的遗传。合淝之战，孙权被张辽、李典包围，逃走时桥已被拆，幸好吕蒙、甘宁及时来救。他很懂得带部将的心，当着众人，为周泰身上的每一个伤处，都奉上一杯酒，不但收买了周泰的心，而且也收服了众将的心。这种关怀导向，以关心带人，曹操、孙权、刘备都会，但各有特性。

情景说明

刘备、孙权争夺荆州之际，晋爵为魏公的曹操再次兴兵征伐，攻取了汉中。孔明想出退曹之计：用荆州的江夏、长沙、桂阳三郡结好东吴，说服其出兵攻打合淝，则汉中的曹军必退。伊籍游说孙权出兵，孙权虽知是计，但认为此时攻打合淝确实对东吴有利，于是决定立刻起兵。

驻守合淝的张辽得知东吴攻打皖城，要去救援，但李典以兵马不足、恐合淝遭袭为由拒绝去救。乐进认为虽理应救援，但李典所虑也有道理。张辽气愤，独自带兵去救。曹操得知孙权出兵，又因张辽与李典向来不和，便将一手书放于木匣中，派人星夜赶往合淝交予张辽。

东吴攻陷皖城，孙权大犒三军。庆功宴上，吕蒙赞甘宁当居首功，甘宁十分高兴。凌统因与甘宁有杀父之仇，心中甚是愤恨。

要点解析

1. 曹操收取汉中，孔明为什么主张把江夏、长沙、桂阳交还孙权?

孙权一生气，刘备就危险了。因为如果东边孙权来取荆州，北边曹操来攻益州，刘备就会首尾不能两顾。孔明清楚，现在只有按照原来的策略，联合东吴，共同抗曹，才能保住益州，于是建议刘备主动向孙权示好，重新提出归还三郡，以扑灭孙权的怒火，然后双方联合，一起逼退曹兵。刘备当然同意，因为这关系到整个集团未来的发展。

2. 孙权为什么决定打合淝，这不是刘备的策略吗?

事出必有因，刘备不可能平白无故地归还三郡。孙权当时很犹豫要不要接受，有些部属告诉他：我们当然要接受。可另外一些部属却说：我们要小心，这是刘备的诡计，他想诱使我们重新跟他联合。但孙权了解整个的计策后，觉得虽然这是刘备的策略，但是联合对双方更有利，于是决定出兵攻打合淝。

3. 李典主张不救皖城，张辽为什么单独前往救皖城?

皖城是粮仓所在地，所以历来就是兵家必争之地。孙权不打合淝则已，要打合淝一定会先攻皖城，否则光打下合淝也没有用。守合淝的有三个将领——张辽、李典和乐进，三个人三条心。张辽跟李典一向合不来，而乐进在当中摇摆不定，两边讨好，所以这个仗很难打。现在，皖城告急，张辽主张去救，可李典却主张固守合淝，不肯分兵去救皖城，以防合淝有失。张辽一气之下，才会说：你们不去，我单独去好了。

4. 乐进两边讨好，是不是常见的现象?

三个人在一起，其中两个是死对头，第三个附在这边也不对，附在那边也不对，所以只有两边讨好，才能维持表面的和谐，这是常见的现象。如果乐进专门跟张辽在一起，就等于两个打一个，李典就会更急，从而不断地制造麻烦；如果他跟李典站一边，张辽又会感到孤单，这样对整体也很不利。像这种状况，最好的办法就是三人同心，才是上上策。如果实在没有办法，中间的那个人也只好左右摇摆，两边讨好，没有更好的办法。

5. 张辽、李典不和，曹操为什么派人送木匣给张辽?

曹操此刻身在汉中而不在合淝，可他知道这三个人是不和的，何况当时有人提醒他：皖城告急，而合淝那边三个人又不和，丞相你要想想办法。曹操听后，胸有成竹，让人拿来一个木盒，然后写了一张纸条放在盒中封起来，封皮上有“贼来乃发”四个字，意即紧急的时候再打开，写好以后，就派专人送到合淝，交给主将张辽。张辽一看“贼来乃发”四个字，觉得此时正是时候，于是告诉大家，这个盒子现在就可以打开，以解燃眉之急。可见，一个人不一定要亲临其境，遥控也可以指挥打仗，而且只要指挥得当，同样会有效。

6. 凌统与甘宁有杀父之仇，他看不惯甘宁高兴的样子，合理吗?

任何集团都有其各自的问题，成员之间的意见不同，于是慢慢形成了小派系、小集团，这都是经常会发生的事情。现在曹操那边，张辽跟李典向来不和；东吴这边，凌统跟甘宁有杀父之仇，十分不和谐。当甘宁攻打皖城得胜的时候，孙权开庆功宴，吕蒙当众嘉奖甘宁，认为今天功劳最大的就是他。甘宁当然很高兴，可凌统却越看越不顺眼，仇人相见，分外眼红，现在甘宁神气到这种地步，再加上今天又是凌统父亲的忌日，因此凌统就闹起来了，想要舞刀助兴，趁机去威胁甘宁。甘宁也来气了，他把桌子一踢，也舞起戟跟凌统对干了起来。这是很危险的情况，因为打着打着就可能弄假成真，所以大家赶快想办法化解。能够有效地化解集团内部的矛盾，是领导者应有的素质。

三国之道

能够有效地化解集团内部的矛盾，是领导者应有的素质。

情景说明

凌统按捺不住内心的愤恨，拔剑而起，说要为大家舞剑助兴，却剑剑直逼甘宁。甘宁也不示弱，拿起双戟与凌统对舞，火药味十足。孙权得知，赶来制止了争斗。凌统说今日是先父忌日，孙权说他没有忘记，但当时其父与甘宁各为其主，现在既为同僚，应放下私怨。

曹操虽丢了皖城，但孔明对刘备说曹操不会轻易从汉中撤兵，蜀国需加强防备、安抚人心，使得西川安定，曹操不敢来犯。

孙权领10万大军向合淝杀来，张辽等人正商议退敌之策，曹操差人所送木匣已到。见木匣上写着“贼来乃发”，张辽当着李典和乐进的面取出书信，信上写道：若孙权兵至，张、李二将军出战，乐将军守城。此时乐进、李典还是主张坚守，张辽怒骂他俩皆为私利，并说大敌当前，应捐弃前嫌，以公事为重，说完就要自带兵马迎敌。李典幡然醒悟，说自己不能因私怨而忘公事，愿听张辽调遣。于是张辽部署了迎击孙权之策。

要点解析

1. 凌统借故舞剑助兴，甘宁也来舞戟，孙权为什么赶来制止?

凌统跟甘宁几乎要打起来了，大家虽然很着急，但又无计可施，最后只得把孙权请出来——当时孙权已经来到皖城，但没有参加宴会。孙权一听，这还得了，两个都是自己的爱将，若真打起来，谁受伤都是自己不愿看到的事情，于是快速赶来，有效地制止了两人的打斗。

作为领导者，平常就要树立威望，到时候只要脸色一变，不管大家心服不心服，面上都会表示服从。孙权在这方面很灵光，他一出来喊话，凌统虽不服气，但还是马上就停下来。孙权安慰他：我没有忘记今天是你父亲的忌日。虽然他早就忘记了，可他能这么说吗？很多情况下，话要讲得妥当，而不是一味地强调真实，不妥当的话再真实也没有用。

2. 孔明说西川安定，曹操自然不敢来犯，是什么道理?

曹操拿下汉中，西川这边自然就会紧张起来，因为曹操紧跟着就会直接威胁刘备。但孔明告诉他，现在最好的办法就是自稳，把西川治理得安定团结，民心归附，就可以安枕无忧。孔明这番话大有裨益，意思就是我们不要老想别人的事情，而应该多想想自己的事，只要把自己的国家治理好，再远的百姓都会来投奔，这是黄帝当年给我们的启示。

有不少外国人怀疑说，你们中国人声称是爱好和平的民族，可你们的国家越来越大，明摆着是侵略来的。可是他们错了，世界上大多数国家的领土越来越大，都是靠兵马侵略来的，只有中华民族从不做这种事情，我们都是把自己修好，使得周边的百姓自动地来归附，所以我们才有资格说自己是爱好和平的民族。

3. 曹操送来的木盒，为什么盒上贴有“贼来乃发”的字样？

曹操派人送来的木盒子里面有一张纸条，写着“贼来乃发”四个字，意思就是紧急的时候再打开看。张辽见眼前正是大敌当前，于是当着李典和乐进的面打开木匣。张辽这点倒是做得很好，否则李典和乐进见张辽私自打开，心中不免又会生疑。很多事情要公开，而不能私底下处理，张辽此事处理得非常适当。打开以后，张辽将曹操的书信拿给所有人看，可他们都不了解曹操的用意，因为他们之间还有成见，这不是曹操一个盒子或一张纸条就可以化解的。

4. 张辽看完木匣中“张、李出战，乐进守城”的指示，有什么感想？

曹操只写了简单的几句话：如果孙权打过来，你们三个人，张辽跟李典出战，乐进守城。张辽毕竟很聪明，他听出这话外有话，知道曹操已经清楚他跟李典合不来，所以才故意让他们两个出去打。因为照理说应该叫张辽跟乐进出去打才对，这样才能避免在外面又有意见。

张辽领悟到曹操的深意，跟李典讲：我们之间是私事，现大敌当前，应以国事为重，我们要捐弃前嫌，合力杀敌。这是张辽了不起的地方。

5. 张辽怒骂李典、乐进，是不是合适？

非常合适，因为不骂，他们两个都不会醒。有的人你好意轻轻点他一下就醒了，而有的人你揪他耳朵都不会醒，那只有骂了，此外没有更好的办法。我们有一句话，叫作响鼓不用重锤。张辽就是响鼓，可李典和乐进就是不响的鼓，张辽刚开始轻轻地打，怎么打都不响，所以只好重重地锤他们。张辽做得恰到好处，他一骂，两个人果然被骂醒了。

6. 李典为什么忽然醒悟，愿意不计私怨，听从张辽的命令？

人就是这样，点不醒，就敲他一下，敲不醒，再打他一下，他自然会醒。现在李典终于醒悟了过来，他跟张辽讲：我这样做很不对，如今大敌当前，我们一定要通力合作。乐进也说：既然你们两个肯合作，我有什么理由不合作呢？所以三人一条心，终于把孙权彻底打败。

对于张辽他们来讲，要打败孙权是很不容易的，因为他们当时兵力很小，而孙权却是大军压境，尤其又刚在皖城取得了胜利，此时乘势而来，张辽他们能挡得住吗？何况之前三人三条心，一击即溃。好在曹操及时点醒他们，让张辽能够领悟到曹操的一番用意，有效地扭转了局面。对于一个团队来讲，平常的一些小恩小怨无法避免，但碰到大事、难关的时候，一定要放下私人的恩怨，全力对外，这样才能产生凝聚力。

三國之道

一个团队，平常的一些小恩小怨无法避免，但碰到大事、难关时，一定要放下私人恩怨，全力对外，这样才能产生凝聚力。

情景说明

孙权领兵渡过小师桥，直逼合淝，并笑言此次攻打合淝势在必得，不料却被张辽、李典两路兵马围攻。孙权且战且退，到了小师桥却发现桥已被拆掉一半，前面的兵马已纷纷掉进河里。孙权无奈，只得先骑马后退，再奋力向前冲，终于跃了过去。

张辽大胜，李典等人赞张辽不计前嫌、用兵有方，张辽只说多亏丞相及时指点才能获胜。曹操听来报说张辽大破吴军，连东吴的小孩听到张辽的名字都不敢再哭了，不禁哈哈大笑。

考虑到西川不可急攻，曹操决定率大军增援合淝。孙权想趁曹军立足未稳之时挫其锐气，甘宁请命领百骑夜袭曹营，并说若损一兵一马就不算功。孙权起初说不可轻敌，但最终准许他前往。当夜，甘宁袭击了曹营，果然未损一兵一马。

要点解析

1. 孙权说，此来合淝，势在必得，合适吗?

当然不合适。一个人只要是扬扬自得，结果大都不会很理想。孙权只需感谢大家同心合力来打这次仗，为什么要表现出得意的样子呢？只能说明孙权的心态已经变了，所以此次攻合淝注定不会有好结果。人一定要谦虚，不能骄傲，因为骄兵必败，不会有例外。

2. 孙权中计，被张辽、李典包围，逃走时桥已被拆，如何是好?

孙权刚才还信心十足，转眼间就脸色大变了，他被张辽、李典包围在中间，十分危急，于是赶快让人去请吕蒙、甘宁来救！在两位大将到来之前，孙权唯一的办法就是逃生。部将让他从原路回去，可是来时的小桥已被拆掉一大半，前面的人跑到那边就跌到水里去了，孙权只好先刹住马，然后退回来再猛地向前冲过去，终于一跃而过。

孙权跃马脱离险境，这是巧合吗？恐怕也不是那么简单。这就是我们常说的有一只“看不见的手”，当一个人的事情还没有做完，还有存活的价值的时候，老天是不会轻易让他死掉的。孙权要救国救民，老天肯定会保佑他。所以我们要时时刻刻对老天有信心，而不是盲目地对自己有信心。

3. 李典感谢张辽雅量，张辽却把功劳推给曹操，是什么道理?

张辽做得非常了不起，如果一个部属要跟领导抢功劳，那这个部属就危险了。如果当时李典对张辽表示感谢：是你的指点使我醒悟，才及时跟你合作，我真的很佩服你。张辽说，是啊，做人本来就应该这样，然后讲一堆道理，那他就该死了。因为话传到曹操耳中，曹操一定会非常不高兴：这还不是我提醒你的？你居然把功劳抢到自己身上！

可张辽没有，他很会做人，说：这是丞相的功劳，丞相那么远，对我们却了如指掌，我们如果再不能体会丞相的好意的话，岂不惭愧？这种话传到曹操耳朵里，曹操听起来就很受用，以后对张辽也会特别照顾。做人本来就应该这样，把功劳让给领导，把责任归给自己。可现代很多人却刚好相反，都是把功劳归给自己，把责任推给领导，难怪会很辛苦！要怪只能怪自己，不能怪领导。

三国之道

把功劳让给领导，把责任归给自己。

4. 东吴的小孩听到张辽的名字就不敢再哭，有这种事吗？

答案是：你说它有就有，你说它没有就没有。当时的有些家长对小孩子进行机会教育，告诉小孩张辽多么厉害，从而潜移默化地产生威慑，当小孩哭的时候，就吓唬说张辽来了，小孩就真的不敢哭了。但有些家长从来不信这一套，不跟小孩提什么张辽，当小孩哭的时候，他就没辙了，因为小孩平常都不知道张辽是谁，更不用说怕他了。这跟家长是否善用张辽的威势来进行教育有关，并不是张辽本身有这个本领。

5. 曹操亲率大军来攻，甘宁百人百骑夜袭曹营不折一人一马，可能吗？

当然有可能。甘宁身经百战，屡建奇功，新近又士气正盛，运气正旺，这样的团队趁曹操疲惫之时发动偷袭，不损失一人一马而完成任务是完全有可能的。但这并不代表甘宁每次都能这样，因为人的情绪总有高低，环境总有利弊，地形也有变化，所以整个团队的战况也会有所不同。

6. 孙权说不让甘宁如此冒险，可为什么又准他前往呢？

如果孙权因为不愿意甘宁如此冒险而不让他去，那也就不能让任何人去了。因为让谁去就是不在乎谁冒险，其他的将领会有什么感想？因此他只能这样说。可见孙权很会待人，虽然他本身的性格比较残暴，做事情可能常不合乎人性，但在待人方面是有独到之处的。我们不得不承认，曹操也好，刘备也好，孙权也好，他们都很会待人，很会抓住部属的心，虽然目的各不相同，可诚意基本上是一样的。

情景说明

次日，曹军擂战，凌统奋然请命领兵迎战。孙权准许，并亲临观战。凌统与乐进交战，不料曹军放冷箭，凌统中箭落马，乐进持枪来刺，正在此危急时刻，东吴军中射出一箭，正中乐进面门，曹军鸣金收兵。凌统回到阵中，急问是谁射箭相救，孙权笑言是甘宁。凌统甚为感动，拜谢甘宁的救命之恩，并表示愿与其结为兄弟。

曹操接连战败，非常气恼，于是亲自统军，兵分五路杀奔濡须口，围攻孙权。东吴将领奋力拼杀，周泰更是多次杀进杀出，身负数伤，救出孙权。曹操远远观望，感慨江南竟有如此虎将！

孙权死里逃生，设宴款待将领，并令周泰当众解衣显露伤情。看到每一处刀伤几乎都是为他所负，孙权甚是感动，一处伤便敬上一杯酒，让周泰一醉方休。

合淝之战以东吴求和告终。望着茫茫江南，曹操感慨道：生子当如孙仲谋！此一去，曹操再没征战江南。回到许都，曹操逼献帝封其为魏王，权势到达极点。但此时曹操已六十有二，为立嗣之事深感踌躇。

要点解析

1. 凌统中箭落马，甘宁及时射箭救他一命，结果如何？

甘宁成功地偷袭了曹操营寨，而且不折一兵一马，建了大功，这对凌统来讲，又是一大刺激。现在见曹军擂战，凌统自告奋勇地要带兵去迎击曹军大将乐进。孙权当然不能偏心，虽然心怀犹豫，但最后还是答应给凌统3000兵马。

当一个人心情很不平静的时候，什么事都做不好，想把事情做好，一定要心平气和。现在凌统急于建功，以压倒甘宁，在这种情况之下，一定会忙中出错。果然，他上阵不久便中了箭，幸好甘宁远远地射伤乐进，才救了他一命。凌统非常感激，回来一直问是哪位将军救的自己。孙权慢吞吞地告诉他是甘宁，凌统听后非常诚恳地、由衷地感谢甘宁。

甘宁这次做对了，他没有扬扬得意地说，如果没有我救你，你就完了，否则跟凌统的关系只会更加恶化。孙权在场的时候，轮不到甘宁说话，他一说话，不仅会惹怒孙权——我是主公，你算老几，还会使凌统更不服气，而甘宁不说话，孙权就自然会讲。于是，凌统把以前那一段恩怨化解掉了，还和甘宁抱在了一起，结为了兄弟。这就告诉我们，在中国社会，一个人道歉没有用，只有用实际的行动来化解心中的疙瘩，才是最有效的办法。

三國之道

在中国社会，一个人道歉没有用，只有用实际的行动来化解心中的疙瘩，才是最有效的办法。

2. 曹操大军连败两仗，一心想重振军威，为什么感叹江南多猛将?

在曹操的心目中，江南是一个温柔之乡，在那种环境里，不会有什么猛将，因为大家一天到晚吟诗唱歌、赏花打牌，哪有时间去练武？可曹操上次在赤壁输得那么惨，这次又支撑不下去了，因此感叹说，在这样一个容易把男人的斗志消磨掉的地方，居然有这么多猛将。表示这很出乎他的意料。

3. 周泰受伤，孙权每一个伤处奉上一杯酒，有什么用意?

孙权很会待人。周泰遍体鳞伤，而且几乎每一处伤都是为孙权而负，孙权当然很感动，于是当众一个伤口奉上一杯酒。老实讲，只有周泰给孙权斟酒的份，哪有孙权给他斟酒的份？可孙权就是这样了不起，他抓住机会，不但收买了周泰的心，同时也收买了周围所有人的心。在场的其他将领会想：如果以后有机会保卫主公，我绝不会输给周泰，到时候主公也会给我斟酒。其实，让孙权斟酒并没什么了不起，但大家就是很受用。所以当领导的有时候也要想想这些很管用的非物质奖励，比如拍拍部属的肩膀，说两句安慰的话，成本虽小，成效却很大。

4. 东吴求和，曹操班师回许都，从此再也没有机会下江南，他心中有数吗?

曹操很灵光，他当时年岁已大，而之前的赤壁之战又给了他惨痛的教训，这一次才走到一半，就已经碰了钉子，幸好孙吴要求和，否则继续打下去，还真不知道结果会怎样。所以曹操决定班师回许都，并未扬言要再来，因为他自己清楚，吞并东吴恐怕要交给后人来完成了。人只要能冷静下来，就能够了解自己。

5. 曹操说，生子当如孙仲谋，这样合适吗？

这对曹操来讲，并没有什么不合适的。他本来是跟孙坚同辈分的人，把孙权看作儿子辈的，没什么不合适，更何况他是赞美孙权的意思：如果我的儿子也像孙仲谋的话，那我就放心了。曹操讲这句话的时候，心里已经明显有了苍老的感觉，有了让接班人来完成自己志愿的想法。

6. 曹操权势已达巅峰，称为魏王，他还在担忧什么？

曹操一定很担心自己死了以后，会不会被清算掉。这也是很多人对接班人的选择都很慎重的原因。人活着的时候有权势，可以指挥，可死了之后怎么办，像董卓那样凄惨吗？相信任何人都会想到这一点。曹操开始想自己的几个孩子如何，并感慨为何没有一个像孙权那样。如果有的话，曹操一定会很愉快。当一个人开始想未来的事情时，就表明他的心境已经很苍老了，这是任何人都要经历的阶段。

五十五　立嗣有纷争

魏王曹操，为了长子曹丕、三子曹植的太子争夺战而伤脑筋。朝臣也分成两派，有支持曹丕的，也有依附曹植的。有一天，曹操和贾诩单独相处，他问贾诩立何人为宜？贾诩默然不答。曹操问他为什么不答？贾诩巧妙地回答："臣不是不答，正有所思。"曹操又问他想些什么？贾诩答以正想刘表和袁绍两人，废长立幼，因而造成后患。曹操大笑，遂立曹丕为太子。这一段对话，实在是沟通的最高艺术。曹操对贾诩的没有回答的回答，十分满意。而贾诩帮曹丕，也帮得好像没有帮一样，都很高明。曹丕趁曹植对他信任之危，使他醉酒误事，更进一步促使曹操坚定立曹丕的决心。

情景说明

临淄侯曹植是曹操的三公子，自幼有才，悟性极高，擅长诗词歌赋，深得曹操喜爱。主簿杨修钦佩曹植之才，想帮助他登上主位。一天，杨修得知曹操要考问曹植时政军务，便将一份拟好的答案交给曹植，并说按此应答，料无差错。

一日，曹操与贾诩、丁仪、吴质等几位文士处理公务，丁仪趁机在曹操面前夸赞曹植。曹操听后大笑，说自己也甚爱此子，并询问其他人的意见。这时，吴质站出来说，前代因废长立幼，酿成祸端的例子很多，并说大公子曹丕为人仁孝，深得人心，希望曹操能明断。

曹丕收买曹操的内侍，专门为自己探听消息。这天，曹丕让内侍给曹操送去一盒酥。曹操尝后，在盒子上题字“一合酥”。内侍向曹丕禀报曹操的表现及曹植近况，得到了曹丕的厚赏。次日，曹植游园，杨修与丁仪作陪。杨修看到桌上的酥盒，询问得知酥盒是曹操命人放的，且“一合酥”乃曹操所题，于是杨修招呼曹植与丁仪，将一盒酥分吃了。

要点解析

1. 杨修提供曹植有关军务时政的答案，妥当吗?

杨修一步一步把自己逼到了死路。他一心一意要帮助曹植，这份心意无可厚非，因为每个人有每个人的选择，我们应该尊重。可是他要帮忙，也要替曹植想一想，这白纸黑字，就是最好的把柄和证据，万一哪天落到别人手上可怎么交代呢？用嘴巴直接告诉曹植不是更好吗？

杨修是个非常聪明的人，但他有一个不好的习惯，就是爱咋咋地、管它呢，这也是一般正直之人的通病。其实从某个角度来看，这种人也是不负责任的。杨修一心一意要帮曹植，可对曹植又没有责任感，能成就成，不能成拉倒。他这一生最大的问题就在于这种不谨慎的态度，因此很不适合从政。

2. 丁仪赞美曹植的才华，曹操也说他甚爱此子，合适吗?

丁仪是很典型的书呆子，学问很好，但不适合搞政治。他很欣赏曹植，可稍微夸一两句还管用，讲多了曹操一定会反感：曹植是我儿子，还用你说吗？你居心何在？难道是想左右我吗？可我曹操是可以被左右的人吗？

所以，当时紧张的气氛完全是丁仪造成的。在场的谁最聪明？就是那个不讲话的人——贾诩，他从头到尾不讲一句话。曹操心里有数，知道底下已经分派系了，一个是拥植派，一个是拥丕派。当然，这也是无法避免的事情，因为立嗣只能选一个，这当中肯定会产生派系。任何事情，有人赞成就有人反对。

三国之道

任何事情，有人赞成就有人反对。

3. 吴质说废长立幼是祸乱的根源，又推崇曹丕，为的是什么？

之前丁仪讲了半天曹植的好话，吴质伺机反驳，同样想在立嗣的问题上左右曹操，可见这两个人都不够聪明，都不了解曹操。曹操最不能容忍受人摆布，跟他讲话不能单刀直入，否则曹操一概不能接受。除非打仗的时候，你真的拿出好策略，他也只会讲：你的主意跟我的想法一样。曹植和曹丕都是曹操的儿子，曹操对他们清楚得很，还用外人说吗？在这种状况之下，最聪明的做法就是除非曹操问，否则千万不要说，而且要说也不能明说。

4. 曹操品尝可口酥糖，为什么在盒子上写上“一合酥”呢？

曹操吃了曹丕送的这盒酥糖后，觉得很可口，于是提笔在盒子上面写了“一合酥”三个字。曹操这么做的用意，他自己从来没讲过。很多事情要靠我们自己去体会，而不是要别人明说的。如果有人这时候去问曹操为什么写这三个字，曹操心里一定会觉得很好笑：我为什么要告诉你呢？所以问了也是白问。很多人觉得有问题就要问，其实没必要，就是因为我们今天乱讲话，乱问话，才使得很多事情都无法顺利进行。

5. 曹丕为什么打听曹植近况，并给通风报信的人重赏？

曹植比较正直，而曹丕却比较阴险，在派系斗争上面，曹植总是占下风。曹植的诗词歌赋虽然很了不起，才华也很出类拔萃，可把国家大事交给他，大概只会弄得一塌糊涂。到底要把国家大事交给正直的人，还是交给小人，这是非常矛盾的事情，也搞得我们很痛苦。5000年来，我们还是没有找到最好的答案。

曹操总有老死的一天，所以必须找个继承人。而汉族传位看年资，老大当然优先。如果凭能力来选择接班人，那就是鼓励兄弟之间进行厮杀。曹操曾经讲过自己很喜欢曹植，结果就逼得曹丕誓要斗倒曹植，因此他派人全面监视曹植，一有什么动静赶快来报告，并且给通风报信的人重赏。在曹丕看来，现在这个重赏不算什么，将来的回报比这个多多了。

6. 杨修叫大家把一盒酥吃掉，合适吗？

杨修反正是要送死，这样做也谈不上不合适。杨修难道没吃过酥吗？他这样做完全是在开自己的玩笑。一会儿曹操进来问是谁吃的，杨修还毫无警觉地挺身而出，将责任承担了下来。

这一点我们首先表示佩服，但佩服这种人有什么用呢？杨修不过是在送死而已。曹操痛在心里，但嘴巴不能讲，讲出来就表示他心胸狭小，为了一盒酥糖就杀一个人，那太残暴。所以，曹操恨得牙根都痒痒，可嘴上还是要夸赞杨修，说你不错嘛，才思很敏捷。但心里在说，你早晚要死在我手上。

情景说明

杨修与曹植、丁仪分吃酥糖，正巧被曹操看见。曹操问是何人所为，杨修挺身而出，承认是自己的主意，并说自己是奉曹操之命而为。曹操问其缘由，杨修将盒子上所写的“一合酥”拆读成了“一人一口酥”，曹操听后不怒反笑，称赞杨修奇思妙才。曹植见曹操夸赞杨修，终于松了一口气。待杨修和丁仪走后，曹操嘱咐曹植不能与杨修、丁仪两人来往过密。

曹操召曹丕、曹植两兄弟考问时政军务。曹植本来不擅长此项，但依照杨修给他的答案作答，果然得到了曹操的肯定。曹丕虽然擅长军务，可这时却无从施展。曹丕落败，急忙找来吴质商量对策。吴质建议找中大夫贾诩帮忙。贾诩虽不是曹操旧臣，然而非常得曹操器重。他自知为了不招人嫉恨，所以行事小心谨慎，向来不随便与人结交，以求为子孙免祸。

要点解析

1. 曹操发现三人分吃酥糖，为什么不生气？

以曹操的身份地位，根本用不着为这种小事生气，但如果他真的生气了，问题可就大了，所以杨修越来越危险了。如果曹操当时骂他一顿，可能这事也就算了，过后不会追究，但曹操反常地夸赞了杨修，这才更可怕。中国的部属做错了事最怕领导不骂他，因为这意味着会有更严重的后果。如果曹操因这种事情而生气，就会显得度量太小，传出去很难听，可是对杨修来讲，他应该希望曹操当面骂他几句，这样才能平安无事。可现在曹操不骂反夸他，说明他以后就危险了。

2. 曹操夸说杨修奇思妙才，曹植为什么也很开心？

从曹植的表现可知，他这个人一点政治细胞都没有，斗不过曹丕也是必然。他不想想曹操这句话是否出自真心，反而以为曹操真的是在夸奖杨修。可见，曹植只会诗词歌赋，却没有什么政治细胞，连曹操的这个用意都猜不出来，还能搞政治吗？

3. 曹操吩咐曹植不可与杨修、丁仪来往过多，是什么用意？

曹操刚才那一句话是给杨修台阶下的，并不是真心地夸赞杨修。可知子莫若父，曹操一看就知道曹植并未体会出自己的用意，所以等杨修跟丁仪走开以后，才对自己的儿子讲出实在话，单独告诫曹植少跟这两个家伙来往，否则会对自己不利。可见，中国人在人前背后所讲的话，经常完全相反。

曹操做人面面俱到，既有条件做好人，也有条件做坏人，可问题是他的选择经常不对——曹操一生都没有做过一个很明确的选择，结果害死了自己。

三国之道

中国人在人前背后所讲的话，经常完全相反。

4. 曹操为什么要考曹丕、曹植时政军务？

曹操心里比较喜欢曹植，但他明白，将来要继承这个王位的人一定得懂得时政军务，否则臣下讲什么都听不懂，碰到事情也无法做决定，不是很糟糕吗？所以他要考察曹丕、曹植两兄弟在时政军务方面的知识。杨修很聪明，早就偷偷写好了答案交给了曹植。这种做法说难听点就是打小抄作弊。

曹操很慎重地要考这两个儿子，就是想要从他们当中选一个作为接班人，可见接班人的事情让曹操很费心思。

5. 贾诩谨言慎行，平日不敢与人交往，是什么道理？

贾诩非常稳重谨慎，平常很少跟人家来往，因为他不是一直追随曹操的老臣，而是半路杀进来的一个新人。可他偏偏很受曹操的器重，因此嫉妒他的人一定很多，时刻都有人想抓他的把柄出他的洋相，或是把他拉下来，这是必然的。任何人处在贾诩这样的位置，一定要高度地警觉。贾诩警觉性很高，从不随便开口，也从不随便跟人家来往，是非常成功的一个政治人物，他既不很明显地支持曹丕，也不很明显地支持曹植，只要让他们两个人心里都知道自己不会害他们，这就够了。

不要随便介入派系斗争，这一点很重要。但一般人又没有贾诩这么高的修养，不介入派系就生存不了，所以很多人说没有办法，不靠一边站的话，两边都会得罪，岂不更糟糕了？可见贾诩很难得，他两边都不站，但是最后不管哪一边胜了都会重用他。一个人如果有真本事，根本就不必着急，也不必慌张，更不需要倒向一边。

情景说明

曹丕夜访贾诩，请求贾诩救难。他说贾诩以前教他谦恭行事以感动曹操，他至今感念不忘，但曹操如今有废长立幼的想法，他将吴质藏在一筐绢匹里，准备带入府中商量对策，没想到却被杨修告发，曹操大怒，命人守在他府外严加盘查。曹丕说这件事对自己威胁很大，求贾诩救他。贾诩沉吟片刻，叫曹丕不妨再运一车绢匹进府。曹丕会意而去。

曹操召见曹植，杨修侍立在旁。曹操命曹植为监军，随曹洪出征御敌，并特意嘱咐曹植不可贻误军机，须知军法无情。这时军士来报，说在曹丕府外并未发现异常。曹操听后不悦，斥责杨修凭空构陷，厚曹植而薄曹丕，实在太过分了。

曹丕得知曹植要随军出征，设宴为曹植饯行，并故意把曹植灌醉。次日清晨，大军出征时间已到，曹植却宿醉不醒，不能出征。曹操知道后，勃然大怒。

要点解析

1. 曹丕恳求贾诩救他，贾诩为什么替他解决难题？

曹丕搞不清楚贾诩到底是站在哪边，可他知道，贾诩曾给过他很好的建议，叫他在曹操面前谦恭行事以感动曹操，结果确实很有效。可见贾诩虽没有明说，但心里还是偏向于曹丕的。这个时候杨修密告曹操，说曹丕派车集合一班人在密商事情。曹操当然很不高兴，于是派人在路口检查车辆，看到底有没有这回事。

曹丕很紧张，连夜求救于贾诩。如果贾诩置之不理，那根本就是表明自己不支持曹丕。可是贾诩聪明得很，他一看眼前没有外人，只有曹丕在这里，于是尽心尽力帮曹丕的忙，且并没有留下一片小纸条，这是他高明的地方。嘴巴上讲的空说无凭，将来可以否认，可是杨修却不懂这一点。

贾诩只讲一句话——你上一次车子进府装的是什么？曹丕说装的是绢匹。贾诩说再装一车绢匹进府好了。贾诩没有讲很多，曹丕也是聪明人，经贾诩这么一点，恍然大悟，知道自己接下来该如何解决了，于是很感谢贾诩。而贾诩讲的这句话，就算传到曹操那里，也不值得大惊小怪。

2. 曹操委派曹植担任监军，为什么特别交代军法无情?

曹操内心已经决定要废长立幼，让曹植做继承人了，但是他必须让其他人认为他的决定没有错，于是就制造机会，让曹植有一些功劳，有一些表现。而且曹操又特别交代曹植：监军是军事任命，军法无情，我们虽是父子，却也大不过军法，就是为了让曹植提高警惕，好好表现。

3. 曹操既然不喜欢杨修，为什么又常让他在身边?

其实，杨修并没有犯什么大过错，他只是像蜘蛛网一样弄得曹操不舒服而已，而这又不足以成为曹操赶走他的理由。既然赶不走，就只好继续用他。所以不要以为领导没有翻脸就是很喜欢你，这个是不一定的。要看领导对你的感觉如何，这个比较重要。

三国之道

不要以为领导没有翻脸就是很喜欢你，这个是不一定的。要看领导对你的感觉如何，这个比较重要。

4. 杨修被曹操训斥，他能够改过吗?

曹丕依照贾诩的话去做，结果曹操派人去查，发现里面根本就没有人，全部是绢匹。当这个信息报告给曹操的时候，杨修正在旁边，曹操看了他一眼，意思是：你不是说人家车子里面有人吗？怎么没有？你到底是何居心？接着，曹操哼了一下，显示出很不高兴的样子，他告诉杨修：曹丕跟曹植都是我儿子，你干吗偏心呢？就算你厚此薄彼，那也不应该无中生有，陷害曹丕。杨修虽无可奈何，却始终改不了自己的本性。

5. 曹丕为曹植饯行，又有歌舞助兴，有什么用意？

这在明眼人看来，分明是不存好心。兄弟搞到这个地步确实很可悲，可这是谁造成的呢？是制度造成的。制度有很好的一面，但也有很差的一面。很多问题凭人类现有的智慧还没有办法解决，所以不要以为我们很聪明，可以把所有的事情都做好，那是不可能的。曹操那么能干的人都搞不好很多事情，更何况普通大众呢？无论曹操选择谁，没有被选中的那个人一定会与被选中的为敌，如果两个都不选，而是从外面引进一个新的接班人，那兄弟俩又会联合起来将这个人抵制出去，可见怎么做都无法平安无事。

曹丕绝对不希望曹植有好的表现，他听说曹操任命曹植为监军，就知道问题很严重了，于是请来曹植，再三地说：贤弟，我们要分别了，此去不知道何时才能再见，然后一杯一杯地灌曹植酒，最后居然灌得曹植心生感激，这再次证明了曹植根本就毫无政治细胞。

其实，曹丕是在试探曹植，他对曹植说：等你得胜回来，我还向父王建议，立你为世子。可曹植并没有推辞，只说了声谢谢，这使得曹丕更加生气——我只是试探试探你，你竟以为这是理所当然！于是更加坚定了挤兑曹植的决心。

6. 大军即将出发，曹植不见人影，曹操为什么大怒？

曹操不大怒才怪，怎奈曹植是他的儿子，要不然肯定会杀掉这个人。曹操觉得：我这么赏识你，花这么多心思栽培你，又给你这么好的机会，你都不知道珍惜，让我的一腔心血白白浪费，因此盛怒不已，把桌子掀翻。但生气不能解决问题，反倒惹得自己头痛，影响自己身体的健康。

情景说明

曹操看出曹植虽然有才，但是恃才放旷，难以任事。想到这里，曹操不禁悲痛交加，头疼病又犯了。曹丕将杨修写给曹植的答案呈给曹操，曹操看后悲愤不已，曹丕见状佯装为曹植求情，说这都是杨修的错，使得曹操更加记恨杨修。

曹丕走后，曹操召贾诩来见，向他询问立嗣之事，贾诩却沉默不语。曹操问贾诩为何不回答，贾诩说，他刚才想起一件事，是袁本初与刘景升立幼子为嗣导致兄弟相攻之事。曹操听后大笑，并决定立曹丕为嗣。建安二十二年（217年），曹丕战胜曹植，被立为魏王世子。

魏将张郃领兵与张飞在瓦口关征战，被张飞打得大败而退，此后坚守山险，不肯出战。张飞心生一计，故意日日在山下饮酒、叫骂，想用假象迷惑张郃，引张郃下山。刘备听说张飞在前线饮酒，以为张飞的老毛病又犯了，非常着急。诸葛亮却哈哈大笑，还命人给张飞送去好酒，并向刘备解释说，三将军已今非昔比，这是在用计诱敌。

要点解析

1. 曹操说曹植恃才放旷，难以任事，为什么十分伤心？

曹植并没有把曹操的话当作耳旁风，他也会放在心上，只是喝起酒来难以自控而已，他也知道曹操这是要栽培他，知道这件事情很重要，绝对不能耽误，但他转眼就忘记了，没有办法掌握自己的行为。把大事交给这样的人，结果肯定会很糟糕。所以曹操很伤心，并且决心不选曹植作为接班人了。在曹操看来，曹植虽然很有才华，可恃才傲慢，不把任何事情放在心上，难担此大任。自己最欣赏的这个儿子居然有这种缺点，使他不得不忍痛放弃，曹操岂能不伤心！

2. 曹丕呈上杨修交给曹植的答案，曹操有什么感想？

曹丕此时又将杨修给曹植打的小抄原原本本地呈给曹操。而这个小抄就是昨晚喝酒的时候，曹丕趁扶着酩酊大醉的曹植上床休息摸到的。可见曹植太糊涂了，连小抄看过就要烧掉，以免落入他人之手成为把柄的常识都没有，竟然还将小抄当宝贝一样贴身保存，不想正好被曹丕拿到。曹丕求之不得，如获至宝，原封不动地呈给了曹操。

曹操一看很生气，曹丕又佯装为曹植求情，说三弟年幼无知，千万不要生气。他这么一讲，曹操会更恨曹植不争气。曹丕虽然心术不正，可这种人往往会得势，但这也只能怪好人不争气。曹操对杨修也很不满，心想：你凭什么插手我们的家事，你嘴巴劝劝也就算了，居然搞到现在这种地步！连我都没有这么偏心，你这么偏心，安的什么心？此时，曹操对杨修已经忍无可忍了，可为这种事情杀掉杨修，也不会被舆论所接受。

3. 曹操问贾诩立嗣大事，贾诩如何回应？

贾诩并没有回应，这是他很高明的地方。中国人经常传达一种信息：我有意见，但现在不说，一是因为不方便说，二是我尊重你，你要我说我才说。现在贾诩就是如此。曹操果然收到这个信息，就问贾诩为什么不回答。贾诩说，自己正在想一件事情。曹操说：你在想什么？贾诩说，自己在想袁绍、刘表，他们都是废长立幼，结果惹得后患无穷。言外之意就是他支持立曹丕为世子。

曹操非常高兴，认为贾诩真是了不起。一个人要达到贾诩这种高度，要靠自己平常的修养。有话直说被斩还要怪领导，那是自己不负责任。贾诩好像没有直接回答一样，而且不着边际，但这不是打马虎眼，而是充分尊重曹操。贾诩没直接讲出来的话，曹操都听出来了——这是尊府的事，我不敢插嘴，只不过，我想起一件事情，可以为你作一点参考，但是最后的决定权还在你手上。曹操对此当然非常受用。一个人会不会讲话，其影响也不小，因为会攸关到自己的性命。

三国之道

一个人会不会讲话，其影响也不小，因为会攸关到自己的性命。

4. 曹丕战胜曹植，成为魏王世子，有什么启示？

历朝历代，这种该当的没有当到，不该当的反而当上的案例太多了，这看起来不公平，实际上很公平。如果你是曹操，你会选曹植吗？如果你是百姓，你希望曹植来当魏王吗？那一定会弄得天下大乱。所以好人要争气，这是我们一再强调的。光是做个好人是不够的，何况曹植也不见得是什么好人，他只是在诗词歌赋方面表现得很有天赋而已。可是当无人可用的时候怎么办，这才是我们比较伤脑筋的事情。

5. 张飞来攻，甚至叫骂挑战，张郃为什么坚守不出？

武将坚守不出的案例非常之多。两军对垒是否一定要战？答案是不一定，有时候不战反而比较好。围棋国手吴清源先生有一次跟钱穆先生见面，钱穆先生问他："吴先生，你围棋下得这么好，有没有什么方法可以永远不败、永远不输？"吴清源说："哪有只赢不输的？"钱穆先生说："我有一套办法能让你绝对不输，两个字——不下。"不下一定不会输，所以，不战就不会输。只要守得住，让敌人攻不进来，那就意味着不输。张郃也不是一开始就坚守，他是在跟张飞打过仗、吃过亏以后，才发现自己那个城易守难攻，那为什么不守呢？

6. 孔明送酒给张飞，是不是想害他？张飞如何因应？

张飞一看张郃不出来打仗，心里很着急，因为他远道而来，不但后继无粮，而且士兵疲惫不堪，如果不能速战速决，就会耽误后面的事情，所以他天天骂阵。张郃仍然坚守不出，张飞骂到最后，灵机一动，想起大家都知道自己喜欢喝酒，而且一喝醉就打士兵，于是干脆整日喝酒，想欺骗张郃以为自己的老毛病又犯了。这个事情传到刘备那里，刘备担心不已，以为张飞老毛病又犯了。孔明说，现在的张飞已经不是以前的张飞了，他喝酒不会闹事，而是为了用计，所以最好送一些好酒给他，就算帮他忙了。张飞也知道孔明的用心，因此非常高兴。

五十六　张飞也使计

张飞早先耀威于长坂坡，实际上已经在使计。可惜大家只看到他勇猛的一面，并未肯定他善于用计的一面。张飞沿嘉陵江斜赴成都时，严颜坚守不战。张飞使计擒服严颜，我们才佩服原来张飞也能使计。张飞最得意的一次战役，应该是大破张郃于瓦口关。张郃弃马潜入山间小道，才得以逃生，可以说狼狈之至。张飞为纪念此役，特别竖立“汉将军飞大破贼首张郃于八芒”一碑，笔力雄厚，苍劲可喜，文字也十分简洁，堪称兼通文字与书法，使我们对张飞的印象，更为鲜明可爱。

情景说明

张飞和马超分别屯兵巴西、下，想伺机夺取汉中。曹洪奉曹操之命统兵5万，前往督守。他令夏侯渊、张郃各守险要以拒张飞、马超。张郃见张飞整日饮酒，蜀军懈怠，就力争出战，并且立下军令状，誓取张飞首级。张郃夜袭蜀营，不想正中张飞之计，被蜀军包围。眼见大事不好，张郃只好仓皇逃走。张郃偷袭失败，请求曹洪支援。曹洪非常生气，说张郃不听他言，强要出兵，才致如此，他不给张郃援兵，还催促张郃赶紧出战。

张飞欲尽快拿下瓦口关，并且想出一计，找来大将魏延帮忙。张飞从百姓处得知，瓦口关后山有一条鲜为人知的山路，可以直通瓦口关。他让魏延带兵于正面攻打瓦口关，自己则率领兵士从后山险路攻上。张郃腹背受敌，大败亏输。张飞顺利攻占了瓦口关。

要点解析

1. 张郃见曹洪按兵不动，为什么一定要出战张飞？

人与人之间经常有不同的意见，而且每个人都觉得自己的决定是经过深思熟虑的，而别人的决定是随随便便做出的，因为我们看别人跟看自己通常采用双重标准。张郃自己不出战的时候，觉得理由很充分，现在看到曹洪居然按兵不动，就认为将领出来就是要打仗的，老这样按兵不动怎么行呢？所以，他宁愿立下军令状，也坚持要出战张飞，可曹洪却认为不可行。

2. 张郃中了张飞的计，要求曹洪支援，曹洪为什么逼他快快出战？

人是习惯性动物。孔明有孔明的习惯，那就是请将不如激将。他曾激得关羽立下军令状去守华容道，又激得张飞自告奋勇从陆路进川。虽然这是老一套，但是非常有效。现在张飞也学会了用计，前番跟严颜打仗的时候，他用了一次假张飞，结果很有成效，而这次又假装酗酒，好像没有防备一样，企图迷惑张郃。

张郃果然中计，在得知有诈后仓皇逃跑。为什么同样一个将领，有时候英勇无比，有时候却很懦弱呢？因为情境不同。如果张郃对整个情况都很了解，当然会很英勇。可他现在不知道张飞在玩什么把戏，心里很慌张，当然就表现得很懦弱。

3. 张飞的脑筋好像越动越灵光，是跟谁学的？

三人行，必有我师焉。只要三个人在一起，其中必有一个是我的老师。孔子这句话的意思是，每一个人都有自己的专长，要学习他专长的地方，不要学他的短处。张飞既跟刘备学，也跟孔明学。他跟刘备学会不乱打士兵，知道做事情不能凭自己的冲动，因为只有刘备才压得住他，才有资格骂他，别人做不到，即使做了他也不听；张飞还跟孔明学会了动脑子，动不动就心生一计。大家只要多跟值得学习的人相处，自然能学到很多东西。

4. 中国人普遍喜欢心生一计，是不是好现象？

我们在日常生活中，已经把三十六计的智慧，通过为人处世普遍地传播开来，因此中国人动不动就心生一计，这在外国人看来是不可思议的事情。外国人脑子比较直，喜欢依法行事，而我们做事虽然也会参照法律规定，但经常会心生一计，然后做一些调整与应变，使事情更加完美。这是外国人很羡慕我们的地方，他们总觉得中国人认真聪明。但我们中国人自己要争气，脑筋要往好处动，不要老往坏处想，这样才好。

5. 人人有计、时时提防，这样做人是不是太麻烦了？

答案非常简单，总之一句话而已——做人本来就麻烦。要求上进的人要学习，要改善，要应变，要提升，一句话，就是不能怕麻烦。老实讲，有责任感而不能完成相关的任务也是没有用的。历史上太多有责任感的人，最后都无能为力去完成该做的事。占着那个位置而不能把该做的事情做好，比不占那个位置做不好事情的人罪加一等，要么不占这个位置，要占就要好好干。杨修就是占着那个位置而不好好干的人，他有能力、有才华，可就是喜欢开自己的玩笑。领导最不喜欢自己的心思被部属猜中，因为那就像自己没穿衣服站在别人面前一样，可是杨修不了解这一点。

6. 各位喜欢有计的张飞，还是喜欢有勇无谋的莽张飞？

一个是张飞，一个是莽张飞，我们看到，莽张飞正在慢慢地变成张飞。孔明跟刘备讲得很清楚——以前的张飞有勇无谋，但现在不是了，他开始动脑筋，也时常会心生一计，而且越来越灵光。其实，脑筋不用，就会生锈，越用反而会越灵光。可见，所谓的想多了伤脑筋，其实是不成立的。搞过解剖的专家告诉我们，人死的时候，其他器官差不多都不能用了，只有大脑是新的。我们如果太吝啬去用自己的大脑，以至到死脑筋还是新的，留到那时候有什么用呢？所以还是用一用的好。

三國之道

脑筋不用，就会生锈，越用反而会越灵光。

情景说明

张郃兵败，曹洪大怒，要斩张郃。旁边的将领劝曹洪说，张郃是曹操的爱将，不能随便斩首，倒不如给张郃一支兵马，让他去取葭萌关，以牵制各路蜀军，如不成功再二罪并罚不迟。曹洪应允。

张郃攻打葭萌关，刘备请诸将商议由谁前去支援。诸葛亮早已认定老将黄忠，却故意坚持要调镇守瓦口关的张飞前去，并当着黄忠的面说，除了张将军，无人能胜此大任。黄忠不服，主动请缨，还当即展示武艺。众将赞叹老将军功夫不减当年。诸葛亮见激将法奏效，哈哈大笑，问黄忠要任谁为副将，黄忠请任老将严颜为副将。黄、严二将得令而去。赵云担忧，对诸葛亮说，葭萌关干系重大，不该派两位老将前往。诸葛亮却笑答汉中必为两位老将军所得。

魏将夏侯尚得知黄忠、严颜来战，耻笑刘备无人，竟派两个老儿上阵。黄忠夜袭魏营，大败夏侯尚，魏军溃败数十里。黄忠夺得天砀山，为蜀军进军汉中打通了道路。

建安二十三年秋，刘备亲率10万大军征讨汉中。曹操问帐中谁愿领兵拒敌。谋士进谏，说此任重大，须曹操亲自前往。曹操听后，亲率大军出征，屯兵南郑。

要点解析

1. 曹洪要斩张郃，后来为什么又改变主意？

之前曹洪不让张郃出战，可张郃坚持要去，结果大败而归，曹洪气得当即就要斩张郃。可是旁边的将领提醒他，斩别人可以，斩张郃却不太妥当，因为张郃是曹操的心腹爱将，要是斩了他，将来曹操追究起来可怎么办？这句话提醒了曹洪，他接受了这条建议，并没有斩杀张郃，这是一个正确的决定。

同样的情况未必要用同样的方法来处理。如果要公平，则战败就杀，那以后谁还敢出去打仗呢？所以，规定越严格，越无法执行。比如一个业务经理，如果规定业务员不能完成任务就不要回来了，那所有人都会跑光。可见规定要清楚、执行要严格，都是书呆子的说法。每个人的状况不一样，当中又有太多的变数，不能一概而论。

2. 张郃攻葭萌关，孔明为什么坚持要张飞去救?

曹洪权衡再三，决定让张郃将功折罪，再给他一些兵马，让他去攻葭萌关，若攻不克，两罪并罚。这也算是曹洪给自己找个台阶下。张郃也知道这是曹洪不得已的一种措施，但他还是很感激，因为最起码保住了性命。

张郃要攻葭萌关的消息传到刘备这边，孔明坚持让张飞去救。如果张飞在场，孔明也许真的是想让他去，可现在张飞不在场，就摆明了不想让他去。孔明早已锁定了目标——黄忠。既然想让黄忠去，那孔明为什么不直截了当地命黄老将军出马呢？因为孔明还是采用了一贯的老办法——激将法。

关于中国人的事情，近百年来总是有很多负面的评价，就是因为我们对自己没有信心。为什么不从正面去了解中国人呢？为什么硬要说中国人很丑陋呢？其实，正是因为自己丑陋才会觉得别人丑陋。人跟人之间仿佛是一面镜子，自己心里怎么想的，看别人就是什么样子，因为外物是内心的一种反映和折射。孔明用激将法刺激黄忠，目的是给他鼓舞士气，激发他的潜能，不存在阴险的问题。

三國之道

外物是内心的一种反映和折射。

3. 黄忠为主将，为什么请严颜为副将，老老配合适吗?

黄忠主动请缨要去攻打张郃，孔明当即答应，因为他本来就属意黄忠。后来又尊重黄忠的意愿，请严颜做副将。如果黄忠挑年轻人，就表示他对自己没信心，而选择老将严颜，就表示他对老头子充满了信心。

4. 赵云说葭萌关十分重要，埋怨孔明派二老去，为什么?

赵云很有责任感，虽然他跟刘备三兄弟没有结拜关系，但跟他们都是一条心。而且赵云很有修养，他没有站起来反对，而是等二老走后才跟孔明讲，说这样不妥当，万一他们打不过，不糟糕了吗？这么重要的事情，怎么能交给二老去做呢？如果赵云当着二老的面说这些话，就说明他修养不好，心里只有自己，没有别人，可如果事后他也不讲，又表示他根本就没有责任心。而他选择等二老走后才对孔明讲，完全恰到好处。

5. 夏侯尚笑黄忠老迈，结果会怎么样?

夏侯尚这样嘲笑敌人，我们可以马上断定，最后吃亏的肯定是他，因为他轻敌。中国人很喜欢讲一句话，叫作何德何能。一个人做不该做的事情，应该反省一下自己何德何能，有什么资格？夏侯尚一定打得过黄忠吗？这完全是不确定的。夏侯尚如此轻敌的结果一定是败给黄忠，反遭黄忠嘲笑而已。

6. 刘备夺取汉中，曹操为什么亲来领军?

其实曹操也不想亲自去，因为他已经老了，心想要打汉中，派几个武将去就是了。可旁边人提醒他不可以，这次其他人谁也担当不起，因为刘备来势汹汹，只有曹操亲自领军去，才有办法。曹操一听，觉得也有道理，因为兹事体大，汉中一失，马上就会造成魏蜀的正面冲突，不可以草率地处理这件事情，所以曹操决定亲自出马。

情景说明

定军山是汉中的攻守要塞，也是曹操囤积粮草之地，刘备欲派黄忠攻取定军山。诸葛亮又用激将法，说定军山守将夏侯渊深通韬略、善晓兵机，黄老将军难以取胜。黄忠坚持要去，还保证斩夏侯渊首级来献。诸葛亮见时机成熟，于是派法正为监军，助黄忠破敌。黄忠、法正去后，诸葛亮又令赵云、张飞、魏延等人领兵前去接应。

夏侯渊固守定军山，不肯出战。曹操写信激励夏侯渊，要他勿辱“妙才”二字。夏侯渊斗志昂扬，即命夏侯尚下山交战，并嘱咐只许败不许胜，他自有妙计捉黄忠。蜀将陈式迎战夏侯尚，却不幸中了夏侯渊的圈套，被生擒。

黄忠得知陈式被擒，立即命令拔营起寨，向定军山步步进逼。张郃说，黄忠和法正是用“反客为主”之计，建议夏侯渊固守不出。夏侯渊不听，执意命夏侯尚前去与黄忠交战。

要点解析

1. 孔明经常使用激将法，有用吗？孔明为什么要这样？

孔明经常用激将法妥当与否，我们应该看他的出发点。如果他认为自己很聪明，可以把别人耍来耍去，那他的心思就是不正的。可他的出发点是为了激发将领的斗志和潜能，并且向来以诚信待人，只不过把氛围弄得轻松一点而已，以这点来看，孔明的作为很合适。孔子一再说，对人要诚，因为不诚的话，人家发现后就会丧失信心。孔明不仅取信于内，连外面的人都相当敬重他，要达到这种程度，可以说非常不容易。照理说，如果将《三国演义》里面的人物排名的话，孔明应该排在首位，但在民间，排在第一名的却是关公。所谓公道自在人心，我们内心清楚就行。

孔明这样做，道理很简单。如果总是他说什么，诸将就做什么，久而久之，诸将都会很被动——反正不必动脑筋，一切听孔明的就好，这样一来，整个团队就会越来越被动、越来越懒散，对战斗力很不利。而孔明用激将法，促使每一个将领都开动脑筋，主动去争取，这样慢慢地每个人都可以独当一面，否则全靠孔明一人统筹这么大的事情，也是相当困难的。

三國之道

公道自在人心，我们内心清楚就行。

2. 孔明请法正协助黄忠，有什么作用？

这次所要抵抗的敌人跟上次不一样，而且黄忠越是自视甚高、越会疏忽大意，所以孔明决定派老谋深算的法正前去协助黄忠。至于老谋深算到底好不好，则取决于这个人的动机和出发点。如果动机是正面的，会有益于作战；如果动机是负面的、消极的，就会被人鄙视。我们看《三国演义》是用来防备别人，而不是打击别人的，如果看完《三国演义》，只学会了用老谋深算去耍别人，还不如不看。正所谓防人之心不可无，害人之心不可有，孔明做到了，他所做的一切都是防人，从来没有害人。所以他请法正去协助黄忠，是非常正确的举措。后来的事实证明，法正果然帮了黄忠的大忙，夏侯渊绝不好对付，只有法正去才有办法。

3. 曹操递书信叫夏侯渊出战，妥当吗？

可以说，夏侯渊这次是被曹操活活害死的。曹操在合淝之战的时候弄了一个木匣子给张辽，结果让张辽成功地化险为夷，曹操认为这个办法很有效，于是这次又写了个小纸条，叫人送给夏侯渊，里面只写了四个字，比上次更简单——勿辱妙才。“妙才”是夏侯渊的小名，“勿辱妙才”就是告诫夏侯渊不要把自己的名声给搞垮了。夏侯渊身经百战，很有谋略，可看了曹操的信后，觉得丞相分明是叫他现在就打，因此不管如何也要出战，结果很快就送命了。

4. 陈式被夏侯渊生擒，黄忠为什么反而向曹营逼近？

夏侯渊被曹操激得斗志高昂，首战就把黄忠营中的大将陈式生擒了过来，然后观察黄忠如何因应。可黄忠并没有坚守不战，也没有拔营后退，反而一步一步地逼近夏侯渊的阵营。夏侯渊感觉很奇怪，不知道黄忠这样做的用意。其实，黄忠的用意就是告诉夏侯渊：我不会示弱，不会因为陈式被抓就怕你；相反，我还要跟你决一死战。

5. 张郃说这是法正的计谋，最好坚守不出，夏侯渊为什么不听？

张郃以前跟黄忠、张飞都打过交道，知道孔明这一班人不简单，这次法正又来助战，肯定给黄忠出了计谋，于是告诫夏侯渊要小心，不要上了法正的当。吃过亏的人通常都比较谨慎，可夏侯渊虽然也吃过亏，但他脑海里除了“勿辱妙才”四个字外，就空空如也，所以对张郃的话根本听不进去。而且夏侯渊还很生气，觉得作为一个将领，只守不攻算什么事情？给轮胎灌气不要灌得太饱，否则只会爆胎。现在夏侯渊已经被曹操灌得快爆胎了。

6. 夏侯渊有险可依，利于坚守，他为什么不明白这个道理？

夏侯渊当然明白这个道理，但他现在急于表现，急着想让曹操高兴。可见统帅再会激将，也需要这些部属的妥善配合。孔明是一个善于灌轮胎的人，他精于掌握好那个度，绝不会爆胎；而那个度曹操把握得不甚好，胎有时候不会爆，有时候则会爆。合淝之战的时候，曹操没有爆胎，可这次就不行了。要不然，夏侯渊也是一员猛将，怎么会轻易地死在黄忠手上？对于夏侯渊的死，曹操要负很大的责任。

情景说明

夏侯尚被黄忠生擒，夏侯渊差人通信，愿用陈式换回夏侯尚。魏、蜀两军交换俘虏之时，黄忠故意射伤夏侯尚，激夏侯渊出战。夏侯渊见状果然大怒，拨马上前，与黄忠搏杀起来。正在这时，接应黄忠的蜀军从侧旁杀出，夏侯渊只好退回，坚守关塞。

蜀军出战顺利，法正又出奇招，欲助黄忠一举击败夏侯渊。定军山西侧另有一处高山，在此西山上，定军山的虚实动静可一览无余。法正趁夜领兵杀上西山山顶，引诱夏侯渊出兵来夺，又让黄忠领兵埋伏在半山腰，等待红旗信号出战。次日，夏侯渊果然早早带兵来战，但任凭夏侯渊怎样叫骂，黄忠就是按兵不动。时值炎夏，魏军难耐酷暑，纷纷倒地歇息，动弹不得，就连夏侯渊也热得脱去了铠甲。一直在山顶观望的法正见魏军士气已无，于是命人举红旗为号，示意黄忠出战。黄忠见号，立即率军杀出。魏军溃败，夏侯渊还来不及穿上铠甲，就被黄忠斩于马下。

要点解析

1. 两军交换战俘，黄忠射伤夏侯尚，合适吗？

打仗要光明磊落。现在蜀、魏双方约定交换战俘，按理说，黄忠不应该放冷箭射伤夏侯尚，但他为了打胜仗，还是这样做了，这是以违反约定为代价。将来黄忠也是死于别人箭下，一报还一报，相信黄忠内心很清楚。

2. 夏侯渊见夏侯尚中箭，为什么非战不可？

首先，夏侯尚是夏侯渊的侄儿，他把侄儿带在身边，结果没有保护好，回去怎么交代？其次，夏侯渊很生气：黄忠怎么可以这样做呢？这简直就是不守规矩的小人行径；最后，夏侯渊想利用这个机会生擒黄忠。因此他非战不可，这也是情绪使然。

3. 法正出奇招，助黄忠夺取西山，有什么用意？

夏侯渊所守的地方，有一个地势比较高的西山，站在西山上，夏侯渊的营地可以一览无余。于是法正建议黄忠，说自己偷偷地打到上面去，黄忠在半山腰待敌，以舞红旗为信号，见红旗就趁机攻打前来夺山的夏侯渊。果然不出所料，一个在半山腰，一个在上面，夏侯渊的一举一动都被法正窥探无遗。

夏侯渊没料到半山腰还有埋伏，于是全力去攻西山。法正见夏侯渊中计，命人挥动红旗，黄忠会意，指挥军队攻打夏侯渊。夏侯渊当时热得都脱了铠甲，当然是大败了。可见“兵者诡道也”，这个“诡”不是鬼鬼祟祟的意思，而是多变的意思。出其不意，虚虚实实，声东击西，这些都可以，也都是正当的。

4. 夏侯渊决定夺回西山，结果如何？

时值盛夏，夏侯渊一帮人热得受不了，又不知道半山腰也有埋伏，于是一心一意想攻西山。夏侯渊在山脚高声骂阵，可法正就是不出战。当时天气炎热，士兵都东倒西歪地坐在地上，连夏侯渊也把盔甲脱了。法正见此，命人在山顶摇红旗，黄忠立即领兵攻打下去。夏侯渊连盔甲都没来得及穿，就被黄忠一刀砍死。

其实，如果黄忠与夏侯渊在平常一对一地打，恐怕真的难分上下，因为夏侯渊也不简单，但他死得这么惨，就是因为不够警觉。后来，当曹操听说夏侯渊被老将黄忠一刀劈成两半的时候，痛心疾首。激将法也要用得恰到好处，无限度地激发人家，无异于叫人家去送死。

三国之道

激将法也要用得恰到好处，无限度地激发人家，无异于叫人家去送死。

5. 夏侯渊在山下叫阵，黄忠为什么反而不应战？

黄忠是想等夏侯渊喊累的时候，再出来趁势杀敌。如果夏侯渊一喊，黄忠就出来应战，夏侯渊士气正高，黄忠也不一定能取胜，因为打仗靠的就是这鼓气。而等到夏侯渊几乎已经疲累不堪，连盔甲都没有穿的时候，再出其不意，攻其不备，胜算当然大了。

6. 黄忠斩杀夏侯渊，智取定军山，有什么启示？

定军山一役，使得刘备的势力到达汉中，进而直面曹操。因此接下来的一决生死，在所难免。曹操原本的计划是平定北方后，先攻打孙吴，再顺便把刘备给收拾了，然后就可以一统天下。没想到赤壁之战大败，后又受挫于孙权，如果这一次再败于刘备，想在有生之年统一天下就不可能了。

《三国演义》看到现在，我们会发现每个人的路其实都是在不知不觉当中走出来的，没有一个人能够完全按照自己的计划生活。孔子有一句话，叫作尽人事以听天命。每个人都很尽力，准备很充分，计划很周全，但成败往往出乎意料，因为命运变化多端，非人所能够掌控。

夏侯渊会被黄忠斩掉，是黄忠事先真的有这个把握吗？当然，我们可以佩服孔明，是他派法正来，才会有这么大的功效，可法正来之前是不是也有百分之百的把握呢？相信未必。所以，人只能尽人事，该做的都全力去做，但结果如何，恐怕不是人所能够完全掌控的。

中国人有一句话很有趣，叫作小富由人，大富由天。小事情人可以掌控，但大事情是由老天来决定。曹操有那么多谋士和将领，自己又全心全力，可最后还是没有达成所愿。是人在阻挡吗？当然不是！是老天在阻挡，也就是那只“看不见的手”，即自然规律，在主宰。

五十七 聪明反害己

杨修是一个相当奇特的人，他的聪明才智，大部分是用来残害自己。可以说是一步一步将自己逼上死路的代表人物。他大力为曹植争夺太子的位置，却由于帮倒忙而害了曹植，使得曹操也对他很不满意。曹操多疑，大家都心知肚明，杨修偏要把它说出来，还说曹操为什么熟读兵法，却打不过孔明，主要就是孔明针对曹操的多疑，充分加以利用。他分析得很对，但是忘记了中国人的智慧，即“对有什么用”？结果一错再错，终于断送了自己的生命。幸好临终还有自知之明，并没有讨饶求情，也算是勇于承担自作自受的责任。

情景说明

定军山一战，魏军大败。张郃败逃回南郑，向曹操禀报。曹操听说爱将夏侯渊被黄忠劈死，震惊不已。悲愤之余，曹操决定亲率20万大军为夏侯渊报仇，并命张郃前去搬运粮草。诸葛亮闻讯，欲派人烧毁魏军粮草，黄忠表示愿当此任。赵云说，黄忠久战劳苦，要替他去，黄忠马上说自己不觉劳苦。诸葛亮派黄、赵二人同去，看谁能夺得头功。

赵云与黄忠商定，黄忠先行动，两人约定好时间地点会合，如果到时黄忠未到，赵云就赶去接应。后来黄忠中了曹操的埋伏，被困在曹军之中。赵云及时赶到，冲破敌阵救出黄忠，此举被在高处观望的曹操看到，曹操问是哪个将领，手下说是赵云，曹操不禁感叹昔日英雄尚在。

赵云携黄忠返回营地，曹操领兵紧追在后。赵云命人敞开寨门，士兵埋伏寨中，自己则单马立于寨门前，等待曹操。曹操见状，下令退兵。刘备得知战况，赞叹赵云一身是胆。

要点解析

1. 曹操听张郃报告夏侯渊被黄忠劈死，为什么惊慌失措?

在曹操的心目当中，夏侯渊是位猛将，而且曹操当时得意于对夏侯渊的遥控，以为可以激励他发挥出最大的潜能，没想到消息传来，竟跟预期有180度的差别，大大出乎曹操的意料。黄忠是位将近70岁的老将，竟然一刀劈死了英勇的夏侯渊大将军，曹操为此感到慌张不已。

2. 赵云说黄忠劳苦，黄忠为什么说他不觉得劳苦?

一个人自发地想做一些事情，就不会觉得劳苦。如果黄忠是被指定的，好像做功课一样，那他就会推三阻四，即使推不掉，也会觉得很辛苦。这也是孔明激黄忠而不是命令他的原因。孔明以每个人不同的习性来做不同的安排，他对张飞用激将法，对黄忠和关羽也用，但很少对赵云用。因为赵云很配合，自己会主动，不需要人家激。有的人可以请，有的人一定要激，要根据每个人不同的习性来做具体的安排。

3. 黄忠中了埋伏，被困在曹军之中，赵云怎么救得了他?

孔明很不放心黄忠，这么大年纪了，还要去打这种硬仗，于是又派赵云前去好好配合黄忠。赵云跟黄忠约好会合的时间和地点，如果到时黄忠没有前来会合，就说明出事了，赵云再去救他。事先有计划，总比到时候干着急要强。可就算两个人再有默契，赵云再勇敢，也没有十足的把握救出中了埋伏的黄忠。这就应了我们反复提到的一句话——尽人事以听天命。如果老天让黄忠这次牺牲，赵云怎么救都救不了，如果老天要留下他继续做一些事情，那他就是死不了。

赵云配合人家的时候，往往没什么表现，可当他独当一面的时候，就好像整个舞台都是他的。他跟关羽在一起的时候从来没有这样表现过，跟张飞在一起也是一样，这是赵云了不起的地方。他心里随时都有别人的存在，一个舞台有三个人，他会使每个人都有表演的机会，而不是一个人独霸着舞台，现在全看他一个人，他这才尽量地表演。这种修养值得我们学习。

4. 曹操看见赵云救走黄忠，有什么感想？

其实，曹操并非第一次看到赵云的表演，赵云曾经单骑救主，看得曹操都呆住了。曹操当时爱惜人才，下令要活捉赵云，结果反而救了赵云一命。可这一次，曹操就没有这个心情了，他好像不记得赵云了。虽然曹操曾经很欣赏赵云，但两个人缘分太浅，再次见面就好像陌生人一样。不过，赵云非常了不起，虽然上了年纪，但英勇不减当年，曹操再次被他震撼。

5. 赵云敞开营寨大门，独自单马而立，曹操为什么反而退兵？

赵云救回黄忠，曹操紧追在后。有人建议赵云赶快进营寨，把寨门关起来，可赵云却反其道而行之，打开寨门，自己独自站在门外，让士兵统统埋伏起来，看曹操敢不敢过来。其实，赵云知道，这招只对曹操才管用，因为曹操生性多疑，如果换成别人，早就一下冲过来了。

可见，一个人职位越高，身份越特别，就会变得越透明化，因为每个人都会把你当作研究的对象。现在，赵云对曹操了如指掌，而且果然不出所料，曹操到了寨门越看越不对劲儿，并说虚则实之，实则虚之，于是下令退兵。所以，无论是谁，当你被人家充分了解之后，人家就能够以其人之道还治其人之身。曹操最讨厌被人家掌握，最讨厌别人把他看透（这也是身份、地位特殊的人共同的想法），可赵云还是掌握了他的弱点，并成功地以此让曹操退兵。

三国之道

一个人职位越高，身份越特别，就会变得越透明化，因为每个人都会把你当作研究的对象。

6. 刘备说，子龙一身都是胆也，妥当吗？

在刘备看来，赵云是他的救命恩人，因为救阿斗就等于是救刘备，刘备对赵云很感谢。可赵云管理的多是刘备的家务事，这使得刘备对他反而有一种说不出来的感觉。所以，赵云没有得到应有的报酬和奖赏，这是后人为他非常不平的一点。但这一次，刘备夸赞他：“子龙一身都是胆”，这是刘备对他由衷的赞美，赵云当之无愧。

情景说明

魏、蜀争汉水，两军隔水相据。诸葛亮用计扰敌，令兵士趁魏军夜间休息之时，鼓角呐喊，佯装劫营，一夜屡次不止，搅得魏军无法休息。内侍见曹操难以安寝，建议曹操下令全营安睡。曹操怒斥内侍竟敢妄言军机，下令全营和衣而睡，并嘱咐睡着了也要睁一只眼睛。蜀军一再惊扰，曹操既气恼又无奈，只好下令连夜拔营，后退30里。

魏军后撤，诸葛亮急命赵云、黄忠渡汉水追击曹操。曹操欲回南郑，不料南郑早已被张飞、魏延攻占，无奈只得退往阳平关。

徐晃请问杨修，曹操屡败于诸葛亮，是何道理。杨修笑答，曹操的多疑乃用兵之大忌，曹操之败是性情使然。徐晃问杨修既已知道问题所在，为何不及早进谏曹操。杨修叹而不答。

要点解析

1. 蜀兵夜间好几次惊醒曹营官兵，是什么道理？

这是孔明的计谋。现在曹操扎营在对岸，要攻打过去不容易，跟他对峙又不知道要到什么时候，倒不如每隔一段时间就骚扰曹营，闹得他们不能睡觉，看他们能待多久。其实，这种计策孔明很少用，把它用来对付曹操，我们就不能说孔明诡计多端，反而觉得他对付曹操很有一套。

同样一个计策，用在不同的人身上，给人的观感是不一样的。如果孔明用同样的办法对付别人，我们就会觉得，打仗就打仗好了，搞那么多花样干什么？可用来对付曹操，我们反而觉得真是快哉，这是曹操自己应该检讨的。

三国之道

同样一个计策，用在不同的人身上，给人的观感是不一样的。

2. 内侍建议曹操下令让大家安睡，曹操为什么严厉指责？

内侍看到曹操一会儿被惊醒，一会儿紧张兮兮地起来，于是好心建议曹操下令让全军安睡，不要理会蜀营的骚扰，等蜀军真的来了再说。曹操却严厉指责内侍，说他太不安分，这不是他该管的事情，居然敢插嘴。曹操这次对内侍比对杨修还要严厉，因为他觉得，如果连内侍都给自己做这样建议，那自己就糟糕了，敌人会收买自己的内侍，用他来制伏或影响自己。正是居于这种心情，曹操才会那么严厉地指责那个内侍。曹操有高度的警觉性，让我们不得不佩服。多数人做不到这样，所以经常被左右陷害。

3. 曹操下令官兵睡着了也要睁一只眼，做得到吗?

这个也许只有张飞才做得到，张飞睡觉的时候两个眼睛睁得大大的，但我们一般人学不来。曹操之所以这么说，完全是针对内侍的那番话而讲的，并不是真的要大家这样做。众所周知，内心不安的人大都睡不安稳，董卓就是这样。当年曹操想谋杀董卓的时候，刚一拿出刀来，正好看到董卓的一只眼睁大了，把曹操吓了一跳，曹操对此印象很深刻，此时自然联想了起来。可见，人的行为跟过去的经验是密切相关的，每个人的经验都很独特，所以相互之间的讲法、感觉都不太一样，这就叫个体差异。

4. 曹操下令连夜拔寨后退30里，是什么用意?

孔明的计谋让曹操有点吃不消了，刚开始曹操还能一而再、再而三地忍，最后实在不得安宁了，才选择了退兵。孔明的意图就是要逼迫曹操退兵，然后再趁机袭击，曹操果然中了他的计。

5. 杨修说曹操多疑，此乃用兵大忌，所以老打不过孔明，合适吗?

客观地讲，杨修说的这番话很正确。论斗智，曹操熟读兵法，指挥若定，不见得会输给孔明，孔明虽然下山不久就有非常了不起的表现，但曹操长期累积的经验，要比孔明丰富得多。所以杨修讲得很清楚，如果从背景来看，谁也不会吃亏，但为什么曹操打别人很有把握，可一碰到孔明就没辙了呢？就是因为曹操太多疑，以致孔明随时都可以利用他这个弱点来治他。

可是，有句中国人常讲的话很有趣——对有什么用？杨修讲得很对，可有什么用呢？他连自己都保不了。除非你是曹操的上级，才可以说我把你看透了，因为那样曹操拿你没办法，但现在曹操是你的顶头上司，你越了解他，你的处境就越危险。

6. 徐晃问杨修为什么不及早劝告曹操，杨修为什么不说话？

因为杨修没有办法回答这个问题。难道他要告诉徐晃自己的话曹操根本不会听？那多没面子。他也不能说，曹操根本就是听不进话的人，那样只会让自己死得更快。所以，杨修只有选择缄默不语。徐晃是个军人，想不通这些道理也正常，因为军人往往很直率，打仗的时候可以很灵光，但很少能把人际关系处理得很好。而杨修打仗不行，但在挖空心思了解曹操这方面却是一流的。

然而问题是，杨修跟曹操之间的频率似乎不太相同，不论他怎么表现，曹操就是不欣赏他，他能有什么办法？太靠近曹操只有两条路走，一条是受到赏识，一条是被杀掉。可曹操不赏识杨修，又不能容忍身边的人转而去跟随别人，因为那样太危险了。杨修这么了解曹操，曹操怎么放心让他去别处工作呢？

现代社会也是这样，如果你跟领导太过接近，就会引起领导对你的恐惧。他会觉得你知道的太多，别人会利用你来陷害他或者从你这里得到他的消息，甚至把你挖过去，让你用计策来对付他。所以我们常说伴君如伴虎，说不定什么时候老虎发威，会将你这个小兔子踩死。

情景说明

曹操见帐外一个侍卫眼生，问是怎么回事。下人说原来的侍卫得了重病，所以找新人来顶替。曹操生疑，故意对侍卫说自己在梦中好杀人，要他们小心。新来的侍卫悄悄问老侍卫，曹操是不是在开玩笑，老侍卫说以前并没有听曹操这么说过。

夜晚，内侍上前给曹操盖被子，曹操突然惊起，拔剑将内侍刺死，然后又倒头大睡。侍卫见状，吓得不敢出声。杨修与徐晃来见曹操，看到帐中被杀的内侍，连忙唤醒曹操。曹操佯装不知情，后又假装醒悟，说是自己梦中所杀，然后痛哭不已。杨修察看曹操之色，明白曹操是故意为之，痛哭不过是在做戏。

下人问杨修，他们此次出征还要待多久。杨修说曹操早有退兵之意，只是恐被蜀军耻笑，尚在迟疑而已。入夜，夏侯惇来问曹操夜间营中口令，曹操随口说是鸡肋。杨修听到通报营中口令，便笑着吩咐随从收拾行装，还向夏侯惇解释说，鸡肋者，食之无肉、弃之有味，由此推测，曹操不日就要班师回朝。夏侯惇听后大笑，称杨修真如曹操肺腑也。

曹操夜不能寐，出帐巡视，却见兵士们都在收拾行装，一问才知是夏侯惇的命令。曹操找来夏侯惇，责问他为什么私传军令。夏侯惇解释说，是杨修猜出曹操有退兵之意。曹操大怒，令人唤杨修即刻来见。

要点解析

1. 曹操说他梦中好杀人，士兵为什么认为他在说笑话?

这种事情，任何人听起来都觉得是笑话：曹操又没有梦游症，怎么会梦中杀人呢？其实，曹操只是想以此来吓唬大家、警戒大家不要随便接近他，因为他不信任任何人。更何况刚刚换了新侍卫，曹操想起不久之前内侍的那番话，不由得对内侍很怀疑。而且他年轻的时候，正是十常侍作乱的时期，因此心里十分提防。

很多事情刚好凑在一起，使得曹操提高了警觉，说自己睡着了喜欢杀人，以让侍卫少靠近自己。新来的侍卫问老侍卫以前是否听过此事，老侍卫说并未听过。可见，这不是曹操的惯性使然，而是他对当天晚上所发生的事情做出的一个临时托词。

2. 曹操一剑刺死内侍，然后假装入睡，是什么用意?

曹操躺下后，根本就睡不着，也许他还在想，怎么事情那么凑巧。而就在这个时候，内侍跑去给他盖被子，结果悲剧发生了，内侍被他一剑刺死。这就叫无巧不成书。如果没有之前的那些事情，内侍给他盖被子，曹操也不会一剑刺过去。所以我们只能说内侍太倒霉，而且倒霉也是他自惹的——你干吗无缘无故向曹操建议让全军安睡呢？那根本与你无关，即使曹操问起，你也要回答说自己不懂这个才对。

曹操虽然有可能询问内侍，但并是不想从内侍那里得到答案。比如一个老板有时候会问员工一些很高深的事情，但他只是想借此来问自己而已。中国有句老话，叫守分最要紧。现在这几个人都不守分，卫兵换了，应该先跟曹操报告才对，那样他就安心多了，可没有任何人跟曹操报告，而是让他自己发现，难怪他会生疑。平常曹操没有讲过这种话，现在听他讲这种话，内侍应该提高警觉才对，可他们糊里糊涂，没有用心揣摩，倒霉的当然是自己。

3. 杨修不相信曹操梦中杀人，又识破曹操假哭，曹操看出来没有？

杨修也是个不用心的人，他眼神表达的意思一般人看不出来，但曹操却百分之百地能看出来。曹操把内侍刺死以后，又假装睡觉，等大家来问他怎么回事，他竟然先假装不清楚，后来才说都怪自己梦中杀人了。而杨修当时的眼神表现出来的，是对曹操的话一百个不相信，他知道曹操分明是在假哭，根本是存心杀人的。虽然杨修没有讲一句话，但眼睛已经把他内心的信息全部透露出来了，而且还偏偏让曹操看到。可曹操也没有多说什么，因为这种事情讲出来等于招认自己是假哭，但这笔账曹操已经在心里记下了。死者已矣，其次倒霉的就是杨修，本来没有他的事，却即将大祸临头。

4. 杨修说曹操早有退兵之意，是不是有未卜先知的能力？

世界上根本没有未卜先知，只有推理，只不过杨修比较聪明，推得很正确、很及时。所有的事情大家都看到了，有人想得通，有人想不通，他只是早一点想通而已。

5. 夏侯惇问营中口令，曹操回答鸡肋，杨修马上打包准备班师回朝，合适吗？

杨修之所以知道曹操要退兵，就是从这个口令得来的。古代的军营中，晚上通行需要问口令，如果口令答对了，就允许通过，否则就可能被一刀刺死，因为晚上看不清楚人，要防止有敌人混进来。夏侯惇去请示丞相当晚的口令是什么，当时曹操正在吃东西，筷子夹到一个鸡肋，就随口说鸡肋。其实夏侯惇听到“鸡肋”两字，也感觉非常好笑，只不过他很守分，不敢在曹操面前笑出来。但杨修听到后，反应非常过度，竟然马上跟旁边的人说：我们很快要退兵了，大家收拾一下行李吧，免得丞相到时要退兵，来不及收拾。结果一传十，十传百，全营都开始打包起来。

6. 曹操看见士兵收拾行囊，他为什么唤杨修即刻来见？

曹操听到外面非常嘈杂，于是拿起武器出去巡视，结果发现大家都在打包，就问这是谁下的命令。夏侯惇说是杨修猜出了他有退兵之意。曹操心想，算总账的时候终于到了，于是马上让人叫杨修即刻来见。此时曹操已经下定决心要斩杨修了。

一个人不要等到算总账的时候才后悔，那时就为时已晚了。曹操其实也没有错，他一次又一次地给杨修机会，可杨修却越陷越深，最后终于把自己一步一步地逼到了死路。现在类似的人也很多，活路他不走，偏往死路上挤，挤到最后还在那里喊冤枉，这种人谁都救不了。

三国之道

一个人不要等到算总账的时候才后悔，那时就为时已晚了。

情景说明

杨修来见，曹操问他为何妄加猜测，让士兵收拾行装。杨修据实回答，说曹操以鸡肋比汉中，想必是无心久留，意欲退兵。曹操大怒，说杨修编造谎言，惑乱军心，随即要斩杨修。杨修坦然地说早知自己会有此下场，并告诫曹操要好自为之。曹操责怪夏侯惇身为上将，却听信谣言，自乱军心，依令当斩。众人都为夏侯惇求情，曹操方才作罢，并传令明日与刘备决战。

次日，魏、蜀两军决战。诸葛亮用计破敌，魏军遭受了更惨重的失败。曹操则被黄忠一箭射掉两颗门牙，险些丧命，只好宣布班师回朝。至此，魏、蜀在汉中的激烈争夺，以刘备大获全胜而告终。

要点解析

1. 曹操听完杨修对鸡肋的解释，为什么大怒，要斩杨修？

杨修向曹操解释说：鸡肋食之无味、弃之可惜，魏王以此为口令，意思就是在这里打又打不动，回去又觉得丢脸，可见你已经有了退兵之意。

杨修真的很聪明，判断也很正确，但曹操就是不能接受他这样的解释。

当然，曹操会用冠冕堂皇的理由说杨修是在扰乱军心，自己并没有下令撤兵，谁敢这样说？连夏侯惇都不敢，杨修怎么敢？如果杨修说前进就前进，说后退就后退，那自己这个魏王不要当好了。可见，任何一个领导都不能接受下属擅自做主，否则后果会非常严重。

2. 杨修为什么说他早知道自己有这样的下场？

杨修很坦然，听到曹操要斩他，他并没有求饶，而是说早就知道自己会有今天的下场，只不过来得稍晚了点而已。这样一来，曹操更是非杀他不可了。但我们还是很佩服杨修，因为孔子说：求仁得仁。既然他愿意走这条路，又能坦然面对这样的结果，那别人又能说什么呢？

我们只是建议大家，做事之前要先看看自己有没有这样的心理准备，愿不愿意跟杨修一样。如果愿意，那就我行我素好了，每个人都有我行我素的权利；如果不愿意有这样的结果，最好规规矩矩，安安分分。最后，杨修还教训了曹操一顿，说自己走了，曹操要好自为之，摆出一副好像比曹操还行的样子，简直莫名其妙。

这种人其实就是太自我，老觉得自己爱怎么样就可以怎么样，有什么意见就要说出来，也不管后果怎么样。这是很不好的现象，但是现在大家却认为这是在勇敢地表现自我，勇敢地把自己暴露出来，好像生怕人家不知道一样，其实这样的做法是很可怕的。

3. 杨修被斩，是不是求仁得仁，死而无憾呢？

我们只能说杨修求仁得仁，却不能说他死而无憾，因为我们不是杨修，谁知道他是不是嘴巴很硬，但心里很后悔呢？当他一步一步走向刑场的时候，真正的感觉是什么，我们谁也不知道，因此很难下定论说他死而无憾。求仁得仁是一回事，死而无憾是另一回事，不要认为求仁得仁就是死而无憾。求仁得仁是我们尊重每一个人不同的选择，但死而无憾是确定在这种状况之下，自己能够死得心安理得。如果杨修自认为死而无憾的话，反而更可怕，因为那样明显是对自己不负责任。

杨修根本就是死得轻如鸿毛。如果一个人连这样的结局都觉得死而无憾，说明他对自己完全没有责任感，哪个领导会喜欢他这种作风呢？

很多领导都不喜欢自己的部属像杨修这样自我表现，因为，这样的人帮不上忙不说，还会成为累赘，增加很多说不出来的烦恼，最终搞得整个团体都受到伤害。

夏侯惇也被杨修搞得一愣一愣的，他之前很正常，就是因为杨修这么一解释，弄得他也开始有点失常，居然还下令所有士兵打包准备撤退，哪个领导会喜欢这样的部属呢？

4. 曹操也要斩夏侯惇，但结果并不一样，是什么道理？

曹操既然想杀杨修，就不得不摆出也要杀夏侯惇的样子，要不然人家会觉得他不公平，想趁机报私怨，那样肯定会影响他的声望。于是，曹操转过头来对夏侯惇说：你也有罪该死。这是标准的中国人的做法——骂完做错的人后，一定要骂一下没有做错的人，以平衡一下两边的感觉。但曹操心里清楚，马上就会有人为夏侯惇求情。虽然夏侯惇是有错的，因为杨修没有资格下命令，夏侯惇应该制止杨修才对，怎么能跟他一样糊涂呢？因此曹操要斩夏侯惇，也是无可厚非的事。

5. 孔明用计大破曹操，和杨修死前的预告是不是相同？

这个结局跟杨修死前料想的完全相同。杨修临终前还想救曹操一命，这是他的好意而非坏意，但他的那番话给曹操带来了负面的心理作用，并且产生了不好的影响。杨修说：我走了，你好自为之。“好自为之”这四个字对曹操来讲是很重的。曹操心想：难道我打不过刘备吗？于是决定第二天就跟刘备正面干，不想却输得一塌糊涂。

杨修的预告很清楚，但对曹操这种人，却根本不起作用。曹操向来是反其道而行的，因为他对所有人的话都持怀疑态度。一个人不能不怀疑，但如果什么都怀疑，反而会累死自己，甚至害死自己。怀疑要有合理的度。完全不怀疑，就是没有警觉心；什么事情都怀疑，那什么事情都做不了。现在，曹操的路越走越窄，几乎已经无能为力了。

三国之道

怀疑要有合理的度。完全不怀疑，就是没有警觉心；什么事情都怀疑，那什么事情都做不了。

五十八　决意讨荆州

孙权讨荆州的决心，始终没有动摇。刘备自立为汉中王，曹操勃然大怒，派特使劝说孙权合力攻打刘备。孙权心中有数，表面上和曹操合作，实际上收回荆州才是要务。孔明叫关羽先打樊城，应该是迫不得已的措施。关羽水淹七军，威震华夏，曹操甚至于想迁都以避风头。但是庞德虽败，射中关羽手臂的那一箭，却成了关羽后来惨败的关键。鲁肃死了，魏吴似乎又手拉手，孙权一心一意要讨荆州。这些变数，都是始料不及，又难以及时因应的。荆州危矣，大家又各忙各的。危机便是转机，然而倘若转不过来，仍然是危机！

情景说明

刘备在众人的推尊下登坛受贺，号汉中王。曹操得知后大怒，欲起倾国之兵攻打刘备。司马懿献计说可修书去说服孙权联攻荆州，使刘备首尾不能相救。曹操大喜，修书派满宠前往。

刘备得知曹操要联合东吴来袭，很是惊恐，孔明建议先让关羽去攻取樊城。关羽攻下襄阳后，又将樊城重重围困。守城的曹仁请求曹操速派大军救援。曹操指派于禁前去解救，于禁请求要一大将做前锋。这时，庞德站出来说愿前往生擒关羽，献于麾下。曹操说他的故主马超和胞兄庞柔现都在西川辅佐刘备，派他前去恐难禁众人之口。庞德说自己既已投奔过来，就不会有逆心，希望曹操能准他前往。曹操大喜，准他前去。

庞德抬着一口棺材前去救援，誓与关羽决一死战。战场上，二人相战百余回合不分胜负，魏军鸣金收兵。关羽回帐后，关平劝其不必急于求胜，以免辜负刘备的重托，关羽却不以为然。

要点解析

1. 曹操听说刘备自立为汉中王，为什么勃然大怒？

曹操觉得自己被封为魏王是因为自己有那个资本，但刘备一个卖草席的，有什么资格也称王呢？要是连他都称王了，这个王位还有何意义？所以得知刘备自立为汉中王后，曹操勃然大怒。但每个人的立场是不一样的，也许刘备还觉得很委屈，自己堂堂皇叔，也是三足鼎立的三股势力之一，连曹操这个外姓人都称王了，自己称个汉中王又有什么不对呢？

2. 曹操派遣特使满宠，劝说孙权合力攻打刘备，有什么用意？

曹操听说刘备自立为汉中王后，第一反应就是要倾全国之力去打刘备，要打得他王不像王。一旁的司马懿建议曹操利用东吴跟刘备的积怨，修书说服孙权一起攻打刘备。曹操觉得有道理，于是派满宠前去游说孙权联魏攻蜀，将来所得的土地一人一半。然而，至于将来会不会真的平分土地，其实谁都不确定，但在当时那种情况下，曹操也只能这么说。

刘备、曹操、孙权三人斗来斗去，都想让其中一方去攻打另一方，等两方都精疲力竭的时候，自己再一起收拾，坐得渔翁之利。至于这如意算盘会不会打成，我们静观其变。

3. 孔明为什么叫关羽先打樊城？是不是先下手为强？

虽然那时候的通信器材没有现在这么发达，但消息还是传播得很快。刘备得知曹操要联合孙权前来攻取荆州，很是紧张，问孔明有何良策。孔明说可让关羽先取樊城，使敌军胆寒，然后自然瓦解。中国兵法有时候以守为攻，有时候以攻为守，现在孔明让关羽去取曹操的地盘樊城，便是以攻为守。这时候只有主动去攻打敌人才能守住自己的地盘，否则根本守不住。关羽已经在荆州闲了很久，现在能出去打打仗，自然很高兴，所以马上就出动了。

4. 庞德原为马超部将，曹操明说不方便派他出征，他为什么坚持要去?

守樊城的曹仁遣人前来向曹操请求援兵，曹操指派于禁前去救援。但于禁需要一名大将做前锋，一旁的庞德自告奋勇地站出来说愿前往。庞德原是马超的部下，后被曹操打败转而投了曹操，马超则去投了刘备，而且他的胞兄庞柔也在刘备的帐下谋事，所以曹操坦言自己很为难，既然故主和兄弟都在辅佐刘备，那他怎么敢用庞德呢？就算他不猜疑，也难禁众人之口。庞德知道若不趁这次机会突出地表现一下，自己就会被永远地冰冻起来。一个当武将的人，没有机会出征是非常不利的，谁都会老，冰冻几年就报销了，所以庞德说自己既然已经投靠了过来，就不会有逆心，此去定要取关羽的人头来报答曹操的恩遇。他这番诚意感动了曹操，曹操同意让他去解樊城之急。

5. 庞德抬棺起兵，不是不吉利吗？他为什么要这样?

庞德回去准备了一口棺材，跟手下说如果自己跟关羽交手被杀，就将他的尸体置于此棺内，若他杀了关羽，便要取其头置于此棺中，以表示自己此次是抱着跟关羽决一死战的决心的。当然，他这种举动主要是做给曹操和他的同僚看的，让曹操也好对其他人有所交代，否则大家肯定会对曹操的这个决定有所说辞。

至于庞德这样做是不是不吉利，要看各人自己的观感，不可同日而语。棺材本身没有不吉利的，但如果你很避讳这个，看到棺材就觉得很倒霉，也只是你个人的感觉。庞德就不认为不吉利。当然，他后来被关羽所杀是另外一回事，跟现在抬不抬棺材没有关系。

6. 关平劝关羽不必急于求胜，以免辜负刘备的重托，关羽为什么听不进去?

关羽要去取樊城，应该考虑到三个问题：首先，这一去荆州无人可守了，孙权时刻打着荆州的主意，这时候离开，很可能勾起东吴前来取荆州的野心；其次，关羽应该想想自己这么多年来，是否培养了一个能替他镇守荆州的得力部属；再次，就是兵力怎么调度的问题，如果领全部兵力去取樊城，荆州城内就空虚了，敌人很可能乘虚而入，而如果领兵太少，樊城又拿不下来，这些都是关羽要动脑筋想的问题。

然而，经过单刀赴会后，关羽觉得已经给东吴下马威了，孙权应该不会再打荆州的主意，就因为有这个想法，才让他后来失掉了荆州。我们老说关羽是大意失荆州，然而究竟是不是因为大意才失的荆州，恐怕还值得大家推敲。因为关平此时已经提醒关羽要两边兼顾了，刘备托给他的重责大任是要固守住荆州，现在叫他去打樊城只不过是以攻为守而已，况且兵力不够还可以请求援兵，太急于求胜很容易出事。但关羽完全听不进去这些，他觉得关平多虑了，凭他的武艺，还有什么好怕的？尤其是会了庞德以后，关羽更是想跟庞德一分高低，其他的事情都没心思考虑了。可见一件事情的结果是由很多因素共同造成的，并不是由单一的因素而造成的。

关羽能否守得住荆州对当时的局势来讲是非常关键的，然而看到他的不屑，我们可以感觉到，荆州此时已经危险了。关羽是大意失荆州还是必然要失荆州，现在还没有定论，但有一点是可以肯定的，就是由于孔明对关羽的过分信任，让他在守荆州之余还派他去打樊城，才引出了后面这么多的问题。

三國之道

一件事情的结果是由很多因素共同造成的，并不是由于单一的因素而造成的。

情景说明

次日战场上，庞德一箭射中了关羽，正要追击时，于禁恐庞德夺得头功，赶紧鸣金收兵。庞德无奈回阵，问于禁为何鸣金，于禁借口大王有戒，关羽智勇双全，即使中箭也恐有埋伏。

关羽因要疗养箭伤，多日没有出战。庞德建议于禁趁机率七军杀入关羽寨中，以解樊城之急。于禁为了抢夺战功，却坚持将七军移至谷中。关羽得知后，前去查看地形。见于禁的七军处于险隘之地，而此时又秋雨绵绵，便派人堵住各处水口，待水发时再放水一淹。于禁的都将成何看出了七军的险情，建议于禁赶快转移，于禁却责怪他自乱军心。江水泛滥时，关羽破各路水口，水淹七军，庞德见此大骂于禁不得好死。泄洪过后，七军死伤者无数，于禁束手投降，而庞德和成何却坚持决一死战，最终成何被关羽一箭射死，庞德落入江中被周仓所擒，因不肯投降而被关羽下令斩杀。

要点解析

1. 庞德射箭，关羽受伤，庞德正待进击，于禁为什么鸣金收兵?

于禁是怕庞德抢了头功让自己没面子，才在这个时候鸣金收兵的，这也是新旧将领之间的矛盾。如果大家都是老部将，庞德有多大本事曹操也知道，于禁的竞争心理也不会这么强。但庞德是个新人，此时还是于禁的副将，如果一来就表现得那么好，不是明摆着给于禁难看吗？所以也难怪于禁一看庞德这么厉害就赶快鸣金收兵，让他没有表现的机会。虽然庞德回来后很生气，但他也毫无办法，毕竟于禁是主将，他只是个副将而已。

正因为于禁和庞德的内斗，才使得关羽能够得以逃脱。之前庞德一箭射中了关羽，若一直追下去，说不定还有战胜的可能。而关羽也可能因此而提高警觉，派人前去报告刘备和孔明，让他们增派援兵，那样荆州说不定还不会失掉。可见任何事情有利就有弊，就看你从哪个角度去看。而事情最终会往哪个方向发展，则是由那只“看不见的手”决定的，此时那只“看不见的手”就是于禁怕庞德抢了头功。结果对关羽是好是坏，我们继续往下看就明白了。

三國之道

任何事情有利就有弊，就看你从哪个角度去看。

2. 于禁口口声声大王，是不是真的心中有曹操呢?

显然不是。如果他心中真有曹操，真的很想为曹操效力，此时就不可能去压制庞德，因为对曹操而言，是谁立的功并不重要，战争的结果才是最重要的。现在庞德勇冠三军，能跟关羽势均力敌，于禁应该很高兴才对，怎么会采取压制的手段不让他表现呢？可见他是口是心非的，心中根本就没有曹操的存在。

3. 关羽打算水淹七军，成何好像有预感，于禁为什么断然否定？

于禁不想庞德夺得头功，固执地将士兵屯集于山谷之中，想待曹操与孙权去打荆州逼使关羽前去解救时，再从后追击，一举击败关羽。然而关羽前去查看地形时，发现于禁不屯兵于广易之地，却聚于险隘之中，而此时又是秋雨绵绵，于是派人堵住各路水口，到时再放水一淹，使于禁的七军都成为鱼鳖。于禁的都将成何看出了魏军所处的危险，他告诉于禁现在秋雨绵绵，而魏军屯于谷中，万一江水泛滥就危险了。但此时的于禁一心想压制庞德，取得战功，根本就听不进去成何的话。可见人有私心和成见的时候，脑筋是不管用的。

4. 庞德为什么咒骂于禁不得好死？

中国人骂人骂得最难听的，莫过于“你不得好死”。“好死”是指死得心安理得，“不得好死”就是死得心不安、理不得，也就是死不瞑目。庞德骂于禁不得好死，可见他对于禁到了痛恨的程度，魏军本来是可以打胜仗的，现在七军居然全被淹了，而他跟大多数魏军一样不熟水性，别说要杀关羽立功了，就连逃出去的可能都没有，庞德对于禁恨得咬牙切齿，这才会骂出这么恶毒的话。

5. 水火无情，人类却离不开水火，如何是好？

水能载舟，亦能覆舟。火能帮我们煮熟食物，也能将整栋房子、整个城镇一夜之间烧掉。然而水火无情，人却应该有情，可此时关羽为了求胜，不得不水淹七军。因为一旦战争开始，大家是顾不了那么多的，这也是为什么现在这么强调人类要和平、社会要和谐的原因。战争是迫不得已的手段，打来打去只会使百姓不得安宁，任何一场战争，不管哪方打赢了，倒霉的永远是老百姓，他们付出很多，却连基本安定的生活都过不上。兵力大量亏损导致青黄不接，大量没经验的百姓被拉去充军，然后稀里糊涂地死在战场上，这样的社会简直民不聊生。所以从这个角度来看，不管最后谁取得了胜利，其实都没有意义。

6. 于禁投降，庞德为什么宁死不降？

于禁一看反抗也只是找死，于是马上就投降了。我们讲过，三国并不是国与国之间的斗争，而是一个国家内的三家利益集团的斗争，所以于禁投降并不能算卖国，他这边活不下去了就投到那边去，将来又投到东吴那边，都只能算是跳槽。但庞德就不一样了，出发前大家曾一致怀疑过他，他自己再三保证，一定要和关羽决一死战。话讲得这么满了，已经没有后退的余地，投降也只会被世人耻笑，所以庞德只得硬着头皮死拼到底，直至最后被关羽所杀。

7. 关羽斩庞德是好是坏？

庞德如果不是受制于于禁，肯定会跟关羽好好地干一场，那样关羽将来说不定也不会败得那么惨，竟连荆州也失掉了。

任何事情都不能只看眼前。眼前关羽最神气，连庞德都干掉了，可正因为如此，关羽后来越来越骄傲，越来越神气，简直是目中无人，什么事情都不放在心上。他没有想到自己的底细会被东吴那边摸得一清二楚，也没有想过自己已经年近60岁，应该要培养一个接班人了。一个家庭，如果长辈太能干，小孩没有锻炼的机会，只会永远长不大。同样，一个集团如果老部将表现得太好，新进人员就没有学习表现的机会。庞德的死最终带给关羽的是好处还是坏处，我们一会儿便知。

情景说明

关羽杀了庞德后，领兵至樊城城下让曹仁投降，曹仁让人齐放毒箭。因盔甲未及手臂，关羽右臂不幸中箭，只好回去疗养。

华佗得知关羽中了毒箭，亲自赶来为他医治。看过伤势后，华佗让关羽先用铁环将手臂控制住，再用布遮面，否则离毒的时候血流如注，恐关羽看了没法继续坚持。关羽猜到会用刀，但他见过华佗的手术刀后仍毫不畏惧，坚持不用铁环控制手臂，只是喝了点酒就让华佗动刀。华佗不敢动手，关羽问他自己的箭伤跟他之前为周瑜治疗的刀伤相比如何，华佗说周瑜的刀伤虽惨，却不用忍受挖肉刮骨之痛。关羽说自己戎马一生，何惧这刮骨之痛，华佗只好就这样给关羽动手疗毒。其间，关羽还和马良下着围棋，周围的人听到刮骨之声，皆感同身受，关羽却好像没有事一样，连眉头都没皱一下。

要点解析

1. 庞德被擒，是不是太不自量力，或者不熟悉兵法？

都不是。庞德既没有不自量力，也很熟悉兵法，他只是无能为力。因为他是于禁的副将，必须受于禁的约束。如果是在岸上单枪匹马地挑战，以庞德的神勇，也未必会被周仓擒住，但他最后掉入江中，因不熟水性而被水性很好的周仓所擒。这就是自己内部相斗，让别人渔翁得利的最好案例。

2. 华佗知道关羽中箭，为什么主动前来治疗？

关羽斩了庞德后，直接去向曹仁挑战，他带兵在樊城城下喊叫，说庞德已死，让曹仁赶紧出来投降。曹仁当然不会轻易献城，他叫弓箭手齐射毒箭。关羽的盔甲未及手臂，右臂不幸中箭，只好回去疗伤。而华佗是当时的名医，很多人请都请不到，这时候却主动前来给关羽疗伤，这是为什么？因为一个人只有得到大家的爱戴，别人才会主动关心你。华佗很敬仰关羽的威名，得知关羽中毒箭的消息后，知道解箭毒是有时间限制的，即今天的黄金解救时间，一旦超过这个时间就很难治疗了，所以摆脱所有的事务，专程赶来替关羽疗伤。

三国之道

一个人只有得到大家的爱戴，别人才会主动关心你。

3. 关羽手臂中了毒箭，华佗说治疗时血流如注，关羽为什么不在乎？

那时候的外科手术没有全身麻醉或局部麻醉，所以华佗告诉关羽要治疗得先用铁环将手臂控制住才行，否则到时候一挣扎，治疗就没法继续下去了。关羽猜到华佗会用刀给自己疗毒，但见过华佗的手术刀后，关羽心想，自己驰骋沙场多年，每天得面对多少比这大得多的刀啊，这么个小刀算得了什么呢？所以他坚持不用铁环，只是喝了点酒，便让华佗趁他酒意未退之前赶紧动手。华佗行医多年，还是第一次碰到这种状况，虽然关羽的英勇早已远播，但他毕竟也是血肉之躯，所以华佗刚开始并没打算下手，但见关羽很坦然地把手臂伸出来让他动刀，还一边跟马良下着围棋，丝毫没有套铁环的意思，华佗也只好就这么动刀了。在整个手术的过程中，关羽忍受着挖肉刮骨之痛，连眉头都没皱一下，倒是华佗很紧张，他从没这样给人做过手术，一做完华佗反而先晕倒在地。

4. 当年周瑜同样被毒箭射中，为什么情况和关羽不一样呢?

当年周瑜中了毒箭，手下的人去找华佗为他医治，但是华佗云游出去或是被人家请走了，根本就找不到。周瑜无奈只得选择敷药，没法根治，所以后来自然没有办法好得像关羽一样。当然，他们两个人有一点是相同的——不能够再生气，一生气就会旧伤复发。

5. 当年周瑜中箭和这次关羽中箭，有什么相同的启示?

就算一个人再英勇无比，也不应该过于自信。如果关羽出发前穿好盔甲，遮及全身，右臂就不可能中箭，他两只手臂完全没有盔甲的保护，这么多弓箭手齐放毒箭，难免会被射中，况且关羽这次中毒箭的还是右臂，对作战的影响自然会很大。而周瑜那次如果没有程普在后面保护，可能当场就没命了。所以他们俩会中箭负伤，完全是自作自受。

6. 关羽治疗箭毒，好像没有事一样，有什么不妥?

要是看勇气，关羽的表现的确让人佩服——忍受着挖肉刮骨之痛，却连眉头都不皱一下。但从考虑事情的周密性看，关羽的表现又着实让人失望。他想，等华佗刮完毒后，自己的手臂又能运用自如了，却没想到应该将此时的情况告诉刘备和孔明。右臂负伤得修养很长一段时间，自然会影响到打仗，若是及时差人将此消息通报给刘备和孔明，他们就会做一些调整，对荆州也比较有保障。但关羽只认为既然毒已刮去，一切都没事了，也不遣人告诉刘备和孔明，等他们知道的时候已经来不及了。

当初关羽帮刘备取荆州有很大的功劳，但这次大意失荆州他也要负很大的责任。这次失掉荆州九郡不仅是对关羽的一个重大打击，更是对刘备整个集团的一个致命打击。我们说成也萧何，败也萧何，现在就荆州来讲，也是成也关羽，败也关羽。当然，我们不能将责任全推到关羽一个人身上，刘备和孔明同样负有责任。如果他们不把任务全交给关羽一个人，而是多派一两个人来，东吴的计谋就不可能得逞。只是现在讲这些已经没用了，荆州即将落入东吴之手。由此我们可以看出，有些事情看起来很好，其实未必。像关羽这次智勇双全地打败于禁和庞德，看似是好事，其实对荆州是相当不利的。

情景说明

华佗刚为关羽包扎好就晕倒在了一旁，待醒来后，他感慨自己行医多年，却从未见过关羽这样的人，并说关羽简直就是天神。

关羽一会儿便觉得右臂已能伸缩自如，毫无痛感，甚是欢喜。为答谢华佗的医治之恩，关羽欲送些金银作为酬谢。华佗说自己得知关羽高义，特意赶来医治，并非为了报酬，故坚持不受而去。

吕蒙正为关羽在沿江设置观火台而无法取荆州苦恼，陆逊来献计说关羽所顾虑者唯吕蒙一人，不如先让吕蒙托病辞官而去，自己暂代都督之位，到时他再派人拜访关羽，关羽见吕蒙已走，所代之人又是一个毫无建树的年轻人，自然会放松对东吴的警惕，从而抽调荆州城内的大量兵士去取樊城，等到荆州城内空虚之时再出奇兵，定能取之。吕蒙听后大喜，即刻上书辞职。陆逊代为都督后，派人带修书和礼品拜见关羽，关羽见陆逊态度谦卑，又大赞自己的英武，果然以为无江东之忧了。

要点解析

1. 关羽真的不痛吗？还是能忍？

任何一个人中了箭毒，又在无麻药的情况下进行挖肉刮骨，都是痛彻心扉的，关羽也不例外。只是关羽喝了几杯酒后硬是忍住了，这种忍耐力当然很令人敬佩。这一点我们也不必去学他，因为想学也学不来。如果谁看了这一段后，自己开刀的时候也不用麻醉，就是傻瓜。关羽这样也是迫不得已，因为当时没有麻药。现在有这么好的医疗条件，打点麻醉有什么不好呢？可以减轻痛苦的话，没必要硬受那么多的苦，也没必要去硬撑。

2. 关平和周仓都觉得难以忍受，关羽为什么反而不痛？

正是因为关平和周仓都觉得很痛，所以关羽才觉得不痛，如果别人都不觉得会痛，那关羽的痛感就会很重了。就像一个小孩从脚踏车上摔下来，第一个动作就是看周遭有没有人，如果周围一个人也没有，他很快就会站起来继续推着车子往回走，但要是看到了自己的妈妈，那他就会号啕大哭起来。人都是这样，如果关平和周仓都不在乎，那关羽就要叫了，但现在大家都感觉很痛，他反而觉得这点痛并不算什么。了解了人与人之间的这种互动后，我们才知道，同情一个人是让他心里觉得舒坦些，并不是对他所承受的痛苦有什么实质性的帮助。

3. 华佗说生平没有见过关羽这样的人，关羽有什么感觉？

这种话关羽听多了，谁见到他都说他神勇无比，所以关羽并没有什么感觉。其实，同样的评价听得太多后，自己就应该提高警觉，反思一下自己是不是过了点，如果是，过犹不及，自己要去调整。

华佗说他救过的人何止千万，可从没碰到过关羽这样的人，并不代表华佗从此要以关羽为标准，看到要动手术的病人抓起来就开刀，因为他知道这种事只有关羽才能做到，别人是做不到的，这只是特例而不是通例。但我们常把特例当通例来学，就像某家公司的管理方法很有效，然后大家就一窝蜂地来学，其实这样是不对的，因为这家公司做得到的，别的公司不一定做得到，也不一定需要做到。我们没必要因为别人做得很好就盲目地去学别人，因为每一个人、每一个家庭和每一个集团都有自己的特别性，想学也学不来。

三國之道

我们没必要因为别人做得很好就盲目去学习，因为每个人都有自己的特性。

4. 关羽送金银酬谢华佗，华佗为什么推辞？

华佗到处行医救人，收一点合理的酬劳是理所当然的，毕竟他要生活，也要差旅费，还要去买器材和药物，但关羽送的金银华佗为什么不收呢？答案很简单，即普通人给的，他多少会收一点，但两种人给的他不会收：一种是特别穷困的人，另一种是特别重要的人。遇到特别穷困的病人，说不定他还会送一些生活费，但是关羽这类重要的人士送的酬劳他也绝对不会收，这并不是客气或做样子，而是他心里认为自己有机会救关羽是自己的光荣，因为关羽让荆州百姓生活得很安宁，救他是应该的。要是华佗此时收下那些金银财宝，反而会显得有些看不起关羽，可见在这件事上，华佗是拿捏得很好的。

5. 吕蒙和陆逊，日夜想要破关羽取荆州，是什么道理?

他们这样也在情理之中。关羽镇守着荆州，东吴这么多将领都拿他一点办法也没有，面子当然有些挂不住。吕蒙接鲁肃的班当了都督后，一心一意想着如何把荆州抢回来，而陆逊跟吕蒙所想的也一样。但这种想法对不对呢？从某个角度来看，他们是东吴的功臣，时刻想夺回荆州是对的，但从长远来看，东吴也正是败在了他们二人的手上。吕蒙现在一心要破关羽取荆州，但没有想到这样做的后遗症是非常严重的，而陆逊还年轻，更没有长远的眼光。但这也怪不得他们，在其位，谋其政，他们也只是尽力做好分内的事。

6. 陆逊建议吕蒙托病请辞，又亲自拜见关羽，是不是妙计?

当然是妙计。陆逊让吕蒙托病辞职，自己暂代都督之位，因为关羽素来藐视江东众将，唯一有所顾虑的就是吕蒙。到时陆逊再派人去拜访关羽，关羽见吕蒙已走，现任的都督又是个年轻人，自然不会把他放在心上。后来陆逊又将关羽捧得高高的，让关羽觉得陆逊根本不是自己的对手，这样一来，关羽自然会放松对东吴的警惕，从而将兵士都调去攻樊城。到时趁荆州城内空虚，自然好破。从这个计策来看，陆逊是非常聪明的，对东吴的贡献也大，他针对关羽的个性，先使关羽骄傲起来，从而不把荆州的防务放在心上，然后再找机会破关羽取荆州。但是从长远来看，东吴会亡，陆逊要负很大的责任。当然，吕蒙也推脱不了干系，虽然他不是这件事的策划者，但他年纪毕竟要大些，读过的书、懂得的道理也比陆逊多，应该要考虑得更长远一些才对。

五十九　吕蒙擒关羽

吕蒙这一生好像只有一个任务，那就是杀关羽，从十五六岁开始，便过着行伍生活，后来得到孙权的赏识，发奋读书。鲁肃死后，吕蒙代他督荆州军事。他担任末将时，便处心积虑，进图关羽，又屡次劝孙权攻打荆州，大有不灭关羽，死不瞑目的意图。后来关羽死了，吕蒙也紧跟着死了，似乎是任务完成，自己也不想活了。吕蒙擒关羽，使得很多人对他很不满。但是各为其主，原本是军人的基本原则，我们又何必责怪于他？荆州守城将士，开门迎接东吴士兵，当然是上当，为什么会这样？倒是值得大家深入探究。

情景说明

吕蒙带领士兵化装成商人坐船来到荆州江边的一个烽火台前，守台上的蜀军问他们是做什么的，吕蒙说自己是商人，想在这里暂避风浪，等风浪小了就走。蜀军说这里是军事重地，任何船只都不能停靠，接着又问船上装的是什么。吕蒙说是陶器和绵帛，随即让一个化装成水手的士兵上岸奉上一些上好的绵帛。蜀军一看动了心，同意让他们暂时靠岸。当晚，吕蒙让一部分士兵偷偷上岸绑住守台的蜀军，随后让自己的士兵全部上岸。

关羽调走荆州的两万兵力去攻樊城。一晚，吕蒙趁夜让部分士兵化装成蜀军来到荆州城门外，让守城的蜀军开城门放他们进去。蜀军见他们穿着蜀军服，长相又有些面熟，于是放下吊桥，打开城门。谁知刚待前面的士兵进去，后面大批的东吴士兵紧跟着往里冲。蜀军一看中计，赶紧拉吊桥，但吴兵太多，绳子一会儿就拉断了。吕蒙带领士兵冲进城中，很快就占领了城内空虚的荆州。

曹操得知吴军攻取荆州后，马上意识到樊城将告急，于是速派徐晃前去支援。

要点解析

1. 关羽设在江边的烽火台，有什么作用？

当年的科技没有现在这么发达，没有方便的通信器材可以及时联络，所以关羽让士兵每隔一段距离就沿江设一个烽火台，这样只要一点火，旁边烽火台上的士兵就知道军情有变，从而提高警觉，及时作出合理的因应。而且只要设得够高，相隔很远的烽火台都能够看到，因此这种通风报信的措施在当时的确很管用。

2. 吕蒙假装成商人，要求暂停以避风浪，守台将士为什么相信？

守台将士本不应该相信的，既然关羽已下了戒令不许任何船只靠近，将士们就应该严格地去遵守。但人都有同情心，这也并不算什么弱点，否则人就跟动物差不多了。吕蒙就是利用将士们的同情心，说自己是商人，此时风浪太大，想在这里避一避，等风浪小点后就马上离开，并没有恶意，同时让几个装成商人的士兵捧上一大堆上好的锦帛奉上。守城的将士没有看到风浪却看到了那些锦帛，一时起了贪念便让吕蒙他们上了岸，从而导致了后面一连串的严重后果。

3. 士兵伪装成商船水手，趁夜偷袭守台军士，是不是轻而易举？

当然是轻而易举了。蜀军的守台将士在完全没有戒心的情况下让吕蒙的士兵靠岸，短兵相接，就算他们一人能抵挡好几个人，可由于空间窄小，施展不开，很快就会被制服。可见距离的拿捏很重要，我们常说要保持距离，以策安全，人与人之间只有保持合适的距离，亲疏有别，才能够保证彼此的安全。但很多人说老防着别人会很辛苦，其实未必。一个房子里有好几个房间，住的都是一家人，大门在社会治安良好的时候可以不关，但房间的门却一定要闭。为什么对外人可以敞开大门，而对自己人反而要用门阻挡起来呢？就是因为人与人之间要有一个安全的距离，否则就会滋生种种问题，那种“只要你相信别人，待人以诚，别人就不会害你”的唱高调是行不通的。蜀军好心让吕蒙上岸，拉近距离后反而没有了一点防御力，因此才会被吕蒙轻易地绑住。如果他们保持足够的距离，吕蒙照样会像以前那样毫无办法。

三國之道

人与人之间要有一个安全的距离，否则就会滋生种种问题。

4. 关羽把荆州的守兵调去增援樊城，是不是失策？

当然是失策。可这也不能怪关羽，要去打樊城必须要有足够的兵力，樊城的守将也不简单，兵力不够根本就攻不下来。关羽单刀赴会后本来就有些心高气傲，认为东吴成不了气候，现在见唯一有所顾忌的东吴将领吕蒙也卸去了都督之职，于是放心地把荆州的士兵都调去攻樊城，致使荆州城内兵力单薄。而吕蒙这边早已是处心积虑，随时注意着荆州的动态，一看关羽把兵力都调去攻樊城了，立马乘虚而入，从而轻而易举地拿下了荆州。关羽这样做，等于主动给东吴提供了取荆州的最好机会。

5. 荆州守城将士，为什么开门迎接东吴的士兵呢？

这个也是没有办法的事情。晚上守城的将士本来就看不太清楚，再加上东吴的士兵穿的都是蜀军的衣服，而且长相似乎也很像，于是就放他们进来了。

其实，同一地区的人长相都是差不多的，外国人看中国人觉得几乎每个人都长得一模一样，中国人看外国人也看不出张三李四。人之所以很容易分辨出对方是谁，是因为之前见过几次面，彼此比较熟悉，否则根本就分辨不出来。守城的蜀军将士就是这样，见吕蒙的士兵长得跟自己人没什么区别，尤其看到那身蜀军军服后，就完全放下了戒心，看谁都像自己的熟人，其实都不是。况且在那种情况下，守城的将士也不能拖太久，否则万一是自己人，他们辛辛苦苦地回来，还不让他们进城，将来这个责任谁担呢？所以将士们很快就放吊桥让东吴的士兵进城。当然，他们很快就知道自己中计了，因为前面那部分东吴士兵混进去以后，后面的士兵就不用再穿蜀军的衣服伪装了。蜀军此时再去拉吊桥已经为时已晚，那么多东吴的士兵踩在上面，吊桥根本就拉不动，而且绳子很快就被拉断了，如此一来，东吴的士兵在没有任何阻拦的力量下不费吹灰之力地攻进了荆州。

6. 曹操据报东吴攻取荆州，为什么马上想起樊城？

曹操的反应很快，他一听说东吴攻下了荆州，马上就想到樊城危险了，否则东吴怎么敢去打荆州呢？唯一的解释就是荆州的士兵都调去打樊城了，于是赶紧派人去增援樊城。很多人看什么就是什么，没有整体的观念，这样下去推理的能力只会越来越差。如果看到这个就能马上想到相关的其他部分，并且养成习惯，就能慢慢形成整体观念，从而对事情考虑得更全面。

现在西方人也在讲整体观和系统，但世界上最完美的系统就是《易经》，因为《易经》其大无外，大到没有外面，其小无内，小到没有里面，全世界都找不到第二个这样的系统。可惜我们把自己这么好的系统抛在一边，还专门去请教西方的系统。西方的系统将不能包含的地方统统去掉，只能算是局部的系统，也就是专业。从某个角度来看，专业挺实用，但从另一个角度来看，专业又确实很可怕，一个人太专业，眼睛就只会看到一部分，其他的东西都看不到。如果曹操此时听说东吴占领了荆州就马上派人去荆州看看，那他就不配当曹操了。他之所以听到荆州就能想到樊城，就是因为他系统很大，从而能及时地派人去解樊城之急，这也是一个统帅必须具备的条件。儒家说要举一反三，看到一件事情要马上类推到很多事情，否则如果看一就是一，那人就不长进了。大家如果多锻炼自己的整体观念，就能从一样东西看出许多以前没有看到过的东西，从而对事情有更全面的掌握。

情景说明

徐晃受命去击关羽，却一见关羽就大套近乎，大肆抬举。关羽听得飘飘然，说彼此关系非比他人，为何要对关平苦苦相逼。徐晃不作回答，只对手下士兵大喊谁能取得关羽首级，重赏千金。关羽大惊失色，慌忙应战。此时曹仁也冲出樊城夹击蜀军，蜀军首尾难顾，退往南郡，而去南郡催粮的人也不见回报。正无奈时，探子忽然来报，说荆州已被东吴占领，孙权已进驻荆州。关羽大吃一惊，双腿一软，幸好有周围的人扶住才没有摔倒。在退往公安的途中，管粮官前来报告公安傅士仁已降了东吴。关羽承受不了接连的打击，从马背上滚落了下来，箭伤迸裂，并感慨自己再无脸面去见刘备，痛哭不已。

要点解析

1. 徐晃说了半天谎话再冲上前来，使关羽大吃一惊，是什么道理？

徐晃是曹操的大将，也久仰关羽的高超武艺，他先跟关羽讲客套话，把关羽捧得高高的，使关羽降低警觉性，然后再一冲而上，让关羽大吃一惊。关羽还以为徐晃要跟自己套交情、谈关系，没想到对方一下就杀上来了。其实徐晃也是不得已，他知道要打败关羽不是那么容易的事，可他又不能求饶，请关羽高抬贵手。他之所以会采取这种招数，跟双方所处的立场和当时的形势有密切的关系。

每个人对事情的反应都跟自己的成长经历和实力息息相关，不可同日而语。关羽待人诚恳，向来不提防这些事情，所以当徐晃打过来的时候大吃一惊。要是一般人的话，徐晃越是讲好听的话就越会好好防备，甚至先倒打一耙也不一定。但是，要让每个人碰到状况都做出相同的反应是不可能的。

2. 关羽箭伤未愈，一路败退，为什么不向刘备告急？

关羽自出战以来都很顺利，很少要求救兵来支援自己，因此脑海里基本没有向人求救的概念。一个人太容易开口向别人借钱或死活都开不了口向人借钱都不好，前者很容易养成坏习惯，动不动就想向别人借钱，最后负债累累，后者如果真需要借钱而开不了口的话，就很难走出眼前的困境。此时的关羽就属于后者，他开不了让刘备派兵来救自己的这个口，心想：我堂堂关羽，只有我去救别人的份，怎么能让别人来救我呢？他觉得自己还撑得住，没问题，却完全没考虑到自己年纪已大，箭伤还没有痊愈。如果他此时派人将这边告急的情况告诉刘备和孔明，让他们想办法来支援自己，后来也不至于会那么惨。

3. 关羽据报孙权进驻荆州，为什么惊慌失措？

关羽觉得自己有烽火台这么好的防御工程，而东吴那些人又像一群吃干饭的，不可能说打就能打进去，但既然孙权已进驻了荆州，就表示一切都是真的了，这完全出乎关羽的意料，所以他才会惊慌失措。可见人不能太过自信，关羽在处理荆州这件事上就是太过自信，过分看扁东吴。东吴是故意采取低姿态，从而隐藏自己对荆州的图谋，没想到关羽却信以为真，完全放松了对他们的警惕。东吴表现出对荆州似乎没有什么兴趣的样子，关羽更应该提高警觉才对，因为荆州对东吴来讲同样也很重要，他们这样子是不是有什么阴谋呢？可惜关羽没有这样的警觉性，否则荆州也不会这样轻易地失掉了。

4. 关羽英雄盖世，为什么一下子软弱到这个地步？

一个人要成功需要一百个理由，但要失败只要一个理由就够了。同样，一个人要健康需要一百个条件，但要死亡只要一个条件就够了。任何事情都要做全面的协调，否则将会影响整体的效果。就像一部汽车，别的什么都好，只要发动机一坏，就没办法动了，就算是名车也一样。关羽就是如此，他武功没废，斗志和声望也在，可受了失掉荆州的打击，一下就软弱到了如此地步。

一个人眼睛再好，也要其他地方都好才有用，否则其他地方一糟糕，眼睛再好也没用了，如果人死了眼睛还瞪得大大的，岂不是很吓人？所以不要老说自己多厉害、功劳有多大，一件事情的成功是靠大家的合作努力，并非单靠某一个人。现在把所有责任都推给关羽是不对的，因为刘备和孔明也未必尽到了自己的责任。

三國之道

任何事情都要做全面的协调，否则将会影响整体的效果。

5. 关羽失荆州是大意还是必然?

今天我们都说是大意失荆州，其实这只是说得好听而已，因为并不是大意失荆州，而是必然失荆州，很多不利的因素累积在一起，才导致了这样的结果。首先，关羽守荆州太久了，东吴把他的底细摸得一清二楚，这是最大的败笔；其次，关羽很久没有打仗了，即使偶尔也会练一练，但毕竟还是会有些生疏；再次，关羽的年纪也大了，很多思路越来越不切实际，说的话太伤东吴的心，等于帮东吴将领提高了同仇敌忾的情绪。因此，关羽失掉荆州是必然的，并不是大意失荆州。另外，刘备和孔明让关羽去打樊城，总共就给他荆州城内这么点人，这是行不通的。为什么不多调些人给关羽或另派人驻守荆州呢?

6. 关羽失荆州，难道刘备和孔明都没有责任吗?

对此事要负最大责任的就是刘备，而不是孔明。因为刘备是领导人，如果孔明什么事都有话直说，就没法跟刘备相处了。

孔明说话很注意分寸，要让关羽去守荆州，他便说是刘备的意思，而不是自己的意思，现在如果要派人去支援关羽，也只有刘备先提出来，孔明才会赞成，因为他不方便主动提，否则万一刘备不同意，将来此事传到关羽耳朵去，关羽会觉得孔明看不起他，从而影响两人的关系，对整个蜀国都不利。如果刘备觉得关羽守荆州太久了，很容易被东吴摸清底细，一旦打起仗来会很不利，从而主动提出要换人去守荆州，孔明就会马上让赵云过去接替关羽，这样就能解决很多问题。

当然，孔明对此事也负有一定的责任，他既然是军师，就应该考虑到各种因素，不能因顾虑个人感情而坏了大事。此外，刘备刚开始对孔明言听计从，但在取得西川、扩大了领土后，孔明的很多建议他都不一定采纳，这也值得我们警惕。

情景说明

关羽只好率余部往荆州进发，一路又连遭吴军阻击，不得已转向麦城暂避。由于川中救兵一时难到，东吴又将麦城重重围住，关羽只好修书向上庸主将刘封、孟达求救。主将孟达告诉刘封当年关羽不同意刘备立他为嗣子，还建议把他调到偏远的上庸，刘封听后大为光火，决心按兵不动，不去救援关羽。

关羽得知城中已无粮，所剩五六百军士也大多负伤，很是无奈。此时诸葛瑾前来游说，说孙权德才皆不下刘备，早晚必成大事，若归于东吴，既可重振荆江，又可保全家眷。关羽不屑一顾，坚决不肯投降，还让人把诸葛瑾轰了出去。

孙权听从吕蒙的建议，派人攻打麦城各门，只留下北门待关羽弃城出逃时再埋精兵伏击。

要点解析

1. 关羽被困在麦城，孟达和刘封为什么不来救援？

刘封是刘备的义子，照理说，无论从哪个角度来讲，他都应该义不容辞地去救关羽。可偏偏此时孟达跟他讲了当年关羽对他不利的事，使刘封一听就很火大，坚决不肯去救关羽。

对任何事情来讲，“时”都很重要。如果外来的变数恰好发生在那个关键的时间点上，产生的威力往往让人难以想象。如果孟达只是在平常跟刘封讲关羽不待见他，反对刘备立他为嗣子，还建议派他来上庸这座偏僻的山城，刘封顶多气一气也就算了。可就在关羽需要他救援的时候，孟达偏偏跟他讲了这些话，使他马上打消了去救关羽的念头，陷关羽于绝境而不顾。

一个人最好少多嘴别人的事情，否则说不定什么时候会产生严重的后果。很多人觉得随便说说没什么关系，但天底下的事情偏偏就是这样巧，孟达如果不知道也就算了，可他不仅知道，还偏偏在这个时候讲，可见他对关羽也是不满，不想让刘封去救关羽才故意这么说的。如果关羽知道那些话会给自己带来这么大的不幸，可能就不会说了，但一个人很难照顾到每一个人，所以做人还是不要存心去讨好任何人，也绝不要轻易去得罪任何人，否则对方指不定什么时候会反扑过来害自己。

一个人最好少多嘴别人的事情，否则说不定什么时候会产生严重的后果。

2. 城中无粮，所剩五六百军士又大多受伤，关羽有什么感想？

虎落平阳被犬欺，老虎再厉害，但当它失去自己的地盘来到村庄时，随便一只狗都能对它乱叫，这就是关羽当时的感觉。以前在他看来，东吴根本就不算什么，可现在东吴不仅抢去了荆州，还把他困在了这里，自己的人死伤无数，少数剩下的士兵也大多负伤，此时的关羽就像一只落难到平阳的老虎，当年的威风已不见踪影，而且对那些乱叫的狗也毫无办法，真是此一时也，彼一时也。做任何事情之前都要多想想可能会碰到的困难，然后早做准备，否则等麻烦出现了再想办法就迟了。

3. 诸葛瑾奉孙权的命令来劝关羽，为什么被轰了出去？

照理说，诸葛瑾的口才肯定不比张辽差，可为什么张辽一来，关羽接受了土城约三事，而诸葛瑾一来，却要把他轰出去呢？因为关羽觉得张辽是因朋友的情分而来的，而且张辽也确实是站在关羽的立场来谈问题，但诸葛瑾是东吴的谋臣，关羽就觉得是孙权派他来劝自己投降的，但关羽是会投降的人吗？所以他先入为主，认为诸葛瑾只是在奉命行事，并没有替他着想。况且诸葛瑾所讲的话也很不得体，完全站在东吴的立场来谈问题，关羽当然会轰他出去。这样看来，反倒是张辽比诸葛瑾会说话了。

4. 当年关羽约三事，降汉不降曹为什么不能再来一次？

因为现在整个情况都不一样了，当年还有降汉不降曹这个借口，但现在跟这些都扯不上关系了，关羽现在要投降就是向孙权投降，没有任何别的借口。况且这种事情也是可一不可再，总不能再来一次过五关斩六将。

5. 吕蒙设计擒拿关羽，是不是妥当？

无所谓妥当不妥当。吕蒙是东吴的都督，他为了自己的职责，为了对东吴有个交代，自然会想尽办法抓住关羽，这些都是无可厚非而且是必须要做的事情。但他不该杀掉关羽，这是他的大错。

如果吕蒙把关羽抓起来劝其投降，关羽不同意，把他放了就是了，这样东吴和西蜀的关系还有转圜的余地，不会结成死仇。但他把关羽杀了以后，两边的死仇就结定了，后患无穷。虽然吕蒙很认真地读书，但这些道理仍没有悟出来。可见一个人在没有名师指点、没有受过系统教育的情况下，想要自学成才是很难的。吕蒙现在觉得自己做得很对，但没想到杀了关羽后，后面的问题更麻烦。何况他应该知道前不久关羽在华容道放走曹操的事，像这种看似不可能的事情关羽都做了，其中的道理吕蒙应该好好去想想。如果他能想得长远一点，就会先设计抓住关羽，然后劝其投降，实在不行就把他软禁起来，不让他跟外界接触，但是绝对不会杀关羽。可吕蒙一肚子的仇恨，一心要杀掉关羽，这不是一个军人应有的心态。杀了关羽又能怎样呢？应该从国家的长远利益着想才对。

6. 对又怎么样，不对又怎么样，是不是如此？

中国人很喜欢讲对又怎么样，不对又怎么样，其实很多事情并不只是用对或不对就能评定的。吕蒙认为杀掉关羽一百个对，最后才知道自己错得一塌糊涂。同理，他原来认为很多不对的事情，现在看来也可能是对的，就像当初他很看不惯鲁肃，觉得鲁肃是个滥好人，之前好不容易把关羽请过来，只要摔下杯子就能把关羽杀掉，但鲁肃死活都不摔，让关羽又大摇大摆地回去了，吕蒙始终在杀关羽这个问题上跳不出来，认为鲁肃放走关羽就是不对。但看完整个《三国演义》我们就会知道，鲁肃是东吴所有将领里最有眼光的人，他为了让两国和好百般忍耐，因为他知道无论哪国单独去对付曹魏都是对付不了的。只要两国之间一有仇恨，联合不起来，都是给曹魏提供最好的机会。但吕蒙的格局没有鲁肃那么大，甚至可以说是鼠目寸光。就算他杀了关羽也没什么了不起，因为中国人看待是非的标准跟西方人不同，我们格局比较大，看得比较长远，会从整体来分辨是非。

情景说明

关羽让众将领乔装成百姓出城，各奔前程，众人皆要誓死跟随关羽。见救兵不到而吴兵又强攻麦城，关羽决定率残余部将从敌军不多的北门逃往西川。当晚，待众人整顿好兵马后，关羽决定突围。此时王甫却说自己要和部下死守麦城，以拖住敌军，免其追击关羽。关羽责其自寻死路，王甫却说自己跟随关羽8年，受教颇深，平生之愿已足，死而无憾。说完，众军士皆跪下叫关羽上马。关羽大为感动，让周仓留下协助王甫，自己带关平出逃。周仓跟随关羽多年，从未相离，此时更是不愿分开。关羽说王甫一人守城，势薄任重，他留下可助王甫一臂之力。周仓虽万分不舍，却也只得同意。临别前，两人抱在一起，痛哭不已，众将士皆跟着哭泣。

关羽和关平带百余士兵从北门突围，走了约20余里就中了东吴将领朱然的埋伏。关羽不敢恋战，往小路退走，他让关平断后，自己在前开路。时至五更，忽然一声喊起，东吴的伏兵拉长绳绊倒关羽的坐下马，关羽摔倒在地，虽百般反抗，但仍被吴军擒住，关平也同时被擒。关羽被擒后反倒不再反抗了，只是大义凛然地被押着前往吴军营寨。

要点解析

1. 关羽请大家各奔前程，众人都不愿意分开，是什么道理?

要走的人早就走了，想逃的人不会留到现在，留下的这些人都已经做好了生死与共的准备，况且在当时的那种氛围下，没有人会想偷偷溜掉。很多人觉得他们是溜不掉才留下来的，要不然早溜走了，这种负面思想是中国人近百年来最糟糕的表现，老是用丑陋的眼光来看待我们自己，其实完全不需要也不应该这样。现在这些人就很坦然——死就死，反正已经走到这步了。

2. 关羽率领残部突围，是不是太迟了?

肯定太迟了。外面全都是东吴的人，关羽就这么几个人，况且他想往哪个方向走东吴的人也很清楚，因为他不可能去荆州，也不可能去樊城，只会往西川方向去，而去西川的路线大家都很清楚，东吴的人只要在路上埋伏下人马，关羽就跑不掉了。从当时的情况看，关羽确实已经无路可走了，可他又不能坐着等死，人总归要有一丝希望，所以他决定最后赌一次——突围。虽然他知道成功的可能性不大，但这样的决定还是正确的。

3. 王甫要死守麦城，关羽为什么十分感动？

王甫并不是不敢跟大家一起突围，而是想死守这个小城，牵制一下东吴的兵力，让突围的人更容易逃走。否则大家一起逃，东吴将所有兵力集中起来追他们，不是更糟糕吗？所以他说自己要在这里牵制东吴的兵力，使他们不能全力去追赶关羽。关羽当然很感动，因为他们突围还有一丝活的希望，可王甫死守在这里注定要与城同归于尽，但王甫仍说自己死而无憾。所以他这种做法绝不是贪生怕死，而是比其他人更勇敢。

4. 关羽要周仓留下，为什么非常舍不得？

关羽待人很诚恳，考虑事情也很公正，就算到了这样的生死关头也没有惊慌失措，违背自己的原则，因此大家才会这么敬仰他。如果关羽让周仓赶快跟自己一起走，王甫就会觉得关羽到现在还把他当外人看。可关羽又不能让关平留下来，否则人家也会觉得他是为了使自己父子俩能活下一个，完全是为自己着想。所以关羽既没有让周仓跟自己走，也没有让关平留下，而是让关平跟自己走，让周仓留下，因为关平是他的义子，跟他走是应该的，死也要死在一起。而周仓跟了关羽这么久，就跟一家人一样，让他留下来帮助王甫是对大家的一个交代。

周仓当然一百个不愿意，他跟了关羽这么多年，在这样的生死关头当然想保护在关羽身边，最后还是关羽再三请求，他才同意留下来，临别之前两个人抱在一起痛哭，因为他们知道此时已是生离死别了。中国人只有生离死别的时候才会这样，如果像外国人那样天天抱在一起，怎么叫生离死别呢？

三国之道

中国人只有生离死别的时候才会这样，如果像外国人那样天天抱在一起，怎么叫生离死别呢？

5. 关羽中计被擒，如何是好？

关羽被擒后没怎么反抗，他知道自己跑不回西川，也无力救荆州了，所以此时反倒很坦然。当然，吕蒙能把他抓起来，他心里多少会有些不服气，同时也觉得吕蒙用这种手段抓他太卑鄙，有本事应该在战场上见才对。但不管怎样，关羽始终都没有开口求饶或投降。

6. 大家看到这里是不是不忍心再看下去？

太多人都有这种感觉，看到关羽死了，就觉得《三国演义》没必要再看下去了，因为《三国演义》讲的就是一个“义”气，现在作为义气代言人的关羽都死了，还有什么好看的呢？因此大多数人对《三国演义》的桃园三结义到关羽没有死之前那段比较熟悉，后面就不太清楚了，觉得后面反正就是打来打去，不看也罢，可见关羽是《三国演义》里的灵魂人物。

关羽在中国历史上是个很特殊的人，中华民族那么多人，没有一个跟他一样，死了以后不断升官，而且还越升越快。大家都是生前升官，没有死后还升官的，但关羽生前官不大，死后反而不断升官，升到现在已经跟孔子齐名了，孔子是文圣人，关公是武圣人，这一现象很值得我们好好研究。如果说中国人糊涂，不可能所有人都糊涂，就连海外的华人也都会供奉着关公，敬仰着关公的忠义，因为中华民族非常看重忠义，不讲义气就会被人耻笑。照理说，孔明聪明机智、面面俱到、鞠躬尽瘁，《三国演义》里应该他排第一位才对，但排在第一位的是关羽。因为我们普通人离孔明很遥远，要做到他那样也很难，如果哪个小孩说长大要跟孔明一样，大人肯定会笑他，正因为如此，孔明才没像关羽那样被捧得那么高。关羽的忠义是每个人都可以做到的，现在不需要拿大刀，他的忠义想学就能学到。从这个角度来看，中国人是很聪明的，否则如果谁说自己要学刘备，人家一定暗地里笑他：你想当皇帝呀？如果谁说自己要跟孔明一样，大家也会笑他吹牛；但如果谁说要学关羽，大家都没话讲了，这也是为什么《三国演义》里那么多人，只有关羽的地位越来越高，并不是大家看不起其他的人，而是别的人没法让人公开说喜欢。否则如果谁公开宣扬自己想学曹操，就会对自己非常不利，人家表面上不说什么，但心里会觉得你想跟曹操一样阴险狡诈，那样就糟糕了。

六十　死人吓活人

曹操看见关羽首级，笑着说别来无恙啊！用现代的话来说，便是搞笑，这一笑，把自己的性命都搞掉了。现代人愈来愈喜欢搞笑，我们慎重地提出警告，是不是活得不耐烦了？一个人可以当小丑，千万不要乱搞笑。曹操一生，当然有其过人之处，但士大夫的风气，因他而发生变化，魏晋六朝的放浪颓废，不能不归咎于曹操。现代人，倘能引以为戒，是一件大好事。死人吓活人，远比活人吓活人要轻。活人吓不了曹操，死人却吓得他没命。对某些人来说，轻的反而重，重的能变轻，也是一种变数。

情景说明

刘备刚接到关羽的求救信，廖化就哭着跑来投诉刘封和孟达不肯出兵救关羽。刘备预感关羽要完了，孔明请他宽心，说自己这就率兵去救荆州之急。刘备决定第二天亲自率兵去救关羽，然而此时有两个探子回报，说关羽父子已被孙权杀害，刘备当场晕了过去。

张昭怕刘备联合曹操来攻东吴，建议孙权将关羽的首级献与曹操，让刘备误以为关羽是曹操所杀，这样刘备就会将仇恨转移到曹操身上。孙权立即派人照做。

曹操接到关羽的首级后，打开一看，笑着说别来无恙啊，可再一看，发现关羽正瞪着眼睛看自己。曹操吓得大汗直流，在得知吕蒙之死后，更是吓得赶紧让人准备厚葬关羽，自己再亲自跪拜。

刘备在西川祭奠关羽，感慨昔日桃园三结义，今关羽却已亡，不禁痛哭。

要点解析

1. 廖化哭诉刘封、孟达不肯出兵相救，孔明这时候才要去救，行吗?

孔明很清楚现在去救荆州已经迟了，但他又不得不这样讲。廖化去求刘封和孟达解麦城之急，原本以为只要一开口，他们二人就会立即带兵去解救，可谁知他们却按兵不发，置关羽于绝境而不顾。廖化的内心悲痛到了极点，现在见到刘备和孔明，自然会大声哭诉。孔明既不能只安慰廖化别哭，好像对刘封和孟达挺理解似的，又不能一直骂刘封和孟达，因为再骂也于事无补，他只能说自己马上想办法去救，从而安慰一下大家，但他心里很明白根本就来不及了。

有时候，一个人所说的话并不代表他真正的意思，而只是一句必要的妥当话而已，也就是此时此地应该怎么讲就怎么讲。

2. 刘备听说关羽为孙权杀害，为什么昏了过去?

因为他们当年桃园三结义时，曾说过不求同年同月同日生，但求同年同月同日死，虽然这在当时只是鼓舞的誓言和共同的愿望，但现在到了支票兑现的时候，刘备的心理当然会很复杂。他既不能赖皮，否则没法对天下人交代，又不能躲避，更不能跟着关羽去死，这些都不是他汉中王应该做的事，因此他接受不了这样的打击，一下昏了过去。昏过去是人自身的一种自然调节，当受不了外来冲击的时候，昏过去其实是对自己身体的一种缓冲，并不是什么坏现象。

3. 张昭建议孙权把关羽首级给曹操，有什么用意?

张昭一直以来都是既想劝孙权投降曹操，又想把所有的问题都转嫁到曹操身上，至于他对曹操的真实态度，旁人根本看不出来。现在听说关羽被杀了，张昭也知道问题闹大了，于是劝孙权派人把关羽的首级送给曹操，让刘备以为关羽是被曹操所杀，到时候刘备要发兵替关羽报仇也只会往曹魏方向去，而不会往他们东吴这边来。但曹操和刘备有这么傻吗？可能张昭这样一个资历丰厚的人会想出这么可笑的办法还有别的用意，就是让刘备知道，并不单纯是孙吴一家要杀关羽，而是魏、吴两家的意思，这样一来就可以冲淡一些刘备对东吴的仇恨。当然，如果张昭是想让刘备师出有名去打曹操，他就很高明了。但有孔明在身边，刘备会这样做吗？可见还是有只“看不见的手”在操纵，否则张昭不可能想出这种馊主意。

4. 曹操看见关羽首级，为什么被吓得下跪叩拜？

曹操一生都是这副德性，什么时候该严肃、什么时候该轻松，常常分不清楚。他觉得天下没有谁能跟他抵抗，就算有对手也只是一时的，于是养成了游戏人间的态度。现在他看到关羽的首级还是嘻嘻哈哈的样子，结果再一看却发现关羽在瞪着眼睛看他，至于关羽的首级是不是真的睁开了眼睛，只有曹操知道，其他人没有见过，可能是他一时眼花，发现关羽在瞪着眼睛看他，所以吓坏了。可见曹操此时是比较心虚的，他用这种态度对关羽，就足以证明以前对关羽的诚意有很大水分，否则如果他打心眼里尊敬关羽，现在看到关羽的首级不可能还这样嬉皮笑脸。难怪他以前再怎么对关羽好，关羽都不为所动。

曹操吓坏后，赶紧向关羽的首级磕头跪拜，但仍然没用，曹操从此经常坐卧不安，疑神疑鬼，最后不得不另建新殿居住。

曹操在关羽活着的时候被他吓过，现在关羽死了还被他吓成这样子，可见曹操非常看中关羽，只有对关羽印象深刻才会有这样的反应。

5. 死人为大，难道曹操不明白这个道理？

中国人很尊重死人，人死之后，所有的事情都暂时不提了，否则如果人死了还不放过、还要去追究，就会显得太过分。但只要人活着，中国人就会谁也不服谁，因此慢慢形成了死人领导活人的现象，而不是活人领导活人。

很多企业家不停地告诉自己的员工要这样那样，可下级并不太听话，员工也不太理他，但如果他把自己过世的祖辈抬出来，说如果过世的老板还在，他会怎么处理这件事，大家就很容易找到一个平衡点。中国有史以来大多是死人在统治，而不是活人在统治。以前的皇帝有什么事都说先皇的意思怎么样，这样大臣们就无话可说了，如果他单说自己的意思怎么样，大臣们的意见就不一定有那么统一。

6. 刘备哭祭关羽，有什么启示？

刘备哭祭关羽既是对关羽的死表示痛心，也是他自己内心愧疚的一种表现。很多人父母在时不孝顺，等到父母死了才痛哭不已，为什么不在父母生前好好孝顺他们，而要等到死后才痛哭呢？刘备在关羽被杀前并没有多考虑他的处境，让他带那么点兵马既守荆州，又攻樊城，现在关羽死了才这样痛哭，有什么用呢？要照顾一个人就要在他生前去照顾，否则等他死后再怎么痛哭也没有意义。

三國之道

要照顾一个人就要在他生前去照顾，否则等他死后再怎么痛哭也没有意义。

情景说明

张飞得知关羽的死讯，快马加鞭前往西川祭拜的同时，还一路哭拜。

曹操安葬关羽后，每夜心神不安，于是决定另造新殿居住。洛阳良工苏越的设计图让曹操很满意，但曹操担心恐无栋梁之材。苏越告之不远处有一大梨树可作始殿之梁，曹操赶紧派人去砍，然而那棵梨树却用铁锯解不开，用钢斧砍不入。曹操决定亲自去看，见那棵梨树果然是栋梁之材，于是又令手下去砍。周围的百姓说这棵树斧锯不入不能砍，曹操大怒，挥剑就朝大梨树砍去，没想到树干往他身上喷了一堆血。曹操大惊，赶紧快马加鞭往回跑，此后一直头痛不已。

有大臣向曹操推荐神医华佗，得知华佗医术了得，曹操立即派人去请。华佗为曹操把过脉后，告诉他要医除病根就得砍开头颅，取出风涎。曹操怒责华佗是想替关羽报仇而来谋害自己，让人把华佗关进大牢拷问实情。大臣们说华佗这样的神医，世所罕见，不能杀，但曹操咬定华佗是成心害他，坚决不肯轻饶，众大臣也只好作罢。

要点解析

1. 张飞奔丧，为什么一路哭拜?

张飞和关羽是结拜兄弟，两人几十年的兄弟情早已超越了血缘关系。得知关羽的死讯，张飞悲痛万分，在前往西川祭拜的路上快马加鞭，一路哭拜，完全不想别的。

刘备因为关羽的死已经有些承受不住了，现在张飞这样鲁莽的表现又给了他很大的压力，最后被慢慢拖垮了。这就是为什么张飞再怎么认真，内心再怎么善良，也很少有人要去学他，他只知道结拜兄弟，其他的什么都不知道，这样的人不可能做成大事。如果张飞真的长进了，此时就该理性地告诉刘备真正的仇人是曹操，并不是孙权，先把曹操处理掉，再去打孙权，那他就了不起了，可惜他到现在仍然是感情用事。

中国有一部《大学》，其实讲来讲去就讲一句话而已，那就是：要用理智来指导自己的感情，可惜很多人都读不懂。中国人的感情很丰富，但也经常感情用事，致使最后误了大事。现在只有张飞有资格劝刘备，如果他此时能用理智来指导自己的感情，劝刘备理智一些，刘备也比较容易接受，从而觉得既然他和张飞还活着，就要多做些事情来补偿二弟，那么结果就会大不一样。很多人觉得像刘备这样的好人都不能统一天下真是太可惜了，但大家慢慢来看，就会发现刘备一生最大的问题马上就要浮现了。

2. 曹操另造新殿，听说梨树用铁锯也锯不开，为什么亲自去看?

对于曹操而言，之前关羽把他吓得不行应该是个教训，可他没有好好去反省。现在建新殿需要栋梁，有棵大梨树合适却锯不开、砍不断，曹操应该把之前关羽瞪他的事和这事联想起来做一个理性的判断，从而避开大劫。但他似乎什么都不怕，明知那树砍不动偏要去砍，结果害了自己。

3. 曹操下令砍大梨树，乡民跪求不能砍，曹操亲自去砍，结果如何?

曹操到了现场后，看到那棵大梨树的确是栋梁之材，觉得不用可惜，却没有想到梨树长这么大是很不容易的，很可能会有灵性，因此老百姓们才说不能砍，而且想砍也砍不动。但曹操偏偏不信那个邪，他觉得自己活这么多年，见过那么多事，还从没见过不能砍的树，于是一刀砍下去，没想到那树居然喷出血来。树当然不会真的喷血，是曹操头昏眼花，觉得一刀砍下去好像有血喷着他了，所以吓得赶紧快马加鞭往回跑。

人碰到可疑的事情最好不要掉头就跑，如果觉得后面有鬼便回头就跑，后面永远都有鬼在追着你，而如果此时赶紧瞪它几眼，瞪到最后就会发现其实并没有什么鬼，完全是自己吓自己。人总有头昏眼花的时候，不能把幻象当成真的。

4. 曹操从此一病不起，华佗来治病，为什么反而被关入狱中？

曹操头痛难忍，大臣建议把神医华佗请来为他治病。曹操早前就已知华佗治好过浑身是伤的东吴周泰，现在听说他还能给人剖腹治疗，当然迫不及待地让人去请。

华佗为曹操把过脉后，告诉曹操要根治头痛就得开颅取出风涎。曹操一听要砍开自己的头，第一反应是华佗不是想给他治病，而是纯心想谋害他。一个病人如果不相信医生，就最好不要让那个医生看，既然让他给自己看病，就必须得相信他。曹操连这个基本的道理都不懂，还让人把华佗关起来，严刑拷打让他说出自己的同党，可怜一代神医华佗碰到如此猜忌多疑的曹操，不仅没机会证明自己的清白与医术，反而还搭上了自己的一条命。

5. 华佗不知道曹操是汉贼吗？为什么还要替他看病？

作为医生的华佗，眼里没有好人或坏人，他只知道这个病自己能治就要尽全力去治好，至于那个人是不是汉贼，不是他操心的事，这才是一个医生应有的素养。如果医生看到病人是坏人就下毒药毒死他，不成了杀人凶手？以前也有太医跟人合伙要毒死曹操，结果一下被曹操识破了，当时大家都很佩服曹操的精明，但现在看到曹操猜疑华佗要谋杀他，还把华佗关进大牢严刑拷打，大家就觉得曹操太多疑、太可恶了，因为华佗确实是个仁行医术的医生。

6. 曹操要杀华佗，为什么大臣不强加劝阻？

因为谁也劝阻不了。一个领导太“英明”，什么都自己做决定，慢慢就没有人敢发表自己的意见了，所有的部属都只会消极地、被动地等待命令，这样的集团本身就有问题。之前关羽旁边也有一帮人，在关羽没有下令去向刘备和孔明请求救兵的情况下，没有人敢前去请求支援。现在曹操要杀华佗也是一样，大臣们都知道华佗很冤枉，杀掉很可惜，但就是没人敢强加劝阻。可是，如果一个集团里大家的看法总是一样，完全没有不同的意见，这个集团同样也很危险，领导人容许有百分之五以上的不同声音存在才能使集团更安全。

如果此时有人告诉曹操，华佗只是要给他开刀，并不是砍头，开刀跟砍头是两码事，可能曹操还会考虑一下，可惜在场那么多人见曹操大怒后，没有一人敢再开口劝阻。

三国之道

领导人容许有百分之五以上的不同声音存在才能使集团更安全。

情景说明

华佗被关后，看守他的狱卒的妻子每天来给华佗送饭。华佗虽受了严刑拷打，但仍念念不忘曹操的病情。

除夕之夜，曹操率众臣观看歌舞，这时孙权遣使来上书，曹操接过一看，见孙权说“臣孙权久知天命已归魏王，伏望早正大位，剿灭刘备，扫平两川，臣即率众下纳土归降矣”后，哈哈大笑，说孙权想把他放在炉火上烧烤，然后随手把信给身边的大臣看。众大臣建议曹操应天顺人，早登大位，曹操却说自己位居魏王，名位已极，不敢有他望，若天命在他，他愿为周文王。司马懿建议曹操给孙权封官赐爵，让他去抗拒刘备。曹操封孙权为骠骑将军、南昌侯，领荆州牧。

要点解析

1. 狱卒的妻子为什么十分关心华佗的病情?

华佗救过很多人的命，从来不害人，所以在老百姓心中的地位很高。照理说，华佗又不是她的亲人，被关也不关她什么事，可狱卒的妻子还是主动去照顾华佗的饮食，这正是华佗得人心的表现，也是人与人之间可贵的人情味。并不是每个被关在牢里的人她都会照顾，只是听说华佗这么好的人被曹操关了起来，惊讶之余既然没有办法，也只能尽心尽力去照顾他了。

2. 华佗被关入牢狱，为什么还关心曹操的病呢?

这正是华佗良好医德修养的表现。一个医生只能够救死扶伤，不应该在医治前去分好人和坏人，否则就没有资格当医生。华佗的医德很好，就算别人说曹操是汉贼他也不介意，他知道自己的职责是要尽心尽力去治好每一个病人，这是作为一个医生的本分。所以即使被曹操关了起来，他也没有扔下曹操的病不管，或是想办法整死曹操，他谨守着一个医生的本分，时刻不忘曹操的病情，这种精神很让人敬佩。

三国之道

一个医生只能够救死扶伤，不应该在医治前去分好人和坏人，否则就没有资格当医生。

3. 曹操为什么说孙权想把他放在炉上烧烤呢?

孙权自从杀了关羽后，内心越来越不安，越来越紧张，他知道这等于跟刘备结下了死仇，刘备早晚会倾全国之兵力来攻打东吴，所以他天天想着该如何应对。现在他终于想出了一个办法，就是上书给曹操，说自己早已知天命归曹操，希望曹操能早正大位，剿灭刘备，扫平两川，到时自己再率众下纳土归降。孙权表面将曹操捧得高高的，实际上却别有用心。但曹操是何等聪明的人，他一眼就看出了孙权的图谋，因此才说孙权是想把他放在炉火上烧烤，置他于死地。

4. 众人趁机劝曹操早登大位，曹操为什么说位居魏王就够了?

如果曹操看完孙权的信放在一边，不当一回事，众人根本就不会知道信上写些什么，也不会讲这种话，但曹操看完信后居然还给旁边的大臣看，大臣就会认为曹操心里也是这么想的。只要这个信号一发出去，众人自然就会争先恐后地建议他早登大位，生怕晚了遭怀疑。

当初曹操晋升魏王死了不少人，其中包括大名鼎鼎、帮助曹操建立了很多功业的荀彧。荀彧出的每一个点子都曾给曹操带来很大的好处，但他就是不赞成曹操登基当魏王，在他看来，他只是替汉室做事，并不是替曹操做事，他给曹操出谋划策是为了对汉室有功，而不是对曹操私人有功，既然曹操要晋升魏王了，就表示曹操有了篡位的野心，因此荀彧坚决反对。曹操并没有把荀彧关起来或推出去斩了，也没有私下把他毒死，而是送他一个空酒杯。荀彧一看就知道曹操是要让自己死，于是就自杀了。这种杀人不见血，不留丝毫痕迹的方式叫作隐诛，即用一些隐形的、看不见的方式把一个人诛杀掉。

正因为曹操当魏王时曾杀过很多人，所以当大家知道孙权劝曹操早登大位时，全都争先恐后地跟着建议。我们不能怪这些人拍马屁，是曹操自己酿成的后果。

5. 曹操说他愿为周文王，他安的是什么心？

当年商纣王虽然暴虐无道，但周文王并没有反他，而是他的儿子周武王起来反的纣王，从而建立了周朝。此时曹操这样说，明显是希望自己的儿子能推翻汉室，改朝换代，这样他才有资格当周文王。虽然他一直说自己没有这个野心，但他给人的感觉就是经常有这种念头。不久之后的曹丕篡位就跟曹操有直接的关系，虽然并不是他指使的，但他早已将这个意图表露无疑。

6. 曹操封孙权为荆州牧，有什么用意？

孙权想把曹操放在炉火上烤，让曹操去攻打刘备，但曹操也不是笨人，他马上就反过来把孙权放到炉火上去烤了。

曹操知道荆州对于刘备的重要性，因此故意封孙权为荆州牧，让刘备觉得孙权是在故意向他挑衅。之前孙权想让曹操去跟刘备对着干，现在曹操也想让孙权去跟刘备对着干，我们不能说他们两个太阴险，在其位，谋其政，他们也不得不如此。一个好好先生当太平盛世的领导还行，但乱世是容不得好好先生的。如果曹操、刘备、孙权都是好好先生，结局会变成什么样子呢？有那么容易坐下来就能谈拢统一吗？很可能谈完以后就真正分成三个国家了，中国也就完蛋了。因此想事情不能仅从一个方向去想，要这边想想，还要那边想想。曹操这样做是不得已，孙权同样很无奈，不然下面的路就没法走了。一个人碰到困难时总要想办法去突破，所以孙权想让曹操去干掉刘备，曹操也想让孙权去干掉刘备，至于将来会怎么样，还得看老天的决定。关羽的死就决定了很多事情，之前东吴和西蜀关于荆州是不是借的，什么时候还，怎么还，扯不清楚，现在关羽死了就没有争议了。但谁又有本事让关羽死呢？生死难道是人可以控制的吗？说到底还是老天在决定。大家如果朝这个角度去想，就会想通很多事情。

情景说明

看守的狱卒给华佗送去除夕之夜的晚餐，华佗自知将死，因感激狱卒夫妻二人对他的照顾，决定将自己所著的《青囊书》传给狱卒。狱卒当下表态若得到此书就辞掉现在的差事，专攻医术，以传华佗之德。

华佗死后，狱卒取得《青囊书》去华佗的坟上祭拜，妻子得知他要辞掉差事专攻医术，有感华佗虽然医术神妙，但仍死于狱中，便将书稿焚烧得仅剩下一两页。

曹操的身体每况愈下。一日，他自知自己命不久矣，于是交代大臣以后要辅佐曹丕，并在自己死后建72座疑冢，勿让后人知道他葬在哪里。妻妾们来到曹操的床前哭泣，此时曹操的眼睛已经看不见了，只能通过摸对方的脸才能分辨出站在眼前的人是谁。他交代妻妾们在他死后要勤学女红以自给，每日设祭祀必令女伎奏乐上食，说完就咽气了。

要点解析

1. 华佗把医书送给狱卒，有什么用意？

人的一生有限，大家都不想自己死后没有任何痕迹，总希望能留下点东西传给后世。华佗是个神医，治好过很多疑难杂症，他将自己研究出来的医药新技术和新药方整理成书，希望后世能把它发扬光大。当他得知自己的人生就要走到尽头时，唯一担心的就是自己的那本医书能否传得下去，现在见狱卒为人善良，对自己又那么好，于是就决定将那本医书送给狱卒，希望他能好好研究，将来也成为名医，为人治病。狱卒也当下表态拿到书后就辞掉现在的工作，专心研读医书，然后去行医治病，将华佗的医术发扬光大。

2. 华佗死后，狱卒的妻子为什么把医书烧毁?

狱卒自然会将决心从医的想法告诉妻子，一般人也都会这样，因为谁都不会想到妻子的立场会跟自己不同。妻子听说丈夫要学华佗行医，觉得他简直是要当华佗第二，将来即使救得了天下人，也救不了自己，因此坚决反对。在她看来，丈夫只要当一个普普通通的狱卒就够了，平平安安的比什么都好。可见夫妻再亲，很多想法也不太一致。狱卒决心料理完华佗的后事就辞掉工作，好好研读华佗的医书，然后也去行医救人，但他的妻子不希望他走上这条路，所以干脆就把医书烧了。这是两人立场的问题，没有谁对谁错，也没有谁好谁坏。

3. 曹操临终为什么不谈国家大事，却说一些琐碎的家务事?

人之将死，其言也善。人临终时所讲的大都是内心的实在话，很少有人到这时还讲一堆大道理。

照理说，曹操临终时应该交代一下国家大事才对，但他完全没有，他只是交代自己的妻妾在自己死后要勤学女红，多造丝履，卖掉换钱以自给，就像一般的农村家庭一样。虽然他没有说这辈子杀了很多人，做了很多坏事，因此很后悔这样的话，但也足见他此时的内心已发生了很大的变化。

4. 曹操临终前为什么好像已经瞎了，眼睛看不见了?

曹操并不是因为青光眼或白内障而看不见，而是脑子里长有肿瘤，肿瘤压迫到视线神经，因此才看不见。如果他听华佗的话，剖开头颅取出肿瘤，可能很快就能康复，但他生性多疑，谁都不相信，最后自作自受，必须用手摸才知道眼前的人是谁。可能曹操此时也知道这是老天对自己平生做太多错事的惩罚，但他在临终时仍没有告诉曹丕不要再做坏事和篡位，而应好好修成正果，他知道此时说这些已经晚了，曹丕从小看到大，知道他是如何一步一步取得今天的地位，这时候仅凭几句话根本改变不了曹丕。人都是很无奈的，曹操这么了不起，此时也照样无能为力。

5. 曹操为什么交代死后要设72座疑冢，不让后人知道他葬在什么地方?

普通人死了想葬在哪里就葬在哪里，别人知道也没关系，但曹操不能让其他人知道，否则就会有人去盗墓或鞭尸，弄得他死都不得安宁。以前驾崩的皇帝出殡都分好几路，以故意迷惑大家的视线，让大家不知道哪路是真的，因此很多皇帝的陵墓到现在都找不到。有些皇帝驾崩前知道自己作恶多端，杀了不少人，如果让人知道自己死后埋在哪儿，肯定会有人来挖他的坟，甚至还要鞭尸，因此才会糊弄别人隐瞒自己真正的埋身之处。

曹操临终前讲的都是些日常生活中的小事，只有让部属为他建72座疑冢这件事是很认真地说的。中国人讲72并不真的就是72，而是很多很多的意思，让他们建72座疑冢也就是让他们建很多很多的疑冢，使人弄不清哪个是真的，这样他死后也会安全一些。做人做到这个地步，实在是很可悲。

6. 曹操一生难道没有什么优点? 为什么《三国演义》要极力将他奸险化呢?

曹操当然有自己的优点，只是我们中国人不会去点评活着的人，否则就显得有些不尊重。要点评一个人，只能等到他盖棺论定的时候，也就是等他死后才能评论，因为一个人活着就算再好，将来也有晚节不保的可能，但一个人死了就不会再变了，四个钉子钉下去就叫盖棺论定。然后大家把他的一生用加减乘除的方式算个总账，其中的标准不是才能，也不是功业，而是品德。如果品德不达标，大家根本就不会去谈这个人，要谈的话也是把他丑化，而如果品德远超过标准，大家不但会把他当成典范，而且还要开发美化，隐恶扬善。因此中国人要么很好，要么很坏，让外国人觉得我们中国人很两极化，好的人什么缺点也没有，坏的人什么优点也没有。他们不知道那条品德标准线的存在，是经过我们过滤的。

民国时期的汪精卫字写得很好，如果光论书法，我们不得不承认他取得的成就，但现实生活中没人会说自己在练汪精卫的汪体，因为他后来变成了一个大汉奸。只要一变成汉奸，那么不管他在书法上取得多大的成就都会一笔勾销，这就是我们中国人的标准。《三国演义》之所以丑化曹操，把他奸险化，就是因为他的道德水平不达标，因此才会把他的优点全都抹杀掉，并非曹操真的奸到了如此地步。

我们不是神本位，神本位可以说一个人有好有坏，因为对他们而言，只有上帝是最好的，所有人都要向上帝看齐。我们是人本位，好不容易找到一两个可以作为典范的人供大家学习，就不可以讲他的缺点，否则小孩向谁学习呢？我们没有上帝，活着的人又有变坏的可能，所以大家只能向死人学习，将品德好的死人的缺点统统去掉，从而树立成典范，这也是为什么很少有人讲关公的缺点，大家都在不约而同地遵守着这个标准。

三国之道

一个人活着就算再好，将来也有晚节不保的可能，但一个人死了就不会再变了。

六十一　曹丕终篡汉

曹丕继任魏王，不到一年便把献帝的皇位窃夺掉。这是曹操处心积虑所安排的重大后事，曹丕只是听命完成而已。但是这样一来，又给司马懿父子上了扎扎实实的一课，将来把曹氏的皇位篡掉，可以说完全是这一出戏的翻版。曹丕初接大位，先忙于收拾自家的兄弟，即使母亲出面，也难以平息。曹植的七步吟诗，道尽兄弟阋墙的苦楚，迄今仍然令人感慨万千。文武大臣尽力逼迫献帝让位，更是令人不齿。献帝苟延残喘了那么多年，竟也舍不得放弃有名无实的皇位，实在可怜。世人看不开，想不透的事情多得很，最好看看这一幕情景，好好想想自己。

情景说明

曹操过世后，曹丕继承了魏王之位。在众部将为他贺喜之时，曹彰忽然率领10万兵马前来奔丧。曹丕怕曹彰要来争夺王位，很是惊慌，最后让贾逵前往交涉，才知曹彰只是前来奔丧，并非为了争王位。

曹操过世，曹植却并未来奔丧。曹丕大怒，遣使前往问罪，但曹植终日与丁仪、丁廙兄弟俩酣饮，对特使悖慢无理不说，还让人用乱棍将特使赶了出去。曹丕得知后更是大为光火，派人将曹植等人抓了起来。曹母之前得知曹丕逼死了曹雄，现在又听说他将曹植也抓了起来，于是急忙召见曹丕，让他放曹植一条生路，曹丕只好答应。华歆知道曹丕心中仍有不甘，于是建议他出难题考曹植，因为世人都说曹植出口成章，到时若曹植答不上来便可杀之。曹丕大喜。

不一会儿，曹植前来跪拜请罪，曹丕不为所动，仍决定出难题考曹植。

要点解析

1. 曹彰率兵马前来奔丧，曹丕为什么惊慌？结果如何？

曹丕见曹彰带10万兵马来奔丧，生怕他来跟自己争夺魏王之位，因此非常惊慌。父亲刚过世，万一兄弟二人打起来，他这个当大哥的颜面也不好看。

曹操过世，作为儿子，曹彰当然应该来奔丧，可他大老远带着10万兵马而来，很容易让人怀疑是想来争夺魏王之位的，因此曹丕很伤脑筋。身在帝王之家，兄弟事小，君臣事大，以前曹操也曾跟他讲过，在家是父子，上朝就是君臣，一切都要遵循正规的礼仪。现在曹丕又不能直接出去跟曹彰谈，就算出去了，万一在城外打起来，难看不说，谁输谁赢还指不定。这种让别人紧张，陷自己于危险的事，聪明人一定会尽量避免，但曹彰却没有丝毫顾虑，实在是有勇无谋。他们四兄弟是同父同母所生，但个性完全不一样，可见每个人都有自己的命运。

三國之道

每个人都有自己的命运。

2. 曹植没有来奔丧，曹丕为什么生气？结果又如何？

孔子曾说，父亲死了，儿子要守孝三年，这三年之内，不可以改变父亲任何做人做事的原则，一切要按父亲在世时的规格形式去做。后来有人感觉三年的时间太长了，问孔子若只能守一年该怎么办，孔子说只要自己心安，一年也行，并没有硬性地规定大家一定要怎么做，只是让人斟酌自己的状况再定。

曹操死后，曹彰赶紧前去奔丧，但曹植却没有去，因为他跟曹彰不一样，为了争这个王位，他跟曹丕做过激烈的争斗，现在曹丕当上了魏王，曹植不服气的同时，一时之间也不知如何是好，因此没有去吊丧。但作为儿子，父亲过世了，自己却还在跟朋友唱歌跳舞，这种做法也实在欠妥，如果曹操真把魏王的位子传给他，恐怕也不会有什么好结果。

曹丕此时大发脾气也并不单纯是因为父亲死了曹植没来吊丧，他还想借此机会找理由来整曹植，最好是能把他杀掉。虽然他们四兄弟没有一个适合继承王位，但曹操还是不得不从中选出一个继承人，可见从固定范围选拔继承人有弊端，最好能开放一些，如果自己人做得好，就自己人优先，要是自己人没有一个适合的，不妨从外面挑选继承人。当然，曹操好不容易才当上魏王，从自己儿子中去挑选继承人也无可厚非。

3. 曹丕为什么不敢杀曹植，却又出难题考他？

曹丕之所以会如此，是因为他母亲让他念及兄弟之情，放曹植一条生路。如果他不听从母亲的话，就是不孝，传出去会对他刚继承的王位很不利，因此曹丕心里很不甘，但表面上还是答应。华歆看出了曹丕的心思，给他出主意说可以出难题考曹植，要是曹植通不过考核就将他杀掉，通过了就将他贬到偏远的地方，这样人家既不会议论曹丕是出于私心而故意兴师问罪，还会觉得他给了曹植一次机会，曹植以出口成章闻名，通不过考核被杀也很正常。曹丕觉得这是个不错的正当理由，于是决定采取华歆这个建议。

4. 母亲出面也不能平息兄弟的纷争，是什么道理？

一般的兄弟之间有纷争，只要父母一出面，矛盾基本都可以解决，但生在帝王之家的兄弟就没这么简单了。历史上帝王之家的兄弟互相残杀的惨况屡见不鲜，可见投胎在一般家庭比投胎在帝王之家要安稳舒适得多。

5. 曹丕刚刚接任魏王之位，为什么不做一些正经事，先忙这些？

因为对此时的曹丕来讲，稳固自己的地位才是当务之急，其他事情都可以慢慢再来。一般帝王刚接任时通常都会这样做，所以我们也不能怪曹丕。照理说，曹丕是长子，继承权本来就归他，他应该没什么顾虑，可曹操几次都说自己最喜欢的是曹植，而曹植底下的党系也一直想找机会把曹丕拉下来，现在曹丕千辛万苦好不容易得到了继承权，他当然会想尽办法挤兑曹植，以稳固自己的魏王之位。这些都是曹操当年埋下的祸根，现在却需要曹丕去承受。

6. 曹植俯拜在地，说特来请罪，这样也不能获得宽恕？

一般情况下，弟弟这样认错，哥哥通常也就算了，兄弟间也没有什么大不了的仇恨。可曹丕和曹植兄弟俩的仇恨却很深，当年曹植很得曹操赏识的时候，曹丕曾当面跟曹植讲过，让他出去把工作做好，将来回来他会禀报曹操，早日确定曹植的继承之权，没想到曹植听了连表面上推辞一下都没有，还说谢谢大哥，难怪曹丕现在要借故杀他。

任何事情有果必有因，我们不能单纯地凭现在的情况就说曹丕很坏、曹植很让人同情，这些都是有前因的。曹植认为自己才气高，诗词歌赋都比曹丕强，因此完全没有长幼有序的概念，对继承权充满了野心，致使曹丕不得不借故杀他，这样的人也并不值得同情。有人看前段同情曹丕，看这段又同情曹植，没有一语贯之。用一语贯之的观点看，曹植完全是自作自受，怨不得曹丕。

情景说明

曹丕让曹植以“兄弟”为题，7步内吟诗一首，但不可出现“兄弟”二字，若吟不出来便从重治罪。曹植无可奈何，只得应考，旁边有个手握利剑的武将数着曹植的步数，但曹植还是在最后一步吟出了“煮豆燃豆萁，豆在釜中泣。本是同根生，相煎何太急”的诗句。众大臣听后大惊，曹丕也无地自容，于是决定放曹植一条生路，将他贬为安乡侯。

曹丕自继位后，法令一新，威逼汉献帝更甚于曹操。其手下华歆等一班文武官僚见汉室渐微，曹氏日强，于是进宫威逼汉献帝效尧、舜之道，禅位给曹丕。汉献帝哭说汉室自汉高祖以来已有400余年，自己虽不才，但也无过失，众大臣怎忍将祖宗大业等闲弃之呢？两大臣说夜观乾象，汉室气数已尽，而魏国却有代汉之象，并引经据典，说魏在许昌，应受汉室的禅位。汉献帝迟疑不同意，文武大臣登台威逼汉献帝，汉献帝被吓得躲入了后殿。

要点解析

1. 曹丕以“兄弟”为题，命曹植在7步之内吟诗一首，为什么规定不能用“兄弟”字眼儿？

曹丕这样做，很明显是想提高作诗的难度，以难倒曹植。曹植以吟诗闻名，现在曹丕让他当场发挥自己的才气，以“兄弟”为题，在7步之内吟诗一首，但不许用“兄弟”的字眼，若作不出来就表示他以前的作品都是假的，都是别人替他写的，他欺骗了大众，这样曹丕就有借口杀掉他了。

但让曹丕没想到的是，自己这样做反倒成全了曹植，否则曹植怎么会到现在还这么有名呢？他逼着曹植在生死关头将潜力全都发挥出来，吟出的七步诗流传到现在都还朗朗上口，这都是曹丕的功劳。当然，我们并不是鼓励这种事，只是由此可以看出，任何事情有好就有坏，从不同的角度去看才能了解得更全面。

三国之道

任何事情有好就有坏，从不同的角度去看才能了解得更全面。

2. 曹植吟成“煮豆燃豆萁，豆在釜中泣。本是同根生，相煎何太急”，曹丕有什么感觉？

曹植在生死攸关的时刻迸发出自己的灵感，在最后一步将整首五言诗完成，而且既达到了曹丕的出题要求，又影射了他们的关系。人心都是肉长的，在场的每个人惊讶之余都很羞愧，曹丕就算再狠再坏，此时听到曹植吟出这样的诗句，也会有所动容，因为这分明是在讲他们兄弟俩：本来是同胞兄弟，就算要杀自己的弟弟也可以慢慢来，何必逼得那么紧呢？

此外，还有一个在场的人也非常值得关注——站在曹植身旁的那个武将。他手里握着剑，大声地数着曹植的步数，还时不时地露出一脸的凶相，一看就是个没有脑子的人。他只知道曹丕讲的话是对的，自己要百分之百地去执行，却没有想到人家毕竟是亲兄弟，曹丕这样做是很不人道的。就算他没有资格去劝曹丕，也完全用不着这样去逼曹植，好像硬要把他逼死了才称心如意一样。这种人在当今也有很多，但那并不是忠，而是愚忠。这种一味忠心，却不明事理的作风并不值得大家欣赏。

3. 文武大臣逼汉献帝禅让给魏王曹丕，这是什么道理？

很多人替曹操说好话，因为他们不了解曹操所造成的后果有多严重。汉献帝好歹是个正统皇帝，而那些大臣世代吃汉粮、在汉朝长大，怎么可以穷凶极恶地当面逼汉献帝退位呢？这种匪夷所思的事情居然发生了，责任应该由曹操来负，因为这种不良的风气是他首开先河的。他最大的罪过就在败坏了原本善良的社会风气，导致这种不良风气延续了好几百年。如果没有看到这一点，我们就没有资格去评点曹操。

现在曹丕逼汉献帝退位逼到这种地步，就是因为他以前经常跟曹操在一起，在曹操的熏陶之下认为这样做是对的，是理所当然的，所以才会做出如此不人道的事。此后历史上不断有类似的事情发生，大家习以为常，看不出跟曹操有什么关系，但实际上，曹操要对此负很大的责任。

4. 大家说出很多理由请汉献帝早日禅让，是不是真的有依据？

中国人的事情总是公说公有理，婆说婆有理。现在曹丕想让汉献帝禅位，他手下的大臣自然可以讲出一百个名正言顺的理由。要是此时有人想骂曹丕，同样也可以找出他的一堆不是。以那些大臣的口才，同样的引经据典，他们怎么讲都对，就看自己怎么选择。中国社会特别需要大家去选择自己站在哪一边，此时那些大臣的选择已经很明了了。

5. 献帝虚有其名，而且身受其害，为什么舍不得让出帝位？

汉献帝也很无奈，他并没有做错过什么事，也没有主动去争这个大位，只是事情正好落到他头上，需要他承担罢了。在求生不得，求死无门的情况下，很多人觉得直接退位就是了，可他当时即使退了位也是死路一条。因此汉献帝是很值得大家同情的，他终生受人摆布，自己却无能为力。当一个人不是由于自己的过错而身处这样的困境时，说难听点，就是他祖先不积德，因此才会祸及子孙。汉献帝就是这样一个活生生的案例，他的祖先听信宦官的谗言，没有把朝政治理好，而且一而再、再而三地重蹈覆辙，最后却让他来承受所有的恶果。我们一定要汲取这个教训，好好积德，不能让子孙替我们承担恶果，面对苦难。

6. 献帝自问没有做错什么事，他究竟错在哪里？

汉献帝并没有什么错，如果要挑错也只是错在投错了胎。他也想争气做点事，可无奈始终逃不出曹操的手掌，他叫谁帮忙谁要不就是被杀，要不就是逃跑，否则迟早被曹操抓到，因此献帝想尽办法也束手无策。可见一个人再争气、再用心，只要大环境不允许，他照样无能为力。

一个人再争气、再用心，只要大环境不允许，他照样无能为力。

情景说明

次日，百官又集于大殿，令宦官前去逼献帝出来。献帝仍不忍放弃汉室江山，华歆等大臣上前将他从宝座上拉下来，威逼他交出玉玺，禅位给曹丕。掌管玉玺的祖弼坚决不肯交出玉玺，终被斩首。汉献帝不得已只得下诏禅位给曹丕。

曹丕接到诏书和玉玺，欲马上受禅。此时司马懿劝他推辞不受，以绝天下之诽谤。献帝再降诏书，曹丕恐留下篡汉的恶名，贾诩建议让华歆令汉献帝建一受禅台，择吉日当着文武公卿的面禅位，从而绝众人之议。曹丕大喜，让华歆按贾诩的意思去做。

受禅那天，曹丕一步一步登上受禅台，接过汉献帝的玉玺。读完禅位的诏书后，曹丕改延康元年为黄初元年，国号大魏，并封汉献帝为山阳公，即日起程。文武百官三呼万岁，请曹丕答谢天地，却不料忽来一阵大风，吹灭了台上所有的火烛。

要点解析

1. 祖弼不肯交出玉玺，为什么被斩首?

玉玺一向被看成传国之宝，历史上有很多人为了它而牺牲了自己宝贵的生命，孙坚为它而死，袁术为它而死，现在祖弼又是为它而死，虽然他们面对的情况不同，但结果是一样。

祖弼是保管玉玺的官员，他有职责保卫玉玺的安全，不能谁要都给。当时那么多大臣逼汉献帝禅位，祖弼仍坚决不肯交出玉玺，他这样做并不是愚忠，而是忠于自己的职守，因此他是求仁得仁，很值得大家钦佩。

2. 禅王位本是尧、舜的美德，后来却被用来掠夺帝位，是什么道理?

很多东西刚出来的时候很好，可用着用着就改变了原本的用途。例如药物本来是用来救人的，可因为有些药物功效好，但价格昂贵，因此很多人就去做假药骗钱，害死了不少人，这些都值得我们思考并提高警觉。

先前尧传位给舜，舜传位给禹，都是选能够为百姓造福的人继位，这种禅让本来是种美德，可曹丕现在却借禅让之名而行篡位之实，实在是名不副实。可老百姓们都清楚得很，后代的子孙也不会被他们蒙蔽。从曹操开始，他们曹家一直都有篡位之心，只不过曹操忍住了，他知道自己不这样做儿子也会这样做，事实证明果然不出他所料，曹丕真这样做了。

3. 曹丕心里一直想篡位，为什么这时候又再三辞让呢？

因为司马懿告诉曹丕，就算再想要这个位子也应该先礼让一番，做做样子给大家看，否则如果汉献帝一禅位他就马上接受，就会暴露自己的不良居心，让天下人说闲话。

当初曹操封魏王的时候也是再三推辞，说自己何德何能承担这样的重责大任，因此司马懿让曹丕先推辞一番，而且汉献帝也不可能就此收回成命，就算真的要收回，还可以继续让人去逼他，没必要这么急着接受。这一套虚虚实实、真真假假的用意其实谁都知道，因此曹丕推辞后，汉献帝又下诏让位给他，他再推辞，汉献帝再下诏，最后好像是曹丕推脱不掉才要皇位似的。如果果真如此，那的确让人感动，可如果是假的，那就显得太过卑鄙。而此时的曹丕明显是在做戏给天下人看，因此令人非常厌恶，他以为骗尽了天下人，实际上大家都心知肚明，只是不便直说而已，因为在那种情况下，肯定是谁说谁倒霉。在大家都知道真相而说又没有用的情况下，倒不如不说。

三国之道

在大家都知道真相而说又没有用的情况下，倒不如不说。

4. 曹丕一步一步登上受禅台，他的心里在想什么？

秦始皇是第一个登台称帝的人，但曹丕根本没法跟他相提并论。秦始皇努力一生统一了天下，在登台称帝时也是一步一步地走上去，但他每走一步都在想自己的责任加重了，要如何把天下治理好以及使原来其他六国的百姓能够安身立命。而此时的曹丕一步一步登上受禅台，想的却是自己终于登上受禅台了，终于篡位成功了。他是一个典型的自私自利的小人，只想到自己，很少想到别人，就算会想到要去为老百姓做事，可为老百姓做事是需要真心诚意的，否则就成了收买人心，不可能有好结果。

5. 献帝让出帝位，结果受封为山阳公，是真的吗？

说它是真的也行，因为的确有这么个封号；说它是假的也可以，因为献帝享受不了，最后一定是被杀掉的。一个新皇帝登台后，不可能允许有其他皇帝的存在，否则夜长梦多，指不定哪天会有人拥着其他皇帝来攻打自己。因此曹丕表面上很仁慈，不仅饶了献帝一命，还封他为山阳公，实际上很可能一出门就把他杀掉了，因为从此以后大家就不知道献帝的下落了。

汉献帝是三国时代的一个悲剧人物，就是因为他祖辈没有好好积德，才使得他这做子孙的这么可怜，我们一定要以此为戒。

6. 老天爷不说话，大家却时常假借天意，合适吗？

中国人任何大事都会假借天意，就像曹操这些人打赢了仗就说天助我也，打败了就说不是自己的过失，而是老天不帮忙。一受委屈就骂老天不长眼，这是标准中国人的反应。但是老天从来不说话，这是它最可爱的地方，它要给人做一个榜样——当有人诬蔑你的时候，辩驳是没有用的；当有人曲解你的时候，再怎么据理力争都是白搭；当有人捧你的时候，你也不需要高兴。可是大多数人嘴巴喊老天爷喊得亲热得要命，却从来没有向老天学习过，这些人需要好好地反省反省自己。

现在这班汉臣说曹丕登台是天意，其实未必，因为按照阴阳文化，怎么解释天意都对，他们偏偏要这么说，只能证明他们不安好心，这也正是我们身为炎黄子孙应该高度警惕的——一个人只要一开口，大家就知道他安的什么心，根本骗不了人。

情景说明

刘备闻听汉献帝已遇害，忧郁成疾，不能理事。孔明与众大臣商议，觉得天下不可一日无君，欲尊刘备为帝，刘备却执意不从。孔明故托病不出，刘备只得前去探望。孔明趁机又劝刘备就帝位，说文武大臣对他此前的推辞已有怨心，若再推辞不就，文武大臣恐会散去，到时吴、魏来攻，两川就保不住了，又说圣人云“名不正则言不顺”，刘备乃汉室宗亲，以皇叔之名继位，名正言顺，无可非议。刘备听了，说等孔明的病好了再就帝位不迟。谁知孔明一听这话，马上从床上跳了起来，并拉出躲在屏风后的众多大臣，大家一起跪请刘备早行大礼。

不久，刘备登坛称帝。孔明率众臣恭上玉玺，众大臣三呼万岁。

次日在朝上，刘备表达了自己想倾国之兵去伐东吴以此为关羽报仇的想法。赵云让刘备以天下为重，切勿因私而废公，孔明也表示赞同赵云的观点。但刘备固执己见，仍下令起兵伐吴。

要点解析

1. 刘备听说汉献帝遇害，为什么不愿意就帝位?

对于就帝位这件事，孔明跟刘备的看法是不一致的。我们很难说他们谁对谁错，但是可以想想他们的看法为什么会不同。

在刘备看来，汉献帝是死是活还并不清楚，只是传言他已经遇害了，自己现在急急忙忙地就帝位并不太合适。而且以刘备给人的印象，他也必须要谦让，不能抓到机会就上，否则之前给人留下的印象就会大打折扣，大家会认为他并非真的想中兴汉室，而是自己想当皇帝，因此他的谦让推辞是有道理的。再说刘备此时也确实无心就帝位，关羽死后他就一心想随关羽而去，在这种心情之下推辞就帝位也并不虚伪。可是孔明认为汉献帝死了，汉朝就断了，如果刘备再不称帝，就等于默认曹丕改朝换代成功了，那他们还努力什么呢？所以孔明建议刘备以皇叔的身份来继承大位，使之前的计划能继续推行下去。

曹丕篡位最大的后遗症就是把一个国家分裂成了三个国家，这是我们中国人最难以接受的。因为中国人的传统思想是以统一为常态，以分裂为非常态。现在曹丕改国号为大魏，刘备为了与之抗衡，就成立了蜀国，他们两个都称帝了，孙权也肯定会插一脚，最后就变成了三个国家。如果这三个国家不打仗，长久以后就会各自独立，那就更糟糕了。秦始皇好不容易一统天下，现在经过一个汉朝就又分裂了，这不是大家愿意看到的。曹操没有预料到后面的这些问题，否则活着的时候恐怕也不会那么放纵自己。一个国家要分裂很容易，要统一却很难，分裂以后再统一更是难上加难，这就是为什么《三国演义》开头便说“天下大势，分久必合，合久必分”，一语道破。

2. 孔明托病不出，刘备当然知道他的用意，为什么假装不明白？

孔明假装生病，闭门不出以逼使刘备就帝位。刘备跟孔明互动这么久，自然对孔明很了解，这次孔明突然病倒，而且还病得那么厉害，明摆着就是要逼自己就帝位。可大家都是有头有脸的人，刘备不能直接拆穿孔明，因此也只好配合着假戏真做前去探望。

3. 孔子说，名正才能言顺，孔明请刘备就帝位是不是合理？

很多人说孔明是法家，其实孔明是正宗的儒家。他用孔子的话“名不正则言不顺”来劝刘备，说刘备不就帝位等于默认了曹丕建立的新朝代，到时候再去打曹丕就只能算叛乱了，因此他再三恳请刘备赶快就大位。在这种情况之下，刘备也只好说等孔明病好了再说，没想到孔明一听这话，一下就没病了，还拉出躲在屏风后面的众多大臣，大家一拥而出，磕头跪拜，请刘备早行大礼，如此一来，刘备也只得半推半就地答应了。中国人的半推半就很有艺术，只要内心真诚，半推半就就显得非常可爱，可如果是虚情假意，心里想得要命，嘴巴上却故意推辞，那就让人很厌恶。

三國之道

只要内心真诚，半推半就就显得非常可爱，可如果是虚情假意，心里想得要命，嘴巴上却故意推辞，那就让人很厌恶。

4. 玉玺明明在曹丕那里，大家为什么又弄一个给刘备呢？

如果单看某个具体的玉玺，它本身的价值并不高，想做多少个就能做多少个。只是玉玺的象征意义远大过实质价值，所以刘备他们又弄了个玉玺，表示汉朝的香火并没有断，他们不承认曹丕的大魏是一个新朝代，汉朝的传承是在西川而不是在曹丕那边，他们迟早会征服曹丕集团，这才是他们又弄一个玉玺的真正用意。

5. 刘备就帝位，他的心情和曹丕有什么不同?

曹丕一心一意想当皇帝，现在好不容易当上了，心里自然乐开了花，满脑子想着如何把自己的势力建立起来，把那些反对自己的人统统消灭，然后统一天下，做个名正言顺的皇帝。可刘备此时的心情却很复杂：和他发誓“不求同年同月同日生，但求同年同月同日死”的结拜兄弟关羽死了，那自己要不要跟着死呢？如果自己不死，当年的誓言又如何兑现呢？当年孙坚应验毒誓死了，自己桃园三结义时发的誓那么真诚、那么重，估计也跑不掉了。刘备既想尽到自己肩负的责任，又想兑现自己的誓言，因此内心非常挣扎。也就是从此时开始，刘备几乎变成了另外一个人，以前脑子还很清楚，可此后却越来越糊涂。这一切都是他自己造成的，怪不得别人。

6. 刘备要伐吴报仇，赵云和孔明反对，他为什么不听?

这个决定是刘备一生的转折点，我们第三者没有权力去说他这个决定对或错，因为这是他自己的选择，最后也要他自己去承担所有的责任。

但赵云和孔明的反对是对的。为什么我们没有权力去置评刘备的选择，却说赵云和孔明反对是对的呢？因为他们都是当时的局内人，所有的共同目标都要靠他们集体努力，而我们现在是看以前的故事、以前的历史，并不是局内人，因此没有资格去置评。

赵云和孔明告诉刘备不要因私废公，可刘备一生的致命伤就在于此。普通老百姓经常会因私废公，可刘备这样的重要人物只要稍微有点因私废公，就会天理难容。此时老天已经考验出他会在紧要关头以私为重，把公家的事情抛在一边，因此才会不让他统一天下。

六十二　誓死要报仇

刘备的个性似乎是一个阶段只能信任某一个特定的人。有了法正之后，孔明的话就好像听不进去了。刘备急于为关羽报仇，是理所当然。但是孔明劝他先伐魏后攻吴，则是势所必然。伐魏有正当性，为公而打。伐吴比较说不过去，双方为了荆州，多有死伤，为什么不肯罢休？先伐魏，孙权不敢不配合；后伐吴，孙权势必难以抵御。可惜刘备只想到桃园三结义的盟誓，轻忽了当初共同匡复汉室的宏大目标。因私而害公，为天理所不容。誓死要报仇，是对的；先伐魏后打吴，也是一种合理的策略运用。两者若能兼顾并重，一切自然改观。

情景说明

刘备想亲自领兵去伐吴，孔明劝说要北上伐魏则可亲统领军，若兴兵伐吴则指派一大将即可。刘备正犹豫间，张飞来见，他质问刘备为何不替关羽报仇，刘备说群臣都在劝阻，张飞大怒，责怪众臣无法体会他们的兄弟之情，并誓死要为关羽报仇，刘备只得同意前往。张飞离去前，刘备特意提醒他不要再酒后鞭打士卒，以免生祸，张飞答应牢记在心。

次日，孔明上书刘备，说篡位的是曹丕，应养士卒之力，别作良图，但刘备仍一意孤行，孔明也无可奈何。

张飞回到阆中，命张达和范疆二人三日内置办好三军挂孝伐吴所需的白旗白甲。三日后，张达和范疆向张飞报告时下白帛短缺，请求宽限时日。张飞大怒，将他二人绑在树上猛抽一顿，打得他们皮开肉绽不说，还下令若三日之内不能备齐白旗白甲，定要杀他们示众。

要点解析

1. 孔明说伐魏才要亲征，伐吴可以指派大将，张飞为什么反对？

因为张飞比刘备更坚决地主张报仇为先，没意识到孔明这样说是想转移刘备的思维方向，让他从大局出发，所以才会反对刘备亲征伐吴。

虽然张飞跟刚出来时相比进步了很多，也学会了想事情，但他此时仍不够理智。现在唯一能让刘备心里安慰些、理智些的人就是张飞了，但张飞没有发挥自己的平衡作用，一心只想为关羽报仇，好像他们三兄弟的事才是天底下最了不起的事，其他的都不重要。当年桃园三结义时他们怎么想都行，但以他们现在拥有的地位和立场，还抱持这种狭隘的想法就很不负责任了。刘备怕别人骂自己当了皇帝就忘了当年的誓言，因此不太方便主张先把为关羽报仇的事搁一边，但张飞却可以跟外人讲仇是绝对要报的，只是做人应该先公后私，从而产生跷跷板的作用，不让刘备这么为难，可惜他没有这样做。

2. 刘备告诫张飞不可以酒醉打士兵，是不是一种不祥的预兆？

这当然是一种不祥的预兆，而且马上就要兑现了。他们兄弟三人，刘备很会照顾部属；关羽虽然骄傲，但他对上不对下，对那些不如自己的部属也很关心爱护；只是他们两个的这个优点张飞没有学到，张飞对部属极其苛刻，不管自己下的命令是否合情理，都要部属坚决地去执行，没有一点回旋的余地，这是张飞的致命伤。虽然他已经慢慢改了许多，以前喝醉就鞭打士兵，现在也克制了很多，但刘备此时别的都不说，就交代他不要再喝醉鞭打士兵，可见这是老天给张飞的一个严重警告，可惜他完全没有听进去。当一个人把某件事摆到至高无上的地位时，就已经被冲昏了头脑。此时张飞看似很重兄弟情，一心一意只想为关羽报仇，却不知道自己在不知不觉中害了大哥刘备。

三国之道

当一个人把某件事摆到至高无上的地位时，就被冲昏了头脑。

3. 刘备坚持不听孔明的劝告，孔明有什么感想?

孔明出山之前就知道天时已经不对了，他只是被刘备感动，想尽可能地帮刘备完成心中的宏图伟业，才出的山。但孔明又是孔子的信徒，知道尽人事后还需要听天命，因此看到刘备原本很听自己的话，现在突然变得很倔强，而且态度也越来越不好，就知道天命不可违，刘备这辈子的努力是要泡汤了。可此时的孔明也并没有患得患失，他以出世的精神来做入世的大事，不重视结果，只重视其中的过程，值得我们大家学习。

4. 张飞交代副将张达、范疆，三天内备妥白旗白甲，结果如何?

结果就是老毛病复发，害死了自己。张飞让张达、范疆三天之内备妥三军所需的白旗白甲，却完全不考虑白帛不足的现实情况，只知道让他们限期完成。其实白帛不够，每人剪一块别在身上也不是不可以，何必要每个士兵一件呢？可张飞就是不通融，觉得就自己的兄弟最重要，别人的命好像都不值钱一样，因此他完全是被自己的个性所害，并非简单地被张达和范疆所杀。一般人也常有张飞这样的错误观点，看到这一段应该提高警惕：自家兄弟的性命固然宝贵，但别人同样是人生父母养的，性命同样宝贵。

5. 刘备先伐吴而不先伐魏，是不是过分自我标榜?

刘备这样做其实就是为了标榜自己对当年誓言的守信，却不顾天下苍生。如果他只是个做小生意的或当小主管的人，这样做也无可厚非，但他现在已经是皇帝了，“为天下者不顾家”这句话他大概没有听懂或没有听过，当一个人把天下大任放在自己肩上时，自己的家事已经不重要了，最重要的是天下苍生。可刘备此时仍口口声声说自己三兄弟怎么样，没有人听得入耳，就连跟他们三兄弟最亲密的赵云都听不下去了，说不可以因私废公。但刘备就是怎么点都点不醒，最后把自己逼上了死路。

6. 在这种内部意见不合的情况下去伐吴，有胜算吗?

答案是很显然的，怎么可能有胜算呢？孙权并不好对付，曹丕也可能趁机来攻打两川，此时刘备的阵营虽然没有分裂，但赞成派和反对派的争论已经非常激烈了。以孔明为首包括赵云还有一大班人在内的反对派都觉得应该先伐魏，因为曹丕篡位，是叛乱分子，而刘备作为正统的皇帝不去剿灭曹丕，反而为了给自家兄弟报仇去攻打孙吴，这显然无法对天下人交代；而且时间拖久了，天下人会认为刘备是默认魏国的存在，因此刘备除非两边都不打，否则只要有动作，无论如何都应该先伐魏，然后才可以伐吴；况且孙吴那边已经在求和了，他们并不想一路干下去，刘备如果跟他们交换条件，说不攻打他们可以，但两家要联合起来攻打魏国，这样才能实现自己的初衷。可刘备总认为自己的兄弟最了不起，为兄弟报仇才是天下第一大事，最后可以说是聪明一世、糊涂一时，即使有那么好的修养和仁义的声誉，最后仍得不到天下。这不能怪老天爷，如果让这样的人得天下，天理何在？

情景说明

夜间，张达和范疆持刀欲杀酣睡的张飞，见张飞眼睛大睁，还以为他没睡着，二人吓得赶紧跪下说有要事禀报，后见张飞鼾声如雷，这才确信他是睡着了，于是一刀刺向张飞的肚子，张飞大叫一声而亡。两人割下张飞的首级连夜投奔东吴而去，孙权赏了他二人后，却并未打开包裹查看张飞的首级。

刘备得知张飞也已亡，当场晕了过去。在祭奠张飞时，张苞请刘备为其父报仇，准其为先锋前去讨伐东吴。一旁的关兴却站出来请求刘备将先锋印给自己。张苞责怪关兴跟自己抢先锋印，两人当场争吵了起来，还要动刀比武。刘备拉住他二人，说自己跟他们父亲情同兄弟，而他们却这样相争，真是失其大义。张苞和关兴羞愧难当，跪拜在张飞灵位前拥抱言和。

不久，刘备拒绝了孔明等人的连连劝阻，亲自领兵75万杀奔东吴。孙权为此烦恼不已，诸葛瑾请求前去游说刘备，让刘备联合东吴共同伐魏，孙权大喜。可不料刘备完全不听诸葛瑾的劝说，置篡汉的曹丕不管，执意要伐东吴替弟报仇。

要点解析

1. 张飞酒醉，为张达、范疆所杀，是不是自作自受？

这百分之百是自作自受。此前刘备已经交代过张飞，说他现在情绪不稳定，要格外小心，千万不能再酒醉之后鞭打部下，可张飞完全不当一回事，回去就限张达、范疆三日之内把三军所需的白旗白甲准备好。张达和范疆已经很尽力地去准备了，可由于白帛短缺，最后还是来不及筹备齐。当他们把实际情况报告给张飞，请求宽限几天时，张飞一点弹性没有不说，还把他们绑在树上用鞭子猛抽了一顿。此时被逼得走投无路的张达和范疆很可能来一个大反扑，但张飞由于一路太顺，没遭遇过反弹，因此毫无提防。

张达和范疆被打后心想，再打也买不到那么多白帛，与其完不成任务死在张飞手上，倒不如先把张飞干掉，自己还有条活路。如果不是张飞给他们那么大压力，对他们下手那么重，在商谈是否杀张飞时，还存在着其中的一人会去告密的可能，但现在他们的压力一样大，为了能活下去，他们决定晚上暗杀张飞，而且谁也不会出卖谁。当然，张飞晚上是不是睁着眼睛睡觉我们不知道，可能他睡着的样子也能给人这样的威严，因此才使得张达和范疆看花了眼，以为他没睡着，最后听到他的鼾声才知道是真的睡着了，这才一刀刺了下去。当年曹操要刺杀董卓的状况跟现在很相似，为什么曹操不一刀刺死董卓，而张达和范疆就一刀刺死了张飞呢？难道他们俩的反应比曹操更快吗？当然不是，只是曹操要做更多的事，如果那时刺杀了董卓很可能跑不掉，所以老天不让董卓死在曹操的手里。但现在老天让张飞被张达和范疆所杀，是想让刘备好好反省反省自己，可惜刘备仍然没有这种警觉。

2. 张达、范疆把张飞的首级献给孙权，孙权为什么不打开看看?

当初曹操一看到关羽的首级就吓得跪在地上直磕头，孙权当然不会笨到跟着去效仿。况且他对张飞并没有太深的印象，西蜀给他印象最深的人就是孔明，第二个是刘备，第三个是关羽，就算到了第四个也是赵云而轮不到张飞，因此他现在没有像曹操那样开自己的玩笑，对着张飞的首级说："张飞，别来无恙乎？"而只是搁在一旁。孙权之前刚杀了关羽，现在张飞的人头也赖到他身上，他就跟刘备结死仇了，这其中的利害关系孙权当然清楚得很。

3. 刘备听到张飞死亡的消息，为什么没警觉到自己的死期也不远了?

如果刘备有这种警觉，就应该好好想一想，如果自己愿意接受死亡，那就威胁孙权将几个仇人的首级送来，否则就派人攻打东吴，何必亲自去报仇呢？那样就算死了也不至于连累这么多人。如果自己不想死，那为什么一定要先攻东吴呢？可能刘备是意识到只要自己不死，当年桃园三结义时的重誓就没有兑现，这才不得已向东吴发兵。看到这里，我们应该好好吸取其中的教训——不要轻易发重誓。大家志同道合就行了，没必要一定要发重誓，而且也只有那种发誓没有用的人才会去发誓。比如有个太太经常埋怨自己的先生老诅咒她，说像她这种人，出去一定被车子撞死，后来有人告诉她别放在心上就是了，因为她先生咒过那么多次都没有效，正因为如此，他才会老咒人，否则如果真的一咒就应验，那他还敢吗？刘备就是不清楚其中的道理，才害死了自己。

三国之道

大家志同道合就行了，没必要一定要发重誓。

4. 关兴、张苞相争不下，刘备晓以大义，结果如何？

刘备、关羽、张飞桃园三结义情深意重，但他们的第二代之间完全没有这种感情。关兴和张苞分别是关羽和张飞的第二代，并没有隔太远，但他们根本不像是结拜兄弟，这也是老天再次提醒刘备不要把死人的仇恨摆在第一位。可刘备只知道劝他俩要齐心协力替父报仇，不可失其大义，却没有意识到这是老天又在点他，仍没有醒悟过来。

5. 刘备75万大军水陆并进，诸葛瑾前来劝和，有效吗？

东吴自从鲁肃去世后就后继无人了，诸葛瑾多次到西蜀游说，没有一次是成功的。他也知道自己劝不了刘备，刘备现在连孔明的话都不听，何况他诸葛瑾呢？但诸葛瑾不得不来，否则孙权就会怀疑他是跟孔明串通好了，那样他的身家性命就不保了。

诸葛瑾来讲了半天大道理，但刘备毫不理会，他现在一心一意只想替两个弟弟报仇，别的什么都听不进去。

6. 杀弟之仇难道比篡汉的讨伐更重要？刘备是怎么想的吗？

刘备现在完全是钻牛角尖，只考虑到自己的名节。其实一个人太重视自己的名节也不太好，一心为了证明自己是正人君子、是以诚信为先的人，其本身就很自私。中国人常说看人要看长久，不能只看眼前的表现，此时只要刘备动机纯正、内心真诚，别人误会又能怎样？不管世人怎么想，该做的就去做，总有一天大家会知道自己的良苦用心。可刘备一心想保住自己的声誉，不允许自己的声誉有一点点损害，却不知道这样对自己的伤害更大。

情景说明

孙权派赵咨去劝曹丕趁机攻打汉中，曹丕却只想坐视吴、蜀交兵，坐收渔翁之利。孙权感慨吕蒙之后无人替他分忧，此时年轻将领孙桓主动请缨前往迎战。孙权大喜，封他和朱然为左右都督，让他们领水陆兵马前往迎敌，却不料孙桓一出兵就败在张苞和关兴手下。

庆功宴上，刘备当着三军将士的面感慨当年跟随他的老将已无用，幸亏有张苞和关兴两位少将军。黄忠不悦，起身而去。忽探子来报东吴的韩当、周泰领10万大军到来，刘备欲遣将迎敌，有人报告黄忠领五六人前去迎战东吴了。刘备知道是自己刚才失言，致使黄忠不服老而前去迎战，因此派张苞和关兴前去接应，勿使黄忠有失。

黄忠急欲立功，一人紧追潘璋不放，却不幸中了潘璋的埋伏，身中一箭，后虽被人救回，却终因伤势过重而亡。

要点解析

1. 曹丕坐视吴、蜀相争，却不趁机攻蜀或攻吴，是明智的决定吗？

这个很难讲。如果曹丕此时去攻东吴，就跟刘备站在了同一阵线，到时灭了东吴他们两边还要对垒，因此有些不值。而如果此时去攻西蜀，就等于帮了孙权的大忙，而孙权在当时是最不讲信用的，将来会怎么对待魏国也很难预料。何况曹丕刚刚就位，安定人心才是最重要的，总不能自己内部的事情还没解决就要劳师动众，所以曹丕让吴、蜀两军相斗，自己将来坐享其成也不无道理。但从另一个角度看，此时刘备的75万大军已经深入东吴，一时之间要想调回来很难，如果曹丕趁机出兵汉中，打通蜀国的边界，就算没有太大的战果，对将来跟西蜀的战争也很有益，而且此时如果让孙吴跟自己合作，孙吴也一定会百依百顺，那刘备就疲于奔命了。当然，我们不是那时候的人，现在来讲这些有点事后诸葛亮，但我们并不是为了证明自己比曹丕高明，只是分析他当时那样决定也有自己的顾虑，因此很难讲他那样对不对。

2. 孙桓年幼被封为都督，是不是东吴无大将了？

当时不仅是东吴无大将，魏国和蜀国也无大将，因为人才折损率太高，很多人年纪轻轻就被抓去当兵，又没什么经验，上战场完全是等于送死，因此人才的断层非常严重，根本就没有能培养成大将的好苗。

孙桓年纪轻轻没什么经验就能当都督，大家自然不服他，可老将如果能当年轻时就当了，年轻时不能当就表示已经不在候选人之列了。所以，领导者一定要有意识地培养接班人，否则就会弄得跟东吴一样，人才青黄不接。

三国之道

领导者一定要有意识地培养接班人，否则就会弄得跟东吴一样，人才青黄不接。

3. 刘备当着黄忠的面赞美张苞、关兴，却说老将无用，合适吗？

此时的刘备已经跟以前不太一样了，以前的刘备不可能讲这种话。他现在说这话可能有几个用意：一是学孔明想激一激黄忠，但又没有孔明那么会激将，最后还使得黄忠很生气。激将激到人家生气就说明自己技术太差了，既然不是自己擅长的，干吗要去学孔明呢？二是他说的确实是真心话，但这种真心话不应该在大庭广众之下讲出来，以前这种话他只会在心里想，绝不会讲出来，因此平常话不多。一个话不多的人是不太会闯祸的，但他现在多嘴了，一多嘴就闯祸。三是他想鼓励关兴和张苞，之前他俩闹意见闹得很凶，是刘备从中调和才使得他们合作得越来越密切，因此刘备想鼓励他们，但要鼓励他们私底下鼓励就好了，没必要这样公开来讲，因此刘备这样说实在是严重的失言。

4. 黄忠紧追潘璋不舍，中箭身亡，是不是刘备害的?

这显然就是刘备害的。黄忠是个不认输、不服老的人，刘备当着他的面吹捧两个晚辈也就算了，竟然还直说老将无用，这分明就是在损黄忠。黄忠听了当然很生气，情绪也不稳定，在这种情况下跟潘璋打仗自然会很吃亏，结果果然中了箭。虽然大家最后把他救了回来，但已无法挽救他的生命。黄忠临死前并没有怨恨刘备，但刘备内心仍愧疚不已，因为是他间接害死了黄忠。

5. 黄忠战死沙场，能不能心安理得?

黄忠应该是死得心安理得的，因为他不是被迫上战场的，他待在刘备身边并不是因为签订了合同，年限没有到，也不是为了养家糊口而不得不出卖自己，更不是想要争什么别的，他跟随刘备纯粹是出于自愿。军人战死沙场本来就是很光荣的事，何况还是自愿的呢？所以黄忠无怨无悔，死得心安理得。

6. 老人为什么舍不得退休？难道一定要拼斗到死吗?

我们应该尊重每个人的选择，当初姜太公80岁了还没有退休，替周朝奠定了良好的基础。人活得久有三个意义：第一个，人只有活得久别人才知道你不是坏人，如果30岁就死了，谁知道你是好人还是坏人呢？因为30岁的时候可能是还没来得及做坏事，那时候死的人并不见得就一定是好人；第二个，人活得久才能够全面地了解事情，否则自己经验不足，老是只知其一、不知其二，还要大肆发挥，却不知道那完全是自己的片面之见；第三个，也是最重要的，就是人活得久才能够带出一帮好的传承人。虽然黄忠在第三点上没什么发挥，但最起码他活到现在知道了自己没做过什么坏事，知道自己英雄不减当年，知道自己这种为国为民的初衷到死都不会改，因此我们很敬仰他。

情景说明

刘备见五虎上将已死三位，对东吴的仇恨更是加深。他命大军兵分八路，水陆俱进大会亭。

领兵去战潘璋的张苞杀入吴阵后一直紧追潘璋未回，刘备派关兴前去接应，不料关兴不但没找到张苞，还一时迷了路。见天色已晚，关兴到近处的一户农家去讨口饭吃。开门的老人家热情地请他进屋。关兴一入堂屋就见供有自己先父关羽的画像，立即跪下哭祭。老人家大惊，问他为何大哭，关兴说此人正是自己的先父，又问老人家为何供关羽的画像。老人家说关羽让百姓们安居乐业，因此大家都很敬仰他。

半夜，路过此地的潘璋也来此处借宿，不料进门就见关羽的画像，当即吓得魂不附体，手中的大刀也掉落在地。屋里的关兴捡起大刀一看，正是他父亲关羽的偃月刀，于是一刀就将惊吓中的潘璋砍死，取其首级祭拜关羽。

要点解析

1. 五虎上将已经死了三位，刘备有什么感觉？

刘备此时不可能有太大的感觉，因为他已经完全麻木了。当一个人一心一意只想完成某个目标时，感觉是不灵敏的。

战争可分为两种，一种是必须进行的义战，一种是可以避免的不义之战。看到五虎上将一个接一个地死去，只剩下反对伐吴的赵云和镇守后方的马超，刘备应该想想此次究竟是义战还是不义之战，是否有必要牺牲这么大去伐吴，可惜他跟大多数人一样，紧要关头无法冷静地去思考。

三国之道

当一个人一心一意只想完成某个目标时，感觉是不灵敏的。

2. 关兴迷路，向老人家中的关羽遗像跪拜，结果如何？

关兴前去接应张苞时迷了路，见天色已晚，便到一户农家去讨口饭吃。前来开门的老人家很客气地把他请进家里，没想到关兴一进门就看到堂屋供有自己父亲的画像，于是很自然地跪下磕头。关兴此举并不是要做给老人家看，任何人碰到这种事情都不会想太多，都会这样做。

老人家很吃惊，问关兴为什么要跪拜，关兴说画像上的人正是自己的先父，又问老人家为何家中供关羽的画像。老人家说关将军是老百姓心中的好将领，他让百姓们安居乐业，把百姓们照顾得非常好，因此大家都很敬仰他。这使关兴瞬间增加了对父亲的信心，从而在之后有意想不到的发挥。

人没有必要大费心思地去做给别人看，否则就是做作，很容易把自己局限在一个小范围里施展不开。关兴此时就很自然，一点都不做作，所以后面才有意想不到的收获。

3. 潘璋也闯入老人家里，为什么被关兴所杀？

潘璋就是用绳子绊倒关羽，想让关羽投降的人。虽然整件事都是吕蒙设计的，但潘璋是实施者，所以对关兴来讲，潘璋同样是杀父仇人。当然，以关兴的年龄和见识，不可能一眼就看出眼前的潘璋就是自己的杀父仇人，但他看到了潘璋掉在地上的大刀正是自己父亲生前用的偃月刀，因此断定此人就是自己的杀父仇人。仇人见面自然分外眼红，关兴捡起大刀，一刀砍死了潘璋，并取其首级去祭拜自己的父亲。

4. 潘璋是大将，为什么那么轻易被关兴斩杀？

人总是这样，有时候很勇敢，表现得非常好，有时候很懦弱，表现得非常差。当年吕布是何等人物，但当他被绑在白门楼上时，样子同样很可怜；关羽曾经威震四方，但当他中计被绑时，虽然没有像吕布那样求饶，但先前的神威也随之不见了。现在潘璋一进门就看到关羽的画像，想起之前曹操被关羽的首级所吓的样子，一紧张就把刀掉在了地上。还没等他反应过来，关兴就捡起大刀把他劈死了。潘璋是在这种很特殊的情况下被关兴所杀的，大家不能用平常的眼光来评论这件事。

5. 东吴想尽办法都无法抚平刘备丧失兄弟的创伤，这是什么道理？

孙权知道自己错了，但既不是错在要回荆州，也不是错在用计抓关羽，否则连地盘都不敢要，敌人的将领也不敢抓，算什么一方之主呢？他知道自己唯一的错就在抓到关羽后杀了他。关羽是刘备的结拜兄弟，孙权要是杀别的人，刘备大不了拍拍桌子大骂一顿就算了，可他杀的偏偏是关羽，那就等于跟刘备结下了解不开的深仇大恨。孙权事后也非常后悔，因此想尽办法要跟刘备谈和。

照理说，只要孙权送来杀害关羽的仇人，刘备就应该适可而止才对，因为仇报了，自己的声誉也保住了，没必要再坚持伐吴，而且这也是老天让刘备去联合东吴征讨曹丕的最好机会。可刘备仍觉得不够，坚持要去攻打东吴。如果他是想假借替兄弟报仇而去踏平东吴，那也应该事先跟孔明商量，而且明知道灭了东吴再去灭魏就更难了，为什么还坚持要这样做呢？唯一的解释就是此时刘备的脑筋已经糊涂了，可能要到临死之前才能清醒过来。很多人都是这样，年轻时很聪明，老来却极其糊涂，直到临终时才又清醒过来，刘备似乎也没有逃出这个模式。

6. 东吴战败，是不是表示刘备的决定是正确的？

很多人见刘备打败了东吴，而且战果辉煌，就觉得刘备当初的决定是正确的。其实这种看法未免有些目光短浅，因为东吴以后是否会这样一直败下去还不一定，此前他们内部惊慌，没有把人力资源整合好，而蜀军却是同仇敌忾、士气高昂，当然会打胜仗。但当慢慢深入东吴之后，能否掌控住随时发生的变化是刘备首先要思考的。

其次，刘备带领75万大军一路深入东吴，还得考虑自己对当地的地形、地物以及天气变化是否熟悉，因为这些对战争的影响非常大。而且当军队离两川越来越远的时候，万一曹丕攻过去又该如何应对也是要考虑的问题。可刘备什么都不想，只是一意孤行地要灭掉东吴为弟报仇，这跟以前的刘备完全不同。

六十三　白帝城托孤

曹操终生不敢篡汉，与刘备有很大的关系。刘备一生最痛恨的，莫过于曹操。孙权再怎么不好，毕竟孙刘联盟，才使刘备占有一席之地。伐吴惨败，使刘备深自反省，实在有愧于汉室，也没有脸回成都，所以他选择将白帝城作为托孤的地点，相当于向世人宣示，他不是良好的政治人物，却情愿担当教化的任务，让后代子孙以忠诚宽厚为榜样。他一定很后悔，为什么不在稳定西川之时，便与关羽分路并进，誓师北伐。一时的偏安心态竟误了匡复的大事。想想还是孔明看得远，也算得准，所以诚心诚意地托孤。

情景说明

孙权为求和，将张达和范疆两人送给刘备，并遣使说愿交与荆州，送还夫人。但刘备却不肯适可而止，执意要先灭吴，再灭魏。

孙权得知后，焦虑万分。这时阚泽力荐陆逊为大都督，张昭却坚决反对，其他大臣也纷纷表示此举不妥。见此，阚泽跪地，说愿以全家老小的性命作保。孙权最后决定起用陆逊为大都督，并赐予宝剑印绶，命其掌管诸路兵马，还叮嘱其城门外的事情可自己做主。

刘备得知陆逊乃此前设计袭取荆州、害他二弟之人，勃然大怒，想立马就擒住陆逊。马良赶紧劝谏，说陆逊之才不亚于周瑜，不可轻敌。刘备却说自己用兵多年，难道反不如一黄口孺子吗？并下令大军攻打各个关口。

东吴周泰请陆逊去救被困的孙桓，陆逊却说孙桓颇得军心，等破了刘备之后，他自会解围。众将军请陆逊早下命令攻敌，陆逊却只让他们坚守各个关口。

次日，见刘备出营，周泰等老将军准备私自出击，却被赶来的陆逊拦住。

要点解析

1. 吕蒙、马忠、张达、范疆等仇人已死，刘备为什么不能适可而止呢?

适可而止其实就是中庸之道，既不能过分，也不能不及，一切都恰到好处，因此听起来容易做起来难。就像行驶在路上的车子，何时该刹车，需要驾驶员精准的判断。

吕蒙杀了关羽后不久就死了，当初他主张杀关羽完全是为了东吴着想，他们好不容易才得到荆州，要是放关羽回去，以后他又要来抢荆州，那不糟糕了吗？但事后吕蒙又冷静一想，关羽并不是普通的战将，他是刘备的结拜兄弟，杀了关羽究竟是对东吴有好处还是增加了东吴的祸患还不清楚，所以他内心越来越不安，慢慢就郁郁成疾而死。而马忠、张达和范疆这些人随后也一个一个地死掉了。东吴已深知关羽是得罪不起的，既然已经错杀了他，现在也只好尽量用实际行动来弥补，以求刘备能够回心转意，重新拾起联吴抗曹的战略目标。如果刘备此时适可而止，对外说既然仇人都已经死了，两个兄弟的仇也算报了，然后接受东吴的求和，两家联合起来去攻曹丕，将来的格局就会大不相同。可惜老天不断地给刘备机会，刘备却一次又一次地错过，没有及时刹住车，从而导致了临终的那番话。

2. 阚泽力荐陆逊，张昭为什么反对？孙权如何处置?

当一个人敢以全家老小的性命来担保推荐某人时，就足见他自己也不是个普通人，否则一般人站出来讲这种话，大家一定会笑话：你们全家的性命值几个钱？可见人在讲话之前一定要衡量一下自己的分量够不够，立场对不对。当年的赤壁之战，要不是阚泽把黄盖的降书交给曹操，使曹操上当，最后还不一定谁胜谁负，阚泽也因此而得到了重用。所以在这紧要的关头以全家的性命来保荐一个人，阚泽是有这个资格的。

张昭的反对不过是立场问题而已，其实他也不清楚陆逊能不能用，只是通常年纪大的人都不喜欢年轻人出头，因为年轻人一出头，就显得老人没用了，就连讲话向来谨慎的刘备一见到张苞和关兴两个小将表现良好，就立马说老将无用了，更何况孙权呢？所以张昭强烈反对任用陆逊。

支持派和反对派各执一词，如果孙权决定任用陆逊，就等于把东吴的命运交给了一个年轻书生，而如果不用陆逊，又没有别的人可用。这次又是刘备亲自带兵，孙权当然不敢轻率地亲自迎战，除非他亲自去不可，就像当年刘备攻打汉中时，没人抵挡得住，曹操才不得已亲自上阵。所以孙权最后还是决定任用陆逊来当大都督。

三国之道

人在讲话之前一定要衡量一下自己的分量够不够，立场对不对。

3. 孙权命陆逊为大都督，并给予充分的支持，有用吗？

结果证明非常有用。既然这是孙权自己的决定，那他就要负起全部的责任，可他又不能亲自去迎战，所以只好充分授权，将宝剑和印绶都赐予陆逊，允许他很多事情能够先斩后奏，以防一些老将领见他年纪轻轻而不听他的命令。其实孙权平常是比较优柔寡断的，这次迫不得已做了这个果断的决定，结果果然非比寻常。

4. 马良说陆逊年少多才，不亚于周瑜，刘备为什么不把他放在眼里？

刘备这时候正打了胜仗，以前他认为诸葛亮是帮了自己多年的忙，现在见诸葛亮紧要关头跟他唱对台戏，不同意他出兵伐吴，反倒觉得自己是受了诸葛亮这么多年的气，因此更想乘胜追击让诸葛亮看看。这时的刘备不仅没把诸葛亮当军师，甚至根本没把他放在眼里。

马家兄弟中，刘备平常最看重马良，现在马良跟他说陆逊年少多才，不亚于周瑜，切不可轻敌，刘备应该好好想想对策才对，可他一口拒绝了，说陆逊一年轻人算什么，自己用兵多年，难道反不如一黄口孺子吗？这种话简直像是出自张昭那种人之口。人千万不可以意气用事，一旦意气用事，脑子就不管用了。

5. 周泰请陆逊出兵救孙桓，陆逊不肯，众将如何反应？

果然不出孙权所料，用一个年轻人当都督，老将们就是不服。可老将如果能用，孙权早就用了。能打的人很多，有资格当都督的人却很少，就是因为长期看来，孙权觉得这些老将里没有一位能像以前的周瑜、鲁肃、吕蒙那样值得信任，这才选了陆逊，这也是孙权非常聪明的地方。

陆逊上任后，老将们说孙桓被围了，让陆逊想办法去救，以考考他这个年轻的都督，看他有什么能耐。陆逊却说不必派兵去救了，将来只要一打败刘备，孙桓自然就会解围。其实这才是根本之计。而且陆逊知道孙桓虽然年纪轻轻，但平常很会照顾底下人，内部不可能生变。只要内部不生变，等将来打败了刘备，这个围也就自然解开了。从对这件事的处理上，我们可以看出陆逊这个人的确不简单。

6. 陆逊为什么坚守不出，不许众将出战刘备？

不战而屈人之兵是上上策，不费一兵一卒而取胜才最合算。陆逊算好刘备领军远道而来，粮草供给不一定足，士兵水土不服，时间久了自然会疲惫，因此不许将领们出战，只让他们牢守险要之处，这样既不会有什么死伤，也不必冒太多的危险，只要拖到刘备支持不住，自己就赢了。要是陆逊此时想趁机表现自己、建立大家对他的信心而出兵应战，那他就跟一般年轻人没什么两样，支撑不了多久。可他却表现得非常老练，让将士们以逸待劳，最后果然一切都不出他所料。

情景说明

蜀军由春至夏，屯扎在平原之上，赤日如火，取水困难，苦不堪言。马良说陆逊坚守不出，定是等着蜀军生变。刘备却说陆逊只是胆小才不肯出战，还命大军都移到山林茂盛之地，靠近溪水沟涧，以避炎热。马良感觉不妥，却不敢再劝。士兵们移寨河边后，兴奋得不停地嬉闹戏水，刘备看到后，不但不禁止，还让大家去玩耍。马良建议刘备将移营的图本送给丞相诸葛亮看看，刘备却说自己也颇知兵法，何必事事问丞相。

得知刘备移寨后，陆逊领众将军前去察看。见平地一屯不满万人，且大半是老弱之众，周泰说愿与韩将军兵分两路出击。陆逊却说周围隐隐有杀气，其下必有伏兵，刘备在此地设弱兵，定是想诱吴兵深入，于是命众将军不可出战。数十日后，待刘备的伏兵移出，陆逊这才去向孙权表奏自己的破蜀之策。

要点解析

1. 刘备大军缺水，天气又热，不得不移寨到山林茂盛的地方，结果如何?

刘备此举乃兵家之大忌，因为天干物燥，再加上缺水，一旦敌人用火攻，损伤肯定会很惨重。刘备有很丰富的战争经验，如果别人这样做他肯定能看出其中的隐患，可他现在当局者迷，自以为很聪明，还听不进别人的劝。

人就是这么奇怪，一旦钻进牛角尖，就成了很可怕的一厢情愿。平常我们老劝别人要往这边想想，还要往那边想想，不能老朝某个方向一直想下去，否则越想越对，那就糟糕了。中国人你说东的时候他就跟你说西，你说西的时候他又跟你说东，听起来似乎很乱，但慢慢你就会从中找出一个合理点，这个就叫作中庸之道，我们平常都在训练这种思维方式。刘备以前也很懂这套，只是他现在当局者迷，再加上一心一意想要报仇，虽然杀关羽和张飞的人已经全死了，但他仍执迷不悟，从而影响到原本很清晰的思路，变得越来越糊涂。

2. 关羽实际上是败在陆逊手中，难道刘备不知道?

如果刘备听到关羽失了荆州后，很理智地把孔明和赵云找来，问问他们荆州是怎么失掉的，原因在哪里，是谁出的主意，那他这次就不会这么慌张了。可是他一听说关羽死了，就好像天底下的事情没有一样再值得追究了，也没有去问关羽是怎么败的，陆逊是何许人。一个不知道检讨的人很难走得顺畅，刘备听说关羽死了，什么都不问就直接哭昏过去，醒来后也只知道是东吴杀的关羽，而东吴的领导人是孙权，因此就把孙权当作眼中钉，这是非常不理性的。

当然，我们也不能批评刘备。如果换成我们是当事人，说不定也会跟他一样。大家总是认为自己想得都对，别人想得都不行，这是人的通病，叫作无知，觉得天底下就自己最清楚，自己最高明，结果害死了自己。今天大家都非常自我，害人害己的状况也时有发生。

3. 刘备大军移扎在山林之中，马良明知不妥，为什么不劝阻?

我们都知道，马良谦恭有礼，很会说话，跟刘备讲话一直很守分，但该讲的话一句不会少，只是此时的刘备根本听不进去任何话。当一个领导听不进去部属的话的时候，那这个领导就有问题了。刘备不听马良的意见，使得马良也不好意思再说，总不能拍桌子教训刘备，或者给他警告赏他几耳光吧？是刘备让马良无法再开口，因此所有的责任都要刘备自己去承担，谁也替代不了。

4. 刘备看见士兵戏水，不但不加以禁止，反而说大家去吧，是什么道理?

如果做这种行为的是曹操，我们就会说曹操是想讨好士兵，但如果是刘备，我们就会说他是关心士兵。同一个动作，不同的人做出来，我们会给出不同的评价。但这不能怪我们，因为刘备一直都诚心诚意去关心自己的部属，此时天气这么热，他让士兵们这么做，我们不会怀疑他是想故意讨好士兵以达到什么目的，只会认为他是诚心诚意、发自内心地关心士兵。

其实，要是刘备此时反常，反而会对自己有好处，因为大家感觉到后就会去报告孔明，往后说不定还有一线生机，可就是因为他别的都反常，偏偏一直对士兵很好，让大家觉得他跟以前一样，这才更糟糕。很多事情我们要从不同的角度去考察，才知道究竟是福是祸，是好是坏，否则永远看不清楚。

三国之道

很多事情我们要从不同的角度去考察，才知道究竟是福是祸，是好是坏，否则永远看不清楚。

5. 刘备移营，陆逊毫无反应，众将要求出战，他为什么也不答应？

东吴很多老将原本就对陆逊有成见，现在看到刘备开始移营，觉得是个攻打的好机会，可陆逊偏偏不同意出战，老是让等，好像胜利会从天上掉下来一样，因此更是不满。但陆逊不为所动，始终表现得很坚定不移，说刘备不可能只是单纯地移营，旁边肯定有埋伏，不许出战就是不许出战。其实，这才是一个都督应有的魄力，也是一个年轻人第一次担当重大责任时应该承受的考验。

6. 陆逊既然有破蜀的计策，为什么还要表奏吴王？他不是已经获得授权了吗？

这一点是所有年轻人都应该向陆逊学习的。一般人觉得既然老板授权给了自己，自己就可以行使职权了，其实这样并不好，因为老板授权给你只是对你表示尊重，并不代表他内心已经没有任何犹豫，现在你在行动前将自己的决定向他汇报，以表示对他的尊重，他将来才会更相信你，这一点陆逊把握得非常好。

如果陆逊行动前没向孙权报告，就算胜利了，孙权高兴之余也会更加慌张，生怕陆逊什么时候做出更严重的事情来，自己还要给他担责任。可是陆逊很聪明，他明明知道自己有权这么做，可行动前还是去禀报孙权，告诉他自己的破蜀之策。孙权听了当然很高兴，说：有这样的年轻人，我东吴无忧矣。很多事情我们不能片面地去想自己的处境，还应该想想对方的感受，这个是很重要的。如果陆逊此时是跟众将们商量下一步该怎么做或是自己直接决定、发号施令，后遗症都会很严重，因为如果他现在就开始听老将们的话，以后也势必统统要听他们的，既然已经坚持到这个地步了，就更不能放松了。同时，陆逊也不能坚持自己说了算，否则以后上面不支持他，下面也不给他建议就糟糕了。陆逊走的是最正确的路，他把要做的事情表奏上级，不管孙权支不支持，起码得到了上级的充分信任，下面的人自然就会对他越来越服气，他的地位也会越来越稳固。现在的年轻人要好好学习陆逊的这一招，脚步才能站得稳，否则领导一充分授权你就出乱子或表现得很有魄力，会对自己很不利。

情景说明

马良将蜀军下寨的图本送给孔明看，孔明看完后大怒，问马良众将为何不劝阻，马良说刘备根本不听。孔明起身感叹，说："大汉气数休矣，包原隰险阻而结营，乃兵家之大忌，若陆逊用火攻，何以解救？岂有连营700里而可拒敌乎？祸不远矣！"仿佛一瞬间苍老了许多。

曹丕预知蜀军必败，想待东吴前去取西川、城中空虚之时，假托以兵助战，令三路大军一起进兵，以取东吴。

一日，探子来报说吴兵沿山往东去了，刘备说那是疑兵，令诸军勿动，只让张苞和关兴各引500骑出巡。当夜，刘备辗转难眠，关兴、张苞突然来报江北营寨起火，随后各路营寨起火的消息不断传来。

要点解析

1. 孔明看完刘备下寨的方式，为什么大为惊慌？他又能怎样？

孔明此时能怎样呢？时间一耽搁，谁都没有办法挽回了。

那时候的通信器材没有现在这么精良，想千里迢迢去通风报信是非常不容易的，不像我们现在一个电报、一个电话就可以了。既然如此，刘备为什么不早让孔明知道呢？这时候才让他知道，他又能怎么样呢？这是孔明感觉非常无奈的一点。以刘备的智慧和经验，是不应该做这种决定的；以马良平常给人的信任度，也不至于一点劝告的力道都没有。孔明这个时候除了感叹以外，真的是无能为力，他忧心忡忡，因此仿佛突然间苍老了许多。

2. 孔明感叹"大汉气数休矣"，是什么意思？

就是孔明感觉到那只"看不见的手"已经很明显了。如果马良一开始就偷偷派人告诉他，也许还来得及，但马良为什么没这么做呢？这是第一个没有办法解答的问题。第二个，马良也曾经跟刘备建议过，说这样不妥当，要不要画个图送给丞相看看，刘备却说自己也颇懂兵法，何必要去问丞相，这也是很不可思议的事情，因为刘备一向谨慎，不太可能会这样。这么多不可能的事情统统都发生了，已经完全超出了人力所能掌控的范围，科学界就把它叫作“看不见的手”。孔明很敏感，当他看到蜀军的移营图后，就知道大汉气数休矣。其实当初曹丕篡位时，他已经知道大汉气数要尽了。

三国之道

曹丕登位时可能会怪他父亲，如果曹操当年名正言顺地改朝换代，进而一统天下，也不是不可以啊。秦之后是汉，大家也并没有说汉高祖是篡位，可是曹操既要利用汉室的资源，又要打汉室的旗号，还不跟汉室真心合作，只是想利用汉室当白手套，因此大家才会说他不对。可是曹丕自己也没有创造一个新品牌来跟汉室竞争，而是强迫汉献帝禅位给他。每个人的算盘打得都不一样，给后人的观感也很不同。

3. 曹操因连环船而惨败，刘备因连营700里而惨败，是不是劫数难逃?

以曹操的聪明才智，当年不太可能接受庞统所献的连环计。同样，以刘备的聪明才智，他也不太可能拒绝马良的建议而坚持要连营700里。当然，“700里”这个数字跟现在不一样，把古人所讲的数字跟现在的数字画等号是错误的。古人不见得有现在的人高，可他们的尺码一说出来就很惊人，因为以前的尺码大小跟现在是不一样的。说彭祖500岁，其实也不过几十岁而已，那时候一年时间的长短跟现在也不一样，所以我们做比较的时候一定要把它们的规格、标准弄清楚，然后再去比较，不能见书上说是连营700里就以为真的有700里，它的意思只是蜀军的营寨连在一起，显得又长又广而已。

不管怎么样，刘备这次的惨败跟曹操当年的惨败都有点出乎意料，这种很不可能的事情为什么会发生呢？难道这就是我们中国人常讲的天意吗？其实，我们所讲的天意就是现代科学所讲的那只“看不见的手”，中国人用一句话来形容，就是冥冥之中像是有谁在做主。但我们不是神本位，而是人本位，所以不是神，而是人心，一切都是人心在变动，曹操好大喜功，所以他会犯那种错误，现在刘备皇帝也当上了，东吴也打败了，好像自己的判断都是对的，其实已经开始走下坡路了。

4. 曹丕假托协助东吴，打算趁机吞并东吴，合适吗？

当然合适，彼此之间有竞争，各有各的算盘是天经地义的事情。我们不能说曹丕动这个脑筋不对，哪家都会动这个脑筋，尤其是经常想拣便宜的东吴。只是曹丕动这个脑筋的时机已经不对了，当初要是和刘备一起夹击东吴，使孙权两边顾不过来，等把孙权吃掉后再跟刘备好好打一仗，说不定胜算还大些。可曹丕那时候刚当上皇帝，为了巩固自己的地位，他选择了坐山观虎斗，想坐得渔翁之利，现在再想出来，时机已经不对了，不可能拣得到便宜。

5. 果然不出孔明所料，陆逊火烧连营地，刘备有什么对策？

曹操的反应够快的，可是当连环船着火的时候，曹操的那种慌张失措简直无法形容。现在刘备也是一样，当他得知营地着火的时候，也跟曹操一样束手无策。

人不要等到大祸临头时才来想办法，一定要防患于未然，事先多方面考虑，今天的话叫作沙盘演习，这样才能立于不败之地，否则像刘备这样，一定后悔得要死。老天先让刘备小胜不断，然后再让他遭遇这么大的挫折，心理上的打击太大，所以说有时候打胜仗不见得是好事情，要是刘备刚开始遭遇到一些困难，现在也许还会小心一点儿。为什么要一口气派75万大军呢？不能分散一些各个击破吗？可能刘备此时也非常后悔这些事情，但是一切都已经晚了。

三国之道

人不要等到大祸临头时才来想办法，一定要防患于未然，事先多方面考虑。

6. 刘备刚愎自用，是不是过分自信？难道对自己有信心也不行？

我们讲过很多次，西方人很单纯地对上帝有信心，对自己有信心，可我们不是，我们是对天地良心有信心，因为我们是人本位，认为人是宇宙的一分子。宇宙有天理，人相对地就有良心，所以天理就是良心，良心就是天理。很多人问良心在哪里，如果有人这样问，那我们就不用回答了，因为那表示他根本就没有良心，没有良心的人还回答他干吗呢？让他去自作自受吧！这些都是中国人很普遍的思想。

一个人过分自信就叫刚愎自用，太不自信就叫软弱无能、犹豫不定，那个度很重要。人不能不自信，以前的袁绍就是觉得这个人说的也对、那个人说的也对，那他凭什么来当领导呢？当领导的人要拿出决心来，因为最后他要为这个决定负责任。可是过分自信，什么都听不进去的人也要自食其果，刘备跟孔明在一起的时候压力没有这么大，现在要独当一面了，想做给孔明看看，最后就完蛋了。

情景说明

刘备惊慌而逃，陆逊率众将一路追赶。到了鱼腹浦，前面挡有一石阵，陆逊见杀气重重，让众将小心。然而，此时虽没见到孔明此前跟马良所说的10万伏兵，但一霎间狂风大作，飞沙走石。陆逊想逃出石阵，却无奈找不到出路。正在头昏脑涨之时，忽然传来一个老者的笑声。陆逊问他是何人，老者说自己是诸葛亮的岳丈黄承彦，此阵乃诸葛亮入川之时布的“八阵图”，随后便将陆逊他们带出了阵。陆逊让黄承彦教其阵法，黄承彦劝其赶快回去，不要再动干戈。后陆逊决定收兵，众将问其是否怕了孔明，陆逊说并非如此，而是怕曹丕趁机袭取江东。

刘备逃入白帝城后，终日心事重重，不久便郁郁成疾。

要点解析

1. 刘备在惊慌中逃走，有什么感想？

刘备在惊慌逃走的时候，可能一路都会想自己究竟是怎么回事。毕竟他本质上称得上良好，只是一时犯了糊涂而已。现在他又慢慢清醒了，开始反思自己为什么不听马良的话，为什么连给孔明寄个图纸也反对，为什么自己昨晚辗转不安，总感觉天气太闷热、不对劲。可是这时候反省已经太晚了，悔恨也无济于事。总而言之，一个人只要活在世上，就逃不了一个因果关系，叫作自作自受，自己所做的决定和所表现的行为，所产生的后果也要自己全部承担。换句话说，每个人都要为自己负百分之百的责任，一点都推脱不了。到了该承担责任的时候，不管是骂谁还是怨老天，统统都无济于事，都只是安慰自己而已。相信刘备此时对这一点已经深刻体会到了。

三国之道

每个人都要为自己负百分之百的责任，一点都推脱不了。

2. 陆逊追到鱼腹浦，有没有遇到孔明当年埋伏的10万大军？

答案是：说有就有，说没有也根本没有。这种话西方人听起来很不高兴，他会追问你到底有没有，中国人则会问：怎么说呢？

很多事情是没有办法说的。陆逊明明没看到一个人，可他确实又遭遇到了很多的困难，就好像有10万大军在阻挡他前进一样，那是怎么回事呢？原来当初孔明经过这里的时候，发现这里的地形、地物有一种很奇怪的磁场反应，使人往哪个方向走都觉得不对，于是就会慢慢失去控制，这是地形、地物所产生的一种正常物理现象，并不是什么稀奇古怪的外力。孔明当年就在这里布置了一些类似堡垒的东西，虽然没有人镇守，但是人进去以后就像进了迷宫一样绕来绕去，而且时而还有地形、地物所造成的雾和风，让困在里面的陆逊感觉异常奇怪。所以我们才会讲，要说没有孔明的10万大军吧，它好像又有，可要说有吧，却又连个人影都没有。10万人在那里吃什么？怎么活呢？一想就知道是不可能的事情，一切都只是孔明布的一个阵而已。

3. 黄承彦为什么协助陆逊逃离险境？他不是孔明的岳丈吗？

就因为黄承彦是孔明的岳丈，所以他才会协助陆逊离开险境。这话不是很矛盾吗？其实并不矛盾。千万不要以为黄承彦是因为不满意孔明经常随军在外，让他的女儿在家里忙，觉得孔明没有照顾好他女儿，所以才会这样。事情并不是这样子，黄承彦知道孔明是不喜欢杀人的，打仗对孔明来讲是一种心理负担，因为孔明是儒家，他只想用和平的手段使两边共同合作发展，出兵打仗只是不得已，所以此时黄承彦就劝陆逊不要再打了，冤是越积越深的，冤家要解开，不能再结了。他完全是在为孔明着想，因为他知道孔明的内心也是这种想法，只是孔明没有机会跟陆逊讲而已。就算当面说，陆逊也会觉得好笑：你们出兵来打我，还讲这种风凉话？所以这话由黄承彦来讲最合适。

4. 黄承彦叫陆逊赶快回去，不能再动干戈，有什么用意？

只有黄承彦才有资格讲这种话。正当陆逊在孔明的八阵图里转得头昏眼花，始终都出不来，也不知道是怎么回事时，突然出现一个老人家，将他安全地带出了阵。陆逊对这个老人家有感谢之心，在这种情况下，黄承彦劝他回去不要再动干戈了，能和就和，不要老是打仗，他当然听得进去。其实这些话对每个人都有帮助。

5. 刘备逃入白帝城，忧愤生病，他的心里在想什么？

刘备的心里在做挣扎：究竟是留在白帝城呢，还是回成都呢？对刘备来讲，这两个选择代表的意义是完全不同的。如果现在回成都，那他就是败军之将，带那么多人去打仗，结果大败而归，脸往哪儿搁呢？说不定百姓还会对他有意见，怕他回来又要把更年轻的士兵带出去牺牲，从而产生一种抗拒，那刘备一辈子的名誉就要归于零了。

此时刘备要做一个很重大的决定，就是他这一生的定位在哪里。如果定位在政治，那他无论如何也要回成都去，可他知道自己的政治使命大概是完成不了了，本来想在有生之年中兴汉室，完成自己的理想，可因为这次的大意不可能实现了，所以他决定改变方向，留在白帝城。意思是他已经跟政治脱离关系了，以后的事是他儿子跟孔明他们的事，他则要用自己的经历去告诉大家：人要么不跟人家结拜，要结拜就要有始有终；要么不发誓，要发誓就得承受相应的后果，跑是跑不掉的。当年他们桃园三结义的三兄弟前后没差多久就一个接一个地走了，可见人不能随便发重誓，发重誓是逃不掉的。如果刘备是想用这种方式来给我们后人一个教训，那他的贡献是非常大的。

我们要好好体会刘备之所以不回成都，而要留在白帝城的原因。以他一生的奋斗经历，他最后总要给自己一个归属、一个比较理想的据点，于是他把自己定位成一个教化方面的典范，但政治是失败的。论政治，刘备是失败的，孙权是失败的，曹操也是失败的。为什么一定要有人成功呢？实在没有一个有资格算成功的话，那每个人都是失败的。

6. 陆逊为什么不乘胜追击刘备？难道真的是听黄承彦的话吗？

陆逊有一大半是听黄承彦的话，一小半是由于他觉得杀关羽是自己出的主意，夺荆州也是自己出的计策，自己让东吴抛弃了鲁肃的策略而使结果弄成这样，因此对自己检讨了一番，认为最好还是不要打仗，要尽量减少伤亡，能跟刘备缓和的时候要尽量想办法缓和；否则这样一路走下去，将来只会两败俱伤，因此陆逊回去之后改变策略，能和就和，不给刘备太大的压力。否则这次他直接追到白帝城，说不定还能把刘备抓回来，但要是这样的话，两边就彻底没有合作的可能了，最后也只是让曹丕渔翁得利。所以我们认为陆逊做这样的决定是对的，最起码减少了很多老百姓的痛苦。

六十四　孔明辅阿斗

阿斗继位时，蜀汉文物人才，除了孔明和赵云之外，几乎全部凋零。战争折损人才，老百姓也跟着倒霉。孔明义不容辞，因为这种情况，和他当年的规划，有十分密切的关系。他知道蜀汉的土地、人力，都远不如魏吴两国。如何稳定局势，再设法有所作为，便是他的当务之急。曹丕和孙权，当然都想乘虚攻打蜀汉。幸好孔明经验老到，自有应付的良策。阿斗当然看不懂，还问孔明安乐否？不懂事的人，最好少开口，像阿斗这样，一开口就使人啼笑皆非，更应该多听、少说。

情景说明

刘备病危，孔明领众臣和刘备的几个儿子拜伏于龙榻之下。刘备令孔明坐于榻侧，执其手说自己不听丞相之言，才有今天的惨败。后又让闲杂人等退下，问孔明觉得马谡这个人如何，孔明说他堪称当世英才，刘备却说此人言过其实，让孔明深察。然后又拿出亲笔诏书，让孔明交给太子阿斗，说："太子若可辅，则辅之；若太子不才，丞相可取而代之。"孔明听后，汗流遍体，手足无措，哭拜于地，说自己怎敢不竭尽全力帮助太子，尽忠孝之节呢？说完，磕头磕得血都流出来了。刘备让孔明赶紧起来，命自己的三子以父事孔明。随后，刘备又叮嘱赵云说，自己与他于患难之中相从至今，希望他能看在故交的分上，多照看自己的儿子。待赵云哭拜说自己愿效犬马之劳后，刘备才闭上双眼，享年63岁。

要点解析

1. 刘备坦诚不听孔明的话以致惨败，有什么用意？

这是刘备的肺腑之言，自从火烧的那一刹开始他就明白：不听好人言，吃亏在眼前。孔明绝不会害自己，计策也绝不会比自己差，而且通常还比自己高明，这一点是他多年以来深有体会的。他开始后悔自己这次为什么这么大意，就是不肯听孔明的劝，尤其是这次惨败之后，心力交瘁，命不久矣。人之将死，其言也善，人在临终时讲的话很少有假的，刘备此时很坦白地说自己当初不听孔明的话，才会有今天的惨败，绝不是虚伪，也不是客套，而是他内心的大实话，所以孔明听了也非常感动。

2. 刘备临终前特别提出马谡言过其实不可大用，是什么道理？

魏延和马谡这两个人在刘备和孔明心中的形象刚好是颠倒的。魏延深得刘备的赏识，可是孔明一看他就讨厌；马谡很得孔明的赏识，可是刘备对他是一百个不相信。用今天的话来讲，就是有个职员很得董事长的赏识，可是总经理就是看他不顺眼；而另一个刚好相反，总经理认为他很可靠，可是董事长始终不敢用他。一个人在这种状况之下应该怎样去调整自己，大家可以从这两个人的遭遇里去好好学习。

马谡跟马良是兄弟，但我们不能因此而怀疑刘备是为了挽回自己的面子，才告诉孔明自己不是不听马良的话，而是他们马家兄弟都是一个样，嘴巴很会讲，其实都言过其实。如果我们这样去怀疑刘备，那我们的心术就太不正了。他纯粹是在讲马谡，跟马良是两回事。

3. 刘备有遗诏要交给阿斗，为什么要请孔明转交？

刘备是阿斗的父亲，父子之间还有什么事情要借手外界，转到第三者孔明的手上呢？这不是很奇怪吗？其实这才叫公私分明。如果刘备只是把抽屉里还有两块金子，可以拿去用之类的琐碎事情交代孔明，那才是奇怪，他现在是要阿斗明白以后要听孔明的话，告诉阿斗孔明以后是什么身份。这些都是国家大事，当然不可以将遗诏直截了当地交给阿斗。况且经过孔明的手，孔明就要负起很大的责任。

另外，如果刘备只是口头交代一下，孔明可能说那是刘备的家事，自己没有答应，也做不到，从而推得一干二净。可是我们都知道，知子莫如父。我们很不赞成曹操讲的知君莫如臣，那是他瞎捧杨修的，杨修对曹操有多少了解呢？他只是猜透曹操的心思而已，并非真的了解曹操这个人，臣子不可能充分地了解君王；相反，知臣莫如君，曹操对杨修了解得一清二楚。刘备对自己的儿子清清楚楚，阿斗从小就没什么教养，母亲早死，父亲又一天到晚打仗，怕他不安全，平常把他照顾得非常好，致使他根本没什么历练。当年孙坚打仗的时候带着儿子，曹操打仗的时候同样带着儿子，可阿斗没跟着刘备打过一次仗，所以刘备心里知道，阿斗到底能不能继承大业，其实是个问题，他希望孔明能多花点心思在他儿子身上，因此才会通过孔明把遗诏交给阿斗。这都是有用意的，孔明心里当然一清二楚。

三国之道

知子莫如父，知臣莫如君。

4. 刘备说阿斗可辅则辅，不能辅孔明可取而代之，为什么这样？

因为刘备也看到了，如果当时曹操认为汉献帝不行，就正面跟他干，人家也一样会佩服。正式地改朝换代，成功了，你就是新的朝代，别人能说什么呢？我们千万不要怀疑刘备这时候是假仁假义，想试试孔明到底有没有这个意思，如果没有的话，再激发他一下，让他保证自己不会反叛，这样怀疑刘备就太冤枉他了。我们承认他有时会糊涂，但如果他心地始终这样不好的话，孔明也不会跟他相处这么久，可能早就拂袖而去了，所以这时候还怀疑刘备的诚意是很不厚道的，这些话的的确确是刘备的肺腑之言，如果阿斗确实不行，孔明也不必客气，自己来当汉中王，一样光明磊落，总比让阿斗去当傀儡或白手套，跟汉献帝一样过得人不像人好。这是刘备的真心话，而且对当时的他来讲，也只有这条路可走。

5. 结拜兄弟都走了，只好特别拜托赵云照顾家人，有什么启示？

我们常说：在家靠父母，出外靠朋友。中国人父母走了以后就听老大的话，因为长兄如父，长兄之所以责任特别重大，就是因为父亲走了，他就是父亲的代理人。现在刘备自己已经无能为力了，而两个弟弟比他还先走，下一辈谁来照顾呢？刘备感觉到心中有愧，但又不得不请出赵云，说他们是患难之交，让赵云以后多照料一下家中之事。

一个人在活着的时候，总认为自己的能力是无限的，日子还很长，想做的事情都可以做到。现在刘备才知道，原来不是这样子，到头来还是要拜托外面的人来照顾自家人。

6. 孔明下山，历时并没有多久，为什么变化这么大？

孔明下山的时候27岁，到现在为止，也不过十几年的时间。就这么短短十几年的时间，怎么会产生这么大的变化呢？如果孔明预料到此时会变成这样，他还会下山吗？我们应该多花一点心思，才能真正了解孔明到底是一个什么样的人。

孔明下山是为了升官吗？不是。是为了赚大钱吗？也不是。孔明是在刘备很需要他，全心全意来请他当军师，把一切都交托在他身上的时候才下山的。那他是为了什么？难道他不知道结果会这样吗？他预想不到刘备的地位慢慢稳固以后，心理上和态度上会有一些改变吗？如果事先就能想到，那他为什么还会这样？这个课题很值得我们花时间去了解。

情景说明

曹丕得知刘备已亡，想趁机起兵讨伐。司马懿建议动员临近蜀国的三个小国各出动一路兵马，另外修书东吴，许以割地，让东吴出一路兵马，曹魏自己再出动一路，一共五路兵马，一起夹击蜀国。曹丕大喜，马上下令按司马懿的建议行事。

得知曹丕来攻，阿斗很是紧张，而孔明却不知为何数日不出府门。退朝后，众大臣去看望孔明，却被门卫拦于门外。后阿斗亲自前去探望，门卫才放行。入庭后，阿斗见孔明在园中赏鱼，问孔明安乐否。孔明见是后主来了，大吃一惊。阿斗问孔明曹丕来攻，为何不肯出府问事。孔明笑扶阿斗进屋坐定后，说来攻的五路兵马自己已退了四路，随后便讲出了自己的计策。又说剩下的东吴答应曹丕后肯定会先观望，若见其他四路胜利了就出兵，若其他四路大败便按兵不动，因此派一能人去游说即可。阿斗欢喜而出，孔明弯腰恭送后主远去后，这才起身。众大臣都追问孔明有何计策，只有邓芝笑而不语。孔明请邓芝入内，见他联吴伐魏的想法跟自己一致，便决定派他出使东吴。

要点解析

1. 司马懿以五路兵马攻打西蜀，兵从哪里来？

这个用现代的话来说，就叫作外包工程，把一个大项目分割成几段，每一小段分别去找外包的人。否则就算出动魏国所有的士兵，也不可能分成五路，况且这五路大军如果相距太近的话，也起不到什么作用，所以司马懿建议曹丕让各路大军从不同的方向攻打蜀国，而且这些大军显然不是曹魏自己的兵力，而是西川附近的部族，曹魏做一个总动员，让他们把蜀国包围起来，给蜀国以沉重的打击。

2. 为什么突然冒出一个司马懿来？他以前在哪里？

司马懿年轻的时候并不想当官，一开始也并没有什么企图和阴谋，因为他也看不惯曹操的一些作风，跟曹操在一起，整天都没有安定感，曹操一会儿这样，一会儿那样，司马懿出来干什么呢？干脆不出来算了。他完全是被拉出来的。不要认为当时的人都是自己依附到曹操身边去的，其实当时有很多人根本就不想出仕，因为我们都受到孔子的影响，知道乱邦最好是不出仕的。当国家很乱的时候，宁可在家种田或做点小生意，也不要出来参与国家大事。当然，相反地，当国家安定的时候，有能力的人就要出来贡献自己的力量，不可以袖手旁观，这是两码事。

当时司马懿是被曹操逼出来的，不出来就要死，这种方法曹操曾用在好几个人身上。董卓当年入京的时候也是一样，让好多大臣为自己做事，不同意的就给他好看。很多人都是这样被威胁、被压迫，才不得已出来做官。

司马懿出来以后，曹操也并没有好好用他，一会儿叫他出来，一会儿又把他冷冻起来，一会儿听他的，一会儿又不理他，忽冷忽热。司马懿就是在这种困境中磨炼出来的，所以可以说，曹操是司马懿的老师。

大家慢慢看下去就会知道，司马懿有很多东西其实都是跟曹操学的，这个完全出乎曹操的意料，因为他并不想训练一个这样的徒弟，增加魏国将来的麻烦，可是他确实在无意中培养了一个跟自己手法很相像的人。

3. 阿斗闻知曹丕来攻，有什么反应？孔明为什么托病不出？

阿斗一听曹丕来攻，就显得很紧张。这一反应我们也很容易预想得到，因为他知道自己根本没有能力来当这个皇帝，出来接这个班也并不是自己的意愿。一般人对阿斗只有坏印象，只会给予他不好的评价，但我们应该还他以公道，阿斗是个很守分的人，大家硬把他哄抬上台，他自己也毫无办法。就像一个不想坐轿子的人，大家硬要把他拉上去，坐上去又能做什么呢？什么都做不了。他敢不听孔明的，自己乱做主张吗？不可能，所以他只好去斗蟋蟀。大家要将心比心，设身处地地去了解阿斗的处境。

如果孔明的个性跟曹操一样，那阿斗就是汉献帝第二了，幸好孔明不是那样，所以阿斗最起码表面上还像个皇帝。既然像皇帝，就要去关心国家大事，不能什么事情都一问三不知，或者统统让孔明去管，所以阿斗得知曹丕来攻而孔明又生病不在，也是着急得要命，不知道该怎么办才好，这是他必然的反应。

孔明为什么又托病不出呢？大家都知道，他的每次托病不出都是有用意的，真的生病大家都会知道，托病不出，大家也知道他一定又在动什么脑筋。这次也是一样，孔明并不是为了做给阿斗看，看阿斗自己有什么本事，到时候要不要来请他。孔明不是这样的人。刘备临终时跟他说，如果阿斗能干就帮助他，不能干就取而代之，他在地上磕头磕得血都出来了。既然承担了这样的重责大任，怎么可以要手段呢？既然答应了人家，就要把事情做好，把责任扛起来。这次孔明深居不出，是想充分利用时间，好好考虑怎样去对付那五路兵马，而绝不是故意做给阿斗看，所以阿斗来看他的时候，他还觉得很突然：怎么皇帝来了呢？可见他心里并没有那些杂七杂八的念头。

4. 阿斗看见孔明在池边观鱼，问他安乐否，是不是很没有礼貌？

当然很没有礼貌。哪有一个在官宦之家长大的人会问这种话的？说安乐否，意思是你玩得很愉快呀，看着池中的鱼，很闲情逸致吧。那是在指责孔明根本就不负责任——国家面临这样的困境，你却躲在家里看鱼，你称职吗？像个宰相吗？这完全等于是在骂孔明。

阿斗并没有受过很好的教育，这个我们也不能怪他。但是孔明也并没有介意，因为他知道这个侄儿不是有心的。人与人之间一定要互相包容，互相理解。阿斗只是很幼稚、很天真、很无知，但并没有什么恶意，所以孔明不会跟他计较，我们也不应该怀疑阿斗的动机，何况他也没那个能耐。

三国之道

人与人之间一定要互相包容，互相理解。

5. 弹指之间，孔明已退掉四路兵马，有这种可能吗？

答案是：你相信就有，不相信就没有。很多事情都是这样。那边司马懿无中生有，自己只有一路兵马，却调动了外面的四路兵马。这边孔明也是无中生有，找关系劝说其中的一路兵马，说他承包这个工程一定是亏本的，最好趁现在还没有动工就赶紧推掉；吓唬另一路兵马，说如果他敢动一动，就给他好看。利用利诱、威胁、说情等各种方法，把其中的三路兵马都吓退了，对魏国自己的那支军队就只守不攻，这样一来，就只剩东吴的那路兵马。所以孔明在家里不是真的优哉游哉地看鱼，而是费尽苦心，以虚治虚，以实治实，方方面面都考虑得很周到。否则只要有一点点差错，这五路兵马就退不掉了。

6. 孔明对阿斗十分恭敬，有必要吗？

之前已经讲过，如果孔明对阿斗不恭敬，那他就跟曹操没什么两样了。在皇帝年纪比较小的时候，往往都会指定辅佐大臣。辅佐大臣如果真心诚意地指导小皇帝，帮助他，让他成长，那么就是好的辅佐大臣；如果一切为所欲为，一心只想让自己的口袋鼓起来，这样的辅佐大臣只不过是拿小皇帝当白手套和傀儡，就成了曹操了，就是国贼了。所以如果孔明倚老卖老，认为阿斗的父亲跟自己才是老朋友，阿斗啥都不是，什么都要听他的，那他就不是孔明了，我们也不必佩服他了。虽然所有事情都是孔明在拿主意，都是他在发挥作用，但既然已经答应人家，就应该维持最起码的君臣之礼，换句话说，最起码要守自己宰相的分。因此孔明任何事情都要启奏阿斗，而不是随便地跟阿斗交流，说自己打算怎么做，这是孔明修养很到家的地方。

情景说明

曹丕让东吴出兵蜀国，孙权问陆逊应如何因应。陆逊的回答跟孔明料想的无二致，孙权欣然同意。不一会儿出使的邓芝到了，孙权问大臣应该如何应对，张昭说唯有联魏伐蜀方可安宁。

邓芝一入殿就看到一烧热的油鼎，旁边的武士也持刀而立，他却毫无惧色。孙权问他是否为诸葛亮做说客，邓芝说自己是为东吴的利害而来，没想到东吴却设兵陈鼎，真是小肚鸡肠。孙权命武士退让，给邓芝赐座。邓芝一番言语说出了东吴的左右为难，又说孔明已退了其他四路大军，众人不信。这时，探子来报说其他四路大军皆不战自退。孙权大吃一惊。邓芝又说如今三国鼎立，一强两弱，唯有吴、蜀联盟，方可势均力敌，否则唇亡齿寒，蜀灭吴必亡。张昭嗤之以鼻，邓芝说孙权若不信，自己就死于吴王面前，以洗说客之名，说完就向油鼎冲去，孙权赶紧让人拦下。

要点解析

1. 陆逊向孙权提出的建议为什么和孔明所料的相同?

司马懿想出五路兵马去攻蜀国，其中有一路就是孙吴的。可是孙吴会出兵吗？孔明认为孙吴嘴巴上答应，但一定会先观望，看看其他四路兵马的动静，如果其他四路都胜利了，他再出兵；如果其他四路打败了，那他根本就不会出动。为什么孔明料定东吴会有这种反应呢？说难听一点，就是因为东吴的信用在国际上早已经荡然无存了。个人的信用重要，一个集团的信用也很重要。

最后果然不出孔明所料，孙权跟大都督陆逊说，曹丕要东吴出兵蜀国，答应将来攻下来之后跟东吴平分土地，问陆逊觉得怎么样。陆逊讲的答案跟孔明料想的一模一样，他说东吴先口头答应，敷衍一下，不要得罪曹丕，然后等其他四路快要成功的时候再直接出兵成都，抢块好地盘，要是其他四路都失败了，就按兵不动。孙权当然会欣然同意，因为他觉得这个对自己最有利。可正是由于这种态度，才使得他守了那么久的基业一生都没有什么发展，更无法统一天下。孙权在位的时间非常久，可他就是因为老想着要这个要那个，自己再占点小便宜，搞得自己一点信用都没有，最后寸功未建。

2. 张昭说只有联魏伐蜀才是良策，是什么道理?

张昭年纪大了，通常人的年纪越大，就会越固执，很多观念都不容易改变。张昭从曹操开始，一听到魏国就只有两个字——投降，他就是始终看不上刘备这边，认为东吴只有联魏灭蜀才最有利。当年他跟周瑜、鲁肃最有分歧的主张就在这里，周瑜跟鲁肃主张孙、刘两家联合起来共同抵抗曹操，可是张昭从一开始就不以为然，在赤壁之战之前就说打不过曹操，最好投降。人的成见是很难消除的，除非遭遇到很大的挫折。可是张昭整天晃来晃去，动动嘴皮，也不用负什么实际责任，自然一辈子都很难消除成见。

3. 邓芝看见油鼎、武士，为什么反而十分不客气?

孔明虽然想到孙权会打如意算盘，到时候可能不会出兵，但是战争是不能等的，否则一旦打起来，速度会快得让人措手不及，因此孔明决定派一个人去跟孙吴讲和，劝他们不要出兵，可是到底该选谁去呢？孔明看到一堆大臣里，大家都着急地问孔明到底有什么办法，只有邓芝面带微笑，不言不语，让孔明从他的神情中知道他已经看出了计谋。一个人心里有想法，并且能恰到好处地透露出来让对方知道，才能够获得更多的机会，邓芝就是很好的榜样。

果然，待跟其他人打完招呼后，孔明特意将邓芝请入府内相见，先试探一番，见邓芝的想法果然跟自己一致，这才委托他去东吴游说。

邓芝欣然答应后，就马上起程去东吴了。孙权一开口就问他是不是来当诸葛亮的说客的，张昭等人对他也是充满了敌意，旁边准备好的武士和油鼎也分明是冲他来的，在这种情况下，邓芝越是求饶，越是讲好话，东吴的人就会越看不起他，所以他只好硬着头皮，以视死如归的态度，说自己今天是为东吴的利益而来的，结果反而让东吴的君臣都刮目相看，觉得这个人不光是有张嘴皮子，而且有勇有谋。

三国之道

一个人心里有想法，并且能恰到好处地透露出来让对方知道，才能够获得更多的机会。

4. 孙权据报曹丕的四路大军不战而退，有什么感觉？

老实讲，邓芝讲了半天两国的利害关系，以及将来天下会怎么演变，孙权都不见得听得进去，因为他不见得会相信，一个不讲信用的人是不太会相信别人的。正在孙权犹豫不定，对邓芝的话半信半疑的时候，探子来报，说其他四路兵马都退了，孙权当即大吃一惊，心想孔明居然这么厉害，然后再想想邓芝刚才讲的话，觉得也不无道理，于是便请邓芝到内厅相见，两人一拍即合，约好两国以后不再打仗，还要联合起来抵抗魏国。孔明不用一兵一卒就将来攻的五路兵马都退了，实在是最上乘的做法。

5. 邓芝说蜀灭吴必亡，张昭为什么始终听不懂？

张昭不是不聪明，而是太固执、太有成见。一个人要想不断地进步，就不能够固执；否则一固执就定在那里了，不可能会有进步。

邓芝再三地分析，现在的魏国是一股大势力，而东吴和蜀国是两股小势力，不管哪国联合魏国去攻另一方，到头来都只会被魏国吃掉，因为魏国现在利用你把另一个小国干掉后，他还是比你大，以后绝对会以大吃小，扫除后患。衡量当时的状况，东吴其实也只有孔明所定的联合抗魏这条路可走，两股小势力联合起来对抗那个大的，最起码能抵挡住魏国的攻击。况且自赤壁之战以后，越来越证明这个策略是可行的、有效的。可是尽管如此，张昭始终都不能接受，这是他个人的修养问题。我们应该从他那里得到教训，不管自己年纪多大，思想还是要开化一些，别人讲的话多少要听一听，最起码可以做个参考，多一种答案，多一个选择，对自己也没有坏处，千万不要先入为主，什么话都听不进去；否则整个人就会开始闭塞，更不可能进步。

6. 邓芝直奔油鼎而去，孙权为什么赶快下令阻拦？

当然，邓芝是非常聪明的人。在没有听到探子向孙权报告军情之前，他也并没有十足的把握，只是既然答应来了，就要鼓起勇气尽力而为。可是当听到探子向孙权报告其他四路兵马都退后了，他就知道孙权会听自己的。邓芝已经有了信心，也知道自己会成功，可怎么收场呢？总不能跟蒋干和许攸那样，说你现在该相信我了，该听我的话了吧，那样像什么使者呢？那种态度是不成气候的。所以邓芝就表演了一场精彩绝伦的好戏，说：你既然准备用油鼎煮我，那我就直奔那儿去，让天下人看看你们东吴是怎么对待进献良言的人的。结果果然不出他所料，孙权马上下令拦住了。

邓芝打了一场漂亮的仗，这场仗虽不胜在战场，却远胜过战场上的胜仗，因为它取得了外交上的最大胜利，可见邓芝是个不可多得的人才。

情景说明

孙权请邓芝入后殿单独谈话，两人对联合抗魏的主张一拍即合。

孙权派张温回访蜀国，秦宓当众出难题给其难堪。正当张温急得满头大汗时，孔明出来圆场说席间问难都是戏谈，张温深知定国安邦之道，何必在乎这唇齿之戏，这才化解了之前的尴尬。

临别时，孔明亲自去送张温，并备上厚礼，说是后主为其准备的，还派邓芝送他回去。张温感激不已，回去告诉孙权，说诸葛亮宽厚仁德，愿与吴王永结盟好，自此吴、蜀两国通好。

曹丕闻讯大怒，决定亲自率兵征讨东吴。得知吴国告急，孔明派赵云出阳平关袭击魏国。

要点解析

1. 邓芝为什么能够说服孙权？

要当好一个说客，不是口才好就行了，要是讲了半天，对方根本就听不进去，或者说得天花乱坠，却没有一点是合情合理的，对方也不会接受。

要当好说客，第一，要下苦功，多看历史。历史上有很多成功的说客，要把他们当案例去好好研究。什么情况之下要用什么样的态度，什么情况之下要讲什么样的道理，这些都是变动的，并不是固定的，不是有一套方法就行，或事先可以做充分准备，一切都要随机应变。第二，一定要有无比的勇气。因为出使他国，能回来是万幸，不能回来就会以死报国，历史上这样的案例太多了。而邓芝留给东吴的第一印象很好，温文儒雅，合情合理，一切都是按道理来说，并不是存心来吵架或是让对方下不了台，同时，他还有极大的勇气，既然东吴想让他死，他就死给东吴看。孙权主政这么多年，看过各式各样的人，可从没见过邓芝这样勇敢的人。而及时的情报也让他对邓芝产生了很大的信任感，所以才会将奔向油鼎的邓芝拦了下来。

2. 孙权为什么派张温回访孔明?

我们中国人讲的往来，就是要有来有往，来而不往是不礼貌的。既然两个国家要结成同盟，而蜀国的使者已经来过了，孙权说答应不就行了吗?一般情况之下，这样也说得过去，但是两边刚刚打过仗，仇恨并没有从双方心里完全散去，所以东吴这时候要格外有礼貌，以表示自己的诚意才是。于是孙权派张温为使去蜀国回访，这样孔明也不会怀疑孙权的诚意。

3. 秦宓为什么要挑战张温? 有什么用意?

来使既然敢来，肯定有一定的胆识和学识，经得起大家的挑战，而东道主想要考验来使究竟有几把刷子，也很正常。当年孔明到江东，也同样遭遇到很多口头上的挑战，只是孔明都应对得很好。

这次张温虽然是好意出使蜀国，可是蜀国也不能完全只讲些言不及义的话，最起码要让张温回去之后告诉孙权，蜀国这些人不是好惹的，以后来往要慎重一点。所以张温既然来了，自然要面对这种挑战，总不能把桌子一拍，说我是客人，你们这样对我，行吗?

很快就有一个人出来了——秦宓，他出了很多难题，存心要给张温难看，让他出洋相。我们不必把这次当作很特殊的案例，因为几乎每次使者出使他国都有类似的情况发生。

4. 张温被秦宓问得满头大汗，孔明为什么出面打圆场？

孔明是过来人，知道这其中的滋味不好受，如果太过分的话，张温说不定会恼羞成怒。原本应该很圆满的结局，最后出了差错，就叫作意外，好的意外叫惊喜，不好的意外就叫破局。本来好好的局，把它弄破了，那不是徒劳无功，前功尽弃了吗？但是孔明不能一开始就制止秦宓，让他少安毋躁，说人家是客人，那样太过分，因为张温不一定领他的情，他心想：我需要你保护吗？难道我自己连回应的能力都没有吗？你也太小看我们东吴了吧！那样反而还不好。所以任何事情，只要过分了，后遗症都会很严重。

孔明也不是隔山观虎斗，他开始说：你们既然有话要说，那大家就把气氛弄热闹一点，也没有什么不好。可是后来看形势越来越严重，来使已经满头大汗，都要下不了台了，于是又马上圆场说：席间的问难都是戏谈，张温深知安邦定国之道，何必在乎这唇齿之戏呢？正是孔明的这种长者风度，化解了张温的尴尬，使两边的关系越来越和谐。

5. 孔明亲自送行，又备重礼，张温有什么感觉？

孔明亲自去路口送张温，还特别备好大礼，说是蜀主特别交代要送给张温的。一个人有的吃，又有的拿，还有面子，回去不说好话才怪。我们也不能怪孔明使用心机，从另一个角度看，善待来使，表示自己的礼貌，让他回去说蜀国的好话，促进两边的和好，不是对大家都有利吗？来使过来不容易，如果让他自己花旅费，吃也吃不饱，睡也睡不好，还要为难他，他回去以后怎么可能会说好话呢？所以我们不要总往坏的方向去想，而要从正面去了解孔明的用意。

孔明给足了张温面子后，张温果然觉得不虚此行，回去后就尽力促进两国的和好。更妙的是，孔明还派邓芝护送张温回去，就好像两个朋友，你到我家喝醉了酒，我陪你回去，你又不放心我，又送我回来。一瞬间，所有的隔阂都不见了，这是很温馨的事情。

6. 曹丕亲率大军攻吴，孔明派兵支援，曹丕会因此而死心吗？

曹丕也不是个简单的人，他在那样的家庭长大，从小就看惯了曹操的所作所为，因此他并不是完全没有自己的想法，而是充满了野心，尤其是当了皇帝以后，更是想要有所表现，有所作为。当伐蜀的计划破灭后，曹丕改变方向，决定先去伐吴，而且还亲率大军。吴军只好尽量抵抗，可是孔明不能跟陆逊一样，先看看情况再作决定，如果东吴快败了，就赶紧出兵去分杯羹，如果曹丕打输了，就干脆按兵不动，否则蜀国在国际上的信用也破产了。孔明很讲诚信，他认为既然两国说好联盟，那蜀国就要义不容辞地出兵支援，让东吴人看看，蜀国言而有信，不像他们。孔明跟东吴来往从一开始就秉承了最了不起的两个字——诚信，自己说到就要做到。可能有人会问：既然孔明这么讲诚信，为什么又要抢人家的荆州呢？其实那是另外一回事情，是所谓的计策。况且那也是周瑜自己搞来搞去，造成最后赔了夫人又折兵的结果。很多演变不能单纯地只从一个方向去了解。

可是，见孔明增援东吴，曹丕会死心吗？这个我们还要再看，因为我们不能马上对一个刚就任的人下断言。对人多看几次，对事情多听几遍，然后再作评断，才比较可靠。

三國之道

很多演变不能单纯地只从一个方向去了解。

六十五　先平定南方

有史以来，能够大权在握，代替天子发号施令，却仍然忠心耿耿，对皇位完全没有贪图之心的，只有三位大臣，那就是伊尹、周公和孔明。孔明知道曹丕来明的，孙权来暗的，南中的叛乱和孙权暗中策动有关。所以先平定南方，成为首要的军事行动。马谡随孔明南征，建议攻心为上，深获孔明的赏识，甚至于说出“知我者，幼常也”的话，不幸种下日后马谡失街亭的严重失败。权位愈高，愈不能激励部属。马谡信以为真，固然是不自量力，经不起三两句美言，便轻狂自大，其实也是人之常情，不可不防。

情景说明

建兴三年，蜀国边境的蛮王孟获联合建宁太守雍闿起兵犯境侵略。孔明得知消息后，决定上奏朝廷，亲率大军前去平定叛乱，可是后主刘禅却只顾在后庭斗蟋蟀，迟迟不来上朝。见此情形，孔明深感无奈，只得直陈自己欲亲讨叛贼之事。阿斗听言，慌忙问：“相父弃朕而去，若吴、魏来攻，若之奈何？”其他大臣也劝说孔明不要亲征南蛮，但孔明坚持己见，不为所动。

孔明用反间计大败雍闿，并开始准备与孟获交战。孟获得知孔明进兵如此神速，大吃一惊，派董荼那和阿会喃两位将军前去应战。

孔明留马谡于帐中，问他对此次交战有何高见。马谡说：此番南征擒孟获易，服孟获难；用兵之道攻心为上，攻城为下。孔明听后大喜，说："知我者，幼常（马谡字）也。"

要点解析

1. 阿斗迟迟不来上朝，孔明为什么不加以劝说?

历代的皇帝中，有很多是自愿登位的，有的甚至是想尽办法才登上皇位，但也有很多根本就不想当皇帝，只是被迫才当的，阿斗就属于后者。像他这样的人，我们可以把他叫作制度上的悲剧人物，因为是当时的制度害死了他。

阿斗不喜欢上朝，一心只想着玩，以他的个性和当时的处境，就算想当这个皇帝也当不好，何况他根本就不想当。勉强阿斗当上皇帝又能怎么样呢？阿斗后来之所以很相信宦官，就是因为只有宦官整天陪着他玩。一个是看到他就讲道理的人，一个是看到他就陪他玩的人，他当然更喜欢后者。这样一来，孔明就很为难了，他是阿斗的辅佐大臣，样样管就显得自己太霸道了，很容易让人怀疑他的动机，所以孔明知道阿斗因为斗蟋蟀而不上朝，并没有多加劝说。

我们不能说谁对谁错，只能说当时的世袭制度不好。很幸运的是世袭制度已经过去了，现在我们看《三国演义》，一定要把制度的问题撇开，不能再学那一套，难道只有刘家的人才能当皇帝？不一定的，改朝换代已经不是一两回了。自家人有能力继续当皇帝，当然没有话讲，可要是没有能力，何不让有能力的人当呢?

2. 孔明要亲自攻打孟获，阿斗为什么紧张，说不要弃他而去?

孔明如果是想通过攻打孟获，以获得更多的土地，那就说明我们中华民族根本就不是爱好和平的民族。想打就打，想侵略就侵略，何谈爱好和平呢？孔明决定亲自去打孟获并非为了别的，而是因为孟获犯境侵略在先。

我们中国人说，你不打我，我不打你，可是你打我，那我不能不抵抗，因为我们要固本安边。孔明此番是为了安边，而不是为了侵略，不是为了使南边成为蜀国的殖民地才去打孟获的，这一点非常重要。

阿斗听说孔明要亲率大军去平乱，马上说：相父不要弃朕而去，否则吴、魏来犯怎么办？如果阿斗自己想管事，那他会恨不得孔明走得远远的，最好能在外多打几年仗，自己也好治理国家。可阿斗这样说，就足见他根本没有那种想法，他非常依赖孔明，并不想打击孔明或夺孔明的权，自己好作主张。因此听说孔明要亲征南蛮，才会如此紧张。

3. 大家劝孔明不要亲征南蛮，孔明为什么不听？

孔明若是个很霸道的辅佐大臣，那他说要亲征南蛮，谁敢有不同的意见呢？现在有不同的意见，就说明他这个人并不霸道。从周围的人跟孔明的互动来看，孔明平时还是很尊重大家的；否则他说你们凭什么跟我捣蛋，或者说吾意已决，谁再反对就斩，也行啊，可他从来没有这样。这是孔明非常了不起的地方，也是他跟其他辅佐大臣不一样的地方，非常值得我们学习。

4. 孟获知道孔明进兵神速，为什么还要顽强抵抗？

孟获所代表的少数民族文化不如我们中原发达，当时如果没有孔明去攻打孟获，今天西南很大一片土地都不一定属于我们。这一点，我们要非常感谢孔明。孔明开拓西南，并不是去侵略少数民族，而是用自己的文化去吸引他们，让他们自然而然地归顺我们，这才是我们爱好和平的表现。还有我国的东北一带，也不是靠打仗得来的，靠打仗会死伤太多，而且还不一定会成功，而靠先进的文化就不一样。我们知道，满清入关之后，前几位皇帝都非常热情地主动汉化，就是因为中原的文化先进；否则要中原人主动去汉化满人，谈何容易？

我们中华民族最大的优势就是文化，很不幸的是，现在大家一提到文化就想到物质文明，这是我们应该反省的地方。文化有物质的，也有非物质的，我们胜过世界其他民族的，是非物质的文明。虽然近400年来我们在物质文明上不如西方，但我们还有更好的非物质文明值得好好发扬。孔明当时就是利用文化上的优势去跟孟获互动，这个跟去打孙吴和曹魏是不一样的。

5. 马谡说擒拿孟获容易，让孟获心服很难，孔明有什么感想？

马谡说的这一点让孔明非常欣赏，因为孔明知道，要打孟获太容易了，一个礼拜就能把他打下来，可是要想让孟获心服口服却不太容易，就算打赢了他，蜀军一退，他又要反叛了，这样害得自己疲于奔命不说，还会影响蜀国的北伐大计。但是西方国家就没有孔明的这种想法，他们认为我比你强我就要打你，还要把你打得不能翻身，却没有想到这样一来，双方扯多少年都扯不完。

孔明一开始就想去感化孟获他们，而不是强行地去压制；要让他们心服口服，而不是存心要把他们打得很惨。这一点，马谡倒是和孔明不谋而合，所以孔明非常高兴。

6. 孔明说“知我者，幼常也”，是不是说得太快了？

其实马谡后来会失街亭，跟孔明的这句话有着莫大的关系。所以我们千万要小心，不要随便去鼓励别人。如果一个小孩本没有什么绘画天分，只是画一画你就说他画得很好，那就害死他了，因为他会以为自己真的很会画，然后画了大半辈子才知道自己根本没那个天分。

尤其像孔明这种级别的人，更不能随便给人鼓励，因为他讲的话对方会深信不疑。孔明说马谡真了不起，了解自己的人不多，他是其中一个，使得马谡感觉自己好像真的比孔明还厉害，所以马谡后来经常会自作主张，不听孔明的话，关于这点，孔明要负一部分责任。

一个没有什么分量的人可以随便鼓励别人，因为讲话不算数的人怎么讲都无所谓，而职位越高、声望越大的人就越不能乱讲，因为他讲话算数。把感恩挂在嘴边的人，往往并不懂得什么是感恩，因为恩是放在心里的，怎么可以随便说出来呢？到处去赞美别人，其实别人也知道，你说的是不算数的。大家平常要锻炼自己，要想讲话算数，就要小心谨慎，不能随便乱讲。孔明是以谨慎出名的，然而也正因为如此，他这句话才会对马谡产生很大的影响。

三国之道

地位越高、声望越大的人，越不能随便去鼓励别人。

情景说明

两军交战，董荼那和阿会喃两位将军很快被擒住送往孔明那里。孔明让人给他们松绑，并殷勤地款待他们。席间，孔明问他们，蜀主对孟获不薄，为何要兴兵作乱。两位将军说他们是孟获的部下，只可遵命行事。孔明让他们回去劝孟获罢兵，并送上厚礼，放他们走了。

不久，孔明略施小计便擒获了孟获。孔明问他被擒服不服，孟获说不服。孔明让人把兵器还给他，就放他走了。孟获谢都没谢一声便扬长而去。魏延问孔明："孟获乃南蛮渠魁，今日擒得，何故放了？"孔明说："要擒孟获如囊中取物，但要他心服口服绝非易事，此次南征志在于此。"后又给俘获的孟获士兵松绑，送以酒食米粮，说他们的家人要是知道他们兵败，肯定会忧虑万分，让他们早点回去以安家人的心。士兵们深感其恩，泣拜而去。

要点解析

1. 孔明释放两位南蛮元帅，并殷勤招待，有什么用意?

这种事情如果是曹操来做，我们就会说曹操是想收买人心，可是由孔明来做，我们就会说孔明是想收复人心。一个是收买，一个是收复，不同的人来做，我们给予的评价也不一样。想收买人心的人所做的事情并非出于真心诚意，而是为自己接下来的为非作歹做掩护。可是孔明没有这种想法，他收复人心的出发点是想大家好好相处、彼此谅解，并不是自己要从中获得什么利益。因此，孔明死后，孟获那边的人不但痛哭不已，而且还替他造庙。这些都不是孔明想要的，一个人不想要而自然获得的东西才是最真实的。如果孔明勉强他们一定要这样做，那他死后孟获那边的人说不定还会鞭尸，这其中的道理非常值得我们用心体会。

孔明抓到两个南蛮的将军后，非但没有恐吓、威胁或鞭打他们，还很殷勤地招待他们，与对待其他战争的俘虏不太一样。有人说我们中国人对自己人比较严苛，对外国人比较宽松，其实这才是一个文化大国应有的心态，但是千万要记住，只有自己的文化优势还在的时候才可以这样做，否则就是懦弱的表现。孔明现在不是懦弱，也不是怕死，他有文化的优势，知道自己这样做对方不会说他是懦弱，好像自己打不过别人，想要别人手下留情一样。孔明打败他们轻而易举，但他仍这样殷勤地款待，表现出来的修养与仁德，那两位南蛮将军也心中有数。

2. 两位将军说自己是孟获的部下，只能听命而行，是什么道理？

由于文化水平的差距，当时南蛮之地的人跟中原人的表达方式不大一样，这两位将军说话相当直接。他们说并不是自己想打仗，只是首领孟获下令要打，作为下属没有办法不得不打。我们中原人大概不会讲这样的话，但是他们习惯于心里想什么就直接说出来，从他们的举止行动以及各种反应可以看出来，他们的文化是远不及我们中原的。

3. 孟获中计被擒，为什么不服？

孟获不服，是因为他的文化水平不高。有见识的人会从中知道孔明并不简单，没见识的人才会觉得他徒有虚名，不过如此而已。自由带给我们很大的好处，但也使得我们很难做出正确的判断，因为谁也不服谁，大家都觉得别人不见得会比自己高明多少。而不自由的人才会在心里约束自己，不敢乱说话，这样他就能知道谁高谁低。人一自由就容易妄自尊大，把谁都不放眼里，最后吃亏的还是自己。现在孟获看不懂孔明，所以他马上就要吃亏了，包括跟他在一起的人，都要跟着倒霉。

三国之道

自由带给我们很大的好处，但也使得我们很难做出正确的判断。

4. 孔明释放孟获，孟获为什么谢都不谢一声？

因为他认为孔明是要奸诈擒获自己的，并没有什么了不起。他们习惯正面交战，根本就没有什么兵法。可是孔明没有必要跟他硬拼，略施小计他就跑不掉了。孟获不服气是孟获的事，孔明怎样抓他是孔明的事，我们只能说孟获中计是活该，谁叫他打不过人家呢？可是他就是不服，我们也要尊重，因为他不懂得其中的奥妙所在，只是用自己的水平来衡量。

5. 魏延问孔明为什么释放孟获，合适吗？

当然不合适，因为这话谁都可以问，只有魏延不能问。但是魏延就是傻到这个地步，这么长时间还不知道自己在孔明心中的形象，他越是讲该放，孔明就越不会放；他越是想打，孔明就越不会打。这些是谁造成的呢？是魏延自己造成的。做人做到每讲一句话都使领导往相反的方向去想，当然是自己的责任。

魏延要是真想问这话，最好的办法就是私底下问赵云，说："我们辛辛苦苦抓孟获回来，丞相就这么轻松地放了，那这仗还要不要打呢？"这样赵云再去问孔明就没事了，因为赵云怎么说，孔明都不会怀疑。可是只要魏延一开口，孔明就认为他心里跟自己有疙瘩，因此不太可能听他在问什么，只是觉得他又来找麻烦了，这是魏延一生都没办法摆脱的包袱。

孔明从第一次看到魏延就没有好印象，这么久了，魏延还不知道想办法改变。本来在这种情况下，魏延只有两条路可走，一条路是离开，一条路是自己改变，可他走的偏偏是第三条路——既不离开，也不改变，所以一直到死都跟孔明格格不入。这个不能怪孔明，孔明并不是对每个人都这样，之所以独对魏延这样，自有他的道理。魏延自认为越来越像大将了，可是只要跟孔明处不好，他就无法发挥自己的才能，注定要受委屈，这是魏延没有想到的地方。

6. 孔明释放孟获士兵，并且赠送粮食，有什么用意？

这就是马谡所讲的要收复人心，而不是要侵略这块土地，把孟获这些人打死，你怎么知道除去了孟获，不会来个比他更坏的人呢？况且这些人很自然地让孟获来领导，一定有原因，外来人最好不要随便介入或者评断这些事情。

现在很多西方国家的人都不懂这些，老是用自己的标准来说别人不对。你怎么知道撤了这个领导人，换下一个领导人就不会乱呢？孔明那么早以前就看懂了这些，这是西方的政治家、军事家和思想家都应该好好学习的。

孔明善待士兵，还送他们粮食，士兵们感动之余，一定会慢慢传出去，说孔明多好，不是来打他们的，而是来照顾他们的。一个是侵略人家，一个是教化人家，这是西方跟我们最大的不同，可惜我们这些后代子孙慢慢都搞不清楚了。

情景说明

孟获死里逃生后，决定利用两军中间的泸河天险，将河面上的船只都扣留起来，并在沿岸筑起土墙，坚守不出。孟获心想：蜀军远道而来，水土不服，再加上天气炎热，时间长了自然会回去。

孔明得知后，派前来送解暑药和粮米的马岱将军领兵从150里外水浅的地方偷渡去断孟获的粮草。孟获请人作法，诅咒蜀军被毒死在泸水之中。

马岱依诸葛亮之命领兵渡河，由于艳阳高照而河水又浅，士兵们裸衣而过，却不料都中毒身亡。被诸葛亮放过的董荼那和阿会喃将军听说后，商量决定由阿会喃将军前去密见诸葛亮。诸葛亮问阿将军星夜前来有何见教，阿将军告诉他：泸河里面有瘴气，烈日一照，毒气蒸发，此时渡水必中毒身亡，只有等到夜静水冷，毒气散去，士兵们饱食足饮后才能平安渡河。诸葛亮深谢阿将军，请他速速回去，一路小心。

要点解析

1. 孟获死里逃生，决定坚守不出，是什么道理?

孟获刚开始认为孔明这些中原人远道而来，个个瘦瘦小小的，而自己的人健壮得多，打硬仗应该不是问题，没想到打不过。既然打不过，很自然就会想到守，况且当地的地形易守难攻，等到蜀军累了，或是没有粮食了，自然就会退兵，这是任何人都会想到的办法。所以孟获决定坚守不出，看孔明能奈他如何。

2. 泸河的船只，全被孟获扣留，孔明找不到船只渡河，如何是好?

孟获既然决定要坚守，自然会选个地形对自己有利的地方。见两军中间隔着一条大河，于是他把所有船只都征召起来集中管理，以为蜀军找不到船只过河，自己就能安全了。蜀军数量庞大，一时之间要重新造那么多船只也不是件容易的事，于是孔明让马岱领兵从150里外水浅的地方渡河。

3. 马岱士兵由沙口渡河，很多中毒而死，是不是孟获叫人作法的结果?

我们人类的发展过程是从神话开始的，这是全世界所有民族共同的起点，因为那时候谁也不知道什么是科学，很多事情想不明白为什么会那样。人类对那些不知道的事情很恐惧，一些聪明人就充分利用了人类这一弱点，编造出很多神奇古怪的事情，就是神话的起源。

孟获叫人在那里作法，正是他们民智未开的表现。我们现代人，不要被那些表面的、不科学的东西所迷惑，我们应该很清楚，泸河上的毒不是物理性的、化学性的，就是生物性的。凡是碰到解不开的谜，分别从物理方面、化学方面和生物方面去探讨和了解，应该都能得到答案。可是那时候还没有这些科学，所以当时的人以为是孟获找人作法，才让渡河的蜀军死了那么多人。现在我们学了物理、化学和生物，不应该再有那种想法。

4. 孟获的部将为什么星夜来见孔明，说必须夜晚渡河，才能安全?

蜀军死了很多人后，被孔明放走的那两个孟获的部属心里很不安：孔明对我们那么好，抓了我们不但不杀，还热情地款待，现在孔明遇到了困难，死了那么多士兵，是不是应该把其中的原因偷偷地告知孔明，以解他的燃眉之急呢？于是他们商量决定由阿将军星夜前来拜访孔明。

孔明很奇怪阿将军怎么这么晚过来，阿将军告诉他只有晚上渡河才安全，白天渡河会被毒死。孔明问他为什么，他说泸河里面有瘴气，太阳猛烈照着的时候，毒气会向上蒸发，这时候渡河就会被毒死，只有等到夜静水冷，毒气散去，士兵们饱食足饮后，才能安全渡河。

阿将军讲完后，孔明非常感谢，否则他一时还真想不出什么好的应对之策。这再一次证明，只要你真心地去关心对方，对方有良心的话，也一定会用真诚来报答你。这是双方良性的互动，不是恶意的竞争。现代社会充满了竞争，大家没有想到人类有竞争的一面，也有互动的一面，所有动植物都是彼此互动的，并不完全是竞争，可惜达尔文当年没有看到这一点。

5. 孟获部将的举动安全吗？合理吗?

当然不安全，因为孟获迟早会发现的。蜀军本来是渡不过泸河的，现在能安全地渡过来，这其中必有文章，任何一个到了他那个职位的人都会想到这一点。而我们人类自古都很会向一些动物学习，比如狗很会追踪，无论兔子躲在哪它都能抓住，人一看，连狗都可以跟踪抓到兔子，那我为什么不能去追踪人呢？所以孟获的部属去给孔明通风报信，将来很容易被孟获派去跟踪的人查到蛛丝马迹。那可是叛逆之罪，是要砍头的，所以非常不安全。

但他们这样做合理不合理，就见仁见智了。如果你认为合理，就说明你是个有良心的人，最起码你讲道义。他们这样做并没有出卖孟获和自己的国土，也没有出卖自己的百姓，只是居于人道主义，希望蜀军能减少死亡，不要冤死而已，为什么不合理呢？当然，你也可以说不合理。因为两军打仗，向对方告知对对方有利的事情，就等于增加了对方的作战能力。但是具体到这件事上，孟获用泸河的瘴气对付孔明是不公平的，用这种方法取胜，任何人都不能接受，就像当年，两军交换俘虏的时候，黄忠一箭把对方的战俘射伤，我们觉得很不合理一样，现在孟获利用对方对地形的不了解，毒死蜀军那么多人，更不合理。

6. 孔明不是不喜欢反叛的将领吗？为什么对孟获的部将待之以礼呢？

孔明一向不喜欢不忠的人，魏延就是个例子。他对魏延的印象始终不好，就是因为当年魏延不忠，杀了其主韩玄。孔明认为今天魏延可以对韩玄不忠，明天也照样可以对刘氏不忠。所以跳槽的人一定要小心，当你跳槽到一个新地方，领导也会想到你可能很快又要从这里跳走。很多跳槽的人会养成习惯，其实都是被迫的，他也很无奈，因为大家都不敢充分信任他，把最高机密告诉他，最后只好拼命地跳槽，这些都是自己造成的。

可是孔明现在并不认为孟获的部将反叛，因为孔明的出发点并不是要征服他们。如果孔明对孟获等人完全是敌对的态度，是要征服他们，那孟获的这两个部属这样做就是反叛，可是孔明此番前来师出善意，是为他们好，是要照顾他们，帮他们过上更好的日子，让他们知道两边打来打去是不好的，中原地区打来打去是不得已，希望他们不要仿效，蜀军不会来打他们，他们最好也不要去侵犯蜀国的边境，这是孔明的一番善意，所以他不认为来通风报信的人是叛主。同样一件事情，出发点不同，我们就会给出不同的评价。

同样一件事情，出发点不同，我们就会给出不同的评价。

情景说明

马岱照阿将军的办法安全渡过了泸河，切断了孟获的粮道。孟获得知后大惊，派董荼那将军前去迎战马岱，打通粮道，可背后却派两人秘密跟踪。董将军依命前去会马岱，马岱未曾见过董将军，旁边的将士告诉他此人曾被诸葛亮放过。马岱得知后，问董将军是否忘了丞相的不杀之恩。董将军羞愧难当，不战而退。跟踪他的两个士兵见状，急忙回去禀报孟获。

董将军回见孟获，孟获问他粮道打通了没有，董将军推说马岱英勇无比，战不过他。孟获大怒，指责他分明是受了孔明的不杀之恩，不战自退，并命人将他拖出去斩首。众将上前替董将军求情，孟获决定饶他一命，改打100大棍。董将军被打，心生怨愤，觉得自己总有一天要死在孟获手上，于是和众将商议，想先杀了孟获，再转投孔明。但阿将军认为不妥，说只需绑了孟获去见孔明即可。于是众人趁孟获酒醉之时，将其捆绑起来送到了孔明的帐中。孟获再次被擒，诸葛亮问他服不服，孟获回答只要放他回去，便会率众来降。诸葛亮一笑应允，并亲自送他到泸河边，以船送孟获回寨。

要点解析

1. 孟获据报蜀兵已渡过泸水，他有什么感觉？

孟获的第一感觉就是非常惊讶：难道泸水上的毒气都消失了吗？怎么可能？既然不可能，那第二个感觉就是一定有人通风报信，把其中的秘密告诉了孔明。因此，孟获让董将军出兵去打通马岱切断的粮道，背后却派人秘密跟踪董将军，从而查明是不是真有自己人去向孔明通风报信了。

2. 马岱说董将军忘了孔明不杀之恩，结果如何？

孟获这一招果然很高明。马岱虽然不认识董将军，可是他身旁的人会告诉他：这个家伙曾被丞相释放过，现在又来了，所以马岱就说：董将军太不够意思了，丞相抓到你没有杀你，还把你释放了回来，现在你居然带兵来打我们。这么一说，就点到了董将军良心难安的地方，董将军羞愧难当，不战而退。那两个跟踪的人远远看着他们说来说去，最后没有动手就退兵了，于是很快回去禀报孟获。孟获由此而断定，是自己人通敌了。

3. 孟获要斩董将军，大家求饶，改打100大棍，合适吗？

董将军回来之后，孟获问他粮道打通了没有，董将军说马岱英勇无比，战不过他。孟获说他分明是受了孔明的不杀之恩，不战自退，现在居然还想以谎话相瞒，于是命人将他拖出去斩了。这时其他将领都向孟获求情，请他饶董将军一命。从这一点可以看出，董将军平常做人还是不错的，跟大家处得也比较融洽；否则大家此时就不会吭声，那他就没命了。一个人平常跟大家处得好不好，得看最危急的时候有没有人出手相救。

大家都为董将军求情，孟获虽然免了他一死，却要改打他100大棍。这样好不好呢？关于这一点，我们可以对照当年周瑜与程普的事情。当年周瑜就任都督，发号施令时，程普让自己的儿子代为出席，如果周瑜就此说程普是装的，非要他儿子去把程普叫来，他儿子坚持说是真的，周瑜就要斩他儿子，最后大家求情，周瑜改为将其打100大棍，那程普父子以后无论如何都不会跟周瑜合作。这跟孟获打董将军是一样的道理。孟获现在有两种选择，要么斩，要么不斩，不能说不斩了还要打100棍。因为就算只打他三棍，他都是恨你的，所以说，孟获的这个决定非常不明智。

如果孟获接受大家的意见，和董将军坐下来谈一谈，说自己不相信他会害自己，问他为什么要这样做，那董将军就会告诉他，自己和阿将军被抓去后，孔明说大家最好和平共存、互相帮忙，否则这样打来打去只会劳民伤财。事实本来也是这样，打又打不过人家，到头来只会是自己吃亏。如果董将军能说动孟获，让孟获觉得孔明说的有道理，从此与蜀国和平相处，那整个局势就变了。可是孟获没有这样，他总认为自己是对的，跟自己意见不同的人是错的，这是很多领导都爱犯的大毛病，应该改一改。听听别人的意见，要是人家说得很有道理，自己改正一下，不是对大家都好吗？

4. 孟获的将领趁孟获酒醉，把他捆绑起来送给孔明，这是什么道理？

这就是孟获那100大棍种下的恶果。董将军被打后不服，肯定会发牢骚，他一发牢骚，大家就响应，说：我们根本就不用打仗的，孟获害得大家累得半死不说，还动不动就打人，这样迟早得死在他手上，还不如我们先下手为强，先把他杀了。但是，如果众将真的把孟获杀掉了也很麻烦，因为那些誓死追随孟获的部属，将来肯定要为孟获报仇，那边境就更不得安宁了。所以有人提议不杀孟获，而是把他抓去送给孔明，听候孔明的发落。

从这里我们可以看出来，凡是走极端的事情，后遗症都是很严重的。如果当时孟获不顾大家的反对，坚决要杀掉董将军，后果会很严重；如果现在大家七嘴八舌把责任都推给孟获，然后把他杀掉，后果也会很严重。当然，如果孔明第一次抓到孟获就杀掉，后果会更严重。凡是极端的事情我们都不赞成，因为它会出乎意料地增加很多困难和痛苦。

三國之道

凡是走极端的事情，后遗症都会很严重。

5. 孟获说如果再释放他，将率众一起来降，孔明为什么相信？

大家把孟获捆绑起来，送到孔明这里，孔明还是以礼相待，因为他根本就无心杀孟获，而是想收服他，否则第一次就杀了。孟获对孔明说，这次只要放他回去，他就会率众来降，当然不会是真话。要投降现在投降就好了，为什么还要回去率众来降呢？所以这分明就是孟获的遁辞。可是，孔明还是装作信以为真的样子答应了他。要是孔明把脸一板，当场揭穿孟获的谎言，看起来很聪明，结果只会聪明反被聪明误。

然而孔明是个真正聪明的人，平常不会表现出很聪明的样子，这就是老子所讲的深藏不露。

凡是想迫不及待地表现出来的聪明都是小聪明，真正大智的人是若愚的。看起来笨笨的人才有可能有大智慧，看起来非常聪明的人其实都不过如此，这种道理只有中国人最清楚。一个人不懂得含蓄，不懂得深藏不露，知道点什么就赶紧外露，是很粗浅的表现。现在孔明装成什么都不知道的样子，更能显示出他的修养。

6. 孟获一再被擒，都不心服，怎样对待这样的人？

如果孔明现在放弃当初的计划，那他大老远地赶来不就前功尽弃了吗？就像很多做爸爸的人，都说拿自己的孩子一点办法也没有，怎么说小孩都不听，做爸爸的都想放弃教育了，父母把小孩养这么大，现在放弃了，那以前受的苦有什么意义？所以，就算碰到孟获这样的人，孔明也不应该放弃。

小孩不可能没有救，只是家长的力道不足而已，哪天力道足了，小孩就听你的了。孟获就像个不听话的小孩，要是孔明的耐心不足，第一次对他笑眯眯的，第二次对他还算客气，第三次就翻脸斩了他，那就说明孔明前面都是装的了，并没有什么诚意。一个人要经得起对方的考验，这一点孔明做到了。他第一次抓到孟获后笑笑，孟获不知道是真是假，第二次也很殷勤，孟获还不知道是真是假，孔明就这样一直持续下去，持续到最后让孟获真的很感动，这才叫作收复人心。孔明这一次的表现，值得我们从头到尾好好去品味。

六十六　吾不如老圃

七擒七纵孟获，终于得到心服口服的效果。丞相天威，南人不复返矣！孔明仍然一本攻心的初衷，不留一兵，不置一吏。有人以为不妥，孔明还是坚持。实际上到了第五次捕获孟获，大家已经按捺不住，心里头很想杀他。但是想到在漫长的过程中，向孔明学到很多东西，特别是哑泉、柔泉、黑泉、灭泉四大毒泉，孔明从未见过，也不知道如何是好，他自叹不如老圃，实际上给大家带来很好的教训，天外有天，人上有人啊！可惜魏延和马谡好像并没有领悟到这些宝贵的道理。

情景说明

孟获被放后，让其弟孟优向孔明诈降，却不料孔明将计就计，第三次擒住了孟获。孟获仍然不服，孔明请人给他兄弟二人松绑，送他们去后营休息。

半夜，见外面无士兵把守，只有几匹战马，孟获欲带领随从骑马逃走，却被赵云拦住。赵云非但没有为难他们，还说既然南王想走，丞相也不便相留，并让道让孟获等人离开。孟获等人来到了泸河边上，马岱赶来说：孟获，如果再被我抓住，定不轻饶。

孟获等人一路前行，却被魏延挡住了去路。原来魏延早已占领此地，夺取了险要，孟获等人只得绕路而行。见孟获平安归来，他的夫人说若孔明胆敢前来，就亲自去会会他。孟获说自有良策御敌，不劳夫人亲自出征，并让她紧守银坑洞，以防蜀军偷袭。他夫人说，蜀军要是敢前来，此处便是他们的葬身之地。

要点解析

1. 孟优诈降，孔明趁机诱捕孟获，他又有什么话说？

孟获原本以为，让自己的弟弟孟优去诈降，孔明就会相信，并提供一些帮助。但是，孔明一眼就看出他们是来骗自己的，于是将计就计，将孟获也抓了起来。孟获虽然吃惊，但是仍然100个不服气，他的理由还是如果硬碰硬地正面交战，败在孔明的手上，他才会心服口服。可孔明都是靠阴谋诡计抓住他的，因此他怎么都不服。

其实，孟获的想法也不无道理，但孔明不管这些，他只想用自己的方式让孟获口服心服。在历次战争中，孔明这次表现出了最大的包容和宽容，因为他这次出兵的动机跟其他时候不一样。可能有人会问，那孔明为什么不能用这种态度去对周瑜呢？如果大家回想一下，应该可以看出孔明对周瑜也是很宽容的，从没想过要置周瑜于死地，他每次都是很坦诚地对周瑜，让周瑜了解自己，是周瑜自己不想接受他，所以这两者不能相提并论。

2. 孟获兄弟逃走，赵云不强留，马岱只说下次不饶他们，是什么道理？

因为赵云和马岱他们越来越觉得孔明的做法是对的，对两边长远的友好交往最有利。赵云的意思是，并不是蜀军没有防备，只是孟获他们要走，孔明也不想强留，想走就走吧，所以才给孟获让出了道路。赶到河边的马岱就比较不客气了，他说：如果再被我擒到的话，下次必不轻饶。一个柔，一个刚，这样才比较好配合。

他们放孟获走并非懈怠职守，放纵敌人，而是完全理解了孔明的一番苦心。当然，他们也并不是存心让南蛮之地将来归属于中国，否则动机就不对了。可是结果是自然而然的，当一个人心悦诚服的时候，他就会自动投过来。中国的版图之所以会越来越大，就是孔子所讲的，自己先把自己的内政治理好，使老百姓安居乐业，同时把文化水平不断地提升上去，那四周的人自然会心悦诚服，愿意投奔于你。

3. 魏延断孟获兄弟的去路，有什么用意？

在蜀军的这些将领里，魏延的态度始终是比较不友善的，他把孟获兄弟的去路完全阻断，让他们回不了家，看他们能怎么办。虽然魏延没有违背丞相的意思，没有杀孟获他们或抓他们回去，但是他心里仍在抱怨：丞相这样子怎么打仗呢？他决定给孟获兄弟一点脸色看看，就表示他心里对孔明的做法并不服。孟获兄弟对孔明的不服，只是战争上的不服，而魏延对孔明的不服，则是战略上的不服，他认为孔明的这种策略根本就不需要，要打仗就打，讲那么多干什么呢？

4. 孟获夫人要亲自迎战孔明，孟获为什么不肯答应？

各位，如果你是孟获，你会答应吗？孟获的夫人说："孔明这么难缠，那我去打好了。"孟获如果说："行啊，我打不过他，你去吧。"有这样的男人吗？所以孟获很自然就说：你不要去，我打得过他，用不着你。其实他心里何尝不希望夫人帮他打一打呢？可是他嘴上只能这样讲。通常一个人讲的话不是对不对的问题，而是妥当不妥当的问题。

我们还可以从另外一面来看这一情况。作为一个领导，孟获这样说最起码没有逃避责任，再困难也要自己去打，没有让别人上阵，自己守在家里，否则算什么领导呢？他的意思并不是说他的夫人真的不能去打，而是告诉他的夫人，要去打就要小心一点，那些人都不是好惹的。否则，如果孟获的夫人武艺很高强，平常又目中无人，孟获这时候不提醒她，让她心里有个准备，那她出去打仗就真的是去送死了。

三國之道

通常一个人讲的话不是对不对的问题，而是妥当不妥当的问题。

5. 孟获的夫人说，此处将是蜀兵葬身之地，是不是夸口？

这显然是夸口。她又没跟蜀军打过仗，怎么知道自己就能打赢蜀军呢？平常跟别人比武赢了那是大家都让着她，因为她是孟获的夫人。当年孙权的妹妹孙尚香也是一样，好像自己天下无敌手。实际上，在东吴谁敢跟她打呢？就算敢跟她打，也不敢全力以赴。孟获的夫人就是不了解这点，随便夸下海口，最后被孔明抓去了。

6. 孟获每一次被擒，都有不一样的理由，这种人值得信赖吗？

其实这种人才值得信赖。如果孟获是那种存心不良，一开始假装投降，等孔明带兵回朝了再叛变的人，那才糟糕。凡是很容易就投降的人，都是不可靠的，像孟获这样每次都找理由，顽强抵抗的人，看似不可理喻，但等到有一天他真的投降了，那一定是口服心服的。这是孔明比较高明的地方，也是孟获比较真诚的可爱之处。

老实讲，不要看南蛮人样子粗鲁，实际上他们是很朴实、很实在的。我们希望大家了解，人类最初的本质是很诚恳、很实在的，只是后来文明越来越发达，文化水平越来越高，才开始有了分歧——有人坚守着诚实和实在，有人开始变得阴险奸诈。越是文化水平低的人，越是朴实和真诚，这一点我们不必怀疑。当时，南蛮那个地方的文化水平不高，所以那里的人普遍很实在，因此就算孟获是个很顽强的人，但他不会耍诈，也是值得信赖的。

我们看人不要只看表面，而要看他的内心深处。孟获这种人不服就是不服，等到真的服了的时候，会比谁都服。虽然他每次为自己找的理由都很牵强，但是孔明每次都接受。一些蜀军将领刚开始还有意见，但慢慢也都体会到了孔明的良苦用心，知道这次打南蛮是要实施教化的功能，以实现安边的愿望。最起码要使南蛮在孔明活着的时候不来捣乱，这样孔明才没有后顾之忧，才能全心全意地去实施北伐大计。

情景说明

孟获受了三擒之气，刚一回到银坑洞，就立即用珠宝从蛮方部落借来数10万凶蛮的兵丁，去蜀军阵前挑衅。孔明下令全军退回营寨，说此次孟获领兵前来，急欲交战，此时交锋，虽可取胜，但死伤会很多。自己三擒孟获而不杀，是想服其心而不想灭其族。如今暂且避其锋芒，到时再用计让他自投罗网。

三日后，孟获见蜀营毫无动静，便派几个士兵前去打探。士兵进到蜀营中，一阵狂吼乱叫仍不见任何动静，于是回来禀报孟获。孟获见蜀营空无一人，且营寨中的东西整整齐齐，一切如故，断定孔明已经班师回成都了，于是领兵奔赴西洱河追赶。不想刚到河边，蜀军就从后面包抄过来。前有西洱河，后有蜀军包围，孟获兵败，再次被擒。孟获四次被擒，却仍不服气，孔明决定再次放孟获回去。

要点解析

1. 孟获率大军来挑战，孔明为什么反而传令全军退回营寨?

照理说，孟获之前已经讲得很清楚了，如果自己是两军正面交战时被擒，就会心服口服地投降，现在他率大军来攻，孔明应该珍惜这个机会，全力应战，将孟获抓住才对。可是孔明没有这样做，而是传令全军退回营寨。对此，很多将领都大惑不解。但孔明知道，这次孟获的大军准备充足，士气高昂，现在应战的话，就算全力以赴能取胜，双方也会死伤惨重，在这种情况下，要让孟获心服口服并不容易，所以他让蜀军暂时避开孟获大军的锋芒，等对方的士气降低一点了再战。

可见，孔明是说到做到，并不是嘴上说要帮助南蛮，结果却做出很凶残的事情。他嘴上说要和平，在战争中也非常重视如何降低双方的死伤，为将来双方的和平做努力。

2. 孔明说只想服其心而不想灭其族，是不是用心良苦?

当然是用心良苦。这事也只有孔明才能做到，换成别人都不可能有这样的素养，因为就算有这样的观念，也很不容易具体落实。孔明不但想到，而且在实际行动上也切实地落实这种想法，当然很难得。孔明并不想把南蛮整个灭掉，因为孟获他们也有生存的权力，这个空间要留给他们好好去发展，孔明只是希望跟他们永远修好，两边互不侵犯，并不是要侵略他们，把这里当殖民地。中国人从古至今都没有要把外国当作殖民地的想法。

孔明说自己是要服孟获的心，让他知道自己是好意，是想帮助他们能够更好的发展，而绝不是要灭他的族，这一点要让孟获真正体会到。他这样做有效吗？当然有效，最后孟获终于心服口服了。当然现在还只是在过程之中，我们会觉得孟获很可恶，好像有理说不通。其实就是因为他是这样的人，孔明才有必要去收服他。

3. 蜀营毫无动静，孟获军士进入营寨吼叫，也全无反应，是什么道理?

这还是孔明在用计。他留下一个空营，里面的东西摆得整整齐齐，却没有一个人。孟获的士兵进来一看，完全不知道是怎么回事。从孟获那些士兵的动作可以知道，他们还是很天真无邪的，根本就不清楚战争是怎么回事，所以在那里不停地乱叫，却不动脑筋想想为什么会这样。

孟获当然要聪明一些，他到了以后就开始研判，说蜀军要是怕打不过他们逃了，营寨一定会很乱，现在一切都整整齐齐的，连粮食都没带走，就说明蜀军没有要逃的准备，一定是蜀国遇到东吴来犯或曹魏来侵，命孔明赶快率部队回成都去了。他分析得条条有理，自以为很对，然后下令去追蜀军，趁他们回去的途中狠狠地打击他们一次，却不料又中了孔明的计。

4. 孟获凭什么断定孔明已经班师回成都?

孟获当时的想法是：第一，孔明的营寨里一个人都没有，可见人已经走了；第二，营寨里的东西摆得整整齐齐，说明蜀军并不是慌乱地逃走的。于是孟获断定，孔明已经班师回成都了。他的推理合情合理，但跟神通一点关系都没有，只不过他没想到自己又中了孔明的计。孔明就是按照孟获的思路，反其道而行之来对付他的。这是孔明一向的做法，也是兵家常用之策。

5. 孟获率兵渡河，中计被擒，为什么还不死心?

孟获对自己的推理越想越觉得有道理，于是指挥大军渡过泸河，想要追击孔明，没想到蜀军从后面打来。前有西洱河，后有蜀军，孟获一时跑不掉，所以再度被擒。可他还是不服气，始终认为孔明用计擒他并不算什么真本事，什么时候孔明不用计了，能在硬碰硬的战场上擒了他，他才真的服气。当然，孟获这是在耍赖，可是孔明心想：既然已经放过他这么多次了，这次就再放他一马吧，说不定他下次真的心服口服了呢。于是又放走了孟获。

6. 孔明有必要和孟获这种人玩游戏吗? 他到底在想什么?

如果孔明只是为了自己一时的兴趣，跟孟获斗着玩，那他所做的一切是完全没有价值的。让这么多人耗在这里，把成都的事情丢在一边，跟孟获斗着玩，算怎么回事呢？可孔明并非如此，他是为了整体的发展，为了长远的计划，为了使自己能够全心全意去北伐，才花这么多的时间和精力去做这些看起来很愚蠢的事情。

但实际上，孔明是很高明的。从他对孟获这件事上，我们也应该有一点启发，那就是一定要把我们的文化水平不断地提升上去。中国人长期以来始终是在同化别人，很少有被别人同化的时候，就是因为我们的文化水平高，如果用武力去打，那是不可能长久的。当初英国人打得全世界都有它的殖民地，可是短短100年间就统统都丢掉了。我们中国的疆土之所以到现在还这么大，就是因为我们用的是同化，而不是武力，否则早就四分五裂了。

但是，现代的炎黄子孙要想想：现在我们还有那么强的同化力吗？没有了。我们盲目地学外国，学到最后都不像中国人了。中华民族最大的危机就是我们的同化力越来越弱，以后能够不被别人同化就不错了，更别想去同化别人了。我们应该好好想想：我们的老祖宗凭什么去同化别人？就是凭着他们高度的文化水平。因此，努力将中华文化发扬光大，才是我们当前最需要努力的目标，其他都在其次。只要我们把文化发扬光大，维持较强的同化力，其他的根本就无须担心。

三国之道

努力将中华文化发扬光大，才是我们当前最需要努力的目标，其他都在其次。

情景说明

孟优出主意说此时正值盛夏，酷暑难忍，不妨退入山阴洞中按兵不动，蜀军远道而来，征战疲惫，经受不住暑气，时间长了定会自退，并领孟获去秃龙洞投朵思大王。

朵思大王告诉孟获通往秃龙洞的路有两条：一条是孟获所来之路，地势平坦，人马可行，但只要在路口垒上木石，就算有百万之师也进不来；另一条路则隐蔽难走，多藏险恶。孟获听后大喜。

蜀军冒着酷暑，由险路进入秃龙洞。军士们饥渴难耐，见前方有一潭泉水，都争相捧饮，不料没一会儿便都神色大变。孔明大惊，问大家怎么回事，但军士们却都说不出话来。孔明只得传令三军不得饮水，不得入林。

孔明派人前去打探对此地情况了解的人，无奈数十里之内都不见人影。孔明决定亲自出去寻找，终于找到了一间茅舍。舍间有一高士，孔明向他请教该如何解决眼前的问题，高士告诉他解毒的方法，并将当地的地形做了一番详细的介绍，孔明听后深表感谢。

要点解析

1. 孟获看见天气炎热，按兵不动，想让暑气逼走蜀军，是不是好主意?

人都是这样，当自己没有办法的时候，总会寄望于天气、地形等自然力量，这是人类长期以来共同的思维。孟获原本信心满满，以为不会输给孔明，现在越来越觉得诸葛丞相不好惹，因此想用当地险要的地形、地物和闷热的天气逼走孔明，这样他们就不必投降了，这是孟获的好主意。

2. 朵思大王说秃龙洞有两条道，却有险可据，蜀军攻不进来，是真的吗?

这是真的。通往秃龙洞的路有两条，一条是孟获来的路，地势平坦，土厚水甜，人马可行，但只要在路口垒上木石，就算有百万之师也进不来。另一条路不但隐蔽，而且道路艰险，人马难以前行。孔明见那条好走的道路被封了，又不想跟孟获发生正面冲突，以防双方死伤惨重，于是选择了另一条险路，虽然辛苦一点，但能减少伤亡，这是孔明必然的选择。

3. 蜀军冒着酷暑，由险路进入秃龙洞，结果如何?

结果比想象的更糟糕，那条险路不但险陡难行，而且还有很多没法破解的天然障碍。那里的地形、地物以及天气的变化，都不是一般人能想象得到的，即使孔明见识很广，可这一路走来，碰到的很多事情也让他无能为力。可见，每个人的认知能力都是有限的，你对这个地方很熟悉，对别的地方就不一定熟悉，你对这件事情很清楚，可是隔行如隔山，你对其他的事情就可能是外行了。一个人只有认识到自己的局限性，才不会狂妄自大，以不知为知，只会将事情越搞越糟糕。

三国之道

一个人只有认识到自己的局限性，才不会狂妄自大，以不知为知，只会将事情越搞越糟糕。

4. 孔明看见士兵变成哑巴，说不出话来，为什么下令远离潭水?

照理说，孔明平常很神算，掐指一算应该就能知道其中的原因，并能想到解决的办法。可是孔明没有，他知之为知之，不知为不知，这才是真正知道的人。现在的孔明跟当年草船借箭的孔明完全判若两人，他对眼前的事情也感到很惊讶，不知道为什么会这样子。如果他以不知为知，乱七八糟地乱搞一气，可能会害死更多人，那样他就有愧于良心了。但孔明是儒家，懂就是懂，不懂也不会装厉害，所以这时候的孔明并不是不愿处理这件事，而是他也不知道怎样处理。他生平第一次碰到这种事情，以前从没有看过或听过，所以他的反应也跟平常人一样，只能让士兵们避一避，远离泉水，然后再想办法。这是孔明了不起的地方。

5. 孔明派人打听消息，却苦于找不到人家，他能怎么办?

孔明一筹莫展，其实这才是真诚的表现。因为他不能充内行，不能随便猜测一下或推理一下就告诉士兵该怎么做，唯一的办法就是去请教懂的人，否则实在太危险。怎么会有喝几口水就变成哑巴的事呢？这太可怕了，所以他派人出去打听，看看谁知道其中的原因，然后按正确的办法来解决。

孔明的这种态度很值得我们学习。要是一般人，可能会随便下令让人去试着寻找解决的方法，这个方法不对再试那个，这种做法是不对的。很多当医生的人，自家人生病的时候自己反而不会去看。我访问过这样的医生，问他：“别人生病你都看，为什么自家人生病你却找别人看呢？”他说：“自己家人我下不了笔，不敢确定用什么药。”我说：“那你不是用别人的命去试吗？”他说：“也不是那样，只是心理上有一种障碍。”

如果孔明认为要试也不是自己先试，于是就想出很多方法让士兵们试，说不定在试死很多人后，真的能找到正确的方法，而且大家事后还会说他很高明，能够破解难题。可孔明并没有这样，他把所有人都当作自己的家人一样看待，每条性命都是可贵的。所以他坚持派人继续去找真正懂的人，然后再来解决，还叮嘱大家在找到之前不要喝水，也不要吃东西，因为实在太可怕了。孔明的这种稳妥的态度，才是对人真诚的表现。现在很多人明明是外行，却冒充内行，装作什么都懂的样子，结果害死了很多人。

6. 好不容易找到一位高士，告诉大家如何解毒，孔明有什么感想？

孔明当时的感想只有一句话：皇天不负苦心人。老天之所以这么晚才让他找到那个人，就是要试试他的真诚到什么程度。当一个人真诚到了老天要的那个程度，就是力道足了，接下来大门自然就会打开，这是很多人都有的经验。要是孔明派人找了两次没找到，就打道回府了，那些士兵的毒也就解不了了。所以人一定要坚持到底，坚持到90还不行，坚持到98还差一点，坚持到底的时候，那个高士就出来了。他告诉大家应该如何解毒，并把当地的地形、地物做了一番详细的解说。

孔明在感动的同时，也很佩服那个高士。他没有说，这个自己以前也知道，只是一时忘记了，也没有说高士的看法跟自己一样，而是很真诚地感谢高士的指点，传令士兵要遵照高士说的去做。他也没有问这位高士是谁，因为那时候身份地位已经不重要了，能够真正地解决问题才是关键。等大家的毒都解了，一切都安定下来了，再问也不迟，何必一来就浪费时间问他的姓名呢？见面先说自己碰到的困难，问他有什么可以解救的方法没有，这才是优先要解决的问题，今天的话叫作针对性很强。

情景说明

高士告诉孔明自己是孟获的大哥孟节，因不满孟获的做法又拿他没有办法，所以隐居在此。他还告诉孔明，此地毒瘴甚多，沿路共有四眼毒泉：哑泉、柔泉、黑泉、灭泉，或饮或浴，不死即残。此外，山上还有烟瘴，人、畜、鸟、兽，触之即死。孔明听后，感慨蜀军难以进兵矣。孟节告诉他要是口渴，可自己掘地取水，且他屋前有一种草药，含一片在口，则可避开山中瘴气。孔明听后大喜，深谢孟节，并传令众军士各含一片草药上路。

银冶洞主杨锋感念孔明对他兄弟子侄董荼那和阿会喃将军的不杀之恩，领3万兵马前去秃龙洞见孟获。他假说自己是来助战的，并让一些歌伎前来助兴，然后趁孟获等诸将懈怠无准备之时，一举擒获了孟获等人，并将他送予孔明处置。

孟获5次被擒，却说自己不是中孔明诡计，就是自相残杀，非孔明征战之功，因此仍不服气。孔明大怒，众将也主张斩杀孟获。孟获又说，若是孔明能在两军阵前将他擒住，他便心服口服，孔明决定五放孟获。

要点解析

1. 孔明对孟节是孟获的大哥，却献策解除军士危难，有什么感想？

原来这位高士不是别人，而是孟获的大哥孟节。孟获排行第二，所以大家都叫他二哥。

照理说，作为大哥的孟节应该站在孟获那边才对啊，是不是他现在所讲的都是想害蜀军呢？可是看他那么诚恳，将解救的办法说得那么仔细，又好像不是。孟节知道孔明不好问他，于是主动解释自己为什么要这么做，他说自己并不赞同孟获的做法，可是又拿他没办法，所以只好隐居在此。现在蜀军遇到困难，能够将自己知道的告诉丞相，对蜀军有一些帮助，也算是给丞相赔礼谢罪了。孔明对孟节万分感激，心想老天毕竟还是有眼的，此次蜀军如果真的是侵略人家，死伤更会无数，因为那样孟节就不会告诉孔明这些应对之策了，前面的种种难题也会让蜀军损失惨重。所以孔明一方面很庆幸，觉得自己的出发点是对的；另一方面也很感谢孟获这个有良心的大哥。

2. 孟节说此地有哑泉、柔泉、黑泉、灭泉四大毒泉，孔明为什么感叹难以进兵？

孔明的见闻已经很广博了，经验也是很多人不及的，可是此时面临的困境超乎他的想象。前面有那么多的危险，他怎么忍心让士兵前进呢？所以他感叹地说："我军难以进兵矣。"孟节听后立即将对策一五一十地告诉孔明，既没有开价，也没有等孔明一而再、再而三地求他才说，果然是位高士。可这荒山僻野的地方，怎么会有这种高人呢？在这种恶劣的环境下，他又是如何存活下来的呢？孔明很好奇。

3. 孔明口中为什么也含着一片叶子？他不是神通广大吗？

当然不是这样。很多建筑商规定每个进入工地的人都要戴安全帽，否则就是违法，可是自己却不戴，以为自己是老板，不会砸到自己，结果上面掉下一块石头，偏偏就把他砸死了。人应该让别人主动地把自己看得很特殊，而不应该自己把自己看得很了不起。孔明没有像那些建筑商一样，因为他知道自己虽然天文地理都懂，但是各种毒照样能把他毒死，所以他规定每人口含一片树叶，自己也不例外。

大家一定要记住，老天是给了某些人一定的专长，但是除此之外，他们其他方面都跟大家一样，不比大家高明。人千万不要以为自己有了某项专长，就什么都高人一等，那是不可能的，那种想法总有一天会害了自己。孔明此时的表现是很好的示范，像他这么了不起的人都知道人到屋檐下，不得不低头，我们一般人更应该如此。不狂妄，不自大，跟一般人一样，才比较安全。

三国之道

不狂妄，不自大，跟一般人一样，才比较安全。

4. 银冶洞主杨锋，为什么敢到秃龙洞诱捕孟获？结果如何？

前面被孔明放过的董荼那将军和阿会喃将军，是银冶洞主杨锋的兄弟子侄，他感念于孔明的活命之恩，无以为报，想抓住反叛的孟获献给孔明，以示自己的感激之情。所以得知孟获在秃龙洞，杨锋就领了3万兵马前去，假说自己是来助战的，并让一些歌伎前来助兴，缓和一下大家的情绪，然后趁孟获他们正在兴头上毫无准备之时，一下擒获了孟获等人。否则孟获也是个不简单的人，要想抓住他也不是件容易的事。

5. 孟获五次被擒，为什么还是不服？

孟获的想法很简单：有一就有二，有二就有三，有三就有四，有四就有五，既然前四次孔明都放过了他，那这次为什么不可以呢？很多人之所以会大过不犯，小过不断，就是因为他们都有孟获这样的想法，认为自己了不起挨下骂，挨下打，也不会怎么样，所以才会一犯再犯。

是不是孔明太客气了，每次放孟获都好像很轻松的样子，所以孟获有恃无恐，一次一次地要赖皮呢？当然也有这种可能。可是站在孔明的立场，他又能怎么样呢？就算他有时候板起脸来说要斩孟获，或是很严厉地说下次抓到决不轻饶，那也是吓唬孟获而已。孟获的个性就是这样，不服就是不服，想让他服气没那么容易。从这个角度来看，孟获倒是个很坦率的人，没有半点奸诈。虽然他5次被擒还是不服，惹得孔明都要大怒了，但是孔明一想，还是算了吧，再忍他一次也无妨。

中国人有句古话，叫作行百里者半九十。100里路不是说走了50里就算走了一半，因为越往后人越疲劳，也越难走到，所以100里路，要走到90里才算走了一半。而孔明的素养很好，知道凡事贵在坚持，事情既然已经发展到这里了，那就不妨再放他一次，让他心服口服的好。

6. 众将都主张斩杀孟获，孔明也大发脾气，结果如何？

孟获一而再、再而三被抓都不服，大家都已经忍无可忍了。中国人有句话，叫作事不过三，到了第三次我就要翻脸斩你了。其实孔明在孟获第三次被擒不服后就很生气，况且这已经是第五次了，就连众将们都不赞同再放，说："这样下去没完没了，任他一个人要，那我们还受得了吗？"所以孔明这一次也是大发脾气，说孟获实在是不可理喻，但是他最后还是缓和了下来，告诉自己不要忘了初衷；否则就会前功尽弃，后患无穷。因此，他发挥自己最大的忍耐力，说再给孟获最后一次机会，如果再不服的话，就休怪他无情了。

曾仕强点评三国之道

第四部 天下归一统

曾仕强——著

北京时代华文书局

开篇语

《三国演义》《西游记》《水浒传》这三本好书，深受我国广大人民的喜爱，也影响了一代又一代的中国人。特别是《三国演义》这本书，不仅我们中国人把它当成宝贝，不断地吸取其中的道理，而且整个亚洲都深受其影响，有些国家甚至还把它列为教科书。取名叫作《三国演义》，就说明它不是历史，也不是故事，更不是小说，而是要通过三国里面的众多人物，把这个“义”字活生生地“演”出来，让我们知道公义的要紧、正义的重要，还有道义的神圣。公义、正义、道义，都有一个共同的“义”字，而这个“义”字正是我们中华民族最重视的精神，用现在的话来讲，那就是凭良心、讲道德、重伦理。

21世纪我们逐步迈向全球化，全球化最要紧的，就是凭良心、讲道德、重伦理。否则大家勉强凑在一起，也无法做到和而不同。我们这个时候把《三国演义》里面的公义、正义、道义发扬出来，影响到全世界，对世界大同一定有很大的贡献。

第四部 三国归一统

天下大势果真分久必合，
只是大家料想不到，会落到司马家。
其实仔细想想，还是有脉络可寻，
天听自我民听，实在有其道理。

第四部　三国归一统

目录

孔明诉求上天延长寿命，目的在促使大家做好充分准备，安全地撤退到后方。司马懿见蜀军好久没有动静，判断孔明病危，还是不敢前去攻打。孔明急于将生平所学传给姜维，阿斗却关心谁来接替孔明。可见各人有不同的打算，世事才这么错综复杂……

曹芳继任，年幼不懂事，曹爽趁机夺取兵权，司马懿再度受到冷冻。除了在家等待时机，根本无计可施。干脆装病，使曹爽毫不顾忌而神气活现。司马懿趁曹爽陪曹芳打猎，调到兵马，逼使曹爽交出兵权……

自从孙权称帝，立长子孙登为太子，孙登不久病故，又立孙和为太子，同时封孙和的弟弟孙霸为鲁王，与太子同居在一个宫内，于是朝臣分成两派，明争暗斗不断。孙权深为忧虑，最后孙和被废，另立孙亮为太子，鲁王赐死。孙权病逝之后，诸葛恪专权，朝政开始大乱。孙权在位二十四年，死后竟乱成一团……

司马昭从小就学会跟父亲顶嘴，常常挨骂，却也获得很多教训。他被姜维困在铁笼山上，大叫“我命休矣”，竟然演出一幕动人的骗剧，把士兵置之死地而后生的决心，激发成一股难以抵抗的士气，因而得以脱困。父子一样精明，司马昭变本加厉，在司马师病死之后，比他哥哥表现得更加残忍，更不人道……

司马昭在父子三人之中，最会假仁假义。如果说司马师恶胜于奸，司马昭便是奸胜于恶。当然，司马懿的又奸又恶，是两兄弟的亦师亦父。曹髦为人明慧，又不甘受辱，说出“司马昭之心，路人皆知”的怨言，又在“是可忍孰不可忍”的气头下，冲出宫去，当然被杀死……

六十七　七擒又七纵

遇到孟获这种人，相信很多人会认为太赖皮了，几乎到了缺乏羞耻心的地步。然而孔明既然以收心为前提，只好把他视同对自己的考验，要求大家忍耐，同心协力，完成既定的策略。决定采取特殊性的火攻，使孔明着实挣扎了许久。他很少犹豫不定，这一次却例外地左右衡量，殊难决定。因为这么残酷的火攻，赢了也等于输。他拜祭河神，同时也祭祀亡灵，期盼通过河神的协助，对亡灵加以安慰。不过是对大家加强心理建设，不得已而为之，下不为例。也希望大家忘记这一段令人心酸的过程，以期不再重现于后代。

情景说明

孟获被五擒五纵之后，其妻祝融夫人亲自迎战，力擒张嶷、马忠二将。赵云不服，欲亲斩祝融夫人，孔明则表示因祝融夫人地位特殊，对她不得伤害，否则孟获一定会决意与蜀军为敌。

两军再次交战时，魏延依计诈败而退，引诱祝融夫人进入埋伏，顺利将其擒获。孔明对祝融夫人以礼相待，并送她回去以换回蜀将。见祝融夫人平安归寨，孟获又喜又恼，言称已请到木鹿大王，定为夫人报仇，祝融夫人心存疑虑，因此沉默不语，未置可否。

次日作战，木鹿大王骑白象而出，蛮兵手执异物大吼着簇拥而来。赵云自叹未曾见过此等阵法。木鹿大王突然作法，使得狂风大作，毒蛇猛兽冲将而来。蜀军人马俱惊，大败而退。

赵云、魏延向孔明请罪，细说战事。孔明早有所料，说已备下破阵之物，将亲自率军迎战。翌日，木鹿大王正欲作法，蜀军推出木制巨兽，巨兽面目狰狞，口吐烈焰，毒蛇猛兽掉头逃窜，焚身死伤者无数，木鹿大王也死于乱军之中。孔明驱兵大进，占领了银坑洞。

要点解析

1. 祝融夫人英勇无比，赵云誓要杀她，孔明为什么加以制止?

孔明此次征战南蛮，一心要收服人心，可这并不代表什么人都不杀，因为两军交战，死伤在所难免。祝融夫人英勇无比，赵云誓要杀她，孔明不同意，因为她是孟获之妻，杀她跟杀孟获并无不同，对于特殊人物，要特殊处理，所以孔明说只能活捉不能斩杀。

每一个人都只有一条命。一些人经过奋斗，地位和身份不同了，我们就得对他另眼相待。为什么人人都要争气？其实就是争位置而已。人生是什么？人生就是抢位置的游戏，抢到什么位置就要像什么。阿斗虽然没有抢，可一坐上皇位，就是到了那位置，连孔明都要让他三分。现在的祝融夫人也有她的位置，这就是为什么孔明格外留意，说不要伤了祝融夫人的道理。

三国之道

人生就是抢位置的游戏，抢到什么位置就要像什么。

2. 祝融夫人中计被擒，孔明下令释放，她有什么感想?

我相信祝融夫人最初的感想跟孟获的几位大将是一样的，总觉得孔明不讲道理，大老远地来打南川。再加上孟获的一大堆说辞，她肯定认为杀蜀将是理所当然的。可现在她不但没杀成蜀将，反被擒获，而且人家可以杀她却没有杀，她的想法就有点不同了，开始慢慢地倾向于孔明，觉得孟获好像不是很有道理了。这种心理上的改变，对战争来讲是非常重要的。

3. 孟获说要为夫人报仇，祝融夫人为什么不吭声?

祝融夫人说要出战的时候，孟获是反对的，说不用她，有他自己就够了。现在祝融夫人获释归来，孟获说要替她报仇，祝融夫人却是一声不吭。我们可以想象她不吭声的原因：一是质疑孟获的实力——你如果打得赢就用不着我了，现在又说这种话，到底有没有把握？二是她亲身感受到了被擒又被放回的感觉，自己原本存心要死，因为不可能去求情，可是不求情而人家又不杀，那种滋味不好受。三是她此时心情复杂，对于这个仗还要不要打，如何去打，犹豫不决；否则她一定会回应说当然要去，或者说算了，可现在她什么都没有说，就表示她还在犹豫，还在想下一步怎么走，还没有到决定的关键时刻。

4. 孟获请木鹿大王带着毒蛇猛兽出阵，蜀军为什么惊慌失措？

人都是这样，出门在外，白天诸物可见，心里还算踏实，晚上一片漆黑，就开始担心这个担心那个。我们对可知、可见的事物比较有信心，而对看不见摸不着、搞不清楚的状况通常都会感到不安。

中国人常说，在家怕鬼，出门怕小偷。因为家里什么人死在哪里都很清楚，出门在外就不知道这些，所以在家怕鬼；在家住了很久，小偷没那么容易进来，在外的话，环境陌生，总担心门户不安全，所以出门怕小偷。这也说明人的心理会随着时空的不同而变化。

蜀军习惯跟人打仗，突然遇到猛兽毒蛇，再怎么富有经验，都会惊慌失措，甚至连将领都措手不及，乱了阵脚，这是正常的反应。

5. 孔明用木制巨兽口吐烈火，吓退毒蛇猛兽，结果如何？

孔明向来做事谨慎，这一次当然也不是临时起意。因为要制造那样的木制巨兽，没有一段时间的设想和设计，是不可能完成的。所以孔明是事先假设各种可能，并提出应对之策。在成都时，他就听说南蛮之人会驱兽作战，料想会遇到这个情况，于是经过思考和设计，准备好了图样，做到有备无患。现在果然不出所料，木鹿大王驱猛兽来袭，所以蜀军很快就把巨兽做好了。巨兽比真的猛兽体积大，而且口吐烈焰，吓得毒蛇猛兽掉头就跑，致使孟获所部溃不成军。

6. 木鹿大王自己也死在乱军之中，是不是自作自受？

战争当中，谁做决定，谁就应该负责。士兵听将领口令，让他冲他就冲，却不知道为什么冲，也不知道打的是谁，所以士兵不用负责任，要由将领负责；而将领又要听统帅的，所以统帅的责任更大；再往上推，统帅又听君王的，要由君王来做决策，因此君王得负全责。

木鹿大王是自愿来的，他很得意，以为有猛兽毒蛇就没人能打得过自己。毒蛇猛兽不会去做人类认为很重要的事情，比如动脑筋摆阵图，它们根本没有这种观念，也没有必要参与战争。动物没有自主权，是受木鹿大王驱使才来作战的，所以木鹿大王得负全部责任，他自己死于乱军当中，完全是自作自受。

情景说明

孟获等人无处可去，只好潜入山岭。祝融夫人建议投靠他人，孟优不愿意再连累他人，主张投降，孟获闻言大怒，坚决不许，决定一不做二不休，否则咽不下这口气。祝融夫人之弟带来洞主建议诈降，以刺杀孔明，大家依计而行。

蜀军大获全胜，诸将喜不自禁，孔明下令释放所俘孟获军士。忽闻报带来洞主因劝降不成，擒孟获夫妇及宗党百十余人来献。

孔明识破带来洞主之计，就地擒获孟获等人，并搜出兵器利刃若干。孟获仍旧不服，骂孔明诡计多端，兴不义之师夺取南川之地。孔明斥责孟获自食其言，穷兵黩武，再不归顺，天人共怒。孟获说倘若再得释放，自有良策大败蜀军，孔明答应再给他一次机会。

孟获请出乌戈国主兀突骨，带来三万藤甲军迎战蜀军。两军对阵，一番鏖战，兀突骨军之藤甲刀箭不入，经水不湿，蜀军死伤无数，大败而逃。

要点解析

1. 孟获无处可逃，孟优主张投降，孟获为什么坚持一不做二不休？

凡是能当头号领导的人，个性都有点特别，否则他挤不上去，也当不稳。处在这样位阶上的人通常有三个特点：一是眼光会看得远一点，二是立场会坚定一点，三是心会比大家狠一点。所有南蛮人中，孟获的心最狠，可以狠到一不做二不休。当然，狠不一定是坏事，因为头领所要做的决定关系重大，一般人下不了决心。所以也可以说，下不了决心的人当不了大统领，就算当上了也非常辛苦。

孟氏三兄弟中，老大孟节比较慈善，觉得任何事情都好商量，不要走很绝的路；老三孟优年纪比较轻，要他下很大的决心也不容易；而孟获性格果决，就是很狠，所以虽然排行老二，却当上了部落老大。现在孟优说干脆投降，孟获认为不行，已经到这个地步了，一定要坚持下去，因为他料到蜀军远征跋涉，粮草不济，难以持久。战争中各有各的盘算，我们不能说孟获的想法完全不对。

2. 孔明释放孟获军士回家团聚，是什么用意？

孔明刚开始收人心的对象是将领而非士兵。因为士兵人多，很难周全，效果不佳，而将领的心如果松懈了，就可以收更上层人士的心。经过几擒几纵，已经打动了被擒将士的心思，这时就要开始收群众的心。

孔明对孟获的士兵说："我也知道你们不愿打仗，只是不得不听命令。打仗这么辛苦，其实根本不必要，你们现在把我们带来的衣服、粮食带些回去，好好过日子好了。"这样一来，一传十、十传百，大家都会想：打仗干什么？好好过日子不是很好吗？蜀军那么远来也不是想打我们，只是希望我们不要打就好了。这样就会使孟获的压力越来越大，总有一天要被瓦解。

3. 孟获夫妇诈降，想伺机刺杀孔明，结果如何？

孔明作战，赢是必然的，因为他事先已掌握好所有状况；输也是必然的，因为是他有意去输，所以输赢都在他掌握当中，都是有意而为的。像应对毒蛇猛兽阵，我们几乎很难想象他事先就能够很有把握，但他至少是心里有数。当然，泉水有毒那样的特殊情况，他是没有办法处理的，除此之外，他大概都胸有成竹。这一次，孟获夫妇要来诈降，孔明也是心知肚明的，所以不会上当。孔明专打有把握的仗，给我们很多启发。

4. 孟获要求再试一次，孔明为什么答应再给他一次机会？

照理说，孟获一而再、再而三地惹火大家，孔明就不应该再给他机会了，否则对蜀将很不公平。蜀将存心不杀孟获，可孟获出手无情，随时可能置蜀将于死地，在这个不对称的战争之下，蜀将都非常忍耐。

可孔明认为这一路走来，眼看就要水到渠成了，现在发脾气的话，会前功尽弃，更为严重的是，若与孟获结下积怨，以后很难化解。所以孔明忍了又忍，一次又一次给孟获机会，告诉他下次不能耍赖了。孔明这样做，并不是不顾将领的内心感受，也不是不顾自己所花的这么多的时间，他真正是为了整体的发展，是为了大家，完全没有私心。

5. 孟获请兀突骨相助，为什么打得蜀军死伤无数，大败而逃?

一个人对于自己不了解的事情，会把它想得更恐怖，内心会更慌张。蜀军跟兀突骨一交手，发现对方盔甲材质特殊，前所未见，刀枪不入，火攻也没有用，脱下后还可以坐着渡河，真是太神奇了！蜀军根本摸不清状况，无力对抗，所以大败而逃。

这种情况，甚至出乎孔明的意料，好在孔明很镇静，拿来一块盔甲的材料进行研究。一个人对未知的事情不能逃避，因为逃避解决不了问题。当然也不能充内行乱讲，那太危险了。经过反复研究，孔明最终得知这是经过特殊处理的藤制作而成，它耐火、耐水，刀枪不入，一番冥思苦想之后，孔明认为除了用火攻之外，几乎没有办法。因为水没有用，刀没有用，枪也没有用，箭更没有用，用人去冲更是笑话，唯一的办法就是用特殊的方式——火攻。

三国之道

对未知的事情不能逃避，因为逃避解决不了问题。

6. 兀突骨士兵好像刀箭不入，是什么道理?

兀突骨士兵不是神兵、天兵，他们之所以刀箭不入，用今天的话说，是因为他们运用了特殊材料。现代化战争也不过就是利用了这个原理，用很多特殊的、对方没看过的材料让人防不胜防，心惊肉跳，这就叫作科技战争。

凡是技术超过当时所使用的东西，就叫作科技。我们不要认为文明不高的地方科技就不高，科技属于物质文明，跟非物质文明无关。这就给我们一个很重要的观念：科技发达的国家只是物质文明高而已，非物质文明不见得高，兀突骨就是很好的案例，蜀军从未见过兀突骨的藤甲兵，可这并不代表兀突骨的精神文明，也就是非物质文明超过了蜀军。

情景说明

孔明与诸将商议，决定在盘蛇谷设伏，以火攻破敌。孔明周全部署，对诸将逐一分派任务，令魏延半个月内连输十五阵，弃七个营寨。魏延不乐，怏怏而去。

魏延连日出战，且战且走，兀突骨军毫无戒备，不知不觉随蜀军进入盘蛇谷。看见油柜车，兀突骨军不知有诈，还好奇地上前东摸西看。见时机已到，蜀军紧急动作，霎时间，谷中横木乱石滚下，火药干柴齐燃，此时关隘已被蜀军堵死，兀突骨军无处可逃，藤甲尽皆被焚，一时哀号四起，其状甚惨。孔明见状，感叹非不得已才用此计，自己虽有功于社稷，但必损阳寿。

孟获与祝融夫人也被引入盘蛇谷，力战不敌，被蜀将生擒，押回蜀营。孟获七度被擒，孔明又一次将其释放。

要点解析

1. 孔明研究兀突骨的盔甲，是不是想要用火攻？

兀突骨的藤甲军刀箭不入，孔明知道这种情况下，让士兵冲锋陷阵简直是笑话，所以唯一的突破口就是火攻。但是一般的火攻用木料或柴火，火力不够强，孔明想来想去，决定用特殊的火攻——油罐箱做燃料，因为油一燃烧，平常烧不动的东西也能化为乌有。但是这种方式比一般的火攻要残忍几十倍，因此孔明犹豫不定，不过眼前的困境促使他逐渐地下定了决心。

2. 魏延要求出战，孔明为什么不说话？

孔明不说话其实是给魏延面子，可魏延在这方面始终不长进。领导对下属的话通常有三种反应，第一种是说“没有你的事，少啰唆”，这种反应我们时常可见，令人非常难堪。第二种是以不吭气来表示不同意，体现了对部属的尊重，这种情况下，部属自己要检点一些，最好别再跟领导啰唆了。第三种是说“你再考虑考虑，看还有没有更具体的方法”，这就表示领导准备采纳意见了。

三种方法中，孔明采取的是第二种——没有反应。当部属的人应该明白，你的声音够大、够清楚，领导都听进去了，没有反应就是很客气地告诉你不要再说了，应该适可而止。可是魏延很奇怪，他始终不服气。老实讲，如果对孟获这样的人表示不服气，对方还会把你当回事，对自己的顶头上司不服气，恐怕吃亏的还是自己。很多人一辈子都改不掉这样的毛病。

这也不是说一定要跟顶头上司相处得非常好，那样可能变成溜须拍马，或者唯命是从。但最起码要懂得跟领导配合，做合理的互动，这才是要紧的。魏延这个时候要求出战，根本没有想到孔明是什么样的想法。孔明认为：你要是能打的话刚才就打了，怎么打的问题还没解决，你怎么出战？孔明已经很不耐烦了，可他还是控制住自己，没有把话赤裸裸地说出来。

三国之道

部属要懂得跟领导配合，做合理的互动。

3. 孔明要魏延在半个月之内连输十五场，是否合理？

乍听起来是不合理的，而且魏延自认为是蜀中大将，面子上他输不起。魏延有这样的想法，是因为他不了解孔明的意图——一般的小将输，兀突骨会觉得蜀军要么是害怕他们，要么是里面有计；只有魏延输，兀突骨才会以为蜀军真的打不过他们，才会毫无顾虑地“乘胜追击”，从而进入蜀军的埋伏。奇怪的是，魏延始终没有体谅到孔明的良苦用心。照理说，以他的聪明和经验，又跟了孔明这么久，应该知道才对。

4. 兀突骨军士一路追击，结果中计被活活烧死，是谁的罪过？

果然，兀突骨很快进入蜀军设伏的峡谷，他们看到装油箱的车子，还好奇地东摸西看，完全没有警觉性。孔明下令点火，油一燃烧起来，连盔甲都没用，人自然死伤无数。造成这样的惨景，应该由兀突骨的人自己负责，谁叫他们来惹这桩事呢？孟获请他们帮忙，他们就真的来了，也不问清楚是干什么的，所以完全是咎由自取。

但是孔明心里也很悲戚，因为他认为照理不应该这样。孔明作战一向用计，也曾使很多人丧命，但是这一次很特别，所以他很过意不去，这种情况比较特殊。

5. 孔明说，“火攻乃不得已而用之，心中实在不忍”，是什么用意？

在孔明看来，火攻兀突骨有大人欺负小孩的感觉。大人对大人，双方心智成熟，了解兵家谋略，事先应该想到有火攻，由于考虑不周而导致失败，责任在他们自己；然而大人对小孩，小孩完全懵懵懂懂，糊里糊涂就上当了，就像一记重拳打在小孩身上，让人于心不忍。

孔明出山以来一向以智取胜，也多次采用火攻，但从来没有这次这种感觉。可孟获使出浑身解数，一会儿请这个，一会儿请那个，孔明一忍再忍，他却仍旧冥顽不化。孔明不得已用了这么残酷的火攻，这也是他生平第一次用这种方式，其实动这种脑筋，他是一百个不愿意的，只是事情摆在眼前，逼他非如此不可。

6. 孟获第七次被擒，孔明为什么还不杀他？

在这种情况下，就算是第十次，我相信孔明也不会杀孟获。因为孔明内心非常不安，认为自己的手段确实有点过分，他反省自己，从第一次到第六次，也难怪孟获每次都找理由，就是因为毕竟是一个成熟的人同一个不很成熟的人斗智，是不太公平的，所以孔明答应了孟获的请求。如果这次不是以火攻取胜的话，我相信，孔明最起码会把孟获关起来教训教训。所以，很多事情都跟当时的情境密切相关。

情景说明

孟获又一次被孔明释放，军士请求孟获别再打仗了，祝融夫人也苦苦哀告，孟获只是不语，带着众人一路远去。孔明差人赠予孟获干粮与水，请他一路好走。孟获大为动容，内心防线崩溃，决定归降。

孔明班师回蜀，途经泸水，忽然阴云四合，狂风骤起，波涛汹涌，军不能进。据土人之言，这是冤鬼作乱。孔明依从旧例，杀牛宰马，设香案，置祭品，以祭亡灵。

孟获感孔明大恩，将南中人畜、土地表册献给孔明，孔明却交还孟获，令他永为南王。孟获自认为大罪之人，不应该担此重任，请孔明于此另设官吏。孔明不允，表示信任孟获，不必另置他人。孟获感激不尽，发誓尽忠竭力治理南中，否则天地不容。

要点解析

1. 军士要求孟获别再打了，孟获有什么感觉？

屡经战乱，军士死的死，伤的伤，日子很不好过，所以都发自内心地请求孟获不要再打了。孟获可能也觉得这样打下去对不起自己的部队，心也开始软化了，只不过以他的个性，要他马上表示投降恐怕还做不到。但最起码军士层的心已经开始软化了，因为孔明赠送粮食和衣服给他们，让他们回家好好生活，感动了他们，这就是孔明所下的功夫达到的效果。

2. 祝融夫人要求投降，孟获有什么表示？

孟获一定没有想到，连妻子都劝他投降。他周围的人一开始都跟他站在一起，要共同对付孔明，现在一层一层地剥掉了。此时孟获可能觉得自己慢慢变得孤单了，渐渐脱离群众了，于是开始反省自己是不是做得太过分了。这些都是孔明想要达到的效果，现在逐渐在兑现。可见，很多事情刚开始好像没有效，但随着力道加强，就开始产生作用了。

三国之道

很多事情刚开始好像没有效，但随着力道加强，就开始产生作用了。

3. 孔明送干粮供孟获远走使用，孟获为什么决定向孔明投降？

孟获表面上还是很坚持，认为孔明每次都引他上当，这样的胜利是不光明的，所以始终不认输，语气还是很硬，说一句“我不投降”就走了。没想到的是，孔明叫人送干粮给他，告诉他好走，好好去找一个地方。这么一来，孟获最后的一道防线就崩溃了。

如果孟获被孔明追赶、辱骂，他还会抵抗，而孔明却完全尊重他的选择，他真正地被感动了，觉得自己太不像话了，做人不能这样。所以后来他跟孔明讲，虽然自己没有经过什么教化，但是心也是肉长的，自己如果再不投降就是无耻。孟获此次投降是真心的，而且是长远的。孔明真正想要达到的目的，终于实现了。

4. 孔明拜祭河神，是不是迷信？他说会折寿，为什么以前从来没有想到过？

中国人认为万物都有神，天有天神，山有山神，灶有灶神，树有树神。这种万物有灵说，如果用现代物理学来解释，就是万物都有能量。能量用英文讲叫作energy，今天的物理学已经证明，宇宙之间都充满了能，当能跑得很慢，逐渐地安定下来，就变成物质；当物质加速，越来越快，就变成能量，质能可以互变，也就是我们老祖宗所讲的阴阳互变。万物有灵，其实是万物都是能量所造成的，并不是迷信。

我们到一个地方就拜一个地方的神，表示我们尊敬当地的神灵，也就是尊敬当地的能量。拜神也是请当地的神多照顾自己，有入境问俗的味道。同理，一个人来到一个新地方，一定要拜访当地有名望的人，请他指点，这样才会跟当地人处得很好、减少意外。

孔明拜祭河神，一方面是说蜀军远途跋涉而来，弄得这里不安宁，现在要回去了，希望百姓能安居乐业。孔明说自己会折寿，是因为他觉得用火攻的非常手段来打仗，是迫不得已，如果老天要惩罚他少活几年，他也心甘情愿。孔明这是在表达诚意，并不是讨价还价。另一方面，他是跟当地的神打个招呼，就像一个人到达某个地方时先祭一祭山神，临走时再跟山神打个招呼表示礼貌，祝愿一路平安，没有什么迷信的味道。

5. 孟获率众欢送孔明，把土地献给孔明，孔明如何处置？

孟获是真心要投诚的，他把土地、财产、人民都列成册献给孔明，表示从此归属蜀国。如果孔明接受，就表示南川成了蜀国的殖民地，那跟外国侵略并无二样。然而，孔明原封不动地还给孟获，说仍旧由他来管，所有的人民和财产蜀国都不会动。孟获不敢相信这是真的，又恳求孔明指派官员来治理此地，孔明说一切照旧，这次来是为了修好，不是来占领土地、统治人民的。孔明用实际行动，使得所有南蛮的人永远感谢他的好意。

孔明没有带回任何奴隶，没有掠夺任何资产，也没有指派一名官员，反而使得南蛮之人自愿归并到蜀国，成为中华民族的一分子。中华民族不靠侵略来扩大版图，只是把自己修得非常好，使得四方的人闻风而来，自愿归属到我们的版图里，这种状况是世界上非常少有的。

6. 孔明七擒七纵孟获，值得吗?

肯定是值得的，因为从那以后，孔明不再担心南方作乱，从而可以专心一意地完成北伐使命。当然，这个使命能不能完成，那是另外一回事。他千里迢迢来到这不毛之地，历经千辛万苦，用无比的忍耐，最终获得了非常显著的胜利，而这种胜利并不是带回什么有形的东西，而是带来无形的、长远的和平，这才是老百姓最大的福气。

六十八　坚决要北伐

孔明坚决要北伐，表现不改初衷的一贯精神。他的隆中对策，并不以偏安西川为目标，不能因为刘备亡故，便放弃原先的理想。否则隆中对策，岂不成为为刘备量身定做的大政方针，变成投身刘备阵营的敲门砖？那就太不值得后人敬仰了。阿斗有什么想法，孔明当然心知肚明。但是，毕竟有君臣的名分，有很多话不方便明说。所以他采取实际行动，以坚决北伐来唤醒阿斗，必须继承父志，才有价值。尤其是司马懿统领雍、凉两州兵马，使孔明很不放心。而南征时猛烈火攻的不安，更促使孔明坚定了北伐的决心。

情景说明

曹丕病故，其子曹睿继位，文武百官，各有封赏，司马懿被封为骠骑大将军。见朝臣纷争不断，司马懿上表乞守西凉等处，曹睿应允，令司马懿提督雍、凉等处兵马。

孔明担忧司马懿会成为蜀中大患，无奈蜀军已经人马疲敝，不宜远征。马谡建议散布谣言，说司马懿意欲谋反，并张贴榜文加以佐证，欲使司马懿自死于曹睿之手。孔明依计而行。

听闻司马懿欲谋反，魏臣众说纷纭，有的说这是蜀吴离间之计，有的说司马懿素有大志，不除之久必为祸。曹真建议御驾亲临安邑，司马懿如有反意，可就车前将其擒拿。曹睿应允。

皇帝驾幸，司马懿令三军列队相迎，以壮天子之威，谁料却被认定为有反心。司马懿再三表示这是吴蜀反间之计，但曹睿疑虑未消，听从华歆提议，削除司马懿兵权，将其罢归乡里。

司马懿被革职还乡，孔明上表阿斗请求北伐。可阿斗只顾与太监玩耍，无心打理朝政，更无意伐魏，因此搪塞过去，并未准奏。见阿斗如此情形，孔明心生忧虑，无奈而还。

要点解析

1. 曹丕病故，曹睿继位，司马懿统领雍、凉两州兵马，孔明为什么很不放心?

曹丕处心积虑，把兄弟都逼得无路可走，自己终于当上了皇帝，可是在位仅7年就死了。如果他事先知道是这种结局，我很怀疑他是不是还那么积极地抢夺皇位。当然，也不是说要当几十年皇帝才划得来，因为每个人的价值观不一样，但最起码我觉得很不值得。7年的时间能做什么？曹丕就是因为费尽心机，所以弄得体力不好，心思也不灵，什么事都做不好。

曹丕死后，他的儿子曹睿继任。曹睿对司马懿其实并不信任，可由于司马懿是先帝指定的辅佐大臣，所以他不敢对司马懿轻举妄动。曹丕生性多疑，他任用不同派系的人，希望以大臣之间的矛盾来共同维持曹睿的位置，这是他的良苦用心，但也种下了群臣不和的祸根。

司马懿见朝中乱糟糟的，想要离开，于是自请到雍、凉两州去练兵，想等大臣们斗完了，对他有利的时候再回来，这是非常聪明的选择。孔明得知司马懿自请练兵的消息，知道司马懿野心勃勃，是蜀国的一大威胁，如果现在不处理，等到他势大以后，就更难对付了。孔明下山后，第一个关注的对象是周瑜，因为要跟吴国来往，就非在周瑜身上下功夫不可，而现在要开始北伐了，就必须关注司马懿了。

2. 马谡建议派人到洛阳散布流言，说司马懿存心谋反是什么道理?

大家都读过兵法，知道在战争之前，如果能够攻心为上，可以降低成本，减少死伤，而且不必劳师动众。所以，马谡建议派人到洛阳去造谣，说司马懿要叛变，以离间他们君臣的信任，只要司马懿的军权被剥夺了，就没什么可怕的了。孔明非常认可，赶紧派人去实施。

战争之前，如果能够攻心为上，可以降低作战成本。

3. 曹睿亲率御林军到安邑巡视，司马懿列队欢迎，为什么反而被解除兵权呢？

听说司马懿要谋反，曹睿很震惊。这时，有人说这是孔明的离间之计，但也有人说不可不防。大家莫衷一是，于是有人建议皇帝亲自去探个究竟，如果司马懿真的要谋反，马上就斩，不是的话再另做打算，这样可以兼顾两种可能，是最合适的。曹睿决定就这么办。

得知皇帝亲临巡视，司马懿的反应是正面的，认为应该显示全部兵力，组织最高规格的欢迎，皇帝才会高兴。不想却让曹睿起疑：司马懿带这么多兵来，不是谋反是什么？

所以，同样一件事情会产生两种不同的反应。曹睿如果相信司马懿，受到这么大阵势的欢迎，他会很高兴；他如果怀疑司马懿，就会觉得司马懿在吓唬他或者真的要叛变，不然最多带几十个人来就好了。

这时朝臣又起争议，有人说司马懿就是要叛变，也有人说司马懿并未行动，不要误解他。司马懿也再三说明自己没有反心。最后，曹睿削除了司马懿的兵权，这也是一种折中的处理办法。

4. 司马懿被削去兵权，一再说明这是吴、蜀的反间计，曹睿为什么不相信？

司马懿盛情迎接皇帝，却被认为是叛变，他对此完全没有心理准备，所以一再说不可能。当有人出示他造反的榜文时，他更觉得好笑，说如果自己真要谋反，就一定不会做这种事，很明显是有人陷害，定是蜀、吴两国想要离间君臣信任。可是当皇帝的人，往往宁可信其有，不可信其无。曹睿宁可相信司马懿有意叛变，这样比较保险，所以他不顾一切地将司马懿解除兵权，根本不接受他的辩解。

5. 阿斗贪玩和太监有关，为什么不能及早换人，以资预防？

原因一句话就讲完了：换下一个宦官，又来一个新的，并无二样。

宦官除了服侍皇帝，没有别的本领，讨好皇帝是他们谋前途的唯一出路。所以历朝历代的太监都想尽办法讨好皇帝，通过变成皇帝的心腹，来达到弄权的目的，否则他们就几乎没有存在的价值。

所以，除非废掉所有太监，否则情况不会有改观的。但是如果把太监都废掉，那谁来服侍皇帝呢？如果皇帝什么事情都要自己做，还像皇帝吗？为了皇帝的安全起见，大臣不能随便进入内宫，后宫三千佳丽，就连皇后都不能随便接近皇帝。皇帝为什么说是孤、是寡？就是因为他的确是孤寡一人，臣妾无数，可谁都不能亲近，唯一能够接近的就是太监。更换新太监，谁知道是更好还是更坏呢？所以，这是制度的问题，很难解决。

6. 孔明看到阿斗无心统领朝政，为什么不设法加以辅导？

因为孔明知道，即使苦口劝谏也是没有用的。阿斗一是年纪轻，二是没有接受很好的历练。大家对比司马师、司马昭就可以知道阿斗的状况，他们寸步不离地跟父亲在一起，随时接受机会教育。而阿斗却不一样，刘备打仗的时候，阿斗还很小，无法历练，稍大一点时，又跟孙夫人在一起。阿斗在成长过程中，一直没有机会亲历任何战事，所以他既没有能力，又没有经验，也没有机会。既然他什么都不能做，就只好玩了。这是很自然的现象，不是说孔明没有想到，没有看到，没有作为，实在是做什么都于事无补。

情景说明

孔明恐时不我待，作《出师表》以明志，称北伐乃是先帝遗志，宜早日攘除奸凶，兴复汉室，并规劝阿斗查纳雅言，早日自谋国事。阿斗却称三国之势已定，不宜互相侵犯。群臣纷纷劝阻孔明，可孔明心意已决，阿斗只得同意。

孔明指派文武官僚协助阿斗同理蜀中之事，自己则调兵遣将，以备北伐。赵云年事已高，孔明不忍心让他出战，唯恐有什么闪失，因此没有将他纳入北伐之列。

赵云不满，乞请同往北伐，自称尚有廉颇之勇，且愿意当前部先锋。孔明不好反驳，只得答应，但要求有一人同去，邓芝应声而出。孔明素知此将文武双全，甚为妥当，于是定下由赵云和邓芝率5000精兵作为先锋部队。大军随即开赴中原。

要点解析

1. 孔明写《出师表》说明心意，并规劝阿斗，有用吗?

我们不能说孔明这样做有用或者没有用，因为站在孔明的立场，除了北伐以外，他无路可走。刘备死了，孔明有什么选择？第一个，他能说不当蜀相了吗？那样魏国或者吴国立刻就会派人来请。第二个，他能够退出江湖去养老吗？他曾经几天没出来，阿斗就毕恭毕敬地去找他，说国家很危险，需要他帮忙。所以孔明除非当年不下山，一旦下山就人在江湖，身不由己，注定没有退路，只能勇敢地向前走。

何况孔明很重信诺，他答应刘备北伐，就一定会去履行，对此也心甘情愿，所以他写了感人肺腑的《出师表》，说北伐是为了完成先帝遗愿，不是为了个人意图。因为难免有人会猜测孔明是不是想把曹魏吃下来，统一天下后，自己篡位当皇帝。

孔明出师前告诉阿斗要好好统领朝政，并且指定几个人协助阿斗。可我不相信这会有多大用处，否则我们现在怎么老感叹说“扶不起的阿斗”呢？像阿斗这样的人，一无才能，二无志向，勉强要他当皇帝，他也很痛苦，其他人也很无奈。

2. 孔明说南方已定，必须北伐，阿斗有什么表示?

阿斗的想法其实很简单，他说既然三国已定，那就各安其分，互不侵扰，根本没必要北伐。如果阿斗这么说，是因为他自有打算，是想等自己长大成人，自己可以做决定的时候再北伐，那表示他有很强的企图心，可他连这个都没有。

孔明也很无奈，如果刘备还在，他还可以跟刘备说“算了算了，你这个儿子我教不了，我放弃”，可现在刘备已经去世，他还得继续侍奉阿斗，既不能放弃，又不能取而代之，只有硬着头皮向前走。

3. 众臣劝阻北伐，孔明为什么坚持?

孔明年纪虽不大，但因多年的征战与朝政都是他在把关，所以早已体力透支，筋疲力尽。因此，孔明才更着急、更要抓紧去做，因为司马懿比他年轻，这是他的心理负担。现在等于是他跟司马懿在比寿命，谁活得久一点，谁就赢了。

有一种很奇怪的现象：一个人随时都会找一两个目标，与之竞争，一方面是为了提高自己的斗志，另一方面也为了预估对手的实力，以便未雨绸缪。虽然司马懿的兵权已经被夺了，但孔明仍旧把他当作对手。

孔明力排众议坚持北伐，证明这是他此生唯一未竟的使命，他一定要完成，这种精神值得我们敬佩。否则刘备已经死了，阿斗又不成才，他不篡位就很好了，何必这么拼命？安享晚年不是很好吗？孔明没有这样想，很了不起。

4. 孔明指定留守人员，交代务须尽职，合适吗?

孔明已经尽力了，谁做什么都交代得清清楚楚，至于过程，是大臣们应该去完成的，若有什么闪失，不能完全归咎于孔明。但是我们后人还是把所有的账都算在孔明身上，这是不太公平的。

孔明如果自己在家做宰相，派别人去北伐，也会遭到批评。从西川出汉中，一路长途跋涉，到达目的地就已精疲力竭，紧接着就要打仗，这么重大的事情，如果自己都舍不得走一走，别人怎么承担得了？

5. 赵云年迈，坚持要随军北伐，孔明为什么不肯?

北伐的时候，五虎将已经死了四个，仅剩赵云一人，孔明不舍得让他出征。所以当赵云要求随军北伐时，孔明不肯，说带些年轻人去就行了，要他留守阿斗身边，但赵云说自己老当益壮，坚持要去。老实讲，那种情况之下，孔明无法断然拒绝，因为人各有志，当年他们共同奋斗打拼江山，现在大家都愿意参与北伐，分担责任，这是件好事情。

6. 赵云进一步要求担任先锋，孔明为什么说一定要有人同去?

赵云进一步要求当先锋，在孔明看来，这是不太合适的，派一个这么大年纪的人当先锋，会被魏军笑话，说难道蜀军没有大将了吗？因为不是所有魏军都知道赵云。大家一定要记住，人是会遗忘的动物，新一代的人对以前的人、事是会淡忘的。

但这种话太伤赵云的感情，不能明说，孔明只好同意，不过要求有人同往。当时就有人应声而出，这个人就是邓芝。邓芝文武双全，有他陪赵云，孔明比较放心，于是答应下来。可见很多事情是由诸多因素决定的，连孔明都要根据当时的状况，衡量每一个人的意愿，对事情做一个适当的调整，不能够仅凭个人决断。

三国之道

很多事情是由诸多因素决定的，不是说哪一个人可以全部决定。

情景说明

魏国边关告急，曹睿大惊，问群臣谁可为将。驸马夏侯自告奋勇，却遭群臣反对，因其没有经历过战争，恐不能担此重任。夏侯据理力争，又因朝中确无勇将可点，曹睿还是答应了，司徒王朗无奈叹气。

得知夏侯为都督，赋闲在家的司马懿大惊失色，深知夏侯不是诸葛亮的对手，欲上表进谏，其子提醒他已是下野之人，写奏章并无用处，司马懿罢笔长叹。

魏延知夏侯并无谋略，主张取道子午谷，直扑长安，以出奇制胜，速战速决。孔明素来谨慎，恐路遇截击，于是决定走陇右平坦大道，依常法进兵。

孔明派赵云、邓芝在凤鸣山迎战魏军先锋韩德。魏延担心赵云年迈，不敌韩德父子五人。孔明称赵云忠勇不减当年，以打消众人的顾虑。果然，赵云首战告捷，将韩德三子斩于马前，并押解一子，不多日，更刺死韩德于马下。赵云一时意气风发，申报捷书，以达孔明。

要点解析

1. 曹睿以驸马夏侯为都督，王朗为什么叹气？

夏侯是膏粱子弟，吃得好穿得好，没有受过苦，最妙的是他根本没有参加过战争，这样的人怎么可以当都督呢？答案很简单——他关系够。可是战争时期用这种方法提拔人才，是下下策，所以王朗叹气，说怎么选这么一个人，这仗还要打吗？难道我们魏国没有人了吗？

王朗是汉室老臣，可他是拥魏派，他的心完全偏向曹操一家人。我相信当时很多人都很惊讶曹睿让夏侯当都督，但大都不敢明言。王朗敢说，表示他渊源很深、关系很够。在中国社会，同样的话，有人敢说有人不敢说，原因很简单，得看这个人背景够不够硬，其他的无关紧要。不见得敢说的人就眼光锐利，判断正确，不敢说的都稀里糊涂，没有见解。

三国之道

在中国社会，同样的话有人敢说有人不敢说，原因很简单，得看这个人背景够不够硬，其他的无关紧要。

2. 曹营不是有很多将领吗？到哪里去了？为什么从来没有经历过战争的人也可以当都督？

三国时代，连年征战，人死得非常快，用今天的话说，叫作人才折旧率非常高。从桃园三结义到现在，吕布、周瑜也好，关羽、张飞也好，无不转眼成空。赵云这么老了还要出战，就表示人才有非常严重的断层。同样，魏国一时要找到合适的都督，也是很不容易的。以前的人一定要寻找机会建立功勋，这样升官才会快。夏侯身为驸马，比较够资格来争取这个位置，虽然从未经历战事，也敢竭力争取，最终真的当上了都督。

3. 人才断层是不是必然的现象呢？

这点连孔明都在伤脑筋，虽然他不断地培养人才，但是人才伤亡太快，是来不及补充的。就好像一个人整天冒汗，喝多少水都没有用。现在三个国家都有同样的状况。

那时每年要死多少人，看军队的规模就知道了，动不动就出动几十万大军，出去得多，回来得少，连年征战，不到一百年就损失了百分之七八十的人，那是时代的悲剧。我们要汲取教训，不要随便打仗。打仗是迫不得已的事情，不能说打就打，因为每一次战争都是要死人的。

4. 魏延主张取道子午谷，过秦岭，直扑长安，孔明为什么不同意？

魏延听说夏侯当都督，很是不屑，心想这样事情就简单了，只要取道子午谷，直扑长安，就能出奇制胜。孔明也知道魏延讲的不无道理，但他一向谨慎，不愿冒险，认为不能因为夏侯当都督，就断定曹魏无大将，要提防半途遭遇截杀。

魏延见此，又说干脆兵分两路，一路走大路，一路走子午谷，两边配合作战。孔明也不同意，怕分散了兵力。最后魏延很不客气地说，如果全部走大路，所有人都暴露了，还打得进去吗？要到何时才能取胜？孔明仍旧坚持依常法出兵。

这给后代留下很多争论。很多人说这次是孔明错了，如果接受魏延的建议，速战速决，以后就不用接二连三地北伐了。但是，魏延那条路也没有经过实证，结果如何又有谁知道呢？

我们中国人个性比较极端，拥护孔明的人觉得孔明样样都对，谁批评孔明就要跟谁对着干，而同情魏延的人则说魏延很冤枉。正因为我们容易走极端，所以才需要中庸之道，这点我们自己要清楚。

5. 孔明过分谨慎，不采取魏延的策略，以致坐失良机，是不是失策？

孔明几次北伐都坚持走那条路，没有一次成功的，所以很多人对这条路表示质疑，可谁又敢保证改走别的路就一定会成功呢？如果当时按魏延说的打了，输赢自有定论，无须再议，可实际上并没有付诸行动，答案是什么，谁也不知道，且时代久远，当时的真实状况我们也不得而知，所以这是无谓的争执，没有太大的必要。

6. 赵云连杀韩德的四个儿子，他为什么这样英勇？

五虎将只剩赵云一人，孔明不忍心去激他，可赵云这次特别英勇，原因有几点：一是孔明本来不让他北伐，是他自己争取来的，机会难得，所以要好好表现一下；二是他也知道孔明的意思，是说他老了，他要证明自己老当益壮；三是韩德四子经常跟随韩德出战，个个武艺高强，且初生之犊不畏虎，完全不把赵云放在眼里，赵云非常恼火，所以更加斗志昂扬。

不过，能一次将韩德的四个儿子全部干掉，倒是出乎赵云的意料，是他自己激发了自己，才得到了丰硕的战果。所以说，一个人的潜力一旦爆发出来，就会发挥无比的威力。

情景说明

夏侯惨败，恼羞成怒，部将说赵云有勇无谋，不足为虑，可设伏擒之，夏侯同意。次日，赵云轻敌，果然中计被围，好在孔明派张苞、关兴前来接应，赵云才得以解围。

夏侯连败三阵，躲入南安郡，死守不出，赵云等众将连日攻城不克。孔明见天水、安定与南安成掎角之势，恐三处首尾相连，将威胁蜀军，于是说只可智取，不可强攻，可一边佯装围攻南安，一边以计引出天水、安定兵马，继而夺取两郡，则南安孤城不能自保。

孔明差人假扮夏侯心腹裴绪，前往安定向崔谅太守送信求救。崔谅见文书字迹模糊，迟疑不决，裴绪出言相激，崔谅中计率军前往南安。不料路遇张苞、关兴夹击，撤回安定时，城池已被魏延占领，正欲转道去天水，又遭到孔明所率大军围攻，别无他法，崔谅只好投降。

要点解析

1. 夏侯出师不利，用计围攻赵云，结果如何？

夏侯万万没有想到，一个老迈的赵云，会把他们杀得这么惨。但是，他也不能因为这样就辞职不干或者逃回去，他也是不服输的。每个人在战争当中，基本上都会不服输。夏侯找出很多理由来替自己打气，这也是合理的现象。

夏侯不了解赵云，有人告诉说赵云只是有勇无谋，可以设计围困他，然后生擒甚至杀掉。其实赵云并不是有勇无谋，但是人家要这么讲，赵云也没有办法。夏侯听后很高兴，依计而行。

一个人的意志力爆发出来以后，一定是走向衰退的。赵云觉得上次能一口气连杀四人，证明自己宝刀未老，也表示敌人没有人才，因此这次有点高估自己，有点大意，导致最后被围。

人的状态之所以会高低起伏，是跟心态密切相关的。所以我们应该给自己一些警告，当我们往高处走时要谨慎，当我们往低处走时要乐观，要自己做心态上的调整。

三国之道

往高处走时要谨慎，往低处走时要乐观。

2. 关兴、张苞救出赵云有什么启示？

好在这背后有一个人叫孔明，他作为军师，自己不拿刀拿枪亲历战场，却能运筹帷幄，掌控全局。孔明料到赵云的心态有起伏，会遭遇危险，所以事先已派关兴和张苞去救应，并授予营救的方法。关兴和张苞一个是关羽的儿子，一个是张飞的儿子，非常可靠，他们义不容辞，非常用心，也很英勇。

果然，在赵云被团团围住之时，关兴、张苞及时赶到，这给了我们一些启示：凡事事先要加以各种推测，不要掉以轻心。特别是打仗时，要步步为营，面面俱到，才会安全。

3. 夏侯死守不战，孔明为什么不主张攻城？

夏侯三次兵败，教训惨重，不敢轻易出战，改取守势，坚守不出。蜀军远道而来，粮食供应不足，按理说采取攻势，速战速决才会有利。可孔明也知道，敌方以逸待劳，己方攻城必定死伤惨重，所以绝对是下策，乃不得已之举。于是孔明决定以智取胜，设计使敌军内部发生有利于己方的变局，然后设法突破，这是他作为军师所做出的很高明的决定。

4. 崔谅太守据报夏侯都督求救，为什么一定要看文书？

如果孔明声东击西，假造围攻南安之势，使夏侯感觉到被围困了，然后派人去求救的话，所用时间会比较长，所以孔明决定用计，只要把崔谅太守引出来，就可以做很多文章。于是他派人送一个假的文书给崔谅太守，说夏侯都督被困，请他赶快前往营救。

在这种情况之下，任何太守都一定要看文书的。文书如果字迹清楚，以崔谅太守跟夏侯的交情，立刻就会被识破，因此假文书一定要做成被淋湿的样子，以便鱼目混珠隐瞒过去。而且担此任务的人也需要反应敏捷，见机行事。

文书送到后，崔谅太守见字迹模糊，根本就不相信。这时送信的人只说回去禀报都督好了。这一来崔谅又有点害怕，万一是真的怎么办？所以只好相信了。所谓用计，就是攻对方的心理，按照对方心理的起伏来安排对策，往往一个周折就能立分胜负。

5. 崔谅中计，走投无路，向孔明投降，到底是真还是假？

崔谅被骗出来后，既救不了夏侯，也回不去，无计可施，只有投降。孔明正是要他来投降，然后利用他去做后面的事情。崔谅投降是真还是假？答案很简单，亦真亦假。为什么？因为他自己也没有主意，如果能想办法逃回去，就不用投降了；既然逃不了就只好投降，干吗找死呢？所以他这个时候只是敷衍敷衍，走一步算一步。孔明很了解崔谅的心态，崔谅走到哪一步，孔明就利用哪一步，崔谅走这一步，孔明就推动那一步。可以说崔谅只是孔明手上的一个小卒子，爱怎么用就怎么用。

6. 中国人爱读兵书，人人善于用计，好不好？

我觉得这无关好坏。有人主张说，最好不要让年轻人看这套东西，免得天天耍诈。这样的人不了解时代环境，现在跟以前不一样了，以前有人一辈子都没有看过《三国演义》，也没有机会听到这些道理。现在是资讯时代，年轻人随时可以上网，什么都看得到。所有人都知道，就你一个人不知道的话，是不是很吃亏？所以，不要用老思维来处理当前的事情，应该用现代化的观念来重读《三国演义》。

用计有两种：一种是减少麻烦，很轻松地把事情做好，这是好的；一种是心怀不轨，算计害人，谋财害命，这就是不好的。如果我们看兵书是为了和平而不是为了侵略，是为了很愉快地激发人的潜力，把事情做得更快、更好，何乐而不为？

六十九　老年慎择徒

孔明27岁下山，现在已经年近半百，垂垂老矣！战争的岁月，着实毫不留情地催人老态。他知道必须尽快为自己寻找继任的人，这是十分负责任的念头。但是，兹事体大，绝不能大意，以免造成严重的后遗症。他的目标当然是才德并重。慎重物色，终于看中魏军的姜维。赵云和姜维厮杀，也发现他很不简单，建议孔明对他另眼看待。孔明再三观测，认为姜维确属文武兼备、不可多得的人才。决心招降，并加以栽培。对孔明来说，固然是年老慎择徒。对姜维而言，又何尝不是年少慎择师呢！

情景说明

因崔谅与南安太守杨陵私交甚厚，孔明商请崔谅劝降杨陵，擒拿夏侯。崔谅原本就是假意投降，所以虽嘴上答应孔明，却对杨陵如实相告。杨陵建议诈降，于城内设伏兵杀孔明。

崔谅回到孔明处，假称夏侯护卫甚多，所以不敢擒他。孔明与崔谅合议，决定由关兴、张苞带兵潜入夏侯处，孔明再亲率兵马前去接应，半夜之时，待崔谅打开城门，里应外合，一举成功。夏侯得知孔明之计后，欲抢先埋伏刀斧手，先杀蜀兵，再杀孔明。

蜀军赶赴安定，崔谅与杨陵相会于安定城下，正要进城时被关兴、张苞所斩。蜀军众将冲进城去，活捉了夏侯。

天水太守马遵不知夏侯已被擒，接到裴绪送的文书后，引兵前往安定。姜维揭穿假裴绪身份并将其刺死，救了马遵，并且将计就计，设下伏兵以待蜀军。赵云正要攻取天水，却遭遇姜维阻击，几经交手，深知姜维身手不凡，所幸张苞、关兴及时赶来，赵云才得以突围。

要点解析

1. 孔明请崔谅回南安，劝降太守杨陵，活捉夏侯，崔谅为什么答应？

崔谅投降时，内心是犹豫不决的。这也告诉我们，不能只凭一番好话，或者只看表面，就完全相信他人。因为这些都可以伪装，人的内心和外在表现不一定一致，打仗的时候尤其如此。虚虚实实的意思就是，看似虚其实为实，看似实其实为虚。

孔明对崔谅的真实想法看得一清二楚，却假装不知，这是兵家常用之计，而非欺骗，否则怎么打仗呢？孔明让崔谅去劝降杨陵，然后联合起来活捉夏侯。崔谅既然来投降，当然要立功，现在孔明给了这个机会，他不能够拒绝，否则就把内心的秘密泄露出来了，所以连连答应。

2. 杨陵想将计就计，反过来杀孔明，崔谅为什么也答应？

如果崔谅将孔明的话如实禀告杨陵，杨陵肯定马上翻脸要杀他。所以崔谅一定是先讲，孔明以为我真的投降了，其实我是假投降，我想将计就计反过来耍一耍孔明，说不定可以趁机把他杀掉。崔谅这么讲，杨陵才会相信。

崔谅的表现是真是假，我们不必费时去做考据。但一个人的内心总是一以贯之，如果他在这边是假意，在那边也一定是假意；如果他在这边是真心，在那边也一定是真心。崔谅是如何找出平衡点的呢？答案很简单，孔明叫他杀夏侯，他说好，杨陵说将计就计杀孔明，他也说好。崔谅不是什么两面人，只是内心摇摆不定罢了，在见到杨陵以后，他决定不投降，仍旧回到魏军这边，所以才与杨陵合计杀孔明。

3. 崔谅带着扮成魏军的张苞、关兴等兵将，他一进城就被刺死，值得吗？

这取决于看问题的角度，如果从他以为骗过了孔明，结果被刺死的角度看，就是不值得的。因为他原本身在状况内，却由于犹豫不决，变成身在状况外，这是无知的表现。但如果换个角度，他明知已被识破，却一心以死报答魏主，那就是值得的，他实现了自己的夙愿。

所以这是崔谅自己做的一个决定而已，我们第三者不必介入。值不值得，见仁见智，由每一个人的价值观决定。一般来讲，只要是自愿的、自发的，我们大概都会认为是值得的，否则的话就很难讲了。

4. 姜维为什么拆穿假裴绪，救了天水太守马遵？

因为天水太守马遵上当了，他不知道来传话的这个人是假的，想把他诱到绝路上去，还好路遇姜维，姜维一看不对，这个人分明不是裴绪，所以当场拆穿，救了太守马遵。

5. 姜维年纪轻轻便有这等见识、胆识和武艺，他是什么样的人物？

有句话，叫作“一方水土养活一方人”。从生存的角度来看，这句话是说，此地产的农作物可以养活此地的人，彼地产的牛羊肉也能养活彼地的人。而进一步的意思则是，哪个地方都会培养出一些人才，人才不会集中在某个地方。南蛮的孟获是人才，西北的姜维也是人才，到处都有人才。所以孔明经常说，不要小看当地的人，当地人会有意想不到的表现，现在姜维就是这样，虽然地处偏僻，却年纪轻轻就有大将之风。因此，我们到一个新地方，千万不要自大，一定要尊重当地人，入境问俗，先了解适应，然后再提意见，这样会比较实际。

一个人不要怕别人不了解，不赏识，而是要不断地充实自己，直到有一天明眼人来了，一眼就看出你是人才。我们常讲，千里马常有，而伯乐不常有。现在，姜维就是一匹千里马，需要有伯乐来慧眼识英才。

三國之道

要不断充实自己，这样明眼人才能一眼看出你是人才。

6. 赵云来取天水，与姜维厮杀，他有什么感想？

赵云就是一个伯乐，他见多识广，除了会打仗，还会识人，一交手就知道对方的高下。韩德的四个儿子一出手，赵云就知道不过如此，很快就将他们斩于马下。但是碰到姜维，赵云觉得这个年轻人了不起，此地会有这样的人才，真是出乎意料，因此回去后就告诉孔明，姜维不简单，对他要另眼看待。后来，孔明通过验证，果真如此。

我们看，曹睿起用夏侯，别的作用没起到，倒是成全了一件大事，就是把姜维引出来送给孔明，这不是很有趣吗？如果司马懿在朝，夏侯根本没有机会当都督，可若不是他，赵云、孔明就是再赏识姜维，也没有机会去收服。这就是我们经常讲的，那只“看不见的手”在起作用。

情景说明

听说姜维文武兼备，自幼丧父，由老母抚养成人，侍母至孝，孔明若有所思。

姜维料到赵云兵败后，孔明必亲自率军来攻天水，于是兵分四路，设下埋伏，以夹击蜀军。孔明果然驻军于天水城外，待翌日攻城，不料夜里却遭袭营。见城中兵马毫无动静，孔明方知中了姜维之计，不禁由衷称赞姜维是将才。赵云惋惜地说，可惜此人不在我军。二人均有收服姜维之意。

得知姜维之母住在冀县，孔明派魏延前去攻打。姜维恐母有失，恳请前去救城，马遵同意。魏延佯装兵败撤走，姜维并未追赶，进城守卫，魏延立刻围城。

夏侯一被孔明召见，就急忙跪地求饶，听孔明说让他去招降姜维，便不假思索，满口答应。夏侯只身前往冀县，路遇自称来自冀县的逃难百姓，说姜维已降蜀国，蜀军正在城中烧杀抢掠。夏侯不知这是孔明之计，信以为真，于是转道去了天水。

要点解析

1. 孔明感叹遍访贤士，尚未遇见姜维这样文武兼备的人物，他在想什么？

孔明因为太操劳，年纪虽不大，但体力已衰弱，日渐力不从心。在这种情况下，任何人都会注意寻找传人，授予自己生平所学，以期完成自己未竟的事业。因此，当孔明听说有姜维此等人物时，感觉很好奇，姜维的事迹听得越多，就越觉得这是他要找的人。

中国人常说年少时要慎选师父。年轻人如果跟错了师父，学五年就等于报销五年，而且后患无穷，现在的人随便拜师，其实是不合适的。同时，年老时也要慎选徒弟。纵观历史，很多师父把徒弟教得很好，但十个师父有八个死在自己徒弟手上，因为徒弟若不干掉师父，就不可能取代师父。因此，很多师父就留一手，这也很糟糕，如果每个师父都留一手，技艺就会一代不如一代。

孔明走的是正道，并不想留一手，他也深知随便收徒非常危险，因此一直以身作则，非常谨慎地选徒，现在他选中了一个人，就是姜维。

2. 姜维侍母尽孝，竟然成为孔明思索的重点，他不是和曹操一样吗?

当年徐庶跟刘备在一起的时候，曹操得知徐庶很孝顺母亲，就把徐母当作人质，骗徐庶过来。现在，孔明听说姜维对母亲很孝顺，也在姜维母亲身上动脑筋。

这一点，孔明跟曹操在形式上可能一样，但动机和结果却截然相反。从动机上看，孔明诚挚邀姜维过来帮忙；曹操则不管徐庶跟自己立场是否相同，不管徐庶愿意与否，都要强迫他过来。从结果上看，姜维会得到重用，人尽其才；而徐庶在刘备那边已能够发挥才干，只是迫于无奈才依从曹操，他在曹操身边简直是受罪，曹操也并不在乎。所以，我们看事情要重视动机和结果。如果只看到形式，就说孔明跟曹操一样，那是不合理的。

3. 姜维听说孔明派兵攻打冀县，为什么特别惊慌?

别的地方被攻陷，姜维都会指挥若定，颇有大将之风，可是一听说冀县被打，他就特别敏感。冀县并非军事要地，但是他的母亲居住在那里，现在听说孔明派兵攻打，他想到自己的母亲处境危险，所以才会非常慌张。这也证明，姜维确实很孝顺。

4. 魏延那么轻松就将姜维骗入冀县，姜维为什么不会怀疑?

大家再回想一下，以徐庶的智谋，难道看不出那封母亲的信是假的吗？可是对于一个侍母至孝的人，得知母亲有难时，必定第一时间前去搭救，往往不会先冷静地分辨真伪、以防受骗。现在姜维心中别无他念，只想救母，所以轻易就上当了。

5. 夏侯跪求饶命，孔明要他招降姜维，他为什么满口答应？

答案其实很简单，这是天命。我们不知不觉地做一件事情，做得很投入，却不知为何要做，这就叫作天命，天命不可违。

夏侯以都督之尊跪求饶命，那是他自愿做的，是个人的事情而非天命；孔明叫他帮忙招降姜维，他只想保命，根本无暇顾及其他，所以满口答应，而自己却对来龙去脉一无所知，这就是天命。如果夏侯有点智慧的话，一定会想：姜维有这么重要吗？是我重要还是他重要？为什么让我去招降他？是不是他将来会怎么样？可夏侯根本没有去想，就是那只“看不见的手”使他这么糊涂。可见，人是很有意思的，时而聪明时而糊涂，我们要做的，就是找出一个脉络，知道什么时候该聪明，什么时候该糊涂。

三國之道

我们要知道什么时候该聪明，什么时候该糊涂。

6. 我们常说旁观者清，当局者迷，是不是经常这样？

此话不假，我们作为旁观者时，对错是非、前因后果都一清二楚，好像我们很高明。可是我们一旦身处其境，就不辨真伪、稀里糊涂了，这都是因为人有私心。

夏侯现在就有私心，他不管姜维怎么样，也不管魏军怎么样，只求保住性命，所以就很糊涂，容易上当。我们看别人下象棋的时候，喜欢指指点点，可是自己下棋出现同样的情况时，却浑然不知，这是私心误事最好的印证。所以才有观棋不语真君子的说法。

我们只有不存私心，才能跳出自己，回过头来看自己，就会看得非常清楚。然而要做到没有私心是很困难的，一般人很难做到。

情景说明

夏侯到了天水，大骂孔明，又对马遵太守说姜维已降，并言之凿凿，不容置疑。孔明两计都已经成功，喜不自禁。赵云觉得为了一个姜维，放走夏侯实在可惜，孔明不以为意，视夏侯为鸭而姜维为凤。当晚，孔明又派假姜维前去攻打天水，因夜黑难辨面目，马遵太守不知有诈，深信姜维已降蜀军。

见蜀军运粮，姜维欲前去拦劫，途中却遭遇蜀军夹击，于是返回冀县，却发现城池已被魏延占领，只得改走天水。到达城下，姜维高喊“快开城门”，不料城上却乱箭齐下，马遵更呵斥他为叛徒。姜维无从分辩，只得拨马而去，行不数里，又被关兴截住去路。

姜维悲叹大业未成竟要死于此处，且再也不能对老母尽孝，正欲拔剑自刎，其母突然出现，说他好糊涂，并告诉他，孔明爱惜人才，不忍杀他。姜维这才醒悟，对孔明感激不尽，表示愿降。

要点解析

1. 夏侯逃到天水，大骂诸葛村夫，又说姜维已降，是什么道理？

夏侯投降其实也是假的，只要有机会，他一定逃回魏国，因为他在魏国有地位，在蜀国不过是个降将。这一点孔明很清楚，孔明就是利用夏侯的这种心理，来玩一出游戏。

夏侯在去冀县的路上，碰到一群自称来自冀县的老百姓，说姜维已经投降孔明了。夏侯有些疑惑，果真如此的话，孔明为什么还叫他去招降姜维呢？再找其他老百姓问，都是这么说，又见这些百姓的衣着打扮都是冀县的，夏侯就深信不疑了，丝毫没有意识到这是孔明设计骗他。兵荒马乱中，一般人都容易被片面的资讯所蒙蔽。

如果夏侯有点警觉性，叫探子去探明真假，再想想原因，就不会上当了。可是他没有，可见他脑袋空空。夏侯一到天水就大骂诸葛村夫，又说姜维已经投降，这样一来，就把姜维推上了绝路。这正是孔明要夏侯做的。

2. 孔明以夏侯换姜维，合算吗？

如果以职位衡量，夏侯是都督，姜维不过是将领，夏侯分量要重一点。好不容易抓到都督，为了一个姜维就将其轻易放掉，合算吗？这得看怎么算，如果按照目前的状况，当然不合算，可如果往长远去看，将来姜维为蜀国做出的贡献，显然是夏侯不能比的。

所以，我们看事情不能光看眼前，一定要看长远。可惜现在的人多半以眼前利益为重，没有想到未来。当然，要具备这种眼光是需要历练的。孔明很清楚，抓夏侯易，收服姜维难，而姜维人才难得，无论如何要收过来好好教导，所以孔明这次特别用心，将打孟获时总结出的一套以柔克刚的方法用在姜维身上，效果显著。

三国之道

看事情不能光看眼前，一定要看长远。

3. 姜维出城劫粮，中了蜀军埋伏，他为什么也会中孔明的计？

老实讲，即使孔明这么高明，偶尔也会中计。思维再周密的人也难免有疏失，不可能百分之百地命中。姜维此时方寸已乱，无法像平常那么镇静，因此也会犯错，会中孔明的计。

何况，姜维遇到的是比他更高明的孔明。周瑜都比不过孔明，司马懿也拿孔明没有办法，何况姜维？所以，姜维上当是合情合理的。如果姜维比孔明还高明，他可能早就出头了，早就取司马懿而代之。所以人上有人，天外有天，这个道理始终是存在的。

4. 姜维回不了冀县，改走天水，高喊“快开城门”却遭到乱箭齐下，结果如何？

姜维回不了冀县，总不能自杀吧？人不能动不动就自杀，一定要想办法，所以他要逃往天水。姜维到了天水，以为回到家了，高喊“快开城门”，但城上却乱箭齐下。因为夏侯到天水后告诉太守马遵，说姜维已降孔明，所以大家都视姜维为敌人，当然不会放他进城，甚至放箭想把他射死。这也是孔明设计所要达到的一种结果。

5. 姜维四面受困，走投无路，他的母亲为什么忽然间出现呢？

姜维的母亲就算有天大的本事，也不可能以一个妇道人家，现身于乱军当中。这绝非偶然，而是孔明的安排，是要在非常安全的保障下，让他们母子相见。孔明老早就跟姜母沟通好了，他告诉姜母：你的儿子是个了不起的人物，我非常赏识他，他在曹睿的领导下，终究没有好日子过，就算官升得再大，也没有什么意义。如果他能够归顺我们蜀国，可北定中原，重振汉室。

姜母对这些也早有所闻，所以当她看到孔明的时候很高兴，说姜维应该跟孔明才对，现在孔明肯收留他，作为母亲，她非常感谢。相比之下，曹操跟徐庶母亲的互动过程就完全不同。

6. 姜维的母亲为什么说姜维好糊涂？这句话各位听起来是不是很熟悉？

当年徐庶回到许都去见母亲，徐母第一句话就说：儿啊，你好糊涂！天底下母亲的心情是相同的，在母亲的心目当中，儿子再大也还是孩子，如果做错了事情，必然是犯了糊涂。

现在姜母一见姜维就说：你好糊涂，有这么好的机会，居然还执迷不悟，还在打什么呢？赶快过来拜见诸葛丞相。这一幕是以喜剧收场的，跟徐庶当年以悲剧收场完全不同。所以我们看事情除了要先看动机，还要把整体和意义做一个通盘的了解，才能下论断。姜维投靠孔明，跟徐庶不得不投在曹操麾下，不可相提并论。

情景说明

孔明感叹自出茅庐以来，遍求贤者，欲授之平生之学，只恨始终未得其人，今遇姜维，其愿足矣。而姜维也深感得遇良师，实为一生之幸事。在姜维的帮助下，孔明指挥军队连克天水、上邽，蜀军威名大振，一路州郡望风而降。孔明前出祁山，兵临渭水，直逼长安。

魏国都城告急，曹睿任命曹真为都督。老臣王朗也自告奋勇随军作战，并口出豪言，无须兵马，他寥寥数语，便能让孔明不战而降。曹真闻言大喜，魏军将领均拭目以待。

翌日，两军对阵，王朗问孔明为何兴无名之师侵犯魏国疆界，并说曹魏得天下本是天命所归，孔明此时若降，尚能得封侯之位，万不可逆天行道。孔明仰天大笑，逐一反驳，斥责王朗身为汉朝老臣，世受皇恩，却反助逆贼，同谋篡位，实在是厚颜无耻。王朗羞愤交集，栽于马下，当场气绝。

要点解析

1. 姜维遇见孔明，是不是一生中的好福气呢？

一个人幸运不幸运，取决于三件事情：一是有没有好的父母；二是有没有好的老师；三是有没有好的老板。这三件事，是决定一个人是否能够步步通达的三个关卡。姜维现在已经拥有第一件了，他有个好母亲，明白道理，能够规劝儿子如何去做正确的选择。现在第二件好事情也出现了，他终于找到一个好的老师，有这么好的师父教导他，他一定会很快充实起来。他所遗憾的在第三件事情上，他一生没有碰到好老板，所以他晚年很凄惨。

三國之道

一个人是否能够步步通达，有三个关卡，一看父母，二看师父，三看老板。

2. 孔明收服姜维是不是完成了一大心愿？

收服姜维，是孔明晚年一个非常大的收获。

孔明一开始碰到的是刘备，如果没有刘备三顾茅庐，孔明根本不想下山。可是，后来孔明逐渐跟刘备产生了心理上的距离，想法不完全一致，特别是关羽遇害后，刘备坚持要伐吴，孔明苦劝不成。后来，孔明又碰到阿斗，阿斗还算不错，对他言听计从，但是难免有小人从中作梗，使孔明北伐的心愿迟迟不能实现。

此次北伐，司马懿被冰冻起来，曹睿几乎无人可用，照理说是很好的机会。但是孔明知道，机会虽好，也不能太冒险。我们不能武断地说，是谨慎导致孔明事业不成功，但影响多少是有的。因此，孔明要找一个能够接班的人，就算自己不能完成北伐，总还要有人继续奋斗下去。现在孔明的这个心愿终于达成了，因为他找到了姜维。

3. 孔明大军势如破竹，直逼长安，曹睿有什么对策？

夏侯出任都督，大家都不看好，连司马懿听到之后，都在家里感叹说：他怎么能当都督？言下之意，如果他都能当都督，那所有人都能。可见，夏侯根本不能胜任都督之职。对挑不起的担子，我们最好不要勉强去挑。可夏侯为了立功，不顾一切争取到这个机会，现在又无计可施，只好上表求救。无奈之下，曹睿派曹真为大都督前去支援。

曹真兄弟几人都很有名气，曹真最大的问题就在于虚张声势，名气很大，但实力很差。从他喜怒易形于色上，就可以看出他是什么样的人。曹真深知自己的能力，可责任在身，只好鼓起勇气率领大军前去跟孔明对抗。

4. 司徒王朗自愿在两军面前说降孔明，他为什么这么有把握?

早在夏侯当都督的时候，王朗就认为这个人不能胜任。这次曹真出来，王朗信心倍增，请求随军打仗，他还告诉曹真说，不用打，凭自己一个人就能打败孔明。大家吓一跳，以为他有什么高招。王朗说兵马都不必动，只要自己去骂孔明一顿，一定当场骂得他羞愧不堪，不是来降就是自杀。

王朗这样狂妄，也跟他的经历有关，汉末年间，大家一起骂汉献帝，让他赶紧让位，其中骂得最凶的一个就是王朗。王朗心想：我连汉献帝都敢骂，而且骂得他都得听我的，骂你一个小小的孔明，威力还不够吗？所以王朗就准备痛骂孔明。

5. 王朗原本想骂降孔明，想不到反而被孔明骂死，是什么道理?

王朗骂别人还好，骂孔明就有点自不量力了。当年孔明刚下山时独闯江东，面对江东人士侃侃而谈，舌战群儒，尚能一一应对游刃有余，更别说一个王朗了。要孔明拿刀使枪也许不怎么样，但要他用口剑杀人，那就要小心了。

两军对阵，王朗果然开骂，他骂得其实也很有力量，使出浑身解数，道尽恶言毒语。孔明逐条回复，并揭露王朗底细，有理有据，句句似箭，直插王朗心尖。王朗完全受不了，他大概有高血压或者心脏病，羞愤交集之下，栽于马下，病发身亡。

王朗本想骂死孔明，却反被孔明骂死，这值得我们深思。事发之前，每一个人都在打如意算盘，衡量结果时都比较一厢情愿，这样就很容易自以为是，觉得自己一定对，如果按这种设想去做，很容易害死自己。王朗就因此而贻笑后人。所以一个人做事情之前，一定要先衡量衡量，做到知己知彼，才能取得成功。

6. 王朗说曹操是天命所归，他是什么样的人?

曹操在位的时候，王朗就已经是朝中重臣，可以说是三朝元老。可是细究起来，他却没有多大贡献，只是嘴巴硬，喜欢骂人，自认为了不起罢了。

王朗这次骂孔明，当然要讲一些冠冕堂皇的话，不过我们也听得出他的确很佩服曹操。可见，他跟曹操久了，耳濡目染以后，总觉得做人就应该像曹操那样。不管正确与否，这是王朗的一种信念。从这次事件可以看出，王朗的信念其实是错的，以致害死了自己，可见人不能够随便有信念。孔子说，一个人要到30岁，才可以确定人生的原则。但是像王朗这种职位的人，30岁时只是有一些起码的原则而已，还需要不断的磨炼，才能够有坚定的信念。

七十　复出声势大

司马懿的学识、谋略、用兵、带人，都有出众的表现。孔明所担心的，并不在这些方面。而在于他的为人，刚好与孔明相反。司马懿老奸巨猾，诡计甚多。曹睿以曹真一败再败，性急中又想起司马懿。接到复职的旨令，司马父子欣喜万分。孔明却大为吃惊，料他不出十日，必到新城讨伐孟达。孟达则丝毫不以为意，腹背受敌而死。于是双方的焦点，不约而同地指向军事要塞街亭。马谡毛遂自荐，愿守街亭。赵云和魏延，也都有意留守，孔明以兹事至关紧要，并不马上作出决定。马谡再三要求，愿以全家性命作担保，孔明感其诚意，最终答应，铸成十分重大的失误。

情景说明

曹真首战兵败，垂头丧气，大将郭淮前来安慰，并提出孔明会趁治丧之机袭营，魏军可反其道而行，以歼蜀军。曹真大为赞同，决定重挫孔明，重振魏军雄风。当晚，魏军兵分四路偷袭蜀营，不料反中蜀军埋伏，又因天黑难辨敌我，以致自相残杀，一败涂地。

曹真连战连败，见形势危急，只好上表求救。曹睿无计可施，决定重新起用司马懿，令其率军前往长安，与大军会合，以拒蜀军。

司马懿赋闲在家，却依旧带领儿子勤学苦练，教授儿子诸多兵法与人生道理。听说王朗被孔明骂死了，司马懿鄙夷王朗气量狭小，教导儿子大肚者方能成大器。司马懿日夜期盼，等待复出之机，不出所料，不久便接到曹睿的复职诏令，父子三人欣喜万分。

要点解析

1. 郭淮料想蜀军必来劫营，曹真也有同感，孔明真的来了吗？

曹真打了败仗就垂头丧气，这种喜怒形于色的人不是好统帅。好统帅要很镇定，不能高兴了就哈哈大笑，忘乎所以，稍遇挫折就万念俱灰，一蹶不振。世界上只有运动员可以喜怒形于色，他们经过刻苦训练，好不容易得了冠军，当然很激动。除此之外，凡是情绪外露的，都必败无疑。

如果得到一点奖励，就像是天上掉下大喜事，可以断定这个人一辈子都不可能有大成就，因为这么小的奖励都已让他欣喜若狂，更大的奖励他怎么承受得了？可惜现在很多人都比较浅薄，动不动就夸夸其谈，或者郁郁寡欢，从小养成这种习惯是很不利的。

郭淮是曹真手下的大将，他倒是比较镇静，说虽然失败了，但是没有关系，还可以趁机反攻，杀得诸葛亮逃回汉中。他分析诸葛亮知道魏军在办丧事，一定会来劫营，于是提议反过去劫蜀军的营，这样一定会胜利。曹真听了连连赞同，还不忘说 “正合我意”，表示说我不比你差，我也有这个意思，其实他根本就是个草包。

魏军兵分四路，两路去袭蜀营，两路埋伏于魏营外，等到蜀军来时，以火光为信号，夹击而攻之。曹真没想到的是，孔明早就料到魏军的谋划，也设下埋伏等待魏军。魏军果然上当，夜色中不辨敌我，自相残杀，一败涂地。

三国之道

除了运动员，凡是情绪外露的人都必败无疑。

2. 曹真上表求救，曹睿为什么决定让司马懿复出？

曹真一败再败，只好上表求救。曹睿情急中想起了司马懿，这是他最后的一线希望。司马懿智谋深远，从不喜怒形于色，一切指挥若定，是知名统帅，曹睿想到他是很正常的。

3. 司马懿听说王朗被孔明活活骂死，为什么笑王朗没有肚量？

司马懿年纪虽大，可雄心未减，在家一边练武艺，一边看兵书，复习旧学，研习新知。他的儿子反而很泄气，说皇帝根本不用他，甚至把他忘记了，就算他整天看兵书练武艺也没用，根本就英雄无用武之地。司马昭不知道，将来他回想起自己说的这些话时，是会脸红的。不过毕竟他是年轻人，不懂事，看不了那么深远。

听儿子说王朗在战场上被孔明活活气死，司马懿说“活该”，意思是谁叫你王朗气量那么小？人家骂你几句就受不了了？换成我司马懿，别人怎么骂，怎么侮辱，怎么让我受委屈，我根本就不管。此话不假，如果是司马懿挨孔明骂，他肯定无动于衷。这不是脸皮厚，人不知耻才叫脸皮厚，这是忍辱功。司马懿忍耐的功夫比谁都好，这种功夫是做大事的人应该具备的。

4. 司马懿在家教导儿子练武，又说明很多道理，有什么用意？

司马懿的两个儿子受他恩惠最多，他常把他们带在身边做机会教育，从做人做事的道理到用兵之道，全都教给他们。他的孩子从小随军出战，耳濡目染，获得了很宝贵的经验，这对他们的将来非常有帮助。可惜这两个孩子身在福中不知福，反而嘲笑老爸。在老爸飞黄腾达时才尊重他，老爸稍微受点委屈就开始奚落，这是不懂事的表现。司马懿教导儿子练武，又说明很多道理，就是为了日后能够东山再起，这是司马懿的雄心，更是他作为父亲为儿子着想的良苦用心。

5. 司马懿赋闲在家，为什么依然关心国家大事，还勤练武艺？

司马懿一步步走到这个节骨眼儿上，只有几条路可走：一是从此归隐江湖，什么事都不管，就好像徐庶晚年一样，慢慢隐退，退到不见踪影，大家都把他忘记了。但是要司马懿带着两个孩子去归隐，实在于心不忍，实际上他的很多想法都是为了孩子，不完全是为他自己。二是上表朝廷，自请为国效力。这个也不合适，因为他现在没有身份，除非皇帝想到他，否则是没有机会的。三是他有信心东山再起，当孔明步步紧逼，而朝中又无人可用的时候，皇帝一定会来找他，所以他不能荒废，尽管暂时无用武之地，也要每天按时练兵习武。

6. 接到圣旨，司马懿父子为什么欣喜万分？

不出司马懿所料，曹睿果然让他官复原职，请他领兵去抵抗孔明。司马懿非常高兴，他知道自己这次出来跟以前不一样，以前朝中还有很多派系纠纷，使他很不容易实现理想。这段时间通过隐退深思，他知道怎么去对付这些人，他会很谨慎，去完成更高的理想。

司马懿这次被冰冻，对他来讲其实是一件好事。经过这样的历练，他比较会抓住机遇稳固自己。当然，他还会经受挫折。很多人一遇挫折就委靡不振，斗志尽失，而司马懿却越挫越勇，每一次打击都增强了他的实力，这很不容易，值得我们学习。

情景说明

昔日蜀国大将孟达不救关羽，降了曹魏，现任新城太守，而今因不受新君器重，又欲降蜀，愿起金城、新城、上庸三处兵马，与孔明里应外合，夺取中原。孔明闻讯大喜，感叹克复中原，指日可待。

正当孔明与马谡畅饮庆贺之际，密报来禀，司马懿复职，孔明大惊，心知孟达绝非司马懿的对手，不由感叹孟达若败，中原将不易得。言罢修书一封，提醒孟达小心行事。

岂知孟达却讥笑孔明太过多心，说司马懿从宛城赶赴长安，再来新城，届时举事已成，不足为虑。说者无心，听者有意，金城太守申仪、上庸太守申耽得知司马懿复出，顿起反心，派人前往司马懿处告密。

司马懿收到密告，决定暂不前往长安，直接兵伐新城，铲除祸患，以免延误时机，并假发军令，让孟达整顿兵马，随同前往长安。

孔明料想司马懿不出十日，必到新城讨伐孟达，到时孟达必死于司马懿之手，于是再次修书，警告孟达举事一事切不可走漏风声。

要点解析

1. 孟达来降，孔明为什么说克复中原指日可待？

孟达原本是蜀国大将，后来不救关羽，叛蜀投魏，曹丕在世时，他还比较受器重，而今曹睿当政，根本不把他当回事。可见在有重大人事更替时，每个人受到的待遇会不同，因此内心感受也会不同。

孟达由受重视到被冷落，内心产生了变化，觉得还是回到蜀国比较划算。从孟达身上可以看出，一个人连投降都会养成习惯，投降一次后，稍有不顺就要改变方向，投靠新主。

不管怎样，对孔明而言，孟达来降是件好事，如果孟达与他里应外合，胜算很大。所以孔明很开心，说克复中原，指日可待。在马谡的提议下，二人举杯庆贺。从这里可以看出，马谡在孔明身边已经取得了一个比较重要的地位，是好是坏尚且不清楚。

2. 孔明得知司马懿复职的消息，为什么十分惊慌？

孔明正在喝酒庆贺，却听说司马懿复职，他顿时大惊失色，仿佛所有希望都化为泡影。因为他知道孟达不是司马懿的对手，而且司马懿会给北伐带来很大的困难。其实孔明大可不必紧张，如果以当年对待周瑜的态度来对待司马懿，就会比较轻松。

一个人的内心往往会决定他的未来，叫作“心想事成”。曹操始终把刘备当成劲敌，刘备后来果然步步取胜。孔明一听司马懿就慌张，似乎预示着他将来会败在司马懿手上，很不利。

所以，人要时常反思内心各种念头的原因，设想原本合理的状态，这样才知道自己目前的状况。从各方面衡量，孔明已经高估了司马懿。我们中国人常讲一句话，不要长他人志气，灭自己威风，在这里看起来，也是很有道理的。

3. 孟达接到孔明的信，为什么说他太过多心，并且不以为然？

孔明一听司马懿复出，马上想到孟达起事会失败。可孟达的想法却刚好相反，认为既然皇帝下令司马懿去长安会合，司马懿不能违抗皇命，必定先去长安，即使他已收到情报，可等到从长安再来新城时，举事早成，是孔明顾虑太多了。

人一定要谦虚，人家好意提醒，我们不能断然否决，应该想想这也是一种可能。孟达应该听从孔明建议，司马懿不一定先去长安，而会先来新城，因为处理紧急军情肯定比跟皇帝见面重要。只要孟达想通了这个道理，调整自己的行动，就不致结局那样悲惨。可他始终刚愎自用，甚至说孔明太多心，所以他惨死军前也是咎由自取。这一点值得我们深思。

4. 金城太守申仪向司马懿密告孟达叛变是什么道理？

孟达要起事，绝不会单打独斗，因为他也知道仅凭他个人，势单力薄，所以就联合临近两个城的太守，这样力量比较大。那两个太守不敢当面反对，一定满口答应，其实心头却很紧张。因为他们无缘无故被孟达拖进来，如果成功了，功劳属于孟达，他们了不起就是沾一点光，不见得会受孔明的重用；如果失败了，就把自己全赔进去了。所以，他们内心肯定是有想法的。

在这种状况下，去告密的往往是身边的人，其他人一是不知情，二是事不关己，何必告密？这是很容易理解的道理，可孟达偏偏当局者迷，觉得万事稳当，三人齐心合力，必定能成大事。太自信的人，要以孟达作为警戒。

5. 司马懿即日兵发新城，他为什么不依照曹睿的指示前往长安会合呢?

曹睿原本让司马懿到长安跟自己会合，再分兵去抵抗孔明。可司马懿得到金成太守申仪的密告后，觉得这是最好的表现机会，如果不出所料，他会因为随机应变而获得皇帝更大的信任和更多的授权，所以才敢将皇令置于一旁。

一般来讲，再重要的事情都没有皇帝的指示重要，只有兵变才可以例外。不听皇令是个重大的决策，不能随便做出，而此次司马懿抓住机会，直接兵发新城，这种决定是正确的，因为只有这样，才能让孟达措手不及，举事不成。

6. 孔明料孟达必死，孟达本人为什么反而一点警觉都没有?

孔明很客观，能洞悉司马懿和孟达的反应，两人一交手，孟达必死无疑。可孟达只知道自己一厢情愿地进行推测，完全不了解司马懿。

我们讲过很多次，有三句话能害死人：一是一厢情愿，二是自以为是，三是轻视别人。孟达对孔明应该很了解才对，可他不把孔明放在眼里，也不把司马懿放在眼里，因此必败无疑。一个人太狂妄，太过自信，就会违反规律，导致物极必反，所以不可以这样做。

三國之道

一个人太狂妄，太过自信，就会违反规律，导致物极必反。

情景说明

孔明的信使在途中被司马懿擒获，他很快供出实情并交出密信，司马懿赞叹孔明料事如神，下令加速进军。孟达不知机密已泄，犹在沾沾自喜，突见司马懿大军到来，方知孔明所言有理，但见申仪、申耽部队也赶到，又转忧为喜，以为可以里应外合，杀出重围。

孟达出城召唤申仪、申耽杀敌，却反遭追杀，正欲转身返城，城楼上却乱箭齐下，孟达腹背受敌，一时不知所措，被申耽刺死于马下。司马昭率兵来到，一枪刺死申仪，司马懿对此视而不见。

平定新城后，司马懿随即赶赴长安，上表曹睿，告以实情，乞请宽恕。曹睿认为司马懿平叛有功，赐他金钺斧一对，称司马懿日后若遇机密重事，可先行后奏。司马懿举荐张郃为前部先锋，随同率军出关破蜀。

司马懿素善谋略，他深知孔明智谋过人，所以每每部署皆先推测孔明的心思。英雄所见略同，司马昭和孔明都将目光瞄准了汉中咽喉街亭。街亭是交通枢纽、蜀军粮道，地位非同一般，且此地并无险要，易攻难守。孔明欲使人固守街亭，而司马懿则欲夺之。

要点解析

1. 孔明料孟达必死，为什么料不到送信的人会被司马大军抓去?

从这里可以看出，孔明的一生过分谨慎，他叫信使传达意思就好了，何必修书一封留下把柄？如果信使只供出口信，司马懿不会相信，认为这一定是孔明设计骗他。因为司马懿揣测孔明时，经常往相反的方向想。这样一来，岂不更好？可现在有了书信，司马懿就真的相信了。

当然，这也不能怪孔明。此事关乎全局，只要孟达成功，北伐大概就没有问题了。现在司马懿复出，孔明很担心，所以要谨慎又谨慎，却没想到最终竟产生了坏的效果。孔明不会算到信使被抓也是必然，因为人如果时刻瞻前顾后，那什么事都不要做了。一个人再怎么神机妙算，也只能料到大事，很多琐碎的事情是料想不到的。

2. 孟达没有料到司马懿来得这么快，也不知道申太守密告的事情，如何是好?

整个过程，只有孟达一人蒙在鼓里，而且是他把自己蒙在鼓里的，他对外界的状况一无所知。不仅如此，孟达坐井观天，以为自己看到了整个天空，却不知看到的只是局部，这就是我们平常所讲的井底之蛙。不出孔明所料的话，孟达这次会死在新城。

孟达当初应该去救关羽而没有救，这一次兵败是否他应受的报应，这个我们不谈，需要个人去体会。凡是不凭良心做事情的人，他后面的事情不可能很顺利，否则就没有天理了。

三國之道

不凭良心做事，以后就不可能很顺利。

3. 申太守为什么要告密?

孟达没想到申仪会告密，如果他会提防有人告密，就会想到司马懿的反应，就会思考孔明讲的话有几分发生的概率，那他的弹性就大了，处理方法就比较有应变的可能。可是孟达认为这个不可能、那个不可能，别人都不行，只有他自己是对的。这也是申太守告密的一个重要原因，谁也不会把自己的性命寄托在这样一个刚愎自用的人身上。

4. 司马昭刺死申仪，司马懿好像没有事情一样，是什么道理?

人的心态受成长环境的影响很大。司马懿的两个孩子从小看到父亲仕途起伏、受尽委屈，从而觉得人心险恶，因此年纪轻轻就心狠手辣，比司马懿有过之而无不及。司马懿对此要负全部责任，因为身教重于言传，他一天到晚教儿子兵法谋略，却没有教仁义道德，这是家门之不幸，是不好的家教。

一个家庭如果家风不好，成就再大其实也是可怜的。司马氏家族现在已经种下了很多隐患。司马昭不顾申仪密告之功，将其一枪刺死，司马懿连眉头都没皱一下，让司马昭认为这是理所当然的，这样自然就会使他完全陷入恶性斗争，毫无人性可言。

5. 司马懿不依指令行事，曹睿为什么反而给予他更大的权限？

因为曹睿已别无他法，只有将所有希望都寄托在司马懿身上。而且，他知道司马懿曾经被贬，心里会起疙瘩，害怕司马懿哪天狠心算起账来，他会吃不消，所以对司马懿格外亲切，当作补偿。再说，现在是因为有人叛变，情况特殊，不像平时一样圣旨大于一切，司马懿杀了叛贼就等于救了皇帝，皇帝当然要重赏，还说以后再有此等大事，可以先行后奏，对司马懿表示信任并充分授权，这是合情合理的。所以说，人的所作所为跟当时的环境和很多变数息息相关，不是说曹睿好说话。

但是，话虽可以这样说，而事实的真相却远非如此。当老板有超过限度的表示时，部属应该知道这是不可能的事情。这是曹睿的一种手段而已，只是为了笼络司马懿，让他感觉受到恩宠，而实际上都是虚的，不可能是实的，总有一天司马懿要吃苦头。

6. 司马懿为什么动不动就以孔明做对象而进行模拟？

这是司马懿最聪明的地方。孔子说，要取法乎上，才能得乎中。高估对方，如果用来吓唬自己，那是下策，如果是用对方做模拟的对象，通过效仿他的各种举动，来安排己方的对策，就能够得乎中。

高估孔明，对司马懿有太多的好处。他说孔明“真神人也”，言下之意是除了我司马懿，你们还有谁能够对付孔明？这话一传开，使曹睿不得不重用司马懿。更重要的是司马懿没有被孔明的名气所吓倒，只是假定孔明的策略，自己反其道而行，就不会上当，甚至可以制服孔明。他的这种思维方法非常管用。

7. 这样说起来，孔明是司马懿的老师，有没有道理？

这样算起来，说孔明是司马懿的老师也不无道理，因为很多司马懿没有想到的事情，孔明都以实际行动来教给他，使司马懿从每次战败中得到很大的成长。

如果没有摔过跤，怎知要身手矫健些呢？如果没有吃过亏，怎知要考虑周到，因时因势而变，做出正确的选择呢？我们常把吃亏当作交学费，交了学费就要学到东西，不过确实有人吃亏了却一无所得。每次摔跤后，再不济也要捡个小石头做纪念，要不然白痛了半天，也太没有意义了。而最好的态度是汲取教训，避免再次发生，从挫败中得到成长。

司马懿不断地向孔明学习，吸收孔明的长处，本事越来越高，这是孔明没有预料到的。孔明绝对无心栽培司马懿，但是两军互动的结果很明显，孔明教了司马懿太多的东西。

情景说明

马谡毛遂自荐愿守街亭，孔明沉默不语，恐其从无作战经验，会有闪失。赵云、魏延也都有意留守街亭，但孔明考虑赵云年事已高，而魏延又稍显鲁莽，皆不能胜任，于是不作表态，只说此事至关重要，不可轻举妄动。

马谡急欲借此机会立下战功，以服众将，于是又去孔明帐中再三请求，称自己幼读兵书，熟知兵法，绝不逊于司马懿和张郃，甚至不惜跪地乞请，愿以全家性命作担保。孔明感其诚意，最终答应，并依马谡之言，让他立下了军令状。

出战之前，孔明逐一部署，马谡为主将，王平为副将，率兵两万共守街亭；高翔驻兵列柳城，作为街亭后援；魏延屯兵于街亭之右，以便接应；赵云、邓芝率军作为疑兵，以扰乱魏军。孔明自统大军，令姜维做先锋，由斜谷径取郿城。

要点解析

1. 马谡愿守街亭，孔明为什么考虑很久不敢答应?

孔明这一生最重大的失误，就是指派马谡守街亭。街亭至关重要，此地一失，这次北伐注定无望。马谡没有实际作战经验，刘备临终也再三交代，说马谡言过其实，不可重用，但孔明还是重用马谡，甚至答应了他守街亭的请求。孔明一生，很少像这样情感超过理智。实际上，当时还有比马谡更合适的人，可他为什么都不考虑呢?

我们现在无意批评孔明，因为我们没有这个资格。我们素来对孔明心怀崇敬，不会随便对他评头论足。但我提醒大家，情感超过理智的时候，很可能要犯错，像孔明这样的人，都会有这样的过失，何况我们一般人？所以我们做事情的时候，要特别谨慎。

三国之道

情感超过理智的时候，很可能要犯错。

2. 赵云、魏延也都有意守街亭，孔明为什么都不考虑?

街亭是交通枢纽，兵家必争之地，它既没有险要，也没有城池，易攻难守。平常孔明点将派兵，很快就安排妥当了，而此次却再三犹豫，可见很难决定。

守住街亭是大功一件，谁都想争这个功劳，赵云当然也想去。可孔明顾虑良多，一是出于爱惜之情，赵云年岁已高，不便派他去守这么艰难的地方。二是唯恐年轻人或者敌人认为派个老将守街亭，是蜀中没有大将了。

至于魏延，孔明每次想到魏延都停顿很久，半天没有反应，因为孔明根本就不想理他，要不是魏延作战勇敢，很能打仗，孔明老早就不要他了。魏延长期累积的坏印象，使孔明对他很厌恶，这不能全怪孔明。

3. 马谡从来没有实际作战经验，为什么坚持要担此重任?

孔明不好意思惊动赵云，又根本不想指派魏延。孔明是否怀疑魏延会投降魏军，到时候白白失掉街亭不说，再被他反攻回来就更糟糕了呢？我们不排除有这种可能。

马谡从来没有过战功，部属对此议论纷纷，说他就嘴巴会讲，其实一无是处。马谡想争取一点位置，所以再三请求孔明给他这个机会。孔明本不该答应，因为马谡的动机就不对，可马谡跟他关系密切，他经不住马谡的请求，才答应了下来。

孔明远离家人，只身在外指挥作战，难免会有一两个人跟他越走越近，这是当统帅的人，尤其是君王要特别注意的。君王应该跟所有人都保持安全的距离，不应该有近臣，因为近臣往往是祸乱的根源。孔明不应该因为马谡跟他越走越近，就称马谡是了解他的人，并加以赞誉之词，导致马谡敢强求机会，甚至不惜跪地请求出战，孔明对此多少要负一些责任。

4. 街亭易攻难守，司马懿善用计谋，张郃勇猛无比，马谡真的都想到了吗？

马谡都想到了，只不过他经验不够，所想有限而已。他想：很多关卡都易攻难守，街亭难守是很正常的，我幼读兵书，孔明都不见得比我高明，派我去守街亭是理所当然的。司马懿善用计谋，我比他差吗？他读过的书我都读过。张郃勇猛又怎样？我又不跟他单挑，我只要坚守住，他不就攻不上来了吗？马谡根本不把司马懿和张郃放在眼里。

人喜欢一厢情愿，越想越觉得自己有道理，这叫作钻牛角尖。现在马谡就在钻牛角尖，且越钻越深，以致害了孔明。所以，人千万不要过分要求他人，你有权力提出建议，但如果别人反应冷淡，或者表示要想一想时，就要尊重他人，不要再三纠缠，令人讨厌。

5. 马谡说街亭有失，请斩全家，孔明为什么不想想刘备临终的交代？

以前孔明听到这种话会不高兴，不是说他迷信，但动不动就说死说斩的，很不吉利。老实讲，马谡一家跟街亭比起来算什么？何况他也没有权力牺牲全家来达成个人的愿望，又怎么能够保证全家人都愿意呢？

以孔明历来的冷静和理性，是不会同意的，可他这次居然心动了，这只能说是天意。孔明让马谡立军令状，其实根本没用，此时让马谡写十张军令状他都同意。孔明如果想起刘备的遗言，再想想对于一个没有打过仗的人，平常给他机会表现就好了，这么重大的任务还是让别人担当，那整个事情就都改变了。

6. 孔明把街亭的重责大任交付给马谡，是不是太冒险？

这已经不是风险大小的问题了，而是值不值得的问题。实际上，孔明根本就不值得冒这个险。马谡守街亭，根本就是不可能的事情，但居然变成现实。孔明晚年回想起这件事，恐怕也会摇头不已。

我们不能苛求任何人，包括孔明，他已经够了不起的了。老实讲，我们再怎么学都很难达到他那种地步。但是我们要千万记住，当你越有信心，越坚强的时候，一定要警惕是不是有一种力量让你偏离了正轨。孔明如果找赵云商量一下，我相信赵云会建议让魏延去守街亭，因为魏延这个人，逼他的话，他可能会叛变，但如果给他机会，他就会好好表现。那不就什么都好了吗？

七十一　空城计退敌

刘备临终时特别提出，马谡不能重用，要孔明加以留神。他对地方行政，尚有经验。对行军作战，则仅止于死读兵书。马谡到了街亭，竟然完全不理会孔明的再三交代。误将街亭当作死地，运用置之死地而后生的策略。以致街亭惨败，对蜀军造成极为严重的不良影响。孔明得知街亭失守，心中非常痛苦，却依然冷静地部署必要的行动。不料司马懿对孔明知之甚深，一下子直捣孔明的存粮之地。孔明已经把兵力分布出去，仅剩下少数兵马在身边，不得不勉强摆出空城的样子。司马懿将计就计，假装不知道孔明玩的是空城计，转身挥军离去，孔明满头大汗，连说险啊，险呀！

情景说明

在街亭察看完地形后，马谡笑孔明多心，说魏兵绝不敢前来。王平劝他还是谨慎为好，并建议在五路总口处扎寨。马谡却认为应居高安营，据险屯兵，敌军来犯，凭高视下，势如破竹。王平执意不允，坚持要遵孔明之意，伐木为栅，当道下寨。二人争执不下，最后商定由王平率5000兵马在西边山下扎营，与马谡成掎角之势，以便相互救应。

见街亭已有蜀军把守，司马懿赞孔明“真乃神人”。司马懿明察蜀军部署，得知是马谡守街亭，顿感成竹在胸，如得天助，速令张郃前去拦截王平，自己则亲率兵马连夜围山。

王平扎寨完毕，速绘街亭屯兵图送与孔明。孔明看后大惊，又急又气，痛斥马谡无知，说如若司马懿切断汲水之道，蜀军不出二日，将不战自乱，如若司马懿再沿山放火，则蜀军休矣。事已至此，孔明急遣杨仪前往街亭替换马谡，与王平所部合于一处，共同御敌。

要点解析

1. 马谡和王平一开始就闹意见，王平为什么不提高警觉通知孔明?

一个团队的领导之间如果分歧很大的话，就会起内讧。马谡是主将，王平是副将，二人为了下寨方式争执不休，士兵不知道听谁的，这样一来，还没开始作战，士气就已经不稳了，这是非常不利的事情。

王平如果事先料到马谡会跟他有不同意见，提前安排一个人在出现意外情况时，快马加鞭去报告孔明，这样好不好？答案是不好，而且很糟糕。如果王平一开始就心存疑虑，为什么不在出发之前就告诉孔明呢？这种事情要做也只能由孔明来做，然而孔明若事先有这样的安排，就表示他一开始就不相信马谡，既然如此，那为什么还给予马谡这么重大的任务呢？所以，谁都不可能事先做这样的安排。

孔明让马谡守街亭，是考虑再三后的决定，表明他信任马谡，相信马谡会按照他的计划去执行，只是告诉王平把下寨的方式画图给他看。因此我们不必假设各种可能，那都是想象，跟事实不可能相符。王平现在才感觉到事态严重了，可马谡根本不听他的，他该怎么办呢？争执当然不是解决的办法，告知孔明恐怕也于事无补了。

2. 马谡要上山扎营，王平说有违孔明指示，马谡为什么不听?

这时王平唯一的办法就是亮出孔明这张王牌，说这不是自己的意见，是孔明说的要伐木为栅，当道设防。但马谡仍旧不听，说自己从小熟读兵书，孔明遇事尚且问他，并说孔明对这里的地形地物不是很清楚，不知道有这么好的一个山可以利用，所以才会说当道下寨，如果孔明来了，也会这么做。王平拿马谡没有办法，只好安寨后画图报告给孔明，但情况已经很难挽回了。

3. 马谡一口气接连说了好几个失守，是不是不祥的前奏?

中国人很重视吉凶征兆，我们读《易经》可以知道，一个人如果在初显端倪时就能看清问题，可以算是先知先觉，否则就是后知后觉了。马谡讲了几次失守，实际上他很清楚这样做是错的，只不过他头脑僵化，嘴巴很硬，依旧说自己是对的。他的内心跟外在表现已经有了冲突，自己却毫无警觉。

一般人由于没有足够高的修养，所以即使出现很多先兆，自己却毫不知情，更不知如何去因应，现在马谡就是很好的案例。如果马谡发现自己已经不知不觉说了很多次失守了，就该迷途知返，马上当道扎寨，从而化险为夷。但是他太自信，太固执了，因为曾受到过孔明的夸奖，就自以为比孔明还厉害，结果害死了自己，害惨了孔明，也害了整个蜀军。

三国之道

事情出现先兆时，要引起警觉，正确因应。

4. 司马懿见到马谡的部署，为什么说“天助我也”？

司马懿熟读兵书，凡事略微观察便可分晓。他见街亭大路畅通，蜀军屯兵山上，稍感意外，而得知是马良的弟弟马谡守街亭后，便知道马谡是空有其名，完全不懂用兵之道。

中国人有老天爷的观念，觉得人再强也强不过天，所以常讲人算不如天算，把大好事归功于老天爷，而不说自己有多厉害。司马懿也是这样，他见孔明这么厉害的人，居然派一个这样蹩脚的人来守街亭，所以才忍不住说“天助我也”。

5. 司马懿连夜围山，切断水路，他为什么这么快捷?

因为兵贵神速。司马懿一看蜀军屯兵山上，立刻判断应该快速围山，只要切断水源，蜀军定会起内乱，从而丧失作战能力。兵贵神速不是说一切都要快，而是说该快则快，不该快则不快。因为如果山上有水源，山是很好的据守点，如果水源在山下，就刚好相反，越上山越倒霉。如果行动迟缓，蜀军发现情况不妙冲了下来，魏军的有利形势就很快丧失了，所以此时司马懿真正是分秒必争。司马懿不打则已，要打就一招制胜，这才是真正的兵贵神速。马谡这次非常自以为是，做了一个糟糕至极的决定，导致了不幸的下场。

6. 孔明一看到王平送来的街亭屯兵图，为什么说“不出二日，我军将不战而乱”？

因为孔明兵法娴熟，深通韬略，对地形地物运用自如。他一看屯兵图就知道司马懿一到，蜀军将会先被断水，后被火攻，到时候任凭指挥官怎么激励军心都无济于事，街亭必失，北伐无望。

孔明知道自己做了错误的选择，可是除了马谡，又有谁可以胜任呢？赵云太老，不忍心叫他去；魏延是比马谡能打，但是他那种不合作的态度，实在令孔明放心不下。孔明是不得已才选了马谡，现在出现这样的后果，孔明又气又急，只有赶紧想办法补救。

情景说明

果然，司马懿很快就将山包围得如铁桶一般，并切断蜀军水源。马谡欲置之死地而后生，下令一鼓作气，杀下山去，可魏军来势甚猛，蜀军无法突围，因此士气大跌。

两军一夜对峙，至次日天明，蜀军早已疲惫不堪，口渴难耐。魏军趁此放火烧山，蜀军惊慌溃退，魏军万箭齐发，蜀军乱作一团，降者无数。马谡悲怆高呼街亭不能丢，欲自杀谢罪，被众人拦下。

王平见马谡形势危急，前往救急，却路遇张郃拦截。前来援救的魏延、高翔也被魏军拦下，无计可施。马谡势单力薄，不能持久。

未等杨仪赶到，街亭就已失守。孔明心知大势已去，冷静部署后退，通知安定、天水、南安的百姓和官吏撤回汉中，并差人去冀县接姜维老母送至汉中。部署完毕，孔明与张嶷率5000兵马，退去西县搬运粮草。

要点解析

1. 司马懿把山围得跟铁桶一样，蜀军无法突围，又没有水喝，怎么办？

每次魏、蜀两军交战，蜀军总是以寡敌众。因为孔明远征北伐，顶多带二三十万人，不管怎么分配，马谡的士兵总数也不会太多，何况现在又分出5000给了王平，留在山上的兵力更少了。相比之下，魏军每次出兵，动不动就四五十万人，两军兵力是有差距的。

实际上，即使马谡留在山上的人多也无济于事。山已被司马懿包围得跟铁桶一样，根本无法突围，水源也被切断，蜀军早已士气大跌，再怎么训练有素、指挥得当，连活命都难了，还提什么打仗？如果魏军再围山点火，蜀军就会整个崩溃掉。

2. 司马懿下令烧山，马谡命令大家勇敢杀下去，能不能置之死地而后生呢？

所谓置之死地而后生，是指在大军还没有行动之前，就利用地形地物制造出没有后路的局面，这样将士才会奋力拼杀以求保命。而蜀军现在的状况是，早在两位指挥官产生争执的时候，大家就已判断出马谡是错的，可他一意孤行致使部队被围困，没本事带大家出去不说，反而叫大家冲，分明是让人去送死。

指挥官不能在自己决策错误后，还强令所有人给他陪葬。何况马谡平常只是在孔明旁边献计，跟士兵接触很少，所以不管他怎么叫，除了旁边几个人还附和以外，命令根本贯彻不下去，他的整个指挥系统都已经崩溃了，要将士置之死地而后生，几乎是不可能的。

3. 王平勇敢救援，他打得过张郃吗？

张郃是魏军里面少数仅存的勇猛老将之一，武艺和经验都远在王平之上，所以王平仅凭勇敢是打不过张郃的。除了赵云跟魏延，蜀军里恐怕很难找到张郃的对手。王平和马谡的利害关系是整体相连的，所以此时王平绝对不会抱怨这是马谡出的馊主意，现在应该让他自食其果，而是奋不顾身地前去营救，但是已于事无补了。

4. 马谡要自杀，左右为什么劝阻，为什么不干脆让他死掉算了？

可能有人会想，干脆让马谡死了，好一了百了，免得日后制造问题，反正他回去也活不成。但实际上任何人都不会这样做，因为生命无价，哪怕只有一丝希望，我们都要尽力挽救人的生命。左右不可能因为马谡决策错误，就任其去寻死。

马谡此时肯定很后悔，甚至恨自己，为什么这样自作聪明，为什么不好好听孔明的话？但一切都已经太晚了。他要自杀，大家进行劝阻是对的，他自杀不了，也是自作自受。虽然说好汉一人做事一人担，但人不能一做错事情，就干脆死了算了，因为这样解决不了问题，还应该活着去面对后面的问题。

三國之道

人不能做错事情就死了算了，还要活下去面对以后的问题。

5. 孔明得知街亭失守，为什么还能够冷静地交代必要的行动？

孔明知道，街亭一失守，有可能导致很大的败局，所以当务之急不是去指责马谡，也不是自责后悔，而是积极勇敢地面对问题，最关键的就是让部队安全退回汉中。此刻蜀军士气大跌，而魏军士气大振，如果魏军乘势追杀，蜀军将很难幸免。

孔明镇定自若，注意力都集中在妥当安排各路军队上，尽量将伤亡减到最少。实际上他内心何尝不着急，何尝不慌乱，又何尝不生气？但他都能一一化解，这非常值得我们敬佩。

6. 孔明部署后退，为什么不多留一些军士在自己身边？

孔明作为军师，不能够只想自己，得对全局负责，而他的伟大之处也在于能够顾及全局。在怎样让部队安全撤退的问题上，他考虑到每个地区的兵力都不能太少，否则就是要军士去送死，因此对主要兵力都做了妥当的安排，而自己只带5000兵马去西县运粮。这是一般人做不到的，一般人总想让主力跟随自己，以保全自身。从这里可以看出，孔明是不存私心的，而且他认为西县很小，并不起眼，只是存粮之地，司马懿不会来攻打。

但是，孔明万万没有想到，司马懿对他研究得一清二楚。司马懿知道，跟孔明打仗，硬碰硬是下策，要攻他的粮仓方能取胜，所以把大军开赴西县。而孔明偏偏把主力都分派了出去。也就是说，孔明现在要以最小的兵力来对抗司马懿的主力。这也是孔明出于不自私，出于顾全大局，忽略自己的安危，所造成的一种危机。

情景说明

西县，蜀军正在运粮，探子来报，15万司马大军正奔西县而来，粮官听了一惊，粮册掉落在地。孔明不动声色，令粮官捡起粮册，又令隐匿旌旗，禁止驻军擅自出入及高声说话，然后苦思御敌之策。突然，羽扇掉落在琴弦上，孔明见状，顿时心生一计。

司马懿到达城下，见周围寂静无声，未敢轻动，又见城门洞开，百姓洒扫街道，牵牛赶羊。而孔明坦然若素，携琴一张，于城上焚香弹琴。司马昭和司马师见此，说这是孔明故作此态，应该杀进城去，而司马懿却称琴声杀机四伏，似有雄兵百万，以孔明之谨慎，城中必有埋伏，所以不可妄动。突然，孔明琴弦断折，司马懿急令撤退，魏军顷刻离去。

见司马懿撤退，孔明方才舒了一口气，却已满头大汗，连说好险。粮官见状，才知西县竟真的是空城一座，没有援军，惊得再次将粮册掉在地上。孔明命人立刻运走粮草，带领百姓撤离。司马懿再来时，西县已人去城空。

待全部人马撤回汉中，孔明清点兵将，独缺马谡，有人告知马谡已自缚于堂外，听候发落。孔明唤其进帐，痛斥其过，以致街亭失守，损兵折将，失地陷城。

要点解析

1. 探子报告司马懿大军来到，粮官为什么惊吓得掉落手中的粮册?

如果孔明会发生这样的事情，那就不是孔明了。因为他再怎么慌张失措，都不至于到这个地步，何况孔明手上拿的是扇子而不是粮册。

粮官没有孔明那样的素养，一听司马大军逼近，吓得手中粮册掉落在地。孔明没有骂粮官，因为他知道，如果自己是粮官，也同样如此，所以只是很平淡地让粮官拾起粮册。这是孔明的领导作风，一般人可能会骂粮官胆子太小，其实那样的做法结果很糟糕。

领导对于自己能够做到的事情，不要要求部属也能做到，这是不合理的。人的位阶不同，修养也不同，所以要彼此尊重。在这一点上，孔明就算在非常慌乱的情境中，也做得非常好。

2. 司马懿真的不知道孔明在玩空城计吗？

空城计经常在用，不是孔明发明的。司马懿的儿子也几次提醒说，很明显城中无人，冲进去好了。所以我相信，司马懿应该知道孔明在玩空城计。

只不过司马懿另有盘算，所以并不攻城。他知道自己只是被利用，并未得到信任，曹睿不会真的给他大权。部属如果能得到领导的信任，那他不必顾虑，会全力以赴；可如果部属只是被利用时，就应该替自己设想。司马懿知道，留得孔明在，自己还能被利用，还可以做想做的事情，如果除掉孔明，自己就毫无价值，那不是截断自己的路吗？

司马懿一定会记起，当年孔明故意把关羽安排在华容道，就是不准备杀曹操，因为曹操那时候还不能死，还有利用的价值。所以这时司马懿想将计就计，假装不知孔明在玩空城计，转身走掉，这是非常聪明的选择。

3. 左右要杀进城去，司马懿为什么说不可妄动？

既然已经下决心不杀孔明，司马懿就不能挥军进城，否则孔明不是被杀就是被活捉，活捉后再放回去，不更引起曹睿的怀疑吗？因此司马懿告诉大家说，孔明绝非等闲之辈，素来谨慎，不会做这种冒险的事情，切不可妄动。

孔明的琴弦突然断掉，司马懿知道孔明的心不再平静，于是他假装不知情，好像打不过孔明一样，急令军队撤退。实际上他想利用孔明来保全自己，这也是一种战略，只不过要在情况特殊时才能使用。

4. 司马懿大军退去，孔明为什么满头大汗，连说“险啊险啊”？

弄险需要本钱和资格，不是任何人都可以弄险。一个人如果平常一直弄险，到最后就会无险可弄。只有像孔明这样谨慎再三，使人想到他就想到谨慎的人，才有资格弄险。我们想学孔明也学不到，因为我们在谨慎方面的信用度还不够，所以我们不能弄险。

孔明也是迫不得已才弄险，司马大军已经兵临城下，孔明就算再调集士兵也来不及了，何况都不知道上哪儿去调，除空城计别无他法。人内心的挣扎、冲突和不安，只能够化解一部分，司马懿退兵以后，孔明的情绪松懈下来，顿时大汗淋漓，连说“险啊险啊”。意思就是告诉周围的人，这一招只能用一次，以后我不会再用，你们也不要希望有第二次，这也是一种机会教育。

三国之道

弄险需要本钱和资格，不是任何人都可以弄险。

5. 马谡将自己捆绑起来，是不是还想请求免除死罪?

如果马谡这样想，他就太不了解自己的处境了。一个人到了这种地步，是没有权利要求赦免的。马谡没有那么糊涂，他将自己捆绑起来，只求能够赦免家人，这么做也是人之常情。

一个人如果只考虑自己，可以为所欲为，死就死了，没什么了不起。然而我们有妻儿父母，要对他们承担责任，要考虑他们的安全、未来甚至幸福，这才是一个人的价值所在。现在马谡绝对不敢说“丞相，您饶我一命吧”，他只是说“能不能给我的小孩一些生机，给我的家人一口饭吃、一件衣穿，不要因为我而连累他们”。我想，这才是他真正的用意。

6. 孔明大骂马谡是什么用意?

孔明很少骂人，因为他知道骂人是非常不利的，挨骂的人表面可能服气，但是背地里会制造很多问题。而且骂人的结果要么就是将其处斩，要么就是遭到对方的报复，即使将人处死，他身后的人也会制造问题，所以骂人没有什么用处。

但孔明非骂马谡不可，如果不骂就对自己没有个交代，同时，他也想对大家说明自己不是随便的人，不是因为跟马谡关系好，为了照顾马谡，所以给他这个难得的机会的，他要交代清楚，是马谡自作主张导致的失败。

一个人，该讲的话一句不可少。孔明骂马谡的每一句话，都不是讲给马谡听的，而是讲给其他人听的，特别是魏延。孔明知道魏延可能会埋怨：你不找我去找马谡，现在搞成这个样子，谁来负责？魏延的情绪如果发泄出来会很难收拾，可被孔明这么一骂，就给压回去了。

情景说明

马谡自知罪重，甘愿一死。孔明念马谡素有功劳，因此赦免马谡家人，且按月发放禄粮，而马谡罪责难逃，虽与自己情同手足，但依律当斩。众将正为马谡求情，蒋琬专程从成都赶到，请求免马谡一死。孔明说军法无情，若赏罚不明，难以服众，于是挥泪斩了马谡。

马谡正法，孔明痛哭不已，悔不听先帝遗言，以致用人不当，害了全军，于是奏请降官贬职，以明法纪。阿斗准奏，贬孔明为右将军，照旧行丞相事，总督军马。此后，孔明在汉中励兵讲武，聚积粮草，以备时机再次北伐。

蜀军日渐兵强马壮，粮草丰足，又遇东吴大败魏军，蜀国北伐良机已到。不想，赵云年迈，于夜间病逝，且临终留下遗言，恨不能同去北伐，虽死也难以瞑目。孔明悲痛至极，顿足而泣。

要点解析

1. 孔明赦免马谡家人，却当场宣布马谡死罪，合适吗？

孔明再三交代，而马谡居然违背军令，致使街亭失守，所以非死不可。如果孔明赦免马谡，大家会觉得非常不公正，因为没有理由可以赦免马谡。

古代有些罪行非常重大，罪及九族，当时最严酷的刑罚就是株连九族。失守街亭的罪也很大，可是跟马谡的家人无关，所以孔明赦免了马谡的家人，这也是马谡唯一乞求的事情。孔明赦免马谡的家人，马谡听后心满意足，再三叩谢而死。孔明这么做也是承认自己的错误，他要负起责任，照顾马谡的家小。

2. 孔明挥泪斩马谡，是不是人人必修的一堂课？

每个人看到这一段，都应该想一想，孔明能不用马谡吗？除了马谡又能考虑谁呢？当无人可用的时候，用马谡也是合理的，虽然有些冒险。如果马谡完全按照孔明的部署，跟王平密切合作，肯定就立了大功，但他陡生意外，谁能料得到呢？

马谡是孔明培养出来的，是孔明很心疼的一个人，所以斩马谡令孔明痛惜不已。但是，孔明是在仁至义尽之后才斩马谡，而不是一来就完全把情感摆在一边。人有时候要狠，这是不得已的事情。但狠有两种：一种是无情无义的狠，一种是有情有义的狠。如果孔明板着脸骂马谡，说马谡犯这么大的错误，不但他本人要死，他全家都要被斩，那就叫作无情无义的狠。事实上孔明很难过，说马谡对自己帮助很大，本希望他能好好表现，没想到他落到今天这个地步，虽然不忍心斩他，但他非死不可，并说自己会照顾他的家人。孔明这是有情有义的狠，体现了将帅之风，否则其他人会不服气的。

三国之道

有情有义的狠，才会让人服气。

3. 蒋琬刚好从成都赶来，要求刀下留情，孔明为什么也不理会？

蒋琬这个时候求情，是给了孔明一个台阶。如果孔明答应了，顺水推舟赦免马谡死罪，改成另外的刑罚，大家会非常怀疑：你们是不是串通好了，要不然怎么那么巧呢？这完全是在演戏嘛！孔明并没有接受，这是正确的做法。他断然拒绝了蒋琬，显示了他的决心，也让大家知道犯了错误就应该承担责任，不能大家一求情就免除罪责，那是不合理的。

4. 有人说孔明是法家，是真的吗？

很多人认为儒家不重视法和制度，看到孔明执法严明，重视制度，就把他归为法家。其实，这是很大的误解。法不是法家的专利，儒家也有法，比如孔子很看重“礼”，礼用现代的话讲就叫“法”。但儒家不是一来就不讲情义，严刑峻法，而是仁至义尽之后，才毫不留情地执行刑罚。所以我们要明白，孔明其实是儒家。

5. 阿斗准孔明所奏，降职为右将军，行丞相事，总督兵马，合适吗？

孔明挥泪斩马谡之后，做的另一件大事就是上奏阿斗，请求降职作为惩罚。如果孔明辞掉不干，分明就是为难阿斗。所以为了表示诚意，他上奏辞掉丞相之职，但仍旧以右将军的名义执行丞相之事，并且总督兵马。

阿斗可以说失掉街亭事出有因，孔明功劳卓著，才犯这么一点小错，不必降职。如果阿斗这么做，就显得没有智慧。然而阿斗准奏了，可见他绝不是一般人所认为的糊涂蛋，不是扶不起的阿斗，他智慧很高，只不过他的智慧，跟一般人所期待的一个君王应该具有的样子不同而已。

道理很简单，如果阿斗不准奏，大家会觉得孔明请辞不过是装装样子，这不是让孔明很难做事吗？阿斗这次做得非常好，准奏不说，而且薪水照扣，这样孔明才好做人。只要一段时间以后，孔明表现得很好，就可以让他复职，所以完全不必要执意不允。

从这细微之处可以看出，阿斗并不是无能的君王，只因一开始他的父亲刘备太厉害，轮不到他表现，现在丞相又太厉害，也用不着他表现，所以只有整天玩耍。这也是阿斗比较为难的地方，而不是说他天性就那样，好像什么也不懂，什么也不管似的。

6. 赵云夜里病重而死，孔明十分悲痛，他是不是好死呢?

赵云是好死。虽然孔明在梦中看到赵云时，赵云说自己年纪大了，以后不能再打了，但死而有憾。但这可能是孔明日有所思，梦有所见，孔明觉得赵云年事已高，却仍旧参与北伐，而自己误用马谡，痛失街亭，害得他老人家徒劳无功。

赵云临终时说不能随军伐魏，虽死也难瞑目于九泉之下。其实，赵云越这样讲，就越表示他死得心安理得，因为该做的他都做了。孔子说“尽人事以听天命”，北伐能不能完成，不是某个人可以决定的。赵云不敢保证有他参与北伐就能成功，但他把全身的力气都拼在了北伐上，现在病重而死，完全心安理得，所以赵云一定是好死。

七十二　要拿亲自去

同样是“要拿亲自去”，孔明和司马懿的做法完全不同。孔明年事已高，又是元老级重臣，大可指派将领北伐，自己则坐镇成都。然而他还是秉持要拿曹魏，必须亲自出马的原则，决心鞠躬尽瘁，死而后已，令人敬佩之至。司马懿得知曹真大败，知道自己又将被赋予重任。果然曹真病倒，曹睿命令司马懿接任大都督。司马懿向曹睿建议，让他亲自到曹府去拿印信。因为他心知肚明，曹真并非真病，不过是打败仗没有面子，只好装病不出。他跑到曹府，亲自把药奉给曹真，使曹真十分感动，说应该派司马懿当大都督。一来一往，使曹真有面子地走下台阶。别人这样做，很可能是艺术。司马懿这一套，分明是奸诈造作，缺乏诚意。

情景说明

孔明深夜不寐，奋笔疾书《出师表》。极度困乏中，孔明打了个盹，恍惚中，孔明看见不久前病重逝去的子龙立于面前，说不能继续追随丞相兴复汉室而深以为憾。孔明猛然惊醒，心中极为悲切。

孔明奉上《出师表》，阿斗览表甚喜，敕令孔明出师。孔明受命，起精兵，令魏延总督前部先锋，径奔陈仓道口。

陈仓城虽小，但深沟高垒，守将郝昭非常骁勇，防守十分谨严。魏延统率先锋部队用云梯、冲车和暗道等方法却久攻不下，死伤累累。蜀军上下气氛沉重，孔明正在帐中命令属下定要攻下陈仓，忽又听报魏军大都督曹真率援兵赶到。攻城不下，对方援兵又到，孔明心中忧闷。姜维深夜前来，建议奇袭祁山，并针对曹真又献上一计，孔明欣然接受。

要点解析

1. 孔明事必躬亲，是不是太累了？

孔明的一言一行，一举一动，都值得我们学习，他是历史上不多见的一位典范。但是只有他事必躬亲这件事情，我们要好好地加以考虑。一个人，如果任何事情都事必躬亲的话，就太累了。我们看，孔明才50出头，就已经感觉到体力衰弱，很多事情好像照顾不过来了。

一个人该做的事情，责无旁贷，绝对不能退后；而有些事要大家来分摊，才能够充分发挥分工合作的功能。但是，这一点我们也不能怪孔明，因为其他人跟他比有很大的差距。一次次的战争损失了许多人才，很多时候，孔明和属下刚磨合好，有点默契了，这个人就战死了，孔明能怎么办？我们相信，孔明也不希望这样，但是整个情势逼得他好像什么事情都要自己去操劳，结果把自己累得不堪负荷，他真的是太累了。

三国之道

责无旁贷的事情，绝对不能退后；可以分摊的事情，要学会分工合作。

2. 老同事一个一个走了，孔明有什么感想？

人在感觉到自己年纪越来越大的时候，就常常会回想以前的事情。年轻人想的是未来，年纪大了，想的是过去。所以，孔明会想到当年大家还都年轻，后来关羽走了，张飞走了，刘备走了，现在五虎将全都走了。在这种情况下，他的心情会怎么样，我们应该能够体会。孔明会感觉，时间实在是太紧迫了，没有太多的时间可以让他拖延，所以他越来越急，希望能够早日实现他对刘备的诺言。

讲到这里，我们应该想一想，刘关张三人有桃园三结义的誓言，有这样一个约束的力量，而孔明没有，他既没有跟刘备结拜，也没有跟刘备发过誓，或者立什么军令状之类。孔明与刘备之间没有约束的力量，他凭的就是自己的一点心意——既然你托孤于我，而我也答应了，我就要尽全力把这件事情做好。所以我们现在可以感觉到，有没有结义其实不是很重要，那只不过是形式而已，心里是否永远记住自己的承诺，这才是重要的。孔明不答应则已，一答应，他就永远记住了，而且他不是尽力而为，而是全力以赴。这一点，我们感觉他是非常了不起的。

3. 孔明再上《出师表》，说“鞠躬尽瘁，死而后已”，是不是十分感人？

他这句话，一直到现在都被大家引用、传颂，因为人们觉得只有像孔明这样具有伟大人格的人，才能够下定这样的决心。鞠躬尽瘁，无怨无悔，自己无所求，一直做到死为止，这就是全力以赴，一点没有保留。孔明从来没有想过，自己年纪大了，是不是要休息休息，也没有因为自己生病了，多拖一点时间把病养好。他是稍微有一点机会，稍微有点希望，就要努力抓住，去完成他的承诺。孔明的这种精神，一直到现在都被人敬仰。我们学孔明，不仅要学他的机智，更要学他重承诺的精神。

4. 无论打或被打，都是死伤无数，人类为什么还战争不断呢？

我们不能说战争完全没有好处，实际上战争最大的好处，就是可以在短时间内减少很多人口。地球的资源有限，养活太多人是有困难的。所以我们看，地球上的人口多到一定程度的时候，来一次战争，死掉很多人，就使得地球又能够充分地承担剩下这些人的生计了。从这个角度来看，我们不能认为，战争纯粹是罪恶的。

但是，大家应该警觉到，现在科技发达，战争工具的威力强大，我们已经没有战争的资格了。其实战争也不是减少人口的唯一途径，瘟疫同样可以。因为上天总要想办法控制人口，想办法淘汰一批人。

对待战争，我们应该明白，为正义而战、为公义而战是值得的，是责无旁贷的。势在必行的时候，我们就要勇敢地全力以赴；但是能够避免的，能够和平解决的，大家各退一步能够海阔天空的，就尽量不要打，那种是不义之战。这是《三国演义》给我们最大的启示。

5. 陈仓已经难破，曹真又率大军来援，孔明为什么下令全面迎敌？

孔明这次北伐，第一站就是陈仓，但没有想到这样一个小城，却怎么打也打不进去。老实讲，有时候要攻破一个城，是要付出很大代价的。可是孔明说，明天不能破，后天一定要破，不能因为一个小城，就把我们阻挡在这里，不破的话，军令是问。他之所以这么狠，是因为一个将领如果不能狠下心来，就不能去发号施令。

而且，在眼下这种进不了又无计可施的危急时刻，又有曹真的大队兵马威胁，孔明该怎么办？这时候能退吗？能坚守吗？退，曹真正好追杀；守，哪里能守？要知道，蜀军每一次北伐，最希望的就是速战速决，不能拖，一拖粮食就不足，士气就下降了。所以在这种情况下，听到曹真率大军来援，孔明绝对不能说坚守不出，或者干脆退回汉中。他肯定会说全力迎敌，这样才能够提升士气，才是最好的一种因应态度。

6. 姜维建议孔明出祁山，孔明为什么接受？

事实上，孔明每次出祁山，魏延都有不同的意见：有好几条路走，你干吗老走那条路？我们知道，祁山是一个非常重要的根据地，如果祁山一被突破，魏军那边就比较紧张，就比较难守住了。所以，孔明每一次都从这条路走，这也是他深思熟虑以后才决定的。

我们今天还常常讲“六出祁山”，把它当作一个固定用语在用。六出祁山就是说，明知道这条路不好走，还是坚持要走，要一直走。一个人不要看到困难就改变主意，不要看到危险就逃之夭夭，该走的就要勇敢地去面对。姜维提议这次还走祁山，孔明自然是接受的。重要的是，姜维说要走祁山，不是为了迎合孔明，而是自己经过深思熟虑，有他自己的安排。所以，孔明听了格外高兴，欣然接受。

情景说明

姜维拟信给曹真，说要兵进斜谷，举火为号，前后夹击蜀军。曹真接到姜维降书，极为高兴。护军大将费耀劝曹真小心为好，并自愿带兵马前去试探，曹真依计。费耀中了姜维埋伏，被斩于马下。

魏军大败，朝野震惊，曹睿问计于司马懿。司马懿建议魏军坚守不出，待蜀军粮尽兵退，乘虚而击。司马懿告诉曹睿，莫让曹真知道这是他的计策。曹真接到皇帝旨意，正要依旨而行，郭淮随口说：“此乃司马仲达之妙计，仲达真是决胜于千里之外啊！”曹真听了大怒，勒令属下不许再提司马懿之名。见此情况，孙礼向曹真献计，可使魏军假运粮草，引诱蜀军来劫。

蜀军诸将听说魏军粮草经过且护军甚少，纷纷要去劫粮。孔明揣思片刻，计上心头，一一吩咐诸将。

要点解析

1. 姜维诈降，曹真为什么深信不疑?

大家知道，曹真是个草包，是绣花枕头，外表很好看，里面什么都没有。不但是他，他所生的儿子也个个都是草包，这是遗传。那他为什么能够当大都督呢？答案就是，因为他姓曹。所以，很多事情我们不能轻信。我们觉得同宗是很好，五百年前是一家，但是太过相信“同宗”这两个字，也没必要，否则也是会闯祸的。曹睿应该知道，不能因为自己姓曹，所以觉得姓曹的都可靠。

姜维本来是魏军的将领，后来投降到孔明这边来，他很了解曹真，于是想到利用曹真这种草包的性格，打击魏军。姜维写了一封信，说自己是不得已才投降的，现在愿意回到魏营，可以举火为号，内应外合，把蜀军消灭掉。姜维写完这封信，没有直接送出去。因为如果直接送出去，就表明他是真的要降，不是诈降。他写完信以后就给孔明看，说打算写这封信，骗曹真出来，然后前后夹攻，活捉曹真。

其实，这种信只有姜维有资格写。第一，他以前是曹军的将领，现在投降过来，有这种身份的特殊性；第二，他已经得到了孔明的信任，否则孔明一看他写信投降，哪里敢相信他？他很快就会被杀掉。但是现在不是那样，孔明看了信以后，马上明白了姜维的用意，冲他会心一笑。所以，一个人要做什么事情，要把身份、关系、地位、时间都摸得很清楚，这样才知道合理不合理。

2. 费耀愿意代劳，为姜维所破，是不是代替曹真受死?

曹真接到信息，认为姜维要回到魏国来，高兴得不得了。旁边有一个叫费耀的，也是很重要的部属，就告诉曹真，这可能是诈降，要小心。曹真说，怎么会呢，这个信明明写得很清楚，姜维当初是不得已才投降孔明的，要不然谁愿意投降呢？我们不要怀疑，怀疑那么多，那什么事情都不要做了。

费耀拿曹真没有办法，就说他先带队去试探试探，看看姜维是不是真的要来投降，到时候都督再出来也不迟。曹真让费耀带些兵马出去看一看，费耀一看，后面果然有起火的记号，就以为真的是姜维过来了，没想到反而中计，被姜维斩了。他是代替曹真受死，这是没有话讲的。

3. 司马懿献策，请求曹睿不要让曹真知道是他的主意，是什么道理？

曹睿问司马懿，曹真打不赢蜀军，该怎么办？司马懿跟曹睿讲，跟孔明打仗，不能用一般人的对策来打，那是打不赢的，孔明如果说打，他就是想退，如果说退，反而是想打，所以最好的办法就是告诉曹真不要动，不要打，要以静待动，看看孔明怎么办再说。如果孔明也不来打，就说明蜀军坚持不了那么久，魏军只要能够拖上一个月，孔明粮尽自然就退了。

曹睿一听，就要下诏叫曹真不要出战，司马懿马上说不要让曹真知道是他的计策，要说这是皇上的意思。曹睿问为什么，司马懿就说这是怕曹真不服气。司马懿的顾虑是不是对的？有这种顾虑是对的，但是他这样做是没有必要的。我们会怀疑，司马懿是故意这样做，来制造他跟曹真之间的不协调。所以有些事情，到底是好意还是坏意，我们真的要从不同的角度去体会。如果司马懿不讲这种话，然后曹睿下诏，甚至直接说这是司马懿的建议，曹真反而不敢怎么样。因为摆明了这就是司马懿的意见，司马懿怎么不能有意见呢？现在是司马懿出了意见以后自己躲起来，然后用皇帝的威势来吓唬曹真，曹真只会更不服气。

许多事情还是摆明为好，鬼鬼祟祟惹人厌，最后反而弄巧成拙。司马懿到底是不是故意这样做呢？我想，他是有意制造这些问题的。司马懿这种人，表面上是一套，实际上想的又是另外一套。因为他知道，他跟曹真迟早是要争夺起来的。

4. 郭淮说司马懿在千里之外知道孔明的军情，曹真为什么十分生气？

郭淮这么说也是太多余了，讲这种话干什么？我们知道他是无意的，倒不是故意想搬弄是非，他跟司马懿没有很密切的关系，没有必要做这种搬弄是非、挑拨离间的事情。他这样说，是由他的坏习惯造成的。太多人有这种坏习惯，认为嘴巴闲着也是闲着，没事就随便讲讲，这是很不好的。

如果郭淮不讲这种话，曹真也不会生气，照曹睿的命令去执行就好了。偏偏郭淮讲，这个不是皇帝的意思，是司马懿在旁边出的主意，司马懿这个人能决胜于千里之外。一听这些，曹真非常生气，反而不听命令了。我们常看到，坏意固然会造成坏的结果，好意也会造成坏的结果，这就是话太多的一种不好的作用。

5. 孔明据报魏军粮队经过，孔明属下众将要去劫，结果是哪一方中计?

孔明听到魏军很多的粮车要经过，而且守军很少，他会不会怀疑这是魏军设计要引诱他去劫粮，要把蜀军打垮？我想一定会的。可是众将比较单纯，他们觉得既然有魏军粮车经过，守军又很薄弱，而蜀军正好缺粮，当然要去抢了，所以大家都争着去。孔明想了想，索性就将计就计。这么一来，最后一定是魏军又中计了。

所以，一个人不要老认为别人比自己傻，认为自己设的计别人一定会上当，还是要预防对方是否将计就计。很多时候，将计就计反而效果更好。果不其然，结果孔明这一方胜利了，曹真在那里只有懊恼的份儿了。

6. 英雄所见略同，为什么还会分出胜负?

其实，大多数人的智力相差无几。人的所谓聪明才智相差就那么五分钟而已，一件事情甲很快想到了，乙开始怎么想都想不通，可是五分钟之后乙也想通了。因为人的思路基本上都差不多，不会差到哪里去。

现在，蜀军要么就来劫粮，要么就不劫粮，来劫粮跟不劫粮这是两种选择。来劫粮可能劫到的是真的粮，也可能劫到假的粮，这又是两种变化。如果学过《易经》，我们就会知道，太极生两仪，两仪生四象，四象生八卦，就会把这些变化都看得一清二楚了。劫或不劫，劫的是真的粮车还是假的，对手会不会反过来搞自己的鬼，这些问题，答案不是正就是负，不是阴就是阳。这样的变化，只要好好去推理，我想英雄所见略同。

那为什么还会分出胜负呢？就是有的人思路比较合时，有人晚了一点。就是时空上的差别，再加上人的实力不一样，当然，最后还要看老天给谁机会，就造成了输赢不同的结果。有句话我们保留在这里，各位可以自己去想一想：《三国演义》我们一路看过来，好像老天要哪方赢，不管刚开始怎么输最后都会变赢，老天要哪方输，刚开始再怎么赢，最后也是输得一塌糊涂。

情景说明

马岱遵照孔明吩咐前去劫粮，手下发现粮车上装的全是枯草，大呼上当，马岱却不动声色。孙礼看到马岱前来劫粮，以为蜀军中计，正要报与大都督曹真，蜀军却已掩杀过来。曹真派去偷袭蜀军大营的军队也中了计，被蜀军包围，伤亡惨重。

趁曹真惊慌之际，孔明下令撤兵，同时设下妙计，除掉了魏军大将王双。曹真大败回营，大骂属下众将自作聪明，导致惨败。曹睿闻知曹真大败，便派大将张郃前来协助。席间，张郃又说起司马懿如何神算，曹真震怒。因为与蜀军作战连连失利，曹真称病回洛阳休养。

吴国趁魏蜀征战，以陆逊为帅，欲攻魏国。魏国上下，惊慌一片，司马懿却告诉曹睿不必担心。曹真在家养病，曹睿于是下令司马懿接任大都督，并命人去曹真府上取印，司马懿忙说要亲自去取。

要点解析

1. 魏军以为蜀军中计，结果才发现原来是自己中计，是什么道理?

每一个人基本上都认为对方会中计，很少会想到自己中计，这就是对自己和对别人判断的差异性。一个人如果觉得自己会中计，他根本就不会去，而且会很快地去调整。就是因为老以为别人会中计，魏军才会一路追下去，最后发现自己中计，但是已经来不及了。魏军用假的粮草来引诱蜀军劫粮，诸葛亮就告诉派去劫粮的人将计就计，说等到魏军以为蜀军中计的时候，前后夹击，把魏军包抄到中间，结果蜀军又获大胜。

这种事情说穿了，其实根本就没有什么了不起的智慧，但是在两边都不清楚对方在干什么事情的时候，却是非常管用的。当蜀兵发现运粮车里全是杂草不是粮食而大呼上当时，他们的将领那种表情就是说：急什么？我们老早知道了，丞相已经讲过了。如果那个时候将领也慌张说“糟糕，我们上当了”，那就真的是上当了。他们是用假上当来赚取魏军的真上当，这就是我们所讲的真真假假、虚虚实实、变化无穷。就在这么一刹那之间，整个的情势就改变过来了，结果反而是魏军大败而逃。

2. 曹真大败，孔明却传命做好撤兵准备，为什么？

只有在魏军大败的时候，蜀军才能够安全地退兵，如果情势改变过来，魏军大胜的时候蜀军想撤退，那将是死伤惨重的。孔明知道，在这种兵力悬殊的情况下，再战下去是不利的，所以他就告诉属下，魏军败了我们就要准备撤兵了。孔明这么做，是为了顾全大局，减少伤亡，而不是为了自己。孔明不仅要全力而为，同时还要顾虑每个细节、每个过程，要发挥到最大的功能，这才是一个负责任的统帅应该做的。

3. 曹真恼羞成怒，大骂所有的将领自作聪明，合适吗？

这种事情与合适不合适是没有关系的。因为像曹真这样的将领就是这样的，做错事情，不怪自己，老骂别人，把责任推给部属。他觉得自己的意思是不要去，是将领们非要去，现在搞成这样子，他们要负责。其实他自己是统帅，直接叫大家不要去就没有事了，他怎么可能一点责任都没有呢？但是，我们也不能怪曹真，如果这个时候他承认是自己错了，那他怎么去领导这么多的将士呢？

所以，我们常常觉得，军人的性格跟谋士是完全不一样的。我们不能用谋士的性格来衡量将领的作为，那不合理。曹真以一个军事统领的身份这样做，我们觉得其实是可以接受的，而且应该接受才对。

4. 张郃提起司马懿，曹真完全不感兴趣，张郃为什么看不出来？

这个时候，张郃奉命到曹真这里来听候调遣，曹真当然欢迎他，因为他是大将。张郃一来就讲起朝中的事情，提到司马懿如何神机妙算，但是他每次讲到司马懿的时候，曹真都在看别的东西，意思就是告诉张郃：少跟我提司马懿，我对这个人没有兴趣。但是，张郃毕竟是个军人，军人对这些反应是不那么灵敏的，他不是故意要去刺激曹真，只是看不出来曹真非常不喜欢别人提司马懿而已。张郃照实讲，使得曹真更加不愉快。

我们已经讲过，有些话不必讲就不要讲，讲了没有什么好处，甚至是只有坏处。所以，一个人不能因为自己没有坏意，只是嘴巴闲着没有事做，听到了东西就要讲，这样做只会制造出一大堆的问题。

5. 东吴陆逊有攻魏动向，司马懿为什么认为不必担心？

曹睿据报说东吴的陆逊要兴兵来犯，因为东吴跟孔明这边是有联盟的，可是司马懿说不必担心，因为他认为东吴不会真的来攻，只是虚张声势，其真正的目的就是看魏蜀两方对攻，哪边对他有利，他再调整方向。

其实，我们可以看到，陆逊好像生来就是专门对付刘备和关羽的，好像他只有碰到关羽才很厉害，只有碰到刘备才会打胜仗，后来几乎都不行了，这也是很奇怪的。果然不出司马懿所料，陆逊就是虚晃一枪，根本没有出兵。我们已经说过，东吴最大的问题，就是在国际上已经没有信用了，是没有什么作用的。

三国之道

任何一个国家，只要在国际上失去了信用，就是变成了国际间的小丑。

6. 曹真病倒，曹睿命令司马懿接任大都督，司马懿为什么要自己去取大印？

司马懿这一招，是值得所有新任主管学习的一个最好的案例。曹真一病倒，曹睿马上发布新的人事命令，让司马懿来接任大都督，而且叫曹真把大都督的印信交出来，甚至还要他来参加交接典礼，把大印交给新任的都督。我们不妨想想看，曹真这时候会有什么想法？他一定会想尽办法找司马懿的麻烦，而且他的派系也根本不会跟司马懿合作。这样一来，魏国内部就会出现很严重的分裂了。

因此，司马懿说要自己去取印。我们应该给新任的主管机会，让他去拜访原任的主管，使两个人做一个私底下的沟通，这样对新任主管今后的工作有很大的帮助。曹真哪里有什么大病？他只是打不赢，所以就假装生病而已。司马懿一个人跑到曹真的家中，把下人要端给曹真喝的东西接过来，亲手奉给曹真。曹真当然很感动，就问战况如何。司马懿就说给他听，曹真接口说应该派司马懿当大都督，司马懿则忙说自己不能担当的。曹真当即就要去跟皇帝提议，司马懿这才说，皇帝是有这个意思，但是自己始终不敢接受。最后，变成曹真自己叫人把都督印拿出来，无论如何要司马懿接，而且说这是为国家，不是为个人。

这正是司马懿非常巧妙的一种做法。司马懿最后还说自己绝对不能接，顶多代曹真担任，等曹真病好了，他再把位子还给曹真。这时曹真完全是支持司马懿的，他的派系当然也会很合作。

其实，司马懿老早就想当都督了，他怎么会不想当呢？只不过他知道，用这种方法才能够争取到大家的合作，这是我们每个人要去学习的。这不是假装不要来要，而是很有诚意地给曹真最大的尊重，让他感觉把印信交出来，交得很有面子。问题的关键在这里，而不是说司马懿要诈，是在那里演戏。当然，后来司马懿善于要诈，那是以后的事情，但此刻他感动曹真的确是出于一片真诚。

情景说明

司马懿前往曹真家里，亲自端水给曹真，曹真着实感动。司马懿说起国家情势危急，曹真说司马懿应该领任大都督，以解国家燃眉之急。司马懿忙说自己何德何能，不敢领任，曹真闻听，追悔自己以前不听司马懿之劝，以致挫败，并说将亲往皇帝处，将大都督一职让与司马懿。司马懿说皇帝已有此意，只是自己实不敢受，既然曹真如此盛情，愿先替曹真暂代大都督之职。

司马懿领兵抗蜀，首战失利，再战又败，处处在孔明预料之中。司马懿不禁对属下众将感叹自己不如孔明。孔明虽处处胜算，但对司马懿也颇有无奈之感。

要点解析

1. 司马懿亲自探问曹真病况，实际上要拿都督大印，为什么要这样?

我们之所以要把这个题目好好来分析，就是因为现在大部分人都没有做到这一点。新旧两任主管，怎样能够很顺利的交接，而且能够把事情一贯地去执行，这是需要双方都必须尽心的地方。

司马懿亲自去探访曹真的病况，有人认为他是去看看曹真到底是真的病还是假的病。但是，病是真是假跟大局没有什么关系，反正皇帝只知道他病了，既然要去，就要把他得病当作真的。我们遇到这种情况，不能说“你病了吗？为什么不上班了？”如果这样说，效果将会适得其反。所以，一个人不管动机怎么样，诚心诚意地去把交接的事情做好，才是对整体的团队有帮助的。所以，司马懿并不是去看曹真得病是真是假。

实际上，司马懿自己也装过病，他有经验。他这个时候把曹真当作真病了，心里头其实是要拿都督的大印。因为他不拿都督的大印，曹睿也会叫人来拿，那时候，就会使曹真心不甘情不愿，会增加司马懿以后执行的难度。再说，司马懿没有这个大印的话，他也没有办法去发号施令。

所以，目的是目的，过程是过程。目的是没有办法改变的，反正曹真这次是要把大印交出来，但是过程就不一样了，要让曹真很有面子地、心甘情愿地把大印交出来，而不是弄得曹真没有面子。如果弄得曹真非常悔恨，一方面后悔自己不该装病，一方面又恨司马懿趁机夺权，事情就很不好办了。我们应该把目的和过程稍微分开一下，目的是迟早要交出大印，但是过程就要让新任的主管给卸任的主管最大的面子、最高的尊重，让旧任心甘情愿地交出大印。

当然，这心甘情愿是真是假，我们也不必怀疑。因为一个懂事的人，自然知道既然台阶都来了，就该顺势走下来，偏要弄得自己很难看干什么呢？两边都迁就一点，就会把这件事情做得比较圆满。我们现在看到，一个新任的主管去拜访旧任主管，说自己想不到，是上面指定的，而且说自己能力绝对是不能胜任的，也已经跟上面说要辞掉这份差事了。这时对方一定劝他接任。然后，一个说“那我接替你，你一定要帮我忙”，另一个说“我全力支持你，你放心去做好了”，这样就化解了很多的障碍。

2. 曹真说要把大印交给司马懿，又说过错在自己，才遭此惨败，是什么道理?

曹真不是个坏人，他只是没有脑筋而已。所以，我们没有骂他坏，我们只说他是草包，是绣花枕头，外表很好看，实际没有内容。这种人是很容易被感动的，很容易把发自内心的话讲出来。现在司马懿果真收到了这样的效果。曹真说，我这个大印一定要交给你，因为我不能耽误国家的大事，而且整个的挫败都是我的过错，如果是你，一定有办法。这样的结局，才是非常圆满的。

3. 司马懿说恭敬不如从命，又说暂时代理，将来还给曹真，有什么用意?

还是那句话，就是给曹真最大的面子，给他最高的尊重，让他有台阶，可以一步一步走下来，走得很光彩。这是司马懿最成功的一点。这句话我们一直到现在还在引用，叫作恭敬不如从命。一个人要把东西给你，你说不能要，他说你一定要要，最后你一定要说恭敬不如从命。意思是说，我听你的话，表示非常尊敬，这是中国人经常讲的一句话。

所以，司马懿拿到都督印的时候说：我恭敬不如从命，我是听你的话，不是我真的想要，而且我是暂时代理，等你病好了我就把印交还给你，还是你来当都督，我不会抢你的位置。当然，最后这句话是不要讲出来的，是要让对方感觉到，你不是来抢他的位子，不是来给他难堪，你也不是看到他下台了要打落水狗的那种人。这样曹真就很放心，就使这个交接非常顺利。

4. 司马懿对孔明了如指掌，对他领导是不是有很大的帮助?

兵法云：知己知彼，百战不殆。一个人，一定要了解对方，也要了解自己。现在，孔明吃亏的就是他出山已经那么久了，别人对他都很了解了。司马懿这个人，很注意研究当代著名的统帅，他已经把孔明从以前到现在，每件事情都搞得清清楚楚了。所以司马懿对孔明的了解，绝对不输于孔明对司马懿的了解。再加上司马懿有很多优势：第一，将多兵重，不像孔明将少兵寡；第二，以逸待劳，不像孔明每次出兵都要千里迢迢，劳累不堪；第三，粮草充足，不像孔明经常只有一两个月，最多半年的粮，粮一尽，就只能想办法回去了。所以这种情况下，我们可以看出来，两军作战，虽然孔明的智谋高过司马懿，但他自己也是痛苦不堪的。

5. 司马懿多次说自己不如孔明，是不是长他人志气，灭自己威风呢?

不要长他人的志气，灭自己的威风，这句话也是我们中国人经常讲的。但是我们要小心，这种话有没有效果，就要看心里是不是真的产生这样的作用。

司马懿赞美孔明有三个目的。第一个，就是让皇帝和所有的同事知道，孔明不是好对付的，如果没有我司马懿的话，魏国就全垮了。虽然他的话没有讲得这么清楚，但他的用意就是说，你们试试看好了，我对付孔明都已经这么吃力了，你们更没有办法。第二个，是要让大家知道，他不打不是因为懦弱，不是怕跟诸葛亮打，而是不与其斗智，要斗寿，看谁活得长。司马懿心里有数，只要孔明活得长，魏军就完了，如果孔明活得短，蜀军就完了。第三个，他每次都说“孔明真神人也”，这句话是会传到孔明的耳朵里的，他也希望让孔明比较得意，然后得意变成大意，他就有可乘之机了。因为一个人得意就会忘形，一旦忘形就大意，然后就有失败的危险了。其实，司马懿是很想打赢孔明的。

司马懿嘴上讲，“孔明真神人也，我不如他”，其实正是他高明的地方。司马懿的长处可以总结为六个字：激不怒，我不如。激不怒，是别人怎么激他，他也绝不生气，这是一般人做不到的；我不如，就是他口口声声说“我不如你”，所以我逃也是应该的，打输也是正常的，这两个事情都是一般人做不到的。

司马懿的本事，我们没有说大家要学，因为学不学是大家自己的事，能不能学得到，那更是个人的造化。我们只是说，司马懿这种“我不如你”的态度，比周瑜高明得多，最起码不会被孔明气死。“激不怒”更是不得了的功夫，你怎么刺激，我无动于衷，你再怎么折腾，我照样该干什么还干什么，还是自由自在，这种修养是很难得的。

6. 孔明每次都料中司马懿的计策，为什么还放心不下?

孔明也是非常聪明的人，他和司马懿两个人，最要紧的事情都没有说出来。我们中国人就是这样，嘴巴只讲那些不要紧的话，真正要紧的事情谁都不说，叫作心中有数。最重要的事情不能说，一说就泄露天机了。

孔明心里很清楚，司马懿要怎么做他都料得出来，但是有一件事情，他没有把握，就是司马懿比他身体好，他能不能活得比司马懿久，这是孔明最在乎的，而偏偏他越这样在乎，他的身体就越要承受更大的压力。实际上，如果不想这些，孔明可能还活得久一点，他一这样想就更有压力，就会对身体形成不利的影响。孔明经常想自己老是咳嗽，还感觉到头昏，可司马懿还活得很有力气，如果自己不如他寿命长，那该怎么办？这是他最大的疑虑，所以他始终放心不下。

三国之道

中国人是心中有数，真正重要的事情都是放在心里，而不是说在嘴上。

七十三　高人善斗智

司马懿自知与孔明斗志，根本是下策。他以当年周瑜为戒，任凭蜀军怎样叫阵，就是闭门不打。孔明只好连续退兵，每次30里，终于引蛇出洞，使司马懿有家回不得。但是传来张苞去世的噩耗，孔明觉得自己未能好好照顾张飞的后代，实在对不起故友。又想到这么年轻的人都走了，自己还剩下多少时间？孔明的悲伤和高度紧迫感，使他病得非回汉中休养不可。魏延却认为不能因为孔明生病便耽误北伐大计，是不是让我们想起曹操当年的主簿杨修呢？看来与司马懿尚可斗志，有魏延这样的同事，更伤孔明脑筋啦！

情景说明

司马懿之计被诸葛亮识破，魏军惨败，张郃、戴陵勉强杀出重围。司马懿说诸葛亮料事如神，与他斗智是下策，所以下令全军撤回营寨，闭门不战。诸葛亮闻讯，令军士安营下寨，准备粮草。魏延率人到司马懿寨前骂阵，不见成效，只得回营。陈式问魏延骂阵结果如何，魏延不得重用，心中不满已久，忍不住对陈式大发牢骚，恰巧被诸葛亮听到。

阿斗降旨，恢复诸葛亮丞相之职。诸葛亮说国事未成，实不敢受。传旨的大臣劝诸葛亮说：“丞相不受，不但拂了天子之意，而且冷了将士之心，还是权且接受吧。”诸葛亮沉思片刻，还是叩头接旨，并说：“我军远来宜速战速决，请转告天子，我自有引司马懿出战之计。”

蜀军连续退兵，每退30里便扎一营，司马懿始终坚守营寨，不敢追击。诸葛亮已兵退汉中，张郃请求率军前往追赶，司马懿予以应允，下令兵分两路，一路先行追赶，一路随后接应。

要点解析

1. 司马懿闭门不战，孔明为什么也准备粮食，安扎营寨，他也打算久驻吗？

孔明把司马懿的策略摸得很清楚，他知道司马懿其实并不是怕他，而是已经找到一个对他自己最有利的途径。司马懿闭门不战，一方面可以稳住自己，不冒太大的险；另一方面可以养精蓄锐，而不必像孔明这边一样疲于奔命。

可是，孔明知道司马懿的策略，又有什么办法呢？难道又要退兵吗？有人也许会批评孔明过于执着，情况既然这样，那就退兵回去，做长期的准备，然后再来完成任务不好吗？但是我们要了解，孔明这个时候是很有急迫感的，因为他心里明白，自己的时间已经不多了。他并没有说这次一定能够完成任务，但是他知道，蜀军退一步，司马懿就可以进一步，所以他现在是以守为攻。他并没有要很激烈地去攻，那样死伤太大，因此他要准备粮食，安扎营寨，准备持久战，看看司马懿会不会改变态度。

2. 司马懿为什么说和孔明斗智是下策？

这就是司马懿很聪明的地方。一个人碰到敌手的时候，不认输当然是很好的现象，但是盲目地不认输那就不好了。不认输跟盲目地不认输不同，不认输就是明知自己虽然不如对方，但是不会认输，而是尽量想办法，最起码维持一个平衡的局面，说不定还可以后来居上，获得最后的胜利，这种不服输的心态是好的。可是，盲目地不认输，就是不管对方是谁，我就是不认输、不服气，那就是蛮干。

司马懿如果要蛮干的话，他很可能就是第二个周瑜，会死得很惨。司马懿是不是研究过周瑜的个案我们不敢说，但是最起码，他已经吸收了前人的智慧，知道跟孔明这种人斗智是划不来的。斗智斗不过他，斗力又不是统帅的作为，所以司马懿决定跟孔明慢条斯理地相持，看他能怎么样，这是司马懿老谋深算的地方。实际上，老谋深算这四个字并不完全是负面的，它有正面的意义，我们不要听到老谋深算就觉得这个人很阴险、很狡诈，这很不好，我们不要有这种偏见。

三国之道

一个人碰到敌手的时候，不认输当然是很好的现象，但是盲目地不认输那就不好了。

3. 阿斗降旨恢复孔明丞相原职，孔明为什么不敢接受?

阿斗让孔明恢复原职，孔明有三种可以采取的应对方式：第一种是终于恢复原职了，很高兴。那孔明不是跟小孩子一样吗？人家也会觉得很可笑。对孔明来讲，他现在只是用余生来完成自己的承诺，这才是最重要的，有没有官职对他来讲都是一样的。所以，他不可能那么天真，表现出很高兴的样子，欣然接受，那不符合他的身份和地位。

第二种是抱怨——怎么那么晚？早几个月就应该恢复了，我当时请求自我贬职，是表示对阿斗的诚意，拖这么久不给我恢复原职，可见阿斗的诚意不够。孔明也可以发牢骚，可这样一来，我们就会看不起他的人格，全天下的人都会看他的笑话。因为这就证明他原来的表现是做假，只是表面上做一下，希望很快就恢复原职。

所以，他唯一的出路也就是第三种表现，就是诚恳地说“不行不行，我现在事情还没有做完，不能复职”。因为即使孔明说不能，阿斗还是会给他恢复原职，急什么呢？所以我们觉得，中国人的“推、拖、拉”只要合理的话，是有好处的。第一表示了诚意，第二表示了对阿斗的尊重，第三也让大家知道，他不是一个急于争取官名利禄的人。

4. 魏延叫阵不成，又大发牢骚，恰巧被孔明听到，怎么办?

魏延要自己去承受恶果，如此而已。天下事是没有绝对机密的，中国人常常讲，纸里包不住火，又说若要人不知，除非己莫为，意思是既然你做了，就不可能不让人家知道。事情其实往往都是很凑巧的，魏延发牢骚，会不会每一句话都传到孔明那里呢？那也不一定。但是这次，孔明偏偏就听到了。

而且，魏延发的牢骚是很没有道理的。他说："我好歹也是个大将，叫阵这样小孩子一样的玩意儿，为什么要我去呢？"其实他不知道，孔明叫他去叫阵，就是给他面子，看得起他。因为如果对方听到叫阵，一气之下冲出来，而去叫阵的将领抵挡不住，那不成了笑话吗？孔明不敢让别人去叫阵，单单让魏延去，就是认为他有能力担当重任。魏延不了解孔明的用意，不去好好的配合，总是自认为自己了不起。这是他最大的错误。一个人要别人认为你了不起才是真的了不起，自己老觉得自己了不起，那是骗自己，最后要自食其果的。

魏延要么不去叫阵，要叫阵就高高兴兴地把这件事完成。叫阵没有结果，他还可以跟孔明提议这样叫阵意义不大，是不是可以换一个方式，应该积极地建议而不是消极地抱怨。但是现在，他完全不懂这些，难怪他一辈子都觉得自己受到很大的委屈。

5. 蜀军连续退兵，每次20里，司马懿始终不敢追击，是什么道理？

司马懿跟孔明交手多次，他心里知道，他不跟孔明打没事，一打就必输。像这种事情，我们中国人有一句老话，叫一朝被蛇咬，三年怕草绳。一个人被蛇咬了一次以后，每当看到草绳就以为是蛇来了，心里的阴影始终都存在。

现在，司马懿得到消息说孔明退兵了，他不敢相信，所以说再探。意思就是说，去看看孔明到底是真的退兵，还是假的退兵。因为以前孔明就是这样，每一次司马懿认为是真的，最后就是假的，一旦认为是假的，结果又是真的，他已经开始搞不清楚了。再探的结果是孔明退了30里又扎营寨，司马懿心想，孔明果然不是真的要退兵。不久又有人报告说孔明又退了30里，这下司马懿觉得奇怪了，但是他很聪明，决定不追击。因为不追击还有下次机会，如果追击，万一中了孔明的计，这一次就可能报销了。有人会觉得，司马懿这完全是胆怯，是懦弱，其实这样想就是根本不了解司马懿在魏国的处境。

6. 张郃一定要追击又是什么道理？

张郃的立场跟司马懿是不一样的。司马懿一旦追击失败，他的都督之职就不保了，可能就被冰冻起来，又要遭受他曾经受过的那种冷冻的滋味。而张郃没有这样的担忧，如果败了，了不起回来跪地请罪，上面也不一定会杀他。说实话，这时候魏国也没有几个大将可以杀了。所以张郃一定要去追击，我觉得也是合理的。张郃的意思是，你不敢打我去打，孔明分明是撤军了，现在不打，以后就没有机会了。张郃也知道，将帅要撤军的时候，最怕的就是这个时候后面有人追击，因为撤军的时候，军队的士气是经不起打的，只是他看不懂孔明的计谋而已。

情景说明

诸葛亮得知张郃率兵追来，想用激将法激魏延出战。但任凭诸葛亮怎么说，魏延就是不为所动。诸葛亮逐一点将，精密部署，唯独不理会魏延。魏延见状，愤愤而去。

张郃与司马懿追来，果然中计。一时间，魏蜀两军杀成一片，难解难分。姜维遵照诸葛亮锦囊之计，趁机袭击司马懿营寨。司马懿闻报，大惊失色，急命撤军，魏军惨败而归。司马懿看着被焚毁的营寨，恼羞成怒，责怪部下不知兵法强要出战，才致如此惨败，并宣布今后再有妄动者，立斩不赦。

蜀军得胜归来，姜维虚心向诸葛亮请教用兵之计。忽然有人奔来哭报，张苞伤势过重，已于成都去世。诸葛亮闻听此讯，痛心疾首，顿时昏死过去。诸葛亮本已病体沉重，张苞之死无异于雪上加霜，诸葛亮自知无法支撑，只得宣布退兵，待病愈再伐中原。

要点解析

1. 孔明用激将法，魏延不为所动，合适吗？

我们都知道，孔明很喜欢用激将法。激将法可以很轻松地把对方强烈的动机和潜力激发出来，当然，也需要有一个很和谐的环境才能用。孔明这次知道张郃来追击，他很高兴，希望魏延能够出战迎击张郃。因为眼前这些大将，实际上也只有魏延能够承担这个重责大任。于是孔明就说这次退兵不是真要退，是用计引司马懿出来，只要他出战就必输无疑，没想到司马懿还是不出来，可是最起码已经把张郃引出来了，这是个好机会，张郃这人不简单，有谁愿意去对付他？孔明这样说，用意是希望魏延站出来请命的。一个人自告奋勇的时候，总比被别人点到，被别人指定要好看得多。实际上，孔明也是给魏延最大的尊重、最大的面子。

可是，魏延偏偏不领情。他心想：我几次跟你建议你都不理睬，几次照你的指令去做最后都不光彩，你现在还来这一套？你请我才去，你不请，我就是不动。老实讲，任何人要跟孔明来这一套，都是要吃亏的。所以，孔明就逐一点将，最后所有人都点到了，就是不点魏延。

我们说，一个人要跟自己的顶头上司硬碰硬，就是我们中国人经常讲的，鸡蛋碰石头。现在，孔明是石头，魏延不过是个鸡蛋，你碰得起吗？最后一定是鸡蛋碰破了，而石头不会有什么损伤。孔明没有什么怕的，当然他心里多少会生气。但是魏延的个性就是这样，从年轻到现在，吃那么多苦头，他还是没有改变，这就是他活该要承受的了。

2. 孔明点将，就是不理会魏延，是什么道理？

这个时候孔明可以用请将的方式吗？那是不可能的。孔明如果说，这次好不容易把张郃引出来，在座各位都打不过张郃，只有魏延有办法，所以请魏延出马去打张郃吧。那就像当年刘备说年轻人一代一代出来，老将是没有用了，结果把黄忠气得要命一样，是很不明智的做法。所以，孔明用请将的方法不如用激将的方法。可是，孔明用激将法，也要魏延懂得回应才会有效果。有因有果，有来有去，然后才会发生很大的作用。而现在，魏延根本不理睬孔明的激将法，这是有来无往，所以没有效果。

最后，孔明只好用点将的方法。即使是点将，孔明也不能直说让魏延去。孔明这个时候也很担心，如果魏延说不去，难道要把他推出去斩掉吗？所以，孔明也是很无奈才出此下策，点来点去就是不理会魏延。他也希望魏延能够从此改变自己的态度，大家好好合作，这才是整个团队的福气。

3. 张郃果然中计，姜维趁机袭击司马懿的营寨，司马懿是不是有家回不得呢？

张郃一路追过来，发现孔明真的退兵了，马上让人通报到司马懿那里。司马懿这个时候再不出来，就交代不过去了。司马懿每次都说孔明是假的，现在证明孔明是真的撤退，而且张郃正在一路乘胜追击，司马懿如果还不出动，是什么意思？所以司马懿也跟着出兵。没想到，姜维事先就得到了孔明的指示，司马懿一出来，姜维马上就从后面袭击司马懿的营寨。司马懿这边发现中计的时候，再回头已经晚了，老家已经被姜维捣毁了。在这种情况下，司马懿当然是有家回不得了。

实际上，两军打仗最怕的就是这样。你以为对方打败了，最后才发现是自己中计了，结果很惨，士气也无可挽回了。一个人有时候很勇敢，有时候又好像什么武艺都不行，就是他的精神和心情给他的影响不一样。

4. 司马懿宣布再有人要出战定斩不赦，合适吗？

司马懿这次的表现，跟曹真是一模一样的。部将打了败仗，曹真就骂，叫你们不要出去，你们非去不可，以后谁要敢再说，定不轻饶。现在司马懿也说，我告诉你们不要打，你们听话就好了，可你们一定要打，结果把我累成这个样子。其实，司马懿心里也知道自己上当了，也不能只怪张郃，但是司马懿的这种做法是人通常会有的反应。越高阶层的人，越不会轻易承认自己的错误，做部属的还是要多多体谅他们的处境，会比较好一些。

三國之道

越高阶层的人，越不会轻易承认自己的错误，做部属的还是要多多体谅他们的处境，会比较好一些。

5. 姜维随时向孔明请教，是不是十分聪明？

跟孔明在一起的人里，姜维算是一个顶尖的人。他很珍惜跟孔明在一起的机会，随时都提出一些问题，虚心向孔明请教。如果姜维像一般人一样，在孔明面前拼命吹嘘自己的想法，炫耀自己的才能，他最后是一无所得的。马谡就是一个例子，认为自己比孔明更高明，结果死得很惨。魏延也是一个例子，他也经常跟孔明在一起，但是他就认为恢复中原的任务不见得只有孔明一个人可以完成，他也可以完成，凭什么孔明要霸住这个任务？魏延始终是这个心理，只是不太敢说出来，可是只要有这个想法，他就不可能从孔明那里学到什么东西。

孔明是一座宝山，他有很多的宝藏。可是，他就在那里，你不去挖掘，那就不过是一座山而已，你如果去挖，每次多少挖一点，就会发现里面的宝贝真的很多。姜维之所以能够得到孔明的教导，当然也是因为被孔明看上，才有这个机会，否则姜维也不敢乱问问题。同时，姜维也表现得很配合孔明，很愿意接受孔明的指教，所以才能常常在孔明的身边，增加了很多学习的机会。这对孔明来讲当然是一件好事情，对姜维来讲，那更是一件求之不得的好事。

6. 张苞去世，孔明为什么承受不了？

孔明听到张苞去世，心里有三种感触：第一种，张苞是张飞的后代，张飞是我的故友，故友走了，我理应照顾他的后代，可现在却照顾成这个样子，真的愧为人家的长辈。所以，孔明觉得自己没有好好照顾张飞的后代，对不起张飞。

第二种是觉得对不起蜀国。一个将领，这么年轻就去世了，这就表示孔明作为统帅，每次打仗都没有把握，让一批批年轻人白白去送死了。作为统帅，孔明觉得自己对张苞的死有责任，所以觉得很惭愧。

第三种，孔明会觉得，连张苞这么年轻的人都走了，那我还剩下多少时候啊？他感觉更有紧迫感了，所以他的悲伤不是装的，而是发自内心的。他知道自己的任务是非常艰巨的，很想尽全力把它完成，但是现在从张苞去世这件事情上，他感觉到这件事好像越来越困难，越来越遥远了。

情景说明

见诸葛亮要退兵，魏延说：“眼下我军得势，不可为一人之故而前功尽弃，致使北伐大业功败垂成，丞相自可回成都安心养病，我愿请兵留守祁山，以图北进。”诸葛亮听后良久不语，缓声说：“此乃军机大事，容我三思。”魏延还要再言，诸葛亮却示意所有人退下。

次年，魏将曹真与司马懿再率大军40万，直逼汉中。此时，诸葛亮病体已有好转，闻听消息，定下退敌之策，准备再出祁山。魏国40万大军来攻，诸葛亮却只派了两个将领，各拨1000人马去守陈仓古道，诸将不解，诸葛亮笑说："此月内必有连绵大雨，魏军定不敢深入山险之地，待魏军退却时，再以大兵掩杀，则我军必胜。"众将听后大喜，称赞丞相妙计。

蜀地秋雨连绵，山洪频发，魏军将士深陷泥淖，苦不堪言，无奈之下，司马懿只好撤兵。诸葛亮得知消息，料定司马懿虽然撤兵，必设伏兵于途中，下令不许追击，而是分兵直出斜谷而取祁山。魏延不解，问道："攻打长安不止一条路，为何丞相只取祁山？"诸葛亮说明祁山的重要性，随即命魏延等众将分别从箕谷、斜谷向祁山进发。

要点解析

1. 孔明生病，急于要退兵，魏延请孔明自己回去，他要继续攻打，合适吗？

魏延就算是出于好意，也没有资格讲这种话。唯一有资格讲这种话的就是孔明自己，除了孔明以外，没有第二个人有资格讲这种话。如果孔明把魏延请来，说自己生病了，不能再指挥作战，但是北伐的事情是大家的，大家一定要同心合力把它完成，然后说自己回汉中去养病，让魏延在此全权负责，也还可以。但即使孔明真的这样说，魏延也还要表示自己承担不起，不管是真的还是假的，一定要有这样的表态，孔明才敢把这么重要的事情交给他。

可是现在，事情完全不是这样。魏延对孔明说：你生病了，那回去养病好了，但是不能退兵，我可以继续打。这意思就是说，没有你，我们也不差，你早点回去，说不定我们打得比你在的时候还精彩。这种话，任谁听见都是不合适的，但是魏延并没有这么觉得。他认为这是事实，自己只是把它说出来而已，如果一定要说假话，那么人与人之间不是很不够诚意，很难沟通吗？是因为他所受的训练不够，底子欠缺，才有这样不合适的表现。

2. 魏延说不能因为孔明生病便耽误北伐大计，对不对?

不能因为一个人生病就耽误大事，这是对的，但是魏延把这句话用在这里很不恰当。如果这次是魏延生病，那么说不能因为魏延一个人生病就耽误北伐大事，这是没有问题的。问题是，这次是孔明生病，这种话除了阿斗，其他人都不可以讲。我想，阿斗是打死都不会讲这种话的，因为最起码他比魏延聪明，如果阿斗哪天对孔明说，不能因为丞相一个人生病就耽误大事，孔明说，“好，那你自己带兵去打吧”，那阿斗不就惨了?

魏延讲的这种话，如果是对皇帝讲，那就叫逼宫，就像当年很多人当面叫汉献帝退位一样。当然，孔明不是皇帝，但是他现在在这个地方就相当于皇帝的地位，因为他的历史背景，他跟整个蜀国的关系是非比寻常的。因此，就算魏延真的这样想，他也绝对不会这么直接去说。魏延可以说：“丞相您生病了，我们看着很不忍心，您一定要赶快回去修养，如果这里需要的话，我在这里抵挡个三五天，还是勉强可以支撑的。”他这样说，孔明说不定还会说：“你太客气了，我现在就是想让你留在这里，我回去一个月，尽快赶来，你好好撑住。”那不是很圆满吗?

所以，一个人想到什么就直接说出来，可能会造成很不好的后果。魏延这么说，就是对孔明最大的不恭敬。老实讲，孔明这一生没有什么更好的享受，跟我们一般人都差不多，但是有一点不同，就是他处处受人尊敬、处处受人礼遇。现在碰到一个魏延，实在是让人没办法。

3. 孔明说这是军机大事，容他三思，魏延为什么还是听不懂?

孔明是很有修养的，就算魏延有一百个不是，就算魏延不懂事到这个地步，或者真的有意要冒犯他，惹他生气，他还是说，这是军机大事，需要再想一想。他的意思很显然，就是拒绝魏延的提议，可是魏延还是听不懂，那有什么办法?

所以，一个人，如果别人已经对他很客气，讲的话很委婉，一再替他设想，他都感觉不出来的话，那真的是无药可救了。孔明说“容我三思”，就是断然拒绝的意思，这一点，相信在我们中国社会任何一个有点社会经验的人，都能够体会出来，可是魏延却不明白，主要是因为他对于立功太过急切。

一个人，如果别人已经对他很客气，讲的话很委婉，一再替他设想，他都感觉不出来的话，那真的是无药可救了。

4. 司马懿大军首次攻打汉中，孔明为什么只给2000兵马去守陈仓大道?

司马懿也不能老守，那样别人也会非议他，认为他是有意拖延，所以他一听说孔明生病，看到蜀军好久没有来攻打了，就决定出兵进攻汉中。他可能会觉得，这次轮到他了，过去看看情况如何，说不定有很大的便宜可以捡。

孔明得到消息，得知司马懿大军来了，就派了两个将领，每人给了1000兵马，命令他们去守陈仓古道。这两个将领一听，马上就跪下来说："司马懿大军起码几十万，您只给我们2000兵马，那我们怎么打？您要想杀我们就现在杀好了，何必把我们推出去送死呢？"孔明说："你们怎么会这样想呢？我给你们2000兵马，但兵不在多，在精啊。"

孔明又有机会教育人了，因为当时不仅仅是那两个将领，在座的所有将领估计都搞不清楚是怎么回事，大家心想：论兵精，也不可能精到这个地步啊，我们蜀兵真的有这么精吗？孔明这才解释自己已经考察过气象，知道雨季到了，会有连续一个月的大雨，所以魏军即使来攻也会无功而退。就算是1000兵马，也没有机会打仗，只要在那里守住，让魏军知道有人在那里就够了，将领们这才放下心来。我们从这里可以看出，孔明对于天时、地利、人和三方面的事情，都摸得一清二楚。

5. 司马懿大军由于大雨寸步难行，因而退兵，孔明为什么不追击?

司马懿来攻，为什么半途而废？就是因为连日大雨，淋漓不堪，行动不便，这种情况下根本没有办法打仗，所以才只好退兵。司马懿退兵，孔明为什么不去追？一方面，连日大雨，魏军行动不便，蜀军行动也不方便，怎么追呢？另一方面，孔明知道，司马懿要退兵也不会很干脆地退掉，他也会想到孔明会派人来追，所以他一定会布下伏兵，等蜀军来追的时候来个两面夹击，这也是兵家常用的一种计谋。天气不好，又容易上当，所以孔明才说不用去追。

可见，知己知彼作战才能够顺利。我们通俗的话，叫作“知己知彼，百战百胜”，其实这句话是错误的，《孙子兵法》里从来没有出现过“百战百胜”的字眼，这不是中国人的思想。老实讲，仗打久了，双方都是败的，没有一方赢，赢的一方其实也是败的，这个各位可以好好去想一下。仗只要打上几十次，最后双方都是两败俱伤，没有一方是赢的。我们只说“知己知彼，百战不殆”，“殆”就是危险。这句话的意思是说，你做到知己知彼，怎么打都不危险，因为你已经有万全之计，但是不要认为自己一定会胜利，那是不可能的。只有打仗越少才是越好的，而不是拼命去打，拼到最后胜利，那是不可能的。

6. 魏延说攻打长安不只一条路，为什么每次都要出祁山，妥当吗?

现在我们已经得到充分的证明，魏延的脾气就是四个字，叫作“又臭又硬”。他不讲话则已，一讲话就臭气冲天，谁听了都讨厌，而且他的个性又硬，一次犯错，碰了石头，下次再碰，碰到自己遍体鳞伤也不知悔改，谁拿他也没有办法。所以我们千万要记住，一个人个性臭就已经够了，不要加上硬，如果脾气硬也就够了，不要再加上臭。偏偏魏延两样都有，所以弄得孔明也拿他没有办法。

老实讲，以孔明的教化能力，他看到谁都是有办法的，但是偏偏对魏延无计可施。这也证明了，他为什么第一次看到魏延就不欣赏。但是我们反过来想想，是不是因为第一次见面已经留下了很恶劣的印象，所以后来每次接触都加深不好的印象，才使得两个人越来越远，越来越无法沟通呢？但问题是，现在已经造成了这样的局面，魏延就应该想办法改变自己才对。我们不能要求孔明改变，那太难了，不是说孔明不够柔软，不愿改变，而是他的位置不容许他轻易改变。

情景说明

魏军退兵，却不见蜀军来追，司马懿料定诸葛亮要从箕谷和斜谷出兵，直取祁山。曹真不以为意，反笑司马懿多疑，于是与司马懿打赌，二人各守一谷，看蜀军是否来攻。

魏延与陈式二将领兵直奔箕谷，诸葛亮派邓芝赶来嘱咐二人小心魏军埋伏。魏延不予理睬，陈式更口出狂言，要请兵先行，待打胜归来，看丞相羞不羞。诸葛亮得知魏延不听劝告，便说魏延日后必生祸患，只因他骁勇善战，姑且用之。陈式进军箕谷，果然遭遇魏军埋伏，兵败而归。诸葛亮叹箕谷既已如此，斜谷则需以计取之。

曹真据守斜谷，见连日并无蜀军来攻，便掉以轻心。司马懿使人告知曹真，谨防蜀军偷袭，曹真仍然不以为然。果然，曹真中了诸葛亮设下的妙计，被杀得措手不及，慌忙逃跑，幸亏司马懿及时赶到，才保住性命。

要点解析

1. 司马懿见蜀军不来追击，料定孔明必出兵箕谷和斜谷，曹真为什么不信?

曹真的态度谈不上信或者不信，他只是不服气，觉得凭什么你司马懿就料得神？我就偏不相信，只是这样很单纯的一个反应而已。曹真是个没有什么脑筋的人，如果他经过思考和判断，然后跟司马懿说不信，那我们还很佩服他，因为最起码他有自己的看法。但是他现在并没有什么看法，他只是不服气每次都是司马懿料对，他这是赌气，这种态度其实是最不好的。

每一个人都有自己的看法，都有自己的原则，我们应该加以尊重。我们不可以说曹真一定不如司马懿，如果曹真好好用心，好好用脑子，也不见得糟到这种地步，但是他偏偏不走这条路，只是意气用事，想到什么就是什么，那不是一个大将该有的风范。

2. 孔明叫邓芝告知魏延和陈式要小心魏军埋伏，他们为什么也不相信?

陈式一打仗就被对方抓去，一看到敌人来了，吓得连武器都丢在地上，老实讲这种人跟了魏延，也是魏延倒霉。但是话说回来，也只有这样的人，才会去跟魏延。魏延其实也应该觉悟，如果说别的人跟他这么配合，就表示大家心目当中还有他的位置，说明他毕竟还有两把刷子，可是现在看来看去，就只有一个陈式跟他，这是谁的原因？这一点魏延也是不清楚的。

孔明最不放心的就是他们两个人，所以叫邓芝去告诉他们小心魏军的埋伏。但是他们两个根本不信，陈式甚至说如果没有埋伏的话，要看看孔明羞不羞，意思就是说，你孔明应该自己惭愧，每次料都料错。实际上孔明哪里有每次料都料错呢？可见，这两个人的水平彼此差不多。这个水平绝不是论武艺，论武艺魏延很高强，陈式很差劲，而是说在对孔明的了解以及对整个团队的配合上，他们的水平是差不多的。所以魏延不相信，陈式也趁机表现，说自己也不相信，其实陈式根本连相信或不相信的资格都没有。

3. 孔明说魏延日后必反，是不得已才用他，为什么这样?

孔明心里很清楚，以魏延这种态度，如果真的把大权交给他，他以后会怎么样，谁也料不定。一个人，弄到被对方这么怀疑、这么不信任，自己是要检讨的。魏延始终让孔明感觉一点也不配合、一点也不顾全大局，始终唯我独尊，用我们今天的话讲，就是非常自我。

在西方，一个人积极表现自我是好的。但是在中国，你只要有一点点自我，你的领导就不敢把大权交给你。我们可以随便去一个组织看，只要一个人表现得非常自我，领导肯定只敢给他小事做，绝对不敢给他大事做。所以孔明说，像魏延这种人，迟早是会反的，是会对整个团体不忠的，现在是没有办法，不得已才用他。其实孔明讲这种话也是很无奈的，他这样讲，也是为日后留下一个伏笔，免得让人家觉得丞相怎么突然变成这样，这也是孔明未雨绸缪的一招棋。

三国之道

一个人，弄到被对方这么怀疑、这么不信任，自己是要检讨的。

4. 陈式中了埋伏，才发现孔明神算，是什么道理?

这个时候如果还不能发现孔明神算，那陈式根本就是死人一个。他总算还活着，只要活着就会知道惨痛的教训来了，所有后果都来了。这时候他才知道后果，已经是叫天天不应，叫地地不灵，叫谁都没有用了。

人要提前知道后果，才是聪明人。等到大祸临头了才知道，那是后知后觉，什么用都没有了。陈式现在就说孔明真是神算，但是，他现在讲这话已经太迟了。陈式这种人，事情没有来到时，他很鲁莽，很喜欢讲大话，就认为自己的判断是对的，得到教训了，只能惨兮兮的，实际上这种人是不值得同情的。

5. 曹真中计才大叫“司马懿快救我”，又是什么道理?

蜀国有个陈式，魏国有个曹真。把陈式和曹真并为一谈，有人可能觉得太对不起曹真了，因为曹真好歹是大都督。可是一个大都督，搞到跟一个小将一样的水平，他也应该惭愧至极了。当初司马懿告诉曹真要小心孔明用计，可他完全不以为意，后来司马懿因为有提防，蜀军偷袭没有成功，司马懿再次提醒曹真注意，他还是不以为意，结果中了计，被蜀军追杀，才大叫司马懿快来救他。曹真的这种表现，跟陈式其实没有什么两样。

人要自己看得起自己，人家才会看得起你，而曹真完全是自己看不起自己。他有什么资格跟司马懿斗智谋呢？实际上他完全没有资格，司马懿提醒他也是好意，但他认为司马懿是在开玩笑。我们要知道，战争是不可以开玩笑的，性命是很宝贵的。曹真现在搞成这个样子，是很丢脸的。

6. 司马懿既然每次都能料中孔明的计策，为什么不力战求胜?

如果是一般的状况，司马懿不会是这样的反应，他肯定要一直打，反正他和孔明交手多次，彼此已经熟悉对方的情况，而且他比孔明年轻，人马比孔明多，地理也比孔明熟悉，那还怕什么？司马懿之所以会有这样的表现，是由他的特殊处境所决定的。他知道，他的老板曹睿对他是不相信的，如果他很快地把战事结束，他自己命运如何，那谁也说不定了。

他现在的表现，绝不是想拖，而是想要在这种不确定的情况中，找到一条对自己最有利的路。各位可以看到，他的经历是一会儿被重用，一会儿被冷冻；一会儿又被重用，一会儿又被搁置在一边，那种滋味，尝过的人都知道，是不好受的。这个时候，如果把以前的教训全都忘记，就知道一路打下去，只想着立功，那不是傻瓜吗？那他就不是司马懿了。

司马懿知道，在这种情况下，拖对自己是有利的。能不战就不战，说难听一点，拖久了，说不定他的老板就死掉了，再换一个新老板，再接着拖，看谁活得长。所以司马懿才会有事没事练练太极，伸伸懒腰，好像没什么事情一样，其实他这是在保命。在这种情况下，你能说他不对吗？我们应该设身处地，站在司马懿的立场来了解他的为人处世之道。在那种状况下，他能够活那么久，能够起起伏伏那么多次，说明他是有一套的，是有真功夫的。

七十四 装神也吓人

孔明修书羞辱曹真，反而帮了司马懿一个大忙。对李严太宽厚，放苟安一条生路，却逼得孔明有机会一鼓作气恢复中原之际，奉诏班师回成都。阿斗知道自己错信谣言，也不能挽回孔明来回奔波又痛失良机的厄运。世间事往往不尽如人意，实际上却是很好的考验。要不然，孔明哪里有机会表演装神吓人的好戏呢？孔明说这种手法，只能偶尔为之。现代人经常装神弄鬼，殊无必要。司马懿被孔明吓过很多次，这一次当然有效。假若遇到心中没有鬼，或者根本不相信有鬼神的人，恐怕就没有功效了。

情景说明

曹真被蜀军追赶，正胆战心惊，所幸司马懿前来营救，才得以脱险。曹真大赞司马懿神算，自叹不如，为感谢司马懿的救命之恩，献上御赐玉带。司马懿却说不言赌赛，只求同心报国，曹真汗颜。

陈式不听军令兵败而还，孔明欲以军法处置，陈式大喊是魏延让他出兵的。魏延为了自保，默不作声，孔明欲留魏延以待后用，于是斥责陈式攀扯魏延，下令将其斩首。

曹真病重，收到孔明派人送来的书信，看到孔明信中嘲笑自己是无学之辈，不会用兵，连遭惨败，无颜去见关中父老的文字，怒气填胸，当晚死于军中，成了第二个王朗。

苟安贪酒，致使军粮延误，孔明本欲依法问斩，听杨仪说苟安是托孤重臣李严部下，不宜随便处置，于是改为重杖80。苟安怨而降魏，司马懿令其回成都散布谣言，说孔明有称帝之意。阿斗听宦官说孔明欲取而代之，心生疑惧，于是听从宦官建议，召孔明回朝。

要点解析

1. 曹真说司马懿神算，自叹不如，是真心的吗？

曹真这么说是真心的，他是一个不会撒谎的人，也没有必要撒谎。他以前总认为司马懿喜欢干预别人，很讨厌，而现在司马懿在危急时刻救了他一命，所以他真心感叹司马懿神算。曹真这种人自有他可爱的地方，傻兮兮的，没什么脑筋，比较好应对，只是不适合担当要职。

2. 陈式被斩，魏延为什么毫无动静，他难道没有责任吗？

一听孔明下令将他推出去斩首，陈式大叫冤枉，大喊“是魏将军叫我这样做的”。孔明对此心知肚明，可此时不宜将魏延问斩，还需要他来做棋子。可见，孔明再公正公平，在轻重缓急上也会区别对待。魏延是迟早要死的，只不过目前还轮不到他。所以孔明虽然知道魏延脱不了干系，却假装不知，并不理会陈式的话。

这件事中，如果完全从利害关系来判断孔明的态度，我们可能会觉得他很不公平，实际上并非如此。有些话孔明虽然没有说出来，但是我们应该体会得到。陈式作为将领，应该有自己的判断力，怎么好意思说是魏延叫他做的？即使是魏延叫他做的，也要他自己愿意才会有这种后果。一人做事一人当，陈式应该对自己的行为负责，不能把责任推给别人，况且他一开始也质疑孔明，认为孔明不会每次都估算对，心里一百个不服气，现在却想把魏延拖下水，这是不合理的。孔明这么做，也无可厚非。

3. 孔明写信羞辱曹真，把他活活羞死，是不是反而帮了司马懿一个大忙？

孔明如果仔细想一想，就应该知道气死曹真对自己是不利的。因为曹真一死，司马懿会继任大都督，司马懿可比曹真难缠多了，倒不如留着曹真，让他与司马懿互相牵制，这样比较有利。但此时孔明的心情已经很乱了，觉得气死一个算一个，起码可以增加魏营内部的不安。他也没想到曹真这么经不起打击，能被寥寥数语气死。

孔明如果够冷静，就应该想到王朗就是被他骂死的，曹真有可能成为第二个王朗，而且气死曹真是帮了司马懿一个大忙。不过孔明还是这么做了，这可能是天意，不是孔明自己可以左右的，这种结局也很难预料。

4. 苟安延误军粮，理当死罪，孔明严加鞭打，结果如何?

结果非常糟糕。孔明如果当场斩掉苟安，就不会有什么后患，可杨仪提醒说苟安是李严的人，李严也是托孤大臣，好歹要看看他的面子。孔明正忙于做其他事情，于是就答应了，说死罪可免，但活罪难逃，就此留下祸患。

这件事告诉我们一个道理，该严的时候一点都不能宽松。苟安如果死了，就不会投降司马懿，也就不会给孔明带来那么多麻烦。同样，张飞当年如果一气之下把两个部属都杀掉，就不会反遭杀害。

有人认为中国人很残忍，一人犯下重罪，却要斩草除根，诛灭九族。其实从某个角度来讲，这是非常有道理的，历史留下来的教训比比皆是。眼下，孔明要么斩掉苟安，要么不进行惩罚，责令他限期完成任务，可苟安若完不成任务，又是祸事一桩。因此最好的选择是，既然开口要斩，就别管他人的求情，像挥泪斩马谡一样一斩了之，以绝后患。

我们还应该看到，社会中确实存在喜欢提醒别人的人，想到什么就讲什么，也不去想当讲不当讲，更不去想后果如何，以致后患无穷。这给了我们一个很大的教训——讲话一定要想想后果，不要净做滥好人。

三國之道

讲话一定要想想后果，不要净做滥好人。

5. 苟安回成都散布谣言，阿斗为什么把孔明召回?

苟安受罚后觉得留在蜀国根本没有前途，倒不如投降司马懿，说不定还有机会提升。这样的案例，我们看过太多。司马懿不相信苟安，说他可能是来诈降的。苟安连连表示诚意，司马懿便让他回成都散布谣言，说孔明想要取代阿斗，苟安当然赶紧从命。

恰恰有人将谣言传给阿斗，而阿斗偏偏又相信了。照理说，阿斗是没有理由相信的，如果孔明要取而代之，何必等到现在？但事态往往转变于一念之间，阿斗原本不相信，或者认为相父取代自己也未尝不可，可转念又觉得当皇帝也蛮有意思，相父做了皇帝后，自己如何是好？

这么一来，情况就发生了逆转，曹真被气死后，北伐形势非常有利，孔明原本可以一鼓作气取得胜利，可阿斗却降诏把他召回，导致前功尽弃，这也是孔明自己制造的麻烦。

6. 宦官趁机煽火，后果将会如何？

宦官是最接近皇帝的人，他们除了讨好皇帝，没有别的出路。历代宦官都竭力伺候皇帝，讨得皇帝欢心，博取皇帝信任，以期受到重赏。宦官听到外面的谣言，赶快报告给阿斗，只要阿斗相信，就是功劳一桩，这就叫作煽火。这种煽火体现出宦官没有什么见识，他们不知道每一把火看似在烧别人，可风向一转就会烧着自己，这是历史留给我们的教训。

情景说明

孔明正欲动员全军一鼓作气恢复中原，却收到召他回朝的圣旨。孔明犹豫再三，担心若不回去，会被人质疑，于是只好放弃北伐良机，回成都复命，蜀军也随之撤退至汉中。魏延因前番陈式被斩之事，心有余悸，面对撤军，一言不发。

司马懿见蜀军撤退，灶坑数却有增无减，唯恐蜀军增兵加灶，设有埋伏，于是令将士撤兵，不要追赶。不想，司马懿聪明反被聪明误，此举正中孔明之计，蜀军由此得以全身而退。

阿斗知道自己听信谗言，延误了北伐良机，悔恨万分。宦官交代是苟安谗言惑众，而苟安早已逃往魏国。阿斗知宦官罪重，不敢再替宦官求情，将其交由孔明惩处。

孔明将妄奏的宦官诛戮，又劝朝中大臣觉察奸邪一定要规谏天子，然后拜辞后主回到汉中，令李严筹备粮草，再议出师。见军粮久久未到，孔明与卤城太守商议，设法避开司马懿10万大军，收割陇上小麦，从中征收粮税，其余交还百姓。

要点解析

1. 阿斗降诏，孔明为什么一定要听？

孔明当时正召集部下，准备做一番精神教育，把大家的士气激发起来，然后继续北伐，而且他很有信心，这次机会难得，一定可以克服中原，没想到话正讲到一半，圣旨就来了。

将在外，君命有所不受，这个办法司马懿在讨伐孟达时就用过。但孔明没有资格这么做，因为他的目标太显著了，随时都有人怀疑他要取代阿斗，就算他丝毫没有这种想法，别人也会添油加醋地说得很难听，因此他要格外的小心、格外的诚惶诚恐，每次见阿斗的时候，都毕恭毕敬地行君臣之礼。按理说，他不必如此，可是他如果不这样做，就会变成董卓、曹操，变成历代所看到的那种倚老卖老的辅佐大臣，更会引起大家的疑心。

所以，孔明在接到圣旨后，决定还是回去，这是很明智的做法。孔明以他的身份、地位以及修养，给了我们一个很好的示范。

2. 孔明决定退兵，魏延为什么这次不说话？这次他好意思开口吗？

是陈式拖累了魏延，还是魏延拖累了陈式，这个我们不用谈，但最起码，魏延作为一个大将，在陈式问斩时应该说“自己也要负一部分责任，一并接受处罚”，这样才够气概。可是魏延没有，他虽然面有愧色，却始终一声不吭，将责任都推给了陈式。

魏延的这种表现是不恰当的。如果他能挺身而出，说不定还能救陈式一命，因为陈式是死是活无关紧要。魏延虽然没有被处罚，可这种不负责任的态度使他内心更加痛苦。其实他不吭声，也是因为怕孔明趁机问他，陈式死了有什么感觉，那他就完了。

3. 孔明听命征召，退回成都，司马懿为什么不敢追赶？

我们判断事情的时候，在原则方法上，既不能一成不变，也不能墨守成规，要有一个既定的模式，但每一次都需灵活变动，这才是合理的应变态度。司马懿每次追赶孔明都惨遭失败，怎么还敢追赶？难道还嫌教训不够吗？

何况，这次孔明又出新花样，每退一次，都增加一些灶坑。司马懿自认为很精明，一般人只看到退兵，不去点灶坑的数量，而他却会根据灶坑的增减来判断对方的兵力。孔明将司马懿的这种个性看得一清二楚，所以一边退兵一边增加灶坑，使司马懿不敢轻举妄动。孔明用这种方法退兵，将伤亡减少到了最低限度。

三國之道

判断事情的时候，要有一个既定模式，但需灵活变动，这才是合理的应变态度。

4. 孔明斩杀宦官，阿斗为什么不求情？

阿斗并未求情，可见他其实相当理性，并不是扶不起的人，只是没有机会表达罢了。他大事管不了，小事都被别人管了，所以根本无事可做，只好整天跟着宦官厮混，时间一长，脑筋就越来越麻痹，效能也越来越低了。

即使如此，在这种节骨眼儿上，阿斗还是知道宦官是很可恶的，不能再求情了。如果换作别人来控诉，他也许还能答应宦官的请求，网开一面，可此时面对的是孔明，他觉得对不起相父，相父年事已高还疲于奔波，胜利在望之时，自己居然轻信谣言把他召回，这是不对的，于是他表现得很理性，说全凭相父处置，自己没有意见。果然，宦官煽起来的那把火，现在烧着了自己，以致命丧黄泉。

5. 孔明令姜维割取陇上小麦，司马懿下令严加防范，结果如何？

宦官已经清理了，苟安也逃到魏国去了，孔明仍旧回去继续作战，此时正好小麦成熟，小麦是重要的军粮，所以要抓紧收割。孔明和司马懿都料到对方一定不会放过这批粮食。

有人会想，他们凭什么收割老百姓辛苦耕种的小麦？这又算是哪门子的为百姓谋福利呢？其实不然。同样是割麦，孔明和司马懿的表现是不一样的。司马懿理所当然地认为，自己应该收割麦子，孔明则不是，因为蜀军跟当地百姓感情较深，他就让蜀军帮忙收割，大部分麦子发给老百姓过日子，只是抽调一部分用作军粮。为了收割到小麦，双方开始斗智，看谁有办法胜出。

6. 孔明装神弄鬼，是不是从南征中得到的启发？

孔明为了顺利收割小麦，又一次装神弄鬼，使得司马懿一再告诉大家不要相信鬼怪。可笑的是，司马懿自己却最慌张，也跑得最快。孔明之所以想到装神弄鬼，很显然是从打孟获的过程中受到的启发，他在那边遭遇过这种状况，现在正好用在这里。这是从别处吸取宝贵教训，然后加以合理运用的很好的案例。

情景说明

孔明得知陇上离司马懿驻军不远处有个怪树滩，地势险恶，怪木丛生，时有异声，于是想借此设计吸引魏兵前来，陇上军民便可趁机收割小麦。

孔明让姜维、马岱和魏延与他同样着装，各引一队人马进入怪树滩。得报寨前来了一队人马，不知是人是鬼，司马懿赶忙出外查看，隐约见孔明端坐车中，周围鬼影重重，怪叫迭起。司马懿恐是孔明作怪，即刻令郭淮率兵前去捉拿。魏兵紧跟着孔明进入怪树滩，可怎么都追赶不上，不免惊慌失措，连郭淮也开始怀疑真是鬼神。

司马懿亲率大军去探查，但见滩内阴风习习，冷雾漫漫，四处都有孔明的身影，司马懿心中大惧，恐有埋伏，急令三军返回上邽，守城不出。而此时，蜀军已与百姓收割完小麦，众将喜不自胜，孔明却说此计是万般无奈时才用的，只能瞒司马懿于一时。司马懿了解真相后，果然羞愤万分，立即派人去卤城抢夺小麦。孔明早就设下埋伏，将来袭的魏军一举歼灭。

要点解析

1. 孔明为什么问怪树滩的来历，他有什么想法？

孔明正在想如何避过司马懿的注意力收割小麦，忽然听到一种很怪异的声音，经过询问得知，当地有一个地方叫怪树滩，那里地物非常奇特，经年刮风不断，树形怪异不说，还能发出恐怖的声音。孔明听后灵机一动，想到利用怪树滩来转移司马懿的注意力。孔明这种临时起意的机智，是从小就培养起来的。他出身世家，从小博览群书，满腹经纶，脑筋当然动得很快。

2. 孔明装神弄鬼，司马懿为什么派兵去抓？

这不是孔明第一次装神弄鬼，他在借东风的时候就已经装过一次了。可见他随时随地会吸取以前的经验，再糅合实际情况以及当地的需求，变化出一些新的花样。所以，同为装神弄鬼，这次却跟以前完全不同。

司马懿身为统帅，虽然嘴上说不相信这套，但心里也不免打鼓，不过他还是要采取行动叫士兵去抓，结果士兵怎么都抓不到，更加深了他内心的恐慌。

3. 郭淮率兵擒拿蜀军士兵，为什么抓不到？

郭淮现在是魏军里面很重要的一位将领，他奉命率兵擒拿鬼怪，于是踌躇满志地出发了。可当他进入怪树滩的时候，却遭遇到了困难，这里地形曲折，声音诡异，鬼怪忽远忽近，时而清晰时而模糊。环境异常和心理猜测两相作用，致使人更加疑神疑鬼，也就无心去探明究竟，抓住鬼神了，郭淮此行结果可想而知。

4. 蜀军趁机割取小麦，司马懿为什么没有觉察？

孔明装神弄鬼，声东击西，成功吸引住了司马懿的注意力，使之无暇顾及麦田的情况，蜀军则趁机帮助百姓收割小麦。鬼神闹得越凶，小麦割得越快。司马懿发现时，小麦早已收割完毕，这才追悔莫及，可为时已晚。

5. 孔明说这种手法只能偶尔为之，是什么道理？

地形地物随时在变，因此这种方法不能照搬照套，只能用一次，用第二次就根本没有效了。所以，孔明一再说这种手法只能偶尔为之，空城计也是同样的道理。这就要求一个人从小要培养高度的应变能力，随机应变，因地制宜，因人而异，否则就会出差错。

三国之道

要培养高度的应变能力，随机应变，因地制宜，因人而异，否则就会出差错。

6. 世界上只有人类经常装神弄鬼，这样好不好？

我觉得这种事情无关好坏。对于某些现象，若能用科学进行解释，人们当然会相信科学，可当科学无法解释的时候，我们该怎么办呢？何况不是每一个人都懂科学，有的知识只有少数科学家能精通，多数人比较迷糊，也有人一窍不通。对于不懂的人，即使进行讲解，他们也未必能懂。而我们又必须要教育广大老百姓，与其进行毫无作用的讲解，不如投其所好，用一些很玄妙的东西将道理包装起来。

举一个放鞭炮的例子。古代政府无法强制老百姓过年过节进行大扫除，以保持清洁卫生，万一老百姓不打扫，政府也拿他们没有办法。好在政府很高明，说过年过节时会有一些鬼怪出来，可以放鞭炮，一方面表示庆贺，一方面赶走鬼神。这么说是没有科学依据的，但效果却很好，老百姓会很热心地去做。政府又很巧妙地在鞭炮里面装上硫黄，还说鞭炮放得越长越吉利。鞭炮一长就必须要挂得很高，这样爆炸时硫黄四处喷射，使环境得到充分的消毒。鞭炮碎屑散落一地，大家自然会进行清扫，这就产生了杀毒清扫的功效。

从这个角度来看，“民可使由之，不可使知之”的说法，其实是很恰当的。对老百姓讲道理，他们很难照办，但如果说这样做好处多多，他们虽不明就里，也会乐意去做，这就叫作“神道设教”。

很多人可能会说，现在科学这么发达，是不是应该清除神道设教呢？其实不然，科学再发达也是有限的，而宇宙则浩瀚无穷，所以科学永远无法完全解开宇宙的奥秘，人类所知远远小于未知。科学越发达，我们发现不知道的东西越来越多，未知的部分有增无减。所以正常的、合理的装神弄鬼，有其不可或缺的价值与效能。

情景说明

蜀军正士气高涨，却收到李严急报，说近日魏、吴要联合攻打蜀军，孔明深知蜀军经不起两面夹击，于是急令撤兵。魏军大将张郃领命率部追击，被蜀军乱箭射死。

孔明退回汉中后，才知道李严为掩饰自己运粮不济之过，假托东吴举兵入川，骗取自己回师，又妄奏后主以推卸责任。孔明本欲将其严惩，又念他是托孤重臣，于是奏请贬李严为庶人，令其子李丰继任，继续督办军粮，后主准奏。李严受恩于孔明，趁李丰北上送粮之际，自行捆绑起来，与儿子一同前往汉中，向孔明请罪。

光阴荏苒，不觉三年已过。经过长时间的休养，蜀军粮草丰足，军器完备，人壮马肥。孔明于是奏请伐魏，并发下重誓：若不扫清奸党，恢复中原，誓不回朝。谯周反对兴兵，说观天象有不祥之兆。孔明说天象是虚幻之说，不足为凭。董侍中也劝孔明不要明知不可为而为之，孔明自称受先帝托孤之重，定当统一汉室，虽九死亦无憾。阿斗同意了孔明的请求，下诏即日出兵。

要点解析

1. 李严急报吴军前来攻打，孔明为什么急忙退兵?

陆逊说要打魏国，司马懿断定他是虚张声势。现在李严急报吴军要来攻打蜀国，孔明为什么会相信？难道他不如司马懿吗？其实不是。孔明知道魏国强大、吴国势小，要不然，张昭怎么会每次听说魏军来打都主张投降？可见吴国对魏国有一种天生的惧怕，何谈伐魏？相比于魏国，蜀国就弱多了，比较容易打，吴国极有可能真的来打。何况现在魏蜀交战，形势对吴国极其有利。所以孔明才说，我们经不起魏、吴的两面包抄，退兵好了。司马懿跟孔明的判断之所以不一样，是因为东吴历来的动向都是如此。

2. 孔明发现李严假造圣旨，为什么不斩他?

孔明退兵后，发现是李严供不上军粮，又怕受罚，所以才借口说吴军要来攻打。李严犯下如此严重的罪行，妨碍军务，理当同苟安一样被问斩。可李严毕竟跟孔明一样，都是刘备亲自指定的顾命大臣，孔明若把李严杀掉，岂不是会遭到更多的曲解，让人说他是想排除异己，垄断政务？所以未等他人求情，孔明就主动请求降李严为庶民，不要斩他。

3. 李严为什么自己捆绑，向孔明请罪，他不是辅佐大臣吗？

李严是有羞耻心的，他此次能逃过一死，完全是孔明开恩，所以他逼迫儿子将自己捆绑起来，父子同去向孔明请罪。可见，李严身为辅佐大臣，虽然犯了错，但忠义耿直，敢做敢当。

以此可以推断，孔明当时如果把苟安斩掉，李严也不会怎么样。倒是孔明旁边的人多嘴，说苟安是李严的人，要看李严的面子，不能杀他。听到这样的话，一般人通常会觉得李严心术不正、行为不端，事实证明并非如此。所以，这个意见是不可取的。如果当时就斩掉苟安，会免掉很多后遗症。

孔明死后，哭得最伤心的其实是李严。我们常说日久见人心，这句话很有道理。不要根据一点表象来妄加断定一个人，要进行长期观察来判断。经过观察，我们知道李严不是坏人。

4. 孔明说，如不荡平魏军，誓不回成都，合适吗？

我们一路走来，知道发重誓是很不好的，多数人一发重誓，其后果都让人心惊胆跳，可见重誓总有一天会兑现。这次，孔明很少有地发了重誓，说如果不荡平魏军，誓不回成都，这是不必要的。一个人既然尽人事以听天命，就不能下重誓，因为谋事在人，成事在天，自己是决定不了结果的。发此重誓，就好像要老天听从于你，这是不好的现象。

5. 孔明为什么说天象是虚幻之象，他不是十分相信天文现象吗？

这个问题值得我们探讨，同样的天文气象，为什么会有两种不同的解释呢？当孔明要运用气象知识的时候，他告诉大家说天象清楚，结果昭然，最后也印证他的推测是正确的。可是当孔明要否定天象的时候，又说这些都是虚幻的，不足为信。这不是自相矛盾吗？

其实不然，同样一种学问，被不同实力的人使用，会产生不同的效果。同样的资讯，被不同的人研读，会得到不同的心得和结果。孔明说不要相信天象，并不是说天象不能相信，而是说对此一知半解就说东道西，这是很不好的。而孔明长期研修天象，有着深入的了解，能做有把握的解释，所以每次都可以用。

只有像孔明这样的人，才够资格解说天文地理的变化，一般人做不到。一招半式走江湖，会害死很多人。中国社会有很多一招半式走江湖的人，他们的危害非常大。我们在有生之年，多多少少都会遇到这样的人，他们通过虚名骗财骗色，造成了整个社会的不安，这是很可恶的。

三国之道

一招半式走江湖，会害死很多人。

6. 孔明说他虽九死也无憾矣，是不是过分固执?

在我们局外人看来，孔明是固执的。他为什么不去想想老子所说的“功成不必在我”，能做多少就做多少呢？难道这个使命一定要他自己去完成，不能留些给后代去做吗？但是如果我们站在孔明的角度，当然不会同意这种说法。

我们现在冷静地设想一下：如果不是孔明六出祁山，姜维九攻魏国，大家都像刘后主一样，见三国已定，就安分守己，安居乐业，那样的话，中国就分裂了。而只有天下一统，孔明才能心安，所以他才不断地北伐。他这样做不是为了一己之私，而是为了版图完整，他不能忍受国家在他手上一分为三。

我们中华民族，有史以来就始终存在孔明这种固本安边的精神，这是非常了不起的，是最伟大的传承，我们应该好好加以珍惜。而且，后代子孙也应该不断地朝这个方向去努力，这才是炎黄子孙应该做的事情。孔明六出祁山，就是为了固本，汉朝疆土广大辽阔，孔明不能眼看着它分裂开来。他的这种精神，值得我们钦佩、敬仰。

七十五　不折也不挠

孔明六出祁山，实际上并没有这么多次。真正出祁山的，只有三次，另外三次没有出祁山。我们说六出祁山，是赞扬孔明不折不挠的精神，值得后人学习。孔明知道，与曹魏作战并非易事，但是蜀地不适于坚守，必须以攻为守，才能安全。他自刘备亡故之后，仍然一本初衷，坚持联吴抗魏的策略。北伐期间，也多次与吴兵约定，分道而行。可惜当时远隔两地，苦于没有良好的通信工具，难以同时发动北伐，使我们对失荆州一事，更感遗憾。

情景说明

孔明决定再出祁山，起兵伐魏。出师前拜祭先帝时，孔明誓言竭心尽力，复兴汉室，鞠躬尽瘁，死而后已，言未毕已泪满面。誓师大会上，忽报关兴病故，孔明仰天长叹：可怜忠义之人天不予寿，我蜀国又少了一员大将！

魏主曹睿闻听蜀国30万大军复出祁山，急召众臣商议对策。司马懿说蜀国连年征战，人才凋零，已为强弩之末，遂请命自往破之。曹睿从其请，任命其为大都督。

魏军于渭水北岸安营扎寨。孔明分析魏军兵力部署，作出佯攻北原、暗渡渭水、实攻魏军大营之计，诸将领命依计行事。然而司马懿老谋深算，识破孔明计策，蜀军各路兵马一一败落，折伤大半。前线战事杳无音信，身处祁山军营的孔明心中不安，隐隐预感到此次北伐会不利。

要点解析

1. 孔明拜祭刘备时泪流满面，是不是不祥的先兆？

孔明这个时候心里很清楚，北伐能否成功在此一举。如果成功，当然皆大欢喜；万一不成功，恐怕再也没有下次了。所以他很慎重地去拜祭刘备，表示说，我跟你虽然没有桃园三结义，但情意远远超过于此。

我们中国人拜祭先人，实际上是在跟逝者对话，因为很多话不方便跟朋友或者家人讲，更不容易向外人开口，但是可以非常放心地跟逝者沟通。所以，拜祭先人实际上让我们多了一种沟通的方式，千万不要把它当作迷信。孔明与刘备已是阴阳两隔，孔明这次与刘备的对话，似乎又燃起了三顾茅庐时的那种热忱。

虽然刘备临终时并没有郑重交代孔明一定要怎么样，但孔明很愿意尽力兑现自己当初的诺言。然而，孔明日渐衰老，更为无奈的是，蜀国的人才也不断凋零，而刘备的遗愿却还没有完成，所以他泪流满面，这是发自内心的深厚感情的体现。

2. 关兴病故，孔明为什么说"可怜忠义之人天不予寿"？

纵观历史，忠义之人多半活不长久，这并不是老天不公平，而是老天在告诫忠义之人要懂得爱惜自己的生命。一个人如果只有忠义的精神，而没有实践忠义的体力，最后不会有什么大的成就。忠义只是一种精神，一个人必须通过实际的行动才能够完成自己的使命。

因此我奉劝各位，你如果是忠义之人，一定要想办法使自己的身体能够比较长期地维持下去。中国人的哲学是明哲保身，"保身"就是要把身体保存住，"明哲"就是要了解自己的任务是什么。很多人批评中国的哲学太保守、太自私，其实不然。如果一个人知道自己的任务而没有体力去实践，那也是一种遗憾。所以关兴死后，孔明由衷感慨道：老天为什么不让关兴多活几年！

三國之道

忠义之人要懂得爱惜自己的生命。

3. 司马懿说，蜀国连年征战，人才凋零，孔明为什么没有想到这些?

其实孔明也知道，只是他也无计可施。战争很无情，说死就死，说伤就伤，培养了一大堆将才，几次战争可能就折损大半。历史上多少英雄人物，历经征战，都不见了。孔明无法避免战争，也没有能力让自己的将才都不死，更无法让敌军的将才全都快速死掉，这些都不是人在做主，所以他真的很无奈。

4. 孔明自己有病，为什么坚持要伐魏，让魏延、姜维去打不就没事了吗?

很多人都批评孔明想不通，放不开，事必躬亲。我不这样认为。老实讲，孔明自己都不确定能否在有生之年完成北伐大业，但是他有很好的想法，那就是不管结果如何，他都可以接受。他所看重的只是尽心竭力、鞠躬尽瘁、死而后已。

孔明当然知道北伐没那么容易成功，但是他又不得不去做——魏国总想来犯，吴国又不可靠，蜀国根本就无法安宁。蜀军如若不攻，等到魏军进犯，就麻烦了。孔明非常爱护老百姓，所以既然要战，宁可在境外，也不能在境内。所以孔明几次北伐，其实是以攻为守，防止司马懿领军打到蜀国境内，导致百姓遭殃，并非真的要攻城略地。所以孔明明知不可为而为之，这是一种很了不起的精神，给后世留下了一个最好的典范。

5. 孔明水陆两路兵马都被司马懿识破，是什么道理?

如果说孔明是好老师，那司马懿就是好学生，这个学生对老师所传授的，不但了解、领悟，而且能够充分运用。我们知道，老师之所以经常败在学生的手上，就是因为学生比老师年轻，懂得老师的那些东西不说，还能加上自己的创意。所以，老师收学生时一定要看他是不是跟你志同道合，如果志不同道不合，干脆就不要收，以免倒霉。

孔明和司马懿显然是敌对的，孔明虽然并非心甘情愿，却“传授”给司马懿一些计谋。司马懿认真研究孔明的每一次计谋，对孔明了如指掌，所以能够识破孔明之计，灵活应对。

6. 出师不利，孔明心中不安，他为什么这样?

因为孔明知道，只要他失算一次，就会让很多人白白送命。而这些人都是父母的心头肉，都是国家和社会未来的栋梁之才，他们献出最宝贵的青春，听从自己调遣征战前线，结果自己算计不灵导致出师不利，孔明当然很不安。

孔明不可能亲自上战场，但是他的一个计谋就足以影响战争的成败和众多性命的存亡，所以他知道自己要负最大的责任，因此心里很不安，这是必然的。如果孔明心里没有不安的话，那他的品德就非常有问题，他也就不值得我们敬佩了。

情景说明

蜀军残败之兵回到军营，诸将下跪请罪。孔明只说大家辛苦，让大家快快歇息。魏延一脸的不服气。

孔明首战不利，修书请东吴孙权夹击曹魏。孙权出兵，曹魏两面受敌，司马懿为尽快击退蜀军，使用诈降之计，孔明将计就计。司马懿大败，叹言愧为统帅，并告诫其子，为帅者当以国家安危为己任。

魏主曹睿亲统大军迎战东吴兵马，初战告捷，下诏令司马懿安心抵御蜀军。司马懿高挂免战牌，死守不战，欲使蜀军粮尽而退。见司马懿坚守不战，孔明研制木牛流马运送粮草。此木牛流马既不饮水又不吃料，可昼夜运转不停。司马懿听说蜀军有木牛流马，甚是惊奇，于是派兵劫得数匹。孔明闻听木牛流马遭劫，不怒反笑，令诸将大惑不解。

要点解析

1. 蜀军大败，孔明为什么说“大家辛苦了，快快歇息吧”？

通常战败的将领回来一定要下跪请罪，该胜而不胜，是将领的过错，很可能被斩首。假如孔明这次的计谋没有被司马懿识破，而又打了败仗，那孔明是会骂人的。

战争是很严肃的事情，不战则已，一战就要胜利，不可能说尽力就好，胜败无所谓。但这一次孔明检讨后发现，是因为自己的计策被识破才战败的，完全不能怪将领，所以他一改以前的作风，没有责骂大家，而是说大家辛苦了，好好去歇息吧，这其中就有道歉的意思。

基层的人道歉时，要明白地说对不起，说出自己做错了什么，但像孔明这样层级的人，能够说大家辛苦了，好好去歇息，就已经是充分道歉了。从他的神情和措辞可以体会到，他深深感觉到对不起大家。我相信将士们能够谅解他。

2. 魏延在旁边又是一脸不服气的表情，合适吗？

这种表情绝对是不合适的。其实，魏延本有两条路可走，第一条路就是真正地拿出一套办法去跟孔明据理力争，但这条路他又走不通，因为长期以来，他已经跟孔明有了很严重的心结。也许有人会讲，孔明应该宽宏大量，应该谅解和包容，但这个心结不是孔明单方面所能解开的。魏延自己对此要负很大的责任，他本该用实际行动去化解，但是他没有，反而一次又一次地表示不服，表示抱怨，表示受委屈，这样下去，这个心结只可能越来越紧而不会松动。

魏延的第二条路就是想办法讨好别人，然后通过别人去跟孔明讲，这样孔明会比较容易听得进去。功成不必在我，将来有一天事情做成了，大家还是会把功劳还回来的，所以不必着急。况且，一个人的意见只有被大家接受，才是成熟有效的意见，否则等于零。但是魏延也没有这样做，完全是消极抵抗，缺乏积极的建议，这是魏延最大的缺陷。

三國之道

意见只有被大家接受，才是成熟有效的意见，否则等于零。

3. 孔明写信请孙权出兵夹击曹魏，做得到吗？

我想孔明心里有数，这是做不到的。孙权长期以来对外都完全没有信誉，每次讲的都不算数，都是打自己的主意而已，不是一个真正的盟国君主。可是在初战失利的情况下，孔明想到了写信请孙权出兵，即使希望渺茫也要尝试，因为哪怕孙权只出少许兵力，也会牵制一下曹魏，以便给自己减少一点压力，最起码可以安定军心。可见，这对孔明来讲无论如何是有利的。

4. 司马懿说“为帅者当以国家安危为己任”，是真的吗?

这句话无论什么时候都是真的。当国家把重大的责任交给一个人的时候，他很难不以国家安危为己任，因为整个形势会使得他不得不这样想。当然，事后也许会变节，碰到大的危难时也许会背离初衷，历史上也确实有很多这样的例子。但此时司马懿讲的绝不是冠冕堂皇的空话，我相信这是他内心的真实想法。

5. 司马懿又高挂免战牌，孔明为什么要制作木牛流马?

司马懿的招数是以逸待劳——你远道而来，那我就跟你拖长时间，以待你粮草不足、兵士疲惫、斗志松懈之时，我一战而捷。司马懿几次都用这种招数。

蜀军从后方运粮过来是很辛苦的事情。为了做好持久战的准备，孔明研制出一种前所未有的木牛流马，就是用木头做成的像牛一样的运输工具，不会耗费粮草，里面装粮，可以行走，不会劳累，方便省力。如此一来，司马懿以逸待劳的招数自然就被破解了，他必须得改变策略，这对孔明非常有利。

6. 司马懿听说木牛流马，下命令去抢，孔明据报为什么反而哈哈大笑呢?

司马懿从来没有听过木牛流马，所以他最初连这四个字都讲不清楚。他想，既然孔明用木牛流马，那我就抢来几个照样仿做，反正又没有专利权。

孔明知道木牛流马被劫，不但没有慌张，反而哈哈大笑。因为他心里清楚，司马懿一仿做就上当了，这是孔明惯用的招数——我走一条路，把你引上道来，然后我就能料到你下一步会怎么走，这样你就不知不觉地上当了。

司马懿没有想那么多，他认为孔明能用的东西他也能用，所以抢到木牛流马后就大批仿做。不能因此就说司马懿想法简单，其实并非如此，只是对这个东西他不内行而已，不知道里面有机关。一个人对于陌生的、不了解的事情，就算绞尽脑汁也使不上劲儿，因为想不到那个方向上去。所以，司马懿这一次显然是不如孔明的。不过我们很难料到他了解木牛流马以后，会出什么新的花样。

情景说明

司马懿劫得木牛流马，喜之不尽，下令仿造，用以搬运粮草，却不知这正中孔明之计。原来，木牛流马口中设有机关，只要舌头被扭转，便不能行走。孔明吩咐诸将依计行事，去劫魏军粮草。

魏将郭淮闻听粮草被劫，急忙引兵去救。蜀军见魏军援兵已到，遂扭转木牛流马口中机关，弃之而走。魏军复得粮草，却无法令木牛流马行走，正疑惑间，见蜀军杀回，只得弃粮而逃。郭淮远远望见木牛流马复又行走，连称有鬼。

司马懿闻听军粮被劫，怒不可遏，亲自带兵追击蜀军，欲夺回粮草及木牛流马。然而途中中了蜀军埋伏，不得已丢弃金盔，仓皇而逃。

蜀军此役大获全胜，既抢得粮草，又劫得司马懿金盔。孔明令魏延持金盔到魏军寨前骂战，激其出战。魏延不悦，言称身为大将军，理应冲锋陷阵，不屑于寨前叫骂。孔明说此次叫骂事关重大，魏延最终无奈领命。翌日，魏延依从军令于魏军寨前骂战，魏军众将备觉羞辱，皆欲出战，司马懿制止说小不忍则乱大谋，纵使魏延将金盔掷于地上踢来踢去，始终不予理睬。

要点解析

1. 司马懿下令仿造木牛流马，为什么正中孔明的计策呢？

孔明想事情，不是想片面的，而是想全面的，不是想眼前的，而是想长远的。他当初用木牛流马的时候，就已经想到司马懿一定会派人来抢，所以早就设计了一个机关——只要扳动舌头，整个木牛流马就动不了了，如果再把舌头扳回来，它就又会正常行走。孔明知道，司马懿不可能一下子就把这个机关搞清楚，所以想在司马懿仿做之后，但还没有摸清机关之前，跟司马懿玩一个游戏。果然，司马懿正是按照孔明的思路在走，中了孔明之计。

2. 郭淮看到木牛流马不能行走，只好放弃，为什么又说有鬼？

人们对于已知和未知，有两种不同的表现。对于已经了解、熟悉的事情，胸有成竹；对于不了解、看不清楚的东西，或多或少会有疑神疑鬼的倾向，甚至把它叫作鬼。

就木牛流马来说，蜀军非常了解，知道如何利用它们口中的机关，所以不会疑神疑鬼。可魏将郭淮不清楚机关，只知道木牛流马在自己手上还可以行走，被蜀军抢走后突然就不能动了，而其后却又能走了，他当然会觉得有鬼。

世界上到底有没有鬼？我们可以通过一个事情来看：初生的孩子不会大喊大叫说怕鬼，都是等到慢慢长大了，懂点事情后，大人教他们说，这个有鬼，很可怕，小孩才开始怕鬼。也就是说，心中有鬼的人才怕鬼，反之就不会怕鬼。所以我们最好不要疑神疑鬼，因为是人在装神弄鬼。

3. 司马懿为了夺回粮草及木牛流马，又遭蜀军打败，是什么道理？

我们前面已经讲过，孔明和司马懿之间的智斗总是沿着一个思路你来我往。孔明知道，司马懿被抢粮草后肯定会反攻，到时候自己可以用更多的军力来打败司马懿。司马懿正好按照孔明的思路在走，当然就上当了。

但是司马懿也不会每次都打败仗，大多是在孔明用新的计谋的时候才会上当。司马懿很会反思，孔明二次用计时，他就会绕开圈套，甚至能反戈一击。司马懿把孔明当老师，还会举一反三，所以最后孔明也拿他没有办法。

4. 魏延不愿意在阵前叫骂，孔明为什么说这一次不一样？

魏延曾经几次被孔明派去叫骂，为此他很有怨气，因为他好歹也是蜀军里面数一数二的大将，论武功无人能敌。正因为如此，虽然孔明对魏延看不顺眼，却始终没有杀他。所以，我们不能说搞不好谁就把谁干掉，事情没那么简单，都干掉了，谁去做事？

魏延每次去阵前叫骂回来都抱怨：这种事情岂是大将所为！所以这次他又不愿意去。孔明跟他讲这次不一样，司马懿兵败，弃盔而逃。头盔对一个军人来讲是非常重要的，尤其是司马懿这样的统帅，如果把他的头盔任意玩耍、踢弄，他不会不动怒，若他一生气挥军而出，小将会招架不住，所以孔明才让魏延去。

5. 蜀军把司马懿的头盔放在地上踢来踢去，司马懿为什么不动怒？

司马懿的忍耐功夫高得出奇，无人能及，令人佩服。蜀军把他的头盔挂在棍子上晃动，他忍住了；蜀军又把他的头盔放在地上踢来踢去，他还是忍住了。几个大将都忍受不了这样的侮辱，都要出战了，可司马懿还是说，“没关系，让他们踢去吧”，他内心肯定也很气愤，却能一忍再忍，非常不易，这也是他的独门功夫。

6. 司马懿这一套“我不如又激不怒”的功夫，值不值得学习？

这要看个人的选择。如果你做的是小事，别人不会用极端的手段激怒你，你就用不着学习；如果你想成就大业，必然会招致嫉妒，别人会用你忍受不了的手段来刺激你，想方设法把你除掉，所以你就要无比忍耐，司马懿这套功夫就非学不可。

我们给这门忍耐功夫起一个名字，叫忍辱功。什么功都好练，忍辱功却很难练。很多很有成就的人，最后功败垂成，就是因为忍不住一时之气，结果不是被气死就是被打垮，这是很划不来的。

对付孔明，司马懿有两点做得很好：一是他承认自己不如孔明，这样他心里就轻松了，没有太大的压力，如果他一定要战胜孔明，就会变成第二个周瑜——既生瑜，何生亮，被活活气死；二是无论孔明怎么激他，他都不动怒，最后孔明也拿他毫无办法。

三國之道

如果想成就大业，必须学会忍辱功。

情景说明

司马懿坚守不战，魏延空骂一场，不由又对孔明心生怨气。孔明见司马懿如此固守，遂令兵将与当地居民一起种田，补充军粮，以作长久打算。司马懿得知此事，仍令坚守不动。

魏主曹睿率兵亲征，吴军败退，曹睿派人向司马懿通报捷音，司马懿称此乃天子洪福，并发誓拒蜀军于祁山脚下。

孔明独自在帐内秉烛察图，思忖攻魏之计，一兵士入帐送膳，见他咳嗽不止，不禁潸然泪下。孔明怅然，叹自己六出祁山，寸功未建，愧对先帝托孤之重。望着“克复中原”之旌旗，孔明倍感压力。

蜀军若要进军中原，必须击退司马懿，然而司马懿固守不战，孔明只得再谋他计。孔明召集众将入帐，精心部署各路兵马，要在上方谷火烧司马懿。

要点解析

1. 魏延空骂一阵很不高兴，他难道有什么良策?

魏延骂了半天，司马懿完全不为所动，还让身边的人不要理会。魏延越骂越生气，因为他有一个心理障碍，认为自己这样的身份是不可以做这种小事的。其实这是不必要的。

什么是大事？能够做好的事就是大事，而不是说冲锋陷阵、奋勇杀敌才是大事，这是魏延一生都没有体会到的。把司马懿的头盔踢来踢去，激司马懿出战，这就是大事，如果此计不通，那也别无良策。魏延如果这样想，就会知道自己正在做一件大事，可他偏不这么想，只是抱怨诸葛亮出的主意又没有用。可见，魏延对孔明心存芥蒂，觉得孔明处处跟他过不去。

三国之道

能够做好的事就是大事。

2. 孔明就地耕种，打算打持久战，司马懿为什么也不出战?

蜀军如果远途运输粮草，很容易被抢，因此孔明决定就地耕种，准备打持久战。可司马懿想：你毕竟是外来的，在这里调度不便，而且你家里还有事，迟早会把你调回去的，所以他坚守不出。

其实，司马懿选择不出战，也是从痛苦的失败中吸取了教训——他一出战就上当，就会输，所以干脆坚守不出。由此可以看出，司马懿的思路还是赶不上孔明，只要孔明有新的思路，他一时还反应不过来，仍旧采取最实在的办法，能拖就拖，能不打就不打。

3. 曹睿亲征东吴，大败诸葛瑾，司马懿有什么感想？

我相信司马懿的内心是很复杂的，他一定会想到，曹睿如果打不过东吴，就会更重视他，当然他也会更累；但曹睿打赢了东吴，就表示曹睿不会完全依靠他，自己也有一套方法。

君臣之间如果不能一条心的话，就难免彼此怀疑。而历代君臣之间一条心的案例比较少，彼此怀疑的案例比较多。所以说，两个人若能相知相融，又能彼此相交，是很难得的，要特别珍惜。

司马懿跟曹睿也是有心结的，他不能把内心的感想说出来，因为一旦走漏出去，自己就会有生命危险，所以他讲的都是冠冕堂皇的话。司马懿说，皇上实在是太照顾我了，怕我两边奔波，亲自率兵击退东吴，让我在这边专心对付孔明，实在是很难得的领导。他这样讲是对的，不管心里怎么想，嘴巴一定要这样讲。这不是欺骗，只是明哲保身，给自己留下宝贵的性命去做更多的事情。

4. 孔明咳嗽不停，又不吃不喝，士兵哭泣，是什么道理？

孔明身体渐衰，长此以往，蜀军想要打败魏军是很难的，所以大家除了悲伤，还很恐慌，孔明一旦出事，他们就不知该怎么办。老实讲，军队开出去还算比较容易，但要想退回来，那是高度困难的。司马懿此时虽然不打，但蜀军一退，他必定气势汹汹地追杀过来。因此大家都在担心不能安全地回到故乡。这是人之常情，我不认为大家在自私自利地替自己打算。孔明若是真的出事，大至蜀国，小至个人，都是高度危险的，所以士兵忍不住哭了出来，这是很正常的事情。

5. 孔明给自己的压力太大，是不是反而不好？

我们知道，阿斗并没有给孔明压力，反而劝他不要出兵，安安稳稳地守住蜀地就好了；下面的人更没有给他压力。孔明的压力主要来自对刘备的承诺，另外他也想让三分天下重归统一，恢复太平，不要再这样打来打去。

孔明为什么要一个人承担这样大的压力？我们站在孔明的立场想

想，他别无选择，虽然不停地培养人才，但总是青黄不接，折损率实在太高，再怎么培养都来不及，而自己却时日不多，再这样拖下去，他没法给先帝一个交代。可现在司马懿死守不战，北伐毫无进展，他的压力能不大吗？

6. 孔明费尽苦心要众将同心协力，将司马懿烧死在上方谷，会不会成功？

孔明经过多次失败，这一次费尽苦心，设想司马懿目前最想做的事情，然后根据他的情况，设计出一套策略。不出所料的话，司马懿会按照他的思路来进行，最后被困在上方谷，自己就可以用火烧，置司马懿于死地。按理孔明是可以成功的，但尽人事还要听天命，老天要不要司马懿此时死，我们真的不知道。

七十六　大雨能熄火

司马懿始终是孔明的心腹大患，好不容易计诱司马父子三人，深入上方谷，孔明一声令下，大火烧得司马父子也自认只有死路一条。不料天降大雨，将火熄灭。孔明黯然神伤，至感无奈。司马父子再三谢天谢地，孔明则自叹汉室气数将尽。这些都不是迷信，而是孔明所说的尽人事以听天命。西方人把它叫作“有一只看不见的手”，现代称之为概率。天有不测风云，人有旦夕祸福，果然如此。司马懿从此下令，再有主张出战者斩，曹睿也大力支持。孔明得知东吴陆逊兵败而退，气得吐血，阿斗闻讯，更是万分紧张。

情景说明

孔明令马岱在上方谷暗伏精兵，用柴草虚搭窝棚，并准备好引火之物，又令高翔佯作运粮，驱木牛流马于山路之上往来行走。

魏军抓获蜀军押粮士兵，审问得知，上方谷乃蜀军屯粮之地，孔明在上方谷附近安营。司马懿吩咐厚待蜀军士兵，其子司马师不解其意。司马懿说这么做可使蜀军兵将感其恩德，无心再战。其后，司马懿令众将次日并力攻打蜀军祁山大寨，欲引蜀军各营尽来相救，以乘虚攻取上方谷，火烧蜀军粮草。

翌日，魏军攻打祁山大寨，蜀军佯作前来相救，司马懿便引二子率兵奔向上方谷，路遇蜀将魏延阻截。魏延且战且退，引得司马懿步步深入。司马懿见谷中地势险恶，又听报谷中并无粮草，方知中计，正要退兵，却见孔明及伏兵现于山上。蜀军于山上丢下柴草火把，谷内顿时火势冲天。司马懿闻得谷口已被火封，惊得手足无措，抱二子大哭。忽然间，狂风大作，黑云漫天，一声霹雳，骤雨倾盆，霎时将火熄灭。司马懿大喜，引兵奋力冲出上方谷。孔明见突降大雨，倍感无奈，闭目良久，黯然神伤。

要点解析

1. 司马懿善待蜀军士兵，司马师为什么不明白他的用意?

司马懿较之司马师，就老谋深算而言，显然更胜一筹。我们常常认为，老谋深算好像是一种不好的做法，其实不然。司马懿非常清楚，只有善待蜀军士兵，他们受了感动，才会有问必答，讲出真话，这样他才能做出正确的决策。而司马师不这样想，他认为打仗就是互相厮杀，没必要对蜀军士兵那么好，他们又不能给自己什么帮助。只能说司马师的目光太短浅了，因为《孙子兵法》讲得很清楚，只有知己知彼，才有办法做出最好的应对之策。

2. 司马懿冲杀上方谷，为什么一反常态，非使大军全力出战?

从木牛流马开始，司马懿就感觉到孔明有长期作战的打算，现在孔明又让士兵耕田种地，他心知不妙，担心自己这招可能又搞不过孔明，只要孔明在这里落地生根，自己就得疲于奔命。所以他就想到唯一的办法，就是趁蜀军的粮食还没有收成，木牛流马还没有完全发挥功能之时，先把蜀军的粮仓烧掉，蜀军没有办法，自然就会退兵。所以，当司马懿从蜀兵那里打探到上方谷是蜀军的存粮之地时，一反常态，决定无论如何要攻破上方谷，要把孔明的粮仓彻底毁掉。

3. 司马懿看见粮仓，心中大喜，结果中计被困在谷中，他发现危险了吗?

孔明想来想去，觉得只有用粮仓才能把司马懿引过来，于是假装引诱司马懿去攻打祁山大营，他知道司马懿也会反过来想，弃大营而攻上方谷，所以把主要兵力安排在了上方谷，就等司马懿过来。

司马懿看到粮仓，觉得蜀兵所言不假，一厢情愿地认为自己的想法也是对的，以为孔明的主要兵力在别的地方，这是攻打上方谷的最好时机，因此完全没有警觉性，一路深入谷里。

可见人是不可以一厢情愿的，因为一旦有了这种倾向，就会觉得自己说的都是对的、想的都是事实，从而盲目地增加信心，最后钻进牛角尖。司马懿这一次就是这样，等他发现危险的时候，已经来不及撤退了。

4. 司马懿来不及逃脱，父子三人被困住，逃得掉吗？

按理说，司马懿父子三人是逃不掉的，因为退路已被拦截，山上还不停地滚下杂草，火势越来越猛。所以司马懿跟两个儿子讲逃不掉了。他心里很清楚，孔明事先一定很细致地计划，很周密地部署了，自己太自以为是，盲目地闯进来，只有死路一条。

5. 司马懿父子非死不可，却天降大雨，将火熄灭，是不是老天帮忙？

我们常常讲，世间有一只“看不见的手”，现在这只手就很明显，在司马懿身临绝境时，老天下雨了。一开始司马懿自己还没有感觉到，是听儿子说老天下雨了，他这才跪下来乞请老天下大雨，他两个儿子以及魏军所有将士马上也都跪下跟着请求。如果老天只下一点雨，他们还是死路一条，可老天偏偏下起了瓢泼大雨，比救火队都厉害，很快就把火都熄灭了。这是“看不见的手”存在的一个最好的证据，也就是我们常讲的，人只能尽人事，结果却要听天命。

很多人过分地重视结果，其实是不对的。因为人不是神，不能完全控制结果，即使像孔明这样费尽心力，也可能功败垂成。所以我们中国人经常讲“老天帮忙”，这并非迷信，值得大家仔细体会。人就算有天大的本事，也需要老天帮忙，老天最后那临门一脚才是决定成败的最大力量。所以成功的时候，我们不要自以为了不起，而应该说“谢谢老天帮忙”。

三国之道

人就算有天大的本事，也需要老天帮忙，老天最后那临门一脚才是决定成败的最大力量。

6. 天不亡司马懿父子，孔明有什么感觉？

孔明也知道天意难违。我们所谓的老天不是神，玉皇大帝也只不过是个名词而已，老天被看作自然规律的代名词，因此我们相信的是自然规律。

老天自有安排，也就是说，自然规律是有因果关系的。司马懿这次如果被烧死，反而便宜了曹操的后代，因为孔明宽厚仁慈，绝不会杀了曹氏，而会安置他们在一个地方终了余生。那样的话，因果关系就不是很清楚。现在老天不让司马懿父子死，留着他们去收拾曹操的后代，这样不也很好吗？我不是说一定要让孔明失败才是天意，而是说老天有它的巧妙安排，我们应该加以尊重。

情景说明

司马懿冲出上方谷，闻渭南大营失守，叹曰："诸葛料在我先，我不及也。"然后传令：烧断浮桥，坚守北岸，诸将如再有言出战者斩。听闻蜀军驻兵五丈原，与魏军隔河相峙，司马懿稍稍放下心来。

上方谷一战，司马懿侥幸逃命，孔明知难再引其出战，决定对他羞辱一番，激他出战，遂修书一封，说司马懿只知躲避，与妇人无异，并附巾帼及妇人之衣派使者送至魏营。司马懿看完来书，遏制心中怒火，接过妇人之衣穿于身上，佯笑纳之，然后吩咐酒席款待蜀军使者。席间，司马懿问使者孔明寝食及事务之繁简如何，使者无防，将孔明之事务操劳如实说出。司马懿听罢笑言：食少而事烦，岂能久乎！使者辞去后，魏军众将难平羞辱，一再请战。

要点解析

1. 司马懿下令再有主张出战者斩，是什么道理？

司马懿这一次死里逃生后，如惊弓之鸟，不敢再战，所以回去以后就断然宣布，谁再主张出战就立斩不赦，否则底下的人始终蠢蠢欲动。老实讲，军人要是不打仗，也是很难过的，看看魏延就知道了，打不了仗就去砍树。所以一个人从事一个行业久了以后，自然会养成一种习惯，用今天的话讲就是职业病。我们当然希望军人不打仗，可也不能怪他们一心要打，因为他们的希望和前途就在打仗上，而且真正到了战场，他们还非打不可。司马懿如此严厉地告诫大家，目的就是想说：不要再出馊主意了！我们每次出去都上当，好好静一静再说吧。

2. 孔明和司马懿隔河相峙，是不是也不想战呢?

孔明这次失败后也有了一些调整。他一向敬天顺天，尊重自然规律，所以这次烧司马懿不成，他就想：是不是老天不让我北伐成功？难道老天另有安排？那我就跟司马懿隔河对峙一段时间，看看以后的情况会怎样。

孔明这样做是正确的。当一个人做一件事情，眼见就要成功，而且这次成功会有决定性的影响，但到了最后关头，却由于某种原因没有完成，就应该反思了。孔明这一次要安静地好好想一想，才会走下一步。

3. 孔明叫人送一套妇人服饰给司马懿，结果如何?

孔明知道，只有让司马懿出战，他才有办法继续下去。可司马懿经过几次兵败，不会上当了，再要设计诱其出战，是很不容易的。所以孔明干脆就来正面的，叫人送了一套女人穿的衣服给司马懿，当面给他最大的侮辱，说他身为大将军，不敢打仗，不像个男子汉大丈夫。司马懿刚开始也很气愤，大将们更是愤怒，认为简直受辱到了极点，执意要打。但司马懿还是忍住了，他想：你要我这样做，我偏不，看你怎么办。司马懿这套忍耐功夫真的不是一般人做得到的。

4. 司马懿询问孔明近况，为什么说“食少事烦，岂能久乎”？

司马懿向送女人衣服的来使询问孔明的近况，此人警觉性不够高，把孔明吃饭很少，什么事情都要自己处理等情况，原原本本地讲了出来。使者跟司马懿讲真话，那不是通敌吗？不是出卖孔明吗?

司马懿从使者的话就断定孔明体力不支，于是坚持不出战，拖到孔明死为止，就什么问题都解决了。

有人从小就培养孩子要讲真话，我看光有这方面的训练是不够的，还要看在什么场所对什么人讲，讲什么事，这有很多限制因素，一定要综合考虑才行。

5. 众将领坚持要出战，司马懿镇压得下来吗?

我想司马懿是镇压不下来的，因为将领心里会想：你受得了这个气，我们可受不了；你怕死，我们不怕死；你作为统帅，懦弱到这种地步，把我们的脸都丢光了，我们宁可死在战场上，也不跟着你受辱。所以，要镇压众多将领是有难度的，好在司马懿很善于动脑筋，知道怎么去镇压，我们对此不能不佩服。

6. 司马懿这种作风是不是太懦弱了，害怕成这样？

一般人大概不会表现得像司马懿这样懦弱，可能会想干脆拼了算了，就是死也死得很壮烈。可司马懿没有这样想。

我们从司马懿的经历可以看到，他最初憎恨生逢乱世，不想做官，只想好好过日子，是曹操偏把他拉出来，不出来就杀，可出来后又不受重用。好在司马懿有个长处，就是能把追随过的人，都当作个案进行研究。他研究曹操，后来比曹操还厉害；现在又研究孔明，结果有时比孔明更厉害，所以他最后成了集大成者。

司马懿既然练就了这样的功夫，就总想做点事，他想：曹操做的事情我也可以做，孔明做的事情我也可以做，所以他会扮演两种角色，一种是孔明的角色，好对皇帝有个交代，就像孔明对刘备有个交代一样。但是将来势大以后，他就要扮演曹操的角色，就像曹操当初对待刘氏后代那样，照本宣科地把曹氏后代整个干掉。当他有这样的大计划后，当然要忍耐，否则也不用承受这种侮辱。所以，一个人要成大事，就必须忍他人所不能忍，将来才有办法达成意愿。

我提出这个问题，就是希望大家思考自己的价值观，一定要厘清自己的价值观。我们尊重每个人的选择，所以我们没有资格去批评司马懿，他的价值观是由他的经历慢慢演绎而成的，我们无可厚非。

三國之道

一个人要成大事，就必须忍他人所不能忍。

情景说明

司马懿见众将再三请战，便说天子明诏，令坚守勿动，若执意要战，须等奏准天子。众将这才退下。

蜀军使者回营后，将司马懿反应及席间所言一一报与孔明。孔明闻之，叹息良久。

且说魏主曹睿接到司马懿奏表，览毕，不解何故上表求战。卫尉辛毗言，此必是司马懿欲借圣上之意以遏诸将求战之心。曹睿遂令辛毗前往司马懿处传旨：如有敢言出战者，以违旨论。众将只得奉诏。司马懿暗称辛毗知其心。

孔明闻听魏主曹睿降旨不得出战，深知此乃司马懿安抚三军之法，怅然良久。听长使费祎来报，东吴三路兵马皆已败退，孔明口吐鲜血，昏倒于地，半晌方苏。壮志难酬，加以劳累过度，孔明旧病复发，自感来日不多，遂将八卦阵法之精髓传于姜维。

要点解析

1. 送妇女服饰的人回来禀报孔明，说司马懿料他活不久，有必要吗？

这个人的做法很奇怪，他把孔明的实际状况说给司马懿，事后不反省自己闯了祸，居然又把他告诉司马懿的话以及司马懿做的总结——孔明活不久了，原原本本地告诉孔明，实在是没有必要。

我相信一个稍微老道一点的人，这两种话都不会说，就算当初一时疏忽对司马懿说了实话，回来之后也不会告诉孔明，孔明也就不会有压力。现在孔明一听，就知道糟糕了，司马懿知道他活不久，后面的仗就更难打了，于是压力越来越大，这对他的身体状况非常不利。

但是我们周围的人，十有八九都跟这个人一样，自认为没有恶意，只是知道什么就讲什么而已。这种人不知道自己闯了祸，反而感觉很轻松，让受害者受了很大的牵累。

2. 司马懿身为都督，居然奏请曹睿想要出战，不是很奇怪吗？

司马懿虽然已经告诉众将领，谁要出战就斩，但是不管用，将领仍旧据理力争，就是要打。司马懿看压不住这些将领，就动了一个脑筋，说皇帝之前让我们只守不打，如果要打也得先启奏皇帝，皇帝如果同意，才能打。大家一听要请示皇帝，自然不方便反对，于是司马懿才上奏请求出战。

3. 曹睿降旨，如有敢言出战者，即以违旨论，是不是更奇怪呢？

曹睿接到司马懿的请求，感觉很奇怪：我已准你先斩后奏，你作为统帅，认为有必要出战就出战，干吗请示我呢？所以曹睿一看就知道这当中一定有什么文章。

我提醒各位，当你想不通的时候，应该知道其中必有缘故；当你感觉很不正常的时候，应该知道其中一定有很多奥妙。曹睿估算到了司马懿目前的状况，所以并未准奏，而是降旨说，如果有人说要出战，就是违旨。可见，曹睿完全跟司马懿站在同一阵线上，充分支持司马懿不战的主张，这才成功把诸将安抚了下来，让他们服服帖帖。

三国之道

当你想不通的时候，应该知道其中必有缘故；当你感觉很不正常的时候，应该知道其中一定有很多奥妙。

4. 曹睿和司马懿这一来一往，是不是十分有默契？

这当然是非常有默契，老实讲，像这样默契的君臣也是很少有的。双方只有在平常有很多共识，常常用心去体会对方，而且有足够的信任感，才可以这样做。曹睿这次起用司马懿，本来是要他先到某个地方跟自己见面，但司马懿没有奏请就先去收拾叛将，然后才来觐见，这个时候君臣间就已建立了一种默契。一路下来，他们彼此已经很了解了，所以才会有这么密切的配合。否则只要当中有一个错误的认知，有一点点扭曲，这出戏是唱不下去的。

5. 费祎报告东吴陆逊兵败而退，孔明为什么急得吐血？

由于孔明的病很重，又加上劳累，吐血是迟早的事情，现在经受这样一个刺激，就吐出来了。东吴兵败的消息真的让孔明很伤感，因为如果东吴能够牵制曹魏，他这边还比较好打，可现在东吴败退，就得完全靠自己，而他目前的境况又极为不利，所以他知道，北伐大业大概是完成不了了。

6. 孔明病危，他在动什么脑筋？

如果你是孔明，这时候会怎么想？你会想速战速决吗？大概不会，因为这根本就不可能：第一，司马懿不应战；第二，孔明也没有把握取胜——蜀军早已疲敝，将领们不是老迈就是太年轻，孔明真的不很清楚自己有多大的实力。

当然，他也不会跟司马懿长期对峙下去，因为这也是行不通的，自己的病情一天一天地加剧，恐怕维持不了多久了。那他会不会想退回蜀国呢？我觉得这是他可以想到的，回去好好整顿，自己也养养病，然后再来，但是他知道自己的病已经很严重，不可能很快康复。既然自己不能快速健康起来，也不能长期奋战下去，所以孔明现在唯一想的，就是如何把伤亡降到最低，使全军安全地退回蜀国。

情景说明

孔明于病榻之上嘱咐姜维，军中各项事务照常运转，万不能让司马懿察觉自己生病。孔明尚有一部兵书未完成，打算将其写完留给姜维，于是强支病体，连夜疾书。魏延入帐，尽言关切之语，劝孔明回蜀地安心养病，自己将担当伐魏之事。孔明以需奏请朝廷为由，婉言拒之，魏延隐愤离去。

孔明服用丹药，收效甚微。费祎建议速去呈报天子。天子刘禅闻孔明病重，急得来回踱步，六神无主，又与近臣商议，仍旧不知如何是好。

孔明又观星象，客星倍明，主星幽暗，深知自己危在旦夕。姜维提议用祈禳之法加以挽回，孔明遂授以禳星之法让其准备，却又不禁感叹不知天意如何。

要点解析

1. 孔明交代千万不要让司马懿知道他的病情，是什么道理？

道理很简单，司马懿说不战，不是绝对不战，而是等待时机再战。这是中国人最了不起的哲学：站在不要的立场来要，才不会乱要；站在不战的立场来战，才会战得很有把握。

司马懿真要知道孔明卧床不起，此时不打更待何时？何况他心狠手辣，不会舍不得下手，抓到机会就一定全力以赴。所以孔明再三交代不要让司马懿知道自己的病情。

从这个角度来看，那个传话的人也有他的功劳。因为他只说孔明吃的东西少，事情很多，并没有说孔明整天咳嗽，已经面黄肌瘦，神采大不如前。所以有时候，老实人也有老实人的好处，因为他就讲他所知道的，不会添油加醋。

三国之道

站在不要的立场来要，才不会乱要；站在不战的立场来战，才会战得很有把握。

2. 孔明病情十分严重，仍然勉强写兵书，有必要吗？

孔明如果完全躺在床上养病，消息很快就会走漏，所以他勉强写兵书，除此之外，还有其他两个重要的原因。

一是人生病的时候，首先要治病，其次要忘病，如果一直惦记着病，病情就会越来越严重，等于是在等死，孔明是通过写兵书来忘记自己的病。

二是一个人一生总有些积累，总有些宝贵的东西想要传下去。当年华佗要被处死的时候，念念不忘的就是医书没有传下去。孔明现在也一样，何况自己的兵法经过实际演练，见解独到，又有姜维这个得意门生，更想写好兵书传授给他。

所以，孔明这个时候还在写兵书，我觉得是一个很好的办法。一方面，如果他通过这样的方法把身体养好是很好的事情；另一方面大家远远看到他在做事，会觉得他身体不错，这样也能够稳定军心。

3. 魏延表示自己愿意对抗司马懿，完成北伐任务，孔明为什么不答应？

魏延不止一次有这种想法，他认为：你孔明固然很重要，但我好歹也是大将军，经验不比你差。你生病了就应该回去养病，我可以留在这里继续打。而且，他还有一层意思没有说出来：如果我来打，司马懿还不清楚我的招数，说不定可以出奇制胜，而你的各种招数都被司马懿摸得一清二楚，可见我比你更有胜算。

一个人，不管有什么想法，只有让别人接受，才有用处。所以，魏延如果有这样的打算，平常就应该更加谦虚地向孔明学习，配合孔明，取得信任，然后由孔明提出把事情交给魏延，自己回去养病，这样才是有利的选择。可魏延并不这么做，非要搞一套自己的想法，而人家偏偏越来越听不进去，这就叫自绝于人。

4. 阿斗听说孔明病重，为什么急得像热锅上的蚂蚁？

阿斗心地很善良，思想也很单纯，虽为刘备长子，却从小就很少被刘备带在身边。不像司马懿的两个儿子，始终被父亲带在身边接受教育，所以长大后非常厉害。阿斗一直被呵护得很好，养得白白胖胖的，根本没有遇到过实际状况的刺激，这样他的脑筋自然就不管用了。

所以阿斗此时只会着急，他想：糟糕了，先父交代我要听相父的，相父平时把所有事情都给我安排得很好，如果相父走了，我可怎么办啊？可见他是从心里头感到着急，如果不是这样的话，他应该很高兴，觉得以前受相父控制，现在相父身体欠佳，自己可以自立了，可以为所欲为了。阿斗没有这样想，可见他是个很好的人。

5. 孔明用祈禳法延长寿命，有效吗？

如果后来孔明能够多活几年就叫有效，照样死掉就叫没效，这就叫结果论。实际上，我们永远也搞不清楚这套东西到底有没有效。

我们之所以相信科学，是因为科学可以验证，可以被一而再、再而三地重复证明。可这套东西，我们根本就不了解，所以没有资格说无用还是有用。对于这种既不能反对，也无法赞成的事情，我们只好存疑，也就是让每个人自己去感觉。

但是，我们知道，孔明并不相信祈禳法，也并非真的要靠这一套来延长寿命，这完全是一种障眼法：第一，可以安定人心，告诉大家不要惊慌，只要他一作法，就可以再活十二年；第二，可以趁机调养身体，因为最起码能有一个不受干扰的场所，能够安静调养身体。第三，他要观察一下军中的状况，然后再来做最后的决策。

6. 关羽和孔明为什么晚年都过得这么辛苦、艰难，值得吗？

我们知道，英雄最怕的就是头发白。一个人白头发一出来，就说明体力衰退、精力不足了，后面的时间也有限了，心里就会有压迫感。所以，关羽到最后，不像年轻时那样洒脱，败就败了，以后再杀回来就好了，他知道自己的情况已经很糟糕了，身手没有以前灵活，受伤后也恢复得很慢，所以做什么都顾虑重重。孔明也一样，他如果这个时候还年轻力壮，时间和精力都很充沛，就会无所畏惧，可是他知道自己已经不行了。

老天这样安排其实是合理的，因为任何人的生老病死都是必然的过程，因此孔明要急着传授姜维兵法，他知道自己的任务如果不能完成，最起码要有一个可靠的人替他延续下去。

我们看到孔明的做法，就应该从现在开始想想自己，当阶段性的任务完成以后，下一个阶段要怎么去继续。也就是说，每一个企业的经营者对接班人要特别用心，每一个家庭对继承人要特别教养。

话说回来，关羽和孔明都过得这么辛苦，值不值得？我觉得当然值得。如果你有机会做关公，你不做吗？如果你有机会做孔明，你不做吗？不做才怪！虽然很辛苦，但总归是值得的。

七十七　死后能杀人

孔明祈求上天延长寿命，目的在促使大家做好充分准备，安全地撤退到后方。司马懿见蜀军好久没有动静，判断孔明病危，还是不敢前去攻打。孔明急于将生平所学传给姜维，阿斗却关心谁来接替孔明。可见各人有不同的打算，世事才这么错综复杂。孔明生前不杀魏延，死后仍然安排杨仪和马岱合作杀掉魏延。孔明生时为匡扶汉室竭心尽力，临终还要为后来的事情做好缜密的安排。看到这里，相信很多人都心疼不已，也钦佩之至。

情景说明

时值八月，秋风瑟瑟，孔明在帐中施祈禳之法，地上布置主灯一盏及大小灯数盏。如果七日之内主灯不灭，寿命可增十二年；如果主灯熄灭，则其必死。孔明传令闲杂人等不得入帐，然后开始拜祝。

此时司马懿在营中坚守，夜观星相，见将星失位，蜀军又多日没有动静，不觉生疑，于是命夏侯霸领兵到五丈原打探，并说如果蜀军不战则孔明必有重病，可乘势出击。

孔明禳星已过六夜，地上主灯依然明亮，再过一夜便可成功，但魏延闻听魏军突袭蜀营，慌忙闯入孔明帐中报告，秋风随之灌入，主灯立即熄灭。姜维见状，心中愤怒，拔剑欲杀魏延。孔明止住姜维，说其命当绝，不是魏延的过错。魏延也连忙下跪，恳请恕罪，并汇报魏军前来偷营。孔明知道这是司马懿料其有病，派兵来探虚实，于是令魏延率兵出战。司马懿得知蜀军出战并一路追击，不敢妄动。

要点解析

1. 孔明祈禳，目的在躲过自己的死亡来保护大军安全撤退，是不是这样？

每个人都会有不同的看法。我认为孔明不会一心一意寄望通过祈禳来延长寿命，否则的话他会言行失常。他只是很平静地面对这件事。不过，他肯定想好好保护军队，使之安全地撤退到后方。前面已经分析过，孔明有好几个可供实施的方案，但就目前的情况，唯一可行的恐怕就是让大家以为他真的在祈禳，使蜀军内部获得平静，他病重的消息就不会走漏，司马懿也就不太容易看出蜀军营中的变化，我想这是祈禳的最大功能。

2. 生死由他不由人，但是人的求生意志是不是也有很大的作用？

一个人可以表达求生的意愿，但意愿能否达成，还得由老天决定，孔明对此心知肚明。我们一直认为，人的生和死不能由人类自己决定，但21世纪的生物科技已经严重介入生死领域。好在虽然有少数科学家尚不服气，但有的生物科学家已开始反省——要自我约束，发明、发现和创造应该有一些制约。我们经过长期观察，总觉得生死由人类自己决定的话，将弊多于利。

实际上，每一个人都要合理地怕死——生命可贵，不能轻生。中国人最反对的就是自杀，因为人没有权力自杀。好死不如赖活，就算活得很辛苦，也要坚持下去，不能轻易放弃。但是，当你应该面对死亡的时候，也不必逃避，不必恐惧，更不能怨恨。孔明表达了求生的意愿，但他更知道知天敬天，听从天意。

3. 司马懿由蜀军好久没有动静，判断孔明病危，是不是神通？

这跟神通无关，只是一种推理。很多人常把神通跟推理看成两回事，其实二者是一个道理。如果你把过程说得很清楚，那就叫推理；如果你把过程隐蔽起来，直接说出最后判断的结果，那就叫神通。所以，真正的神通是不存在的，所谓的神通只不过是经过推理做出了正确的判断。如果一个人经过推理却无法正确判断，我们就认为他的推理能力不够，如此而已。

司马懿知道孔明食少事烦，便知孔明活不久。现在他又看到蜀军没有动静，就知道这里头一定有名堂，于是推断这是孔明在极力掩盖病情。我们中国人常说欲盖弥彰——你越想掩盖，局外人就看得越清楚，所以司马懿判断孔明病危，这是一种很理性的推理，不是神通。

三国之道

真正的神通是不存在的，所谓的神通只不过是经过推理做出了正确的判断。

4. 夏侯霸来袭，魏延急忙闯入报告，灭了主灯，他是不是故意的？

司马懿派夏侯霸引军前去哨探，魏延见有人偷袭，急忙闯进帐中禀报孔明，没想到祈禳的主灯随之而灭。

如果祈禳的主灯不灭，孔明经过一个周期，即一个礼拜的运气、打坐，身体也会有短暂的恢复。而现在秋风随魏延入帐，吹灭主灯，气氛为之陡转，变得很不安宁，病人很难承受这种打击。所以姜维非常气愤，认为魏延是故意的，但孔明否认这种说法。我们也不能因此怪罪魏延，那样很不公平。魏延虽自以为是，但自有他的长处。我想他不是故意的，虽然他造成了一个很大的遗憾。

5. 姜维要杀魏延，孔明为什么也说不是魏延的过错？

孔明很理性，也很公正，绝不因私心而冤枉任何人。孔明对魏延早有成见，且一直未消，所以才会认为魏延跟他不配合。但孔明不会因此怀疑魏延阻止自己祈禳，要取自己的性命。

6. 司马懿既然知道孔明病危，为什么不趁势来攻？

司马懿当初火困上方谷，几乎非死不可，最后天下大雨得救，我认为从那以后，他的很多观念会发生改变，觉得事情的最终结果是由老天决定的，着急也没有用。如果孔明该死，迟早会死的；如果不该死，即使同样把他困在上方谷用火烧，他也死不了。

而且司马懿认为，现在去攻打孔明，说不定会被他反过来袭击，而且，如果孔明没有病危，岂不是更糟糕？可见除了孔明谨慎，司马懿更是谨慎，这不是坏事，过分谨慎才可能是坏事。对付一般人，司马懿有正常范围的谨慎即可，可对付孔明，就必须加倍谨慎。因为他长期跟孔明交手，知道孔明捉摸不定，所以宁可先让夏侯霸去试探，避免有什么闪失，就算这一次没有抓到孔明，还有下一次。

情景说明

孔明知道自己命不久矣，就在病榻之上写下遗表，并说自己已将平生所学著述成册传于后人。姜维和费祎站在一旁，力劝孔明保重身体，不要再操劳。

刘禅收到孔明上奏的遗表，心中不安，立即派尚书李福星夜赶往军中向丞相问安，并询问后事。

孔明躺在病榻上，将汇集平生所学的兵书传给姜维，并嘱咐其用心研读，然后唤马岱入帐，附耳低声言语，授以密计，又唤杨仪入帐，说其死后魏延必反，特授杨仪锦囊一个，让其在与魏延对阵时再解开此囊，依计行事，那时自有斩魏延之人。

尚书李福来到军中，孔明嘱咐说，自己死后国家旧制不可更改，所用之人不可轻废，又告诉杨仪要缓缓而退，若司马懿来追，则按计行事。

要点解析

1. 孔明要将生平所学传给后人，有必要吗？

人的寿命是有限的，自古以来，人都必有一死，没有人可以例外。可是每一个人都会觉得自己的寿命太短暂，只有区区几十年。孔明也这么认为，可他很清楚生死是由老天决定的。

一个人不要要求自己的寿命可以无限延长、死后躯壳不会腐烂，甚至还会复活，这些都是不可能的。人唯一能做的就是使自己的精神永存于人间。比如孔子、孟子、曾子，他们的寿命早已结束，躯体也早已腐烂，但他们的精神留了下来。孔明也想如此，所以他决定，无论多么辛苦也要把最宝贵的心得传下去。我们到现在还记得孔明，就表示他真的做到了这一点，我们也从中受益匪浅。

2. 阿斗叫李福来看孔明，他想得到什么？

长期以来，阿斗一直是依赖孔明的，他现在得知孔明病危，马上就想自己该怎么办。一个自己会走路的人，对于扶他的人也许只是谢谢而已；可是一个行动不便的人，对于扶他的人是相当依赖的。所以，阿斗赶快叫李福去军中问丞相后事，以便在孔明不幸离世后，可按遗嘱执行。我想任何人处在这种情况下，都会有这样的想法。

3. 人在死前会回想往事，是不是真的？

人在年轻的时候，没有什么往事可想，所以很少回忆从前，多半会展望未来，因此小孩最喜欢说长大了要怎么样，而不会去想以前的事情。可当人老了以后，就不太敢想未来，因为未来是很短暂的，未来就是面对死亡，所以老年人最常做的就是回想从前的辉煌，那样心情会比较愉快。

人在临终的时候，也一定会回想一生的种种。我们把它当作倒带，就像我们把一个片子放完以后，再把它倒回来。回想自己这一生到底怎么样？到底对不对得起自己？到底对自己有个什么交代？从幼年到青年、中年、壮年，一直到现在，尤其是那种很重大的，比如伤害过别人或者被别人伤害、救过别人或者被人所救的关键性行为，都会一一呈现。孔明也一样，这一路走来的各种事件，或欣慰，或懊恼，或感动，都会慢慢地回忆出来。

4. 姜维得孔明兵法有什么感想？

当年神医华佗把遗书交给狱卒时，狱卒很高兴，可他太太却一把火把书烧掉了。因为一个人一旦有了医术，就要背负很大的责任，就要走华佗的路，说不定又会被关进牢里，这是何苦呢？现在的姜维也一样，如果孔明把他当作一般的将领看待，他完全可以做多少算多少，但他现在得到了孔明的兵法，这就糟糕了，因为这是一个很大的负担，一个很重的责任。

孔明六次兵出祁山，可姜维却九次攻打中原，就因为孔明把大任托付给了他，他只好尽力去完成。看起来姜维很幸运，而从某个角度来看，他也是很不幸的。所以说，幸与不幸是连在一起的，有得必有失，有利必有弊。一个人如果得到好处，那他一定会担负很多坏处，这是谁也逃不掉的。

三国之道

幸与不幸是连在一起的，有得必有失，有利必有弊。

5. 孔明交代马岱做什么事？为什么说得那么小声？

我们中国人的习惯做法是：如果话说得很大声，就是给所有人听的；如果话讲得很小声，就是专门给一个人听的。可见在这件事情上，孔明只对马岱放心。孔明没有交代马岱不要声张，但是马岱自己知道要保密——你这么小声告诉我，就是怕别人知道，何况所讲内容也绝对不能让别人知道，否则我就危险了。孔明把这么重要的事情交给他，马岱一方面很感动，一方面也很小心，因为这种事情不能让第三个人知道。

6. 孔明为什么告诉杨仪，自己死后魏延必反？他不怕杨仪泄露机密吗？

孔明当然会担心，可他也知道如果顾虑重重，就什么事情都不能做了。更重要的是魏延对杨仪是一百个不服气，认为自己是大将军，而杨仪只是长史，二人素来不合，彼此间有很严重的矛盾，所以孔明才会很坦白地把这件事情交代给杨仪：我死后魏延必反，但你不用怕，我现在授你锦囊，到时候只需按照我说的做就可以顺利除掉魏延。孔明临终还在想着国家大事和全军安危，还在解决将来可能发生的难题，实在是让人敬佩。

情景说明

李福问孔明百年之后谁可继任，孔明说蒋琬；李福又问蒋琬之后是谁，孔明说费祎；又问费祎之后是谁，孔明不再言语。翌日，孔明说要出去看看营寨和将士，晨曦之中，蜀军将士在营中操练，孔明坐在车上远远观望。众将士见到丞相纷纷下跪，连说丞相保重。孔明迎着秋风，望着“克复中原”的旌旗，不禁泪流满面，叹曰：悠悠苍天，何薄于我！说完，羽扇落地，奄然归天。

司马懿仍然只是在营中练兵，不出战，闻听蜀军已经退出五丈原，断定孔明已死，于是亲自领兵立即追赶，追到山脚下，却见蜀军回旗返鼓，树影中飘出写有“诸葛”的大旗，司马懿定睛一看，一辆车上端坐着孔明，大惊高呼：孔明尚在！又听姜维嚷喊说他中了丞相之计，司马懿急忙勒马撤退，仓皇逃命。姜维没有追远，也调头后撤。

要点解析

1. 孔明为什么推荐蒋琬与费祎继任丞相，再问第三个就不说话了？

阿斗听说孔明病危，迫切想知道谁可以接任，所以就叫李福赶快去问。李福问孔明：你百年之后谁来接任？孔明毫不犹豫地说蒋琬。李福又问：蒋琬之后呢？老实讲，李福是不应该这样问的，蒋琬还没有接任怎么就讲蒋琬之后呢？但我们也不能责怪李福，万一有什么意外，叫阿斗怎么办，这样问也是人之常情。孔明说，就费祎吧。没想到李福居然又问：那费祎之后呢？孔明心里想：那时年轻人该出来了，怎么还要问我？而且我要说了，也未免管得太久了，后面的你们自己去安排吧。所以孔明就不说话了。

孔明如果完全不回答，就是过分地谦虚、过分地不愿意承担这个重大的责任；如果一口气讲出七八个，又显得没有轻重，反而会让阿斗为难。我相信，阿斗有了这两个人选以后，心里就会稳定下来，以后就不会乱了。

孔明这样做非常符合孔子的主张。一般人有个重大的误解，认为孔子希望我们三思而行，其实孔子是反对的。孔子说想两次就好了，还要想第三次，就什么事都不要做了，所以他并没有说事不过三、无三不成礼。可见我们一方面很尊重孔子，一方面对孔子有很多曲解，甚至造成很多负面的效果，要特别小心。

2. 司马懿只练兵不出战是不是上策？

对司马懿来讲，这是上策，他曾经离开朝廷安心地练兵，不跟其他人混在一起，以免耽误自己，通过练兵守时待势——时机到了，自然会有成就；势头起来了，自然就会成功。同时他也是在练兵的过程中把两个儿子带起来的。现在司马懿在跟孔明交手的过程中，得到了启发，增长了智慧，所以到哪里都练兵，一方面加强自己的实力，另一方面以静待动，这对他是很有利的。

3. 孔明临终前出来看看士兵，是不是一种障眼法?

孔明不是舍不得把北伐这种博取大功的事情交给魏延、姜维，而是因为魏军的统帅是司马懿，如果没有司马懿，孔明会很放心地让魏延、姜维出去打仗，自己在后面练兵，然而这些人都不是司马懿的对手，所以只要曹魏那边让司马懿带兵，孔明就非要自己出来不可。孔明每次听到司马懿被冷冻，就松口气，一听到司马懿又出来了，就有点儿担心。他看得非常透彻，整个曹魏难对付的其实就是司马懿一人。

所以，孔明明知自己体力不支，也要出来看看士兵，这一招也是做给司马懿看的，因为他知道，只有他能吓唬得了司马懿。当然，他也很想跟大家告别，但他告别的方式跟一般人不一样，因为他要维护全军的安全，所以要装得很威严，好像是出来巡视，而不是告别。这种情况如果传到司马懿那边，会收到很好的效果，司马懿会以为孔明的病好了。

4. 将士不约而同下跪，请孔明保重，孔明为什么泪流满面?

任何人在这种场合都会泪流满面，因为实在是太感人了。我们知道，孔明对士兵要求非常严格，谁都不能马虎，但同时他也非常关心他们，把士兵当作自己的子弟看待，可以说是典型的恩威并重，士兵内心对此也都很清楚。孔明的这种作风是非常了不起的，所以将士们虽然要接受严格的训练，遵守严厉的军规，但都很佩服孔明，认为能够追随这样的领导是一生的荣幸。

此时，大家隐隐约约知道丞相的身体不好，看到他出来，一方面感到高兴，觉得他的病好像好了；另一方面又感觉他好像离得越来越远了，不像以前那样可以日夜跟军士非常亲密地接触，所以大家都不约而同地跪下来真心请他保重身体。孔明当然能够感觉到大家的祝福，所以感动得泪流满面。

5. 孔明病逝五丈原，他六出祁山有什么重大的贡献?

孔明当年的六出祁山对我们现在来讲，确实没有太大的关系，但是，他这种坚忍不拔、万难不辞、非做到不可的精神却永远流传了下来。老实讲，一般人做一两次就想放弃，到三四次时，就会觉得自己不行了，该轮到年轻人去做了。然而孔明一直坚持到最后，真的做到了“鞠躬尽瘁，死而后已”。要口头讲讲“鞠躬尽瘁”是很容易的，但要亲自实践却非常困难。所以，南宋的岳飞曾非常感动地反复写孔明的《出师表》。我们这些后代子孙，对孔明的这种精神，没有不被感动的。

6. 司马懿追击蜀军，为什么看见孔明赶紧调车?

因为司马懿已经被孔明吓坏了，他搞不清楚孔明到底是真死还是假死，所以突然间看到孔明，下意识的想法就是赶快撤退。

孔明预料在他死后司马懿会来追击蜀军。因为如果司马懿不追，就无法向将领们交代，将来他的皇帝如果知道了，也会觉得他是怕得不敢打，那岂不糟糕？所以，他非追不可。一旦司马懿追击，蜀军一定会损失惨重，所以孔明就交代，照着自己的样子雕一个木头人吓一吓司马懿，让他不敢再追。这就是孔明，临终都不忘自己的重大任务，死了都不忘自己士兵的安危。

情景说明

过了两日，夏侯霸向司马懿报告说蜀军皆已撤退，孔明已死，前日车上之孔明乃是木雕。司马懿听后大惊，叹孔明是奇才，并说孔明已死，便可高枕无忧，于是引大军返回长安。

杨仪、姜维缓缓后退，忽然有人来报说栈道已被魏延烧毁。于是杨仪决定从小道绕行回汉中，并传令王平领兵绕道拦截魏延。王平拦住魏延，大骂魏延是反贼。魏延声称丞相虽死，北伐之业不可废，所以烧毁栈道，继续北伐。在王平的劝告下，魏延阵中将士多数奔散，只有马岱表示愿与魏延荣辱与共，永不分离。魏延大喜，与马岱一起前去攻取南郑。

南郑城下，杨仪手持孔明临终前密授锦囊，问魏延是否敢在马上连喊三声“谁敢杀我”。魏延不以为意，大喊三声“谁敢杀我”，喊音未落，马岱于魏延身后一刀将其斩杀。原来，孔明临终时授马岱以密计，让他在魏延喊叫时出其不意斩杀之。

要点解析

1. 司马懿说孔明已死，大家都高枕无忧了，他在想什么？

孔明觉得难对付的是司马懿，同样，司马懿最怕的是孔明，可他却因使命在身，不得不时刻与孔明对峙。我相信，如果不是身负使命，司马懿早就投奔孔明，去做孔明的徒弟，跟孔明学习了。但现在立场、任务摆在眼前，他无法用个人行为来表达对孔明的佩服，只能小心翼翼地应对，好在听说孔明真的死了，所以长舒了一口气，说大家可以高枕无忧了。这是司马懿的心里话，不是幸灾乐祸。

2. 魏延烧毁栈道，引兵挡住蜀兵去路，他想做什么？

魏延不想让蜀军回四川，因为他认为孔明死了，大家伤心归伤心，但国家大事还是要办的，自己可以带领大家继续北伐，而且一定会成功。魏延对自己的策略信心满满，认为孔明之所以没有成功，就是因为没有采纳他的意见。现在孔明死了，没有人可以约束他了。

而且魏延对孔明让杨仪当统领很不服气，所以干脆把回四川的栈道烧掉，让大家都回不去，然后跟他一起去北伐。他以为大家会听他的，这就是我们常常讲的一厢情愿。一个人一旦一厢情愿、自以为是，他就糊涂了，就不听劝告了，那么，他十有八九要走上死路。

3. 魏延要大家随他留下来继续北伐，王平为什么说他造反？

因为王平觉得魏延一直都跟丞相唱反调，孔明之所以不喜欢魏延，就是因为他有谋反的可能。实际上，我们也不知道魏延是否真要造反，但他的这种行径和作风，确实让人生疑，难怪王平直截了当地骂他造反。我觉得他们双方都没有错，我们既不是王平，也不是魏延，仅凭主观猜测，没有办法断定孰是孰非。

4. 马岱为什么和魏延站在同一阵线，孔明不是交代过他吗？

我们可以猜到，孔明当初低声交代马岱说：我死了以后，魏延一定会造反，那个时候你要跟魏延站在同一阵线，这样你才有机会杀他。所以马岱依计行事。他如果跟王平一样公然反对魏延，魏延就会跟他壁垒分明，他就不能接近魏延将其杀掉。

我想这也是孔明事先部署的一个很周密的措施，知道没人能杀得了魏延，唯一的办法就是想办法取得他的信任，在他没有提防的时候下手，因为人在这个时候是最脆弱的。马岱假装说坚决支持魏延，魏延听了之后很高兴，因为在这种情况下，有任何一股力量支持，他都会非常感激，所以他没有怀疑马岱。马岱给魏延造成这样一种错觉后，就比较容易下手了。

5. 杨仪为什么要魏延高声大喊“谁敢杀我”？结果如何？

杨仪没有那么聪明机智，只是扮演好自己的角色，按照孔明交代的办法去做，否则他跟马岱不可能有那么默契的配合。他看到一切都如孔明所料，就问魏延敢不敢大叫三声“谁敢杀我”，如果敢的话，就将兵权拱手相让。魏延心想现在没有人能管得了他，也没有人能杀得了他，就高着嗓子大喊“谁敢杀我”，没想到旁边的马岱趁他不备一刀就把他杀了。如果孔明事先没有交代杨仪和马岱，恐怕这场戏还不知道怎么收场。可见，孔明不但把生前的事情安排好，还把死后可能发生的事情都预先做了防范，这是多么的了不起！

6. 看到孔明就这样走了，大家是不是不想再看下去？

我想很多人都有这种感觉，本来看《三国演义》看得很起劲儿，但看到关羽死了，就不想再看了，觉得后面没意思，但忍不住还是继续看，因为还想知道结果如何。又看到孔明也死了，就把书一合，真的不看了。谁是魏国的主人，谁主魏、蜀、吴，已经完全不重要了，他们不过是在那儿打乱仗而已。唯一值得关注的司马懿，给大家的印象很不好，他再怎么厉害，也无法取代孔明在大家心目中的地位。很多人谈《三国演义》的时候，对关羽的事迹很清楚，对孔明六出祁山很佩服，但对孔明死了以后的事情，都不太清楚，觉得这些已无关紧要。一个人对后世的影响有多大，我们可以从后代人的心理反应看得很清楚。

我相信各位已经感觉到，孔明走了以后，大概要天下一统，归于司马懿了，这是一个必然的趋势。我们中国人总认为统一才是正常的，分裂的状况只会让老百姓的日子不安定，没有什么好处。

七十八　诈病蒙实情

曹芳继任，年幼不懂事，曹爽趁机夺取兵权，司马懿再度受到冷冻。除了在家等待时机，根本无计可施。干脆装病，使曹爽毫不顾忌而神气活现。司马懿趁曹爽陪曹芳打猎，调到兵马，逼使曹爽交出兵权。曹爽说他宁愿当一个富翁，其他什么都不要。结果家中断炊，司马懿假意借粮给他，事后又告他谋反。司马懿自己也没有好结果，不久便病危而亡，司马师和司马昭专断魏国朝政。我们常说司马昭之心，路人皆知。是否如此？应该很快就知分晓。

情景说明

景初三年（239）初，魏主曹睿身染重病，封曹爽为大将军，总摄朝政。不久，曹睿病危，急召太尉司马懿还朝，行托孤之事，太子曹芳年仅8岁。曹芳继位后，听信曹爽之言，封司马懿为太傅，自此兵权皆归于曹爽。司马懿失去兵权后，长期托病不出，等待时机，一晃就是10年。

却说曹爽独揽军权，每日在府中饮酒作乐，甚至将各地给皇上进贡的物品择优纳为己有。一日，曹爽与大司农桓范和新任荆州刺史李胜饮酒，席间，桓范劝曹爽提防司马懿，曹爽不以为然，说司马懿久病不起，不必杞人忧天。在桓范一再劝说下，曹爽让李胜以赴任辞行为名，去探察司马懿病情之虚实。

司马懿听说李胜前来辞行，料知他实际是来探察自己的病情，于是脱冠散发，上床拥被而坐。李胜入见，司马懿装病连连咳嗽，并假装耳背一再打岔，其间还示意婢女端上汤药，刚一入口就喷了一身。李胜由此确信司马懿染病在身。

要点解析

1. 曹睿病重，封曹爽为大将军，总摄朝政，临终为什么又托孤给司马懿?

这种事情在历史上不断重演，当皇帝病重，而继任者又还年轻时，皇帝多半会担心继任者不能自己做主，于是就托孤于大臣，而且通常是托给两个人，这两个人之间往往会有矛盾，因为皇帝不放心托孤给一人，如果只托付给一个人，就等于把天下拱手让给别人。孙权当年继任的时候，孙策就嘱咐他遇事要问张昭和周瑜。曹睿病重，孩子又这么小，所以就封曹爽为大将军，因为他姓曹，是自家人，让人比较安心。可曹爽没有什么主见，经常犹豫不定，不知道谁对谁错，所以曹睿又让司马懿来帮忙，想在这两个人之间取一个平衡点。

2. 曹芳继任，年幼不懂事，曹爽夺取兵权，司马懿只得在家等待时机，他能做什么?

曹睿死后，曹芳由于年幼不懂事，根本抓不到实权，所以曹爽就趁机夺了司马懿的兵权，全部把持在自己手上。司马懿也没有办法，只好又回到家中等待时机，这一等就是整整10年。我们常讲，一个人自己固然要争气，但成败也是要听天命的，越是了不起的人物越能做到这样，司马懿就是很典型的案例。如果他在家不忍耐，天天生气，把身体气坏了，乃至郁郁而终，那岂不是很冤枉?

3. 桓范一再劝曹爽提防司马懿，曹爽为什么听不进去?

桓范是站在曹爽这一边的，他有责任提醒曹爽，说司马懿不简单，稍不留意就会卷土重来。但曹爽认为司马懿年纪大了，身体又不好，所以不以为意。

中国人很相信姓名学，认为一个人的名字多半暗含有某种用意。姓名学是从姓名中归纳出来的道理，可并非每一个名字都要去配合姓名学。但是“桓范”这个名字就很有趣，有“防患于未然”的意思，暗指他计谋很高，反应很快，是一个高明的智者，在事情还没有发生时就已经有了一套应对办法，加上他几乎料事如神，所以大家都叫他“智囊”。从曹爽的姓名也可以看出来，他什么事情都不在乎，只要自己“爽”就好了。所以就算桓范也有孔明的才干，可服务于曹爽这样的人，比供职于阿斗还要糟糕。可见，桓范碰到曹爽，他是一筹莫展的，而曹爽有了桓范，也是丝毫不起作用的。

4. 李胜来访，司马懿为什么知道他是曹爽派来探听虚实的？

李胜是曹爽这边的人，他刚好要调到其他地方任职。曹爽听从桓范之计，让李胜以辞别的名义去司马懿家中打探状况。司马懿一听李胜来拜别，就知道他实际上是替曹爽打探虚实的，于是决定表演一套给李胜看，好让李胜带着假情报回去，从而把所有曹爽那边的人都蒙蔽住，所以他就装病。

5. 司马懿装病，为什么装得那么像，这是一种骗术吗？

如果你是司马懿，会不会跟他一样采取同样的策略？你会让李胜感觉到你还好好的，还有斗志，随时要出来跟曹爽拼个高低吗？我相信不会。何况像司马懿这样身经百战、起起伏伏的人，已经看尽了人间的变化，当然知道怎么做对自己是最有利的。所以，他很快就反应过来，自己不但要装病，而且要装得很像。只要李胜被蒙蔽住，曹爽那边的提防意识就会大幅度降低，他就有很好的机会可以复出。

6. 李胜被司马懿瞒过，他真的这么笨还是糊涂？

李胜不笨，因为一个很笨的人不可能有他这样的前程。他也很聪明，只是糊涂而已。他认为，既然深得曹爽的信任，去看司马懿就是自己义不容辞的事；虽然桓范再三说司马懿很可怕，而曹爽完全听不进去，于是他就避重就轻，来迎合曹爽的判断。何况他看到的情况就是司马懿病了，病得连话都听不清楚，汤都喝不进去了。一个人如果有预先的期待，就很容易把现实扭曲成跟他所想的一样。所以，李胜很快就接受了这样的“事实”，被司马懿瞒过。

一个人如果有预先的期待，就很容易把现实扭曲成跟他所想的一样。

情景说明

李胜走后，司马懿又精神抖擞，他知道这下曹爽一定不会再怀疑他是装病。李胜回到曹爽府中，很得意地汇报自己在司马懿家中的所见所闻，曹爽听后哈哈大笑。桓范仍然提醒曹爽说司马懿奸猾过人，应防备其中有诈，曹爽却不予理会。

一日，曹爽请魏主曹芳去拜谒高平陵，祭祀先帝，并陪同曹芳打猎，大小官员皆随驾出城，曹爽兄弟三人悉数前往。刚一出城，只见桓范拦住去路，劝谏曹爽不可兄弟三人全都出行，以防城中有变。曹爽神气活现，不听劝告，扬长而去。只留桓范无奈叹息。

司马懿听说曹爽兄弟皆已出城，立刻召集旧部，先占据曹爽大营，又入后宫面奏太后。桓范在城中闻听兵变，立即携带大司马印奔出城去。

要点解析

1. 李胜上当，还十分得意，他在想什么？

他觉得自己这一次功劳很大，亲眼看到司马懿卧病不起，这足以证明曹爽的判断是正确的。曹爽一定会心满意足，认为自己超过了“智囊”，桓范只是杞人忧天，操心过度，想弄点事情来表示自己的存在罢了。

李胜万万没有想到，他这一次错误的情报，会害死曹爽全家。如果他能想到此去探听情报有这么关键、这么重要的话，我相信他会比较用心。如果他谨慎一些，很容易看出破绽：假如司马懿真的病成那个样子，他的两个儿子会那么无所谓吗？旁边服侍的人会那么形色自若吗？他完全可以通过周遭的人来判断司马懿病情的真假，但是他没有，他认为自己看到的全是真的，回去后还添油加醋，说司马懿已经不行了，已经糊涂了，其实是他自己糊涂了。这给我们一个很好的教训：只有笨的人才会觉得别人笨，只有糊涂的人才会觉得别人糊涂。

三国之道

只有笨的人才会觉得别人笨，只有糊涂的人才会觉得别人糊涂。

2. 李胜一走，司马懿精神抖擞，他又在想什么？

司马懿认为第一步已经完成了，下面要立即施展其他招数。虽然他长期闭门不出，但他没有闲着，一直在想什么时机要有什么动作，他已经有了计划，只要时机一到，他这一连串动作都会施展出来。所以，他一听说李胜要来探望，马上心里有数，以装病来跟曹爽暗斗，李胜一走，又马上精神抖擞，按计划行事，因为他知道时间很短暂，机会难得，稍纵即逝。

3. 曹爽听说司马懿病成那样，为什么欣喜若狂？

桓范曾提醒曹爽，司马懿虽然托病闲居在家，但不知病情是真是假，要防范他夺取兵权。现在曹爽听李胜说司马懿已经一病不起，顿时欣喜若狂，顾虑一扫而空，想好好地出去打猎，好好地过太平日子了。这个人是没有心机的，比他的父亲还糟糕 。曹爽的父亲叫曹真，被孔明一封信就活活气死了，可见他们家的DNA都不怎么样。

4. 曹爽神气活现，听不进忠言劝告，是不是不祥的先兆？

聪明的意思就是耳聪目明，如果一个人耳不聪目不明，就是不聪明。现在曹爽自己把耳朵给塞住了，什么话都听不进去，自己把眼睛给蒙蔽了，什么情况都看不清楚，这就是耳不聪目不明。这种情况下，他的资讯判断会扭曲，脑筋也慢慢不管用了，不管跟他讲什么，他都听不进去。桓范前来劝阻，这是老天给曹爽最后的警告，可是他完全没有警觉性。可见，一个人如果对风吹草动不敏感的话，老天也爱莫能助。

5. 司马懿趁着曹爽陪曹芳打猎，调动兵马，是不是想造反？

从曹爽的立场来看，司马懿是造反，可是从司马懿的立场来看，却不是造反。司马懿心里想：我本来就有一部分兵权，你给我夺走了，我现在只不过是从你手中把兵权拿回来而已。你忠于曹芳，我又何尝不忠于曹芳？我们都是替曹芳做事情，怎么能说我造反呢？可见，立场不同，看法就不一样。

6. 司马懿等待时机，忍耐十年，值得吗？

初步的判断当然是值得的，因为他夺回兵权，不仅可以耀武扬威，还可以做一番事情。况且在司马懿心目中，两个儿子还是很争气的，会把他的理想发扬光大，否则他也用不着这样拼老命去替儿子开创局面。

长远来看，如果他的儿子走上正道，为国家为百姓着想，那就值得。可是，他的两个儿子好的没有学到，坏的方面却比他老爸还厉害。从这个角度看，司马懿的做法是非常不值得的。他虽然掌握了时机，发展出了一个新势头，但他自己已经老了，结果害了子孙后代。所以司马懿应该考虑长远一点，宁可病死、老朽，也不必去夺权。但是，往往当局者迷，看不清楚这一点。

我们到现在可以看出，司马懿基本上不是什么坏人，他只是想做一番事情。他之前每次受到打压后都有机会起来，所以这次他也不会放过，如此而已。他没有想到的是，自己所制造的机会反而害了孩子，就好像曹爽因为姓曹而得到很多机会，又因为如此反而害了全家一样。所以有一得必有一失，不要只看到好的一面而忘记了坏的一面，要全面去衡量才知道值不值得。

情景说明

曹爽正在陪曹芳打猎，忽然听报城中有变，并有司马懿表章一封，说要削去曹爽兄弟的兵权。曹爽听后汗流满面，不知如何是好。此时，桓范已到，曹爽忙向其讨教对策。桓范建议请天子驾幸许都，然后调集外地军马讨伐司马懿。然而曹爽不愿舍弃城中妻儿财物，犹豫不决。少顷，侍中许允和尚书陈泰到来，说是司马懿此次兵变只为兵权，别无他意。曹爽听后默然不语。少顷，殿中校尉尹大目到来，说是只要交出兵权便可早日回府。曹爽听后，更加犹豫不决。考虑整整一夜后，曹爽决定情愿弃官，只愿做一个富家翁。桓范听后仰天长叹，痛哭不已。

司马懿已掌控京都，其子建议先发制人，攻取高平陵，以防有变。

司马懿却笑言曹爽贪恋城中娇妻美妾，不会起兵，可不战而屈人之兵。司马懿又写下“肃清万里，总齐八荒”八个字，教导其子要笼络人心，一统天下。

要点解析

1. 曹爽为什么只是汗流满面，拿不定主意，完全没有反抗的能力?

这样一位大将军，碰到了这种事情竟然一点反抗能力都没有，这确实让人感到惊奇。曹爽是个很典型的人，平常占着位置不做事，既没有实际经验，也不知道该如何动脑筋，所以他完全没有想到司马懿会起兵，而且自己兄弟三个都在外面，城中毫无防备，再加上他只想着家中的妻妾和珍宝，难怪会表现得这么无能。

2. 曹爽心目当中只有妻妾珍宝，是什么道理?

曹爽完全没有国家大事的概念，平常只知利用特权，把上贡朝廷的宝贝占为己有。当一个人的物质欲望太强，整天跟古董珍宝在一起时，他的整个志气就会丧失掉。中国有一句古话——玩物丧志，在曹爽身上表现得非常清楚。他不去想其他事情，也不知道怎么想，因为他的注意力在他的妻妾和珍宝上。所以，他现在只想保住自己的妻妾和财产，其他的都无所谓。

3. 像曹爽这样毫无主见、犹豫不定的人，怎么会当上大将军呢?

答案很简单，就是因为他有很好的家世，有很好的爸爸。我们常常讲，有一个好爸爸好像比什么都强，实际上，我们现在从曹爽身上感觉到这句话是完全没有道理的。曹爽因为有好家世、好爸爸，凭空当上了大将军，万人之上，一人之下，看起来势不可当，可一旦碰到问题却无比软弱。这就告诉我们，一个人最要紧的还是自己的真才实学，如果自己有真才实学，又有好爸爸、好家世，一帆风顺地很快高升到一个位置，那么恭喜你。如果没有真才实学，就算被捧得很高，也会摔下来，而且爬得越高跌得越重。曹爽这一次是很难过关的，因为他一点应变能力和判断能力都没有，比谁都可怜。

如果自己没有真才实学，就算被捧得很高，也会摔下来，而且爬得越高跌得越重。

4. 曹爽说他宁愿当一个富翁，是什么道理？

他这句话是真心的。他现在想：不让我当大将军可以，把我的权力拿走也可以，我只求保住妻妾和财富，做一个富翁就满足了。但是，当一个人走到这种地步，会欲罢不能，就算他想放弃一切，可人家不容许，一定会把他逼上死路。

曹爽如果真的只想当大富翁，那他就不应该去当大将军。当然，他如果不当大将军，也不一定能当上大富翁，但最起码他不会跟司马懿结怨。既然当初曹睿托孤于司马懿，曹爽就不该把他的兵权夺过来，因为凭曹爽的条件，他是斗不过司马懿的，来日肯定要遭到报复。就算曹爽没有想到这些，他总该听听桓范的提醒，但他没有听。所以我们只能说他自作自受，不值得同情。

5. 司马懿希望不战而让曹爽屈服，他做得到吗？

他当然做得到，因为对付曹爽这样的人，只要威势够强，他一定就范。果然不出所料，曹爽相信了司马懿的承诺，直到后来他才知道，司马懿是没有信用的。

司马懿有没有信用是另外一回事情，但只要曹爽稍微动动脑筋，就会知道司马懿是不会兑现承诺的，否则的话，司马懿就师出无名了——人家好好的，他凭什么发动政变？所以司马懿一定会给曹爽捏造一个很大的罪状，这样才师出有名。曹爽如果连这点都想不通的话，就怨不得司马懿了。

6. 司马懿趁机教导两个儿子笼络人心，一统天下，是什么用意？

司马懿一生起起伏伏，吃尽了苦头，就是为了让两个儿子有一个比较高的平台，可以好好发挥自己的理想。他看到，今后的天下已经在他们司马家的掌握之中了，所以就告诉两个儿子，要想得天下，就一定要得人心。他知道，这样的机会教育是很重要的。不过他的两个儿子能不能听懂，能不能听得进去，能不能记住，将来能不能按照他的话去做，想必司马懿也是没有把握的，不过他已经尽了一个做父亲的责任，一方面给儿子开拓机会，一方面教导儿子要走正道。至于儿子将来会怎样做，那是他们自己的事情。

得人心者昌，这是亘古不变的原则。但是得人心有好几种方法，有的是真的，有的是假的。司马懿的儿子将来是真诚地争取民心，还是采用手段来欺骗老百姓，还有待观察。

情景说明

天子曹芳回城，司马懿在城外恭迎。曹爽兄弟三人向司马懿行礼，司马懿视若无睹，只问桓范为何垂头丧气，桓范强笑不语。司马懿感慨桓范投错了主人，连说可惜。司马懿让人暗将黄门张当缉拿，用酷刑逼迫其招供与曹氏兄弟约期谋反。

曹爽家中断炊，只得写信向司马懿借粮。收到了司马懿派人送来的粮食，吃上了汤饼，曹爽见司马懿尚能送粮给他，以为司马懿并无害他之意。谁料不出片刻，只见官兵入门，以谋反罪将其兄弟三人缉拿。曹爽大惊，连喊司马懿为何失信于他。

251年秋，司马懿病重，临终之时，司马懿看了看病榻前的两个儿子，又看了看“肃清万里，总齐八荒”的牌匾，含笑而逝。司马懿死后，司马师被封为大将军，司马昭为骠骑大将军，魏国朝政尽归司马氏专断。

要点解析

1. 司马懿夺了兵权，问桓范为什么垂头丧气，他在想什么？

他在想：你不是智囊吗？你怎么没有发挥你的功能，现在垂头丧气又有什么用呢？大家可能会想，司马懿是不是也想把桓范争取过来为他所用？实际上司马懿没有这个想法，因为他知道这是争取不到的。虽说曹爽没有脑筋，没有主见，实际上是桓范既然情愿去帮助他，而不愿意投向司马懿，一定是经过一番考虑后慎重选择的，他如果想投向司马懿早就投了，不会等到现在。

2. 如果桓范真的投靠司马懿，司马懿会重用他吗？

我想是不会的，司马懿还会提防他。老天给了每个人各自不同的路，关键看自己怎么去走。司马懿走司马懿的路，曹爽走曹爽的路，桓范走他自己的路，谁也不要羡慕谁，谁也不要埋怨老天不公平。现在桓范已经尽力了，他虽然垂头丧气，但并没有改变自己的立场，他也不会埋怨任何人，我觉得他也是一个看得开的人。司马懿这样问他，意思是说他选错了人，就算不怀好意，也是人之常情。

三国之道

老天给了每个人各自不同的路，关键看自己怎么去走。

3. 曹爽家中断炊，司马懿为什么先借粮给他，然后又逼黄门张当告他谋反？

司马懿现在最重要的就是要为自己的行为寻找一个正当的理由，不然自己就变成造反了。他只有告曹爽造反，才有理由夺取兵权。曹爽家中断炊，他如果不借粮，大家会认为他是要害死曹爽全家，这样对他就很不利。所以，司马懿要送米粮给曹爽，以表示自己仁至义尽，会履行原来的承诺，至于后来断定曹爽谋反，那是国家的事情，跟他司马懿无关。这就是司马懿的两手策略，一方面安抚你，另一方面叫人去杀你。他想掩人耳目，使大家看不清楚，实际上我们现在看得很清楚。

4. 曹爽全家以谋反问斩，曹爽为什么还高喊司马懿为何失信于他？

这是曹爽非常幼稚的一面，他深信只要把兵权交出去，司马懿就不会害他，他想当富翁的愿望就能够达成。他很相信司马懿，所以才会完全没有抵抗，这只是曹爽自己打的如意算盘，根本就行不通，他没有想到司马懿是不可能兑现这种诺言的。可笑的是，曹爽还骂司马懿失信于他，这表示他很愚昧，这么多年来没有累积一点经验。我们看到曹爽就会想到，很多人从事某一种工作，虽然年复一年，但没有积累什么经验，这种人是很可怜的。

5. 司马懿病危，好像对司马师和司马昭没有什么特别的交代，是不是?

司马懿平时就把两个儿子带在身边，一有机会就教导、提醒、考查，他该讲的都讲了，所以这个时候不必有什么特别的交代。但很多人平常不做这些，临终才想起讲一大堆重要的事情。

我觉得还是平常多教导比较好，因为临终时不可能把所有事情都想得很齐全，而且那时大家情绪都不是很正常，虽然满口应承，但不能保证以后能做到。像司马懿这样的父亲才是好父亲，这个时候不说也没有关系，因为平时就交代好了，所以现在可以很自然地走了。

6. 司马懿病逝，司马师和司马昭专断魏国朝政，是不是如愿以偿?

当然是如愿以偿，他们兄弟那种神气的样子，好像整个政治舞台都在他们的掌控之中。这是不是司马懿当初的愿望，我不敢说，但是最起码这是司马懿全力扶持的结果。

司马懿走了，主角变成了司马师和司马昭，他们两兄弟的表现才是我们关注的重点。这两个人很显然是步了曹操的后尘，大权在握就看不起皇帝，开始挟天子以令诸侯，开始盘算私利。其实这笔账我们应该算在曹操头上，因为是他把风气搞坏了，司马师对曹魏的态度跟当年曹氏对汉献帝的态度是一样的。现在曹操的子孙虽然名义上是皇帝，但跟当年汉献帝没什么两样，我想这就叫作因果报应。如果曹操地下有知，他一定会相当后悔，当年他这样做，现在使得子孙受到报应，于心何安?

七十九　富不过三代

自从孙权称帝，立长子孙登为太子，孙登不久病故，又立孙和为太子，同时封孙和的弟弟孙霸为鲁王，与太子同居在一个宫内，于是朝臣分成两派，明争暗斗不断。孙权深为忧虑，最后孙和被废，另立孙亮为太子，鲁王赐死。孙权病逝之后，诸葛恪专权，朝政开始大乱。孙权在位二十四年，死后竟乱成一团。孙峻杀诸葛恪，当了不多久的丞相，便病死了。孙琳又来专权，一门五侯，当然为所欲为。丁奉自告奋勇将五兄弟清除，但是富不过三代，吴国已经祸患无穷了。

情景说明

252年，吴主孙权病逝，太傅诸葛恪遵遗命立太子孙亮为帝。消息传到魏国，司马师命其弟司马昭为都督，兵发三路进攻东吴。诸葛恪见情势危急，请老将丁奉前来商议。丁奉分析司马昭是想夺东兴之地，诸葛恪命其领兵前往御敌，丁奉领命。

见丁奉领一支小船队前来，魏将胡遵笑言，不过30只船而已，不足为惧，并说丁奉本领不过如此。丁奉的船队靠岸后，隐藏在船舱的吴兵尽数出动。此时正下着大雪，丁奉却脱光上衣迎敌，以鼓舞士气。

吴军大胜，诸葛恪要趁机北伐，想请姜维分路攻击。蒋延反对，说入春以来久未下雨，此时出兵恐于吴军不利。诸葛恪责怪他出言不利，让人把他拖出去砍了，幸好众将替他求情，诸葛恪才改令将他贬为庶人。丁奉说要北伐，必先攻下新城，诸葛恪依言而行。丁奉虽抱病在身，仍坚守在前线攻城。

要点解析

1. 孙权病逝，太傅诸葛恪立孙亮为帝，司马昭趁机来攻，为什么派丁奉去抵挡？

孙权活得很久，但再久也终究是要死的。孙权死时，继承人孙亮只有10岁，这又是一个很可悲的小皇帝。孙亮当然没有能力主持朝政，所以孙权临终时让太傅诸葛恪帮助孙亮辅佐朝政。可见历史是不断重演的，只不过每一次的人物和事件不太一样而已。

司马师听说孙权已死，认为这是个大好的机会，于是派其弟司马昭领兵10万，三路进发前去攻打东吴。而东吴这边，诸葛恪自然要负起责任。可此事重大，他又不能一个人擅自做主，于是找来老将丁奉商量应战之事。丁奉当然愿意同往，因为这是他义不容辞的责任。

2. 胡遵取笑丁奉本领不过如此，是不是骄兵必败的先兆？

胡遵是司马昭派出去的大将，他来到东吴，远远看到丁奉率一支小小的船队出来，觉得不过就30艘船而已，再看看丁奉的布阵，又嘲笑说丁奉的本领也不过如此。我们从开头看到现在，可以发现一个将领只要讲出这种轻敌的话，通常是要失败的，因为骄兵必败。

3. 天寒地冻，丁奉为什么光着上身作战？

人要不要穿衣服，穿什么衣服，穿多少衣服，这完全是习惯问题。有些人从小到大都光着上身，冬天不穿衣服照样可以过。但丁奉并非太热才光着上身，因为当时天寒地冻，正下着大雪，他这么做完全是为了表示自己必死的决心和奋战的勇气，并以此来鼓舞士兵们的士气：既然来了，死也要死得光荣，这一仗一定要拼命取胜！

当然，丁奉的这种方法并不是每个人都可以学的，况且将领光着上身也不见得一定会打胜仗，这二者之间没有必然的因果关系。如何激励士气，相信每个将领都有自己的一套方法，要根据自己的本钱和当时的需求来做一些密切的配合。如果发现某种方法很有效，就全都学来，那是行不通的。

4. 诸葛恪想乘胜北伐，并请姜维分路攻击，蒋延反对，结果如何?

诸葛恪见丁奉成功地抵抗了魏军的来攻，打得司马昭不得不兵败北还，因此想乘胜追击，联合姜维一起乘势进取中原。这时蒋延站出来表示反对，因为入春以来久旱不雨，农作物的收成也不好，此时北伐不太合适。

其实蒋延所言不无道理，可诸葛恪就是听不进去，反而责怪蒋延居然在他要出兵的时候讲这种不吉利的话，因此叫人将蒋延拖出去斩了。历史上有很多这样的案例，好像人就是不能讲真话一样。你一讲真话，如果上级听得进去，即使不接受也还会饶你一命，可一旦他听不进去，一句“拖出去斩了”，你就没命了，蒋延此时就面临着这样的危险。好在有其他大臣都为蒋延求情，诸葛恪才将其贬为庶民。诸葛恪又是一个骄横跋扈之人，为什么每次都找这样的人来辅佐朝政呢？这值得我们好好想一想。

那么，蒋延自己有没有错呢？他当然也有错，因为部属是不宜公开反对领导的，有意见也应该私底下交流，不能不顾及领导的面子。想说真话也要衡量当时的情况，尤其是要看听话的人是什么个性。以诸葛恪的个性，他是无法接受手下当众提出异议的。如果大家都七嘴八舌，他还在那儿犹豫不定，那不就成了曹爽吗？可见，主帅听手下的话不对，不听手下的话也不对，听来听去搞不清楚还是不对，这当中的确有他们的为难之处。

三国之道

想说真话也要衡量当时的情况，尤其是要看听话的人是什么个性。

5. 诸葛恪直攻新城，是什么道理?

大家翻开中国的地图，就会发现在这个偌大的版图里，虽然城镇无数，可位置真正险要的地方就那么几个，因此那些地方自古就是兵家必争之地，每次大战争都在那些地方发生。孔明六次北伐，每一次都要经过祁山，现在诸葛恪指定要攻新城，就是因为新城的地理位置非常重要，是北伐的一个要道。

如果一个地方位置险要，那它就会很惨，因为大家打来打去都是在那里，当地的老百姓也会跟着倒霉。同样，一个人如果表现得很好，往往就会成为大家的目标。

6. 丁奉抱病攻城，他为什么这样勇敢？

一个人的行为是根据他的信念产生的。如果丁奉认为自己是老将，对东吴的贡献已经足够了，这一次应该让年轻人上前去打，他只需在后面跟着看，必要时先溜回家去，那他就不会这样做了。或者他也完全可以选择袖手旁观：反正是你诸葛恪在主持，又不是我，你讲你的，我爱听不听，因为我比你资格老。可是丁奉完全没有这样想，他跟赵云的想法一样：我既然是将领，战死沙场才是一生的光荣。如果怕死的话，那就不要当军人。丁奉是一员老将，对他而言，只要是战死的，那就死而无憾，因此他比谁都勇敢。

情景说明

新城守将张特遣使向诸葛恪呈递册籍，说按魏国法度，若敌人围城，守将坚守百日而无援兵，出城降敌则家属亲眷皆不问罪。现在吴军已围困新城九十来天，只需再等数日，张特定率全城军民出城投降。诸葛恪听完后，直言使者巧言善辩，分明有诈，可后来却又慢慢有些相信使者之言，于是让人暂且将使者关进大牢，并且下令暂缓攻城。丁奉得知后，抱病前来劝诸葛恪继续攻城，说那是敌军的缓兵之计，但诸葛恪全然不信，说自己想不战而屈人之兵。

魏军趁诸葛恪停攻的数十日时间修补城墙，待一切准备完备后，又在城上大喊岂肯降吴狗。诸葛恪得知中计，传令攻城。此时丁奉又来劝阻诸葛恪，说吴兵多有抱病，兵无战心，不可出战，诸葛恪不悦，说丁奉病势沉重，下令让人送他回江东调养。

诸葛恪刚愎自用，不听丁奉的劝言，新城一战，吴军大败而归。诸葛恪恐人议论，于是嫁祸属下，轻则发遣，重则斩首，一下处置了好几百人。

要点解析

1. 新城守将张特叫人向诸葛恪呈递册籍，说数日后投降，诸葛恪为什么不信?

诸葛恪不相信是对的，因为张特原本就是假投降。诸葛恪再专横霸道，可基本的判断力还是有的，他认为要投降只要开门投降就好了，干吗还要呈上册籍呢?

张特心想：诸葛恪老远来打仗，最怕的就是粮食耗尽，到时就不得不退兵了，所以现在暂时不必请求援兵，只要想办法拖延时间，到时候诸葛恪就自然不战而退了。他假装投降以做缓兵之计，并借口说如果再过十天投降，守城将士的家人就不会受到处罚；如果现在就投降的话，所有的家人都要受害。可是一般来讲，我们中国人听到某件事情，都是先说不相信，然后再看看情况，直到确定可以相信了之后才相信，也就是站在不相信的立场来相信。诸葛恪虽不清楚内情，但直觉告诉他这其中有诈，所以他根本就不相信。

2. 丁奉抱病劝诸葛恪继续攻城，不可暂缓，诸葛恪为什么也不信?

丁奉年事已高，平时又穿惯了衣服，突然在雪天脱了上衣，显然有些不自量力，因此很快就生病了。可他坚持在前线作战，并没有回家养病，这种精神倒是值得我们敬佩。

丁奉抱病苦劝诸葛恪，让他不要上当，说北城虽然难攻，但也胜利在望，只要一鼓作气，继续攻城，城破之日就指日可待了，但一旦停下来给敌人休整的机会，到时再攻就会死伤惨重。可诸葛恪认为张特说的那一套虽不可信，但也有可能是真投降，现在只需把来使关在牢里，十天之后就可知晓真相，根本不必着急，因此他对丁奉的劝告也不相信。

3. 诸葛恪也想不战而屈人之兵，做得到吗?

任何将领多少都要读一些兵法，而中国最了不起的《孙子兵法》是主张不战的，可是孙子本人却也一辈子都在战。可见所谓的不战就是要战，即站在不战的立场来找出战的最佳时机，然后才战。能够不战是上策，实在不行的话也要尽量少战，而且一定要看准时机后才可以出手。

不战而屈人之兵向来就被兵家奉为最高的策略，诸葛恪当然也想这样做。可是张特后面还有个司马昭，司马昭旁边还有很多谋士，那么多人帮着出点子，绝不是诸葛恪想怎么样就可以如愿的。

三国之道

所谓的不战就是要战，即站在不战的立场来找出战的最佳时机。

4. 诸葛恪果然中了张特的缓兵之计，再攻城时，丁奉为什么反而劝阻?

果然，张特的投降是假的。他利用诸葛恪暂缓攻城的十天时间，整修好城墙，加强了装备。诸葛恪发现受骗后，决定继续攻城，但丁奉阻止说士兵因水土不服，多有生病，且此时城墙坚牢，不易攻破，不可强为。但他这种先劝攻城后又反对的做法，却让诸葛恪觉得他是神经错乱，出尔反尔，所以他不耐烦地说丁将军大概是病得太重了，并让人将丁奉送回江东调养。

5. 诸葛恪刚愎自用，大败而回，却恼羞成怒，把责任推给他人，是什么道理?

大多数人在失败后都会把责任推给别人，很少有人会勇于承认错误，自己承担责任。曹操大败之后给手下很大的难堪，现在诸葛恪也一样，失败了就把责任推给了其他人，重的斩，轻的贬，一下子杀了好几百人，引起了众人的不服，从而为自己埋下了祸根。不要以为随便杀几个人无所谓，这笔账迟早会算到杀人者的身上，诸葛恪这样做，完全是跟自己过不去。

6. 孙权在位二十四年，为什么死后会乱成这个样子?

实际上，孙权从19岁就已开始掌握江东大权，主持政务长达半个多世纪。说他在位二十四年，是从他称帝以后才开始算的。但是他一死，整个东吴就乱成了一团，这就告诉我们：不管一个皇帝执政多长时间，仍有很多问题是他无法防备的。如果皇帝命太长，太子等久了，可能会不耐烦，从而弑父叛变；皇帝老年得子，遗传基因不太好，皇帝死后太子懦弱无能，这也很麻烦；皇帝太老，太子先死了，又会搞得青黄不接，这些情况都不是人力可以控制的。

古代传位要传给直系的人，其实这也无可厚非，毕竟直系亲属有血缘亲情的限制，较之其他人，不易做出出格的事情。我们现在批评直系继承，其实是不理智的，因为我们不是当事人，在这里唱高调没有用，如果我们是古人，很可能也会那么做。

对于未来的继承人，最好的办法就是提前好好培养，做好预防的措施，否则很容易引起叛乱，搅得社会不安宁。

情景说明

众将恐日后要为诸葛恪所摆布，于是怂恿孙峻除掉了诸葛恪。孙峻被封为丞相，但不久就病逝了，其弟孙綝顶替辅政，独揽朝权。258年，孙綝废吴主孙亮，立孙权第六子孙休为帝，又将自己的弟弟全部封侯。孙氏一门五侯，掌管禁军，权势显赫。

一日，孙休过生日，孙綝带礼物去祝贺，守卫却将其挡在门外，说天子有旨，文武官员上授礼品一律不收。孙綝大怒，将守卫打倒在地，又让人带着礼品去张布家与众官共享。

孙休恐孙綝造反，找丁奉来商议。丁奉自告奋勇，决定帮孙休除掉逆贼。一日，趁孙綝去上早朝，丁奉带人去孙氏兄弟统领的禁军营中擂鼓。孙氏兄弟赶去查看，被丁奉当场抓获。朝堂之上，张布带人持剑冲上殿来，大喊“逆贼孙何在”。孙綝见势不妙，持剑挟持了吴主孙休。这时丁奉赶来，一把夺过张布手中的剑，将张布推倒在地。孙綝想挟持孙休出宫，丁奉趁机为他们准备马车。待孙綝欲上马车之时，丁奉一把将他按倒在地。孙氏五兄弟尽数被抓，孙休下令将他们于殿前斩首。

要点解析

1. 孙峻依计杀了诸葛恪，被封为丞相，为什么不久就病死了？

我们常说杀一可以儆百，所以诸葛恪战败回来就杀了几百个人，想以此封住大家的口，让大家不再批评他。可是凡事有阳就有阴，一件事情会产生两种不同的后果。诸葛恪杀了那么多人，激发了那些没有被杀的人的恐慌心理，他们心想：诸葛恪一出手就杀了那么多人，下次会不会轮到我呢？我为什么不想办法先把他干掉呢？在一片恐慌的情绪下，众人合计杀了诸葛恪。如果诸葛恪不那么蛮横，也许他还可以支撑得久一点。我们应该吸取他的教训，考虑事情一定要从正反两面去考虑。

孙峻杀了诸葛恪后，被孙亮封为了丞相。其实这个职位也是他自己封的，皇帝能做什么主？可是他当上丞相后，为什么这么快就病逝了？原因很简单，就是老天要他死，他就无法多活些时日。就算你千方百计得到了你想要的东西，可如果那不是你该得的，老天也会收拾你。老天觉得孙峻不应该再做丞相，所以马上让他病死了。

2. 孙峻的弟弟孙綝性格残暴，为什么据其辅政，并且专权独断?

我们也可以说孙峻之所以这么快病逝，就是老天要给他弟弟孙綝一个专政的机会。因为孙峻死后，孙綝就会顺理成章地登上丞相的宝座。可他性格残暴，登上那样的高位，自然会利用手中的大权胡作非为，这样老天爷才有机会将他一起收拾掉。其实很少有人会在那样的高位不蛮横，不独断的，这就是为什么我们很强调平常的个人修养。而修养要修在没有大权之前，有了大权之后才能继续注重品德，否则就晚了。

3. 孙亮被废，孙休即位，为什么任由孙綝一门五侯为所欲为呢?

孙綝当上丞相不久就废了吴主孙亮，另立孙权第六子孙休为帝，并将自己的弟弟全都封侯，以致他们一家出了五个侯。孙休兄弟虽愤怒不堪，可又有什么办法呢？朝廷的大权掌握在孙綝的手上，就算孙休是皇帝，也拿他没办法。

孙休即位后，有一天过生日，孙綝带礼品去祝贺，却被守卫挡了回去，说天子过生日，文武百官的礼品一律不收。孙綝心想：不收礼那是对其他人而言，我的礼物也不收吗？真是太不给我面子！于是让人将礼品抬到张布家与众臣共享，并从此有了造反之心。

很多事情我们自己不以为然，但有些人却看得相当重要，因为这关乎面子问题。对于那些为了面子能够做出任何事情的人，我们最好是顺应他们那种个性，而不是整天去批判他们，想把他们的那种心理扭转过来。孙亮已经被废掉了，其实这反倒是件好事情，因为那种皇帝不当也罢。现在即位的孙休，从他的名字我们就能猜到，迟早有一天他也是要被休掉的。

4. 丁奉擂鼓，趁机擒获孙氏兄弟，他想做什么？

他想做的事情只有三个字，叫作清君侧，就是帮助皇帝把身边那些横行霸道的人清除掉，这种事情在历史上并不少见。丁奉见孙氏兄弟太过分，决定自告奋勇将他们除掉。他在孙氏兄弟统领的禁军营中擂鼓，孙氏兄弟不知是何事情，于是前去查看，结果当场被丁奉擒获。

5. 孙綝挟持孙休，丁奉为什么护驾，又趁机制服孙綝？

丁奉抓住孙氏兄弟的时候，孙綝还在上朝。一会儿，左将军张布持剑带领数十人冲上殿来，口中喊着“逆贼孙綝何在”。孙綝见势不妙，马上绑架了小皇帝孙休，和张布等人对峙了起来。就在这时，丁奉赶到了，他反应敏捷，知道这时候蛮干，孙休的命就真要休了，所以他夺下张布手中的剑，装作跟孙綝站在一边的样子，以让孙綝冷静下来。孙綝决定劫持孙休出宫，丁奉趁机为他们准备马车。孙綝还不知道自己兄弟被绑的情况，以为丁奉是真的站在他这边的，等到了外面，丁奉趁机把他按倒在地，孙綝才知道自己中了丁奉的计，却为时已晚。

一个人平常就要培养随机应变的能力，这样遇到危险的时候才能快速扭转局面。丁奉智勇双全，在如此危险的情况下，不仅能不伤害到小皇帝，还能顺利地抓获孙綝，实在令人佩服！

6. 孙綝五兄弟尽被斩首，孙权为什么预先没有想到这些乱象呢？

就算孙权能预先看到这些乱象，他也毫无办法。《三国演义》看到这里，有一点我们应该很清楚，那就是完全靠制度是靠不住的。几千年来，我们仍然没有找到一套所有人都认可的制度，因为十全十美的制度是不可能存在的。但是我们至今还是太过依赖制度，认为制度之下，怎么做都可以，这很容易出问题。我们应该把希望寄托在大家的道德修养上，只要每个人把自己的品德修养好，有权的人不会弄权，没权的人也不会造反，天下才可能长治久安。

只要每个人把自己的品德修养好，有权的人不会弄权，没权的人也不会造反，天下才可能长治久安。

情景说明

253年，西蜀大将姜维决定以魏国降将夏侯霸为向导，起兵20万，北伐中原。夏侯霸向姜维介绍魏国情况，特别提到钟会和邓艾两人，说如果这两人统领兵马，那简直是吴、蜀的大患。

得知蜀军犯境，魏主曹芳欲与众臣探讨军情。司马师、司马昭兄弟根本不把曹芳放在眼里，司马师甚至坐在地上面朝着朝廷众臣，曹芳只得请司马师调拨军马抗击蜀军。司马师命其弟司马昭为大都督，前往陇西御敌。

司马昭得知蜀军在铁笼山后用木牛流马日夜不停地搬运粮食，欲仿其父司马懿的断粮之计，断蜀军的粮草，却不料反而中计。大败前来断粮的魏军后，姜维下令蜀军士兵换上魏军的衣甲旗号，由夏侯霸带领混入曹营。司马昭得到假消息，以为自己劫粮成功，正沾沾自喜，忽听外面厮杀声起，赶紧出去查看，才知是蜀军混进来了。司马昭欲与几位魏将从小路逃跑，可小路已被姜维堵截，司马昭吓得不停地说“吾命休矣”。

要点解析

1. 大将军姜维为什么又要北伐中原？

姜维不是继承刘备的遗志要北伐，因为他从来没有见过刘备，他只是觉得自己欠诸葛孔明一份很重很重的情，因此才会继续北伐。

一个人当然有他职务之内的责任，但除此之外，还有一种书面上没有写出来的，叫作人情债。人情债意识在西方比较薄弱，因为他们都是照章行事，按规定办理。而我们中国人除此之外，还有情分在里面——这个领导对我很好，我会格外用心地为他办事；那个领导对我一般，我就一般地公事公办。姜维受到孔明的赏识和委托，肩上的责任格外沉重，他觉得自己并不是尽力而为就够了，而是非全力以赴不可，而这两种心态之间的差距就是由孔明的那份人情债造成的。虽然姜维也知道北伐很辛苦，孔明那么神，六出祁山都没有结果，自己不比孔明更高明，可他还是得尽力而为。

2. 夏侯霸向姜维报告曹魏近况，为什么特别介绍钟会和邓艾?

夏侯霸本来是曹操那边的大将，而夏侯家跟曹操的关系相当密切，可是夏侯霸看不惯司马氏的蛮横态度，看不惯他们根本不把皇帝放在眼里，于是就转投了姜维。姜维当然很高兴，因为夏侯霸最了解曹魏的状况，他可以通过夏侯霸了解魏国的实际情况。夏侯霸特别指出两个人，一个叫钟会，一个叫邓艾，并说应该把目标放在这两个人身上，因为他们各有所长，很难对付。我们可以看到，每一个时期都有每一个时期的重点人物，现在司马昭的将领里，以钟会和邓艾最厉害，他们会成为《三国演义》最后这段的历史性人物。

3. 司马师、司马昭兄弟根本不把曹芳放在眼里，是什么道理?

司马兄弟从小看到大，知道这种做法并不是从他们兄弟才开始的。不说远的，光说曹操，他又何曾把皇帝放在眼里过呢？人们常常说，曹操再怎么样，起码也是个真小人，总比那些伪君子强。其实这话是经不起推敲的，如果他真的仅仅是个真小人，有些人佩服他，我们也会谅解，可曹操不但是个真小人，而且还是个伪君子，两者他都占全了，这才可怕！他最应该受到谴责的就是把整个风气都带坏了，现在司马氏这些乱七八糟的状况都是从他开始的。

司马兄弟不把曹芳放在眼里，而且觉得理所当然，也不怕人非议，像夏侯霸那种看不惯的人走就走了，他们兄弟根本就不在意。

4. 司马昭为大都督，想以往例断蜀军粮道，为什么反而中计?

姜维出兵北伐，消息传到魏国，小皇帝根本就拿不定主意，所以都是司马师在那里发号施令，由司马昭当都督，带兵前去抵御姜维。司马昭想走他父亲的老路子断蜀军的粮道，因为蜀军远道而来，只要粮道断了，自然就会不战而败。可是他没有想到，姜维也是师承孔明，早就料到他会来这一手，于是将计就计地让他进了圈套。

5. 姜维令蜀军换上魏军衣服，混入魏营，司马昭为什么大叫“吾命休矣”？

姜维打败了前来劫粮草的魏军后，命令蜀军换上魏军的衣服，以便混入司马昭的大营。司马昭得到假情报，以为自己真的劫粮成功，还在那里沾沾自喜。这时外面传来厮杀声，司马昭等人出帐一看，才知道原来是蜀军混进来了，他带领几个将领想往小道逃跑，可又被姜维截住。在走投无路的情况下，司马昭当然只能紧张地感慨“吾命休矣”了。

6. 司马昭依照司马懿的老办法，姜维也依照孔明当年的政策，为什么这样?

人是习惯性的动物，养成一定的习惯后，就会一而再、再而三地重复以前的路子去走，司马昭和姜维当然也不例外。司马昭从小跟着父亲司马懿东征西讨，对司马懿的战法相当了解，所以很自然地会受其影响，按照司马懿的路子去做。姜维又何尝不是如此呢？他跟随孔明多年，又学了孔明的兵法，并且深得其奥妙，思路自然也会越来越像孔明。

姜维和司马昭打起来，会不会也是以前孔明跟司马懿相争时的情况呢？当然不可能。因为同样的方法，不同的人来使用，会有不同的结果。将领一代一代换，士兵一代一代更新，江山依旧，可人事已经全非。司马昭的想法不可能跟司马懿一模一样，姜维的思维也不可能跟孔明完全一致。

历史会不断的重演，可是每一次又都不太一样。我们学历史，不能照搬那些具体方法，而应吸取历史的教训，继旧开新，将其中的道理活用到现在的环境中来。我们读《三国演义》也要如此，没必要把每个具体的时间和人物都弄清楚，那些都不重要，只需明白其中的道理，然后活用到现在的生活中来，因为道理是永远不会改变的。

三國之道

学历史要吸取历史的教训，并将其中的道理活用到现在的环境中来。

八十　父子一样精

司马昭从小就学会跟父亲顶嘴，常常挨骂，却也获得很多教训。他被姜维困在铁笼山上，大叫“我命休矣”，竟然演出一幕动人的骗剧，把士兵置之死地而后生的决心，激发成一股难以抵抗的士气，因而得以脱困。父子一样精明，司马昭变本加厉，在司马师病死之后，比他哥哥表现得更加残忍，更不人道。利用邓艾和钟会的矛盾，从中取利。虎父无犬子，应该是好的一面。儿子比老子更凶残，司马懿地下有知，恐怕也十分不安。

情景说明

司马昭与姜维在陇西交锋，中计大败，只率五六千人逃往铁笼山。不料，铁笼山上只有一口清泉，仅够百人饮用，水少人多，司马昭只好派人将水源看管起来，以免造成内讧。有士兵干渴难耐，冲到潭边抢水喝，被看管水源的士兵砍死。司马昭见状，命令将其好好安葬。

郭淮得知司马昭被困铁笼山，准备引兵前去解救。陈泰劝郭淮，欲解铁笼山之围，要先退羌兵，并献计使人向羌兵诈降，于中取势，再会合羌兵攻打姜维。陈泰自愿亲往向羌王诈降，引羌兵来攻魏营。羌王中计被俘，改投魏军，并愿意为先锋，攻打姜维。

铁笼山上，魏兵难忍饥渴，纷纷逃下山来投降蜀军，姜维吩咐部下好好安顿。

要点解析

1. 司马昭逃上铁笼山，他不怕没有水喝吗?

人在平常时候有很多选择的机会，因此比较冷静，可是到了紧急的时候，几乎是没有选择的。如果面前只有唯一的一条路，你考虑什么都等于零。司马昭大叫“吾命休矣”，说明他已经无路可走了。这时旁边的人提醒他附近有一座铁笼山，他二话不说就上了铁笼山，结果发现上面根本没有水。所以，并不是说他考虑再三才选定铁笼山，而是无路可走之下，被逼上了铁笼山。至于上面有没有水喝，是以后的事情，只能再想办法。

2. 魏军士兵抢水喝，因而被砍杀，司马昭为什么交代好好安葬?

司马昭发现整座铁笼山只有一个小水潭，光靠那么一点点水，大家很难活命，于是他派兵在那里守着，任何人不许偷喝。可是当时太阳毒辣，士兵很渴，眼看着有水却喝不到，实在是太难受了。多数士兵还是会忍耐，因为军令如山，不能轻易触犯。但也有人不管那么多，过去把卫兵推倒，扑到潭边就开始喝水。卫兵出于职责，管不得同人不同人，一刀就把抢水的士兵刺死了。

为了水而丢掉性命，是我们人类今后还会遇到的事情。倒不是在铁笼山，而是在世界很多地方。所以，能源的短缺、水源的不足、空气的污染，是我们从现在开始就要充分防备的问题。

魏军士兵抢水喝，被自己人杀了，司马昭交代要好好安葬，这一点是跟司马懿学的，如果连自己的士兵都不好好照顾，怎么能得人心呢?所以，不管司马昭这样做是否出于真心，是否真诚，他都一定会做给人家看的。

3. 郭淮要引兵去救，陈泰主张先退羌兵，是什么道理?

司马昭被困在铁笼山，郭淮将军要去救援，可陈泰跟他讲，万一羌兵来攻，跟蜀军前后夹击，那不是更糟糕吗?不如先到羌兵那里去诈降，把羌兵争取到这边来，共同抵御姜维，这样不是更好吗?郭淮一听，觉得陈泰说得有道理，便依计而行。

4. 陈泰向羌兵诈降，引诱羌兵攻入魏营，羌王中计大败，为什么改投魏军？

陈泰对羌王说自己一直都是受害者，想要复仇，所以来降，自己还有内应，可以一举攻破魏营，立下大功。羌王觉得这是个好机会，就派了一个大将跟陈泰去探明真假。快到魏营的时候，大将问陈泰内应在哪里，陈泰击掌为暗号，里边果然有回应。大将稀里糊涂，也不想想发出这么大的声音，其他人难道听不到吗？可是人往往是当局者迷，不会顾虑这么多。大将信以为真，继续前进，结果中了埋伏，被陷在洞里，最后只能自杀。

陈泰领军杀回羌王的营寨，羌王摸不清状况，他只知要跟中原的朝廷交好，却搞不清楚魏国和蜀国。陈泰告诉他要帮忙朝廷，应该向着魏地，不能帮蜀地。羌王觉得有道理，就改投魏军了。

三國之道

人往往是当局者迷。

5. 魏兵下山投降，姜维为什么交代好好安顿众人？

魏兵被困在铁笼山，只有两条路走，一条是冲下山跟蜀军决一死战，另一条就是投降。现在上面还没有下令突围，少数人就偷偷地下山投降保命了。姜维下令善待降兵，这一套不能说完全是向孔明学的，因为他本性就如此，后来又经孔明教导，所以很自然地就用这种方式来对待投降的魏兵。

6. 司马昭跟随司马懿这么多年，难道一点办法都没有吗？

司马昭从小就经常跟父亲顶嘴，每次讲错了，父亲都给他教训，这是父子之间难免会发生的事情。实践证明，还是父亲那一套比较管用，司马昭自然就会调整自己，脑海里反复酝酿父亲的那套办法，一定会想出办法死里逃生的，要不然就白白追随父亲那么多年了。至于他会想什么办法，此时恐怕只有一条路走，就是激励士气，等外援一到，一鼓作气冲下山来。

情景说明

眼见几千将士被困荒山，死的死、逃的逃，形势危急，司马昭心生一计，命谋士王韬设法引众将士到山崖处。众将士来到悬崖边，司马昭痛哭流涕，大呼“天哪”，并说自己无能，拖累6000将士被困绝境，然后自己就要跳崖自尽，让将士们投降蜀军，留得活命，回去与父母妻儿团圆。司马昭的一番表演，使将士们深受触动。王韬趁机在旁鼓动，请司马昭率领大家冲下山去，与蜀军决一死战。将士们顿时士气大振。

羌王佯装前来与姜维会合。刚一见面，羌王就令部下活捉姜维。此时，郭淮带领人马杀来，司马昭也趁乱率部冲下山，与郭淮的人马并力攻打姜维。一时间蜀军大乱，姜维只得骑马逃走。郭淮在后紧追不舍，姜维假装中箭，扑倒马上，等郭淮到了近前，姜维突然起身，一箭将其射死。司马昭带人追来，见郭淮被射死，不敢再追。

司马师自恃大权在握，欺凌魏王曹芳，曹芳密诏夏侯玄、张缉和李丰来见，哭诉社稷早晚落入司马氏之手。夏侯玄等人表示愿意同心灭贼。曹芳于是写下血诏，交给三位大臣，并嘱咐他们千万小心。

要点解析

1. 司马昭高呼“天哪”，又怪自己无能，要将士降蜀，为什么装得这么像?

司马昭这一套是家传的功夫，完全是跟父亲司马懿学的。司马懿当年装病装得比谁都像，司马昭就在旁边，看到这招管用，印象非常深刻。所以一个家庭的家风会影响到子孙，这就是一个很明显的例子。

司马昭现在被困铁笼山，既不能下山破敌，又不能上登天堂，唯一的出路就是一鼓作气冲下山去。可光靠命令肯定没有用，马谡当年就曾经号召士兵冲下山，只以失败告终，因此司马昭想到如果要下山，必须要鼓舞士气。无计可施之下，司马昭想到了欺骗。

司马昭跑到悬崖上，让将士们都看到，然后大叫“天哪”，并说完全是自己无能，把大家带到这个地步，自己非常惭愧，对不起大家，所以干脆自杀，大家去投降蜀军，还能够和家人团聚。一开始将士们还不知道司马昭要干什么，以为他要让大家鼓起勇气，为了魏国的前程奋不顾身，作最后的决战，结果他居然在自我检讨。当一个将领开始反省自己、把责任归给自己的时候，那是最感动人的。所以无论是士兵，还是将领，听了司马昭的话都非常感动，暗自下定决心，无论如何要突围，冲破这个难关。显然，司马昭这一招很管用。群众是盲目的，所以做群众运动的人经常用这套方法。

2. 司马昭拜别将士，表示将跳悬崖而死，他有什么用意？

我们不要把此事与刘备跳河相提并论，这对刘备很不公平。刘备是因为本来想保护百姓，结果反而害死了那么多人，所以才要跳河。也有人怀疑刘备的诚意，不过纵观刘备的一生，他确实是仁义之士。看一个人，从整体来看他的局部，是比较可靠的，刘备确实具有相当的诚意。而司马昭完全是骗术，要死可以直接跳下去，为什么还慢慢地走到悬崖边？他就是为了让旁边的人把他抓住，所以他完全是在演戏。

3. 将士深受感动，决意下山突围，是不是有效的激励士气？

如果只从激励士气这方面来看，司马昭是成功的。他把将士们从绝望当中唤醒，使大家鼓起最大的勇气，这是非常难得的。如果按照孔明的理论，司马昭这一招只能用一次，常用就没有效了。司马昭毕竟是第一次用，所以顿时全军士气如虹，这是毋庸置疑的。

4. 羌王见面就喊上，姜维措手不及，司马昭趁机杀来，如何是好？

这次姜维有信心出兵，一是因为有夏侯霸的帮助，二是因为羌王答应帮助蜀军前后夹击。一见羌王，姜维满心高兴，认为羌王如约前来帮助蜀军，所以一点戒备都没有，还鼓乐欢迎。结果羌王趁姜维不备，就喊上。姜维始料不及，只能慌忙逃跑。魏将郭淮紧追不舍，司马昭也趁机杀下山来。事情突遭变故，姜维这时心里也是很恐慌的。每一个将领迟早都会遇到这种情况，可见很多的变数，都不是事先可以完全掌控的。

三國之道

很多的变数，都不是事先可以完全掌控的。

5. 姜维逃走，郭淮紧追不舍，姜维为什么要假装中箭，结果如何?

两个人一前一后骑马快跑，后面那个人射箭比较容易，他有一个顺势的优势，射箭的力道会很强，但也有一定的难度，如果射得不够快、不够远，就等于零。

姜维在前跑，郭淮在后追。姜维觉得老是逃不是办法，所以就开始射箭，可屡射不中。这反而提醒了郭淮，于是他也搭弓射箭。这支箭其实被姜维一手接住，但姜维非常机灵，马上反应过来，假装中箭，趴在马上。郭淮信以为真，放心地赶上来。姜维趁机一箭把郭淮射死。这是姜维灵机应变的一个最好的个案，只有这样，他才能够摆脱紧追不舍的魏军。司马昭追来以后，一看这种情况，也不敢再追了。姜维这才得以成功脱身，以图将来。

6. 曹芳受尽委屈，夏侯玄、李丰和张缉愿同心灭贼，他们做得到吗?

这种事情大家看过很多，每当皇帝有难、受尽委屈的时候，总会有人站出来表示忠心，要想办法清君侧。但这种事情成功的很少，失败的居多，因为大权在握的人是不会放过这些人的。曹操如果看到自己的子孙有这样的遭遇，不知道会有什么感想。夏侯玄、李丰、张缉只能尽力而为，成功的概率很小。

情景说明

有人将夏侯玄等人密见魏王的事通报给司马师，司马师率兵拦住夏侯玄、张缉等人，严词拷问，并搜出了曹芳所写的血诏。司马师大怒，下令诛灭张缉等人九族，随即进宫责问曹芳。曹芳见事情败露，求司马师饶命，司马师当即将张皇后处死。

之后司马师废掉了魏王曹芳，改立文皇帝曹丕之孙、14岁的曹髦为皇帝。从此，司马氏权倾朝野。

司马师带病平定淮南叛乱，结果病情加重，危在旦夕，他自知性命难保，急唤弟弟司马昭来见，以托后事。司马师亲手将大将军印交给司马昭，并嘱咐他，大事不可轻托他人，否则将自取灭族之祸，随后大叫一声而死。

要点解析

1. 曹芳明知血诏一旦泄露，性命难保，他为什么还要冒险?

有些人明知山有虎，偏向虎山行，就是因为他别无选择了。一个人，到了连最起码的尊严都没有的时候，是不太会顾及性命安危的。曹芳这个皇帝完全是个傀儡，虚有其名，而没有一点实权，毫无尊严可言。所以，他明明知道写血诏是非常危险的事，一旦被司马氏抓到，就非死不可，但对他来讲，这是唯一的一根救命稻草，就算它很软弱，救不了自己，他也要拼命抓住。因此，我们不能说曹芳无知、盲目或者不能记取历史的教训，我们只能同情他，他把所有的希望都寄托在这个血诏上面了，如果这个不能成，就只好赴死了。

2. 司马师严词拷问张缉，是否和曹操当年拷问董国舅一样?

司马师拷问张缉这一幕，跟曹操当年对待董国舅的情形极为相似。每一代都有这样的人，每一代都会出现相同的环境，这正是我们读史的意义。历史给了我们很宝贵的教训，目的是希望我们学会翻新，而不要重复老一套。同样的事情反复重演，我们会感觉到真的没有意思，这些人完全不知道长进。司马师如果想到自己在走曹操的老路，而曹氏子孙现在遭到这样的待遇，或许会想到自己的做法其实也是害自家子孙。他如果懂得借此自我检讨，马上改变，善待张缉这些人，自己重新好好做人，那最后的结局整个就改变了。这才是吸取宝贵的教训，使自己走上正道的最好方法，可惜司马师没有这样做。

3. 司马师当着曹芳的面杀皇后，是不是和曹操当面杀伏皇后一样?

司马师这时候是有选择的，有两条路可走：一条路就是为所欲为，步步紧逼，最后越走越偏；另一条路是借此反省，改变以前的种种作为，开始走上正道。可他还是舍正道而走偏道，最后必然自作自受。司马师可能心想：曹操当年逼了董国舅以后，还杀了皇后呢，他能这么做，我为什么不能？我们看，这样读历史有什么用？到底是在害自己还是帮自己呢？

4. 曹髦当了皇帝，又是一个小傀儡，司马兄弟为什么不干脆自己当皇帝?

曹芳就已经够可怜的了，现在又来一个曹髦做小傀儡，这不是摆明了要把曹魏搞得不像样吗？司马氏兄弟变本加厉，完全不把他放在眼里。我们一定会想，司马氏干吗这么大费周章，干脆自己当皇帝就完了嘛！这就是我们说曹操、司马氏这些人是伪君子的原因。曹操当年也可以自己当皇帝，那样人们起码还佩服他。因为改朝换代是历史上常有的事，上个朝代做得不好，就该取而代之，这也是大丈夫所为。如果汉高祖也挟持秦二世的孙子，把人家当傀儡，我们会看得起他吗？所以，司马氏干脆摆明了另立王朝，也是很好的，可他们偏偏要玩弄小傀儡，自己还要假装是周公在世，这才是可耻的。

5. 司马师带病出征，临终时为什么交代司马昭大事千万不可轻托他人？

司马师其实也很可怜，带病也得出征，结果病情加重，眼看就要一命呜呼了，于是他赶快叫司马昭过来，把象征兵权的大将军印亲手交给弟弟。其实这个帅印毫无用处，可很多人为了它倾家荡产，丢掉性命，可见人是很愚昧的。司马师还嘱咐弟弟大事要自己管，千万不要相信任何人。这种话其实不是在帮助弟弟，而是在害他。因为司马昭本来还可以趁机反省一下，走回正道，现在司马师硬把弟弟拖下水，变成跟他一样。所谓一样，不过就是最后的结果一样，一样不得好死，那又何必呢？但是人们处在这种境况的时候，十有八九会跟司马师一样，这是人类很可悲的地方。我们一定要变成少数，不要盲从那些多数。

6. 司马昭亲眼看到司马师大叫一声而死，有什么感想？

司马昭的感想跟一般人是一样的，觉得哥哥是为了家族而死，自己现在顶着家族的光环，不能丢脸，一定要做得比哥哥还好，根基比他更稳固。换句话说，就是司马昭要比他哥哥更不人道、更残忍。如果司马昭够聪明的话，看到哥哥的结局就应该反省：这难道是父亲希望的吗？父亲当年一再告诉我们，要得天下、得人心，我们现在搞成这样，父亲不是白忙了吗？可见是我们会错意了，并未得到父亲的真传。司马昭如果会这样考虑，痛改前非，学着爱民如子、广开言路，就真会变成周公。可见，人随时可以扭转自己的命运，就在一念之间。

从某个角度来讲，司马师的死是牺牲自我来成全弟弟。可司马昭也是个糊涂蛋，没有想到更宽广光明的一面，最后害死了自己。我相信，司马懿是不愿意看到这种结果的。但司马懿已经不在了，又能怎样呢？所以，司马懿生前就应该好好了解这两兄弟的品德，否则越教他们，就越是害了他们。

三国之道

人随时可以扭转自己的命运，就在一念之间。

情景说明

姜维率兵再伐祁山，司马昭命安西将军邓艾拒敌。邓艾料定姜维必在山谷扎寨，于是命人趁蜀军未到，抢挖地道，并自信地说，姜维必死。一士兵大骂邓艾自作聪明，说姜维不会在此扎寨，拒不挖掘地道。邓艾于是拿帅印与他打赌。这名士兵说如果自己输了，甘愿受死。探子来报，姜维果然已在山谷下寨。打赌的士兵准备受死，邓艾拔剑，吩咐左右偷袭蜀营，随即收剑离去。士兵感念邓艾将军好德，发誓以死相报。

当夜，魏军偷袭蜀军左营。部下请示姜维引兵救援，姜维却下令，有妄动者斩。左右不解，姜维解释说，敌情不明，不可乱动。邓艾本想趁姜维救援左营之时，偷袭蜀军本寨，却见姜维处变不惊，不禁感叹姜维真将才也，并命人鸣金收兵。

邓艾在祁山取得大捷，命人上报司马昭。司马昭与众将会饮，听到捷报大喜，一再夸奖邓艾。魏将钟会见状，心里很不服气，又不好发作，于是赶紧献计表功。

要点解析

1. 邓艾说姜维死定了，他有把握吗？是不是在夸口？

邓艾是农家子弟，从小放牛，不但身体好，而且非常用功，学了一身扎实的功夫。他带病来抵抗姜维，到了前线，马上料到姜维扎营在何地，所以下令挖一个地道，以便趁姜维还没有站稳脚跟之时去偷袭。这种见识不是一天两天能够获得的，真本事不是嘴巴说说而已，得靠一点一滴的累积，到用的时候才会有实际的效果。邓艾非常有实力，对此很有把握，绝不是夸口，否则很快就会被戳穿。

2. 士兵不服气，用自己的头和邓艾的印信做赌，邓艾赢了，为什么不杀他?

大军来到之后，敌军还没有出现，邓艾就叫将士去挖地道，大部分士兵是服从的，他们会觉得，挖就挖，反正不是做这个就是做那个，即使没有事，还得搬石头呢。这是治军的一套方法，得让士兵一直锻炼，从不得闲，以保持斗志。

但是，有个士兵就不服气：你怎么有把握蜀军会在那里扎营？如果挖了半天，人家根本不在那里扎营，那不是浪费我们的力气吗？于是邓艾跟他打赌，如果自己输了，就把印信交给士兵，让他来当主帅。这个士兵也说如果自己输了，甘愿被砍头。不久探子来报，姜维真的在邓艾预计的地方扎营了。这个士兵也很了不起，见自己输了，把领子一扯，让邓艾砍头。

按理，此时邓艾有两条路可走：一是拔剑砍士兵的头，二是饶士兵一命，让士兵走。但是，两条路邓艾都没有走。他把剑拔出来，却吩咐左右偷袭蜀营，然后把剑收起来就走了。

邓艾的选择是很高明的。因为前面所说的两条路，其实都有很严重的后遗症。杀掉士兵，不过是死掉一个人而已，他作为将帅一无所得；不杀这个士兵，就留了一条活命，这个人以后会为他去拼命，会发挥很大的功能。

邓艾也没有像一般人那样，说我不要你的脑袋，但你输了不能赖账，所以要打20大板。那样一来，士兵仍旧不会为他拼命，只等于是多了一个活的死人而已。邓艾非常聪明，他佩服这个士兵，因为这个士兵完全可以不认账，拔腿就跑，然而他很坦然地接受死亡，表示这人很了不起，是条汉子，所以邓艾认为应该以汉子的礼貌来对待他。邓艾没有讨人情，没有说你欠我人情债，这是他非常了不起的一种表现。

3. 邓艾趁姜维刚到便出兵偷袭，姜维为什么不反击?

姜维的一些思路，早已被邓艾一而再、再而三地反复演练，掌握得牢牢的了。所以，姜维刚一扎营，邓艾当夜就来偷袭左营。姜维得报后的反应是，乱动者斩。部将不明白，说如果不去救，左营就完了。姜维说，没摸清楚状况就去救，中计怎么办？果不出姜维所料，如果他真的去救左营，邓艾的士兵正好从地道上来偷袭他的本寨，那样蜀军死伤会更严重。所以，做一个将领，一定要记住，当情况没有摸清楚的时候，千万不要乱动。

4. 邓艾为什么夸赞姜维是不可多得的将才?

邓艾偷袭蜀营，原本是希望姜维反击，好乘虚去攻姜维的本寨，这样能赢得更多。没想到姜维居然很镇定，并未中计。所以，邓艾发自内心地说，姜维真是个不可多得的将才。可见邓艾是一个很实际的人，一点也不浮华，做事情实实在在。但在当时的环境下，这种人是吃亏的。因此，人在特定环境下，必须要做适当的调整，而不是说老实就好、实在就好。

三国之道

人在特定环境之下，必须要做适当的调整，而不是说老实就好、实在就好。

5. 邓艾大捷，司马昭十分高兴，钟会为什么不服气?

邓艾的捷报一传到朝廷，司马昭当然很高兴，可旁边的钟会不高兴。钟会心想：你邓艾算老几，不要高兴得太早。之所以会这样，原因很简单，就是因为钟会和邓艾的目标是一样的，都是要建立功劳。现在功劳都被邓艾抢去了，钟会受到威胁，当然会千方百计地去打击邓艾。这一点是邓艾必须要防范的。

解决这种难题，完全要看司马昭怎么领导。可偏偏司马昭就希望这两个人斗，自己来从中取利，所以这两个人的命运也是很坎坷的。一个统帅，底下的将领如果彼此能够充分合作，就像当年关羽、张飞和赵云一样，那是好事情。如果当年刘备也是利用关羽去斗赵云，利用赵云去斗张飞，那最后什么事情也做不成。现在，司马昭有两个大将，都是很了不起的，可他偏偏要使这两个人斗来斗去，可见他心术不正，最后必然要自作自受，谁也救不了他。

6.司马昭大声夸奖邓艾，是不是故意刺激钟会？

司马昭就是这个目的。司马昭这时如果告诉钟会，“邓艾打前面，将来还要你来帮助他，我们来一致对敌”，这不就好了吗？但是司马昭没有，他就是想刺激钟会。钟会心想：你不给我机会，还在我面前夸奖邓艾，我不敢对你怎么样，还不敢对邓艾怎么样吗？所以，钟会以后会对邓艾不利，其实也是司马昭造成的。

八十一　司马昭之心

司马昭在父子三人之中，最会假仁假义。如果说司马师恶胜于奸，司马昭便是奸胜于恶。当然，司马懿的又奸又恶，是两兄弟的亦师亦父。曹髦为人明慧，又不甘受辱，说出“司马昭之心，路人皆知”的怨言，又在“是可忍孰不可忍”的气头上，冲出宫去，当然被杀死。司马昭表现得悲痛欲绝，内心却暗自高兴。立曹奂为帝，已经埋下了篡位的基础。后来司马炎的行动，不过是司马昭的延伸而已。邓艾和钟会，还在外面死拼，朝内的变化，好像真的将在外有所不知。

情景说明

255年，西蜀姜维又出祁山，司马昭急命邓艾前往拒敌。两军交战，姜维摆出了诸葛亮留下的八卦阵。邓艾观阵，传令三军不可轻举妄动，然后命儿子和副将司马望率后军接应，自己则亲率人马杀入阵去。魏军一入阵即被围困，人马被砍杀殆尽，邓艾身中数箭，孤军奋战，幸得司马望等人及时赶到，才得以脱身。

邓艾苦于无法退敌，司马望献计，说蜀主刘禅宠信宦官黄皓，可使人买通黄皓，在蜀国散布流言，刘禅生疑，必然召回姜维。邓艾依计而行，果然奏效。姜维接到朝廷诏书，只得班师回朝。朝堂上，姜维劝说蜀主刘禅不要中魏国的反间计，刘禅安抚姜维，说绝无此意。

钟会和贾充来禀报，说姜维已经退兵，司马昭闻讯大喜，认为蜀国君臣不和，正是出兵灭蜀的好时机。贾充认为不可，说魏王曹髦正在怀疑司马昭，此时伐蜀恐有内乱。

要点解析

1. 姜维摆出八卦阵，邓艾为什么毫不惧怕？

邓艾从小就在野外玩耍，又经历过很多次战争，所以基本上不怕打仗。而且，作为主帅，困难再大也不可以惧怕。何况邓艾观阵后，大概知道姜维摆的是什么，所以表现得非常英勇。

姜维摆出这个八卦阵，也是想利用这个阵变化无穷的特点，故意考一考邓艾，看他到底有多大的本事。这是两军对垒时，经常看到的一个现象。每个人都想把自己最好的一面呈现出来，看看对方怎样反应。

2. 邓艾被困在阵中，十分危急，司马望为什么救得了他？

司马望能救邓艾，有两个原因。一是司马望对八卦阵的了解比邓艾深一些。邓艾并没有真正应付过八卦阵，所以有点心虚。我们不能因此说司马望超过了邓艾，就像孔子曾经说自己不如农夫，不是说孔子样样都不如农夫，只是在做农方面不如农夫而已。所以不能因一个人某方面比别人强，就说他样样都比别人强。

另一个原因，也是最主要的原因，就是四个字——拼老命救。想要救人，只要拼了老命，就一定救得了。所以有些事情，环境只是一方面的因素，最后还是要看你的意志力有多强。在救邓艾这件事上，邓艾的儿子当然很积极，因为他们有血缘关系；司马望平常很敬仰邓艾，所以也拼了老命去救。在各方面因素的合力作用下，邓艾最终才能够逃脱。

3. 邓艾中箭，显然已经打不过姜维，他有什么表现？

将领身负重伤的时候，最可怕的就是丧失战斗力。也就是说，如果一个人的心死了，本事再大也无济于事。邓艾虽然中箭，全身疲惫，但警觉性仍旧很高，当他听到有马蹄声来时，还拔剑质问“来者何人”，可见他的内心是很坚强的。

邓艾此时不只是坚毅不挠，而且是视死如归。将领一定要视死如归，如果将领害怕，自己逃跑或者投降，士兵就更不可能英勇作战了。邓艾孤军奋战，还是坚决拼到底，可见他是经得起考验的。

4. 阿斗下诏召回姜维，是不是和上次召回孔明一样？

人是习惯的动物，做错事情后若不检讨，或者检讨以后还觉得自己是对的，就会一次次地再犯，最后就会变成习惯。

姜维这次攻打祁山，充满了信心，而且情势对蜀军也非常有利。可阿斗听信谗言，又像以前召回孔明一样，召姜维回朝。阿斗倒不是为了某一目的特意针对姜维，他没有害人之心，至于前线战事如何，召回姜维的结果会怎样，他也根本不管。这说明他对国事根本就不关心，国家交给这样一个人领导，其命运可想而知，正如当年孔明所讲，大势已去。

5. 姜维说阿斗中了邓艾的反间计，阿斗有什么感觉？

当年孔明那样责问，阿斗都没有什么感觉，这次会有什么感觉？一个人如果一而再、再而三地犯同样的过失，那我们几乎可以认定，除非给他非常大的刺激，不然他是改不掉的。所以孔子说不二过，否则会慢慢养成习惯，不容易改变。

三国之道

人不能一而再、再而三地犯同样的过失，否则会慢慢养成习惯，不容易改变。

6. 钟会和贾充对司马昭有什么作用？

这个问题值得我们好好探讨。钟会是武将，贾充是谋士。武将的职责是冲锋陷阵；谋士则是收集各方面的情报，替领导做分析，给领导提供对策。二者表现方式虽然不同，但目标都一样，就是希望所服侍的主公能够稳固位置、蒸蒸日上，那样他们才有更高的位置，才能发挥更大的作用。

但是，问题的关键不在于他们，而在司马昭。司马昭如果是正人君子，钟会和贾充就是对社会有用的人；司马昭如果是一个野心勃勃、不择手段、不走正道的人，那钟会和贾充，说得难听一点，就是爪牙。

所以，我们应该好好想一想：一个有能力的人，到底要不要出来表现？孔子说过，如果碰到明君，那你无论如何都要去帮他，即使是牺牲自己也在所不惜；如果碰到的不是仁君，那你最好离得远远的，因为你越表现，将来罪孽越深重。所以钟会和贾充最后的结果一定是不好的。良禽择木而栖，如果树本身就靠不住，鸟刚停下，树就倒了，岂不糟糕？因此，一个人要不要表现，最主要的是看有没有选好主人。像钟会和贾充，他们碰到司马昭，只好认倒霉。

情景说明

贾充见司马昭，拿来了曹髦所写的《潜龙诗》，并说诗中多有影射司马昭之意。司马昭大怒，说不除曹髦，必被其害。贾充当即表示，愿为司马昭除曹髦。

群臣奏请曹髦加封司马昭为晋公，曹髦迟迟不语。司马昭愤然而起，质问曹髦："司马氏屡建大功，加封有何不可？"曹髦又恨又怕，无奈地说："敢不从命。"

曹髦不甘受辱，召来几名老臣，说司马昭之心，路人皆知，要几名老臣助他讨贼。几名老臣惊恐不已，劝曹髦不要轻举妄动。曹髦不听劝阻，大喊"是可忍孰不可忍"，冲出宫去。宫门外，贾充带着武将成济拦住曹髦的去路，贾充暗示成济该替司马昭除掉障碍。成济会意，问要死的还是要活的。贾充答，要死的，成济立即上前，将曹髦杀死。

要点解析

1. 贾充说曹髦怀疑司马昭，有什么证据？

中国历史上经常有文字狱。因为汉字弹性非常大，从不同的角度都解释得通。于是，文字也就成为一种最好用的排除异己，或者有意陷害别人的工具。

现在贾充就用了这一招。他告诉司马昭，说当今皇上对你不信任。司马昭不是一般人，很理性，问他有什么证据。贾充回答说，皇上吟过一首诗，里面的内容在影射你。司马昭听到这样的分析，再看看那首诗，思路很自然就被引到这上面了，认为皇上果然是在影射自己。这种伎俩其实非常老套，并非贾充的发明，但它还是非常管用，连司马昭这样的人，都很容易就相信了。

2. 曹髦那么害怕司马昭，真的有胆量对付司马昭吗?

这是曹髦想不开，自己定位错了。他应该想想几十年以前，自己的祖父是怎样对待汉献帝的，应该知道这是因果，怎么跑得掉？他现在能做的，只有学汉献帝，应付应付，看看怎样去解解闷，也就算了。但曹髦认为自己是天子，应该诛逆贼。实际上，他们曹家整个的统治权都来路不明，算得上什么天子？

所以，一个人如果对自己的处境不了解，对自己祖先所做的事情不清楚，以致定位发生错误，就会有麻烦。曹髦就是这样，居然真的要去对付司马昭。如果他有这种决心，我们也不反对，但是要好好去部署，等到合适的时候再发动，否则一定是找死。

3. 群臣奏请曹髦加封司马昭为晋公，曹髦为什么回答“敢不从命”？

因为加封司马昭，曹髦心里一百个不愿意。他也知道，现在加封司马昭为晋公，就好像自己的祖父当年被封为魏公一样，以后的情况就是历史的重演了。可是，曹髦应该自己衡量一下，当年汉献帝有那么多的旧臣，汉朝有那么长久的历史渊源，都拿曹操没有办法，仅凭他自己，能拿司马昭怎样？但是人往往很难保持理性，曹髦觉得受不了，当场就流露出来了，无奈地说“敢不从命”，这是他非常不成熟的表现，这种话不能当着司马昭的面讲。

4. 曹髦说司马昭之心，路人皆知，要亲自讨贼，左右为什么劝阻?

到今天，“司马昭之心”已经变成一个耳熟能详的成语了，表示某人心里打的主意大家都知道。只要“司马昭”这三个字一出现，大家都知道这是负面意思，是说这个人不怀好意，大家要小心。由此可见，《三国演义》对我们中华民族影响深远。

曹髦讲的这句话，其实其他人也都知道，却没有人奈何得了。其他人比较聪明，话放在心里不说出来，而曹髦却说出来了，所以左右赶紧劝他不要讲，免得惹事。

5. 曹髦一句“是可忍孰不可忍”，是不是把他自己送上死路了呢?

曹髦最后难逃一死，因为他很莽撞，没有做好周全的计划就开始行动，说难听的就叫找死。“找死”跟“早死”两个词近音，这是非常有趣的，曹髦豁出去了，去找死，结果真的提前死了，其实也是求仁得仁，我们也不能说他不对。曹髦觉得活着没有意思，干脆拼了！实际上，“是可忍孰不可忍”这句话告诉他要“忍”，可是他却变成“不忍”，就把自己送上死路了。

同样一句话，有正反两面意思，一面是说，这个都可以忍，那其他的当然也可以忍；而曹髦的解释是说，这种事情如果都可以忍，那还有什么不能忍？干脆不忍了，结果把自己送上了死路。可见他的解释是不好的。

6. 贾充一声“要死的”，成济居然替司马昭杀死曹髦，是什么道理?

成济是一个莽夫，有勇无谋，他的勇也是不值得称赞的，顶多算是匹夫之勇。这个时候，贾充完全是在利用成济，他要有本事的话就亲自去杀了，但他没有，而是在一旁煽动成济——主公养你这么久干吗？而成济居然马上就问贾充要活的还是要死的。贾充专门两边利用别人，回答说要死的，并没有说自己要死的，这一方面是鼓励成济，一方面又拿他当了挡箭牌。成济上前，一枪就把曹髦刺死了，这是很多人都看到的，成济成了现行犯，不管怎么解释也跑不掉了。

成济这样的遭遇提醒我们，年轻人血气方刚，是非常容易被人利用的，所以要特别小心。有的人一时冲动被人利用，死了还感觉自己很冤枉，这就是非常没有智慧的人，大家一定要把成济当作一个教训。

三國之道

年轻人血气方刚，是非常容易被人利用的，所以要特别小心。

情景说明

司马昭得到消息说曹髦被杀，马上驱车赶来。见曹髦已死，司马昭马上表现得悲痛欲绝，而内心却暗自高兴。司马昭下令为曹髦设灵堂，百官祭拜。陈泰哭祭曹髦，说只有处死贾充，方能谢罪天下。司马昭却说是成济弑君，下令斩了成济。

司马昭与众臣宴饮。贾充说，司马公两代三人，功高盖世，理应受魏禅让，登天子之位。群臣附和贾充，请司马昭受禅称帝。司马昭却故意推辞不受，还拿周文王和曹操与自己相比，以表现自己的高尚德行。

260年，司马昭另立曹奂为帝。姜维听说司马昭杀了魏主曹髦，于是联络东吴，兴兵问罪。此战，姜维大败邓艾，但因粮草受损，只得退回汉中。262年，姜维上奏蜀主刘禅，请求再次出兵，九伐中原。蜀臣谯周认为，姜维此时不宜出师，出师恐有不利。刘禅犹豫不决，但是看姜维决心已下，暂且应允。

要点解析

1. 司马昭见曹髦已死，十分悲伤，是真的还是假的？

我们常说，有其父必有其子，他们父子都有这种演戏的遗传基因。司马懿当初装病装得比谁都像，司马昭被围在铁笼山时也装过一次，骗过了很多将领士兵，大家还认为他是真心诚意的。这一次他更有经验了，驾轻就熟。

其实，杀曹髦整件事情都是司马昭一手导演的，如果没有他的同意，贾充有天大的胆子也不敢做，要不他怎么能把时间把握得那么精准？曹髦一死，他就出现了。可见，随时都有人给他通报消息，用今天的话叫有热线。他一来到现场，马上喊：在哪儿，在哪儿，皇上在哪儿？司马昭这么喊，就表示他已经知道曹髦死了，如果真的事先不知情，是不会讲这种话的。所以人再怎么装，都会露出破绽；装得再像，也只能瞒过大多数人，而欺骗不了少数关键的人，这才是司马昭无法完全掌控的。

2. 陈泰前来拜祭，一定要赐死贾充，司马昭为什么以成济抵罪？

我们从陈泰的反应就可以看出，少数关键的人一路看过来，都知道此事背后的总指挥就是司马昭。所以陈泰来拜祭曹髦的时候，强烈要求把元凶找出来。当然，陈泰追查到某一个程度就会停下来，他不至于指着司马昭说，凶手就是你，你要抵罪。这个时候不论是谁，除非真的准备去死，否则都不会这样做的。因为人会衡量当时的形势，判断自己能够突破到哪一步，然后才敢处理。陈泰直指贾充，其实就是在告诉司马昭：我知道凶手就是你。他说一定要把贾充交出来，否则绝不罢休，司马昭知道没有人能把他怎么样，所以才说大家都看到是成济杀的，把成济推出去斩了，就这么简单地把这件事处理掉了。可见司马昭的手段是多么恶毒，他的心是多么凶狠。

3. 贾充恭请司马昭受禅称帝，司马昭为什么推辞不受？

我们讲过，历史是会重演的。当年，很多汉朝的老臣逼汉献帝退位，我们觉得很奇怪：怎么会有这样的状况？但是现在，这种事好像已经变成一种风气了。贾充说司马昭功劳比谁都大，而曹氏家族已经不行了，所以应该禅让。我们一看就知道，这都是老一套的说辞。司马昭也是老一套，说不行，当年周文王都没有接受，曹操也没有接受，自己怎么能接受？其实，司马昭不必讲这些，讲了反而更糟糕。可他本来就是一心一意要称帝，除了这些还能讲什么呢？他这么讲，只是说既然那一条路比较好，我就走那一条路。

4. 一个真的周文王，造成很多假的周文王，为什么会这样？

我们今天很重视学习，其实很多事情是不能学习的。譬如爱，爱是真情的流露，不是学来的，人如果很自然地去表现爱，会让大家觉得非常真诚；学来的爱是虚情假意，不是出于人本身的动机，就变成造假了，结果肯定不好。现在有些人到处教人家怎样去爱人，这是很难让人赞同的。现在爱的学习越普遍，离婚的案件就越多，不断推崇爱的学习，整个社会虚假的事件就层出不穷。

当初周文王的表现是发自内心的，而不是假装的，不是说自己儿子迟早会来，所以才用那种方法。后来的人觉得周文王那样做很好，所以就不断地向他学习。实际上，这些都没有价值，甚至令人不齿，我们千万不要把它当作可以模仿的。

三国之道

很多事情是不能学习的。譬如爱，爱是真情的流露，不是学来的，学来的爱是虚情假意。

5. 司马昭立曹奂为帝，有什么用意？

曹操再聪明有什么用？他的大权只不过传了三代，到第三代时，连继承者的名字都让人可怜，叫曹髦已经够可怜了，又来个曹奂，注定要被换掉。

大家不要觉得这很奇怪，这其实是必然的。一个人做了很多坏事以后，思路自然会受到牵引，然后会慢慢地在他的家族里形成很多很难理解的事情。比如秦始皇那么聪明的人，最后竟然会相信赵高的话。赵高，摆明了就是糟糕，只会害人。但秦始皇偏偏就听信赵高，导致后果很惨！所以，我们以后碰到类似的事情，都要好好想一想，这其实是在提醒我们躲开它，这样大概就可以趋吉避凶了。

司马昭立曹奂为帝，很明显就是准备随时把他换掉。如果司马昭看到曹奂就提高警觉，意识到自己这样做是不对的，然后悬崖勒马，改邪归正，最后的结果就会完全不一样。那时候，三国的统一才是大家真正希望看到的结局。

6. 姜维第九次北伐，郤正反对，阿斗为什么反而同意？

姜维为什么要一而再、再而三，以至第九次北伐呢？他嘴上说士兵不打仗就会懒，士兵懒了国家就完了，其实这不是真的，姜维不断出征，是凭着自己对孔明的怀念和感谢。他认为既然孔明把一生的愿望都寄托在自己身上，那自己就要义不容辞。姜维对孔明的心情，就像孔明对刘备的心情，是一样的。

郤正是一个头脑很冷静的大臣，他说此时国库空虚，民不聊生，再打也没什么意义，不如休养一段时间再说。可阿斗反而同意姜维北伐。可见阿斗不算好人也不算坏人，而是个糊涂人，不知道自己的立场，总是一会儿这样一会儿那样。老实说，跟这种领导做事情，其实也是很倒霉的。

情景说明

姜维九伐中原，蜀军大将寥寥，只得派廖化为先锋。司马昭又派邓艾迎战姜维。姜维故意放出风声，说蜀军欲取洮阳，意在迷惑邓艾，使之认为蜀军取洮阳是诈，实则为攻取祁山。不想，邓艾早已猜透姜维的主意，说兵不厌诈，虚虚实实，虚乃是诈，实还是离不开一个“诈”字。他一面命人加紧修固祁山阵垒，一面尽撤祁山之兵去救洮阳。结果，洮阳一战，姜维果然失利。

姜维未能攻下洮阳城，于是盘踞城外，命士兵百般辱骂邓艾，激魏军出战。魏将请命出战，邓艾却下令，有出战者斩。蜀军历数邓艾往事，讥笑他不过是个放牛的，邓艾听了仍不为所动。邓艾之子邓忠难忍蜀军辱骂，欲冲出营寨，被邓艾拦住。邓艾教育儿子，出身寒微，不是耻辱，能屈能伸，方为丈夫。

邓艾见姜维连番败仗，却不肯退兵，还连日挑战，担心姜维分兵去袭祁山，决定引兵增援祁山。为了牵制姜维注意，顺利增援祁山，邓艾命人趁夜虚袭蜀军营寨。士兵报告邓艾来袭，姜维听后，命众将坚守营寨，不得轻出应战。

要点解析

1. 蜀中无大将，廖化作先锋，是不是历年征战，蜀中已经没有人才了？

这句话现在已广为流传，只要我们觉得一个人不是很理想，就会说“蜀中无大将，廖化作先锋”，意思就是，连这种人都可以当先锋，可见人才很匮乏。

三国时代最可怜的就是老百姓，各国动辄出兵几十万，而且战争频率也很高，所以死亡人数令人触目惊心。年轻人稍微有点勇气和武艺，还没练好，就被拉上战场，也不知道为什么就打了，还没有出手就死了，真是冤枉。那时其实人才辈出，只是因为折损率太高，实在来不及补充，导致各国都缺乏人才。所以我们要重视的是折损率，而不是纯粹的数量。

2. 邓艾为什么说“虚固然是诈，实也是诈”，他在说什么？

《孙子兵法》里有一句话，叫“兵不厌诈”。我们说，一切战术都是“诈”，到底何谓“诈”？一般人认为是阴谋诡计，其实这样解释是错误的。战争中，我们最恨的就是对方使用阴谋诡计，遇到这种情况，总会说人要诈，所以打仗不择手段，就是不义，打赢了也没有什么稀奇。孔明打了败仗，我们也不介意，因为对方在耍诈。靠耍诈赢了别人，任何人都不会服气。所以“诈”是变化无穷的意思，不是阴谋诡计，这一点我们千万要分清楚。

“兵不厌诈”就是说，用兵要千变万化，出其不意，但不能耍诈。这样我们才能理解邓艾所言：虚固然是诈，实也不过是诈。也就是说，所有的实兵作战也是在变化，虚固然是变化，实也是变化。

我们要记住，不管处理什么事情，变化是可以的，但存心要诈是不厚道的，即使是打仗也尽量不要这样做。孔明身经百战，但很少使用阴谋诡计，只是利用地形、事物来变化，变到让对方不知道下一步要怎么走，如此而已。

3. 众将真的要出战，邓艾为什么说出战的必斩?

一个将领如果老是叫将士出战，是不负责任的，因为这样就是不管将士死活——反正不是自己上战场，叫别人去拼命，死的是别人。邓艾很负责任，在没搞清楚对方情况的时候坚决不出战。此时邓艾不知道对方是什么状况，他没有把握，因此告诉将士不能出战，谁出战就斩。所以战争不一定非得出战。从司马懿身上我们已经得到很多教训，有时候不战比战还要好。

4. 姜维命士兵百般辱骂，把邓艾的往事骂得一清二楚，邓艾为什么不在乎?

姜维让士兵拼命地叫骂，目的就是要引邓艾出战。从这里我们更能理解邓艾不许将士出战的原因，可见他是对的。姜维要骂，当然最好是骂邓艾，因为骂别人也没有用，只有把邓艾骂得跳脚，气得冲出来，姜维的计才算成功。

要骂一个人，最好是骂他自己的事情，骂别的不管用。所以姜维历数邓艾从小的状况，还叫人模仿邓艾以前养牛的样子。一般人如果被戳到痛处，多半会恼怒，但是有涵养的人就不会。司马懿就非常能忍，现在邓艾也一样，根本不在乎。倒是他的儿子和将领们很愤慨，邓艾却说：姜维怎么那么用心，把我过去的事情搞得一清二楚。可见一个人不出名，往事说给人家听，人家都没有兴趣；稍微有点名气以后，人家就会把你以前，甚至祖宗好几代的事情都挖出来，这就是出名的后遗症。

5. 出身寒微不是耻辱，能屈能伸才是丈夫，是真的吗?

我们最好相信这句话。出身寒微没有什么耻辱，很多功成名就的人，在介绍自己的时候，多半喜欢说自己穷的时候连鞋子都没得穿，小时候吃的苦头比谁都多。相反，我们很少听到人说：我爸爸很有钱，所以我家财万贯，从小不愁吃穿。这种人成功有什么稀奇？今天有些老师说什么穷爸爸富爸爸，好像富爸爸才是很光荣的事情，这是大错特错的。一个人能够不怕吃苦，在贫寒的环境里脱颖而出，这才是荣誉，靠祖宗、靠遗产、靠家世，其实没有什么光彩。

什么叫丈夫？能屈能伸才叫丈夫。中国人是全世界最能屈能伸的，忍耐的时候比谁都能忍耐，以至忍耐到外国人说我们很胆怯，其实我们并不是胆怯。等到伸的时候，我们又伸到耍大牌。中国人只要稍有点贡献，就忍不住耍大牌。所以，要了解中国人，就拿能屈能伸去对照一下，几乎人人都如此，因为人人都要当大丈夫。可是大家要适可而止，千万不要过分。能屈能伸加上适可而止，才是最好的方法。

三国之道

能屈能伸加上适可而止，才是最好的方法。

6. 邓艾为求增援祁山，虚做假仗，姜维为什么下令坚守，不得轻出应战?

邓艾曾说，虚是诈，实也是诈，现在亲身示范，夜间假意出战，这并非阴谋诡计，只是变化而已。一般的夜战是真的，而这个夜战是假的，其实是为了增援祁山，那边要做的才是真的。邓艾不希望姜维注意到那边的情况，所以要假出战，以牵引姜维的注意力。这一点姜维也很清楚，因为他也是用这一套打仗的，所以下令坚守，不要轻出。可见，无论哪一个将领用兵，都是有打有不打，该打的时候就打，不该打的时候就坚守，这是必然的，没有错。

八十二　良师有继承

姜维是蜀军著名将领中，唯一没有见过刘备的人。他受到孔明的赏识，归蜀汉后，由于才德兼备，很受荣宠。孔明将平生所学，尽力传授给姜维。他也继承孔明遗志，第九次伐中原。当时蜀汉文武凋零，有“蜀中无大将，廖化作先锋”的感慨。他明白大势已去，岂可强为？但是身为孔明的继承人，必须把孔明知其不可而为之的精神，发扬光大。所以他成为司马昭心中最有顾虑的蜀将，也是理所当然。

情景说明

姜维第九次伐中原，准备先取洮阳作为屯粮之所，以图长远之计。不料，邓艾识破姜维之计，大败蜀军，夏侯霸战死洮阳。姜维一面与邓艾相据洮阳，一面暗遣张翼围攻祁山九寨。邓艾赶来援救祁山，遭到姜维两面夹击，魏军溃败。

就在姜维整顿人马，准备一举攻下祁山之时，蜀主刘禅却下诏书，命姜维收兵回朝。副将劝姜维，祁山九寨此时已不堪一击，机不可失，姜维沉思许久。帐外，众将士踌躇满志，请求姜维下令出兵。姜维奋而拔剑，正待下令，却接到了第二封诏书。副将催促姜维下令，说将在外，君令有所不受，姜维却说君命不可不遵。

要点解析

1. 夏侯霸和姜维原本都是魏将，为什么对蜀国表现得那么忠诚？

大家看夏侯霸的姓氏就知道，他跟曹家有很密切的关系，是一路帮助曹家打天下的。但是，夏侯霸后来看到司马氏专权的情形，内心很伤悲，所以就离开魏国投奔姜维。姜维本来也是魏国大将，是被孔明用计招降的。自从追随孔明以后，姜维感觉孔明的确是个了不起的人，没有私心，是真正站在公天下的立场为普天下的老百姓着想的，所以姜维才会死心塌地为蜀国奋战。夏侯霸跟姜维非常投缘，他来到蜀国以后，两人就一心一意要北伐中原，要把魏国打垮。当然，这个时候的魏国，已经不是当年的样子，而是被司马氏完全控制了。

可见，很多事情是此一时也，彼一时也，时间会改变一切，而且，时间往往是往坏的方向去变动。从桃园三结义看到此时，随着时光的流逝，是一切越变越好，还是越变越坏？看到孔明死了以后，我们心情是越来越好，还是越来越不舒坦？我相信大家是有感触的：时间是往坏的方向流动的。

2. 邓艾这些将领，如果和姜维一样，合力拉下司马昭，迎回阿斗好不好？

这不是好不好的问题，而是可不可能的问题。实际上，这种想法有点理想化，是经不起考验的。就算真的把司马昭拉下来，让阿斗当天子，然后吴国也来归顺，可阿斗真的能坐稳天下吗？

所以，三国迟迟不能统一，其实就是老天看三国哪一边都差不多，都没有能够统一天下的君主。老天让这三国打来打去，其实就是告诉这些人应该反省。哪一方把自己改善了，变成其他两国学习的楷模，自然就会变成民心所归，天下也就统一了。可是，他们都没有这样的警觉性，整天只是盲目地打来打去，这是时代的悲剧。所以，一个时代如果没有碰到英明的领导，这个时代的百姓真的很可怜。

3. 邓艾大败，祁山九寨不保，姜维为什么不知道机不可失呢？

姜维当然知道，就像当年孔明知道一样，在战场上取得了优势，就应该乘这个势。守时不如乘势，因为时机再好，如果势头不够的话，也是不能成势的。现在邓艾被打得几乎没有招架之力，姜维就这样一路打下去，一定可以把魏国打垮。

可是，姜维知道这些又怎么样？他的思路遇到了一个障碍，这个障碍当年孔明都不能突破，他这次也突破不了。假如他真的要去突破，会不会变成第二个魏延呢？魏延就是想突破，但是所有人包括孔明在内，对他都是一百个不相信，孔明还料定他是叛变。所以单凭一个人是很难改变整个环境的。现在，姜维也落入这样的困境之中。

4. 姜维大胜，阿斗又下诏召回，姜维考虑许久，他在想什么？

姜维在想是要走孔明的路子，还是要走魏延的路子，这是当下摆在他面前的两条路。他想来想去，还是选择了撤兵。

一个人，如果真的不顾一切，单凭一时冲动去做事，后果往往不堪设想。这就是人一定要跟环境相配合的一个主要原因。一个人的理想能不能行得通，要看大环境能不能配合。大环境配合，就有可能成功；大环境不配合，就不能乱动。孔明当年如果不顾一切，打下江山再交给阿斗也未尝不可，但他觉得一直打下去已经是抗旨，万一打不赢，就要永远背负背叛的恶名，一生的英明都要毁于一旦，实在是划不来，所以孔明最后还是放弃了。

现在姜维也是一样的处境。回去固然是很大的挫折，但是再走下去，后面的支援能不能来，前面的仗能不能打得下去，都是问题，自己真的有把握取胜吗？所以，他考虑很久，还是决定按照孔明的路去走，虽然心里是一百个不愿意，但形势所逼，人在屋檐下，不得不低头。

三国之道

一个人的理想能不能行得通，要看大环境能不能配合。大环境配合，就有可能成功；大环境不配合，就不能乱动。

5. 姜维下定决心正待下令进军，为什么又停下来？

姜维挣扎了很久，甚至一度决定不顾一切，一直打下去。正在他下定决心，要号令所有人出兵的时候，阿斗的诏令又到了。阿斗的诏书又不是第一次来，对姜维来说也不是什么新鲜事，他大可不必理会，可姜维猛然一想，还是踩了急刹车，决定收兵回蜀。

6. 将在外，君令有所不受，姜维难道不明白这个道理？

姜维当然知道。司马懿当年复职的时候就不听圣命，先去收拾叛军，然后才去长安跟曹睿会合，结果反而得到更大的信任。不过那是非常特殊的例子，不是每次都行得通的。

阿斗让姜维撤兵。姜维反复思考，以他和阿斗的关系，以他现在的实力，以及他跟朝中同事的关系，他要抗旨进军到底有利还是有弊？最后他觉得自己条件不够，所以毅然决然地选择了放弃。我们可以设想一下，姜维当时经历了多么艰难的权衡，甚至可以说，这是他一生中最艰难的一次抉择。这种经历，我们中国人把它叫作“天人交战”。姜维最后还是选择了对大环境低头。

情景说明

副将一再劝说姜维出兵，姜维说：“大势已去，岂可强为？身后无主，纵夺得祁山九寨，又将何为？”无奈之下，姜维忍痛传令全军，擂进军鼓，奏得胜令，实则暗中撤兵。

全军人马都已撤尽，面对空空如也的营地，姜维不禁仰天长叹。侍从请姜维上马，姜维上马后，马却怎么都不肯走。见此情景，姜维更加心生感慨，于是下马，牵马行进。

回到汉中，姜维屡次叩请蜀主召见，可刘禅却只顾享乐，接连十日不临朝。姜维不解，于是向郤正请教。郤正说是宦官黄皓欲让右将军阎宇立功，取代姜维，才启奏圣上发诏撤兵的。姜维闻言一惊，怒称必杀黄皓，郤正劝他不可造次。姜维觐见蜀主，说黄皓奸巧专权，如不除，必为大祸。刘禅却一味偏袒黄皓，不听姜维劝告。

姜维杀不了黄皓，知道大祸临头，于是向郤正请教安身之策。郤正说陇西沓中土地肥沃，人烟稀少，姜维可以奏请圣上，去那里屯田，这样既可以安身，又能够保国，是一举多得的良策。姜维欣然接受。

要点解析

1. 姜维为什么感叹“大势已去，岂可强为”？

姜维是个聪明人，而且又跟随孔明那么久，几乎得到孔明全部生平所学，所以他当时的能力应该是很不得了的。但是，连他都感叹大势已去，无法强为，可见他当时的心境是多么凄凉。

一个人有斗志、有理想，又有能力，但偏偏碰到这样一个君主，又能怎么样？我们后世之所以说“扶不起的阿斗”，就是因为阿斗前面有孔明扶持，后面又有姜维帮助，却把江山丢掉了，真的是没有用，所以我们才会笑他真的是扶不起来。

但姜维不能把阿斗杀掉，也不能替阿斗清君侧。即使杀了黄皓，只要阿斗自己不改，还会有别的人来作乱，根本没有用。所以姜维只有感叹大势已去。意思是说，虽然现在可以将在外，君命有所不受，但还是不要这样做，不值得。这是对的，因为他为阿斗做这么重大的决定，是不合适的。

2. 姜维大胜却暗中退兵，阿斗知道当时的情况吗?

其实这并不重要，对于一个漠不关心的人，他知不知情都是如此。阿斗作为君主，却不关心战事，是因为他根本没有斗志。他只不过是因为老爸打了天下才坐上了皇位，自己根本没有能力守住位置，所以他其实也挺可怜。

这一点我们要引以为戒，一个条件优越的家庭，固然可以给后代子孙留下很多资财，创造很好的平台，但如果子孙本身没有能力，也很难守住家业。刘备如果有在天之灵，看到儿子无缘无故去扛这个火罐子，恐怕也会于心不忍。很多人努力创业，一心一意要把家业交给子孙，看到阿斗的样子，不知道会有什么想法。

3. 姜维仰天长叹，他在想什么?

姜维估计是思绪万千。第一个，他会想自己生不逢时。如果生长在不同的朝代，遇到不同的君主，也许他不会像现在这样窝囊。第二个，他会感叹孔明死得太早。如果孔明晚死几年，说不定会比自己更有办法。第三个，他也许慨叹自己学了半天没有什么用。

由此可见，人不要把目的看得太重要。姜维还没有死，却已经感觉到自己的结局，就是我们常讲的“不了了之”。很多人都把目的看得太重要，这种观念应该好好改一改，要明白其实过程远远比目的重要。姜维如果看得开的话，应该很享受当年跟孔明学习的过程，很享受母亲要他弃暗投明的过程。这样他就会感谢上天给了他这么多历练的机会，而不会像现在这么伤感。

三国之道

人不要把目的看得太重要，要明白其实过程远远比目的重要。

4. 马不肯走，姜维反而下马，牵着马走，是不是马也不想回家?

我们中国人相信万物都有灵，不像西方人那样，只相信上帝是最高的主宰。我们认为，花木有情，动物也有感觉。现在的生物科学也慢慢证明，我们的观点是对的，只不过不用“灵”这个字，而说“能量”。

脚踏车虽然是工业产品，但如果你把它当成帮手，好好珍惜它，它就真的会寿命长一些，外形也会干净漂亮一些。而如果你纯粹把它当工具，不爱护它，它很快就会生锈，不多久就坏了。这里面的能量是会产生作用的，大家可以试试看。

动物更是这样。狗养久了就能听懂主人的话，就是因为经常接触，彼此的磁场有一种感应，会发生一些作用。马也一样，姜维的这匹马跟了他这么久，它也能够感受到姜维现在的处境，所以站在那里不走，好像是对姜维说：这是你一生最后一次机会，豁出去算了，顾虑那么多干什么？我不走，是不是你也不要走呢?

但是，姜维虽然知道马也在劝他，却还是无奈地选择离开。从这里我们可以看出，人在很多地方是不如动物的。马了不起被杀死，或者自己逃到哪里饿死了，可是人不一样，人是会被列入史册的。姜维现在的处境，连我们都在替他为难，但是马就不必苦恼，想怎么样就怎么样了。所以，现在有些人总说人的价值比其他动物高，我奉劝各位，人要做得有价值才会比其他动物高，否则就高不到哪里去。

5. 阿斗十日不临朝，姜维为什么一直在等，有必要吗?

我们可能觉得，姜维根本没有必要去等。但姜维自己认为是有必要的。因为他放弃了那么好的进军机会，辛辛苦苦赶回来，总要让阿斗知道。可见姜维到现在还没有完全死心，虽然说大势已去，无法强为，可内心还是存着一丝希望。因为他跟邓艾多次交手，知道双方的实力不相上下，自己还有打胜的机会，他还是想有朝一日如果北伐成功，自己可以对恩师有个交代。所以，阿斗十日不朝，他还是天天去等，这是他很了不起的一面。

6. 有阿斗偏袒，姜维杀不了黄皓，反而向郤正请教安身之计，是什么道理?

姜维主张杀黄皓，阿斗却说这是小事，黄皓不过是他身边一个使唤的人，自己又不完全听他的，不会怎么样。可见阿斗真的是个昏君，是个糊涂虫。作为君主，这样做就是不对。所以根本问题在于阿斗，就算把黄皓处死了，但只要阿斗自己不改，第二个黄皓还会出现，说不定比这个还坏。

姜维是很聪明的，也很有警觉性，认为此时不如找个安身立命的地方，以后再想别的办法，所以就向郤正请教安身之计。郤正也是真心帮助姜维，真的想救他，于是就出主意说，干脆远离这个是非之地，找个地方让军队好好休养，等待机会再从头做起。

情景说明

司马昭早有伐吴、蜀之念，多年来一直治兵缮甲，积蓄实力。如今，他得知蜀主刘禅沉迷酒色、不思朝政，姜维又到沓中屯田避祸，于是决定出兵伐蜀，并说先灭蜀，然后顺江而下，水陆并进，直取东吴，才是灭虢取虞之道。

263年，司马昭命钟会统率关中大军，邓艾统率关外、陇上人马，约期伐蜀。谋士说钟会志大心高，恐其谋反，应有所防备。司马昭早已料到这一点，说钟会此去如果攻下蜀地，蜀国的败将、亡臣根本帮助不了他，而且钟会带的是魏地之兵，这些人返乡心切，也不会随他留在蜀地，所以他即使造反，也成功不了。

钟会与邓艾分兵进攻蜀地，姜维一再上表告急，却屡次被黄皓压下。蜀主刘禅深信巫术，贻误备战时机，使蜀军陷于被动局面，汉中一带尽皆陷落。姜维无奈，只得退守地势险要的剑阁。

夜半，钟会突然被大风惊醒，忙召唤左右。左右告诉他，此处是定军山，昔日征西将军夏侯渊即在此处被斩，山上有诸葛武侯之墓。钟会听后大惊失色，决定前去祭拜。

要点解析

1. 司马昭决定先灭蜀，再取吴，是什么道理？

实际上，从司马懿开始，司马氏就胸怀天下，所以司马昭并不满足于仅仅把魏国变为己有。这是我们中国人很可爱的一面，从小就知道修身、齐家、治国、平天下，这几项是一贯的，不管是出于什么动机，总是要慢慢地向外扩展。

司马昭养兵已久，觉得是用兵的时候了，于是决定出兵，先灭蜀，后取吴。之所以不先取吴再灭蜀，是因为多年以来，吴国主动打魏国的时候不多，而蜀国却不停地北伐，而且蜀军现在按兵不动，不是不打，而是在等待时机，如果魏国出兵吴国，蜀国必然要来伐魏。对此司马昭是很清楚的。

2. 司马昭用钟会和邓艾分别领军去攻打西蜀，有什么用意？

司马昭很奸诈，不是个老实人，同时也不明智。他有两个大将，一个是钟会，一个是邓艾，两个人都很了不起，可偏偏这两个人没有办法合作。司马昭认为偏信其中一人，会养虎为患，将来他们力量壮大了，会反咬自己一口，所以他不怀好意，干脆两个一起用，让他们去斗。我们可以看出，钟会和邓艾两人跟姜维一样，也是生不逢时，没有碰到明主，所以他们以后的结局，相信大家也能猜出几分。

3. 司马昭明知钟会有谋反的可能，却故意做出这样的安排，妥当吗？

有人提醒司马昭，说钟会迟早会谋反，要提防他。司马昭说早有所料，但钟会带的是魏军，就算打下了四川，这些人也不会跟他留在那里，还是想回到北方与家人团聚。而且，四川的人也不会归顺，他无人相帮，就算想谋反，也不会成功。可见，司马昭事先做过沙盘演习，把各种可能性都想到了，所以才有这样的安排。但是，司马昭让钟会和邓艾两个人斗，说明他的动机是坏的，这样只会促成钟、邓提前内乱，对整个局势其实是不好的。

4. 黄皓蒙蔽军情，不让姜维出兵，是什么道理？

姜维听了郤正的劝告，离开成都，去沓中屯田练兵。魏军来攻，黄皓蒙蔽军情，不让姜维出去应战，所以姜维迟迟没有得到迎战的指令。可见，姜维当时没杀成黄皓，后遗症非常大。黄皓心怀怨恨，处处跟姜维作对，几次想找别人来取代姜维，只因他找的人不能承担大任，才勉强又把军权交给姜维。

5. 钟会夜晚被风吹醒，为什么怕成那样，他不是大将军吗？

大将军也是人，人对于不了解的状况多半是会恐惧的。钟会半夜被风吹醒，突然感觉到冷，周围是什么情况又摸不清，当然会害怕。后来听说这里有孔明的墓，就决心要去祭拜。我倒不觉得这是迷信，像钟会这样的人，心里一定非常敬佩孔明，也很了解孔明，甚至会把孔明当作个案，不断地去研究。虽然他跟孔明没有接触，但心里已经跟孔明产生了很多互动，所以无论如何要去祭拜，甚至还会把孔明当作活人对待，跟他对话。

大家可能都有这样的感觉，只要你心中有某人，对他印象特别深刻，那么不管你在哪里，不管对方是生是死，都会经常想到他。就像我的父母已经过世很多年，可是我一碰到大事情，都会想到他们，碰到喜欢的东西，常常想打个电话跟他们讲，这时候才想起，他们已经过世了。

6. 钟会祭拜孔明，有什么用意？

打仗的人不管求什么，目的恐怕只有一个，就是求得一路平安。钟会如果不问也就算了，但他问了，知道孔明葬在这里，不去拜祭心里就不安宁。因为孔明对蜀国感情深厚，现在钟会来攻打蜀国，如若不去祭拜，很可能会遭遇障碍。这也不是迷信，只能说是心理障碍。疑心就是暗鬼，人一旦疑神疑鬼，明明没有事也会造成很多障碍。所以，中国人的习惯是到了大山就拜山神，到了大河就拜河神。我们都说黄河是我们的母亲，表明我们跟黄河的感情很深厚，对黄河非常的感恩，心中有黄河，不忘本，所以才有这样一个互动的状况。

疑心就是暗鬼，人一旦疑神疑鬼，明明没有事也会造成很多障碍。

情景说明

钟会率部将祭拜孔明，突然天降大雨。祭拜之时，钟会又听到孔明劝他入川之后切勿妄杀生灵，钟会惊异，问左右是否听到，左右回答没有。钟会讶异不已。

姜维带兵退守剑阁，诸葛绪领兵来攻。姜维大怒，亲自领兵出战，大败诸葛绪。诸葛绪兵败逃回，钟会责怪诸葛绪不听将令，有损军威，要将他斩首。卫瓘出来阻止，说诸葛绪是邓艾的部下，如果钟会将其斩首，怕会伤了和气。钟会不以为然，卫瓘和众将再三请求，钟会才决定不斩诸葛绪，而将他打入囚车，押赴洛阳问罪。

邓艾得知钟会将诸葛绪囚押洛阳问罪，顿时怒火中烧，亲率十余卫士前往钟会营寨。钟会得知邓艾前来，立即命令300亲兵在大帐内外严加戒备。

要点解析

1. 钟会听到孔明的声音是真的吗？为什么别人都听不见？

对于这种问题，最好的答案是，对钟会来说是真的，对其他人来说很可能不是真的。人是这样的，当你相信某件事情的时候，它多半会成真。这好比我们在家里拜祖宗的时候，可以跟祖宗你一句我一句地互动，但是无关的人却一句也听不到，因为别人是不关心这个的。而且，一家人也有听不到的，这就说明，每个人关心的程度也是不一样的。

耳朵所能听到的声音其实很有限，可是偶尔我们会听到一些原本听不到的声音。就好像收音机很灵的时候，一次只能听到一个频率，可是当收音机失灵的时候，反而可以同时听好几个台。这种事情是很妙的。我们也可以拿这个道理反观自己。有人说在火车上听到火车外面有人讲话，我们不要相信，也不要否定。因为这是他的事，他认为是真的就是真的，他认为是假的就是假的，跟我们没有关系。对待这种事情，只有一个答案，叫作信者恒信，不信者恒不信。这些无法用科学来印证，所以不必追究真假。

我们应该关注的是，钟会为什么对孔明的声音特别有兴趣？可见，他的想法跟孔明的感情是不一样的。钟会想让孔明保佑自己一路顺利，所以才会感觉到孔明在交代他不要滥杀无辜，就是这样而已。

2. 姜维虽有兵马，却无能为力，为什么忍不住要和诸葛绪大战？

姜维如果早知道钟会和邓艾出兵攻蜀，一定会请命去应战。可是，他受黄皓蒙蔽，一直没能出兵，所以就感觉有力使不出来。一个人真的没有力量也就算了，有力量使出来也不会痛苦，姜维现在是有力量也有心，但就是什么都不能做，这才是最痛苦的。正巧，诸葛绪在这个时候来挑战，那只好算他倒霉了，姜维要亲自出去打他。

3. 钟会下令斩杀诸葛绪，卫瓘为什么劝阻？这样好吗？

其实，将领打了败仗回来，不一定都会被砍头，我们看《三国演义》到现在，知道这都是有阴阳两种变化的。诸葛绪现在比较倒霉，钟会叫他打胜仗，结果他打败了，钟会当然生气，所以要将他斩首。如果钟会真的斩了诸葛绪，反而没事。偏偏卫瓘出来提醒，说诸葛绪是邓艾的人，杀他恐怕不好。卫瓘也许是好意，却给以后造成了更可怕的矛盾。因为这逼得钟会讲了一句话：就算是邓艾本人犯法，我照样依法办理。这话很快传到邓艾那里，两个人的矛盾就加深了。所以卫瓘只替诸葛绪求情就好了，不该扯到邓艾身上，他可能觉得说出邓艾和诸葛绪的关系比较好劝，其实适得其反，制造了很多不必要的问题。

4. 邓艾听说诸葛绪被囚送洛阳，为什么十分愤怒？

邓艾跟诸葛绪的关系很密切。诸葛绪被押送洛阳，肯定是死路一条。邓艾认为钟会这不是冲着诸葛绪，而是冲着自己来的，所以他要报仇。如果卫瓘当初不劝钟会，了不起诸葛绪被杀，邓艾很生气，认为钟会不看自己面子，如此而已。现在，诸葛绪虽然没有死，但邓艾因为钟会那句“就算是邓艾犯了罪，我也依法办理”，肯定不会善罢甘休，两个将领的矛盾就激化了。这是卫瓘没有料到的。

5. 邓艾亲自拜访钟会，是不是有兴师问罪的意思？合适吗？

邓艾带上卫兵匆匆赶到钟会那里，钟会一看这个状况，就知道邓艾是来兴师问罪的，所以也很戒备，两边的气氛非常紧张。

至于邓艾这样做是否合适，我们还是那句话，这个跟合适不合适没有关系。因为我们不是当事人，没有办法去评判这件事。如果邓艾听了这话还能若无其事，那他就不是邓艾了。要求一个统帅听到这种事情完全不在乎，那是高度困难的。所以我们才说司马懿是了不起的。司马懿不会像邓艾这样气冲冲地去兴师问罪，他会忍到适当的时候再来算账。但是这么一来，我们又觉得司马懿很阴险，可见，做人实在是不容易，怎么做都会有人批评。

6. 钟会叫300宋兵帐内帐外戒备，彼此都是魏军，为什么这么不友善？

只要有人，就永远有派系。一个国家的海军、空军、陆军，打仗的时候是共同为国家出力，但平时都是各想各的，这是人之常情。

钟会看到邓艾带兵来兴师问罪，当然要戒备，所以传令帐内帐外严加戒备。虽然是自己人，却弄得好像要打仗一样。当初刘备到东吴去，两边也是这样。但蜀、吴毕竟还是两个政权，现在邓艾和钟会同属魏国，居然也这样。可见两个将军不合，事情是很麻烦的。将领不和，士兵也无所适从，他们又不懂得什么，只好跟着邓艾就听邓艾的，跟着钟会就听钟会的，此外别无他法。

出现这样的事情，不能说谁对谁错，司马昭要负责，卫瓘要负责，邓艾和钟会也要负责，大家都应该检讨。这是很多人共同作用，才导致的结果。这就是“错综复杂”，这也是《易经》给我们的一个重要概念。就是说，天下事只有一种状况，就是错综复杂，所有事情都不单纯。

三国之道

天下事只有一种状况，就是错综复杂，所有事情都不单纯。

八十三　兔死走狗烹

邓艾出身贫苦，从小立志要封侯，可惜太直爽，也过分自信。钟会刚好相反，出身世家，从曹爽与司马父子争权，加深了使权用术的印象。这两人凑在一起，可以看出邓艾所谋，大多出于为公，而钟会所想，无不为私。邓艾骄傲自负，钟会则公然造反。实际上都和司马昭弄权，人心不服有关。兔死走狗烹，固然是历史的常事。司马昭在阿斗投降之后，会有什么样的结局，我们且拭目以待。

情景说明

邓艾一行人来到钟会营寨。邓忠见父亲怒气未消，悄声劝他小不忍则乱大谋，望父亲暂忍一时。钟会出帐迎接邓艾，言辞间多有傲慢之意。邓艾故意取笑钟会，说他建功原来是受诸葛亮阴魂点拨。钟会愠怒，却不好发作。

邓艾、钟会二人帐中商议入川之计。邓艾说姜维据守剑阁雄关，恐一时难以攻下。钟会借机说，邓将军熟知地理，定有高见，有何破敌良策，请不吝赐教。邓艾闻听此言，立刻表示愿引一路兵马从阴平小道直取成都，到时姜维必然要撤兵回救成都，钟会则可趁机直取剑阁。钟会假意称赞邓艾的计谋高明，并与其约定依计而行。

待邓艾离去后，钟会对左右说，阴平小道在崇山峻岭之中，邓艾此去如果遭遇驻守蜀军，必然全军覆没；而我从大道而行，已顺利进军至此，剑阁指日可下。返回的路上，邓艾对儿子抱怨说自己以真心告于钟会，而钟会却虚意应付，并说一定要取下成都让钟会看看。不日，邓艾率兵向阴平小道进发，钟会得知消息，也急令火速攻打剑阁。

要点解析

1. 邓忠劝父亲邓艾小不忍则乱大谋，合适吗?

如果在平常，我们会觉得一个小孩子不该多嘴。可是在这样紧要的关头，邓忠向父亲提建议，我们不能批评他。当时邓艾气冲冲地去找钟会，两人很可能会起冲突，而钟会又不是个好惹的人，更何况两个人背后还有一个司马昭，正在那里两边押宝，看谁能夺得头功。在这样的情况下，别人是不太方便去跟邓艾提建议的，因为关系没有那么亲近，但邓忠作为儿子，知道其中的利害关系，于是鼓足勇气劝父亲，要心平气和地去跟钟会谈，小不忍则乱大谋。

邓忠劝他父亲，用的是一个成语——小不忍则乱大谋。汉语中有很多成语，所以我们沟通起来很方便，寥寥数字，就把其中的道理都讲清楚了。可现在偏偏有些人要乱改成语，这不是好的现象，大家最好不要做这种事。

三国之道

小不忍则乱大谋。

2. 邓艾还是忍不住激怒钟会，有必要吗?

我们身为局外人，当然会说没有必要。其实这是不公平的。如果我们是邓艾，说不定比他还忍耐不住。所以，我们不要以第三者的身份来论断当时的状况。邓艾能够接受儿子的建议，稍微控制自己的情绪，已经是不错了。他忍不住去激怒钟会，也是在控制自己情绪的情况下，做的一种比较合理的表现。这也是人之常情，我们不要苛求。

3. 双方提起作战计划都十分认真，是什么道理?

中国人基本上都是很认真、很负责的，这是中国教育成功的一个案例。邓艾和钟会虽然彼此之间在很多地方有争执，谁也不服谁，但他们的大方向、总目标不会差太远，一讲到攻打蜀国，二人的基本态度是一致的，所以两个人还能坐下来研究怎么作战、怎么分工，最后达成共同的目标。这个时候，两方面的意气慢慢地摆在一边，这是很可喜的现象。

4. 邓艾心中有数，一路愤愤不平，为什么没有觉得钟会存心害他?

我们说钟会存心害邓艾，其实也是不公平的，因为不是他告诉邓艾说，阴平有一条小道可以绕过剑阁，而是邓艾自己提出来的，钟会不过是顺水推舟，同意邓艾走那个小道而已，怎么能说他存心害邓艾呢？当然，钟会既然知道那条小道行不通，非常危险，可能比直接攻打剑阁还要麻烦，站在同事的立场上，他也应该提醒邓艾注意，但他什么都没说，还称赞邓艾的主意好，这一点做得不太厚道。

可见邓艾比较老实，而钟会比较喜欢耍小聪明。实际上，两个人的日子都不好过，因为他们后面还有个大豺狼司马昭。可邓艾毕竟走的是老老实实、刻苦耐劳的路子，而钟会走的是比较讨巧的路子。从这个角度再来验证，结果怎么样，我们很快就会看到。

5. 钟会对邓艾走阴平小道表示赞成，是不是存心不良?

前面说过，钟会并非存心要害邓艾，还不至于到这个地步。但凭良心讲，他是有点存心不良。如果钟会也不知道这条小道那么难走，他不做提醒可能是为了尊重邓艾。但实际上他已经知道那条路是行不通的，却存心不告诉邓艾，这是不应该的，最起码他做人很不厚道。

6. 邓艾取道阴平小路，钟会攻打剑阁，各有什么胜算?

钟会认为，虽然剑阁难打，但总比那个根本走不通的阴平小道要好一些，所以选择攻打剑阁，觉得自己胜算很高。相反地，邓艾想的是，剑阁易守难攻，又有姜维守在那里，就更麻烦了，而绕小道过去，直接就可以打到成都，会比钟会快得多。可见他俩都各怀鬼胎，各有胜算。

但是，这也不能怪他们，因为他们处于既联合又竞争的状况，谁都想第一个攻下成都，夺得头功。从他们个人的立场来看，双方都没有错。当然，即使竞争，他们也可以好好商量一下，看看用什么方式来合作更好。但现在两个人都有点意气用事，这就不好了。相比较而言，邓艾还是坦诚一些，他告诉钟会自己发现一条小路，两人可以分头进军，让姜维首尾不能相顾。钟会一听，心中暗喜，觉得邓艾选走小路，就是有去无回，有点幸灾乐祸了。

至于最后谁会成功，我们还是等老天来决定，自然当中自会有巧妙的安排。先胜的人不一定占便宜，后来的人也不一定就有胜算，这才妙。

情景说明

阴平小道上，邓艾率领大军艰难行进。无奈一路上尽是险滩峻岭、悬崖峭壁，将士虽然有绳索、手杖等工具辅助，依然举步维艰。其间，不时有兵士失足坠落悬崖而死，余者目睹此景，皆胆战心寒。邓艾虽痛惜兵士，但是决心已定，只有叮嘱和鼓励全军，全力向前。

邓艾率领全军经历千难万险，艰苦跋涉20多天，行程700余里，终于抵达了摩天岭，而所率3万余人已锐减为几千人，兵力损失惨重。至岭上，邓艾忽然发现有一石碣，细观之，竟是孔明当年所立。邓艾不禁肃然起敬，称武侯真神人也，并带领诸将祭拜孔明。

不料，摩天岭四周皆是绝壁悬崖，无路可走。一时间，哭号之声四起，兵士抱怨九死一生，最后竟然走到了绝境。邓艾见此情形，高声激励将士："我军至此只有来路，已无归途，只有拼死向前，方能求得生路。"众将士见邓将军有如此决心，都倍感振奋，高呼愿随邓将军。邓艾命令将士将兵器扔下悬崖，将士虽不明其意，但仍服从将令。

要点解析

1. 一路十分艰苦而危险，邓艾为什么不改道？

一个人做事，最怕的就是半途而废，那样必定不会成功。邓艾是经过事先盘算才走上这条路的，何况，他已在钟会面前夸下海口，所以一路都很坚定，明知这条路很危险、很艰苦，却并没有回头的意思。邓艾一生中都很少中途改变主意，所以这次他决不改道，这跟他的做事习惯有关。

阴平小道只有一条，走了这么久已经很辛苦了，再回头只会更辛苦。何况回头的结果就等于零，往前走说不定还有希望。所以我相信，在这种情况下，不只是邓艾，一般人都会有一种观念，就是错也要错到底。如果是在事情还没有开始以前就错了，还要坚持就是不对的。而一旦事情开始，就只好死马当作活马医，错就错到底，因为这个时候已经没有退路了。

三国之道

一个人做事，最怕的就是半途而废，那样必定不会成功。

2. 邓艾3万大军，到达阴平附近只剩下几千人，值得吗？

如果要讲值不值得，那整个三国的战争大部分都是不值得的。3万大军，折损了2万多人，这种折损率是非常高的。但是，这跟在战场上一下死掉几十万人没有什么不同，损失的同样都是宝贵的性命。

当时，老百姓的性命的确不受重视，完全被当作一种工具来使用，这是很不幸的时代。至于邓艾把3万大军带得只剩下几千人，如果从他一举把成都攻下来看，也许会觉得还是值得的。这跟两军交战死伤，是一样的道理。

3. 来到终点才发现四面尽是悬崖，根本无路可走，大家有什么感想？

从不同人的反应，可以看出不同层次的人智慧水平不同。越是基层的士兵，越是怨天尤人。因为他们不好意思直接指责将领，于是就埋怨老天，说老天让他们受尽折磨、吃尽苦头，一路上死了那么多兄弟，结果却困死在此地。这样一想，他们当然会觉得很绝望，当然会大声哭泣，这是必然的。

职位越高的人，越会控制情绪，越会动脑筋想办法。尤其是邓艾，这队人马所有的责任都在他肩上，他如果不能想出应对的办法，怎么向那些死去的弟兄，向这些还没有死的人交代？所以，实际上这个时候最痛苦的是邓艾。他可能也会后悔走这条路，心想还不如直接去打剑阁，说不定还能杀出一条血路，但他更没料到小道的尽头会是悬崖，他原先以为这里一定有一条可以下山的路。

4. 邓艾也下跪拜祭孔明，是什么道理？

大家在非常绝望的时候，突然看到前面有一个石碑，上面记载着当年孔明曾经派人守在这里，以防有人从阴平小道进攻成都。我们可能会觉得孔明真的跟神一样，其实不然，这只是表示孔明当年为了巩固蜀国，北伐成功，是花了心思的，他把每个地方都布置得好好的，如此而已。

但是，在邓艾他们看来，有这块石碑，就证明有人来过，就一定有路可走，这给身处困境的将士带来了一线希望。如果什么人的痕迹都没有，估计这里就是个绝地了。可邓艾他们看来看去，四周都是悬崖，所以只有下跪拜祭孔明，希望有奇迹出现。其实，中国人拜祭神明，基本上都是为了出现奇迹。

5. 邓艾说只有来路，没有回头的可能，是不是置之死地而后生?

所有将领都知道，当面临绝地的时候，一定要置之死地而后，才能有一条生路。邓艾事先不知道阴平小道的状况，所以不至于故意把士兵带到死地，再叫他们去求生。邓艾没有那么残忍，也不会下这么大的决心来冒这种险。可现在身处绝地，又不能原路返回，因为来的时候死了那么多人，回去的话可能一个都活不了。所以邓艾才说，只有来路，没有回头路。

当然，邓艾当时已经想到了一个方法。老实讲，这个方法是非常不人道、非常可怕的，但是除此之外别无选择，只能一条路走到底了。

6. 邓艾下令先把兵器抛下山崖，他打算做什么?

第一个，把东西丢下去，是为了让大家感觉到山崖的高度毕竟还是有限的。因为兵器着地发出“砰”的一声，既然兵器都可以掉在地上，人跳下去，也会掉到地上。

第二个，邓艾是为了让大家知道，除了这个办法，就只有死在山顶上。究竟是死在这里还是死在底下，大家自己选择，如果选择死在这里，大家就坐下等死。老实讲，坐着等死比冒险还痛苦，还不如干脆跳下去，说不定还有生路。

所以，他就决定让大家把毛毡裹在身上，滚的滚跳的跳，希望有奇迹出现。如果大家经过这样的冒险还能够存活，就有继续攻打成都的可能。这不是好办法，却是现在唯一的办法。所以，将士们还是会鼓起勇气，做最后的挣扎。

情景说明

邓艾决定第一个跳下悬崖，作为表率。他用毛毡裹住身体，对众人说，列位将士，山下庆功，便纵身跃下。将士们被邓艾的气概感动，纷纷从悬崖跳下。

山下，从崖壁上滚落的邓艾醒来，看见身边满是跟随自己跳崖的将士。一些兵士陆续醒来，发现自己侥幸未死，不禁大呼：我还活着！而有些兵士则在滚落途中受伤，坠落下来已经丢了性命。邓艾望着死去的将士，心痛不已，脱下头盔，带领众人跪拜死难将士。起身后，邓艾拔剑下令，进攻江油。

邓艾从天而降，眼看成都不保。刘禅不知如何是好，有大臣提议请武侯之子诸葛瞻父子领兵御敌。诸葛瞻领兵抗击邓艾，不敌，父子均战死沙场。邓艾见此，感叹诸葛父子真乃一门忠烈。

邓艾大军直逼成都，刘禅与众臣商议对策，众臣纷纷说要投降。正在此时，太子刘谌闯入殿来，说自古没有投降的天子，应当父子君臣背城一战，并称自己宁死不降。刘禅斥责太子狂言，令人将太子推出殿外，准备投降。

要点解析

1. 邓艾以身作则，率先跳下悬崖，妥当吗？

一般情况下，职位高的人应该在后面指挥，士兵要去做先锋。现在情况特殊，摆在眼前的是悬崖，如果要别人先跳下去，相信没有人会答应，因为这明明是送死。所以最高将领一定要以身作则，这样大家才有可能效仿。

邓艾第一个跳下去，就表示他承认自己把大家带到这种绝境，心有歉意，所以他先跳，带给大家唯一一线希望。他嘴上虽然没说，但行动已经表现出他的用意。这次的事情，他事先的规划并非如此，现在居然到了这样的境地，这是人力无法改变的，与其活着受到良心的谴责，不如干脆跳下去试试，即使死了也没有遗憾。

最后，邓艾真的如愿了，就是大家都情绪激昂，纷纷跳下了悬崖。要知道，他们跳崖不是像今天在飞机上跳伞那样，有安全保障，而是随时面临着危险，中途碰到石头、树木，就会受伤甚至死亡。在这么危险的情况下，将士们全都跟着邓艾跳崖，一方面可能是别无选择，另一方面就是受到邓艾的激励。

2. 士兵高喊“我还活着，我还活着”，是什么道理?

从悬崖上跳下去，最后不死不伤，还能有一口气在，谁会不欣喜若狂呢？一个人，当能否存活都不能保障时，仅剩的需求就是保住性命，其余的东西是不会考虑的，绝不会有人说“我饿了，我想吃排骨面”。所以，士兵们不由自主地大喊：“我还活着，我还活着”。下面的话应该是“真想不到，太高兴了，太幸运了”，只是没有说出来。当一个人觉得只要能够生存，就算是幸运了，这种处境实在是很可怜的。

3. 这些将士从这么高的悬崖翻滚下来，为什么能够活着?

这个就叫作生的意志力，他们有求生的愿望。当一个人不想活的时候，不要说这么高，就是没什么高度的地方，摔下来都会死的。一般人认为，人跳楼是碰到地摔死的，其实不然，大部分人是吓死的，因为一跳出来，要么后悔，要么伤心，要么绝望，要么惊吓，半空中已经死了，然后才摔下来。

我相信，这些将士也是一样的。其中有些人还没有跳就吓得半死，一跳出去就已经吓死了，这些人还有什么指望呢？只有少数有坚强求生愿望的人，始终抱着要活下去的信念，才会最终如愿以偿。所以，一个人最要紧的，是自己想不想活下去。很多病人为了想见儿子或者女儿最后一面，会不断地忍耐，延长自己存活的时间，等到子女一出现，他的愿望实现了，很快就死掉了。可见，生死虽然是天在决定，但在短暂的时间之内，人还是可以做主的。

4. 将士死伤很多，邓艾为什么下跪?

第一，他觉得对不起这些将士。邓艾是个有良心的人，这么多将士死了，所以他跪下来，告慰这些人的在天之灵。他的意思是，大家不要怨我，我跟你们一样，只是比较幸运，活下来了，可我也不会偷生，还要带领活着的人继续去战斗。

第二，他是真的谢天谢地，只是不好意思喊出来。因为这一切都是他自己惹的祸，还喊什么呢？所以他只有用这种很虔诚的态度来表示。

第三，他表示自己责任还很重大，以后的道路现在才刚开始，不是说活下来了就可以休假调养了。所以邓艾跪完以后，马上把剑抽出来，下令前进。

5. 诸葛瞻临危受命，父子同时战死，是不是一门忠烈？

如果诸葛瞻是在孔明去世的时候就接任丞相的职位，那他这个时候出来应战就不叫什么临危受命，因为这种局面就是他造成的，他当然要出来承担。那样的话，就算他全家人都战死了，我们也不会这样尊敬他。因为他是为了追求荣华富贵、高官厚禄，当然要付出高昂的代价。

但是，实际情况并非这样。孔明临终的时候，没有替儿子安排一个好的职位，而且他们这一家人根本就不是武将，虽然也可能会有一定的文才武艺，但并不像真正的武将那样武艺高超。此时阿斗偏偏要把他们找出来，去抗击敌军，诸葛瞻原本可以说不愿意，因为他对此没有责任。可是他觉得既然自己的父亲当年受到刘皇叔的礼遇，自己全家就都欠刘备一份情，所以还是出来应战。

我觉得这才是中华民族了不起的地方，中国人是什么债都还得了，但人情债还不了。诸葛瞻父子完全是冲着“人情债”这三个字才壮烈牺牲的，所以大家对他们非常尊敬。

三国之道

中国人是什么债都还得了，但人情债是还不了的。

6. 群臣议论纷纷，有主张降魏，也有主张降吴，刘谌为什么坚决反对？

老实讲，在这种情况下，主张投降是免不了的。因为大家都觉得跟魏国正面冲突很危险，伤亡会更严重，如果投降，说不定还可以保住性命，然后再做打算。可是刘谌很可能不接受这样的想法，因为他是太子，眼看着就要承接阿斗的位置，如果投降，他所有的希望都没有了。

如果站在这种立场来分析，刘谌只是为了争取自己的荣华富贵，所以才有这么强烈的主张，没什么值得尊重的。

但是，我相信刘谌不这样想，他是真正觉得对不起祖父。祖父征战大半辈子，立下这么一个基业，全不为自己享受，真正为了百姓着想，没想到父亲荒废了祖父的基业不说，还打算投降。所以，他才会非常不以为然，强烈反对投降。如果站在这种角度看，我们还是很佩服刘谌的。

情景说明

刘谌不能阻止父皇投降，决意自绝，以谢先祖。其夫人闻听刘谌此言，称赞丈夫死得其所，并愿先死殉夫。刘谌见夫人触柱而亡，决定一家人共赴黄泉，于是先将三个儿子刺死，带着妻儿的头颅来到祖庙，在先祖刘备的画像前自刎身亡。

刘禅带领文武百官出城投降，邓艾受降，感慨万千。263年，蜀汉灭亡。

要点解析

1. 阿斗投降，邓艾有什么感想?

蜀国兵多粮足，却一点斗志都没有，轻易就投降了，战果来得太容易，邓艾感觉不是很踏实。实际上，他宁可碰到一些抵抗，然后靠自己的实力取胜，那样会更有成就感。从这个角度来看，阿斗的投降确实也降低了伤亡人数。邓艾会不会想到这方面我们不得而知，不过可以肯定的是，他内心很复杂，绝不是自己胜利了蜀国失败了这么简单。

2. 夫人撞死，刘谌杀了三个儿子再自杀，是不是一门忠烈?

这种事情是见仁见智的。如果站在人权的角度说，刘谌要死自己死好了，没有权力把三个小孩都杀死，他们有生存的权利。可是根据当时的情况，如果三个小孩不死，最后一定是被追杀，倒不如大家一起死了算了。

这样我们才知道，为什么刘谌的夫人会选择自己先撞死。她的事例证明了一个道理，叫作有福之人夫前死。妇人如果比丈夫先走一步，其实是很大的福气。如果刘谌自杀了，留下夫人和孩子，将来魏军来了，夫人被抓，孩子也不知道流落何处，那不是更惨？所以，我们不能纯粹站在自己的立场来论断。依据当时的情况来判断，刘谌是一门忠烈，他选择的这条路是正确的。

3. 阿斗投降，是不是能屈能伸呢？

如果这叫能屈能伸，那就太糟糕了。为了伟大的前程、光明的目标，暂时忍耐，但心存斗志，等待机会一定要站起来，这才有资格叫作能屈能伸。

阿斗如果真的想要减少伤亡，当初就该直接反对九伐中原，直接不打就是了，等到魏国来犯，再打也不迟，这样就表示他是有一贯主张的。可惜他没有，刘谌冒死进谏说只有投降的臣子，没有投降的皇帝，他都听不进去，还说刘谌胡说，可见他没有想太多，只是见风转舵，怕死而已，绝非能屈能伸。

4. 刘备的遗像看着刘谌一门的结局，会有什么感想？

我相信刘备不会觉得子孙自有子孙福，也许会想，谁做了他的子孙真是倒霉，当初自己的所作所为，害得那么多人死的死，伤的伤，现在又眼睁睁看着自己的孙子自杀，这样的结果有什么意义呢？这样我们才能够真正了解，天下本无事，庸人自扰之的真义。很多人觉得老子无为的思想阴险、消极，其实不然，他只是看清楚了人世间的因果关系，做出了一个总结而已。

蜀国只维持了短短的两三代。刘备如果重新活一次，不知道会不会再桃园三结义或者三顾茅庐，会不会一定要复仇或者临终时再三嘱咐孔明辅佐他的儿子。不过我们不能因为结果这样，就什么都不做了，那样也不对。人一生要有一个理念，这个理念听起来或许很可笑，却很实际，就是当一天和尚撞一天钟。当一天刘备，就做一天刘备该做的事情；当一天孔明，就做一天孔明该做的事情；刘谌也是，当一天太子，就做一天他该做的事情，如此而已。

每一个人只求四个字——问心无愧，不用管别人怎么讲，但这也并不表示人是为自己而活的，人还要为祖先、别人而活，要各方面都兼顾，这样才能够找到那个合理点。

5. 曹操和刘备都是英雄人物，为什么子孙都这么惨?

中国人最看重的就是福气。一个人如果把子孙的福气都用光了，子孙一定会很惨；一个人如果自己保守一点，把福气留下，子孙就比较平安。

曹操不可一世，刘备也很有成就，都是世人公认的英雄，他们之所以能这样，就是因为把几代子孙的福气都享光了，子孙当然就越来越惨，没有福气了。其实有福气的人就是经常不享福的人。现在很多人说自己很享福，其实就是把子孙的福气都享光了。留一点福气给子孙，比留给他们亿万财产要好得多。所以，不可以对中国人说，“你很享福”，而只能说，“你很有福气”。

我们中华民族所重视的，就是子孙一代比一代兴旺。所以一个人活着的时候，要造福社会，自己不要太过享福，要把好不容易积累下来的福气，留一些给子孙。

三國之道

一个人活着的时候，要造福社会，自己不要太过享福，要把好不容易积累下来的福气，留一些给子孙。

6. 孔明地下有知，对这种结局有什么感想?

其实孔明地下有知无知都无所谓，因为他生前就把一切事情都料得很准，已大概知道最后的结局，就算他地下有知，眼睁睁地看着这个局面，也不会觉得奇怪。孔明明知不可为，却还是拼着老命，尽其所能，鞠躬尽瘁，死而后已，这才是他留给我们的最有价值的东西——一个了不起的价值观。正是这一点，让我们到今天想起孔明还肃然起敬。因此可以说他是《三国演义》里面最了不起的人。

八十四　天下归一统

姜维27岁归蜀汉，与孔明下山的年龄巧合。他活得比孔明久些，大约62岁时，诈降钟会，惨受剖尸之祸，真的是继承了孔明“鞠躬尽瘁，死而后已”的遗志。司马昭对邓艾很不满，授意钟会除掉他，自己又御驾亲征，以行动宣示对钟会同样不信任。钟会不自量力，竟然在成都宣布造反，结果被乱箭射死，果然证明重于术者死于术。阿斗被押送洛阳，一句“此间乐，不思蜀”，把司马昭活活笑死。司马炎篡位，改国号为晋。天下归一统，只是司马氏以欺伪起家，两晋的统一纯属侥幸，恐怕很难持久。

情景说明

得知刘禅已经投降魏国，姜维带领众将拜祭孔明，发誓至死也要保住先帝创下的基业。姜维与众将谋划，决定用暂降钟会之计，以期恢复汉室江山。

钟会听说姜维来降，喜出望外，命人速请，并故意问：“伯约何来迟也？”姜维说：“钟将军屡建奇功，所以来投，若是邓艾，必决一死战，绝不降他。”这话正中钟会下怀，钟会决定与姜维结为兄弟。姜维说敢不从命。

邓艾得知钟会为与己争功收降姜维，气愤不已，于是拜刘禅为扶风王，出榜安民，交割仓库，封官筑台，大宴百官，以彰显战功，还即刻修书向朝廷报捷。

司马昭见邓艾擅自决断，认为他恃功而骄，反形已露。贾充在旁煽风点火，建议加封钟会，以制约邓艾。司马昭觉得有理，于是照办，并示意钟会监视邓艾。

要点解析

1. 姜维哭拜孔明，为什么不拜祭刘备？

姜维如果拜祭刘备，那就叫官样文章，说难听一点，就是讨好阿斗，是拍马屁。而姜维哭拜孔明，情况就完全不同了。这是一种发自内心的真诚汇报，是要告诉孔明：我没有忘记你的教训，你的托付我谨记在心，虽然我不如你，但我也会鞠躬尽瘁。姜维的这一举动感人至深。孔明也可以死而无憾了，因为不但他、他的家人甚至连他的弟子姜维，都是沿着他的路一走到底，他是对得起刘备的。

三顾茅庐的人情债，到姜维身上才算是还清了。我们中国人千万要记住，金钱债容易还，了不起多给一些利息，而人情债是最难还的。西方人没有人情债的概念，这是中国人了不起的宝贝，要好好去体会，慎重地加以合理运用。

2. 姜维向钟会投降，钟会为什么说何来迟也，是不是不相信？

中国话、中国字，跟中国人的个性一样，都是有弹性、会变化的。“何来迟也”这四个字，意思是说：你怎么这么晚才来呢？这不是埋怨姜维，不相信姜维，而是代表钟会的一种喜悦，意思是我巴不得你早点来，现在你终于来了。

钟会有这样的感觉，是因为在打仗方面他已经落后了，邓艾已经接受阿斗的投降，抢了头功。于是钟会把整个未来和希望，都寄托在姜维身上，希望能够跟他合作来做一番事情，所以才会这么说，也是出于一番好意。

3. 钟会有意与姜维结成兄弟，姜维为什么说敢不从命？

“敢不从命”也有不一样的意思。当年群臣要曹髦加封司马昭做晋公，曹髦非常无奈地说“敢不从命”，那是心不甘情不愿，迫不得已的一种说法。而姜维想通过假装投降，利用钟会来扭转局面，现在好不容易得到这么一个机会，所以“敢不从命”这四个字，表现出的是高兴之情，姜维充满了希望，绝对没有无奈的感觉。

4. 邓艾封刘禅为扶风王，大宴百官，又派人到洛阳报捷，司马昭为什么大怒？

司马昭一定会大怒，因为邓艾做得太过分了，竟敢加封阿斗，那他岂不就是皇帝了吗？所以，一个人为什么要读书，为什么说书到用时方恨少？就是怕有一天自己会得意忘形，做出过分的行动，最后害死自己。

邓艾就是一个活生生的案例。其实邓艾不是有意这样做的，只是因为他没有这方面的知识，也可以说是常识。所以，一个人没有知识、常识，只有胆识，那是非常可怕的。邓艾认为自己是接受阿斗投降的人，而司马昭离得那么远，若按照汇报后得到的指示来做，拖延日久，所以干脆先做了再汇报。可他没有想到，司马昭会忍不下这口气，已下决心要除掉他。

5. 贾充建议加封钟会，以制衡邓艾父子，司马昭为什么同意？

前面已讲过，像贾充这样的人，整天想的就是投司马昭所好。他看到司马昭非常不高兴，就火上加油，建议加封钟会，让钟会就近去制衡邓艾父子。司马昭本来就要这样做，贾充一建议，当然就欣然接受了。司马昭的用意是先让钟会就近去收拾邓艾，然后自己再收拾钟会。因为司马昭对钟会也是一百个不相信。

6. 邓艾恃功而骄，任意行事，钟会为什么渔翁得利？

邓艾错就错在自认为有功劳，不自觉地做了很多过分的事。所谓过分的事，就是超过本分的事情。他的本分是把成都打下来，接受阿斗的投降，然后快马加鞭去报告司马昭，让司马昭来处理这些事情，其他的事都不用管，这样他就是头功一件。可他却做了很多本来不应该他做的事情。所以，做人千万记住，不要自己去抢功劳。邓艾这次就是因为自己争功而引起司马昭的不满。

邓艾和钟会二人，本来邓艾是功劳更大、前途更好的。钟会很无奈，只怪当初自己没有料到，走阴平小道居然可以完成任务，所以现在才把希望寄托在姜维身上，希望能争取点成果。没想到邓艾居功自傲，表现过了头，上面要打压邓艾，于是钟会渔翁得利。但钟会却没有引以为戒，邓艾得意忘形受到打击，结果他自己也得意忘形，导致最后不得善终。这两个人都是很不幸的。

三国之道

做人千万记住，不要自己去抢功劳。

情景说明

钟会将司马昭之意告诉姜维。姜维说益州沃野千里、民殷国富，可为霸业，今邓艾得益州，其意不言自明。钟会大怒，决心除掉邓艾。姜维献计，可趁司马昭疑忌之时，急奏邓艾反状，司马昭必令将军征讨，则邓艾可除。

果然，司马昭接到奏报，怒不可遏，立即命钟会收捕邓艾，还说自己要陪同御驾亲征。邓艾父子被捕，邓忠怒骂钟会，姜维骂邓艾贼匹夫偷渡阴平，也有今日。

姜维劝钟会及早隐退，钟会却不以为意。姜维于是趁机说："若不如此，要早做安排。"听闻司马昭引兵前来，钟会决意与司马昭较量一番，事成则得天下，不成则退守西蜀。姜维建议可借郭太后新亡之机，假托太后遗诏，讨伐司马昭，钟会采纳。

钟会宴请众将，酒过三巡后，示意埋伏在外的士兵冲入宫中。众将惊恐万分，不知何意。钟会哭着说郭太后留有遗诏，命他讨伐司马昭，请众将画押盟誓，共讨国贼。众将半信半疑，无奈性命握在钟会手中，只好画押，以保全性命。

要点解析

1. 钟会问如何除掉邓艾，姜维为什么急于提出计策？

因为姜维投降的主要目的，就是要通过钟会来打垮魏军，以扭转局势。他知道以蜀军目前的状况，已经无法起死回生，钟会是唯一的希望，而最好的办法就是先打垮邓艾。所以钟会一问怎样除掉邓艾，姜维就很兴奋，很快提出了计策。当然，他也怕引起钟会的怀疑，先适当进行了冷处理，否则还会表现得更急。可见，此时钟会和姜维在除掉邓艾这个目标上是同心协力的。

2. 司马昭大怒，要陪同御驾亲征，是什么道理?

司马昭对邓艾的举动是一百个不满意，所以让钟会去除掉邓艾，可是他又担心钟会把邓艾除掉以后，又自立为王。所以，司马昭决定陪同御驾亲征，用这种行动来告诉钟会：你给我小心一点，我叫你做的事情要去做，但是不能有半点过分，否则的话，我的人马近在咫尺，随时可以出手收拾你。

当然，钟会也很清楚司马昭的用意，所以他也很不高兴，以自己的实力，除掉邓艾轻而易举，现在司马昭率军前来，摆明了是来监视自己。可见，司马昭有司马昭的盘算，钟会也有钟会的感觉。可司马昭根本不在乎逼得钟会造反，因为他早就盘算好了，就算钟会造反也不会成功，钟会再不高兴也拿他没有办法。

3. 邓忠怒骂钟会，姜维怒骂邓艾，为什么这样?

父子对外一定是一条心，同一立场的。姜维跟钟会因为利害关系，也必然紧密结合在一起。邓忠不可能骂姜维，因为他跟姜维没有什么瓜葛，要骂也是骂钟会；而姜维跟邓艾几次交战，互有胜败，仇人见面分外眼红，所以姜维拼命骂邓艾，恨不得将其骂到死。四个人分成两队怒骂，这是情绪长期积累所造成的结果。

4. 姜维劝钟会如不隐退，必须早做安排，是什么道理?

姜维是个很有智慧的人，又跟孔明学了那么久，他绝不会直截了当地表达自己的真实意图，况且那样钟会也听不进去。姜维知道钟会对司马昭也很不满，所以他就跟钟会讲：你要把邓艾当作一种个案，就算你把他打败了，得到了成都，司马昭也会用同样的方法处理你，所以你要么就功成隐退，要么就早做准备。这个早做准备，其实就是叫钟会反叛司马昭，只是姜维没有讲得那么清楚而已。

5. 钟会说事成可以得天下，不成也可以当刘备，他做得到吗?

钟会这叫一厢情愿，是他自己打的如意算盘，他是做不到的。可当局者迷，如果人一时钻进了牛角尖，就越想越觉得可行，于是就开始糊涂了，也失去理性了。钟会一听姜维要他早做安排，他就说自己已经想过了，这次把邓艾打下来，如果带着这批人反攻司马昭，就可以得天下；就算不成，还可以退回成都，把守四川，又是另一个刘备。姜维当然不会去分析钟会说的可不可行，因为他巴不得钟会有这样的想法，这种行动对他是最有利的，所以姜维对此是一百个赞成。

三国之道

人一旦钻进牛角尖，就开始失去理性，很多事情，会越想越觉得可行。

6. 钟会说郭太后有遗诏，百官为什么半信半疑?

我们从这里可以看到中国式的灵活和多样化，以及中国话不容易解释的一面。“半信半疑”和“将信将疑”，只有一个字的差别，但意思完全不一样。“将信将疑”是信的比例大一些，疑的比例比较小，但还要看到底准不准确；“半信半疑”则刚好相反，是怀疑的成分比较多，相信的成分比较少。

百官听钟会说郭太后留下遗诏要他讨逆，第一个反应是：我为什么没有听说？难道我跟郭太后的关系还不如你吗？第二个反应是：那你钟会为什么不早说？到现在才说？第三个反应是：如果有遗诏，难道司马昭不知道吗？如果知道，司马昭还敢派你来承担这种重责大任吗？可见钟会是胡扯，大臣们不会将信将疑，而是半信半疑。钟会认为只要自己装得很像，一定会感动百官来响应他，然而结果出乎他的意料，这不是他没有智慧，而是他被自己迷惑了，是当局者迷。

情景说明

钟会见众将并不响应，于是将他们囚于后宫，并说如有不从者，打死坑埋。其中一人名叫胡烈，与钟会副将素有交情，于是托其通报自己的儿子胡渊。此副将对钟会的做法也有不满，于是答应。胡渊得报，随即报知监军卫瓘并直奔钟会驻地杀来。

钟会被乱箭射死。姜维也深陷包围，因病体沉重，难敌众将，不禁慨叹计划不成乃是天命，随即横刀自尽。魏谋士邵悌见姜维死不瞑目，上前说："蜀国之灭，实是后主无道而致，绝非将军之罪。"邵悌话落，姜维方才阖目。邵悌嘱咐厚葬姜维。

刘禅被押送洛阳，封为安乐公，亲自赴司马昭府拜谢。宴席间司马昭命人跳蜀舞，蜀国旧臣无不掩面而泣，刘禅却看得如痴如醉。司马昭问刘禅："颇思蜀否？"刘禅说："此间乐，不思蜀。"郤正提醒刘禅，若司马昭再问，可哭泣回答，无日不思先人坟墓。司马昭将此看在眼里，故意再问。刘禅按郤正所教应答。司马昭问："此语怎如郤正所教相似？"刘禅竟答，正是郤正所教。司马昭闻言大笑不止，不料却活活笑死了。

要点解析

1. 众将不服，卫瓘又从外面杀来，钟会中箭而死，是不是自作自受？

钟会当然是自作自受，但他这种自作自受总比以后他把事情越闹越大后，死得更轻松一点，否则他将来一定死得比现在更惨；当然，很多人也会摇头，这样死怎么能算是好呢？钟会原本应该想到这种结局，但他居然没有，肯定悔恨万分。所以他这种是又后悔又怀恨的自作自受，谈不上好坏，因为自作自受本来就不分好坏。

每一个人死的时候，心情都是不一样的。每一种自作自受，滋味也是不相同的。这是我们每个人应该花点心思自己去选择的。我们迟早是要自作自受的，只不过可以提前去想象，将来自己的最后一刻愿意怀着一种什么心情来自作自受，这才是非常重要的。

三國之道

每一个人死的时候，心情都是不一样的。每一种自作自受，滋味也是不相同的。这是我们每个人应该花点心思自己去选择的。

2. 姜维带病又独力，难敌众将，为什么说是天命呢？

中国人很有趣，尽了全力以后，就喜欢把责任推给老天，这是受孔子的影响。孔子说过，一个人尽人事，最后还是要听天命。孔明为了匡扶汉室大业尽了全力，最后成也在天，败也在天，跟孔明自己无关，所以他死而无憾。现在姜维也是一样，他已经拼到这个地步了，至于结果，成功了要感谢老天，不成功那是老天的责任。所以姜维也说这是天命。

一个人如果真的看通了事情，想明白了道理，一定会知道人力是有限的，最后的成败还是老天在决定。所以当你意外地得到东西，不管它是好是坏，都要谢天谢地，因为大的事情不是人力所能控制的。姜维做了最大的努力，他想让钟会成功，钟会也想成功，但是如果老天不给机会，那也是没有办法的。

3. 姜维自杀，赢得众人的钦敬，是什么道理？

姜维本来是魏国的将领，后来因缘际会，变成了孔明的弟子，于是尽心尽力秉承孔明的遗志，不断北伐，而后他又投降钟会。但大家不会认为姜维是墙头草，风一吹两面倒，因为大家都知道，姜维有一贯的追求，有他坚定的目标的，比起当时的很多人，姜维要高明得多。

我相信，在三国时代，很多人只是一味地打打杀杀，却不知道为了什么而争战，这是最遗憾的。而姜维为了使命而战，为了目标而战。只要知道为什么而战，其实胜败就不是很重要了。姜维虽然自杀了，但是赢得了众人的尊敬，没有人会想趁机报仇，大骂姜维，这就是个活生生的案例。看到姜维，我们要从中得到一些启发。

4. 阿斗被封为安乐公，果真乐不思蜀，他真的快乐吗？

我相信，阿斗一辈子从来没有快乐过。阿斗生在刘备家里，他这一路的成长过程，没有什么值得快乐的。这也使得他很茫然，做什么事情都没有目标，一路都是混过来的。所以他想的是，在成都混与到司马昭这里来混，有什么不同呢？他只是麻痹了，表面上嘻嘻哈哈的，内心其实是不快乐的。

5. 司马昭叫人表演蜀舞，阿斗却趁机笑死司马昭，是不是十分巧妙？

这不能算巧妙，因为这不是阿斗想出来的奇招，他事先没有料到，也没有期待自己几句话会把司马昭逗得笑死。他只是糊里糊涂，人家叫他讲什么他就讲什么，人家问什么他就回答什么，无意中让司马昭笑死了。所以我们不能说是阿斗让司马昭笑死的，应该说是司马昭把自己笑死了。

阿斗还是有些功劳的，别人想尽办法要杀司马昭，最后都没有结果，而他轻轻松松几句话，就让司马昭笑死了。所以，很多事情都是歪打正着。傀儡皇帝曹髦的势力绝对比阿斗大，他的能耐也绝对比阿斗现在的状况强，可是他那么想杀司马昭，最后却被司马昭杀掉了。两面一对比，我们就会知道，这其实就是那只“看不见的手”在安排。司马昭再厉害，终究逃不过老天的安排，老天让他死得不明不白，也算是一种报应了。

6. 阿斗完全没有羞愧之心，他最大的贡献是什么？

阿斗最大的贡献，就是告诉我们这些后代的子孙，一个人不能生活得没有目标。阿斗跟他父亲刘备最大的不同，就是刘备是有目标有理想的人，而他却没有，只是糊里糊涂地继承了这么一个位置，又没有能耐守住，所以我们不能怪阿斗。

他还有一点贡献，就是以他的憨厚，挽救了很多人的性命。我们只能说他很憨，不能说他很笨、很呆，但他也是很可怜的，值得同情。他只是觉得自己投降被别人笑没有关系，最起码可以减少很多的伤亡。因为以蜀国当时的实力，要跟魏国对抗，不知道要打到什么时候，也不知道会死多少人。这一点，我想刘备也不会责怪阿斗。

情景说明

司马昭死后，其子司马炎逼迫魏主曹奂禅位，魏国灭亡。265年，司马炎登基，即晋武帝，国号大晋。280年，晋讨东吴，吴主孙皓投降，吴国灭亡。

自此，魏、蜀、吴三国之间长达七十二年的混战局面终告结束。天下大事，和归一统。

要点解析

1. 司马炎继皇帝位，他是不是坐享其成呢？

通常情况下，儿子继承了父亲很丰厚的遗产，或者很大的产业，可以说是坐享其成，但司马炎绝对不是，这只是他痛苦的开始。因为他如果不是糊里糊涂得到这么一个帝位，也不会不知检点，把整个晋朝的风气带得那么败坏，以致产生了很坏的影响。他有太多事情，是让后人不齿的。所以说他坐享其成是谈不上的，也根本不是“享”。

2. 国号大晋，风气是大退，是不是很大的讽刺?

中国字那么多，司马炎偏偏选一个“晋”字。其实，按照《易经》的阴阳道理，说进就是退，说退也可能是进，随时在变化。国号既然叫作“晋”，还加上个“大”字，司马炎就应该以身作则，真正地把风气改过来，那他就是名副其实的大晋皇帝，但事实却刚好相反。我们学过历史，知道晋朝是很令人难过的一段时间，社会风气非常败坏，并非武功差或者文事糟。

3. 三国归一统，是不是符合万民的要求呢?

从归一统的角度来看，当然是万民的要求。一统最起码可以减少无谓的战争，可以减少百姓的伤亡。但是，归成晋朝的样子，却是令人失望的。不过这也难怪，因为在当时的情况下，很难选出一个真的英明皇帝。归一统从表面看起来很好，但实质上又开始走下坡路了。

当然，一个民族的历史难免有起有伏，但我们作为中华民族的一分子，总是希望民族的命运能够盛多衰少，能够碰到英明的皇帝比较多，而昏庸暴虐的比较少。不过，这仅仅是针对封建时代的观点，到了民国时期，孙中山先生就把帝制废除掉了。孙中山先生一生最大的贡献，就是把这种起起落落、让人无奈的制度取消了。现在，我们已经进入了一个新的纪元，每位领导人都有任期，都应该在任期之内把自己的智慧、理想施展出来，一任一任承继下来。民族兴盛的时间长，衰败的时间短，这才是百姓最大的福气。

4. 曹操、刘备和孙权，他们的后代为什么都这样不争气呢?

我想，现在的人应该好好汲取这样的教训。很多企业家都是事业有成，家财万贯，结果最后悔的事就是没有时间、没有心思去教导自己的下一代。等到下一代不良的习惯已经养成了，观念已经出现偏差了，他们才知道危害巨大，但是已经来不及了。

曹操、刘备和孙权也是这样，他们都太专心于自己的事业，没有好好地去栽培下一代。另外，他们把所有的事情都揽在身上，建立了很大的基业，搞得自家的目标太大，这样自然就有一批人会去奉承他们，奉承他们的子女。于是这些子女们被弄得四体不勤、五谷不分，连一般老百姓知道的事情他们都不知道。这是生在帝王家，用现在的话讲，就是生在大富大贵之家的子弟，非常不幸的遭遇。

所以，曹操、刘备和孙权的子孙都很不争气，一代不如一代。我相信，他们三个绝对不希望这样，可事实就是如此。中国人常说“富不过三代”，是很有道理的。我们看了《三国演义》以后，真的要记住，千万不要让子孙去承受那种“富不过三代”的恶果，这才是做前辈的人应该有的修养。

三国之道

我们看了《三国演义》以后，真的要记住，千万不要让子孙去承受那种“富不过三代”的恶果，这才是做前辈的人应该有的修养。

5. 曹操、刘备、孙权、孔明、司马懿多么了不起，到头来还不是一场空，我们是不是用不着那么努力呢?

中华民族自古以来就爱好和平，绝不喜欢打打杀杀，所以我们的历史上虽然也有很多争战，但是一段时间以后，就会安静下来，重新发展经济，让老百姓过比较安定的生活。现在，我们看完《三国演义》，总结一下我们的历史，就更应该知道，真正为国为民，就要坚持走和谐之路。大家客客气气，有事好商量，彼此尊重，再同心协力，才能走出一条光明的未来之路。

6. 看完《三国演义》，我们是不是应该更加爱好和平呢?

答案是：绝对不可以不努力。每个人到最后都是一场空，这叫 “不了了之”，但不能因为这样我们就干脆不做，因为坚持做到最后，整个局面还是会起变化的。

用现代的话来讲，没有人能够在生前把所有事情都做完。人只能是活多久，就做多久。后面的事自然有人会接班，事情会自然走下去，这才叫作生生不息。所以，人不要去考虑自己什么时候死，还有多少日子能过，这都不重要。

当一天和尚敲一天钟，乍一听好像很消极，其实它是百分之百的积极——该做的，不管还有多少日子，都要努力去做，能够完成到什么地步，就到什么地步。如果后面的工作无人继承，那就表示这个工作没有价值，那就不必做了。如果这个工作是有价值的，就算只做了一半，或者做了很少，就不能做了，那也无所谓，后面自然有人会接班。由谁来接班并不重要，正常发展就是了。

这个道理，曹操、刘备、孙权都没有想通。刘备心里只想着报仇，所以觉得要以自己有限的生命，完成自己的诺言。实际上，他如果把蜀国巩固好，就算自己不能报仇，他的儿子也会继承他的遗志，替他去报仇。而且，孔明还在，也会替他报仇，为什么一定要自己来完成呢?

相比之下，司马懿就比较好了。他没有说一定要怎么样，也没有交代什么，就死了。因为他的觉悟比较高，觉得子孙如果能继承，自然就会继承，如果不能继承，再怎么样也没有用。我们看到最后，也知道果然没有什么用。

八十五　三国人物

1. 看完《三国演义》里这么多人物之后，我们有什么启示呢？

讲起来只有一句话，就是人人都不了了之。各位可以看一看这当中所有的人：像关羽这般了不起的英雄，最后怎么样？不了了之；人称“周郎”的青年才俊——周瑜，不了了之；连我们非常钦佩的诸葛亮，同样是不了了之。

不了了之是每一个人共同的命运，不管是圣人、才子、富翁，或者乞丐，都一样。之所以讲众生平等，就是人死的时候，大家都一个样，谁也没有什么不同。

三国之道

不了了之是每一个人共同的命运，谁也没有什么不同。

2. 如果人人都不了了之，那不是十分的消极吗？

我们中国人讲求阴阳思想。同样是人，但是分阴分阳，于是有男有女。同样是不了了之，也有阴阳两种状况：一种是临终之时，自己觉得或是还有挂碍，或是心有不甘，或是亏欠于人，或是非要见谁一面嘱托一番，临死之前还闭不上眼睛，这就叫作死不瞑目；另一种是能做的事情都已做完了，该尽的责任都已尽到，心中无怨无悔，自己了无牵挂，最后闭上眼睛安详离去，这叫作心安理得。心安理得的不了了之又有什么不好呢？

我们倒是想一想，为什么每一个人的结局都是不了了之？用现代的话来讲非常清楚：每个人只要睁开眼睛，只要还活着，只要能呼吸，就会随时面对各种不同的变化。换句话说，人每时每刻都会面临新的问题，每时每刻都有新的事情发生，所以每个人都不可能把想要做或者应该做的事情统统做完再离开人世。为什么一定要把所有事情做完才走呢？那不是太勉强自己了吗？而且这也是不可能的。

即使尚有新的事情继续发生，哪怕还有子女后人不在身旁，但身后之事是不是亲自处理都能一样，子女后人要不要亲口嘱托皆会相同，这样心安理得的不了了之又怎么能说是消极的呢？

三国之道

同样是不了了之，有的人心安理得，有的人却是死不瞑目。

3.《三国演义》人物里面，哪些人是死不瞑目的？

如果从头说起，我们第一个马上就想到大将军何进。何进权极之时，其妹妹贵为太后，整个天下的权势尽在手中，他却不纳谏言，偏听偏信，最后落得身首异处，不了了之。

董卓更不必说，临到吕布杀他的时候，居然还觉得出乎意料，戏剧化地死于受禅台上，不了了之。

吕伯奢见到故人之子登门，热情款待，老人家夜里面点了火把去沽酒，一番好意却死得不明不白，不了了之。

袁绍出身世家，一表人才，雄霸一时，可是跟他吐血而死的哥哥一样，最后不了了之。

吕布武功盖世，认谁当干爸爸，谁都高兴得不得了，最后白门楼上向刘备求情都没有用，不了了之。相信所有人向刘备求情都是有用的，只有吕布是例外。

李儒费尽脑筋，最后什么都没有，不了了之。

江东名将周瑜，文武全才，家有娇妻，没有人不羡慕他，却落得一声“既生瑜，何生亮”的仰天长叹，不了了之。

我们再看看曹丕好了，他最后心满意足，当上皇帝，总算是胜利者吧？可是没当多久，想做的事情都没法做，不了了之。

曹植，连曹操都喜爱他到极点，七步成诗的典故到现在我们也还记得，可是又怎么样呢？不了了之。

汉献帝可算是正牌的皇帝，也没有什么过错，最后封他个“山阳公”也是假的，不也是冤枉得要命？不了了之。

说到孙权，我们可能觉得他十几岁登基，活到71岁，比其父亲、兄长寿命都长，在位几十年的时间，总算该是什么事情都做完了吧？可是临死之前，搞得一塌糊涂，不了了之。

看罢这些人，我们现在应该很清楚，不管赚多少钱，升多大官，有多少后代，占多少土地，到最后都是死不瞑目的不了了之。

4.《三国演义》人物里面，哪些人又死得心安理得呢？

很多人以为，躺在床上死去就是得好死，横尸沙场就是不得好死，这是误解。断定一个人是否死得心安理得，不看有没有寿终正寝，是不是无疾而终，关键是看临死之前的心理状态。

我们不要看到郭嘉壮志未酬，年纪轻轻病死，就认为他死得心不甘、情不愿，其实不是这样。郭嘉死时并无怨恨，走得心安理得。

有人认为，孙策因为刺死于吉道长，得罪神仙而送命。可在孙策看来，他认为自己破除迷信，是做了一件大事，这使得江东一带的迷信风气有所好转，而且影响长远。虽然没能完成统一的大业，但我们相信，他在交代孙权后事的时候，也是心安理得的。

刘表自己无能为力，两个儿子都不成器，想把荆襄之地交给刘备，刘备又不接受，的确是很凄惨。可刘表在临死之前，把一切事情都看清楚了，都做了适当的安排，走得心安理得。

刘表的长公子——刘琦，就继位问题跟弟弟争了半天，最后又病成那个样子，可是他知道，有刘备、孔明的帮助，虽然他走了，但是荆州的事情会好好安排，因此心安理得。

陈宫开始以为曹操是忠义的人，弃官追随，想同做一番大事，后来认清曹操是狼心之徒，所以弃他而走。陈宫后来又投奔了好几个人，都没有办法一展雄才，可是他死的时候很坦然。白门楼上，曹操有意留他一命，他都表示无所谓，走就走了，心安理得。

黄盖一大把年纪，还为国家拼死沙场，黄忠也是一样，这种老将当然是心安理得。

还有一个我们非常敬佩的人——鲁肃，虽然两边帮话，看起来好像没有什么主见，大家都觉得鲁肃为人太过老实，甚至有些窝囊，可是他对要完成的事情心里很清楚，奠定了孙刘两家联盟的基础，所以心安理得。

刘备后期虽然犯了很大的错误，可是白帝城托孤的时候，他已经想通了一切，把后事都安排得很好，也心安理得地走了。

赵云，年纪轻轻就得到刘备的赏识，两次救下幼主阿斗，自己又活得比其他人都长，可以说参与了整个蜀汉的历史。临终之前，虽然嘴上讲遗憾没能看到汉室中兴，可是他的内心心安理得。

孔明更不必说，鞠躬尽瘁，死而后已，想要延长寿命却被魏延扑灭主灯，但他都不责怪，可见心安理得。

徐庶，刚开始深得刘备赏识，后来被曹操骗去许都，他从此不献一计，还能安排自己的退路，一段时间后全身而去，心安理得。

马谡是不是很冤枉呢？没有。街亭一战，他明白自己还是不如孔明，所以最后心安理得地接受惩罚。

很多人批评阿斗，说他太窝囊、没志气、没能力，反正所有坏话大概都加在了阿斗身上。其实大家不需要这样，现代人反而应该好好学学阿斗。阿斗最大的长处，就是说我干不了就不干了，不像现在很多人，明明知道干不了或是自己不一定想干，但就是占着位置不放，有时候还假惺惺地说自己不想做，这种人最可恶。

我们举这些例子，就是让各位明白，在任何状况之下，都可以死得心安理得，这不以外部环境为条件，完全是在于自己内心的控制。

很多事情，我们用现代的眼光来看，可以看出很多道理来。每一个人都值得学习，不管是死得心安理得，还是最后死不瞑目，都会留下一些痕迹，带给我们一些教训。

断定一个人是否死得心安理得，关键是看临死之前的心理状态。

5. 关羽、张飞、太史慈、刘璋、杨修、吕蒙，这些人又怎么说呢？

我们先看关羽。关羽英雄一世，最后竟然死于无名小卒之手，他一定是心不甘、情不愿。他会感觉对不起刘备，丢失荆州，没脸面见兄长，但是这一切没有办法挽救。我们想他被杀的时候，一定是死不瞑目。所以民间传说，关羽死后亡魂不散，大叫“还我头来”。后来遇见在汜水关救过关羽性命的普净和尚，普净对他说，你一旦被加害便大叫“还我头来”，然而颜良、文丑、五关六将等被你砍掉的人头又找谁要呢？关羽马上听懂，恍然大悟。人是这样的，只要悟性够高的话，人家轻轻一点，马上就会明白其中的道理。所以关羽就不再叫了，心安理得而去。可见有些时候，我们刚开始会很怨恨，但是如果有人指点一下，如果自己突然间想通了，照样可以心安理得。

张飞更是如此。民间百姓，很多人心里头喜欢张飞。为什么？因为大家想想，觉得自己跟张飞差不多，都是呆头呆脑，都是很鲁莽的。其实很多人的性格像张飞，只是自己不清楚而已。张飞虽然脾气坏，但不是存心不好，他不会害人。张飞见二哥被害，就来找大哥刘备，要一起复仇。刘备嘱咐他，千万不能再酒后鞭挞士兵。但张飞还是老毛病不改，因此被两名部将所杀。很多事情，其实做完才知道自己多么可笑。张飞刚开始一定也是死不瞑目，可是后来一想，大哥一再嘱咐的话自己又忘记了，一辈子怎么老犯这个错误呢？这样想想，他也就心安理得了。

我们再看一个人，太史慈。我们知道，太史慈也是一员勇将，孙策最喜欢的就是他。孙策为了收服他，力排众将的怀疑，放太史慈回去收复旧部。最后证明孙策是对的，太史慈果然如约返回。但是太史慈后来并没有太多表现，而且死得很早。太史慈会不会想，自己要做的事情都没有做完，觉得会辜负孙策呢？不会。青山不改，人却会老去。太史慈死了，自然还有后来人。我们也可以看到在太史慈之后，江东年轻有为的将领不在少数。武将照样可以潇洒，太史慈看得开且想得开，他就心安理得了。

再说刘璋。他刚开始很相信刘备，后来发现这个家伙也是来者不善，于是非常后悔。可是后来他想通了，还是投降吧，因为搞来搞去，还是这位堂兄比较实在，不会害他。有了这个决定，他就心安理得了。所以很多事情，要自己去转折，自己去突围，自己去想办法来改变状况，一切都是自己在操控，不是老天。

杨修更妙。杨修是聪明到极点，曹操可以瞒别人，却瞒不过杨修，曹操想什么他都看得很准。但是杨修每一次的举动只有一个目的，就是把自己往死路上逼。无关紧要的玩笑，我们可以开。但如果发现开自己玩笑，将要把自己置于死地的时候，就可能快要变成“第二个杨修”了。杨修最后被曹操斩首的时候，没有求情，也没有告饶，他说自己知道迟早会是这个结果，而且已经来得太晚了。他一点也不悔不恨，所以是心安理得的。

吕蒙呢？吕蒙杀了关羽，不久得病而死。我们不要迷信地说是关羽亡魂不散，要了吕蒙的命。这把关羽看成什么样的人了？这种传言对关羽是不公平的。曾与关羽有过节的人绝非一个两个，难道关羽死后都去一一报复不成？没有。一人做事一人当，关羽自己的事情，关羽自己当；吕蒙自己的事情，吕蒙也要自己当。吕蒙战败关羽收回荆州，是好的一面，但坏的一面更麻烦。我们可以看到，为此东吴以后的命运也是很坎坷。所以，吕蒙对东吴到底是有功还是有过，谁也说不清楚。他事后内心也一定很痛苦很矛盾，可最后疾病来的时候，他应该是想明白了，因此并没有讲抱怨的话，心安理得地走了。

这句话非常重要：人不能看破，但一定要看开，看开不是看破。很多人不了解这其中的区别：什么都看破了，其实就表示自己无能为力了，当然会死不瞑目。而看开是说，遇到事情要全力以赴，但是做不到的时候就算了。这也就是孔子所讲的——尽人事以听天命。一个人没有竭尽全力之前是没有资格听天命的，不尽力而听天命就叫看破，那是不负责任的。自己尽了全力，至于结果如何，就只能听天由命，这就是看开了。

这些人都做到了这一点，所以死得心安理得。

三国之道

人不能看破，但一定要看开，看开不是看破。

6. 我们怎么样才能够死得心安理得呢？

有几个要素，我们一定要弄清楚。

第一，人迟早会死，这是人类共同的命运，没有人逃得掉，自古以来从无例外。我们每一个人，从出生就面对着死亡。很多人听到死就有所忌讳，其实大可不必，这没有什么好忌讳的。大部分人，一旦有了权势，就非常怕死。秦始皇千方百计想求长生不老，做得到吗？以他的地位、身份、权势都做不到，可见怕死归怕死，却没有办法避免死路一条。

第二，人生最有趣的，就是都知道自己早晚会死，却不知道什么时候死，不知道怎么个死法。现在有很多人很喜欢去批流年，就是找一位高人，把自己从出生到死亡的运程，一年一年，甚至一个月一个月，推算出来。这样好不好？现在科学很发达，我们去检验DNA，就可以推测出会不会得肺结核，会不会得癌症。一个人什么时候会死于什么病，这些大概都可以用科学推测知道，而绝非迷信。所以科学越发达，越证明我们老祖宗讲的话是对的——生死有命。我们不妨问问自己，生死用科学可以知道，你要不要去检测？如果检测的结果是还能活三年，那你怎么办？我们其实不必做这种事情。人，不妨给自己一点兴趣，就是知道自己迟早要死，但是宁可不知道什么时候死，宁可不知道将来怎么死，那不是更有趣吗？

第三，既然我们不知道何时会死，就要时时刻刻都小心谨慎，尽量不做错事，保持心安理得的状态，这是儒家最高的理想。否则现在还是心安理得，明天早上起来又做出错事，如果不死，还有机会补救；万一就在心不安理不得的时候死了，那就连补救的机会都没有了，不是很冤枉吗？很多人认为，儒家思想对人束缚太重，绑得太死，那样做人太辛苦。其实错了，儒家带给我们最大的是心灵保障，只要照孔子的话一步一步去走，什么时候死都不必在乎，都会心安理得，这才是了不起的。

做到这种地步的人，讲太多可能印象会不深刻，我们举三个，供大家做参考。

先说鲁肃。《三国演义》当中那么多地位高的人我们都没有举，为什么单说鲁肃？因为鲁肃才是真正聪明的人。赤壁之战的主要人物当中，看起来周瑜很聪明，孔明更是了不得，三个人里面就数鲁肃最笨。其实不然，鲁肃是非常聪明的。周瑜最大的毛病，就是嫉妒孔明，但鲁肃明白，当时只有合作才能对抗曹操，而要想孙刘联手，自己就不能像周瑜一样。同样都是面对孔明，司马懿那种态度，绝对要比周瑜高明。如果周瑜学会司马懿一点的话，就不会那么早死，也不会死得那么怨恨。我们再回想一下，鲁肃的态度又是怎样？他优哉游哉，这边拉一点，那边拉一点，不去讨好谁，也不得罪谁。我们常常不清楚什么叫大智若愚，看看鲁肃的表现就会明白。当孔明比较容易，当周瑜比较容易，当鲁肃是非常困难的事情，因为他经常都是保持一种心安理得的状态。

说到武将，能够在战场上随时随地都保持心安理得的状态，就不能不提到赵云了。赵云一生很会选择主人，开始只是一名默默无闻的小将，可是他眼光很锐利，知道公孙瓒不行，知道袁绍不行，知道跑到曹操那边更糟糕，最后他选择了刘备。他后来一生追随刘备，碰到问题该讲的就讲，遇到事情该做的就做，即使受一点委屈，他也不在乎，拿捏得非常合理，什么时候都可以死得心安理得。救阿斗，万一跑不出来死了，心安理得；救黄忠，如果不能成功死了，他也会心安理得。

文官能够随时随地保持心安理得状态的当属贾诩。曹操问他，以他看来应当立谁为嗣，他沉思不语。曹操再问，他才说自己在想袁绍、刘表立幼子为嗣而使得兄弟相争的事情，曹操听后大笑，说他真是策谋深长之士。因为贾诩时刻都知道要谨慎小心，不能被人家抓到把柄，所以他讲话讲到没有讲一样，做事情做到没有做一样。

这三个人都非常了不起。其实只要用心，我们每一个人都能做到，没有人不可以。

7. 这样做人是不是太辛苦了?

很多人看到这里，第一个反应会问，这样做人干吗呢？那不是太辛苦了吗？其实答案很简单，一句话就解决了——做人本来就辛苦！做桌子不辛苦，做椅子不辛苦，待在那里就好了，没有喜怒哀乐，不会有情绪变化。讲难听点，狗跟人比起来也不那么辛苦，因为狗的生活很单纯，不必常常动脑筋。所以，做人本来就是很辛苦的！

大家又会问，做人为什么要很辛苦呢？孔老夫子讲得很清楚，有的人先天聪明，生而知之，这个我们不必羡慕。真正对人有帮助的，都是那些从穷困当中、从经验当中去体悟的东西，这些才是真知。中国人还讲一句话，叫作穷而后工，当一个人有钱的时候，什么事情都不可能做得很好；当一个人穷困的时候，他的意志就会非常坚定，做事情的刻苦程度就会很高。万里长城之所以得以留存到现在，就是因为当时法令专制，一块砖做不好都要杀头。如果不是那样，城砖的质量不会这么高。我们绝对没有鼓励要专制，要随便杀人。专制有它的害处，也有它的好处；民主有它的好处，也一定有它的坏处。我们谈论事情的时候，要有一个持平的态度才对。世间万物，想到看到的东西，没有一样是十全十美的。如果认不清这点，我们永远不可能心安理得，永远会觉得做人太辛苦了。

人，生下来就有缺点，一直到死都不可能变成完人。所以“完人”这两个字换种解释，就是把人做完了，要回去了。3岁要做完人，那就活不过4岁了，15岁做完人，那就不用上高中了。这样比谁都简单愉快，但是恐怕没有人愿意。在这种情况下，我们一定要觉悟：除非不做人，要做人，就要接受社会人群的公共约束。讲直白一点，就要活得像一个人。今天太多的人，活得并不像一个人，这样到底辛苦不辛苦，我们不予置评，因为每个人想法不一样。但大家要记住，人是有差距的，社会是有秩序的，人活着就要接受风俗习惯约束，不能说自己愿怎么样就怎么样。现代的人越来越可怕，越来越无知，往往是只要我喜欢，没有什么不可以；只要我高兴，想做什么就做什么。这种人说句不好听的，根本不像人，因为他连做人的起码条件都没有了。

做人一定要做一个顶天立地的人，一定要做一个堂堂正正的人，一定要做一个对得起自己，也对得起别人的人。大家会问这样不是更辛苦，除非是神仙才做得到吧？其实就算神仙，也是经过几辈子的修炼才得道的，更是辛苦得要命。所以我们讲到这里，大家一定要记住，我们读《三国演义》就是要学其中的优点，而不是学里面的奸诈，这样才对。怎么样才能得人缘，怎么样才能死得心安理得，这些是我们要思考和学习的。至于说怎么样去耍人、怎么样去整人，那个我们不要学。但那些负面的东西却活生生摆在那里，所以也希望各位去想一想，我们看到这些坏榜样该怎么办？

三国之道

真正对人有帮助的，都是那些从穷困当中、从经验当中去体悟的东西。

8. 如果《三国演义》里的人物有机会重新再活一次，他们可能会怎么样？

可能还是三个字，老样子。曹操还是曹操那个样子，孔明最后还是鞠躬尽瘁、死而后已，刘备最后还是在白帝城后悔不堪，一切都不会改变。

为什么不会改变？有人说性格决定命运，更进一步讲，性格就是命运。因为人的性格不会改变，自然命运也会重蹈覆辙。太多的人把习惯跟性格混为一谈，其实习惯和性格是两回事。习惯可以改变，性格很难改变。这样我们就会知道，与其改变自己的性格，不如改变自己的习惯比较简单可行，更不必动不动就改命、改运，改那些不能改的东西。

比如一个人有抽烟的习惯，本来30岁就会死于肺癌；25岁动手就把抽烟的习惯改掉，将来就可能不会患上肺癌了。即使改变不了死于肺癌的结局，但是戒烟以后患病的年龄也会推迟。本来30岁得肺癌，戒烟后坚持多吃清肺的食物，就会推迟到40岁；继续坚持不抽烟，加强肺功能的锻炼，可能活到50岁；随着肺内余毒的消散，或许延长到60岁。就算早年积累在肺里的污染，70岁的时候还是会得肺癌，可到60岁就因为其他原因死了，那就等于没得肺癌。

很多事情要想通、看开，这样整个人就改变了。我们现在可以通过各种的模拟和演练，得到各种的提示，但在当时的那些人没有这么好的环境，所以再活一次也很难改变。如果三国那些人能看到我们现在所讲的这些道理，想通了、悟到了，是可以改变的。所以，说他能够改变也有可能，说他不能改变还是有可能。但是一般来讲，老样子的概率最大，能改变的概率不太高。

三国之道

性格就是命运。

9. 3岁看大、6岁看老，那不是命定论吗?

实际上，命定论是不存在的。如果命定论存在，那我们就什么都不要做了。既然命中注定会变富翁，就自然等着变富翁好了，爱躺在床上就躺在床上，爱钓鱼就钓鱼，根本不需去立志，不需要上学，也不需要各种的努力了。社会有这么多的学校，有这么多的教育措施，有这么多的教育活动，就已经否定了命定论的存在，可见人的命运是可以改变的。但是有些人就是不改，所以现在各位已经很清楚了：如果你不想改，你就是命定论；如果你想改，你就是创造论，就差这么一点点而已。再说得清楚一点：人一生下来就有一条命，没有命就死了。有一条命，但从来不动脑筋考虑这条命应该怎么去走，过一天是一天，那就是命定论；自己时常动脑筋，不断地学习充实自己，不断地尝试不同的方法，就会逐步改变自己的命运。所以，命定论就是创造论，创造论就是命定论，完全是自己在做主。一般人在讨论这些问题的时候，自己跳脱不出来，容易陷入死胡同，所以才会搞不清楚。

3岁为什么会看大？因为人3岁的时候，已经养成了很多基本的生活习惯。所以奉劝各位父母，3岁以前少教孩子技能、知识之类的东西，少跟孩子讲那些冠冕堂皇的话，孩子真正需要的是培养一些基本的生活习惯。比如玩完玩具后，要放回原来的地方，像这些小动作就好了。很多做爸爸的人，因为童年条件差，没有玩过玩具，看到商店里摆放的玩具，自己童心萌动，想自己玩但是脸上怕挂不住，就打着给孩子玩的幌子，买回去自己玩。但往往拿着玩具逗小孩子一起玩，玩完自己也累了，玩具一丢就不管了，或者孩子睡觉后再去收拾，这样孩子一辈子都不会养成物归原位的好习惯。身教重于言传，如果每位家长在孩子面前有足够的警觉心，时刻通过自己的正确行为示范给孩子，那小孩根本不必教，他什么都会做好。可是如果引导错了，孩子自然就会产生很多坏习惯。

有些家长，孩子一哭就去抱，哄得不哭了才把他放回去，几次之后，孩子就知道了，想要人家抱，只有一个法宝——哭。以后他就会天天哭，缠着让人抱。家长总是抱着，慢慢受不了了，就开始埋怨孩子不听话。其实这不是孩子的错，而是大人的错。小孩一哭不必马上去抱，检查检查是不是尿片湿了，是不是肚子饿了，是不是被蚊子叮了，是不是有声音太嘈杂了，把问题处理完就好了。小孩哭闹，都是父母乱来，把他宠坏了，应该反思的是家长，而不是回过头去责怪孩子。

3岁养成的一些习惯，会影响长大以后的行为。6岁树立的很多观念，一辈子都不会改变。除非有很深刻的体悟，受到很大的挫折才会真正改变，否则都是口头改变而已。我们要记住，一个人3岁奠定的良好习惯，6岁所树立的基本观念，会决定一生的命运。各位千万记住，家庭是孩子出生的第一个环境，父母是子女的第一任老师。刚出生的孩子，不知道什么叫床，不知道哪个是空气，不知道房子上面有屋顶，他只知道有父母这两个影子，对他来讲是唯一的环境，可见父母的关系是非常重要的。

三國之道

一个人3岁奠定的良好习惯，6岁所树立的基本观念，会决定一生的命运。

10. 家庭教育十分重要，是不是父母恩重如山，很难报答呢？

我们中国人骂人，不说这个人没有受教育，而是说这个人没有家教，可见家教非常重要。家教就是家庭教育，上面我们说过家庭环境对人一生影响重大。所以中国人说父母恩重如山，我们一定要孝敬父母，就是从这里来的。

我不晓得什么叫“现代家庭”，也很不赞成所谓的“现代家庭”，爸爸看到妈妈拿东西给孩子吃，就教小孩说“谢谢妈妈”，我很不以为然。如果孩子从小就把“谢谢爸爸”“谢谢妈妈”挂在嘴边，那所有人情都还掉了，长大以后就不会懂得什么是恩重如山了，而这正是父母教出来的。从小到大，我妈妈没有教我谢谢爸爸，因为她告诉我，父母恩重如山，你一辈子也感谢不了，也报答不完。中国人讲得最清楚，大恩不言谢。你可以谢谢爸爸吗？谢谢叔叔还差不多。叔叔几百个，爸爸只有一个，谢得了吗？像这些所谓的现代观念，很多都是既不了解中国传统又搞不清楚外国是怎么回事的人，自以为是搞出来的，而且梦想改变我们自己的文化，这是不自量力。

家庭教育影响到人的一生，而这其中妈妈对孩子的影响尤其突出，所以我们才会常常提到母教的重要。很多人错误地认为中国人重男轻女，其实不然。中国远古的时候是母系家庭，只知有母，不知有父，也根本不知道自己的爸爸是谁。后来我们的祖先非常高明，把它变成父系社会。我们都是这样走过来的，但是我们后代人不了解，反而盲目地批评这些东西。

11. 家庭教育良好，有什么重大的原则？

我们今天普遍地都把教育的责任推给学校，都拼命骂老师没有把自己的孩子教育好。这样做好不好我们不去管它，关键是这种责怪没有用。如果家庭教育的基础奠定不好，学校老师怎么教都没有用。老师不会偏心，一样的传道授业，为什么有的学生学得很好，有的学生就学得很差？可见根本问题还在于学生，而不是老师。

家庭教育要注意三个原则。中国人的事情简单明了，没有太多的东西，如果三个都做不好，那还怎么讲四、五、六呢？

第一个，要养成良好的习惯。我们要记住，人是习惯的动物。小孩子第一次拿父母的钱，家长就骂他偷钱，这样的父母就不要当了。小孩根本没有偷不偷的概念，他不懂得自己爸爸妈妈的钱为什么不能拿。家长上来就训斥孩子不要偷东西，不要做小偷，讲一堆大道理，那是准备害死自己的小孩。父母应该告诉他，这个钱如果是妈妈给你的，你就可以用；如果不是，你要问问妈妈可不可以拿，这样才对。要站在孩子的立场去跟他沟通，而不能单纯用大人的思维去训导。很多坏习惯，都是在不知不觉当中养成的。当父母是不容易的，因为如果不明白这些，怎么去教育孩子呢？

第二个，要培养正确的观念。很多不正确的观念，其实都是父母潜移默化地灌输给孩子的。妈妈跟小孩讲，邻居家里在盖房子，堆了很多砖头，我们家正需要几块，你去搬点回来；带小孩去乘公共汽车，事先交代小孩，上车赶快抢位置，抢完了也不要叫妈妈，妈妈自己会过去。孩子的脑筋本来是空空旷旷，像一张白纸一样，他怎么会想到这些主意，完全都是父母教的。这些事情慢慢积累，就会让孩子觉得人就是要争先恐后，就是要占小便宜，就是要只管自己、不顾及别人。这些观念在孩子的心里一旦固化，长大以后根本无法彻底改变。我们看到很多人对自己的错误观念执迷不悟，就是因为这些偏差从小就在内心，已是根深蒂固了，以后老师再怎么教，别人再怎么劝，根本无济于事。

第三个，要重视正常的行为。现在很多家长让孩子从小学拉小提琴、学弹钢琴，这本无可厚非。可是家里来了客人，父母就把孩子叫过来，让他当众表演一段，这就莫名其妙了。父母把自己的小孩当什么了？孩子要弹他自己弹，要拉他自己拉，他又不是家里的猴子，干吗要孩子当着别人面去表演呢？父母这么做，完全是为了大人的颜面，根本不顾及孩子的感受。我们今天经常会做出这种不正常的行为，那是在害自己的小孩。

很多父母觉得自己没有太多成就，便把希望统统寄托在孩子身上。孩子会不会出人头地，那是以后的事情，但是首先要有一个良好的习惯、一个正确的观念、一个正常的行为。这三点很平实、很平常、很平凡，却关乎孩子的一生。没有这些基础的保证，连一个健全的性格都没有，又谈什么出人头地呢？所以像这种事情，我们应该从头好好想一想，不要自以为是，不要本末倒置，不要把自己当专家、当内行，不但自己教坏了自己的小孩，还要到处去害别人的小孩。这样贻误后代，将来会死得心安理得吗？我想不会。

三國之道

良好家庭教育的三个原则：养成良好的习惯，培养正确的观念，重视正常的行为。

12. 学校教育难道不重要吗？

中国人一方面说“好汉不提当年勇”，一方面又常常怕别人忘记自己过去的辉煌经历；一方面说“英雄不怕出身低”，一方面又在介绍别人的时候先说他是世家子弟、名门之后。中国人经常讲这种看似非常矛盾的话，其实不然，这是两面的兼顾。什么叫作世家？世家就是世世代代都很有势力的家族。我们看袁绍、袁术、刘表这些出身世家的人，站出来就是有模有样，这都是从小熏陶的结果。有的人站不像站、坐不像坐，讲起话来胆胆怯怯，这与出身有很大的关系。一个真正的政治人物，不是单凭自己一生努力奋斗就能成功，父母那一代要了解一些政治的东西，祖父那一代要参与一些政治的活动，没有三代人的积淀，很难培养出一个伟大的政治人物。中国人常讲三代同堂，也就是这个道理。

学校教育最大的遗憾，就是很难进行品德教育，它能告诉孩子的只是“水是氢跟氧合成的，在一定条件下，也会变成气体或固体”这些知识和技能。老实讲，品德教育只有靠家长。所以我们要搞清楚，一个人有没有良心，一个人是不是会好好做人，这些责任不要丢给学校老师，而是需要父母自己承担起来。我们去看《三国演义》里的这些人物，有的人基本素养非常好，有的人就是不行，这与家教有很大的关系，而是不学校教育的结果。

13. 社会教育对人的发展有什么关系？

大家可以看到，凡是魏国的那一帮人，都跟曹操习性很相近；凡是站在东吴这边的，都跟孙权的想法差不多；而跟刘备在一起的，多半比较有正义感，比较有功德心。这是什么道理？就是因为一个领导者，会影响到集体内所有的人，甚至连当地的风气都会很自然的不一样，这就是社会教育。

人才在选择事主的时候也会考虑这些，喜欢投机取巧、性格狡诈的，就会跑到曹操这边来，这样才有机会；想要稳稳当当，讲求仁义的，自然会选择投奔刘备去；而孙权手下的人，则多半是不择手段、不讲道义，虽然跟曹操那边有点不一样，但是跟刘备的手下有更大的不同。这样一来，三个集团自然就形成了三种不同的风气，而贻害后世最深的就是曹操。所以当我们看曹操的时候，不能说他也不错，也蛮可爱的，也有很多优点。我们必须要看清楚，曹操的个人行为虽小，但他喜怒无常，反反复复，讲话不算话的劣行，对后人的影响非常大。这样的风气如果盛行，那什么教育都没有用了，这才是曹操最不可原谅的地方。

14.《三国演义》里的人物的排名，为什么关公居首位？

我们平心静气地看，照理说，《三国演义》的排名应该是孔明居首位。

首先，像孔明这样聪明的人，能够很好地去配合那些比他不如的人，这是非常难得的。追随比自己能力强的人，这个比较容易做到。反之，则很困难，但孔明做到了。

其次，孔明知其不可为而为之，这也是非常难的事情。孔明的那些朋友也很有才华，但是想到这样的乱世，再怎么尽力可能也是枉然，还不如唱唱歌、钓钓鱼，欣赏欣赏风景，自得其乐就算了。以孔明的才智，他不是不能看破，他也知道最后是没有结局的，但仍然去做，这是何等的难得。孔明留下很多的事迹让我们去怀念和敬仰，而他的那些朋友，后人还能记得几个？根本什么都没有留下，活了跟没活一样。

刘备在世的时候，孔明全力辅佐，以尽人臣之事。刘备死了，他更加鞠躬尽瘁地辅佐阿斗。很多人会问，针对阿斗身边的佞臣小人，孔明为什么不直接清君侧？我们反过来想一想，如果孔明这样做，那他跟曹操有什么不同？所以在这种情况下，孔明发挥了他最大的忍耐，这点也是我们要好好去思考的。

中国的老百姓很有自知之明，因为孔明的才智太高，离群众太远，一般人很难学到，如果谁说自己要学孔明，人家一定会笑他：你有这个资格吗？你有这个本领吗？你有这个条件吗？所以我们没有把孔明排在第一。那为什么也没有把刘备排在第一呢？因为中国人很多疑——你这样做是什么心思？是不是自己想当君王呢？是不是自己也想搞个集团当领袖呢？是不是对现在的时局有所不满呢？那就更糟糕了。我们不一定要像孔明那样鞠躬尽瘁、死而后已，也不一定要学刘备时刻给自己压上中兴汉室的任务，因为人人如此也没有必要。

所以我们很自然地会想，还是学关羽比较妥当。关羽已经变成两个字的代名词——忠义。因为忠义人人可以学，而且世世代代都需要忠义，现在的社会最需要的也是忠义。为什么这么说？一句话就讲完了：有史以来，死后升官升得最快的就是关羽，没有第二个了。

15. 刘备这么好的仁义君子，为什么不能一统天下?

中国人在碰到有些事情解不开的时候，就说“老天没眼。像刘备这样的仁义君子，都叫他最后死在白帝城，天理何在”？ 刘备有很多优点，人尽皆知。但是我们认真分析就会了解，刘备犯了一个连老天都无法原谅的错误——因私废公。

我们说得很清楚，一般的老百姓，偶尔因私废公不会怎么样。地位低的时候，缺乏胆识，没有学识，也没有机会去想公的事情，说难听点，就算自私一点别人也会谅解。一个人地位越高，越不能以私害公，甚至到了中人以上，都要公而忘私才对。有一句话是刘备没有一生做到底的——为天下者不顾家。如果心怀天下，想为人民服务，就不能有家庭的顾虑。动不动就想自己小孩会怎么样，想自己家财产会减少多少，想自己的亲戚会怎么样，这种人最好不要做大事。当一个人的位置慢慢高起来，私的比例要放低，公的比例要增加，到了刘备这种位置，就不应该以个人的事情为主导了。不能因为有桃园结义的盟誓，就非要先给关羽报仇不可。刘备应该接受孔明、赵云的意见，无论如何先忍一忍，借曹丕篡位的机会，联系东吴共同伐魏。一来魏国并不是所有的人都拥护曹丕，也有很多人看不起曹丕的篡位之举，会起兵响应。二来以天下事为重，不报家仇而先伐国贼，东吴也会不得不出兵，那天下形势很自然会按照隆中对策去进行。刘备在这个关键时刻，一味以桃园结义的盟誓为重，把为关羽报私仇当作第一，任何人的话都听不进去，将前半生辛苦创下的基业统统毁于一旦，这完全是自作自受，不值得同情。我们现在来分析，不是同情不同情的问题，同情有什么用？连孔明这么高明的人，不也是无能为力？

16. 司马懿奸诈阴险，为什么反而得天下？

我们往往很避讳去谈这个问题，很多人也没有办法了解这种事情。司马懿算什么？这样的人都能得天下，那老天到底是照顾好人还是照顾坏人？一句话就讲完了：当好人死光了以后，只有让坏人来做事了。要不然怎么办？我们从很多地方可以看出来，坏人能够居高位，是好人帮助他的。同样，好人能够成事，也离不开坏人的帮忙。这是人类很奇怪的现象。

给刘备最大帮助的人就是曹操。刘备当初没有什么身份，曹操把他引荐给献帝，刘备就成了刘皇叔；刘备开始声望也不怎么高，曹操捧他是天下唯一可以与自己比肩的英雄，刘备的名气就大了起来；曹操后来追着刘备打，刘备只能四处躲避，躲来躲去反倒赚下了汉中一大块地盘。曹操越打刘备，越帮助刘备势大，曹操好像没有想到这一点，却是事实。可刘备最讨厌的人，反而恰恰就是曹操。

给司马懿最大帮助的是谁？就是孔明。孔明当年对付周瑜很轻松就赢了。后来，孔明对付司马懿的时候，认为他是不得了的人物，一天到晚想打赢他，却总是打不赢，那司马懿就真的不得了了。这不是很奇怪吗？由此可见，坏人得势起来，其实就是好人努力的结果，好人应该自己去检讨，而不是拼命去帮坏人的忙。

人生有一门最难练的功夫——忍辱功，就是面对各种各样的侮辱，都能够忍受而且不动怒。司马懿忍耐的功夫谁能比得上？送女人衣服给他穿，他就穿给你看；把他的头盔当球踢，让人踢去好了；天天被人取笑，他也是充耳不闻；甚至所有的部将都骂他，说当都督居然怕死到这个地步，你不敢打我们去打，他也无所谓。司马懿班师回朝，却被剥夺兵权，且长达十年之久，一般人忍受得了吗？恐怕不到六年就死了，哪里还能捱得了十年，然后又能重新复出？所有的《三国演义》人物里面，除了司马懿，谁做得到？

照理说，曹操的儿子篡了汉献帝的位，司马懿的儿子又把曹家的位子篡来，这似乎没有什么不对。否则什么叫天理轮回，又怎么分好人坏人呢？这样是好是坏，我也不知道，大家自己去评论。司马懿的儿子坏，那是他儿子的责任。我们看到司马师经常笑司马懿，何必这样忠心于曹魏，可见从某个角度来看，司马懿也有忠义之心，并不是一无是处。前面我们说过，其实造成皇位篡来篡去状况的始作俑者还是曹操。司马懿的儿子篡位，这里面有家教的原因，但更重要的是社会教育的影响，而不能全推到司马懿身上。我们没有说司马懿好，没有要大家学司马懿，但是最起码，司马懿有他存在的价值。当所有好人都一个一个被刷下去，自然司马家就出来了。但是，司马家后来所受的报应也很凄惨。司马师没有多久就死了，司马昭更糟糕，阿斗不费吹灰之力，不动一兵一卒，讲一两句笑话就把他活活笑死了。所以好与不好，要从不同的层面、站在不同的立场上，才能够把《三国演义》的人物看得清清楚楚。

同样，奸诈到底好不好，也是很难清楚地说出来。我们自己不去耍花招、玩手段，这是有所不为。我们对人绝对不要奸诈阴险，但是没有办法让天下的人都不奸诈阴险，自古以来没有一个人做得到。黄帝那么伟大的人，也没有做到。读了《三国演义》，让我们知道有如此多的奸诈阴险要提防，要时刻警惕自己绝对不能上当。因为狡诈不会写在一个人的脸上，与其不知道而上当，倒不如知道而不上当。我们中国人讲的一句话是最好的，叫作害人之心不可有，防人之心不可无，道理非常清楚。

司马懿到底是好人还是坏人，每个人都有自己的判断。他杀的人其实最少，带兵出去都是不打。如果司马懿也是见城就攻，见人就杀，那才真是坏人。所以换个角度来看，应该好好重新去评估司马懿才是。

17. 现在《三国演义》人物还存在吗?

《三国演义》，是中国有史以来最普及的一本书，一代一代传下来，海内外的华人几乎很少有人没看过《三国演义》。这是什么道理？就是因为《三国演义》当中的人物虽然死了，却都活在我们心中。

西方人说，要信上帝才能永生；中国人则认为，只要大家常常念起你，你就永生了。我们看到，关羽永生，孔明永生，虽然大家都骂曹操，但他也永生了。不一定只有好人才能永生，坏人也有这个权利。老实讲，曹操更希望大家都能忘掉他，不要再提他了，因为谁也不想总被人骂。对永生的不同看法，是中华文化跟西方文化最大的区别。我们不要走秦始皇的老路，去求什么长生不老药；也不要学汉武帝，吃“仙丹”吃到自己肾脏都坏掉了。

我们要走中国人的正道，要用儒家三不朽来的方式——立德、立行、立言，活在人们的心中。一个人功德无量，大家都学习他的品德，他就永生了；像关羽一样留下很好的行为，所作所为永远留在炎黄子孙的心目当中，他永生了；留下正确的言论，激励世世代代的后人朝正确的目标努力，他就永生了。人要永生，不是靠上帝，不是靠神仙，而是靠我们自己。

每一个人生来都有自己的一条路，我们自己要好好去走，只求不管哪一天死去，都会问心无愧、心安理得。读《三国演义》最大的收获，就在于此。

三國之道

人要永生，靠我们自己。只要大家常常念起你，你就永生了。

八十六　三国之道

1. 什么叫作道?

一般来讲，道就是通常所说的路，所以今天我们干脆合为一个词来说——道路。人生下来一定有一条生路，如果没有生路，根本就活不下去了。可是，走来走去，走到无路可走，那就叫作死路一条。每个人的道路有很多种变化，可以越走越宽，也会越走越窄；可以越走越正，也会越走越偏。我们慢慢思考这些很具体的情况就会发现：有些道路看得见、说得出，有些道路却是看不到、说不清的。比如看到一个人在那里思考了半天，问他在想什么，他回答说在想有没有路走。他所想的那个“路”，就是看不见的，没法说出这个路在哪里。人由实际慢慢走向抽象，由很好说的道慢慢走向很难说的道，最后我们还会发现，有些道根本就是没办法说的。所以要讲道，我们基本上可以分成三个层次：可以说的道、很难说的道、不可说的道。

什么是可以说的道呢？譬如高速公路，就是可以说的道。从哪个入口上什么高速，到哪个出口什么地方下来，基本上很容易说得清楚；有些路，则很难说清楚。比如初到南京，市区里面道路复杂，哪一条是中山路，哪一条是中华路，如果不是当地人或者曾经走过，很难搞清楚，只有多问几次才会知道。除此之外，我们还会发现，一些山边海角、人烟稀少的地方，你说它有路吗？没有。可是虽然没有路，但照样可以走。这些路根本没办法说清楚，说了半天别人也听不懂，按照他说的去找也找不到，这就是不可说的道。这样大家就可以了解到，为什么有的道是可以说的，有的道是很难说的，而又有很多道是不可说的。

三国之道

道分三个层次：可以说的道、很难说的道、不可说的道。

2. 在《三国演义》里面，可以说的道大概有哪些？

这其中可以说的道其实很多。

桃园三结义就是可以说的道，刘备、关羽、张飞三人，因意气相投而结为兄弟，发誓要同年同月同日死。他们开始本想参加政府的军队，后来被逼得无路可走，干脆投奔小集团而去。这其中的变化，是好是坏，基本上可以说出个道理来。

曹操错杀吕伯奢全家，虽然很残忍，实际上也有一定道理可循。因为那时的曹操慌张得不得了，他以为自己被陈宫捉住，必死无疑。但身为县令的陈宫，舍弃自己的前途，救了曹操，他当然很感谢，也因此又充满了希望。逃亡路上，曹操投宿吕伯奢家，这位吕伯父很热心地招呼他们两个。吕伯奢没有体会曹操此刻惊弓之鸟的心情，只是说自己出去买酒，没有告诉曹操二人，他准备杀猪款待他们，结果导致曹操错误地认为吕伯奢的家人要磨刀加害。如果吕伯奢说家人磨刀杀猪招待他们，自己去买酒，大概多久回来，让他二人安心，结局应不会如此。但吕伯奢把非常的、紧急的状况当作一般的、平常的事情来处理，酿成惨剧，这个道理也可以说得通。

孙坚为玉玺发重誓，结果果然应验。这就告诉我们，不要随便发重誓。像这种情况，找个别的理由，蒙混过去就是了，何必发那么重的誓呢？可是有很多人就是喜欢发重誓。我们要不要学，个人自便。

董卓死于受禅台前，到底是命中注定还是意外情况？公说公有理，婆说婆有理，正反都可以讲出一大套可以说的道理。

孙策收服太史慈，是不是因为周瑜曾经跟他说过此人，孙策早有印象才会这般？如果周瑜没有提过，孙策会不会与太史慈血拼到底呢？这样的问题，我们也可以说出一番道理来。

刘备在后花园种菜，惹得张飞很生气，责怪大哥以前的志气都没有了。张飞不是说种菜不好，他是说我们是种菜的人吗？我们还有大事要做，不能种了菜以后，就把结拜时立下的志向都忘记了。可是刘备如果不种菜的话，他们三兄弟会逃得出来吗？所以，这也是一个可以说的道。

关羽土山被围，前来劝降的是谁？正是曾被关羽救过的张辽。如果换作旁人，可能没等说话就已战成一团了。因为关羽对张辽多少有点感情，多少有点信任，所以张辽才有讲话的机会。而且张辽的沟通技巧很高，讲出的话能够让关羽接受，所以关羽才会提出降汉不降曹等条件。其实这三个条件一般人也不会接受，但此时的曹操求贤若渴，居然答应了，这虽然有些奇怪，但是多少还是有脉络可循的。

刘备之前如果没有碰到徐庶，如果徐庶在刘备手下表现得一无是处，刘备还会那么诚恳地三顾茅庐求见孔明吗？一定不会。我们把这些前因后果连贯起来看，就会知道，因为刘备尝到了甜头，明白只有请到高明的军师，自己这些兄弟才能充分发挥自己的所长，所以无论如何，他也要三顾茅庐。

孔明年纪轻轻，才27岁就隆中决策定三分，把天下将来的演变分析得那么清楚，而且后来好像都兑现了一样，这可能吗？像这些事情，我们现在科学地分析，大概也能够接受。

孔明下得山来，总要有点表现。他预测气象的变化，以草船借得十万支箭。但怎么能够算出雾会那么大？又怎么能够把时间抓得那么准？万一过了三天，大雾不来怎么办呢？这些都是很冒险的，可是我们细细想来，觉得还是不无道理。

黄盖一把年纪，为什么还要他去行苦肉计呢？年轻人一大堆，难道不能用吗？我们想想就会知道，曹操是不会轻易相信年轻人的，因为年纪轻轻，当然挨得起打，一定会是苦肉计。而黄盖这么大年纪，怎么会选他呢？所以曹操才会放松警惕，比较容易上当。

关羽华容道上义释曹操，虽说是孔明事先算到的，但是我们现在想想，也觉得以关羽的个性，这样做是比较合理的。

孔明斩马谡之时，也知道是自己害了马谡。一个青年将领，把他捧得那么高，以致让他觉得自己比孔明还要聪明。所以孔明交代的事情，马谡根本不会往心里去。街亭失守，孔明多少有些责任，所以他才会挥泪斩马谡，一方面为公，一方面为私，二者兼顾，我们也觉得很合理。

可就在这些可以说的道理里面，几乎每一个也都有一些很难说或者不可说的东西。比如孙坚为玉玺发重誓的事情：孙坚如果不发重誓，众人会相信他吗？别人会说，已经有人举报你了，何必还在这里抵赖；是不是每个人发重誓都会应验呢？我们也会看到，有的人发了重誓也并没有遭到报应；再进一步说，孙坚到底该不该得到玉玺？为什么乱军当中，别人都得不到而他得到了？这有什么象征意义没有？这个便是不可说的。因为事实上，有人拿到了玉玺也没有用，而有人得到玉玺就创出一番基业来。这些都超乎我们所能理解的范围，所以叫作不可说的道。

再以三顾茅庐为例：刘备请下来的如果是一个比徐庶还不如的人，那不是笑掉大牙吗？现在的人，应不应该学刘备这样三顾茅庐？孔明下山以后，倘若自己过分膨胀，搞得刘备三兄弟散伙也有可能，为什么孔明会一路走下去，最后鞠躬尽瘁、死而后已呢？我们中国人的答案只有三个字——天晓得。凡是天晓得的事情，就表示人不太容易搞清楚，那就叫作不可说的道。所以每个道理当中，有可说的部分，也有不可说的部分。如果可说部分占的比例大，我们就认为它是可说的道；如果不可说的部分远远超过可说的部分，一般人怎么说都只讲到皮毛而已，那就叫作不可说的道。

3.《三国演义》里面，很难说的道大概有哪些?

比如在孔明借东风的过程当中，里面就有太多的“如果”：如果周瑜也有孔明的本事，不是根本就用不着孔明了吗？如果孔明借不来东风，不是连命都没有了吗？借不来东风，最后的赢家可能就是曹操，周瑜能不能活下来也都难说，又怎么去杀孔明呢？鲁肃如果突然变卦，站在周瑜一边，那孔明怎么办呢？周瑜如果部署得更严密些，孔明又怎么逃得掉呢？接应孔明的小船，如果被风吹走，那不是笑话吗？在这个过程当中有太多的变数，而到最后居然什么意外都没有发生，一切均照孔明事先的预料进行，这是什么道理？只有三个字——很难说。这便是很难说的道，因为怎么说都说不清楚。如果再提升一点来说，为什么只有孔明来做这件事情才能成功？是不是让他以后要做什么事情呢？那更是只有天晓得了，我们叫作不可说。所以，很难说的道再提高一个层次，就变成了不可说的道。如果降低一个层次去看，认为孔明做得这些事情都是假的，是《三国演义》作者故意安排的，那又怎么知道呢？我们由此可见，道到底可说不可说，跟个人的主观意识、所受的教育程度和自身的见识水准，都有密切关系。

曹操杀死蔡瑁、张允，他此时怎么会这么糊涂呢？曹操是专门设计要别人的人，这一次却被周瑜要得很惨。曹操也知道，蔡瑁、张允该死，但不能这个时候杀，等到战胜东吴以后也来得及，此刻正是用人之际。可是他早不杀晚不杀，偏偏这个时候把他们杀掉了。蔡瑁、张允糊里糊涂地被叫来，曹操讲了半天他们都是莫名其妙，也没有一个辩驳的机会，就被拖出去斩了。如果刽子手的动作不那么快，哪怕慢上五分钟，曹操也会明白过来，蔡瑁、张允还会死吗？如果蒋干带回的信息含糊，或者周瑜设计的假信被雨淋湿，看不清楚了，那整个结果还会是这样吗？很难说。

庞统献连环计，曹操怎么会相信呢？以曹操的判断能力和多疑的性格，他应该想到这样做弊大于利，而且对庞统也应该会有所怀疑。但这次曹操一听就相信了，也是很反常的情况。为什么会这样？很难说。

刘备兵败，不回成都，却在白帝城托孤。怎么会这样？说不清楚。

孔明想要延长自己的寿命，主灯却被魏延弄熄了，你说奇怪不奇怪？若是别人还有话说，但孔明最看不顺眼的就是魏延，可找茬的偏偏就是他。魏延绝非故意，他也很冤枉。前六天双方都是风平浪静，没有什么消息，再过一天孔明就成功了。但司马懿到了第六天，夜观天象，怀疑孔明将死，派人去探营。魏延也是一员大将，也经常以大将自居，怎么会见到曹军来袭，突然之间就变得那么慌张呢？这些到底是谁在安排？冥冥之中有没有谁在做主？只有三个字，很难说。因为永远说不清楚：你说没有，也没有能力证明；你说有，更没有能力证明。

人临终的时候，会把一生所做的事情，像录像倒带一样重倒一遍，这是真的假的？孔明临终的时候想到了三顾茅庐，想到了得到荆州，想到了失掉荆州，想到了北伐，一路想过来，真的还是假的？是不是每个人都这样？谁也说不清楚。

孔明死了以后还能杀人，是真的吗？只要杨仪觉得没有必要那么做，只要魏延尊重一下杨仪让他领队，只要马岱动作慢一点，那整个结局就不一样了。何况谁又知道魏延的出发点是什么？倘若真的是以大局为重，说北伐兹事体大，不能够因为丞相一个人而耽误了全体，也非常有道理。可认为他是借机造反，想夺取兵权，然后自立为汉中王，也不是没有可能。到底什么才是真的，很难说。因为这些都是隐而不现的，只有魏延一个人知道，其他人统统看不出来。

司马懿怎么知道自己会复出呢？连他的儿子都笑他：算了吧，还练武干什么？还关心国家大事干什么？皇帝早就把你忘得一干二净了。可司马懿就是复出了，起起伏伏还不止一次。这到底是怎么回事？是命运吗？是司马懿自己造成的？还是有谁在主宰这些事情？很难说。

最后再举个例子——阿斗笑死司马昭。阿斗再笑死第二个试试看，能笑得死才怪。这里面当然有很多的因素，从表面上看是阿斗讲的话很傻，司马昭从来没有听过，觉得非常可笑就笑死了。可司马昭究竟为什么会死？是得什么病死的？很难说。

4.《三国演义》里面，不可说的道又有哪些？

如果深入探讨，我们会发现所有的道又都不可说。

郭嘉为什么那么早死？我们想想看，如果郭嘉多活几年，周瑜多活几年，那孔明下山又有什么用？整天跟他们两个斗就好了，那还不如不下山。是不是老天要让孔明下山宏图大展，为了排除他的障碍，才会让郭嘉早死，让周瑜也活不长，有这个可能吗？不知道。

再往后说，老天顾念天下苍生的安宁，为了能让百姓安居乐业，排除障碍，以便孔明好好做事。如果孔明下山之后，很快就把天下平定下来，对老百姓绝对是有好处的。可是后来孔明也没能做到，是怎么回事？不可说。这叫作“天机不可泄漏”。天机不可泄漏，简单说，就是我们都看不清楚原因，既然看不清楚，便不要乱说了。

吕布早死，又是不是为关羽安排的呢？如果关羽在这里碰到吕布，在那里也碰到吕布，他还能干什么？所以吕布早死，很可能就是为了让关羽能够大刀一挥，杀尽天下妨碍统一的障碍。能不能这样去解释？不可说。

关羽不投曹操，这是个关键。各位虚拟一下，如果关羽一看自己被团团包围，已无退路，既然张辽前来说降，干脆直接投降曹操，然后上马金、下马银，拜将封侯，享受富贵，从此手中一口青龙偃月刀就完全替曹操东挡西杀，说不定也会一统天下。那样到底是对是错？不可说。老天是不是要这样安排，我们都不知道。

刘备平常很少说话，也并不一意孤行，以他的聪明和忍耐力，为什么关羽一死，整个人都变了呢？刘备出兵东吴，是因公还是为私，我们想了半天也不知道，恐怕只有刘备自己最清楚。即使我们真的能问刘备，他也会说：我怎么知道？我知道的话就不会这样了。连刘备自己都不知道的事情，那就更不可说了。为何如此安排，老天不说话，我们更猜不透，就叫作不可说。

还有最难以理解的，就是孔明千方百计将司马懿父子三个困在上方谷内，然后火攻，烧得连司马懿都说，我们父子三人今天都要死在这里了。就在连司马懿都无计可施，认为自己必死无疑的时候，突然骤雨倾盆，浇灭了熊熊大火。为什么那个时候下雨？提前一天下，孔明就会延后一天；往后一天下，司马懿父子三个也已死了。早不下、晚不下，偏偏就在那个时候下，连孔明这么神算的人都只能愣在那里愁眉苦脸，这就是天意，司马懿算不到，孔明算不到，我们更是算不到。

孔明死后，司马懿自然就得胜了，不管算不算他的功劳，总归是完成了一件事情。按照常理，他回去以后一定会受到重用。没有想到，却被剥夺了兵权，冰冻起来，而且长达十年之久。司马懿这10年怎么熬过去的？一个很有功劳的人，竟然遭到这种待遇，他内心会平衡吗？可被罢10年，他居然还能复出，居然还有那么多人听他的，你说怪不怪？他复出没有多长时间也死了，但为什么要熬那么久才死呢？是为了栽培他的两个儿子，还是有什么别的原因？永远都说不清楚。

这些事情，过程中只要有一个变数出现，整个的结局就不会是这个样子了，但这一切都不是人力所能控制和调整的。连孔明后来都说，谋事在人，成事在天，天命如此，不可强求，也是这个意思。当然，这些事情都有比较粗浅的部分——可以说的道。这就告诉我们，一般人讲道理，都是讲很粗浅的道理。千万要注意，比较精微一点的道理，我们就已经说不清楚了。那种很玄妙的道理，最好不要说，大家去悟就好了，悟到多少算多少。千万不要觉得以自己的能力，什么道理都可以说得很清楚，那是狂妄自大。一句话讲完了，当把道理说得太清楚的时候，就已经不再是讲道理了，这当中已经有很多错误出现了，这是人类应该要好好警惕的地方。

三国之道

当把道理说得太清楚的时候，就已经是不再讲道理了。

5. 君子老斗不过小人，这算什么道?

我们看《三国演义》，一定很火大：明明是小人，他怎么就赢了呢？老百姓听《三国演义》的故事，也是看到刘备获胜，就高兴得不得了；听到曹操赢了，则非常的不愉快。按说，曹操的时代离我们那么远了，与我们有什么相干呢？刘备赢了，你还不是照样过自己的日子？不是。人总有一种同仇敌忾的感情，我们希望好人要长寿，坏人早点死，但实际往往事与愿违。

自有历史以来，常常是小人当道，君子受委屈，屈原就是最典型的例子。我们会不会觉得老天这样很不公平？为什么让君子总是斗不过小人呢？其实倒是君子应该反思一下：是君子，就不应该被小人斗垮。以前的定义认为，被小人害得很凄惨的才叫君子。我们现在重新定义：凡是没有被小人斗垮的人，才配叫君子。现在时代不同了，一定要想办法扭转，否则历史不断地重演，受罪的永远是老百姓。

君子为什么斗不过小人？原因在哪里？说起来很简单，就是君子认为自己既然是君子，就应该很正直，不必玩什么花样，有话就直说了，爱做就去做了，其实这是对自己没有尽到责任。而小人为什么活那么久？因为小人知道，如果毫无掩饰，别人就会看出他是小人，所以他要把自己伪装成君子，不让别人看出来。凡是小人，从来不说自己是小人，都称自己是君子，而且做出的事情也蛮像君子的作为。很久以后，当我们发现他其实是伪君子的时候，他已经活很久了，已经开始作乱了，这时的真君子已经被他害得凄凄惨惨的了。所以大家要想通这个道理，不是所有有利的条件都在君子这边，君子要自己去创造条件，想办法把该做的事情做好，把应尽的责任尽到，这样才叫真正的君子。否则，只是虚有其名，空有其表，没有实力，不说也罢。

三国之道

凡是没有被小人斗垮的人，才配叫君子。

6. 小人活得长久，又算什么道?

其实非常简单，小人如果活得不久，就连做小人的机会都没有了。做坏人也要有所准备，也要练点功夫，不然坏不到哪里去。当功夫还没有练成的时候就死了，大家反而会认为他是个好孩子。其实不是，他只是还没有机会表现而已。所以，小人一定要活得久，才有机会做小人。这一点，我们也要弄清楚。

老天能说某人天生就是个小人，早早就把他收拾掉吗？不可以。因为大家会感觉到很奇怪，他又没做错事情，老天为什么不让他活呢？那样老天不就冤枉他了吗？因此，老天看到一个人确实是个小人，也不会马上让他死，会让他继续表现。当小人把全部的坏处都表现出来，达到恶贯满盈的地步，大家都知道他的的确确是个小人的时候，老天再来收拾他，大家才会觉得老天是公平的。

董卓就是这样，老实讲，董卓不是后来才坏的，他的名声一直就不好。可是老天没有因为这样就让他死，董卓不断升官，直至成为地方派系的首领，有了势力才会被请来勤王。董卓进得京城后，烧杀掳掠，无恶不作，搞得全城鸡犬不宁，百姓痛苦万分。最后恶贯满盈了，但老天还要设计机会，让他登上受禅台，在他最得意扬扬的时候才收拾他，老天这样做才是公平的。一般人只会想到，董卓大概6岁就该死了，为什么活这么久呢？不是这样。如果董卓30岁就死了，他在历史上不会留这样的恶名；如果董卓在凉州时就退休了，他也不会这么恶名昭彰；如果董卓没有李素、李儒、吕布这样的人帮忙，他也不至于最后恶贯满盈。

小人活得久那是他的事，不是我们的事，我们怪别人活得久干吗？所以，普天下之人不要问谁是小人、谁是君子，因为我们永远搞不清楚。我们自认为很能明辨是非，但这其实是盲目自信。因为往往你认为是好人的，他偏偏却是坏人；你认为是坏人的，他反而就是好人。否则天下怎么会这么乱呢？

《三国演义》里面这么多人，你能清楚地说出哪个人是好人，哪个人又是坏人吗？你说孔明总应该算是好人吧？其实有很多地方他也是顾虑不周。孔明为了表现自己忠于对刘备的承诺，六出祁山，有这个必要吗？他为什么不能像范蠡一样，先把汉中治理好，把宫廷安顿好，培养出一批能干的将领，等待曹魏出现危机之后再出兵北伐，这样可能很轻松就成功了。孔明总是觉得时不待我，可是既然已经找到了接班人，为什么又舍不得把神圣的使命交给姜维去完成呢？孔明动不动就是张苞，动不动就是关兴，两个人总是被遣来派去，当然一定早死。如果孔明能改变一下认识，说功成不必在我，让姜维去完成也是一样，自己在后方好好地把粮食准备足，好好地把民风教化好，说不定东吴的百姓自己就过来了，曹魏的百姓也过来了，那根本就不用兵戎相见了。

孔明想不到这些也不能苛求，我们认为他能做到那样，已是很了不起了。如果真要吹毛求疵，哪一个人能没有差错呢？关羽没有吗？张飞没有吗？刘备没有吗？都会有。做人不应该太过吹毛求疵，否则搞来搞去就是把矛头指向自己。当你苛责别人的时候，我们会觉得你为什么不说说自己呢？所以，得饶人处且饶人，不要对别人太过严苛，这是孔子之道。待自己严一点，待别人要宽松一些，才叫作忠厚，否则就是刻薄。君子刻薄，还像君子吗？可见很多事情，我们真的应该从头把自己的思路调整一下，只有不断地修正自己，才会不断地得到提升。

三国之道

我们唯一希望的，就是人人都能自己去反省自己，小人自己要改过，身为君子更是如此。

7. 学习《三国演义》之道，到底有什么用？

身为中国人，千万不要忘记，我们是有抱负、有理想、有目标的民族。《大学》之道，告诉我们，一个人一生要做的事情其实很简单，就是修己、齐家、治国、平天下。

西方盛行个人主义，只追求自己的满足，不太顾及其他的事情。现代人受西方的影响，只顾及自己的快乐，上网、喝可乐、打篮球……这样的人生，是缺乏目标的。中国人不应该这样，我们要知道，每一个人都是天地之间的一分子，我们对天地要尽到一分子的责任，这样的人活得才有意思，活得才有价值。

讲一句不好听的话，现在很多受西方影响过重的人，他只是有生命，而没有性命。二者的区别在哪里？有“生”命的人，只是活着而已；而有“性”命的人，在“生”命的同时还有一颗“心”。什么心？就是那份身为天地间一分子而应尽的责任心。现在很多人动不动就讲“这是我的权利”——不尽责任，何谈权利！要了权利又想干吗！所以，一个时时把权利挂在嘴边，而从不考虑自己义务的人，我们是看不起的，中国人不应该这样。只要是自己的责任，没有钱也要去做，辛苦点也无所谓，因为只有这样内心才会快乐，生活才会充实。一个拥有这样情操的人，再没有钱，活得也有价值，做再小的事，也会感到荣耀。这样的生活，才是我们应该追求的。

这跟《三国演义》有关系吗？当然有。我们从个人开始，先把《三国演义》的道理搞懂，将它放在自己的脑海里面，碰到什么事情，都很自然想起其中与之相类似的个案，值得借鉴的做法，按照相同的方式来处理，需要吸取的教训，采取不同的办法去避免，这样不是很轻松愉快吗？

我们想要家和万事兴，想要亲人一条心，想要在家庭内部建立共识，拿《三国演义》来沟通也会很方便。现在的小孩，觉得自己什么都懂。家长跟他讲大道理，他很难听得进去。你跟他玩电脑，一定玩不过他。如果你因此认为，现在的小孩了不起，他就会看不起大人，那以后家庭还怎么维持？现在做父母最大的悲哀，就是辛辛苦苦地把孩子供养大，而孩子别的事不做，专门教训父母：爸爸，你这样做错了；妈妈，你说的那个过时了。我用“供养”这两个字其实是有含义——现在的家长不是在养育孩子，根本是在当作佛一样地供养。要这样的小孩干吗？不是自讨苦吃、自取羞辱吗？

当我们把《三国演义》变成家庭里面共同谈论的话题以后，碰到事情不用直接说这样对或那样不对，也不需要家长再去讲大道理，只要对照当中的案例，就能清楚看到最后的结果。遇见问题，爸爸说吕布当年就像你这样想的，才会有那样的结果；碰到分歧，妈妈告诉孩子如果还这个样子，用不了多久就跟曹操一样了。这么一说，他就会明白，就会自己去反省。否则的话，你的看法是这样，他的看法是那样，公说公有理，婆说婆有理，怎么说都有道理，很快就吵起来了，很难说得清楚。

每个人都会累积出一定的人生智慧和生活体验，我们把这些宝贵的东西与《三国演义》的道理相融合，使之朗朗上口，深入人心，那么不管是就一个公司、一个团体、一个社区甚至于一个国家和社会而言，人和人之间就非常容易达成共识、取得默契。我们把这些翻译成英文，通过互联网等先进的传播方式推广到国外，让全世界都了解《三国演义》的道理，那么孔子所说的世界大同不就实现了吗？这才是世界大同之道，需要我们一起来努力。

8.《三国演义》之道，可以用来防人还是用来害人？

我们每一个人都要好好地记住，《三国演义》之道只能用来防人，绝对不能用来害人！

以前有句老话：少不看《水浒》，老不看“三国”。这句话，其实我也不赞成。大家往往认为，年轻人本来就心急气盛，再受《水浒》的影响，人人都如鲁智深那般，个个争强斗狠，岂不是乱作一团？而人随着年纪的增长，经验不断地积累，人也更加的世故，随时都能心生一计，如果再去看《三国演义》，不就更加的阴险狡诈了吗？

这是消极的想法，我们不妨改变一下，用积极的心态去看待：年轻人应该多看看《三国演义》，年纪大的人不妨回忆一下年轻时候的状况，再去翻翻《水浒》，这样就对了。一种是消极之道，一种是积极之道，我们一定要把它区分清楚。

9.《三国演义》之道，是不是明哲保身之道?

答案是肯定的，因为中国的哲学就是这四个字——明哲保身。

很多人批评说这样太消极，只知道守，不知道攻，不思进取，不知奋斗。其实“明哲”，就是把人生的道理先搞清楚。一个人道理搞不清楚，会知道什么可以做、什么不可以做、哪些是个人的责任，哪些是自己的权利吗？这样就去奋斗，怎么会有正确的目标呢？到最后只会唯钱是问，完全拿金钱的数量来衡量人生的价值，根本不会想到别的东西。

“明哲”，才能“保身”。这样一说，很多人又开始批评了：一天到晚只想保全自己，这完全是自私嘛。这个道理其实我们已经讲过了，以前的君子就是因为不知道保身，所以才会死得很快，死得很早。一个人从小就胸怀大志，苦练功夫，充实学问，成长到30多岁，正值年富力强之时，刚准备要做一番事业，刀还没拿起来人就死了，这样除了徒留遗憾，还能怎样？所以，人活得久一点，才有机会施展自己的抱负，否则纵然有天大的本事，又有何用？

中国人对养生之道很讲究，对一些无关紧要的事情，我们觉得根本不必耗费自己的精力。一个鱼缸里面有几条鱼？看不清楚的人，就会长寿；非要搞清楚是八条还是九条，必然命短。看那么清楚干吗？为这种事情费神耗力，不是跟自己过不去吗？保养两个字，对每一个人都很重要，命都保不住，命都养不长，以致空有雄心大志，根本就没时间去好好表现，这样不是等于零吗？

很多人批评明哲保身，说它消极，说它自私。其实这些都是只看到可以说的那部分道。我们最好多去思考一下很难说的道，然后进入不可说的道，这样才会有更多的领悟。人之可贵，就是因为有身体；但是，人之大患，也是因为有身体。水可以载舟，也可以覆舟。人的身体也一样，人有身体，才能够干大事；但也因为有身体，而常常干坏事。老实讲，有的人根本没有必要保身，因为他的身体根本不值得保，死掉才好；但是有的人则不同，留得有用之躯，才能够为社会更好地尽责任。所以我们要明白：保身不是自私，这是最起码的人性。身体本身没有好坏，只是因为把它用得妥不妥当，才会有分别。

10. 道不同，可以相为谋吗?

中国人很喜欢说“道不同不相为谋”，我要去北京，你要去上海，那只好相互说再见了。因为道不同，一个往这边走，一个往那边走。两个人非要聚在一起，只能是一个人迁就另外一个人。迁就固然是一件可行的事情，但也会因此而耽误了大事正事。所以我们常常讲，既然道不同，那就只能不相为谋了。

其实“道不同”，也可以“相为谋”，那需要有更大的胸怀，更远的眼光、更强的意志力才能做到。我们看到刘备、关羽、张飞这三位兄弟，刚开始他们想法都不一样：刘备看到募兵的告示只会叹气，张飞看到刘备的表现很生气，责问刘备为何只是叹气，应当参军报国才对，而关羽则是闭口不言。三个人的个性截然不同，照理说所要走的路也会大相径庭。可是刘备很了不起，他一番话语就感动了关羽和张飞，使得他们放弃了自己的主张，完全皈依在自己身边，更为难能可贵的是一辈子都不改初衷。人常常因一时兴起，会下定决心，可时过境迁就抛在脑后了，但关羽和张飞不是这样。由此可见，刘备是很有说服力的，因为刘备很真诚。而两位弟弟一旦认定这位大哥，就把其他的事情统统摆在一边，一心一意地一辈子跟随刘备。两个弟弟跟大哥在一起也是吃尽苦头，每次刘备还好歹有把椅子坐，两位弟弟从来就是毕恭毕敬地站在身后。他们没有说我也很累，你又不是我们的亲哥哥，也没有发过我们薪水，为什么你能坐着，我们就得站着，干脆我们自己也弄把椅子坐坐。他们从来没有这样想，更没有这样做。

到底是人去迁就道，还是道来迁就人，这点很难解释。人可以把道弘扬大，道却没有办法来弘扬人。人很会讲道理，但是如果希望靠道理来成就自己，这是做不到的。人懂得道理以后，要自己去做，自己去实践，自己把其中的道行出来，这才是我们的责任。所以，我们只明白《三国演义》的道理是不够的，要把这些道理在日常生活当中好好去实践，用真诚去感动别人，然后大家都走上君子的大道，世界大同才是光明的，人类才会有更加美好的未来。

11. 为什么不能各走各的道?

我们看得出来，现在社会上大行其道的个人主义就是这样，你走你的道，我走我的道，你不要来管我，我也不会去管你。受此影响，家庭关系也是这样：丈夫走丈夫的道，妻子走妻子的道，爸爸走爸爸的道，妈妈走妈妈的道，孩子自己去走自己的道。这样的家庭，以前的人看来就是家破人离，可是现在人居然觉得很正常，可见人的观念已经扭曲，思维已经错乱，这样其实很可怕，也很可怜。

想要导正这些，就必须要找到一条共同的大道，这样才能家和万事成，才能万众一条心。我们尊重每一个国家、每一个民族的想法，但是我们中华民族积累了这么好的智慧，这么多的经验，决不能统统丢掉，而是应当进一步发扬光大。相信我们把大道走出来以后，全世界的人都会觉悟。过去没有互联网等这些传播方式，西方对中国不了解，现在看到中国人越来越好，很自然会向我们学习，会跟我们一样，那这个道就慢慢越走越宽，宽到全世界人共同走上我们的光明大道。这才是中国人最高的荣耀，也是我们读《三国演义》最大的意义。这也需要我们团结一心，共同来发扬。

12.《三国演义》之道现代还可以用吗？

我们千万不要认为，三国时代穿的衣服、吃的食物、用的东西跟我们现在不一样，就觉得没有必要学他们，而且根本无从学起。其实，人穿什么、吃什么、用什么，并不重要，而怎么想才是最重要的。我们现在所讲的，是《三国演义》当中的一些道理。而这些道理，一直到现在都没有改变。

说到三个人一条心，我们马上会想到结拜兄弟。由此可见，《三国演义》当中的情节，留下很多非常不容易忘记的深刻印象，铭刻在每一个中国人的脑海里面，这是我们非常难得的财富，千万不要轻易把它丢掉。很少有民族像我们这样，有这么多大家可以随时分享的精神财富。我们从《三国演义》里面每一个人、每一段情节都可以学到很多东西。

譬如孙坚初战得胜，正要准备乘胜追击的时候，却得不到补给的粮草，这是为什么呢？就是因为袁术怕他功劳太大，将来风头盖过自己，所以才会从中作梗。由此我们就会知道，一个人要好好表现，可是一旦表现得让人家嫉妒，就会反受牵制，遭受打击。现在很多人，认为只要自己表现得好，别人就应该欣赏他、拥护他。这种人就叫作理想主义者，这种话就叫作冠冕堂皇，这种想法就是不切实际。因为人性不一定是这样。一个人的儿子考了高分，做爸爸的很高兴。可是如果邻居孩子比他儿子考得更高，他还会高兴吗？

为什么君子常常受到迫害？就是君子没有这样的防范意识。我们今天把它讲清楚：一个人，你一定要好好表现自己；但是千万要记住，不可以引起别人对你的嫉妒。招人嫉妒，不能全怪别人，也有自己的问题。我们现在不是这样想，总认为只要自己表现得好，别人一定要服自己。可是我们有没有想过，别人为什么一定要服你呢？所以在这种情况下，我们就知道，很多人到最后是自己在打击自己。一个人只知道自己表现，从来不顾虑别人的感受，他就开始在打击自己了，最后自己还认为很委屈，埋怨这个社会不公道，觉得周围的人没良心。其实不对，首先要反省的是自己。一个人太自大，太狂妄，没有人会欣赏他。即使只是正常地表现自己，可在别人看来，你就是自大；虽然你还算谦虚，但是别人就认为你是狂妄。因为站在自己的立场，跟站在别人的立场，二者所得出的结论是不一样的。所以做一个中国人一定要记住，将心比心，才会成功。

我们看到，曹操再目空一切，却也能将心比心。关羽初到曹营，曹操前去看望，二人见面，曹操先行向关羽作揖施礼，而且是一躬到底，关羽则只是简单回拜了一下而已。曹操为什么这样？因为曹操知道，关羽在那种情况下，自己如果还按照正常的礼数对待，会被关羽认为是傲慢轻视。曹操这样放低身姿，可能关羽也不过只是觉得他还算有礼貌而已。因为立场不同、观点不同，态度就截然不一样。

我们常常嘲笑阿斗，其实再说一遍，现代人一定要学习阿斗。阿斗最大的长处就是当我做不好这件事情的时候，就不占这个位置。现在太多的人是占着位置不放，自己不做事情，也使得别人没有办法做事情，这才是最可恶的。我们也经常看到很多人，一拿到麦克风就紧抓着不放，东扯西扯，讲得大家都很烦了，自己却还津津有味地在那里喋喋不休。这种人最讨厌。因为时间是宝贵的，好不容易聚在一起，一定要把发言权礼让给最合适的人，而不要每个人在那里抢，浪费资源和时间，最后把原本可以完成的事情也耽误了。

有一次，我约见一位好久不见的朋友，要谈些重要的事情。可是在门口碰到了一个年轻人，他也跟着一起进去了。落座以后，那个年轻人就开始不停地讲话，弄得我们没有办法谈正经事。我们也不好直接说有要紧的事情要谈，让他少说两句，这样毕竟没有礼貌。最后幸好有一个人进来，告诉他我们有事情要谈，让他回避一下。结果那个年轻人说，我是一片热心，看到他们两个没有什么话讲，怕冷场才不停讲话的。你看，他完全会错意了。我跟朋友要尊重对方，有话你先讲我再讲，不能一见面就好像教训人家，那我们两个就都没有修养了。我们经常碰到这样的人，只有三个字——不识相。当不识相的人越来越多的时候，我们希望大家能好好体会什么叫作阿斗精神——当我做不好的时候，当我不想做的时候，我不要占这个位置，让出来给合理的人，给有能力的人，这才是好的事情。

13. 如果人人成为滥好人，是好道吗？

很多人认为用推拖拉方式，来礼让谦虚，不直白地表现是非，就是滥好人。其实不然，这是一种普遍的错误观念。

什么叫滥好人？完全没有是非的人叫滥好人；但是，有是非马上就表现出来的，其实也是滥好人。本来一团和气，就是因为他是非观念太明确，然后又不计后果地直接表现出来，弄得大家非常的不愉快，那不是滥好人又是什么？

人与人要彼此尊重，你有你的是非判断，他也有他的是非判断。为什么不一样？其实不是两个人观点不同，而是立场不一样。爸爸做错了事情，做儿子的没有资格直接讲。别人说你的爸爸，你还会不高兴地问别人：要你说吗？不是你不明是非，而是你的立场决定你必须要这样做。因此，我们常常说话到嘴边还要忍三分，就是这个道理。绝不可以有话就说、实话实说、直话直说，那是破坏分子，不是正人君子。可惜很多人以此标榜自己，其实是智慧不够的表现。

14. 个个贪生怕死，是可以说的道吗？

贪生怕死好不好，你说很好，那就很可笑；你说不好，那就更可笑。因为贪生怕死好不好，这是很难说的道。

很多人理直气壮说，人怎么可以贪生怕死，当需要生的时候就生，需要死的时候就要去死。其实这种人往往是最贪生怕死的，因为他标榜自己，然后提防别人看出他的真面目。

一个很坦然的人不会这样，他会告诉你，人要适度地、合理地贪生怕死，才是不贪生、不怕死。这种东西不是属于那种可以走很极端路子的，它是有左右两边要调整的，一个人不贪生，说死就死，那就是不爱惜自己的性命，对自己不尊重，也是对别人不尊重。父母好不容易把他抚养长大，受点挫折就轻生，说自杀就自杀，这种人更不值得我们去谈。可见人应该合理地贪生。

那不怕死呢？一句话讲完了：只要你不怕死，所有人都怕你。为什么我们怕这个人？就是他不怕死嘛。他拿起刀蛮干，你不怕他才怪呢！所以人要合理地贪生、合理地怕死，这就又提升到不可说的层面了。如果再高一点，就是说贪生怕死跟不贪生不怕死完全是一样的，没有什么两样。你看一个很贪生的人，他就死了；一个不怕死的人，他也死了。一个很贪生的人，他既可以活得很久，也可以活得不久；一个怕死的人，可能不会死，也可能会死。这都不是人所能够控制的。你越怕死越死得早。比如很多人东吃西吃，他也不拉肚子；而有的人什么都不敢吃，最后还是拉肚子。这不是很奇怪吗？天底下的事情，不是一定说怎么样就应该这样，就一定这样，它有太多变化。

15. 君子活不久，能够称为君子吗?

命不够长的人，就没有资格叫君子，这才叫现代的观念。一个人学问很好、成绩很好、做人很好、品德很好，20岁就死了，他有资格叫君子吗？没有。他如果再活10年，很可能就被抓到牢里去了。因为前20年他不懂得什么叫坏事，没有机会做小人，但是如果再活5年、10年，谁又能担保他不去做坏事，不会变成小人，那他还算君子吗？一个人活得久，才知道这一辈子会不会做坏事；活得短，根本没有资格说自己就不会变成小人。所以，君子一定要明哲保身，要活得更长久一些，证明自己不会变坏，这是每一个人的责任。

父母好不容易把我们养大，我们不能不顾惜自己的身体。但是今天的人，经常在做这种事情，只是自己不觉得。在运动场上跑得满身大汗，为了凉快一下，就直接把头伸到自来水龙头下面冲凉，这分明就是在轻生，求早死；看到好吃的东西，就去胡吃海塞，尤其是碰上自助餐，喜欢占小便宜，非要吃得沟满壑平，这种人撑坏了肠胃自己都不知道；遇见不顺心的事情，斤斤计较，发脾气、要个性，晚上该睡觉了，还坐在那里生气，最后就是气死自己。对不起你的人已经呼呼大睡了，你却气得睡不着，划得来吗？应该他气得睡不着，你呼呼大睡才对。怎么倒过来了呢？这就是不上道——道理不明白，事理不清楚。自己的观念错误、行为偏差，却还茫然不知，这是很可怜的。

每一个人都觉得自己是君子，从来没有人认为自己是小人。既然人人都认为自己是君子，那就要活得久，证明给人家看。到60岁还没有犯错误，那就活到70岁，最后10年继续不做坏人，才有资格说自己是君子。如果60岁就死了，别人还会怀疑：61岁有没有可能被关进监狱呢？那会不会不是不想做坏事，而是没有机会做呢？

如果有这样观念的话，你就知道明哲保身为什么那么重要。活得久一点，才能够抵御身边的坏人，让他们没有机会加害自己，也不能去危害别人。在多活的时间里面，更多地尽上一份天地间一分子的责任，这就对了。

三国之道

人要活得更长久一些，证明自己不会变坏，这是每一个人的责任。

16. 做人应该怎样表现才算上道？

其实很简单，从谦虚做起就好了。

有一次，我在机场看到一个年轻人给他的朋友打电话，他讲了几句话给我的印象很深刻。他在电话里对朋友说，你不能再谦虚了，再谦虚就是虚伪了，就变成伪君子了。乍听起来好像很有道理，但我们再深究一点就会知道，这句话完全没有道理。谦虚是谦虚，虚伪是虚伪，根本就是两码事。虚伪是假意的谦虚，当然不好。但是，真正的谦虚没有界限，也不存在过分的说法。

我们经常把两个根本不相关的概念扯在一起，而大家还觉得很有道理。很多人一听到崇洋就想起媚外，因此便把它们连在一起，好像崇洋就会媚外，媚外必然崇洋，其实不然。看到外国人好的方面，觉得很新奇，然后想跟他们学一学，这是很好的事情。全世界的人都会崇洋，外国人看到中国人的好东西，也是高兴得不得了，好奇得不得了，也很想学习一下，这有什么不对呢？但是媚外绝对不可以，认为外国什么都好，哪怕是错的也要说成对的，这就是媚外了。一个人应该崇洋，这样才能有好奇心，才会长进；但是绝对不可以媚外，那是无耻的表现，那样的人是民族的败类。可见有些概念我们必须区分清楚，不能混为一谈，否则很难上道。

人要谦虚，要礼让，要和谐，只要做到这三点，就可以算上道了。中国人走到门口本应相互谦让一下，不应该像现在这样——电梯一开，里面的人还没有出来，外面的人就往里挤，没有礼让，也不和谐，只会越挤越乱。有一次在机场通关的时候，我按照正常的规定，站在黄线以外排队等候，后面的人问我，先生你不想过关是不是？我心里想，不想过关我站这里干什么，他为什么会有这样的疑问呢？我告诉他我是要过关，他又问我，那你为什么不紧跟上去呢？我回答说，地上写得很清楚，要站在黄线以外等候，难道没有看到吗？他说你管那么多干吗呢？自己不懂，做错了还不肯承认，这样怎么上得了道！

人一定要谦虚，因为天外有天，人上有人，谁都不可能是世界上最了不起的，谁也不可能是唯一的专家。人一定要礼让，礼让给最合适的人。抢来抢去，只会是坏人当道，好人被挤到一边，因为好人挤不过坏人；让来让去，才会让给合适的君子。人也一定要和谐，心平气和才能尊重别人，也才会爱护自己。

三國之道

抢来抢去，只会是坏人当道；让来让去，才会让给合适的君子。